Bauordnungen und Baupolizei

Ekke Feldmann

BAUORDNUNGEN UND BAUPOLIZEI

Zur Entwicklungsgeschichte zwischen 1850 und 1950

PETER LANG
Frankfurt am Main · Berlin · Bern · Bruxelles · New York · Oxford · Wien

Bibliografische Information der Deutschen Nationalbibliothek
Die Deutsche Nationalbibliothek verzeichnet diese Publikation in der Deutschen Nationalbibliografie; detaillierte bibliografische Daten sind im Internet über http://dnb.d-nb.de abrufbar.

Als Dissertation an der Technischen Universität Darmstadt 2010
angenommen unter dem Titel „Zur Entwicklungsgeschichte
der Bauordnungen und der Baupolizei zwischen 1850 und 1950“

Gutachter: Prof. Dr. Dieter Schott und Prof. Dipl.-Ing. Julian Wékel
Prüfer: Prof. Dr. Jens Ivo Engels und Prof. Dr. Mikael Hård

Umschlaggestaltung:
Olaf Glöckler, Atelier Platen, Friedberg

Umschlagabbildung:
Der Plan-Ausschnitt ist dem Berliner Bebauungsplan
von James Hobrecht entnommen, der Abdruck erfolgt
mit freundlicher Genehmigung das Landesarchivs Berlin.
Der Verfasser dankt dem Landesarchiv Berlin.

Gedruckt auf alterungsbeständigem,
säurefreiem Papier.

D 17
ISBN 978-3-631-61535-5

www.peterlang.de

Dank an Eva Feldmann und Dr. Christine Feldmann

und in Gedenken an
Katharina und Dr. Fritz Conrad, Ilse und Harald Feldmann

Vorwort

Die Bauordnungen von der Mitte des 19. Jh. bis in das 20. Jh. waren Ordnung und Planung zugleich, beide Bereiche wurden als *Baupolizei* bezeichnet. Aus der alleinigen Betrachtung des Ordnungsteiles der Bauordnung kann keine brauchbare Aussage zum Thema „Bauordnungen und Baupolizei, zur Entwicklungsgeschichte zwischen 1850 und 1950" gewonnen werden. Der zweite Teil der Bauordnung, die Planung von Quartieren, Straßen, Plätze und öffentliche Einrichtungen, war keine losgelöste Aufgabe, denn sie war in der Bauordnung selbst verankert. Während die Ordnungsteile in den Bauordnungen ab der Mitte des 19. Jahrhunderts in einem Zeitraum von 50 Jahren entwickelt wurden, mussten die Inhalte der *Planung* in einem wesentlich kürzeren Zeitraum konzipiert werden, zudem gewann der Planungsteil gegenüber dem Ordnungsteil zunehmend an Bedeutung für die Städte. Der Planungsteil in der Bauordnung wurde allmählich verselbständigt und dann *Stadtplanung* oder *Städtebau* genannt. Die Entwicklungsgeschichte der Bauordnungen kann daher ohne die Betrachtung der sich emanzipierenden Stadtplanung nicht beschrieben und beurteilt werden.

Die untersuchten vier Landesbauordnungen und die Berliner Bauordnungen zeigen den komplizierten und oft auch sehr verschlungenen Weg, den Architekten, Mediziner und Regierungen gehen mussten, um die Idee eines einheitlichen Baurechts im Wesentlichen zu verwirklichen. Die heutige Zweiteilung des Baurechts in 16 Landes-Gesetzen (Bauordnungen) und in ein Planungsgesetz (Baugesetzbuch) ist erst 50 Jahre alt. Von ungefähr 400 Bauordnungen Ende des 19. Jh. sind 1960 noch elf Bauordnungen übrig geblieben. Seit der Wiedervereinigung 1990 sind es entsprechend der Länderzahl nun 16 Bauordnungen. Wie sich die die Bauordnungen entwickeln werden, bleibt ungewiss, es könnte auch dazu führen, daß von 16 Bauordnungen nur noch eine Bauordnung übrig bleibt.

Die vorliegende Arbeit ist die leicht gekürzte Fassung meiner Dissertation. Sie wurde unter dem Titel „Zur Entwicklungsgeschichte der Bauordnungen und der Baupolizei zwischen 1850 und 1950 im Juli 2010 im Fachbereich Gesellschafts- und Geschichtswissenschaften an der Technischen Universität Darmstadt eingereicht. An dieser Stelle möchte ich allen Mitarbeitern der Universitäts- und Landesbibliothek Darmstadt, den Staatsarchiven Darmstadt und Wiesbaden, dem Bundesarchiv Koblenz, dem Landesarchiv Berlin und dem Bayerischen Hauptstaatsarchiv München sehr herzlich für die wohlwollende Unterstützung bei der Materialrecherche danken.

Mein besonderer Dank gilt aber Herrn Prof. Dr. Dieter Schott (Institut für Geschichte an der Technischen Universität Darmstadt), der sich freundlicherweise bereit erklärte, die Betreuung der Arbeit zu übernehmen. Prof. Schott half mir in vielen Diskussionen mit kritischen Anmerkungen und unzähligen wichtigen Hinweisen. Wertvolle Hilfe verdanke ich Herrn Prof. Dipl.-Ing. Julian Wékel vom Fachbereich Architektur der Technischen Universität Darmstadt, auch ihm danke ich sehr herzlich.

Darmstadt im April 2011
Ekke C. Feldmann

Inhaltsverzeichnis

4. Die Wohnungsfrage im 19. Jahrhundert, Bauordnung und Baupolizei

5. Bauordnungen, Wohnungsaufsicht und Reformen am Beginn des 20. Jahrhunderts

Anhänge

Aus den „Erinnerungen" von Ludwig Thoma

„Nach der landgerichtlichen Praxis trat ich [L.T.] beim Bezirksamte ein. Obwohl oder vielleicht weil ich einiges von den Wünschen und Bedürfnissen der Landbevölkerung kannte, blieben mir Zweck und Nutzen der Verwaltungstätigkeit ein Rätsel.

Da saß in Traunstein ein Herr, ohne dessen Genehmigung kein Anbau an einen Schweinestall, kein Neubau einer Waschküche erfolgen durfte, der die Gemeindeverwaltung überwachte und die Schulen überwachte, der überall drein zu reden und zu befehlen hatte, meist in Dinge, von denen er sicherlich weniger verstand als die Interessenten, und über die er immer Sachverständige das eigentliche Urteil abgeben lassen musste. Er war recht eigentlich der Repräsentant einer aufrechten staatlichen Bevormundung."[1]

1. Einleitung

1.1 Gegenstand, Erkenntnisinteresse und Forschungsstand

Seine Zweifel über den Sinn und Nutzen der Tätigkeit der Baupolizei äußerte Ludwig Thoma mit humorvoller Kritik und derbem Spott zugleich, indem er den „Repräsentanten einer aufrechten staatlichen Bevormundung" sehr bildhaft vorstellt. Dabei ist Thoma`s „Repräsentant" vermutlich der Beamte jener Behörde, die das durchzuführen hatte, was im fernen München 1881 als „Bayerische Bauordnung" beschlossen worden war.

Thoma war 1890-1893 „Rechtspraktikant" in Traunstein und daher sicher vertraut mit der Baupolizei des 19. Jh., die „überall drein zu reden und zu befehlen hatte". Thoma kannte sicher auch die Nöte der Bauherren, die zur örtlichen Polizei gehen mussten, um die Baugenehmigung zu beantragen. Nach der Genehmigung konnte der Baumeister mit dem Bau beginnen und das dann fertiggestellte Gebäude dem Bauherrn übergeben. Wurde das Bauwerk vom Bauherrn oder einem Fachmann in regelmäßigen Abständen sogar überprüft, war damit die Standsicherheit auf Jahrzehnte gewährleistet. Im Folgenden ist aber von einem schwerwiegenden Unglück zu berichten, bei dem alle Sicherungsmaßnahmen der Bauaufsicht (die heutige Bezeichnung der früheren Baupolizei) und des Bauherrn, der Stadt Bad Reichenhall, versagt haben.

Das Bauunglück in Bad Reichenhall

Im Herbst 2008 wurde ein großes örtliches (Bau-)Unglück vom Landgericht Traunstein untersucht: Es war der Einsturz der Eissporthalle in Bad Reichenhall. Damit soll auch die zweite Seite der baupolizeilichen Tätigkeit angesprochen werden, nämlich die Gefahrenvorbeugung. Welche Bedeutung die Einhaltung der anerkannten Regeln der Baukunst hat, wird dann besonders wichtig, wenn - wie hier - ein „Schadensfall" eintritt, bei dem viele Personen sterben mussten. Dabei spielt der zeitliche Abstand zwischen der Errichtung des Bauwerks und dem Unglücksereignis keine Rolle, im vorliegenden Fall waren es sogar 35 Jahre. Das Gericht hatte jetzt zu klären, wer für den Gebäudeeinsturz und die vielen Toten verantwortlich war. Als am 2.1.2006 das Dach der Eissporthalle in Bad

---

1 Thoma, Ludwig, Erinnerungen, München 1919, S. 165.

Reichenhall einstürzte und dabei 12 Kinder und 3 Erwachsene starben und 34 Personen schwer verletzt geborgen wurden, war die Schuldfrage das beherrschende öffentliche Thema. Radio, Fernsehen und Zeitungen berichteten über die Katastrophe, sie spekulierten über die Ursache, die verantwortlichen Personen und über die zuständigen Behörden.[2] Dieses Beispiel zeigt, wie die Verletzung der Regeln der Baukunst in der Öffentlichkeit wahrgenommen und diskutiert worden waren. Als „Schuldige" am Halleneinsturz wurden der Oberbürgermeister der Stadt, einige Mitarbeiter der Bauaufsichtsbehörde der Stadt, der Architekt und die Prüfstatiker genannt.[3]

Am Rande der Diskussion wurde kritisiert, dass die Besetzung der (staatlichen-)Bauaufsichtsbehörden durch Juristen und Verwaltungsfachleute nicht den Erfordernissen entspreche, es fehle in diesen Behörden an Baufachleuten in leitender Stellung. Es wurde verlangt, dass auch private Hochbauten aller Art einer regelmäßigen Prüfung unterliegen müssten, wie dies bei öffentlichen Brückenbauwerken schon geschehe.

Einen Monat nach dem Unglück wurde auf der 112. Konferenz der zuständigen Landesminister (Bauministerkonferenz BMK) der Tagesordnungspunkt „Einsturz der Eissporthalle in Bad Reichenhall" behandelt. Ein Ausschuss wurde beauftragt, „Handlungsempfehlungen" vorzulegen. In der 114. Konferenz am 28.9.2006 in Celle wurden die „Empfehlungen" diskutiert, im Ergebnis sollten sie nur als „Hinweise" veröffentlicht werden. Die Überprüfung von bestehenden Vorschriften wurde nicht erwogen.

Die BMK beschloss aber, dass die öffentlichen und privaten Hauseigentümer aufgefordert werden sollen, ihre Verantwortung für die Verkehrssicherheit der Gebäude selbst wahrzunehmen. Die BMK schlug vor, ein sog. Objektbuch in Deutschland verpflichtend einzuführen, das die technischen Daten eines Gebäudes aus allen sicherheitsrelevanten Bereichen nach einem noch zu entwickelnden Schema („Hinweise") beschreiben soll.[4]

---

2 In Bad Reichenhall ist die Stadt zugleich Bauherrin, Betreiberin und Bauaufsichtsbehörde. Diese dreifache Funktion ist nicht ungewöhnlich für Städte.

3 Spiegel-Online vom 3.1.2006 (spiegel.de/panorama/). Am 5.1.2006: sueddeutsche.de/panorama; br-online.de/bayern-heute vom 28.12.2006. Die Staatsanwaltschaft Traunstein hat im April 2007 fünf Personen angeklagt, die am Bau der Halle beteiligt waren. Dem Oberbürgermeister werden keine strafrechtlichen Versäumnisse vorgeworfen. Am 18.11.2008 verurteilte das Landgericht Traunstein einen Bauingenieur, der um 1970 die Standsicherheitsberechnung für die Halle aufgestellt hatte zu einer Bewährungsstrafe. Das Urteil ist nicht rechtskräftig, (Darmstädter Echo 19.11.08). Die Staatsanwaltschaft hat Revision eingelegt, der der BGH im Januar 2010 folgte, ein Freispruch wurde aufgehoben und das Verfahren an das Landgericht Traunstein zurückverwiesen. Inzwischen wurde Strafanzeige gegen den Oberbürgermeister und die Stadtbaudirektorin gestellt.

4 Bayerisches Staatsministerium des Innern, „Hinweise" gemäß Beschluß der BMK vom September 2006, S. 1-11. In den „Hinweisen" wurde das Gefährdungspotenzial bestimmter Bauten (sog. Sonderbauten) in zwei Kategorien eingeteilt. Versammlungsstätten mit mehr als 5.000 Besuchern gehören der Kategorie I an (sehr hohe Gefährdung). Bauliche Anlagen mit mehr als 60 Meter Höhe, großflächige Überdachungen mit mehr als 6 Meter Ausladung und Bauteile mit großen Spannweiten wurden in die Kategorie II (hohe Gefährdung) eingeordnet.

An diesem Unglück zeigt sich, erstens: Die Politik (hier die BMK) wird durch spektakuläre Ereignisse gezwungen, sich zu dem Unglück selbst, aber auch im Allgemeinen öffentlich zu äußern, um so „Handlungsfähigkeit" zu demonstrieren. Zweitens: Die realen Möglichkeiten der zuständigen Länder sind aber begrenzt, weil jeder weitere Eingriff in Form der „Ergänzung und Erweiterung des Normensystems" dazu führen muß, Sachverhalte immer kleinteiliger zu regeln. Das schon vorhandene komplizierte Normengeflecht würde weiter verdichtet und damit nicht mehr überschaubar sein, ohne tatsächlich einen Mehrwert an Sicherheit oder Einzelfallgerechtigkeit zu erzielen. Die Regelungsbreite und -tiefe von öffentlichen Normen wird durch politische Einstellungen der Regierung und des Parlaments bestimmt, die Kurzformel könnte lauten: Mehr oder weniger Staat?[5]

Drittens: Die Bauaufsicht als unterste staatliche Ebene ist heute in der öffentlichen Wahrnehmung noch immer präsent. Der Behörde wird indirekt die Kompetenz beigemessen, bauliche Sicherheit durch Überwachungshandeln zu gewährleisten, selbst dann noch, wenn sie inzwischen nur noch wenige Prüf- und Kontrollaufgaben zu erfüllen hat. Was bis in die 70er Jahre des 20. Jh. noch als selbstverständliche Aufgabe der Behörde gehörte, ist durch Verwaltungsreformen und Aufgabenverlagerung auf Private („Beliehene"), d.h. Architekten und Prüfstatiker übertragen worden.[6] Die Erklärung für die Befugnisverlagerung auf Private (hier ist nur die Bauaufsicht angesprochen) lässt sich auf wenige Gründe reduzieren, welche die Deregulierungsdebatte in den 80er Jahren (und gelegentlich noch heute) stark beeinflussten. Gründe können sein:

- Der Einfluss des Staates solle in vielen gesellschaftlichen Bereichen verringert werden,
- das „Regelungsübermaß" soll abgebaut werden,
- die öffentliche Verwaltung arbeite nicht effektiv, eine deutliche Verbesserung könne oder werde durch die Leistung der Privaten (beliehene Unternehmer) fast automatisch eintreten,
- die Kosten der öffentlichen Verwaltung sollen durch Stellenstreichungen reduziert werden, dadurch ergäben sich bei den öffentlichen Haushalten Einsparungen.[7]

---

5 Herzog, Roman, Strukturmängel der Verfassung? Erfahrungen mit dem Grundgesetz, Stuttgart/München 2000, S. 50: „Je mehr Vorschriften es gibt, desto wahrscheinlicher ist es, dass daraus Gerechtigkeit im Einzelfall entsteht, und je mehr Gerechtigkeit im Einzelfall gefordert und folgerichtig auch angestrebt wird, desto mehr Vorschriften werden nötig. Die Frage ist nur, ob zu viele Vorschriften nicht andere Nachteile haben, die dieses Spiel sehr bald an die Grenzen seiner inneren Logik stoßen lassen." Herzog meint unausgesprochen, dass die Argumente für oder gegen die Deregulierung einer sorgfältigen Abwägung unterzogen werden müssen.

6 Vgl. Franz-Ludwig Knemeyer, Deregulierung, Verfahrensvereinfachung und Verfahrensbeschleunigung, Bauverfahrensrecht in einem schlanken Staat, in: Planung-Recht-Rechtsschutz, Festschrift für Willi Blümel, hg. von Klaus Grupp und Michael Ronellenfitsch, Berlin 1999, S. 259-275.

7 In der politischen Debatte wird weniger von der zwangsläufigen Kostenerhöhung auf der privaten Seite gesprochen, denn die auf Private verlagerten Aufgaben müssen jetzt durch den Bauherrn honoriert werden.

Als Deregulierung wird auch die „Vereinfachung" von Vergabevorschriften der Verdingungsordnung für Bauleistungen (VOB)[8] bezeichnet oder die Außerkraftsetzung von Planverfahrensschritten bei Fernstraßen- und anderen Planungen.[9] In fast allen Fällen wird der „Bürokratieabbau" in den Vordergrund gestellt.[10] In der neusten Zeit wird jedoch auch von stärkerer Regulierung gesprochen, besonders wenn es um die Kontrolle der Bankgeschäfte geht, denn hier sei in der Vergangenheit zu wenig reguliert, bzw. zu viel dereguliert worden, der Staat habe jetzt aber die Pflicht, intervenierend einzugreifen.[11]

An dieser Stelle soll nicht untersucht werden, ob die aus den öffentlichen Diskussionen und hier zugespitzt wiedergegebenen Gründe stichhaltig sind, es geht vielmehr um die subjektive Wahrnehmung der bauaufsichtlichen Tätigkeit in der Öffentlichkeit. Was waren die selbstverständlichen Befugnisse und Aufgaben der „früheren Baupolizei" bzw. der heutigen „Bauaufsicht", die bis zu den 80er Jahren des 20. Jahrhunderts zu erfüllen sind? Es sind die gefahrenverhütenden (vorbeugenden) Aufgaben, die mit vielen Eingriffsmöglichkeiten für die Behörde gekoppelt sind. Beispielsweise sollen folgende Gefahren minimiert oder ganz ausgeschaltet werden, die Aufzählung ist jedoch nicht abschließend:

Allgemeine Gefahrenbeschreibung	Hilfe, Eingriff oder Vorbeugung durch den Staat
Arbeiterschutz	Vorgabe von anzuwendenden Schutzelementen und strikte Kontrolle (Arbeitsstellen/Baustellen)
Brand und Explosion	Verwendung feuerfester Baustoffe, gesicherte Leitungsführung (gasförmige/flüssige Brennstoffe)
Einsturz von Gebäuden und Gefahren und durch Erdbeben	Einsatz von für den jeweiligen Zweck geeigneten zugelassenen Bauarten, Baustoffen und Gründungen
Krankheiten aller Art	Vorbeugung durch Erhöhung der Hygiene
Schädliche Einflüsse	Baustoff-Zulassungsbeschränkungen für Stoffe, die chemische, physikalische und/oder biologisch schädliche Wirkungen haben können (z.B. Asbest!)
Wind-Kälte-Wärme-Erschütterung	Regeln, um Einwirkungen zu reduzieren
Verunstaltung, Ästhetik	Einhaltung der Regeln der Baukunst.

Diese Gegenüberstellung zeigt beispielhaft mögliche Gefahrenursachen und die Möglichkeiten, aber auch die Pflichten der Bauaufsicht, den Eintritt eines Schadens zu verhindern. Aus dem Bad Reichenhaller Unglück könnte der Schluss gezogen werden, dass die vorbeugende Kontrolle der Bauaufsicht versagt hat

8 Bundesanzeiger Nr. 155, 15.10.2009, S. 3349, Neufassung der VOB.

9 Gesetz zur Beschleunigung von Planverfahren für Infrastrukturvorhaben vom 9.12.2006, BGBL. I., Nr. 59, S. 2833-2853. Vgl. auch: Gesetz zur Beschleunigung von Planungsverfahren und zur Änderung des Hessischen Landesplanungsgesetzes vom 12.12.2007 (Hessen-GVBL.I., Nr. 27, S. 851-854).

10 Der Bundesminister für Verkehr, Bau und Stadtentwicklung, Pressemitteilung vom 13.2.1007, abgerufen am 15.4.2010: http://www.bmvbs.de/dokumente/-,302.986532/Pressemitteilung/dokument.htm.

11 Horst Köhler, „Politik mit Klarheit und Moral", Laudatio von Bundespräsident Horst Köhler auf Bundeskanzler a.D. Helmut Schmidt aus Anlasss seines 90. Geburtstages, Berlin 11.März 2009, in: http://www.bundespräsident.de/Reden-und-Interviews-,11057.652816/Politik. Abgerufen am 22. April 2010.

und daher eine Personalverstärkung dieser Behörde oder eine intensivere Kontrolle erstes Ziel sein müsse. Auch das Gegenteil, der weitere Personalabbau im öffentlichen Dienst und die Verlagerung der Kontrolle auf Beliehene können zu unerwünschten Folgen führen. Beide Fälle zeigen die Bandbreite möglicher Optionen des Staates für „seine" Bauaufsicht, die entweder verstärkt regelnd eingreift oder die die Verantwortung mehr dem Einzelnen überlässt.

Öffentliche Sicherheit und Ordnung im Bauwesen, Ziele und Mittel

Die Institution der Baupolizei ist in allen Staaten bekannt. Die Bezeichnung „Baupolizei" kann durch andere Begriffe (z.B. Bauaufsicht) ersetzt sein, immer geht es aber um die Absicht und den Willen des Staates, die Kontrolle über das Baugeschehen zu behalten, bzw. das Bauwesen zu steuern. Der jeweilige Mitteleinsatz bei der Steuerung des Bauwesens zeigt den wirklichen Zweck an, den der Staat erreichen will. Seit Jahrhunderten war nur die Polizei für die öffentliche Sicherheit und Ordnung zuständig, sie war immer eine staatliche Institution, damit garantierte sie die Umsetzung des Herrscherwillens, ihr Tätigkeitsgebiet war allumfassend, die Bereiche der Verteidigung und Auswärtige Angelegenheiten ausgenommen.[12] Die Bauordnung war bis weit in das 20. Jh. eine Angelegenheit der einzelnen deutschen Staaten. Die neuere verfassungsrechtliche Regelung seit 1949 hat diese Kompetenzverteilung nicht geändert. Jedes der 16 Bundesländer regelt „seine" Bauordnung und die Art und Weise, wie die Bauaufsicht (die frühere Baupolizei) ausgeübt wird. Trotz mancher Auffassungsunterschiede zwischen den Ländern besteht eine gewisse Übereinstimmung über den Zweck und die Mittel zur Erreichung der bauaufsichtlichen Ordnung. Diese Angleichung in Form, Inhalt und Ziel der Bauordnung ist in einem sehr langen Prozeß entstanden. Welcher Weg zurückgelegt und welche Rückschläge zu überwinden waren und welche Gruppen versuchten, Einfluß auf die Gestaltung der „Bauordnung" zu nehmen, soll in dieser Arbeit nachgezeichnet werden.

Das Interesse an der „Baupolizei" und der „Bauordnung"

Im Mittelpunkt der Arbeit steht die Entwicklungsgeschichte einer staatlichen Institution, die zunächst als Polizei, später als Baupolizei und heute als Bauaufsicht bezeichnet wird. Das Erkenntnisinteresse richtet sich darauf, wie und in welchem Umfang sich diese Institution in der Mitte des 19. Jh. darstellte, welche Aufgaben sie zu erfüllen hatte und wie sie sich unter jeweils geänderten gesellschaftspolitischen Bedingungen zwischen 1850 und 1950 wandelte.[13] Dabei kommt es darauf an, welche äußeren Bedingungen maßgebend eine Änderung im Sinne einer Weiterentwicklung dieser staatlichen Behörde bewirkten. Die Baupolizei ist eine alte staatliche Institution, selbst die baupolizeilichen Regelungen von Friedrich dem Großen im Allgemeinen Landrecht von 1794 waren nur eine der historischen Stationen für die Baupolizei auf dem Weg in die heutige Zeit. Die Aufgabe der Baupolizei war und ist die staatliche Kontrolle des Bauwesens und die Vorbeugung von Gefahren, die im Bauwesen entstehen kön-

12 Weber, Matthias, Die Reichspolizeiordnungen von 1530, 1548 und 1577. Historische Einführung und Edition, Frankfurt/M. 2002. Die Ordnungen enthalten jedoch keine Baubestimmungen.

13 Neben den gesellschaftspolitischen Bedingungen, spielen auch bautechnische Veränderungen eine Rolle.

nen. Als Gefahr wird nach herrschender Lehre „eine Sachlage verstanden, die nach verständiger, auf allgemeiner Lebenserfahrung beruhender Beurteilung bei ungehindertem Ablauf des objektiv zu erwartenden Geschehens in absehbarer Zeit mit hinreichender Wahrscheinlichkeit den Eintritt eines Schadens für die öffentliche Sicherheit und/oder Ordnung erwarten läßt."[14] Zu den „Gefahren" im Sinne der baupolizeilichen Vorschriften zählen z. B. nicht nur die mangelhafte Bauwerksgründung, der Einsturz eines Gebäudes durch Verwendung von falschem Baumaterial und die Verletzung der „Regeln der Baukunst"[15], sondern auch der Bau von Kellerwohnungen ohne Einhaltung eines bestimmten Mindeststandards und der Bau von Wohnungen ohne sanitäre Einrichtungen.[16]

Das Aufgabenfeld der Baupolizei berührte auch schon um 1850 wichtige soziale und gesundheitliche Bereiche; zu fragen ist daher, ob die Baupolizei auf sichtbare soziale und gesundheitliche Beeinträchtigungen der Bevölkerung nur gefahrenabwehrend reagieren konnte. „Abwehr" bedeutet für die Baupolizei, dass sie nur die ihr gegebenen Vorschriften anwendet. Technische oder gesundheitliche Verbesserungen gehörten und gehören nicht zu den Baupolizeiaufgaben.

Trotzdem muß gefragt werden, ob im Rahmen der historischen baupolizeilichen Praxis die gegebenen Ermessensspielräume im Sinne der Verbesserung der Situation genutzt wurden bzw. hätten genutzt werden können. Der Beurteilungsmaßstab für das „Ermessen" kann für die Baupolizei nicht der Stand der Wissenschaft sein, sondern nur das, was als Regeln der Baukunst galt. Veröffentlichungen über technische und gesundheitliche Verbesserungsmaßnahmen in zugänglichen Fachzeitschriften konnten als Maßstab herangezogen werden.

---

14 Brockhaus Konversations-Lexikon, Leipzig [14]1902, S, 531: „Gefahr heißt ein drohendes Übel. Sie liegt vor, wenn einzelne oder mehrere, aber noch nicht alle Bedingungen für den Eintritt des Übels gegeben sind." Meyers Enzyklopädisches Lexikon Mannheim 1980, Bd. 31, S. 792; Gefahr: „ Die Möglichkeit eines Schadenseintritts". Auch: „Die menschliche Sicherheit bedrohendes Unheil. BVerwGE 45, S. 57, eine „Gefahr liegt dann vor, wenn eine Sachlage oder ein Verhalten bei ungehindertem Ablauf des objektiv zu erwartenden Geschehens mit Wahrscheinlichkeit ein polizeilich geschütztes Rechtsgut schädigen wird."

15 Vitruv, De Architectura Libri Decem. Übersetzung von Franz Reber 1865: Zehn Bücher über Baukunst, Berlin 1908, Nachdruck Wiesbaden 2004. Die Regeln der Baukunst sind seit Vitruv allgemein (in der Wissenschaft und in der Baupraxis) anerkannt. Sie gelten besonders im Bauwesen. Die Einhaltung der Regeln wird bei Vitruv (2. Kapitel, Grundlagen der Baukunst und im 3. Kapitel, Einteilung der Architektur) gefordert. Reber: „Die Angemessenheit ist das tadellose Aussehen eines aus erprobten Bestandteilen mit Rücksicht auf das anerkannte Herkommen aufgeführten Gebäudes" S. 24-28. Als Rechtsbegriff sind die „Regeln" spätestens im Allgemeinen Preußischen Landrecht, XX. Titel, Eilfter Abschnitt, § 768 eingeführt worden. Im heutigen StGB wird die Regelverletzung in § 330 unter Strafe gestellt.

16 Die Mindeststandards waren von Staat zu Staat verschieden. Der Standard für Aufenthaltsräume betrifft u.a.: Licht, Luft und Sonne, Trockenheit, ausreichende Ausstattung mit sanitären Einrichtungen (Trinkwasser und schadlose Abführung von verschmutztem Abwasser), Mindestgröße von Wohnungen, Mindestgröße und Rauminhalt eines Wohnraumes.

„Wie kommt es“, so fragt Julius Faucher 1865, „daß wir in der modernsten Großstadt des Festlandes einen Theil der Bevölkerung sogar mit den Betten unter die Erde verwiesen haben?“[17] Dabei sind die von Faucher erwähnten Kellerwohnungen nur ein Teil der Wohnungsnot. Als eine der sozialpolitisch wichtigsten, aber ungelösten Fragen in der zweiten Hälfte des 19. Jh. muß die Versorgung der Bevölkerung mit preiswerten Wohnungen angesehen werden. Die Baupolizei hatte und hat aber nicht die Aufgabe Wohnungsbauten zu erstellen, sie war nur für die Baugenehmigung und Dispense im Rahmen der Bauordnung zuständig. Die Baupolizei konnte das allgemeine Wohnungsproblem nicht lösen, weil ihr die Zuständigkeit im staatlichen (und kommunalen) Verwaltungshandeln fehlte, zumal ihr diese Bauordnungsaufgabe auch nicht zugewiesen war. Trotzdem wurde noch bis Anfang des 20. Jh. die Baupolizei mit ihrer jeweiligen Bauordnung[18] als eine der wichtigen Institutionen zur Förderung des Wohnungsbaus angesehen, so in der Denkschrift der Reichsregierung von 1904.[19]

Beispielsweise sollte die Baupolizei in Sachsen die „Erbauung von Wohnungen nicht unnötig erschweren“ und dem „Bedürfnis der Zeit entsprechend“ die Erstellung von Wohnungen erleichtern.[20] Die im Interesse der Feuersicherheit zu stellenden Forderungen, die „in der Praxis teilweise über das wirkliche Bedürfnis hinaus gesteigert wurden“, sollen „so mäßig als möglich gehalten“ werden.[21] Die Forderungen an die Baupolizei standen im Kontrast zur bestehenden baupolizeilichen Situation: Zum einen sollte die Baupolizei Abweichungen von zwingenden Vorschriften zulassen, um den Wohnungsbau zu fördern. Andererseits ist zu fragen, warum aber das „baupolizeiliche Handwerkszeug“, die Bauordnung, nicht entsprechend geändert wurde, denn dies war der rechtsstaatliche Weg. Die „Verantwortung“ kann nicht die einzelne Baupolizeibehörde tragen, sondern der Staat. Die Baupolizei sollte den Wohnungsbau fördern, ihr wurde damit eine Rolle zugedacht, für die sie nicht bestimmt und ausgerüstet war.

---

17 Faucher, Julius, Die Bewegung für Wohnungsreform, in: Vierteljahrschrift für Volkswirthschaft und Kulturgeschichte 1865, Bd. 4, S. 139.

18 Allein in Preußen gab es mehr als 300 Bauordnungen, der Begriff Bauordnung bezeichnete daher immer nur die Bauordnung der jeweiligen Stadt oder des jeweiligen Kreises. Ausgenommen sind hier die Bauordnungen der Staaten Bayern, Hessen, Sachsen und Württemberg.

19 Denkschrift vom 10. Juni 1904, Deutscher Reichstag, 11. Legislaturperiode, I. Sezession 1903/1904, Drucksache Nr. 471, S. 60: Die Wohnungsfürsorge im Reiche und in den Bundesstaaten. Angestrebt wurden z.B. in Preußen die Abstufung der Bauvorschriften „vom Stadtinneren über die Außenbezirke zur Umgebung der schnell wachsenden Gemeinden“. Als die am weitesten gehende Schrift kann die Forderung von Karl Siebold „Abschaffung der Baupolizei für den Wohnungsbau“ gelten (Bielefeld 1919). Siebold war technischer Leiter des „Deutschen Vereins Arbeiterheim“ in Bielefeld, er war zugleich für Pastor Bodelschwingh tätig und unterstützte dessen Bemühungen um eine Wohnungsversorgung der Mitarbeiter der gleichnamigen Anstalt. In abgemilderter Form hatte Siebold bereits vor 1906 einen Beitrag zur Lösung der Kleinwohnungsfrage geschrieben, auf die der pr. Minister für öffentliche Arbeiten in einem Erlass vom 20.12.1906 an die Regierungspräsidenten reagierte (*Zentralblatt der Bauverwaltung* vom Januar 1907). Der Minister empfahl die Vorschläge Siebolds als „wertvolle Fingerzeige“.

20 Denkschrift (1904). Die Wohnungsfürsorge im Reiche und in den Bundesstaaten.(...), S. 151.

21 ebd., S. 151.

Die Frage kann zunächst offen bleiben, warum die gewünschten „Erleichterungen“ nicht über den rechtlich vorgeschriebenen Weg, der Bauordnungsänderung, durchgeführt wurden. In der Denkschrift wurde auch festgestellt, dass Sachsen bisher keine finanzielle Mittel zur Förderung billiger Wohnungen aufgewendet hatte. Die sächsische Regierung „erblicke daher in der Gemeinde die Stelle, die für die Wohnungsfürsorge in erster Linie“ verantwortlich ist.[22] Den sächsischen Gemeinden empfahl die königliche Regierung Maßnahmen, die hier sinngemäß wiedergegeben werden:

1. Herstellung gesunder und zweckmäßiger Wohnungen durch die Gemeinde selbst für die gering besoldeten Angestellten und Arbeiter der Gemeinde,
2. Förderung der Bestrebungen von Bauvereinen und gemeinnützigen Unternehmungen,
3. Gewährung von billigem Bauland und Überlassung von Bauland im Erbbaurechtswege,
4. Erleichterung des Verkehrs nach den Außenbezirken größerer Gemeinden.[23]

Die Baupolizei, bzw. die sächsische Bauordnung wurde nicht zu den „Maßnahmen“ gezählt, vermutlich deswegen, weil in Sachsen erst drei Jahre zuvor das neue Baurecht eingeführt wurde und eine erneute (Baupolizei-)Debatte im Parlament nicht gewünscht wurde.

Die Aufgabe der Baupolizei beschränkt sich auf die Durchführung der Vorschriften, die der Gesetzgeber zuvor definiert hat. Die Regierungen haben dafür zu sorgen, dass die Vorschriften auch so durchgeführt werden, dass der Zweck, hier z. B. Einrichtung der gesunden Wohnung, auch erreicht wird. Die Aufgabe des Staates besteht weiter darin, Verbesserungen aller Art (Hygiene, Licht und Luft, Mindestwohnfläche pro Person und vieles andere mehr) durch Änderungen in den Bauordnungen herbeizuführen. Ob dies in auseichendem Maß gelang, wurde stark bezweifelt.[24] Denn nur so wird es verständlich, dass Ärzte, Ingenieure und Verwaltungsfachleute schon ab der Mitte des 19. Jh. die hygienisch schlechten Verhältnisse in den deutschen Städten zum Anlaß nahmen, Änderungen für den Bereich der privaten und öffentlichen Hygiene[25] zu verlangen, Anregungen und Hilfen zur Verbesserung wurden auch im Ausland gesucht.[26]

---

22 ebd., S. 152. Die „Empfehlungen“ können als Verlagerung des Problems angesehen werden.

23 ebd., S. 152-153.

24 Eine der Thesen der XIV. Versammlung des Deutschen Vereins für öffentliche Gesundheitspflege 1888 in Frankfurt lautete: „Der Verein hält zur Bekämpfung der auch in Deutschland und nicht bloss in den großen Städten bestehenden schweren Mißstände im Wohnungswesen [...] den Erlaß eines einheitlichen Gesetzes für ganz Deutschland oder mindestens für die Einzelstaaten für möglich und dringend erforderlich.“ Ein solches Gesetz müsste die „ungenügenden Bauordnungen“(u.a. fehlende gesundheitliche Mindestanforderungen an Wohnräume, S. 41), ändern. In: *Vierteljahrsschrift für öffentliche Gesundheitspflege*, Bd. 21, 1889, S. 9-41. *(DVjöG)*

25 U.a.: Licht, Luft und Sonne für Wohnungen, sauberes Trinkwasser, Abwasserbeseitigung, Einrichtung öffentlicher Kanäle, Klärung der Abwässer und Einsammlung des Abfalls.

26 Chadwick, Edwin, Report on the sanitary condition of the labouring population of Great Britain (Repr. 1997, Hg. von David Gladstone, London 2000). Chadwick hatte seinen Report schon 1842 veröffentlicht und durch medizinisch-statistische Untersuchungen (u. a.) ermittelt, dass ein Zusammenhang zwischen Krankheit und Armut wahrscheinlich bestehe. Dagegen sei ein direkter Zusammenhang zwischen Krankheit und Schmutz (in jeder Form) vorhanden. Dem Drängen der Hygieniker (u.a. Chadwick) verdankt England um die Mitte des 19. Jh. seine führende Rolle auf dem Hygienesektor. Mit dem Public Health-Act von 1848 war Eng-

So hatte James Hobrecht, der spätere Stadtbaurat von Berlin, von August 1860 bis November 1860 eine Reise nach Hamburg, Paris und England mit dem „Geheimen Baurath“ Eduard Wiebe unternommen. Die englischen Entwässerungsanlagen galten als besonders vorbildlich.[27] Wiebes Reisebericht an den preußischen Handelsminister von der Heydt war mit einem umfassenden Vorschlag für die Planung der Entwässerung der Stadt Berlin verbunden.[28]

Auf der Generalversammlung des niederrheinischen Vereins für öffentliche Gesundheitspflege 1872 wurde vom Duisburger Bürgermeister Keller ein Baugesetz gefordert, das im Interesse der öffentlichen Gesundheitspflege eine wichtige Ergänzung der unzulänglichen „Baupolizeigesetzgebung“ darstellen müsse.[29] Neben den hygienischen Fragen waren sich die Fachleute einig, dass viele Mißstände ihre Ursache in den alten Bauordnungen hatten, sie zu ändern, war ein Anliegen aller Beteiligten.[30] Die Forderungen nach Verbesserungen auf dem Gebiet der Hygiene in den Städten und in den Wohnungen erhob nicht eine Behörde, z.B. die „Medicinal-Polizei“, der schon Mitte des 19. Jh. die Sorge um die Errichtung von gesunden Wohnungen übertragen war, oder die Baupolizei, die ebenfalls auf gesunde Wohnungen zu achten hatte.[31] Es waren vielmehr Ärzte, Wissenschaftler, Volkswirte, Juristen und Praktiker, die sich in der „Versammlung deutscher Naturforscher und Aerzte“ (VdNuÄ) zusammengeschlossen hatten.[32] Als Vereinsschrift fungierte ab 1869 die *Deutsche Vierteljahrsschrift für öffentliche Gesundheitspflege* (*DVjöG*). In dieser Zeitschrift wurde von den Praktikern eine Fülle von Beiträgen veröffentlicht, die mehr auf Problemlösungen (u.a. sauberes Trinkwasser, Entwässerung der Städte, Licht und Luft in den Städten) setzten. Die fachliche Kompetenz auf bautechnischem, me-

---

land eine Generation gegenüber Deutschland voraus. Zu bedenken ist auch die unterschiedliche Ausgangslage: England hatte mit dem Public-Health-Act eine nationale Behörde geschaffen, Deutschland unternahm diesen Schritt aber erst nach 1871 (Einrichtung des Kaiserlichen Gesundheitsamtes 1876).

27 Ob Hobrecht und Wiebe die zentrale Figur der englischen Hygienebewegung, Edwin Chadwick, kennengelernt hatten, ist denkbar, jedoch noch nicht nachgewiesen.

28 Wiebe, E., Über die Reinigung und Entwässerung der Stadt Berlin. Berlin 1861. Wiebe war Vortragender Rat in der Bauabteilung des pr. Handelsministeriums.

29 *DVjöG* 1872, Bd. 4 S. 623-627.

30 Stellvertretend hierfür steht der Oberbürgermeister von Frankfurt am Main; Miquel. Er sagte auf der XIV. Versammlung des Deutschen Vereins für öffentliche Gesundheitspflege (1888): „In Deutschland haben wir noch immer nur locale Bauordnungen, in kleineren Staaten Landesbauordnungen oder provinzielle Bauordnungen, die […] zu einer Zeit erlassen wurden, wo die socialen Bedürfnisse (z. B. Schutz der Gesundheit) noch nicht existierten, oder wo die Einsicht mangelte und das egoistische Interesse der Grundeigenthümer noch zu stark war.“ In: *DVjöG*, Bd. 21, 1889, S. 22.

31 Doehl, C., Repertorium des Bau-Rechts und der Bau-Polizei für den preußischen Staat, Berlin 1866, S. 480; sowie R. von Mohl, Die Polizei-Wissenschaft nach den Grundsätzen des Rechtsstaates, (zur „Medicinalpolizei“), Tübingen 1832, Bd. 1, S. 162-168. In seiner 2. Auflage des ersten Bandes (1844) weist Mohl, wie schon 1832, auf die besondere Pflicht der Städte hin, sich um die Gesundheit der Bewohner und auf die Sauberhaltung der Straßen zu kümmern (§ 28 „Hinsichtlich der Wohnplätze“), S. 165-175.

32 Rodriguez-Lores, Juan, Stadthygiene und Städtebau, in: Städtebaureform 1865-1900, Bd. 1, S. 19-58, (20).

dizinischem und wohnungswirtschaftlichem Gebiet war groß. Wichtige Beiträge zu den Themenbereichen Bautechnik, Gesundheitspflege und öffentliche Hygiene stammten u.a. vom Stettiner Stadtbaurat J. Hobrecht, Stadtbaurat J. Stübben, Stadtbaumeister von Stralsund E. von Haselberg und dem Karlsruher Professor und Oberbaurat Reinhard Baumeister.

Die Auswahl an Themen im ersten Band der *DVjöG* (1869) mit über 600 Seiten zeigt die enorme Diskussionsbreite. Sie reichte von der „Kinder- und Frauenarbeit in englischen Fabriken", über „Die englische Gesetzgebung für Hygiene", die „Reinigung und landwirthschaftliche Nutzbarmachung des Kanalwassers" und „Die Kanalisation Danzigs", über den „Heutigen Stand der hygienischen Forderungen an Schulbauten", bis zur „Ernährung der Bewohner Königsbergs und anderer großer Städte".[33] Dass die Zusammenhänge zwischen verunreinigtem (Trink-)Wasser und Krankheiten des Verdauungstraktes oder zwischen feuchten, nicht besonnten Wohnungen (insbesondere Kellerwohnungen) und Lungenkrankheiten (TBC)[34] noch nicht ausreichend erforscht waren, schmälert die Verdienste der Naturforscher nicht. Die Naturforscher konnten nur durch die Kritik an den vorgefundenen Mißständen, das beharrliche Drängen in der Öffentlichkeit auf Veränderungen, verbunden mit dem medizinisch-technischen Fortschritt, Verbesserungen erzielen.[35] Die Bemühungen der „Versammlung" (VdNuÄ), bzw. des „Vereins" (DVöG) waren um 1876 insofern erfolgreich, als in Deutschland die Gründung eines staatlichen Gesundheitsamtes (Kaiserliches Gesundheitsamt, das spätere Reichsgesundheitsamt) im Anschluss an die Reichsgründung 1876 möglich geworden war.[36]

Ein der *DVjöG* vergleichbares Mitteilungsblatt, eine Fachzeitschrift der Architekten oder der Baupolizei war, jedenfalls bis die 60er Jahre, nicht vorhanden. Zwar war die *Zeitschrift für Bauwesen* schon 1851 gegründet worden, die *Deutsche Bauzeitung* erschien dann ab 1868 und das *Centralblatt der Bauverwaltung* erst 1881. Die genannten technischen Zeitschriften beschäftigten sich in den Anfangsjahren jedoch zunächst nur mit Fragen des Architekturentwurfs, der Konstruktion, der Ästhetik und den berufsständischen Angelegenheiten. Erst nach 1870 wurden zunehmend mehr Beiträge in der *Deutschen Bauzeitung* abgedruckt, die sich mit Fragen der Bauordnung und der Planung von Stadterweiterungen auseinandersetzten. Besonders Baumeister und später Stübben sind seit diesem Zeitpunkt regelmäßig mit wichtigen Anregungen zum Thema (soziales) Stadtbauwesen vertreten gewesen.

---

33 Die Herausgeber (Göttisheim/Basel, Hobrecht/Stettin, Reclam/Leipzig, Varrentrapp/Frankfurt am Main und Wasserfuhr/Stettin) gründeten 1873 den „Deutschen Verein für öffentliche Gesundheitspflege" (DVöG).

34 Die Bakteriologieforschungen (u.a. Robert Koch) führten erst etwas später zu Ergebnissen.

35 Hardy, Anne, Ärzte, Ingenieure und städtische Gesundheit. Medizinische Theorien in der Hygienebewegung des 19. Jh., Frankfurt/New York 2005. Hardy meint, dass die Stadthistoriker sich darin einig seien, dass im ***Städtebau*** bis zur Mitte des 19. Jh. nichts Wesentliches zur Förderung der Gesundheit unternommen wurde, S. 91.

36 Hobrecht, James, Über öffentliche Gesundheitspflege und die Bildung eines Central-Amtes für öffentliche Gesundheitspflege im Staate, Stettin 1868. Hobrecht hatte die Diskussionen der Hygieniker über die unhaltbaren sanitären und gesundheitsschädlichen Zustände in den Städten aufgegriffen und die Bildung eines „Centralamtes" gefordert. Die Kompetenzen des Amtes waren zunächst sehr begrenzt.

In der *Zeitschrift für Bauwesen* finden sich in den 49 Jahrgängen aber kaum Belege für eine sozialpolitische oder gesundheitspolitische Debatte.[37] Auch die *„Allgemeine Bauzeitung"* des Architekten Professor L. Förster aus Wien druckte ab 1842 bis zum Ende des 19. Jh. keinen nennenswerten Beitrag zur gesundheits- und wohnungspolitischen Diskussion ab, die inhaltlichen Themen der beiden genannten Zeitschriften unterschieden sich kaum.[38] Da die Baupolizei, stellvertretend für das Gesamtsystem der staatlichen Baukontrolle, bis zur Jahrhundertwende über kein eigenes Mitteilungsblatt verfügte, konnte in dieser Hinsicht auch kein Beitrag zu den offenkundigen sozialen und gesundheitlichen Missständen im 19. Jh. erwartet werden.[39] Zu bedenken ist dabei, dass die Baupolizei durch die ihr zugewiesene Aufgabe nur eine Gefahren abwehrende, anordnende und vollziehende Stellung im Verwaltungshandeln hatte und hat. Die Baupolizei vollzog und vollzieht bis heute unter anderem Namen die jeweils erlassene Bauordnung, sie tritt in keinem Fall als Bauherr oder als Unternehmer (z. B. im Wohnungsbau) auf. Der Zweck, die Mittel, die Grenzen und das Ziel der Bauordnungen wurden seit jeher zunächst durch die Regierungen und später durch die gesetzgebenden Körperschaften bestimmt.

Zum Forschungsstand

Der Forschungsstand weist bei der Institution Baupolizei erhebliche Lücken auf, wenn die Fragestellung sich auf den historischen Wandel einer staatlichen Behörde und die Mitwirkung der Baupolizei an den sozialen und gesundheitlichen Themen des 19. Jh. und des frühen 20. Jh. konzentriert. Die Baupolizei ist aus der Sicht der rechtswissenschaftlichen Disziplin von allen denkbaren Seiten her untersucht worden. Naturgemäß standen dort Fragen nach dem normativen Gehalt von einzelnen Vorschriften der jeweiligen Bauordnungen im Vordergrund, insbesondere war die öffentliche Sicherheit und Ordnung ein bevorzugter Ge-

---

37 *Zeitschrift für Bauwesen* 1851-1900. Eine Erklärung für die „Enthaltsamkeit" der Architekten und Ingenieure bei sozialpolitischen Fragen könnte sein, dass die Zeitschrift im Ministerium herausgegeben wurde und eine Auswahl der Beiträge stattfand. Die Zeitschrift spiegelt andererseits die Bereiche besonderer technischer Leistungen umfangreich wieder, die sich mit Brücken (265 Beiträge), Eisenbahnen (340 Beiträge) und mit tiefbautechnischen Maßnahmen (85 Beiträge) befassten. Beiträge über Arbeiterwohnungen oder Wohnungsnot sind rar (ca. 15 Artikel). Besser vertreten sind Berichte über Wohnhäuser bestimmter, namentlich genannter Personen oder bestimmter Adressen. Ab 1881 wurde das *Zentralblatt der Bauverwaltung* als Parallelblatt zur *Zeitschrift für Bauwesen* vom gleichen Ministerium mit der Begründung herausgegeben, dass das *Zentralblatt* zur Information über die allgemeine Bauverwaltung, die staatlichen Bauten und die behördlichen Erlasse gedacht sei. Nur das *Wochenblatt* von 1867, 1868 in *Deutsche Bauzeitung* umbenannt, herausgegeben von den Mitgliedern des Architekten-Vereins zu Berlin, befasste sich auch mit sozialpolitischen und gesundheitspolitischen Fragen, wenn auch überwiegend nur mit der Lösung technischer Probleme.

38 Christian Friedrich Ludwig Förster, *Allgemeine Bauzeitung*, hg. von demselben, Wien 1842-1900. Sachthemen waren: Monumentale Bauwerke des Hochbaues, Wohn-, „Fabriks- und Oekonomie-Gebäude", Brückenbauten, Straßenbau, Eisenbahn, Wasserbauten, Konstruktionen, Maschinen, Dekorationen, Archäologie, Abhandlungen im Baufach und der Industrie, Nachrichten und Bücherschau.

39 Die Baupolizei war jeweils auf einen Staat bezogen, die „Baupolizisten" waren nicht organisiert.

genstand der Veröffentlichungen.[40] Die Arbeiten beschränken sich naturgemäß auf die Interpretation von Polizei- und Baupolizeinormen, ohne einen eingehenden Bezug zur Stadtplanung herzustellen. So zahlreich die juristischen Arbeiten über die Bauaufsicht oder die Bauordnungen auch sind, sie sind gegenwartsbezogen und können nicht nach dem Bedeutungswandel der historisch gewachsenen Institution Baupolizei befragt werden.

Beiträge, die sich allein mit den Bauordnungen und deren historischer Entwicklung befassen, liegen kaum vor, außer Albert Buffs: „Bauordnung im Wandel“ von 1971.[41] Der Zusammenhang zwischen Bauordnung und Stadtplanung gebietet aber eine gleichzeitige Betrachtung beider Aktivitäten, selbst wenn berücksichtigt wird, dass die Stadtplanung sich erst Ende des 19. Jh. praktisch entwickelte und nur allmählich zu einem eigenständigen Fach neben der Baupolizei wurde. Geringer im veröffentlichten Umfang, aber wichtiger für die historische Betrachtung der Bauordnung, Baupolizei und Stadtplanung sind die Arbeiten von Architekten, Stadtplanern, Politikern, Medizinern und Verwaltungsfachleuten. Im Ergebnis muß die Verbindung beider Bereiche als untrennbar zusammenhängend bezeichnet werden. Die Zusammengehörigkeit kann in der Forderung nach dem Gesamtbaurecht (näheres in Kap. 6) gesehen werden.[42]

Der Sammelband von Gerhard Fehl und Juan Rodriguez-Lores mit dem Titel „Stadterweiterungen 1800-1875, von den Anfängen des modernen Städtebaues in Deutschland“ (1983) umfasst die grundsätzlichen Probleme des Städtebaues von 1800 bis 1875, ausgehend vom Bauboden, der städtischen Infrastruktur, dem Normengeflecht und der Umsetzung der städtebaulichen Planungen durch die Verwaltung.[43] In diesem Sammelband beschreibt etwa Anthony Sutcliffe, dass England einen wichtigen Teil der städtischen Planung in Deutschland beeinflusst hat. Neben den ersten Bemühungen des englischen Wohnungsreformervereins, die 1847 zur Gründung der Berliner gemeinnützigen Baugesellschaft führten, sei der britische Hauptbeitrag vor 1875 aber die Lösung der Hygienefrage und die entwickelte Schwemmkanalisation gewesen.[44]

---

40 Die folgenden Beiträge behandeln u. a. die Generalklausel als Eingriffsnorm der Bauaufsicht: Rüdiger Bauer, Rechtliche und tatsächliche Bedeutung der Generalklausel im Bauordnungsrecht, München 1981. Naoko Matsumoto, Polizeibegriff im Umbruch, Frankfurt/M. 1999. Stefan Roth, Das Bauordnungsrecht als Baupolizeirecht? Würzburg 1996. Bernd Schulte, Rechtsgüterschutz durch Bauordnungsrecht, Berlin 1981.

41 Buff war Oberbaurat und Leiter der Bauaufsichtsbehörde in Wuppertal. Ihm war in seiner Tätigkeit aufgefallen, dass eine zusammenhängende Darstellung „der existentiellen Notwendigkeit“ der Bauordnungen fehlt.

42 Die Forderung nach einem Gesamtbaurecht ist schon von Reinhard Baumeister 1876 erhoben worden, in: „Der Verband deutscher Architekten- und Ingenieur-Vereine und die Reichsgesetzgebung“. In: *DBZ* 1876, Nr. 21, S. 103; sowie in: Reinhard Baumeister, Normale Bauordnung, 1880, S. 3.

43 Stadterweiterungen 1800-1875 (...), Ergebnisse eines ersten Kolloquiums (...) 1981, Hamburg 1983.

44 Sutcliffe, Anthony, Planung und Entwicklung der Großstädte in England und Frankreich von 1850 bis 1875 und ihr Einfluss auf Deutschland, in: Stadterweiterungen [...], S. 35-53, hier S. 49. Insbesondere verweist er dabei auf William Lindley, der nach dem „Großen Brand“ 1842 die Hamburger Kanalisation plante und baute.

1981 hatte Sutcliffe in "Towards the planned city" die sehr unterschiedlichen Bedingungen aufgezählt, unter denen die Entwicklung der Großstädte in der zweiten Hälfte des 19. Jh. möglich wurde. Die stadtplanerischen Voraussetzungen seien auf dem europäischen Kontinent schwieriger als in England. In Deutschland seien viele große Städte bis um die Mitte des 19. Jh. noch durch Festungen begrenzt, d.h. relativ starren äußeren Festungsgürteln unterworfen, während in England und Nordamerika diese Festungen nicht notwendig und daher auch unbekannt waren. Der Städtebau hatte also in Deutschland, so Sutcliffe, andere und zum Teil schwierigere Voraussetzungen.[45]

Juan Rodriguez-Lores und Gerhard Fehl haben mit „Städtebaureform 1865-1900, von Licht, Luft und Ordnung in der Stadt der Gründerzeit" in zwei (Sammel-)Bänden (1985) die bereits in „Stadterweiterungen 1800-1875" begonnenen Themen weiter vertieft. In seinem Beitrag zur städtischen Planung hob Sutcliffe 1981 hervor, dass das Jahr 1875 eine große Bedeutung für England und für Deutschland gehabt habe. 1875 sei in Preußen das Fluchtliniengesetz geschaffen worden, in England sei das Gesundheits-Pflegesetz (Public Health) erlassen und auch in Schottland eingeführt worden, damit sei der vorläufige Schlusspunkt der gesetzgeberischen Bemühungen erreicht worden.[46]

Ein weiterer Beitrag im Sammelband stammt von Gerd Albers zum Thema der Hamburger Bauordnung von 1842-1900. Albers zeigt, dass nach dem großen Brand Anfang Mai 1842 die Bürgerschaft und der Senat in 3 Monaten einen Wiederaufbauplan für die zu etwa 25 % zerstörte Kernstadt entwickelt und beschlossen hatten. Bemerkenswert sei dabei, dass ein neues Boden- und Baurecht (insbesondere die enteignungsrechtlichen Vorschriften) entwickelt werden konnten. In der neuen Bauordnung wurden die Vorschriften über die Standsicherheit und die Feuersicherheit mit dem Ziel verschärft, entstehende Brände auf das einzelne Gebäude zu begrenzen und so Nachbargebäude zu schützen. Flächenbrände in Quartieren waren Katastrophen, sie sollten und mussten zukünftig verhindert werden. In der neuen Bauordnung waren auch Teile eingefügt worden, die heute als städtebauliche Vorschriften gelten: Die Straßen- und Trottoirbreiten und die Anschlusspflicht an die öffentlichen Abwasserkanäle mit der Einführung der Schwemmkanalisation.[47] Bei Clemens Zimmermann „Von der Wohnungsfrage zur Wohnungspolitik, 1845-1914" steht nicht die Bauordnung im Vordergrund, sondern die Wohnungsfrage aus der Sicht der Reformer, die mit Ärzten und Ingenieuren zusammenarbeiteten.[48] Zimmermann wählte als Kontext die einsetzende Urbanisierung nach 1850, die dazu führte, dass die

45 Sutcliffe, Towards the planned City. Germany, Britain, the United States and France 1780-1914, Oxford 1981, Introduction S. 3-4.

46 Sutcliffe, Stadtpolitik und Stadtumwelt in Großbritanien zwischen 1875 und 1900, in: Städtebaureform 1865-1900. Von Licht, Luft und Ordnung in der Stadt der Gründerzeit. Hg.: Juan Rodriguez-Lores und Gerhard Fehl, Hamburg 1985, S. 59-90, hier S. 60.

47 Städtebaureform 1865-1900: Gerd Albers: Zur Entwicklung des Planungsrechtes am Beispiel der Hamburger Bauordnung 1842-1900, S. 289-314, hier 289-292.

48 Als Reformer bezeichnet Zimmermann u.a.: Victor Aimé Huber und, Friedrich Harkort und Adolf Lette (Centralverein für das Wohl der arbeitenden Klassen), Julius Faucher, H. Schwabe (Berliner Statistiker) und Hermann Schulze-Delitzsch. Karl von Mangoldt (Verein Reichswohnungsgesetz um 1889) wird nicht erwähnt.

Wohnungsreformbestrebung als eigenständisches sozialpolitisches Problemfeld erkannt wurde. Allerdings, so Zimmermann, musste die strukturelle Unterversorgung von Wohnungen in quantitativer und qualitativer Hinsicht den Zeitgenossen zwischen 1845 und 1870 erst nachgewiesen werden.[49] Die Wohnungsfrage wurde damit indirekt auch zur Frage der Bauordnungen, deren Änderung in vielen Punkten (z.B. Verbot der Kellerwohnungen) als dringend angesehen wurde. Der Zusammenhang zwischen der Wohnungsfrage und der Bauordnung, also die Einarbeitung von sozial-politischen Vorstellungen in das (Bau-)Normengerüst, sei schon vor 1860 theoretisch erarbeitet, aber praktisch nur sehr langsam eingeführt worden. Zentrale Bedeutung in der zweiten Hälfte des 19. Jh. habe das Ideal der in sich abgeschlossenen Familienwohnung gehabt, die einen Schutz gegen Lärm und Unruhe biete und behaglich sei.[50]

Anne Hardys Arbeit „Ärzte, Ingenieure und städtische Gesundheit" (2005) zeigt die großen Schwierigkeiten auf, die vor allem die Mediziner und Ingenieure im 19. Jh. hatten, die zunächst nur theoretischen Annahmen über die Wechselwirkung von Gesundheit und Hygiene in praktisches Handeln umzusetzen. Erst durch diese Vorarbeiten war es möglich, auch den wissenschaftlichen Nachweis der geforderten Maßnahmen und Reformansätze zu erbringen. Einschränkend fügte Hardy hinzu, dass die Entscheidung für ein bestimmtes technisches Sanierungssystem nicht auf Grund von wissenschaftlichen Erkenntnissen Eingang in das Verwaltungshandeln der Städte fand. Das Verwaltungshandeln sei eher ein „Aushandlungsprozeß" zwischen politischen, wirtschaftlichen, technischen und medizinischen Interessen gewesen. Weil das Fehlen von Licht, Luft und Sonne für den Menschen nicht nur ein gesundheitliches Problem ist, sondern auch die Bauordnung und die Stadtplanung angeht, ist der Beitrag von Hardy für die vorliegende Arbeit wichtig. Eine Besonderheit stellt die fünfbändige Untersuchung „Geschichte des Wohnens" dar, die die Wüstenrot-Stiftung 1997 veröffentlicht hat.[51] Diese umfassende Darstellung des menschlichen „Wohnens", eingebunden in die sozialen, gesellschaftlichen und politischen Verhältnisse, ist bemerkenswert.

Zum Forschungsstand kann zusammenfassend gesagt werden, dass der hier interessierende Themenbereich (Baupolizei/Bauordnung) in der Literatur keinen besonderen Platz einnimmt. Als eigenständiges Thema ist die Baupolizei in der bautechnischen und in der historischen Literatur kaum vertreten. Es gibt aber zwei Ausnahmen: Erstens der Sammelband von Rüdiger Bauer „100 Jahre Allgemeines Baugesetz Sachsen" aus dem Jahre 2000. Der erste Teil des Bandes ist eine umfangreiche Entwicklungsdarstellung der sächsischen Bauordnung, die in der Mitte des 19. Jh. beginnt und mit der Einführung der ersten Teile des Gesetzes am 2. August 1900 endet. In der zweiten Hälfte des Sammelbandes werden das geltende sächsische Baurecht (ab 1990) und die allgemeinen Probleme behandelt, die mit der Einführung des bundestaatlichen Planungsrechtes (Bauge-

49 Zimmermann, Clemens, Von der Wohnungsfrage zur Wohnungspolitik, 1845-1914. Göttingen 1991, S. 74.

50 ebd., S. 34.

51 Hier besonders der Band 3, Das bürgerliche Zeitalter, 1800-1918. Stuttgart 1997. Band 4 hat den Titel „Reform, Reaktion, Zerstörung, 1918-1945", Stuttgart 1996. Band 5: „1945 bis heute, Aufbau, Neubau, Umbau.", Stuttgart 1999.

setzbuch) in Sachsen zu bewältigen waren. Die zweite Ausnahme ist die schon erwähnte Arbeit von Albert Buff „Bauordnungen im Wandel“ von 1971. Buff hatte sich weniger mit sozialpolitischen Fragen (städtische Hygiene und Wohnungsfrage) befasst, sondern die verwaltunsgsrechtliche Seite der Baupolizei mehr betont.

Bei der Arbeit mit den Quellen hat sich gezeigt, dass die ursprünglich vom Verfasser verfolgte Intention, eine Entwicklungsgeschichte allein der Baupolizei zu schreiben, geändert werden musste. Sinnvoll und notwendig ist die Ergänzung dieses Vorhabens um eine Beschreibung der zweiten Aufgabe der Baupolizei. Sie war, jedenfalls bis Ende des 19. Jh., auch für die planerischen Aufgaben zuständig. In den (Landes-)Bauordnungen waren nicht nur die baupolizeilichen, sondern in zunehmendem Maße auch die planerischen Tätigkeiten der „Baupolizei“ enthalten. Daraus folgt, dass die Entwicklungsgeschichte der „Baupolizei“ im gewählten Zeitraum nur im Zusammenhang mit der Boden- und Wohnungsfrage des 19. Jh. und teilweise auch des 20. Jh. erklärt werden kann.

Die Tätigkeit der Baupolizei steht zunächst im Vordergrund der Betrachtung, sie tritt dann aber etwas zurück nachdem die Stadtplanung, gestützt auf wissenschaftliche Erkenntnisse, zu einer selbständigen Verwaltungseinheit wurde und durch ein Planungsrechtssystem mehr und mehr an Bedeutung gewann. Die Untersuchung der Institution Baupolizei wird durch die zahlreichen neueren Beiträge zur Wohnungsfrage wesentlich ergänzt, da in ihnen häufig die Wohnungsfrage mit der Bauordnungsfrage verknüpft wurde. Die Bauordnungen sind zwar für die Lösung der Wohnungsfrage nicht ausschlaggebend, sie sind aber wichtiger Bestandteil der Entwicklung. Buff hatte in diesem Zusammenhang davon gesprochen, dass eine wertende Darstellung (oder die Infragestellung der „existentiellen Notwendigkeit“) der Bauordnungen) fehle.

1.2 Aufgabenverlagerung und Wandel der Anschauungen

Während alle baupolizeilichen Aufgaben, außer der Energieeinsparung, im Wesentlichen seit Mitte des 19. Jh. bis heute bestehen, hat sich die tatsächliche Aufgabenerfüllung aber insofern verschoben, als der Staat bestimmte Aufgaben und Befugnisse an Private übertragen hat. An seine Stelle tritt - jedenfalls teilweise - der freischaffende Ingenieur oder Architekt. Gegenüber seinem Bauherrn ist der Ingenieur oder Architekt nur in privater Funktion tätig. Gegenüber der Bauaufsicht hat er aber, nach näherer Maßgabe der jeweiligen Bauordnung, Pflichten zu übernehmen.[52] Er wird aber damit noch nicht zu einem mit staatlichen Befugnissen ausgestatteten Unternehmer. Auch der Bauherr wird in die Verpflichtung einbezogen, denn er muß die Bauunterlagen „gegenzeichnen“. Die Gewährleistung von Sicherheit im umfassenden Sinn ist, bezogen auf den Bausektor, noch immer eine Staatsaufgabe, wenngleich sich der Staat teilweise entlastet, indem

52 Beispiele: Der Architekt hat die Einhaltung bestimmter Vorschriften der Bauordnung oder von ortsrechtlichen Vorgaben (durch Unterschrift im Bauantrag) zu garantieren und nach Bauende die vollständige Einhaltung aller Auflagen zu bestätigen. Nach § 56 HBO bedarf es keiner Baugenehmigung (z. B. auch bei mehrgeschossigen Wohnhäusern), wenn ein Bebauungsplan vorliegt. Diese „Vereinfachung“ hat zur Folge, dass der Architekt alle Prüfungen und Nachweise selbst aufstellen und gegenüber seinem Auftraggeber (dauerhaft) dokumentieren muss, um Haftpflichtansprüche zu begrenzen bzw. auszuschließen.

er sich auf die Kernbereiche im Bauordnungsrecht zurückzieht.[53] Trotzdem wird die ausgeübte Tätigkeit der Baupolizei nach wie vor als eine Aufgabe des Staates erfahren, selbst wenn der Staat bestimmte Bauordnungsaufgaben auf Private verlagert.[54] Der Bedeutungswandel der Bauaufsichtsbehörden ist den Architekten, den Ingenieuren und der Bauindustrie voll bewusst, den Bauherren - als den ebenfalls beteiligten Akteuren - ist der Wandel aber zum Teil noch unbekannt.[55] In der weiteren Öffentlichkeit wird der Wandel noch nicht wahrgenommen.

In der vorliegenden Arbeit geht es nicht um die Nachzeichnung der baupolizeilichen Aufgaben von der Antike bis in die Gegenwart, sondern um den historisch kleineren Zeitabschnitt von 1850 bis 1950. Dieser Zeitabschnitt bedarf noch einer einschränkenden Erläuterung: Wenn von „der Baupolizei" gesprochen wird, so ist zu bedenken, dass es in den Staaten des Deutschen Bundes, des Norddeutschen Bundes und dem Deutschland nach 1871 mehr als 30 verschiedene Bauordnungen und damit baupolizeiliche Ordnungssysteme gegeben hat. Für den Staat Preußen müssen noch ca. 300 unterschiedliche Bauordnungen hinzu gezählt werden, weil der Staat Preußen nie eine Bauordnung hatte, auch das „Gesetz, betreffend die Anlegung und Veränderung von Straßen und Plätzen in Städten und ländlichen Ortschaften" von 1875 („Fluchtliniengesetz") war keine Bauordnung. Jede staatliche Untereinheit (Städte, Kreise und Bezirke) mussten eigene Bauordnungen schaffen, die aber nur partiell übereinstimmten. Im Einführungsschreiben zum Entwurf einer (preußischen) Einheitsbauordnung vom 12.5.1919 (EBO) teilte der Staatskommissar für das Wohnungswesen mit: "Endlich war es erwünscht, eine große Reihe von Bestimmungen in einheitlicher Fassung und gleichem Wortlaut überall[56] einzuführen (...). Über diesen Umweg solle es später zu einem „allgemeinen preußischen Baugesetz kommen".[57]

1.3 Zeitliche Eingrenzung der Arbeit

Die Arbeit soll um 1850 beginnen und etwa um 1950 enden; der Untersuchungsbeginn und die Spanne scheinen zunächst willkürlich gewählt und bedürfen der Begründung. Das Ziel liegt in der Beschreibung der Institution Baupoli-

---

53 Scholz, Rupert, Privatisierung im Baurecht, Berlin 1997. Nach Scholz gehören dazu u. a. Standsicherheit und Brandschutz, S. 31.

54 Feldmann, Ekke, Der Technische Notar. Ein Beitrag zur Deregulierung des Bauordnungsrechtes, Baden-Baden 1993, S. 85.

55 Vermutlich sind die zunehmenden Nachbarstreitigkeiten und die drastisch erhöhte Zahl der Klagen von Bauherren gegen die jeweiligen Architekten Anzeichen für die einsetzende Veränderung. Ein anderes Indiz für die Veränderung scheinen Aussagen der Berufs-Haftpflichtversicherer zu sein. In einer Mitteilung der Architekt-Ingenieur-Assekuranz AG Düsseldorf (AIA) an den Verfasser wurde betont, dass die Schadenshäufigkeiten von 1990 bis 2005 sich um 123%, die Schadenssummen aber um 220% erhöht haben. Wird die Schadensumme um die Preissteigerung (ca. 20%) bereinigt, bleibt eine beträchtliche überproportionale Erhöhung der Schadensummen gegenüber der Schadenshäufigkeit. Die AIA hat nach eigenen Angaben einen Marktanteil von ca. 33% auf dem Gebiet der Ingenieur- und Architektenhaftpflicht.

56 In jeder preußischen Stadt und in jedem Landkreis mit Polizeibehörde.

57 Baltz & Fischer, Preußisches Baupolizeirecht,1938, 61938, S. IV und V. Es handelt sich nicht um eine durch Gesetz eingeführte Bauordnung, sondern um einen Entwurf, den der Minister - nur für Preußen - vorstellte! Nach seiner Meinung sollte der Entwurf ein Schritt zu einem umfassenden preußischen Baugesetz sein.

zei, wie sie sich von der Mitte des 19. Jh. an entwickelt und verändert hat und welche Bedeutung dieser spezielle Zweig der Polizei, die Baupolizei, ein Jahrhundert später noch hatte. Der Untersuchungsbeginn um 1850 ergibt sich nicht nur aus dem preußischen Gesetz über die Polizeiverwaltung vom 11.3.1850 und der Einführung der Berliner Bauordnung vom 21.4.1853, die als unverbindliches Muster allen preußischen Städten zur Verfügung gestellt wurde.[58]

Die Mitte des 19. Jh. ist zudem durch soziale Kämpfe gekennzeichnet wie dem Weberaufstand in Schlesien im Juni 1844, sie war auch die „Geburtsstunde der deutschen Arbeiterbewegung“, so Michael Behnen. Das „Scheitern der bürgerlichen Revolution“ von 1848 fiel in diese politisch außerordentlich bedeutsame Zeit.[59] Wirtschafts- und sozialpolitisch einschneidend waren der Beginn der Industrialisierung mit dem Bau von Eisenbahnen, die Landflucht mit dem Zug vom Land in die Stadt, die fortschreitende Verelendung eines großen Teils der Bevölkerung und die Wohnungsnot.[60] Der Zuzug in die Mittel- und Großstädte war groß.[61] Hinzu kam die Veränderung des Bevölkerungswachstums durch den Geburtenüberschuß. Die Bevölkerung im Reichsgebiet erhöhte sich von 1830 bis 1870 von 28,4 Millionen auf 39,2 Millionen und damit um ca. 38%, dies entspricht einem Bevölkerungszuwachs von rund einem Prozent pro Jahr.[62] Die Mitte des 19. Jh. wurde auch für den Untersuchungsbeginn gewählt, da sich hier eine Zäsur abzeichnete, die fast alle Lebensbereiche stark beeinflussen sollte. Stichworte sind hierzu: Die Veränderungen in der Landwirtschaft (Freisetzen von Landarbeitern), die Zurückdrängung der handwerklichen Arbeitsweise durch Mechanisierung und die beginnende industrielle Produktion von Massengütern sowie der Bau von Eisenbahnen und Bahnhöfen. Eine Folge war die Wohnungsknappheit bis hin zur Wohnungsnot, vor allem in den größeren Städten. Köllmann verweist auf die Tatsache, dass erst die Industrialisierung die Voraussetzung für die Existenz der steigenden Überschußbevölkerung schuf, weil nur so genügend Arbeitsplätze geschaffen werden konnten.[63]

---

58 Doehl, C., Repertorium (...) 1866, Seite 465.

59 Behnen, Michael, Deutschland unter Napoleon. Restauration und Vormärz (1806-1847), in: Deutsche Geschichte, hg. von Martin Vogt, Stuttgart ²1991, Seite 349-468, hier S. 425. Die Jahrhundertmitte ist mit dem Begriff „Sattelzeit“ verbunden, denn R. Koselleck bezeichnet die Periode von 1750-1850 als Sattelzeit, in: Winfried Schulze: Einführung in die neuere Geschichte, Stuttgart 2002, S. 128.

60 Vergl. auch Hans-Ulrich Wehler, Deutsche Gesellschaftsgeschichte. Von der „Deutschen Doppelrevolution“ bis zum Beginn des Ersten Weltkrieges, 1849-1914. 4 Bde. München 1995, Bd. 3, S. 12, 503. Wehler bezeichnet die Zeit vor und bis 1850 als „Latenzphase“, der unmittelbar darauf der „industrielle Take-off“ folgte.

61 H. J. Teuteberg spricht vom „Verstädterungsphänomen“, einem Synonym für den Begriff Urbanisation, in: Urbanisierung im 19. und 20. Jahrhundert, Köln/Wien 1983, S. 3. Die Industrialisierung der 50er und 60er Jahre wird von Wolfgang Kantzow als „industrielle Revolution“ bezeichnet, in: Der Bruch in der Entwicklung der deutschen Städte ausgehend von der preußischen Reformpolitik und dem veränderten Begriff des Bodeneigentums. In: Stadterweiterungen 1800-1875, hg. von Gerhard Fehl und Rodriquez-Lores, Hamburg, 1981, S. 30.

62 Marschalck, Peter, Bevölkerungsgeschichte Deutschlands im 19. und 20. Jh., Frankfurt/M 1984, S. 145. Das Bevölkerungswachstum im 10-Jahresabstand: 1850-1860 und 1860-1870 = kleiner 1% pro Jahr , 1870-1880 = 1,5% pro Jahr, 1880-1890 = kleiner 1,0% pro Jahr, 1890-1900 = 1,38% pro Jahr.

63 Köllmann, Wolfgang, Bevölkerung in der industriellen Revolution, S. 37.

Die „schlesischen Ereignisse" zeigen die Erkenntnisprobleme der Gesellschaft (Reulecke), denn offensichtlich „bedarf es meist eines spektakulären Ereignisses, um der Allgemeinheit die Folgen tief greifender Wandlungsprozesse im sozialen und wirtschaftlichen Bereich, [...] so ins Bewußtsein zu heben, dass Reaktionen in Form sowohl von sozialer Bewegung als auch von Steuerungsversuchen und längerfristigen Planungen eine breitere Resonanz finden". Den schlesischen Weberaufstand rechnet daher Reulecke zu den wenigen, aber entscheidenden sozial-geschichtlichen Ereignissen seit etwa 1700.[64] Es war ein sozialer Aufruhr kleiner Leute, den das „Bürgertum nicht für möglich gehalten hatte", als in den schlesischen Dörfern der „Weberaufstand" im Juni 1844 losbrach."[65] Obwohl Peterswaldau und Langenbielau kleine Städtchen waren, war die Wirkung der „Emeute" (Reulecke) über Schlesien hinaus bekannt geworden.

Der Anlaß war nicht nur der geringe Lohn, den ein Weber verdiente und der kaum für die Ernährung einer Familie und für die „normale" Wohnung reichte. Es war die Summe der Ereignisse, die 1844 eintraten oder sich dann auswirkten. Die schlesischen Ereignisse waren nach Clark nur das sichtbare Zeichen einer sich schnell verändernden Welt; die soziale Frage war damit nicht nur in England, sondern auch in Deutschland aufgeworfen worden.[66] Die Verelendung konnte, so Behnen, erst nach 1850 durch die „steigende Kapitalbildung" und durch den „organisatorischen Rahmen des Zollvereins" überwunden werden, der „Begriff Pauperismus verschwand um 1870".[67]

Der zeitliche Schluss der Untersuchung, Wiederaufbau nach dem II. Weltkrieg und das Gutachten des Bundesverfassungsgerichts 1954

Die Westmächte, die der deutschen Politik nur zögernd Entscheidungsbefugnisse einräumten, hatten 1945 auf dem Sektor der Polizei und der öffentliche Verwaltung eine andere Vorstellung von der künftigen deutschen Verwaltung als die vorgefundene deutsche Verwaltungsstruktur. Die vor 1933 Überkommene und ab 1933 bis 1945 zentralistisch umgewandelte Verwaltung sollte mit einem strukturverändernden Eingriff der Alliierten dezentralisiert und demokratisiert werden. Daher mußte nach angelsächsischem Staatsverständnis auch die vorhandene Polizeistruktur in die Bereiche Verwaltung (zivile Ordnung) und Polizei getrennt werden. Die englische Polizei-Verwaltungsstruktur war Vorbild für den Umbau, die organisationsrechtliche Aufgabentrennung war damit als Ziel für die US- und die britische Zone vorgegeben. Die Kriminal- und Verkehrspolizei sollte bei der Polizei mit ihrem Gewaltmonopol verbleiben, dagegen sollten alle an-

64 Reulecke, S. (23*).

65 Reulecke, Jürgen, Der Centralverein für das Wohl der arbeitenden Klassen, in: Mittheilungen des Centralvereins für das Wohl der arbeitenden Klassen, Bd. 1, Hagen 1980, Hg.: Köllmann und Reulecke, S. 23*. E.F.: Die betroffenen Dörfer waren: Langenbielau, Wüstewaltersdorf, Peterswaldau, Heinrichau und Zetlitzheide.

66 Clark, John, Preußen. Aufstieg und Niedergang 1600-1947, München [3]2007, S. 515-519. Nach Clark ist die soziale Frage die Summe folgender Teile: Arbeitsbedingungen, Wohnungsprobleme, Auflösung von Zünften und Ständen, Niedergang von Religion und Moral mit der Folge eines sich bildenden Proletariats. Schließlich führe die fortschreitende Verarmung der unteren Schichten zur „Pauperisierung", so Clark.

67 Behnen, Michael, Deutschland unter Napoleon. Restauration und Vormärz (1806-1847), in: Deutsche Geschichte, S. 388-402, (390-391).

deren bisher ausgeübten Aufgaben (z.B. Baupolizei, Gewerbe-, Medizinal- und Gesundheitsaufsicht) ausgesondert und als neue Verwaltungen geführt werden. Im aufzubauenden demokratischen Rechtsstaat war die Gewaltentrennung von Beginn an ein wichtiges Ziel der westlichen Alliierten.[68]

Die Veränderung ist nicht aus einem als notwendig anerkannten und freiwilligen Wandel erfolgt, sondern das Ergebnis eines durch die Siegermächte zunächst befohlenen, dann akzeptierten demokratischen Umbaus des staatlichen Verwaltungsapparates.[69] Für die Baupolizei war 1945 ein Einschnitt, jedoch noch kein Bruch mit der tradierten Auffassung. Der Bruch vollzog sich erst Anfang der 50er Jahre mit der Diskussion über die Zuständigkeit der Baupolizei und dem beginnenden neuen demokratischen Verständnis für diese staatliche Verwaltungstätigkeit.

Unmittelbar nach Gründung der Bundesrepublik hatte sich die politische Frage ergeben, wer das Recht zum Erlass eines umfassenden Baugesetzes hat. Direkt nach dem Kriegsende entwickelten die neu gebildeten Länder eigene „Aufbaugesetze“, die ab 1948 z. B. in Württemberg und Hessen auch eingeführt wurden. Die Gesetze sahen auch die Baulandbeschaffung und Enteignungsmöglichkeiten vor, dennoch waren (Bauland-)Enteignungen schon 1949 erheblich schwieriger geworden, denn der Grundgesetzartikel 14 (Eigentum, Erbrecht und Enteignung) war Bundesrecht, das Vorrang vor den Landesgesetzen besitzt, die früheren Enteignungsvorschriften erwiesen sich damit als unwirksam.[70] Neben der praktischen Frage nach Bauland für den Wohnungsneubau, aber auch für den Wiederaufbau zerstörter Innenstadtteile, war auch das Bund-Länder-Verhältnis in der Frage der Zuständigkeit im Bauwesen noch ungeklärt.[71]

Die Untersuchung in dieser Arbeit soll um 1950 enden, eingeschlossen ist ein genau datiertes Ereignis: Es ist die Verkündung des Rechtsgutachtens („Baurechtsgutachten“, auch Karlsruher Gutachten genannt) des Bundesverfassungsgerichtes vom 16.6.1954. Anlass für das Gutachten war die von den Bundesländern erhobene Frage nach der Baurechtskompetenz in der verfassungsrechtlich

---

68 Ruhl, Hans-Jörg, Neubeginn und Restauration, München 1982. Einer der politischen Grundsätze der USA lautete: „Die Verwaltung der öffentlichen Angelegenheiten in Deutschland ist auf die Dezentralisation der politischen Struktur und die Entwicklung örtlicher Verantwortlichkeit auszurichten“. S. 109.

69 Um den Umfang der Arbeit nicht zu größeren, wird auf eine Darstellung der Baupolizei in der früheren sowjetisch besetzten Zone, der späteren Deutschen Demokratischen Republik, verzichtet.

70 Artikel 31 des GG: Bundesrecht bricht Landesrecht. Auch im Bundestag wurde schon 1951 vermerkt, dass die alten Enteignungsgesetze (vor 1918), ebenso wie die Bestimmungen in den Aufbaugesetzen von 1948, ungeeignet und überholt seien (Deutscher Bundestag, Stenogr. Berichte Bd. 8, 15.6.1951, S. 6081).

71 BA Koblenz, B-134-5335, Vermerk an die Abteilungsleitung vom 7.6.1950. Der zuständige Referatsleiter im Wohnungsbauministerium (Dittus), hatte auf die kommende politische Auseinandersetzung in der Kompetenzfrage hingewiesen und angeregt, ein Gutachten (durch das Volksheimstättenwerk) erstellen zu lassen. Im Bundestag (BT) wurde die Kompetenzfrage am 13.9.1951 diskutiert (BT, Stenogr. Berichte Bd. 9, S. 6585).

föderal organisierten Bundesrepublik.[72] Im Gutachten wurde dem Bund die Bauordnungskompetenz im Wohnungsbau zugebilligt, für den „Nichtwohnungsbau" (Büro- und sonstige gewerbliche Bauten aller Art, Betriebsstätten, Läden und Einkaufszentren) seien die Länder zuständig. In der Folge verzichtete der Bund auf seine Kompetenz, die Länder erließen ab 1954 eigene und voneinander abweichende Bauordnungen.[73] Erste kleinere Änderungen zeichneten sich ab: Die Behörde wurde nicht mehr generell als Baupolizei bezeichnet, sondern schon als Bauaufsicht (oder Bauordnungsbehörde). Dieser kleine Schritt eröffnete weitere Möglichkeiten, die letztlich bis zur teilweisen Aufgabenverlagerung auf Private führten. Gleichzeitig kann mit der Lösung der verfassungsrechtlichen Frage durch das Gutachten von 1954 aber auch der Zeitpunkt beschrieben werden, an dem sich die Bezeichnung und das noch wirkende polizeiliche Gewaltmonopol der Baupolizei wandelte und daraus die moderne Bauaufsicht entstand, die später erneut eine wesentliche Änderung erfuhr.[74]

Das Gutachten des Bundesverfassungsgerichtes von 1954 markiert den Beginn eines neuen und veränderten Verständnisses von staatlicher Verwaltung im Bereich der Bauordnung und der städtebaulichen Planung. Die notwendige Ergänzung um den städtebaulichen Teil des Baurechts erfolgte erst im Jahr 1960 mit dem Erlass des Bundesbaugesetzes durch den Deutschen Bundestag (heutige Bezeichnung: Baugesetzbuch).

1.4 Baupolizei und Planung

Diese Arbeit kann sich nicht allein auf die Entwicklung der Baupolizei mit der staatlichen Aufgabe „Ordnung" beschränken, sie muss auch auf die zweite Aufgabe, die „Planung", eingehen. Die „Ordnungsaufgabe" der Baupolizei hat eine lange Tradition, während sich die „Planungsaufgabe" erst zu Beginn des 19. Jh. entwickelte und kurz nach der Mitte des 19. Jh. größere Bedeutung gewann. Ab diesem Zeitpunkt kann die Baupolizei ohne die nun entwickelte Bebauungsplanung, (1853: Berliner „Bebauungsplan") nicht vollständig beschrieben werden. Die Beziehung zwischen beiden Aufgaben wurde nun wechselseitig, da jede Handlung der Baupolizei zwangsläufig eine Wirkung auf die Planung hat, umgekehrt gilt dies ebenso. Gemeinsamer Ausgangspunkt ist bei beiden die geplante Nutzung des Bodens: Privates Bauland, Flächen für öffentliche oder andere private Zwecke.

Hatte sich der Staat und damit seine Verwaltung in der Mitte des 19. Jh. weitgehend aus dem wirtschaftlichen Leben herausgehalten, so wurden bis zum Ende des Jahrhunderts die Anforderungen an das staatliche und kommunalpoli-

72 Auf Antrag des Bundesrates (1952) und mit Zustimmung des Bundestages und der Bundesregierung hatte das Bundesverfassungsgericht ein Gutachten zur Frage der Baurechtskompetenz erstellt. BVerfGE 1954, Bd.3, S. 407-439.

73 Der Bund hatte auf seine verfassungsrechtliche Zuständigkeit verzichtet, weil die Länder versichert hatten, eine einheitliche Bauordnung zu erarbeiten und diese auch umzusetzen. Letzteres ist bis heute nicht geschehen.

74 40 Jahre nach dem Karlsruher Gutachten von 1954 ist der erste Versuch unternommen worden, die Bauaufsicht mit Hilfe beliehener Unternehmer teilweise zu deregulieren. Aus dem Versuch ist inzwischen ein fortlaufender Prozess entstanden, der noch nicht abgeschlossen ist. Auch dessen Umkehrung ist nicht ausgeschlossen.

tische Handeln größer. Die Wohnungsnot wurde besonders in den Mittel- und Großstädten zu einem allgemeinen sozialen Problem, dem sich die Staaten, wenn auch sehr zögerlich, intervenierend stellten. Die neuen technischen Dimensionen im Eisenbahnbau, die Wohnungsnot, die Entwässerung der Städte und andere hinzukommende Aufgaben erforderten eine vorsorgende Planung, die unlöslich mit der Baupolizei verbunden war. Sie war jedoch auf die neuen Aufgaben nicht vorbereitet, die wissenschaftlichen Grundlagen für die Stadterweiterungsplanung lagen noch nicht vor. Als polizeinahe Institution hatte sie nur die jeweiligen Bauordnungsbestimmungen zur Grundlage ihres Handelns. Gesellschaftliche Probleme zu erkennen oder Ziele außerhalb des eigenen und sehr begrenzten Bereichs zu formulieren und gegebenenfalls auch Änderungen durchzusetzen, war und ist nicht Aufgabe der Baupolizei.

Verbunden mit einem bis dahin nicht gekannten Bevölkerungs- und Stadtwachstum wurden die Baupolizeiaufgaben umfangreicher und technisch komplizierter; hier ist besonders der neue Baustoff Stahlbeton zu erwähnen. Die Verbindung zwischen Stahl (zugfest) und Beton (druckfest) ergab den neuen formbaren Baustoff mit großen Möglichkeiten.[75] Die Behörde hatte nicht nur für die bauliche Sicherheit und Ordnung zu sorgen, sie war zunehmend mit Aufgaben betraut worden, die außerhalb des bisherigen Wirkungsbereichs lagen. Die erste große Planung für eine Stadtgebietserweiterung war der Berliner Bebauungsplan von 1860, der jedoch nicht durch die Baupolizei entwickelt wurde, sondern durch den Polizeipräsidenten. In der Öffentlichkeit war der Bebauungsplan kaum bekannt, umso mehr aber bei den Grundstückseigentümern.[76]

Die Erweiterungsplanung der hessischen Stadt Mainz nach 1860 kann eher als ein klassisches Beispiel für den erweiterten Aufgabenbereich der Baupolizei gelten. Der Mainzer Stadtbaumeister Kreyßig legte 1869 eine Studie für ein Erweiterungsgebiet „außerhalb der Festung" vor, in dem Plangebiet sollten rund 20.000 Bewohner angesiedelt werden. Zahlreiche Entwürfe - auch anderer Baumeister - wurden bis 1875 gefertigt und im Gemeinderat, d h. öffentlich diskutiert. Zwischenzeitlich hatte die Stadt den Berliner Planer Hobrecht um ein Gutachten gebeten, das er nach einem Besuch 1873 vorlegte und im Gemeinderat erläuterte.[77] Während die Baupolizei nach vorgegebenen Bauordnungen handelt, ist die Planung ein dynamischer Prozeß, der zwar auch nach Regeln verläuft, aber vielfältigen Einflüssen, die nicht von Anfang an normiert sind, unter-

75 Lamprecht, Heinz-Otto, Opus Caementitium, Bautechnik der Römer, Düsseldorf [4]1993, S. 33. Beton als Baustoff ist seit der römischen Kaiserzeit unter dem Namen Opus Caementitium (oder „römischer Beton") bekannt. Das neue Verfahren, diesen Baustoff mit Stahl zu verbinden und damit den Verwendungsbereich entscheidend zu vergrößern, ist erst um 1867 durch den Gärtner Monier erfunden worden (Lamprecht S. 31).

76 Die Berliner Stadtgebietserweiterung soll in einem gesonderten Abschnitt behandelt werden, denn schon die Größenordnung war untypisch.

77 Kläger, Michael, Die Stadterweiterung von Mainz. Konkurrierende Interessen und die Entwicklung der Bebauungspläne zwischen 1868 und 1875, in: Stadterweiterungen 1800-1875, hg. von Fehl und Rodriguez-Lores, Hamburg 1983, S. 315-343. Nach der Planbearbeitung genehmigte die hessische Landesregierung die Erweiterung 1875. Sie hatte auch „Schattenseiten", sie beschrieb um 1922 einer der Nachfolger von Kreyßig so: „Die Folgen des im Stadtplan liegenden Systems mit breiten Straßen, in Verbindung mit dem Bauspekulantentum (...) schuf jene vielstöckigen Mietskasernen (...), die ein trauriges Kulturdenkmal unserer Städte bilden. S. 341.

worfen ist. Die neuen, zusätzlichen Aufgaben für die Baupolizei entwickelten sich schrittweise aus den Erfahrungen, die die Baupolizei machte. Schon um die Mitte des 19. Jh. war die Festlegung einer Straßenbauflucht (Baulinie) allgemein geläufig. Angesichts der stark verdichteten Bauweise, verbunden mit der in die Tiefe des Grundstücks gehenden weiteren baulichen Ausnutzung wurde erkannt, dass die Einführung einer zweiten Baulinie (rückwärtige Baulinie), dann zwingend war, wenn die Baudichte verringert und die Wohnverhältnisse verbessert werden sollten.[78]

Weitere Aufgaben waren die Gestaltung des Stadtbildes mit Straßen und Plätzen, die Baubodenbereitstellung, die Fragen der Ver- und Entsorgung neuer Teile des Stadtgebietes durch Flächenbereitstellungen und die Anordnung von Industrieanlagen und Wohngebieten, die Hilfe bei der Erstellung von Wohnungen für die gering verdienenden Schichten der Bevölkerung durch Gewährung von Dispensen. Zusätzlich waren die Flächen für Sport, Erholung, Kunst und Kultur sowie Flächen für öffentliche Dienstleistungen (technische Infrastruktur) der Stadt festzulegen.

Gerhard Fehl hat das Jahr 1865 als das Jahr bezeichnet, seit dem die soziale Auseinandersetzung um die Wohnungsfrage als ein „typisch großstädtisches Grundproblem begriffen wurde".[79] Fehl deutet die erste Hälfte des 19. Jh. als eine ausklingende Periode, in der noch die kleinteilige Planungspraxis vorherrschte und Lösungen für die großen Probleme noch nicht gesucht werden mussten. Erst danach stieß der „konzeptionell und instrumentell unvorbereitete Städtebau" unerwartet auf das Phänomen eines ungeheuren ökonomischen, technologischen und demografischen Wachstums, so Fehl.[80]

Aus der umfassenden und undifferenzierten Polizeiaufgabe haben sich im letzten Viertel des 19. Jh. Verwaltungszweige gebildet, denen speziellere Aufgaben übertragen wurden.[81] In der Baupolizei war eine Institution neben der Polizei entstanden, die sich ganz auf das Bauen konzentrieren konnte, jedoch nur im Rahmen von städtischen Bauordnungen (Berlin und alle anderen preußischen Städte), oder einer Bauordnung, die aber für einen ganzen Staat galt (z.B. Württemberg, Bayern, Sachsen oder Hessen-Darmstadt). Die Bauordnungen dieser Staaten zeigen gemeinsame Merkmale, die bei einem Vergleich hilfreich und teilweise auch notwendig sind, Näheres dazu wird im nächsten Abschnitt erläutert.

---

78 Die rückwärtige Baulinie wurde also erst später als ein sehr wirksames Instrument für die Planung erkannt.

79 Rodriguez/Fehl, Städtebaureform 1865-1900, S. 13. Dabei weist Fehl daraufhin, dass historische Prozesse sich nicht auf eine Jahreszahl beschränken lassen oder fixiert werden können. Es müsse hier angeführt werden, dass die Vierteljahresschrift für Volkswirthschaft und Culturgeschichte (Julius Faucher) zum ersten Mal erschienen sei und der Centralverein für das Wohl der arbeitenden Classen seinen ersten Kongreß zur Wohnungsfrage veranstaltet habe.

80 ebd. S. 12.

81 Diese Verwaltungszweige (u.a. Baupolizei, Gewerbepolizei, Medizinalpolizei) hatten zwar besondere Aufgaben zu erfüllen, sie führten jedoch noch immer den Begriffszusatz „Polizei".

1.5 Der gewählte Untersuchungsbereich und die Vergleichsmethode

Der Begriff Bauordnung kann auf eine einzelne Stadt bezogen sein, er kann einen Bezirk oder eine ganze Provinz umfassen, er kann aber auch für einen Staat gelten. Im 19. Jh. gab es in Deutschland jede der genannten Bauordnungsarten.[82] Württemberg besaß schon seit 1842 eine Landes-Bauordnung, in Bayern galt eine Bauordnung seit 1868, während Hessen-Darmstadt erst 1881 eine landesweit gültige Bauordnung schuf. Die Hansestädte Bremen, Hamburg und Lübeck besaßen ebenfalls eigene Bauordnungen. In dieser Arbeit könnte die Untersuchung auf eine einzige Bauordnung beschränkt werden, der Gegenstand wäre dann z. B. die „Entwicklungsgeschichte der Württembergischen Bauordnung" oder der „Bauordnung der Stadt Königsberg". Für Vergleiche ist es aber interessanter und wirklichkeitsnäher mehrere Bauordnungen heranzuziehen, die für größere Bereiche gelten. Bauordnungen, wie die des Fürstentums Reuß (jüngere Linie), des Herzogtums Sachsen-Altenburg und das „Baugesetz für die Städte des Herzogtums Sachsen-Altenburg" scheiden damit aus. Die Bauordnungen von Bayern, Württemberg bis zum Fürstentum Reuß haben eigene Entwicklungen genommen, je nach dem, zu welchem Zeitpunkt sie erlassen wurden und unter welchem übergeordneten Einfluss diese Staaten (z. B. dem französisch-napoleonischen Einfluss im süddeutschen Bereich) standen. Auch Bauordnungen der Groß- und Mittelstädte (Hanse- und freie Reichstädte) können wichtige Anhaltspunkte für die Entwicklungsgeschichte der Baupolizei geben, da fast alle Städte schon früh eigene Bauordnungen entwickelt hatten und insofern eine Tradition in der örtlichen (Bau-)Gesetzgebung aufweisen können.[83] Städtische Bauordnungen, die zu Anfang des 19. Jh. bestanden oder kurz danach geschaffen wurden, unterscheiden sich aber nach Inhalt und Form mehr als Bauordnungen, die im letzten Viertel des 19. Jh. eingeführt wurden. Dies liegt auch daran, dass die frühen Bauordnungen fast ausnahmslos städtische Ordnungen waren, die naturgemäß nur die Ordnung des eigenen städtischen Raumes zum Ziel hatten, während gegen Ende des 19. Jh. einige Staaten bereits Bauordnungen für das ganze Staatsgebiet erlassen hatten. Solche Bauordnungen konnten aber nicht mehr jede örtliche Situation abbilden, sie mussten daher insgesamt „abstrakter" formuliert werden und sind so für den beabsichtigten Vergleich geeigneter.

---

82 Denkschrift, betreffend die Wohnungsfürsorge im Reiche und in den Bundesstaaten 1904, RT-Drucksache Nr. 471. Baden hatte sein „Ortsstraßengesetz", das Fürstentum Reuß (jüngere Linie) hatte die „Baupolizeiordnung für die Stadt Gera" und eine „Anderweit revidierte Baupolizeiordnung für den unterländischen Landbezirk" und das Herzogtum Sachsen-Altenburg das „Baugesetz für die Städte des Herzogtums Sachen-Altenburg". Die genannten Bauordnungen stammen zum überwiegenden Teil aus der Zeit nach 1890.

83 Krüger, Kurt, Geschichte der Baupolizei, insbesondere des neuzeitlichen formellen baupolizeilichen Verfahrens. Halle a.d.S. 1914. Nach Krüger hatten die Städte Bremen (1724), Breslau (1668), Cassel (1784), Dresden (1827), Frankfurt a. M. (1809), Hannover (1831), Koblenz (1854), Leipzig (1837) und München (1805) städtische Bauordnungen. Hier wurden nur die Bauordnungen aufgeführt, die um die Mitte des 19. Jh. schon galten. Nach Krüger hat es schon früher (ab dem 15. Jh.) Bauordnungen gegeben, die jedoch oft nur im „Stadtrecht" enthalten waren.

Ein Vergleich der nur in den preußischen Kreisen, Städten oder Provinzen geltenden Bauordnungen würde auch nicht zu Aussagen über „die Entwicklungsgeschichte der Bauordnungen und der Baupolizei zwischen 1850 und 1950“ führen können. Das territoriale, wirtschaftliche und politische Übergewicht, das Preußen in der Zeit zwischen 1850 und 1933 besaß, kann außer Betracht bleiben, weil Preußen als Staat keine Bauordnung besaß.[84] Die notwendige Begrenzung und die Auswahl ergeben sich nicht aus der räumlichen Dimension eines Staates (ob großer oder kleinerer Flächenstaat) und auch nicht aus der Bevölkerungszahl allein. Wichtiges Kriterium für die Auswahl ist die Ordnungsvorstellung, die der Staat mit „seiner“ Bauordnung umsetzen will. Am Berliner Beispiel kann beispielsweise gezeigt werden, wie ungelöste soziale Probleme gebündelt auf die Stadt und damit auf ihre Baupolizei-Verwaltung einwirkten und ob Probleme erkannt und wie sie gelöst wurden.

Zum Vergleich sollen die Bauordnungen der Flächenstaaten Bayern, Hessen-Darmstadt, Sachsen und Württemberg herangezogen werden. Die Ausnahme beim Vergleich soll die preußische Hauptstadt Berlin sein. Diese Ausnahme ist deswegen gerechtfertigt, weil keine Berliner Bauordnung zwischen 1853 und dem Ende des 19. Jh. durch die städtischen Gremien beschlossen, sondern durch den Staat Preußen verordnet wurden. Gleichzeitig wurde aber die Berliner Bauordnung von 1853 ausdrücklich den anderen Städten und Provinzen als „Vorbild“ empfohlen.[85] Um 1875 hatte Berlin etwa 1 Million Einwohner, Bayern beherbergte ca. 4,8 Millionen Einwohner, Hessen-Darmstadt hatte 1,0 Millionen Einwohner, Sachsen wies 2,6 Millionen Einwohner und Württemberg 1,8 Millionen Einwohner auf.[86]

In dieser Arbeit sollen Vergleiche zwischen den ausgewählten Bauordnungen nur in dem Umfang durchgeführt werden, wie sie zur Bestimmung von einigen wenigen, aber wesentlichen Bauordnungselementen notwendig sind. Aus den Vergleichen kann geschlossen werden, welche Bedeutung ein bestimmtes Problem oder eine spezielle Aufgabe im jeweiligen Staat hatte und wie die Aufgabe zu erledigen war. Aus der Analyse kann weiter geschlossen werden, wie sich die Institution Baupolizei entwickelt hat.

1.6 Aufbau der Arbeit

Die Arbeit soll in acht Kapiteln aufzeigen, welchen Weg die Baupolizei (später Bauaufsicht) von der Mitte des 19. Jh. bis zur Mitte des 20. Jh. unter veränderten gesellschaftspolitischen Bedingungen genommen hat. Für die Untersuchung wird die chronologische Form gewählt, die Kapitel haben unterschiedliche Schwerpunkte, sie reichen von der Boden-, Bauordnungs- bis zur Wohnungsfrage.

Im zweiten Kapitel wird der Begriff und die Bedeutung der Polizei erläutert, welche Aufgabe die Polizei und die Baupolizei im 19. Jh. hatte und wie die Baupolizei von der Polizei abzugrenzen ist. Danach wird untersucht, wie Baupolizeiaufgaben bestimmt und wie die Aufgaben erledigt wurden. Wichtige Einzelvorschriften aus den Bauordnungen von Bayern, Sachsen, Württemberg, Hes-

---

84 Mit „einer“ preußischen Bauordnung wären allerdings starke zentralisierende Wirkungen verbunden gewesen.

85 Doehl, C., Repertorium, Berlin 1866, S. 465.

86 Die getroffene (Länder-)Auswahl umfaßt damit ca. 30% der deutschen Bevölkerung.

sen-Darmstadt und der Stadt Berlin werden in vergleichender Übersicht zeigen, ob und welche Unterschiede bei den Anforderungen an ein Bauwerk bestehen und wie diese Unterschiede bewertet werden können. Schließlich soll nach der beruflichen Ausbildung und der gesellschaftlichen Stellung der Beamten der Baupolizei gefragt werden.

Im dritten Kapitel wird untersucht, ob und wie das „Siedeln, Bauen und das Recht auf eine Wohnung“ als Verfassungsziel verankert und welche Folgerungen daraus in den Bauordnungen gezogen wurden. Waren Stadterweiterungen Aufgaben, die die Baupolizei in der zweiten Hälfte des 19. Jh. erfüllen konnte und welche Einwirkungsmöglichkeit hatte die Baupolizei bei der Gestaltung der Bauten? Die schwierige Arbeit der Baupolizei im Denkmalschutz soll am Beispiel der Verordnung zum Schutz des Siegesdenkmals auf dem Berliner Kreuzberg aufgezeigt werden; denn diese „wohlfahrtspolizeiliche und ästhetische Aufgabe“ gehörte zu den umstrittenen Baupolizeiaufgaben im letzten Viertel des 19. Jh.

Eine der wichtigsten sozialen Fragen des 19. Jh. wird im vierten Kapitel untersucht, es handelt sich um die Wohnungsfrage, die bis in das 20. Jh. hineinreicht, dabei soll nach der Aufgabe der Baupolizei im Zusammenhang mit der Wohnungsfrage gefragt werden. Ein wesentlicher Abschnitt in diesem Kapitel ist aber auch die Bebauungsplanung in Berlin um 1860 und die anschließende öffentliche Kritik an dieser Planung. Das Kapitel soll mit der Untersuchung von Bauordnungsregelungen in Bezug auf „ausreichende Belichtung, Belüftung und der Hygiene in den Wohnungen und in der Stadt“ enden.

Im fünften Kapitel werden die Wohnungsfürsorge des Reichs und die sich entwickelnde Wohnungsaufsicht in den Ländern behandelt, nachdem sich mit den Bauordnungen allein das Problem der unzureichend ausgestatteten und überbelegten Wohnungen nicht lösen ließ. Ein ursächlicher Zusammenhang zwischen baupolizeilicher Zulässigkeit hoher Bodenausnutzung und dem Bau von „Mietskasernen“ wurde von den „Bodenreformern“ (u.a. Damaschke) gesehen, während andere diesen Einfluss vehement verneinten. Daher muss zwangsläufig auf die Bodenfrage eingegangen werden, auch um festzustellen, welche Wirkungen auf dem „Bodenmarkt“ durch Stadterweiterungen auftreten können oder aufgetreten waren, wie die Länder (oder das Reich) auf die Wohnungsnot reagierten und welche Hilfen geeignet erschienen. Den Abschluss des Kapitels bildet Howards Gartenstadtidee und die mögliche Rezeption in Deutschland.

Der lange Weg zu einem Reichstädtebaugesetz, bzw. zu einer Reichsbauordnung wird im sechsten Kapitel aufgezeigt. Der Weg beginnt mit R. Baumeisters 1880 entwickelter Idee eines Reichsstädtebaugesetzes, es sollte jedoch noch 40 Jahre bis zu den ersten Umsetzungsversuchen im Jahre 1920 ergehen. Die Darstellung wird zeigen, unter welchen schwierigen politischen Umständen Preußen ein Städtebaugesetz entwickelte, ohne jedoch damit Erfolg zu haben. Es wird auch beschrieben, wie die fast gleichzeitigen Bemühungen der Sozialdemokraten für ein Reichsstädtebaugesetz 1932 im Reichstag scheiterten. Zum Schluss soll der Zeitraum von 1933 bis 1945 behandelt werden, in dem nur noch wenige Aktivitäten zu verzeichnen waren, mit der einen aber folgeträchtigen Ausnahme, dem unveröffentlichten Entwurf eines Deutschen Baugesetzbuches.
Die tiefgreifende Änderung der deutschen Verwaltungsstruktur nach der Kapitulation 1945 wird im siebten Kapitel beschrieben. Die Änderung betraf auch die

Baupolizei und die Stadtplanung. Zum Verständnis dieses Prozesses werden die Vorstellungen der Alliierten von einem „Neubau der deutschen Verwaltung" im Kontext der Demokratisierung, der Dezentralisierung und der Regionalisierung der staatlichen Organe erläutert. Es soll auch gezeigt werden, warum die Bemühungen um ein einheitliches Baurecht in den Ländern der zukünftigen Bundesrepublik Deutschland vergeblich waren.

Im achten Kapitel soll nach den verfassungsrechtlichen Grundlagen des neuen Baurechts gefragt werden, denen sich die Schilderung des schon 1952 beginnenden Streits zwischen den Ländern und dem Bund anschließt. Der Streit, wem die städtebauliche und indirekt damit verbunden die „baupolizeiliche" Kompetenz zustehe, wird sichtbar machen, dass mit dem Baurecht beträchtliche politische Auseinandersetzungen geführt werden konnten. Wie die Streitfrage zwischen Bundesregierung, Bundestag und Bundesrat gelöst wurde, soll anhand der Beschreibung der Antragstellung und dem Gutachten des Bundesverfassungsgerichts gezeigt werden. Ob dieses Gutachten die Kompetenzfrage zweifelsfrei lösen konnte und welchen praktischen Ausweg die Länder und der Bund fanden, das Ergebnis des Gutachtens durch einen Aushandlungsprozess zu relativieren und damit die „Baupolizei" den Ländern zu überlassen, wird am Schluss dieses Kapitels beschrieben.

1.7 Quellen und Literatur der verwendeten Materialien

Die Arbeit stützt sich auf die Auswertung von Quellen, die im Hinblick auf die gewählten Fragestellungen eine gewisse Relevanz aufweisen. Die Fragestellungen sind dabei folgende: Welche Aufgaben waren der Baupolizei seit der Mitte des 19. Jh. zugewiesen, wie hat sie diese Aufgaben bewältigt und welche Entwicklung hat diese Institution bis in die Mitte des 20. Jh. genommen?

Als Quellen werden die Bauordnungstexte der Staaten herangezogen, die verglichen werden sollen. Dies sind die von der Mitte des 19. Jh. bis zum Ende 19. Jh. geltenden Bauordnungen von Bayern, Hessen-Darmstadt, Sachsen, Württemberg und der Stadt Berlin. Spätere Bauordnungen sollen dann einbezogen werden, wenn sich bedeutende Änderungen dort abzeichneten. Der Bauordnungsvergleich kann ein Bild vermitteln, welche baulichen und gesundheitlichen Anforderungen die Länder für vordringlich hielten, welchen Stellenwert die Belichtung, die Belüftung, die Größe und die sanitäre Ausstattung der Wohnungen in der Bauordnung hatten und welche Maßnahmen und Regelungen die Staaten getroffen haben oder treffen wollten. Wichtige Erkenntnisquellen sind auch andere amtliche Veröffentlichungen, wie z. B. die Denkschriften der Regierungen, aber auch Verlautbarungen von Verbänden, Einzelpersönlichkeiten und Gruppen. Solche Schriften geben den jeweiligen Verfassern geeignete Möglichkeiten, ausführlich über bestimmte Sachgebiete zu informieren und ansatzweise Lösungen zu beschreiben, die für die vorliegende Arbeit genutzt werden sollen.[87]

---

87 Beispielsweise: Denkschrift von Eugen Jäger (1903) „über die Wohnungsfrage", in: Kammer der Abgeordneten, XXXIII. Landesversammlung, III. Session 1903, Beilage Nr. 1021. Denkschrift des Reichs von 1904 zur Wohnungsfürsorge. Denkschrift des Verbandes Deutscher Architekten- und Ingenieur-Vereine (1906) über „Grundsätze des Städtebaues". Denkschrift des Rheinischen Vereins für Kleinwohnungswesen (1912) „zum Preußischen Wohnungsgesetz-Entwurf und Jahresbericht". Denkschrift des Reichsarbeitsministers (1927) „über die

Besonders wichtig können Begründungen zu Gesetzesvorhaben dann sein, wenn sie den Rahmen einer Begründung so weit überschreiten, dass sie einer umfassenden Bestandsaufnahme gleichkommen, Beispiel dafür ist die Gesetzesbegründung des preußischen Wohnungsgesetzentwurfs von 1904. Daneben sind auch die parlamentarischen Diskussionen (z. B. stenografische Berichte) zu beachten, denn sie vermitteln wertvolle Hinweise über den Anlass eines Gesetzesvorhabens und über die politische Einstellung der Fraktionen zum Vorhaben.

Weitere Quellen sind die zahlreichen Schriften von Organisationen und Verbänden, die sich je nach dem vertretenen Interesse zu Bauordnungsfragen, der Wohnung und der städtischen Planung äußern. So zeigen die Schriften des „Centralverbandes der städtischen Haus- und Grundbesitzervereine Deutschlands" deren Einstellung zur Lösung des Wohnungsproblems; die verwendeten Beiträge sind zwischen 1880 und 1920 erschienen.

Die „Mittheilungen des Centralvereins für das Wohl der arbeitenden Klassen" sind für die Beschreibung der sozialen Zustände, besonders die der Jahre um 1844 (Weberaufstand) wichtig. Völlig anders muss die *„Deutsche Vierteljahrsschrift für öffentliche Gesundheitspflege" (DVjöG)* gesehen werden. Sie brachte für die Zeit von 1868 bis zum Beginn des 20. Jh. eine Fülle von Beiträgen zu fast allen gesundheitlichen Fragen heraus. Zwar lag der Schwerpunkt aller Beträge auf dem medizinischen Gebiet (Gesundheitsvorsorge), die jährlichen Kongresse des „Deutschen Vereins für öffentliche Gesundheitspflege" (DVöG) behandelten aber sehr oft auch Grundsatzfragen der Bau- und Wohnungspolitik. Denkschriften, die von Reinhard Baumeister und Josef Stübben initiiert und vom Verband Deutscher Architekten und Ingenieur-Vereine unterstützt wurden, hat sowohl die *„Deutsche Bauzeitung"* als auch die *DVföG* abgedruckt. Ende des 19. Jh. sind die wichtigen Schriften des Vereins für Socialpolitik" („Wohnungsenquete") erschienen. Außerdem wurden in diesem Zeitraum die Zeitschriften *Baumeister, Bauwelt, Centralblatt der Bauverwaltung, Stadtbauwelt, Der Städtebau*, und die *Zeitschrift für Bauwesen* veröffentlicht. Alle haben sich mit Wohnungs-, Bauordnungs- und Bauplanungsfragen beschäftigt und viele Beiträge namhafter Autoren zur Diskussion gestellt.

Zeitschriften, die nach 1945 wesentliche Beiträge über das „Deutsche Baurecht" veröffentlicht haben, sind *Der Bauhelfer, „neue" Bauwelt, Baumeister, Bau-Rundschau, Deutsches Verwaltungsblatt, Bundesbaublatt* und *Die öffentliche Verwaltung.* Angaben zur zeitgenössischen und älteren wissenschaftlichen Literatur sowie die Literatur zum neueren Forschungsstand sind in Fußnoten aufgeführt.

Letztlich werden die beschriebenen Quellen durch Materialien ergänzt, die unveröffentlicht in amtlichen Archiven (Bundesarchiv, Staatsarchive der Länder) zur Verfügung standen, hier sind u. a. die Schriftsätze aus dem Wohnungs-

---

Wohnungsnot und ihre Bekämpfung". Denkschrift des Zentralverbandes der Deutschen Haus- und Grundbesitzervereine (1932) „Hausbesitz und Reichsstädtebaugesetzentwurf". Denkschrift des Deutschen Verbandes für Wohnungswesen, Städtebau und Landesplanung, „Bildung eines Direktorats für Aufbau", in: Bau-Rundschau 1948, Heft 5-6, Seite 97-98. Denkschrift zu „Wirtschaftlichkeitsfragen der Trümmerverwertung", erstellt von der Deutschen Studiengesellschaft für Trümmerverwertung (1952).

bau- und dem Justizministerium, die die Fragestellungen für ein Gutachten des Bundesverfassungsgerichts erarbeitet haben, zu nennen. Diesen unveröffentlichten Materialien stehen die gedruckten stenografischen Protokolle der Jahre 1951-1953 aus dem Bundestag und dem Bundesrat gegenüber. In diesen drei Jahren wurde kontrovers über Bauordnung und Baupolizei diskutiert und über die Zuständigkeit der Baupolizei gestritten, tatsächlich war es der Anspruch der Länder, vor allem des Freistaates Bayern, die Länderhoheit auch in diesem Sachbereich gegenüber dem Bund zu verteidigen oder die Länderkompetenzen sogar zu vermehren.

2. Bauordnung und Baupolizei im 19. Jahrhundert

2.1 Der historische Polizeibegriff, Johann Heinrich Gottlob von Justi, Robert von Mohl und Otto Mayer

Die Aufgaben und die Befugnisse der Baupolizei des 19. Jh. können ohne einen Rückblick auf Herkunft und Aufgabe der Polizei nicht beschrieben werden. Zum Verständnis genügt es jedoch, auf die seit dem Ende des 18. Jh. erschienenen wissenschaftlichen Beiträge einzugehen. Wenn im Folgenden der Polizeibegriff von Johann Heinrich Gottlob von Justi, Robert von Mohl und von Otto Mayer kurz skizziert wird, werden damit drei Wissenschaftler genannt, die noch heute eine Bedeutung haben, ihre Schriften gelten in der Rechts- und Verwaltungswissenschaft als Standardwerke.[1]

Zu Beginn des 19. Jh. umfasste der Begriff Polizei fast die gesamte staatliche oder auch die städtische Verwaltung, mit Ausnahme des Militär- und Finanzbereichs.[2] Sehr bald wurden aus den umfassenden Aufgaben der Polizei besondere Aufgaben ausgesondert und mit Tätigkeitsmerkmalen oder mit zusammengesetzten Substantiven z.B. Medizinalpolizei, Baupolizei und Gewerbepolizei versehen.[3] Wenn von der Polizei oder der Policey bis Mitte des 19. Jh. gesprochen wird, so ist fast immer ein Tun (Gebot) oder ein Unterlassen (Verbot) damit verknüpft, diese Befugnis hat aber schon vor dem Ende des 19. Jh. zu Diskussionen in der Wissenschaft geführt: Welche Mittel darf die Polizei anwenden und welcher Staats-Zweck soll mit diesen Mitteln erreicht werden?[4] Peter Preu hat in seiner Untersuchung über die Entwicklung des Polizeibegriffs Justi mit seiner „Policeywissenschaft" als denjenigen bezeichnet, der die „erste systematische und aus dem Staatsbegriff entwickelte Darstellung der Polizeiwis-

1 Forsthoff, Ernst, Lehrbuch des Verwaltungsrechts Band 1, Allgemeiner Teil, München 1973. Daneben sind zu nennen: Gerhard Anschütz, Günther Heinrich von Berg, Johann Georg Feder, Walter Jellinek, Johann Heinrich Jung, Johann Jakob Moser, Johann Stephan Pütter, Richard Thoma, Christian Wolff und Kurt Wolzendorff.

2 Kolb, Frank, Die Stadt im Altertum, München 2005, S. 59. Der Begriff Polizei kann aus dem Griechischen „politeia, auch polis = Stadt", hier mit Bürgertum und Stadtverfassung beschrieben, hergeleitet werden. Das lateinische Wort politia, bedeutet etwa Höflichkeit, Artigkeit, Schönheit und Glätte, aber auch Aufrechterhaltung der Ordnung in einer Stadt.

3 Gottlob von Justi hatte schon 1782 den Begriff Medizinalpolizei verwendet, während die Baupolizei und die Gewerbepolizei noch nicht erwähnt wurden. Justi: Grundsätze der Policeywissenschaft. Göttingen [3]1782, S. 97. Der Begriff Baupolizei wurde bereits 1828 in einer „Bau-Ordnung" für den „Wedding" (Berlin) verwendet, Doehl: Repertorium des Bau-Rechts und der Bau-Polizei für den preußischen Staat. Berlin 1866, S. 463. Der Begriff Gewerbepolizei ist für 1811 nachgewiesen: Allgemeines Landrecht für die preußischen Staaten [3]1885, Bd. 3, Theil II, Titel 1-8, S. 460, künftig als ALR abgekürzt. Insgesamt wurden vom Verfasser 76 verschiedene Tätigkeitsmerkmale gefunden, die den Begriff Polizei enthalten, sie reichen von der Armenpolizei bis zur Zwangspolizei.

4 In diesem Zusammenhang wird auf Peter Preu: Polizeibegriff und Staatszwecklehre, Göttingen 1983, Bd. 124 der Göttinger Rechtswissenschaftliche Studien und auf Johann C. Pauly: Die Entstehung des Polizeirechts als wissenschaftliche Disziplin, Frankfurt/M 2000, (Studien zu Policey und Policeywissenschaft, Hg.: Michael Stolleis) und auf Naolo Matsumoto: Polizeibegriff im Umbruch, Frankfurt/M 1999, (Studien zu Policey und Policeywissenschaft, Hg.: Michael Stolleis) verwiesen.

senschaft" geschrieben habe.[5] Gleichfalls hebt Pauly in seinem Beitrag zur Wissenschaftsgeschichte des öffentlichen Rechts im Jahr 2000 Justis Anspruch hervor, „[...] in Abkehr von einem historisch-deskriptiven Vorgehen nunmehr ein eigenes Lehrgebäude bzw. System zu errichten."[6] Noch weitergehend ist Hans Jürgen Teutebergs Beitrag, wenn er Justi an der Spitze der damaligen deutschen Kameralistik sieht. Robert von Mohl wird von Michael Behnen als „renommierter Staatsrechtler und [...] „als Beispiel für Nüchternheit und Realitätssinn" im Hinblick auf die anderen gewählten Abgeordneten der Nationalversammlung (Mai 1848) bezeichnet.[7] Drews und Wacke bezeichnen Mohl als den „Hauptvertreter der Polizeiwissenschaft".[8] Naoko Matsumoto schreibt in „Polizeibegriff im Umbruch", dass Mohl in dem Sinne „bahnbrechend" war, als er den „Begriff Rechtsstaat mit dem Begriff Polizei verband und damit das moderne öffentliche Recht in Gegensatz zum Privatrecht setzte."[9]

Otto Mayer wird von Drews und Wacke als der „Begründer der juristischen Schule des Verwaltungsrechts" angesehen.[10] Das „Deutsche Verwaltungsrecht von 1895" mit vielen Auflagen, sei allgemein als herrschende Lehre anerkannt.[11] Johann C. Pauly schrieb im Jahr 2000, dass mit Mayers Deutschem Verwaltungsrecht die Systematisierungsleistungen des Polizeirechts im 19. Jh. ihren vorläufigen Abschluss fanden.[12]

Johann Heinrich Gottlob von Justi (1717-1771)[13]

Die Polizei wird von Justi so definiert: „In engem Verstande begreifet man unter der Policey alles dasjenige, was zur guten Verfassung des bürgerlichen Lebens erfordert wird, und mithin vornämlich die Erhaltung guter Zucht und Ordnung unter den Unterthanen, und die Maaßregeln, die Bequemlichkeiten des Lebens und den Wachsthum des Nahrungsstandes zu befördern."[14] Die Polizeibegriffe

5 Preu, Peter, Polizeibegriff und Staatszwecklehre. Göttingen 1983, S. 149.

6 Pauly, Johann, Die Entstehung des Polizeirechts als wissenschaftliche Disziplin. Frankfurt am Main 2000, S. 36.

7 Behnen, Die deutsche Nationalversammlung: Nation, Staat und Verfassung, in: Martin Vogt (Hg.), : Deutsche Geschichte. Von den Anfängen bis zur Wiedervereinigung, Stuttgart ²1991, S. 417.

8 Drews und Wacke, Allgemeines Polizeirecht. Berlin/Köln/München/Bonn 71961, S. 6. Hinweis: Prof. Dr. Bill Drews war Präsident des preußischen Oberverwaltungsgerichts.

9 Naoko Matsumoto, Polizeibegriff im Umbruch Frankfurt/M. 1999, S. 65. In: Studien zur Policey und Policeywissenschaft, Hg.: Michael Stolleis, Frankfurt 1999.

10 Drews und Wacke, Allgemeines Polizeirecht: S. 14. Im Biographisch-Bibliographischen Kirchenlexikon wird erwähnt, dass Mayer von 1898 bis 1902 die städtische Baupolizei von Straßburg leitete (www.bautz.de/ bbkl/m/mayer_o.shtml vom 25.3.2005).

11 Forsthoff, Lehrbuch des Verwaltungsrechts, München ¹⁰1973, S. 49-51. „Mayer gilt als der eigentliche Schöpfer und Klassiker der modernen deutschen verwaltungsrechtlichen Methode".

12 Pauly, Die Entstehung des Polizeirechts als wissenschaftliche Disziplin, S. 145.

13 Justi hielt Vorlesungen in Göttingen über Staatsrecht, Kameral- und Polizeiwissenschaften. Zuvor war er „Ober-Policey-Commissarii" und Lüneburgischer „Berg-Rath", Quelle: siehe nächste FN.

14 Justi, Grundsätze der Policeywissenschaft, Göttingen 1782, Einleitung S. 4. Diese Ausgabe wurde von Johann Beckmann „als dritte Ausgabe" herausgegeben. Justi habe 1756 die erste und 1759 die zweite Auflage veröffentlicht.

von Justi, die eigentlich schon eine erste Aufgabenbeschreibung der Polizei darstellen und nach damaliger Sicht ausreichend waren, führen bei Justi unmittelbar zur Frage des Staatszwecks: „Der Endzweck und mithin das Wesen aller Republiken beruhet auf der Beförderung der gemeinschaftlichen Glückseligkeit. Das allgemeine Vermögen einer jeden Republik ist das Mittel, dessen sie sich zu Beförderung ihrer Glückseligkeit gebrauchen muss.“[15] Und weiter:

> „Die Erhaltung und Vermehrung des allgemeinen Vermögens, in Verhältniß gegen andere freye Staaten, lieget der Staatskunst ob. Die Policey aber hat die Erhaltung und Vermehrung eben dieses allgemeinen Vermögens des Staats, in Ansehung seiner innerlichen Verfassung, zum Gegenstande; so wie sich die Cameral- und Finanzwissenschaft bemühen muß, aus dem allgemeinen Vermögen des Staats durch einen vernünftigen Gebrauch desselben das besondere, oder bereiteste, Vermögen herauszuziehen und der Staatskunst und Policey Mittel an die Hand zu geben, ihren Endzwecken ein Genüge zu leisten.“[16]

Die Aufgabenbeschreibung bleibt bei Justi nicht im Unverbindlichen stehen, vielmehr geht er auf alle denkbaren Gebiete des menschlichen Lebens ein. Justi entwarf eine komplette Handlungsanweisung für alle Staatstätigkeiten, die die Polizei beobachten, lenken, verbieten oder fördern soll. Ausgenommen sind das Heer, die Finanzen und die Kunst. Sie soll die Untertanen über guten Geschmack aufklären und zu geschickten Mitgliedern des Staats machen. Die allgemeinen Grundsätze der Polizeiaufgaben werden von Justi in vier „Büchern“ vorgestellt: „Von der Cultur der Länder“. „Von den Maßregeln, einen blühenden Nahrungsstand zu befördern“. „Von dem sittlichen Zustande der Unterthanen und Erhaltung guter Zucht und Ordnung“. „Von der Ausübung der Policey=Grundsätze.“[17] Jedes der vier „Bücher“ wurde durch weitere Gliederungen („Hauptstücke“) weiter detailliert.

Damit wird von Justi ein Aufgabengebäude errichtet, das umfassend ist und kaum von der Institution Polizei ausreichend verwaltet oder gestaltet werden kann, würde man den Begriff Policey mit der Polizei des 19. und 20. Jh. gleichsetzen. Neben den oben beschriebenen Aufgaben der Polizei soll eine Aufgabe näher beschrieben werden, die der Polizei nach Justi zugewiesen wurde. Es ist dies die Planung einer Stadt bzw. deren Erweiterung.[18] Selbst wenn das Wort „Planen“ bei Justi nicht vorkommt, kann seine nun folgende Aufzählung als ein Grundsatzprogramm für die Stadtplanung vielleicht schon verstanden oder aber

---

15 ebd., S. 7.

16 ebd., S. 8. Justi verwendet den Begriff „Endzweck“ sehr häufig, z.B.: Seite 7: „Der Endzweck und mithin das Wesen aller Republiken beruhet auf der Beförderung der gemeinschaftlichen Glückseligkeit.“ Seite 8: „Der Endzweck der Policey ist demnach, durch gute innerliche Verfassungen die Erhaltung und Vermehrung des all gemeinen Vermögens des Staates zu bewirken.“ Seite 43: „Der Endzweck einer Stadt ist die rohen Materialien zu bearbeiten, und die auswärtigen Commercien zu betreiben“. Der „Endzweck“ kann mit Sinn, Bedeutung, Aufgabe oder Gehalt übersetzt werden.

17 ebd., Inhaltsverzeichnis.

18 ebd., Seite 42-43: „Der Endzweck einer Stadt ist die rohen Materialien zu bearbeiten, und die auswärtigen Commercien zu betreiben“.

doch mindestens gedeutet werden, besonders wenn er den „Hauptzweck der Stadt" vor den Eigennutz der Bürger stellt.[19]

> "Die Bauart einer Stadt nach ihren Haupt- und Nebenstrassen, Markt- und andern Plätzen, öffentlichen Gebäuden und dergleichen, erfordert gleichfalls große Aufmerksamkeit. Die Gassen, besonders die Hauptstrassen wie auch die Marktplätze, müssen genugsam geräumlich seyn und eine wohl eingerichtete Ordnung und Zusammenhang mit einander haben; damit sie zu den Nahrungsgeschäften genugsam bequemlich sind, und daß die Ausdünstungen von der durchstreichenden Luft vertrieben werden können.
>
> Daher sind sehr hohe Gebäude von 5. und mehr Stockwerken, welche durch die überhäufte Menge Volks veranlasset werden, nicht anzurathen.
>
> Die öffentlichen Gebäude, (...) allerley Magazine und gemeinschaftliche Gewerbehäuser, müssen ihrer Lage und Bauart nach so beschaffen seyn, daß sie ihren Endzweck erfüllen, und zur Bequemlichkeit und Zierde der Stadt gereichen.
>
> Die gemeinen Bürgerhäuser müssen nicht nach der Willkühr ihrer Besitzer, sondern nach Maaßgebung der Hauptzwecke der Städte, so wohl als nach ihren Nebenzwecken, eingerichtet und erbauet werden; und man hat die hölzernen Gebäude so viel möglich zu vermeiden, weil sie der Feuersgefahr allzu sehr unterworfen sind.
>
> Wenn die Regierung den Anbau der Städte durch Freiheiten und Begnadigungen unterstützet; so müssen diese Wohltaten nur solchen angedeihen, die den ergangenen Vorschriften gemäß bauen.
>
> Da die Verwahrung zu der wesentlichen Beschaffenheit einer Stadt und zu Befolgung der Policey-Anstalten in derselben nothwendig gehöret; so müssen die Stadtmauern, oder Wälle, die Thore, Pforten, Häfen, Brücken, Fähren, Canäle, Wasserleitungen und Abzüchte in guter Ordnung und Zusammenhange mit dem gesamten Körper der Stadt, und ein jedes seinem Endzweck gemäß, dergestalt eingerichtet werden, daß dabey die Verwahrung der Stadt nicht verloren geht."[20]

Robert von Mohl (1799-1875)[21]

76 Jahre nach Justi, der seine Polizeiwissenschaft 1756 erstmals veröffentlicht hatte und heute als Vertreter der Kameralistik gilt, soll der Polizeibegriff aus Robert von Mohls: „Die Polizeiwissenschaft nach den Grundsätzen des Rechtsstaates" behandelt werden, dessen erste Auflage schon 1832 erschien.[22]

---

19 Der Begriff soll die Aktualität der Forderungen Justis zeigen. Die Aufzählung ist dem heutigen Sprachgebrauch angenähert. Das „Grundgesetz des heutigen Städtebaus" ist im § 1 (5) Baugesetzbuch (BauGB 2002) so formuliert: „Die Bauleitpläne sollen eine nachhaltige städtebauliche Entwicklung und eine zum Wohl der Allgemeinheit entsprechende sozialgerechte Bodennutzung gewährleisten und dazu beitragen, eine menschenwürdige Umwelt zu sichern und die natürlichen Lebensgrundlagen zu schützen und zu entwickeln." Es folgen 10 Einzelaufzählungen.

20 Justi, S. 48-49.

21 Mohl war von 1827 bis 1846 Professor für Staatswissenschaften in Tübingen und von 1847-1861 in Heidelberg und 1848-1849 Reichs-Justizminister. 1861 wurde Mohl zum badischen Gesandten am Deutschen Bundestag in Frankfurt/M ernannt und nach der Auflösung des Bundes 1867 zum badischen Gesandten am Königlich bayerischen Hof. 1874 wurde Mohl Mitglied des Deutschen Reichstages. Mohl starb 1875. Quelle zum Lebenslauf: Neue deutsche Biographie, Berlin 1994, Hbek/4 53.410-17, Bd. 17, S. 692-694.

22 Neue deutsche Biographie Berlin 1994, Bd. 17, Melander-Moller, S. 694.

Die zweite Auflage erschien 1844, 1845 schrieb Mohl das „System der Präventiv-Justiz oder Rechtspolizei". Robert von Mohl wird von Clemens Zimmermann in Bezug auf die Verarmungsdiskussionen (Pauperismus) zitiert.[23] Drews & Wacke bezeichnen Mohl als den Hauptvertreter der Polizeiwissenschaft.[24] „Vor anderen Völkern haben sich nur die Franzosen um das System der Polizei-Wissenschaft Verdienste erworben", so Mohl.[25] Sie hätten bereits Anfang des 18. Jh. den Stand erlangt, den die Deutschen erst mit Justi um 1750 erreicht hätten. Justis „Grundsätze der Polizei-Wissenschaft" sind nach Mohl: „Kurz und wenig Material, auch manche itzt als unrichtig anerkannte Sätze; allein klar und übersichtlich, und besser als manches spätere Werk".

Im Vorwort der zweiten Auflage der „Polizeiwissenschaft", reagierte Mohl auf die Kritik, die ihm vorwarf, er habe keine einheitlichen Grundbegriffe der Polizei-Wissenschaft dargestellt. Mohl erwiderte, dass der Begriff Polizei verschiedenartig sein könne, dies dürfe den Autoren wissenschaftlicher Werke über die Polizei nicht angelastet werden. Denn, solange es Menschen gäbe, seien die „Weltansichten" verschieden, im Übrigen sei keine Einigkeit über den Grundbegriff des Staates vorhanden, wie solle eine Übereinstimmung über die obersten Grundsätze der Polizei dann möglich sein?[26] Für Mohl sind die folgenden drei Gegenstände der zentrale Stoff des materiellen oder dogmatischen Teils der Polizei-Wissenschaft. Mohls erster Gegenstand ist „die physische Persönlichkeit der Staatsbürger", deren Ernährung durch das „richtige Verhältniß" zwischen der Bevölkerung und seinem Gebiet sichergestellt werden müsse. Der Staat habe auch die Aufgabe, das Leben und die Gesundheit der Menschen zu schützen, sofern „dieses die Privatkräfte" übersteigt. Der Staat müsse auch dafür sorgen, dass die „notwendigsten Lebensbedürfnisse" die Bevölkerung nicht „decimire".[27] Der zweite Gegenstand ist die „geistige Persönlichkeit der Bürger". Durch die polizeiliche Tätigkeit soll die „Ausbildung des Verstandes" gefördert werden; der Staat müsse „Angriffe auf das Sittlichkeitsgefühl" abwehren, die Kirchen sollen unterstützt werden.[28] Der dritte Gegenstand ist das „Verhältnis der Menschen zur Güterwelt"; der Staat solle dafür zu sorgen, dass „Vermögen erworben" werden könne, er müsse auch gegen Elementarereignisse Maßnahmen ergreifen. Eine weitere Aufgabe bestehe im „Wegräumen von Hindernissen, die dem freien Betriebe des Vermögens" im Wege stehen oder den Handel, stören.[29]

Unter Polizei sollte bei Mohl die gesamte Staatskunst, (Politik im weitesten Sinne) verstanden werden, diese Definition sei aber umstritten, so Mohl, denn „so viele verschiedene Ansichten als Schriftsteller, so viele Gegner als Meinun-

23 Zimmermann, Clemens, Wohnen als sozialpolitische Herausforderung. Reformerisches Engagement und öffentliche Aufgaben, in: Geschichte des Wohnens, Ludwigsburg 1997, Bd. 3, S. 512.

24 Drews & Wacke, Allgemeines Polizeirecht, Berlin/Köln/München/Bonn,[7]1961, S. 6.

25 Mohl, Robert von, Die Polizeiwissenschaft nach den Grundsätzen des Rechtsstaates, Tübingen [2]1844, Bd. 1, S. 60.

26 Mohl, Vorwort S. X.

27 ebd., S. 52-53.

28 ebd., S. 53.

29 ebd., S. 53.

gen".[30] Mohl schrieb, dass Günther Heinrich von Berg in seinem „Polizeirechte" 24 verschiedene Definitionen des Begriffs Polizei aufgezählt habe.[31] Die Eingriffsschranken der Polizei müssen nach Mohl dort errichtet werden, wo sich der einzelne Bürger gegen ein Hindernis noch selbst wehren kann. Die Polizei solle nur helfend eingreifen, wenn die Hindernisse einer „vernunftgemäßen, rechtlich erlaubten und allgemeiner nützlichen Unternehmung im Wege stehen"[32] und der Einzelne die Hindernisse nicht, oder nicht ohne Rechtsverletzung wegräumen kann. Die Polizei dürfe ihre Tätigkeiten nur innerhalb der Normen des Rechtsstaates planen und ausführen. Auch die Polizei-Wissenschaft, „wie sie Rotteck verwendet", der ein System für vollständig erklärt, das nur vier Fragen zulasse, bezeichnete Mohl als unzureichend.[33] Rechtssetzungen in Polizeisachen sollen nicht anders behandelt werden wie die der übrigen Zweige der Staatsverwaltung. Mohl achtet sehr darauf, dass die Polizei bei der Gefahrenvorbeugung und der Gefahrenabwehr den notwendigen Eingriff mit den mildesten polizeilichen Mitteln ausführt.[34] Es könne vorkommen, dass in einem allgemein geltenden Gesetz oder in einer Verordnung Vorschriften enthalten seien, die entweder unanwendbar sind oder wenigstens „eine nicht beabsichtigte Härte" darstellten, in einem solchen Fall könne eine „Dispensation" (Befreiung) durchaus erwogen werden.

Neben der erlaubten Dispensation, die eine „Wohltat für den Bürger" darstellt, fragt Mohl, in welcher Weise die Polizei das Gegenstück einer Wohltat, den Zwang zu einem Tun oder Unterlassen, bei Beschränkung auf das mildeste polizeiliche Mittel rechtfertigt. Mohls Beispiel: Darf die Polizei ein feuergefährliches Bauwerk niederreißen lassen, das entgegen dem örtlichen Bauplan errichtet wurde und das zusätzlich die Schifffahrt behindert? Mohl meint, sofern der Staat eine „Polizei-Anstalt" eingerichtet habe, so sei nur zu klären, ob der Staat auch der Polizei die rechtlichen Mittel an die Hand gegeben hat. Werde auch diese Frage bejaht, so sei der Zwang erlaubt, schließlich müsse dem Gesetz Geltung verschafft werden.[35] Damit wird das Verhältnis zwischen der Polizei und den übrigen „Theilen des Staatsorganismus"[36] angesprochen, dieses geschieht durch zwei vom Staat eingezogene Grenzen: Die Polizei ist einerseits von der Rechtspflege gesondert und andererseits auch von den Finanzen getrennt.[37]

Die Forderung nach der selbständigen Medicinal-Polizei und der Aufgabenbeschreibung ist ein Beleg, wie aus der Polizei allmählich Fachgebiete ausgegliedert wurden. Nicht der Baupolizei, sondern der Medicinal-Polizei ist die „Sorge um die Wohnung" übertragen.[38] Die Medizinalpolizei solle darauf achten, dass die Wohnplätze freie Luft haben. Hochgelegene Wohnplätze seien ge-

30 ebd., S. 11.
31 ebd.; S. 11. Mohl: Weitere 24 Definitionen seien inzwischen hinzugekommen.
32 ebd., S. 20.
33 Mohl, S. 54. Die vier Fragen bei Rotteck lauten: 1. Wer nimmt den Schutz (und die Hilfe) der Polizei in Anspruch? 2. Was ist zu schützen? 3. Wogegen und 4. Wodurch?
34 Der moderne Begriff ist die „Verhältnismäßigkeit" des eingesetzten Mittels.
35 Mohl, S. 40.
36 ebd., S. 44.
37 ebd., S. 40. Damit ist das Prinzip der Gewaltenteilung angesprochen.
38 Eine Begründung für die fehlende Erwähnung der Baupolizei ist bei Mohl nicht enthalten. Dabei ist der Begriff in der Württembergischen Bauordnung von 1842 enthalten.

sünder als die von Bergen eingeschlossenen, außerdem seien die mit breiten Straßen angelegten Teile der Stadt zum Wohnen geeigneter als diejenigen, in denen kein Luftzug die „Miasmen zerstreue" und kein Sonnenstrahl die Feuchtigkeit „austrockne".[39] Diese Grundsätze seien jedoch bei der Anlage einer Stadt nicht immer beachtet worden, vielmehr haben Handel und Gewerbe den Ausschlag gegeben, einen bestimmten Siedlungsplatz zu wählen, so Mohl.[40] Da es aber „ganz unmöglich sei, schon bestehende Ortschaften in eine gesundere Lage zu versetzen", müsse die Polizei prüfen, ob durch die Anlegung einer neuen Vorstadt die Lage für die Bewohner verbessert könne. Die Tätigkeit der medizinischen Polizei ergebe sich aus den sechs „Hauptrücksichten".[41] Im Einzelnen werden teils städtebauliche, teils ordnungspolitische Maßnahmen (Gefahrenabwehr) von Mohl vorgeschlagen oder gefordert, hier sinngemäß wiedergegeben:

1. Die Sümpfe und Stadtgräben sind auszutrocknen,
2. die Bauanlagen der geschlossenen Wohnorte sollen zweckmäßig errichtet werden,
3. für die unschädliche Bauart der einzelnen Gebäude und Wohnhäuser sind Vorschriften notwendig,
4. die Reinlichkeit in den Straßen ist für die Gesundheit der Bewohner wichtig,
5. die unschädliche Anlage von Begräbnisplätzen,
6. die Anlage von „Spazirgängen" sei notwendig.[42]

Mohl hat seine „Maßnahmen", die zur Durchsetzung der sechs Hauptrücksichten notwendig sind, sehr ausführlich beschrieben. Aus Gründen der Übersichtlichkeit soll nachfolgend daher nur ein sinngemäßer Auszug dargestellt werden:

Zu 1.: Die Sümpfe und Stadtgräben sind auszutrocknen.
Die Sümpfe und Stadtgräben sollten durch Kanäle ausgetrocknet werden. Die Stadtgräben, die der Verteidigung dienten, seien jetzt „schädlich mit ihrem meist stehenden und fauligen Wasser" und zwecklos.[43] Der Grabenschlamm solle nur im Winter entfernt werden, um gefährliches Fieber zu vermeiden. Bei Überschwemmungen müssen Straßen und Brunnen sofort gereinigt werden, der Trägheit des Einzelnen müsse die Polizei entgegenwirken.

Zu 2.: Die Bauanlagen der geschlossenen Wohnorte sollen zweckmäßig errichtet werden.
Bei neuen Orten solle den Straßen die „gehörige Breite und Geradrichtung" gegeben und Querstraßen im rechten Winkel angelegt werden. Das Straßennetz solle so ausgerichtet werden, daß die Sonne beide Straßenseiten erreicht. Wegen der Feuergefahr solle der direkte Anbau an die Nachbarwand verboten werden. Die Haushöhe solle „im umgekehrten Verhältniß

39 Mohl, S. 165.

40 ebd., S. 165-166. C. H. Richter: Die Württembergische Baupolizei verbunden mit dem Baurechte, Tübingen [2]1842, S. 74. Die Bauordnung von 1842 regelt in § 184 die Aufstellung von „General-Bau-Planen". Zuvor (11.3.1838) war schon ein Erlass des Königs ergangen, welchen Inhalt der „Bau-Plan" haben solle: 1. Baulinien für „unregelmäßige Straßen ziehen", 2. „Regelwidrigkeiten zu entfernen", 3. neue Straßen und bauliche Anlagen zu planen.

41 ebd., S. 166.

42 Mohl, S. 165-175. Die sechs aufgeführten ordnungspolitischen und städtebaulichen Maßnahmen können als städtebauliche Grundsätze verstanden werden.

43 Die Gräben, vor den Befestigungen gelegen, haben durch die „Entfestigung" zu Beginn des 19. Jh. ihre Funktion verloren, so auch R. Baumeister in: Stadterweiterungen in technischer, baupolizeilicher und wirtschaftlicher Beziehung, Berlin, 1876, S. 3.

zur Breite der anstoßenden Straße sein", um Licht und Luft hereinzulassen.[44] Bäume seien, obwohl sie die Luft reinigten, nur an breiten Straßen erwünscht, sie verminderten starke Luftbewegungen, sie können aber auch „leicht dumpf und feucht machen".[45] Gärten im Inneren der „Vierecke" seien „Luftmagazine", sie seien ebenso wünschenswert wie öffentliche Plätze. Die Verbesserung bestehender Orte solle durch allmähliche Verbreiterung und „Geradrichtung" schlecht angelegter Straßen erreicht werden. Bei Neubauten oder „Hauptausbesserungen"[46] müsse in eine geplante Linie eingerückt werden. Mohl möchte den Erfolg seiner Forderungen durch eine „beständige strenge Aufsicht" herbeiführen. Eigene Beamte zur „Entwerfung der „Bauverbesserungs-Plane" seien nur in großen Städten notwendig.[47]

Zu 3.: Für die unschädliche Bauart der einzelnen Gebäude sind Vorschriften notwendig.
Bauvorschriften seien notwendig, auch wenn sich die Polizei oft scheue, „zu tief in das Privatrecht einzugreifen". Bei öffentlichen Gebäuden könne eine baupolizeiliche Maßregel daher leichter durchgesetzt werden. Die „wachsame Polizei" müsse sich damit begnügen, gesundheitswidrige Baueinrichtungen entweder zu fordern oder zu verbieten.[48] Z.B. gebe es Vorschriften über das Verbot von „Kellerwohnungen", über die Erhöhung des Erdgeschosses über der Straße, über den zweckmäßigen Bau von Feuerstätten und Latrinen, über die Verwendung von feuchtigkeitsabstoßendem Baumaterial, über die „Mindesthöhe der Zimmer und Größe der Fenster-Öffnungen." Der Bau von kleinen einzeln stehenden Arbeiter-Wohnhäusern in „Fabrikorten" sei wünschenswert.[49] Bei großen Mietgebäuden müsse für eine möglichst „gesunde Einrichtung", notfalls unter Anwendung von „Zwangsvorschriften" gesorgt werden und neu gebaute Wohnungen müssen ausgetrocknet sein, bevor sie bezogen werden.[50]

Zu 4.: Die Reinlichkeit in den Straßen ist für die Gesundheit der Bewohner wichtig.[51]
4.1 Die Polizei müsse die Sauberkeit der Straßen erzwingen. Die Pflasterung, die ständige Aufsicht und die „Strafen" seien die richtigen Mittel.[52] Wenn das Geld für „hartes Material"

---

44 Mohl, S. 168. Sein Vorschlag ist missverständlich. Er meint jedoch, dass in breiteren Strassen höhere Häuser und in schmäleren Straßen niedrigere Häuser gebaut werden sollen. In einer Fußnote hat Mohl den Sachverhalt aber durch Zahlen unmißverständlich erläutert.

45 Mohl, S. 168.

46 ebd., S. 168: Als „Hauptausbesserungen" sind größere Eingriffe in die tragende Bausubstanz des Gebäudes gemeint, sofern sie an der Straße gelegen sind.

47 ebd., S. 169: In kleinen Orten mag der allgemeine Polizeibeamte diese Geschäfte wohl besorgen.

48 Unter „Baueinrichtungen" können hier verstanden werden: 1. bautechnisch/praktische Vorschläge, 2. sozialpolitische Forderungen (Bau von Arbeiterwohnhäusern). Beides ist in der Bauordnung von 1842 zu finden. Die Trennung der baupolizeilichen Aufgabenbereiche „Gefahrenabwehr und Wohlfahrt", hat sich noch nicht durchgesetzt.

49 ebd., Seite 170, der Bau solcher Arbeiterhäuser sei nicht nur eine gesundheitspolizeiliche Angelegenheit, sondern auch sonst sehr wünschenswert, der Staat müsse durch Begünstigungen fördernd eingreifen.

50 Mohl erwähnt hier die bestehende Württembergische Bauordnung von 1655 nicht, die um 1700 erneut veröffentlicht und mit 137 Verordnungen, Anweisungen und Erlassen bis zur neuen Zusammenstellung 1841-1842 durch Richter ergänzt wurde. In der Bauordnung von 1842 finden sich, systematisch geordnet, die einzuhaltenden baupolizeilichen Vorschriften.

51 ebd., S. 171-173. Mohls generelle Forderung lautet: Die Reinlichkeit der Straßen, die Gesundheit der Bürger, die gute Lage eines Hauses und die zweckmäßige Bauart müssen in den Städten gegeben sein, Holland sei deswegen sehr gut bewohnbar, Kairo und Constantinopel seien durch den Mangel an Reinlichkeit wahre „Pestheerde".

fehle, so reiche das „Besprengen der Straßen an heißen Tagen“. Bei der Verwendung von Pflastersteinen können die Unterhaltskosten vermindert werden, denn die Straßenreinigung geschehe durch fließendes Wasser, dafür müssen die „Kanäle beständig freigehalten werden“.
4.2 Die Gemeinde müsse die öffentlichen Plätze, der Hausbesitzer die Straße vor seinem Hause reinigen. „Der Unrath ist durch öffentliche Fuhren“ an bestimmte Plätze zu bringen. Eismassen müssten bei Tauwetter entfernt werden, öffentliche Latrinen seien ein bedeutendes Reinlichkeitsmittel, die Kloaken in den Wohnungen müssen vorsichtig entleert werden. Misthaufen auf öffentlicher Straße und unter den Fenstern sollten verboten werden.[53]
4.3 „Riechende und rauchende Gewerbeeinrichtungen“ dürfen in der Nähe von Wohnhäusern nicht gestattet werden. Das Gewerbe sei in drei Klassen einzuteilen: 1. Gewerbe, das unter keinen Umständen in der Nähe von Wohnungen geduldet werden kann. 2. Gewerbe, das nur unter der Bedingung geschützter Vorkehrungen zu anderen Häusern gestattet werden kann und 3. solche Gewerbe, die an sich keinem Verbot unterliegen, jedoch unter ständiger Aufsicht stehen. Eine sachverständige Behörde solle je nach erreichtem „Stande der Technik“, die Einteilung in die drei Klassen vornehmen, die Baupolizei müsse überwachen.[54]

Zu 5.: Die unschädliche Anlage von Begräbnisplätzen.
Die Lage eines Friedhofes müsse durch die medizinische Polizei gewählt werden, sie müsse für die Entfernung zwischen Wohnungen und Friedhof sorgen, die Entfernung könne 150-500 Schritte betragen. Die Fläche zwischen Friedhof und bestehenden Bebauung dürfe weder jetzt noch später bebaut werden.[55] Kirchhöfe sollen im höheren Teil der Stadt und im Norden des Ortes und ohne Mauern angelegt werden. Der Friedhof soll nicht vollständig mit Bäumen bedeckt werden.[56] Friedhöfe, die nicht mehr benötigt werden, sollen nach dem letzten Begräbnis mindestens 15-20 Jahre nicht „umgegraben oder zu Baustellen benützt werden.“[57]

Zu 6.: Die Anlage von „Spazirgängen“ sei notwendig.
Die Anlage von „Spazirgängen“ sei zur „Bewegung in freier Luft“ ein wahres Gesundheitsbedürfniß“. Auf „Spazirgängen“ müssen Bäume und Bänke vorhanden sein oder geschaffen werden, die Wege sollen „trocken und reinlich sein“.[58]

In den „Hauptrücksichten“ von 1832 finden sich Vorschläge, die überwiegend erst 50 Jahre später um 1880 in allgemeine stadtplanerische Regeln umgesetzt werden sollten.[59] Mohls Vorschläge waren und sind bis heute noch immer wichtige zu beachtende aktuelle stadtplanerische Regeln. Unter dem Oberbegriff der Medizinalpolizei werden „Anstalten zur Abwendung“ einzelner äußerer Lebensgefahren von Mohl aufgeführt. Gefahrdrohende Anlässe nach Mohl sind:

---

52 ebd., Seite 171, eine Forderung, die auch schon Justi erhoben hatte. Mohl belässt es nicht bei allgemeinen Forderungen, er entwickelt ebenso tiefbautechnische Ratschläge, z.B. die Rinnenausgestaltung.
53 ebd., S. 172.
54 ebd., S. 173.
55 ebd., S. 174.
56 Gründe für die bestimmte Lage der Friedhöfe werden von Mohl nicht angegeben.
57 Mohl, S. 175.
58 ebd., S. 175.
59 Resolutionen von Baumeister, Stübben und dem Verband Deutscher Architekten- und Ingenieur-Vereine zwischen 1875 und 1900.

- Der Gebäudeeinsturz oder das Herabfallen von Gegenständen aus Gebäuden.
- Die Beobachtung des baulichen Zustandes von älteren Gebäuden, Brücken.
- Gefahrdrohende Lasten in und an Bauwerken und deren Beseitigung.
- Gerüstuntersuchungen bei öffentlichen Feierlichkeiten.
- Schadhafte Geländer an Brücken, Anstalten gegen Unglücksfälle bei Volkszusammenkünften, Verhinderung des Gedränges, Beseitigung gefährlicher Gewerbe-Einrichtungen und Schutz der Arbeiter und Vorkehrungen gegen Explosionen.[60]

Die Aufzählung der gefahrdrohenden Schadensfälle, bei der die Polizei tätig werden muss, ist bei Mohl nicht abschließend. Sie umreißt aber den Bereich, der als der eigentliche Kern der Polizeiaufgabe gilt, nämlich die „Gefahrenabwehr" mit der in Preußen 1794 im Allgemeinen Preußischen Landrecht (ALR) entwickelten Generalklausel.[61] Eine weitere Aufgabe habe die Polizei, so Mohl, wenn eine „Massen-Armuth eingetreten sei. Die „Armenpolizei" könne aber nicht die mit der Armut verbundene Arbeitslosigkeit und das Fehlen von bezahlbarem Wohnraum allein bewältigen.[62] Beides wirke sich verstärkend bei den „Gewerbe-Proletariern" aus, und „das Uebel ist sowohl wirthschaftlicher als sittlicher Art", das man nicht mit der „Verbreitung religiöser Gesinnung" unter der arbeitenden Klasse lösen könne. Zwar werde dieses Mittel „lebhaft empfohlen", aber das Arbeiterlos könne damit allein nicht verbessert werden.[63] Nach Mohl bedarf es zusätzlicher Maßnahmen, z.B. der Förderung des Wohnungsbaus in Form von Arbeiter-Wohnungen, denn der Staat könne die „Erbauung" dieser Wohnungen nicht übernehmen. Daher blieben nur Maßnahmen des Staates übrig, die auf die Verbesserung bestimmter Teile der Wohnumgebung und auf die Wohnung selbst abzielen. Solche Maßnahmen sind bei Mohl: Verbot schädlicher Bauarten und die Vermietung ungesunder Wohnungen, dazu die Sorge um die Reinlichkeit und „Lüftigkeit" der Umgebung.[64] Bei Mohl wird erwogen, ob der Staat nicht „wohlfeilere" Baumaterialien an Bauunternehmen abgeben könne und der Einräumung von Vorteilen („zeitweise Steuerfreiheit)". Beide Hilfen seien aber nur zu gewähren, wenn dafür die Arbeiter die Wohnungen mieten können. Mohl schlug vor, ein Gesetz zu schaffen, dass es den Unternehmern größerer Gewer-

60 ebd., S. 258-264.

61 ALR, Siebzehnter Titel, § 10 Polizeigerichtsbarkeit: "Die nöthigen Anstalten zur Erhaltung der öffentlichen Ruhe, Sicherheit und Ordnung, und zur Abwendung der dem Publico oder einzelnen Mitgliedern desselben bevorstehenden Gefahr zu treffen, ist das Amt der Polizey." Die Generalklausel (GK) von 1794 ist in den 100 darauf folgenden Jahren oft geändert worden, wobei die GK, wenn auch im Wortlaut geändert, sich in vielen Gebieten des öffentlichen Rechts wiederfindet. Der Kern der GK ist jedoch bis heute erhalten. Unter der GK wird die Methode verstanden, bei der durch eine allgemeine Formulierung viele Tatbestände zusammengefasst werden können, die dann eine bestimmte Rechtsfolge im Ergebnis haben. Drews und Wacke (Allgemeines Polizeirecht, S. 65) betonen, dass die Bedeutung der GK darin liegt, über bestehende Normen hinaus das Verhalten von Menschen zu ordnen, auch um die Gefährdung von Lebensgütern zu vermeiden.

62 Mohl, S. 413 und S. 419. Mohl verwendet für die Massenarbeitslosigkeit den Begriff Pauperismus dann, wenn die Notlage nicht durch den Einzelnen selbst verursacht wurde, sondern allgemeiner Natur ist.

63 ebd., S. 440.

64 ebd., S. 442: Mohl: Die Reinlichkeit, Trockenheit und „Lüftigkeit" der Umgebung zu überwachen, sei schon eine Aufgabe der Gesundheitspolizei.

bebetriebe verbietet, Mietwohnungen für die eigenen Arbeiter zu erstellen. Der Grund liege darin, dass damit „manche schädliche Bedrückung und Verschlechterung“ der Arbeiter beendet werden könne.[65] Wie bei Justi ist auch bei Robert von Mohl die Polizei für alle Bereiche, außer der Verteidigung, der auswärtigen Angelegenheiten und der staatlichen Finanzen, zuständig. Soll der Rechtstaat seinen Zweck erfüllen, so gibt es nach Mohl zwei grundsätzlich verschiedene Bereiche, in denen er tätig wird: die Rechtspflege (Justiz) und die Staatsgewalt, nämlich die Polizei. In der „Rechtspflege werde dem feindseligen Einwirken von Menschen“ entgegengewirkt.[66] Die Staatsgewalt trete dann auf, wenn die Entwicklung der Menschen von äußeren Umständen behindert werde.

Mohl geht im Weiteren von drei Grundbegriffen („Hauptgegenstände“) aus, die er materielle Grundsätze nennt: 1. die physische Persönlichkeit, 2. die geistige Persönlichkeit und 3. das Verhältnis der Menschen zur Güterwelt. Diesen drei Hauptgegenständen ordnet Mohl die jeweiligen Tätigkeit der Polizei zu. Unter Polizei soll die „ganze Staatskunst“, die Politik im „weitesten Sinne des Wortes“ verstanden werden.[67] Der „Sprachgebrauch“ füge dem Begriff Polizei manchmal etwas hinzu, was nicht zur Polizei gehöre, nämlich die Justiz (Präventiv-Justiz). Da aber eine gemeinsame Benennung für die Hilfstätigkeiten des Staates notwendig sei, so diene das Wort Polizei noch am besten zur Begriffsbezeichnung. Die Unterscheidung zwischen Justiz und Polizei (die beiden Staatsgewalten) ist hier klarer als bei Justi. Andererseits ist die von Mohl vorgenommene Zuordnung der Polizeitätigkeit zu den einzelnen Lebensbereichen der von Justi aufgezeigten Form doch ähnlich. Z.B. soll die Medizinalpolizei auch bei Mohl noch Vorsorge gegen das Herabfallen von Gegenständen von Bauwerken treffen. Sie soll den baulichen Zustand von Gebäuden und Stegen beobachten und das Wegräumen von drohenden Lasten besorgen.[68]

Den sechs „Hauptrücksichten“ von Mohl entsprechen bei Justi der „Vorsorge der Regierung, die Verminderung der Unterthanen, durch frühzeitigen Tod, zu verhüten.“[69] Die „medicinische Polizey“ muss für die „Reinhaltung der Städte von Morast, (…) und für eine bessere Bauart“ der Städte sorgen, die „Durchstreichung der Luft ist zu befördern.“[70] Wie die Stadterweiterung oder eine neue Ortschaft geplant werden soll, wie die „Reinlichkeit“ der Stadt erreicht werden kann, sind sehr frühe Vorschläge und Hinweise, wie sie schon bei Vitruv zu finden sind und die prinzipiell auch heute noch für den Stadtplaner gelten.[71] Mohls „Polizei-Wissenschaft“ ist auch durch die Armutsdiskussion (Pauperismus) und durch die Debatte über die gesunde Stadt geprägt. Mohl hat

65 ebd., S. 443.

66 ebd., S. 10.

67 Mohl, S. 10, FN 3.

68 Fast alle bei Mohl aufgeführten Hauptrücksichten sind auch in der Württembergischen Bauordnung von 1842 als Aufgabe der Baupolizei zugewiesen, für bestimmte Einzelfälle kommt allerdings eine „Gesundheits-Bau-Polizei“ (§ 324-327) hinzu.

69 Justi: S. 97.

70 Justi, S. 103.

71 Vitruv, De Architectura Libri Decem, Wiesbaden 2004. Übersetzung von F. Reber 1865. I. Buch, 4. Kapitel „Die Wahl gesunder Plätze“, S. 28. Kapitel VI, „Verteilung und Lage der Gebäude innerhalb der Stadt“, S. 37.

mit seinen Vorschlägen und den Maßnahmen offensichtlich auch großen Einfluss auf Edwin Chadwick (London) ausgeübt.[72] So hat sich Chadwick auf Mohl bezogen und weite Teile von Mohls Grundsätzen zur Medizinalpolizei übernommen und als beispielhaft zitiert.

Otto Mayer (1846-1924)

Nach den Grundsätzen der „Polizeywissenschaft" von Gottlob von Justi und der „Polizeiwissenschaft" von Robert von Mohl soll der Polizeibegriff, wie er von Otto Mayer gesehen wurde, erläutert werden. Der grundlegende Unterschied zu Justi und Mohl zeigt sich schon in der Überschrift des 1895 erstmals erschienenen Werkes „Deutsches Verwaltungsrecht". Nicht die „Polizei" ist Hauptgegenstand, sondern der Rechtsstaat, der seine Handlungen nach der Verwaltungsrechtsordnung und aus der Verfassung auszurichten hat. Die Polizei ist nur eine der beteiligten Institutionen.[73] Zur Art der Verwaltungstätigkeit schrieb Mayer: „Die umfassende Macht obrigkeitlicher Einwirkung auf die Untertanen, die uns auf solche Weise entgegentritt, nennen wir Polizeigewalt. Sie ist die öffentliche Gewalt, die auf dem Gebiete der Verwaltung wirksam wird zur Abwehr von Störungen der guten Ordnung des Gemeinwesens aus dem Einzeldasein".[74] Die „alten eudämonistischen Theorien", so Mayer, hätten dem Staat eine „allzu hohe" Aufgabe gestellt, die die Menschen eher erniedrigte, indem der Staat (die Polizei) mit Zwang eingriff, um so den definierten Staatszweck zu erreichen.[75] Die Polizeibehörde war für alles zuständig, was im öffentlichen Interesse lag und das durch sie selbst wesentlich mitbestimmt wurde.[76] Erst allmählich entwickelte sich die Trennung der Gewalten, wobei die Regeln in der Justiz wohl den Anfang machten. Mayer zitierte Montesquieu mit seiner Lehre von der Freiheit: „Der freie Staat ist der, in welchem die Herrschaft des Gesetzes durchgeführt ist; die Freiheit aber ist nichts anderes als das dadurch hergestellte Gefühl der Sicherheit der Bürger der Staatsgewalt gegenüber".[77] Mayer zeigt bei den inzwischen auch in der Amtssprache verwendeten Begriffen „Sicherheitspolizei und Wohlfahrtspolizei[78] auf, welche „Schwierigkeiten man sich damit eingehan-

---

72 Mohl hatte sich bei seiner ersten Ausgabe der Polizeiwissenschaft (1832) schon zur Be- und Entwässerung der Städte geäußert, was Chadwick veranlasste, diese Vorschläge in seinem „Report on the sanitary condition (…)" von 1842 in die englische Sprache zu übersetzen. Der 1965 neu herausgegebene „Report" (Hg.: M.W. Flinn) gab als Quelle fälschlicherweise „Mohl 1844" statt Mohl 1832 an, denn Chadwicks Report erschien 1842, also 10 Jahre nach Mohl (1832).

73 Die Justiz ist nicht mehr Polizei, diese Trennung hatte schon Mohl als Voraussetzung des Rechtsstaates im Sinne der Gewaltenteilung angesehen. Bei Mayer ist die Trennung keine Voraussetzung mehr, sondern unabdingbar geworden.

74 Mayer, Otto, Deutsches Verwaltungsrecht, München/Leipzig ^{2}1914, Bd. I., S. 217.

75 ebd., S. 213. Eine Theorie, die auf die „Glückseligkeit" und seelisches Wohlbefinden gerichtetes Handeln für den Einzelnen wie für die Gemeinschaft abstellt.

76 Mayer: Deutsches Verwaltungsrecht, Seite 212: „Rastlos findet der Polizeistaat neue Gegenstände und Formen, um sich in dieser Aufgabe zu bestätigen."

77 ebd., S. 44. Mayer fügt hinzu: „Wenn die von der Justiz gehandhabten Regeln die unbedingte Zuverlässigkeit, die eine Rechtsordnung haben muß, um diesen Namen zu verdienen, auch hat".

78 ebd., S. 220: Mayer führt ein Beispiel über die Unklarheit der Begriffe an: In sächsischen Großstädten gehöre die Wohlfahrtspolizei zur Gemeinde, die Sicherheitspolizei einem beson-

delt habe". Unter dem ersten Begriff sei zu verstehen, dass bei allen Polizeiaufgaben, die sich mit Gefahr oder der Gefährdung von Rechtsgütern befassen, die polizeiliche Tätigkeit nur vorbeugend oder verhindernd sei. Der zweite Begriff umfasse alle anderen Gegenstände, die die Polizei ebenfalls als ureigenste Aufgaben ansehe, sie können jedoch nicht mit Zwang, dem Mittel der öffentlichen Gewalt, durchgesetzt werden. Vereinfacht bedeutet dies: Bei der Sicherheitspolizei muss gehandelt, bei der Wohlfahrtspolizei kann unter Vorbehalten gehandelt werden. Mayer wandte sich gegen die Verwendung des Begriffs „Wohlfahrtspolizei"[79], meint aber einschränkend, dass der Staat sich noch immer dieses Begriffes bediene, weil damit willkürlich abgegrenzte Zuständigkeitskomplexe gewissermaßen mit einem inzwischen eher „leeren Namen" bezeichnet werden können. Gefahren abzuwenden sei Aufgabe der (Sicherheits-)Polizei, „was die Obrigkeit darüber hinaus noch tut, ist Pflege, Wohlfahrtspflege, Kulturpflege und Staatspflege".[80] Auch der Versuch, den Begriff Verwaltungspolizei[81] als Sammelbegriff z.B. für die Bereiche der Wasserbauverwaltung, des Forstwesens, der landwirtschaftlichen Verwaltung und des Straßenwesens zu verwenden, sei schon deswegen unbefriedigend, weil jeder dieser Bereiche auch ein mehr oder weniger großes Stück Polizei-Gewalt ausübe. Obwohl der Begriff Wohlfahrtspolizei noch bis in das 20. Jh. gelegentlich verwendet wurde, ist Mayer der Ansicht, dass dieser Begriff ausgedient habe, denn die Polizei habe mit der „Wohlfahrt" wenig zu tun. Was der Staat sonst für seine Bürger tue oder veranlasse, sei mit den Begriffen Wohlfahrts- und Kulturpflege hinreichend bestimmt.

Zusammenfassung der Polizeibegriffe bei Justi, Mohl und Mayer

Die historische Entwicklung des Polizeibegriffs wurde in den vorigen Abschnitten aus der Sicht dreier Wissenschaftler vorgestellt, die zu verschiedenen Zeiten „ihre Polizeiwissenschaft" geschrieben hatten. In der Rückschau ergibt sich das folgende Bild: Justi hatte seine „Grundsätze der Polizeywissenschaft" um 1760 in Göttingen entwickelt, Robert von Mohl (Tübingen) hatte seine „Polizei-Wissenschaft nach den Grundsätzen des Rechtsstaates" erstmals 1832 veröffentlicht. Zwischen Justi und Mohl liegt eine Spanne von rund 70 Jahren, wiederum etwa 70 Jahre liegen zwischen Mohl und Otto Mayer (Straßburg), der sich im „Deutschen Verwaltungsrecht", einem hoch angesehenen Werk der Verwaltungswissenschaft, ebenfalls mit der Polizei ausführlich beschäftigt hat.[82] Mayer,

---

deren Polizeiamt. Die Wohlfahrtspolizei sei für die „Vertilgung der Maikäfer, die Sicherheitspolizei für die Erlaubnis der Maskenbälle und künstlerische Produktionen zuständig.

79 Schenke, Wolf-Dieter, Einführung in das Polizei- und Ordnungsrecht, in: Besonderes Verwaltungsrecht. Hg.: Udo Steiner, Heidelberg ^{5}1995, S. 180. Die im ALR vorgesehene Einschränkung der Polizeibefugnisse (reine Gefahrenabwehr), sei im Laufe des 19. Jh. weitgehend in Vergessenheit geraten, man habe der Gefahrenabwehr den Begriffsinhalt Wohlfahrt hinzugefügt. Erst das berühmte „Kreuzberg-Urteil" schaffte den grundlegenden Wandel zurück zur alleinigen Polizeiaufgabe „Gefahrenabwehr".

80 Mayer, S. 214.

81 ebd., S. 220, Verwaltungspolizei als Gegensatz zur Sicherheitspolizei.

82 Die Erstauflage erschien 1895.

der die Schriften von Justi und Mohl kannte, löste sich von beiden Auffassungen über die Aufgaben- und Befugnisbeschreibung der Polizei, indem er eine neue Definition einführte: „Die Polizei ist eine besondere Art der Verwaltungstätigkeit. Die Polizeigewalt ist die dieser Tätigkeit eigentümliche Erscheinung der öffentlichen Gewalt“.[83] Der Begriff „politia“ bedeute so viel wie das „wohlgeordnete Gemeinwesen“, aber auch der „gute Stand des Gemeinwesens“, das die „Obrigkeit als Ziel“ vor Augen haben muss.[84]

Mitte des 18. Jh. entwickelt Justi Grundsätze über die Polizei-Wissenschaft, damit kann auch von einer beginnenden Trennung zwischen Polizei und Justiz gesprochen werden. Die Errichtung einer unabhängigen Polizei-Anstalt kann sich Justi noch nicht vorstellen, er hält bei der Frage, wo denn die Polizei am besten aufgehoben sei, die enge Verbindung (Einbindung) mit den „Finanzen/Cameralisten“ für richtig, denn auch sie fördere das allgemeine Vermögen des Staates, genauso, wie es die Polizei auch tue. Justi prägte den interessanten Satz: „Der Policey-Verständige säet gleichsam und der Cameralist erndtet.“[85] Die Verbindung zwischen den Cameralisten und der Polizei ist nach Mohl allerdings unsystematisch, allein schon deswegen, weil neben der Finanzwissenschaft auch die Gewerbekunde, Landwirtschaft, Bergbaukunde, Handelslehre und Naturgeschichte in die „Polizei hereingezogen werden“.[86] Gleichwohl meint Mohl zu den Schriften Justis, die von 1756 an veröffentlicht wurden, sie seien, wenn auch nicht „tadellos“, so „doch unendlich klarer als alles Frühere, sie schieden den Gegenstand scharf aus, suchten seine Gränzen, seine obersten Grundsätze auf, und gaben dadurch der Wissenschaft einen kräftigen Anstoß, dessen Folgen sich auch bald zeigten.“[87] Nach Mohl ist die Aufrechterhaltung der „guten Ordnung des Gemeinwesens“ Aufgabe der Polizei, sie ist zum Handeln nicht nur berechtigt, sondern um Gefahren abzuwehren sogar verpflichtet.[88] Die schützenswerten Polizeigüter seien teils reale, teils geistige Güter. Justi wie Mohl befassen sich unter dem Stichwort Polizei in ähnlicher Weise mit allen Lebensumständen, ausgenommen das Heer, die auswärtigen Angelegenheiten und teilweise die Finanzen. Justis Ansichten sind noch stark geprägt von einem „gottgefälligen“ Leben des Bürgers, seiner Achtung vor der Obrigkeit. Seine Lehren gleichen oft einem willkürlichen Katalog von zwingenden, hinweisenden oder nur wünschenswerten Eigenschaften und Aufgaben, die der Staat (die Polizei) oder die Bürger zu besorgen haben. Betont wird der eigentliche Staatszweck: Der „Endzweck“[89], so Justi, jeder Republik beruht auf der „Beförderung der gemeinschaftlichen Glückseligkeit“, das allgemeine Vermögen einer Republik sei das geeignete Mittel dazu. In erster Linie stehen bei Justi die Landwirt-

83 Mayer, S. 211.

84 ebd., S. 211.

85 Justi, S. 381.

86 Mohl, Seite 58.

87 Mohl, Seite 58-59, und: „nach und nach erschienen eine bedeutende Anzahl von Schriften, welche sich bemühten, einzelne Fehler Justi`s zu verbessern“.

88 Darunter versteht Mohl die abstrakten Begriffe wie: Öffentliche Sicherheit, Ruhe, Gesundheit, Sittlichkeit (ua.) und bezeichnet sie in Anlehnung an das Zivilrecht (Rechtsgüter) als „Polizeigüter“.

89 Darunter versteht Justi: Sinn, Bedeutung, Aufgabe oder Gehalt.

schaft, der Forst, das Gewerbe und der Handel im Vordergrund seiner Betrachtungen. Andererseits entwickelte er allgemeine, aber beachtenswerte Vorstellungen, welche Sorgfalt nötig ist, wenn Städte vergrößert werden sollen.

Mohl übernimmt den Ansatz der Beschreibung der Polizeitätigkeiten von Justi, jedoch zeigt sich eine systematischere Einordnung der Materien und Geschäfte der Polizei in ein größeres Ganze, denn über allem steht der neue Begriff „Rechtsstaat". Interessanterweise fehlt ein Bezug auf die bereits vorliegende und Mohl sicher bekannte württembergische Bauordnung[90] von 1842 von C.H. Richter, einem ehemaligen königlichen Oberamtsrichter. Wichtig ist der Hinweis deswegen, weil auch Mohl die zweite Auflage der Polizeiwissenschaft 1844 in Tübingen herausbrachte. Der Begriff „Baupolicey" oder „Baupolizei" erscheint weder bei Justi noch bei Mohl. Preu[91] meint, dass sich schon um 1800 eine Tendenz in der Literatur zeigt, die Staatswirtschaft, Bildung und Erziehung aus der Polizei zu lösen. Auch der Wohlfahrtsbereich wurde allmählich ausgegliedert; die genannten Sachgebiete erhalten eine von der Polizei gesonderte eigene Stellung, nur bei Mohl sei noch keine durchgehende Trennung bemerkbar, Mohl sei sogar der Vertreter einer sehr weiten Auffassung, die im Begriff Polizei noch alle Tätigkeiten (Staatszwecke) eingeschlossen sehe.[92] Die Nähe zwischen Justi und Mohl im Hinblick auf den Staatszweck und über die Polizeiaufgaben ist nicht zu übersehen; Justi stellt die Zuständigkeit der Polizei für alle Fach- und Sachgebiete nicht infrage, Mohl dagegen beginnt mit Neuerungen, bleibt aber letztlich dem System der allumfassenden Vorsorge des Staates für seine Bewohner treu. Anders dagegen Otto Mayer, der etwa 70 Jahre nach Mohl die Polizei als einen Verwaltungsteil unter vielen, inzwischen selbständigen Verwaltungszweigen beschreibt. Die Polizei ist nicht mehr der „Oberbegriff", der alle sonstigen Staatstätigkeiten einschließt, sondern ein notwendiger, aber kleiner werdender Teil mit bestimmten staatliche Aufgaben (Ruhe, Sicherheit und Ordnung).

Mit der „Polizey" wurde die Stadtverfassung (die gute Ordnung) umschrieben, aber auch der Begriff Staatsverwaltung kann für den Zeitabschnitt und für die Materien, die Justi und Mohl mit ihrer „Polizei-Wissenschaft" behandelt haben, genommen werden. Zu Beginn des 20. Jh. ist bei Mayer der Umschwung vollzogen. Aus der früheren allgemein zuständigen Polizei ist ein Zweig des staatlichen Verwaltungshandelns geworden, der noch für einige Zeit auch für Stadtplanung und Baupolizei, sowohl fachlich als auch sachlich, zuständig war.[93] Aus den vorhergehenden Ausführungen zu den Polizeiwissenschaftlern Justi, von Mohl und Mayer zeigt sich, dass sie durchgehend vom 19. Jh. bis zum Ende des 20. Jh., sowohl einen festen Platz in der verwaltungs-, staats- und polizeirechtlichen Literatur, als auch in der vertiefenden allgemeinen Literatur zu Siedlungs- und Wohnungsfragen gefunden haben. Dabei wurden verwaltungswissenschaftliche Lehrbücher, Dissertationen, Arbeiten und Ergebnisse aus For-

---

90 Richter, C. H., Die Württembergische Baupolizei verbunden mit dem Baurechte, Tübingen ^{2}1842.

91 Preu, Polizeibegriff und Staatszwecklehre, S. 244-245.

92 Außer den bereits bekannten Gegenständen Heer und auswärtigen Angelegenheiten.

93 Dabei wird nicht übersehen, dass in vielen Städten, vor allem in Großstädten eine besondere Abteilung innerhalb der städtischen Verwaltung gebildet wurde, die schon damals mit „Stadtplanung" bezeichnet werden konnte.

schungsvorhaben und beispielsweise die „Geschichte des Wohnens“ der Wüstenrot-Stiftung (5 Bde.) einbezogen. Nach der Beschreibung von Herkunft und Aufgabe der Polizei soll untersucht werden, wie sich aus der Polizei die Baupolizei entwickelte, die als Grundlage ihrer Tätigkeit zunächst nur das Polizeistrafgesetz, abgesehen von örtlichen Bauordnungen, zur Verfügung hatte.[94]

2.2 Abgrenzung zwischen Polizei und Baupolizei im 19. Jahrhundert

Nach Preu kann zu Beginn des 19. Jh. von einer Loslösung bestimmter Aufgaben aus dem klassischen Polizeibereich gesprochen werden. Dabei nennt Preu nur die Staatswirtschaft und das Erziehungs- und Bildungswesen, diese Auffassung habe sich in der Jahrhundertmitte allgemein durchgesetzt.[95] Die Baupolizei führt Preu nicht auf, sie ist damit noch als Polizei mit besonderen Aufgaben zu verstehen. Dabei sind die Aufgaben der Baupolizei schon länger bekannt, sie wurden entweder in allgemeinen Polizeiverordnungen als „Bauordnung“ veröffentlicht oder auch als Bauordnung durch Gesetz eingeführt. Beispiele sind:

Bayern

Im Königreich Bayern wurden seit dem 30.6.1864 (Allgemeine Allerhöchste Bauverordnung) weitere Bauordnungen an folgenden Daten erlassen: am 15.3.1866, am 30.8.1877, am 19.9.1881 und am 17.2.1901.[96]

Hessen-Darmstadt

Das Großherzogtum Hessen-Darmstadt kann auf keine derartig lange Tradition von Baupolizeigesetzen zurückblicken, denn seine Bauordnung, das „Gesetz, die allgemeine Bauordnung betreffend“, stammt aus dem Jahr 1881.[97]

Preußen

Preußen hat keine landesweit geltende Bauordnung schaffen können. Wegen der Bedeutung, die Berlin als Hauptstadt schon Mitte des 19. Jh. hatte, wird die 1853 erlassene „Bau-Polizei-Ordnung“ herangezogen. Sie ist nicht von der Stadt Berlin, also der Stadtverordnetenversammlung, erlassen worden, sondern wurde als Bauordnung durch den Minister für Handel, Gewerbe und öffentliche Arbeiten erarbeitet und danach als Verordnung durch das Polizeipräsidium verkündet und in Kraft gesetzt. Diese Bauordnung ist das Ergebnis staatlicher Vorstellungen, wie sich die bauliche Ordnung in der preußischen Hauptstadt vollziehen sollte.[98]

---

94 In Hessen war 1855 ein Polizeistrafgesetz erlassen worden, das baupolizeilichen Vorschriften enthielt, daneben gab es eine Fülle von örtlichen Bauordnungen oder „Localbaustatute“.

95 Preu, S. 244-245.

96 Gateway Bayern, http://bvba2bib-bvb.de, abgerufen am 20.1.2008.

97 Gleichwohl gab es auch in Hessen-Darmstadt eine Fülle von „Local-Bauordnungen, Beispiele sind: Darmstadt 1825, Gießen 1830, Heppenheim 1839, Offenbach 1831, Worms 1844. In: F. Paff, „Die allgemeine Bau-Ordnung für das Großherzogthum Hessen“, Mainz 1892, S. 5.

98 Die Bauordnung von 1853 ist damit eine reine Polizeiverordnung. Grundlage für die Bauordnung ist das „Gesetz über die Polizeiverwaltung vom 11.3.1850“ In § 5 heißt es: „Die mit der örtlichen Polizei-Verwaltung beauftragten Behörden sind befugt, nach Beratung mit dem Gemeindevorstande, ortspolizeiliche (…) Vorschriften zu erlassen“. Zu diesen „ortspolizeilichen Vorschriften“ gehören nach § 6 (g) „die Fürsorge gegen Feuersgefahr bei Bau-Ausführungen, sowie gegen gemeinschädliche und gemeingefährliche Handlungen, Unternehmungen und Ereignisse überhaupt“. Die Bau-Polizei-Ordnung fällt damit tatsächlich unter

Sachsen

Im Königreich Sachsen galten folgende Gesetze, bzw. Bauordnungen: „Das Gesetz, das wegen polizeilicher Beaufsichtigung der Baue zu beobachtende Verfahren betreffend" vom 6.7.1863. „Das Gesetz, die Gültigkeit der Lokalbauordnungen betreffend" vom 11.7.1868 und am 15.10.1886 eine Änderung des Gesetzes, „die Landesbrandversicherungsanstalt betreffend („Verminderung der Feuersgefahr" bei Aufstellung von Bebauungsplänen) sowie schließlich „Das allgemeine Baugesetz für das Königreich Sachsen" vom 1.7.1900.

Württemberg

Hier galt: „Die Württembergische Baupolizei, verbunden mit dem Baurechte" von 1842.[99]

An den Beispielen von Bayern, Hessen-Darmstadt, Sachsen und Württemberg zeigte sich, dass die Bezeichnung „Bauordnung" oder „Baupolizei" in der Mitte des 19. Jh. nicht gleiche Sachverhalte regeln. Die Aufgabe wird in Bauordnungen beschrieben und die Tätigkeit als Baupolizei bezeichnet, eine Abgrenzung verwaltungsorganisatorischer Art ist zwischen der Polizei, im Sinne der „Sicherheitspolizei" und der Baupolizei, jedoch noch nicht sichtbar. Polizei und Baupolizei sind unter dem Oberbegriff der „Gefahrenabwehr" tätig. Nach Maurer kann Ende des 19. Jh. von einer fachspezifischen Trennung zwischen Polizei und Baupolizei gesprochen werden.[100] Noch 1930 wird im Handwörterbuch des Bauwesens mitgeteilt, dass „die Polizeiverordnungen baupolizeirechtlichen Inhalts" Bauordnungen genannt werden.[101] Damit haben die Bauordnungen und die mit der Durchführung der Aufgaben betraute Behörde, die Baupolizei, noch keine rechtliche Abgrenzung zur Polizei erfahren. Denn die innerbehördliche Trennung der Polizeiorganisation war selbst keine tatsächliche Trennung. Ein qualitativer Unterschied zwischen einer Bauordnung, die auf Grund einer Polizeiverordnung erlassen wird, oder einer Bauordnung, die als Landesgesetz erscheint, besteht nicht, falls nur die Tätigkeit als solche betrachtet wird. Staatsrechtlich bestehen jedoch Unterschiede. Die Bauordnung, die aus einer Verordnung hervorgeht, ist nur auf einen bestimmten Bereich bezogen (z.B. die Bauordnung der Städte Berlin, Görlitz oder Wiesbaden). Das Bauordnungsgesetz umfaßt aber das gesamte Staatsgebiet.[102]

Bauordnungsgesetze sind in Bayern, Hessen-Darmstadt, Sachsen und Württemberg seit dem Ende des 19. Jh. vorhanden. Im 20. Jh. entwickelte sich die Baupolizei dann zu einem eigenständigen Teil innerhalb der staatlichen Verwaltung, die ihrerseits die Spezialaufgabe den Bezirksregierungen oder den

---

die aufgezählten Begriffe. Zum „Polizeiverwaltungsgesetz" vom 11.3.1850: Preußische Gesetzsammlung 1850, S. 265.

99 Richter, Die Württembergische Baupolizei [...], Vorwort S. 1: „ [...] in verbesserter Gestalt durch Herzog Eberhard am 2. Januar 1655 erlassen".

100 Maurer, Hartmut, Allgemeines Verwaltungsrecht, München [11]1997, S.7: „Die Bezeichnung Polizei ist nicht mit der Ordnungsverwaltung identisch. Der Polizeibegriff hat im Laufe der Zeit eine ständige Einengung erfahren."

101 Fischer, F.W., Baupolizei, in: Handwörterbuch des Wohnungswesens, hg. von H. Albrecht, Jena 1930, S. 65-70, S. 67.

102 Die Verordnung kann relativ leicht auf dem Verwaltungswege geändert werden, ein (Bauordnungs-)Gesetz dagegen erfordert die volle Mitwirkung des Parlaments.

Kreisen (auch größeren Gemeinden) „zur Erfüllung nach Weisung" übertrug.[103] Damit blieb die Baupolizei (in Hessen schon als „Bauaufsicht" bezeichnet) trotzdem an staatliche Weisungen gebunden, wurde aber durch die genannten kommunalen Einrichtungen unterhalten, die Einnahmen durch Baugebühren sollten die Personalkosten der Baupolizei decken. Im nächsten Abschnitt wird eine kurze Strukturübersicht die staatliche Innen- und Ordnungsverwaltung der einzelnen Staaten in der zweiten Hälfte des 19. Jh. dargestellt.

2.3 Die Aufgaben der Baupolizei, Durchführung und Aufsicht der staatlichen Gewalt Baupolizei

Bevor auf die Aufgaben der Baupolizei näher eingegangen wird, soll die Gliederung der staatlichen Ebenen (Innen- und Ordnungsverwaltung) vorgestellt werden. In der Regel waren sie organisatorisch in die „obersten, mittleren und unteren" Behörden eingeteilt, der zeitliche Rahmen umfasst nur das letzte Viertel des 19. Jh. Die folgende Übersicht wird zeigen, dass schon wegen der Größenunterschiede der Staaten keine direkt vergleichbaren Staatsorganisationen angetroffen werden können. Die ordnungspolitischen Fragen („Sicherheit und Ordnung") wurden zwar in den Bundesstaaten unter ähnlichen Gesichtspunkten behandelt, dennoch sind Unterschiede im Verwaltungsvollzug auf der mittleren und unteren Verwaltungsebene zu erwarten. „Sicherheit und Ordnung" wurde in den Bundesstaaten Preußen, Bayern, Hessen, Sachsen und Württemberg so geregelt:

Preußen, Zeitraum bis 1877, Ordnungsverwaltung und Polizei/Baupolizei

Oberste staatliche Behörde:	Ministerium für Handel, Gewerbe und öffentliche Arbeiten
Mittlere staatliche Ebene:	Provinzen (12) und Regierungsbezirke (36)
Untere staatliche Ebene:	Landkreis (Landrat), Stadtkreis (Magistrat/Bürgermeister)

Preußen, Zeitraum ab 1878, Ordnungsverwaltung und Polizei/Baupolizei

Oberste staatliche Behörde:	Ministerium des Innern
Mittlere staatliche Ebene:	Provinzen und Regierungsbezirke Gesondert: Stadt Berlin: Selbständiger Verwaltungsbezirk
Untere staatliche Ebene:	Landkreis (Landrat), Stadtkreis (Magistrat/Bürgermeister)

Sachsen, Ordnungsverwaltung und Polizei/Baupolizei

Oberste staatliche Behörde:	Ministerium des Innern
Mittlere staatliche Ebene:	Kreishauptmannschaften (28) (Kreishauptmann) Gesondert: Dresden, Leipzig und Chemnitz. Ab 1906: Plauen, Zwickau. Ab 1914: Bautzen, Freiberg und Zittau
Untere staatliche Ebene:	Stadtrat, in Gemeinden: die Amtshauptmannschaft

103 Hessische Bauordnung von 1954 in § 2 Absatz 1: „Die Bauaufsicht wird (...) den kreisfreien Städten und Landkreisen zur Erfüllung nach Weisung übertragen". Mit dem Gutachten des Bundesverfassungsgerichts von 1954 ist die Abgrenzung zwischen Polizei und Baupolizei, die inzwischen auch als Bauaufsicht bezeichnet wird, erreicht. Näheres zu dem Gutachten und den damit verbundenen grundlegenden Änderungen im gesamten Baurecht, wird ausführlich im Kapitel 7 der Arbeit berichtet.

Hessen-Darmstadt, Zeitraum ab 1879, Ordnungsverwaltung und Polizei/Baupolizei

Oberste staatliche Behörde:	Ministerium der Finanzen
Mittlere staatliche Ebene:	Provinzialdirektionen mit dem Provinzialdirektor
Untere staatliche Ebene:	Kreisämter (Kreisrat, ab 1913 als Kreisdirektor)

Bayern, Ordnungsverwaltung und Polizei/Baupolizei

Oberste staatliche Behörde:	Ministerium des Innern
Mittlere staatliche Ebene:	Kreis-Regierungen (Regierungspräsident)
Untere staatliche Ebene:	Bezirksämter (Bezirksamtmann), Stadt München: Magistrat/ Bürgermeister mit Lokalbaukommission u. Polizeidirektion

Württemberg, Ordnungsverwaltung und Polizei/Baupolizei

Oberste staatliche Behörde:	Ministerium des Innern
Mittlere staatliche Ebene:	Kreis-Regierungen (Regierungspräsident)
Untere staatliche Ebene:	Bezirks- oder Oberämter (Oberamtmann), in Stuttgart mit der Sonderregelung einer Stadtdirektion und dem Bezirksrat.

Der Gegensatz zwischen Selbstverwaltung (Gemeindeebene) und der staatlichen Verwaltung auf der untersten Ebene „war gerade für das ausgehende 19. Jh. charakteristisch".[104] Neben den Gemeindebehörden gab es auch staatliche Dienststellen, die auf der untersten Verwaltungsebene agierten, dies konnten Amtsvorsteher, Amtmänner, Distriktkommissare, Polizeipräsidien oder -direktionen sein.[105] Als Aufgabe der Polizei und damit auch für die Baupolizei wurde für Preußen bereits im Allgemeinen Landrecht von 1794 eine Formulierung gefunden, die nach Auffassung von Drews und Wacke als „allgemeine Rechtsüberzeugung des 19. Jahrhunderts" galt.[106] Der Wortlaut:

> „Die nöthigen Anstalten zur Erhaltung der öffentlichen Ruhe, Sicherheit und Ordnung, und zur Abwendung der dem Publico, oder einzelnen Mitgliedern desselben bevorstehenden Gefahr zu treffen, ist das Amt der Polizey." (ALR § 10, II, 17)

Dieses Muster einer Generalklausel (GK) ist erhalten geblieben, wenn sich auch die Formulierung in den einzelnen Staaten im Laufe der Zeit verändert hat. Die GK können in Landesgesetzen, Spezialgesetzen und in den Musterbauordnungen enthalten sein.[107] Im Folgenden werden drei neuere Beispiele einer GK dargestellt, der Wortlaut der übrigen GK ist im Anhang Nr. 1 abgedruckt.

---

104 Frotscher, Werner, Die eigenen Angelegenheiten der Bundesstaaten, in: Deutsche Verwaltungsgeschichte, Hg.: K. Jeserich, Bd. 3, Stuttgart 1984, S. 407-434, S. 410-420.

105 ebd., S. 417. Frotscher bemerkt zusätzlich, dass die untere staatliche Verwaltung in Deutschland eine sehr große Vielfalt aufweist, die nur eine skizzenhafte Darstellung erlaube.

106 Drews und Wacke, 7. Auflage, S. 7. Verfasser: Diese allgemeine Überzeugung hat sich dem Grunde nach bis in die Mitte des 20. Jh. erhalten.

107 Zur Generalklausel (GK): Brockhaus, Enzyklopädie, Bd. 10, S. 430, Mannheim ^{21}2006. „Generalklausel, allg. gehaltene Begriff in einem Normgefüge (v.a. einem Gesetz), den der Normgeber (insbes. der Gesetzgeber) verwendet, um einerseits detaillierte Einzelbegriffe zu vermeiden und um andererseits dem Normanwender, bes. einem Gericht, eine möglichst sinngerechte Auslegung und Anwendung der Norm zu ermöglichen. Beispiele für die GK: allg. Verkehrsauffassung, gute Sitten, Billigkeit. Im Polizeirecht gilt neben speziellen Ermächtigungen die polizeiliche GK, die der Polizei die Eingriffsermächtigung zur Gefahrenabwehr verleiht".

Preußisches Polizeiverwaltungsgesetz von 1931, (§ 14):
(1) „Die Polizeibehörden haben im Rahmen der geltenden Gesetze die nach pflichtmäßigem Ermessen notwendige Maßnahmen zu treffen, um von der Allgemeinheit oder dem einzelnen Gefahren abzuwehren, durch die die öffentliche Sicherheit oder Ordnung bedroht sind.“[108]

Hessisches Polizeigesetz vom 10. November 1954
„Die Polizei hat im Rahmen der geltenden Gesetze die nach pflichtmäßigem Ermessen notwendige Maßnahmen zu treffen, um von der Allgemeinheit oder dem einzelnen Gefahren abzuwehren, durch die die öffentliche Sicherheit oder Ordnung bedroht wird (Gefahrenabwehr).“[109]

Musterbauordnung (MBO) von 1960
(1) „Die Aufgaben der Baubehörden sind Staatsaufgaben.
(2) Die Baubehörden haben bei der Errichtung, Änderung, dem Abbruch sowie der Unterhaltung baulicher Anlagen darüber zu wachen, dass die öffentlich-rechtlichen Vorschriften und die auf Grund dieser Vorschriften erlassenen Anordnungen eingehalten werden. Sie haben in Wahrnehmung dieser Aufgaben die erforderlichen Maßnahmen zu treffen.“[110]

Die Polizei war bis in die Mitte des 19. Jh. der alleinige Ordnungsfaktor, sie bestimmte das gesamte private Baugeschehen durch Bauordnungen, Bauverordnungen, Polizei-Verordnungen, Localbaustatute und Ortspolizeistatute, dabei bediente sich die Polizei der Baupolizei. Die Vorhaben und Bauten im öffentlichen Bereich unterlagen ebenfalls einer (Polizei-)Baukontrolle, sofern es sich um Bauten der Gemeinde oder der Stadt handelte. Generell sollten die „Hofbauten“, die „staatlichen Bauten“ und die „gemeindlichen Bauten“ den gleichen Bedingungen unterworfen werden wie die privaten Bauvorhaben.[111] Dennoch unterschied sich der Weg den ein Bauantrag oder eine Bauanzeige durchlaufen musste, wenn es sich um einen Hofbau, ein staatliches oder ein gemeindliches Vorhaben handelte. Denn diese Vorhaben wurden durch eigene Beamte geplant und durchgeführt. Im Wesentlichen waren dies bauliche Maßnahmen, die im Interesse der Allgemeinheit (z.B. Landesstraßen, Eisenbahnen, Schifffahrtsstraßen oder Verteidigungsbauten) notwendig waren und die zu Lasten einer öffentlichen Kasse erfolgten.[112] Etwas anders wurden private Bauten des Herrschers (z.B. des hessischen Großherzogs) „baupolizeilich“ behandelt. Um die baupolizeiliche Beteiligung der Gemeinde oder der Stadt sicherzustellen, musste die Großherzogliche „Cabinets-Direction“ Pläne und Beschreibungen des geplanten Projektes der „Großherzoglichen Bürgermeisterei“ oder der staatlichen „Lokalpolizeibehörde“ zur Verfügung stellen. Der „Cabinets-Direction“ war anschließend mitzuteilen, dass dem Vorhaben zugestimmt wurde und „das Bauwesen zu

108 Preußische Gesetzsammlung 1931, S. 77. Pr. Polizeiverwaltungsgesetzes vom 1.6.1931, § 14.
109 GVBL. Hessen, 1954, § 1, S. 203.
110 Schriftenreihe des Bundesministers für Wohnungsbau. Band 16/17, Recklinghausen 1960, Musterbauordnung, § 82.
111 Pfaff, Friedrich, Die allgemeine Bau-Ordnung für das Großherzogthum Hessen, Teil II, S. 25.
112 In diesem Teil wird nicht auf die großen Baumeister und Architekten eingegangen, die durch Berufung an den jeweiligen Hof für kurze oder längere Zeit verpflichtet wurden. Die als Künstler und Architekten Verpflichteten hatten eine führende Stellung am Hof, die in keiner Weise mit einem subalternen Baupolizeibeamten oder technischem Oberamtsaufseher vergleichbar war.

keinen polizeilichen Bedenken Veranlassung gebe."[113] Nach Artikel 64 der Allgemeinen Hessischen Bauordnung (ABO) war das Kreisamt die Genehmigungsbehörde für die „normalen" privaten Baugesuche. Das Kreisamt führte die obere Aufsicht über die Handhabung der Baupolizei. Das Amt war daneben auch für die Teile zuständig, die nach dem Gesetz der Entschließung der Polizeiverwaltungsbehörde unterlagen.[114] Nach Artikel 62 der ABO war die Überwachung des Bauwesens und die Beobachtung der baupolizeilichen Vorschriften in Städten und Gemeinden den Lokalpolizeibehörden, d.h. den Bürgermeistern übertragen, außer: „die Handhabung der Lokalpolizei wurde besonderen großherzoglichen Beamten übertragen", wie dies z.B. in Darmstadt und Gießen der Fall war.[115] Nach Artikel 65 der ABO kann in Lokalpolizeireglements vorgeschrieben werden, dass die Genehmigung des Kreisamtes oder der Lokalpolizeibehörde für weitere Bauanlagen notwendig ist. Der Bauantrag ist nach Artikel 66 der ABO mit Plan und Beschreibung über die Lokalpolizeibehörde dem Kreisamt vorzulegen.[116] Begriffserläuterungen über Ortsstatute, Ortsbaustatute, Ortsbaupläne, Lokalpolizeiordnungen, Lokalpolizeireglements und Polizeiübertretungen sind als Anhang Nr. 2 abgedruckt.

Ortsbaustatute und Lokalpolizeireglements sind im rechtlichen Sinne nicht identisch, das Ortsbaustatut entspricht dem heutigen Begriff der Ortsbausatzung oder der örtlichen Bauvorschrift. Die Polizeireglements können mit keinem heutigen Begriff gleichgesetzt werden. Der Grund liegt darin, dass die in den damaligen Polizeireglements geregelten Gegenstände heute in den Bauordnungen oder in Ortsbausatzungen bereits enthalten sind.[117] Übertretungen von baupolizeilichen Bestimmungen wurden in der Hessischen Bauordnung von 1881 nicht im Einzelnen aufgeführt, sondern im Polizeistrafgesetz von 1855. Jede dort genannte Übertretung ist mit einer in Gulden bemessenen Strafe aufgeführt.[118]

Die einzelnen Regelungen, die in den Ortsstatuten, Ortsbaustatuten, Lokalpolizeireglements und Baupolizei-Ordnungen getroffen wurden, können nicht so streng voneinander unterschieden werden, wie es zunächst den Anschein hat. Je nachdem, welchen Zweck die jeweilige Gemeinde oder die Stadt

---

113 Amtsblatt Nr. 22, 1882, Erlaß 20.11.1882, in: Pfaff Bau-Ordnung (...), 2. Theil, S. 25.

114 Nach Art 63 ABO hat das Kreisamt die obere Aufsicht über die Handhabung der Baupolizei im Kreise, das Kreisamt ist auch zuständig für die von der Polizeiverwaltungsbehörde erarbeiteten Entschließungen zu bestimmten Baufällen.

115 HSTA Darmstadt Q 15, Nr. 2563-2568, Hess. Landtag, Protokoll Nr. 43, S. 62. Erläuterung zu Artikel 64.

116 ebd., I. Theil, S. 116.

117 Böckenförde/Temme/Krebs, Musterbauordnung für die Länder der Bundesrepublik Deutschland (MBO), Düsseldorf [6]1999. Örtliche Bauvorschriften (oder auch Bausatzungen) sind nach § 82 der MBO beispielsweise: Die äußere Gestaltung von baulichen Anlagen, die Lage und Größe der Kinderspielplätze bis zu Vorschriften zum Schutz von Bauten, Straßen oder Plätze von geschichtlicher Bedeutung.

118 Die Verletzung der „Allgemeinen Regeln der Baukunst" wird nach Artikel 135 des Polizeistrafgesetzes mit 5 bis 50 Gulden bestraft. Die früheren „baupolizeilichen Übertretungen" sind die heutigen Ordnungswidrigkeiten. In § 80 der MBO werden die Tatbestände aufgezählt, die eine Ordnungswidrigkeit darstellen. Die Höhe der Geldbuße für die einzelne Ordnungswidrigkeit wird durch die oberste Bauaufsichtsbehörde (das zuständige Ministerium) festgelegt.

mit einer bestimmten Regelung erreichen wollte, konnte sie die bauliche Bestimmung so formulieren, dass sie entweder mehr dem gemeindlichen oder mehr dem polizeilichen Gesichtspunkt entsprach.[119]

2.4 Baupolizei: Eine staatliche oder eine städtische Institution? Übertragungsversuche und Aufgabenerweiterungen

Wird zur Beantwortung dieser Frage nur das Allgemeine Preußische Landrecht von 1794 und hier insbesondere der Siebzehnte Titel, § 10 Polizeigerichtsbarkeit: „Die nöthigen Anstalten [...]" herangezogen, so ist die Antwort eindeutig: Die Baupolizei war eine, auf der unteren staatlichen Verwaltungsebene angesiedelte Behörde, denn sie war und blieb bis in das 20. Jh. ein Teil der staatlichen Polizei. Auch der Versuch, die Entwicklung der Baupolizei zu einem eigenen Fachbereich innerhalb der staatlichen Verwaltung, aber außerhalb der Polizei zu erklären, ist bis in die Mitte des 20. Jh. nicht erfolgt. Mit dem Erlass bauaufsichtlicher Vorschriften, die in zahlreichen Staaten etwa ab der Mitte des 19. Jh. erfolgten und nun schon in der Überschrift den Begriff „Bauordnung" oder „Gesetz, die Bauordnung betreffend" trugen, blieb die Baupolizei eine staatliche Verwaltung und nicht eine der Gemeinde zugeordnete Institution.[120] Auch die in den Bauordnungen auftauchenden Begriffe wie „Lokalbaustatut oder Baustatut der Gemeinde" können nichts am grundsätzlichen Sachverhalt ändern. Die Frage bleibt, ob Versuche gemacht wurden, die Baupolizei zu einer gemeindlichen Angelegenheit zu machen, und wenn die Kompetenz verlagert wurde, auf wen wurde diese Kompetenz verlagert, an den Bürgermeister allein (Selbstverwaltung), an den Bürgermeister als dem Lokalpolizeibeamten oder an den von der „Regierung ernannten großherzoglichen Beamten"?[121] Neben der Verlagerung von Aufgaben soll auch untersucht werden, ob weitere, d.h. neue Aufgaben der Baupolizei übertragen werden konnten, die unter Umständen auch nur Hilfstätigkeiten für andere Behörden waren.

In Hessen hatte sich im Landtag zwischen der zweiten Kammer und der Regierung im Jahr 1880 eine Streitfrage zur geplanten Bauordnung ergeben. Es ging um die Frage, ob die „Competenz auf dem Gebiete des Bauwesens" den Bürgermeistern übertragen werden solle oder könne. Von der Regierung war bei

---

119 Pfaff, 1. Theil, S. 26. Unter dem gemeindlichen Gesichtspunkt wurde z.B. die „planungsrechtliche" Seite, (Aufstellung der Pläne, Straßenbreite, Gebäudestellung zur Straße, Außengestaltung) verstanden. Der polizeiliche Gesichtspunkt betraf die „ordnungrechtliche" Seite (Lokalpolizeireglements) mit der Androhung von Strafen bei Übertretungen. Diese konnten sein: Falsch gebaute Treppen, fehlende Abwasserbeseitigung, unerlaubte Kellerwohnungen und vieles andere mehr.

120 Solche Vorschriften finden sich für Württemberg in den Jahren 1842, 1872 und 1910, in Bayern 1864, 1877, 1891 und 1901, in Sachsen 1863, 1868, 1869 und 1901, in Hessen 1881 und 1954 und in Berlin (Stadt) 1853, 1887 und 1897 sowie die unzähligen Bauordnungen der größeren Städte.

121 Gesetz, betreffend die Städte-Ordnung für das Großherzogthum Hessen vom 16.6.1874, Artikel 55. Wurde dem Bürgermeister als Lokalpolizeibeamten die Kompetenz übertragen, durfte er sich des „technischen Beiraths" des städtischen Baumeisters bedienen. Da der Bürgermeister i.d.R. kein Techniker war, wurden die tatsächlichen Geschäfte der Baupolizei durch einen Beamten durchgeführt, der nicht der Lokalpolizei, sondern der Gemeinde angehörte. In dieser Konstellation kann schon eine Art Verwaltungsmischform gesehen werden.

den Beratungen zur Hessischen Städteordnung, die im Juni 1874 verkündet wurde, erklärt worden, „daß es ihre Absicht sei, gerade auf dem Gebiet das Bauwesens die Competenz der Städtebürgermeister zu erweitern, namentlich ihnen die Funktion der Baupolizei (...) zu übertragen".[122] Auf diese Zusicherung stützte sich der beratende Ausschuss der II. Kammer in der Diskussion um die neue Bauordnung, jedoch ohne Erfolg. Die Regierung hatte inzwischen eine andere Haltung in Bezug auf die Kompetenzverlagerung eingenommen und stellte dem Landtag ein Ultimatum: „Das Gesetz werde nicht zustande kommen können", wenn die II. Kammer auf ihrer Forderung bestehe. Die II. Kammer gab dem Drängen der Regierung nach, die neue Bauordnung wurde ohne die Bürgermeisterkompetenz beschlossen. In Artikel 64 der neuen Bauordnung konnte allerdings ein gewisser Erfolg durch die II. Kammer erzielt werden, denn das Ministerium konnte die Aufgaben der Baupolizei auf den Bürgermeister (als dem Localpolizeibeamten!), bzw. dem vom Staat ernannten Lokalpolizeibeamten übertragen.[123] Die Städte Mainz und Offenbach sollten nach dem Gesetzesbeschluss die Kompetenz erhalten. Dagegen könne dies bei den Städten Darmstadt und Gießen nicht geschehen, weil ein besonderer großherzoglicher Beamter für die Baupolizei bereits eingestellt worden sei. Die Übertragung an die beiden Bürgermeister scheitere daran, dass baupolizeilichen Funktionen nicht an „zwei von einander unabhängige Funktionäre" übertragen werden können.[124]

Städteordnung in Hessen und die Baupolizei

Nach Artikel 55 der hessischen Städteordnung hatte der Bürgermeister „folgende Geschäfte zu besorgen: „1. wenn die Handhabung der Localpolizei nicht besonderen Großherzoglichen Beamten übertragen ist: a) die Handhabung der Localpolizei, b) [...].[125] Nach Artikel 56 war der Bürgermeister als Localpolizeibeamter oder der zur „Handhabung der Localpolizei" von der Regierung ernannte „Großherzogliche Beamte", in „Ausübung der Localpolizei" der oberen Polizeibehörde (Kreisamt) „untergeordnet". Die Regierung hatte damit die Möglichkeit, entweder den Bürgermeister oder einen eigenen Beamten mit der Funktion des Localpolizeibeamten zu betrauen, der auch die Baupolizei leitete. Der hessische Landtag war bei den Beratungen zur neuen hessischen Bauordnung jedoch anderer Meinung. Die Abgeordneten wünschten die volle Übertragung der Baupolizei auf den Bürgermeister, sie argumentierten, dass der Bürgermeister ebenso gut die Baupolizei „ausüben" könne, wie der „Großherzogliche Beamte".[126] Der Bürgermeister müsse nicht persönlich die „Baupolizeiarbeit" ausführen, er könne dazu seinen eigenen Stadtbaumeister beauftragen.[127] Bei der Diskussion

122 HSTA Darmstadt Q 15, Nr. 2563-2568, Hess. Landtag, Protokoll Nr. 43, S. 46. In der Städteordnung konnte diese Erweiterung der Zuständigkeit der Bürgermeister nicht durchgesetzt werden. Die Regierung beließ es damals (1874) bei einer Absichtserklärung.

123 Hessische Bauordnung von 1881, Artikel 64, Absatz 4. Allerdings war dies nur eine Kann-Vorschrift, die Übertragung konnte jederzeit zurückgenommen werden.

124 HSTA Darmstadt Q 15, Protokoll Nr. 44, S. 5.

125 Großherzogliches Regierungsblatt 1874, Nr. 30, S. 319, Gesetz, betreffend die Städte-Ordnung für das Großherzogthum Hessen.

126 HSTA Darmstadt, Hess. Landtag, Protokoll Nr. 43, S. 48-59.

127 HSTA Darmstadt, Hess. Landtag, Protokoll Nr. 43, S. 62-63.

übersahen die Abgeordneten aber, dass die Stadtverordnetenversammlung von Darmstadt dem eigenen Stadtbaumeister die Hilfestellung für den Localbaupolizeibeamten (aus Kostengründen) untersagt hatte.[128] Letztlich blieb die Regierung auf ihrem Standpunkt, dass eine Funktionsübertragung durch das Gesetz (die Bauordnung) unmöglich sei, die Regierung wolle sich insoweit „die Befugnis nicht aus den Händen" nehmen lassen, „eher würde das Gesetz nicht zu Stande kommen."[129] Eine Übertragung der Baupolizei auf Darmstadt und Gießen könne später durch eine Regierungsverordnung erwogen werden, nicht jedoch durch die Bauordnung selbst (dem Gesetz).[130]

Im Abschnitt 2.4 dieser Arbeit wird die Frage untersucht, ob die Baupolizei eine staatliche oder schon eine kommunale Institution sein kann. Die bisherigen Ergebnisse zeigen aber, dass die Baupolizei staatlich blieb. Dies war auch dann der Fall, wenn durch die neue Bauordnung die Aufgabenübertragung auf den Bürgermeister oder auf den vom Staat „eingesetzten Lokalpolizeibeamten" möglich schien. In beiden Fällen blieb die Aufgabe staatlich, die Durchführung konnte aber in den Städten auch örtlich erfolgen. In den Landgemeinden blieb die Baupolizei bei der Polizeiverwaltungsbehörde, dem „Kreisamt". Die Baupolizeiaufgaben waren in der Bauordnung genau beschrieben und betrafen die Genehmigung von neuen Bauten, größere Umbaumaßnahmen an älteren Gebäuden sowie die Einrichtung neuer Feuerstätten und die Baukontrollen. Das Aufgabengebiet wurde für die Baupolizei auch dann nicht erweitert, als in Hessen 1893 die Wohnungsaufsicht gesetzlich eingeführt wurde. Die Durchführung des Gesetzes lag nicht bei der Baupolizei, sondern bei der Ortspolizeibehörde. Bei Anträgen und bei der Beratung in Fragen der Wohnungsaufsicht „sei es jedoch zweckmäßig, den zuständigen Baupolizeibeamten zu hören".[131]

1901 hatte der preußische Minister für Handel und Gewerbe einen Erlass „betreffend Verbesserung der Wohnungsverhältnisse" herausgegeben. Alle preußischen Verwaltungen waren aufgefordert, schon „im Vorgriff auf ein kommendes Gesetz" die Wohnungsverhältnisse zu verbessern. Die Bauvereine und die Baugenossenschaften sollten gefördert werden, der „ungesunden Bodenspekulation" müsse durch die städtische Bodenpolitik, durch Landankauf und Vergabe von Erbbaurechten begegnet werden. Die Baupolizeigebühren sollten gesenkt oder sogar erlassen werden; die Städte sollten die Baubeamten zur technischen Beratung von Bauvereinen und Baugenossenschaften „freistellen".[132] Die Aufgabe der „Baupolizei" war damit noch nicht erweitert worden. Auch mit dem 1904 in Preußen unternommenen Versuch, das Fluchtliniengesetz von 1875

---

128 HSTA Darmstadt, Hess. Landtag, Protokoll Nr. 43, S. 54-55. Ob dieser Stadtbaumeister die erforderliche Qualifikation durch ein Baumeisterexamen nachgewiesen hatte, blieb in der Beratung unklar.

129 HSTA Darmstadt, Hess. Landtag, Protokoll Nr. 57, S. 58-59.

130 HSTA Darmstadt, Hess. Landtag, Protokoll Nr. 43, S. 54-55. Erst im Laufe der Landtagsdebatte wurde den Abgeordneten klar, warum die Regierung sich hartnäckig weigerte, Darmstadt und Gießen die Baupolizei zu übertragen: Bei einer gesetzlichen Regelung ist die Übertragung „unwiderruflich". Bei der Übertragung durch Regierungsverordnung ist die Zurücknahme (der hoheitlichen Aufgabe) aber jederzeit möglich.

131 ebd., S. 115.

132 Anlage zur Denkschrift des Reichstages, Drucksache Nr. 471 des RT. vom 10.6.1904.

durch den Entwurf eines „Gesetzes zur Verbesserung der Wohnungsverhältnisse" zu ändern, sollte der Baupolizei keine neue Aufgabe übertragen werden, denn sie sollte auf das „Wohnungsbedürfnis" neuerdings „Rücksicht" nehmen, wenn eine Planung anstand. Weitere Baupolizeiaufgaben konnten aber erst dann bewältigt werden, wenn die preußischen Städte die eigene Bauordnung änderten.[133] Mit dem preußischen Wohnungsgesetz von 1918 ist die Baupolizei als eine der wichtigen Institutionen neben der neu einzurichtenden „örtlichen Wohnungsaufsicht" mit neuen Aufgaben betraut worden.[134] Dabei entstand eine Mischung zwischen den neu definierten Aufgaben der Wohnungsaufsicht und den Aufgaben der örtlichen Baupolizei. Nach dem Wortlaut des Gesetzes von 1918 sollten in näher bezeichneten Städten Wohnungsordnungen durch die Ortspolizeibehörde erlassen werden. War die Polizei in mehrere Behörden aufgeteilt worden, sollte die Baupolizei als Ortspolizeibehörde fungieren. Die Wohnungsaufsicht selbst wurde den Gemeinden als „Gemeindeangelegenheit" und damit dem Gemeindevorstand übertragen. Wurden bei der Wohnungsbesichtigung Mängel festgestellt, die auf dem „Wege der Beratung, der Belehrung oder Mahnung" nicht beseitigt werden konnten, so erfolgte eine entsprechende Anordnung nach dem Landesverwaltungsgesetz. Gleichzeitig konnte auch die Baupolizei Verfügungen, die dem Grunde nach den gleichen oder ähnlichen Sachverhalt betrafen, erlassen, die dann örtliches Bau-Polizeirecht zur Grundlage hatten.[135] Mit dieser Kompetenzverteilung war eine Mischung erzielt worden, denn eine klare Trennung zwischen der städtischen, nichtpolizeilichen Verwaltungseinheit und der noch immer staatlichen Baupolizei war damit nicht gegeben.

Neue Verwaltungseinheiten

Nach Götz wurde aus der Polizei die Verwaltungspolizei ausgeschieden, diese erhielt eigene (polizeiliche) Befugnisse zur Durchführung ihrer Tätigkeiten. Die einzelnen neuen Verwaltungsfachgebiete waren „in verwaltungstechnischer Hinsicht relativ selbständig gewordene Abzweigungen", so die Bau-, Gewerbe- und Gesundheitspolizei.[136] Damit war die Gefahrenabwehr nun zu einem Teil verlagert worden.[137] Die Anerkennung der teilweisen rechtlichen Eigenständigkeit der Fachpolizei (hier z.B. der Baupolizei) war möglich geworden, weil der Einfluß der kommunalen Körperschaften, wie die Stadtverordneten und Gemeindevertreter, auf dem speziellen Gebiet des Bauwesens zugenommen hatte, dennoch blieb die Baupolizei im rechtlichen Sinne ein Teil der Polizei. Für den Bauherrn

---

133 In den Staaten Hessen-Darmstadt, Bayern, Sachsen und Württemberg wurden baupolizeiliche Aufgabenänderungen oder Aufgabenerweiterungen in den Bauordnungen durch Gesetze eingeführt.

134 Preußische GS, 1918, Nr. 9. Dieses Gesetz wird seither als „Wohnungsgesetz" in der gesamten Literatur so bezeichnet, obwohl es tatsächlich „nur" die Änderung eines alten Gesetzes war. Es lautete: „Gesetz, betreffend die Anlegung und Veränderung von Straßen und Plätzen in Städten und ländlichen Ortschaften, vom 2. Juli 1875". In der Literatur hat es die Bezeichnung „Fluchtliniengesetz von 1875" erhalten.

135 Drews und Wacke, S. 121.

136 Götz, Volkmar, „Polizei und Polizeirecht" S. 39 7-445 , S. 400. In: Deutsche Verwaltungsgeschichte, Bd. 4.

137 Die Formel „in verwaltungstechnischer Hinsicht relativ selbständig gewordenen Abzweigungen" stammt nach Götz von Bill Drews aus dem „Polizeirecht", 5. Aufl. S. 60.

oder für seinen Nachbarn war die Verwaltungsorganisation der Baupolizei nicht so wichtig, interessant war für beide, welche Möglichkeiten im Streitfalle gegeben waren. Hatte ein Grundstückseigentümer Bedenken gegen das Vorhaben seines Nachbarn, so musste durch die Baupolizei geprüft werden, ob die Bedenken privatrechtlicher Natur waren. Waren sie es, wurde dieser Eigentümer auf den privaten Rechtsweg verwiesen. War der Widerspruch durch eine staatliche Behörde erhoben worden, entschied die sächsische Kreishauptmannschaft als höhere Behörde.[138] Die zunehmende „Verrechtlichung" auch im Bauwesen forderte den Ausbau der Verwaltung, die mehr und mehr auf die fachliche Qualifikation der Beamten und Angestellten angewiesen war, so Hans-Ulrich Wehler. Aus der Hoheits- und Ordnungsverwaltung wurde nicht nur auf der kommunalen sondern auch im staatlichen Bereich „gleitend" eine „Leistungsverwaltung", die nicht mehr ohne geschulte Mitarbeiter auskam.[139]

2.5 Die Baupolizeibeamten; Ausbildung und berufliche Anforderungen

Das gemeindliche Bauwesen wurde im 19. Jh. durch den Bürgermeister geleitet bzw. überwacht. Er war in Doppelfunktion Leiter der Selbstverwaltung der Gemeinde und übte auch gleichzeitig die Funktion der untersten staatlichen Behörde, der „Lokalpolizeibehörde" aus.[140] In größeren Städten konnte die Regierung auch einen besonders bestellten großherzoglichen Beamten zur Überwachung der Lokalpolizei (Baupolizei) einsetzen, dies geschah z.B. in Darmstadt und Gießen. In den hessischen Kreisgemeinden war die Aufsicht über die Baupolizei dem jeweiligen Kreisamt übertragen.[141] In Württemberg war für Baugesuche die Gemeindebehörde als Ortspolizeibehörde dann zuständig, wenn die bleibende Mitwirkung eines „Bauverständigen in der Ortsbauschau" gesichert war. Dieser Bauverständige musste aber die Befähigung für die Stelle eines Oberamtstechnikers durch die abgelegte II. Staatsprüfung nachgewiesen haben. Hatte die Gemeindebehörde Bedenken gegen ein Vorhaben, so war der Fall dem Oberamt vorzulegen.[142] Nur in Stuttgart war kein Oberamt eingerichtet worden, die Funktion des „Oberamts" wurde durch die „Stadtdirektion ausgeübt".[143] Schließlich soll noch die Regelung im Königreich Sachsen erwähnt werden. Hier war die Baupolizeibehörde „der Stadtrat", in kleineren Städten und Gemeinden war die

---

138 Vitzthum von Eckstädt, Carl Graf, Das Sächsische Baugesetz, Leipzig 1936, S. 377. Außerdem: Walter Troitzsch, Allgemeines Baugesetz für das Königreich Sachsen, Leipzig 1913, S. 101. Jede Baugenehmigung und jede Verfügung der Baupolizei enthielt eine Belehrung, welches Rechtsmittel im vorliegenden Fall gültig war. Waren die Bedenken gegen das Bauvorhaben baupolizeilicher Art und war der Widersprechende ein Privatmann, so entschied die Baupolizei über den Fall mit einer Belehrung.

139 Wehler, Die deutsche Urbanisierung, in: Wehler, Deutsche Gesellschaftsgeschichte Bd. 3, S. 533.

140 Gesetz, betreffend die Städteordnung für das Großherzogthum Hessen (1874), Artikel 49 und 55.

141 Verhandlungen der II. Kammer der Landstände des Großherzogthums Hessen, 1879-1881, 23. Landtag, Beilage Nr. 72 zum 7. Protokoll, „Motive", S. 1-100 (88). Artikel 63.

142 Schindler, Friedrich von, Neue Allgemeine Bauordnung für das Königreich Württemberg, Stuttgart 1896, S. 151.

143 ebd., S. 153.

„Amtshauptmannschaft“ zuständig, außerdem konnte das Ministerium des Innern einzelnen Bürgermeistern die Geschäfte der Baupolizei ganz oder teilweise übertragen.[144] Zur Ausbildung der „Bautechniker“ siehe Anhang Nr. 3.

Die Verschiedenheit der Begriffe für die Baupolizeibeamten der unteren staatlichen Ebene war nur landsmannschaftlich geprägt, denn die Funktion „Ausübung der Baupolizei“ war in allen Staaten im Wesentlichen identisch. Die Kontrolle der bestehenden, der geplanten und der im Bau befindlichen Bauten im Hinblick auf Sicherheit war eine Innen- aber auch eine Außendiensttätigkeit. Wichtig für diesen Dienst war zunächst die praktische Erfahrung und weniger die theoretische Ausbildung. Vor der Einführung der allgemeinen Gewerbeschulen und der darauf aufbauenden Baugewerbeschulen stellte sich die Frage nach einer besonderen Ausbildung der Polizisten und Baupolizisten für das Bauwesen nicht, denn es gab keine derartigen Schulen. Bis dahin vollzog sich die Ausbildung der in Bauberufen Tätigen durch das Handwerk selbst und durch seine Zünfte. Schon Mitte des 18. Jh. forderte der Polizeiwissenschaftler Justi, dass sich die Polizei weiterbilden müsse. Denn „wenn die Polizey für das Beste der Handwerke sorgen soll, so muss sie solche ebenso genau, als die übrigen Gewerbe kennen“. Würde die Polizei nur nach dem Sprichwort „artifici in sua arte credendum“ verfahren, könnte sie leicht zu einseitigen „parteyischen Urtheilen“ kommen.[145] Im frühen 19. Jh. war die Notwendigkeit, die technische Ausbildung auch durch den Staat zu fördern, erkannt worden. Der Vergleich mit dem Ausland, vor allem mit England und Frankreich, zeigte einen Nachholbedarf in der Ausbildung von Handwerkern und Ingenieuren. Die im Ausland erreichte Technisierung und die Anwendung von neuen Techniken wurden zwar in Deutschland registriert, aber nicht in verstärkter beruflicher (Schul-)Ausbildung umgesetzt. Bedenklich schien es allgemein, das Schwergewicht der Ausbildung auf den handwerklich-technischen Sektor zu legen und damit den humanistischen Teil indirekt zu vernachlässigen.[146]

Die Ausbildung: Volks-, Real-, Handwerker-, Gewerbe- und Hochschulen

In Preußen hatte der Geheime Oberfinanzrat Christian Beuth erkannt, dass die berufliche Aus- und Weiterbildung der Handwerker zu Technikern gefördert werden müsse. Sein Vorgänger im Amt, Staatsrat Kunth, hatte schon um 1805 preußische „Agenten“ nach England und Frankreich mit dem Auftrag gesandt, über die Entwicklung der dortigen Industrie zu berichten, und wenn möglich, Muster und Modelle neuer Techniken (an Deckadressen) nach Preußen zurückzusenden. Dort wurden die gewonnenen technischen Erkenntnisse „anonymisiert“ und im technologischen Beiblatt des „Gemeinnützigen Anzeigers“ den Gewerbetreibenden bekannt gemacht.[147] In der Folge gründete Beuth im Jahr 1819 die „Technische Deputation für das Gewerbe“, um den technischen Fort-

---

144 Troitzsch, Walter, Allgemeines Baugesetz für das Königreich Sachsen vom 1.7.1900, Leipzig, 1913, S.71.

145 Justi, S. 60. Das Sprichwort bedeutet: Dem Handwerker muß man in seiner Kunst Glauben und Vertrauen schenken.

146 Czermak, C., Theorie und Praxis in deutschen Gewerbeschulen 1820-1850. Darmstadt 1994, S. 1.

147 Reihlen, H., Christian Peter Wilhelm Beuth. Eine geschichtliche Betrachtung zum 125. Todestag, Berlin 1979, S. 26/27.

schritt zu fördern.[148] Schon zwei Jahre später wurde von Beuth der „Verein zur Beförderung des Gewerbefleißes in Preußen" mit den Mitgliedern Staatsminister Bülow, Oberpräsident Fincke, beiden Brüdern von Humboldt, Feldmarschall Gneisenau und Freiherr vom Stein gegründet. Damit war der Grundstein für die Einrichtung von staatlichen Gewerbeschulen gelegt. Beispiele sind die Darmstädter Realschule von 1822 und die städtische „Real- und Technische Schule" von 1826 in Darmstadt und die Schulen in Berlin 1821/26, Karlsruhe 1825, München 1827, Dresden 1828, Hannover 1831 und Braunschweig 1835.[149]

Damit kann für Deutschland die Einrichtung der „baugewerblich-technischen" Schulen im Zeitraum von 1820-1840 bestimmt werden. Nach Mohl sollte die Ausbildung in den Schulen in drei Stufen erfolgen, er nannte diese Schulen aber nicht Gewerbeschulen, sondern „Realschulen".[150] In der ersten Stufe der Schule, der „niederen Real-Schule", wurden den Schülern die „gewöhnlichen Elementarkenntnisse" beigebracht, dies waren die einfache Mathematik, die Naturlehre, die Erdbeschreibung, das Zeichnen und die Sprachen. Ein Teil der 14-15-jährigen Schüler konnte direkt eine Lehrzeit beginnen. Die nächste Schulstufe war die „Mittelstufe", hier kamen als Unterrichtsstoff die Geometrie, die Mechanik, die Chemie und die Technik, neben den bereits erwähnten Fächern, hinzu. Diese Ausbildung dauerte etwa drei bis vier Jahre.

Der Schüler, inzwischen im Alter von 17-18 Jahren, konnte dann entweder eine Lehrzeit beginnen, in das „Geschäftsleben" eintreten oder die oberste Stufe der Realschule, das „polytechnische Institut" besuchen.[151] Durch diese Ausbildung sollte in „sämtlichen mathematischen und naturwissenschaftlichen Fächern" eine wissenschaftliche Vertiefung erfolgen. Insbesondere sollten Vorträge und praktische Übungen dem „Zögling" Erkenntnisse für seinen angestrebten Beruf liefern.

Nach Mohl ist das polytechnische Institut auch zur Ausbildung von „Baumeistern, Civil-Ingenieuren, Maschinen-Baumeistern, Großhändlern und künftigen Lehrern an Gewerbeschulen geeignet", wenn es eine „weitere Förderung" durch den Staat erfahre.[152] Die geregelte Ausbildung der Maurer- und Zimmerermeister an staatlichen oder städtischen Schulen kann z. B. für Hessen-Darmstadt um 1812 datiert werden, denn zu dieser Zeit wurde eine „Bauschule" in Darmstadt eingerichtet, sie wurde 1822 als „Realschule" und 1826 als „städtische Real- und Technische Schule" bis 1836 fortgeführt.[153] Danach erfolgte eine weitere Umbenennung zur „Höheren Gewerb- und Realschule".[154] 1859 erhielt sie einen neuen Aufbau, sie wurde damit zur „polytechnischen Schule". Als neue (innere) Struktur erhielt sie zwei allgemeine Klassen und weitere besondere Fachklassen: 1. die Klasse für Baukunst, 2. die Ingenieurklasse, 3. die che-

148 ebd., S. 8. Diese Deputation war zu Anfang, so Beuth, ein Zufluchtsort für Pensionäre und daher für seine Ziele ungeeignet. Beuth änderte daraufhin die Zusammensetzung der Mitglieder und berief „hervorragende Fachleute", z.B. K.F. Schinkel.

149 Czermak, Theorie und Praxis, S. 3/4.

150 Mohl, Die Polizeiwissenschaft, Bd. 1, S. 496.

151 ebd., S. 498.

152 ebd., S. 499.

153 Viefhaus, Erwin, Hochschule, Staat und Gesellschaft, Darmstadt 1995, Bd. 1, S 14.

154 Viefhaus, Hochschule, S. 15.

misch-technische Klasse, 4. die Klasse für Mechanik und 5. die landwirtschaftliche Klasse.[155] Die Abschlüsse der allgemeinen Klasse („realistische Maturitätsprüfung") berechtigten den Übertritt in die oben erwähnten Fachklassen. Der Abschluss war die „realistische Fachprüfung". Im speziellen Baufach wurden die höhere Mathematik, die höhere Mechanik, die Ingenieurkunde und Baukunst und das Entwerfen von Privat- und öffentlichen Gebäuden in dreijährigem Kurs gelehrt. Die Absolventen, die noch Zöglinge genannt wurden, konnten sich nach dem Examen als Architekten oder im Dienste der Eisenbahnverwaltung betätigen.

Weiterführende Studien waren für die Absolventen ebenfalls möglich, sie konnten sich bei den Regierungen um die mehrjährige Ausbildung zum „Baumeister" bewerben. Der Titel wurde nach bestandenem Examen verliehen und berechtigte zum Eintritt in die staatliche, aber auch in die städtische Bauverwaltung als Beamter. Erst 1867/1868 stimmte die großherzogliche Regierung zu, aus dieser Schule nun ein „Polytechnikum als einer technischen Hochschule", zu entwickeln. Ein Jahr später durfte die Schule sich als „Großherzoglich Hessische polytechnische Schule" bezeichnen, die 1877 nun die Bezeichnung „Großherzoglich Hessische Technische Hochschule erhält.[156] Die Entwicklung aus der „städtischen Real- und Technischen Schule" bis zur Großherzoglich Hessischen Technischen Hochschule dauerte damit von 1826 bis 1877.[157]

Die geschilderte berufliche Ausbildung vom Handwerksmeister bis zum staatlich geprüften Baumeister und die weitere Möglichkeit, ab etwa 1870 an einer Technischen Hochschule zu studieren, brachte für die technischen Berufe, wie Architekten und Bau-Ingenieure, eine Zweiteilung. Der Abschluss der staatlichen Bauschule, der späteren Ingenieur- oder Fachhochschule, endete mit dem „Ingenieur oder Baumeister", den Absolventen der Technischen Hochschulen wurde der Grad des „Diplom-Ingenieurs" verliehen.[158] Damit hoben sich die Technischen Hochschulen von den unteren oder höheren technischen Schulen und den polytechnischen Schulen ab, das schon lange erstrebte Ziel, damit den Universitäten nahe zukommen, konnte aber erst mit dem Promotionsrecht 1899 verwirklicht werden.[159] Reinhard Baumeister hatte sogar den Wunsch formuliert, dass sich Universität und Technische Hochschule „zu einer Gesamtstätte aller Wissenschaften verschmelzen" sollte.[160] Dazu ist es damals nicht gekommen, zum einen hatten die Universitäten Bedenken, zum andern waren die Technischen Hochschulen zu einer Eingliederung nicht mehr bereit, denn die gesell-

---

155 Viefhaus, Hochschule, S. 65. Auch im „Programm der Großherzoglich Hessischen höheren Gewerbschule von 1858, S. 7.

156 ebd., S. 107.

157 ebd., S. 108.

158 Die universitäre Ausbildung z.B. der Juristen und Mediziner bleibt hier unberücksichtigt, da in diesen Fächern schon seit dem 18. Jh. das Studium an einer Universität Voraussetzung war. Eine Zweiteilung, wie sie in den technischen Berufen historisch gewachsen war, unterblieb daher.

159 Das Promotionsrecht für die Technischen Hochschulen wurde allgemein Ende 1899 erreicht.

160 Baumeister, Reinhard, Die technischen Hochschulen, in: Sammlung gemeinverständlicher wissenschaftlicher Vorträge, hg. von Rudolf Virchow und Fr. von Holtzendorff, Berlin 1886, H. 5. S. 35.

schaftliche Anerkennung und damit die Gleichstellung zur Universität war inzwischen erreicht worden.[161] Der nach erfolgreichen vier Studienjahren verliehene Abschlusstitel Diplom-Ingenieur[162] war mit den Universitätsabschlusszeugnissen der Ärzte und Rechtsanwälte vergleichbar, aber noch nicht gleichwertig geworden.[163]

In der deutschen Verwaltung des 19. Jh. gab es nicht nur die höheren technischen Stellen, beginnend mit den Baumeistern und den Regierungsbauräten, sondern auch den notwendigen personellen Verwaltungsunterbau, mit den Stufen der einfachen und mittleren Beamten.[164] Diese beiden unteren Gruppen wurden seit 1817 als die sogenannten „Subalternen" oder Bürobeamten bezeichnet, sie wurden nach Jeserich in der Kategorie „Subalternbeamte" zusammengefasst.[165] Dabei hatte im 18. und 19. Jahrhundert der Begriff „Subaltern" nicht die heutige negative Bedeutung. In allen Staaten hat es in den Verwaltungen Beamte gegeben, die verschiedene Funktionen und vor allem unterschiedliche Rang-Stellungen eingenommen haben. Jeserich meint, dass die strikte Trennung in die höheren oder niedrigeren „Amtsstellungen" im 18. Jh. und im frühen 19. Jh. schon deswegen nicht vorhanden war, weil eine universitäre Ausbildung auch für die sogenannten höheren Stellungen nicht Voraussetzung war.[166] Offensichtlich hatte die Einstellung von Kriegsbeschädigten aus den Befreiungskriegen in der preußischen Verwaltung Probleme aufgeworfen, sie hatten selten eine ausreichende Allgemeinbildung und waren in Verwaltungsabläufen nicht geschult. Die Kriegsbeschädigten seien zwar „arbeitsam und ehrlich", so Jeserich, jedoch „schwerfällig und ohne Bildung".[167] In der Folge musste eine organisatorische Trennung innerhalb der Verwaltung vollzogen werden, die sich auch auf die gesellschaftlich-soziale Stellung auswirkte. Mit der Verordnung von 1817 wurde in Preußen ein dreiteiliger Verwaltungsdienst eingeführt: Beamte des unteren, mittleren und des höheren Dienstes.[168] Da die Militärinvaliden und jungen Militäranwärter auch aus sozialen Gründen nicht entlassen werden konnten und die Versuche, das Bildungsniveau zu heben, keinen durchschlagenden Erfolg hatten, konnte der untere und mittlere Beamtenstand nicht die gesellschaftliche Stellung des höheren Dienstes erreichen.[169] Die Gruppe der Bau-Beamten, die im staatli-

---

161 ebd., S. 35: Baumeister schildert die Bedenken der Universitäten so: „(…) weil die Universität es verschmähte, der aus niederen Regionen emporgeblüthen Technik eine neue Facultät zu eröffnen (…)".

162 ebd., Seite 17. Baumeister: Der „technische Doctortitel" sei wohl wünschenswert, aber wohl nicht zu erwarten.

163 ebd., S. 16/17.

164 Heute wird noch eine weitere Gruppe genannt, nämlich die „gehobenen Beamtenstellen".

165 Jeserich, Kurt, Die Entwicklung des öffentlichen Dienstes, S. 646-677, (653) in: Deutsche Verwaltungsgeschichte. Das Deutsche Reich bis zum Ende der Monarchie, hg. von Kurt G.A. Jeserich, Hans Pohl und Georg-Christoph von Unruh, Stuttgart 1984, Bd. 3.

166 ebd., S. 653.

167 ebd., S. 654. Jeserich fügt hinzu, dass darin ein Grund für den Formalismus, die Umständlichkeit und die Langsamkeit in der Verwaltungsarbeit gesehen werden könne.

168 ebd., S. 654.

169 ebd., S. 654. Trotz der allgemeinen schwierigen Situation für diese Gruppe von Beamten gab es gesellschaftliche und berufliche Aufstiege. Beispiel: Heinrich Stephan war zunächst Postschreiber in Hinterpommern. Wegen ungewöhnlicher Organisationsgabe wurde er in den hö-

chen oder im städtischen Dienst tätig waren, kann mit der nichtakademischen Beamtenschaft nicht gleichgesetzt werden. 1868 sah im Großherzogtum Hessen die Laufbahn für einen Kreisbaumeister, in Kurzfassung, folgendermaßen aus:

- Besuch eines Großherzoglichen Gymnasiums mit Maturitätsprüfung,
- 3 Jahre Studium: Architektur, Ingenieurwesens, Fakultätsprüfung in Mathematik, Physik, Chemie, Mineralogie, Grundzüge der Staatswissenschaft an der „Landes-Universität“,[170]
- Anfertigung eines Entwurfs aus dem Hochbau und aus dem Ingenieurbauwesen,
- Zwei Jahre Ausbildung als „Bauakzessist“, anschließend I. und II. Staatsprüfung, Tätigkeit in einem Kreisbauamt als Aushilfe, Entlohnung zu 2 bis 2,5 Gulden/tgl.,
- 10-12 jährige Tätigkeit als Bauakzessist,
- Übernahme einer freien Stelle als Kreisbaumeister.[171]

Ein Kreisbaumeister konnte bei seiner Einstellung ein Jahresgehalt in der 1. Stufe 1.000, in der 2. Stufe 1.200 und in der dritten Stufe 1.400 Gulden erhalten. Die unter dem Kreisbaumeister tätigen „Kreisbauaufseher“ mit der Ausbildung in einem der Bauhauptberufe erhielten in der 1. Stufe pro Jahr 300, in der 2. Stufe 350 und in der 3. Stufe 400 Gulden. Die Bauakzessisten waren den Kreisbauaufsehern gleichgestellt.[172] Wurden sogenannte „Bauaufseher“, mit einer Lehre in einem der Bauberufe, auf Widerruf beim Kreisbauamt eingestellt, so konnten sie in der 1. Stufe mit 180, in der 2. Stufe mit 200 und in der 3. Stufe mit 220 Gulden pro Jahr rechnen. Vergleichsweise kann der „Bauaufseher“ als im einfachen Dienst tätig angesehen werden, der „Kreisbauaufseher“ kann der mittleren Laufbahn zugeordnet werden, während der Bauakzessist und der Kreisbaumeister als Beamte des oberen Dienstes eingeordnet werden können.

Mitte des 19. Jh. waren die Bauaufgaben und die Bauweisen komplexer geworden, denn der reine Mauerwerksbau wurde in den großen Städten durch die Kombination von Mauerwerk und Stahl und etwas später durch Beton und Stahl, dem Stahlbeton, abgelöst. Überdies war die Errichtung von mehrgeschossigen Bauten fast die Regel. Die notwendigen Kenntnisse auf diesem Fachgebiet, z.B. insbesondere dem Spezialgebiet, der Aufstellung statischer Berechnungen, hatten sich die Bautechniker, die Architekten und Ingenieure, sowie die Baumeister auf den Baugewerbeschulen oder den höheren technischen Lehranstalten erwerben können. Dieses Personal gelangte in die mittleren und höheren Positionen bei den Eisenbahnämtern, den staatlichen Baudienststellen, den Stadtbauämtern und den Kreis(bau)ämtern.

---

heren Dienst übernommen und schließlich als Generalpostmeister (im Rang eines Staatssekretärs) geadelt.

170 *Deutsche Bauzeitung*: Künftig als *„DBZ“* abgekürzt. *DBZ* 1868, Nr. 4, S. 276-277. Die Bezeichnung in der *DBZ* dürfte im übertragenen Sinne gemeint sein. Richtig ist vielmehr die „Großherzoglich Hessische Polytechnische Schule, sie wird erst 1877 „Großherzoglich Hessische Technische Hochschule“.

171 *DBZ* 1868, Nr. 4, S. 277.

172 *DBZ* 1868, Nr. 4, S. 276-277. Ein Bauakzessist ist ein Anwärter für eine Verwaltungsstelle. Nach der „Instruktion für die Großherzoglichen Kreisbauaufseher“ aus dem Jahre 1857 (S. 3) hatte er die Aufsicht über die „Ausführung des genehmigten Bauwesens“, er hatte auch die vollständigen Inventarlisten aller Staatsgebäude zu erstellen.

In Württemberg war auf der Gemeindeebene ein Gemeindemitglied mit der Bezeichnung Baukontrolleur tätig, er übte die örtliche Bauaufsicht aus.[173] Für diese Aufgabe sollte er bauhandwerkliche Erfahrungen haben, besonders waren Kenntnisse des Baurechts und des örtlichen Satzungsrechts erforderlich, außerdem war ihm die Abnahme des Schnurgerüstes, der ersten Sockelschicht, der Feuerungseinrichtung und der Fertigstellung des Bauwerks anvertraut. Besonders wichtig war die fehlerfreie Abnahme des Schnurgerüstes, weil dieses eine hohe Bedeutung für den Bauunternehmer hatte, denn übersehene Fehler konnten nur mit großem Aufwand bei der nächsten Abnahme, der ersten Sockelschichten, korrigiert werden.[174]

Auf der nächsthöheren Verwaltungsebene, dem Ober-amt, war ein „Bauverständiger" zu bestellen. Dies geschah nun, obwohl es sich um eine staatliche Aufgabenerledigung handelt nicht durch Anordnung der Regierung, sondern durch Wahl in der Amtsversammlung, die Regierung bestätigte lediglich diese Wahl.[175] Der Bauverständige musste seine Ausbildung durch eine staatliche Prüfung nachweisen.[176] Auch ein Werkmeister mit II. Staatsprüfung oder mit einer zusätzlicher Prüfung im Wasserbaufach konnte sich bewerben. Generell wurde jedoch der Kandidat mit der II. Staatsprüfung im Hochbaufach vorgezogen.[177] Mit dieser Einordnung in den oberen Dienst war der württembergische Bauverständige ein hochqualifizierter Beamter, der heute den Titel Baurat erhalten würde. Die hohe Stellung drückt sich auch darin aus, dass der Vertrag zwischen dem Oberamt und dem Oberamtstechniker nicht durch das Ober-amt gekündigt werden konnte, es bedurfte der Zustimmung der Regierung.[178]

In Hessen wurde eine nur bedingt mit Württemberg vergleichbare Lösung bei den Überwachungsaufgaben eingeführt. Hier war die Bauüberwachung der Lokalpolizeibehörde, also dem Bürgermeister oder dem Lokalpolizeibeamten übertragen worden. Konnten die beiden Personen aus fachlichen Gründen diese Aufgabe nicht wahrnehmen, durfte der städtische Baumeister die Aufgabe hilfsweise ausführen.[179]

Bei den Kreisen war eine vergleichbare Lösung gefunden worden, nämlich die des Kreisbaumeisters. Die höchste Stufe für einen Baupolizeibeamten war die Stelle eines Regierungsbaumeisters, die nach der hessischen Verordnung vom 13.8.1898 und der Änderung vom 26.9.1900 dann erreicht werden konnte, wenn der Kandidat ein Hochschulstudium und eine zusätzliche Ausbildung, in

---

173 Schindler, Neue Allgemeine Bauordnung, S. 189.

174 ebd., S. 190.

175 ebd., S. 165.

176 Der Bauverständige musste die II. Staatsprüfung im Hochbaufach ablegen. Im 20. Jh. wird die II. Staatsprüfung, u.a. im Fach Hochbau und Städtebau abgelegt. Der Titel lautet dann: Bauassessor.

177 Schindler, Bauordnung, S. 166.

178 ebd., S. 164/166. Die Begriffe „Bauverständiger" und „Oberamtstechniker" werden abwechselnd gebraucht.

179 Voraussetzung war für den „Baumeister und Baugewerksmeister" die abgelegte Meisterprüfung in einem Bau-Handwerk. Die spezielle Regelung erfolgte durch den Bundesrat, in: „Gewerbeordnung für das Deutsche Reich" vom 21.6.1869, ergänzt am 26.7.1897. Nach dem Hessischen Regierungsblatt von 1882, Nr. 3, „Verordnung zur Allgemeinen Hessischen Bauordnung", wurde in § 82 dem Baumeister im öffentlichen Dienst allerdings streng untersagt, Privatbauten zu entwerfen oder als verantwortlicher Baumeister für die Ausführung zu fungieren.

der er zum Regierungsbauführer ernannt wurde, in seinem Fachgebiet mit der Ablegung der II. Staatsprüfung vor dem Oberprüfungsamt Darmstadt erfolgreich bewältigt hatte.[180]

Tabelle 1: „Normal-Besoldungs-Etat für die Gemeindebeamten der Stadt Frankfurt" 1884

1	2	3	4
Bezeichnung / Tätigkeit	Gehalt/J. in Mark	Gehalt/Monat in Mark	Stufen-Verhältnis in Prozent
Monteur	1.200+100	100,0	27,3 %
Zeichner Tiefbaufach	1.200+100	100,0	27,3 %
Kanzlist, Baupolizei	1.700+200	141,6	38,6 %
Bauzeichner Hochbau	2.000+200	166,6	45,4 %
Bauaufseher	2.700+200	191,6	52,3 %
Assistent, Baupolizei	2.700+200	225,0	61,4 %
Ingenieur-Gehilfe	3.000+400	250,0	68,2 %
Betriebsinspektor im Tiefbaubereich	4.400+300	300,0	81,8 %
Inspektor Baupolizei	4.400+300	366,6	100 %
Branddirektor	4.400+300	366,6	100 %

Oven, A.H.E.: Gemeinde-Statuten und Regulative sowie Gesetze für Frankfurt a. M. 1873-1886, Heft II, Frankfurt 1886, S. 133-137. Die Gehälter sind auf Monatsbasis umgerechnet worden. Spalte 2 zeigt neben dem „Normalgehalt" auch die Gehaltszulage, die nach fünfjähriger Tätigkeit gewährt wurde.

Die Tabelle aus dem Jahr 1884 zeigt die Einstufung der Beamten in der preußischen Stadt Frankfurt nach bestimmten Kriterien. Danach hatte der Bauinspektor der Baupolizei die gleiche Gehaltsstufe wie der Branddirektor der Feuerwehr erreicht. Dieser vergleichbare Rang ist auch heute noch üblich, denn die Baudirektoren und Branddirektoren sind in der „Gruppe A15". Nach der elfstufigen Frankfurter Tabelle hatte der Baupolizei-Inspektor oder der Betriebsinspektor die höchste Gehaltsstufe erreicht, zusätzlich konnten sich diese Beamten binnen zweimal fünf Jahren von 4.400 auf 5.000 Mark Jahresgehalt verbessern. Wenn diesen bereits herausgehobenen Beamten „Berufstüchtigkeit, Fleiß und gute dienstliche Führung" bescheinigt wurden, konnten sie nach jeweils fünfjähriger Tätigkeit insgesamt dreimal 400 Mark zusätzlich erhalten. Damit war ein Endgehalt von 5.000 plus 1.200 Mark für den Baupolizisten möglich, was dem Gehalt eines Frankfurter Magistratsmitgliedes mit 8.000 Mark nahe kam. Der von Jeserich verwendete Ausdruck des „subalternen Beamten" würde für die vorgestellten Frankfurter Beamten nur auf den Zeichner im Tiefbauamt, den Kanzlisten der Baupolizei, den Bauaufseher, den Assistenten der Baupolizei und den Ingenieurgehilfen als Beamten des mittleren Dienstes zutreffen.[181] Der Ingenieur für Wasserbau, bis zum Inspektor der Baupolizei und dem Branddirektor waren Beamte des höheren Dienstes. Die gesellschaftliche Stellung konnte auch da-

180 Großherzoglich Hessisches Regierungsblatt 1900, Nr. 68, S. 885. Die Prüfungen wurden (wechselseitig) auch in Preußen anerkannt.

181 Jeserich, Die Entwicklung des öffentlichen Dienstes, S. 646-677, 653, in: Deutsche Verwaltungsgeschichte, Bd. 3.

mals nicht allein nach der Höhe des Gehaltes gemessen werden, gleichwohl kann für den Ingenieur, den Baupolizeiinspektor und für den Branddirektor eine gehobene bis höhere soziale Stellung angenommen werden.

In Preußen unterstanden die staatlichen Baubeamten dem Ministerium für Handel, Gewerbe und öffentliche Arbeiten, in ihm waren das Land-, Wasser- und das Chaussee-Bauwesen unter dem Oberbegriff der „Ministerial-Abtheilung für das Bau-Wesen“ zusammengefasst. Dort wurden die Aufgabenbereiche des öffentlichen Bauwesens wie der Gebäudeentwurf, der Kostenanschlag, die Kostenanmeldung und die bautechnische Überwachung der staatlichen Bauten, aber auch die Baupolizeiangelegenheiten bearbeitet oder durchgeführt.[182] Eine Ebene unter dem Ministerium standen die Provinzialbehörden, sie wurden auch als Regierungen bezeichnet, jeder der Regierungen war mindestens ein Regierungsbaurat zugeordnet, der die Aufsicht über die Baubeamten jedes Regierungsbezirks hatte. Der Regierungsbezirk war wiederum in die Baukreise unterteilt, dort war in der Regel ein Kreisbaumeister bestellt. Die wichtigeren Baubeamtenstellen waren bei den Städten und den Hafenstädten die „Bauinspektoren“, die später auch als Bauräte bezeichnet wurden.[183]

Zum Abschluss dieses den Beamten gewidmeten Teiles wird eine Voraussetzung besonderer Art für einen angehenden Stadtbaurat behandelt, der sich in der preußischen Stadt Bromberg um die Stelle eines „Stadtbaurathes“ mit einem Jahresgehalt von 4.500 Mark beworben hatte. Neben seinem Prüfungszeugnis als Regierungsbaumeister und der Bestätigung über eine langjährige praktische Tätigkeit im Baufach musste er den Nachweis einer „ausreichenden Lebensversicherung“ erbringen.[184]

2.6 Vergleich von Einzelvorschriften aus den Bauordnungen von Bayern, Sachsen, Württemberg, der Stadt Berlin und Hessen-Darmstadt

Eine Gegenüberstellung aller Bauordnungsvorschriften von Preußen, Bayern, Hessen, Sachsen und Württemberg würde zu einer unübersehbaren Zahl von Detailaussagen führen, denen jedoch kein Zugewinn an Erkenntnissen gegenüberstünde. Allein Preußen hatte im Allgemeinen Landrecht (1794) mindestens 88 Bauvorschriften, die Bauordnung der Stadt Berlin von 1853 hatte 118, der Entwurf von 1872 hatte 110, dagegen enthielt die Bauordnung von 1887 nur 44 Paragrafen. Die Bauordnungen der Staaten Bayern, Hessen-Darmstadt, Sachsen und Württemberg sind Landesbauordnungen, sie wurden in den Landesparlamenten beraten und verabschiedet. Diese Bauordnungen in der zweiten Hälfte des 19. Jh. folgen den bekannten Regeln, die für diese Länder nicht gesondert erläutert werden sollen. Die Ausnahme bildet aber die Stadt Berlin.[185]

---

182 Doehl, Repertorium, S. 37.

183 ebd., S. 38.

184 *DBZ* 1886, S. 164. Wahlweise konnte er auch darlegen, dass er einer „Witwen- und Waisenkasse“ angehörte, um für die „etwaigen Hinterbleibenden“ vorzusorgen.

185 Zum Vergleich werden preußische Lokal-Bauordnungen (z.B. Berlin oder Stettin) herangezogen, da es keine einheitliche Bauordnung in Preußen gab.

Das Entstehen der Berliner Bauordnung von 1887 bedarf daher einer kurzen Erläuterung. Die Besonderheit dieser Berliner Bauordnung wie auch die der von 1897 liegt darin, dass beide Bauordnungen vom Magistrat der Stadt abgelehnt wurden, sodass sich der Oberpräsident der Provinz Brandenburg genötigt sah, beide Bauordnungen durch Erlass verbindlich einzuführen. In diesen 34, bzw. 44 Jahren hatte sich die Stadt Berlin von ca. 415.000 auf 1.330.000 Bewohner vergrößert, während die Bauordnung von 1853 aber bis 1887 unverändert galt. Schon im Jahr 1863 hatte der damalige Bauinspektor Aßmann vorgeschlagen, die Berliner Bauordnung von 1853 den neuen Anforderungen anzupassen.

Das zuständige Ministerium hatte keine wesentlichen Einwände, doch der Magistrat der Stadt hatte sich erst 1870 mit der Angelegenheit befaßt und den Entwurf ein Jahr später abgelehnt. Begründet wurde dies mit den „zu großen Abmessungen der Höfe", denn sie sollten 10 Meter mal 10 Meter groß werden (seither betrugen sie 5,33 Meter im Quadrat). Auch die geplante Höhenbeschränkung der Vorder- und Hintergebäude und die Beschränkung der überbaubaren Grundstücksfläche wurden vom Magistrat abgelehnt. Nach jeweils erneuter Überarbeitung der Bauordnung wurde in den Jahren 1874, 1875, 1876, 1877, 1880, 1881, 1882 und 1885 neue Entwürfe für eine Bauordnung durch das Ministerium der Stadt vorgelegt, jedes Mal wurde die Angelegenheit „dilatorisch" behandelt.[186]

Die letzte Ablehnung des Entwurfs durch die Stadtverordneten erfolgte am 6.12.1886. Daraufhin setzte der Oberpräsident die Berliner Bauordnung am 23.1.1887 durch Erlass in Kraft. Die Beschwerde des Berliner Magistrats gegen den staatlich verordneten Erlass der Berliner Bauordnung wurde aber abgewiesen. Die bayerische Bauordnung von 1881 zählte 99, die sächsische Bauordnung von 1900 185 Paragrafen. Die hessische Bauordnung hatte 82 Artikel, die württembergische Bauordnung regelte in 95 Artikeln öffentliche und privatrechtliche Bauangelegenheiten. Aus der Fülle der einzelnen Bauvorschriften sollen nur diejenigen zum Vergleich herangezogen werden, die zu den Vorschriften zu zählen sind, die wesentlich für die Zulässigkeit eines Vorhabens und für Bewohnbarkeit des Gebäudes entscheidend sind. Als wesentliche Vorschriften werden hier verstanden:

- Vorschriften über den Abstand (Mindestabstand) zur Nachbargrenze,
- Ausbildung der Gebäudewand zum Nachbarn und Gebäudehöhe an der Straße,
- Mindestbreite eines Gebäudes (oder Mindestgröße eines Bauplatzes),
- Zahl der zulässigen Geschosse und die Ausbildung des Daches,
- Gesundheitliche Aspekte: Raumgröße, Höhe des lichten Raumes, Fensteröffnung,
- Kanalanschluss und sanitäre Einrichtungen.

Vor dem Bauordnungsvergleich soll der Verwaltungslauf eines Baugesuches anhand der Vorschriften der Hessischen Bauordnung von 1881 erläutert werden.[187] Ein Baugesuch, gleichgültig ob es sich um einen Neubau oder eine Hauptände-

186 Nitze, Philipp, Die Entwicklung des Wohnungswesens von Groß-Berlin, Berlin 1913, S. 79-88.

187 Großherzoglich Hessisches Regierungsblatt 1881, Nr. 13, Gesetz, die allgemeine Bauordnung betreffend, vom 30.4.1881 (ABO) und die Ausführungsverordnung vom 25.2.1882.

rung von Bauteilen handelte (Änderung von tragenden Bauteilen und wesentlichen Gestaltungselementen), war bei folgenden geplanten Vorhaben erforderlich: Alle Gebäudearten, Keller, „Cisternen", Zu- und Ableitungen des Wassers, Düngerstätten, Abtritts- und ähnliche Gruben, Einfriedigungen aus Mauerwerk, Holzwerk, Metall oder einer Kombination dieser Materialien soweit sie an öffentliche Plätze oder Wege grenzen, aber auch die Einfriedigungen zur Nachbarseite (Artikel 23).

An technischen Unterlagen waren erforderlich: Pläne des Gebäudes im Maßstab 1 zu 100 mit allen Maßangaben. Die Pläne mussten in dauerhaftem Material in der Größe von 33 mal 21 cm (gefaltet) gefertigt werden. Notwendige Pläne: alle Stockwerksgrundrisse, ein Querschnitt durch das ganze Gebäude mit Höhenangaben auch in Bezug zur Straße und die Hauptansichten. Dem Antrag musste eine schriftliche Erläuterung beigegeben werden, die Angabe der Raumnutzungsart war Pflicht. Bedingung war ein „Situationsplan" im Maßstab 1 zu 500 (Lageplan) mit Himmelsrichtung, Angaben zu Nachbargebäuden mit Nutzungsart und Eigentumsverhältnissen sowie zu Straßen, Wasserläufen, Baulinien und Eigentumsgrenzen und Höhe der Gebäude. Bei Neubauten musste der Lageplan vom „Geometer" gefertigt werden (VO § 85).

Die Antragsunterlagen waren in doppelter Ausführung, versehen mit den Unterschriften des Bauherrn und des Planfertigers beim Kreisamt einzureichen, dies musste entweder direkt oder über die Lokalpolizeibehörde (Art. 66) erfolgen. Bei kleineren Vorhaben genügte eine Anzeige. Dispense konnten dann in Einzelfällen gewährt werden, wenn die Rechte Dritter nicht betroffen waren (Art. 72). Die Genehmigung wurde unbeschadet der Rechte Dritte erteilt. Nach einem Jahr verlor die Baugenehmigung ihre Gültigkeit, wenn bis dahin mit dem Bau nicht erkennbar begonnen wurde. Die Verlängerung um ein Jahr konnte aber bewilligt werden. Abnahmen waren erforderlich bei der „Aussteckung", dies entspricht heute der Schnurgerüsterstellung, der Herstellung des Sockels, bei der Beendigung der Rohbauarbeiten und der Herstellung der Feuerungsanlagen sowie vor dem Beginn der Putzarbeiten und schließlich bei der Beendigung des Vorhabens. Für die Einhaltung aller Vorschriften waren der Bauherr und der Planfertiger im jeweiligen Bereich verantwortlich (Art. 79), denn auch die strafrechtliche Folge war immer zu beachten.

Im Falle der Ablehnung eines Baugesuchs war die Entscheidung mit „Erwägungsgründen" zu versehen (Art. 70). Über Beschwerden gegen die Ablehnung (durch das Kreisamt) entschied das Ministerium des Innern und der Justiz. Beschwerden mussten „binnen 8 Tagen" nach der schriftlichen Zustellung der Verfügung oder des Bescheides ergehen. Beschwerden von Dritten gegen die erteilte Baugenehmigung waren unverzüglich auch dem Bauherrn bekannt zu geben (Art. 71). Ein Genehmigungsexemplar erhielt der Bauherr, das zweite Exemplar war für die Lokalpolizeibehörde bestimmt. Alle Entscheidungen der Baupolizei waren dem Bauherrn und denjenigen mitzuteilen, die Einwendungen gegen das Vorhaben vorgebracht hatten (Art. 70).

Der Verwaltungsablauf für ein hessisches Baugesuch entsprach im Wesentlichen dem anderer deutscher Staaten in der zweiten Hälfte des 19. Jh. Vom Allgemeinen preußischen Landrecht Ende des 18. Jh. bis in die heutigen Tage ist der Bauherr verpflichtet, Angaben zur Lage des Hauses, der Gebäudestellung zur Straße, dem Gebäudezweck und weitere Einzelheiten durch beigefügte Texte und Zeichnungen (Pläne) der zuständigen Behörde vor Baubeginn einzureichen. Ausnahmen von der Baugenehmigungspflicht betreffen untergeordnete Bauteile, die nach den Vorstellungen der einzelnen Staaten allerdings sehr unterschiedlich festgelegt wurden, sie werden aber hier nicht weiter untersucht.[188]

Die Bauordnungen von Berlin, Bayern, Sachsen, Hessen und Württemberg, die im Folgenden verglichen werden sollen, sind zwischen 1853 und 1900 erlassen worden. Die Bauordnungen dieser Zeit fallen damit in die Zeit der großen Änderungen auf allen Gebieten, zu nennen ist hier die rasante Entwicklung der gewerblich-industriellen Produktionsanlagen, verbunden mit der Bevölkerungswanderung vom Land in die Stadt, bzw. in die Regionen mit industrieller Fertigung und damit verbundenen besseren Verdienstmöglichkeiten.[189] Eine Folge des Stadtwachstums, das über ein Prozent pro Jahr betrug, war auch die Wohnungsnot, die ohne Übertreibung auch als Wohnungselend bezeichnet werden muss.[190]

Bauordnungen spiegeln, zeitversetzt, die Ansichten der Gesellschaft und insbesondere die Ordnungsvorstellungen des jeweiligen Staates wider. Technische Neuerungen, gesellschaftliche Anforderungen an gesunde Wohnungen, geänderte Vorstellungen über die städtische und die häusliche Hygiene sind Gebiete, die der Staat als Träger der Baupolizei und der Medizinalpolizei mindestens zur Kenntnis zu nehmen hatte. Neue technische Entwicklungen, z.B. neue Baumaterialien und Bauweisen, sowie neue medizinische Erkenntnisse, z.B. der Wichtigkeit von Sonne, Licht und Luft für die Wohnungen und die Schädlichkeit von Kellerwohnungen, wurden auch in der zweiten Hälfte des 19. Jh. schnell und allgemein bekannt gemacht. Dafür sorgten - abgesehen von den Tageszeitungen - insbesondere die schon weit verbreiteten Fachjournale.[191] Doch fanden diese Erkenntnisse nicht ihre wünschenswerte und sogar notwendige schnelle Umsetzung in geänderten Bauordnungen.[192]

Andererseits muss bedacht werden, dass Bauordnungen für den einzelnen Grundeigentümer jeweils (Bau-)Rechte festschreiben, die auch als eigentumsrechtliche Gewährleistung bezeichnet werden können. Beispielsweise hat die gesetzliche Änderung des seitlichen Grenzabstandes (Abstand zwischen einem geplanten Gebäude und der Nachbargrenze) von z. B. 3,50 Metern auf 4,00 Metern eine scheinbare Reduktion von nur 14 % zur Folge. Bei einer 15 Meter brei-

---

188 Untergeordnete Bauten können z. B. sein: Lauben, Gartenhäuser und kleinere Stallungen.

189 Fisch, Jörg, Europa zwischen Wachstum und Gleichheit 1850-1914, Stuttgart 2002. Fisch spricht hier von einem ab 1850 beginnenden, deutlich beschleunigten Wirtschaftswachstum, mit nur kürzeren Rückschlägen.

190 Marschalck, Peter, Bevölkerungsgeschichte, S. 145-146. Das Bevölkerungswachstum betrug von 1850 bis 1900 pro Jahr ungefähr 1,3%, d.h. in 50 Jahren von 33.746.000 auf 56.046.000 Millionen Bewohner.

191 Zum Beispiel die Allgemeine Bauzeitung (Wien 1842-1900), die Zeitschrift für Bauwesen (ab 1851), die Deutsche Bauzeitung (ab 1867), das Centralblatt der Bauverwaltung (ab 1881), weiter ist die Vierteljahrsschrift für öffentliche Gesundheitspflege (ab 1869) zu nennen.

192 Ein Beispiel für das Auseinanderklaffen zwischen öffentlicher Diskussion und staatlichem Handeln sind die Fachbeiträge auf den Kongressen der deutschen Architekten und Ingenieure seit 1869.

ten Baulücke konnte der Bauherr bisher davon ausgehen, dass sein Haus noch 15 - (2 * 3,50) Meter = 8 Meter breit sein würde. Nach einer gesetzlichen Änderung des Nachbarabstandes könnte die Hausbreite dann aber nur noch 15 - (2 * 4,00) = 7 Meter betragen. Bei einer normalen Bautiefe von 12 Metern beträgt der Verlust an bebauter Fläche dann: (8 * 12)-(7 * 12) = 12 Quadratmeter. Nach Abzug der Mauerwerksfläche (3 Seiten * 0,25 * 4 Meter = 3,0 qm) entspricht diese Fläche (12 – 3 = 9 qm) etwa der eines kleineren Zimmers. Bei einer dreigeschossigen erlaubten Bauweise würden dann schon drei Zimmer „fehlen".[193] Es wird insoweit verständlich, dass Bauordnungsänderungen einen längeren gesellschaftspolitischen Diskussionsprozess erforderten.[194]

Um den weiten Rahmen von der Bauordnung Berlins 1853 bis zur sächsischen Bauordnung von 1900 einzuengen, wurde die Bauordnung für den Stadtkreis Berlin von 1887 einbezogen und die Bauordnung von 1853 außer Betracht gelassen, somit ergibt sich eine vertretbare zeitliche Vergleichsmöglichkeit.

Damit sind alle zu untersuchenden Bauordnungen im Zeitraum von 1872 (Württemberg) bis 1900 (Sachsen) erlassen worden. Die Ausnahme ist das ebenfalls einbezogene preußische Fluchtliniengesetz von 1875, es ist keine Bauordnung im engeren Sinne, sondern ein Straßenplanungsgesetz mit einigen wenigen baupolizeilichen Bestimmungen.[195] Für den nachfolgenden Überblick in Tabellenform wurden folgende Bauordnungen und das preußische „Fluchtliniengesetz von 1875" ausgewählt:

1 „Gesetz, betreffend die Anlegung und Veränderung von Straßen und Plätzen in Städten und ländlichen Ortschaften, vom 2. Juli 1875. In der Literatur hat es die Bezeichnung „Fluchtliniengesetz von 1875" erhalten[196]

2 Bau-Polizei-Ordnung für den Stadtkreis Berlin vom 15. Januar 1887, Berlin 1887

3 Allgemeine Allerhöchste Bauverordnung vom 30. Juni 1864 mit den unterm 15. März 1866 eingetretenen Modifikationen für das Königreich Bayern. München 1868

4 Allgemeine Bauordnung für das Königreich Bayern vom 19. September 1881 München 1881

---

193 Bei angenommener Mauerstärke von 0,25 Meter nach „Zulässige Mauerstärken (...), in: Troitzsch, sächsisches Baugesetz von 1900, Leipzig 31913, S. 111. Nach der bayerischen Bauordnung von 1881 muss die Stärke der Erdgeschosswände bei eingeschossige Bauweise sogar 0,30 Meter betragen (§ 15).

194 Die hessische Bauordnung von 1881 galt im Wesentlichen noch bis 1954, während die württembergische Landesbauordnung von 1872 bereits 1910 überarbeitet wurde.

195 Beispiel: Verbot der Errichtung von Gebäuden, die einen Ausgang zu einer noch nicht festgestellten Straße haben würden.

196 Die Bezeichnung als „Fluchtliniengesetz" ist eine aus praktischen Gründen verständliche, wenn auch verfälschende Bezeichnung. Im preußischen Abgeordnetenhaus ist das Gesetz von 1875 als „Baufluchtliniengesetz" amtlich bezeichnet worden, in: Drucksachen des Preußischen Hauses der Abgeordneten, Berlin 1918, Bd. 4, Drucksache 229, S. 2394.

5 Gesetz, die allgemeine Bauordnung betreffend. Vom 30. April 1881, Darmstadt 1881 (Hessische Bauordnung 1881)

6 Neue Allgemeine Bauordnung für das Königreich Württemberg vom 6. Oktober 1872, Stuttgart 1896[197]

7 Das Allgemeine Baugesetz für das Königreich Sachsen vom 1. Juli 1900, Leipzig 1900

8 Allgemeines Baugesetz für das Königreich Sachsen vom 1. Juli 1900, Leipzig ^{2}1902

9 Allgemeines Baugesetz für das Königreich Sachsen vom 1. Juli 1900/20. Mai 1904 nebst Ausführungsverordnungen, Leipzig ^{3}1904 (Troitzsch)."

Im Folgenden werden in synoptischer Form 22 einzelne Bauordnungsteile gegenübergestellt, die einen wesentlichen Teil der Arbeit der Baupolizei ausmachen und die für den Architekten, den Bauherrn, bzw. seinen Mietern und den Bauunternehmer als Ausführender wichtig sind. Der Überblick betrifft ausgewählte Einzelvorschriften aus den Bauordnungen von Berlin, Bayern, Sachsen, Hessen-Darmstadt und Württemberg. Die Gliederung umfaßt vier Teile:

Erster Teil:	Darstellung der bauordnungsrechtlichen Vorschriften in synoptischer Form
Zweiter Teil:	Erläuterungen zu den bauordnungsrechtlichen Vorschriften
Dritter Teil:	Darstellung der Vorschriften für die Planung (Ortsbaupläne und Bebauungspläne) in synoptischer Form
Vierter Teil:	Erläuterungen zu den Vorschriften für die Planung.

197 Die Ausgabe enthält neben der Bauordnung von 1872 auch die zwischen 1872 und 1895 ergangenen Verfügungen für Dampfkesselprüfungen, Gewerbeinspektionen nach der Reichsgewerbeordnung, Anlagen zur Herstellung von Zündhölzern und „Cigarren", Lagerung von Explosivstoffen, landwirtschaftliches Nachbarrecht und weiterer nicht die Baupolizei direkt berührende Bestimmungen.

Erster Teil: Darstellung der bauordnungsrechtlichen Vorschriften

Ausgewählte Einzelvorschriften in Bauordnungen (Gegenüberstellung in Kurzform)
Abkürzungen: BO = Bauordnung, i. L. = im Lichten, m = Meter, 1 G = eingeschossig), mind. = mindestens, VG = Vordergebäude, K.A. = keine Angabe in der Bauordnung.

1. Wird die Baufreiheit des Grundeigentümers in der Bauordnung bejaht?

BO Berlin	BO Bayern 1881	BO Sachsen 1900
Ja, mit Einschränkungen, sie beziehen sich auf das ALR.	Keine Angaben in der BO	Ja, mit Einschränkungen

BO Hessen 1881	BO Württemberg 1872
Ja. Jedoch nur soweit, wie es im öffentlichen Interesse ist.	Ja, soweit nicht durch Reichsgesetze eingeschränkt.

2. Bauantrag oder Bauanzeige ist zu richten an:

BO Berlin	BO Bayern 1881	BO Sachsen 1900
Antrag um Bauerlaubnis beim Berliner Polizeipräsidium, Pläne von allen Geschossen, dreifach, Maßstab 1:100, Lageplan 1:500. Unterschriften: Baumeister, Bauherr. Angaben über Räume und Baustoffe.	Die Pläne, zweifach, mit Unterschriften des Planfertigers und des Bauherrn, sind an die Kreisregierung zu richten.	Pläne, dreifach, Baulinien und andere Bauten im Umkreis von 24 Metern sind einzutragen, Unterschriften Planfertiger, Bauherr. Angaben über den Zweck des Vorhabens, Bauanzeige an die Baupolizeibehörde.

BO Hessen 1881	BO Württemberg 1872
Pläne, zweifach, Unterschriften Planfertiger, Bauherr und Angaben über den Zweck der Räume, sind über die Lokalpolizeibehörde dem Kreisamt vorzulegen.	Ortspolizeibehörde/Ortsvorsteher, Baurisse: Alle Geschosse, Grundriss u. Schnitt 1/100, neue Bauteile in Rot, bestehende Bauteile in Schwarz und Abrissteile in Gelb, Pläne Kanzleiformat 21 * 33 cm.

3. Der Grenzabstand zum Nachbarn beträgt:

BO Berlin	BO Bayern 1881	BO Sachsen 1900
Abstand zum Nachbarn: 2,50 Meter, wenn keine Öffnungen in der Umfassungswand vorhanden oder geplant ist. 6 Meter: wenn Öffnungen geplant oder vorhanden sind.	Keine besonderen Angaben.	Die Hälfte der eigenen Hauptgesimshöhe, mindesten aber 4 Meter.

BO Hessen 1881	BO Württemberg 1872
3,00 m. Unter 3,00 m Abstand ist eine Brandwand auszubilden.	2,30 m. Unter 2,30 m Abstand: feuersichere Wand. Der Abstand wird nicht zwischen den Außenwänden, sondern zwischen dem Dachvorsprung und der Grenze gemessen.

4. Wann ist die Brandwand erforderlich, wie soll sie beschaffen sein?

BO Berlin	BO Bayern 1881	BO Sachsen 1900
Bei Abstand „0“ Meter = Grenzbebauung und wenn der Gebäudeabstand weniger als 6 Meter beträgt. Im Gebäudeinneren muss alle 40 Meter eine Brandwand (25 cm stark) errichtet werden.	Bei geschlossener Bauweise. Bei Bauten „von mehr als gewöhnlicher Ausdehnung und Brandgefahr“ zwingend. In anderen Bauten sind Öffnungen in jedem Geschoß bis 2 qm zulässig. EG: eine „eiserne Thür“. In den OGs: beidseitig eine „eiserne Thür“	Zwingend notwendig, wenn auf der Grenze gebaut wird. Ausnahme für Fenster in der BW möglich, solange kein Nachbar näher als 3,50 Meter an die BW bauen will.

BO Hessen 1881	BO Württemberg 1872
Bei Abstand v. d. Grenze unter 3,00 m, zwischen Nachbargebäuden, die keinen Abstand haben, reicht eine Brandwand (25 cm); zwischen Wohnräumen und Scheunen: zwingend.	Zwischen Nachbargebäuden mit kleinerem Abstand von 2,30 m. Eine Brandwand genügt dann, wenn sich die Nachbarn zuvor verständigen.

5. Welche Gebäudehöhe ist zulässig, wie wird sie errechnet?

BO Berlin (hier 1887)	BO Bayern 1881	BO Sachsen 1900
Vordergebäude: 12 m, max. aber 22 m. Oder: Breite der Straße = Gebäudehöhe. Bis 22 m, wenn eine Straßenseite bebaut werden darf. Hintere Gebäude und Seitenflügel, z.B. Hoflänge 16 m plus 6 m = 22 m, bei Hoflänge 14 m + 6 m = 20 m, bei Hoflänge 6 m plus 6 m = 12 m. Lichthöfe: Mindestens 60 Quadratmeter bei 6 Meter kleinster Seitenlänge aufweisen.	Max. 22 Meter. Einerseits: in Straßen bis 12 Meter Breite max. 12 Meter, aber andererseits: Gebäudehöhe gleich Straßenbreite.	Durch Bebauungsplan geregelt, max. 22 Meter, die Höhe soll die Straßenbreite nicht überschreiten, Hintergebäude nicht höher als Vordergebäude und nur an einer Grenze zulässig.

BO Hessen 1881	BO Württemberg 1872
Die Gebäudehöhe ergibt sich aus der Breite der Straße plus dem Trottoir plus dem Vorgarten plus 2 m.	Regel: Nicht höher als Straßenbreite plus 4,50 m = H, oder Regelung durch Ortsstatut. Gemessen wird H zwischen den Baulinien, nicht zwischen Gebäuden.

6. Die Mindestbreite eines Gebäudes darf betragen:

BO Berlin	BO Bayern 1881	BO Sachsen 1900
K.A. Mindestbreite: Breite eines Zimmers plus den erforderlichen beidseitigen Grenzabständen (2 * 2,50 Meter) bei	Keine Angaben in der Bauordnung.	Keine Angabe in Gebieten ohne B-Plan, sonst geregelt durch B-Plan.

offener Bauweise. Bei geschlossener Bauweise: Mindestbreite: ein Zimmer, bei mehrgeschossigen Gebäuden: Zimmerbreite plus notwendige Treppenbreite		

BO Hessen 1881	BO Württemberg 1872
Mind. 5,00 m bei 2-seitiger Belichtung und seitlichem Abstand zur Grenze von 3 m. In Mainz mind. 7,50 bei Straßen bis zu 16 m Breite, bei Straßen über 16 m: Frontlänge mind. 10 m. In bestimmten Straßen mindesten 12 m, bei Eckhäusern mind. 21 m, eine Seite mindestens 9 m	Die Mindestbreite ergibt sich aus der Breite 1 Zimmer plus den erforderlichen beidseitigen Grenzabständen bei offener Bauweise.

7. Mindesttiefe oder maximale Tiefe eines Gebäudes

BO Berlin	BO Bayern 1881	BO Sachsen 1900
Bis 20 Meter. Grundstückstiefe bis 50 Meter überbaubar, wenn entsprechende Höfe eingeschaltet wurden. Das jeweilige Hintergebäude bis 18 Meter Tiefe zulässig. Bei Gebäudetiefen von 12,5 Metern konnten drei Hintergebäude plus 2 Höfe mit zusammen 49,50 Metern gebaut werden.	Keine Angaben in der Bauordnung	Max. 16 Meter bei geschlossener, 20 Meter bei offener Bebauung

BO Hessen 1881	BO Württemberg 1872
Mind. 9,00 Meter bei zweiseitiger Belichtung und rückwärtigem Abstand zur Nachbargrenze von 3 Meter	Keine Vorschrift (außer dem erforderlichen Grenzabstand zum Nachbarn).

8. Die Mindestgröße eines Bauplatzes muss betragen:

BO Berlin	BO Bayern 1881	BO Sachsen 1900
Keine Angaben in der Bauordnung	Keine Angaben in der Bauordnung	Keine Angabe, für die umgebenden Gebäude darf die nötige Licht- und Luftzufuhr nicht entzogen werden.

BO Hessen 1881	BO Württemberg 1872
Ortsstatut/Local-Polizei-Reglement. Grundstück mind. 60 qm oder wenn kein Gebäude mit 5 Meter Frontlänge und 9 Meter Tiefe mit seitlicher Belichtung errichtet werden kann.	Keine Angaben in der Bauordnung

9. Die Überbaubarkeit des Bauplatzes

BO Berlin	BO Bayern 1881	BO Sachsen 1900
Unbebaute Grundstücke können bis zu 66 %, überbaut, bebaute Grundstücke können zu 75 % überbaut werden.	Keine Angaben i.d. Bauordnung	Für die umgebenden Gebäude darf die nötige Licht- und Luftzufuhr nicht entzogen werden. Hinter dem Gebäude: Freihaltung einer Fläche gleich der Haushöhe. Ortsgesetzliche Muster-Bestimmungen: Die „Baustelle" kann bis zu 40 % überbaut werden.

BO Hessen 1881	BO Württemberg 1872
70 % (Mainz), freier Hofraum mind. 30 qm, eine Seite mind. 5 m, 75 % in Darmstadt, indirekt durch Ortsbaustatute zu regeln.	Keine Vorschrift, indirekt doch durch Ortsbaustatute geregelt, wenn z.B. die vordere Baulinie festgelegt ist und die Grenzabstände einzuhalten sind.

10. Zulässige Geschosszahl. G = Erdgeschoss und alle anderen Geschosse, außer DG

BO Berlin	BO Bayern 1881	BO Sachsen 1900
Zulässig: maximal 5 G., wenn sie zum Wohnen bestimmt sind. Der Fußboden des obersten Wohngeschosses darf maximal 17,50 Meter über dem Bürgersteig liegen.	Geschosszahl in ländlichen Gebieten und bei villenartiger Bebauung: 1 G, sonst max. 5 Geschosse.	Ländliche Orte: 3 G, in Städten 4 G., in größeren Städten bis 5 G.

BO Hessen 1881	BO Württemberg 1872
In bestimmten repräsentativen Hauptstraßen 3 G, sonst 1-2 Geschosse.	Zulässig: Straßenbreite plus 4,50 m = H, dividiert durch lichte Raumhöhe plus Deckenstärke = Geschosszahl, (indirekte Rechnung).

11. Ausbildung des Daches

BO Berlin	BO Bayern 1881	BO Sachsen 1900
Wohnräume im Dach sind zulässig, sie müssen nur massive Wände gegen andere sonst genutzte Dachräume aufweisen.	Vorschriften zu feuerfestem Dachdeckungsmaterial. Hölzerne Gesimse sind durch Metall oder Putz zu überdecken.	Giebel, stehende Dachfenster und Türme: Höhe max. 0,5 der Gebäudelänge.

BO Hessen 1881	BO Württemberg 1872
Keine Angabe. Regel in Baustatuten: Neigungswinkel, Dachmaterial und Gesims- und Traufenausbildung. Im Reglement: Neigung oberhalb der zulässigen Fronthöhe nicht steiler als 60° a.T.	Regel: Bis 45° a.T. bei Schieferdächern; wird bei Neubauten durch Baupolizei, bei bestehenden Gebäuden durch die ordentlichen Polizeibehörden bestimmt. Auch durch Reglement oder Ortsbaustatut.

12. Raumgröße für Aufenthaltsräume

BO Berlin	BO Bayern 1881	BO Sachsen 1900
K.A. Die zum Wohnen bestimmten Räume müssen trocken sein und durch Fenster von ausreichender Größe und zweckentsprechender Lage unmittelbar Luft und Licht von der Straße (oder dem Hof) haben.	Keine Angaben in der BO. Überfüllung. Wenn weniger als 20 m^3 Luftraum pro Erwachsenen (Kinder 10 m^3) zur Verfügung steht.	K.A. Wohn- und Arbeitsräume müssen in ausreichendem Maße Trockenheit, Licht, Luft und Zugänglichkeit haben. Muster für Ortsgesetze: Zimmer 20 m^3, Kinder 10 m^3, Wohn- und Schlafräume: zusammen mind. 30 $m^{2.}$

BO Hessen 1881	BO Württemberg 1872
Keine Angaben, alle Räume müssen den Vorschriften für Material, Licht, Luftwechsel entsprechen, „soweit es die Verhältnisse gestatten"!	Die innere Einrichtung der Wohngebäude muss so beschaffen sein, daß die Wohnungen Luft und Licht im erforderlichen Maße haben.

13. Die Höhe des lichten Wohn- oder Aufenthaltsraums

BO Berlin	BO Bayern 1881	BO Sachsen 1900
2,50 Meter, ähnlich wie im ALR, dort: 8 Fuß. 8 (Fuß) sind in Metern: 8 * 31,38 cm = 2,51 Meter.	In Städten über 7.000 Einwohner 2,75 Meter, in anderen Städten 2,60 Meter, auf dem Lande mind. 2,40 Meter.	In Städten 2,85 Meter und 2,25 Meter auf dem Lande.

BO Hessen 1881	BO Württemberg 1872
K.A. Ortsbaustatut Worms 2,40 m im lichten. Stockwerkshöhe: 3,00/2,60 m, für Keller-, Dach- und Zwischengeschosse: 2,60 Meter.	Höhe mindestens 2,30 Meter im lichten.

14. Fensteröffnungen für einen Wohnraum oder Aufenthaltsraum

BO Berlin	BO Bayern 1881	BO Sachsen 1900
K.A. möglich. Bei Wiederbebauung von bereits bebauten Grundstücken und geringerer Tiefe als 15 Meter, können Gebäude ohne Fenster an der Hinterseite dann errichtet werden, wenn alle Aufenthaltsräume von der Straße belichtet werden.	Jedes „Wohngemach", jede Küche und jeder Abtritt muss mindestens ein Fenster, das unmittelbar „in`s Freie" führt, aufweisen.	Die zum dauernden Aufenthalt bestimmten Räume müssen mit genügend großen, zweckmäßigen und zum Öffnen eingerichteten Fenstern versehen sein. Als Muster für Ortsgesetze wurde empfohlen: Die Fenstergröße soll 1/12 der Raumgröße haben.

BO Hessen 1881	BO Württemberg 1872
K.A.: „Alle (….) Räume müssen, soweit es die Verhältnisse gestatten ( ) hinlänglich Licht und Luft haben und trocken sein, sie dürfen der Gesundheit nicht nachtheilig" sein.	Keine Angabe, notwendig ist Licht und Luft im „erforderlichen Maße".

15. Zulässigkeit von Wohnungen im Keller

BO Berlin	BO Bayern 1881	BO Sachsen 1900
Fußboden nicht tiefer als 50 cm gegenüber dem umgebenden Erdboden. Ein Meter tiefer dann erlaubt, wenn ein Lichtgraben mit 1 Meter Breite hergestellt wird. Zusätzlich: Der Kellerboden muss 40 cm über dem höchsten Grundwasserstand (GW) liegen. Der Kellerboden muss gegen Erdfeuchtigkeit bzw. „Erddünste" durch eine undurchlässige massive Sohle geschützt werden.	Kellerwohnungen: Nur in Straßen, bei denen die Gebäudehöhe die Straßenbreite nicht überschreitet. Fußboden: 0,45 m über GW, Höhe der Wohnräume mindestens 2,60 m (unklar ob die Lichte- oder die Geschoßhöhe gemeint ist).	Nur dort, „wo solche bestehen und insoweit zulässig, als sie den durch Ortsgesetz festgestellten Voraussetzungen u. gesundheitlichen Anforderungen entsprechen". Aber: Nur dort, wo Überschwemmungen ausgeschlossen. Wohnräume nicht nach Norden, Zugang des Sonnenlichts muss mind. 45° a.T. erreichen, Kellersohle muß 1 Meter über GW, lichte Höhe mind. 2,85 m, Fußboden max. 1 m unter Erdreich.

BO Hessen 1881	BO Württemberg 1872
Zulässig, Fußboden max. 1 m unter, der Fenstersturz min. 1,50 m über Terrain oder Pflaster.	Böden nicht tiefer als 1 Meter unter Terrain und mind. 45 cm über höchstem Grundwasserstand, Fensterbrüstung mind. 15 cm über Terrain, Fensterhöhe: mindestens 75 cm.

16. Sanitäre Einrichtungen in Gebäuden

BO Berlin	BO Bayern 1881	BO Sachsen 1900
Bei Neubauten: Regen- und häusliches Abwasser sind durch Röhren mit dichten Wandungen oder durch Rinnen in Kanäle oder Straßenrinnsteine zu leiten. Wenn keine städtische Kanalisation vorhanden ist: Einleitung in einen mit Wasserverschluss versehenen undurchlässigen Schlammfang, danach Einleitung in den Straßenrinnstein.	Bei allen Baugesuchen, in denen sanitären Fragen zu behandeln sind, sind Gutachten durch die Medizinalbehörde einzuholen.	Für jede Wohnung, Werkstatt je ein Abort, „wenn möglich nach Norden, nicht zur Straße". Abort auf dem gleichen Geschoss wie Wohnung und Werkstatt, Größe 0,8 * 1,0 m. Fenster ins Freie, das Abflussrohr: direkt in die Grube, Grubenabstand zur Grenze 0,45 m, 10 m vom Brunnen. Das Ortsgesetz kann bestimmen, wohin der Grubeninhalt abzufahren ist. Wasserspülung ist bei vorhandenem Kanal gestattet.

BO Hessen 1881	BO Württemberg 1872
Jedes Gebäude muss einen Abtritt haben, Fenster mindestens 0,50 m^2 groß.	Abtritte sind gegen öffentliche Straßen nicht zulässig, Fenster müssen vorhanden sein. Gegen neue Entsorgungssysteme können keine Einwendungen wegen des Eigentums an den Abfallstoffen, erhoben werden.

17. Kanalanschluss an das öffentliche Netz

BO Berlin	BO Bayern 1881	BO Sachsen 1900
Pflichtanschluss, wenn das öffentliches Kanal-System vorhanden ist, Röhren mit 18-25 cm Durchmesser.	Zwingend, wenn die straßenseitige Anschlussmöglichkeit vorhanden ist.	Bei Bedürfnis ist ein Beschleusungsplan zu erstellen, jedes Gebäude muss eine Schleuse erhalten und ist an die Straßenschleuse anzuschließen.

BO Hessen 1881	BO Württemberg 1872
Pflichtanschluss an das öffentliche Kanal-System, sofern es vorhanden ist.	Pflichtanschluss an das öffentliche System, sofern dieses vorhanden ist, der Beitrag wird durch das Gemeindekollegium mit Regierungsgenehmigung bestimmt.

18. Kostenbeitrag: Bau der Straßen, Kanäle, Schleusen, Wege, Plätze und Brücken

BO Berlin	BO Bayern 1881	BO Sachsen 1900
K. A. Ortsstatut von 1877: Die Kosten für Freilegung, erste Einrichtung, Pflasterung und Entwässerung müssen die Eigentümer übernehmen. Abrechnung nach Quadratmeter der Grundstücksfläche mal Einheitspreis. Der Bürgersteig ist Teil der Straße.	Keine Angabe in der Bauordnung.	Ja, Bauabgabe für die Herstellung der Anlage nach Ortsgesetz, Abgabenhöhe: ganzer oder teilweiser Ersatz der Kosten möglich. Bei Schleusenanschluss: Geschosszahl mal Meterlänge des Grundstücks mal 5 Mark.

BO Hessen 1881	BO Württemberg 1872
Kosten Geländeerwerb, Kanalbaukosten, Erdarbeiten Straßenkörper, Pflasterung incl. der Gossen, Fußwege (bis 2,50 m Breite), Kostenverteilung nach dem Verhältnis der Frontlänge des einzelnen Grundstückes zur Gesamtfrontlänge, Kostenträger ist der Bauherr.	Kosten Geländeerwerb und Planierung des Geländes. Kanalkosten werden nicht nach Bestimmungen der Bauordnung abgerechnet, sondern nach Ortsstatuten.

19. Baubeginn vor der Bauerlaubnis, bzw. Genehmigung?

BO Berlin	BO Bayern 1881	BO Sachsen 1900
Nein. Die schriftliche Baubeginnsanzeige ist zwingend.	Nein. Baubeginn ist anzuzeigen, der Bauunternehmer oder der Baumeister und Bauhandwerker sind zu benennen.	Ausnahmen von der Genehmigungspflicht betreffen nur untergeordnete Teile.

BO Hessen 1881	BO Württemberg 1872
Nein, nur bestimmte Erdarbeiten sind ohne Genehmigung erlaubt.	Möglich für Grabarbeiten, weitere Bauarbeiten sind aber nur mit Erlaubnis möglich.

20. Erteilung der Bauerlaubnis bzw. der Genehmigung

BO Berlin	BO Bayern 1881	BO Sachsen 1900
Durch Ortspolizeibehörde. Erteilte Bauerlaubnis: unbeschadet der Rechte Dritter, ein Jahr gültig. Bei begonnenen Bauten: Stillstand kürzer als 1 Jahr.	Durch die Kreisregierung.	Der Stadtrat in Städten mit „Revidierter Städteordnung". Die Amtshauptmannschaft bei kleineren Städten und Gemeinden.

BO Hessen 1881	BO Württemberg 1872
Antrag über Lokalpolizeibehörde an das Kreisamt, unrichtige Angaben führen zur Nichtigkeit der Baugenehmigung, Gg. wird nach einem Jahr ungültig, wenn nicht begonnen wird, Verlängerung der Baugenehmigung ist möglich.	Anzeige beim Ortsvorsteher oder Ortspolizeibehörde, die erteilte Erlaubnis wird nach 2 Jahren unwirksam.

21. Gebühren für die Bauerlaubnis

BO Berlin	BO Bayern 1881	BO Sachsen 1900
Keine Angaben in der Bauordnung.	Ja, nach besonderer Verordnung der Regierung von 1873.	Überbaute Fläche * Z. der G. * 6 Pfennig. Z.B.: 1 kleines Haus, 2 G.: 65 qm * 2 * 0,06 = 7,80 Mark. Die Abnahmegebühr ist gesondert zu erheben.

BO Hessen 1881	BO Württemberg 1872
Stempel/Gebührenfrei. Gebühren sind bei besonderen Abnahmen (Feuerstellen, die Beiziehung eines Technikers oder für ein Gutachten) zu erheben.	Nach dem Sportelgesetz zwischen 1 und 25 Mark, Gutachten, „Augenscheine" und örtliche Kontrolle sind vom Bauunternehmer zu bezahlen.

22. Zwischen- oder Endkontrolle, Abnahme des Schnurgerüstes und Sockelabnahme

BO Berlin	BO Bayern 1881	BO Sachsen 1900
Teile müssen sichtbar und der Bauherr muss anwesend sein. Gebrauchsabnahme ist bei Aufenthaltsräumen zwingend. Der Abnahmeschein wird sechs Monate nach der Rohbauabnahme ausgehändigt.	Ja, „Controle der Ausführung" und Mitwirkung durch befähigte Sachverständige, Kostenträger ist der Bauherr oder der Bauunternehmer bzw. der Handwerker.	Durch Ortsgesetze oder durch Polizei-Verordnungen können Besichtigungen jeder Art angeordnet werden, die Endabnahme soll auch die Trockenheit des Gebäudes bestätigen.

BO Hessen 1881	BO Württemberg 1872
Bei fertigem Rohbau, aber vor den Putzarbeiten. Anzeige bei der Lokalpolizeibehörde. Zwischenabnahmen sind bei der Bau-Absteckung, bei der ersten Sockelschicht und nach Fertigstellung des Baues, möglich.	Abnahme durch ein Mitglied der Bauschau (Baukontrolleur) bei der ersten Sockelschicht, bei Feuerungseinrichtungen und der Brandwand, aber vor Fertigstellung des Baues.

Den umseitigen tabellarisch zusammengestellten Übersichten der Bestimmungen, die den Verwaltungsweg mit dem Antragsverfahren, den Anforderungen an Licht und Luft, die sanitären Verhältnisse und die Bauzustandskontrollen betreffen, folgen einzelne Vorschriften aus den Bauordnungen im Sinne einer bewertenden Erläuterung. Dabei sind von den 22 oben dargestellten Vorschriften sechs ausgewählt worden, sie zeigen aber exemplarisch die wichtigsten für das Wohnen und die Wohnumgebung unverzichtbaren Vorschriften. Dies sind:

a) Einhaltung der Bauflucht, Vortreten von untergeordneten Bauteilen
b) Höhenbeschränkung für Gebäude
c) Die Größe (Fläche oder Inhalt) eines Aufenthaltsraumes
d) Die lichte Höhe eines Aufenthaltsraumes
e) Die Zulässigkeit von Kellerwohnungen (Souterrainwohnungen)
f) Die Fenstergröße im Verhältnis zur Größe des Aufenthaltsraumes.

Zweiter Teil: Bewertung der bauordnungsrechtlichen Vorschriften

Die Gegenüberstellung der ausgewählten Bauordnungsvorschriften zeigt, dass die Baufreiheit grundsätzlich bejaht wird. Einschränkungen ergeben sich in der zweiten Hälfte und verstärkt gegen Ende des 19. Jh. insofern, als die Städte und Gemeinden dazu übergingen, Bebauungspläne oder Fluchtlinienpläne aufzustellen. In innerörtlichen Lagen, für die keine neuen Bebauungspläne aufgestellt werden sollten, galt die Baufreiheit ebenfalls nicht uneingeschränkt. Die Beurteilung der Zulässigkeit von Bauten und Bauwerken richtete sich dort in der Regel nach der umgebenden Bebauung, in die sich das neue Bauwerk einpassen musste. Die Mitwirkung des Staates und der Gemeinden werden durch die als Gesetz erlassenen Bauordnungen erreicht und gelten fast ohne Ausnahme, abgesehen von unbedeutenden Bauwerken. Die Regelwerke wurden ab der Jahrhundertmitte grundsätzlich als Bauordnungen oder Bauverordnungen erlassen, die örtlichen Stellen hatten aber Mitwirkungsmöglichkeiten. Sie bestehen in Ortsbaustatuten, Lokalbaupolizeistatuten und Polizeireglements. Letztere werden durch die Ortspolizeibehörde, also durch die unterste staatliche Verwaltungsebene erlassen und durch die obere Polizeibehörde kontrolliert. Deutliche Unterschiede zeigen sich bei der Gesamtbetrachtung der Statuten und der Reglements. Baupolizeiliche Angelegenheiten, die in einem Staat von der Ortspolizeibehörde zu bearbeiten sind, also polizeiliches Anliegen sind, können in anderen Staaten eine Angelegenheit des örtlichen, gemeindlichen Bau-Statuts sein.

Bei der vorhergehenden Darstellung wurden 22 als besonders wichtig erachtete Teile der jeweiligen Bauordnung gegenübergestellt.[198] Sie können damit nur einen Ausschnitt aus der Fülle der Vorschriften zeigen, die in jeder Bauord-

198 Diese 22 ausgewählten Teile betreffen nur die Vorschriften, die sich mit dem Bauwerk an sich beschäftigen, daher wurde dieser Teil mit dem Begriff „1. Bauordnungsrechtliche Bestimmungen“ überschrieben. Damit soll schon hier zwischen den mehr bauordnungsrechtlichen Bestimmungen und den später zu behandelnden „bauplanungsrechtlichen Bestimmungen“ unterschieden werden.

nung vorhanden sind.[199] Der Regelungsbereich erfasste die Ortsplanung, die Anlage der Ortsstraßen, das „Expropriationsverfahren", die Bestimmungen für den Bau der Gebäude z.B. die Raumgröße, die Gebäudehöhe und die Feststellung des Bodenwertes neben den verwaltungstechnischen Bestimmungen. Die Anzahl der Paragrafen einer Bauordnung allein zeigt daher noch nicht an, ob die jeweilige Bauordnung „fortschrittlich" im Sinne einer Vorsorge für die Gesundheit der Bewohner anzusehen ist. Die zu verschiedenen Zeiten erlassenen Bauordnungen lassen damit nur eine Annäherung zu, in welchem Verhältnis sie zu den allgemein und öffentlich diskutierten Fragen und Forderungen der Mediziner und der Architektenverbände stehen. Besonders ist hier auf die Bemühungen des Verbandes Deutscher Architekten- und Ingenieur-Vereine hinzuweisen.[200] Etwa ab 1874 hatte sich der deutsche Verband in seinen jährlichen Kongressen mit der Frage beschäftigt, wie die Bauordnung für das Deutsche Reich aussehen könne. Die Federführung bei den Beratungen hatte Reinhard Baumeister aus Karlsruhe. Baumeister hatte alle (Landes-)Architekten- und Ingenieurvereine zwischen 1876 und 1880 an der Arbeit, der Konzeption einer nationalen Bauordnung beteiligt. Auf der 9. Abgeordneten-Versammlung Mitte September 1880 konnte seine Vorlage, die „Normale Bauordnung", dann verabschiedet werden, die gedruckte Fassung wurde 1880 in Wiesbaden veröffentlicht.[201]

Bei den Beratungen zur hessischen Bauordnung von 1881 (ABO) hatte der hessische Landtag die Bauordnung von Württemberg (1872) und den Entwurf der bayerischen Bauordnung vom September 1881 berücksichtigt. Vorbild für den hessischen Landtag und die Regierung war die württembergische Bauordnung. In der ABO von Hessen finden sich daher ähnliche und zum Teil sogar identische (württembergische) Bestimmungen. Daneben war aber auch die bayerische Bauordnung von 1881, das preußische Fluchtliniengesetz, das badische Ortsstraßengesetz von 1868 und die badische Verordnung zur „Handhabung der

199 Die Bauordnungen können in der zweiten Hälfte des 19. Jh. 88 Paragrafen im ALR, in Bayern 99, in Berlin 44 oder in Sachsen 185 Paragrafen aufweisen, dabei ist zu bedenken, dass diese Bauordnungen - nach heutigem Sprachgebrauch - schon umfassende Baugesetze waren.

200 Bolenz, Eckhard, Vom Baubeamten zum freiberuflichen Architekten, Frankfurt am Main 1991. Nach Bolenz war der Vorläufer des Verbandes 1842 gegründet worden, der seine Tagungen an jeweils verschiedenen Orten als „Wanderversammlungen" bezeichnete. Auch nach der Gründung des nationalen Verbandes (1871) wurden die jährlichen Versammlungen beispielsweise in Karlsruhe, Dresden, Hamburg und Berlin abgehalten. Der nationale Verband war ein Zusammenschluss örtlicher und regionaler selbständiger Architekten- und Ingenieurvereine, in dem der Berliner Architektenverein eine beherrschende Rolle spielte (Bolenz S. 140). Den Anstoß zur Gründung des nationalen Verbandes hatte der Karlsruher Professor für Bauingenieurwesen, Reinhard Baumeister, gegeben, er hatte in der *Deutschen Bauzeitung* am 22.4.1869 zur Gründung eines „Deutschen Techniker-Vereins" aufgerufen (*DBZ* 1869, Nr. 17, S. 193) Der Verband vertrat bei der Gründung 3.534 und 1927 ca. 7.600 Mitglieder, dem Verein konnten freie Architekten, Ingenieure und Baubeamte aller Dienstränge beitreten.

201 Die „normale Bauordnung" von Baumeister war der hessischen Regierung schon vor 1880 bekannt. Im XXIII. Landtag (Landtagsprotokoll Nr. 36 (31.1.1880) Seite 3), hatte der Regierungsvertreter von einem „ausgearbeiteten Entwurf einer normalen Bauordnung" berichtet. Der Entwurf sei von einer „bewährten Autorität" im Auftrag der deutschen Architekten und Ingenieurvereine geschaffen worden. Diesen im „Jahre 1878 publizierten Entwurf" habe die Regierung bei der Abfassung der neuen hessischen Bauordnung zu Rate gezogen.

Baupolizei" von 1869 bei den Beratungen hinzugezogen worden. Die nachfolgende vergleichende Bewertung von sechs der bereits ausgewählten 22 baupolizeilichen Gegenstände erscheint ausreichend, um einen Überblick zu gewinnen. Mit der „Einhaltung der Bauflucht und den Höhen der Gebäude" stellen sie die äußere Erscheinung des Straßenzuges dar; mit der „Flächengröße eines Aufenthaltsraumes, der lichten Raumhöhe, der Kellerwohnung und der Fenstergröße" sind sie wichtige Kennzeichen für den Begriff Wohnung. Bei der vergleichenden Bewertung der ausgewählten Gegenstände von Preußen, Bayern, Sachsen, Hessen und Württemberg soll die „Normale Bauordnung" von Baumeister als Beispiel für den Vorschlag einer reichsweiten Regelung herangezogen werden. Dieser Bauordnungsentwurf muss schon deswegen beachtet werden, weil es sich nicht nur um die Einzelarbeit eines ausgewiesenen Fachmannes und langjährigen Vorsitzenden des Verbandes handelt. Baumeister hatte eine breite fachliche Unterstützung bekommen, denn der Gesamtverband der deutschen Architekten und Ingenieure billigte die „Normale Bauordnung". Der Verband hatte nach der Zählung von 1876 in seinen Landesverbänden 5.250 Mitglieder, damit repräsentierten sie 23 Landesverbände im Deutschen Reich.[202]

a) Einhaltung der Bauflucht, Vortreten von untergeordneten Bauteilen

Die Berliner Bauordnung (von 1887) erlaubte das Vortreten von Bauteilen bis zu 13 cm über die Baulinie. Balkone und Erker in den oberen Geschossen und oberhalb des Bürgersteiges waren dann zulässig, wenn die Straße mehr als 15 Meter breit war. Nach der hessischen Bauordnung von 1881 musste die Baufluchtlinie auch mit untergeordneten Bauteilen, wie Pilastern, Risaliten und Fenstergewänden, streng eingehalten werden, sie durfte daher nicht überbaut werden (Artikel 30). Die im „Bauplan" (Bebauungsplan) dargestellte Baufluchtlinie war das Ergebnis der örtlichen Planung und des gemeindlichen Abwägungsprozesses, sie galt daher als Ortsbausatzung oder auch als Ortsbaustatut. Dagegen waren Abweichungen von der Straßenfluchtlinie zum An- und Einbau von Balkonen, Markisen, Blumenkästen, Firmenschildern und Erkern nicht Gegenstand des gemeindlichen Baustatuts, sondern des „Localpolizeireglements".

In der bayerischen Bauordnung fehlten Vorschriften über den Vorbau von bestimmten untergeordneten Bauteilen vor der Baulinie völlig. In Sachsen war das Vortreten einzelner untergeordneter Bauteile grundsätzlich bis 25 cm über die Straßenfluchtlinie ohne Zustimmung der Polizeibehörde zulässig, das gleiche galt für Erker und Balkone mit einer Ausladung von 1,50 Metern, solange diese oberhalb von drei Meter über dem Gehsteig errichtet werden sollten.

In Württemberg war das Vortreten von kleinen Bauteilen dann erlaubt, wenn bestimmte Maße eingehalten wurden: bei Sockeln bis 20 cm, Treppen bis 35 cm, „Thürgestelle, Thorpfeiler" bis 20 cm. War die Zulässigkeit des „Vortretens" in der Bauordnung oder im Ortsbaustatut geregelt, bedurfte es keiner gesonderten Erlaubnis der Polizeibehörde. Gab es keine Regelung über das „Vor-

202 *DBZ* 1876, Nr. 77, S. 387. Nach den Angaben der *Bauzeitung* waren rund 55% der Mitglieder folgenden Berufsgruppen zuzuordnen: Staatsbaubeamten, Baubeamten der Städte und Gemeinden, Bautechniker, Baumeister und Lehrer an bautechnischen Anstalten. Die restlichen 45% der Mitglieder waren „Privatarchitekten und Ingenieure", Unternehmer und Studierende.

treten", konnte die Polizeibehörde eine Ausnahme oder einen Dispens erwägen, der Bauherr musste das Abwägungsergebnis abwarten. Baumeister unterscheidet bei den untergeordneten Vorbauten solche, die über oder unter der Straße geplant sind. Bis zur Höhe von drei Metern über der Straße sollen keine Teile zugelassen werden, denn es „entspreche allgemein dem natürlichen Rechtsbegriff" und dieses „Geschenk auf öffentlichem Grund" verwirre die „Eigenthumsgrenze" und störe den Verkehr.[203] Vorbauten (Balkone) oberhalb von drei Metern über der Straße sollten mit Einschränkungen zugelassen werden. Dabei sollen sie nur 1/10 der Straßenbreite, aber keinesfalls die Gehwegbreite überragen, insgesamt dürfen diese Bauteile 1/3 der Frontlänge des Grundstückes erreichen.[204] Vorbauten unter dem Weg werden bei Baumeister mit gewissen Einschränkungen als nicht problematisch angesehen, Bedingung sei nur, dass der Bauherr die Sicherheit der Verkehrsteilnehmer beachte und Schutzvorkehrungen vorsehe.

b) Höhenbeschränkung für Gebäude

Die Vorschriften über die größte Höhe für ein privates Gebäude und wie die Gebäudehöhe zu ermitteln ist, waren sehr unterschiedlich. Für Sachsen und Bayern besteht in den Bauordnungen Übereinstimmung, wonach ein Privat-Gebäude in bestimmten Gebieten bis zu 22 Meter hoch gebaut werden darf.[205] Die genaue Angabe der Höhe mit 22 Metern scheint ein eher willkürliches Maß zu sein, denn es findet sich keine Begründung in den erreichbaren Kommentaren. Die Gebäudehöhe von maximal 22 Metern kann auch bedeuten, dass der Gesetzgeber den Bauherren eine gewisse Freiheit einräumen wollte, ohne jedoch einen konkreten Anhaltspunkt für 22 Meter zu haben. Ein fünfgeschossiges privates Gebäude konnte selbst bei einem gegenüber dem Straßenniveau erhöhten Erdgeschoss allenfalls 20 Meter erreichen, wenn normale Geschosshöhen geplant wurden.[206] Die Gebäudehöhe wird in Sachsen nach folgendem Muster ge-

---

203 Baumeister, Normale Bauordnung, Wiesbaden 1880, S. 22.

204 Baumeister, Normale Bauordnung, S. 21. Die Einschränkung auf ein Drittel der Grundstückslänge soll verhindern, dass die Straßenbreite auf acht Zehntel verdunkelt wird.

205 Das Maß von 22 Metern kann nicht aus der Zahl der Geschosse abgeleitet werden. Beispiel: Nach der bayerischen Bauordnung dürfen maximal fünf Geschosse in großen Städten gebaut werden. Bei 22/5 ergäbe sich eine Geschosshöhe von 4,40 Meter. Die lichte Höhe des Raumes soll 2,65 bzw. 2,75 Meter nicht unterschreiten. Da die Deckenkonstruktion mit angenommenen 0,35 Meter zur „Lichte" hinzugerechnet werden muß, ergaben sich für die Geschosshöhe doch nur 2,65+0,35 = 3,0 Meter. Der Grund für die maximale Höhe von 22 Metern könnte darin liegen, dass die größte fahrbare Feuerwehrleiter um 1890 eine Höhe von 22 Metern erreichen konnte. Diese Vermutung wird durch J. Redlich gestützt. Er schreibt: „Bisher ist man im Stande gewesen, eine Höhe von 22 Metern an den Straßen zu gestatten" weil die Geräte der Feuerwehr bis zu dieser Höhe die Rettung von Menschen noch möglich machten, J. Redlich, Hygiene, Bauordnung und Parzellierung, in: Städtebauliche Vorträge, Bd. VII, Heft 6, hg. von Josef Brix und Felix Genzmer, Berlin 1914, S. 7-44, (S. 21).

206 Hornung-Arnegg, W., Feuerwehrgeschichte. Stuttgart ^{4}1995, S. 76. Hornung schreibt, dass erst 1893 die erste Pferdezug-Drehleiter von Magirus auf dem 14. Deutschen Feuerwehrtag in München vorgeführt wurde, sie hatte ein Drehgestell und konnte auf 22 Meter ausgefahren werden. Als übergroße Geschosshöhe ist jede Geschosshöhe über 3,40 Meter zu bezeichnen, denn Sachsen verlangte in der Bauordnung die größte lichte Raumhöhe von 2,85 Meter. Wird die Deckenstärke von ca. 0,35 hinzugerechnet, ergeben sich 3,20 Meter als noch „normale" Geschosshöhe.

messen: Maßgebender Punkt ist der Schnittpunkt der senkrechten Außenwand mit dem Hauptgesims. Dabei wird ohne Erwähnung im Gesetz vorausgesetzt, dass die senkrechte Außenwand vom Straßen- oder Bürgersteigniveau aus beginnt. Württemberg hatte eine ähnliche Regelung wie Sachsen gewählt: Die Gebäudehöhe wird vom Straßenniveau bis zum Schnittpunkt der senkrechten Außenwand mit der Dachtraufe gemessen, bei giebelständiger Bauart musste die halbe Dachhöhe hinzugerechnet werden. In Bayern wurde die Gebäudehöhe von der Unterkante des Sockels bis zur Oberkante des Gesimses gemessen.

In Hessen bereitete die Gebäudehöhenbestimmung Schwierigkeiten. Als erste Regel galt: Die größte Höhe von Privatgebäuden an beiderseits angebauten (...) Straßen von „normalmäßiger" Breite soll die Breite der Straße mit Einschluss der „Trottoirs und der Vorgärten" nicht mehr als 2 Meter übersteigen.[207] Die Regelung ist relativ, denn sie bezieht sich auf unterschiedliche Straßenbreiten. Damit könnte ein Privatgebäude eine größte Höhe von 12,50 plus 2 Meter also 14,50 Meter erreichen. Die zweite Regel lautete aber: „Localpolizeireglements können nähere Bestimmung treffen über die im Allgemeinen zulässige größte Höhe von Privatgebäuden, die an engen oder an mehreren Straßen von ungleicher Breite gelegen sind."[208] Die Gebäudehöhe konnte somit nicht nur durch die Bauordnung, sondern auch nach der zweiten Regel durch ein örtliches „Localpolizeireglement" bestimmt werden.[209] Die Gebäudehöhe wurde von der Oberfläche der Straße bis zur Dachtraufe gemessen, bei giebelständiger Bauweise wurde die halbe Giebelhöhe hinzugerechnet. Diese Angaben erlaubten eine genaue Messung, denn die Straßenoberkante war entweder bereits durch die schon fertiggestellte Straße bekannt, oder die Straße befand sich in der Planung, aber mit „voraussichtlichen" Höhenangaben. Der Ausgangspunkt, die Höhenlage des letzten Teils einer vorhandenen Straße, war aber vorhanden.

Bei den Beratungen der beiden Kammern des XXIII. Hessischen Landtages (31.1.1880 bis zum 15.3.1881) war die Frage nach der zulässigen größten Höhe der Privatgebäude ein wichtiger Gegenstand.[210] Regierung und Abgeordnete waren sich bewußt, dass die Gebäudehöhe einen wesentlichen Einfluß auf die Gesundheit der Bewohner hat. Würden die Bauten zu hoch, so könnte der fehlende „freie Luftzug" und der geminderte „Zutritt von Licht mancherlei Nachtheile für die Gesundheit der Bewohner" haben. Es sei auch richtig, in Stadt und Land die gleichen Vorschriften in Bezug auf Licht, Luft und Hygiene zu schaffen, denn die „hygienischen Rücksichten" sind in allen Orten die gleichen.[211] Auch sei eine Beschränkung der Gebäudehöhe notwendig, um bei Brandfällen die „Lösch- und Rettungsanstalten" nicht zu erschweren.[212] Diskutiert wurde, ob die württember-

---

207 „Normalmäßig" bedeutet nach Artikel 10 der hessischen Bauordnung: In Städten hat die „normale" Straße eine Breite von etwa 12,50 Meter und auf dem Lande 10 Meter.

208 Artikel 31 der Hessischen Bauordnung.

209 Die zweite Regel ist damit eine absolute Bestimmung, weil ein bestimmtes Maß in Metern vorgegeben werden konnte.

210 HSTA Darmstadt Q 15, Nr. 2563-2568, Hess. Landtag, Protokoll Nr. 41, S. 2-18.

211 HSTA Darmstadt Q 15, Nr. 2563-2568, Hess. Landtag, Protokoll Nr. 41, S. 3.

212 Verhandlungen der II. Kammer der Landstände des Großherzogthums Hessen, 1879-1881, 23. Landtag, Beilage Nr. 72 zum 7. Protokoll, „Motive", S. 1-100 (61). Artikel 32, („Motive" der Regierung zum Bauordnungsentwurf).

gische Gebäudehöhenregel (Breite der Straße plus 4,50 Meter) genommen werden könne oder ob eine scheinbar reduzierte Form (Breite der Straße plus 2,00 Meter) für Hessen infrage käme. Während in Württemberg bei der Gebäudehöhenbestimmung die Straßenbreite nur den für jedermann begeh- und befahrbaren Teil umfaßte, hatte die hessische „Straßenbreite" zwei verschiedene Bedeutungen. Die eine Bedeutung bezog sich auf die Herstellung der Straße, die andere und hier entscheidende Bedeutung war, dass der Straßenkörper und die Vorgärten die „Straßenbreite" ergaben.[213] In der Konsequenz konnten damit in Hessen höhere Gebäude bei vergleichbaren Straßen errichtet werden.

Ein Unterschied zwischen den Städten und den Landgemeinden könne nicht gemacht werden, „denn die baulichen Zustände seien in den Landgemeinden in „feuer- und gesundheitspolizeilicher Beziehung sehr schlimm."[214] Der hessische „Ingenieur- und Architectenverein" und ein Ausschuss des hessischen „Aerzte-Vereins" hatten Bedenken, dass die größte Gebäudehöhe durch die Gemeindevertretungen oder durch ein Ortsstatut bestimmt werden könne. Sie begründeten ihre Bedenken damit, dass so die bestehenden Missstände verewigt würden. An „mangelndem Willen und mangelnder Fähigkeit" der Gemeindevertretungen und der Berücksichtigung aller „möglichen Privatinteressen" scheitere oft „die Einführung dessen, was Noth tut".[215] Die Höhenbegrenzung müsse daher in der Bauordnung und nicht erst in Ortsstatuten festgelegt sein. Die zulässige Gebäudehöhe soll nach Baumeister nicht als feststehendes Maß (absolute Höhe) festgesetzt werden, sondern als relatives Maß: Die Höhe sei gleich der Straßenbreite, somit ergäbe sich ein Lichteinfallswinkel von 45° a.T.. Im Unterschied zu den anderen Bauordnungen schlägt Baumeister hier eine wesentliche Verbesserung bei der Höhenbemessung vor, denn er verlangt auch aus gesundheitlichen Gründen, dass bei der Höhenbestimmung nun auch das Dach selbst einbezogen wird. Würde nur bis zum Gesims gemessen, wäre dies solange unschädlich, wie die Dachneigung unter 45° a.T. bliebe, der erwünschte Lichteinfall von 45° a.T. wäre gewährleistet. Bei besonderen Dachformen, z.B. dem Mansarddach, müsse der steile Teil des Daches (> 45°) der Außenwand hinzugerechnet werden.[216]

c) Die Größe (Fläche oder Inhalt) eines Aufenthaltsraumes

Weitere sozial und hygienisch wichtige Gesichtspunkte des Vergleichs sind die Bestimmungen, die die Raumgröße für Aufenthaltsräume, die Größe der Fenster eines Raumes und die lichte Raumhöhe eines Wohnraumes betreffen. Württemberg und Hessen hatten für die Raumgröße jeweils nur eine allgemeine Regel aufgestellt: „Die innere Einrichtung der Wohngebäude muss so beschaffen sein, dass die Wohnungen Luft und Licht im erforderlichen Maße haben" (Württem-

---

213 Zulässige Höhe der Gebäude, (...), Art. 31, Abs. 1 der ABO. Straßenkörper, Bürgersteige und Vorgärten sind die Bemessungsbreite („Straßenbreite") für die Höhe der Gebäude.

214 HSTA Darmstadt Q 15, Nr. 2563-2568, Hess. Landtag, Protokoll Nr. 14, S. 268-274.

215 HSTA Darmstadt Q 15, Nr. 2563-2568, Hess. Landtag, Protokoll Nr. 57, S. 44-45. Als Beispiel wurde vom Regierungsvertreter angeführt, dass in einer von der Stadt Offenbach entwickelten Bauordnung sogar die Gebäudehöhenbegrenzung fehle.

216 Baumeister, Normale Bauordnung, S. 56-63. Hinweis: a.T. bedeutet „alte Teilung" (360 Grad) im Gegensatz zur „neuen Teilung" mit 400 Grad.

berg 1872); „Alle Räume müssen, insoweit es die Verhältnisse gestatten“, so angelegt sein und in solchem Material ausgeführt werden, dass sie „hinlängliche Höhe, Licht, Luftwechsel haben, trocken und „der Gesundheit nicht nachtheilig“ sind (Hessen 1881). In der Diskussion des XXIII. Hessischen Landtages war der unbestimmte Satz: „insoweit es die Verhältnisse gestatten“ noch „als zu weitgehend und in die Privatverhältnisse eingehend“ bezeichnet worden. Auch sei der „Satz“ unpraktisch, weil sich bei einem Neubau nicht vorhersagen lasse, welche Nutzung ein Raum einmal haben werde. Auch sei diese Klausel zu unbestimmt und daher dehnbar, sie führe zu „Willkürlichkeiten und ungleicher Behandlung“.[217] In der bayerischen Bauordnung von 1881 sind keine Bestimmungen zur Raumgröße von Aufenthaltsräumen enthalten.

Die Bauordnung von Sachsen (1900) enthält keine Angabe über die Mindestgröße eines Wohnraumes, obwohl diese Bauordnung 20 Jahre nach der hessischen und 28 Jahre nach der württembergischen Bauordnung eingeführt wurde. Stattdessen wurden den sächsischen Gemeinden nur Entwürfe für ortsgesetzliche Vorschriften mitgeteilt, darunter befinden sich u.a. Mustertexte für die Zulassung von Kellerwohnungen (nur für Hausmanns-, Kutscher- oder Gärtnerwohnungen), über die bebaubare Grundstücksfläche (4/10), die offene oder geschlossene Bauweise und die Stellung der Gebäude zur Straße. Angaben über die Mindestgröße eines Aufenthaltsraumes konnte in der „Normalen Bauordnung“ von Baumeister nicht gefunden werden.[218]

d) Die lichte Höhe eines Aufenthaltsraumes

Die lichte Höhe eines Raumes ist wie Raumgröße und Lichtfläche ein wichtiger Faktor für die Gesundheit der Bewohner. In den einzelnen Staaten wurden hier sehr unterschiedliche Mindestangaben festgelegt. In Bayern muss z.B. in Städten mit über 7.000 Bewohner 2,75 Meter, aber in anderen Städten 2,60 Meter und auf dem Lande nur 2,40 Meter lichte Höhe gewährleistet sein. In Sachsen ist der Unterschied der Wohnraumlichte zwischen Stadt und Land noch größer: In Städten müssen 2,85 Meter und auf dem Land 2,25 Meter lichte Höhe nachgewiesen werden. Hessen und Württemberg bewegen sich mit ihren Forderungen zur lichten Höhe der Wohnräume zwischen 2,30 und 2,80 Meter. Baumeister kritisiert die merkwürdige und nicht zu erklärende Vielfalt der Bestimmungen über die lichte Höhe von Räumen. Fasse man diese Vorschrift als eine „hygienische und nicht zugleich als eine ästhetische“ Bestimmung auf, so sei es „widersinnig“, warum in den Städten die „Hauptgeschosse und die Zwischengeschosse“ verschiedene „Lichten“ haben sollten. Außerdem sei nicht zu verstehen, warum auf dem Lande geringere Höhen als in den Städten richtig seien, denn in allen Fällen ginge es nur um die Gesundheit der Bewohner. Daher sei überall die

---

217 HSTA Darmstadt Q 15, Nr. 2563-2568, Hess. Landtag, Protokoll Nr. 57, S. 56-57. Der Satz „insoweit es die Verhältnisse gestatten“ soll nach Ansicht der Regierung so verstanden werden: (...) „insoweit von vornherein bei Projectirung und Ausführung des Baues auf diese Verhältnisse schon Rücksicht genommen werden kann“. Der Verfasser: Die Erklärung der Regierung ist ebenfalls mehrdeutig.

218 Auch in den „Stadt-Erweiterungen in technischer, baupolizeilicher und wirthschaftlicher Beziehung“, ebenfalls von Baumeister 1876 herausgegeben, fand sich kein Hinweis.

lichte Höhe mit mindestens 2,50 Metern gerechtfertigt.[219] Spätestens Ende des 19. Jh. hatte sich die Diskussion über die Förderung des Kleinwohnungsbaues verstärkt. Es wurden finanzielle und bauliche Maßnahmen gesucht, die die Baukosten verbilligen könnten. Neben vielen Vorschlägen war auch diskutiert worden, in den Bauordnungen Erleichterungen für den Kleinwohnungsbau vorzusehen.

Baukosten konnten beispielsweise durch Verringerung der Außenwandmauerstärken oder durch die Herabsetzung der Geschosshöhe, die bis zu 3,30 Meter betragen konnte, erreicht werden.[220] In der XXV. Versammlung des DVöG, 1900 in Trier, hatte Stübben für „Kleinbauten" gefordert, dass die lichte Zimmerhöhe nicht mehr als 2,80 Meter betragen solle, statt der üblichen 3,00 oder 3,20 Meter.[221] Zimmermann hielt die von Stübben befürwortete lichte Höhe von 2,80 Meter für bedenklich, dabei beruft er sich auf ein Zitat von Olshausen aus der *DVjöG* von 1901. Die Höhenverringerung auf 2,80 Meter „sei unzweifelhaft" doch ein hygienischer Rückschritt, wenn Vorschriften, die im Interesse der Gesundheit als notwendig anzusehen seien, wieder reduziert würden. Die Spaltung von Vorschriften in solche für Kleinhäuser und solche für Mietskasernen könne, so Zimmermann, auch „kontraproduktive Auswirkungen" gehabt haben.[222] Ein Diskussionsproblem über die wünschenswerte lichte Höhe eines Wohnraumes bestand darin, dass die Begriffe Stockwerkshöhe und lichte Stockwerkshöhe oft nicht sorgfältig getrennt wurden. Zudem muss bedacht werden, dass die Bauordnungsmaße für Raumhöhen immer Mindestwerte waren, es konnte daher auch eine höhere lichte Raumhöhe vorhanden sein. Wenn also Stübben beispielsweise 1900 eine Zimmerlichte von höchstens 2,80 Metern forderte, um Kleinbauten billiger herstellen zu können, so waren dies Erfahrungen aus seiner Praxis.[223]

e) Die Zulässigkeit von Kellerwohnungen (Souterrainwohnungen)

Als Kellerwohnungen werden Wohnungen bezeichnet, die mit ihrem Fußboden erheblich unter der „Erdoberfläche", also der vorhandene Straßenfläche, liegen. Die bayerische Bauordnung verbietet nicht generell die Einrichtung von Kellerwohnungen, sie knüpft die Zulässigkeit vielmehr an Bedingungen: Kellerwohnungen sind nur dann erlaubt, wenn die Gebäudehöhe die Straßenbreite nicht

---

219 Baumeister, Normale Bauordnung, S. 62.

220 Zimmermann, Von der Wohnungsfrage zur Wohnungspolitik. Die Reformbewegung in Deutschland 1845-1914, Göttingen 1991, S. 111. Die Stockwerkshöhen waren in den Bauordnungen sehr unterschiedlich festgelegt. Eine lichte Raumhöhe von 3 Metern konnte zu einer Stockwerkshöhe von 3,30 Meter führen.

221 Stübben, Josef, Korreferat zum Thema „Die kleinen Wohnungen in Städten, ihre Beschaffung und Verbesserung", in: *DVjöG* 1901, Bd. 33, S.156-178.

222 ebd., S. 111. Welche kontraproduktive Auswirkung (hygienischer oder baulicher Art) die „neue" Raumlichte von 2,80 Meter haben könnte, wurde nicht untersucht.

223 Usinger, Hermann, Polizeiverordnungen, Regulative, Ortsstatuten, Darmstadt 1911, S. 84, 95, 96. Acht Kilometer um die „Haupt- und Residenzstadt Darmstadt waren folgende lichte Stockswerkshöhen als Mindesthöhen um 1900 verlangt worden: Gemeinde Arheilgen 2,60 und bei Hofreiten 3,00 Meter, Gemeinde Braunshardt 2,60 Meter und in der Gemeinde Eberstadt 3,00 Meter. Zusätzlich ist zu bemerken, dass in einigen Bauordnungen die Stockwerkshöhe nicht angegeben wurde, sondern auf das Ortsstatut verwiesen wurde.

überschreitet, der Fußboden der Kellerwohnung 0,45 Meter oberhalb des höchsten Grundwasserstandes liegt, die lichte Höhe der Räume mindestens 2,60 Meter beträgt und die Decken 1,46 Meter über dem „anstoßenden Grund“ liegen. Wird vom Maß 2,60 Meter 1,46 Meter abgezogen, so ergibt sich die Fensterbrüstungshöhe von 1,14 Metern, ein Erwachsener konnte noch aus dem Fenster sehen, während einem Kind dies nicht mehr möglich war.

Auch in Sachsen gab es kein generelles Verbot von Kellerwohnungen, allerdings waren sie nur in Orten erlaubt, „in welchen solche bereits bestehen, und nur insoweit zulässig, als sie den durch Ortsgesetz festzustellenden Voraussetzungen und gesundheitlichen Anforderungen entsprechen“.[224] Voraussetzungen sind: Überschwemmungsgefahren sind nicht zu befürchten, Wohnräume sollten nur nach Süden, Osten oder Westen orientiert sein, der Zugang des Sonnenlichts muss mindesten 45° a.T. erreichen. Erheblich von Bayern abweichend ist die sächsische Vorschrift, dass die Kellersohle mindestens einen Meter über dem Grundwasser liegen muss.

Nach der hessischen Bauordnung (Artikel 61) waren Kellerwohnungen nur dann verboten, wenn sie „gänzlich unter der Erdoberfläche“ geplant waren. „Souterrainwohnungen“ seien aber zulässig, wenn der Feuchtigkeitsschutz und die ausreichende Licht und Luftzufuhr gewährleistet sei. Bei den Beratungen der beiden Kammern des hessischen Landtags (XXI. Landtag, 1880) zu diesem Artikel war der Einwurf erhoben worden, dass die bayerische Bauordnung in diesem Punkte speziellere Vorschriften habe. Der Einwand wurde mit der Bemerkung zurückgewiesen, dass die Bodenverhältnisse verschieden seien. Die Beachtung der einzelnen weiteren Punkte, wie dem Schutz der Wandungen und der Fußböden vor Feuchtigkeit, sei von größter Wichtigkeit. Daher wolle man speziellere Vorschriften zum Schutz der Gesundheit der Bewohner den „localen Regelungen“ durch Localpolizeireglements überlassen.[225] Kellerwohnungen können nach Baumeister unter bestimmten einengenden Bedingungen zugelassen werden: 1. die lichte Höhe muss 2,50 Meter betragen, 2. alle Wohnungswände, die nicht an andere Gebäude grenzen, müssen einen „Lichtgraben“ erhalten. Dieser Graben muss die Tiefe des Kellerbodens erreichen, die Breite des Grabens ist gleich dem Höhenunterschied zwischen dem Terrain und dem Kellerboden.

Im Ergebnis wäre auch hier ein Lichteinfallswinkel von 45° a.T. nachgewiesen. Baumeister hatte bei dieser Formulierung der Bedingungen nicht die positive Folge erläutert, die bei genauer Einhaltung eintreten würde. Der Bau von Kellerwohnungen wäre nicht mehr attraktiv, weil der Lichteinfallswinkel von 45° a.T. nun auch für das „notwendige“ (Keller-)Fenster ebenfalls galt.[226]

---

224 Bauordnung Sachsen von 1900, Paragraf 116.

225 VO zur Allgemeinen Hessischen Bauordnung, 1881, S. 29. In der 1882 verabschiedeten Verordnung zur Bauordnung wurde dann folgende Vorschrift erlassen: „Diese Rücksichten [Gesundheit und Sicherheit] werden bei Privathäusern, die gewöhnlichen Wohnzwecken dienen, nur ausnahmsweise die polizeiliche Einmischung rechtfertigen; dagegen wird ihre Beachtung regelmäßig zu controlieren sein, wenn es sich um Gebäude zu öffentlichen Zwecken oder um Räume handelt, welche zu gewerblichen Zwecken Verwendung finden sollen.“

226 Ob diese einschneidende Folge von Baumeister beabsichtigt war, konnte nicht ermittelt werden.

f) Die Fenstergröße im Verhältnis zur Größe des Aufenthaltsraums

Zum Schluss der „bauordnungsrechtlichen“ Vergleiche folgt die Fenstergröße im Verhältnis zur Größe eines Raumes, dies muß als ein wesentlicher Teil der Gesundheitsvorsorge für die Bewohner angesehen werden, weil sich hierbei zeigen kann, welche Bedeutung der jeweilige Gesetzgeber dem Lichteinfall einerseits und der Sonneneinstrahlung andererseits zumaß.

Allgemein fand sich für die 70er bis zu den 90er Jahren des 19. Jahrhunderts eine Reihe von Vorschriften in den Bauordnungen, die aus rechtlicher Sicht zwar Vorschriften waren, wegen ihrer Formulierung jedoch nur „mehrfach unbestimmte Begriffe“ waren, die keine direkte Anwendung zuließen. Zum Beispiel konnte eine Vorschrift, die in Wohnungen nur „Licht und Luft im erforderlichen Maße“ für notwendig erklärte, aus verschiedenen Perspektiven gesehen werden, womit ein erheblicher Interpretationsspielraum entstand: Der Bauunternehmer oder der Bauherr sparte an Baukosten, indem er statt eines größeren Fensters ein kleineres Fenster einbaute, denn Mauerwerk war und ist billiger als ein Holzfenster mit Glas.

Der Mieter könnte z. B. der Auffassung sein, dass mehr Licht und vor allem Sonne in die Wohnung eindringen solle und die örtliche Baupolizei musste einerseits ermitteln, was sie selbst als „erforderliches Maß“ ansah und sich andererseits durch Entscheidungen eines Gerichts belehren lassen, ob sie das „richtige“ Verhältnis zwischen Raumfläche oder Rauminhalt und der Lichtfläche gefunden habe. Denn nur so konnte der unbestimmte Begriff „Licht und Luft im erforderlichen Maße“ ausgefüllt werden.

In Bayern sollte jedes „Wohngemach“, jede Küche und jeder Abtritt ein Fenster, das unmittelbar „ins Freie“ führt, aufweisen. In der württembergischen Bauordnung gab es dagegen keine Angaben, es genügte, wenn Licht und Luft im „erforderlichen Maße“ für die Wohnung vorhanden war. Auch in Hessen fehlen Bauordnungsangaben, denn alle Räume müssen, „insoweit es die Verhältnisse gestatten [...], hinlänglich Licht und Luft haben, trocken und der Gesundheit nicht nachtheilig“ sein.[227]

Württemberg hatte eine sehr knappe Formulierung zur Fenstergröße gewählt: „Die innere Einrichtung der Wohngebäude muss so beschaffen sein, dass die Wohnungen Licht und Luft im erforderlichen Maße haben“.[228] In der sächsischen Bauordnung von 1900 wurde ebenfalls nur eine allgemeine Bestimmung vorgegeben: „Die zum dauernden Aufenthalt bestimmten Räume müssen mit genügend großen, zweckmäßig gelegenen und zum öffnen eingerichteten Fenstern versehen sein.“

Der Unterschied zu den anderen Staaten zeigt sich darin, dass der sächsische Gesetzgeber den Gemeinden ein Muster für ein selbst zu erlassendes Ortsgesetz zur Verfügung stellte. Die Regierung empfahl die Fenstergröße auf 1/12 der Raumgröße festzulegen, ohne allerdings zu bestimmen, ob die wirkliche Lichtfläche gemeint war oder ob mit der Fenstergröße die Wandöffnung als Maß

227 Hessische Bauordnung von 1881, Artikel 61.
228 Württembergische Bauordnung von 1872, Vollziehungsverfügung von 1882, Paragraf 31.

gelten sollte.[229] Der Unterschied zwischen der Wandöffnung und der realen Lichtfläche konnte bei Holzfenstern bis zu ein Fünftel betragen. Die Ermittlung der realen Fenster-Lichtfläche ist nicht einfach und dazu noch unpraktisch. Bei jedem Baugesuch müsste die Fensterflügelkonstruktion ermittelt werden, aus Vereinfachungsgründen blieb es dabei bei der herkömmlichen Bemessungsform. Baumeister hatte schon 1880 vorgeschlagen, die Fensterfläche müsse als „lichtgebende und zum öffnen geeignete Fläche" definiert werden, die Lichtfläche solle nicht mehr an der Raumfläche, sondern am Rauminhalt gemessen werden. Als Maß schlug er einen Quadratmeter Lichtfläche pro 30 Kubikmeter Rauminhalt vor. Seine Forderung begründete er mit dem Hinweis auf einen 10 Quadratmeter großen Raum mit einer lichten Höhe von drei Metern, der damit 30 Kubikmeter Rauminhalt habe.[230] „Die einfache Wahrheit", so Baumeister, „daß alle bewohnten Gebäude und alle bewohnten Seiten eines Gebäudes gleich wichtig für die Gesundheit sind, wird bis jetzt in keiner Bauordnung anerkannt".[231]

Ergebnis der Gegenüberstellung von bauordnungsrechtlichen Vorschriften

Insgesamt lässt sich für den ersten und zweiten Teil der Gegenüberstellung von ausgewählten bauordnungsrechtlichen Vorschriften erkennen, dass sie dem aktuellen Stand der öffentlichen Diskussion um 1870 nicht entsprachen. Die in den Bauordnungen festgelegten Anforderungen an die gesundheitlichen Wohnungsbedürfnisse erreichten die vom Verband Deutscher Architekten- und Ingenieur-Vereine aufgestellten und durch Reinhard Baumeister veröffentlichten Grundsätze nicht annähernd.[232]

Es fehlte an klaren Regeln, wie groß die notwendige Luftmenge für eine Person sein müsse, welche Lichtfläche (Fensterfläche), gemessen an der Bodenfläche oder dem Rauminhalt, zur Verfügung stehen müsse, um einen gesundheitlichen Mindeststandard zu erfüllen. Auch wurde die Frage nicht gelöst, welche Mindestgröße ein Raum in einer Wohnung haben müsse, sollte er als Aufenthaltsraum genutzt werden. Zwar sollten Kellerwohnungen nicht generell zulässig sein, wenn die Bauordnung sie aber doch für zulässig erklärte, so waren die Bedingungen nicht am Maximum, sondern am Minimum des Erreichbaren orientiert. Die außerordentlich unterschiedlichen gesetzlichen Forderungen zur

---

229 Die heutigen Regeln beziehen sich auf das Rohbaumaß. Die Fensterfläche beträgt in Baden-Württemberg 1996 ein Zehntel, in Hessen 2002 ein Achtel und in der Musterbauordnung von 1997 ein Achtel der Raumfläche.

230 Baumeister, Normale Bauordnung, S. 55. Wird die Berechnung von Baumeister an einem Raum von nur neun qm und einer lichten Höhe von 2,50 Metern nachgeprüft, so ergäbe sich zunächst folgendes Raummaß: 9 * 2,50 = 22,50 cbm. Die Lichtfläche würde dann nur noch 1*22,50/30 = 0,75 qm betragen. Das Ergebnis wäre ein relativ kleines Fenster, das zwar einen genügenden Luftaustausch ermöglicht, dafür aber einen geringen Lichtzutritt zur Folge hätte. Es kann sein, dass Baumeister die Schwäche seines Vorschlags erkannt hatte, denn er schlug außerdem vor, die Personenzahl pro Raum zu begrenzen. Da aber die Baupolizei die gewählte Begrenzung auch „auf lange Zeiten" kontrollieren müsse, wäre eine sanitätspolizeiliche Vorschrift dazu besser geeignet.

231 Baumeister, Stadterweiterungen, S. 321.

232 Hinweis: In Hessen wurde im Frühjahr 1881 und in Bayern im September 1881 die jeweils neue Bauordnung beschlossen, bzw. eingeführt.

lichten Mindesthöhe eines Aufenthaltsraums, die von 2,25 Meter bis zu 3,00 Meter reichten, d.h. einen Unterschied von 75 cm aufwiesen, waren nicht das Ergebnis wissenschaftlicher Überlegungen und praktischer Erfahrung, denn, so Baumeister, für den durchschnittlichen „Gesundheitsstand" könne auch nur „eine Zahl" (aber als Minimum) richtig sein.[233] Die Diskussionen über die gesundheitlichen Anforderungen, die eine Wohnung erfüllen sollte, waren nicht nur auf die 5.250 Mitglieder der Architekten- und Ingenieurvereine beschränkt. Als weiteres Beispiel für die erreichte öffentliche Diskussion ist neben vielen anderen, der „Niederrheinische Verein für öffentliche Gesundheitspflege" zu nennen. Er hatte in der Generalversammlung im Oktober 1872, nach einem Einführungsvortrag von Heinrich von Sybel, grundsätzliche Änderungen in den Bauordnungen gefordert.[234] Der Niederrheinische Verein forderte daraufhin, die „Baupolizeigesetzgebung" zu ergänzen, und Folgendes „bezüglich der einzelnen Häuser zu verlangen":

- Richtige Größe des Bauplatzes, mit der Bestimmung, wie groß die Fläche sein solle,
- Breite und Höhenlage der Straße wegen des Luftzuges und des Wasserabflusses,
- Lage und Größe der öffentlichen Plätze mit der Anlage von Bepflanzungen,
- Minimalgeschosshöhe und Maximalhöhe der Häuser,
- richtige Höhenlage eines Hauses in Bezug auf die Entwässerung,
- Unzulässigkeit von Kellerwohnungen in Gebieten mit hohen Grundwasserständen, Hochwassergefahren und in sumpfigen Gegenden,
- „Bewohnungsdichtigkeit" eines Hauses,
- richtige Ableitung des gebrauchten Wassers und das Verbot, das Wasser in „Schlinggruben" (Senk-, Jauche- oder Abortgruben), einzuleiten und besondere Vorsorge bei der Anlage von Aborten,
- Festlegung des Zeitpunkts, an dem ein neu gebautes Haus bezogen werden darf.[235]

Nachfolgend soll eine Gegenüberstellung der Bauordnungen von Hessen und Württemberg zeigen, dass der Staat Hessen-Darmstadt durch Übernahme bewährter Vorschriften manche parlamentarische Diskussionen im hessischen Landtag ersparen konnte.

---

233 Baumeister, Normale Bauordnung, S. 62. Die von ihm gewählte Norm betrug 2,50 Meter, ein auch noch heute geltendes Maß.

234 Heinrich von Sybel gründete 1859 die „Historische Zeitschrift (HZ), er war auch deren erster Herausgeber.

235 In: *Vierteljahrsschrift für öffentliche Gesundheitspflege*, Bd. IV, 1872, S. 623-627 *(DVjöG)*. Wie die „Bewohnerdichtigkeit" gemessen und verglichen werden sollte, wurde nicht mitgeteilt, jedenfalls solle die Prüfung durch die „Sanitätspolizei" geschehen.

Die Verwandtschaft zweier Bauordnungen: Hessen-Darmstadt und Württemberg

Allgemeine Bauordnung Hessen von 1881	Allgemeine Bauordnung Württemberg 1872
Art. 31: Die größte zulässige Höhe der Privatgebäude an beiderseits angebauten oder anzubauenden Ortsstraßen von normalmäßiger Breite soll, von der Oberfläche der Straße bis zur Dachtraufe gemessen, die Breite der Straße mit Einschluß der Trottoirs und den Vorgärten in der Regel nicht um mehr wie zwei Meter übersteigen.	Art. 23: Die größte zulässige Höhe an beiderseits angebauten oder anzubauenden Ortsstraßen soll, von der Oberfläche der Straße bis zur Dachtraufe gemessen, die Breite der Straße in der Regel um nicht mehr als 4,5 Meter übersteigen.
Art. 37: Jeder Bau muß so angelegt werden, daß im Falle eines Brandes für die Feuerlösch- und Rettungsanstalten der erforderliche Raum gegeben ist und entsprechende Zugänglichkeit besteht.	Art. 28: Jeder Bau muß so angelegt werden, daß im Falle eines Brandes für die Feuerlösch- und Rettungsanstalten der erforderliche Raum gegeben ist und entsprechende Zugänglichkeit besteht.
Art. 39: Den Lokalpolizeireglements bleibt vorbehalten, über die Einfriedigung der unüberbauten Grundstücke oder unüberbauten Theile derselben an den Ortsstraßen und öffentlichen Plätzen geeignete Bestimmungen zu treffen.	Art. 34: Den Ortsbaustatuten bleibt vorbehalten, über den Abschluß der unüberbauten Grundstücke an den Ortsstraßen und öffentlichen Plätzen geeignete Bestimmungen zu treffen.
Art. 40: Jeder Bau muß seinem Zweck entsprechend fest und feuersicher hergestellt und auch im uebrigen so angelegt und unterhalten werden, daß dadurch die Gesundheit und Sicherheit nicht gefährdet wird.	Art. 35: Jeder Bau muß seinem Zweck entsprechend fest und feuersicher hergestellt und auch im übrigen so angelegt und unterhalten werden, daß dadurch die Gesundheit und Sicherheit nicht gefährdet wird.
Art. 59: In Städten von größerer Bedeutung und in Orten, bei welchen solches durch die Verhältnisse gerechtfertigt wird, können durch Ortsstatuten allgemein oder für einzelne Theile über die Anordnung des Aeußeren der Gebäude entsprechende Vorschriften ertheilt werden.	Art. 46: In Städten von größerer Bedeutung und in solchen Orten, bei welchen eigentümliche Verhältnisse zutreffen, bleibt den Ortsstatuten vorbehalten, über die Anordnung des Aeußeren der Gebäude Vorschriften zu erteilen. (...)
Art. 61: (...) Wohnungen gänzlich unter der Erdoberfläche (Kellerwohnungen) anzulegen, ist verboten. In zum Theil unter der Erde befindlichen Räumen (Souterrains) sind, wofern Lokalpolizeireglements diesselben nicht unbedingt verbieten, Wohnungen dann zulässig, wenn die nöthigen Einrichtungen zum Schutz der Räume, Wandungen und Fußböden gegen Feuchtigkeit getroffen sind und ausreichender Licht- und Luftzutritt stattfindet.	Art. 54: Wohnungen gänzlich unter der Erdoberfläche anzulegen, ist verboten. In zum Teil über der Erde befindlichen Räumen (Souterrains) sind, wofern Ortsbaustatuten dies nicht unbedingt verbieten, Wohnungen dann zulässig, wenn die nötigen Einrichtungen zum Schutz der Räume, Wandungen gegen Feuchtigkeit getroffen sind und daselbst ausreichender Licht- und Luftzutritt stattfindet.

Quelle Hessen: Großherzoglich Hessisches Regierungsblatt 1881, Nr. 13, S. 71-99.
Quelle Württemberg: Friedrich Schindler, Neue Allgemeine Bauordnung für das Königreich Württemberg, Stuttgart 1896.

Die vorhergehende Gegenüberstellung von ausgewählten Vorschriften hat gezeigt, welchen Einfluß die württembergische Bauordnung bei der Formulierung der hessischen Bauordnung hatte. Tatsächlich wurde bei den Beratungen des XXIII. Hessischen Landtages die etwa zehn Jahre ältere Bauordnung von Württemberg wegen ihrer „systematischen Anordnung des Stoffes als das geeignetste Vorbild" angesehen.[236] Zusätzlich habe man aus der Gesetzgebung anderer deutscher Staaten Vorschriften „entlehnt" oder sogar wörtlich übernommen, so auch aus dem preußischen „Gesetz, betreffend die Anlegung und Veränderung von Straßen und Plätzen in Städten und ländlichen Ortschaften".

Nach der Bewertung der Bauordnungsteile, die mit dem Gebäude selbst und dem Grundstück als künftigem Bauplatz zusammenhängen, folgt im Anschluss der dritte und vierte Teil über die „Vorschriften für die Planung (Ortsbaupläne, Straßen- und Bebauungspläne). Diese Bestimmungen befassen sich mit dem technischen Inhalt und dem Verfahren für die Aufstellung von Ortsbauplänen, Bebauungsplänen oder der Festsetzung von Bau- oder Straßenfluchtlinien, sie werden hier als planungsrechtliche Teile" der jeweiligen Bauordnungen bezeichnet.

Anschließend erfolgt eine bewertende Zusammenfassung. Die vom Verfasser gewählte Trennung zwischen den Bauordnungs- und den planungsrechtlichen Vorschriften ist Ende des 19. Jh. nur ansatzweise in den Bauordnungen der vier Staaten und der Stadt Berlin zu finden. Die scheinbar willkürliche Trennung nimmt gewissermaßen das im 20. Jh. eingeführte zweiteilige Baurechtssystem vorweg. Für die Darstellung wird die gleiche Systematik verwendet wie bei den Bauordnungsvorschriften.

Gebäudevorschriften und Vorschriften über die Einordnung von Gebäuden im Rahmen von Gemeinde- und Stadterweiterungen waren ab der Mitte des 19. Jh. bis weit in das 20. Jh. fester Bestandteil der Bauordnungen. Preußen bildete die Ausnahme, denn in Preußen gab es keine landesweit geltende Bauordnung. Um dennoch einen Vergleich auch im planungsrechtlichen Teil durchführen zu können, wird das sogenannte preußische „Fluchtliniengesetz" herangezogen. Mit dem preußischen „Fluchtliniengesetz" von 1875 wurde das erste preußische, selbständige und landesweit geltende Straßengesetz geschaffen.[237]

Ein weiterer Begriffswandel war 1916 mit dem „Baufluchtliniengesetz" zu verzeichnen. Schließlich wurde 1918 die neue Bezeichnung „Wohnungsgesetz" eingeführt, obwohl es nur die Änderung des Gesetzes von 1875 betraf. Vor 1875 war die Planung, d.h. die Festlegung von Straßenfluchtlinien, der Polizei vorbehalten. Erst das „Fluchtliniengesetz" gab den Gemeinden die Möglichkeit, die Straßen- oder Bauflucht, bzw. die Straßen- oder Baufluchtlinie für bestimmte Bereiche selbst festzulegen. Die Mitwirkung des Staates an der Linienbildung

---

236 Verhandlungen der II. Kammer der Landstände des Großherzogthums Hessen, 1879-1881, 23. Landtag, Beilage Nr. 72 zum 7. Protokoll, „Motive", S. 1-100 (9).

237 Der Begriff „Fluchtliniengesetz" von 1875 ist eine nichtamtliche Bezeichnung, die sich in der Literatur bis heute erhalten hat, obwohl es tatsächlich „nur" ein Straßengesetz war. Tatsächlich war es ein Gesetz, das Straßen- oder Baufluchten regelte, d.h. es legte nur die nicht überbaubare Fläche (eben die Straßen- und Platzfläche) fest, aber keine bebaubaren Flächen. Auf ein ähnliches Gesetz des Großherzogtums Baden wird hingewiesen, Gesetz vom 20.2.1868, in: Baumeister, Stadterweiterungen, S. 50.

war dadurch gesichert, dass bei der Ortspolizeibehörde um Zustimmung nachzusuchen war. Dabei konnte die Ortspolizei auch selbst die Festsetzung von Fluchtlinien von der Gemeinde verlangen, wenn die „polizeilichen Rücksichten" die Festsetzung erforderten.

Diese „polizeilichen Rücksichten" deckten sich im Grunde mit den „öffentlichen Bedürfnissen", die auch die Gemeinde selbst bei jeder Planung zu beachten hatte: erstens mit der Förderung des Verkehrs, zweitens mit der Erhöhung der Feuersicherheit, drittens mit der Wahrung der öffentlichen Gesundheit und viertens mit der Abwehr von Verunstaltungen der Straßen und Plätze.[238] Das wichtigste sozialpolitische Bedürfnis, das Wohnungsbedürfnis für die breite Masse der Bewohner, war aber 1875 noch nicht in die „polizeilichen Rücksichten" aufgenommen worden.

Die nachfolgende Übersicht enthält die wesentlichen Vorschriften, die der Planung, d.h. der Stadterweiterungen und der Anlage einzelner neuer Straßen dienen. Gefragt wird, welcher Anlass gegeben sein sollte, um eine Planung in Gang zu setzten. Welche Inhalte sollten in den Plänen geregelt werden, wie können Grundstücke zu Baugrundstücken umgewandelt werden, wenn zunächst nur „baulich ungeeignete" Grundstücke vorhanden waren, wie sind Straßen hinsichtlich der Breite, Richtung, Lage, Entwässerung und Gefälle zu planen?

Weitere Planungsinhalte waren: Welche Bedeutung sollte die neue Straße erhalten, sollte sie eine Haupt- oder Nebenstraße werden, waren freie Plätze und für welchen Zweck vorzusehen, gab es ein „Bedürfnis" nach Baumpflanzungen an der neuen Straße und schließlich, war die Planung von innerstädtischen Grünanlagen vom Stadtparlament erwünscht?

---

238 Strauß und Torney, Hugo von, Straßen- und Baufluchtgesetz vom 2.7.1875, Berlin 1934, S. 57.

Dritter Teil:
Darstellung der Planungsvorschriften (Ortsbaupläne und Bebauungspläne)
Ausgewählte Vorschriften des preußischen Fluchtliniengesetzes und der Bauordnungen

Abkürzungen: BO = Bauordnung, i. L. = im Lichten, m = Meter, 1 G = eingeschossig)

1. Ortsbaupläne und Bebauungspläne: Aus welchem Anlaß konnte oder musste die Aufstellung von Plänen erfolgen?

Berlin	BO Bayern 1881	BO Sachsen 1900
Fluchtliniengesetz i.d.F. 1875: Bei Veränderungen von Straßen und (...) sind Straßenfluchtlinien erforderlich. Die Fluchtlinienfestsetzung kann für einzelne Straßenzüge und für größere Flächen als Bebauungsplan nach den voraussichtlichen Bedürfnissen erfolgen.	Keine Angaben, d.h. es ist kein Anlaß für die Festlegung von Baufluchten erkennbar.	In der Regel für „im wesentlichen unbebautes Gelände", aber auch für bereits bebautes Gelände. Erforderlich dann, wenn die Bauweise nicht durch eine Ortsbauordnung oder Ortsgesetz erschöpfend geregelt werden kann.

	BO Hessen 1881	BO Württemberg 1872
	Bei Veränderung ist die Straßenfluchtenlinie im Ortsbauplan darzustellen. Anlass: Die Überbauung unbebauter Flächen oder das Bedürfnis liegt vor, besonders bei Verbreiterungen von bestehenden Straßen. Anlass: Brandzerstörung oder anderer Ereignisse. Folge: Pflicht der Gemeinde „schleunigst" zu beschließen, ob ein Plan aufzustellen ist. Lehnt die Gemeinde ab einen Plan aufzustellen, kann die Regierung ein „Ansinnen" an die Gemeinde richten.	In der Regel für unbebaute Gebiete, bei denen eine ausgedehntere Überbauung in Aussicht steht oder wenn ein öffentliches Bedürfnis und ein Anlaß zur Verbreiterung bestehender Straßen und öffentlicher Plätze vorliegt.

2. Ortsbaupläne und Bebauungspläne: Was soll in den Plänen geregelt werden?

Berlin	BO Bayern 1881	BO Sachsen 1900
Straßenfluchtlinien und Baufluchtlinien als Grenze der Bebauung, Förderung des Verkehrs, Feuersicherheit und der öffentlichen Gesundheit, Verhinderung von Verunstaltung.	Wenn „Baulinien" festgelegt werden, muss jeder Bauherr diese Linie einhalten. Der Begriff Straßenfluchtlinie oder Baufluchtlinie ist unbekannt.	Grenze zur Straße zu den Gebäuden durch Straßenfluchtlinien, Lage und Tiefe von Vorgärten, Ausscheidung von Flächen, die von der Hochflut betroffen werden können, Bauweise: offen oder geschlossen, Abstand der Gebäude zur Straße und Abstand zu Nachbargrenzen, Gebäudehöhe an Straßen, Zulässigkeit von gewerblichen Anlagen in bestimmten Gebieten und Entwässerung.

Noch zu 2. Ortsbaupläne und Bebauungspläne: Was soll in den Plänen geregelt werden?

BO Hessen 1881	BO Württemberg 1872
Die Baufluchtlinien bewirken die Festlegung der Lage und die Richtung der geplanten Gebäude im Straßenraum. Abweichende Baufluchtlinien von der Straßenflucht sind dann möglich und zulässig, wenn eine spätere Verbreiterung der Straßen notwendig werden könnte. Ein weiterer Grund liegt dann vor, wenn ein villenartiger Charakter des Gebietes mit Begrünungen künftig geplant werden soll.	Erweiterung und Umbauten an bestehenden Gebäuden verhindern, wenn durch den Ortsbauplan eine Änderung der Baufluchtlinie geplant werden soll, wichtiges Ziel: Gewinnung von gesunden Bauquartieren, zweckmäßige Abteilung der künftigen Bauplätze.

3. Ortsbaupläne und Bebauungspläne, wie sind Parzellenumlegungen bei ungeeigneten Baugrundstücken möglich?

Berlin	BO Bayern 1881	BO Sachsen 1900
Keine Angaben, dies wurde erst 1918 durch das preußische „Wohnungsgesetz“ geregelt.	Keine Angaben.	Die Umlegung ist auch gegen den Willen der Grundeigner zulässig, wenn ein öffentliches Interesse an der Neueinteilung vorliegt, insbesondere bei Gelände, das nach Lage, Form und Inhalt dem Grunde nach unbebaubar ist. Öffentliches Interesse ist die Schaffung von Arbeits- und Wohnräumen. Die Gemeinde beschließt über die Einleitung der Umlegung. Die Einleitung ist auch möglich, wenn mehr als Hälfte der Eigentümer, die mehr als die Hälfte der betroffenen Grundfläche vertreten, dies wünschen.

BO Hessen 1881	BO Württemberg 1872
Keine Vorschrift. Enteignung von Grundstücken für Straßenland gegen Entschädigung ist möglich.	Keine Vorschriften, Enteignung von Grundstücken gegen Entschädigung sind möglich, zunächst ist jedoch der freie Erwerb von künftigen Straßen- und öffentlichen Platzflächen zu versuchen.

4. Ortsbaupläne und Bebauungspläne: Straßenverlauf, Vorgärten, Straßenbreite und Gefällestrecken

Berlin	BO Bayern 1881	BO Sachsen 1900
Ausreichende Breite der Straße, „gute Verbindung" zwischen alten und geplanten Straßen, Baufluchtlinien können max. 3 Meter gegenüber der Straßenflucht zurücktreten, jedoch sind besondere Gründe erforderlich und müssen nachgewiesen werden.	Zu beachten ist: Sicherheit und Bequemlichkeit des Verkehrs, genügende Breite und „Geradeleitung" der Straßen, geregelter Wasserlauf und gute Verbindung zwischen den bestehenden und neuen Bauanlagen, geradlinige Abteilungen der Grundstücke und Gebäude rechtwinklig zur Straße.	Straßenverlauf soll sich am Gelände anpassen, Steigungen gleichmäßig verteilen. Die Baublockgröße soll sich nach zweckmäßiger Nutzung des Geländes, Straßenbreite und Wege nach den Bedürfnissen des Verkehrs (Haupt-, Neben- oder Wohnstraße) richten. Bei offener und geschlossener Bauweise und mäßigem Verkehr, Straßenbreite 12 Meter, bei Geschäftsverkehr mindestens 17 Meter breit. Straßen, mit größere Bedeutung, sind mit Vorgärten (mindestens mit 4,50 Meter) zu versehen, um Straßenverbreiterungen zu ermöglichen. Kurze, zweckmäßige Verbindungen „der Straßen unter sich".

BO Hessen 1881	BO Württemberg 1872
Förderung des Verkehrs, Feuersicherheit, öffentlicher Gesundheit und Verhinderung von Verunstaltungen, Ortsstraßen sollen bei geschlossener Bauweise in den Städten) mind. 12,5 Meter, „auf dem Lande" mind. 10 Meter (inklusive des „Trottoirs") erhalten, Festlegen der Bauweise, wenn nur eine Seite der Straße bebaut werden soll, Baufluchtlinien abweichend von der Straßenfluchtlinie können „behufs" der Anlage von Vorgärten beschlossen werden. Auf die ausreichende Verbindung alter und neuer Straßen und der Anschluss an die Entwässerung ist zu achten.	Straßenbreite bei neuen Straßen nicht unter 11 Meter, wenn beidseitige Bebauung geplant ist. „In der Regel" soll die Breite 15 Meter betragen, nur wenn „minder bedeutender Verkehr" zu erwarten ist, sind auch 11 Meter zulässig. Auf Sicherheit und Bequemlichkeit des Verkehrs, insbesondere angemessene Steigungsverhältnisse bzw. „Visiere" (= Nivellement) und der „Geradlauf" sind zu beachten, Fernhaltung der Überschwemmungsgefahr, Anlage und Unterhaltung der örtlichen Straßen müssen dem „stattfindenden Verkehr" genügen, die Einrichtungen für die Wasserableitung sollen ein Steinpflaster erhalten, bei größerem Verkehr sind Fußgängerwege vorzusehen.

5. Ortsbaupläne und Bebauungspläne: Einzelbestimmungen für Gebäude in Planungsgebieten?

Berlin	BO Bayern 1881	BO Sachsen 1900
Keine Angaben.	„Unter allen Umständen“ muss die Bauweise aller neuen Gebäude an der Baulinie mit der Umgebung übereinstimmen, aber es kann von der Festsetzung von Baulinien Abstand genommen werden, wenn die Festsetzung von den beteiligten Privaten nicht angestrebt, noch im öffentlichen Interesse geboten ist, die Regelung ist anzuwenden bei Gemeindewegen, Staats- und Distriktstraßen außerhalb der Städte und Märkte. Gebäude an solchen Straßen müssen parallel zur Straßenrichtung und im Abstand zur Straße ausgeführt werden, dies wird durch die Baupolizeibehörde bestimmt. In Städten mit mehr als „20.000 Einwohner“ ist bei Neubauten an der Straßenseite den Anforderungen der Aesthetik“ zu genügen. Grelle Farben sind untersagt.	Einschränkung der „Wohnbaudichtigkeit“ in bestimmten Gebieten, Ausrichtung der Baufluchten, um ausreichende Besonnung der Wohnräume zu erzielen, Zahl der Geschosse für ländliche Gebiete: 3 G., sonst 4 G., in größeren Städten bis 5 G., Höfe und Gärten im Innern der Baublöcke sind nach Größe und Lage zu bestimmen, notfalls geschieht dies durch rückwärtige Baufluchtlinien. Für sämtliche Fenster zum Hof ist ein Lichteinfall von 45° a.T. zu gewährleisten, die geschlossene Bauweise für Hintergebäude ist ausgeschlossen.

BO Hessen 1881	BO Württemberg 1872
Im Ortsstatut oder im Baustatut kann festgelegt werden, ob bestimmte gewerbliche Anlagen in einzelnen Ortsteilen zulässig oder unzulässig sind. Die größte zulässige Höhe der Privatgebäude bis Dachtraufe ist gleich der Straßenbreite. In der Regel soll diese Höhe um nicht mehr als 2 Meter überschritten werden. In den Reul (*der Reul ist ein Kleinst-Abstand mit etwa 1 Meter, Bezeichnung vorwiegend im süddeutschen Raum)* soll nur dann häusliches Schmutzwasser eingeleitet werden, wenn die hinreichende Spülung mit sauberem Wasser oder Regen möglich ist.	Die Pflanzung von Bäumen und die Aufstellung von Brunnen und Anschlagsäulen solle nur dann erfolgen, wenn der Verkehr nicht gefährdet werden kann.

6. Ortsbaupläne und Bebauungspläne: Planung von öffentlichen Plätzen/Anpflanzungen

Berlin	BO Bayern 1881	BO Sachsen 1900
Keine Angaben.	Keine Angaben.	Plätze sind in ausreichender Anzahl, Lage und Größe anzulegen, um den Verkehrs- und Wohlfahrtsbedürfnissen zu genügen, Plätze (freie Bauflächen) sind für Kirchen, Schulen und öffentliche Erholungsflächen zu schaffen.

BO Hessen 1881	BO Württemberg 1872
Eine abweichende Baufluchtlinie von der Straßenfluchtlinie ist dann möglich, wenn eine baumartige Allee-Bepflanzung erhalten oder erfolgen soll, oder wenn eine schöne „Perspective" bei einer außergewöhnlichen Straßenbreite herbeigeführt werden soll.	Freie Plätze sollen gemäß dem Bedürfnis der Gemeinden angelegt werden.

In der vorhergehenden Übersicht wurde nach den Anlässen zur Planung von Stadterweiterungen gefragt: Aus welchem Anlaß konnte oder musste eine Planaufstellung erfolgen? Was soll und muss in den Plänen geregelt werden? Wie sind Parzellenumlegungen bei ungeeigneten Baugrundstücken möglich? Was muss beim geplanten Straßenverlauf, den Vorgärten, der Straßenbreite und bei Gefällestrecken beachtet werden? Welche Einzelbestimmungen für Gebäude in den Planungsgebieten müssen durch Ortsbaupläne und Bebauungspläne geregelt werden? Schließlich war gefragt worden, wie regeln Ortsbaupläne und Bebauungspläne die Planung von öffentlichen Plätzen und Anpflanzungen? Diese dargestellten und ausgewählten Bestimmungen können naturgemäß nur einen kleinen Teil der Planungsvoraussetzungen darstellen, doch kann ein ausreichender Eindruck zum Thema Ortsplanung gewonnen werden. Im folgenden werden die Teile aus den Bauordnungen, die die Planung betreffen, näher erläutert.

Vierter Teil: Erläuterungen zu den Vorschriften für die Planung der Ortsbaupläne und der Bebauungspläne

a) Anlass zur Aufstellung und Umfang von Plänen

In Preußen galt ab 1875 das sog. Fluchtliniengesetz (Straßengesetz). Es verpflichtete alle Gemeinden, bei Veränderungen von Straßen und Plätzen Fluchtlinien zu entwickeln und durch ein Ortsgesetz oder Baustatut festzusetzen. Die Straßenfluchtlinien sollten auch die „voraussichtlichen Bedürfnisse der näheren Zukunft“ berücksichtigen. In der bayerischen Bauordnung konnte kein direkter Anlaß zur Aufstellung von Ortsbauplänen oder der Feststellung von Baulinien nachgewiesen werden. In Sachsen wurde vorgeschrieben, dass in der Regel für „im wesentlichen unbebautes Gelände“, aber auch für bebautes Gelände ein ortsgesetzlich festgestellter Bebauungsplan erforderlich ist. In Hessen waren bei der Anlage und der Veränderung von Straßen und Plätzen die Straßen- und Baufluchtenlinien in Ortsbauplänen darzustellen, dies war auch für den Fall erforderlich, wenn sich ein Bedürfnis oder die „geeignete Gelegenheit“ dazu bot. Die „Gelegenheiten“ waren die Regulierung oder Verbreiterung von bestehenden Straßen und öffentlichen Plätzen oder größere Brände. Die hessische Gemeinde musste in diesen Fällen sofort entscheiden, ob ein Plan aufzustellen sei, wobei die Regierung mahnend eingreifen konnte. Auch in der württembergischen Bauordnung von 1872 waren diese Regeln enthalten.

Es zeigt sich in den untersuchten Bauordnungen, wenn auch unterschiedlich in der Form, dass die Frage nach dem eigentlichen Planungsgrund keine besondere Ausformung in den Vorschriften fand. In der öffentlichen Diskussion war aber die Planung von einzelnen Straßen oder Stadterweiterungen nur ein Grund neben den weiteren ebenso wichtigen Gründen, wie z.B. der Schaffung neuer Wohnungen, insbesondere für die weniger gut situierten Teile der Bevölkerung.[239] Die in den Bauordnungen angeführten Gründe für eine Straßen- oder Stadterweiterungsplanung, wie z.B. „wenn ein Bedürfnis vorliegt“ oder „nach den Bedürfnissen der näheren Zukunft“, waren mehrfach unbestimmt. Das durch die Gemeinde festgestellte „Bedürfnis“ konnte je nach Zusammensetzung der

---

239 Baumeister, Stadterweiterungen, S. 1 und 13.

örtlichen Gemeindevertretung zu sehr unterschiedlichen Antworten führen. Unter dem „Bedürfnis“ konnte der Straßenverkehr allein gemeint sein oder die Neuanlage einer Straße in Verbindung mit der Ansiedlung von gewerblichen Betrieben.

In den frühen 80er Jahren des 19. Jh. spielte die Erhöhung der Feuersicherheit eine große Rolle, sie war ein wichtiges Anliegen und wurde von den (Landes-)Gesetzgebern als Planungsbedürfnis bezeichnet. Diese sicherheitstechnischen Überlegungen waren aber im Zusammenhang mit der Straßen- und Baufluchtenplanung nur ein Grund.[240] Der Versuch die Feuersicherheit zu erhöhen, fand auch tatsächlich in den Bauordnungen seinen Niederschlag, allerdings nicht im Bereich der planungsrechtlichen Vorschriften, sondern bei den sehr genauen Vorschriften über die Mauerstärken und Baumaterialvorgabe in den einzelnen Geschossen. Die konstruktive Ausbildung der seitlichen Dachgeschossaußenwände und der Brandwände war allgemein in den Bauordnungen im Einzelnen geregelt. Die württembergische Bauordnung enthielt „für eigentümliche Bauwerke“ (z.B. Theater) besondere Vorschriften, deren Durchführung und Überwachung sich die Regierung vollständig vorbehalten hatte.[241] Hessen und Bayern hatten ebenfalls besondere Vorschriften für solche Bauten.

In den Bauordnungen spiegeln sich die Zeitpunkte ihrer Entstehung wider, sie können wegen der gesetzlich normierten parlamentarischen Änderungsverfahren nicht aktuell sein, neue Erkenntnisse oder Forderungen gesundheitlicher oder bautechnischer Art gelangen daher nur zeitlich verzögert in die Bauordnungen. Beispielsweise lagen zwischen der hessischen und der sächsischen Bauordnung 19 Jahre bautechnische Entwicklung und verwaltungsrechtliche und planerische Erfahrung. Es kann deshalb schon vorausgesetzt werden, dass die sächsische Bauordnung Vorschriften enthalten würde, die zum Beispiel die „Bedürfnisfrage“, als Anlaß einer Planung, eindeutiger als die hessische Bauordnung regelte und einordnete. Sachsen kann für diesen Entwicklungsschritt tatsächlich als Beispiel dienen.[242]

Bei der Feststellung und Wirkung von Bebauungs-, Fluchtlinien- und Ortserweiterungsplänen war die Bedürfnisfrage in dieser Bauordnung schon sehr detailliert behandelt worden. „Insbesondere“ sollten durch Bebauungspläne die Art der Bauweise, der Gebäudeabstand zur Straße, die Gebäudehöhe, die Zulässigkeit von Gewerbebetrieben und die Bebauung „im Hinterland“ geregelt werden. Während in Sachsen die bauliche Nutzung hinter der Baufluchtlinie durch die

240 Im Bereich der Straßen- und Baufluchtlinien spielte die Feuersicherheit eine entscheidende Rolle. Die ausreichende Straßenbreite und die größte Gebäudehöhe (Anleiterung) sind für die Brandbekämpfung wichtige Faktoren.

241 In diesem Zusammenhang wird an den Brand des Prager Theaters (12.8.1881) und des Wiener „Ring-Theaters“ (8.12.1881) erinnert. In Wien starben 477 Personen. Die *DBZ* (1881, S. 380, 561, 562, 575, 576 und 590) berichtete, dass nicht bautechnische Mängel zu der hohen Zahl der Toten geführt haben, denn das Theater sei mit ausreichenden Rückzugswegen, wie gesicherte Treppen und Flure, ausgestattet gewesen. Entscheidender seien die Organisationsmängel gewesen: Verschlossene Türen, leere Wasserbehälter, Schlauchmaterialien, deren Kupplungen nicht zueinander passten, sowie spätes Öffnen der Außentüren, die fehlende Schließung des eisernen Vorhangs und ungeschultes Personal hätten die Opferzahl so erhöht.

242 Die Bauordnung von Sachsen wurde im Juli 1900 eingeführt.

Gemeinde bestimmt wurde, konnte in Preußen mit dem Fluchtlinienrecht von 1875, das noch 1900 galt, nur vorgeschrieben werden, was vor der Baufluchtlinie zu geschehen hatte. Die Fluchtlinien waren nur dazu bestimmt, den künftigen Straßenraum von einer Bebauung freizuhalten. In Sachsen waren die Fluchtlinien dagegen schon vorbereitende Festlegungen, welcher Art die Bebauung (wohnwirtschaftlicher oder gewerblicher Zweck) sein solle, bis hin zur Frage, wie das neue Baugebiet entwässert werden solle.

b) Was sollte in den Plänen geregelt werden?

Die in Preußen geltenden Straßenfluchtlinien bestimmten nur die Bebauungsgrenzen, nicht dagegen, was hinter den Linien auf dem Grundstück zulässig war. Allein bestimmend für die Linien waren die Förderung des Verkehrs, die Feuersicherheit und die öffentliche Gesundheit. Gleichzeitig sollten auch Verunstaltungen der Straßen und Plätze, jedoch nicht der Bauten, verhindert werden. In Bayern sollten Baulinien so geplant werden, dass sie das Geländeniveau beachten und ein Schutz vor Überschwemmung gegeben ist. Geringe Steigungen für die Straßen und eine zweckmäßige Entwässerung der privaten Gebäude und „des sie umgebenden Bodens“ seien zu gewährleisten. Die Straßen sollen möglichst geradlinig verlaufen und einen geregelten Wasserablauf haben. Bauplätze sollen geradlinig abgetrennt werden, das entstehende Gebäude müsse „rechtwinklig zur Baulinie zu stehen kommen.“

In Sachsen sollten die Bebauungspläne mit den Baufluchten das private Land gegen den öffentlichen Verkehrsraum abtrennen, Flächen, die von Hochwasser betroffen sein konnten, waren aus der überbaubaren Zone auszuscheiden. Die Vorgartentiefe, der Gebäudeabstand zur Straße und die Art der Bauweise sollten bestimmt werden. Die Gebäudehöhe an Straßen und die Zulässigkeit oder Unzulässigkeit von gewerblichen Anlagen in bestimmten Gebieten konnte nach dem Bebauungsplan festgelegt werden. Diese sächsische Vorschrift von 1900 war allerdings nicht neu, denn Hessen hatte bereits 1881 eine gleichartige Vorschrift entwickelt, um bestimmte Ortsteile von störenden gewerblichen Betrieben zu verschonen. Gegenüber den Straßenfluchtlinien abweichende Baufluchtlinien sollten spätere Straßenverbreiterungen möglich machen. Ein weiterer Grund für Baulinien lag dann vor, wenn ein villenartiger Charakter des Gebietes geplant war.

In Württemberg waren die Vorschriften für Baufluchtlinien ähnlich wie in Hessen gestaltet. Ein Mittel, um unerwünschte Umbauten an bestehenden Gebäuden zu verhindern, war die Einführung der Bau-“linie“. Die Bauordnung sollte dazu beitragen, dass „gesunde Bauquartiere“ geschaffen werden. Baumeister hatte schon 1876 gefordert, dass zur „Projectirung von Stadterweiterungen“ neben den Straßen, Bahnen, Kanälen besonders zu beachten sei, wie die „verschiedenen Stadttheile“ durch geeignete Mittel eine Charakteristik erhalten, die dann als unterscheidbares Merkmal zu anderen Stadtteilen sich entwickeln können. Dabei schloss Baumeister auch „zwangsweise“ Maßnahmen nicht aus, besonders wenn es um die Einordnung der gewerblichen Betriebe ging.[243]

243 Baumeister, Stadterweiterungen, S. 91 und *DBZ* 1874, Nr. 67, S. 265.

c) Parzellenumlegung bei ungeeigneten Baugrundstücken

Zu Preußen kann keine Angabe für den Zeitraum bis 1900 gemacht werden. 1902 hatte aber Preußen ein Gesetz erlassen, das eine Besonderheit deswegen darstellt, weil es nur für Frankfurt am Main galt. Es ist das „Gesetz, betreffend die Umlegung von Grundstücken in Frankfurt am Main."[244] Erst 1918 konnten durch das preußische „Wohnungsgesetz" unbebaubare Grundstücke entweder zusammengelegt oder in das kommunale Eigentum überführt werden. Während in der Bauordnung Bayerns dazu keine Angaben gemacht wurden, hielt Sachsen die Parzellenumlegung auch gegen den Willen der Eigentümer für zulässig. Dazu musste ein öffentliches Interesse an der Neueinteilung vorliegen, um Baugrundstücke nach Lage, Zuschnitt und Flächeninhalt zu bebaubaren Grundstücken umzuformen. Das öffentliche Interesse wurde mit der "Schaffung von Arbeits- und Wohnräumen" definiert. Die Umlegung war auch auf freiwilliger Grundlage möglich, wenn mehr als die Hälfte der Eigentümer, die mehr als die Hälfte der betroffenen Grundfläche nachweisen mussten, dies wünschten. In Hessen gab es keine Vorschrift zu diesem Punkt, die Enteignung von Grundstücken für Straßenland gegen Entschädigung war jedoch möglich; ähnlich wie in Hessen hatte Württemberg eine gleichartige Vorschrift eingeführt.

d) Straßenverlauf, Vorgärten, Straßenbreite und Gefällestrecken

Im preußischen Fluchtliniengesetz wurden nur die ausreichende Straßenbreite und die „gute Verbindung" zwischen alten und neuen Straßen gefordert. Baufluchtlinien konnten bis zu drei Meter gegenüber der Straßenflucht zurücktreten, jedoch waren hier besondere Gründe erforderlich. Als besonderer Grund galt, wenn Vorgärten bis drei Meter Tiefe geplant waren.

In Bayern musste bei der Planung besonders die „Sicherheit und Bequemlichkeit" des Verkehrs beachtet werden, die ausreichende Breite und „Geradleitung" der Straßen und die Verbindung zwischen bestehenden und neuen Bauanlagen waren ebenfalls wichtige Planungsziele. Auch Sachsen verlangte die Anpassung des Straßenverlaufs an das Gelände, Steigungen im Straßenverlauf seien gleichmäßig zu verteilen und Baublöcke sollen eine zweckmäßige Geländeausnutzung ermöglichen. Die Straßenbreite und die Fußwege seien nach den Bedürfnissen des Verkehrs als „Haupt, Neben- oder Wohnstraße" zu bestimmen. Bei „mäßigem Durchgangsverkehr" genügte eine Straßenbreite von 12 Metern und bei Geschäftsstraßen waren 17 Meter vorgesehen. Straßen, die künftig eine größere Bedeutung erlangen könnten, sollten Vorgärten mit mindestens 4,50 Meter Breite erhalten, um spätere Straßenverbreiterungen zu ermöglichen.

Auch in Hessen spielte die Förderung des Verkehrs, die Feuersicherheit, die öffentliche Gesundheit und die Verhinderung von Verunstaltungen eine

244 Preußische Gesetzsammlung 1902, S. 273, (Lex Adickes). Das Gesetz regelte die Umlegung von Grundstücken, die für bauliche Zwecke unzweckmäßig geschnitten waren. In den Beratungen des preußischen Hauses der Abgeordneten zum Wohnungsgesetzentwurf von 1913, hatte die Regierung vorgeschlagen, das Gesetz „auf das ganze Land" auszudehnen, d. h. das Gesetz in den Entwurf des Wohnungsgesetzes „einzubauen". Der Vorschlag wurde mit Mehrheit abgelehnt. Drucksache 634 A, 22. Legislaturperiode, II. Session 1914/15. Berlin 1914. S. 3564-3567.

wichtige Rolle bei der Planung von Baufluchtlinien. Hier sollten die Ortsstraßen bei geschlossener Bauweise in Städten 12,5 Meter, aber „auf dem Lande“ nur 10 Meter Breite, inkl. „Trottoirs“, erhalten. Baufluchtlinien konnten abweichend von der Straßenfluchtlinie festgelegt werden, um Vorgärten anzulegen. In Württemberg sollten die Straßenbreiten neuer Straßen nicht unter 11 Meter liegen, „in der Regel“ sollte jedoch die Breite 15 Meter betragen. Auf Sicherheit und Bequemlichkeit des Verkehrs mit angemessenen Steigungsverhältnissen und auf den „Geradlauf“ der Straße sei zu achten. Die technische Einrichtung für die Wasserableitung solle ein Steinpflaster erhalten, bei größerem Verkehr seien Fußwege vorzusehen, schließlich sollte Gelände ausgeschieden werden, wenn eine Überschwemmungsgefahr bestehe.

e) Einzelbestimmungen für Gebäude in Planungsgebieten

Für Preußen sind keine Angaben vorhanden. In Bayern soll „unter allen Umständen“ die Bauweise der neuen Gebäude mit der Baulinie der Umgebung übereinstimmen. Andererseits war eine Abweichung möglich, wenn die Festsetzung von den beteiligten Privaten nicht gewollt und ein öffentliches Interesse nicht erkennbar war. Der Verzicht auf Baulinien war regelmäßig bei außerhalb der Städte liegenden Gemeindewegen, Staats- und Distriktstraßen gegeben. Gebäude an diesen Straßen mussten nur parallel zur Straßenrichtung und im Abstand zur Straße aufgeführt werden. Den Abstand bestimmte die Baupolizei. In Städten mit mehr als „20.000 Einwohnern“ war bei Neubauten an der Straßenseite den „Anforderungen der Aesthetik“ zu genügen, grelle Farben waren untersagt.[245] In Sachsen konnte durch den Bebauungsplan erstmals die „Wohnbaudichtigkeit“ in Gebieten festgelegt werden. Besonders sei darauf zu achten, Baufluchten so anzulegen, dass eine ausreichende Besonnung der Wohnräume erzielt werden konnte. Für alle Fenster zu Höfen war ein Lichteinfall von 45° a.T. zu gewährleisten. In der hessischen Bauordnung wurde gefordert, dass in den „Reul“[246] nur dann häusliches Schmutzwasser eingeleitet werden darf, wenn eine hinreichende Spülung möglich sei. Zur Gestaltung von Gebäuden konnten Vorschriften über die „symmetrische Eintheilung der Fenster und Thüren“, der Form der Dächer mit ihren Neigungswinkeln und den Walmen gemacht werden. Besonders erwähnt wurde die „Nichtanwendung von der Gesundheit nachtheiligen grellen Farben beim Gebäudeanstrich“, diese Vorschrift wurde von Württemberg übernommen.

f) Planung von öffentlichen Plätzen und Anpflanzungen

Für Preußen finden sich keine Angaben, ebenso findet sich in der bayerischen Bauordnung keine Vorschrift über die Gestaltung der öffentlichen Plätze, während Sachsen verlangte, dass solche öffentlichen Plätze in ausreichender Anzahl, Lage und Größe anzulegen seien, um den Verkehrs- und auch den Wohlfahrtsbedürfnissen der Bewohner zu genügen. Die Freihaltung von Bauflächen für

---

245 Bauordnung Bayern 1881, Paragraf 66.

246 Der „Reul“ bezeichnet den unbebaubaren Abstand zwischen zwei Nachbarhäusern. Der Reul entwässerte bei giebelständiger Bauweise die beiden zum Reul geneigten Dachflächen zweier Nachbarhäuser. Der Reul ist nur noch in sehr alten Baubeständen zu finden.

Kirchen, Schulen und öffentliche Erholungsflächen wurde zur Pflicht gemacht. In Hessen waren abweichende Baufluchtlinien von der Straßenflucht auch dann möglich, wenn eine baumartige Alleen-Bepflanzung erhalten werden oder erfolgen sollte und wenn "eine schöne „Perspective“ bei einer außergewöhnlichen Straßenbreite herbeigeführt werden soll.[247]

Württembergs Bauordnung ließ freie Plätze in den Ortsplänen gemäß dem Bedürfnis der Gemeinden zu, es erlaubte auch die Pflanzung von Bäumen, die Aufstellung von Brunnen und Anschlagsäulen jedoch nur dann, wenn der Verkehr nicht gefährdet werden könne. Freie Plätze in verschiedenen Größen seien im „Allgemeinen kein Luxus“, sondern wichtiger Bestandteil der Planung. Die Forderung nach freien Plätzen, so Baumeister, diene besonders der Gesundheit durch die Erneuerung der Luft in den inneren Bezirken der Städte. Sie dienten auch gleichzeitig – bei richtiger Größenbestimmung und Bepflanzung – ästhetischen Gesichtspunkten.[248]

Die gegenübergestellten Einzelgesichtspunkte der Bauordnungen zeigen teilweise relativ große Übereinstimmungen, es wurden aber auch deutliche Unterschiede sichtbar, die nicht nur auf die unterschiedlichen Entstehungszeiten zurückzuführen sind. Bauordnungen haben teilweise eine lange Geltungsdauer, wie zum Beispiel die Hessische Bauordnung von 1881, die in Teilen noch 1955 galt, das Gegenbeispiel ist die Bayerische Bauordnung von 1881, die bereits 1901 neu herausgegeben wurde. Bauordnungen können damit allenfalls im Entstehungsjahr ein relativ genaues Abbild der Zeit geben.

Die Bauordnungen des 19. Jh. hatten eine doppelte Funktion, sie waren einerseits auf die Gefahrenabwehr ausgerichtet, andererseits aber auch schon Anleitungen zur beginnenden städtebaulichen Planung. Die Frage liegt daher nahe, wie die Baupolizei mit ihren Bauordnungen in den Aufgabenrahmen des Staates eingebunden war und ob Staatsziele definiert werden können oder wurden, die durch Bauordnungen - jedenfalls teilweise - verwirklicht werden konnten.

247 Großherzoglich Hessisches Regierungsblatt 1882, Nr. 3, Verordnung zur Hessischen Bauordnung, S. 29-81, (36), zu Artikel 9, Paragraf 18.

248 Baumeister, Stadterweiterungen, S. 179.

3. Baupolizei, städtebauliche Planung, Gestaltung durch Reglementierung

3.1 Staatsziele in den Reichsverfassungen nach 1870: Siedeln, Bauen und Wohnen

Als Staatsziele werden die Grundsätze bezeichnet, die in Verfassungen unter unterschiedlichen Begriffen eingeordnet sind und je nach den angestrebten Idealen „Staatszweckwirklichkeit" werden sollen.[1] Auch das Grundgesetz der Bundesrepublik Deutschland enthält Staatsziele, wie etwa der Artikel 20 Absatz 1 (die sog. Sozialstaatsklausel) oder die Bestimmung nach Artikel 14 Absatz 2: „Eigentum verpflichtet. Sein Gebrauch soll zugleich dem Wohle der Allgemeinheit dienen." Der Absatz 2 wird auch als „Sozialbindung des Eigentums" bezeichnet. Weitere Grundsätze und Ziele können mit dem Oberbegriff „Sozialstaatlichkeit" bezeichnet werden, dabei hat die Sozialstaatlichkeit zwei Komponenten: die Wohlfahrtsstaatlichkeit und die Sorge für soziale Gerechtigkeit. Nach Zippelius hat die Wohlfahrtsstaatlichkeit sich über die Daseinsvorsorge zur Verwaltungsaufgabe entwickelt, die sich „planend, regelnd und Leistung anbietend" weitere Bereiche erschließt.[2] Die Grundsätze oder Staatsziele werden nicht als Einzelziele in geordneter Reihenfolge beschrieben, sie können wie im Artikel 14 unter die „Grundrechte" oder bei Artikel 20 unter „Der Bund und die Länder" fallen. Staatsziele sind nicht als direkt ableitbare und zu erfüllende Aufgaben für den Gesetzgeber anzusehen. Konkrete gesetzliche Maßnahmen müssen aus den notwendigerweise unbestimmt gefassten Staatszielen erst durch öffentliche Debatten und politische Abstimmungsprozesse ermittelt werden.[3]

Die Verfassung des Deutschen Reichs von 1871 hatte dem Reich für das hier zu untersuchende „Bauwesen" keine Zuständigkeit eröffnet; im Katalog der Reichsangelegenheiten tauchte das Bauwesen, das Bodenrecht und das Polizeiwesen nicht auf, diese Materien waren dem jeweiligen Bundesstaat vorbehalten.[4] Die Ausnahme bildeten dagegen die "Maßregeln der Medizinal- und Veterinärpolizei" sie waren, obwohl sie als Polizeirecht benannt waren, nicht mehr das Recht des einzelnen Bundesstaates, sondern Reichsangelegenheit nach Art. 4. Damit war ein Reichsbaurecht oder eine Reichsbauordnung nach der Verfassung nicht möglich, da das „Bauwesen" noch als eine Polizeiangelegenheit der Einzelstaaten anzusehen war. Doch die Forderung nach einem solchen Reichs-Recht wurde schon 1876 in der Deutschen Bauzeitung erhoben.[5] Baumeister hatte in einem kurzen Aufsatz gefordert, dass ein „vollständiges Deutsches Baurecht", bzw. eine „Reichs-Bauordnung" zu schaffen sei. Dabei hatte er offensichtlich die Meinung der großen Mehrheit seiner Kollegen im Verband der

---

1 Zippelius, Reinhold, Allgemeine Staatslehre, München [10]1988, S. 7.

2 ebd., S. 344.

3 ebd., S. 43 und 99.

4 Zunächst wurde das „Gesetz, betreffend die Verfassung des Deutschen Reichs, vom 16. April 1871 als Einführungsgesetz durch den Reichstag beschlossen. Unmittelbar darauf, am gleichen Tag, wurde die Verfassung des Deutschen Reichs beschlossen.

5 Baumeister, Der Verband deutscher Architekten- und Ingenieur-Vereine und die Reichsgesetzgebung, in: *DBZ* 1876, Nr. 21, S. 103; sowie in: Normale Bauordnung, 1880, S. 3.

Deutschen Architekten- und Ingenieur-Vereine getroffen.[6] Dass dieser weitgreifende Vorschlag von 1876 nicht sofort umsetzbar war, kann auch damit erklärt werden, dass die Verfassung des Deutschen Reichs erst fünf Jahre zuvor geschaffen wurde und eine Ergänzung der Reichsverfassung unwahrscheinlich war. Die Kompetenz auf dem Baurechtsgebiet stand nicht dem Reich, sondern den Bundesstaaten zu. In der Reichsverfassung von 1871 sind deswegen weder Hinweise auf das Baurecht noch auf das Polizeiwesen zu finden. Die Verfassungslage hatte sich von 1871 bis 1919 nicht geändert, dies geschah erst mit der Weimarer Verfassung von 1919.

Auch in dieser Verfassung war zwar das Baurecht bzw. das Bauwesen weder als eigener Artikel noch als Aufgabe des Reiches erwähnt.[7] Dennoch findet sich ein wesentlicher und neuer Anhaltspunkt für ein „Tätigwerden des Reichs“ schon im neunten Artikel der Verfassung. Darin wird dem Reich der Erlass von einheitlichen Vorschriften über die „Wohlfahrtspflege“ und über „den Schutz der öffentlichen Ordnung und Sicherheit“ in dem Fall ermöglicht, wenn ein „Bedürfnis dafür vorhanden“ sei. Beide Begriffe sind im Baupolizeirecht bekannt.[8] Ein weiterer Ansatzpunkt in der Verfassung ist der Artikel 10. Er lautet: „Das Reich kann im Wege der Gesetzgebung Grundsätze aufstellen für: [...] 4. das Bodenrecht, die Bodenverteilung, das Ansiedlungs- und Heimstättenwesen, die Bindung des Grundbesitzes, das Wohnungswesen und die Bevölkerungsverteilung, das Bestattungswesen.“[9] Schließlich soll der Artikel 155 erwähnt werden, in dem erstmals in der deutschen Verfassungsgeschichte grundlegende Teil-Ziele des Sozialstaates normiert wurden:

> Absatz 1: „Die Verteilung und Nutzung des Bodens wird von Staats wegen in einer Weise überwacht, die Mißbrauch verhütet und dem Ziele zustrebt, jedem Deutschen eine gesunde Wohnung und allen deutschen Familien, besonders den kinderreichen, eine ihren Bedürfnissen entsprechende Wohn- und Wirtschaftsheimstätte zu sichern. Kriegsteilnehmer sind bei dem zu schaffenden Heimstättenrecht besonders zu berücksichtigen.
>
> Absatz 2: Grundbesitz, dessen Erwerb zur Befriedigung des Wohnbedürfnisses, zur Förderung der Siedlung und Urbarmachung oder zur Hebung der Landwirtschaft nötig ist, kann enteignet werden. Die Fideikommisse sind aufzulösen.
> Absatz 3: Die Bearbeitung und Ausnutzung des Bodens ist eine Pflicht des Grundbesitzers gegenüber der Gemeinschaft. Die Wertsteigerung des Bodens, die ohne eine Arbeits- oder Kapitalaufwendung auf das Grundstück entsteht, ist für die Gesamtheit nutzbar zu machen.

---

6 *DBZ* 1876, Nr. 75, S. 373. In der Versammlung des Verbandes deutscher Architekten- und Ingenieur-Vereine am 3. September 1876 wurde Baumeisters Vorstellungen zu einem Reichsbaurecht zugestimmt. Baumeister war übrigens Vorsitzender dieser „fünften Abgeordnetenversammlung“ in München.

7 Verfassung des Deutschen Reichs. Vom 11. August 1919, RGBL. Nr. 152, 1919, S. 1383-1418.

8 Baltz & Fischer, „Preußisches Baupolizeirecht, 1934, S. 4: „Die Baupolizei hat (...) sicherheitspolizeiliche, als auch wohlfahrtspolizeiliche, als auch verwaltungspolizeiliche Aufgaben zu erfüllen. Baltz & Fischer verstehen unter „sicherheitspolizeiliche Aufgaben“ die klassischen Baupolizeiaufgaben.

9 Reichsgesetzblatt 1919, Nr. 152, S. 1385. Es handelt sich um den vierten Absatz.

> Absatz 4: Alle Bodenschätze und alle wirtschaftlich nutzbaren Naturkräfte stehen unter Aufsicht des Staates. Private Regale sind im Wege der Gesetzgebung auf den Staat zu überführen.“[10]

Nach Artikel 9 der Reichsverfassung bestand für das Reich die Möglichkeit, im Rahmen der Ziffer 2 (Schutz der öffentlichen Ordnung und Sicherheit) und unter Berücksichtigung der „Bedürfnisprüfung“ das Baupolizeiwesen als eine Reichsaufgabe durch ein einfaches Gesetz zu deklarieren.[11] Gerhard Anschütz meint 1929, dass die beiden Begriffe in Artikel 9 fast schon den „Charakter einer Generalklausel“ hätten. Es könne daher auch vermutet werden, dass das Polizeirecht durch das Reich geregelt werden dürfe, allerdings sei hier ein sehr dehnbarer Begriff entstanden.[12] Das Polizeirecht sei ein Teil des gesamten Systems der öffentlichen Sicherheit und Ordnung, wobei Anschütz sich dabei auf die sog. Konnexitäts-Theorie stützt.[13] Da aber der Artikel 10 der weitergehende sei, also speziellere Gegenstände als der Artikel 9 normiere, müsse zunächst geprüft werden, ob die gesuchte Rechtsmaterie sich doch in Artikel 10 findet.[14]

Es war schon bei den Untersuchungen des Allgemeinen Preußischen Landrechts (ALR) und den nach der Mitte des 19. Jh. entstandenen deutschen Landesbauordnungen herausgearbeitet worden, dass sich das Baupolizeirecht aus dem ALR, siebzehnter Titel, § 10 ableiten läßt. Zwischen 1919 und 1933 bestand die Möglichkeit das Baupolizeiwesen, gestützt auf die Artikel 9 und 10 der Verfassung, einheitlich zu regeln, es wurde davon jedoch kein Gebrauch gemacht. Die einzelnen Länder blieben für das Baupolizeiwesen zuständig. Neben dem Artikel 9 ist der Artikel 10 besonders wichtig, weil in ihm zum ersten Mal die leitenden Grundsätze für den Städtebau - jedenfalls erstmals für das Reichsgebiet - aufgestellt und in der Verfassung als eines der Staatsziele verankert wurden. Bisher waren alle Stadterweiterungsabsichten und Planaufstellungen nach den Bauordnungen der einzelnen Staaten, z.B. in Preußen dem Fluchtliniengesetz, in Hessen jedoch nach der Bauordnung, durchgeführt worden. Mit dem ausfüllungsbedürftigen Artikel 10 war aber jetzt die Chance eröffnet worden, das Bodenrecht, die Bodenverteilung, das Ansiedlungs- und Heimstättenwesen, die Bindung des Grundbesitzes, das Wohnungswesen und die Bevölkerungsverteilung nach den schon entwickelten städtebaulichen Grundsätzen auch umzusetzen. Diese städtebaulichen Grundsätze sind nicht erst zu Beginn des 20. Jh. formuliert worden, sie wurden schon lange vorher aus den allgemeinen Er-

10 Reichsgesetzblatt, S. 1413.

11 Anschütz, Gerhard, Die Verfassung des Deutschen Reichs vom 11. August 1919, Berlin 1929, S. 86. Anschütz ist der Auffassung, dass beispielsweise das Bau-, Wege-, Wasser-, Feld,- Forst-, Jagd- und Fischereipolizeirecht unter den Artikel 9 der Verfassung fallen könne.

12 ebd., S. 86-87.

13 ebd., S. 95-96. Wenn eine Materie, wie z.B. das Polizeirecht dem Reich zusteht, so ist ihm auch die Folgeregelung zuzubilligen, hier das Baupolizeirecht; heutiger Ausdruck für den Sachverhalt ist die „Annex-Theorie“.

14 Lassar, Gerhard, Die verfassungsrechtliche Ordnung der Zuständigkeiten, in: Handbuch des Deutschen Staatsrechts. Hg.: Gerhard Anschütz und Richard Thoma, 1930, Bd. 1, Tübingen 1930, S. 307. Lassar: Ob ein „Bedürfnis“ vorliegt, sei eine Ermessensfrage, die keiner rechtlichen Nachprüfung zugänglich ist, das „Bedürfnis“ könne durch ein einfaches Reichsgesetz festgestellt werden.

fahrungen von Architekten, Ingenieuren und Medizinern entwickelt, die sich mit den vorgefundenen baulichen, gesundheitlichen und stadthygienischen Zuständen nicht abfinden wollten.

Das Unbehagen über die Zustände in den Städten entzündete sich u.a. an den Bauordnungen und an der Nichtverfügbarkeit des Bodens, insbesondere am Bauboden, d.h. dem Gelände, das in absehbarer Zeit Bauland werden konnte. Auch Bodenwucher und die Bodenspekulanten wurden bereits 1865 von Faucher heftig kritisiert.[15] Ein weiterer Kritikpunkt war die unterbliebene Einbindung des Schienenverkehrs in die vorhandenen oder geplanten Stadterweiterungen. Als ein Beispiel für die fehlende Einplanung des Bahnverkehrs in die Stadtstruktur gilt der Berliner Bebauungsplan von 1859 bis 1861.[16] In der *DBZ* 1874 hatte Baumeister zum Thema „Stadterweiterungen" allgemeine Grundsätze entworfen und veröffentlicht. Darin verlangte Baumeister von der Baupolizei unter anderem, dass sie die Interessen der Hausbewohner, der Nachbarn und der Gesamtheit gegenüber dem Bauherrn vertreten solle. Diese Interessen seien: Feuersicherheit, Verkehrsfreiheit, Gesundheit und Zuverlässigkeit der Konstruktion gegen Einsturz. Auch solle bei Stadterweiterungen das Enteignungsrecht und die Vergabe von „Erbbaurechten" (Expropriation und Impropriation) gesetzlich erleichtert werden. Bei der Planung sollen die Stadtteile durch charakteristische Merkmale gruppiert werden. Bei Neubauten müsse der Bauherr für die Zugänglichkeit und Entwässerung sorgen, die Gemeinde müsse zur Herstellung und Unterhaltung einer neuen Straße verpflichtet sein.[17]

Schließlich soll noch der Artikel 155 der Weimarer Verfassung erwähnt werden, da hier zum ersten Mal die Wohnbedürfnisse der Bevölkerung nicht nur in einem Gesetz, sondern in der Verfassung festgelegt wurden. Damit wurde ein allgemein gültiges Sozialstaatsprinzip geschaffen.[18] Wenn die Verfassung forderte, dass für jeden Deutschen eine gesunde Wohnung und allen deutschen Familien, besonders den „kinderreichen", eine ihren Bedürfnissen entsprechende Wohn- und Wirtschaftsheimstätte gesichert werden soll, so muss dies als eines der wichtigsten sozialpolitischen Staatsziele angesehen werden. Unmittelbar nach der Beschlussfassung über die Reichsverfassung am 11. August 1919 wurde noch am gleichen Tag das Reichssiedlungsgesetz beschlossen.[19] Dieses Gesetz war eine Folge des verlorenen Ersten Weltkriegs. Die „Heermassen der

---

15 Faucher, Die Bewegung für Wohnungsreform, in: Vierteljahrschrift für Volkswirthschaft und Kulturgeschichte, Bd. 4, Berlin 1865, S. 127-199, S. 139.

16 Bruch, Ernst, Berlin's bauliche Zukunft und der Bebauungsplan, Berlin 1870, S. 68. Bruch führt die fehlende Einordnung des Ostbahnhofes, des Lehrter Bahnhofs und die Planung der neuen Berliner Verbindungsbahn an. Ein weiteres Beispiel ist das Gebiet zwischen Klopstock-, Lessing- und der Altonaerstraße (Hansaviertel). Der Bahnkörper musste mitten durch die Bauquartiere verlegt werden.

17 Der Wortlaut der Grundzüge von Baumeister wird in Abschnitt 3.3 abgedruckt. Charakteristische Merkmale können Gebiete z.B. für das Wohnen, für das Handwerk, für das Gewerbe, für öffentliche Einrichtungen (Theater, Kirchen, Sportanlagen) sein.

18 Der vollständige Text des Artikel 155 ist in Abschnitt 5.4 unter „Boden und Wohnung in der Reichsverfassung, ein sozialpolitisches Ziel" abgedruckt. Wenn von Teilzielen des Sozialstaats berichtet wird, so sind sie nur bezogen auf das „Bauwesen", das Bauordnung, Stadtplanung, Wohnungswesen und das Bodenrecht in sich vereint.

19 RGBl. I. 1919, Nr. 155, S. 1429.

heimkehrenden Soldaten glichen einer Völkerwanderung", die die schon vorhandene Wohnungsnot noch um ein Vielfaches vergrößerte.[20] Die Wohnungsnot, die nach dem Kriege verstärkt einsetzen würde, war allgemein bekannt. „Es kann keinem Zweifel unterliegen, dass sich das Wohnungselend nach dem Kriege noch erheblich steigern wird, so der sozialdemokratische Abgeordnete Hirsch im preußischen Landtag am 2.5.1917.[21] In einer Denkschrift der Reichsregierung wurde auf das enorme Mißverhältnis zwischen der Zahl der Eheschließungen und der jährlichen Wohnungsbauleistung hingewiesen. Denn jede Eheschließung bedeutete einen neuen Haushalt mit eigener Wohnung. Der Wohnungsbau war aber zwischen 1914 und 1919 - kriegsbedingt - stark zurückgegangen. 1913 wurden 512.300 Eheschließungen gezählt, denen nur ca. 200.000 neu gebaute Wohnungen gegenüberstanden. Damit war schon vor Kriegsbeginn der „Wohnungsmarkt" unausgeglichen, die fehlenden Gebäudeinstandsetzungen, die bis zum Verfall von Wohnungen reichen, trugen ebenfalls zur Verknappung bei.[22]

1916 hatte der „alte" Reichstag einstimmig ein Kriegerheimstättenrecht gefordert, das nicht verwirklicht werden konnte. Vorausgegangen war eine Initiative des Hauptausschusses für Kriegerheimstätten unter der Leitung von Adolf Damaschke im November 1915, der ein Kriegerheimstättengesetz gefordert hatte.[23] Erst mit dem Reichsheimstättengesetz von 1920 wurde ein Ansatz geschaffen, auch für die heimkehrenden Soldaten und die Hinterbliebenen zu sorgen.[24] Auch bei den Beratungen zum preußischen Wohnungsgesetz im preußischen Herrenhaus 1918 hatten Redner auf die baldige Verabschiedung des Gesetzes gedrängt.[25] Die Tatsache, dass das Reichssiedlungsgesetz am gleichen Tag wie die Verfassung verabschiedet wurde, zeigte, dass die Siedlungs-Landbeschaffung für die heimkehrenden Soldaten von der Nationalversammlung als sehr wichtig angesehen wurde. Dabei war das Reichssiedlungsgesetz nur als Rahmengesetz geschaffen worden, das die Bereitstellung von Siedlungsflächen möglich machte. Allerdings konnte der Reichstag 1919 auf eine im Januar 1919 erlassene Reichssiedlungsverordnung zurückgreifen, die die Grundsätze des späteren Reichssiedlungsgesetzes bereits enthielt. Das Reichssiedlungsgesetz sollte dazu dienen, Siedlungsland in ausreichendem Ausmaß bereitzustellen. Auf vier Wegen sollte die Landhergabe und die neue Besiedlung möglich gemacht wer-

---

20 Rodenstein, Marianne und Stefan Böhm-Ott, Gesunde Wohnungen und Wohnungen für gesunde Deutsche, in: Geschichte des Wohnens, 1918-1945. Reform, Reaktion, Zerstörung, hg. von Gert Kähler, Stuttgart 1996, Bd. 4, S. 465.

21 Stenogr. Berichte des preußischen Hauses der Abgeordneten, Drucksachen 299, 530 A bis D, 572 bis 575, Bd. 5, 22. Legislatur-Periode., III. Session 1916-17, S. 5718-5853, S. 5840.

22 RT-Drucksache 3472, Denkschrift über Maßnahmen auf dem Gebiete des Wohnungs- und Siedlungswesens seit 1914, Berlin 1922, S. 3379-3380.

23 Haffner, Thomas, Heimstätten, Eigenheim und Kleinsiedlung, in: Geschichte des Wohnens Bd. 4, S. 557.

24 Rodenstein, Gesunde Wohnungen, Bd. 4, S. 465. Kornemann: Das Gesetz habe die großen Erwartungen während der Weimarer Zeit nicht erfüllen können, Bd. 4, S. 621.

25 Anlagen zu den Stenogr, Berichten über die Verhandlungen des Preußischen Herrenhauses, Berlin 1918, Bd. 11, S. 701. Graf von Hertling (Präsident des Staatsministeriums und Reichskanzler): „[...] wir wollen unseren heimkehrenden Kriegern ein Heim schaffen, das ausreichend und befriedigend ist." Ein weiterer Redner sprach von dem „Dank gegenüber den heimkehrenden Feldgrauen", die „von uns erwarten, daß wir sie würdig aufnehmen", S. 716.

den: erstens durch die Bereitstellung und Aufteilung von Staatsdomänen, zweitens durch die Siedlungsnutzung von Moor- und Ödlandflächen, drittens durch die Einführung eines staatlichen Vorkaufsrechts bei privaten Landverkäufen und viertens durch die Enteignung von Teilen des landwirtschaftlichen Großgrundbesitzes. Die Bundesstaaten wurden verpflichtet, gemeinnützige Siedlungsunternehmen dort zu gründen, wo noch keine vorhanden waren. Mit den Ausführungsgesetzen der Länder und der Bildung von Bodenlieferungsverbänden konnten dann die Siedlungsflächen für Siedler bereitgestellt werden.[26]

In diesem Abschnitt war die Frage erörtert worden, ob die Verfassung von 1871 und die Verfassung von 1919 ausfüllungsbedürftige Regelungen für das Bauwesen enthielt. Neben den Reichsverfassungen sind aber auch Verfassungen zu beachten, die sich der jeweilige Einzelstaat gegeben hatte. Die preußische Verfassung vom Januar 1850 enthielt aber keine Regelungen für das Bauwesen. Dafür war das preußische „Gesetz über die Polizeiverwaltung“ vom März 1850 die Aufgabengrundlage der Polizei, denn sie war nicht nur Polizei sondern auch Baupolizei. Im Folgenden soll auf das preußische Fluchtliniengesetz eingegangen werden, das für die preußischen Gemeinden neue Gestaltungsmöglichkeiten eröffnete, obwohl es „nur“ ein Straßenfluchtliniengesetz war.

3.2 Das preußische „Fluchtliniengesetz“ von 1875

Der preußische Gesetzgeber hatte 1875 erstmals den Gemeinden die Zuständigkeit für die Fluchtlinienfestlegung übertragen, damit die Gemeinden selbst darüber befinden konnten, wie ihre gemeindliche oder städtische Straßen-Struktur zu planen und zu ordnen sei. Ein vorhergehender Versuch (1874) im Rahmen der „Städtebaufragen“, die Regierung aufzufordern, eine einheitliche „Normalbauordnung“ für den preußischen Staat zu schaffen, wurde durch die Landtagsmehrheit abgelehnt.[27] Mit dem neuen Gesetz hatte die Gemeinde allerdings nicht die Möglichkeit, vollständig frei zu entscheiden, wie das neue Straßennetz zu planen sei, denn sie war an die Zustimmung der Ortspolizeibehörde gebunden. Die Polizeibehörde hatte sogar das Recht neue Fluchtlinien zu verlangen, wenn eine von der Polizei „wahrzunehmende Rücksicht“ (z.B. eine Straßen- oder Wegeführung“) dies verlangte. In § 3 heißt es: „Bei Festsetzung der Fluchtlinien ist auf Förderung des Verkehrs, der Feuersicherheit und der öffentlichen Gesundheit Bedacht zu nehmen, auch darauf zu halten, dass eine Verunstaltung der Straßen und Plätze nicht eintritt.“[28] Die für den Wohnungsbau so entscheidende neue Möglichkeit, Fluchtlinien dann zu verlangen, wenn sich ein „Bedürfnis nach Klein- oder Mittelwohnungen“ zeigte, wurde 1875 bei der Konzeption des „Fluchtliniengesetzes“ noch nicht gesehen, erst mit dem „Wohnungsgesetz“ von 1918 tauchte das Wohnungsbedürfnis als „Planungsfaktor“ auf. Mit dem Gesetz

26 David, Eduard, Die Siedlungsgesetzgebung, Berlin 1921. Preußen hatte sein Ausführungsgesetz am 15.12.1919 verabschiedet.

27 Eberstadt, Rudolf, Der Entwurf eines preußischen Wohnungsgesetzes, seine Vorgeschichte und seine Bedeutung, in: Archiv für Sozialwissenschaft und Sozialpolitik, Tübingen 1904, S. 178.

28 Gesetz-Sammlung für die Preußischen Staaten, 1875, Nr. 40, S. 561-566. Der Titel lautet: Gesetz, betreffend die Anlegung und Veränderung von Straßen und Plätzen in Städten und ländlichen Ortschaften, vom 2. Juli 1875.

konnten die Städte und Gemeinden die Straßen-, Wege- und Platzflächen festlegen, über die restlichen Flächen wurden jedoch keine Aussagen getroffen.[29] Meyer und Saß kommentierten diese Tatsache so: „Fluchtlinien stellen nicht fest, wo überhaupt das Bauen erlaubt ist, sondern kennzeichnen nur, welche Flächen zu öffentlichen Straßen und Plätzen vorbehalten werden sollen und deshalb nicht bebaubar sind.“[30] Die Fläche hinter einer neu festgestellten Fluchtlinie konnte zwar zur Bebauung geeignet sein, dennoch waren mit der Lage eines Grundstücks an einer Fluchtlinie noch nicht die Eigenschaft „Bauland“ verbunden, außerdem war keine Planangabe zu machen, welche Nutzung der Bereich hinter der Straßenfluchtlinie haben sollte. In § 1 Absatz 4 des Gesetzes heißt es:

> „Die Straßenfluchtlinien bilden regelmäßig zugleich die Baufluchtlinien, das heißt die Grenzen, über welche hinaus die Bebauung ausgeschlossen ist. Aus besonderen Gründen kann aber eine hinter die Straßenfluchtlinie zurückweichende Baufluchtlinie festgesetzt werden.“[31]

Der Begriff Bebauungsplan wurde im Fluchtliniengesetz von 1875 nur zweimal verwendet. Bebauungspläne sollten dann aufgestellt werden, wenn „nach dem voraussichtlichen Bedürfnisse der näheren Zukunft“ größere Grundflächen betroffen waren oder wenn durch größere Zerstörungen, wie durch z.B. Brände, über die Wiederbebauung „ganzer Ortstheile“ zu beschließen war. Die abweichende Baulinie war dann möglich, wenn besondere Gründe vorlagen. Diese besonderen Gründe für eine „abweichende Bauflucht“ bis zu drei Meter hinter der Straßenflucht war die Möglichkeit, einen „Vorgarten zur Zierde des Hauses“ und der Straße zu schaffen oder eine spätere Straßenverbreiterung ohne größere Kosten durchzuführen. Mit dem preußischen Wohnungsgesetz von 1918 ist die Einschränkung, wonach in der „Regel“ die Baufluchtlinie nicht mehr als drei Meter gegenüber der Straßenflucht zurückweichen durfte, fallen gelassen worden. Seit 1918 konnte daher die Bauflucht sehr viel stärker von der Straßenbegrenzung abweichend angelegt werden. Allerdings waren noch immer „besondere Gründe“ nachzuweisen. Im Ergebnis konnten jetzt die Gebäudefluchten tiefer in das Baugelände verlegt werden und zusätzlich war die Parallelität beider Linien nicht mehr selbstverständlich, es konnte daher auch eine Bauflucht entstehen, die im Winkel zur Straßenflucht lag und so einen Spielraum[32] für die Stadtplanung eröffnete.[33]

---

29 In der Ausführungsvorschrift vom Mai 1876 zum Fluchtliniengesetz sind keine Angaben enthalten, die das Wohnungsbedürfnis der Bevölkerung betreffen. Es handelt sich um eine rein technische Vorschrift über Straßenprofile, Straßenbreiten und Entwässerungen.

30 Meyer und Saß, Straßen- und Baufluchtengesetz vom 2. Juli 1875, Berlin 1934, S. 60.

31 Gesetz-Sammlung für die Preußischen Staaten, 1875, Nr. 40, S. 561.

32 In der Gesetzesfassung (1875) war der Spielraum zunächst auf 3 m begrenzt, die Begründung für den relativ kleinen 3-m-Vorgarten-Bereich war die Entschädigungsfrage, denn für die Nichtüberbaubarkeit der drei-Meter-Zone brauchte die Stadt keine Entschädigung zu bezahlen. Erst 1918 wurde die 3-m-Grenze fallengelassen. Städtebauliche Gestaltung war damit auch eine Finanzierungsfrage.

33 Die positive Vorgartenregelung hat in den Augen der Polizei aber einen anderen entscheidenden Vorteil, denn man hat sehr wohl daran gedacht, dass die 3-m-Zone für spätere Straßenverbreiterungen sehr nützlich werden könnte.

Die Gestaltungsmöglichkeit für einen Straßenabschnitt durch die Anlage von Vorgärten als bepflanzter Grünstreifen war zwar aus städtischer Sicht erwünscht, aber eine Verpflichtung des Eigentümers zur gärtnerischen Anlage war nicht gegeben. Eine Schwierigkeit für den Hauseigentümer bestand auch in der öffentlich-rechtlichen Umwidmung der Fläche des Vorgartens zu öffentlichem Gelände (Straßenland oder Bürgersteig).[34] Damit wurde das Baugrundstück des Eigentümers um diesen Betrag kleiner und zugleich die Nutzungsziffer, die in Prozenten ausgedrückte überbaubare Grundstücksfläche, größer als im Bebauungsplan festgesetzt.[35] Die vom Minister 1876 erlassene Ausführungsvorschrift zur Aufstellung eines Fluchtlinienplanes sei eine technische Vorschrift gewesen, die am besten durch „vereidete Feldmesser und Tiefbaubeamte der Kommunen" zu erfüllen war, schrieb Brix 1912.[36] Die städtebaulichen Erkenntnisse des Ministeriums für Handel, Gewerbe und öffentliche Arbeiten, seien „dürftig und erschöpften" sich in der Aufstellung eines „Straßenverzeichnisses und eines Vermessungsregisters" und der zeichnerisch genauen Lage einer Fluchtlinie. Die Fragen nach der Bebauung (z.B. dem Baublock), der Bauweise und der städtebaulich wirkenden Straßenführung und Profilausgestaltung wurden in der Anweisung nicht behandelt. Das Ergebnis dieser „Planung" sei aber geeignet gewesen, so Brix, jede „amtliche Zweckmäßigkeitsprüfung" zu bestehen, „Anstände" bei den oberen Behörden konnten damit von vornherein vermieden werden, die Gestaltung aber war Nebensache.[37]

Mit dem Fluchtliniengesetz von 1875 wich Preußen von der sonst in den größeren deutschen Staaten verbreiteten Form der Baufluchtregelung ab. In Bayern (1868/1881), Hessen (1881), Sachsen (1869) und Württemberg (1872) waren in der Bauordnung bereits umfassende Vorschriften enthalten, wie die Baufluchtlinien oder Straßenfluchtlinien bestimmt werden müssen. Damit war in diesen Staaten die Einheit zwischen Planung und Ordnung in einem landesweit geltenden Gesetz gegeben. Nur Preußen konnte nicht auf die bewährte Regel zurückgreifen, denn es fehlte an der Voraussetzung dafür: Es gab keine Bauordnung für Preußen, in die eine Fluchtlinienregelung eingebettet werden konnte. Auch der Versuch beider Häuser des preußischen Landtages, eine „Allgemeine Bauordnung für Städte vorzulegen, welche die Grundsätze für die lokalen Bauordnungen normiert (…)", war fehlgeschlagen, die Resolution wurde abgelehnt.[38]

---

34 Die preußische Definition der Vorgartenfläche aus dem Fluchtliniengesetz: Der Abstand zwischen Bürgersteig und Gebäudeflucht mal der Grundstückslänge.

35 Meyer und Saß, Straßen- und Baufluchtengesetz, S. 62. Hatte der Eigentümer die früher festgesetzte Nutzungsziffer bereits ausgeschöpft, wurde nun das bestehende Gebäude „polizeiwidrig." Diese Einschränkung musste die Baupolizei durch entsprechendes „Unschädlichkeitsattest" beheben.

36 Brix, Josef, Städtebauliche Vorträge, Aus der Geschichte des Städtebaues (…), Bd. IV, Heft II, S. 21.

37 Brix, Josef, S. 21.

38 *DBZ* 1875, Nr. 13, S. 62. In der weiteren Kommentierung des Gesetzentwurfs zum späteren Fluchtliniengesetz schrieb die *Deutsche Bauzeitung*: Das Gesetz kann nur eine „Abschlagszahlung" auf eine einheitliche Regelung des Baurechts im Preußischen Staat sein. (S. 73).

Die preußischen Gemeinden und Städte handelten bis 1875 nach dem Gesetz über die Polizeiverwaltung vom 11.3.1850, um ihre stadtplanerischen Aufgaben zu lösen. Die Begriffe Baupolizei oder Bauwesen wurden im Gesetz nicht erwähnt. Unter den „Gegenständen der ortspolizeilichen Vorschriften" wurde erst als sechste Aufgabe von neun Aufgaben „die Sorge für Leben und Gesundheit" aufgeführt. Der siebte Gegenstand war die „Fürsorge gegen Feuersgefahr bei Bau-Ausführungen sowie gegen gemeinschädliche und gemeingefährliche Handlungen, Unternehmungen und Ereignisse."[39] Nach § 11 war der Regierungspräsident befugt, entsprechende „Polizei-Vorschriften" zu erlassen.[40] Nach diesem Muster ist die bekannte Berliner Bau-Polizei-Ordnung von 1853 erarbeitet und in Kraft gesetzt worden. Die ersten Entwürfe einer neuen Bauordnung für Berlin datieren allerdings schon aus dem Jahr 1821, die Bearbeitung der Bauordnung zog sich über 30 Jahre hin, denn erst am 21. April 1853 konnte sie verabschiedet werden.[41]

Das Planungsgeschehen (Bauordnung und Fluchtlinienplanung) war damit nur auf das Polizeirecht gestützt, die Bebauungs-, Fluchtlinien- und Stadterweiterungsplanung kam nicht kraft eigener Hoheit zustande. Nach 1875 änderte sich die Sachlage geringfügig, die Bebauungsplanung, tatsächlich muss von der Straßenfluchtlinienplanung gesprochen werden, wurde zwar den Gemeinden übertragen, aber doch nur unter der Aufsicht der Ortspolizeibehörde. 1918 wurde durch das preußische „Wohnungsgesetz" das Fluchtliniengesetz insoweit geändert, als nun auch das allgemeine Wohnungsbedürfnis und im Besonderen „ein hervorgetretenes Bedürfnis nach Klein- oder Mittelwohnungen" als wichtige Gründe der Fluchtlinienplanung anerkannt wurden.[42] Ob ein „Bedürfnis nach Kleinwohnungen" vorlag, wurde jedoch nicht von der Gemeinde, sondern von der Ortspolizei bestimmt, die Forderung der Ortspolizei musste durch eine „Einverständniserklärung der Kommunalaufsichtsbehörde" bestätigt werden. Unter Kleinwohnungen wurden Wohnungen mit bis zu drei Räumen - ohne Küche - und Mittelwohnungen mit bis zu fünf Räumen (ohne Küche) verstanden.[43]

Die Zweiteilung der Bauordnungs- und Planungsinstrumente setzte sich in Preußen über das Wohnungsgesetz von 1918 fort, das zwar diesen Titel trägt, tatsächlich aber eine Änderung des Fluchtliniengesetzes von 1875 war. Zudem wurden in diesem Änderungsgesetz Sachgebiete zusammengenommen, die aus verschiedensten Anlässen zur Regelung anstanden. Dies waren beispielsweise Anordnungen für das Bereitstellen von notwendigem Baugelände, Ein- und Umgemeindungen, baupolizeiliche Vorschriften über die Bauweise, Zahl der zulässigen Geschosse, Festlegung von Gebieten für Wohn- und gewerbliche Bauten, Verputz, Anstrich und Ausfugung von Wohngebäuden, einheitliche Gestaltung des Straßenbildes unter Berücksichtigung des Denkmal- und Heimatschutzes, Vorschriften über die Benutzung der Gebäude zum Wohnen und Schlafen (Wohnungsordnungen) und die Vorschriften über die Unterbringung

39 Gesetz-Sammlung für die Preußischen Staaten 1850, S. 265, § 6, Ziffer a) bis i).

40 Gesetz über die Polizeiverwaltung vom 11.3.1850, § 6 und 11.

41 Geist, Johann Friedrich und Klaus Kürvers, Das Berliner Mietshaus, München 1980, Bd. 1, S. 471.

42 Pr. Gesetzsammlung 1918, Nr.9, S.23.

43 Meyer und Saß, Straßen- und Baufluchtengesetz, S. 58.

von Arbeitern und die einmalige Förderung der gemeinnützigen Bautätigkeit in Höhe von 20 Millionen Mark. Zum „Fluchtliniengesetz“ von 1875 stellte Eberstadt 1904 jedoch abschließend fest:

> „Alle Voraussetzungen rechtlicher und ökonomischer Art waren gegeben, um den Städten eine richtige Bodenpolitik zu ermöglichen und die Bodenentwicklung dem Gemeininteresse gemäß zu gestalten. Was dagegen geschaffen wurde, ist bekannt genug und bedarf nicht der näheren Darlegung. Der weite Komplex [...] hat in den meisten preußischen Großstädten einer kleinen Minderheit außerordentliche Vorteile gebracht, für die Gesamtbevölkerung dagegen schlechte Zustände herbeigeführt [...]. Die Selbstverwaltung [hat] auf diesem wichtigsten Gebiet versagt.“[44]

Auch die preußischen Versuche ab 1904, das „Fluchtliniengesetz“ durch das „Wohnungsgesetz“ zu ändern, tatsächlich war es ja die Änderung des Straßenfluchtgesetzes, gelang erst 1918.[45] 1926 wurde der Versuch in Preußen unternommen, ein Städtebaugesetz zu schaffen. In der Begründung dazu hieß es u.a.:

> „Für die aus dieser Ziel- und Planlosigkeit und dem Geschehenlassen in Dingen der Stadterweiterung entstehenden Gefahren fehlte es zwar auch damals nicht an Einsicht, aber die wirtschaftlichen Ideen der Zeit beruhten auf dem freien Spiel der Kräfte und auch die Aufschließung des städtischen Geländes wurde unter diesen rein wirtschaftlichen Gesichtspunkten betrachtet.“ Und in der Fortsetzung: „[...] in immer weiteren Kreisen erkannte man, daß es so nicht mehr weiter ginge [...].“[46]

Der preußische Städtebaugesetzentwurf von 1926 war jedoch nur für die Bebauungsplanung in den Gemeinden und Städten bestimmt, es enthielt keine Vorschriften, die den Bauordnungsbereich umfassten.[47]

3.3 Die Planung der Stadterweiterung, Aufgabe der Bau-Polizei?

Beispiele für das, was um 1874 als planerisches Erfordernis galt, waren die Forderungen, die Baumeister 1874 veröffentlicht hatte. Die von ihm entwickelten Thesen wurden vom Verband Deutscher Architekten- und Ingenieur-Vereine einmütig beschlossen, sie lauten:

> **„Grundzüge für Stadterweiterungen nach technischen, wirtschaftlichen und polizeilichen Beziehungen.**
>
> 1. Die Projektierung von Stadterweiterungen besteht wesentlich in der Feststellung der Grundzüge aller Verkehrsmittel: Straßen, Pferdebahnen, Dampfbahnen, Kanäle, die systematisch und deshalb in einer beträchtlichen Ausdehnung zu behandeln sind.

---

44 Eberstadt, in Archiv für Sozialwissenschaft 1904, S. 179.

45 Näheres zum Entwurf des preußischen Wohnungsgesetzes wird im fünften Kapitel (Abschnitt 5.2) erläutert.

46 Sammlung der Drucksachen des Preußischen Landtags, 2. WP, Berlin 1927, Bd. 11, Drucksache Nr. 4360, S. 5625 (Begründung Ziffer 39). Entwurf eines Städtebaugesetzes. Vom 4.11.1926.

47 Der Entwurf des preußischen Städtebaugesetzes von 1925/1926 wird im sechsten Kapitel, Abschnitt 6.1 erläutert.

2. Das Straßennetz soll zunächst nur die Hauptlinien enthalten, wobei vorhandene Wege tunlichst zu berücksichtigen sind, sowie solche Nebenlinien, welche durch lokale Umstände bestimmt vorgezeichnet sind. Die untergeordnete Teilung ist jeweils nach dem Bedürfnis der näheren Zukunft vorzunehmen oder der Privattätigkeit zu überlassen.

3. Die Gruppierung verschiedenartiger Stadtteile soll durch geeignete Wahl der Situation und sonstiger charakteristischer Merkmale herbeigeführt werden, zwangsweise nur durch sanitäre Vorschriften über Gewerbe.

4. Aufgabe der Baupolizei ist die Wahrung notwendiger Interessen der Hausbewohner, der Nachbarn und der Gesamtheit gegenüber dem Bauherrn. Solche Interessen sind: Feuersicherheit, Verkehrsfreiheit, Gesundheit (einschließlich Zuverlässigkeit der Konstruktion gegen Einsturz). Dagegen sind alle ästhetischen Vorschriften verwerflich.

5. Es ist für Stadterweiterungen wünschenswert, daß die Expropriation und Impropriation von Grundstücksresten in angemessener Weise gesetzlich erleichtert werde. Noch wichtiger würde der Erlaß eines Gesetzes sein, welches die Zusammenlegung von Grundstücken behufs Straßendurchlegung und Regulierung der Bauplatzformen erleichtert.

6. Der Stadtgemeinde kommt die Befugnis zu, sich für die von ihr aufgewendeten Kosten neuer Straßen mit Zubehör Deckung von Seiten der anstoßenden Grundeigentümer zu verschaffen. Unter den betreffenden finanziellen Formen empfehlen sich, namentlich wenn das Verfahren der Regulierung vorausgegangen ist, besonders Normalbeiträge; berechnet auf das Meter der Frontlänge jedes Grundstückes.

7. Die Eigentumsverhältnisse, welche mit Festsetzung eines Stadterweiterungsplanes sich bilden, sowie die Verpflichtung der Anstößer einerseits und der Gemeinde anderseits, bedürfen der gesetzlichen Regelung. Auf Flächen, welche zu künftigen Straßen und Plätzen bestimmt sind, darf nach gesetzlicher Festlegung des Planes nicht mehr oder nur gegen Revers gebaut werden. Dem Eigentümer gebührt wegen dieser Beschränkung keine Entschädigung, dagegen das Recht zu verlangen, daß Grundstücke in künftigen Plätzen angekauft werden, sobald die umliegenden Straßen hergestellt sind.

Für Zugänglichkeit und Entwässerung von vereinzelten Neubauten muß zunächst durch die Eigentümer gesorgt werden. Doch sollte die Gemeinde sich allgemein zur vollständigen Herstellung und Unterhaltung einer neuen Straße verbindlich machen, sobald Sicherheit besteht, daß ein gewisser Teil aller angrenzenden Grundstücksfronten mit Häusern versehen wird.“[48]

Bei diesen „Grundzügen“ fällt auf, dass Forderungen über die Stadtgestaltung ebenso fehlen, ebenso wie Forderungen nach preiswerten und hygienisch einwandfreien Wohnungen, das Verbot der Kellerwohnungen in den Bauordnungen oder Forderungen zur „Vermeidung der Hinterhofbauten“, besonders wenn sie

---

48 *Deutsche Bauzeitung (DBZ)* 1874, H. 87, S. 346. Hinweis zur *DBZ*: Die Zeitschrift wurde 1867 als „Wochenblatt, herausgegeben von Mitgliedern des Architekten-Vereins zu Berlin“, gegründet. 1868 erfolgte die Umbenennung in *Deutsche Bauzeitung, Wochenblatt.* Herausgeber waren die „Mitglieder des Architekten-Vereins zu Berlin“. „Redakteur“ war K.E.O. Fritsch.

mehrere „Höfe“ erforderten. Die „Grundzüge“ sind daher ein noch nicht abgeschlossener Katalog städtebaulicher Forderungen. Er spiegelt wieder, was in den 80er Jahren des 19. Jh. als allgemeiner Konsens bei Architekten und Ingenieuren galt. In seinem Werk „Stadterweiterungen“, das Baumeister zwei Jahre nach den „Grundzügen“ veröffentlicht hatte, sind dagegen die weiteren städtebaulichen und baupolizeilichen Fragen behandelt.

Baumeister und Stübben im Verband deutscher Architekten- und Ingenieurvereine

Josef Brix beklagte 1912 in seinen städtebaulichen Vorlesungen an der Technischen Hochschule Berlin den großen Mangel an Städtebauern in den siebziger Jahren des 19. Jahrhunderts mit den Worten:

> „Aber solche Baumeister fehlten entweder oder sie wurden nicht gehört. Und die Orts- und Stadterweiterungen der 70er Jahre sind zum größeren Teile Werke ratloser, unzureichend befähigter Leute beschränkten Gesichtskreises. Das Nichtbeherrschen der neuen Verhältnisse zeigte sich allerorten. Es war daher ein besonderes Verdienst des Verbandes deutscher Architekten- und Ingenieur-Vereine, daß er von Reinhard Baumeister ausgearbeitete „Grundsätze für Stadterweiterungen“ auf seiner ersten Generalversammlung, die in Berlin abgehalten wurde, beschlossen und veröffentlicht hat. Die damals gepflogenen Beratungen und die anschließende Literatur sind im Verein mit diesen Grundzügen die Grundlage der weiteren Entwicklung im Städtebau geworden.“[49]

„Es war daher ein Glück für den Städtebau“, so Brix, „dass Baumeister [...] fast gleichzeitig mit dem preußischen Fluchtliniengesetz ein für den neuzeitlichen Städtebau grundlegendes Werk veröffentlichte.“ Durch dieses Buch habe Baumeister die Wissenschaft des Städtebaus begründet.[50] Baumeister hatte die Vorarbeiten zu diesem Buch 1874 soweit fertiggestellt, dass er seine städtebaulichen Thesen auf der Generalversammlung des Verbandes Deutscher Architekten- und Ingenieur-Vereine vom 23. bis 25. September 1874 in Berlin zur Diskussion und zur Zustimmung vorstellen konnte.[51] Baumeister wurde 1862 zum „Professor an der Ingenieurschule des Polytechnikums“ berufen.[52] 1869 rief Baumeister in der *DBZ* zur Gründung eines Deutschen Techniker-Vereins auf, die Gründung erfolgte am 28.10.1871 unter der Bezeichnung „Deutscher Verband der Architekten- und Ingenieur-Vereine“ in Karlsruhe. Bei der Verbandsversammlung 1872 war Baumeister Vertreter des badischen Techniker-Vereins und zugleich Vorsitzender der Verbandsversammlung. 1873 wurde er „Direktor der Polytechnischen Schule“ in Karlsruhe und 1895 Rektor der TH Karlsruhe.[53] Den „Grundzügen für die Stadterweiterungen“ von 1874 wurde sechs Jahre später auf der IV. Generalversammlung des Verbandes am 22.11. 1880 in Wiesbaden ein ach-

49 Brix, Aus der Geschichte des Städtebaues (...), Bd. IV, Heft II, S. 20.

50 ebd., S. 22. Das Buch trägt den Titel: „Stadterweiterungen in technischer, baupolizeilicher und wirthschaftlicher Beziehung“, Berlin 1876. Baumeister war zu diesem Zeitpunkt 43 Jahre alt.

51 *DBZ* 1874, Nr. 87, S. 346. Baumeister hatte seine Thesen im Entwurf schon im August 1874 (S. 265) in der *Deutschen Bauzeitung* veröffentlicht.

52 Handwörterbuch der Raumforschung und Raumordnung, Hannover 1970, Bd. I, S. 171-175.

53 Hoepke, Klaus-Peter, Geschichte der Fridericiana, Karlsruhe 2007, 75, 87, 164.

ter Absatz hinzugefügt, den der Aachener Stadtbaumeister Josef Stübben eingebracht hatte. Stübben hatte als Diskussionspunkt die starke Verschmutzung der kleineren Wasserläufe, Bäche und Flüsse in den Städten gewählt. Durch „mannichfachste Missbräuche“ hätten sich diese innerstädtischen Gewässer und kleinen Bachläufe in „Kloaken schlimmster Art“ verwandelt. Zwischen „schmutzigem Wasser und schmutzigen Wohnungen“, dicht bevölkert von den „ärmsten Volksklassen“, habe sich eine Wechselwirkung entfaltet, die trotz polizeilicher Verunreinigungsverbote und wegen fehlender Kontrolle nicht mehr hinnehmbar sei. Stübben beantragte die Ergänzung der Baumeisterschen „Grundzüge“ um den folgendem Absatz:

> „Bei Aufstellung städtischer Bebauungspläne sind die Straßen- und Platzflächen so anzuordnen, daß sie die Bäche und sonstigen nicht schiffbaren Wasserläufe, welche das Bebauungsgebiet durchschneiden, in sich aufnehmen. Nur ausnahmsweise ist es zur Befriedigung gewerblicher Zwecke statthaft, die genannten Wasserläufe in das Innere der Baublöcke zu legen; in diesem Falle ist für ungehinderte, thunlichst bequeme Revidirbarkeit der Wasserläufe durch öffentliche Organe Sorge zu tragen.“[54]

Baumeister hatte in seinem Ko-Referat die Versammlung aufgefordert, der Ergänzung zuzustimmen, außerdem wünschte er, dass künftig weitere Themen der Stadterweiterung behandelt werden sollten, dafür erhielt er viel Beifall. Baumeister hatte nicht nur die zitierten sieben Grundzüge entwickelt, er setzte sich auf der Berliner Tagung auch für die einheitliche Bezeichnung der metrischen „Maasse“ und Gewichte ein, da hier ein großer Nachholbedarf bestünde, auch müsse alsbald eine einheitliche Geschossbezeichnung in den Gebäuden entwickelt werden. In Preußen sollte das Kellergeschoss das Souterrain ersetzen, das Erdgeschoss entsprach dem Parterre, der „erste Stock“ bezeichnete die Belle-Etage, als zweiter und dritter Stock sollten die höheren Geschosse bezeichnet werden.[55]

Die einheitliche Bezeichnung der Geschosse war aber als Tagungsgegenstand erst in der Abgeordneten-Versammlung (des Verbandes Deutscher Architekten- und Ingenieur-Vereine) am 17. September 1880 in Wiesbaden vorgesehen. Eine Einigung kam allerdings nicht zustande. Der Leipziger Verein hatte folgende Bezeichnungen vorgeschlagen: Kellergeschoss für Keller, Untergeschoss für Souterrain, Erdgeschoss für Parterre, Zwischengeschoss für Entresol, 1., 2., 3. Obergeschoss für Etage, Dach-Obergeschoss für das Dach. Aus Bayern kam der dann abgelehnte Vorschlag, die Geschosse als „Stiegen“ zu bezeichnen. Der Vorschlag aus Leipzig wurde mit der Abwandlung beschlossen, dass statt der „schwerfälligen Bezeichnung“ 1., 2., 3. Obergeschoss künftig nur vom 1., 2., 3. Geschoss gesprochen werden solle. Da aber die anderen Bezeichnungen (Untergeschoss für Souterrain, Erdgeschoss für Parterre, Zwischengeschoss für Entresol) bestehen blieben und nur die oberen Geschosse einheitlich benannt wurden, blieb es letztlich unklar, wenn jemand von einer „zwei-, drei-, oder fünfge-

---

54 *DBZ* 1880, Nr. 81, S. 435. Aus dem Absatz kann geschlossen werden, dass die „Bäche“ auch die Form eines „Kanals“ annehmen konnten.

55 Doehl, Repertorium, S. 173.

schossigen Bauweise“ sprach. Beispielsweise war die Angabe eines „fünfgeschossigen Gebäudes“ mehrdeutig, es konnte zwei Geschosse (Souterrain und Parterre) und drei tatsächliche Obergeschosse, oder nur ein Erdgeschoss, aber vier Obergeschosse haben. Diesem Bau konnte keine absolute Höhe in Metern, gemessen ab der Gehsteigoberkante, beigelegt werden.[56]

Die Wiesbadener Diskussionen von 1880 über Geschossbezeichnungen zeigen nur einen kleinen Ausschnitt der fachlichen Diskussionen, die die Architekten führten. Dennoch ist die einheitliche Bezeichnung eines Gegenstandes, nämlich wie viel Geschosse ein Gebäude hat, zumindest baupolizeilich von großem Interesse. Noch 1901 wurde von einem Berliner Neubau berichtet, dessen „Untergeschoß“ in Bürgersteighöhe, dessen „Erdgeschoß“ sogar 3,10 Meter über dem Bürgersteig lag. Im „Untergeschoß“ betrage die „Geschoßhöhe“ 3,10 Meter, in den darüber liegenden Geschossen betrage die Geschosshöhe sogar 4,65 Meter.[57] Die Diskussionen im Verband deutscher Architekten- und Ingenieurvereine über Stadterweiterungen oder Sanierungen waren mindestens ebenso wichtig wie die mehr baupolizeiliche Frage nach der Geschossdefinition.[58] In die Diskussionen der 80er Jahre des 19. Jh. über die Stadterweiterungen (Baumeister 1876) wurden alle Bereiche einbezogen, die entweder schon als wichtig für die Planung erkannt waren (städtische Hygiene, Abwasserführung, Straßenbreite, Geschoss- oder Stockwerkszahl), oder, deren Bedeutung sich erst jetzt herausstellte wie die Belichtung und Belüftung der Räume, die Bemessung der überbaubaren Grundstücksflächen und die offene oder geschlossene Bauweise.

Baumeister und Stübben im Verein für öffentliche Gesundheitspflege

Obwohl zwei „konkurrierende“ Vereine, der „Deutscher Verein für öffentliche Gesundheitspflege“ und der „Verband Deutscher Architekten- und Ingenieurvereine“ mit dazu gehörigen Medien[59] existierten, kam es zu keinen Spannungen, vielmehr war die Beziehung zwischen dem Verein und dem Verband durch eine freundschaftliche enge Kooperation geprägt. Als Beispiel für die Zusammenarbeit läßt sich die Tatsache anführen, dass z.B. James Hobrecht Mitherausgeber der *DVjöG* war und viele Aufsätze veröffentlicht hatte und auch Reinhard Baumeister und Josef Stübben sind hier mit vielen Beiträgen (von der Abwasserentsorgung bis zur Raumbelichtung) vertreten. Im Verband der deutschen Architekten waren Hobrecht, Baumeister und Stübben Mitglieder und auch Vorsitzende der Landesverbände. Baumeister nahm eine besondere Rolle ein, er war wiederholt der Vorsitzende der jährlichen Delegiertenversammlung des Verbandes deutscher Architekten- und Ingenieur-Vereine. Die Zahl seiner Beiträge und deren Inhalte in der *DBZ* zeigen Baumeister als überragende Persönlichkeit.

---

56 *DBZ* 1880, Nr. 55, S. 291, 409-411, 433-434.

57 *Centralblatt der Bauverwaltung*, 1901, S. 268. Das Wohnhaus stand am Lützowplatz 3.

58 Stübben und Schilling, Die Bauordnung, in: Neue Untersuchungen über die Wohnungsfrage in Deutschland und im Ausland. Hg. vom Verein für Socialpolitik, Leipzig 1901, Bd. XCV, S. 187-248 (230). Stübben/Schilling berichten, dass ein Geschoss auch die Keller-, Erd- und Dachgeschosse umfasse, während das „Stockwerk“ nur die Geschosse zwischen Erd- und Dachgeschoss meinte.

59 Erstens Die *Vierteljahrsschrift für öffentliche Gesundheitspflege*, zweitens die *Deutsche Bauzeitung*.

Freiburg 1885: Thesen über Städteerweiterungen und Stadthygiene

Fünf Jahre nach der Wiesbadener Tagung wurde die Diskussion über Stadterweiterungen wieder maßgeblich von Baumeister und Stübben beeinflusst, diesmal jedoch vom Deutschen Verein für öffentliche Gesundheitspflege fortgesetzt. In Freiburg hatte Stübben drei Thesen zur Stadterweiterung vorgelegt, die er zusammen mit dem Düsseldorfer Oberbürgermeister und Sanitätsrat Lent erarbeitet hatte. Stübben beanstandete, dass die Baupolizei es noch immer zulasse, das „denkbar schlechteste System" der „Fäcalienbeseitigung in Gebrauch" zu haben. Dieses System zeichne sich dadurch aus, dass „der Mensch seine eigenen Abgänge" sorgfältig in seinem Hause oder „unter seiner Wohnung" sammelt und es anderen Menschen gegen einen „Obolus" überlässt, die Produkte zu entfernen.[60] Bei Stadterweiterungen sei der Straßenverlauf wichtig: Um mehr Licht in die Straßen zu bekommen, sollten sie von Südwest nach Nordost oder von Südost nach Nordwest gelegt werden. So könnten zwei Wirkungen erzielt werden: Zum einen würden die Straßen und Hausfronten von der Sonne länger erreicht, zum anderen würde die Besonnung der rückwärtigen Fronten verbessert, denn dort wohnten die Menschen."[61] Ein weiterer Gesichtspunkt sei, so Stübben, die Bauordnungen und die darin enthaltenen unzureichenden Bestimmungen über die Anlage der Aborte, deren ausreichender Belichtung, Belüftung und deren sorgfältiger Anschluss an die „Hauscanalisation". Auch müsse die Frage geprüft werden, wie die nicht an einer Straße liegenden Räume ausreichend mit Sonnenlicht versorgt werden könnten.[62] Stübben dachte dabei an die „Wohnungen", die an den Höfen liegen und an die Zimmer („Berliner Zimmer"), die bei der Eckbebauung unweigerlich den schlechtesten Zuschnitt haben: sie besitzen nämlich die geringste Breite am Hof und einen tiefen Grundriss. Nach Stübbens Auffassung müssten solche „Wohnräume baupolizeilich grundsätzlich verboten" werden. Nach einer Aussprache über das Referat von Stübben beschloss die Versammlung auf der DVöG-Tagung in Freiburg vom 15.9. bis 17.9.1885 „Thesen über Städteerweiterung, besonders in hygienischer Beziehung".[63] Sie lauten:

„I. Plan

A. Jede in der Entwickelung begriffene Stadt bedarf für die äussere Erweiterung und die innere Verbesserung eines einheitlichen, umfassenden Stadtbauplanes, in welchem auf angemessene Strassenbreiten, zweckmässige Orientirung der Strassen, freie Plätze, Verkehrsmittel, Pflanzungen (Baumreihen, Vorgärten, Squares) und öffentliche Gärten, eine entwässerungsfähige, hochwasserfreie oder gegen Hochwasser geschützte Lage, Be- und Entwässerungseinrichtungen, Reinhaltung der natürlichen Wasserläufe, angemessene Grösse der Baugrundstücke, Bauplätze für öffentliche Gebäude und sonstige Gemeindeanstalten Rücksicht zu nehmen ist.

60 *DVjöG* 1886, Bd. 18, S. 1-39 (15).

61 Stübben wollte damit keineswegs die Straßenrichtung grundsätzlich im Winkel von 45° zum Meridian ausrichten, sondern mit seinem Gedanken neue Möglichkeiten eröffnen.

62 ebd., S. 19.

63 *DVjöG* 1886, Bd. 18, S. 1-39 (39).

B. Die Festsetzung und Offenlegung des Planes hat in der Regel nur für seine Hauptstrassen und nach Bedürfnis für diejenigen Untertheilungen zu erfolgen, deren Bebauung für die nächste Zukunft zu erwarten ist oder angestrebt wird.

II. Ausführung

C. Bei der Ausführung des Bebauungsplanes sind die Strassen mit Be- und Entwässerungsanlagen, sowie die Maassregeln zur Reinhaltung der natürlichen Wasserläufe soweit irgend thunlich vor der Bebauung auszuführen.

D. Die Verwendung faulender oder fäulnissfähiger Stoffe ist bei der Anschüttung von Strassen und Baugründen zu vermeiden. Früher zur Ablagerung derartiger Stoffe benutzte Felder sind, sobald die Bebauung sie erreicht, zu reinigen, sofern nicht diese Stoffe ihre fäulnissfähige Eigenschaft bereits verloren haben.

E. Eine möglichst zusammenhängende Ausdehnung der Stadt ist anzustreben.

III. Polizeiliche, statutarische, gesetzliche Bestimmungen

F. Durch baupolizeiliche Bestimmungen ist zugleich Fürsorge zu treffen, daß den hygienischen Anforderungen bei allen Neu- und Umbauten genügt wird; die auf der dritten Versammlung des Deutschen Vereins für öffentliche Gesundheitspflege in München im Jahre 1875 für Neubauten zunächst in neuen Quartieren grösserer Städte angenommenen Thesen sind dabei zu berücksichtigen.

G. Durch statutarische und gesetzliche Bestimmungen ist den Gemeinden das Recht zu gewähren:

a. die Genehmigung zu Bauten, welche gegen den Bebauungsplan der Stadterweiterung verstossen, ohne Entschädigung zu versagen,
b. sich in den Besitz der zur Durchführung des Bebauungsplanes nöthigen Grundstücke einschliesslich der zur Bebauung ungeeigneten Grundstücksreste im Wege des Enteignungsverfahrens zu setzen,
c. die Anbauer zur Erstattung der Kosten der Strassenanlagen bis zu einer gewissen Breite zu verpflichten,
d. in einzelnen Stadtgegenden den Betrieb lästiger Gewerbe zu untersagen,
e. den Anschluss aller bebauten Grundstücke an die Be- und Entwässerungsanlagen vorzuschreiben,
f. ungesunde Stadtgegenden durch ausgedehnte Enteignungsbefugnisse ohne unverhältnismäßige Kosten umzugestalten,
g. in einer Strasse Vorgärten vorzuschreiben, ferner entweder die geschlossene oder die offene Bauweise, letztere jedoch unter Wahrung eines gewissen Mitbestimmungsrechtes der Grundbesitzer.

H. Endlich ist das Recht der Enteignung nicht bebauungsfähiger Grundstückstheile, sowie das Recht, behufs der Ermöglichung einer zweckmässigen Bebauung die Umlegung (Zusammenlegung) von Grundstücken im Zwangsverfahren herbeizuführen, den Interessenten gesetzlich zu verleihen.

IV. Es ist dringend zu wünschen, dass die hygienisch-technischen Fragen der Stadterweiterung auf unseren Hochschulen mehr als bisher behandelt und zum Gegenstande vollständiger Lehrcurse gemacht werden.“[64]

64 ebd., Thesen, S. 39.

Welche Wirkung die Freiburger Forderungen in den Bundesstaaten hatten, läßt sich nicht sicher nachweisen. Als erstes müsste gefragt werden, ob die Bauordnungen der Staaten Bayern, Sachsen, Hessen-Darmstadt und Württemberg in der Zeit von 1886 bis Ende des Jahrhunderts geändert wurden. Keine dieser Staaten hatte aber eine neue Bauordnung in diesem Zeitraum erhalten. Als zweites müssten ausgewählte städtische Bebauungspläne aus dem letzten Jahrzehnt des 19. Jh. darauf geprüft werden, ob die „Thesen über Städteerweiterung, besonders in hygienischer Beziehung" planerisch umgesetzt worden waren. Ein solcher Untersuchungsumfang würde aber das Ausmaß dieser Arbeit sprengen.[65]

Der Streit zwischen Reinhard Baumeister und Camillo Sitte

Für Baumeister war die „Technik der Stadterweiterung" sehr wichtig; der Buchtitel „Stadterweiterungen in technischer, baupolizeilicher und wirthschaftlicher Beziehung" bestätigt dies. Camillo Sitte, zehn Jahre jünger als Baumeister, hatte 1889 sein Werk, „Der Städtebau nach seinen künstlerischen Grundsätzen" veröffentlicht, auch hier war der Buchtitel bereits Programm. Sitte hatte darin Baumeister als „Theoretiker des modernen Stadtbaues" bezeichnet.[66]

Sitte ging seinen Berufskollegen „im Frontalangriff an", schreibt Gerhard Fehl in seinem Beitrag über den heftigen, öffentlich ausgetragenen Streit der beiden Architekten; Sitte verkörpere den „konservativen" und Baumeister, neben Stübben, den „progressiven Flügel des bürgerlichen Lagers".[67] Die Auseinandersetzung mit Baumeister hatte Sitte 1889 mit folgendem verkürzten Zitat begonnen:

> Sitte: „Der Theoretiker des modernen Stadtbaus, R. Baumeister, sagt in seinem Buche über Stadterweiterungen Seite 97: '"Die Momente, welche einen befriedigenden architektonischen Eindruck (bei Plätzen) hervorbringen, dürften kaum nach allgemeinen Regeln zu schildern sein.'''[68]

65 Der Zeitraum 1886-1900 wurde deswegen gewählt, weil sich bereits 1889 der DVöG in Straßburg veranlaßt sah, einen „Entwurf reichsgesetzlicher Vorschriften zum Schutz des gesunden Wohnens" zu erstellen. Aus diesem zeitlichen Ablauf kann geschlossen werden, dass die Freiburger Thesen von 1886 keine oder nur eine sehr geringe Wirkung in Deutschland entfaltet hatte. Der DVöG hatte 1888 eine Kommission (Miquel, Baumeister, Stübben, Spiess, Blankenstein, Meyer und Peters) beauftragt, den Entwurf auszuarbeiten. In der Straßburger Versammlung wies der Frankfurter Oberbürgermeister Miquel unwidersprochen auf die unzulänglichen deutschen Gesetze und Bauordnungen hin, die in „keiner Weise den heutigen Anforderungen an die öffentliche Gesundheitspflege" mehr entsprechen.

66 Sitte, Camillo, Der Städtebau nach seinen künstlerischen Gesichtspunkten, Wien, ^{3}1900, S. 89.

67 Fehl, Gerhard, Stadtbaukunst contra Stadtplanung, S. 451-461, S. 453, 457 und 461, in: *Stadtbauwelt* 65, 1980. Als progressiv bezeichnete Fehl „den für technischen und sozialen Fortschrift mitverantwortlichen und einflußreichen Techniker, repräsentiert in der Person Baumeisters (...)". Als konservativ sieht Fehl den „von ihrem Einfluß auf den Gang der Dinge immer mehr abgeschnittenen, sich daher in den Irrationalismus, die Innerlichkeit und in die Kunst flüchtenden Volkserzieher, repräsentiert in der Person Sittes."

68 Sitte, S. 89.

Baumeister schrieb aber tatsächlich:

> „Das ästhetische Grundgesetz der Einheit in der Mannichfaltigkeit ist auch von einem Stadtplan oder wenigstens von dessen einzelnen Bezirken zu fordern. Symmetrie gewisser Häusergruppen, malerische Perspective von Straßen und Plätzen, gut gewählte Aussichtspunkte, anziehende Reihung von Baumassen u.s.w. sind die einzelnen Momente, welche einen befriedigenden architektonischen Eindruck zusammensetzen, aber kaum nach allgemeinen Regeln zu schildern sind. Noch weit mehr, als bei den Beziehungen zum Verkehrswesen, macht hier das Gefühl oder die Uebung den Meister, und es nützt nicht viel, gesetzlich vorzuschreiben, daß bei Festsetzung der Fluchtlinien eine „Verunstaltung" der Straßen und Plätze nicht eintreten solle (Preuß. Gesetz von 1875, § 3)."[69]

Die Auseinandersetzung zwischen Baumeister und Sitte zeigte, zeitlich um 13 Jahre versetzt, die „konträren Reformstrategien des bürgerlichen Lagers". Auf der einen Seite wird das „funktionieren der Stadt" betont, auf der anderen Seite das erstrebte „Kunstwerk Stadt", so Fehl.[70]

Sittes Forderungen über die Stadtgestaltung führt zur Frage, welche Möglichkeiten die Städte hatten, um im Sinne Sittes zu handeln, z. B. durch geänderte Bauordnungen. Zu unterscheiden ist dabei aber die Aufstellung des öffentlichen Bebauungsplanes von der Gestaltung des privaten Bauwerks. Da die Städte in der Regel die Bebauungspläne erstellten, war die Planung der Straßen und Plätze nach künstlerischen Gesichtspunkten möglich, sofern die Interessen der Grundbesitzer auch beachtet wurden. Im Falle der Gestaltung des einzelnen Bauwerks waren die Möglichkeiten der Städte jedoch stark eingeschränkt, jede Verweigerung des Baukonsenses, der sich auf die „Verunstaltung" bezog, musste gerichtsfest begründet werden, außerdem musste die Bauordnung das Verunstaltungsverbot zuvor genau definieren.

Die Lehren, die aus dem OVG-Urteil von 1881 gezogen werden mussten, ließen den Städten keinen großen Spielraum. Die „Gestaltung und die Verunstaltung" soll im nächsten Abschnitt daher sehr viel eingehender behandelt und beschrieben werden, auch deswegen, weil das OVG-Urteil von 1881 eine besondere Rolle für alle Gemeinden (und Städte) in Deutschland spielte.

---

69 Baumeister, Stadterweiterungen, S. 97. Baumeisters Gedanke war, dass allgemeine Gestaltungsregeln nicht in Gesetzen, z.B. in Bauordnungen beschrieben werden können. Sitte hat Baumeisters „Gestaltungsabsatz" sehr verkürzt und sinnentstellend zitiert. Vgl. Sitte: Der Städtebau, S. 89. Als Baumeister diesen Satz 1876 geschrieben hatte, konnte er nicht ahnen, dass 1889 Camillo Sitte diese und andere Äußerungen Baumeisters zu einer heftigen Auseinandersetzung nutzen würde, zudem lagen zwischen Baumeisters „Stadterweiterungen" und Sittes „Der Städtebau" immerhin 13 Jahre.

70 Fehl, Stadtbaukunst contra Stadtplanung, S. 451. Soweit bekannt, hat sich Baumeister nicht öffentlich gegen den Angriff Sittes gewehrt. Baumeister hatte sich aber für „ästhetischen Vorschriften" in den Bauordnungen ausgesprochen, jedoch vor Übertreibungen gewarnt, in: „Die Hauptpunkte von Bauordnungen" veröffentlicht im Jahrbuch der Bodenreform, 1905, Bd. 1, S. 241-286, S. 262.

3.4 Stadtgestaltung: Gestaltungsgebote und Verunstaltungsverbote

Die Regeln der Baukunst sind seit Jahrhunderten ein anerkannter Bestandteil der Tätigkeit im Baubereich, obwohl sie nicht umfassend in allgemeiner schriftlicher Form oder gesetzlich festgelegt sind. Die Regeln wurden und werden durch Erfahrungen ermittelt und durch Übereinkunft der beteiligten Handwerker, Architekten und Ingenieure und der gewerblichen Wirtschaft als „Norm oder Regel“ bestimmt. Die Einhaltung solcher Regeln wird schon von Vitruv gefordert.[71] Doch die Anforderung an eine gute Gestaltung beschränkte sich bei Vitruv auf die einzelnen Privatgebäude und auf die öffentlichen Gebäude, nicht dagegen auf die Gebäudeanordnung entlang einer Straße. Ausgenommen sind seine zahlreichen Hinweise auf die Platzierung der Tempel und Theater auf oder an öffentlichen Plätzen, einschließlich der äußeren und inneren Gestaltung der öffentlichen Gebäude durch Säulenordnungen oder Atrien in den Privatgebäuden.

Schon 1756 wollte Justi, dass „das äußerliche schöne Ansehen der Stadt zu einer Zierde“ werde, die das „Auge ergetzet“. „Man muß also die äußerlichen Schönheiten der Gebäude nach den Regeln der Baukunst auf alle Art befördern“. Deshalb solle man die „Häuser durch eine „geschmacklose Überstreichung mit dunkel rother, blauer oder grüner Farbe nicht verunstalten.“[72] Die Forderung von Justi ist historisch aber auch aktuell, denn die Gestaltung der Stadt und der Gebäude ist auch heute noch ein Thema, das mit Verboten und Geboten durch die Bauordnungen durchgesetzt werden soll. Es zeichnet sich jedoch ab, dass die Beschreibung dessen, was gute und schöne Gestaltung oder was „Verunstaltung“ ist, äußerst schwierig ist. Baulich-ästhetische Vorstellungen unterliegen den sich wandelnden Anschauungen, die Gestaltung eines Gebäudes oder eines Straßenzugs muss daher im Einzelfall immer wieder durch öffentliche Diskussion, auch heute noch, ermittelt werden. Damit entziehen sich die in den Bauordnungen immer wieder verwendeten (positiven) Begriffe wie „die gute Gestaltung, das Einfügen der baulichen Anlage, die einwandfrei Gestaltung, die werkgerechte Durchbildung oder die anständige Baugesinnung und die Anforderungen der Aesthetik“, der Normierung. Aber auch die negativ formulierten Begriffe wie die „Verunstaltung des Gesamteindrucks, die mißständige Gestaltung, die Beeinträchtigung des Stadtbildes bis zur gröblichen Verunstaltung eines Bauwerks“ können nicht so eindeutig beschrieben werden, dass die, zur Überwachung dieser Forderungen und Verbote eingesetzte Baupolizei, eine sichere Handhabe hätte.

Auch die Obergerichte, die letztlich in solchen baupolizeilichen Streitfragen angerufen werden, können nur näherungsweise Antworten, bzw. Urteile zum betreffenden Fall abgeben. Bei der Beurteilung von baulich-ästhetischen Fragen könne nicht auf den besonders empfindsamen oder geschulten Betrachter abgestellt werden, so das Bundesverwaltungsgericht in einer Entscheidung von 1955. „Die Auswahl dieses Personenkreises entziehe sich jeder zuverlässigen

71 De Architectura Libri Decem, VI. Buch, 2. Kapitel: „Die Verhältnisse und Maße der Privatgebäude je nach der natürlichen Beschaffenheit ihrer Plätze“, Wiesbaden 2004, S. 202, Übersetzung von F. Reber 1865.

72 Justi, S. 71-72, § 80.

Beurteilung. Andererseits könne auch nicht die Ansicht solcher Menschen entscheidend sein, die ästhetischen Eindrücken gegenüber gleichgültig oder unempfindlich seien, ihnen gehe jede sachliche Urteilsfähigkeit ab.“ Als Regel müsse daher das „Empfinden jedes für ästhetische Eindrücke offenen Betrachters maßgebend sein, also des sogenannten gebildeten Durchschnittsmenschen, der zwischen diesen beiden Personenkreisen stehe.“[73]

Die in den Bauordnungen beschriebenen baupolizeilichen Aufgaben waren nicht nur auf Neu- oder Umbauten oder die Anlage von gewerblichen Betrieben gerichtet. Die Baupolizei sollte auch auf die „gute Gestaltung“ und die „gefällige architektonische Ausführung Rücksicht nehmen“.[74] Eine dieser Regeln war das Verunstaltungsverbot aus dem ALR von 1794, das als Aufgabe der Polizei übertragen worden war. Die Polizei besaß zwar die Aufgabe, die Vorschriften darüber aber, wie sie die „richtige“ Gestaltung einfordern sollte, fehlten jedoch. Es galt demnach, nur die Verunstaltung zu verhindern. Diese Regel war aber unklar, denn bei jedem baupolizeilichen Einschreiten war die Ablehnung schriftlich dem Betroffenen mitzuteilen. Nachfolgend sollen einige Bauordnungen, bzw. Baustatute vorgestellt werden, die in bestimmten Situationen Gestaltungsanforderungen an Gebäude und damit indirekt an die Gestaltung des Straßenraumes gestellt hatten. Nach ihrem gesetzlichen Auftrag war die Baupolizei zur Durchführung dieser Vorschriften verpflichtet.

Das Verunstaltungsverbot des (ALR § 66, Achter Titel):

„Doch soll zum Schaden oder zur Unsicherheit des gemeinen Wesens, oder zur Verunstaltung der Städte und öffentlichen Plätze, kein Bau und keine Veränderung vorgenommen werden“.

Bauordnung Württemberg 1872, Artikel 46:

„In Städten größerer Bedeutung und dort wo eigentümliche Verhältnisse zutreffen, können durch Ortsstatute Vorschrift erlassen werden. Die Anordnungen betreffen das Äußere der Gebäude, beim Anstreichen der Gebäude dürfen keine Farben verwendet werden, welche für die Umgebung in gesundheitspolizeilicher Beziehung nachteilig sind.“

Bauordnung Hessen 1881, Artikel 59:

„In Städten von größerer Bedeutung und in Orten, bei welchen solches durch die Verhältnisse gerechtfertigt wird, können durch Ortsstatuten allgemein oder für einzelne Theile über die Anordnung des Äußeren der Gebäude entsprechende Vorschriften ertheilt werden.“

Bauordnung Bayern, 1881, § 66:

„Bei Anstrich der Gebäude ist die Anwendung der reinen Kalkweiße, sowie aller greller Farben untersagt. In Städten von mehr als 20.000 Einwohnern ist bei allen Neubauten und Hauptreparaturen an der Straßenseite den Anforderungen der Aesthetik zu genügen.“

Stadt Offenbach, Bausatzung 1884, § 23:

„Das Aeußere der Gebäude ist so anzuordnen, daß das Gebäude an der betreffenden Stelle nicht zur Unzierde gereicht.“

73 Urteil BVerwG vom 28.6.1955, Bd. 2 (keine Jahresangabe), S. 172.

74 Orts-Baustatut Darmstadt vom 26.5.1886, Art. 48 und 54, in: Pfaff, allgemeine Bauordnung, (Hessen), Teil 2, S. 50-51.

Stadt Darmstadt, Orts-Baustatut, 1886, § 48 und § 54:
„Bei allen Neubauten und Hauptreparaturen an der Straßenseite und an Einfriedigungen ist auf eine gefällige architektonische Ausführung Rücksicht zu nehmen."
§ 54: „Für den Anstrich dürfen Farben nicht verwendet werden, welche blenden oder der Gesundheit schädlich oder welche mißständig für die Straße sind. Weiße Farbe darf, Fensterrahmen ausgenommen, nicht verwendet werden."

Stadt Gießen, Ortsbau-Statut 1888, § 29:
„Aeltere Gebäude sind in Verputz und Anstrich stets in solchem Zustande zu erhalten, daß deren Aussehen nicht missständig erscheint. Für den Anstrich dürfen keine blendenden Farben verwendet werden." „Symmetrisch aneinander gebaute Häuser müssen den gleichen Anstrich verwenden."

Stadt Worms, Orts-Statut, 1888, § 47:
„Alle an der Straße stehenden Gebäude, Mauern und sonstige Einfriedigungen sind stets in solchem Zustand des Verputzes und Anstrichs zu erhalten, daß sie für das Aussehen der Straße nicht mißständig werden. Der Großherzoglichen Bürgermeisterei steht das Recht zu, bei Vernachlässigung der Vorderhäuser in Putz und Anstrich die alsbaldige Erneuerung derselben selbst bei allen alten Anlagen nach Inkrafttretung dieses Ortsstatuts zu verlangen und nöthigenfalls bei Nichtbefolgung binnen Jahresfrist diese Erneuerung auf Kosten der Besitzer unter Leitung des Stadtbauamtes selbst auszuführen. [..]Weiße Farbe darf, Fensterrahmen ausgenommen werden, nicht verwendet werden."

Abschließend soll noch die Gestaltungsvorschrift aus der Hessischen Bauordnung von 1957 hinzugefügt werden. Hessen hatte bis 1957 noch die Bauordnung von 1881 anzuwenden, denn erst 1945 wurde aus den preußischen Provinzen Hessen-Nassau, Kurhessen und dem ehemaligen Volksstaat Hessen das Land Groß-Hessen auf Befehl von General Eisenhower gegründet. In der Folge erhielt Hessen im Dezember 1945 das „Staatsgrundgesetz des Staates Groß-Hessen".[75] Im November 1946 wurde Hessens neue demokratische Verfassung verabschiedet und in Kraft gesetzt, wobei der Begriff Groß-Hessen durch Hessen ersetzt wurde.[76] Die neue hessische Bauordnung wurde erst 1957 verabschiedet.[77]

Bundesland Hessen, Bauordnung 1957, § 29 (Grundsatz):
„Bauwerke, Bauteile und Bauzubehör sind nach den allgemein anerkannten Regeln der Baukunst und der Technik so herzustellen und zu unterhalten oder zu beseitigen, daß die öffentliche Sicherheit und Ordnung innerhalb und außerhalb der Bauwerke gewährleistet ist und eine Verunstaltung nicht eintritt. Bauwerke und Bauteile dürfen nicht beseitigt werden, wenn ihre Erhaltung im öffentlichen Interesse liegt."

Die Vorschriften in den Bauordnungen bzw. in den Baustatuten waren und sind negativ formuliert, selbst wenn in einigen Fällen nur gefordert wurde, „die Ge-

75 GVBL. Hessen 1945, Nr. 3, S. 23.

76 Berding, Helmut, Gründung und Anfänge des Landes Hessen, in: Das Werden Hessens, hg. von Walter Heinemeyer, Marburg 1986, Bd. 50, S. 767-772.

77 HHStA-W, 503-1077a (16.9.1950). Die hessische Landesregierung war zeitweise der Auffassung, dass nach der Verabschiedung des Grundgesetzes 1949, das Bauwesen als einheitliches Ganzes dem Bund vorbehalten sei. Nach 1950 wurde dann mit der Aufstellung einer Landesbauordnung begonnen und 1957 als „Hessische Bauordnung" verabschiedet.

bäude seien so anzuordnen, dass das Äußere des Gebäudes nicht zur Unzierde gereicht“ (Offenbach). Die „verbietende“ Form der Vorschriften ist aus der „Natur der Sache“ zu erklären, denn die Baupolizei war nur für die Gefahrenabwehr zuständig, nicht dagegen für die „positive“ Gestaltung nach ästhetischen Grundsätzen. Z.B. durften in Württemberg aus gesundheitspolizeilichen Gründen keine grellen Farben für den Hausanstrich verwendet werden.[78] Dieses Verbot ist aus „gesundheitspolizeilichen Gründen“ formuliert worden, denn nur so konnte das Verbot durchgesetzt werden. Eine „umgekehrt“ formulierte Vorschrift z.B. „Gebäudeanstriche mit weißer Farbe sind wegen verunstaltender Wirkung unzulässig“, würde keiner gerichtlichen Nachprüfung standhalten. Baumeister kritisierte diese Gestaltungsanforderungen generell, denn „alle ästhetischen Vorschriften sind verwerflich.“[79]

Die Gestaltung von Gebäuden und Stadträumen ist die vorausschauende, planerisch-ästhetische Anordnung von Gegenständen im Raum oder in der Fläche, um eine bestimmte Wirkung zu erzielen. In der Regel werden diese Aufgaben den Baumeistern, Architekten und den bildenden Künstlern dann übertragen, wenn es sich um Gestaltungen im Bereich Bauwesen handelt. Unter Gestaltung ist hier das bewusste Formen eines Gegenstandes, z. B. eines Gebäudes, eines Straßenzuges oder eines Gebietes, nach Funktion, nach bestimmten Baumaterialien und einer dem Material adäquaten Konstruktion zu verstehen.

Baumeister sah ästhetische Vorschriften als eher schädlich an, daraus kann aber nicht gefolgert werden, dass Baumeister sich gegen die Gestaltungsvorstellungen der Architekten und Baumeister dabei wenden wollte.[80] Baumeister war aber der Überzeugung, dass die Baupolizei nicht die geeignete Institution war, über Gestaltungsfragen zu urteilen, obwohl sie den gesetzlichen Auftrag dazu hatte. Bei einer Gestaltungsfrage käme es bei der Beurteilung durch die Baupolizei, zu sehr auf das „Ermessen der Baupolizei“ an, die in diesem Falle bestimmte Forderungen habe und „zugleich auch Richter wäre.“ Die Baupolizei solle sich mehr um den „ungehinderten Verkehr, den feuersicheren Massivbau und die gesunde Stellung und Eintheilung der Häuser“ kümmern. Zur Rechtfertigung der Gestaltungsvorschriften genüge es nicht, dass die Häuser einen „angenehmen Eindruck“ machten und „hübsch“ seien. Denn, so fragt Baumeister, “kann man die Ästhetik in gleicher Linie setzen mit Feuersicherheit, Gesundheit und freiem (Strassen-)Verkehr“?[81] Als ein sehr weitgehendes Beispiel für den amtlichen Versuch, Verunstaltungen durch Vorschriften zu verhindern, war im

78 Warum „grelle“ und speziell die weiße Farbe nicht verwendet werden sollte, kann nur näherungsweise erklärt werden. In den „Motiven“ (S. 86) zum Entwurf der hessischen Bauordnung schrieb die Regierung: „Darauf daß beim Anstrich der Gebäude jede grelle, insbesondere die unvermischte weiße Farbe zu vermeiden ist, wird ziemlich allgemein gehalten, da ein solcher Anstrich - namentlich auf größeren Mauerflächen - für die Augen sehr nachtheilig ist“. In Württemberg gehörte die “reine Kalkweiße zu den „gefährlichen Farben“, in: Württembergische Bauordnung, Erläuterung zu Art. 46. Es bleibt als Erklärung nur die Blendung der Passanten.

79 Baumeister, *DBZ* 1874, Nr. 67, S. 265.

80 Baumeister, Stadterweiterungen 1876, S. 97 und 265-269.

81 Baumeister, Stadterweiterungen, S. 265-266. Seine in Bezug auf die Gestaltung sehr liberale Einstellung kann vermutlich auch aus der beruflichen Tätigkeit als Ingenieur für Wasser- und Straßenbau und aus dem Liberalismus der zweiten Hälfte des 19. Jh. erklärt werden. Andererseits war Baumeister einer der entschiedensten Befürworter der „Ordnung“ in der Stadtplanung.

vorigen Vergleich die Wormser Vorschrift angeführt worden. Sie verlangte, dass „alle an der Straße stehenden Gebäude, Mauern und sonstige Einfriedigungen stets in solchem Zustand des Verputzes und Anstrichs zu erhalten, dass sie für das Aussehen der Straße nicht mißständig werden." Die bayerische Bauordnung von 1881 ging im § 66 noch weiter: „Bei Anstrich der Gebäude ist die Anwendung der reinen Kalkweiße, sowie aller greller Farben untersagt. In Städten von mehr als 20.000 Bewohner ist bei allen Neubauten und Hauptreparaturen an der Straßenseite den Anforderungen der Aesthetik zu genügen." Nachdem keine Begründung für das Verbot von Kalkweiße und grellen Farben gegeben werden kann, ist auch für die weitere Bestimmung, die „Anforderungen der Aesthetik" müsse nur in Gemeinden über 20.000 Einwohnern erfüllt werden, keine einleuchtende Erklärung möglich. In § 57 der Bauordnung von 1864 hieß es noch: „In Städten I. Classe ist bei allen Neubauten und Hauptreparaturen an der Straßenseite den Anforderungen an der Aesthetik zu genügen und insbesondere in Ansehung der Facade Alles zu vermeiden, was die Symmetrie und Sittlichkeit verletzten könnte." Baumeister fragt daher: „Sollte man hieraus nicht schließen, dass in Städten II. Klasse unsymmetrisch und unsittlich gebaut werden darf?"[82] Eine gewisse Milderung der unbestimmten „Anforderung an die Aesthetik" wurde den Bauherren eingeräumt, denn eine durch die Baupolizei erzwungene Abänderung des Bauplanes durfte nicht zu Mehrkosten für das Bauwerk führen.[83]

Im preußischen Fluchtliniengesetz von 1875 sind keine grundlegenden Gestaltungsregeln aufgenommen worden, die Gestaltung von Plätzen und Straßen spielte keine Rolle. Ein Gestaltungsbezug auf Gebäude oder bauliche Anlagen fehlt ebenfalls, gefordert wurde nur, dass eine „Verunstaltung der Straßen und Plätze nicht eintritt".[84] Die Vorschrift ist vieldeutig, sie bürdet dem Bauherrn den schwierigen Nachweis auf, dass sein Vorhaben nicht verunstaltend sei!

Denn in § 3 heißt es: „Bei Festsetzung der Fluchtlinien ist auf Förderung des Verkehrs, der Feuersicherheit und der öffentlichen Gesundheit Bedacht zu nehmen, auch darauf zu halten, daß eine Verunstaltung der Straßen und Plätze nicht eintritt." Mit der Aufzählung war der Baupolizei bei der Planung von Fluchtlinien jedoch keine Hierarchie aufgegeben, die sie nacheinander zu beachten hatte, wenn es um Stadterweiterungen oder der Anlage neuer Straßen ging, die Belange waren gleichwertig. Die Förderung des Verkehrs, die Feuersicherheit und die öffentliche Gesundheit waren wichtige Aufgaben der Baupolizei. Da die Verhütung der Verunstaltung „auch" zu beachten war, kann eine gewisse Abstufung in der Reihenfolge gesehen werden. Mit der Änderung des Fluchtli-

---

82 Baumeister, Stadterweiterungen, S. 261-262.

83 Dassenreither, Ludwig, Allgemeine Allerhöchste Bauverordnung für das Königreich Bayern, München V. Auflage, 1868, S. 46. Wie die „Anforderungen der Aesthetik" beschrieben oder verwirklicht werden sollten, ist nicht bekannt. Die Einteilung der bayerischen Städte in I., II. und III. Klasse ist 1881 durch die Angabe Städte über 20.000 Bewohner ersetzt worden. Nach dem Statistischen Jahrbuch des Deutschen Reich 1875 gab es 6 bayerische Städte, die mehr als 20.000 Bewohner hatten: Fürth 27.360, Regensburg 31.504, Würzburg 44.975, Augsburg 57.213, Nürnberg 91.018 und München 193.024 Einwohner.

84 Gesetz-Sammlung für die Preußischen Staaten, 1875, Nr. 40, S. 561-566 (562), es handelt sich um den Paragrafen 3.

niengesetzes durch das „Wohnungsgesetz“ im Jahre 1918 wurden neue Teile in den § 3 eingefügt, wobei die „Gestaltung“ wieder am Schluss des Absatzes zu finden ist, dafür stand nun an erster Stelle das Wohnungsbedürfnis. In § 3 hieß es jetzt:

> „Bei Festsetzung der Fluchtlinien ist auf das Wohnungsbedürfnis sowie die Förderung des Verkehrs, der Feuersicherheit und der öffentlichen Gesundheit Bedacht zu nehmen, auch darauf zu halten, daß eine Verunstaltung der Straßen und Plätze sowie des Orts- und Landschaftsbildes nicht eintritt.“[85]

Mit Gesetzen gegen die Verunstaltung in Preußen

Mit dem „Gesetz gegen Verunstaltung landschaftlich hervorragender Gegenden“ von 1902 sollten bestimmte Landschaftsteile von einer Bebauung, aber insbesondere von „Reklameschildern und sonstige Aufschriften und Abbildungen“ außerhalb der geschlossenen Ortschaften, frei gehalten werden. Der Anlass für die Schaffung des Gesetzes waren zwei Entscheidungen des Kammergerichts und des OVG Berlin im Jahre 1901. In beiden Fällen lag ein ähnlicher Sachverhalt vor, denn es ging um die Zulässigkeit von Reklameschildern im Außenbereich. Beide Gerichte haben die ursprünglichen, auf Polizeiverordnungen beruhenden Aufstellungsverbote mit der Begründung aufgehoben, die Verordnungen seien rechtsungültig, weil der Polizei die Verordnungsbefugnis fehle und die Verordnung nur zum Schutze ästhetischer Interessen erlassen worden sei. Nur eine gesonderte gesetzliche Ermächtigung könne Grundlage einer Verordnung sein. Entscheidungen der oberen Gerichte sind nicht immer Anlass für den Gesetzgeber, unverzüglich eine bestimmte Vorschrift zu ändern oder wie in diesem Fall, eine Polizeiverordnung aufzuheben. Wenn aber der Gesetzgeber schon ein Jahr nach den Urteilen den Entwurf eines „Gesetzes gegen Verunstaltung“ vorlegt, deutet das auf eine unvermutet auftretende, sichtbare Gesetzeslücke hin. Denkbar ist aber auch ein Wandel in der Wahrnehmung der Landschaft: Technische Zusätze wie Reklameschilder und aufdringliche Plakate werden jetzt als störend (oder verunstaltend) empfunden.

Die Urteile führten 1901 zu einem Antrag aller Fraktionen des preußischen Abgeordnetenhauses an die Regierung. Sie sollte ein Gesetz vorlegen, das den „Mißbrauch“ abstellt, landschaftlich hervorragende Gegenden durch „Anbringung aufdringlicher Reklameschilder zu verunzieren.“[86] Der Bezug auf den Außenbereich, die landschaftlichen hervorragenden Gegenden, war auch deswegen notwendig geworden, weil die Baupolizei nach dem Fluchtliniengesetz von 1875 keine Möglichkeit hatte, gegen Schilder und Reklame im Außenbereich vorzugehen. Die Regierung legte im Januar 1902 den Gesetzentwurf vor, das Abgeordnetenhaus verabschiedete, nach wenigen Änderungen, das Gesetz im Mai 1902. Goldschmidt erklärt die ungewöhnliche Schnelligkeit, mit der das Gesetz beantragt und beschlossen wurde damit, dass die Auffassung von der Schönheit der unberührten Natur und Landschaft sich allgemein „fühlbar“ gemacht habe. Das mit wachsendem Wohlstand steigende Maß an „ästhetischer Bildung weiter Volkskreise“ habe dazu geführt, dass die Verschandelung der Landschaft durch

---

85 Meyer und Saß, Straßen- und Baufluchtengesetz, Berlin 1934, S. 70.

86 Goldschmidt, Otto, Die preußischen Gesetze gegen Verunstaltung, Berlin 1912, S. 12.

„auffallende, grellfarbige, große und geschmacklose" Reklameschilder nicht länger hinzunehmen sei. Der „rücksichtslos" vorgehenden Reklameindustrie müsse Einhalt geboten werden.[87] Die von den Heimatschutzvereinen schon vor 1900 gestellten Forderungen auf Erhalt der freien Landschaft und Pflege der Naturschönheiten, wurden zunehmend unterstützt. Architekt Paul Schultze-Naumburg (Mitbegründer des Bund Heimatschutz 1904)[88], hatte sich zur Außenreklame mit folgenden Worten geäußert:

> „Reklame in der Landschaft ist nicht nur ein Zeichen für die Abwesenheit alles dessen, was man bei bescheidensten Anforderungen guten Geschmack nennt, sondern auch Mangel an Sinn für geziemendes Benehmen ganz im allgemeinen. Es gibt in unserer Kulturwelt eben Dinge, von denen das Gesetz ohne Wort sagt, daß sie sich nicht schicken, und der Guterzogene ohne weiteres unterlässt."[89]
> Er schrieb weiter: „Das Gesetz teilte die Welt in Gegenden ein, in denen man sich flegelhaft benehmen darf, und in solche, in denen es verboten ist. Die zu schützenden Teile nannte es dann landschaftlich bevorzugt."[90]

In einem 1908 veröffentlichten „Runderlaß" des preußischen Ministers für öffentliche Arbeiten und des Ministers des Innern an die Oberpräsidenten wurde diese aufgerufen, die Bestrebungen „bereitwilliger und tatkräftiger Kräfte" zur Unterstützung der Landschaftsschutzziele zu fördern.[91] Als Mitarbeiter mit besonderem Sachverstand für die Ziele wurden die Baubeamten genannt und als geeignete Lektüre auf die Schriften von Schultze-Naumburg, die Veröffentlichungen der Denkmalpfleger und die Mitteilungen des 1904 gegründeten Bund Heimatschutz verwiesen. Außerdem wurde empfohlen, die Entwürfe von Bürgerhäusern in Trier, Köln, Minden Lübeck, Danzig und Frankfurt zu verwenden.[92] Goldschmidt verweist auch auf die sich bildenden Vereine zur Pflege heimischer Bauweise, auf die Gründung des „Bundes für Heimatschutz" und auf die Architektenverbände, die sich gegen Ende des 19. Jh. verstärkt der Themen Landschafts- und Naturschutz angenommen hatten.[93] Das Gesetz von 1902 war eine Ermächtigung für die Landespolizeibehörden, bauliche Anlagen nach eigenem Ermessen zu verbieten. Den Polizeibehörden war damit ein weiter Handlungsrahmen vorgegeben, in dem auch die „sonstigen" Aufschriften und Abbildungen dem Verbot unterlagen. Die behördliche Eingriffsgrenze war weit ausgedehnt worden, denn jede Verunzierung des Landschaftsbildes konnte verboten werden. Die Einschränkung für die tatsächliche Umsetzung der Verbote lag jedoch bei der Bestimmung, in welchem Bereich das Gesetz gelten solle:

---

87 Goldschmidt, S. 12.

88 Durth, Werner, Deutsche Architekten, Braunschweig 1986, S. 43. 1914 in Deutscher Bund Heimatschutz umbenannt.

89 Schultze-Naumburg, Paul, Reklame, in: Die Gestaltung der Landschaft durch den Menschen, München ^{3}1928, Bd. 3, S. 144-145.

90 Schultze-Naumburg, S. 145.

91 Runderlaß des Ministers der öffentlichen Arbeiten und des Ministers des Innern vom 10.1.1908, in: Ministerialblatt für die innere Verwaltung 1908, S. 43. Auch bei Goldschmidt, S. 129.

92 Goldschmidt, Die preußischen Gesetze, S. 129 und 135.

93 ebd., S. 15.

„Die Landespolizeibehörden sind befugt, zur Verhinderung der Verunstaltung landschaftlich hervorragender Gegenden solche Reklameschilder und sonstige Aufschriften und Abbildungen, welche das Landschaftsbild verunzieren, außerhalb der geschlossenen Ortschaften durch Polizei-Verordnung [...] zu verbieten und zwar auch für einzelne Kreise oder Theile derselben.“[94]

Das Gesetz galt nur für „landschaftlich hervorragende Gegenden“. Damit war ein Verbot von Reklameschildern, baulichen Anlagen und sonstigen Abbildungen, jedenfalls unter Bezugnahme auf das Gesetz von 1902, nicht möglich. Das Verbot konnte nur in „hervorragenden Gegenden“ umgesetzt werden, allerdings wurde nicht definiert, was unter einer „hervorragenden Gegend“ zu verstehen war. Weder die Regierungspräsidenten noch die örtlichen Polizeibehörden konnten eindeutig bestimmen, welche Besonderheiten eine Landschaft aufweisen musste, um als hervorragende Gegend zu gelten. Im preußischen Landtag war man sich bewusst, dass die einordnende Bestimmung „landschaftlich hervorragende Gegenden“ relativ unbestimmt war, doch hatte sich Auffassung durchgesetzt, dass es nicht den örtlichen Polizeibeamten oder den Bürgermeistern überlassen werden könne festzustellen, was eine landschaftlich hervorragende Gegend sei. Die Landespolizeibehörden, z.B. die Regierungspräsidenten, sollten daher wegen ihres größeren Überblicks über ihren Verwaltungsbezirk diese Aufgabe wahrnehmen. Sie wären eher in der Lage abzuschätzen, wie sich einzelne „hervorragende Gegenden“ zum Gesamtgebiet verhalten würden, um wirkliche schützenswerte Landschaften zu sein. Im weiteren Gesetzestext war auch nicht beschrieben worden, was eine Verunzierung und was eine Verunstaltung oder eine Beeinträchtigung sei. Nach Goldschmidt ist eine Verunzierung des Landschaftsbildes dann gegeben, wenn ein Reklameschild bei einem Betrachter ein lebhaftes Unlustgefühl hervorruft und als Störung des Landschaftsbildes oder seiner Teilelemente empfunden wird. Die Verunzierung sei sprachlich und tatsächlich „mehr als eine Beeinträchtigung oder eine Verunstaltung.“[95]

Eine weitere Erschwerung für das Bestreben, den Außenbereich, also die Landschaft im Ganzen, von Reklame freizuhalten, war die ministerielle Anweisung zur Durchführung des Gesetzes. Danach sollte von „der den Polizeibehörden verliehenen Befugnis nur für Gegenden von wirklich hervorragender landschaftlicher Schönheit, deren Schutz gegen die im Gesetz genannten Reklameschilder [...] sich als Bedürfnis erweist“, Gebrauch gemacht werden. Abschließend wurde den Behörden aufgegeben „mit besonderer Vorsicht seien die Anzeigen zu behandeln, mit welchen Ortseingesessene ihre Interessen publizieren; derartige Aufschriften würden in der Regel keine Verunstaltung des Landschaftsbildes darstellen.“ Die Behörden hatten damit nur geringe Möglichkeiten, die allgemeine Landschaft, bestimmte Landschaftselemente oder das Landschaftsbild in hervorragenden Gegenden absolut frei von jeder baulichen Zutat zu halten.[96]

---

94 Preußische Gesetzsammlung 1902, S. 159, Gesetz gegen die Verunstaltung landschaftlich hervorragender Gegenden. Vom 2. Juni 1902.

95 ebd., S. 38.

96 Behme, Theda, 1931, S. 74.

Dem 1902 erlassenen preußischen Gesetz folgte 1907 eine erhebliche Änderung und Erweiterung, denn nun wurden die Ortschaften in den Schutz vor „gröblicher Verunstaltung" einbezogen.[97] Was noch im Fluchtliniengesetz ein Appendix[98] war, wurde nun zu einem umfassenden Schutzgesetz umgeformt, das die „Eigenart des Orts- oder Straßenbildes" ebenso schützen sollte, wie die freie Landschaft vor „Reklame, Schaukästen und Abbildungen" jeder Art. Durch Ortsstatute sollte auch die Umgebung von historischen und künstlerischen Bauwerken dadurch geschützt werden, dass im konkreten Bauantragsfall das Vorhaben baupolizeilich versagt werden konnte. Prüfungsmaßstab für die Baupolizei war die Frage, ob das neue Bauwerk die Eigenart des zu schützenden Bauwerks beeinträchtigen würde. Als weiterer Versagungsgrund konnte der unangemessene Gesamteindruck im Verhältnis zum geschützten Bauwerk sein.

Die Schwierigkeiten für die Baupolizei lagen in den nur allgemein formulierten Anforderungen an die „schönheitliche Gestaltung".[99] Ist die geforderte gute Gestaltung im Städtebau dann gegeben, wenn die Straßen geradlinig oder in gebogener Form geplant werden, welche baulichen oder sonstigen Kulissen müssen vorhanden sein, damit ein öffentlicher Platz als angenehm oder sogar als schön empfunden wird? Ist die einheitliche Geschosszahl in einem Straßenzug mit gleich hoher Dachtraufe oder die Höhe eines Gebäudes mit der besonderen Ausbildung des Daches ein Ausdruck „guter Gestaltung"?[100] Stübben meint 1902, rückblickend auf das 19. Jahrhundert, dass die „ästhetische Thätigkeit" der Baupolizei immer mehr an Boden verloren habe und die „Baukünstler und Baumeister" fast überall „freie Bahn" gehabt hätten. Der Baupolizei habe man die „schönheitlichen" Aufgaben entzogen, sie sollten nur noch zur Verhinderung „offensichtlicher Verunzierungen oder Verunstaltungen" von Straßen und Ortschaften, neben ihrer eigentlichen Aufgabe, der Gefahrenabwehr, tätig sein.[101] Der Begriff Gestaltung oder das Gegenteil, die Verunstaltung, konnte sowohl in den Bauordnungen als auch in den beiden preußischen Schutzgesetzen, nicht eindeutig definiert werden, letztlich waren die Bedeutung und der Inhalt von Gestaltungsforderungen nur durch Urteile der Gerichte zu erlangen. Eine der alten Vorschriften aus dem ALR verbot schon das Verunstalten der vorhandenen Straßen und Plätze durch Bauten. Zumindest musste aber vor Baubeginn die entsprechende Anzeige gemacht werden, das ALR bestimmte:

ALR § 66, Erster Theil, Achter Titel.

„Doch soll zum Schaden oder zur Unsicherheit des gemeinen Wesens, oder zur Verunstaltung der Städte und öffentliche Plätze, kein Bau und keine Veränderung vorgenommen werden."

---

97 Gesetz gegen die Verunstaltung von Ortschaften und landschaftlich hervorragenden Gegenden, vom 5. Juli 1907, Pr. GS 1907, Nr. 45, S. 260-261.

98 „...auch darauf zu halten, dass eine Verunstaltung der Straßen und Plätze sowie des Orts- und Landschaftsbildes nicht eintritt".

99 Stübben, Die Bedeutung der Bauordnungen und Bebauungspläne für das Wohnungswesen, Berlin 1902, S. 5.

100 Rodriguez-Lores, „Gerade oder krumme Straßen. Zu den irrationalen Ursprüngen des modernen Städtebaus", in: Stadterweiterungen 1800-1875, Hamburg 1983, S. 101-134. Die Diskussion über „gerade oder krumme Straßen" führt zum „grundsätzlichen Problem des Städtebaus, auf die Grenzen rationalen und sozialen Handelns bei der Planung der Stadt", S. 130.

101 Stübben, S. 5.

ALR § 71, Erster Theil, Achter Titel.
„In allen Fällen, wo sich findet, daß ein ohne vorhergegangene Anzeige unternommener Bau schädlich oder gefährlich für das Publikum sei, oder zur groben Verunstaltung einer Straße oder eines Platzes gereiche, muß derselbe nach der Anweisung der Obrigkeit geändert werden.“[102]

Die weit in das 20. Jahrhundert wirkende Formel, dessen, was unter einer Verunstaltung zu verstehen sei, ist 1882 vom OVG Berlin für Preußen so beschrieben worden: „Verunstaltung (...) ist die Herbeiführung eines positiv hässlichen, jedes offene Auge verletzenden Zustandes.“[103] Diese Definition wurde erst um die Mitte des 20. Jh. durch ein Urteil des Bundesverwaltungsgerichtes mit der neuen Gestaltungsformel ersetzt; der volle Wortlaut war bereits wiedergegeben worden. Auch in neuerer Zeit wurden wieder Versuche unternommen, Gestaltungsanforderungen in die Bauordnungen „einzubauen“. Als Beispiel dient hier die erst 1960 für die Landesbaubehörden der Bundesrepublik konzipierte Musterbauordnung (MBO), die in allen 11 Bundesländern gleichlautend eingeführt werden sollte, in § 3 wurde im Sinne einer Generalklausel gefordert:

> „Bauliche Anlagen sind so zu entwerfen, anzuordnen, zu errichten, zu ändern und zu unterhalten, daß die öffentliche Sicherheit oder Ordnung, insbesondere Leben und Gesundheit, nicht gefährdet werden. Sie sind einwandfrei zu gestalten, dürfen das Gesamtbild ihrer Umgebung nicht stören und müssen ihrem Zweck entsprechend ohne Mißstände benutzbar sein. Die allgemein anerkannten Regeln der Baukunst sind zu beachten.“[104]

Die Forderungen, die die Baupolizei nach § 3 erfüllen sollte, umfassen vier Sachverhalte, die sehr unterschiedliche Zielvorgaben beinhalten:

1. Sicherung der öffentlichen Ordnung
2. Einwandfreie Gestaltung der baulichen Anlagen, die das Gesamtbild ihrer Umgebung nicht stören dürfen
3. Zweckentsprechende und ohne Mißstände benutzbare Anlagen
4. Beachtung der allgemein anerkannten Regeln der Baukunst.

Das Ziel nach Ziffer 1 gehört eindeutig zum Bereich der „Abwehr von Gefahren“, der klassischen Polizei- und Baupolizeiaufgabe. Das zweite Ziel ist zwar der Baupolizei als Aufgabe zugeordnet, tatsächlich betrifft es aber eine allgemeine Geschmacksfrage, die je nach Region und Zeit nur wechselnd beantwortet werden kann. Die dritte Forderung ist ebenso mehrdeutig wie die vorhergehende Forderung, denn ob eine bauliche Anlage „zweckentsprechend“ geplant und errichtet wurde oder wird, entscheidet in der Regel nicht die Baupolizei, sondern der Bauherr allein. Als viertes Ziel wird gefordert, dass die allgemein anerkannten Regeln der Baukunst beachten werden müssen, diese Pflicht ist nicht neu, sondern seit Vitruv bekannt.

---

102 Rehbein und Reincke, Allgemeines Landrecht für die preußischen Staaten, Berlin 1885, S. 291.

103 OVG Berlin Bd. 9, (Kreuzberg-)Entscheidung vom 14.6.1882, S. 382.

104 Schriftenreihe des Bundesministeriums für Wohnungsbau, Band 16/17, Bonn 1960, Musterbauordnung für die Länder des Bundesgebietes einschließlich des Landes Berlin, Januar 1960.

Die seit dem 19. Jahrhundert bis heute unbeantworteten Fragen lauten: Wie kann die Baupolizei das „Verunstaltungsverbot“ gewährleisten, welche Befugnisse und Mittel waren und sind ihr gegeben; wie konnte oder kann sich die Baupolizei auf eine nicht normierbare Aufgabe vorbereiten; ist diese beschriebene Aufgabe überhaupt eine Baupolizeiaufgabe?

In diesem Dilemma hatte schon die Berliner Baupolizei im Jahre 1879 gestanden, als sie am 10. März 1879 eine Polizeiverordnung zum Schutz des Nationaldenkmals auf dem Kreuzberg erlassen hatte, dieser Polizeiverordnung haftete aber ein großer Mangel an, der dann in einem Verfahren vor dem OVG-Berlin aufgedeckt wurde. Der sogenannte Kreuzbergfall ist wegen seiner baupolizeilich-ästhetischen Bedeutung in die Rechtsgeschichte eingegangen. Daher soll er im Folgenden näher dargestellt werden.

3.5 Denkmalschutz und Baupolizei: Das Denkmal von Karl Friedrich Schinkel

Zu den ästhetischen Aufgaben, die die Baupolizei lösen sollte, kam eine Aufgabe hinzu: der Denkmalschutz bestimmter Gebäude und denkmalgeschützter anderer Anlagen (Parkanlagen, historische Gärten). Sie wird als wohlfahrtspolitische und ästhetische Aufgabe der Baupolizei angesehen. Sie wird damit begründet, dass die Baupolizei sowohl Sicherheits- als auch Wohlfahrtspolizei sei.[105] Die Gewährleistung von Sicherheit im Baubereich war und ist die tragende Aufgabe der Baupolizei, umstritten war aber die weitere Auffassung, ob die mehr wohlfahrtsbezogene Tätigkeit auch eine Pflichtaufgabe der Baupolizei sei. Im frühen 19. Jahrhundert war die Trennung der beiden Tätigkeitsgebiete nicht diskutiert worden, es war selbstverständlich, dass der Polizeibegriff alle Tätigkeiten, außer dem Militär- und dem Finanzwesen umfasste. Als in der Mitte des 19. Jh. die immer differenzierteren Aufgabenstellungen für die Polizei zunahmen, musste auch theoretisch geklärt werden, welche neuen Pflichten unter den Begriff der Polizei fallen würden. Auch als Robert von Mohl um 1844 seine „Polizeiwissenschaft“ schrieb, galt noch der § 10 des ALR als Maßstab für alles polizeiliche Handeln:

> „Die nöthigen Anstalten zur Erhaltung der öffentlichen Ruhe, Sicherheit und Ordnung, und zur Abwendung der dem Publico, oder einzelnen Mitgliedern desselben bevorstehenden Gefahr zu treffen, ist das Amt der Polizey.“

Erst nach der zweiten Kreuzbergentscheidung 1882 setzte in der Wissenschaft und in der Praxis die Diskussion ein, inwieweit der polizeiliche Begriff „Gefahrenabwehr“ noch Wohlfahrtsaufgaben enthalten dürfe. Ob wohlfahrtspolitische Aufgaben generell der (Bau-)Polizei entzogen waren, war in den Diskussionen

---

105 Schenke, Wolf-Dieter, Polizei- und Ordnungsrecht, in: Besonderes Verwaltungsrecht, hg. von Udo Steiner, Heidelberg [5]1995, S. 180. Die im ALR vorgesehene Einschränkung der Polizeibefugnisse auf die reine Gefahrenabwehr, sei im Laufe des 19. Jh. weitgehend in Vergessenheit geraten, man habe der Gefahrenabwehr den Begriffsinhalt Wohlfahrt hinzugefügt. Erst mit dem zweiten „Kreuzbergurteil“ wurde der Wandel zurück zur alleinigen Polizeiaufgabe „Gefahrenabwehr“ nach und nach vollzogen. Trotz der klaren Entscheidung wurden in den nächsten Jahrzehnten immer wieder Wohlfahrtsaufgaben der Baupolizei zugeordnet. Selbst in den heutigen Bauordnungen finden sich noch immer Wohlfahrtsaufgaben!

bis weit in das 20. Jahrhundert nicht völlig entschieden.[106] Inzwischen ist aber die Trennung der beiden Bereiche zur herrschende Meinung geworden, so u.a. bei Bachof, Forsthoff, Mayer, Knemeyer, Preu und Weyreuther. Die Aufgabe der Baupolizei ist die „Gefahrenabwehr", allerdings mit Abweichungen![107]

Der Schutz eines Denkmals durch die Baupolizei

Karl Friedrich Schinkel hatte im Auftrag des preußischen Königs Friedrich Wilhelm III. ein Denkmal geschaffen, das den Sieg gegen Frankreich symbolisch darstellen sollte. Die Grundsteinlegung zum Denkmal erfolgte 1818 auf dem Kreuzberg (auch Kreuzberge) in Berlin, die Einweihung des Denkmals war im März 1821.[108] Der Berliner Kreuzberg ist eine Erhebung von ca. 66 Metern gegenüber dem umgebenden Gelände. Der kleine Berg mit der Fläche von ca. 400 Metern mal 350 Metern war als Standort für das Denkmal ausgesucht worden, weil so das geplante etwa 20 Meter hohe und 200 Tonnen wiegende gusseiserne Denkmal nicht nur die unmittelbare Umgebung, sondern auch im weiteren Umkreis dominieren würde.

Zwischen 1821 und 1877 war die Bebauung u.a. an der ehemaligen Lichterfelderstraße, der heutigen Methfesselstraße, in Form von „hohen kasernenartigen Bauten", so das Berliner Oberverwaltungsgericht (OVG), immer mit Zustimmung der Baupolizei, nahe an das Denkmal herangewachsen. Diese Tatsache wurde allgemein als große Beeinträchtigung des Nationaldenkmals empfunden, sodass Wilhelm I. anordnete, das Denkmal um etwa acht Meter zu erhöhen.

Um die Sichtachse auf das Denkmal von der Großbeerenstraße aus eindeutig zu bestimmen, sollte gleichzeitig mit der Erhöhung auch das gusseiserne Denkmal um etwa 21° a.T. von Osten nach Westen gedreht werden.[109] Die mit der Drehung verbundene „neue" Freitreppe zum Denkmal war ebenfalls auf die Großbeerenstraße ausgerichtet. Die bautechnische schwierige Aufgabe wurde von August 1878 bis Oktober 1878 durchgeführt und kostete etwa 450.000 Mark.[110]

---

106 Schenke, Polizei- und Ordnungsrecht S. 180. Das Jahr 1882 markiert den Wendepunkt in der Polizeidiskussion, denn das OVG Berlin hatte 1882 das sog. zweite Kreuzbergurteil verkündet. Näheres dazu findet sich im folgenden Unterabschnitt.

107 Knemeyer, Franz-Ludwig, Polizei- und Ordnungsrecht 1998, Seite 4. Das OVG-Urteil bezieht sich auf ein Siegesdenkmal in Kreuzberg und dessen Schutz vor zu hoher Randbebauung, sowie in: Weyreuther: Eigentum, öffentliche Ordnung und Baupolizei in seinem Vortrag (März 1972) bei der Gesellschaft Hamburger Juristen. Dieses Denkmal stammt von K.F. Schinkel.

108 Das Denkmal hat im Laufe der Zeit verschiedene Bezeichnungen erhalten, so u. a. „Denkmal der Befreiungskriege, National-, Krieger-, Sieges- und Kreuzbergdenkmal und Kreuzberg-Monument.

109 Die Änderung der Ausrichtung des Denkmals bewirkte zwar die Frontalausrichtung auf die Großbeerenstrasse, warum aber die ursprüngliche Ausrichtung (auf das Hallesches Tor) korrigiert werden mußte, ist derzeit nicht zu ermitteln.

110 Der Berliner Architekten-Verein hatte im September 1878 mit über 230 Personen eine Exkursion zum Baugelände auf dem Kreuzberg veranstaltet. Der Exursionsbericht, der sehr viele technische und finanzielle Einzelheiten enthält, wurde in der *Deutschen Bauzeitung* am 28. September veröffentlicht.

Mit der Erhöhung des Denkmals hatte die Polizei zwar die bisherige Sichteinschränkung auf das Denkmal wieder auf den Stand von 1821, mit technischen Mitteln, zurückgeführt. Doch war diese Maßnahme gewissermaßen nur eine „Reparatur", denn die Polizei hatte nach der Berliner Bauordnung von 1853 durch den Erlass einer Bau-Verordnung, eines Baustatuts oder durch das Festsetzen von Fluchtlinien die Möglichkeit, bestimmte störende Bauvorhaben zu verhindern. Diese Möglichkeiten wurden jedoch nicht genutzt.

Die Berliner Baupolizei hatte sich kurz nach der Hebung und Drehung des Denkmals 1878 aber entschlossen, eine Verordnung zum allgemeinen Schutz des Denkmals am 10. März 1879 zu erlassen, wonach unbestimmte, nicht überschreitbare Höhengrenzen für Gebäude in der näheren Umgebung des Denkmals vorgeschrieben wurden, die Verordnung lautete:

> „Auf Grund der §§ 5, 6 und 11 des Gesetzes über die Polizeiverwaltung vom 11. März 1850 verordnet das Polizeipräsidium nach Anhörung des Gemeindevorstandes für den Stadtkreis Berlin, was folgt:
>
> § 1. In dem das Siegesdenkmal auf dem Kreuzberge umgebenden Bauviertel, welches im Norden von der Kreuzbergstraße, im Westen von der Verlängerung der Möckernstraße, im Süden von der Straße D. Abtheilung III des Bebauungsplanes von den Umgebungen Berlins, und im Osten von der Bellealliancestraße eingeschlossen wird, dürfen Gebäude fortan nur in solcher Höhe errichtet werden, daß dadurch die Aussicht von den Fuße des Denkmals auf die Stadt und deren Umgebung nicht behindert und die Ansicht des Denkmals nicht beeinträchtigt wird.
>
> § 2. Den Grundbesitzern wird auf Ersuchen die in jedem einzelnen Baufalle statthafte Art und Höhe der Bebauung von dem Polizeipräsidium örtlich vorgeschrieben werden.
>
> § 3. Zuwiderhandlungen werden nach § 367 Nr. 15 des Reichs-Strafgesetzbuches bestraft. Außerdem wird wegen Wiederherstellung des früheren Zustandes im polizeilichen Zwangsverfahren das erforderliche nach Maßgabe der § 33 ff. des Zuständigkeitsgesetzes vom 26. Juli 1876 angeordnet werden."[111]

Die zulässige Bauhöhe wollte die Baupolizei von Fall zu Fall selbst örtlich festlegen. Verordnungsziel war die freie Sicht, nicht nur von der Großbeerenstraße aus, auf das Denkmal zu gewährleisten. Dies hinderte den Bauherrn, „Rentier" M., aber nicht, ein Gesuch für einen viergeschossigen Bau der Baupolizei einzureichen, was die Frage nach der örtlich festzustellenden Gebäudehöhenbegrenzung sofort aufwarf. Die Baupolizei gab dann im bauaufsichtlichen Verfahren dem Bauherrn auf, sein Vorhaben einem von der Baupolizei vorgegebenem Höhenmaß anzupassen, also niedriger zu bauen. Der Bauherr nahm die Einschränkung gegen seine Baupläne jedoch nicht hin und klagte gegen die Baupolizei. Seine Klage begründete er so: Die Polizeiverordnung zum Schutze des Denkmals sei nicht rechtmäßig zustande gekommen. Die Baupolizei sei auch weder zuständig, noch befugt, aus dem Gesetz über die Polizeiverwaltung von 1850 und aus dem ALR § 10, II, 17 (oben bereits zitiert) eine Verordnung abzuleiten,

---

111 Preußisches Oberverwaltungsgericht, Band 9, Berlin 1887, S. 353-384. Urteil vom 14. Juni 1882.

die insbesondere ästhetische Fragen, also Fragen nach der allgemeinen Wohlfahrt berühre. Die Baupolizei könne zum Beispiel aus der Vorschrift des ALR § 66, Achter Titel nicht schließen, dass durch die geplante Bebauung eine Verunstaltung der näheren Umgebung des Denkmals herbeigeführt werde.[112]

Das Gericht schien auf der Seite des Bauherrn zu stehen und bemängelte an der polizeilichen Verordnung, dass sie unbestimmt in ihrem Inhalt sei, dass für einen Antragsteller nicht zweifelsfrei erkennbar werde, was baupolizeilich erlaubt oder nicht erlaubt sei. In der Verordnung sei im Übrigen das „Ermessen" der Baupolizei weit ausgedehnt worden, das es nicht mehr hinnehmbar sei.[113] Die Klage des Bauherrn gegen die Versagung der Baugenehmigung hatte beim Verwaltungsgericht Erfolg, das Gericht bestätigte die Zweifel des Bauherrn. Die unterlegene Polizeibehörde legte beim OVG Berufung gegen das Urteil ein.

Das OVG wies 1880 die Berufung der Polizeibehörde zurück und begründete die Entscheidung u.a. damit, dass die Polizeibehörde sehr wohl Verordnungen erlassen könne, diese dürften sich aber nur auf die Feuer-, Sicherheits- und gesundheitspolizeilichen Gegenstände erstrecken, aber keinesfalls auf wünschenswerte Gesichtspunkte, die ihr, der Baupolizei, aber nicht anvertraut seien. Die Baugenehmigung sei dem Bauherrn zu erteilen, denn die Polizeibehörde dürfe eine solche mehrfach unbestimmte Verordnung zum Schutz eines Denkmals nicht erlassen. Das OVG bestätigte dem Bauherrn, dass sein Vorhaben damit zu genehmigen sei, sollten sich sonst keine „baupolizeilichen Anstände" ergeben.[114] Diese Entscheidung von 1880 wird in der Literatur als das „erste Kreuzbergurteil" bezeichnet.

Nur wenig später, im Jahr 1881, hatte der gleiche Bauherr, in der gleichen Straße, nur geringfügig vom ersten Grundstück entfernt, einen weiteren Bauantrag für eine „Mietskaserne" eingereicht. Auch dieser Bauantrag wurde von der Baupolizei auf Grund der erlassenen Schutzverordnung von 1879 mit den gleichen Gründen abgelehnt. Der Bauherr reichte Klage ein und obsiegte beim Bezirksverwaltungsgericht wie im ersten Fall. Auch hiergegen legte die Polizeibehörde Berufung beim OVG ein. Zusätzlich wurde in der Berufung betont, dass es sich hier um „höchste ideale und nationale Güter" („Patriotismus") handele, die zu schützen seien. Das Denkmal müsse auch kommenden Geschlechtern die „glorreiche Zeit der Befreiungskriege" nahe bringen können.

Das OVG wies die Berufung der Polizeibehörde mit dem Bemerken zurück, dass keine Verunstaltung und schon gar keine „grobe Verunstaltung" vorliege, außerdem sei das faktische „Bauverbot für den Bauherrn als Maßnahme der Wohlfahrtspflege" anzusehen, die Wohlfahrtspflege sei aber keine Aufgabe der Polizei oder der Baupolizei.[115] Dem Bauherrn sei das eingereichte Bauvorhaben, eines „kasernenartigen Gebäudes", daher zu genehmigen. Zusätzlich hat-

112 ALR § 66: „Doch soll zum Schaden oder zur Unsicherheit des gemeinen Wesens, oder zur Verunstaltung der Städte und öffentlichen Plätze, kein Bau und keine Veränderung vorgenommen werden".

113 Entscheidungen des Königlichen Oberverwaltungsgerichts. Neunter Band, Berlin ^{2}1887, S. 360. Das Gericht sprach von einem „völlig schrankenlosen Ermessen" der Baupolizei.

114 OVG Berlin, Entscheidung vom 10. Juni 1880, in: *Deutsches Verwaltungsblatt* 1985, S. 216-219.

115 Knemeyer, Polizei- und Ordnungsrecht, Köln-Hamburg ^{7}1998, S. 4.

te das OVG der Baupolizei bei der Begründung seines Urteils noch entgegnet, dass sie schon im letzten Jahrzehnt Bebauungen in der Nähe des Denkmals zugelassen habe, die der geplanten Mietskaserne nicht unähnlich seien, bisher habe die Baupolizei diese Bauten nicht als verunstaltend angesehen, diese Bauten entsprächen auch dem üblichen Berliner „System der Miethsgebäude".[116] Die Entscheidung von 1882 wird in der Literatur als das „zweite (eigentliche) Kreuzbergurteil" bezeichnet.

Mit diesem zweiten Kreuzbergurteil begann die Diskussion um die inhaltliche Bedeutung des Polizeibegriffs erneut, denn es hatte sich bei den Kreuzbergurteilen gezeigt, dass die Polizei und damit die Baupolizei nicht jedes schützenswerte Rechtsgut in ihre „Obhut" nehmen konnte. Die Diskussionen berührten das durch Tradition gewachsene Bild der Polizei, die die Gefahrenabwehr und die Wohlfahrtspflege immer als eine Gesamtaufgabe angesehen hatte. Das OVG hatte nun entschieden, dass die „Sichtfreihaltung" nicht in die Kompetenzen der (Bau-)Polizei falle, diese etwas generalisierende Ansicht bestimmte damit den allgemeinen Tenor.

Es muss hinzugefügt werden, dass die Entscheidung des OVG eigentlich nur der Frage galt, ob die Zuständigkeit zum Erlass einer Verordnung aus dem preußischen Polizeigesetz und unter Bezugnahme auf das ALR hergeleitet werden durfte. Damit hatte das OVG zwar die gewählte Verordnungsform und den unbestimmten Inhalt der Verordnung verurteilt, die Schutzwürdigkeit des Denkmals jedoch bejaht.

Trotz der zweiten Kreuzberger Entscheidung lehnte die Baupolizei ein weiteres Vorhaben 1888 mit der Begründung ab, das Vorhaben würde zu nahe an die St. Bartholomäuskirche und ihr Missionshaus heranrücken. Die schützenswerten Bauten würden „geradezu von dem Vorhaben des Bauherrn erdrückt" und den „Blicken des Publikums" entzogen werden. Der „harmonische Anblick" würde nicht nur gestört, sondern „vernichtet".[117] Das Bauvorhaben sei eine grobe Verunstaltung. Das OVG hob die Versagung der Genehmigung auf. Das Vorhaben würde zwar die Schönheit des Anblickes stören, dieses genüge aber nicht, die Genehmigung zu versagen. Die Baupolizei müsse eine „grobe Verunstaltung" nachweisen. Der Nachweis könne nur gelingen, wenn „ein positiv hässlicher, jedes offene Auge verletzender Zustand" mit dem Vorhaben geschaffen würde. Weil diese Voraussetzung nicht vorliege, sei das Vorhaben zu genehmigen.[118]

Mit den beiden Kreuzbergurteilen war geklärt worden, dass die Baupolizei nicht Verordnungen erlassen konnte, die erstens, ungenau formuliert waren, zweitens, die das Ergebnis der baupolizeilichen Prüfung für den Bauherrn unvorhersehbar machte und drittens, der Baupolizei das Recht einräumte selbst zu bestimmen, durch welche bauliche Umstände eine Verunstaltung eintreten würde. Viertens wurde deutlich, dass das Prinzip der Baufreiheit selbst im Liberalismus dieser Zeit nicht schrankenlos interpretiert werden durfte, aber andererseits auch die Baupolizei mehr als bisher verpflichtet war, berechtigte Schutz-

---

116 Das OVG hatte den Ausdruck „hohe kasernenartige Bauten und vielstöckige Mietskasernen" für das geplante Bauwerk des Antragstellers verwendet: E-OVG Berlin, Bd.9, 353-384 (356).

117 Baupolizei und Aesthetik, in: *DBZ* 1888, S. 368

118 ebd., S. 368.

maßnahmen sorgfältig zu suchen und anzuwenden. Als Konsequenz aus den Urteilen musste die Baupolizei auf ihre alleinige Aufgabe, der Gefahrenabwehr, zurückgeführt werden. Die Wohlfahrtsaufgaben, die der Baupolizei durch Bauordnungen oder Bausatzungen von den jeweiligen Gesetzgeber übertragen worden waren, sollten auf andere Verwaltungszweige verlagert werden. Mit den Kreuzbergurteilen war, trotz der Eindeutigkeit der beiden Urteile, die Diskussion über die Aufgaben der Baupolizei noch nicht beendet. Die Diskussion über den Inhalt der baupolizeilichen Generalklausel wird bis heute weitergeführt.[119]

Die Trennung zwischen (Bau-)Polizeiaufgaben und Wohlfahrtsaufgaben nach der zweiten Hälfte des 19. Jh. bedeutete auch, dass die „Bevormundung" des Einzelnen durch die „Obrigkeit" mehr und mehr durch verankerte Rechte ersetzt wurden.[120] Sichtbarer Ausdruck der sich allmählich verändernden Situation war, dass nicht durch einen Akt des Gesetzgebers die Änderung erfolgte, sondern durch das OVG Berlin mit den beiden „Kreuzbergurteilen".

Das OVG verneinte in diesen Urteilen die Zuständigkeit der Baupolizei Verordnungen in Bezug auf die Höhe und Lage von Gebäuden zu erlassen, wenn es sich um ästhetische Belange, wie die Verhinderung einer Verunstaltung, handelte. Die Aufgabe wurde der Baupolizei damit entzogen. Ästhetische Belange zu wahren, war eine Aufgabe der Wohlfahrtspflege geworden. Die Wende gelang, so Götz, durch „die vollständige Etablierung des liberalrechtsstaatlichen Verfassungsstaates." Dieser Wandel erfaßte auch den Begriff der „Polizei", denn war die Wohlfahrtspflege keine Polizeiaufgabe mehr, so verblieb der (Bau-)Polizei nur die Aufgabe der Gefahrenabwehr.

In dem durch Urteil neu geschaffenen Verhältnis verbarg sich aber auch eine verfassungsrechtlich zulässige Konfliktlösung. Denn die Baupolizei könne durchaus auch wohlfahrtspflegerische Aufgaben übernehmen, sofern der Grundsatz gewährleistet war: die aus einem Gesetz abgeleitete Aufgabe- und Befugnisnorm.[121]

Die Auffassung, wonach der Baupolizei einzig und allein die Gefahrenabwehr zugewiesen sei und wohlfahrtspflegerische Aufgaben unzulässig seien, wurde und wird aber immer wieder durchbrochen. Beispielsweise wurde die, sich nach 1875 entwickelnde Stadtplanung auch von der Baupolizei ausgeübt. Das preußische „Fluchtliniengesetz" von 1875 war einerseits ein Baupolizeigesetz, das „nur" die Straßenbegrenzung festlegte, berührte aber andererseits auch sozial- und wohlfahrtspolitische Belange, zu nennen sind: die Verhinderung von Verunstaltungen, das Bedürfnis nach Klein- und Mittelwohnungen zur Geltung zu bringen und die Aufstellung von Bebauungsplänen. Die Baupolizei soll sicherstellen, dass Bauwerke nicht einstürzen und deren Benutzung für Menschen ungefährlich sind (Gefahrenabwehr).

---

119 Weyreuther, Felix, Eigentum, öffentliche Ordnung und Baupolizei. Köln 1972, S. 26.

120 Götz, Volkmar, Wandlungen des Polizeibegriffs, in: Allgemeines Polizei- und Ordnungsrecht, Göttingen [5]1978, S. 12 und 13.

121 Ein Beispiel für die (zulässige) baupolizeiliche Kontrolle von „Verunstaltungen" war das preußische „Gesetz gegen Verunstaltung landschaftlich hervorragender Gegenden" von 1902 (und seine Erweiterung 1907). Zwischen den Kreuzbergurteilen und dem Gesetz von 1902 lagen aber 20 Jahre.

Das Gegenstück, die Bebauungsplanung, ist zwar ein gemeindlich-hoheitlicher Akt, es wird aber allein durch Planung festgestellt, wo und unter welchen Umständen gebaut werden darf, damit wird die Planung zur Wohlfahrtspflege. Durch Planung, Leistung und Vorsorge nimmt die öffentliche Verwaltung am „Produktionsprozeß" teil, so Götz.[122] An einem Beispiel erläutert Götz, dass sehr viele, ureigenste, Aufgaben der Gefahrenabwehr „ununterscheidbar" in Aufgaben der Daseinsvorsorge, bzw. der Wohlfahrt, übergegangen seien. Die Versorgung der Bevölkerung mit einwandfreiem Trinkwasser könne einerseits eine Gefahrenabwehraufgabe (Schutz der menschlichen Gesundheit), aber andererseits auch eine Aufgabe der Daseinsvorsorge, also eine Wohlfahrtsaufgabe, sein.

Die Überwachung von örtlichen Gestaltungssatzungen und die Aufgabe des Denkmalschutzes durch die Baupolizei sind - gemessen an der nachfolgenden „Wohnungsfrage" - nur eine Randaufgabe. Die Wohnungsfrage war für die unteren „Erwerbsklassen", so Wehler, das Hauptproblem der „städtischen Existenz".[123]

Das Wohnungsproblem war damit zum Teil eine Frage der Bauordnungen und damit auch zur städtischen Bebauungsplanung geworden, in jedem Falle war die Wohnungsfrage aber eine wichtige sozialpolitische Angelegenheit, die (zu) langsam in das allgemeine Bewußtsein der politisch Handelnden verankert wurde.

122 Götz, Wandlungen, S. 31.

123 Wehler, Hans-Ulrich, Deutsche Gesellschaftsgeschichte, 1849-1914, München 1995, S. 515.

4. Die Wohnungsfrage im 19. Jahrhundert, Bauordnung und Baupolizei

4.1 Wohnungsfrage gleich Bauordnungsfrage?

In der „Menschheitsgeschichte" hat es immer wieder große Wohnungsnöte gegeben (Teuteberg), die naturgemäß von den Unterschichten eher und eindringlicher empfunden wurden, als von den besser gestellten Bevölkerungsschichten. Die früher auch wissenschaftlich geäußerte Meinung, „die Menschen hätten vor der modernen Urbanisierung bescheiden, aber wenig beengt in Großfamilien harmonisch-zufrieden zusammengelebt und seien erst im späten 19. Jahrhundert durch die moderne Großstadtbildung und Industrialisierung in ein Wohnungselend gestürzt worden, erscheint historisch indiskutabel."[1]

Eine „Wohnungsfrage" habe es seit dem Altertum gegeben, so Teuteberg, und seit die Bevölkerung in der Mitte des 19. Jh. beginnend vom Land in die Städte gezogen sei, was mit der Folge einer „riesenhaften Zusammenballung" von Menschen einhergegangen war, müsse von „der Wohnungsfrage" gesprochen werden.[2] Das allgemeine Bewusstsein für die Wohnungsfrage war in der Mitte des 19. Jh. vorhanden und „im Zuge der verstärkten Urbanisierung" ab 1840 als „eigenständiges sozialpolitisches Problemfeld" erkannt worden.[3] Das Fehlen von Wohnungen, die baulich-hygienisch schlechten Wohnungszustände und die Überfüllung[4] der Wohnungen wurden insbesondere von den unteren Schichten direkt erfahren.[5]

Nach Fuchs ist die Wohnungsfrage eine Boden-, Bebauungsplan-, Bauordnungs-, Bautätigkeits- und eine Kreditfrage; die Bodenspekulation erfordere eine grundlegende Reform des Hypothekenwesens.[6] Die Wohnungsunterversorgung musste von den sozial schwächeren Schichten der Bevölkerung hingenommen werden, denn sie hatten keine öffentlich wirksame Vertretung ihrer Interessen. Im Gegensatz dazu hatte sich die Interessengruppe der Hausbesitzer früh organisiert, erstes Beispiel ist der 1832 gegründete Hamburger Grundeigentümerverein.[7]

---

1 Teuteberg, Hans Jürgen, Betrachtungen zu einer Geschichte des Wohnens, in: Homo habitans, Münster 1985, S. 8.

2 ebd., S. 8.

3 Zimmermann, Clemens, Von der Wohnungsfrage zur Wohnungspolitik, Göttingen 1991, S. 17.

4 Zum Begriff der Überfüllung: Nach Baumeister ist eine Überfüllung einer Wohnung dann gegeben, wenn mehr als fünf Personen auf ein Zimmer kommen, in: Stadterweiterungen, S. 19.

5 Die Wohnungsnoth der ärmeren Klassen in deutschen Großstädten und Vorschläge zu deren Abhülfe. Gutachten und Berichte. Hg.: Verein für Socialpolitik, Leipzig 1886, Bde. XXX und XXXI. Im Band XXXI ist auch der Fragebogen (Enquete) abgedruckt, der den größeren Städten zugegangen war. M. Neefe (Breslau) hat die erhobenen statistischen Daten im Band XXX zusammengefaßt. Im Bd. XXX, S. IX-XXI (XI) wird der Zusammenhang zwischen Wohnungsnot und Bauordnung von Oberbürgermeister Miquel betont. In den Bänden XCIV bis XCVI wurde das Thema fortgeführt, jetzt unter dem Titel: Neue Untersuchungen über die Wohnungsfrage in Deutschland und im Ausland. Leipzig 1901. Hg. war in allen Fällen Carl Johannes Fuchs.

6 Fuchs, Carl Johannes, Zur Wohnungsfrage. Vorträge und Aufsätze, Leipzig, 1904, S. 78.

7 Hünecke, Walter, Hausbesitzerbewegung, in: Handwörterbuch des Wohnungswesens, Jena 1930, S. 325-328.

Ein erster Berliner Mieterverein soll dagegen nach Riese erst im Juli 1871 gegründet worden sein, weitere Vereinsgründungen seien ab 1882 nachzuweisen.[8] Die Wohnungsfrage wurde zunehmend öffentlich diskutiert.[9] Sie hatte damit eine sozialpolitische Dimension erhalten, die zuerst die mittleren und größeren Städte erfasste.[10]

Der Verstädterungsprozess begann in der Mitte des 19. Jh., daher müsse von einer „industriellen Verstädterung", so Laux, gesprochen werden.[11] Eine der Ursachen für die industrielle Verstädterung sei die Überbevölkerung auf dem Lande, resultierend aus einem zu großem Angebot von Arbeitskräften im Verhältnis zu den verfügbaren Arbeitsplätzen. In der Folge ergaben sich „Verelendungsprozesse" in weiten Bevölkerungskreisen (Pauperismus). „Es sei schwer zu verstehen", warum sich ein so großer Teil der ländlichen Bevölkerung den Bedingungen der Großstadt unterwerfen wollte, obwohl das vielfach beschriebene städtische Elend auch diesen Schichten schon bekannt war. Dabei sei die „städtische Wohnungsnot [...] wirklich besorgniserregend."[12] Ohne die Frage abschließend beantworten zu wollen, zählt Kamphoefner folgende Teilursachen auf, die für die Stadtzuwanderung verantwortlich sein konnten: erstens höhere Löhne und Arbeitsplätze, zweitens keine dörfliche Sozialkontrolle, drittens freieres Wohnen in der anonymen Stadt, viertens die Anziehungskraft der Stadt und fünftens die vielfältigen städtischen Vergnügungsangebote.[13]

Die Mobilität der Landbewohner, die so indirekt erzwungen wurde, war eine der Voraussetzungen für die in der zweiten Hälfte des 19. Jahrhunderts beginnende Industrialisierung und Verstädterung.[14] Das Wachstum betrug für den Zeitraum 1875-1885 in den Städten Frankfurt/Oder 14,6 %, Görlitz 22,9 %,

8 Riese, Horst, Mieterorganisation und Wohnungsnot. Geschichte einer sozialen Bewegung, Berlin 1990, S. 13.

9 Näheres bei: Julius Faucher, Die Bewegung für Wohnungsreform, in: *Vierteljahrschrift für Volkswirthschaft und Kulturgeschichte*, Bd. 4, Berlin 1865, S. 127-199, 139 ff. Schriften des Vereins für Socialpolitik, Die Wohnungsnoth der ärmeren Klassen in deutschen Großstädten und Vorschläge zu deren Abhülfe. Gutachten und Berichte, hg. im Auftrag des Vereins für Socialpolitik, Leipzig 1886, Bde. Nr. XXX und XXXI. *Schriften des Vereins für Socialpolitik*, Neue Untersuchungen über die Wohnungsfrage in Deutschland und im Ausland, Leipzig 1901, Bd. XCIV, S. 261-384. Bd. XCV, S. 1-248, Bd. XCVI, S. 1-302. H. Albrecht, Wohnungsstatistik und Wohnungsenquete, in: Handbuch der Hygiene, Bd. 4, Jena 1895, S. 13-34. Carl Johannes Fuchs, Wohnungsfrage, in: Handwörterbuch der Staatswissenschaften. Hg. von J. Conrad, W. Lexis, L. Elster, E. Loenig, Jena 1911, S. 873-928.

10 Jungermann, W., Bericht über die Verhandlungen des 8. Kongresses deutscher Volkswirthe, in: *Vierteljahrschrift für Volkswirthschaft und Kulturgeschichte*, hg. von Julius Faucher, 1865 Dritter Band, S. 166. Ebenso Faucher, Die Bewegung für Wohnungsreform, in: *Vierteljahrschrift für Volkswirthschaft und Kulturgeschichte*, hg. von Julius Faucher, 1865 Vierter Band, S. 127-199, 176-178 und 197. Schließlich ist auf die frühen Forderungen (und Bemühungen) des „Centralverein für das Wohl der arbeitenden Classen" hinzuweisen. Dieser Verein hat sich um die Wohnungsfrage schon um 1850 sehr bemüht.

11 Laux, Hans Dieter, Demographische Folgen des Verstädterungsprozesses, in: Urbanisierung im 19. und 20. Jahrhundert, Köln/Wien 1983, S. 65. Hg.: H. J. Teuteberg.

12 Kamphoefner, Walter Dean, Soziale und demographische Strukturen der Wanderung in deutsche Großstädte des späten 19. Jahrhunderts, in: Urbanisierung (...), S. 95-116, (95-97).

13 ebd., S. 98.

14 Laux, Demographische Folgen des Verstädterungsprozesses, in: Urbanisierung (...), S. 65/66.

Breslau 25,3 %, Berlin 36,0 %, Chemnitz 41,7 %, Frankfurt a. M. 49,8 % und Hamburg 78,1 %, die jährliche Steigerung betrug damit zwischen 1,46 % (Frankfurt/Oder) und 7,81 % (Hamburg).[15] Der Zuzug vom Land zur Stadt war stetig, die finanziellen Mittel zur Lösung der Frage konnten oder wollten die Städte aber nicht aufbringen. Die Stadtparlamente zögerten, sich der Fragen anzunehmen, teilweise wurde sogar bestritten, dass es eine Wohnungsnot gab.[16] Erst gegen Ende des 19. Jh. begann der „Umdenkungs- und Lernprozeß", so Steitz, die Wohnungsnot der „minderbemittelten Kreise" wurde allmählich anerkannt.

Das städtische „Eingreifen in den privaten Wohnungsmarkt", z.B. durch Erbpachtverträge und Förderung der gemeinnützigen Baugesellschaften wurde, wenn auch zögernd, durch die Gemeindegremien befürwortet.[17] Ob die private Fürsorge versuchte, Wohnungen in ausreichender Zahl und zu bezahlbaren Preisen zu schaffen oder ob die Hilfe karitativ oder christlich motiviert war, so oder so war das Wohnungsproblem, gemessen am Bedarf, nicht einfach zu lösen.[18]

In der Politik, z. B. bei den Abgeordneten des Frankfurter Parlaments von 1848, war das Thema Wohnung im umfassenden Sinn noch nicht diskutiert worden.[19] Diese Tatsache deutet darauf hin, dass die ausreichende Versorgung der Bevölkerung mit Wohnraum vielleicht schon als örtliches Problem, aber nicht als allgemeines Problem und auch nicht als vordringlich angesehen wurde.

Die nachfolgende Tabelle zeigt die Einwohnerzahlen von ausgewählten deutschen Staaten, wie sie sich innerhalb von 94 Jahren, zwischen 1816 und 1910, in den einzelnen Staaten verändert hatten. Die Bevölkerung im Deutschen Reich war in diesen Jahren von 24,8 Millionen auf 64,9 Millionen Personen angewachsen. Im Großherzogtum Baden musste in dieser Zeitspanne für 1,1 Millionen, im Königreich Bayern für 3,3 Millionen und in Preußen für 26,5 Millionen Personen zusätzlicher Wohnraum beschafft werden.

Für diese Arbeit ist die Betrachtung der zweiten Hälfte des 19. Jahrhunderts wichtig, hier zeigten sich die Wohnungsprobleme sehr deutlich, da die Bevölkerung in allen einzelnen Staaten, wenn auch unterschiedlich stark, zunahm.

15 Für 1875: Stat. Jahrbuch Dt. Reich 1880, S. 7, für 1885: Jahrbuch Dt. Städte 1890, S. 23 (Neefe).

16 Steitz, Walter, Kommunale Wohnungspolitik im Kaiserreich am Beispiel der Stadt Frankfurt am Main, in: Urbanisierung im 19. und 20. Jahrhundert. Historische und geographische Aspekte, Köln/Wien 1983, S. 393-428, (398). Nach Steitz war in Frankfurt festgelegt, dass der Anteil der Hausbesitzer im kommunalen Parlament 50% betragen musste. Von 64 Mitgliedern der Stadtverordnetenversammlung waren 48 Hausbesitzer; was 75% entspricht. Reulecke berichtet in der „Geschichte der Urbanisierung", dass der Anteil der Hausbesitzer im kommunalen Parlament, um 1900, in Posen „nur" 50%, in Potsdam 65%, in Halle 76%, in Düsseldorf 86% und in Köln 95% betrug.

17 Steitz, Kommunale Wohnungspolitik im Kaiserreich ..., S. 400.

18 Teuteberg, Homo habitans, S. 8.

19 Heinrich, Adolf, Die Wohnungsnot und die Wohnungsfürsorge privater Arbeitgeber in Deutschland im 19. Jh., Marburg 1970, Seite 11.

Tabelle 2: Einwohnerzahlen in verschiedenen Staaten der Jahre 1816, 1864, 1900/1910

A	B	C	D	E	F	G	H
Jahr	Baden	Bayern	Hessen-Darm-stadt	Sachsen	Preußen	Württem-berg	Deutsches Reich
1816	1.006.000	3.607.000	562.000	1.194.000	13.709.000	1.411.000	24.833.000
1864	1.432.000	4.775.000	817.000	2.337.000	23.582.000	1.748.000	39.392.000
1900	1.867.944	6.176.057	1.119.893	4.202.216	34.472.509	2.169.480	56.367.178
1910	2.142.833	6.887.291	1.282.051	4.807.000	40.165.219	2.437.574	64.925.993
∑: 1864-1910	710.833	2.112.291	465.051	2.470.000	16.583.219	689.574	25.533.993
∑: 1816-1910	1.136.833	3.280.291	720.051	3.613.000	26.456.219	1.026.574	40.092.933
Zeile 5: pro J.	1,08 %	0,96 %	1,24 %	2,30 %	1,53 %	0,86 %	1,41 %
Zeile 6: pro J.	1,20 %	0,97 %	1,36 %	3,22 %	2,05 %	0,77 %	1,72 %

Stat. Jahrbuch für das Deutsche Reich 1903, S. 1 und 1915 S. 2. Eig. Berechnungen. ∑ = Saldo.

Wird das Wachstum für den Zeitraum 1864-1910 auf eine jährliche Durchschnittsgröße bezogen, so erscheinen die jährlichen Steigerungen in der zweiten Hälfte des 19. Jahrhunderts von 0,86 % (Württemberg) bis 1,53 % (Preußen) als nicht sehr hoch. Doch bedeutet diese Wachstumsrate einen großen Bevölkerungsanstieg. Auffallend ist aber der Wert von Sachsen, hier betrug die durchschnittliche Einwohnerzunahme sogar 2,30 %. Diese Steigerung wurde nur noch von der Stadt Berlin übertroffen, die zwischen 1864 und 1910 von 633.000 auf 2.071.000 Einwohner anwuchs, dies entspricht einer jährlichen Zunahme von ca. 4,94 %.

Die obigen Zahlen zeigen aber nur die jährliche Zunahme der Bevölkerung, dem gegenüber steht die Frage, welche Zahl an Wohnungen gebraucht werden und wie der Bedarf abgeschätzt werden kann. Dazu kommt noch eine unvermeidbare Fehlerquelle bei der Wohnungsbedarfsermittlung: Wie wird die sogenannte „Leerstandsziffer oder Leerwohnungsziffer“ bewertet? Sie besagt, dass ungefähr drei bis vier bewohnbare Wohnungen pro 100 vorhandenen Wohnungen nicht bewohnt sind, dem Markt aber zur Verfügung stehen.[20] Da im Übrigen die Leerstandsziffer nicht nur innerhalb einer Stadt oder der umgebenden Region, sondern auch von Jahr zu Jahr stark schwanken kann, ist die Ziffer ein möglicher Ansatz, aber keine gesicherte Methode, um den Wohnungsüberschuß oder den Wohnungsfehlbedarf von zu ermitteln. Die nachfolgende Tabelle zeigt die Bevölkerungszunahme in verschiedenen Staaten Deutschlands, verbunden mit der Mindestzahl neu zu schaffender Wohnungen pro Jahr.

20 Albrecht, H., Leerwohnungsziffer, in: Handwörterbuch des Wohnungswesens, Jena 1930, S. 509-512. Die Ziffer wird allgemein in der Literatur mit 3% angegeben.

Tabelle 3: Bevölkerungszunahme: 1864 - 1910 (46 Jahre), theoretischer Nachholbedarf

	A	B	C	D
	Staat/Land/Provinz	Bevölkerungs-zunahme, absolute Zahlen	Zuwachs im ∅ pro Jahr Zahl der Personen	Mindestzahl neue Wohnungen/A, bei 4,4 Pers. pro WE
1	Baden	710.833	15.453	3.512
2	Bayern	2.112.291	45.920	11.345
3	Hessen-Darmstadt	465.051	10.110	2.297
4	Sachsen	2.470.000	53.696	12.204
5	Preußen	16.583.219	360.505	81.930
6	Württemberg	689.574	14.990	3.406
7	Deutsches Reich	25.533.993	555.087	126.155

Stat. Jahrbuch für das Deutsche Reich 1903, S. 1, 1915, S. 2 und eigene Berechnungen.

Erläuterung zur Berechnung:
Wird der jeweilige Wert der Spalte B durch die 46 Jahre geteilt, ergibt sich der durchschnittliche jährliche Personenzuwachs. Wird der Wert der Spalte C dann durch 4,4 Pers./WE geteilt, ergibt sich die Anzahl der „notwendigen“ Wohnungen, hervorgerufen durch die steigende Bevölkerungszahlen und dem Abbau der „Überfüllung“. In Baden müssten nach diesen Zahlen jedes Jahr rund 3.500 neue Wohnungen bereitgestellt werden. Es wird darauf hingewiesen, daß die Zahlen nur eine Grobabschätzung des Wohnungsbedarfs bieten können und sollen.

Wird die absolute Zunahme der Bevölkerung im Zeitraum 1864-1910 einer jährlichen durchschnittlichen Zunahme gegenübergestellt, so wird deutlich, welche Aufgaben die öffentliche Verwaltung im Bereich des Bauwesens zu bewältigen hatte. Anforderungen waren u.a. die Bereitstellung von Bauland, die Aufstellung von Fluchtlinienplänen (nach 1875) und die Bereitstellung von finanziellen Mitteln für den Straßenbau und seine Nebenanlagen.[21]

Diese obigen Zahlen zeigen nur ein sehr grobes Bild eines wahrscheinlichen Fehlbestandes an Wohnungen, die Zahlen sind nicht differenziert nach Regionen, Städten und Gemeinden oder nach den Kriterien der Zuwanderung versus Wegzug bzw. der Geburten- und Sterbefälle, der Größe der Wohnung und dem zu zahlenden Mietpreis bereinigt. Die Zahlen können aber eine gute Vorstellung vermitteln, was an staatlicher und städtischer Vorsorge durch die öffentlichen Verwaltungen zu leisten war. Neben der Bevölkerungszunahme (Spalte B) und dem durchschnittlichen jährlichen Bevölkerungszuwachs (Spalte C) wurde in Spalte D versuchsweise dargestellt, welche jährliche Neubauleistung zu erbringen wäre, wenn für je 4,4 Personen eine in sich abgeschlossene Wohnung zur Verfügung gestellt werden müsste.[22] Die Relation Personenzahl zu

21 Erst im letzten Viertel des 19. Jh. wurde die Mitfinanzierung dieser öffentlichen Einrichtungen durch die Veranlasser (Bauunternehmer, bzw. Bauherren) zur Regel. Abgesehen von den weiteren öffentlichen Einrichtungen, wie Abwasserklärsysteme, Schlachthöfe, Schulen, Kirchen und Sportplätze, die immer zu Lasten der städtischen Kassen (ohne „Umlage) errichtet werden mussten.

22 Zimmermann, Von der Wohnungsfrage (...), S. 122. Zimmermann hat die Wohnungsversorgung für 1910 mit 227,4 Wohnungen pro 1000 Einwohner angesetzt, das sind 4,4 Personen

Haushaltung bzw. Wohnung, hier mit 4,4 angenommen, liegt nahe an den Zahlen, die im Statistischen Jahrbuch veröffentlicht wurden.[23] Für Baden, Bayern, Hessen-Darmstadt, Sachsen, Preußen und Württemberg lagen nach dem Statistischen Jahrbuch die Durchschnittswerte zwischen 4,39 (Sachsen) und 4,85 (Bayern) Personen pro „gewöhnlicher" Haushaltung bzw. Wohnung.[24] Im Ergebnis müsste eine durchschnittliche jährliche Wohnungsbauleistung von rund 126.500 Wohnungen erzielt werden.

Unberücksichtigt blieb aber bisher der Abgang von Wohnungen oder von ganzen Gebäuden wegen Überalterung oder Verfall. Diese nicht mehr zur Verfügung stehenden Wohnungen müssten jährlich ersetzt werden, um den „Stand" zu halten. Auch hier wird zunächst vereinfachend angenommen, dass ein Haushalt eine Wohnung erfordert.[25] Ein vereinfachter Anhaltspunkt für die Menge des jährlichen Wohnungsabgangs bildet daher die Zahl der Haushalte, obwohl bekannt ist, dass viele Haushaltungen nicht vollständig selbständig waren, sondern oft in der Wohnung anderer Familien untergebracht waren. Die Statistik zählte aber auch diese Haushaltungen mit.

Die Zahl der Haushaltungen für das Deutsche Reich gab das Kaiserliche Statistische Amt in Berlin für das Jahr 1880 mit 9,6 Millionen Haushaltungen, für das Jahr 1890 mit 10,6 Millionen und für das Jahr 1895 mit 11,25 Millionen Haushaltungen an.[26] Daher kann die Zahl der Haushalte größer sein, als der gezählte Bestand an Wohnungen. Die Zahl der tatsächlichen Haushalte kann aber annähernd zum Maßstab der nachgesuchten Wohnungen gemacht werden. Unter diesen Voraussetzungen kann der jährliche Mindestwohnungsbedarf nach der 1%igen Abschreibungsregel wie folgt geschätzt werden: 9.600.000 Haushaltungen mal 1/100 ergeben 96.000 Wohnungen.[27] Bei 11,25 Millionen Haushaltungen würden theoretisch bereits 112.500 Wohnungen allein aus Gründen der Abschreibung als erforderliche jährliche Neubauleistung gelten können. Der Nachholbedarf, aus Gründen der Überfüllung, im deutschen Reich (Spalte D) müsste nach der obigen überschlägigen Berechnung zwischen 1864 und 1910 ca.

---

pro Wohnung. Diese Belegungsdichte liegt damit bei der in Sachsen gemessenen Belegungsziffer von 4,39.

23 Stat. Jahrbuch für das Deutsche Reich, Berlin 1898, S. 1. Bei einer Bevölkerungszahl von 52.297.901 und 11.526.150 Haushaltungen ergeben sich 4,64 Personen pro Haushalt.

24 In den Vierteljahrsheften (Stat. Dt. Reich) von 1873, S. 158, wurde z.B. für Preußen ein Wert von 4,8 und für Bayern ein Wert von 4,6 ermittelt. Die Daten stammen aus der Volkszählung von 1871. Für das Reichsgebiet wurde 1900 die Anzahl der Personen je Haushalt mit 4,6 angegeben (Stat. Jahrbuch 1903, S. 3).

25 Wischermann hat betont, dass diese Gleichsetzung nur eine Vereinfachung ist. Die Statistik habe den Begriff Haushalt, beginnend in den 80-90er Jahren des 19. Jh., erst definiert. Daher könne man aus Haushaltsstatistiken jeweils nur grobe Anhaltspunkte ableiten, in: Wohnen in Hamburg vor dem Ersten Weltkrieg, Münster 1983, S. 183-185.

26 Stat. Jahrbuch 1898, S. 1.

27 Allgemein wird die kaufmännische Abschreibung auf gewöhnliche Bauwerke mit 1% angegeben. Eberstadt hat die Regel u.a. im „Handbuch" auf S. 417 und 683 erwähnt. Damit ist nicht ausgeschlossen, dass sehr oft die Substanz ständig erneuert wird. So kann sich der jährliche Neubaubedarf (aus Abschreibung) rein rechnerisch von unter 1% ergeben. Diese theoretische Differenzierung kann aber unterbleiben.

126.500 Wohnungen betragen. Zusammen ergäbe dies einen theoretischen Wohnungsbedarf von jährlich 126.500 + 112.500 = 239.000 Neubauwohnungen. Die tatsächliche Bauleistung, d.h. in diesem Fall der Reinzugang, (vgl. die folgende Tabelle) lag jedoch weit unter dem hier nur theoretisch ermittelten Wohnungsbedarf.

Tabelle 4: Wohnungsbau im Deutschen Reich, Neubauleistung in verschiedenen Jahren[28]

	A	B	C	D
	Jahr	Reinzugang Wohnungen/J.	Bemerkungen	Quelle
1	1912	ca. 200.000	Die nebenstehenden Zahlen sind nach der Denkschrift (S. 47) durch Hochrechnung ermittelt worden. Dabei wurden große Städte aus dem deutschen Reichsgebiet ausgewählt	2. Denkschrift S. 47
2	1913	ca. 200.000		2. Denkschrift S. 47
3	1914	ca. 113.600		2. Denkschrift S. 47
4	1915	ca. 52.000		2. Denkschrift S. 47
5	1923	118.333		Stat. Jahrb. 1924/25, S. 102
6	1924	106.502		Stat. Jahrb. 1926, S. 89
7	1925	178.930		Stat. Jahrb. 1927, S. 109
	1926	205.793		Stat. Jahrb. 1927, S. 109
	1927	282.968		Stat. Jahrb. 1928, S. 135

Eine weitere Diskrepanz bei allen Ermittlungen des Wohnungsbedarfs liegt darin begründet, dass die einfache Bevölkerungszunahme registriert wurde. Tatsächlich spielt auch die Zahl der Haushaltsneugründungen, also der Eheschließungen, eine große Rolle. Eberstadt hat angegeben, dass im Zeitraum von 1905 bis 1910 in Deutschland im Durchschnitt 198.000 Haushalte jährlich neu gegründet wurden. Er rechnet noch die abgängigen Wohnungen (40.000) hinzu und ermittelt so die notwendige Zahl von Neubauwohnungen auf jährlich rund 240.000, wobei hier Haushalte Wohnungen gleichgesetzt wurden.[29]

Nach Steitz war der offensichtliche Mangel an Kleinwohnungen die Ursache dafür, dass der Wohnungsfrage „mehr als in anderen Bereichen" ein sozialpolitischer, wenn nicht sogar ein „systemkritischer Charakter zukam."[30] Rodriguez-Lores und Fehl sind sogar der Auffassung, dass „die Kleinwohnungsfrage damals wie heute unbeantwortet geblieben ist; sie stellt eines der vielen ungelösten städtischen Probleme dar."[31] Die Wohnungsfrage sei daher eine Kleinwohnungs- und Bauordnungsfrage und wie Adelheid von Saldern besonders hervor-

28 Die Zahlen von 1912-1915 sind der (2.) Denkschrift des Reichsarbeitsministers vom 10. 12.1927 (Drucksache 3777), die Zahlen für 1923-1927 sind dem jeweiligen Stat. Jahrbuch entnommen.

29 Eberstadt, S. 192. E. hatte die Jahre 1905 und 1910 genannt.

30 Steitz, Kommunale Wohnungspolitik, S. 394.

31 Rodriguez-Lores, Juan und Gerhard Fehl, Die Kleinwohnungsfrage. Zu den Ursprüngen des sozialen Wohnungsbaus in Europa. Einleitung der Herausgeber, in: dieselben, Hamburg 1988, S. 14. Mit dem Begriff „damals" ist besonders die zweite Hälfte des 19. Jh. gemeint. Insgesamt habe es nicht an größeren Wohnungen (3, 4 und 5 Raumwohnungen) gefehlt, sondern besonders an den 1 und 2-Raumwohnungen.

hebt, es sei tatsächlich mehr eine Hausbesitzerfrage, da die Hausbesitzer, gut organisiert, es hervorragend verstanden hätten, ihre Machtposition in den kommunalen Parlamenten und auch außerhalb (z.B. in den Landtagen) „auszunutzen".[32]

Instrumente der Gemeinden

Ein Hilfsmittel, das den Gemeinden und Städten im 19. Jh. zur Verfügung stand, um die Rahmenbedingungen für den Wohnungsbau zu verbessern, waren die Bauordnungen, in Baden das Ortsstraßengesetz und das in Preußen erst ab 1875 geltende „Fluchtliniengesetz". Insofern kann davon gesprochen werden, dass die Wohnungsfrage zugleich eine Bauordnungsfrage ist.[33] Eine weitere Möglichkeit waren die öffentlichen Hilfen zur Gründung gemeinwirtschaftlich arbeitender Bauvereine oder die freiwilligen Zuschüsse und Erleichterungen der Städte. In den Bauordnungen der Staaten Bayern, Sachsen, Hessen-Darmstadt und Württemberg waren die technisch-rechtlichen Elemente für die Festsetzung von Baufluchtlinien schon enthalten. In den preußischen Gemeinden, die vor 1875 bestimmte Stadterweiterungen planten, war mangels eines landesweiten Gesetzes die jeweils eigene städtische Bauordnung die Grundlage, um Baufluchtlinien zu planen und festzusetzen. Neben der Baulandbereitstellung, der Finanzierung des einzelnen Gebäudes und der Arbeitsplatzsicherheit für den Einzelnen kann die Bauordnung, vollzogen durch die zuständige Baupolizei, einen kleinen Beitrag zur Verbesserung der Mangelsituation leisten. Die Verbesserung des baulichen und des hygienischen Zustandes vorhandener, aber insbesondere von neu geplanten Bauten wäre erreichbar, wenn die Baupolizei in den von ihr zu erstellenden Bebauungsplänen die Vorgaben aus der jeweiligen Bauordnung im Sinne der künftigen Bewohner anwandte.

Die Wohnungsfrage war zu keiner Zeit nur eine Frage der Anzahl der fehlenden Wohnungen oder des „Überfüllungsgrades", sondern auch eine Frage, wie Wohnungen ausgestattet waren und in welchem Umfeld sie errichtet werden sollten. Jedoch hatte die Baupolizei zu keiner Zeit die Aufgabe Wohnungsbauten selbst zu erstellen, sie war und ist nur für deren Genehmigung und für die Erteilung von Befreiungen von zwingenden Vorschriften, nach der vorgegebenen Bauordnung, zuständig. Insofern ist die Baupolizei kein Akteur, sondern erfüllt staatliche Weisungen in einem speziellen Gefahrenbereich, ohne selbst gestaltend eingreifen zu können. Einzelgesichtspunkte zur Verbesserung der Wohnverhältnisse wären für die Baupolizei denkbar, hier nur versuchsweise vom Verfasser aufgelistet:

- Verbesserung der städtischen Hygiene, Verbot von Kellerwohnungen, Stilllegung der sogenannten Trinkwasserbrunnen und Feuersicherheit der Bauten,
- Abgeschlossenheit der Wohnungen, Einführung von Mindestgrößen des Luftraumes pro Person, Mindesthöhe von Wohnräumen, Mindestlichtfläche pro qm Wohnraum,

32 ebd., Kommunale Wohnungs- und Bodenpolitik in Preußen 1890-1914, S. 74-93 (79).

33 Stübben, Josef, Die Bedeutung der Bauordnungen und der Bebauungspläne für das Wohnungswesen, Göttingen 1902, S. 27. Nach Stübben ist die Wohnungsfrage nicht nur eine Baukostenfrage, sondern auch eine Bodenfrage und daher eine Bauordnungsfrage, „denn sie ist es, welche einen Einfluß sowohl auf die Baukosten als auch auf die Bodenpreisbildung ausübt".

- Erschwerung des Ausbaus von ungeschützten (ungedämmten) Dachwohnungen,
- Anschlusspflicht an das städtische Abwasser- und Wasserversorgungsnetz,
- Vergrößerung des Hofraumes bei der Bebauung mit rückwärtigen Gebäuden,
- Verringerung der Zahl der zulässigen Stockwerke bei Wohngebäuden,
- Zurückdrängung des Massenmietshauses (Mietskasernen),
- Einführung der offenen Bauweise mit ein- bis zweigeschossigen Gebäuden,
- Schaffung von Zonen differenzierter Nutzungen (Gewerbe/Wohnen), Schutz vor gewerblich-industriellen Emissionen aller Art und Reduktion der überbaubaren Grundstücksfläche,
- Bessere Erledigung von Verwaltungsarbeiten, schnelle Erteilung der Baugenehmigung.

Der Einfluss der Bauordnungen: Einzelbeispiele

Stübben schilderte die noch nicht gelösten Probleme der deutschen Bauordnungen anhand der Untersuchung der Treppenbreite. Die geforderte begehbare Treppenbreite schwanke „ohne sichtbaren Grund erheblich". In 67 von 88 Bauordnungen seien einheitliche Mindestbreiten vorgeschrieben. In 21 Bauordnungen betrugen die geforderten Treppenbreiten zwischen 0,9 und 1,25 Meter.[34] Die Breiten richteten sich nach den verschiedensten Kriterien: erstens nach der bebauten Grundfläche, zweitens nach der Wohnungsanzahl, drittens nach dem zulässigen größten Abstand zwischen der Treppe und dem äußersten Wohnraum oder viertens nach der Länge der Bauten. Auch die Verschiedenartigkeit der Vorschriften für Mauerstärken, bei gleichen Anwendungsfällen, würden nur die Gebäudekosten erhöhen, ohne die Standsicherheit der Bauten deswegen zu verbessern.[35] Ebenso verschieden seien die Anforderungen an die Bauart der Treppen, „mal werden feuersichere Treppen in feuersicheren Treppenhäusern verlangt", in anderen Fällen wurde auf das abgeschlossene eigene Treppenhaus gänzlich verzichtet.[36]

Neben diesen technischen Vorschriften, die vereinheitlicht werden sollten, war immer wieder gefordert worden, die Straßenbreiten auf die jeweilige Nutzung im betreffenden Stadtteil abzustellen, um die Herstellungs- und Unterhaltungskosten zu verringern. Straßenbreiten von 14 Meter und mehr sollten für Geschäftsstraßen vorbehalten sein. Straßenbreiten unter 12 Meter waren für Quartiere, die einen mäßigen Verkehr aufnehmen sollten, gedacht. Straßenbreiten zwischen 8 und 10 Meter sollten für Nebenstraßen und Wohnstraßen mit Erschließung kleiner Wohnbereiche, ausreichend sein. Dabei könnten bei Straßenbreiten von acht bis zwölf Metern sogar noch Vorgärten vorgesehen werden.[37]

Die Differenzierung in der Bauordnung und im Bebauungsplan war Ende des 19. Jh. eine inzwischen anerkannte Methode, die bauhygienischen Missstände in den Städten, wenigstens in kleinen Schritten, zu beseitigen. Die Untergliederung im Bauplanungsbereich betraf die Trennung zwischen den Wohn- und

34 Stübben, Bedeutung, S. 9.

35 Stübben, Bedeutung, S. 20, Stübben sieht hier die Vereinfachung und Verbilligung darin, dass die Abmessungen der Mauerziegel einheitlich werden müßten, anderseits könnten die geforderten Mauerstärken um einige Abstufungen reduziert werden. S. 41: Stübben fordert als Konsequenz das Reichswohnungsgesetz; oder eine Reichsbauordnung, die auch schon vom Verband deutscher Architekten- und Ingenieurvereine 1876 gefordert wurde (*DBZ* 1876, S. 376).

36 Stübben, S. 10.

37 ebd., S. 32.

den mit Rauch und Lärm verbundenen Gewerbe- und Industrieflächen. Bei den Bauordnungen war die Differenzierung u.a. auf die Gebäudehöhe und den Anteil der nicht überbaubaren Grundstücksfläche gerichtet.

Weitere Unterscheidungen sollten, so Oberbürgermeister Adickes und Reinhard Baumeister, darin bestehen, dass Bauordnungen auch zwischen den Innenstädten, den äußeren Bezirken und den umliegenden kleineren Gemeinden differenziert erfolgen.[38] Die erste Bauordnung, in der das Prinzip annähernd realisiert wurde, war in Frankfurt am Main 1891 durch eine „Zonenbauordnung" (in Süddeutschland: Staffelbauordnung) auch deshalb möglich geworden, weil der preußische Landtag die gesetzliche Voraussetzung geschaffen hatte.[39]

Erleichterungen im Wohnungsbau konnten durch die Bauordnungen herbeigeführt werden, indem z. B. die Geschosshöhen für Wohnungen in den Städten soweit verringert wurden, dass im Lichten statt bisher 3,00 Meter in Frankfurt, (2,85 Meter in Sachsen, in Bayern 2,40 Meter) beispielsweise nur 2,50 Meter nachzuweisen waren, für die Gebäude auf dem Lande brauchte die lichte Wohnraumhöhe sogar nur 2,30 Meter betragen.

Am Beispiel Frankfurt läßt sich aber auch nachweisen, dass unter dem Oberbürgermeister J. Miquel die städtische Bauordnung vom 15.7.1884 nur wenig zur Kostenminimierung beigetragen hatte. Nach § 38 der Bauordnung „müssen" die Wohnräume „wenigstens" eine lichte Höhe von drei Metern haben, bei Umbauten genügten 2,60 Meter Höhe.

Im benachbarten Darmstadt wurde zur gleichen Zeit nur eine lichte Höhe der Wohnräume von 2,40 Meter gefordert. Die rechnerische Kostenersparnis zwischen einem Wohnraum mit drei Meter lichter Höhe und einem Raum mit nur 2,50 Meter Höhe konnte bis 20 % betragen, ganz abgesehen von den zusätzlichen Kosten, wie z.B. der größeren Anzahl von Treppenstufen, die eingespart werden konnten. Auch die höheren Heizungskosten, die durch den vergrößerten Rauminhalt entstanden, waren ein Faktor, der die ärmeren Teile der Bevölkerung mehr belastete als andere Schichten mit höheren Einkommen.

Die Kostenerhöhung durch eine höhere „Raumlichte" wurde durch eine größere Ausnutzung der überbaubaren Grundstücksfläche „gemildert", denn der Bauherr konnte eine größere vermietbare Wohnfläche errichten. So musste die „unbebaute" Grundstücksfläche, der Hof, bei zweigeschossiger Bauweise nur 20 Quadratmeter, bei vier Metern geringster Länge betragen. Bei Gebäuden mit drei Obergeschossen sollte der Hof 28 Quadratmeter aufweisen.[40]

---

38 Franz Adickes und Reinhard Baumeister, Die unterschiedliche Behandlung der Bauordnungen für das Innere, die Aussenbezirke und die Umgebung von Städten, Frankfurt 1893, S. 3-4.

39 Albers, Gerd, Zur Entwicklung der Stadtplanung in Europa, Begegnungen, Einflüsse, Verflechtungen, Braunschweig 1997, S. 36.

40 Oven, A. H. E., Polizeiverordnung, den Erlaß einer Bauordnung für die Stadt Frankfurt am Main betreffend, S. 42. In: Oven: Neue Bauordnung und andere Gemeindestatuten und Verordnungen für Frankfurt a. M., Frankfurt 1884. Bei einer überbauten Grundfläche für das EG und das erste OG von je z. B. 100 Quadratmetern, ergibt sich für das erste OG eine Hoffläche von 10% (20 qm Mindestfläche), bei einem Haus mit zwei Obergeschossen beträgt die Hoffläche noch 8%, bei einem Haus mit drei Obergeschossen beträgt die Hoffläche nur noch 7%.

Der „Berliner Hinterhof" hatte eine Mindestfläche von 5,33 mal 5,33 Metern, das sind 28,41 Quadratmeter.[41] Das Frankfurter Baugrundstück durfte nach § 32 bis zu 75 % bebaut werden, d.h., dass die Grundstücksfreifläche nur 25 % betragen musste.[42]

Differenzierte Quartiere, Bauzonen in den Bauordnungen

Die abgestuften Bebauungszonen bei Stadterweiterungen sollten zur Verbesserung des Wohnumfeldes durch „fest abgegrenzte Bezirke" beitragen. Ein Planungsbereich sollte mehr die Wohnbebauung aufnehmen, im anderen könnte eine Mischbebauung mit kleinteiligeren Gewerbebetrieben, sowie eine Wohnbebauung stattfinden. Schließlich sollte in bestimmten Gebieten die Fabrikation vorherrschen. Diese Forderungen wurden als „Leitsätze" von Baumeister und Oberbürgermeister Adickes 1893 in Würzburg auf der Versammlung des DVöG vorgetragen.[43] Dort wurde festgestellt, dass die „zweckentsprechende bauliche Anlage der neuen Stadttheile eine Angelegenheit von größter Wichtigkeit ist".[44] Bauordnungen, die für ältere Stadteile ausreichten, seien „nicht für Stadterweiterungen" geeignet. Die baupolizeiliche Gleichbehandlung aller Stadtteile habe zu Bodenpreisen geführt, die das „socialpolitisch zulässige Maß" überschritten hätten, die „übermäßige Ausnutzung" der Baugrundstücke müsse verhindert und eine angemessene Beschränkung der Gebäudehöhen erreicht werden. Wenn durch die örtlichen Verhältnisse Unterschiede in Bezug auf die Baudichtigkeit notwendig erschienen, könnten sie durch Grenzen bestimmt werden. Die Ausbauart der Straße sollte schon bei der Planung festgelegt werden, Grundlage sei der „Charakter der einzelnen Straßen und der Baublöcke". Bei der Planung von Stadterweiterungen solle nicht nur das derzeitige Stadtgebiet Anhaltspunkt sein, sondern auch die Flächen, die in Zukunft zum Stadtgebiet gehören könnten, ein „Zusammenwirken" aller Behörden sei dabei anzustreben.[45]

4.2 Planungsaufgaben für James Hobrecht in Berlin

Im Folgenden soll der Bebauungsplan aus den Jahren 1859-1862 behandelt werden. Der Grund für die Hervorhebung dieses einen Bebauungsplanes liegt in seiner Besonderheit, die ihn von anderen Bebauungsplänen nach 1860 abhebt. Es ist zum einen das Zustandekommen des Planes selbst und zum anderen die außergewöhnliche Größe des überplanten Stadtgebietes. Außerdem hat der Planer, der gelernte Feldmesser James Hobrecht, weit über hundert Jahre lang, Anlass zu Dissertationen, Abhandlungen und zu Veröffentlichungen gegeben. Die

41 Rodenstein, Marianne, Mehr Licht, mehr Luft, S. 134 gibt an, dass die Berliner Hofgröße auf 31,60 Quadratmeter „beschränkt" sei. Dies ist falsch, die Berliner Bauordnung forderte mindestens (nur) 17 Zoll im Quadrat. Das sind 5,33 bis 5,34 Meter im Quadrat, umgerechnet gleich 28,4 bis 28,5 Quadratmeter.

42 Baumeister, Normale Bauordnung, S. 61. In seinen „Stadterweiterungen" von 1876 waren als angemessene freie Flächen die Werte 25% (Stuttgart), 33% (Posen) und 40% (Hamburg) beschrieben worden, S. 329. Baumeister 1880: Die unbebauten Teile des Grundstückes sollten mindestens 20%, besser aber 40% betragen.

43 *DVjöG* 1894, Bd. 26, S. 13-46 (14). XVIII. Versammlung des Deutschen Vereins für öffentliche Gesundheitspflege zu Würzburg am 25. Mai 1893.

44 *DVjöG* 1894, S. 13.

45 Der volle Wortlaut der Leitsätze von 1893, die hier nur auszugsweise dargestellt wurden, wird im Anhang Nr. 4 wiedergeben

letzte größere Veröffentlichung stammt aus dem Jahr 2000 und stammt von Klaus Strohmeyer.[46] Hobrecht hat quasi zwei Berufe ausgeübt: erstens als Baupolizeibeamter und Planer von 1858 bis 1861. Zweitens der Entwässerungstechniker ab 1869 und spätere Berliner Stadtbaurat für Straßen und Brückenbau. Die Besonderheit der Hobrecht gestellten ersten Aufgabe und die Person erfordern eine breite Darstellung des Themas.

In einem 1965 erschienenen Aufsatz wurde in der Überschrift gefragt: „Gebührt James Hobrecht ein Denkmal?“[47] Mit dem Namen Hobrecht war nicht der Berliner Oberbürgermeister Hobrecht, sondern dessen (fast) zur selben Zeit in Berlin wirkende Bruder James gemeint. James Hobrecht war im Jahre 1869 nach seiner Tätigkeit in Stettin zum leitenden Techniker bei der zuständigen Berliner Behörde für die Entwässerung ernannt worden. 1884 wurde er zum Stadtbaurat für Straßen und Brückenbau berufen. Der zitierte Aufsatz bezog sich nicht auf Hobrechts Tätigkeit als leitender Techniker der Entwässerungsbehörde, sondern auf Hobrechts Beitrag zur Aufstellung des „Berliner Bebauungsplans“, den er in den Jahren ab 1859 im Auftrag des Polizeipräsidiums zu erarbeiten hatte.

Im 1965 veröffentlichten Aufsatz wurde von den Autoren die „alte“ Lösung von End- und Eckpunkten einer Häuserzeile in einem zufällig gewählten Berliner Stadtviertel daraufhin untersucht, ob und wie die klassische Übereckbebauung an einmündenden Straßen verloren gegangen sei. Die im 19. Jh. angewandte Form der Ecklösung mit der baulich-architektonischen Betonung der Hausecke sei eigentlich ein typisches Erscheinungsbild der Großstadtstraßen. Im Aufsatz wurde bedauert, dass diese baulich-konstruktive Ausbildung und die dadurch erzielte Gebäudepräsentation im Straßenverlauf in Berlin kaum noch auffindbar seien. Immerhin habe die Berliner Bauordnung von 1853 für die Eckbebauung eine gewisse Überhöhung, die der breiteren anliegenden Straße entsprach, zugelassen.

Diese seit den 1860er Jahren oft gewählte baulich-ästhetische Hervorhebung der Gebäudeecke sei im Laufe der Jahre nach 1945 verloren gegangen, es sei fast das Gegenteil eingetreten, so Geist und Huhn in ihrem Aufsatz. James Hobrecht habe in seinem „Aufsatz“ von 1868, „Über öffentliche Gesundheitspflege und die Bildung eines Central-Amtes für öffentliche Gesundheitspflege im Staate“ eine soziale Durchmischung der Bewohner von Mietshäusern gefordert, die heute weitgehend verloren gegangen sei.[48]

James Hobrecht habe die Durchmischung als das „empfehlenswerte Durcheinander“ genannt und sein Aufsatz von 1868 sei zu Recht berühmt geworden.[49] Zum Schluss kommen die Autoren zu der Ansicht, dass einige das „tödliche, steinerne Berlin als Schuld Hobrechts“ anrechnen und damit das

---

46 Strohmeyer, Klaus, James Hobrecht 1825-1902 und die Modernisierung der Stadt, Potsdam 2000.

47 Geist, J.F. und Dieter Huhn, Gebührt James Hobrecht ein Denkmal? In: *Bauwelt* 1965, Seite 701-704.

48 Hobrechts Veröffentlichung stammt aus dem Jahr 1868, dort hatte er die soziale Durchmischung („Durchdringung“) der Bewohner eines Mietshauses als die geeignete Wohnform beschrieben.

49 Geist & Huhn, S. 703. Der „Aufsatz“ hat 45 Seiten und ist in Buchform 1868 in Stettin erschienen. Dieser „Aufsatz“ von Hobrecht wird in einem späteren Teil ausführlich behandelt, da über Anlass, Inhalt und beabsichtigte Wirkung der Schrift Hobrechts kontroverse Ansichten bestehen.

Denkmal verweigern würden; die anderen würden die Geschlossenheit der Bebauung als das „Signum der Stadt“ hervorheben und das Denkmal für James Hobrecht nicht verweigern.[50]

James Hobrecht wurde am 31.12.1825 in Ostpreußen geboren, nach dem Schulbesuch begann er 1841 eine Landwirtschaftslehre, 1842 wechselte er als „Eleve“ zu einem Feldmesser. 1844 legte er die Reifeprüfung ab und bestand 1845 die Prüfung als Feldmesser. Sein Studium an der Bauakademie Berlin begann er am 1.4.1847. Knapp zwei Jahre später legte er am 10.5.1849 das Examen als Bauführer ab, dem das weitere Studium an der Bauakademie 1850 folgte. Im Mai 1851 wurde er Bauführer in Königsberg. Im Oktober 1852 bat er um Entlassung aus dem Staatsdienst, um als Verwalter eines landwirtschaftlichen Gutes zu arbeiten. Doch schon im Oktober 1853 setzte er sein Studium an der Bauakademie bis 1855 fort. Nach einer kurzfristigen Beschäftigung als Straßenbaumeister bei der Kreuz-Cüstriner-Frankfurter Eisenbahn legte er am 6.4.1856 die erste Prüfung (Baumeister) für den Wasser-, Wege- und Eisenbahnbau ab.

Am 1.4.1858 begann Hobrechts Laufbahn im Berliner Polizeipräsidium in der Abteilung III; dort prüfte er als „Baupolizist“ zunächst Baugesuche. Später sollte er (befristet) den erkrankten Baumeister Köbicke unterstützen und am neuen Bebauungsplan mitarbeiten. Hobrechts Titel lautete demgemäß, „Kommissarius“ für den Bebauungsplan. Kurz danach bestand Hobrecht auch die zweite Baumeisterprüfung (5.6.1858) für den Wasser-, Wege- und Eisenbahnbau. 1859 wurde Hobrecht verantwortlich mit der Erarbeitung des Bebauungsplans betraut. Kurz darauf wurden ihm die sog. Instruktionen zur Aufstellung des Bebauungsplans mitgeteilt. Schon am 12.8.1859 konnte Hobrecht den Entwurf und den Erläuterungs-Bericht zum Bebauungsplan (Abt. I) dem Polizeipräsidenten vorlegen. Da der Bebauungsplan aus technischen Gründen nicht in Form eines gezeichneten Plans erarbeitet werden konnte, war vereinbart worden, den Bebauungsplan in 14 Teilen zu fertigen. Hobrecht übergab folgende zeichnerische Entwürfe der Teil-Bebauungspläne mit dem jeweiligen Erläuterungsbericht an den Polizeipräsidenten am:

19.8.1859: den Entwurf und Erläuterungs-Bericht des Bebauungsplan Abt. VII, am
1.6.1860: den Entwurf und Erläuterungs-Bericht des Bebauungsplan Abt. IX und XI, und am
26.7.1860: den Entwurf und Erläuterungs-Bericht des Bebauungsplan Abt. III.

Die Dienstreise:
Vom 13.8.1860 bis zum 9.11.1860 führte er zusammen mit dem Baurath Eduard Wiebe eine Dienstreise nach Hamburg, London und Paris zum Studium der Kanalisationsanlagen durch. Weitere Bebauungsplanentwürfe folgten am:

17.6.1861: der Entwurf und Erläuterungs-Bericht des Bebauungsplan Abt. X, (Sektion 1 und 2),
10.9.1861: der Entwurf und Erläuterungs-Bericht des Bebauungsplan Abt. I, und am
4.10.1861: der Entwurf und Erläuterungs-Bericht des Bebauungsplan Abt. VII.

---

50 Soweit bekannt, gibt es kein Denkmal für James Hobrecht. In Berlin und in Darmstadt ist jedoch jeweils eine Straße nach ihm benannt, James Hobrecht ist außerdem Ehrenbürger der Stadt Darmstadt.

Am 12.11.1861 teilte Hobrecht dem Polizeipräsidenten seine Wahl zum Stettiner Stadtbaurat mit; der Stettiner Auftrag: Planung der Kanalisation. Hobrecht bat um Entlassung aus dem Dienst zum 15.12.1861. Seine restlichen Arbeiten schloss Hobrecht vor dem Dienstantritt in Stettin ab, diese waren:

22.11.1861: Vorlage der Arbeitspläne für die Sektionen II, IV, VIII und XII,
3.12.1861: Vorlage des endgültigen Planes der Sektion XIII, Sektion 1 und 2,
6.12.1861: Vorlage der Arbeitspläne für die Sektion XIV, Stralauer Viertel und Abteilung X, Sektion 1 und 2,
13.12.1861: Vorlage eines genauen Inventars seines Büros und Übergabe der Dienstgeschäfte an seinen Nachfolger, Baumeister Sesshaft.
15.12.1861: Hobrecht trat seinen Dienst in Stettin an.[51]

4.3 Der Berliner Bebauungsplan von 1862

4.3.1 Bevölkerungssituation in Berlin in der Mitte des 19. Jahrhunderts

Die Stadt Berlin hatte um 1840 ca. 322.000[52], um 1852 ca. 438.958 und 1855 bereits 447.483 Einwohner.[53] 1858 war die Bewohnerzahl auf 458.637 gestiegen und 1861 wurde eine Bewohnerzahl von 547.571 erreicht. Berlin hatte damit in 21 Jahren einen Bevölkerungszuwachs von rund 70 %, d.h. von 3,33 % pro Jahr, zu verzeichnen. Das war der Rahmen, den James Hobrecht 1858 zu Beginn seiner Tätigkeit vorfand. Die nachfolgende Tabelle zeigt die relativ stetige Bevölkerungsentwicklung Berlins zwischen 1850 und 1858, danach folgte eine stärkere Entwicklung bis um 1875. Nach einer kurzen Phase von geringerem Bevölkerungszuwachs, etwa von 1875 bis 1877, folgten zum Teil starke Steigerungen. Schon kurz nach der Jahrhundertwende wurde die Zahl von zwei Millionen Bewohnern erreicht. Hobrecht erlebte in seiner dreijährigen Planungszeit, dass sich Berlin von 458.637 um knapp 89.000 auf 547.571 Einwohner vergrößerte.

Zahl der Bewohner in der Stadt Berlin....[54]

1855	1858	1861	1864	1867	1871	1875	1880	1885
447.400	458.600	547.500	632.700	702.400	826.300	966.800	1.008500	1.122300

Obere Zeile: Jahresangabe, untere Zeile: Bewohner in Berlin.

51 Zum Lebenslauf von J. Hobrecht: Geist & Kürvers, Das Berliner Mietshaus, München 1980, Bd. 1, S. 485, sowie U. Kieling: Berliner Baubeamte und Staatsarchitekten im 19. Jh., Berlin 1986, S. 47.

52 Hegemann, Werner, das steinerne Berlin, S. 263. Die amtliche Statistik zählte 330.230 Bewohner.

53 Dieterici, Carl Friedrich Wilhelm, Handbuch der Statistik des preußischen Staats, Berlin 1861, S. 166.

54 Daten: Aus dem Stat. Bureau Berlin. Die Zahlen sind vom Verfasser gerundet, da schon die seinerzeitige Datenermittlung auf verschiedenen Grundlagen beruhte und jede ungerundete Zahl eine Genauigkeit zeigen würde, die für die Darstellung eines Planungsprozesses unnötig ist und nur eine Scheingenauigkeit vermittelt. Die Daten stammen aus: Volkszählungen, amtliche Fortschreibungen, Zählung der ortsanwesenden Bevölkerung und aus den Ermittlungen über die „Zollabrechnungsbevölkerung“. Die Bevölkerungsdaten wurden auch mit den Daten verglichen, die Geist & Kürvers (Das Berliner Mietshaus Bd. 2, S.121) sowie Neefe 1890 (S. 23) ermittelt haben.

4.3.2 Frühere Planungen für die preußische Hauptstadt

Als Hobrecht seinen Dienst im Berliner Polizeipräsidium am 1.4.1858 begann, lagen ihm Ideenskizzen und vorbereitete Planungen von Peter Josef Lenné und von Oberbaurat Carl Ludwig Schmid vor. Etwa um 1850 zeigte sich, die „Technischen Oberbaudeputation" war aufgelöst worden, dass die früheren Pläne nicht mehr den neuen Anforderungen genügen würden. In den Plänen fehlten die Darstellungen von Plätzen, öffentliche Einrichtungen, verkehrstechnische Umgestaltungen und Darstellungen der architektonisch-baulichen Dimension für die preußische Hauptstadt. Die alten Pläne sollten einer „Revision" unterzogen und gleichzeitig neue Pläne aufgestellt werden, die auch die Kosten für die Verwirklichung aufweisen sollten.

Dafür wurde Bauinspektor Köbicke beim Polizeipräsidium eingestellt, er lieferte das Ergebnis seiner Planuntersuchung und Kostenermittlung im Jahre 1852 dem Polizeipräsidenten ab. Köbickes Bericht umfasste jedoch nicht nur eine Revision vorhandener Pläne, sondern beinhaltete schon einen Vorschlag der Neukonzeption eines Bebauungsplanes.[55] Diesen planungstechnisch begründeten Vorschlag nahm das Polizeipräsidium zum Anlaß einer generellen Überprüfung, die jedoch bis 1857 dauerte. Der Bericht über die einzuleitenden Maßnahmen, vor allem der Aufbringung und Bereitstellung der finanziellen Mittel, wurde 1857 von dem Geheimen Regierungsbaurat Rothe aus dem Polizeipräsidium an den Handelsminister geleitet. Das dort erstellte eigene Gutachten führte 1858 zur Zustimmung zum Projekt. 1859, also noch vor der Einstellung Hobrechts, schlug das Ministerium vor, dass die Finanzierung zu gleichen Teilen durch den Staat, durch die beteiligten Gemeinden und durch den Magistrat geschehen solle.[56] Die Absicht, den Regierungsbaumeister Köbicke mit den Arbeiten am Bebauungsplan zu betrauen, konnte nicht umgesetzt werden, weil Köbicke schwer erkrankte (Schlaganfall). Daraufhin führte der Geheime Regierungsbaurat Rothe um 1858 Gespräche mit dem Baumeister James Hobrecht, der zu dieser Zeit als Straßenbaumeister bei der Kreuz-Cüstriner-Frankfurter Eisenbahn in Stettin beschäftigt war. Der 33jährige James Hobrecht sollte in Berlin den erkrankten Köbicke vertreten und den Bebauungsplan bearbeiten.[57] Diese Voraussetzungen fand Hobrecht vor, als er seine Berliner Arbeit begann.

4.3.3 Vorstellungen und Ziele für den Bebauungsplan von Berlin

Über die baupolitischen Ziele von König Friedrich-Wilhelm IV (bis 1857) und dem Prinzregenten Wilhelm (ab Oktober 1858), hinsichtlich eines umfassenden Bebauungsplans, kann keine Aussage getroffen werden, denn jede Aussage wäre spekulativ. In der Literatur (u.a. Bruch, Hegemann, Geist & Kürvers und Strohmeyer) konnten keine gesicherten Hinweise gefunden werden, ob die vorgese-

55 Im April 1853 erhielt Berlin seine neue Bauordnung, die die alten Bauordnungen und Observanzen ablöste. Köbicke wurde auch angewiesen, den „Bebauungsplan" in 14 Einzelpläne aus technischen Gründen zu teilen.

56 Nach Geist & Kürvers (Bd. 1, S. 485), sollten die Kosten für den Bebauungsplan (Planfertigung, Vermessungen, Nivellements, Entwurfsbearbeitung und Absteckung des Straßennetzes) 23.474 Reichstaler betragen. Mitglied der Stadtverordnetenversammlung konnte werden, wer Hausbesitzer war und ein jährliches Mindesteinkommen von etwa 150-200 Reichstaler hatte.

57 ebd., S. 485.

hene Berliner Planung „nur" der Hauptstadt Preußens galt, oder ob beispielsweise die größeren Weltstädte (Wien, London und Paris) Vorbild waren, denen nachgeeifert werden sollte.

Die letzten größeren Planungen um 1840 bis 1855 stammten von Josef Lenné, sie wurden als Bebauungspläne bezeichnet, sie waren aber nicht nur einfache technische Pläne, wie sie in den Jahren nach 1859 üblich wurden, sondern sorgfältig gezeichnete Gestaltungsabsichten. Besonders deutlich geht dies aus der schriftlichen Erläuterung von Lenné zu dem Plan „Projektierte Schmuck- und Grenzzüge von Berlin und nächster Umgebung" von 1840 hervor.

Aus den Erläuterungen kann der Bezug zu den Weltstädten Paris und Wien aber nicht direkt abgeleitet werden. Lenné hatte in enger Fühlung mit Friedrich-Wilhelm IV. mehr die Zusammenfassung der unterschiedlich sich entwickelnden Teile Berlins im Auge. Lenné sprach aber auch davon, dass mit der Vollendung des Grenzzuges (die spätere „Gürtelstraße") die Stadt Berlin „in architektonischer Beziehung den ersten Rang unter Europas Hauptstädten einnimmt."[58] Die Erläuterungsberichte und planerischen Überlegungen von Lenné lagen Hobrecht bei Arbeitsbeginn vor. Fast zur gleichen Zeit wurde in Wien das große Projekt der Ringstraßenbebauung (1859) angefangen und in Paris hatte, ebenfalls in der Mitte des 19. Jh., Präfekt Baron Haussmann unter Napoleon III. begonnen, die Stadt zu „entkernen" und breite Avenuen und Boulevards zu bauen.[59] Die Planungsziele und die Durchführung der Projekte in Berlin, Wien und in Paris waren verschieden, ebenso das Planungsverfahren: In Berlin ließ der Handelsminister das Polizeipräsidium planen, Architekten waren nicht beteiligt. In Berlin war kein Umbau bestehender Straßen oder die Altstadt (Stadtkern) durchquerende Straßen zu planen. Der Stadtkern durfte nicht angetastet werden, stattdessen sollten in einem weiten „Kreis" um die Stadt herum, große Erweiterungsflächen vorgesehen und durch einen Bebauungsplan vor weiterer Zersiedlung gesichert werden. Friedrich-Wilhelm IV. und danach Prinzregent Wilhelm entschieden, dass der in Berlin unbekannte und im Stadtbauwesen unerfahrene 33jährige Baumeister James Hobrecht mit der großen Aufgabe betraut wurde.

In Wien wurde dagegen ein Architektenwettbewerb für die Planung der Ringstraße und deren Bebauung ausgelobt. In Paris ging es nicht um eine große „Ringstraße", sondern um die Innenstadt, denn „die Pariser Straßen waren eng, verwinkelt, überfüllt, in schlechtem Zustand und äußerst abstoßend", so Donald Olsen.[60] Eine bauliche Erweiterung der Stadtfläche war nicht Ziel der Planung. Die weiteren Gründe für die Umgestaltung können dahingestellt bleiben, da die Frage, ob die geplanten Straßen deswegen so breit ausgeführt wurden, um befürchtete Barrikadenbauten bei einem Volksaufstand zu verhindern, im Zusammenhang mit der Wiener und Berliner Planung nicht wesentlich ist. Bemerkenswert ist es in den Fällen Wien, Paris und Berlin nur, welche unterschiedli-

58 Geist & Kürvers, Bd. 1, S. 478.

59 Jordan, David, Die Neuerschaffung von Paris, Frankfurt/Main 1996, S. 196. Jordan: „Kaiser und Präfekt pflegten eine [...] einzigartige Beziehung, sie sahen sich fast täglich." Eine dieser neuen großen West-Ost-Achsen war die Planung der Rue Rivoli bis zur Bastille und die Nord-Süd-Achse Boulevard St. Michel über die Seine zum Boulevard de Sebastopol und Bd. Strassbourg bis zum Gare de l'Est.

60 Olsen, Donald, Die Stadt als Kunstwerk, London, Paris, Wien. Frankfurt/New York 1988, S.56.

chen Planungs- und Durchführungsansätze gewählt wurden. Es geht allein um die Tatsache, dass in Wien, Paris und Berlin große Stadtplanungen, jedoch mit völlig unterschiedlichen Zielen und Verfahren, fast gleichzeitig begonnen wurden, große Unterschiede in der Planungskultur werden damit sichtbar.

4.3.4 Vorgaben des Handelsministers: Instruktion für James Hobrecht

Die Aufgabe, einen Bebauungsplan für die Hauptstadt des größten deutschen Staates zu entwickeln, kann ohne eine Handlungsanweisung über den Planungsinhalt nicht erfolgt sein. Der Verfasser nimmt daher an, dass die „Instruktion" die Planungsinhalte, also die tragenden städtebaulichen Ziele, definierten, denen Hobrecht, der als Beamter dem Polizeipräsidenten direkt unterstellt war, verpflichtet war.[61] Die Instruktion wurde Hobrecht am 15. März 1859 ausgehändigt.[62] Damit war für Hobrecht der Rahmen vorgegeben, innerhalb dessen er sich als Planer bewegen durfte. Die schriftliche Instruktion muss daher auch als Leitvorstellung des Prinzregenten Wilhelm und des Handelsministers angesehen werden.[63] Die Instruktion enthielt u.a. folgende Feststellungen und Vorgaben für den Planer, die hier nur in sinngemäß wiedergegeben werden sollen:[64]

Für die Planung seien die bestehenden Karten ungenau und überholt, da eine große Zahl von neueren Bauten, Eisenbahnen, Straßen und Kanäle inzwischen hinzugekommen seien. Die Revision der Karten durch die neue Vermessung sei notwendig. Der Nivellementsplan ist im Maßstab von „20 Ruthen = 1 Dec.Zoll für die Längen und 10 Dec. Fuß = 1 Dec. Zoll für die Höhen" anzunehmen. Die Entwässerung der Quartiere solle so erfolgen, daß sie technisch zweckmäßig durchzuführen sind. Folgende Gesichtspunkte müssen Berücksichtigung finden:

Straßen-Anlagen seien für den voraussichtlichen Verkehr zu planen, wobei für die Größe der Quartiere die Straßen-Anlagen der Friedrichstadt zwischen Behren- und Kochstraße als Anhalt dienen. Spitze oder stumpfe Winkel der aufeinander treffenden Straßen seien zu vermeiden. Straßenbreiten müssen, je nach Bedeutung als Promenade-, Haupt-, Neben- oder Verbindungsstraße, 13-15, 7-9, 5-6 und 3-4 Ruthen gewählt werden. Auf die neue Gürtelstraße sei besonders zu achten. Der Anschluss an alte Straßen muss in angemessener Weise erfolgen.[65]

Neue Straßen sind möglichst von Südwest nach Nordost oder von Nordwest nach Südost vorzusehen. Straßen, die in Richtung einer Kirche, auf ein hervorragendes Bauwerk oder auf eine Wald- oder Gartenpartie verlaufen, sind sehr sorgfältig zu planen. Vorhandene Straßen und Wege sollten nur aus überwiegenden Gründen geändert werden; Privatgrundstücke sind zu schonen und Anschnitte zu vermeiden. Freie Plätze seien gleichmäßig zu verteilen. Auf höher gelegenen Plätzen könnten, wenn erforderlich, Kirchenbauten in Aussicht genommen werden. Die Absteckung

---

61 Die Annahme ist deswegen gerechtfertigt, weil weitergehende Planungsziele nur mit schriftlicher Weisung (Instruktion) in eine Planung umgesetzt werden konnten. Die vorliegende Instruktion war für Hobrecht verbindlich.

62 Geist & Kürvers, Bd. 1, S. 487.

63 Behnen, Michael, Bürgerliche Revolution und Reichsgründung, S. 403-468 (446), in: Deutsche Geschichte, Stuttgart, ^{2}1991 (Hg.: M. Vogt). Friedrich-Wilhelm IV war von Oktober 1858 an regierungsunfähig. Als Prinzregent amtierte Wilhelm von Oktober 1858 bis 1861, dann als König Wilhelm I. Es erscheint daher zweifelhaft, wenn Strohmeyer meint, den Instruktionen hätte „der König" im Februar 1859 zugestimmt, in: James Hobrecht (1825-1902) und die Modernisierung der Stadt, Potsdam 2000, S. 48.

64 Die Instruktion ist vollem Wortlaut im Anhang Nr. 5 abgedruckt.

65 5 Ruthen sind 18,80 Meter, 10 Ruthen sind 37,60 Meter und 15 Ruthen sind 56,40 Meter. Umrechnungsfaktor: Eine pr. Ruthe sind 3,76 Meter.

und „Besteinung“ des projektierten Straßennetzes soll erst nach Allerhöchster Genehmigung des Bebauungsplans erfolgen. Die Anlage größerer Reservoire, zur Aufnahme und Klärung des Straßenwassers, seien in der Nähe der Spree oder der Panke vorzusehen. Zur Aufgabe gehöre die Ausarbeitung eines umfassenden Entwässerungsprojektes. Schließlich seien den Unterlagen Voranschläge, „Contracte, Rechnungen, Berichte und Schreiben“ beizufügen.[66]

4.3.5 Technische Einzelvorgaben aus der Instruktion für James Hobrecht

In der Bestandsaufnahme hatte Hobrecht auch die bereits errichteten Wohnhäuser zu kartieren, denn die vorhandenen Pläne waren nicht identisch mit der inzwischen gebauten Wirklichkeit. Die alten Pläne konnten nicht einfach zusammengefügt werden, weil sie immer nur Inselpläne waren, die in der Vergangenheit auch ausgereicht hatten, die Bebauung „zu steuern“. Als Maßstab für die Quartiersgröße (Baublock) sollten die vorhandenen Baublöcke der Friedrichstadt (zwischen Behrenstraße im Norden und Kochstraße im Süden) angenommen werden. Diese Baublöcke hatten ein Maß von ca. 112 mal 80 Metern, also 8.960 Quadratmetern und von 168 mal 80 Meter, gleich 13.440 Quadratmetern. Das von Hobrecht zu planende kleinste neue Bauquartier sollte eine Größe zwischen 8.500 und 10.000 qm erreichen, die notwendigen Straßen sollten die Richtung SW-NO oder NW-SO aufweisen, diese Vorgabe ist wegen der gleichmäßigeren Besonnung der Wohnräume vorgesehen worden.[67] Nach der Instruktion sollte Hobrecht auf nicht parallel geführte Straßen verzichten, um stumpfe oder spitzwinkelige Straßeneinmündungen zu vermeiden, das orthogonale Prinzip war somit ein wichtiger Planungsbestandteil. Für den nördlichen Stadtbereich sollte eine Gürtelstraße, die spätere Seestraße, Straße Nr. 76, den Planungsbereich abrunden und damit quasi die äußerste nördliche Ausdehnung festlegen, die auch schon bei Lenné vorgesehen war. Eine für die Hygiene der neuen Stadtteile bedeutende Planungsaufgabe war die Ausarbeitung eines Entwässerungsprojektes aller neuen Straßen und Plätze und zugehörige Nebenanlagen.

4.3.6 Weitere planungsrelevante Vorgaben aus der Instruktion

Hobrecht sollte bestehende Grundstücksgrenzen nach Möglichkeit nicht verändern, Grundstücke, die aus einer früheren „Separation“[68] hervorgegangen waren, sollten nur verändert werden, wenn zwingende Planungsgründe vorlagen. Größere Bauquartiere sollten später durch innere Straßen erschlossen werden, um kleinere Baublöcke zu bilden. Bei der Planung von Plätzen, die gleichmäßig verteilt werden sollten, war keine Detailgestaltung erforderlich. Die Festlegung in Wohnquartiere oder Flächen für gewerbliche und industrielle Betriebe war nicht vorgesehen. Öffentliche Flächen für kommunale oder kirchliche Anlagen wurden im Bebauungsplan nicht gefordert, allerdings musste Hobrecht bei der Straßenplanung auf vorhandene Kirchen und andere größere öffentliche Bauten Rücksicht nehmen, indem er die neuen Straßenachsen darauf auszurichten hatte.

---

66 Geist & Kürvers, Das Berliner Mietshaus Bd.1, München 1980, S. 485-486.

67 Die Größe der damaligen Baublöcke (Behren- und Kochstraße) wurden vom Verfasser aus dem „Plan von Berlin und Umgebung bis Charlottenburg“ ermittelt, sein Maßstab beträgt: 1 / 15.584, zur Verfügung gestellt vom Landesarchiv Berlin unter der Kartensignatur 4-1457.

68 Als Separation kann im weitesten Sinne eine Flurbereinigung oder Grundstücksumlegung verstanden werden.

In der Instruktion findet sich kein Hinweis, dass geplante Eisenbahntrassen und Wasserstraßen in der Planung einzuarbeiten waren, ebenso war vom Planer nicht verlangt worden, die mögliche Einwohnerzahl zu ermitteln.[69] Obwohl Berlin 1853 eine neue Bauordnung bekommen hatte, wurde in der Instruktion darauf kein Bezug genommen. Insgesamt war die Instruktion im Wesentlichen mit den Vorgaben vergleichbar, die im Erlass des Ministers für Handel vom 12.1855 („Aufstellung städtischer Bebauungs- resp. Retablissements-Pläne") schon bekannt gemacht worden waren.[70]

4.3.7 Der Bebauungsplan und die Berliner Bauordnung

James Hobrecht hatte auf der Grundlage des Bebauungsplans, den er in nur drei Jahren entwarf und zeichnen ließ, sicher Vorstellungen, wie die spätere Bebauung dreidimensional wirken würde. Er hatte sicher auch Vorstellungen, wie die in den neuen Quartieren dann wohnenden Menschen „das Neue" wahrnehmen würden. Vielleicht hatte Hobrecht auch an die medizinischen, schulischen und kirchlichen Einrichtungen gedacht, die in neuen Bauquartieren notwendig werden würden. Das heutige Forschungsproblem besteht nun jedoch darin, dass Hobrecht zu seinen Planungsideen nur wenige Aussagen getroffen hat, sieht man von seiner Schrift „Über öffentliche Gesundheitspflege und die Bildung eines Central-Amtes für öffentliche Gesundheitspflege im Staate" ab, die aber erst sechs Jahre nach der Fertigstellung der Pläne 1868 in Stettin erschien. Es muss auch die Frage erörtert werden, in welcher Beziehung Hobrechts Planungen von 1859 bis 1861 zur neuen Bauordnung von Berlin (1853) standen. Hobrecht arbeitete zwischen 1858 und 1860 bei der Baupolizei, dort war er mit der baupolizeilichen Prüfung von Baugesuchen befasst.[71] Schon von daher war er sehr genau mit den baulichen Möglichkeiten, die die Bauordnung von 1853 auf kleinen und großen Grundstücken zuließ, vertraut. Zu Beginn des Jahres 1859 hatte die Baupolizeibehörde Hobrecht den Auftrag erteilt, neben seiner baupolizeilichen Tätigkeit den Entwurf für einen ersten Teil des zukünftigen Bebauungsplans anzufertigen.[72] Die Aufstellung eines Bebauungsplanes für die Großstadt Berlin war nicht durch eine andere staatliche Stelle oder durch die städtischen Behörden veranlasst worden. Planung und Bauordnung unterstanden ein und derselben Baupolizeibehörde, sie war gleichzeitig Veranlasser der Planung, Durchführungsstelle und Genehmigungsbehörde für Baugesuche. Schon am 12.8.1859 konnte Hobrecht dann den Entwurf und den Erläuterungsbericht zum ersten Teil des künftigen Bebauungsplans seinem Dienstherrn, dem Polizeipräsidenten vorlegen. Diese äußerst enge Verbindung zwischen der Baupolizei und

69 Hobrecht hatte allerdings in seinem allgemeinen Erläuterungsbericht von 1862 solche Angaben gemacht und errechnet, dass Berlin durch die Bebauungspläne über 2 Millionen Bewohner aufnehmen könne.

70 Doehl, Repertorium, S. 75.

71 Strohmeyer, Klaus, James Hobrecht (1825-1902) und die Modernisierung der Stadt, Potsdam 2000, S. 52.

72 In der Literatur wird nicht nur gelegentlich vom Berliner „Hobrecht-Plan" gesprochen, dabei darf jedoch nicht übersehen werden, dass der Planer Hobrecht nur die Weisungen des Polizeipräsidenten ausführte. Die Person Hobrecht kann daher nur als Vertreter des Polizeipräsidenten gesehen werden.

„der Planung" in einem Hause legt die Frage nahe, warum Hobrecht bei seiner Planung die späteren nach der Bauordnung möglichen Gebäudegrößen und die daraus folgenden städtebaulichen Dichten unberücksichtigt lassen konnte.[73]

Ernst Bruch, Werner Hegemann, Fritz Schumacher und Ernst Heinrich („Der Hobrechtplan") und viele andere, haben den Bebauungsplan von Berlin als eine große „Kurzsichtigkeit des Polizeipräsidenten" (Schumacher) bezeichnet, dennoch war Hobrecht der planende Fachmann, der mit der Bauordnung sehr vertraut war. Warum er die Möglichkeiten, die in der Bauordnung in Verbindung mit dem Bebauungsplan vorhanden waren, nicht abschätzte, bleibt unklar. Allerdings konnte er auf Grund seiner unteren Rangstellung durch geäußerte Bedenken wenig ausrichten und entscheidend auf die „gefährlichen Freiheiten der Bauordnung" (Schumacher) hinweisen.[74] Aus Schumachers Satz kann die These abgeleitet werden, dass die Bauordnung von 1853 die wichtigste Ursache für die folgende ungeheure städtebauliche Verdichtung Berlins war. Schumacher: „In mißverstandenem Liberalismus gab sie [die Bauordnung] den Grundbesitzern die größten Baufreiheiten bezüglich Höhe und Hofabstand der Bebauung".[75]

Es läßt sich jedoch auch die gegenteilige These aufstellen: Nicht die fast alles erlaubende Bauordnung ist die Ursache für die Baudichte mit drei, vier oder sogar fünf Hinterhöfen, sondern der Bebauungsplan ist die eigentliche Ursache für die Verdichtung. Die Bauordnung selbst löst dann nur die bekannte Wirkungskette (Bauantrag - Baugenehmigung - Baubeginn) aus. Die Begründung für diese These liefert die Tatsache, dass die Bauordnung 1853 erlassen und ca. 5-6 Jahre in der Praxis erprobt worden war, ehe die zeichnerischen Arbeiten am Bebauungsplan 1858/1859 begannen. Die leitenden Baupolizeibeamten im Polizeipräsidium, die die tägliche Arbeit des Planers Hobrecht überwachten, konnten bei jedem gezeichneten Straßenzug aus der Straßenbreite sofort erkennen, welche Höhen die hinter der Straßenfluchtlinie denkbaren Gebäude erreichen können.[76] Da auch für evtl. rückwärtige Gebäude keinerlei Vorschriften existierten, konnte bei dem Wachstumstempo der Stadt eine rückwärtige Bebauung angenommen werden.[77] Der entscheidende Punkt für die später einsetzende bauliche Verdichtung war die Größe der geplanten Quartiere („Baublöcke"), genau genommen waren es nicht einmal die „Baublöcke", sondern nur Straßenbegrenzungslinien.[78] Die Fläche hinter den Straßenbegrenzungslinien war nicht „defi-

73 Hegemann hat in diesem Zusammenhang den treffenden Ausdruck für das Verhältnis von Bauordnung und Planung geprägt: Grundriss und Aufriss müssen absolut zusammenpassen (Das steinerne Berlin, S. 301).

74 Schumacher, Fritz, Strömungen in Deutscher Baukunst, Köln [2]1955, S. 62.

75 Schumacher, Strömungen, S. 62.

76 Der Verfasser unterstellt, dass die leitenden Baupolizeibeamten Planzeichnungen „deuten/lesen" konnten.

77 Für die Zugänge und Zufahrten der rückwärtigen Gebäude mussten 19 Fuß freigehalten werden.

78 Vgl. auch Lubowitzki, Jutta, Der „Hobrechtplan", in: Berlin-Forschungen V., Hg.: W. Ribbe, Berlin 1990, S. 125.
Verfasser: Der Begriff „Baublock" ist eine allgemein in der Literatur verbreitete, aber sehr unzureichende, Umschreibung der „Fläche zwischen mehreren Straßenbegrenzungslinien" im Berliner Bebauungsplan. Die Begründung liegt darin, dass im Berliner Plan eben keine Nut-

niert“, weder waren baulich zulässige Nutzungen noch unzulässige Nutzungen vorgegeben. Nach der Instruktion für den Planer Hobrecht sollte der jeweilige „Baublock“ die Straßen-Anlagen der Friedrichstadt zwischen Behren- und Kochstraße als Anhalt nehmen. Diese „Baublöcke“ hatten eine Größe von 0,89 bis zu 1,34 ha. Tatsächlich wurden aber im Bebauungsplan dann „Baublöcke“ von 4,48 bis zu 18,20 ha vorgesehen.[79] In seinem Erläuterungsbericht teilte er mit, dass nach seiner Planung „die kleinsten neuen Quartiere größer seien, als die Quartiere der Friedrichstadt“. Warum Hobrecht so deutlich von einer Vorgabe abweichen konnte, ist aus dem Erläuterungsbericht nicht erkennbar.[80] Da im Bebauungsplan die innere Unterteilung dieser Baublöcke durch Straßen und Wege unterblieben war, konnte das alles sprengende Maß der Verdichtung, d.h. die Anhäufung von Geschossen und damit Wohnungen auf dem Grundstück, einschließlich der sog. Hintergebäude (rückwärtige Bebauung) möglich werden. Der Planer Hobrecht und die Baupolizei wussten genau, dass mit der Bauordnung diese rückwärtige Bebauung nicht zu verhindern war.[81] Mit der These, dass nicht so sehr die Bauordnung Ursache der Verdichtung war, sondern der Bebauungsplan selbst, soll Schumacher jedoch nicht widersprochen werden. Selbst wenn Schumacher zu Recht feststellt, dass die Berliner Bauordnung von 1853 erhebliche bauliche Freiheiten erlaubte, der Bebauungsplan selbst wies aber keine Schranken mehr auf.

Angaben zu ausgewählten Teilen des Bebauungsplans

Dieser Bebauungsplan bestand aus arbeitstechnischen Gründen aus 14 Einzelplänen, die jeweils auch als „Bebauungsplan“ bezeichnet wurden. Um einen Bezug zu den Planungsvorstellungen von Hobrecht zu erreichen, müssten alle 14 Pläne untersucht und näher beschrieben werden, aus arbeitsökonomischen Gründen ist das aber unterblieben. Wenn sich in jedem der 14 Bebauungspläne typische Planungskonstellationen zeigen, so kann die Untersuchung auf ein oder zwei Bebauungspläne reduziert und das Allgemeine der Planungen dennoch aufgezeigt werden. Auswahlkriterien für den Verfasser waren erstens große zusammenhängende Planungsbezirke nordwestlich und nordöstlich der Stadt, zweitens die Größe bisher unbebauter Lagen und drittens die vom Handelsminister und vom König gewünschten besonderen Lage der nördlichen Straße, die sog. Gürtelstraße, die die beiden genannten Planungsbezirke in einem großen

---

zungen festgesetzt worden waren. Eine zwischen den Straßenbegrenzungslinien „übrig“ bleibende Fläche konnte ein Sportplatz, ein Kirchenstandort, ein begrünter Platz oder zu einer Wohnbebauung werden. Dieses fast absolute „Offenhalten“ ist kein Zeichen für „Planung“.

79 Die Größe der Baublöcke wurde aus Plänen entnommen. Sie wurden vom Landesarchiv Berlin dem Verfasser zur Verfügung gestellt (Pr.Br. Rep. 030-07, Nr.188 (James Hobrecht). Pläne: A 207, X 1/1; A 1457; A 2007, X 2/1; A 2007, XIII 1/1. Da die Pläne maßstäblich gezeichnet sind, ist die Berechnung einfach möglich.

80 Die vermutlichen Gründe wurden bereits weiter oben dargelegt. Der allgemeine Erläuterungsbericht zum Bebauungsplan Nr. X, wird wegen seines Umfangs als Anhang Nr. 6 abgedruckt.

81 Geist & Kürvers, Das Berliner Mietshaus, 1740-1862, München 1980, Bd. 1, S. 505. Einer der Gründe für die unterlassene Planung der öffentlichen inneren Erschließung der „Baublöcke“ war die Sorge der Grundbesitzer, auch diese Flächen dann kostenlos hergeben zu müssen.

Bogen nördlich umschließen sollte.[82] Die Planungsbezirke X-1 und X-2, die sich im Westen befinden, und die Bezirke XIII-1 und XIII-2 sind für die Detailuntersuchung geeignet, jedoch zwingt die Größe der beiden Bezirke XIII-1 und XIII-2 nochmals zu einer Einschränkung, denn die Fläche des Bezirks XIII-1 hat allein eine diagonal gemessenes Maß von 3,2 Km auf 1,6 Km. Die Detailmessung ergab eine Fläche von ca. 450 Hektar; wird eine Belegung mit 70 Bewohnern pro Morgen (2.553 qm) gerechnet, ergeben sich 123.500 Personen für den Bezirk XIII-1.[83] Diese Bewohnerzahl entspricht annähernd dem Bevölkerungsstand der Stadt Darmstadt von 1980. Hobrecht hatte die Gesamtgröße der zu beplanenden Fläche, also die Fläche aller 14 Bebauungspläne, mit 30.000 Morgen, bei einer Besiedlungsdichte von 70 Personen pro Morgen, angegeben. Zusammen würden nach seiner Berechnung 2,1 Millionen Einwohner und zusätzlich rund 545.000 Bewohner der Altstadt in Berlin wohnen können.[84] Faucher hatte 1865, drei Jahre nach der Bebauungsplanfertigstellung die Bewohnerzahl berechnet, die notwendig sei, um die Bauten „Fünfstöcker" „in dieser Weise auszufüllen". Faucher kam „nach sehr mässiger Berechnung" auf vier Millionen Bewohner für Berlin. Faucher sollte Recht behalten.[85]

Hobrecht zu Einzelheiten und zur Änderung des Bebauungsplans

Gegen Änderungen der Einzelpläne oder des Gesamtbebauungsplanes hatte Hobrecht keine Bedenken, denn eine „Revision des Planes kann erforderlich" werden, dieses sei auch im „Interesse des Planes". Änderungen, so Hobrecht, wären nicht nur von Nachteil, sondern sogar erwünscht. Ein Bebauungsplan, der nur die regelmäßige Bebauung bezwecke, könne nicht „befriedigen", jedoch müsse „eine zweckmäßige, den Verkehrsinteressen genügende Bebauung gesichert sein."[86] Mit der starken Betonung der Verkehrsinteressen im Bebauungsplan, jedoch ohne besondere Aufmerksamkeit an Trassen für Eisen- und Untergrundbahnen, zeigt sich Hobrecht als Verkehrsplaner schon 1862. Er wiederholte diese Aussage immer wieder, wonach der Bebauungsplan eigentlich nur eine negative Bedeutung habe. Sie lautet: An welchen Stellen darf nicht gebaut werden, weil diese Stellen als öffentliche Straßenverkehrsfläche vorgesehen sind.[87]

Aus Hobrechts Erläuterungsbericht kann nicht sicher geschlossen werden, welche Bedeutung im Straßenraum angelegte und grün bepflanzte Vorgärten für die Bewohner haben sollten. In anderen Staaten gab es jedoch Vorschriften in den Bauordnungen, z.B. in der von Hessen, Württemberg oder sogar von der Stadt Berlin, dass die Einrichtung von Vorgärten neben einer praktischen eine darüber hinausgehende (Gestaltungs-)Bedeutung haben könne. Hobrecht hatte

82 Die geplante Gürtelstraße sollte 1.475 Ruten lang werden und nur zwei Knickpunkte haben. Die längste absolut gerade Strecke war 1.000 Ruthen lang = 3,76 Kilometer.

83 70 Bewohner pro Morgen ist eine Angabe von Hobrecht in seinem Erläuterungsbericht vom 18.7.1862. In: Geist & Kürvers, Das Berliner Mietshaus, Bd. 1, S. 501.
Berechnung: 10.000/2.553 = 3,92 * 70 * 450 = 123.500 Personen

84 Bewohnerzahlen von 1861 = 547.500 aus dem Diagramm 1849-1885.

85 Faucher, in: Die Bewegung für Wohnungsreform, *Vierteljahrschrift für Volkswirthschaft und Kulturgeschichte*, Berlin 1865, Bd. 4, S. 127-199 (196).

86 Geist & Kürvers Bd. 1, S. 504, Allgemeine Erläuterung des Bebauungsplanes vom 18.7.1862.

87 *DBZ* 1870, S. 388.

die beiden Bedeutungen in seinen Erläuterungsberichten zwar erwähnt, meinte aber, dass die „durchgängige Projectierung von Vorgärten in den Nebenstraßen" nicht notwendig sei, da Häuser mit Läden und Schaufenster diese Vorgärten nicht brauchten, die Vorgärten wären eher hinderlich. Sie würden durch die gepflasterten Ein- und Ausgänge aus den Häusern zerstört werden und einen „wenig erfreulichen Anblick darbieten.".[88] In der Planungsfrage, ob Vorgärten mindestens in den sog. Nebenstraßen in weitem Umfang vorzusehen seien, entschied sich Hobrecht für den Mittelweg:

> „Es möchte daher angemessen erscheinen, einem nicht allzu großen Theil der Nebenstraßen die zur Anlage der Vorgärten nothwendige Breite zu geben."

Der größte ohne jede innere Erschließung geplante Baublock, zwischen den Straßen 40a und 30, nördlich der „Müllerstraße", hat eine Abmessung von 700 Meter mal 260 Meter, das sind 182.000 Quadratmeter oder 18,2 Hektar bebaubare Fläche von der keine Straßenfläche mehr abgezogen werden muss (Nettofläche). Damit könnten auf der genannten Fläche somit 4.990 Personen wohnen.[89] Mittlere Baublöcke, z.B. zwischen den Straßen 78 und 79, haben eine Dimension von ca. 280 auf 160 Meter, was 4,48 ha entspricht, die kleineren Blöcke, wie z.B. zwischen den Straßen 16 und 17, messen ca. 162 Meter mal 101 Meter, also 1,63 ha. Die gewählte Blockgröße beeinflusst damit die Größe des künftigen Straßengeländes und die Straßenherstellungskosten entscheidend. In der Bauordnung von 1853 waren jedoch keine Regelungen über die Straßenlandabtretung getroffen worden. Nicht nur theoretisch, sondern auch praktisch bedeutete dies, dass ein Gebäude auch auf einem Grundstücksteil errichtet werden konnte, der nach der baupolizeilichen Planung ein öffentlicher Weg oder Straße werden sollte. Musste der beginnende Bau aus öffentlichem Interesse verhindert werden, konnte der Bauherr Ersatz in Form von Geld oder Land verlangen.[90] Eine Enteignung zu Gunsten der Allgemeinheit war noch nicht möglich, denn die zwingende Voraussetzung nach Artikel 9 der preußischen Verfassung von 1850, das Ausführungsgesetz, gab es nicht.[91] Erst 1874, durch das Gesetz über die Enteignung von Grundeigentum und 1875, durch das Fluchtliniengesetz wurde die Verfassungsbestimmung von 1850 ausgefüllt.

Unterdessen war aber der Berliner Bebauungsplan schon aufgestellt und Teile Berlins schon bebaut worden. Hinzu kam der Erlass des Handelsministers vom 12. Mai 1855, wonach die Gemeinden für die Aufstellung von Bebauungsplänen zuständig wurden und die Kosten dafür zu tragen hatten. Für die Berliner Pläne hatte sich die Regierung jedoch das Aufstellungsrecht vorbehalten, so heißt es in § 10 der Bauordnung von 1853: „Die Fluchtlinie für Gebäude und bauliche Anlagen an Straßen und Plätzen wird vom Polizeipräsidium be-

---

88 Erläuterungsbericht Hobrechts zu Abtheilung X, Landesarchiv Berlin, Pr. Br. Rep 30-07, Nr. 1888, S. 25.

89 Berechnung: 10.000 qm / 2.553 qm mal 18,2 mal 70 = 4.990 Personen.

90 Hegemann, Das steinerne Berlin, Berlin 1930, S. 302.

91 „Das Eigentum ist unverletzlich. Es kann nur aus Gründen des öffentlichen Wohles gegen vorgängige in dringenden Fällen wenigstens vorläufig festzustellende Entschädigung nach Maßgabe des Gesetzes entzogen oder beschränkt werden."

stimmt".[92] Weil es die Planaufstellung an sich gezogen hatte, bestand für das Polizeipräsidium die Schwierigkeit, wie die entstehenden Kosten auf die Stadt verlagert werden konnten. Denn einerseits war die Stadt nach der neuen Vorschrift Kostenträger, andererseits durfte die Stadt keine eigene Planung aufstellen. Dementsprechend protestierte die Stadt gegen den vom Polizeipräsidium eingeforderten Kostenersatz.[93] Der erste Voranschlag des Handelsministers für die Aufstellung des Bebauungsplanes war mit 12.000 „Thalern" angegeben worden, die tatsächlichen Kosten erreichten jedoch 30.000 Taler, welche die Stadt tragen sollte. Nach Fertigstellung des Bebauungsplanes 1862 hatte das Polizeipräsidium den Druck des Planwerkes selbst in Auftrag gegeben, die betroffene Stadt Berlin musste sich die Pläne zum amtlichen Gebrauch auf „buchhändlerischem Wege" anschaffen.[94]

Nach Lubowitzki war bei der Entwicklung des Bebauungsplanes davon ausgegangen worden, dass die größeren Bauquartiere später durch innere Straßen erschlossen werden sollten, um kleinere Baublöcke zu schaffen. Auch sollte, wie schon beschrieben, die Quartiergröße dem Vorbild der Friedrichstadt ähnlich sein. Damit konnte auch das Innere der nun kleineren Blöcke besser belichtet und belüftet werden. Im Übrigen war nicht erwartet worden, dass mehrgeschossige Hintergebäude errichtet werden würden.[95] Aus der Instruktion des Handelsministers geht die kleinteiligere Erschließung zwar nicht hervor, erscheint aber aus den beschriebenen Gründen, wie der unentgeltlichen Hergabe der Straßenfläche und der Straßenkostenübernahme, als einleuchtend.

Die Baupolizei konnte für die erste Pflasterung der neuen Straße entsprechend der Rechtslage, den Bauherren heranziehen. Für die Abtretung des Straßenlandes dagegen war die Rechtslage „unklar", die Baupolizei behalf sich hier mit einem eingeübten, aber umstrittenen Verfahren. Um der „freiwilligen" Straßenlandabtretung Nachdruck zu verleihen, wurde der „Baukonsens" solange verweigert, bis das gewünschte Ziel erreicht war. Dabei kam es immer wieder zu Prozessen, die meist durch Enteignung des künftigen Straßenlandes (aber mit Entschädigung) beendet wurden.[96]

Im Ergebnis blieb es bei den großen Bauquartieren, die schon eine Dimension von 44.800 Quadratmeter (4,48 Hektar) hatten, gegenüber den in der Instruktion genannten Friedrichstadt-Quartieren von 0,8 bis 1,3 Hektar. Aus diesen Überlegungen wird es verständlich, dass die Grundeigentümer wenig Interesse hatten, der Aufteilung der Quartiere mittels eingefügter 3 bis 4 Ruthen messenden Nebenstraßen zuzustimmen. Die innere Erschließung konnte nach Geist & Kürvers damit der „Privatspekulation" überlassen werden. Das unterste Maß, das der Bauunternehmer für die innere Erschließung einhalten musste, war das bekannte „Hof-Maß" von 17 Zoll im Quadrat, dies sind 1,4 Ruthen, jede kleinere Nebenstraße hatte aber schon das Maß von 3 Ruthen. Damit hatte die „Tie-

92 Doehl, C., Repertorium des Bau-Rechts und der Bau-Polizei für den preußischen Staat, Berlin 1866, Beilage VI, S. 465.

93 Hegemann, S.305: „Darauf wurde sie [die Stadt] mit Exekution bedroht und zahlte."

94 Bruch, Berlin's bauliche Zukunft und der Bebauungsplan, Berlin 1890, S. 42.

95 Lubowitzki, Jutta, Der „Hobrechtplan", in: Berlin-Forschungen V.. Hg. von W. Ribbe, Berlin 1990, S. 112.

96 ebd., S. 109.

fenerschließung auf dem eigenen Grundstück" einen wesentlichen Vorzug, sie sparte privates, aber eigentlich abzutretendes Gelände.[97] Die Festlegung der großen Quartiere weit über das in der Instruktion vorgegebene Maß und die Bauordnung von 1853 bilden zusammen die Grundlage für die nach 1862 beginnende außerordentliche städtebauliche Verdichtung.[98]

Sieben Jahre nach der Übergabe der Planungen an die vorgesetzte Stelle im Polizeipräsidium hatte das preußische Obertribunal am 1.7.1869 eine Bauangelegenheit zu entscheiden. Dabei wurde auch die Bedeutung des aus 14 Einzelplänen bestehenden Bebauungsplanes – aus der Sicht des Gerichtes – mit folgenden Worten geklärt: „Der Bebauungsplan sei seinem Wesen nach nichts anderes als eine Sammlung ortspolizeilicher Anordnungen, durch welche auf dem Weichbilde der Stadt belegene Grundstücke mit Gebäuden besetzt werden können, und welche Grundstücke, als zu öffentlichen Straßen und Plätzen bestimmt, unbebaut gelassen werden sollen."[99]

Tabelle 5: Straßenbreiten und Gebäudehöhen in Berlin um 1860. Die Straßenbreiten sind mit den nach der Bauordnung von 1853 zulässigen Gebäudehöhen verknüpft:

Straßenbreite in Ruthen	Straßenbreite in Fuß	Straßenbreite in Metern	Zulässige Gebäudehöhe, als Faktor	Zulässige Höhe in Metern
1	12	3,76	1,0	bis 11,28
3	bis 36	11,28	1,0	bis 11,28
5	ab 36-38	11,28	1,25	bis 14,10
5	ab 38	18,80	unbeschränkt	unbeschränkt
6	72	22,56	unbeschränkt	unbeschränkt
7	84	26,32	unbeschränkt	unbeschränkt

Die Straßenbreiten, die Hobrecht gewählt hat sind nicht einem strikten einheitlichen Prinzip unterworfen, sondern sehr verschieden. In den untersuchten Planungsbezirken X-1 und X-2 wurden folgende Ruthenbreiten gefunden (in Klammern: Meter): 5 *(18,8)*, 6 *(22,5)*, 7 *(26,3)*, 8 *(30,0)*, 9 *(33,8)*, 10 *(37,6)*, 12 *(45,1)*, 15 *(56,4)*, 17 *(63,9)* und 18 *(67,7)* Ruthen.[100]

In den Untersuchungsbezirken X-1 und X-2 finden sich nur einige wenige Straßen mit der Breite von fünf Ruthen, Straßen unter fünf Ruthen sind überhaupt nicht vorhanden. Die Hauptteil der Straßenbreiten liegt bei sieben und acht Ruthen (26,3 bis 30,0 Meter). Bei strikter Anwendung der Bauordnung konnte damit ein Bauunternehmer schon in den Straßen mit nur 5 Ruthen Breite (ca. 18,80 Meter) Gebäude in unbeschränkter Höhe aufführen. Beispielsweise erreichte ein siebengeschossiges Wohngebäude bei 2,50 Meter lichter Höhe und 3 Meter Geschosshöhe eine Höhe von 7 mal 3 Meter gleich 21 Meter, hinzuge-

---

97 Geist & Kürvers, Berliner Mietshaus, Bd. 1, S. 505.

98 Die Frage nach der städtebaulichen Verdichtung soll im nächsten Kapitel näher erläutert werden.

99 Geist & Kürvers, Berliner Mietshaus, Bd. 1, S. 505.

100 Geist & Kürvers, Bd. 1, S. 501 geben an, dass im Wesentlichen drei verschiedene Straßenbreiten von Hobrecht vorgesehen waren: 15 Ruthen für Ringstraßen, 9-12 Ruthen für Verbindungsstraßen in sektoraler und radialer Richtung und Nebenstraßen, die Quartierblöcke mit 5 Ruthen aufteilen.

rechnet werden muss der Höhenunterschied zwischen dem Bürgersteig und der tatsächlichen Erdgeschossebene von ca. 1,00-1,50 Meter. Das siebengeschossige Gebäude hatte damit rund 22 bis 23 Meter Höhe, wobei das ausgebaute Dachgeschoss weitere vermietbare Fläche brachte. In diesem Beispielfall musste der Unternehmer nur folgende Bauordnungsbedingung einhalten: Treppenräume mussten gegen Wohnräume feuersicher abgeschlossen sein, eine Wasserleitung musste nachgewiesen werden, Umfassungswände im Dach mussten vollständig massiv ausgeführt werden und die Polizeibehörde konnte ein zweites Treppenhaus verlangen.[101]

Eine Bebauungsgrenze im rückwärtigen Teil des Grundstückes war nach der Bauordnung nicht vorgesehen, für die Erschließung jedes Hintergebäudes war nur eine Forderung nach § 27 der Bauordnung zu erfüllen, der freie Hofraum musste mindestens 17 Fuß im Quadrat aufweisen (5,34 Meter mal 5,34 Meter). Nach einer groben Durchsicht der Eigentumsverhältnisse im Bezirk X-1 haben sich ca. 67 Grundstückseigentümer ergeben. Die Zahl der Eigentümer mit mehrfachem Grundbesitz betrug aber nur 18, doch diese 18 Eigentümer besaßen über 50,5 % des gesamten Grundbesitzes, die restlichen 49 Eigentümer konnten nur über 49,5 % der Fläche verfügen.

Nach der allgemeinen „Anweisung für die Aufstellung und Ausführung städtischer Bau- und Retablissements-Pläne", die neben der Instruktion galt, waren mehr Angaben über die beabsichtigte Nutzung bestimmter Flächen gefordert worden, denn es heißt in der allgemeinen Anweisung, dass auf das „künftige Bedürfnis von Marktplätzen, öffentlichen Schulen, Kirchen und Gerichtsgebäuden gebührend Rücksicht zu nehmen ist".[102] Hobrecht hat in seinen Planungen aber keine Angaben gemacht, wo und welche öffentlichen Einrichtungen platziert werden sollten, es sind auch keine Angaben ersichtlich, welche Flächengröße z.B. für einen Marktplatz oder eine Schule gebraucht wird. Auch die Bestimmung, an welchem Ort die spezielle Nutzung geplant war, fehlte. Ähnliches gilt auch für die gewerblichen Anlagen: Hobrecht schreibt sogar wörtlich: „Ebenso sind an den Rändern der Stadt [...] große Quartiere für Fabrikanlagen angeordnet", welche orthogonalen Quartiere für diesen Zweck vorgesehen waren, blieb aber völlig offen.[103]

Während der Arbeiten an den Planungsbezirken X und XIII hatte der Minister für Handel, Gewerbe und öffentliche Arbeiten (von der Heydt) eine Dienstreise vom 13.8.1860 bis zum 9.11.1860 angeordnet. Sie hatte den Zweck, Entwässerungsanlagen im nahen Ausland zu studieren. Vorgesehen waren Besuche in Hamburg, Paris, London und in weiteren Städten Englands. Die Reisegruppe wurde vom „Ministerial-Commissarius" und Geheimen Baurath Eduard Wiebe angeführt, weitere Teilnehmer waren der Civil-Ingenieur Veit-Meyer und der Baumeister Hobrecht.[104] Wenige Monate nach der Auslands-

101 Doehl, Repertorium, S. 471.

102 Doehl: Repertorium, S. 76-77.

103 Landesarchiv Berlin, Pr. Br. Rep 30, Nr. 188, S. 26-27.

104 Eduard Wiebe veröffentlichte eine größere Abhandlung über die Auslandserfahrungen. Der Bericht war nicht nur eine ausführliche technische Reisebeschreibung, sondern verbunden mit einer generellen Darstellung über die Berliner Stadtentwässerung. Wiebes Reisebericht ist unter dem Titel „Ueber die Reinigung und Entwässerung der Stadt Berlin" 1861 in Berlin erschienen.

reise wurden die Bebauungspläne für die Bezirke X-1 und X-2 (17.6.1861) und die der Bezirke XIII-1 und XIII-2 am 3.12.1861 fertig. Seinen Berliner Dienst beendete Hobrecht am 13.12.1861, um nach Stettin zu gehen.

Zum Schluss dieses Unterabschnittes soll anhand einer groben Beispielrechnung aufgezeigt werden, wie die tägliche Arbeit der Baupolizei in den Jahren 1858 bis 1861 ausgesehen haben kann, in denen Hobrecht plante. Bei seinem Arbeitsbeginn hatte Berlin 458.637 Einwohner. Bis dahin zeigte sich Einwohnerentwicklung Berlins mit einem jährlichen Zuwachs von rund 20.000 Einwohnern noch „moderat". Ab 1858 steigerte sich der jährliche Zuwachs jedoch auf rund 30.000 Einwohner.[105] Bezogen auf die Tätigkeit der Baupolizei könnte daraus jährlich etwa 6.820 Haushalte als Bedarf entstanden sein.[106] Daraus läßt sich grob ableiten, wieviele neue Baugesuche die Baupolizei jährlich zu bearbeiten hatte. Wenn durchschnittlich sieben Wohnungen in einem Neubau angenommen werden, könnten daraus jährlich rund 1.000 neue Baugesuche zu bearbeiten gewesen sein. Diese überschlägige Ermittlung soll nur zeigen, welche Arbeitsmenge die Baupolizei zu bewältigen hatte, nämlich rund vier Baugesuche pro Tag. Daneben musste jeder Baupolizist die vorgeschriebenen Baustellenabnahmen und andere örtliche Besichtigungen durchführen.

4.4 Hochverdichteter Wohnungsbau: Die Mietskaserne als Vorbild?

Der aus 14 Einzelplänen bestehende Berliner „Bebauungsplan" wird nach seiner Überschrift als „Bebauungsplan" bezeichnet. Da der Begriff Bebauungsplan auch heute noch in der Praxis verwendet wird, bedarf es einer inhaltlichen Abgrenzung zum Begriff von 1862, denn die Inhalte decken sich nicht.[107] Im amtlichen Sprachgebrauch von 1862 war der Bebauungsplan in erster Linie eine zeichnerische Darstellung von geplanten Straßen und Plätzen. Oft wurden noch die Namen der Eigentümer auf dem Plan vermerkt und vorhandene Gebäude eingetragen. Auch die Angabe von Fluchtlinien war nicht ungewöhnlich, denn in der Regel waren die Fluchtlinien Straßenfluchtlinien.

105 Im Unterabschnitt 4.3.1: Bevölkerungssituation in Berlin in der Mitte des 19. Jahrhunderts sind die Werte dargestellt. 1858 = 458.637, 1859 = 488.000, 1860 = 517.500 und 1861 = 547.571 Einwohner. Der jährliche Zuwachs von rund 30.000 Einwohnern war für die Baupolizeibehörde eine erhebliche Arbeitsbelastung und für den Planer in der gleichen Behörde eine große Herausforderung.

106 Berechnung: Bei 30.000 Personen und 4,4 Personen pro Haushalt ergeben 6.820 zusätzliche Haushalte, die hier den Wohnungen gleichgesetzt sind.

107 Im heutigen Bebauungsplan werden festgelegt: Baulinien und Baugrenzen, die Zahl der Geschosse, die überbaubare Fläche, die Größe der Gebäude-Grundfläche im Verhältnis zur Grundstücksfläche (GRZ), die Geschossfläche (GFZ, Summe aller Geschossflächen), die Baumasse (BMZ) im Verhältnis zur Grundstücksfläche, die Bauweise (offen, halboffen oder geschlossen), die Art der Bauflächen (Wohn-, Dorf-, Misch-, Gewerbe-, Kern-, Industrie-, Wochenendhaus- und Sondergebiete. Diese technischen Regeln sind in der Baunutzungsverordnung (BauNVO, Bundesrecht) festgelegt. Hinzu kommen örtliche Satzungen, die bestimmte Anforderungen an Baumaterialien, Dachneigungen und weitere Detailfragen regeln.

Die heutigen Bestandteile des Bebauungsplanes waren um 1862 unbekannt, manche heute scheinbar fehlenden Regelungen des Bebauungsplanes im 19. Jh. ergaben sich aber aus der Bauordnung. Auch die heutige Trennung zwischen Bauordnung (Landesgesetz) und Planung (Bundesgesetz) war nicht gegeben.[108] In den Bauordnungen des 19. Jh. war die „Ordnung und Planung" in einem Gesetz vereint. Preußen bildet hier wegen seiner fehlenden Landesbauordnung die Ausnahme, nur in der Stadt Berlin war, mindestens für die zweite Hälfte des 19. Jh., eine Sondersituation gegeben. Der Polizeipräsident hatte die für die Stadt Berlin geltende Bauordnung von 1853 erlassen und sich zusätzlich die Bebauungsplanung vorbehalten. Aus dieser Tatsache kann geschlossen werden, dass die neue Bauordnung von 1853 und die beginnende Berliner Bebauungsplanung von 1859 aufeinander abgestimmt waren, denn beide Teile wurden durch das Polizeipräsidium eingeleitet, erlassen und überwacht. Aus der theoretischen Überlegung ergibt sich, dass bei der Festlegung einer Straßenfluchtlinie, die nach damaligem Verständnis zugleich die Baufluchtlinie war, dem Planer Hobrecht zwangsläufig bekannt sein konnte, welche maximale Höhe die Gebäudefront an der Straßenfluchtlinie haben könnte. Niemand konnte aber wissen, ob der betreffende Grundeigentümer seinen Bauplatz mit einem ein- oder fünfgeschossigen Gebäude besetzen würde. Unbekannt war auch, ob statt eines Wohngebäudes ein gemischt genutztes Gebäude errichtet werden würde. Möglich war z.B. auch, dass sich in den ersten beiden Geschossen oder im Erdgeschoss kleinere Handwerksbetriebe ansiedeln würden und in den oberen Geschossen nur Wohnungen gebaut würden. Es war auch möglich und nach Genehmigung auch zulässig, dass sich ein Tischler- oder Schlosserbetrieb in einem der Bauquartiere ansiedelte.

Da die künftigen Nutzungsarten, die Höhen und Tiefen der Vordergebäude und der rückwärtigen Gebäude, die Zahl der Bewohner, bzw. der Haushalte in den Quartieren völlig unbekannt waren, kann der Berliner Bebauungsplan von 1862 nur als ein Straßenplan bezeichnet werden. Nicht nur das preußische Obertribunal hatte schon 1869 in einer Entscheidung betont, dass der Bebauungsplan nur festlegt, auf „welchen Grundstücken keine Gebäude oder bauliche Anlagen errichtet werden dürfen". Weitere Festlegungen würde der Bebauungsplan nicht enthalten. Diese Einschätzung ist im November 1870 in einer Diskussionsrunde beim Berliner Architekten-Verein von Hobrecht selbst bestätigt worden:

> „Der Redner [gemeint ist hier Hobrecht] bemerkte zunächst, daß man die Bedeutung des Bebauungsplanes überschätzt hat, wenn man von ihm eine absolut bindende Norm oder ein von künstlerischen Standpunkt aus behandeltes Werk sehen will.
>
> Seine Bedeutung ist eine lediglich negative; er ist eine aufgezeichnete Polizeiordnung, die zunächst feststellt, welche Stellen nicht zu bebauen, vielmehr für

---

108 Söfker, Wilhelm, Baugesetzbuch, München [33]2002. Der Bund regelt heute, neben dem formalen Inhalt des Bebauungsplanes (oben), den gesamten Verfahrensablauf im Planungsprozess. Der planerische Inhalt des Bebauungsplanes wird von der Gemeinde allein bestimmt, sie hat dabei die BauNVO zu beachten. Die Gemeinde beteiligt an der Planung alle „Träger öffentlicher Belange", die Bewohner der Gemeinde und sonstige Dritte, in vorgeschriebenen Verfahrensabläufen. Oberhalb der Bebauungsplanebene (Gemeinde) liegt die Regionalplanung (Land) und die Raumordnung (Bund).

den Verkehr offen zu halten sind, lediglich im Interesse jener Privaten, welche ihre Grundstücke zu bebauen beabsichtigen und hierzu genauere Vorschriften bedürfen.

Er ist daher auch durchaus in solchem Umfange aufzustellen, als die Grundstücke in der Umgebung der Stadt von ihren Besitzern bereits als Baustellen betrachtet werden. Der Plan ist also durchaus wandelbar und elastisch aufzufassen und hat sich jeder neuen Kombination, welche aus wechselnden Ursachen hervorgeht, zu akkomodiren [anzupassen]. Bindende Vorausbestimmungen in irgendeinem Sinne zu treffen, wie es unter anderem die Anlage von Stadtvierteln bestimmten Charakters bedingt, erscheint als durchaus unstatthaft. In dem Sinne einer Polizeivorschrift als Theil der Bauordnung muß ein Bebauungsplan auf die Forderungen der Schönheit und künstlerischen Disposition verzichten. Diese beiden sind durchaus nicht Sache der Polizei und auf amtlichem Wege überhaupt schwer zu erreichen. Sie sind das Produkt der individuellen Empfindungen und der persönlichen und privaten Initiative. Von der letzteren Seite ausgehende Unternehmungen, wie Baugesellschaften und Assoziationen, sind daher auch in jeder Weise zu unterstützen und ist ihnen bezüglich der Aenderungen im Bebauungsplane jede und unbedingt eine größere Erleichterung zu gewähren, als dies bisher in der Regel der Fall gewesen ist.

Bei der Aufstellung des gegenwärtigen Bebauungsplanes hat man sich zunächst dem bestehenden möglichst angeschlossen. Die vorhandenen Wege sind konserviert worden, die Straßen so disponiert, daß sie sich den Grundstücksgrenzen in passender Weise anschliessen, also dem Zuge der bestehenden Kopfraine folgen, oder die Grundstücke möglichst rechtwinklig durchschneiden. Die Plätze sind hinsichtlich ihrer Größe und Entfernung von einander nach dem Beispiel der in Berlin vorhandenen Plätze disponiert. Eine Schönheit gerade dieser Anlagen ist übrigens in den meisten Fällen nicht in ihrer Form und Lage, sondern in den Gebäuden begründet, welche an oder auf den Plätzen errichtet sind, und hierüber steht der Polizei keine Verfügung zu. Einen inneren Bebauungsplan für Berlin und das Entwerfen von neuen Straßenzügen in der bebauten Stadt bezeichnet der Redner unter den gegenwärtigen Verhältnissen als nicht durchführbare Projekte, da bereits kleine Veränderungen nach dieser Richtung hin endlose Schwierigkeiten hervorrufen. Sie sind der Zukunft anheimzustellen.

Der Redner schließt, indem er die Bebauungspläne anderer Städte vorlegt. Den von Wien, wo bei der Anlage der Ringstraße ein ganz spezieller und fester Plan in so fern aufgestellt werden konnte, als es sich um die Unterbringung einer Anzahl neu zu errichtender großer Staats-Gebäude handelte. Jenen von Paris, bei welchem sich nur in vereinzelten Anlagen ein Zweck und eine wirkliche Nothwendigkeit erkennen läßt, während die meisten neuen Straßen desselben die reine Willkür zur Schau tragen. Den von Newyork endlich, der sich mit einer gänzlich schematischen Aufstellung von Häuserquarrés begnügt."[109]

109 Sitzung des Architekten-Vereins zu Berlin am 26.11.1870, in: *DBZ* 1870, S. 388-389. Mit Auslassungen auch bei Strohmeyer S. 52.

In der Berliner Diskussion war Hobrecht (nach der Berichterstattung der *DBZ* von 1870) nicht auf den Zusammenhang zwischen der Bauordnung von 1853 und dem Bebauungsplan der Jahre 1859-1861 eingegangen, er hatte die Möglichkeiten dieser Bauordnung nicht bedacht. Lubowitzki: „Man hätte die Bauordnung von 1853 ändern können", als man die „schlimmsten Auswüchse der Spekulation und der Mietskasernenbebauung" nach 1862 erkannte. Die gefährliche Wirkung, die sich aus der fast unbeschränkten baulichen Nutzung der Grundstücke ergab, wurde von den „Zeitgenossen bestenfalls übersehen."[110] Im Übrigen durfte die Verfassungsgarantie von 1850 in Artikel 9 „Das Eigentum ist unverletzlich" nicht durch unnötige verschärfende Vorschriften in der Bauordnung angetastet werden.

Es schien, so Lubowitzki, dass die Bauordnung von 1853 das äußerste war, was der „Zeitgeist" hinzunehmen bereit war, denn ein „Bebauungsplan stellte einen Angriff auf die Grundfreiheit" dar.[111] In Berlin war infolge der vorhandenen Wohnungsnot die Bebauung auch der rückwärtigen Grundstücksteile stark angestiegen. Die tatsächlichen Bebauungsdichten und damit auch die Bewohnerdichte werden in diesem Kapitel gesondert dargestellt.

Die folgende Tabelle von Schwabe zeigt nur die starke Veränderung des Verhältnisses zwischen Berliner Vorder- und Hintergebäuden in nur drei Jahren.[112]

Tabelle 6: Bebauung Berliner Grundstücke mit Hinterhäusern zwischen 1864 und 1867

		Zahl der Hinterhäuser mit Geschossen					
Jahr	Grundstücke	2	3	4	5 und mehr Geschosse	Mit Keller-Wohnung	K-WO in % der Grundstücke
1864	6.937	1.356	1.688	2.113	937	1.487	21,4
1867	7.204	1.261	1.617	2.273	1.406	1.786	24,8
+ / -	+3,8 %	-7,0 %	-4,2 %	+7,6 %	+50,1 %	+20,1 %	+3,4

Schwabe: Resultate der Berliner Volkszählung (3.12.1867), Berlin 1869, S. 131.
Umrechnung: Verfasser.

Die bebauten Grundstücke haben nur um ca. 4 % zugenommen, die Zahl der ein- bis dreigeschossigen Hofgebäude haben sich relativ stark verringert, dagegen steigt die Zahl der fünf- und mehrgeschossigen Hintergebäude um 50 %.

---

110 Lubowitzki, Der „Hobrechtplan", 1990, S. 127. Der Grund für die Beibehaltung der BO von 1853 sei ein fehlendes Bewusstsein für die Probleme durch die Verantwortlichen; vorausschauende Kritiker wie Ernst Bruch wurden nicht ernst genommen und die BO entsprach der damaligen Auffassung von Eigentum und Privatwirtschaft.

111 ebd., S. 127.

112 Der Direktor des Statistischen „Bureaus" der Stadt Berlin, Schwabe, schrieb in seinen Erläuterungen zur Tabelle: „Diese Tabelle gehört zu den wenigen Dingen, die nur Schattenseiten haben, auch nicht eine einzige Lichtseite erkennen lassen. Denn alle günstigen Factoren der Bauentwickelung, die ein-, zwei- und dreistöckigen Häuser haben innerhalb der Vordergebäude sehr stark, innerhalb der Hofgebäude noch ungleich stärker abgenommen; dagegen haben alle ungünstigen Factoren: die vier-, fünf- und mehrstöckigen Häuser sowie die Kellerwohnungen innerhalb der Vorderhäuser sehr stark, innerhalb der Hofgebäude noch ungleich stärker zugenommen."

Auch die Zahl der Kellerwohnungen steigt, wenn auch nur um 20 %. Die folgende Tabelle zeigt das Verhältnis der Wohnungen in Vordergebäuden zu Wohnungen im Hinterhof in ausgewählten Städten.[113]

Tabelle 7: Vorder- und Hintergebäude in Berlin, Breslau, Frankfurt am Main und Köln

Stadt	Vorder-gebäude WE	Hinter-gebäude WE	Vorder-G. in %	Hinter-G. in %	Be-wohner V-Geb.	Be-wohner H-Geb.	Bewohner, V+H Gebäude	Be-wohner V-H.	Be-Wohner H-H.
Berlin 1867	110.417	42.224	72,3	27,6	495.253	179.147	674.400	73,4	26,6
Berlin 1885	186.452	123.350	60,1	39,8	794.962	486.337	1.281.299	62,0	37,9
Berlin 1890	205.705	161.215	56,1	43,9	879.412	651.675	1.531.087	57,4	42,6
Breslau 1885	36.375	24.240	60,0	39,9	163.447	97.135	260.582	62,7	37,3
FFM 1885	28.645	3.827	88,2	11,8	132.647	16.969	149.616	88,6	11,3
Köln 1890	56.663	3.424	94,3	5,7	251.540	14.274	265.814	94,6	05,4

Zu Berlin 1885: Leerstehende WE (5.694 Stück) unaufgeschlüsselt, daher je zu 50 % den Vorder- und Hintergebäuden zugeschlagen. Abk.: V-G.: Vordergebäude, H-G.: Hintergebäude, WE: Wohnungen.

Für Berlin zeigt sich ein auffallendes Merkmal: die Wohnungszahl in den Vordergebäuden stiegen absolut von 1867 bis 1890 um etwa 86 % (1867 mit rund 110.000, 1890 mit rund 206.000 Wohneinheiten), die Zahl der Hintergebäude stiegen dagegen um etwa 280 %. Während 1867 etwa 73 % der Bewohner in Vorderhäusern und nur rund 27 % in den Hofgebäuden lebten, ändert sich das %-Verhältnis bis 1890 von 72 auf rund 57 % und bei den Hintergebäuden von 27 auf knapp 43 %. In Frankfurt am Main und Köln lebten in den Hintergebäuden dagegen nur zwischen 12 und 6 % der Gesamtzahl der Stadtbewohner. Die Berliner Zahlen zwischen 1885 und 1890 für die Hinterhäuser zeigen daher die weitere Verdichtung, die die Bauordnung und der Bebauungsplan zugelassen hatten.

Tabelle 8: Zunahme der Haushaltungen auf einem Grundstück, 1861-1864 und 1864-1867

A	B	C	D	E
Ein Grundstück: Zahl der Haushaltungen	Veränderungs-zeitraum	Zunahme in %	Veränderungs-zeitraum	Zunahme in %
6-10 Haushaltungen	1861-1864	1,9 %	1864-1867	2,4 %
11-20 Haushaltungen	1861-1864	24,1 %	1864-1867	11,1 %
21-30 Haushaltungen	1861-1864	44,1 %	1864-1867	38,8 %
31-50 Haushaltungen	1861-1864	25,7 %	1864-1867	67,8 %

Schwabe: Die Resultate der Berliner Volkszählung vom 12.1867, Berlin 1869, S. CXXV.

113 Schwabe, H. Resultate der Berliner Volkszählung 1869, Seite 152; sowie M. Neefe: Statistisches Jahrbuch Deutscher Städte, Breslau 1890, Seite 79 und Stat. Jahrbuch 1893, Seite 44.

Die Folgen aus höheren Bebauungsdichten waren schon 1868 bekannt, die statistischen Untersuchungen von Schwabe, der 1869 die Ergebnisse der Berliner Volkszählung veröffentlicht hatte, zeigen es. Schwabe hatte die Ergebnisse von 1867 mit den Zählungen von 1861 und 1864 so verglichen:

Für die Belegungsdichte hatte Schwabe noch die gebräuchliche Form der Haushaltszählung gewählt.[114] Aus der Tabelle ergibt sich, dass sich die Grundstücksbelegung mit Haushaltungen schon vor dem Inkrafttreten des Bebauungsplanes änderte. Die Veränderungsrichtung ist nach Schwabes Tabelle eindeutig: Die Grundstücke werden dichter bebaut, d.h., die Zahl der Haushaltungen pro Grundstück nahm ungewöhnlich stark zu. Die nachfolgende Tabelle der Behausungsziffer (BHZ) veröffentlichte Eberstadt 1920.[115] Er hatte den Begriff BHZ noch verwendet, weil er in der BHZ eine für die Beurteilung der Wohnverhältnisse besonders bedeutsame Zahl gesehen hatte. Die BHZ der Tabelle zeigen, dass z. B. in Bremen und London je Gebäude etwa 7-8 Personen wohnten, während in Wien um 50 Personen und in Berlin etwa 76 Personen pro Gebäude gezählt worden sind. Dabei spielt die absolute Größe der jeweiligen Stadt nicht die ausschlaggebende Rolle, denn Bremen ist mit 247.437 Einwohnern relativ klein, London ist mit 4.522.961 Einwohnern dagegen sehr groß, beide haben aber fast die gleiche BHZ. Berlin hatte im Vergleich zu Paris eine doppelt so hohe BHZ.

Tabelle 9: Die Behausungsziffern (BHZ) in Deutschland und im Ausland

A. Nach der Behausungsziffer sortiert				B. Nach der Einwohnergröße sortiert		
Rang	BHZ	Einwohner	Stadt	Rang	Einwohner	Stadt
1	04,37	455.568	Leeds	1	4.522.961	London
2	04,79	525.960	Birmingham	2	2.659.128	Paris
3	07,83	247.437	Bremen	3	2.071.257	Berlin
4	07,89	4.522.961	London	4	2.050.600	New-York/Manhat.
5	08,53	177.078	Brüssel	5	2.004.939	Wien
6	10,20	1.166.582	Brooklyn. (NY)	6	1.166.582	New-York, Brool.
7	13,44	550.547	Amsterdam	7	550.547	Amsterdam
8	17,09	414.576	Frankfurt/M	8	525.960	Birmingham
9	18,05	516.527	Cöln	9	516.527	Cöln
10	18,61	286.218	Stuttgart	10	455.568	Leeds
11	20,40	2.050.600	Manhattan (NY).	11	414.576	Frankfurt/M
12	22,27	193.902	Mannheim	12	305.978	Charlottenburg
13	38,00	2.659.128	Paris	13	286.218	Stuttgart
14	50,74	2.004.939	Wien	14	247.437	Bremen
15	66,13	305.978	Charlottenburg	15	193.902	Mannheim
16	75,90	2.071.257	Berlin	16	177.078	Brüssel

114 Schwabe zählte die Haushaltungen, nicht die Bewohner. Die folgende Behausungsziffer (BHZ) zählt jedoch Bewohner.

115 Eberstadt, Rudolf, Handbuch des Wohnungswesens, Jena ^{4}1920, S. 6, Spalte A in obiger Tabelle. Behausungsziffer nach Eberstadt: Anzahl der Bewohner auf ein bebautes Grundstück, eine Ziffer die noch 1930 gelegentlich verwendet wurde. Auer: Behausungsziffer, in: Handwörterbuch des Wohnungswesens, Jena 1930, S. 114.

Zur vorigen Tabelle: Eberstadt hatte rund 90 verschiedener Städte (von Antwerpen bis Zürich) ausgewählt, unter ihnen sind sieben deutsche Städte (von Bremen bis Cöln). Die geringe Anzahl von nur sieben deutschen Städten reicht aber aus, um das Prinzip darzustellen. Die nächste Tabelle zeigt die Veränderung der BHZ in 11 ausgewählten deutschen Städten und in verschiedenen Jahren (Frankfurt mit Eingemeindungen vor 1910). Bei Mannheim, Charlottenburg und Berlin sind nicht die Gebäude, sondern Grundstücke gezählt worden. Aber selbst der methodische Mangel kann das Verhältnis der großen Wohndichte in Berlin, gegenüber anderen deutschen Städten, nicht „verbessern".

Tabelle 10: Die Änderung der Behausungsziffern zwischen 1885 und 1910[116]

Städte	Zahl der Einwohner 1910	Bewohner / Gebäude 1885	Bewohner / Gebäude 1895	Bewohner/ Gebäude 1900	Bewohner/ Gebäude 1905	Bewohner/ Gebäude 1910
Mannheim	193.902	-	-	22.16	23,75	22,27[1-2]
Bremen	247.437	-	-	7,84	7,74	7,83
Stuttgart	286.218	-	-	21.06	19.46	18.61
Charlotten-B.	305.978	-	-	60,07	64,78	66,13[1]
Frankfurt	414.576	18	17,82	18,71	18,75	17,09[2]
Breslau	512.105	49	51,22	53,29	51,97	-
Cöln	516.527	15	14,76	15,82	16,41	18,05
Leipzig	589.850	41	-	27,84	27,64	27,39
München	596.467	29	-	36,61	36,53	36,59[1]
Hamburg	931.035	31	33,59	35,59	36,81	38,66[1]
Berlin	2.071.257	67	71,15	77,00	77,54	75,90[1]

Tabelle: 1) Grundstückszählung, 2) Änderung des Gemeindegebietes

Die Tabelle zeigt, dass Bremen in der Zeit von 1900-1910 keine weitere Verdichtung erfahren hat, bei Frankfurt blieb durch Eingemeindungen die BHZ im Wesentlichen gleich, Köln hat seit 1895 eine erhebliche Verdichtung erfahren, Stuttgart verringerte sogar die Bebauungsdichte, Mannheim konnte seine BHZ in etwa beibehalten, in Charlottenburg nahm die BHZ um ca. 10 % zu. Berlin legte zur bereits sehr hohen Dichte nochmals um 5 % zu.

4.5 Die öffentliche Kritik an der Berliner Bebauungsplanung und der Bauordnung von 1853

Ernst Bruch und Werner Hegemann

Bruch und Hegemann haben sich vorwiegend mit dem Bebauungsplan auseinandergesetzt, gleichwohl haben sie in ihrer Kritik auch auf die Bauordnung von 1853 hingewiesen, der nach ihrer Meinung ein erheblicher Anteil an den Folgen der dichten Bebauung zugemessen wird. Beides, Bebauungsplan und Bauordnung sind auch formal eine Norm. Beide Teile sind unter einer Überschrift, Bau-Polizei-Ordnung, durch den Handelsminister und den Polizeipräsidenten erlassen worden. Diese „Verbundwirkung" gilt für Preußen bis zum Erlass des Straßenfluchtgesetzes

116 Eberstadt, Seite 167 und Neefe: Statistisches Jahrbuch deutscher Städte, 1. Jg. 1890, Seite 60.

(Fluchtliniengesetz) 1875. Festlegungen im Berliner Bebauungsplan müssen daher mit der Bauordnung von 1853 zusammen gesehen werden. Die Kritik von Ernst Bruch (1870) und von Werner Hegemann (1911/1924) ist auch heute noch von Interesse.[117] Die Kritik setzte 1870 mit einer langen Artikelserie von Bruch in der *Deutschen Bauzeitung* ein. Die Serie wurde anschließend als selbständiger Druck 1870 in Berlin veröffentlicht.[118] Die Kritik wurde 1911 von Hegemann vehement fortgeführt, 1924 folgte sein bekanntestes Buch „Das steinerne Berlin".[119] Einer der letzten kritischen Beiträge stammt von Lothar Gall aus dem Jahre 1993. Gall schrieb: „Erste Beispiele moderner Städteplanung verraten [...] die Unerfahrenheit und das Desinteresse der planenden Behörden. Der große Erweiterungsplan für die preußische Hauptstadt Berlin von 1862 ist dafür ein anschauliches Beispiel. Mit der Durchführung der Gestaltung eines großen Areals um das städtische Zentrum herum wurde mit James Hobrecht ein junger, zu diesem Zeitpunkt noch ganz unerfahrener Ingenieur beauftragt. Das Ergebnis waren die ersten großen Mietskasernen und eine enorme Welle privater Spekulationsgewinne."[120] Die seit 1870 immer wieder geäußerte Kritik am Bebauungsplan und am Planer Hobrecht muss differenziert werden, weil die Faktoren, die zur späteren „Mietskasernenstadt" geführt haben, vielfältig waren. Hobrecht war nur einer der handelnden Personen im Berliner Polizeipräsidium, seine Zuständigkeit und seine Befugnisse reichten nicht, um grundsätzliche Fragen des Verhältnisses Bauordnung-Bebauungsplan infrage zu stellen. Unter den geschilderten Voraussetzungen muss die Kritik aber mindestens vier Bereiche umfassen:

1. Kritik am Berliner Polizeipräsidenten und am Handelsminister, beide als unmittelbare und mittelbare Verantwortliche (Regierung),
2. Kritik am Bebauungsplan als dem festschreibenden Instrument künftiger Bodenausnutzung mit dem Planungszeitraum von einhundert Jahren,
3. Kritik an der Bauordnung von 1853, deren spekulative Ausnutzungsmöglichkeiten entweder nicht erkannt oder sogar billigend in Kauf genommen wurden,
4. Kritik am Planer James Hobrecht.

---

117 Als vorläufig letzte größere Schrift zum Thema James Hobrecht hat Strohmeyer sein Buch „James Hobrecht (1825-1902) und die Modernisierung der Stadt" im Jahre 2000 veröffentlicht.

118 Bruch, Ernst, Berlin's bauliche Zukunft, in: *DBZ* 1870, S. 69.

119 Hegemann, Werner, Der Städtebau nach den Ergebnissen der allgemeinen Städtebauausstellung in Berlin nebst einem Anhang: Die Internationale Städtebau-Ausstellung in Düsseldorf. Berlin 1911. Zum Lebenslauf von Hegemann: Ryll, Monika, Von Mannheim in die Welt: Der Städtebauer, Architekturkritiker und Schriftsteller Werner Hegemann (1881-1936). In: Das Gedächtnis der Verwaltung und ein Haus der Geschichte. Stadtarchivarbeit im 21. Jahrhundert, Festschrift für Jörg Schadt anläßlich seines 65. Geburtstags. Hg.: Ulrich Nieß und Michael Caroli Mannheim 2003.

120 Gall, Lothar, Brauchen wir eine Mitte? In: Hauptstadt Berlin – Wohin mit der Mitte? Historische, städtebauliche und architektonische Wurzeln des Stadtzentrums, zitiert nach Strohmeyer: James Hobrecht (1825-1902) und die Modernisierung der Stadt, Potsdam 2000, S. 15.

Als Erster hat Ernst Bruch, acht Jahre nach der Übergabe der Bebauungspläne, eine Aufsatzreihe verfasst, die sich auch mit den historisch-planerischen Voraussetzungen einer künftigen Planung Berlins befasste.[121] Bruch schreibt, dass der statistische Bericht der Stadt Berlin der Anlaß war, sich mit der Planungsfrage gründlich auseinanderzusetzen. Mangelhafte Wohnungsverhältnisse, Wohnungsnot und die schlechten Verkehrsverhältnisse in Berlin waren nach Bruchs Ansicht eine Folge der bisherigen Planung und der Art der Bauweise. Die „zehnjährige Herrschaft" der jetzigen Planungsprinzipien müsse beendet und durch eine neue Art der Entwicklung ersetzt werden.[122] Bruchs Kritik ist mit 115 Seiten äußerst umfangreich, daher werden hier nur die Schwerpunkte der Kritik und in verkürzter Form in Stichworten dargestellt.

1. Ernst Bruchs allgemeine Kritik an den „Berliner Verhältnissen"

Die Bedürfnisse der Großstadt sind zu verschieden, ein Mensch allein kann sie nicht erfassen. Es fehlt in den Plänen der straßentechnische Zusammenhang zwischen der vorhandenen und der neuen Bebauung. Straßendurchbrüche sind nicht angedeutet. Mit der Bauordnung war es möglich, dass „einzehntel der Bewohner unter der Erde wohnen müsse". Baugesuche ohne Entschädigung abzulehnen, wenn sie im zukünftigen Straßenland liegen, ist rechtswidrig. Baukonsense dürfen nicht mit Nebenbedingungen (unentgeltliche Abgabe der halben Straßenbreite) versehen werden. Die Stadt Berlins solle sich entwickeln und mit umliegenden Ortschaften durch Chausseen verbunden werden. Dazwischen müssen „Promenaden, Parks und großen Buschparthien" hergestellt werden. Der Bebauungsplan kann „nur für das voraussichtliche Bedürfnis der näheren Zukunft" geplant werden, Bedürfnisse der ferneren Zeit sind nicht vorhersagbar. Die „technische" Seite des Bebauungsplanes ist mangelhaft, da die Stadt „nie vollständig trigonometrisch aufgenommen" wurde. Fehler in der Fluchtlinienfestlegung dürfen „nicht den ausführenden Technikern angelastet werden, sondern der planenden Polizeibehörde.

2. Kritik an der Bebauungsplanung von Berlin

Die zu große Planung verhindert, dass kleinere Gebiete eingeschoben werden können. Es fehlt das durchgehende Prinzip der Gürtelstraßen für den „peripherischen Verkehr". Der konzentrische Ring um den Stadtkern fehlt. Die Gürtelstraße bei Weissensee ist viel zu weit vom Stadtgebiet entfernt.

3. Kritik an der Planung von Quartieren in Berlin

In der „beherrschenden „Miethskaserne" sind zu viele Wohnungen und „Gelasse" möglich, die „über und unter der Erde", trotz baupolizeilichen Vorschriften, liegen. Die Quartiere sind zu groß, sie sind in kleinere Straßen zu unterteilen. Der Vorteil: Fabrikanlagen können sich nicht in kleinere Quartiere hereindrängen. In Berlin wohnt ein ganzes Viertel der Menschen in den engen Hinterhöfen. Die Baupolizei übersieht, dass mit der Straßenbreite auch die Haushöhe steigt. Die Höfe würden deshalb immer „dunkler, feuchter und gesundheitsschädlicher, Licht und Luft" fehlen völlig. Die Bodenenteignung ohne Entschädigung für Straßenland ist rechtswidrig, da die preußische Verfassung von 1850 keine Enteignung ohne Entschädigung vorsieht,

---

121 Julius Faucher hat sich schon 1865 mit der Berliner Wohnungsfrage (auch im Vergleich zu London und Paris) befaßt. Er kritisierte bereits die Überfüllung in der Mietskaserne, ohne aber den Berliner Plan selbst zu erwähnen, in: Die Bewegung für Wohnungsreform, *Vierteljahrschrift für Volkswirthschaft und Kulturgeschichte*, Berlin 1865, Bd. 4, S. 127-199.

122 Bruch, Berlin's bauliche Zukunft, Vorwort, S. IV. Der Berliner Statistiker Schwabe hatte seine „Resultate der Berliner Volkszählung" 1869 veröffentlicht.

zur Enteignung bedarf es eines Gesetzes. Der Bebauungsplan ist aber kein Gesetz. Die Planung des Polizeipräsidenten wird „Innenhöfe von 17 Zoll im Quadrat zur Folge haben, die Belüftung und Belichtung der Wohnungen ist unmöglich. Die Baupolizei irrt darin, dass man die großen Quartiere nicht unterteilen brauche, weil es „als nicht nothwendig und sogar gesundheitsschädlich“ erkannt worden sei.

4. Kritik an der Straßen- und Platzplanung von Berlin

Bruchs „dritter Fundamentalgrundsatz“ lautet: Straßenflächen müssen zu Beginn der Planung erworben werden. Die richtige Straßenbezeichnung, die ihre jeweilige Bedeutung anzeigt, fehlt. Für jeden muss die Bedeutung der jeweiligen Straße erkennbar sein. Die Anordnung der Plätze im Baugebiet ist künstlich, da sie durch Freilassung oder durch Erweiterung von Straßenkreuzungen entsteht. Breite Straßen haben „den ferneren Nachteil“, da sie „ungeheure Plätze“ erzeugen. Die Plätze sind eintönig, quadratisch oder rechteckig, abgeschrägte Ecken oder Rundungen fehlten. Ein detaillierter auf Jahrhunderte berechneter Bebauungsplan ist eine „Verkehrtheit“, sie wird „kumuliert durch übermäßig breite Straßen“.

5. Kritik an der fehlenden Eisenbahnplanung im Bebauungsplan

Die Planung von Baublöcken direkt an Eisenbahnlinien oder die Linienführung durch Baublöcke, ist absolut falsch und ein „wenig erfreulicher Anblick“. Die Platzabfolge des „Generalszuges“[123] mit Namen zu belegen „sei obsolet“ geworden, denn der Eisenbahnbau (Potsdamer- und Anhalterstrecke) fehlt in der Planung, außerdem kaufen die Bahngesellschaften das Gelände für große Gleisanlagen ohne Bezug zur Bebauungsplanung. Die gleiche Sorglosigkeit werde auch beim Ostbahnhof und dem Lehrter Bahnhof zu beobachten.

6. Allgemeine Schlussbemerkungen und praktische Vorschläge von Ernst Bruch

Bruch kritisiert die fehlenden Planungen für Parkanlagen: Man hätte „ein paar Häuserquadrate nicht mit Häusern, sondern mit Bäumen besetzen“ sollen. Die Reform des Bebauungsplanes kann allein die „Wohnungsnoth und die Verbesserung der gesundheitlichen Verhältnisse“ nicht lösen, dazu gehört die Bau-Polizei-Ordnung, sie muss reformiert werden, denn sie bildet mit dem Bebauungsplan eine Einheit. Teile der Grundstücksfläche sind von jeder Bebauung frei zu halten. Das Verhältnis zwischen „bebauter und nicht überbaubarer Fläche muss gesucht werden.“ Kellerwohnungen in neuen Gebäuden sind generell zu verbieten.

Bruchs Kritik richtete sich nicht gegen den Planer James Hobrecht, dessen Name übrigens gar nicht auftaucht, auch nicht in umschreibender Weise. Bruch hat sich in den wesentlichen Teilen auf die herrschenden politischen Verhältnisse in Berlin bezogen und die „allgemeine Verwirrung“, die nach seiner Meinung in Berlin herrschte, benannt. Bruch hat „Berlin’s bauliche Zukunft“ 1870 veröffentlicht und damit zwei Jahre nach Hobrechts Schrift „Über öffentliche Gesundheitspflege und die Bildung eines Central-Amtes für öffentliche Gesundheitspflege im Staate“. Bruch ist weder in der *DBZ* noch in seinem Buch auf den Planer James Hobrecht noch auf Hobrechts Veröffentlichung von 1868 eingegangen. In dieser Schrift hatte sich Hobrecht zur Bebauungsplanung von 1862 geäußert. Nach Bruchs Veröffentlichung haben sich viele Autoren mit dem Phänomen des „Jahrhundert-Plans“ befaßt, immer ging es um die Frage, ob der Berliner Bebauungsplan von 1862 ex tunc, also von Anfang an auf ein Jahrhundert gedacht, konzi-

123 Bruch, Berlin’s bauliche Zukunft. Der Begriff Generalszug ist erst später entstanden. Der Straßenzug sollte die Namen Blücher, Kleist, Bülow, Tauentzin, Geisenau und Wartenburg erhalten.

piert und vom König genehmigt wurde, oder ex nunc, also erst durch das Vorlageschreiben des Handelsministers an den König zum Jahrhundertplan wurde. Nach Ansicht von Strohmeyer sei Bruchs Kritik am Planungszeitraum von 100 Jahren unberechtigt: „Dass ein Bebauungsplan nicht ohne Veränderungsspielraum auf einhundert Jahre berechnet werden könne, ist eines seiner [Bruchs] Hauptargumente. Doch das war ohnehin unbestritten“, so Strohmeyer.[124]

Eines der wichtigen Argumente Bruchs ist tatsächlich die Frage nach dem in den Jahren 1859-1862 definierten „voraussichtlichen Bedürfnissen der nächsten Zukunft“. Für die Bebauungsplanung gab es nur zwei Direktiven und zwei Hinweise aus den Erläuterungsberichten: erstens: Die allgemeine „Anweisung für die Aufstellung und Ausführung städtischer Bau- und Retablissements-Pläne, erlassen vom Handelsminister am 12.5.1855. Die hier interessierenden Teile lauten, zitiert nach Doehl, Repertorium, S. 76:

> § 1: „Der Umfang der Pläne ist nach dem voraussichtlichen Bedürfniß der näheren Zukunft zu ermessen.“
> § 4: „Bei Festsetzung der Breite der Straße ist der gegenwärtige Verkehr und dessen voraussichtliche Erweiterung sorgfältig zu berücksichtigen [...].“
> § 6: „Bei Aufstellung des Planes ist für das künftige Bedürfniß von Marktplätzen, öffentlichen Schulen, Kirchen und Gerichts-Gebäuden die gebührende Rücksicht zu nehmen, da in Ermangelung einer solchen Fürsorge später unverhältnißmäßige Opfer erheischt werden.“

Zweitens war die Instruktion zur Bebauungsplanung vom 27.5.1858/26.12.1858 für den Planer Hobrecht maßgebend. Der im Zusammenhang mit der Fragestellung stehende Teil der Instruktion lautet, zitiert nach Geist & Kürvers, Bd. 1, S. 485-486:

> 3 a) „Es sollen alle Straßen-Anlagen, welche voraussichtlich für den künftigen Verkehr erforderlich werden, projektiert werden, wobei für die Größe der Quartiere die Straßen-Anlagen der Friedrichstadt zwischen Behren- und Kochstraße zum Anhalt dienen sollen.“

Drittens: Für die Fragestellung wird der von Hobrecht am 18.7.1862 verfasste (allgemeine) Erläuterungsbericht herangezogen, zitiert nach Geist & Kürvers, Bd. 1, S. 501.

> „Werden dagegen mit Rücksicht darauf; daß die Dichtigkeit der Bevölkerung in den vom Mittelpunkt der Stadt entfernteren Stadtteilen abzunehmen pflegt, nur 50 E auf den Morgen gerechnet, so würden auf dem gedachten Gebiete immer noch anderthalb Millionen wohnen können. Die Einwohnerzahl von Berlin betrug nach der Zählung vom Jahre 1816: 188.485, nach der Zählung im Dezember vorigen Jahres: 545.319. Dieselbe ist danach in den letzten 46 Jahren beinahe um das Dreifache gestiegen. Sollte das gleiche Verhältnis in der Zunahme der Bevölkerung fortdauern, so würde die Seelenzahl von anderthalb Millionen in noch nicht 50 Jahren erreicht werden. Mag aber auch ein Jahrhundert darüber hingehen, bevor die Einwohnerzahl von Berlin eine Höhe erreicht haben wird, welche die Aus-

124 Strohmeyer, Klaus, James Hobrecht (...), S. 57.

führung des entworfenen Bebauungsplanes in seinem ganzen Umfange bedingt, so kann daraus doch nicht gefolgert werden, daß bei Aufstellung des Planes über das Bedürfnis hinausgegangen sei."[125]

Viertens: Die weitere Quelle für den umstrittenen Begriff „Jahrhundertplan" ist ein Reskript des Handelsministers vom 2.8.1862, der betreffende Teil, zitiert nach Bruch, lautet:

„Wenn der vorliegende Plan nun an sich auch geeignet erscheint, der fortschreitenden Bebauung zum Anhalt zu dienen, so leidet es doch keinen Zweifel, dass vor der Ausführung eines so großen, auf ein Jahrhundert hinaus berechneten Planes mancherlei Umstände eintreten werden, welche größere oder geringere Abänderungen desselben erforderlich machen".[126]

Das Reskript des Handelsministers erfolgte nach der Planfertigstellung. Hobrecht durfte auf eine nachträgliche und eher beschwichtigende Interpretation „seines" Planes nicht eingehen. Für Hobrecht war die erteilte Einwilligung des Königs zum Bebauungsplan eine absolute Schranke, die ohne königliche Zustimmung keinerlei Änderung oder Ergänzung zugelassen hätte. Auch war Hobrecht bekannt, dass die einmal gezogenen Straßenfluchtlinien, die ja die höchste Bestätigung erhalten hatten, allein wegen des Artikels 9 der preußischen Verfassung absolut verbindlich waren. Jede Abweichung oder Änderung des Plans wurde als Eingriff in das Privateigentum definiert; in das Eigentum konnte aber nur durch ein Gesetz eingegriffen werden. In Preußen gab es zu dieser Zeit aber kein derartiges Gesetz. Wie schon früher erwähnt, war und ist ein Bebauungsplan kein Gesetz.[127]

Dennoch wirkte der Bebauungsplan faktisch wie ein Gesetz, denn jeder preußische Bebauungsplan stützte sich rechtlich auf eine Polizeiverordnung, die sich wiederum auf das „Gesetz über die Polizeiverwaltung vom 11. März 1850" bezog. Bruch hatte als Kritiker nur die Frage gestellt, welcher Zeitraum für das zu berücksichtigendes „Bedürfnis" angemessen sei, insbesondere, wenn nach dem Planungsauftrag gefordert wurde, dass das „voraussichtliche Bedürfniß der näheren Zukunft" zu berücksichtigen sei. Hobrecht hat nun selbst den entscheidenden Hinweis gegeben:

„Mag aber auch ein Jahrhundert darüber hingehen, bevor die Einwohnerzahl von Berlin eine Höhe erreicht haben wird, welche die Ausführung des entworfenen Bebauungsplanes in seinem ganzen Umfange bedingt, so kann daraus doch nicht gefolgert werden, daß bei Aufstellung des Planes über das Bedürfnis hinausgegangen sei."[128]

Im Ergebnis haben weder Bruch noch Hegemann oder beispielsweise Gall, den negativ besetzten Begriff „Jahrhundertplan" geprägt, der Begriff war schon im

---

125 Geist & Kürvers, Berliner Mietshaus, Bd. 1, S. 501.
126 Bruch, Berlin's bauliche Zukunft, S. 43.
127 Gegen Ende des 19. Jh. wurden diese Pläne als Baustatute, Ortsbaupläne oder Ortsbaustatute bezeichnet.
128 Geist & Kürvers, Berliner Mietshaus, Bd. 1, S. 501. Erläuterungsbericht vom 18.7.1862.

Juli 1862 von Hobrecht selbst eingeführt worden. Hobrecht rechnete damit, dass das überplante Stadtgebiet sich vollständig füllen würde, auch wenn dies erst in einem Jahrhundert geschehe, „über das Planungsbedürfnis" sei er nicht hinweggegangen. Die Kritik Bruchs an der Berliner Planung zeigte schon damals, welche baulichen Ergebnisse und sozialpolitische Wirkungen eintreten würden, wenn die Straßenplanung als gesondertes und eigenständisches System angesehen wird. Bruch hatte als Erster auf die Bauordnung von 1853 hingewiesen, die im Grunde das Mietskasernensystem mit der hoch verdichteten Bebauung im Verbund mit dem Straßenplan erst ermöglichte. Die städtebauliche Forschung hat diese Ansicht inzwischen bestätigt. Nach Lubowitzki „war man in Berlin damals davon ausgegangen, dass das Blockinnere zum großen Teil frei von Bebauung" bleiben würde. „Die Wirklichkeit zeigte jedoch, dass das vorrangige Anliegen der Bauherren weniger die Gesundheit ihrer Mieter als vielmehr die profitabelste Nutzung [...] war, und das bedeutete eine möglichst vollständige Bebauung der Grundstücke im Rahmen der geltenden Bauordnung, die [...] dem nur geringfügige Hindernisse in den Weg legte."[129] Hegemann hatte 1911 Bruchs Kritik verschärft, zugespitzt und teilweise auch polemisch überhöht.

In dieser Arbeit kann und soll die Interpretation der Entwurfsidee nicht anhand von nachträglichen Schriften des Entwerfenden vorgenommen werden. Denn nur das, was der Planer Hobrecht bis zum Abschluss seines gezeichneten Entwurfs und zusätzlich sogar ausführlich schriftlich erläutert hat, aber nur bis zu diesem Zeitpunkt, ist authentisch. Spätere Begründungen zu einem Plan werden durch inzwischen gewonnene Erfahrungen überlagert, denn der Blickwinkel hat sich verändert, dies gilt besonders für den Entwurfsplaner selbst. Diese Tatsache wird in einigen Veröffentlichungen übersehen, wenn behauptet wird, Hobrecht habe in seinen Berliner Planungsjahren bereits „sozialpolitische Konzepte entwickelt" und sie schon in der Straßenplanung integriert.[130] Diese weit reichende Interpretation kann aus den vorliegenden Erläuterungsberichten Hobrechts (z. B. Bebauungsplan X-1 und X-2 sowie XIII-1) nicht geschlossen werden.[131] Auch der 1965 erschienene Aufsatz von J. F. Geist und Dieter Huhn in der *Bau-welt* „Gebührt Hobrecht ein Denkmal?" sollte nahe legen, dass sich Hobrecht schon bei der Festsetzung von Straßenfluchtlinien mit sozialpolitischen Wohnkonzeptionen befasst habe, dieser Deutung muss aber widersprochen werden.

Hobrechts Schrift von 1868

Hobrechts Schrift „Über öffentliche Gesundheitspflege" erschien sechs Jahre nach der Beendigung seiner Berliner Planungstätigkeit, wiederum zwei Jahre danach hatte Bruch seine Kritik in Buchform veröffentlicht. In diesem Zeitab-

---

129 Lubowitzki, Der „Hobrechtplan", S. 112.

130 Strohmeyer, James Hobrecht, S. 63. S. schreibt, dass „das Ethos des liberalen Bürgertums christlich-caritativ beschwichtigend wirke", denn sie „wird in eine sozialpolitische Strategie städtebaulicher Rationalität eingebunden, die ein dichtes urbanes Stadtbild anstrebt, das auf soziale Durchmischung angelegt ist und integrativen Charakter hat". In einem einfachen Straßenplan bereits eine „sozialpolitische Strategie städtebaulicher Rationalität" zu sehen, ist nach Meinung des Verfassers wenig überzeugend.

131 Strohmeyer, S. 57.

lauf soll nach Strohmeyer ein Indiz zu erkennen sein, wonach der Bebauungsplan zunächst nicht den „Sturm der Entrüstung ausgelöst“ habe. Erst nach der „Interpretation“ der Bauherren sei die „nicht vorausgesehene und nicht gewollte bauliche Realität“ mit ihren Nachteilen sichtbar geworden.[132] Ob dieses Indiz zutrifft, kann dahingestellt bleiben, denn es können auch andere Gründe denkbar sein, z.B. eine Phase verringerter „Baulust“ der Unternehmer. Hobrecht hatte, wie beschrieben, unmittelbar nach Abgabe seiner Pläne 1862 die Wahl als Stettiner Stadtbaurat angenommen und den Dienst angetreten. Seine Aufgabe war der Aufbau der Trinkwasserversorgung und die Planung der Stadtentwässerung.

Nach Strohmeyer ist es eine merkwürdige und unerklärliche Episode, dass sich Hobrecht schon nach 10 Monaten Stettiner Tätigkeit um eine Stelle beim Berliner Polizeipräsidium, einer Landbaumeisterstelle, erfolglos bewarb. Nach einer Dienstreise nach Frankreich und England 1866, in der er, wie schon 1861, sich um die dortige Entwässerungssysteme im „Interesse des Stettiner Dienstes“ informierte, arbeitete Hobrecht an der Veröffentlichung „Ueber öffentliche Gesundheitspflege und die Bildung eines Central-Amtes für öffentliche Gesundheitspflege im Staate“. Sie ist die einzige schriftliche Äußerung Hobrechts zu Planungsfragen, ausgenommen die schriftlichen Erläuterungsberichte zu den Bebauungsplänen und eines Berichts in der *National-Zeitung* vom 21.1.1893, die jedoch nur einige Teile aus Hobrechts „Ueber öffentliche Gesundheitspflege“ wiederholte.[133] Um diese Schrift wurde bis heute eine teilweise erbitterte Diskussion geführt.[134] Strohmeyer hat in seinem Buch Hegemann vorgeworfen, er habe aus Hobrechts Schrift wichtige Abschnitte „unterschlagen“, „zurechtgestutzt“ und „mit gefälschten Zitaten“ gearbeitet. Dieser schwerwiegende Vorwurf bedarf der Nachprüfung.[135] Im Ergebnis der kritischen Untersuchung des gesamten Textes von Hobrecht, der „unterschlagenen“ Textzitate von Hegemann und der Zitate von Strohmeyer stellt sich ein anderes Ergebnis dar. Hegemann hat rund 31 % des hier in Rede stehenden Textes von Hobrecht nicht verwendet. Hegemanns „Fälschungen“ und „Unterschlagungen“ fanden sich aber nicht. Es stellte sich heraus, dass nun Strohmeyer seinerseits rund 26 % des Textes von Hobrecht ausgelassen hat. Warum Hegemann und nun Strohmeyer nicht den vollen Text von Hobrecht zitiert haben, kann nicht beantwortet werden. Hegemann hat vielleicht die Teile ausgelassen oder nicht zitiert, die ihm im Kontext eher unwichtig erschienen. Tatsächlich würden die „ausgelassenen“ Teile die Kritik Hegemanns an Hobrecht noch verschärfen.[136] Die vollständige Wiedergabe der von Hegemann nicht zitierten Textstellen aus der Hobrechtschen

---

132 Strohmeyer, S. 60, betont, dass Bruchs Kritik zwei Jahre nach der Schrift von Hobrecht erfolgte.

133 Hobrecht, James, Ueber öffentliche Gesundheitspflege und die Bildung eines Central-Amtes für öffentliche Gesundheitspflege im Staate, Stettin 1868.

134 Dieses Buch ist von der einen Seite als Verteidigungsschrift Hobrechts in Bezug auf seine Berliner Planung angesehen worden, andere sehen in dem Beitrag von Hobrecht die Beschreibung einer städtebaulichen und sozialen Vision eines modernen Planers.

135 Strohmeyer, James Hobrecht, S. 63, erhebt hier den Vorwurf der Unterschlagung und auf S. 60 und 69 der Fälschung. Vorliegend geht es nur um die Texte der Hobrechtschen Schrift von 1868, S. 12-17.

136 Strohmeyers Vorwürfe gegen Hegemann sind sehr fragwürdig und völlig unangemessen im Ton.

Schrift im Anhang Nr. 7 zeigt, dass Hegemann nur der Vorwurf gemacht werden könnte, er habe Textabschnitte ausgelassen. Dieses „Auslassen" von Textabschnitten durch Hegemann führt dann zur Frage: Wollte Hegemann eine Verschärfung seines Urteils über die Berliner Planung erreichen und zweitens, welche Textabschnitte hatte Hegemann ausgelassen, welche Bedeutung hatten sie?

Strohmeyer ist der Auffassung, dass Hegemann den Hobrechtschen Text bewusst durch Auslassen „zurechtgestutzt" hat, um Hobrecht anzugreifen.[137] Der Hobrechtsche Text zeigt im Zusammenhang gelesen, dass auch das Gegenteil richtig sein kann: Vielleicht wollte Hegemann seine „Polemik" gegen Hobrecht nicht nur nicht überzeichnen, sondern sogar abschwächen, denn der tatsächliche Hobrechtsche Text war nach Hegemanns Ansicht schon bezeichnend genug, einer weiteren Verschärfung bedurfte es nicht. Der Unterschlagungs- und Fälschungsvorwurf von Strohmeyer gegen Hegemann kann keinen Bestand haben, insbesondere dann nicht, wenn Strohmeyer selbst Textzitate ausgelassen hat.[138] Auch für Strohmeyer bestand das Problem, dass eine nachträgliche Erklärung des Planinhaltes und die nachträgliche Interpretation der Motive des Planverfassers nicht für den Inhalt eines Planes stehen können, vielmehr ist nur die Planung mit dem Abschlussdatum 1862 selbst das geeignete Objekt. Letztlich geht es bei der über 100 Jahre geführten Diskussion zum Berliner Bebauungsplan um die Frage, durch welche Ursache konnte die fast maßlose städtebauliche Verdichtung erzielt werden. War es der Bebauungsplan, die Bauordnung oder die Kombination beider Teile? Neben Bebauungsplan und Bauordnung gibt es einen Faktor, der das Problem der Dichte noch weiter verschärft hat, nämlich der Bodenpreis. Er ist jedoch nur eine Folge der beiden Vorbedingungen. Näheres dazu findet sich in Abschnitt 5.3.

Nach Heinrich hatte Hobrecht seine Veröffentlichung „Ueber öffentliche Gesundheitspflege" „wahrscheinlich auch deswegen geschrieben", weil er schon um 1862 öffentlich angegriffen wurde. Hobrecht verteidigte die geschlossene Bauweise gegenüber der offenen englischen Bauweise.[139] Heinrich: „So achtbar die Haltung Hobrechts [...] war", indem er das Nebeneinander von Arm und Reich im Mietshaus schildert, „so unmöglich war sie schon damals gegenüber der Gesamterscheinung, im Zeitalter von Marxs, Engels und Lasalle".[140] 1962 hatte Heinrich gefordert, dass die Geschichte des Berliner Mietshauses der zweiten Hälfte des 19. Jh. aufgearbeitet werden müsse, dabei würden neben den „dunklen Kapiteln" vielleicht auch erstaunliche Zeugnisse guten Willens zutage treten.[141] Heinrich hat mit der nachfolgenden Überlegung von 1962 eine bemerkenswerte Abwägung zwischen den verschiedenen Auffassungen über den Bebauungsplan und die Bauordnung vorgenommen und das Zusammenwirken von Bodenspekulation und der Bauordnung 1853 als Hauptursachen des Berliner Wohnungselendes bezeichnet:

137 Strohmeyer, James Hobrecht, S. 63.

138 Näheres dazu in Anhang Nr. 7.

139 Heinrich, Ernst, „Der Hobrechtplan", in: Jahrbuch für Brandenburgische Landesgeschichte, Berlin 1962, Bd.13, S. 44.

140 ebd., S. 44.

141 Verfasser: Hier deutet sich das 20 Jahre später erschiene „Berliner Mietshaus" von Geist & Kürvers an.

> „Kein verdammendes Urteil, das Zeitgenossen oder spätere Betrachter über dieses Wohnungselend und seine Urheber gefällt haben, ist zu hart. Ich bezweifle nur, trotz aller dafür beigebrachten Statistiken und anderer Beweise, daß dem Bebauungsplan, wie es die herrschende Meinung ist, die Hauptschuld oder wenigstens die gute Hälfte der Schuld an dem hybriden Umsichgreifen der Bodenspekulation, an der Entartung der Mietskaserne und überhaupt an dem Wohnungselend, das sich später auch über die Vororte ausdehnte, zugeschrieben werden muß. Der Augenschein spricht nicht dafür. Die geltende Bauordnung [von 1853] ist es, die in dem von Hobrecht aufgeteilten Gebiet das Unglück herbeigeführt hat.“[142]

Hobrecht hatte seine persönliche Vorstellung vom Wohnen mit der „Durchdringung“ und des „Durcheinanderwohnens“ bei gleichzeitiger Ablehnung der „Abschließung“ 25 Jahre nach der ersten Veröffentlichung (1868) noch einmal abdrucken lassen. Der Nachdruck erschien in der *National-Zeitung*, einer liberalen Berliner Tageszeitung, im Januar 1893.[143] Nach Eberstadt erfolgte der erneute Abdruck, weil sich Hobrecht gegen die starken Angriffe wegen des Berliner „Mietskasernensystems“ verteidigen wollte.[144]

Anlass des Nachdrucks war eine Versammlung des Berliner Architektenvereins, in der Hobrecht über die neue Bauordnung (für die Vororte Berlins) berichtete. Die National-Zeitung schrieb am 21.1.1893:

> „Über die Bestimmungen der Bauordnung für die Vororte von Berlin betreffs der Abgrenzung der Landhausbezirke sprach sich in der letzten Sitzung des Berliner Architektenvereins der Baurath Dr. Hobrecht in eingehender Weise aus:[145] Diese in das Privateigenthum tief eingreifenden Maßnahmen ständen mit den im deutschen Volke fest eingewurzelten Begriffen vom Eigenthumsrecht im schärfsten Widerspruch.
>
> Die nothwendige Konsequenz der Schaffung von Villenvierteln in solchem Umfange sei das Entstehen von Arbeitervierteln, was tief zu beklagen sein würde. Die viel geschmähte 'Miethskaserne' – deren Auswüchse man durch gute Bauordnungen zu beseitigen suchen möge, deren Mängel in dem behaupteten Maße er aber nicht anerkennen könne – habe den unbestreitbaren Vorzug, das in sozialer und erzieherischer Hinsicht so wohlthätige Durcheinanderwohnen von Reich und Arm zu ermöglichen und damit zur Milderung der sozialen Gegensätze beizutragen.
>
> Auch den gesundheitschädlichen Einfluß des Miethshauses, eine Behauptung, die der Eine dem Anderen urtheilslos nachbete, müsse er bestreiten, falls gut gebaut werde und die für die Gesundheit erforderlichen Einrichtungen getroffen würden.
>
> Berlin sei ungeachtet der stark fortschreitenden Bebauung mit 'Miethskasernen' um den Stadtkern herum von Jahr zu Jahr gesunder geworden und zähle gegenwärtig zu den gesunden Städten; hoffentlich werde sich der Gesundheitszustand noch weiter heben. Wer jemals an anderen Orten Arbeiterviertel besucht, die

142 Heinrich, S. 43.

143 Miethshaus und Villa, in: *National-Zeitung* Berlin, erschienen in der Morgenausgabe vom 21.1.1893 und am 28.1.1893 als „Erstes Beiblatt zu Nr. 62 der *National-Zeitung*“.

144 Eberstadt, Rudolf, Handbuch des Wohnungswesens und der Wohnungsfrage, Jena ^{4}1920, S. 308.

145 In der *Deutschen Bauzeitung*, die regelmäßig die Vereinsmitteilungen des Berliner Architektenvereins brachte, fand sich kein Hinweis auf die oben zitierte Versammlung des Vereins.

Unordnung, den Schmutz u.s.w. dort kennen gelernt habe, der könne nur wünschen, daß derartige Bestrebungen, die eine Inhumanität gegen die unteren Volksklassen seien, bei uns keinen Boden fänden, zumal in solchen Arbeitervierteln die Handhabung einer guten Gesundheitspflege aus vielen Gründen außerordentlich erschwert sei.

Diese Ausführungen Hobrecht`s, der auf dem Gebiete der Städtehygiene zu den ersten Autoritäten gehört, sind um so bemerkenswerther, als die öffentlich ausgesprochene Mittheilung, daß in der Kommission, welche die Bauordnung für die Vororte ausgearbeitet hat, die Juristen in der Mehrzahl gewesen, Sachverständige aus dem Gebiete des Städtebauwesens und der Städtehygiene aber überhaupt keinen Platz gefunden hätten, bisher nicht dementiert worden ist."[146]

In der Morgenausgabe der *National-Zeitung* vom 21.1.1893 wurde dann ausgeführt, dass in England, Amerika und der Schweiz für die öffentliche Gesundheitspflege schon lange ein hohes Interesse bestehe. In Deutschland habe man dagegen erst nach der Cholera-Epidemie 1866 begonnen, gesundheitliche Fragen zunächst theoretisch zu erörtern und dann praktisch zu lösen. Weder der Einzelne noch die Gemeinde könne „Ersprießliches" auf dem Gebiet leisten, nur der Staat könne wirkungsvoll eingreifen. Der Staat habe das Recht und die Pflicht, sich der Gesundheitspflege anzunehmen. Hobrecht gehöre zu denjenigen, die schon früh ein staatliches „Centralamt" für Gesundheitspflege gefordert hätten.[147]

Die Schrift von Hobrecht (1868), in der dieses „Centralamt" angemahnt wurde, sei auch hinsichtlich der Bemerkungen zu den Wohnungen wichtig. Die Wohnung wirke auf den Menschen „so andauernd und nachhaltig" auf das Befinden der Menschen ein, dass Hobrecht schon 1868 mit Recht geklagt habe: „Fort mit den Kellerwohnungen, die gut sind für Fässer und Kartoffeln und Gemüse, aber nicht für die Menschen! Raum für die Höfe!" Es habe 20 Jahre gedauert, bis der „Mahnruf" gehört wurde und die neue Bauordnung erlassen wurde (1887). Leider würde in der Bauordnung für die Vororte Berlins nun die Kellerwohnung wieder zugelassen.

Im Weiteren wurde in der *National-Zeitung* erörtert, ob in den kleinen Landhausvierteln und in den Villenvierteln die Kellerwohnungen doch zugelassen werden könnten. Danach folgte in der *National-Zeitung,* ohne Kommentar, der Teilabdruck von Hobrechts Bemerkungen zum „Durcheinanderwohnen", sie beginnen mit den Worten: „Unsere Art zu wohnen steht, wie bekannt, in einem prinzipiellen Gegensatz zu der englischen".[148]

Die folgende Tabelle zeigt, dass um 1885 noch immer über 9 % der Berliner Bevölkerung in Kellerwohnungen lebte, während die Zahl der bewohnten Kellerwohnungen in Hamburg noch 7 % betrug. In Breslau waren unter 5 % und in Leipzig sogar unter 2 % der Bevölkerung auf Kellerwohnungen angewiesen.

146 *National-Zeitung,* vom 21.1.1893, Miethshaus und Villa.
147 *National-Zeitung,* vom 21.1.1893, Miethshaus und Villa.
148 *National-Zeitung,* vom 21.1.1893, Miethshaus und Villa.

Tabelle 11: Bevölkerung und Zahl der Wohnungen nach Stockwerkslage (Zählung 1885)

1	2	3	4	5	6	7
Ort	Bevölkerung	Personen in Keller-Wo.	%	Wohnungszahl	Davon Keller-Wohnungen	%
Berlin	1.281.299	118.333	9,23	304.926	28.023	9,19
Hamburg	454.093	31.381	6,91	100.002	6.945	6,94
Breslau	287.387	13.143	4,57	67.917	3.242	4,77
Leipzig	165.075	2.273	1,38	32.110	532	1,66

Statistisches Jahrbuch deutscher Städte, Breslau 1892, S. 52 (Neefe).

Hobrechts 45-seitige Veröffentlichung von 1868 („Über öffentliche Gesundheitspflege „) hatte, wie angedeutet, zwei grundsätzlich verschiedene Themen unter einer Überschrift zusammengefasst. Der kleinere Teil hatte sechs Seiten. Hier hatte Hobrecht, wie oben zitiert, eine Schilderung über das Wohnen der ärmeren Schichten im Hinterhaus und das Wohnen der gebildeten und reicheren Schichten im Vorderhaus der Mietskaserne vorgelegt und als empfehlenswerte Durchmischung angesehen. Der sechsseitige Text war es aber, die die harte Kritik von Hegemann ausgelöst hatte und über die noch heute diskutiert wird, dabei bezog sich die Kritik nicht nur auf die schriftliche Darstellung, sondern auch auf den Bebauungsplan und die Bauordnung. Hegemann hatte 1911 geschrieben, dass die „lächerlichen Anschauungen“, wie die friedliche Durchdringung der Schichten, von Hobrecht in scharfem Gegensatz zu den Ansichten der sozialpolitisch engagierten Vertreter, wie Julius Faucher, Victor A. Huber, Ernst Bruch und Arminius, stehen würden.[149] Aber auch bekannte Planer der Weimarer Zeit wie Fritz Schumacher, äußerten sich zu Hobrechts Planungen kritisch: Der Berliner Bebauungsplan „ist ein berüchtigtes Zeugnis“ dafür, dass die „Daseinsbedingungen für Tausende von Menschen unnötigerweise zur Qual“ werden mussten.[150] In „mißverstandenem Liberalismus“ habe der Staat den Grundbesitzern die „größten Baufreiheiten“ gegeben. Das weitere schwerwiegende Versäumnis (Schumacher) sei die offensichtliche "Kurzsichtigkeit“ des Staates und insbesondere des Polizeipräsidenten in Planungsvorgängen. Dies zeige sich schon darin, dass der Polizeipräsident und auch Hobrecht die „gefährlichen Freiheiten der Bauordnung“, die sich „wuchernd“ und ohne Blick auf den Bebauungsplan entfaltet hätten, auch nicht ansatzweise zur Kenntnis genommen hätten.[151]

Hegemann hatte 1930 bestimmte Absätze aus der Wohnungsschilderung in seiner Kritik ausgelassen, dieses „Auslassen“ wurde dann Ende des 20. Jh. als äußerst „polemisch“ bezeichnet, es wurde sogar der Vorwurf der Fälschung gegen Hegemann und zum Teil auch gegen Eberstadt erhoben.[152] Weit wichtiger als das „sozialpolitische Konzept“, das Strohmeyer im Berliner Straßenplan „gefunden“ hatte und sein Fälschungsvorwurf gegen Hegemann, ist der größere Teil der Hobrechtschen Schrift, der die Einführung eines Central-Amtes für öffentliche

149 Hegemann, Werner, Der Städtebau, Teil 1, S. 24. Der 144-seitige Bericht über die Allgemeine Städtebau-Ausstellung stammt von Hegemann, im begleitenden Arbeitsausschuß waren vertreten: Otto March, R. Eberstadt, T. Goecke, H. Jansen und J. Stübben.

150 Schumacher, Fritz, Strömungen in Deutscher Baukunst, Köln [2]1955, S. 61.

151 Schumacher, Strömungen, S. 62.

152 Strohmeyer, James Hobrecht, S. 61 und 69.

Gesundheitspflege im Staate verlangte. Hobrecht hat in der Überschrift den Begriff „im Staate“ verwendet. Daraus kann geschlossen werden, dass er damit nur den preußischen Staat gemeint haben konnte, denn sollte eine über die Grenzen des preußischen Staates hinausreichende Einrichtung gemeint sein, wäre von ihm der Begriff „in den Staaten“ (des Norddeutschen Bundes) verwendet worden.[153]

Deutscher Verein für öffentliche Gesundheitspflege

Die öffentliche Gesundheitspflege im weitesten Sinne und die Bauordnung sind die Teile, die auf die Bevölkerung unterschiedlich einwirken. Die private Gesundheit nimmt der Einzelne durch die eigene Situation schnell wahr. Die Bauordnung gehört dagegen zu dem Teil, der eher unsichtbar ist und dennoch bestimmend auf die Bewohner direkt einwirkt. Beispiele für eine negative Wirkung sind hier unzureichende Fenster für Licht und Luft in der Wohnung, geringe Größe und unpassender Zuschnitt der Wohnung, fehlende Abgeschlossenheit der Wohnung, mangelhafte Ausstattung mit fließendem Wasser und ungesicherte Abwasserbeseitigung, ein Abort für eine Mehrzahl von Familien und Weiteres mehr. Dieser Zusammenhang macht es verständlich, dass um die Mitte des 19. Jh. zunehmend von Medizinern nach den Ursachen von Krankheiten geforscht wurde. Durch die Einzeluntersuchungen war immer wieder die Frage nach den baulichen Voraussetzungen und der Durchführung der Bauordnungen aufgetaucht, die ein Teil des Problems sein konnten. Eine der öffentlich wirkenden Zeitschriften, die sich der Wohnungsfrage angenommen hatten, war die *Deutsche Vierteljahrsschrift für öffentliche Gesundheitspflege* (*DVjöG*), sie wurde im Auftrag der „Versammlung deutscher Naturforscher und Aerzte“ (VdNuÄ) herausgegeben. Herausgeber waren: Göttisheim (Basel), Hobrecht (Stettin), Reclam (Leipzig), Varrentrapp (Frankfurt a. M.) und Wasserfuhr (Stettin). Als Vereinsschrift fungierte ab 1869 die *DVjöG.* Die Gründung des deutschen Vereins für öffentliche Gesundheitspflege erfolgte am 15.9.1873.[154] Schon zwei Jahre vor der *DVjöG* wurde die *Deutschen Bauzeitung (DBZ)* gegründet, die 1867 als *Wochenblatt* und 1868 als *Deutsche Bauzeitung/Wochenblatt* erschien.

Der schon erwähnte „Centralverein für das Wohl der arbeitenden Klassen“ hatte sich schon seit 1844 bemüht, die soziale Situation der unteren Bevölkerungsschichten zu verbessern. Der Verein förderte Spar-, Prämien-, Aussteuer-, Sterbe- und Krankenkassen und bemühte sich allgemein um die Verbesserung der Wohnungsverhältnisse. Die Ziele des Deutschen Vereins für öffentliche Gesundheitspflege lagen auf dem medizinisch-technischen und dem bautechnischen Gebiet. Schon die Zusammensetzung der Herausgeberschaft von 1869 zeigte an, dass die Zusammenarbeit von Ärzten, Ingenieuren und Verwaltungsbeamten als zwingende Notwendigkeit erkannt worden war, sollte eine Veränderung der hygienischen Situation in den Wohnungen und in den Städten gelingen.

153 Hobrecht, S. 39. Hobrecht forderte, dass das „Central-Amt“ einen jährlichen Bericht über den „Gesundheitszustand für „alle Gemeinden der M o n a r c h i e“ veröffentlicht werden müsse. Strohmeyer ist jedoch der Auffassung, dass Hobrecht nicht den preußischen Staat gemeint habe, sondern den Norddeutschen Bund, bzw. sogar schon auf das spätere Reichsgesundheitsamt gezielt habe! (Strohmeyer, James Hobrecht, S. 60).

154 Hardy, Anne, Ärzte, Ingenieure und städtische Gesundheit. Medizinische Theorien in der Hygienebewegung des 19. Jh., Frankfurt/New York 2005, S. 209.

Von Anfang an war einer der wichtigsten Diskussionspunkte, wie die Wasserversorgung, aber vor allem wie die schadlose Beseitigung der Abwässer, in die Praxis umzusetzen war. Die Folgerungen aus den Cholera-Epidemien in der ersten und zweiten Hälfte des 19. Jh., die weite Teile Europas erlebten, war die Erkenntnis, dass die Sauberkeit der Wohnung und des öffentlichen Raumes ein Hilfsmittel zur Bekämpfung der schweren Krankheit sein konnte. Viel entscheidender für die Abwehr der Seuche war jedoch die Bereitstellung von sauberem Trinkwasser, das bisher aus eigenen Brunnen sowie aus Bächen und Flüssen ohne Filterung entnommen wurde.[155] Wesentlich besser gegen die Cholera und andere Magen- und Darmerkrankungen waren die Gemeinden und Städte geschützt, die ihr Trinkwasser direkt aus höher gelegenen Quellen bezogen hatten. Erst allmählich wurde auch der weitere Zusammenhang zwischen sauberem Trinkwasser, Gesundheit und unschädlicher Fäkalienbeseitigung erkannt.

Schon die ersten Aufsätze in der *DVjöG* waren der Kanalisierung gewidmet, z.B. „Dresdens Kanalisierung ohne Entwässerung" (Varrentrapp) und „Ueber Reinigung und landwirthschaftliche Nutzbarmachung des Kanalwassers" (Hobrecht). Aber auch kleinere Städte konnten ihre Entwässerungsprobleme in der *DVjöG* darstellen und das geplante Projekt umfassend erläutern. Wie in vielen Fällen war in Darmstadt noch ungeklärt, wie das zusätzlich benötigte Spül-Wasser für die Abortbenutzung bereitgestellt werden könne.[156] In Berlin hatte 1869 die Stadtverordnetenversammlung beschlossen, die gesamte Stadtentwässerung nach dem Projekt des Oberbaurates Wiebe durchzuführen. Wegen fehlender Vorarbeiten zum Projekt sollte vor der Zustimmung eine gründliche Voruntersuchung durchgeführt werden. Diesen Auftrag sollte der „Stettiner Baurath" J. Hobrecht ab dem 1.4.1869 ausführen, damit begann Hobrecht als anerkannter Entwässerungsfachmann seine zweite Berliner Laufbahn, die bis 1897 dauerte. Neben der Entwässerung der Städte war die Wohnungsfrage aus der hygienischen Sicht wichtiger Bestandteil der Vereinsarbeit, so bedauerte ein Bürgermeister, dass die Baupolizei bei der „gegenwärtigen Gesetzgebung" nicht im erforderlichen Maß gegen ungesunde Wohnungen einschreiten könne.[157] Es bestehe die konkrete Gefahr, vor Gericht zu Schadensersatz verurteilt zu werden, da es sich um einen Eingriff in die Privatsphäre handele, der nach der Verfassung von 1850 ohne Gesetz nicht zulässig war.

Im Vorwort der ersten Ausgabe der *DVjöG* (1869) hatte der Arzt Carl Reclam darauf hingewiesen, dass „man zur Aufstellung des Naturbedürfnisses", die später in Normen einfließen sollen, „Mass, Zahl und Gewicht" feststellen müsse.[158] Darunter verstand er die medizinische Statistik, die verbunden mit den bautechnischen Daten Erklärungen liefern müsse. Reclam forderte, dass der „Cubikraum guter Luft" für Kranke, Schüler und Gefangene, die in Quadratme-

155 Hierzu siehe Richard Evans, Tod in Hamburg, Hamburg 1990, S. 194-400.

156 Eigenbrodt, Karl, in: *DVjöG* 1869, S. 137-140. Er berichtete von der geplanten Kanalisierung des Darmbaches in der Darmstädter Altstadt, der in „unerträglicher Weise die Luft im Herrengarten verpestet". Es wurde sogar erwogen, aus dem Rhein mittels „Dampfkraft" Nutzwasser herbeizuschaffen.

157 *DVjöG* 1872, S. 624. Bericht über die Generalversammlung des niederrheinischen Vereins für öffentliche Gesundheitspflege in Düsseldorf am 19.10.1872.

158 Reclam, C. Die heutige Gesundheitspflege und ihre Aufgaben, in *DVjöG* 1869, S. 3.

ter zu messende Fläche des Fensterglases, die notwendige Raumtemperatur, die genügende Beleuchtung, das „richtige“ Verhältnis zwischen Haushöhe und Straßenbreite, die „richtige“ Zahl der Bewohner auf einer bestimmten Fläche des Baubodens und die Fläche zur Begrünung der Städte ermittelt werden müsste. Zu allen aufgeworfenen Fragen müssten die „Physiologen, die Physiker und die Chemiker“ die Grundlagen liefern. Die Ärzte, Verwaltungsbeamten, Ingenieure und Bautechniker sollten die Ergebnisse der Grundlagenerforschung in praktisches Handeln umsetzen. Über allem solle eine oberste Gesundheitsbehörde wachen und entsprechend der Normen Anordnungen treffen.[159]

Reclam bezeichnete die englische öffentliche Gesundheitspflege als nachahmenswertes Beispiel für Deutschland. Nirgends in Europa sei die öffentliche Gesundheitsvorsorge weiter verbreitet und habe ein höheres Ansehen als in England. Dabei sei die Form der öffentlichen Vorsorge keineswegs militärisch gegliedert oder zentral organisiert, denn in England seien die Inhalte und Durchführung der vorsorgenden Maßnahmen wichtiger, als die administrative Form. Trotzdem habe auch England entsprechende Gesetze erlassen, z.B. 1848 den Public Health Act oder den „Sanitary Act von 1866. Nach diesem Gesetz könne auf Antrag ein Regulativ erlassen werden, das die Bewohnerzahl eines Hauses begrenzt, gleichzeitig könnten damit die Häuser und die Wohnungen registriert werden. Es sei auch möglich, Anordnungen über die „Beaufsichtigung“ der Häuser zu treffen (Erhaltung der Reinlichkeit und gesunder Zustand). Schließlich könne sogar die „zwangsweise Einführung von Abtritten“ und die Zahl der Abtritte im Verhältnis zur Bewohnerzahl vorgegeben werden.[160] Auch für Kellerwohnungen, die entweder gebaut werden sollen oder bereits vorhanden waren, waren 1848 Vorschriften erlassen worden. So sollte die Kellerwohnung eine lichte Höhe von sieben Fuß (entspricht 2,44 Meter) haben, die Decke des Kellers müsse mindestens drei Fuß (ca. 1 Meter) über dem Straßenterrain liegen und die Fenstergröße 1,10 Quadratmeter aufweisen. Kellerwohnungen waren damit – wie auf dem Kontinent auch – nicht untersagt.

In England war neben der nachzuweisenden Keller-Raumhöhe, eine weitere Bedingung zu erfüllen, die erst spät in manchen deutschen Staaten eingeführt wurde. Es handelt sich um die Vorschrift, dass „entlang der Gebäudefront ein mindestens zweieinhalb Fuß (0,60-0,75 Meter) breiter offener Raum“ frei bleiben musste, die Sohle dieses Grabens müsse sechs Zoll (0,15 Meter) unter der Kellerfußbodenebene reichen. Damit könne jeder Regenwasseranfall unschädlich abgeführt werden.[161] Die von Reclam erwähnten strengen englischen Bau- und Hygienevorschriften waren in den Bauordnungen der deutschen Staaten bis zum Ende des 19. Jh. nahezu unbekannt.

---

159 Die Errichtung eines „Central-Amtes“ für die (preußische) Monarchie hatte auch Hobrecht gefordert.

160 Reclam, C., in: *DVjöG* 1869, S 23. In seinem Bericht über die englische Gesundheitsvorsorge erwähnte er die bahnbrechenden Vorarbeiten von Chadwick (1842) nicht, jedoch die Zahl der Toten, die durch Mängel am englischen Gesundheitssystem jährlich starben (Reclam 160.000, Chadwick 155.000). Diese „Beaufsichtigung“ entspricht etwa der späteren deutschen „Wohnungsaufsicht“. Die Wohnungsaufsicht wurde in Deutschland zuerst im Großherzogtum Hessen eingeführt (1893). Nachweis: Hessisches Regierungsblatt 1893, S. 101.

161 Haselberg, Ernst von, Ueber den Baugrund der Wohnhäuser, in: *DVjöG* 1870, S. 38.

Der beschriebene baulich-hygienische Abstand zwischen England und Deutschland müsse, so Reclam in der *DVjöG*, verringert werden, um die „Leistungsfähigkeit der ganzen Bevölkerung zu steigern.“[162] Auch der technisch einwandfreie Bau der Gebäude war ein wichtiges Thema der *DVjöG*, denn das Bauen in und auf trockenem Baugrund war offensichtlich ein allgemein noch nicht gelöstes Problem. Deshalb wurde gefordert, dass der Fußboden jedes Stockwerks, also auch der des Kellers, so anzulegen sei, das Wasser unterhalb des Bodens abfließen könne, die Entfernung zwischen höchstem Wasserstand und Fußboden müsse dabei mindestens 12 Zoll (0,30 Meter) betragen. Zusätzlich müsse eine Isolierschicht in die Wände eingebaut werden, um sich gegen die aufsteigende Feuchtigkeit (Kapillarwirkung) zu schützen. Am besten sei es, wenn die Kellersohle außen eine Vertiefung von sechs Zoll erhalten würde.

Der Verfasser des Artikels bemerkte, dass derartige bautechnische Hinweise zwar eher „in ein Lehrbuch“ gehörten, gleichwohl „nöthige aber der Zustand der Gesundheitspflege bekanntes Wissen“ zu wiederholen.[163] In diesem Zusammenhang soll auf das schon früher beschriebene Problem des Grundwassers in den Berliner Kellern mit Wasserhöhen von 62-93 cm hingewiesen werden. Es scheint, dass der Einfluß der Mediziner auf die baupolizeiliche Gesetzgebung nur langsam wuchs, dabei waren die Mediziner in größerem Maß öffentlich aktiv, als z.B. die Gruppe der Ingenieure und Architekten. In der *DVjöG* 1869 wurde das Thema der Flußverunreinigung durch Fäkalien diskutiert und die Forderung erhoben, dass das Abwasser zunächst in Rieselfelder geleitet werden müsse. Dort könne die Schmutzfracht abgeladen werden, erst dann könne man das so gereinigte „überschüssige Wasser“ in die Gewässer einleiten.[164]

Ungeachtet der mit dem Schwemmsystem gemachten positiven Erfahrungen waren noch immer andere Fäkalien-Sammel-Systeme in Gebrauch, so z.B. das englische „Moule’sche Erdcloset“.[165] Der englische Arzt Dr. Buchanan hatte dieses System noch 1870 verteidigt, denn nach seiner Meinung könne in kleineren Städten von bis zu 10.000 Einwohnern das System noch sinnvoll sein. Für das System spreche vor allem die einfache „Bedienung“. Allerdings müsse in den Haushalten der unteren Schichten aber eine „Überwachung“ geschehen, außerdem müsse die „Gemeindeobrigkeit“ die Behandlung und Beaufsichtigung des Systems Erdcloset vollständig in der Hand behalten. Zu den Nachteilen der Fäkaliensammlung und Verwertung meinte der Frankfurter Arzt Alexander Spiess 1871, dass die Einführung der Regen-, Grund- und Hauswassersammler durch die Erdclosets in keinem Fall ersetzt werden könne. Im Gegenteil, die öffentliche Kanalisierung sei zwingend und unabweisbar.[166]

Die weiteren Fäkaliensammelsysteme, die mit wechselnder Intensität diskutiert wurden, sich aber nicht durchsetzen konnten, werden nur der Vollständigkeit halber erwähnt: Das Liernur-System, das auf der Absaugung der Fäkalien aus den Aborten mittels Unterdruck und der anschließenden Sammlung in unterirdischen Behältern basierte und das Tonnen-System, bei dem die Fäkalien

---

162 Reclam, Gesundheitspflege, in: *DVjöG* 1869, S. 5.
163 Haselberg, Baugrund, in: *DVjöG* 1870, S. 36.
164 Hobrecht, in: *DVjöG* 1869, S. 67.
165 Das Prinzip: Die Fäkalien werden mit „1,5 Pfund trockener Erde“ überdeckt.
166 Spiess, Alexander, Dr. Buchanan: Ueber das Moule`sche Erdcloset, in: *DVjöG* 1871, S. 80 f.

in Tonnen gesammelt, dann auf landwirtschaftliche Flächen zur Düngung verteilt wurden. Die hygienischen Fragestellungen in der zweiten Hälfte des 19. Jh. wurden durch Mediziner ausgelöst, sie waren es, die die Ursachen der Mortalität mit Hilfe der Statistik erforschten. Sie waren es auch, die dem Norddeutschen Reichstag eine Petition 1870 übersandten und die Einrichtung einer zentralen (Reichs-)Stelle für das Gesundheitswesen verlangten.

Die Petition von 1870 war gewissermaßen das große öffentliche Zeichen, das die Ärzteschaft, die Ingenieure und Architekten, die Oberbürgermeister und die Professoren deutscher Universitäten gesetzt hatten, um eine grundsätzliche Änderung im medizinischen, aber auch im baupolizeilichen Bereich, zu erwirken.[167] Die Vorstellung, wonach der Staat das Recht und die Pflicht habe, die Voraussetzungen für die Gesundheit seiner Angehörigen zu sorgen, ist auch schon in der ersten Hälfte des 19. Jh. beschrieben und gefordert worden.[168] Bei der „höchsten Medicinal-Behörde“ sei die „größte Einsicht“ über die Ursachen und die Beseitigung der „Uebel zu vermuthen“.[169] Als persönlicher Ausdruck der gemachten Berliner und auch der Stettiner Erfahrungen hatte der Techniker Hobrecht 1868 seine Schrift verfasst. Damit befand sich Hobrecht in völliger Übereinstimmung mit den Zielen, die auch der Arzt Carl Reclam 1869, stellvertretend für seine Kollegen, im ersten Band der *DVjöG* beschrieben hatte. Auch sahen die Mediziner in der Verfassung des Norddeutschen Bundes vom 16. April 1867, dass der Norddeutsche Bund die Zuständigkeit hatte, entsprechende oberste Regelungen in Kraft zu setzen. In der Verfassung wurde die Zuständigkeit für das Medizinalwesen so beschrieben: „Der Beaufsichtigung seitens des Bundes und der Gesetzgebung desselben unterliegen die nachstehenden Angelegenheiten: [...] Artikel 4, Ziffer 15: Maaßregeln der Medizinal- und Veterinairpolizei.“[170]

Selbst wenn der Norddeutsche Bund nach seiner Verfassung die Zuständigkeit hatte, um Vorschriften über das Medizinalwesen zu erlassen, bestand auch noch die Möglichkeit, dass die Einzelstaaten in diesem Sinne tätig werden konnten. In Preußen konnte nach dem „Gesetz über die Polizeiverwaltung“ in § 6 die „Sorge für Leben und Gesundheit“ und die „Fürsorge gegen [...] gemeinschädliche Handlungen, Unternehmungen und Ereignisse“ eine Handlungspflicht im Medizinalwesen abgeleitet werden. Offensichtlich waren die staatlichen Maßnahmen im Gesundheits- und im Baupolizeibereich als unzureichend angesehen worden, sodass eine Petition an den Reichstag formuliert wurde. Den Entwurf der Petition von 1870, die an den Reichstag des Norddeutschen Bundes gerichtet war, erarbeiteten Professor Richter (Dresden), die Ärzte Spies (Frankfurt am Main), Wasserfuhr (Stettin) und Dr. Varrentrapp (Frankfurt) und Baurath Hobrecht (Berlin). Die Petition hatte folgenden Wortlaut:

---

167 *DVjöG* 1870, S. 132-139. Die Petition an den Reichstag.

168 Von Mohl, Die Polizeiwissenschaft, ^{2}1844, Bd. 1, S. 139.

169 Von Mohl, Die Polizeiwissenschaft, ^{2}1844, Bd. 1, S. 131-139.

170 Bundes-Gesetzblatt des Norddeutschen Bundes 1867, Verfassung des Norddeutschen Bundes vom 16.4.1867, in: documentArchiv.de. Abgerufen von www.documentArch.de/nzjh/ndbd/verfnbd. html am 18.6.2010.

„Ausgehend von der Ansicht, dass es an der Zeit sei, die seit Jahren vielfach erörterten Fragen bezüglich einer Reform unserer Sanitätsverwaltung und Gesetzgebung endlich aus dem Bereiche der theoretischen Discussionen, der Resolutionen und der vergeblichen Hoffnungen auf eine Initiative des preußischen Kultusministers vor das Forum der gesetzgebenden Gewalten des Norddeutschen Bundes zu bringen, verständigten sich Professor Dr. H. E. Richter in Dresden, Dr. Spiess (sen.) und Dr. Varrentrapp in Frankfurt a.M., Dr. Wasserfuhr in Stettin und Baurath Hobrecht in Berlin zu Ende Novembers 1869 über nachstehende Petition an den Reichstag:

Derselbe wolle bei dem Bundesrathe des Norddeutschen Bundes beantragen:

I. Die Vorlage eines Gesetzes, betreffend die Verwaltungsorganisation der öffentlichen Gesundheitspflege im Norddeutschen Bunde;
II. Zu den Vorarbeiten für dies Gesetz die Einsetzung einer mit dem Rechte der Cooptation ausgestatteten Kommission von Sachverständigen (Aerzten, Technikern und Verwaltungsbeamten) aus den Staaten des Norddeutschen Bundes;
III. Als Grundlage des Gesetzes die Berücksichtigung folgender, von den vereinigten Sektionen für öffentliche Gesundheitspflege und für Medicinalreform in der 43. Versammlung deutscher Aerzte und Naturforscher zu Innsbruck 1869 einstimmig gefasster Resolutionen:

Es sind in jeder städtischen Gemeinde wie in Landbezirken entsprechende, bis zu einem gewissen Grade selbständige Gesundheitsausschüsse (Sanitätskommissionen) zu bilden, die unter Beaufsichtigung, beziehungsweise Leitung höherer staatlicher Organe die nächste Sorge für Alles, was das öffentliche Gesundheitswohl ihrer Gemeinde und ihres Landbezirks betrifft, zu übernehmen haben. Die Gesundheitsausschüsse bestehen aus Gemeindebeamten und Bürgern, Aerzten und Technikern (Chemiker, Architekt und Ingenieur), und lehnen sich überall an die politischen Behörden der entsprechenden Gemeinden und Bezirke an.

Die Beaufsichtigung, beziehungsweise Leitung, der örtlichen Gesundheitspflege ist Sache eines vom Staate für jeden größeren Verwaltungsbezirk zu ernennenden öffentlichen Gesundheitsbeamten, der neben diesem seinem Amte keine andere Beschäftigung treiben, namentlich - wenn Arzt - weder ärztliche Praxis üben, noch Gerichtsarzt sein darf. Derselbe ist gleichberechtigtes Mitglied der betreffenden staatlichen Verwaltungsbehörde. In seinem Bereiche übt er aber auch volle Initiative, und verfügt in Verbindung mit den Gesundheitsausschüssen nach Maassgabe der bestehenden gesetzlichen Vorschriften über die vorhandenen Polizeimittel zur Abstellung der ermittelten Uebelstände. Derselbe ist der staatlichen Centralbehörde für das öffentliche Gesundheitswesen untergeordnet.

Die aus Verwaltungsbeamten, Aerzten und Technikern bestehende Centralbehörde bildet bei der obersten Verwaltungsstelle eine besondere Abtheilung; und hat folgende Funktionen zu übernehmen. Sie hat:

a. für die Erhebung einer fortlaufenden Statistik der Gesundheits- und Sterblichkeitsverhältnisse zu sorgen; jährlich einen ausführlichen Bericht über den Gesundheitszustand, sowie über den Fortgang der Werke der öffentlichen Gesundheitspflege zu veröffentlichen;

b. die die öffentliche Gesundheitspflege betreffenden allgemeinen Gesetze und Verordnungen vorzubereiten und zu berathen, die Ausführung der erlassenen gesundheitspolizeilichen Gesetze als oberstes Verwaltungsorgan zu überwachen und zu leiten, sowie

d. für Heranbildung, Prüfung und Anstellung tüchtiger Gesundheitsbeamten zu sorgen.
Der Unterricht über die Erkenntnisse von Krankheitsursachen und über Krankheitsverhütung ist an den Universitäten, Fach- und Volksschulen sorgfältig zu pflegen".[171]

Die Petition wurde von 3.700 Einzelpersonen unterschrieben, unter ihnen waren 40 Professoren des Fachgebietes Medizin, 10 Oberbürgermeister, 150 „Stadträthe", 500 Stadtverordnete, 139 Baumeister und Ingenieure sowie 800 „Fabrikbesitzer". Begründet wurden die Forderungen („Motive") in Kurzfassung:

Die ärztliche Wissenschaft sei nicht in der Heilung von Krankheiten, sondern auch in der Verhütung von Krankheiten zu sehen. Die schweren Choleraepidemien hätten den Nationalwohlstand sehr geschädigt, ebenso wie die jüngste Typhusepidemie in Ostpreußen. Die glänzenden medizinischen Resultate, die England mit seiner „gesetzgeberischen „Thätigkeit" in Bezug auf die Minderung der Sterblichkeit erreicht habe, hätten gezeigt, wie wichtig und erfolgreich die öffentliche Gesundheitspflege sei. Sie sei in den Staaten des Norddeutschen Bundes, in Bezug auf Verhütung epidemischer und anderer Krankheiten, unzureichend.[172]

Nachdem 1870 der Krieg zwischen Deutschland und Frankreich ausgebrochen war, konnte eine Bearbeitung der Petition nicht erwartet werden. Gleichwohl erneuerte die 44. Versammlung deutscher Naturforscher und Ärzte 1871 die Petition, in der sie den Reichstag und den Reichskanzler Bismarck an die Errichtung eines obersten (Reichs-)Gesundheitsamtes erinnerten. Die Bemühungen der Mediziner und Verwaltungsbeamten wurden durch Techniker und Architekten unterstützt, das Ziel war aber nicht die an sich nahe liegende Änderung der Bauordnungen, sondern die Einrichtung eines Gesundheitssystems, das über die Grenzen der Einzelstaaten hinausging. Den Medizinern schien eine reichsweit geltende Gesundheitsvorsorge daher effektiver, als eine nur landesweit geltenden Bauordnung, es wurde sogar erwogen, „große Teile der Baupolizei" als Aufgaben des künftigen Central-Amtes für öffentliche Gesundheitspflege dorthin zu überführen. 1872 wurde die Beteiligung der Mediziner an der „Handhabung der Baupolizei" beispielsweise in Sachsen durch Verordnung neu geregelt, „im Interesse der öffentlichen Gesundheitspflege" sei es zweckmäßig, wenn den Medizinalbehörden der erforderliche Einfluß auf die Neugestaltung von „Localbauordnungen" eingeräumt würde.[173] Die Mitwirkung sollte auch bei Planungen für neue Ortsteile geschehen. Auch solle die Baupolizei eine Befreiung von Vorschriften (Hofgröße, Gebäudehöhe und Senkgruben) nur dann zustimmen dürfen, wenn der Bezirksarzt keine Bedenken äußere.

---

171 Die Petition an den Reichstag, betreffend die Verwaltungsorganisation der öffentlichen Gesundheitspflege im Norddeutschen Bunde, in: *DVjöG* 1870, S. 132-139.

172 *DVjöG* 1870, S. 132-139 und *DBZ* 1870, S. 154.

173 Sächsische Verordnung vom 28.12.1871, in: *DVjöG* 1872, S. 497.

Wolle die Baupolizei den Änderungsvorschlägen der Bezirksärzte nicht folgen, so müsse sie bei einer Ablehnung ärztlicher Forderungen der nächsthöheren Behörde Bericht erstatten.[174]

Im nächsten Abschnitt „Die Hygiene in der Stadt: Wasser und Abwasser, Licht und Luft" wird die Frage untersucht, welche wissenschaftlichen Erkenntnisse in Bezug auf die sanitären Verhältnisse zwischen 1850 und 1930 gewonnen wurden und ob die neuen Erkenntnisse Eingang in die Bauordnungen fanden. Ebenso soll auf die wohnwirtschaftlichen Gegebenheiten für die Stadtbewohner eingegangen werden, denn nicht nur der bezahlbare Wohnraum spielt für den Bewohner eine Rolle, sondern auch welche Wohnungsausstattung in Bezug auf Licht und Luft vorhanden ist. Die Fragen nach Licht und Luft führen unmittelbar zu den Bauordnungen. Denn nur dann, wenn die Baupolizei neuen Erkenntnissen Nachdruck verlieh, waren technische Verbesserungen möglich, dies setzte aber Bauordnungsänderungen voraus.[175] Die vier Faktoren Wasser, Abwasser, Licht und Luft sollen im Vordergrund stehen, eine Bewertung gegenüber anderen wichtigen Voraussetzungen ist aber damit nicht verbunden.[176]

4.6 Die Hygiene in der Stadt: Wasser und Abwasser, Licht und Luft

Bevor die Frage nach Wasser und Licht für die Stadt erörtert wird, soll auf einen Umstand aufmerksam gemacht werden, der heute als „Vernetzung der Stadt" bezeichnet wird.[177] Gemeint ist damit, dass der sichtbaren Stadtgestalt ein Gegenüber steht, das zum großen Teil (heute) nicht mehr sichtbar ist. Es sind die Versorgungsleitungen für Gas, Wasser, Strom, Fernwärme, Nachrichtenleitungen und Rohrpost. Hinzu kommen die unterirdischen Entsorgungsleitungen für Abwasser und deren Bauwerke, die Untergrundbahnen sowie die Regenrückhaltebecken. Übrig bleibt als sichtbares Teilnetz: die Straßen und Wege als Bahnen für Fußgänger, Radfahrer, Autos, Straßenbahnen und Busse. Die „Vernetzung der Stadt" beruht nach Dieter Schott nicht auf einem zuvor einheitlich entwickelten System, die Vernetzung ist das Ergebnis eines andauernden Prozesses. Schott hat den Gesamtvorgang der Vernetzung in drei Stränge gegliedert: erstens die Installation von Trinkwasser und Abwasserentsorgungssysteme zweitens die öffentlich betriebene Energieversorgung und drittens die Planung und

---

174 ebd., Sächsische Verordnung, in: *DVjöG* 1872, S. 497. Zu dieser Zeit galt das Gesetz, das wegen polizeilicher Beaufsichtigung der Baue zu beobachtende Verfahren betreffend" vom 6.7.1863.

175 Sächsische Verordnung vom 28.12.1871, in: *DVjöG* 1872, S. 497. Zu dieser Zeit galt das Gesetz, das wegen polizeilicher Beaufsichtigung der Baue zu beobachtende Verfahren betreffend" vom 6.7.1863.

176 Gesellschaftsschichten mit geringem Einkommen haben kaum marktbestimmende Möglichkeiten, unzureichende Wohnungen „auszusondern", d.h. solche Wohnungen abzulehnen. Daher scheint noch immer die staatliche Intervention in Form der Baupolizei notwendig zu sein.

177 Schott, Dieter, Die Vernetzung der Stadt, Darmstadt 1999. Der neue städtebauliche Begriff stammt von Schott. Er hat die technische „Vernetzung" in der Stadt, an den Beispielen Darmstadt, Mannheim und Mainz, eingehend untersucht.

Durchsetzung von Nahverkehrssystemen im öffentlichen Betrieb.[178] Abgesehen von Straßen und Wegen, die vorhanden waren, kann als erstes System die öffentliche Wasserversorgung (nach der Eigenversorgung durch Brunnen) angesehen werden, danach kam die Abwasserentsorgung, zunächst als Verrieselung auf brachliegenden Flächen. Die Energieversorgung mit Gas und Strom folgte, gelegentlich zeitgleich mit der Entwässerung. Der Vernetzungsprozess hat in den 70er Jahren des 19. Jh. begonnen, als vorläufiger Schlusspunkt könnte die Abwasserklärung Anfang des 20. Jh. bezeichnet werden.

Wasser und Abwasser in der Stadt: Edwin Chadwick

Eine der bedeutenden europäischen Vorkämpfer für die öffentliche Hygiene war der englische Jurist Edwin Chadwick, der als Sekretär der „Poor Law Commission" in London tätig war. Die Armenkasse hatte um 1838 wegen einer ausgebrochenen Fieber-Epidemie große Unterstützungsleistungen zu erbringen. Die Stadtverwaltung London beauftragte eine „Commission", die die Ursache der Epidemie ergründen sollte. Der Auftrag, zunächst auf London beschränkt, wurde später auf ganz England und Wales ausgedehnt.[179]

Die Untersuchungen fasste Chadwick in einem Bericht zusammen, der unter dem Titel „Report on the sanitary condition of the labouring population of Great Britain" erschien.[180] Darin hatte Chadwick den Polizeiwissenschaftler Robert von Mohl aus Tübingen zitiert, der sich mit der Hygienefrage beschäftigt hatte.[181] Das Zitat von Chadwick umfaßt viele Seiten, daher wird der vollständige Text im Anhang Nr. 8 dargestellt.[182] Chadwick hatte ganze Passagen von Mohl im „Report" zitiert. Mohl hatte Ausführungen zur Hygiene im Haus und in der Stadt, zum richtigen Straßen- und Kanalbau, zu Quellfassungen und zu den Wasserleitungen der Stadt gemacht, die einen Forderungskatalog darstellen. Die ausführliche Wiedergabe der Mohlschen Vorstellungen zeigt, dass Chadwick Mohls Ansätze für wichtig genug hielt, sie in England bekannt zu machen. Für Deutschland waren Mohls bautechnische und hygienische Forderungen um 1830 ebenso bemerkenswert wie für England.[183] In den städtischen Bauordnungen finden sich vor 1860 keine Hinweise auf die Übernahme der Forderungen Mohls.

Chadwicks Report über den allgemeinen Gesundheitszustand der englischen Bevölkerung war umfassend, er zeigte auch auf, dass die früheren An-

178 Schott, Dieter, Wohnen im Netz. Zur Modernisierung großstädtischen Wohnens durch technische Netzwerke 1900-1939, in: Wohnen in der Großstadt. 1900-1939, Stuttgart 2006, S. 251-270, (251-253).

179 Hardy, Ärzte, S. 98.

180 Der Report ist erstmals 1842 erschienen. 1965 hat M. W. Flinn (Edinburgh) den Report von Chadwick erneut mit dem Titel Report on the sanitary condition of the labouring population of Great Britain veröffentlicht. Die neueste Ausgabe stammt aus dem Jahr 2000: Chadwick, Edwin, Report on the sanitary condition of the labouring population of Great Britain, (Repr. 1997), hg. von David Gladstone, London 2000.

181 Mohl hatte 1832 die „Polizei-Wissenschaft nach den Grundsätzen des Rechtsstaat" veröffentlicht.

182 Chadwick, Report, hg. von David Gladstone, London 1997, S. 431-432. Übersetzung: Verfasser. Hinweis: Gladstone hatte den Text über Mohl auf 1832 richtig datiert, während Flinn 1965 die Bemerkungen Mohls auf 1844 datiert hatte, der Report war aber schon 1842 erschienen!

183 Das um 1830 klar formulierte baulich-hygienische Forderungen erhoben wurden, ist sicher bemerkenswert, zumal Mohl Jurist und Staatsrechtslehrer und kein Baumeister oder Mediziner war.

nahmen über die Krankheitsursachen in wichtigen Punkten zu korrigieren waren. Es wurde herausgefunden, dass die fehlende Sauberkeit der Städte und in den Häusern einen großen Anteil an den Krankheitsverläufen hatte.

Die jeweilige Krankheitsursache war nach Hardy nicht durch die Armut der Arbeiterschaft allein bedingt, sondern in Verbindung mit den unhygienischen Verhältnissen in den Wohnungen und in den Städten zu sehen.[184] Nach Chadwick war das Leben in unhygienischen Verhältnissen als Hauptursache der Krankheiten anzusehen, daraus entwickelte er das „Rezept“ der Verbesserung der städtischen sanitären Verhältnisse, d.h. die Bereitstellung von sauberem Wasser und die allmähliche Kanalisierung der Städte (Hardy).

Wasser und Abwasser in der Stadt, die deutsche Situation

Eine ähnlich umfangreiche Untersuchung der sanitäre Situation ist in Deutschland unterblieben, obwohl die hygienischen Verhältnisse ebenso schlecht waren. Weder gab es ein umfassendes städtisches Wasserleitungs- noch ein Abwassernetz. Die Fäkalien wurden in Gruben gesammelt, die örtlichen Baupolizeivorschriften verlangten nur, dass die Gruben zehn cm von der Hauswand entfernt sein müssten.[185]

In diesem Zusammenhang muss der Münchner Professor für medizinische Chemie, Max von Pettenkofer, erwähnt werden, der 1854 nach den Ursachen der Cholera-Epidemien von 1831 und 1850 forschte. Aus statistischen Untersuchungen über den vermuteten Zusammenhang zwischen den erkrankten Personen, dem Wohnviertel, dem Grundwasserstand und dem Zustand der Fäkaliengruben entwickelte Pettenkofer seine „Bodentheorie“.[186] Danach gelangen die krankmachenden Stoffe, wie das „Choleragift“, über die Fäkalien in die Gruben, von dort wandern sie in das umgebende Erdreich und lösen Fäulnisprozesse aus. Die entstehenden Gase seien für die Ansteckung verantwortlich.

Anfang der 60er Jahre des 19. Jh. wurde in den deutschen Großstädten die Frage der geordneten Entwässerung diskutiert.[187] Vorschläge, das Abwasser in unterirdischen Kanälen abzuleiten, endeten oft mit der Abwassereinleitung in

---

184 Hardy, Ärzte, S. 99. Hardy fügt aber hinzu, dass die Betonung auf die Stadthygiene auch in das Konzept der städtischen Verwaltung und der Unternehmer besser passte als auf die Armut als Krankheitsursache. Hardy bezeichnet diese Argumentation Chadwicks als ein „Kunststück“, das aber zum Ziel führte.

185 Verordnung, die Ausführung der allgemeinen Bauordnung vom 30.4.1881 betreffend, § 53. Ob die Gruben tatsächlich auch noch nach einigen Jahren noch „dicht“ waren, ist zu bezweifeln.

186 Hardy, Anne, S. 125.

187 Beispielsweise wurde schon im ersten Band der *Vierteljahrsschrift für öffentliche Gesundheitspflege* (1869) berichtet, dass kostenaufwändige, mit „großen Quadern, aber ohne richtiges Gefälle“ gebaute Kanalstrecken nicht den Zweck erfüllten. Außerdem sei die Abführung des Kanalwassers in die Elbe an rückstaugefährdeten Stellen im Stadtgebiet, statt stromabwärts am Rande der Stadt, ein teurer Fehler. Weitere Beiträge in der *DVjöG* betrafen die Entwässerungsplanung von Wiebe (Berlin) für die Stadt Danzig. Im kleineren Darmstadt waren die alten Kanäle ebenso zu „Ablagerungskanälen“ geworden. Die „Abschwemmung“ der Fäkalien war nicht gesichert, da der „Darmbach“ nur ungenügende Wassermengen beisteuern konnte. Eine neue Entwässerungsplanung war erforderlich geworden.

die Flüsse (wie in London bis Anfang der 70er Jahre[188]). Mit dieser Methode hatte die Stadt Berlin schon deshalb Schwierigkeiten, weil die strömungsarme Spree die Abwassermengen nicht kontinuierlich abführen konnte. Die Folge war eine zunehmende geruchsintensive und auch sichtbare Verschmutzung des Flusses. In Hamburg war zwar mit der Elbe ein großer Fluss vorhanden, die Wirkung der Gezeiten brachte aber ähnliche Schwierigkeiten, denn die Kontinuität des Abwasserflusses war auch hier nicht gewährleistet.

Allgemein waren sich die Mediziner und Ingenieure im Klaren, dass in den Städten und Gemeinden die Straßen und Wege frei von Schmutz sein müssten. Gestritten wurde über die verschiedenen Methoden, wie das Abwasser (und das Regenwasser) eingesammelt, geleitet und geklärt werden sollte und wohin dieses Wasser zu leiten sei, zur Wahl standen hier Flüsse oder Rieselfelder. Noch immer waren die Senkgruben, neben der Tonnenleerung, die einzige Möglichkeit, die Fäkalien „zu entsorgen". Das Problem dabei war, ob die Gruben absolut dicht waren, waren sie dicht, musste in kurzen Abständen die Entleerung durchgeführt werden. Waren die Gruben undicht, konnte das verunreinigte Wasser in die nahe Umgebung der Gruben, die oft sehr dicht an der eigenen Hauswand lagen, gelangen.

Um 1870 war die Schwemmkanalisation noch nicht allgemein akzeptiert, noch immer wurden verschiedene Systeme der Fäkaliensammlung und Abfuhr praktiziert. Zum einen war das Tonnen-Sammelsystem, mit der Abfuhr auf die landwirtschaftlichen Flächen, neben den privaten Senk- oder Sammelgruben vorhanden. Zum anderen war die Wasserableitung aus dem Haus mittels privatem Hauskanal und Einleitung in das öffentliche Kanalnetz schon in vielen Städten eingeführt. Die technische Frage war um 1870, wie das mit Fäkalien versetzte Wasser gereinigt werden könne, bzw. wo das Wasser hingeleitet werden solle.

In England war schon zu Beginn der 60er Jahre in einigen Städten (z.B. in Croydon) das Schwemmsystem erfolgreich eingesetzt worden, das Abwasser wurde im Gemeindegebiet auf „Äckern" verrieselt, die dort erzielten Ernten („Gras") seien willkommen, so berichtete Hobrecht 1869. Seine in England gemachten Erfahrungen stammen vermutlich aus einer Studienreise, die er 1866 im Auftrag der Stadt Stettin gemacht hatte. Das bisher praktizierte Schwemmsystem mit der Abführung des Abwassers in das öffentliche Netz und anschließender Einleitung in die Bäche, Flüsse oder Ströme wurde wegen der großen Verschmutzung aber von den Unterliegern am jeweiligen Fluß kritisiert.[189]

Hobrecht war nach seiner Stettiner Zeit 1869 zum leitenden Techniker bei der zuständigen Berliner Behörde für Entwässerung ernannt worden und 1884 als Stadtbaurat für Straßen und Brückenbau berufen.[190] Hobrechts Berliner Entwässerungskonzept folgte zwar in weiten Bereichen den Vorstellungen seines Vorgängers E. Wiebe, in einem wichtigen Punkt änderte Hobrecht das Konzept jedoch entscheidend. Wiebe ging davon aus, dass die Abwässer gesammelt und in einem Strang kurz nach der Berliner Bebauungsgrenze in ein großes Sammel-

188 Simson, John von, Kanalisation und Städtehygiene im 19. Jahrhundert, Düsseldorf 1983, S. 33. Zu Hamburg: Richard Evans, Tod in Hamburg, Hamburg 1990.

189 Hobrecht, Über Reinigung und landwirthschaftliche Nutzbarmachung des Kanalwassers, in *DVjöG* 1869, Bd. 1, S. 65-84.

190 Hobrecht war auch im neuen Amt noch Mitherausgeber der *DVjöG*.

becken geleitet würden. Von dort aus sollte das Abwasser kontinuierlich über Pumpen unterhalb von Charlottenburg in die Spree eingeleitet werden.[191]

Hobrecht hatte aber 1869 erkannt, dass die Sammlung der städtischen Abwässer in einem Strang mit der Einleitung in einen Fluß, zu großen Problemen führen würde. Diese Methode könne nur dann Erfolg haben, wenn dieser Fluß, erstens, eine natürliche und ausreichende Wassermenge führe und zweitens, wenn der Fluß auch stetig fließen würde. Beide Voraussetzungen seien bei der Spree nicht erfüllt. Hobrecht plante ein Mischsystem, in dem die Regen- und die Abwässer in einem Kanal zusammenfließen sollten. Das Abwassersystem werde dann gelingen, wenn auch die „Waterclosets" gleichzeitig eingeführt werden würden; vorausgesetzt, es könne genügend Wasser für die Spülung der Waterclosets bereitgestellt werden.[192]

Die öffentliche Bereitstellung von sauberem Wasser, außerhalb der eigenen Brunnen, war aber zu einem wesentlichen Teil schon eingeführt, weil inzwischen die englische Firma „Berlin Waterworks Company" die Wasserversorgungsanlagen geschaffen und den öffentlichen Wasserversorgungsbetrieb aufgenommen hatte.[193] Chadwick hatte, so Simson, das System der Wasserzuführung und der Wasserbeseitigung als „venous and arterial" bezeichnet, wobei die „Venen", durch Dampfkraft, das saubere Wasser von der Quelle zu den Bewohnern bringe, die „Arterien" seien die Abwasserleitungen, die das Wasser zur Klärung auf Rieselfelder zurückbrächten. Damit sei der Kreislauf geschlossen.[194]

Entscheidend war Hobrechts Erfahrung in Croydon, wonach das Abwasser nicht direkt in einen Fluß zu leiten sei, sondern auf ein Rieselfeld. Dort würden sich, wegen der geringeren Fließgeschwindigkeit, die mitgeführten Schmutzstoffe absetzen. Im Ergebnis könne das gereinigte Wasser in den Untergrund gelangen, während auf dem „Acker Gras" wachse und damit der Landwirtschaft ein natürlicher Dünger zur Verfügung gestellt würde.[195]

Hobrecht hatte dabei schon 1869 vorgeschlagen, die Verrieselungsflächen dezentral um die Stadt zu verteilen, damit hatte er den Einwand ausgeräumt, wonach nur eine Rieselfläche am niedrigsten Punkt der Stadt zu einem hohen Flächenbedarf führen müsse. Hobrecht hatte damit Wiebes zentrales System dezentralisiert.[196] Aus hydrologischen Gründen konnte die Verteilung der großen Rieselfelder nur auf bestimmten Flächen des Stadtgebiets erfolgen. Zudem musste auf einen ausreichenden Abstand zur vorhandenen Bebauung geachtet werden, dies erforderte von Hobrecht eine entwässerungstechnische Flächen-Nutzungs-Planung, die nicht mit dem Bebauungsplan kollidieren durfte. Erst

---

191 Wiebe, E., Ueber die Reinigung und Entwässerung der Stadt Berlin, Berlin 1861, S. 210-211.

192 Hobrecht, James, Ueber Reinigung und landwirthschaftliche Nutzbarmachung des Kanalwassers, in: *DVjöG* 1869, Bd. 1, S. 65.

193 Strohmeyer, Klaus, S. 104. S. berichtet auch über die noch nicht ausreichende Akzeptanz der Berliner Bevölkerung für das „Röhrenwasser".

194 Simson, John von, Kanalisation und Städtehygiene im 19. Jahrhundert, Düsseldorf 1983, S. 24.

195 Hobrecht, James, Ueber Reinigung, in: DVjöG, Bd. 1, S. 66.

196 *DVjöG* 1886, S. 255. Sein Radialsystem war 1885 auf sieben verschiedene Rieselfelder ausgebaut worden, die Flächen umfassten nun schon 3.156 ha, pro Tag wurden ca. 90.000 cbm Abwasser verrieselt, damit waren 1885 knapp 900.000 (ca. 68% von 1.315300) Einwohner der Stadt angeschlossen.

nach der gesicherten Entwässerung der Fäkalien konnte die Baupolizei die Wasserclosetts genehmigen. Varrentrapp hat in der *DVjöG* 1873 berichtet, dass Chadwick sich nach Lektüre der Berliner Statistik der Todesursachen an den Statistiker Schwabe gewandt habe. Im Schreiben habe sich Chadwick zur Entwässerungsplanung Berlins geäußert und die Konzeption Hobrechts befürwortet.[197]

In der zweiten Hälfte des 19. Jh. hatte sich die Abwasserverrieselung auf den Feldern überwiegend durchgesetzt. Es musste aber befürchtet werden, dass damit der Grundwasserstrom auf Dauer beeinträchtigt werden würde und die Ergebnisse dieser „Abwasserklärung" wegen der „Versumpfung" der Felder nicht überzeugte, wurde die Verrieselung Ende des 19. Jh. durch die entwickelten zweistufigen Kläranlagen abgelöst, später folgte die dreistufige Klärung.[198]

Wie wichtig die Entsorgung der Abfallstoffe und des Abwassers war, zeigt eine Aufforderung des DVöG an die Baupolizei: Der Verein verlangte auf seiner Straßburger Versammlung 1889, dass Neubauten nur genehmigt werden sollten, wenn „für gesundes Trinkwasser" und für die unschädliche Entsorgung der „Abfallstoffe und der Abwässer gesorgt ist."[199]

Die Verdienste, die Hobrecht als Wasserexperte erworben hatte, wurden in der *Zeitschrift für Bauwesen* von Karl Meier gewürdigt.[200] Er schrieb in der Gedenkrede 1902, anlässlich der Gedächtnisfeier beim Architektenverein Berlin, dass Hobrecht von 1858-1860 als Baumeister beim Königlichen Polizeipräsidium zunächst Bauentwürfe geprüft und danach als „Kommissar" für die Bebauungspläne zuständig war. Hier habe er genaue Ortskenntnisse von Berlin erworben. Die Gedenkrede umfaßte 4 ½ Seiten, darin ist jedoch Hobrechts Tätigkeit für die Bebauungsplanung nur mit zwei Sätzen erwähnt. Dagegen sind Hobrechts wasserbautechnische Projekte, von der Spree-Kanalisierung über die Stadtentwässerung bis zu den Brückenbauten ausführlich beschrieben und seine außerordentlichen Verdienste um die Stadthygiene hervorgehoben worden.

Heinrich meint zu der Rede Meiers, „es scheint so", dass Hobrecht und „seine Altersgenossen" die Berliner Bebauungsplanung als nicht „so wichtig" angesehen hätten.[201] Auch im ehrenden Nachruf, den Josef Stübben in der *DVjöG* 1902 dem Mitherausgeber James Hobrecht gewidmet hatte, wurde die

---

197 Varrentrapp, Georg, Canalisation von Berlin, in: *DVjöG* 1873, Bd. 5, S. 326. Strohmeyer, James Hobrecht, (S. 119): Chadwick sei zu dieser Zeit noch Mitglied des General Board of Health gewesen. Simson (S. 28) ist gegenteiliger Meinung, Chadwick habe wegen unüberbrückbarer Meinungsverschiedenheiten den Staatsdienst 1854 bereits verlassen müssen.

198 Die erste Stufe ist die grobe Vorklärung, die zweite Stufe ist die mechanisch-biologische Klärung, in der dritten Stufe werden Fällungsmittel dem geklärten Abwasser beigefügt und damit nochmals eine Reduktion der gelösten Schmutzfracht erreicht.

199 Stübben, Josef, Der Städtebau, Darmstadt 1890, Reprint der 1. Auflage, Braunschweig 1980, S. 556. Der DVöG hatte 1889 eine reichsgesetzliche Vorschrift „zum Schutz des gesunden Wohnens" gefordert. Das läßt den Schluß zu, dass die Baupolizei mindestens bis zu diesem Zeitpunkt weniger auf die „unschädliche Entwässerung", besonders der Fäkalien, geachtet hatte. Der Entwurf der „reichsrechtliche Vorschriften" wurde nicht zu einem Reichsgesetz oder einer Verordnung bis zum Ende des 19. Jh. umgesetzt.

200 Meier, Karl, Dr. James Hobrecht, in: *Zeitschrift für Bauwesen*, LIII. Jg., 1903, S. 353-362, S. 355.

201 Heinrich, Der Hobrechtplan, in: *Jahrbuch für Brandenburgische Landesgeschichte*, Bd. 13, S. 41-57, S. 41.

Bebauungsplanung nur mit einem einzigen Wort erwähnt. Die außerordentlichen Verdienste von James Hobrecht auf dem Gebiet des Straßen- und Brückenbaues in Stettin und vor allem aber in Berlin beschrieb Stübben genauso wie Karl Meier.

Licht und Luft in der Stadt

Bauordnungen spiegeln für einen bestimmten Zeitraum wieder, welche Anforderungen die Gesellschaft an eines ihrer wichtigen sozialen Güter, die Wohnung, stellt. Die Wohnungsfrage enthält folgende technische Einzelheiten: Licht, Luft, Bauweise, Grenzabstände, Wohnraumfläche, lichte Raumhöhe und die Wohnungsinspektion. Der Anspruch auf gesundes Wohnen kann, weder in der Vergangenheit noch heute, allein darin bestehen, dass alle Schmutzstoffe in Kanäle eingeleitet werden.

Daneben sind weitere wichtige Bestandteile zu nennen: die Mindestgröße an Fläche und Rauminhalt für jeden einzelnen Bewohner, die ausreichende Belüftung und die bezahlbare Miete. In diesem Abschnitt soll ein Gesichtspunkt erläutert werden, der eigentlich keiner Diskussion bedarf und der dennoch lange Jahrzehnte auch für die Baupolizei nicht selbstverständlich war. Es ist die Frage nach der Belichtung für die Wohnung. Vitruv hatte vor 2000 Jahren schon erkannt, dass das Licht eine große Rolle beim Bau von Gebäuden und besonders bei Wohnungen für die Gesundheit der Bewohner spielt. Vitruv schrieb im sechsten Kapitel „Über die Belichtung und die bei der Anlage von ländlichen Gebäuden zu beobachtende Regeln“:

> Ziffer 6. „Bei allen Gebäuden muß dafür Sorge getragen werden, daß sie wohl beleuchtet seien; aber dies scheint bei den Landgütern leichter zu bewerkstelligen zu sein, deshalb, weil die Wand keines Nachbars hinderlich sein kann: In der Stadt aber bewirken entweder die Höhe der gemeinschaftlichen Mauern, oder die Enge des Raumes, indem sie das abschneiden, Dunkelheit.
>
> Man wird daher darüber folgende Untersuchung anstellen müssen: Man ziehe an der Seite, von welcher man das Licht nehmen muß, eine Linie von der Höhe der Mauer, welche hinderlich zu sein scheint, bis zu dem Ort, welchem man das Licht verschaffen muß, und wenn man, an dieser Linie in die Höhe schauend, einen beträchtlichen Raum des freien Himmels sehen kann, so wird an dem Ort das Licht unbehindert sein.
>
> Ziffer 7: Wenn aber Balken, oder Fenstergesimse, oder höhere Stockwerke im Wege stehen, so mache man oben eine Öffnung und lasse so das Licht ein, und überhaupt muß man es so einrichten, daß immer auf den Seiten, wo man den Himmel sehen kann, Fensteröffnungen gelassen werden; denn so werden die Gebäude hell werden. Wie man aber bei den Speisesälen und übrigen Gemächern des Lichtes sehr bedarf, so auch in den Korridoren, Aufgängen und Treppen; weil in den Räumen sonst nur zu häufig Leute, die etwas tragen, aneinander zu rennen pflegen.“[202]

Die Einhaltung dieser einfachen Regeln war offensichtlich ein Problem, das weder die Bauunternehmer, die Architekten noch die Baupolizei bis weit in der zweiten Hälfte des 19. Jh. lösen konnten. Lange Zeit gab es keine Regeln über

---

202 Vitruv, De Architectura Libri Decem, VI. Buch, 6. Kapitel. Übersetzung von F. Reber 1865, überarbeitete Ausgabe Wiesbaden 2004, S. 215-216.

Licht und Luft in den Bauordnungen. Baumeister hatte in seiner „Normalen Bauordnung“ von 1880 die allgemeine „Systemschwäche“ der Bauordnungen kritisiert, denn unbestimmte Ausdrücke wie „in der Regel, hinreichend, hinlänglich, erforderlich und nicht nachteilig“ zeigen nach Baumeister nur die Unsicherheit des Gesetzgebers oder sind nur „allgemeine Redensarten“.[203] Mustergültig seien die Vorschriften für die bauliche Beschaffenheit von Lehranstalten, sie würden dem Stand der Wissenschaft entsprechen, warum, so fragt Baumeister, würden diese Vorschriften nicht auch für Wohnungen eingeführt?[204]

Nach Rodenstein fand sich im ALR kein Hinweis auf die Gesundheit in Bezug auf das Bauwesen.[205] Allerdings übersah sie die Paragrafen 142 und 143 des ALR.[206] Als in den Bauordnungen allmählich Regeln eingeführt wurden, waren die Vorschriften so allgemein gehalten, dass sich daraus keine nachkontrollierbaren Werte für die Belichtungsfläche eines Raumes entwickeln ließen, abgesehen vom fehlenden mathematischen Nachweis der ausreichenden Lichtmenge.

Das Licht, eine der natürlichsten Quellen der Gesundheit, spielte in der ersten Hälfte bis zum Ende des 19. Jh. keine große baupolizeiliche und hygienische Rolle.[207] Noch um 1880 wurden weder in Sachsen, Württemberg, Großherzogtum Hessen noch in Berlin Vorschriften erlassen, die der Baupolizei und den Architekten die Möglichkeit gaben, schon bei der Planung abzuschätzen, welche Belichtung die künftigen Räume haben werden. Andererseits waren die Forderungen nach mehr Licht und Luft in den Wohnungen schon früh erhoben worden, u.a. von Baumeister 1876, es war weniger die gesicherte medizinische Erkenntnis, sondern die eigene Lebenserfahrung.

Dennoch hat es lange gedauert, bis in den Bauordnungen oder in Polizeiverordnungen einige Regeln zur Belichtung geschaffen werden konnten. Die nachfolgende Tabelle (Belichtungsvorschriften) zeigt beispielhaft auf, wie und wann solche Vorschriften in den verschiedenen Staaten (und einiger Städte) formuliert wurden.

Die „Belichtungsvorschriften“ der Bauordnungen von Bayern, Hessen-Darmstadt, Sachsen und Württemberg sowie der preußischen Städte Berlin, Görlitz, Stettin und Wiesbaden, ergaben wenige Möglichkeiten für die Baupolizei

203 Baumeister, Stadt-Erweiterungen (1876), S. 248.

204 ebd., S. 249, Baumeister führte die Lehranstalten in Württemberg, Sachsen und Bayern an.

205 Rodenstein, Marianne, „Mehr Licht, mehr Luft“. Gesundheitskonzepte im Städtebau seit 1750, Frankfurt 1988, S. 46.

206 ALR, Erster Band 1885, Theil I, Titel 8, „Vom Eigenthume. Vom Licht und von der Aussicht. S. 350-351. Paragraf 142 und 143 des ALR: „Sind jedoch die Fenster des Nachbars, vor welchem gebaut werden soll, schon seit 10 Jahren oder länger vorhanden, und die Verhältnisse, wo sie sich befinden, haben nur von dieser Seite her Licht, so muß der neue Bau soweit zurücktreten, daß der Nachbar noch aus dem ungeöffneten Fenster des untersten Stockwerks den Himmel erblicken könne.“ Und im § 143 heißt es weiter: „Hat in diesem Falle das Gebäude des Nachbars, in welchem die Fenster sich befinden, noch von einer anderen Seite Licht, so ist genug, wenn der neue Bau nur soweit zurücktritt, daß der Nachbar aus den ungeöffneten Fenstern des zweiten Stockwerks den Himmel sehen könne.“

207 Baumeister hat die positive Wirkung des Lichtes 1876 in seinen „Stadterweiterungen“ hervorgehoben, S. 16. Bemerkungen über Gesundheit und die Wirkung des Lichts erneut bei Vitruv „De Architectura Libri Decerm, Buch VI, hier im vierten Kapitel.

im Sinne der allgemeinen Hygiene einzugreifen. Damit wird auch sichtbar, welche vergleichsweise geringe Bedeutung das „notwendige“ Licht für Wohnräume hatte. Die Bauordnungsvorschriften sind ähnlich oder gleichen sich sogar, sie sind aber insgesamt mehrfach unbestimmt, denn es lassen sich keine oder kaum meßbare Flächengrößen daraus entwickeln, eine Ausnahme bildet hier die Bauordnung von Görlitz.

Die folgende Tabelle zeigte Belichtungsvorschriften für Aufenthaltsräume in verschiedenen deutschen Bauordnungen für den Zeitraum 1853 bis 1923 (Görlitz). Der Überblick zeigt aber auch, dass fast drei Generationen vergingen, ehe nachprüfbare (gesicherte) Beleuchtungsformeln gefunden waren, sie wurden jedoch nur teilweise in den Bauordnungen eingeführt.

Tabelle 12: Deutsche Bauordnungen: Belichtungsvorschriften für Aufenthaltsräume

Staat/ Stadt	Jahr	Fund-ort	Wortlaut der Vorschrift
Berlin	1853	§ 87	Die zu Wohnungen bestimmten Gebäude oder Gebäudetheile müssen so angelegt und in solchem Material ausgeführt werden, daß sie hinlänglich Luft und Licht haben, trocken und der Gesundheit nicht nachtheilig sind.
Bayern	1868	§ 55	Keine Vorschrift. Bei Dachwohnungen: Jedes Gemach (Zimmer, Gang etc.) muss durch Fenster gehörig Licht erhalten.
Sachsen	1869	§ 14	Die Anlage und inneren Einrichtungen der Gebäude dürfen die Gesundheit und Sicherheit der Bewohner nicht gefährden. Die Wohnungen müssen daher Trockenheit, Licht, Luft Raum und Zugänglichkeit in der erforderlichen Maße haben.
Württ.-berg	1872	Art. 35	Die innere Einrichtung der Wohngebäude muss so beschaffen sein, daß die Wohnungen Luft und Licht im erforderlichen Maß haben.
Hessen	1881	Art. 61	Alle (...) Räume (...) müssen, insoweit es die Verhältnisse gestatten, so angelegt und in solchem Material ausgeführt werden, daß sie hinlängliche Höhe, Licht und Luft haben, trocken und der Gesundheit nicht nachtheilig sind (...).
Bayern	1881	§ 70	Die lichte Höhe der Wohn- und Arbeitsräume bei Neubauten, neuen An- und Aufbauten, sowie beim Umbau bestehender Gebäude darf nicht weniger als 2,40 m betragen und muss jeder dieser Räume mindestens ein unmittelbar in's Freie gehendes Fenster haben.
Frankf. am Main	1884	§ 38	Alle Wohn- und Schlafräume, auch Küchen müssen mit Fenstern versehen sein, welche Luft und Licht direct von der Straße, dem Hof oder Garten erhalten. Jeder Abort muss gut ventilierbar sein.
Sachsen	1900	§ 90	Die Anlage und die inneren Einrichtungen der Gebäude dürfen die Sicherheit und Gesundheit der Bewohner nicht gefährden. Wohnungen und Arbeitsräume müssen in ausreichendem Maße Trockenheit, Licht, Luftraum und Zugänglichkeit haben. Muster für mögliche ortsgesetzliche Vorschrift: Die Gesamtfläche der Fenster soll wenigstens ein Zwölftel der Grundfläche des betreffenden Raumes betragen.
Württemberg	1910	Art. 67	Räume: Sichere Zugänge und Treppen für Notfälle. Unmittelbar ins Freie führenden Fenstern von solcher Zahl, Lage und Größe und Beschaffenheit sind notwendig, um hinreichende Tagesbeleuchtung zu erzielen und Lüftung ermöglicht ist; nötigenfalls sind hierfür weitere Einrichtungen zu treffen.
Berlin MBO-Entwurf	1919	§ 26	(...) sie [die Aufenthaltsräume] müssen mit unmittelbar ins Freie führenden Fenstern von solcher Zahl, Lage, Größe und Beschaffenheit versehen sein, daß hinreichende Tagesbeleuchtung erzielt und genügende Lüftung möglich wird.
Görlitz	1923	§ 26 (6)	Alle Aufenthaltsräume müssen unter Annahme der höchsten zulässigen Bebauung der gegenüberliegenden Baufluchtlinien oder Nachbargrenzen einen solchen Lichteinfall haben, daß ein bestimmter Teil der Fußbodenfläche vom Himmelslicht getroffen wird. Die vorgeschriebene Belichtung muss die halbe Raumfläche erreichen. Die Lichtgrenze ist nach der Formel zu berechnen: $L = (B * S) / (H-F-S)$.
Wiesbaden	1932	§ 26 (2)	Die Belichtung von Räumen zum dauernden Aufenthalt von Menschen ist als ausreichend zu betrachten, wenn die Fensteröffnung mindestens ein Zehntel der Fußbodenfläche beträgt. Nordlage einer Wohnung in allen Teilen ist unstatthaft.
Stettin	1932		(...) sie [die Aufenthaltsräume] müssen mit unmittelbar ins Freie führenden Fenstern von solcher Zahl, Lage, Größe und Beschaffenheit versehen sein, daß hinreichende Tagesbeleuchtung erzielt wird und genügende Lüftung möglich ist.

Dass feuchte und dunkle Wohnräume die Gesundheit nicht fördern, sondern zu Krankheiten aller Art beitragen, war keine neuzeitliche Erkenntnis, doch bestand für die Mediziner das Problem, die jeweilige Krankheitsursache zu finden um zu helfen. Dabei wurden durch gesammelte medizinische Daten (siehe Chadwick) über den Zusammenhang des Krankheitsverlaufs und der Mortalität im Verhältnis zur Bevölkerungszahl wichtige Erkenntnisse gewonnen. Bei den Medizinern und Architekten setzte sich die Ansicht durch, dass ein Teil der Krankheiten zwar nicht direkt durch die schlechten Wohnverhältnisse ausgelöst wurden. Die ungenügenden Lichtverhältnisse, der geringe Raumluftwechsel, die Feuchtigkeit der Wohnung, fehlende Boden- und Wandisolierung, fehlender Wärmeschutz und die bedrängten Wohnverhältnisse hatten jedoch einen Anteil am schlechten Gesundheitszustand der Bewohner.[208] Die Bauordnungen waren aus der Sicht der Mediziner und Architekten sehr veraltet und reformbedürftig.

Die Diskussionen darüber, welche Änderungen notwendig waren, begannen schon in der ersten Ausgabe der *DVjöG (1869)*, sie setzten sich mit den 1875 in München beschlossenen 34 Thesen des DVöG „Ueber die hygienischen Anforderungen an Neubauten zunächst in neuen Quartieren größerer Städte" fort.[209] Darauf folgten Baumeisters „Stadterweiterungen" (1876) und 1880 seine „Normale Bauordnung". 1885 hatte Stübben eine Vorlage für die Versammlung des DVöG in Freiburg „Ueber Städteerweiterung, insbesondere in hygienischer Beziehung" erarbeitet und vier Thesen zur Diskussion gestellt.[210] Die Versammlung forderte, dass in den Bauordnungen „Licht und Luft für Aufenthaltsräume" genauer geregelt werden müssten. Auf der XV. Versammlung des Vereins für öffentliche Gesundheitspflege (Straßburg 1889) wurde auch diskutiert, welche Mindestgrößen ein vermieteter Aufenthaltsraum („Gelaß"), haben solle, denn diese Räume seien anders zu behandeln, als Räume für den längeren Aufenthalt. Erwachsene sollen mindestens zehn cbm Luftraum haben, bei Kindern unter zehn Jahren würden fünf cbm Luftraum genügen. In diesen Gelassen müsse aber ein Fenster vorhanden sein, dessen Größe bei Erwachsenen 0,2 Quadratmeter, bei Kindern unter zehn Jahren 0,1 Quadratmeter betrage. „Kinder unter einem Jahr werden nicht mitgerechnet".[211]

Ein Teilnehmer aus Greifswald wandte sich gegen diesen Vorschlag, denn gerade Kinder „benötigten das Licht am meisten" und schlug vor, für jede Person mindestens 0,2 Quadratmeter Lichtfläche anzunehmen. Nach Beiträgen der Oberbürgermeister Miquel und Zweigert, die zwar der gleichen Ansicht waren,

208 Die Größe der Fensterfläche kann als Maßstab für die Belüftungsmöglichkeiten herangezogen werden. Zudem war, mindestens in den kälteren Monaten, der Luftwechsel mit einem Wärmeverlust verbunden. Die muffige Atmosphäre in den Wohnräumen, den Fluren und im Treppenhaus wird auch von G. Berthold beschrieben: Die Wohnverhältnisse in Berlin, insbesondere die der ärmeren Klassen, in: Die Wohnungsnoth der ärmeren Klassen in deutschen Großstädten und deren Abhülfe. Leipzig 1886, Bd. XXXI, S. 119-235 (207). Hierzu auch: Die Petition an den Reichstag, in: *DVjöG* 1870, Bd. 2, S. 133-139.

209 *DVjöG* 1876, Bd. 8, S. 97-138. Wichtige Diskussionsbeiträge kamen von Baumeister, Pettenkofer und Varrentrapp.

210 *DVjöG* 1886, Bd. 18, S. 1-76. Beteiligte waren neben Stübben und Baumeister, die Mediziner Hüllmann, Lent, Kuby und der Oberbürgermeister Becker aus Düsseldorf.

211 *DVjöG* 1890, S. 47-49, (49). Miquel widersprach der Forderung, den Luftraum pro Person auf 14 cbm zu bemessen, selbst wenn in England und in der Schweiz dieses Maß schon eingeführt sei.

wurde der Einwand mit der Bemerkung abgelehnt, dass aus „Zweckmäßigkeitsgründen" der angegriffene Satz „Kinder unter einem Jahr werden nicht mitgerechnet" beibehalten werde.[212]

Tabelle 13: Lichtfläche, Rauminhalt zu Fensterfläche bzw. Bodenfläche zu Fensterfläche

Gefordert von:	Wie groß soll die Fensterfläche sein?	30 cbm Rauminhalt bei 3 Meter Höhe ergeben an Bodenfläche:	Fensterfläche zu Bodenfläche in %
Ingenieure Berlin 1879[213]	0,75 qm auf 30 cbm	10 qm	7,50%
Baumeister 1880[214]	1 qm auf 30 cbm	10 qm	10,00 %
Schülke 1880[215]	1/7 der Bodenfläche		14,28 %
Kuntze 1882[216]	1 qm auf 30 cbm	10 qm	10,00 %
Kuntze 1882	1/7 der Bodenfläche		14,28 %
Baumeister 1890[217]	1/12 der Bodenfläche		8,33 %
Nußbaum 1901[218]	1/9, (bis 1/15)		11,1 % / 6,66 %
Stübben 1901[219] (Aachen)	1/7 der Bodenfläche		14,28 %
Stübben 1901[220] (Wien)	1/8 der Bodenfläche		12,5 %
Küster 1908[221]	1 qm auf 30 cbm	10 qm	10,00 %
Büning 1953[222]	1 qm auf 30 cbm	10 qm	10,00 %

Zu Spalte 3: Einige Autoren bezogen die Belichtungsfläche auf die Bodenfläche, andere auf den Inhalt des Raumes (Spalte 2). Um zu vergleichen, wird in Spalte 3 ein Standard-Rauminhalt von 30 cbm (lichte Raumhöhe: 3 Meter) gleich 10 qm Bodenfläche angenommen). Baumeister fordert 1/12 der Bodenfläche als Lichtfläche, umgerechnet ist dies 100/12 = 8,33 %. Ein 20 qm großer Raum würde danach mindestens 20 * 8,33/100 = 1,67 qm große Lichtfläche benötigen.

Die Tabelle zeigt in der Spalte 4 große Schwankungen, nämlich von 7,5 % bis zu 14,3 % der Raumbodenfläche für die Fensterfläche. Als Mittelmaß wurde

---

212 *DVjöG* 1890, S. 47.

213 Baumeister, Normale Bauordnung, 1880, S. 55.

214 ebd., S. 55.

215 Schülke, Hermann, Gesunde Wohnungen, eine gemeinverständliche Darstellung, Berlin 1880, S. 21.

216 Kuntze, Otto, Motivierter Entwurf eines deutschen Gesundheits-Baugesetzes. Als Petition an den deutschen Bundesrat und Reichstag. Leipzig 1882, S. 72.

217 Baumeister auf der XV. Versammlung (...) in: *DVjöG* 1890, S. 44.

218 Nußbaum, Christian, Die Wahl der Fenstergröße für Wohnräume, in: *Centralblatt der Bauverwaltung*, 1901, S. 513-514. Nußbaum hatte auch besonders auf die farbliche Innenausstattung hingewiesen. Durch helle Gardinen, Fußböden und helle Tapeten/Anstriche würde eine spürbare Aufhellung des Raumes (Lichtreflexion) erzielt werden.

219 Stübben, Josef und B. Schilling, Die Bauordnung, in: Neue Untersuchungen über die Wohnungsfrage in Deutschland und im Ausland. Hg. vom Verein für Socialpolitik, Leipzig 1901, Bd. XCV, S. 187-248 (208-209).

220 ebd., S. 187-248 (208-209).

221 Küster, Heinrich, Die Belichtung von Aufenthaltsräumen in den Bauordnungen, Hannover, 1908, S. 13.

222 Büning, Wilhelm, Angemessenes Tageslicht im Wohnungsbau, Stuttgart 1953, S. 5.

10 % der Raumfläche als Fensterfläche (nicht die Glasfläche!) bis 1900 allgemein als Erfahrungswert angenommen. Erst 1901 wurde von Nußbaum wissenschaftlich nachgewiesen, dass der 10%-Wert für die Erdgeschosswohnungen nicht ausreicht. Die hessische Bauordnung von 1881 kann als ein Musterbeispiel angesehen werden, welche Geringschätzung das Thema Licht in der neuen Bauordnung erfahren hatte, dort heißt es in Art. 61:

> „Alle [...9 Räume (...) müssen, insoweit es die Verhältnisse gestatten, so angelegt und in solchem Material ausgeführt werden, daß sie hinlängliche Höhe, Licht und Luft haben, trocken und der Gesundheit nicht nachtheilig sind [...]."

Auch in der sächsischen Bauordnung von 1900, die „als gesetzgeberische Großtat, die Maßstäbe setzte" bezeichnet wurde,[223] waren für die Beleuchtung der Wohnräume keine besonderen Anforderungen formuliert worden:

> Paragraf 90: „Die Anlage und die inneren Einrichtungen der Gebäude dürfen die Sicherheit und Gesundheit der Bewohner nicht gefährden. Wohnungen und Arbeitsräume müssen in ausreichendem Maße Trockenheit, Licht, Luft, Raum und Zugänglichkeit haben."

Dieser Teil der Vorschrift ist schon in der sächsischen Bauordnung von 1869, also 30 Jahre früher, in § 14 nicht viel anders festgelegt worden:

> „Die Anlage und inneren Einrichtungen der Gebäude dürfen die Gesundheit und Sicherheit der Bewohner nicht gefährden. Die Wohnungen müssen daher Trockenheit, Licht, Luft, Raum und Zugänglichkeit in der erforderlichen Maße haben."

Die Formulierungen von 1869 und von 1900 unterscheiden sich kaum, von einem Fortschritt kann im bautechnischen und im hygienischen Bereich, in Bezug auf die Belichtung der Wohnräume, nicht gesprochen werden. In § 117 der Bauordnung 1900 wird den Gemeinden erlaubt, in einem „Ortsgesetz" die Fenstergröße festzulegen. Im Anhang zur Bauordnung wurde den Gemeinden Formulierungshilfe gegeben: „Wohn- und Schlafräume müssen zusammen wenigstens 30 Quadratmeter haben. Die Fensterfläche soll wenigstens ein Zwölftel der Grundfläche des betreffenden Raumes betragen."[224]

Den Gemeinden war es überlassen, ob sie ein „Ortsgesetz" erlassen wollten, um z.B. die Mindestfläche eines Fensters im Verhältnis zur Raumfläche festzulegen. Schon Baumeister bemerkte 1876 bei der Diskussion um die „gesundheitlichen Bestimmungen" in den Bauordnungen, es sei „zu beklagen", dass die Handhabung einer „im Allgemeinen nicht sachverständigen Unterbehörde"

---

223 Krieg, Volker, Entwurf, Beratung und Verabschiedung des Allgemeinen Baugesetzes vom 1. Juli 1900, in: 100 Jahre Allgemeines Baugesetz Sachsen, Stuttgart/München 2000, S. 195-209, (195).

224 Rumpelt, A., Allgemeines Baugesetz für das Königreich Sachsen, Leipzig ^{2}1902, S. 311. Inzwischen soll die Fensterfläche 1996 in Baden-Württemberg ein Zehntel und 2002 in Hessen ein Achtel der Raumfläche aufweisen, für die Unterschiede gibt es keine einleuchtende Erklärung.

überlassen bliebe.[225] Clemens Wischermann hatte 1985, einhundert Jahre nach Baumeisters Klagen, die Baupolizeiordnungen des ausgehenden 19. Jh. erstaunlich positiv beurteilt:

> „Die in den Baupolizeigesetzen relativ früh erfolgte gesetzliche Feststellung hygienischer Minimalstandards und ihre allgemeine Einführung im Wohnungsneubau können aus hygienischer und gesundheitlicher Sicht kaum überschätzt werden. Gegen Ende des 19. Jahrhunderts näherte man sich in den deutschen Großstädten auf diesem Gebiet einer nahezu vollständigen Versorgung, die allerdings durch das Teilwohnungswesen noch gelegentlich unterlaufen wurde."[226]

Belichtung der Wohnungen, Forschungsergebnisse zu Beginn des 20. Jh.

Die vorige „Lichttabelle", die 1879 beginnt und 1953 endet, zeigt, dass die Bemühungen um Licht und Luft sich erst spät in konkreten Zahlenverhältnissen darstellen ließ. Baumeister hatte 1880 10 % der Bodenfläche als Lichtfläche gefordert, dies galt sogar in den 50er Jahren des 20. Jh. als anerkannter Faktor. Die Reduktion von 10 % auf 8,33 % hatte Baumeister und Stübben 1889 auf der XV. Versammlung des Vereins für öffentliche Gesundheitspflege als Kompromiss hinnehmen müssen. Die „Regel", dass die Lichtquelle 10 % der Fußbodenfläche für die Raumbelichtung ausreichen würde, war nur eine von den Architekten entwickelte Arbeitsregel ohne Verankerung in den Bauordnungen, abgesehen von Wiesbaden und Görlitz.[227] Allein die Aufnahme der Regel in die Bauordnungen müsste schon als Fortschritt bezeichnet werden. Das praktische Hilfsmittel, der gesicherte Lichteinfallswinkel 45° a.T., hätte eine Verbesserung bedeutet. Unberücksichtigt blieb bis Anfang des 20. Jh. auch der dritte Faktor, nämlich das Verbot der reinen Nordausrichtung für Wohnräume.

In der „Lichttabelle" wurde auch der Vorschlag von Nußbaum (1901) aufgenommen, denn er hatte 1901 konkrete lichttechnische Untersuchungen durchgeführt. Nußbaum erkannte, dass die Fenstergröße in Bezug zur Raumfläche keine wirklich brauchbare Rechengrundlage darstellt. Er sprach sich dafür aus, nicht die Fenstergröße zu bestimmen, sondern die tatsächliche Glasfläche als Grundlage zu nehmen, da die Fensterkonstruktionen etwa 10-20 % der benötigten Lichtfläche wegnehme. Außerdem sollen die Fenster in allen Geschossen verschieden groß ausgebildet werden. Für die Erdgeschossfenster sollten, bei beidseitiger Straßenbebauung, die Glasflächen 11,1 %, im ersten OG 10 %, im zweiten OG 9 %, im dritten OG 8,3 % und in den höheren Geschossen 6,6 % der jeweiligen Raumfläche betragen. Die unterschiedlichen Glasflächen ergaben

---

225 Baumeister, Stadt-Erweiterungen, S. 248.

226 Wischermann, Clemens, Familiengerechtes Wohnen; Anspruch und Wirklichkeit in Deutschland vor dem I. Weltkrieg, in: Homo habitans, Münster 1985, S. 169-198, (179). Der Verfasser kann sich der Einschätzung von Wischermann nicht anschließen. Abgesehen davon, dass es keine „Baupolizeigesetze", sondern nur wenige Bauordnungen und viele städtische Bauverordnungen gab, war die „gesetzliche Feststellung hygienischer Minimalstandards" bei weitem nicht auf dem schon erreichten Erkenntnisstand. Im Gegenteil, die „Minimalstandards" z.B. für die ausreichende Belichtung wurden erst nach 1900 – sehr zögerlich – in einigen Bauordnungen eingeführt. Die Durchsetzung solcher „Standards" dauerte etwa bis 1920!

227 Görlitz hatte zeitweise eine andere (kompliziertere) Regel in der Bauordnung, näheres dazu bei Küster.

sich nach seiner Untersuchung allein aus der Geometrie des Sonnenstrahls, d.h. der unterschiedlichen Sonnenwinkel, der auf die Glasfläche trifft. Durch Nußbaum wurde der alte Erfahrungssatz, wonach in den oberen Geschossen eines Gebäudes die Sonnenbelichtung weitaus besser ist als in den unteren Geschossen, wissenschaftlich bestätigt.

Seine Beobachtungen und Berechnungen lieferten hierfür den Beweis, die Umsetzung einer wissenschaftlichen Erkenntnis in die Bauordnungen aber unterblieb. Auf Anregung von Professor Mohrmann (Hannover) hatte Heinrich Küster in seiner Dissertation 1908 einen Vorschlag gemacht, wie die Belichtung eines Raumes berechnet werden könne und die Formel L = (B * S) / (H - F - S) entwickelt.[228] Nach Redlich habe die Stadt Magdeburg um 1910 die Berechnungsmethode in ihrer Bauordnung eingeführt. Die Methode habe sich nicht allgemein durchgesetzt, die menschliche Trägheit und der Eigensinn der Baupolizeibehörden habe dies verhindert. Küster gelang es als Stadtbaurat von Görlitz (1923), seine Nachweismethode in der Görlitzer Bauordnung zu verankern.[229]

1919 hatte der Staatskommissar für das Wohnungswesen in dem „Entwurf einer Bauordnung" mitgeteilt, dass der Entwurf für „ganz Preußen" gelten könne. Der Entwurf sollte jedoch kein Landesgesetz werden, die Gemeinden sollten aber ihre Bauordnungen dem Entwurf anpassen.[230] Aus der obigen Tabelle wird deutlich, dass der Staat Preußen noch 1919 keine Vorstellung von der „hinreichenden Tagesbeleuchtung" eines Wohnraumes hatte. Die jüngste Bauordnung (Stettin) hatte noch 1932 den gleichen Wortlaut wie Berlin 1919 für die Wohnraumbelichtung gewählt. Um 1900 hatte Sachsen den Städten immerhin ein Muster für eine ortspolizeiliche Vorschrift (Fensterfläche = ein Zwölftel der Bodenfläche) an die Hand gegeben. Görlitz und Magdeburg hatten die Formel von Küster eingeführt. Das preußische Wiesbaden war einen Schritt weitergegangen, dort wurde die erforderliche Fensterfläche (10 % der Raumfläche) in der Bauordnung festgelegt. Dennoch wurden die schon vorhandenen wissenschaftlichen Erkenntnisse bei der Baupolizei nicht angewandt.

W. Körte hatte eine mathematische Methode vorgestellt, mit der die Besonnung für jeden Punkt Deutschlands, für jeden Tag und für jede Uhrzeit, festzustellen war. Das von Howard Fisher aus Kalifornien entwickelte Verfahren nutzte die Tatsache, dass die Sonnenhöhe und der Sonnenwinkel (Azimuthwinkel) für jeden geografischen Ort in Beziehung stehen.[231] Mit dem Verfahren kann rechnerisch und grafisch, nicht nur die Besonnung einer beliebigen Au-

---

228 Küster, Die Belichtung von Aufenthaltsräumen in den Bauordnungen, Hannover 1908, S. 53. Erläuterung: L = Tiefe des Lichteinfalls im Raum, B = Breite des Hofes/Straße, H = Höhe der gegenüberliegenden Gebäudewand, F = Fußbodenhöhe über Straße, S = Sturzhöhe des Fensters über Raumfußboden. Außerdem müsse mindestens die Hälfte des Fußbodens vom Lichtstrahl erhellt werden.

229 Redlich, Die Belichtung von Aufenthaltsräumen nach dem Entwurfe zu einer neuen Bauordnung für Berlin, in: *Zentralblatt der Bauverwaltung* 1924, H. 30, S. 254-255.

230 *Zentralblatt der Bauverwaltung* 1919, Nr. 42, S. 225 (Entwurf zu einer Bauordnung).

231 Mittag, Martin, Baukonstruktionslehre, Gütersloh 1952, S. 19. Der Sonnenwinkel (Azimuth) ist der Winkel, den die Sonne im Laufe des Tages von Ost nach West (horizontal, „im Grundriss") beschreibt; in Deutschland werden Werte von 50° bis180° erreicht. Die Sonnenhöhe wird durch den (senkrechten) Winkel gemessen, unter dem die Sonne am Horizont steht, hier werden nur Winkel zwischen 10° und 63° (Sommersonnenwende) erreicht.

ßenwandfläche, sondern auch die Belichtung der Fußbodenfläche eines Raumes vorgenommen werden.[232] Schon vor Körte hatte Löwitsch 1930 in seiner Veröffentlichung[233] die Frage untersucht, welche Besonnung für die Menschen subjektiv und objektiv erforderlich sei. In den Bauordnungen würde nur eine „ausreichende oder hinreichende Belichtung" gefordert. Was ausreichend sei, sei unbestimmt. Weil die Wintersonne sehr wichtig sei, müsse gefordert werden, dass im Dezember ein gewisses Maß an Besonnung möglich ist; würde nämlich im Dezember etwas mehr Licht in die Räume gelangen, würden die detaillierten Sonnenberechnungen für die folgenden Monate unterbleiben können. „Die Bauordnung sei nur ein Kodex der Bedürfnisse des Menschen." Der Architekt müsse mathematische Nachweise der ausreichenden Besonnung der Wohnräume erbringen, die Baupolizei habe zu prüfen. Dabei sei von der Wissenschaft das Problem noch nicht gelöst worden, inwieweit eine gegenüberliegende Hauswand einerseits und die Staubbelastung andererseits auf die Besonnungslage einwirke.[234]

Am Beispiel der Zeilenbauten könne nun aber nachgewiesen werden, dass die Lage einer Hauszeile in Nord-Süd-Richtung erheblich schlechter sei, als eine um einige Grade abweichende Stellung. Bei einer um 15 Grad alter Teilung (a.T.) abweichenden Zeilenstellung (z.B. von 15 Grad auf 30 Grad) steige die Besonnung am 21.3. für alle Räume. Der Unterschied zeige sich schon bei einem Zeilenabstand von nur 1,5 Gebäudehöhen und inklusive der sogenannten Kehrseite des Gebäudes von 50 Std. 45 Minuten im Monat auf 51 Std. 45 Minuten (Sonnenstundensumme). Bei einer abweichenden Zeilenstellung von 30 Grad auf 45 Grad gehe die Sonnenstundensumme von 51 Std. 45 Minuten auf 49 Std. 55 Minuten etwas zurück. Daher liege das Optimum der Zeilenabweichung zwischen 30 Grad bis 45 Grad von der reinen Nord-Süd-Richtung. Außerdem zeigt sich auch, dass die Besonnungszeiten beider Seiten (Sonnenseite und Kehrseite) annähernd gleich sind, dies bedeute eine gleichmäßigere Verteilung der Besonnung auf beide Hauslängsseiten. Außerdem sei zu erkennen, dass die Abstandserhöhung zwischen den Gebäudezeilen nicht so wichtig sei, denn die bessere Besonnung würde durch die neue Lage der Zeile erreicht werden. Ob die Erschließung (Wege oder Straßen) dabei um den gleichen Winkel verschwenkt würde, oder ob die Erschließung strikt West-Ost oder Nord-Süd erfolge, sei gleichgültig. Wichtig sei nur, dass die Gebäudezeile gegenüber der Nord-Süd-Richtung verschwenkt wird.[235]

Auf der Grundlage des Verfahrens von Howard Fisher hatte Körte 1932 die Besonnungszeiten für Dortmund, Breitengrad 51,517 (Dezimalgrad) beispielhaft errechnet und sich dabei auch auf die Arbeiten von Löwitsch bezogen. Die Ergebnisse sind idealtypisch, sie berücksichtigen naturgemäß nicht den örtlichen Bedeckungsgrad des Himmels durch Wolken, Regen oder nebligem Dunst.

---

232 Körte, W., Ein rascher Weg, Körte hat die „Gebäudebesonnung" von Howard Fisher übersetzt und auf deutsche Verhältnisse umgearbeitet.

233 Löwitsch, Franz, Baupolizei und Besonnung von Wohnräumen, in: *Baugilde* Berlin 1930, H. 23, S. 2122.

234 Löwitsch, Franz, Baupolizei und Besonnung, in: *Baugilde* Berlin 1930, H. 23, S. 2122.

235 ebd., H. 23, S. 2124. Löwitsch weist darauf hin, dass die reine Sonnenstundensumme als Wertmaßstab allein keineswegs für Vergleiche ausreichend sei, sie seien als Anhaltspunkte gedacht.

Nach Howard Fisher sollten dem Architekten mit seinem Verfahren auch nur eine einfache und schnelle Methode für die Beurteilung der Gebäudelage, in Bezug auf die Sonneneinstrahlung, an die Hand geben werden.

Tabelle 14: Fensterlage, Zeit und Sonnenstunden, Mindestbelichtung für 3 Stunden

1	2	3	4	5	6
Lage der Fenster	Datum	Sonnen-stunden Dauer	Tage	Mittelwert aus Spalte 3 berechnet	Min. 3 Stunden Sonne nach Grobler
O/W-Fenster	21.3.	5,50			
	21.6.	8,00	90	(8,00+5,50)/2 = 6,75	sehr gut erfüllt
	21.9.	5,50	90	(8,00+5,50)/2 = 6,75	sehr gut erfüllt
	21.12.	3,00	90	(5,50+3,00)/2 = 4,25	erfüllt
SO/SW-Fenster	21.3.	7,75			
	21.6.	8,75	90	(7,75+8,75)/2 = 8,25	sehr gut erfüllt
	21.9.	7,75	90	(7,75+8,75)/2 = 8,25	sehr gut erfüllt
	21.12.	6,25	90	(7,75+6,25)/2 = 7,00	sehr gut erfüllt
NO/NW-Fenster	21.3.	2,75			
	21.6.	6,00	90	(2,75+6,00)/2 = 4,37	erfüllt
	21.9.	2,75	90	(2,75+6,00)/2 = 4,37	erfüllt
	21.12.	0,00	90	(2,75+0,00)/2 = 1,38	nicht erfüllt

Zu der abgebildeten Tabelle wurden die Spalten 4, 5 und 6 vom Verfasser hinzugefügt. Die Spalte 4 gibt jeweils die Zahl der Tage zwischen dem 21.3., 21.6., 21.9. und 21.12. an, zusammen ergeben sich 270 Tage. In der Spalte 5 ist der Mittelwert zwischen zwei benachbarten „Sonnenstunden" berechnet, in Spalte 6 ist angegeben, ob die erwünschte Mindestsonnenscheindauer nach Grobler erfüllt ist.[236]

Grobler hatte den Vorschlag für eine neue Musterbauordnung gemacht, dabei war ihm die Forderung nach gesicherter Besonnung für Aufenthaltsräume (an mindestens 240 Tagen im Jahr) besonders wichtig. Grobler machte folgenden Vorschlag in Bezug auf die Belichtung:

> § 26, Absatz 2: „In jedem Aufenthaltsraum müssen 20 Quadratmeter der horizontalen Fußbodenebene – dabei sind die Innenwände als nicht vorhanden anzusehen – bzw. ihre Erweiterung vom Himmelslicht direkt belichtet werden, wobei der Lichtwinkel 30 Grad nicht überschreiten darf; jedoch muß die Mindestlichtfläche für einen Aufenthaltsraum 1/8 seiner Grundfläche betragen."
>
> § 26, Absatz 3: „Die Hälfte aller Aufenthaltsräume jeder Wohnung oder jedes Geschäftsunternehmens müssen während einer Dauer von 240 Tagen im Jahre täglich mindestens 3 Stunden Besonnung erhalten können. Der Nachweis dieser Besonnungsdauer ist für die ganze Frontwand des betreffenden Aufenthaltsraumes zu

236 Grobler, Johannes, Vorschlag für eine neue Musterbauordnung, in: Die *Baugilde*, 1931, H. 24, S. 1799-1802.

führen. Werden Wohnungen oder Geschäftsunternehmungen geteilt, so muß für jede neu entstehende selbständige Wohnung oder für jedes selbständige Geschäftsunternehmen die obige Forderung erfüllt werden."[237]

Grobler verlangte 1931, dass für die Hälfte der Räume der Wohnung eine Besonnung von mindestens drei Stunden nachzuweisen ist. Die vom Verfasser vorgenommene Kombination der Zahlenwerte von Körte (Fisher) und Grobler ergab, dass bis auf die Zeit um den 21.12. die von Grobler geforderte Besonnungsdauer (drei Stunden an 240 Tagen) nachgewiesen werden kann.

Die Methode von Howard Fisher hatte Ernst Neufert um 1936 in seiner Bauentwurfslehre bereits übernommen und auch die Differenzierungen von Körte hinzugefügt.[238] Fisher, Körte und Neufert hatten bei der Ermittlung von Besonnungen und Verschattungen überwiegend grafische Verfahren angewandt, die um 1948 durch die Tabelle von Geoffrey Baker und Bruno Funaro ergänzt wurden.[239]

Die amerikanische Tabelle war seit 1952 als technischer Standard an deutschen Technischen Fach- und Hochschulen anerkannt.[240] Die neue Möglichkeit, auf objektiver Grundlage die Belichtung für Aufenthaltsräume zu ermitteln und damit gegenüber der Baupolizei nachzuweisen, wurde in keiner deutschen Bauordnung genutzt.[241] Auch die Berechnungsformel von Küster L = (B * S) / (H - F - S), in Magdeburg 1910 und in Görlitz 1923, mindestens bis 1929 angewandt, konnte sich nicht durchsetzen. Dafür wurden in einigen Bauordnungen Verhältniswerte eingeführt, die die Fenstergröße in Beziehung zur Wohnraumfläche setzten.

In der sächsischen Bauordnung (1900) sollte 8,33 % und in Wiesbaden (1932) 10 % der Bodenfläche als Fenstermaß gelten.[242] 1937 hatte der preußische Finanzminister in einem Erlass mitgeteilt, dass als ausreichende Belichtung für Aufenthaltsräume 7,14 % der Raumfläche für die Fenstergröße ausreiche.[243] Auch in der Musterbauordnung vom Oktober 1959 wurde die Belichtungsfrage für Aufenthaltsräume ähnlich behandelt wie schon im Entwurf der Berliner Musterbauordnung von 1919, nämlich:

---

237 ebd., S. 1802.

238 Neufert, Ernst, Bauentwurfslehre, Berlin 1936, S. 54.

239 Mittag, Baukonstruktionslehre, Gütersloh 1952, S. 19. Baker und Funaro, Windows in modern architecture, New York 1948, S. 1-137, S. 137. Baker und Funaro haben die Tabellenwerte aus der „US-Hydrographic-Publication No. 214" abgeleitet.

240 Mittag, Baukonstruktionslehre, Braunschweig [18]2000, S. 572. Erstausgabe 1952.

241 Baker und Funaro, die Tabelle enthält die beiden Besonnungswinkel für die geographischen Breiten 20°-50° und die Besonnungszeiten von 4 Uhr bis 20 Uhr in Verbindung mit dem Datum 21.3., 21.6., 21.9. und 21.12. Warum diese neue Möglichkeit in den BO nicht eingeführt wurde, kann darin liegen, dass die Gesetzgeber den Baupolizeiämtern diese technisch etwas schwierigere Nachprüfung ersparen wollte.

242 In Sachsen war die Zahl 8,33% sogar nur als „Muster empfohlen" worden.

243 Erlaß v. 21.1.1937, Baupolizeiliche Richtlinien für bäuerliche Siedlungsbauten zur Neubildung deutschen Bauerntums, in: Baltz & Fischer, Preußisches Baupolizeirecht, Berlin, Nachdruck 1954, S. 107.

9. Aufenthaltsräume, § 62 Absatz 4: „Aufenthaltsräume müssen unmittelbar ins Freie führende und senkrecht stehende Fenster von solcher Zahl, Größe und Beschaffenheit haben, daß die Räume ausreichend belichtet und gelüftet werden können (notwendige Fenster)".[244]

Die geografische Lage einer Stadt spielt offensichtlich keine entscheidende Rolle bei der Lichtmenge, die den Wohnraum erreichen soll. Die nördlichste Gemeinde Deutschlands (List, auf Breitengrad 55°) hat einen flachen Sonneneinfallswinkel am 21.3. um 12 Uhr mittags von 35 Grad, die Sonne erreicht auch hintere Raumpartien. Der vergleichbare steilere Winkel liegt in Oberstdorf (Breitengrad 47,4 Grad) aber schon bei 43 Grad, der Wohnraum wird prozentual aber weniger ausgeleuchtet, als in List. Damit hatte Körte schon 1932 nachgewiesen, dass die Besonnung entgegen der vermuteten Regel, wonach im Norden Deutschlands die Belichtung zum gleichen Zeitpunkt schlechter ausfalle als im Süden Deutschlands, nicht zutrifft. Das Gegenteil sei der Fall. In Raum Berlin betrage die Sonnenstundenzahl im Dezember ungefähr 1,75, in Stuttgart dagegen nur 0,75 und in Hamburg um 0,6 Stunden. Im Juni würden im Raum Berlin um 7,75, in Stuttgart 6,1 und in Hamburg 6,5 Sonnenstunden gemessen.[245]

Die Argumente für spezialisierte Belichtungsregeln auf Grund der „besonderen landestypischen Situation oder der Lage und Bauweise" sind nicht plausibel, denn es finden sich in den Bauordnungen zwischen 1850 und 1950 keine Hinweise, die eine belichtungstechnische Differenzierung zwischen dem Norden, Osten, Westen und Süden Deutschlands erkennen lassen. Zwar wurde in neuerer Zeit in den Bauordnungen eine Verhältniszahl (8,3 %, 10 % oder 12,5 % der Fußbodenfläche als Fensterfläche) unabhängig von der geografischen Breite vorgegeben, eine Unterscheidung, die die Lage der Wohnung innerhalb des Gebäudes berücksichtigt, fehlt aber. Dabei ist belichtungstechnisch die Erdgeschosswohnung gegenüber der Wohnung im zweiten, dritten oder vierten Geschoss, bei gleich großen Fenstern, erheblich benachteiligt. Die baupolizeilichen Regeln verlangen aber keine Vergrößerung der Fensterfläche für die Erdgeschosswohnung, obwohl dies geboten wäre, um die gleiche Lichtmenge, von 1 % von 3.000 lux, in allen Geschossen zu erreichen.[246] Wenn die gleiche Belichtung einer Wohnung, gleichgültig ob sie im Erdgeschoss oder im dritten Obergeschoss liegt, nachgewiesen werden müsste, so Büning 1953, so würden die Architekten und Bauaufsichtsämter erhebliche Einwände vorbringen. Der Grund läge darin, dass die Fenster in allen Geschossen unterschiedliche Formate haben müssten. Am Beispiel eines 1892 gebauten Großstadtgebäudes und eines definierten Raumes müssten die Fensterflächen nach Büning wie folgt verteilt werden: im Erdgeschoss 5,78 Quadratmeter, im ersten OG 4,95 Quadratmeter, im zweiten OG 3,93 Quadratmeter, im 3. OG 2,90 Quadratmeter und im obers-

244 MBO 1960, S. 38, in: Schriftenreihe des Bundesministers für Wohnungsbau, Band 16/17, Recklinghausen 1960.

245 Körte, Ein rascher Weg, 1932, S. 539. Körte bezieht sich auf Wetterbeobachtungen zwischen 1891 und 1915. Die Meßstelle in Stuttgart lag nicht im Stadtkern auf 245 ü. NN (Schloss) sondern in S-Hohenheim, etwa 380-400 ü. NN, also nicht im Talkessel von Stuttgart.

246 Büning, S. 7: Diffuses Tageslicht mit 3.000 lux sei die untere Grenze des brauchbaren Tageslichts, die auf eine Arbeitsfläche in ein Meter Höhe bezogen etwa 1% = 30 lux ergebe.

ten Geschoss 1,50 Quadratmeter. Damit betrage die notwendige Lichtfläche im obersten Geschoss nur 26 % der Lichtfläche des Erdgeschossraumes.[247] Es wird vermutet, dass die theoretisch ermittelte notwendige Belichtungsfläche sich in Bauordnungen deswegen nicht einführen ließ, weil die Widerstände der Architekten und der Bauherren nicht zu überwinden gewesen wären. Den Mittelweg, den alle Landesgesetzgeber auch aus praktischen Gründen eingeschlagen haben, bedeutet bei mehrgeschossigen Gebäuden und entsprechender beidseitiger Bebauung, eine gewisse Unterbelichtung in den Erdgeschossräumen und eine „Überbelichtung" in den obersten Geschossen zu Gunsten einer einheitlich mit gleichgroßen Fenstern versehenen Fassade.

Die Wissenschaft hatte schon lange auf die unzureichenden Belichtungen und Lüftungen in den Wohnungen hingewiesen, doch wurde erst zu Beginn des 20. Jh. die überzeugende Erklärung möglich, warum die Frischluft so wichtig für die Gesundheit des Menschen war. Durch Luftmessungen in Wohnungen wurde von Nußbaum herausgefunden, dass der Sauerstoff zwar einer der wichtigsten Gase ist, dass aber die Höhe des Kohlensäuregehalts eine ebenso entscheidende Rolle spielt: Je kleiner dieser Anteil an der Zusammensetzung der Zimmerluft ist, um so besser erfolgt die Sauerstoffaufnahme im menschlichen Körper. Nach Nußbaum habe Pettenkofer dafür eine Regel aufgestellt, die „Pettenkofersche Grenze" genannt wurde.[248] Aus diesen naturwissenschaftlichen Überlegungen wurde für die notwendige stündliche Belüftungsmenge für eine Person, der Wert von 30 Kubikmeter Frischluft ermittelt. Nach einer Polizeiverordnung in Münster um 1902 musste für einen Erwachsenen jedoch nur 10 Kubikmeter Luftraum und ein „angemessenes Fenster" vorhanden sein. Sollte die 30-Kubikmeter-Regel eingehalten werden, müsste das teilweise geöffnete Schlafraumfenster mindestens dreimal pro Stunde einen kompletten Frischluftaustausch ermöglichen.[249] An diesem Beispiel wird deutlich, wie schwer wissenschaftliche Erkenntnisse in Bauordnungen oder Polizeiverordnungen Eingang finden.

Im Ergebnis kann festgestellt werden, dass die theoretischen Grundlagen über die Belichtung von Wohnräumen zwischen 1901 (Nußbaum) und 1929 (Küster/Görlitz) erarbeitet waren. Seit Anfang des 20. Jh. waren eine Fülle wohnungstechnischer Standards (organisierte und hygienische Beseitigung der Ab-

---

247 ebd., S. 39 und 72, die Angaben beziehen sich auf eine typische Stadtsituation mit einer beidseitig bebauten Straße. In solchen Lagen werden die EG-Wohnungen lichttechnisch immer benachteiligt.

248 Oehmcke, Th., Über den Wert reiner Zimmerluft und über die Lüftung der Wohnung, in: *Blätter für Volksgesundheitspflege*, 1904, H. 20, S. 305-309 (308). Pettenkofersche Grenze: Der Kohlensäuregehalt der ausgeatmeten Luft beträgt etwa 0,3 pro tausend Teile. Bei 0,7 pro tausend Teile beginne die durch Geruch bemerkbare Verunreinigung der Luft. Daher solle als Messgröße für das Lüftungsbedürfnis 1,0 Teile auf 1000 Teile Luft herangezogen werden. Zum Vergleich: In der Natur beträgt der Kohlensäureanteil an der Luft nur 0,3 bis 0,06, Oehmcke, S. 322.

249 Nußbaum, Leitfaden der Hygiene, München 1902, S. 29. Die Fenstergröße (Verhältnis zur Raumgröße) spielte in den Bauordnungen noch zu Beginn des 20. Jh. keine große Rolle. Nußbaum wies daraufhin, dass die unbeabsichtigte Lüftung durch Fugen im Mauerwerk und vor allem bei den Fenstern eine gewisse Rolle spiele und quasi Teilersatz für fehlendes menschliches Handeln darstelle. Die positive Rolle in den Sommermonaten verkehre sich im Winter in das Gegenteil, einem erheblichen Wärmeverlust.

wässer, Vorschläge zur Belichtung und Belüftung der Wohnungen) erarbeitet worden, dennoch wurden solche Verbesserungsmöglichkeiten nicht adäquat in die Bauordnungen übernommen. Um 1929 hatte der Amerikaner Howard Fisher eine Arbeit über den Sonnenstand und die Sonnenbahn mit den Sonnenaufgangszeiten, bezogen auf geografische Daten, vorgelegt, sie ist noch immer Stand der Bautechnik. Die Deutschen Löwitsch, Büning, Körte, Neufert und Arndt hatten die Untersuchungen Fishers in Handlungsanweisungen umgeformt, die jedoch nicht in die deutschen Bauordnungen Eingang fanden. Auch die Arbeit von Baker und Funaro (1948), die erstmals Sonnenstand und Sonnenbahn in Tabellenform zeigte, wurde keine baupolizeilich eingeführte Vorschrift. Die Tabelle von Baker und Funaro findet sich spätestens ab 1952 in allen Bau-Lehrbüchern.[250]

Auch das „Hygienische Memorandum", das deutsche Hygieniker und Mikrobiologen 1949 aufgestellt hatten, blieb ohne Wirkung in Bezug auf die Bauordnungen.[251] Die „hinreichende Belichtung von Aufenthaltsräumen" blieb als Beurteilungsmaßstab bis in die 60er Jahre des 20. Jahrhunderts bestehen. Die Frage bleibt offen, ob nach der Aufgabenverteilung zwischen dem Bund und den Ländern (1954) die Belichtungsfrage in die Landesbauordnungen eingebettet werden müssten, oder ob diese Frage auch im Baugesetzbuch (Bund) als stadtplanerische Aufgabe geregelt werden könnte. Auch die weitere Frage, warum die Rechenmodelle von Grobler 1931, Fisher 1932, Baker/Funaro 1948 und Büning 1953 nicht als technische Nachweisenorm in den Bauordnungen ihren Niederschlag fanden, kann nicht ausreichend beantwortet werden. Es bieten sich folgende Vermutungen an: Das Thema war in der Weimarer Zeit als nicht so dringlich angesehen worden; die Aufmerksamkeit war mehr auf das kommende Städtebaurecht gerichtet. Zwischen 1933 bis 1939 hatte die Aufrüstung der Wehrmacht oberste Priorität. Nach Kriegsbeginn bis 1949 war der Bau von Wohnungen sehr zurückgegangen, die Reparatur von zerstörten Gebäuden und die Beschaffung von verfügbarem Baumaterial, vor allem Zement und Baustahl, waren so schwierig geworden, dass weitergehende technische Anforderungen unerwünscht waren. Gefordert wurden nur Überlegungen, mit welchen Methoden die Baustoffe Stahl, Zement und Mauerwerk eingespart werden konnten, dabei spielte nur die Entwicklung des statischen Nachweises über Lastannahmen aus der Trümmer- und Bombenbelastung, eine große Rolle. Nach 1945 bis in die Mitte der 50er Jahre war der schnelle Wiederaufbau der bombengeschädigten Städte wichtiger, als politische Grundsatzdiskussionen über das Bau- und Planungsrecht, die veralteten Bauordnungen erfüllten scheinbar ihren Zweck. Detailfragen nach Licht und Sonne waren Marginalien und ohne politische Bedeutung. Schließlich kann vermutet werden, das ein Thema, das öffentlich kaum wahrgenommen wird, nicht den Handlungsdruck erzeugt, der Parlamente und Verwaltungsbehörden zum Eingreifen zwingt.

---

250 Zum Beispiel in: Mittag, Baukonstruktionslehre 1952, S. 19, er bezog sich auf Baker und Funaro, Windows in modern architecture, New York 1948.

251 „Hygienisches Memorandum zum Wiederaufbau des deutschen Wohnungwesens" 1949, hg. vom „Wohnungs- und Siedlungshygienischen Ausschuß der „Freien Vereinigung deutscher Hygieniker und Mikrobiologen". Das Memorandum enthielt eine Tabelle, mit der die Fenstergröße in Bezug zur Raumtiefe leicht ermittelt werden konnte.

4.7 Die Haus- und städtischen Grundbesitzervereine zur Wohnungsnot

Der Zentralverband der Haus- und städtischen Grundbesitzervereine umfasste 1891, so der Verbandsvorsitzenden Strauß, 140 Haus- und Grundbesitzervereine mit rund 50.000 Mitgliedern.[252] Einer der ältesten Vereine wurde 1832 in Hamburg mit einer kleinen Mitgliederzahl gegründet. Als 1842 der große Brand den ältesten Teil Hamburgs „in Schutt und Trümmern“ legte und „20.000 Menschen obdachlos wurden“, setzte eine sprunghafte Vergrößerung des Vereins ein.[253] In der Hamburger Vereinschronik heißt es dann weiter, dass durch das Zusammenwirken aller Hamburger und insbesondere durch die Tätigkeit einer „Rath- und Bürger-Deputation“, einer zum Wiederaufbau gegründeten Behörde, schon im Dezember 1845 der Wiederaufbau der zerstörten Teile gefeiert werden konnte.[254] 1879 hatten sich die deutschen Haus- und städtischen Grundbesitzervereine zu einem Zentralverband zusammengeschlossen, denn die „bedrängte und nothleidende Lage der Hausbesitzer“ in Deutschland“ zwinge zu diesem Schritt, so Wilhelm Strauß in seiner Schrift zur Wohnungsfrage.[255] Der Centralverband war satzungsgemäß verpflichtet, die „Hausbesitzervereine im Deutschen Reich zur gemeinsamen Wahrung der Rechte und zur Förderung der wirthschaftlichen Interessen ihrer Mitglieder zusammen zu schließen. Alle politischen Parteifragen sind ausgeschlossen.“[256] Der Verband hatte 1887 und 1888 „festgestellt“, dass die Wohnungsfrage in der Öffentlichkeit unter dem Blickwinkel der städtischen Interessen und der Mieterinteressen diskutiert wurde. Diese „einseitige“ Behandlung der Wohnungsfrage veranlasste den Verband 1889 eine Untersuchung anzustellen, die besonders den Standpunkt der Hausbesitzer berücksichtigte. Bei der Verbandstagung im August 1889 in Dresden wurden dann folgende Thesen aufgestellt und beschlossen, hier in Auszügen zusammengefaßt:

1. Die Wohnungsfrage müsse sich auf die Fragen beschränken, die Hausbesitzer und Mieter gemeinsam betreffen, der Standpunkt der Hausbesitzer sei in der Öffentlichkeit vernachlässigt worden.
2. Der Zustand der Wohnungen habe sich in den letzten Jahren erheblich verbessert, es seien viele „ausreichende lichte, luftige, gesunde und angenehme Wohnungen“ entstanden, in denen es „selbst für kleinere Verhältnisse nicht an Bequemlichkeit mangele“.
3. Die lokalen Bauordnungen verhinderten die Herstellung gesundheitswidriger und nachteiliger Wohnungen.
4. Wenn die „Löhne und das Einkommen auf zeitgemäßer Höhe stehen“, fänden sich Bauunternehmer und Private, die dem wachsenden Bedürfnis an Wohnungen Rechnung tragen würden.

---

252 *Schriften des Centralverbandes der Haus- und städtischen Grundbesitzervereine*, 1892, Bd. 3, S. 201. Um 1900 war der Verband auf 81.000 Mitglieder in 169 örtlichen Vereinen angewachsen.

253 *Schriften des Centralverbandes der Haus- und städtischen Grundbesitzervereine*, 1892, Bd. 3, S. 19.

254 ebd., S. 28.

255 Strauß, Wilhelm, Die Deutsche Wohnungsfrage, in: *Schriften des Centralverbandes der Haus- und städtischen Grundbesitzer-Vereine Deutschlands*, Leipzig 1890, S. 137.

256 *Schriften des Centralverbandes*, 1902, Bd. VII., S. 191-194.

5. Von einer allgemeinen „Wohnungsnoth" könne nicht gesprochen werden, denn das Angebot an Wohnungen sei „im allgemeinen als befriedigend" anzusehen. Lediglich bei den älteren Bauten sei „ein Bedürfnis nach Verbesserungen" vorhanden.
6. Die „meisten Uebelstände" im Wohnungswesen seien die „Unreinlichkeit, die übermäßige Abnutzung oder die mutwillige Zerstörung der Wohnungen". „Schlechte Lebensgewohnheiten und zuchtloser Sinn" der Bewohner wären oft zu beklagen.
7. Die „übergroße Dichtigkeit der Bewohnerschaft" sei nicht von den „Eigenthümern", sondern von den Mietern selbst verschuldet, ein Grund sei auch das zu „geringe Einkommen".
8. Der durchschnittliche Mietertrag sei nicht hoch, daher sei der Hausbesitz keine „begehrenswerte Kapitalanlage".
9. Die Wohnungen könnten preiswerter erstellt werden, wenn die Bauordnungen und Ortsstatute das Bauen weniger erschweren würden.
10. Als dauerndes „Heilmittel zur Lösung der Wohnungsfrage" sollten zweckmäßige Bauordnungen geschaffen werden, die auch richtig angewandt werden müssten. Am „besten" sei der Erlaß einer „Reichsbauordnung".
11. Der Grunderwerb müsse erleichtert werden und die „vielfachen persönlichen Belästigungen" der Hausbesitzer durch „Polizei und Magistrate" müssten aufhören.[257]

Die Wohnungsfrage war 1888 und 1889 im Reichstag vom Abgeordneten Miquel mit dem Ziel angesprochen worden, ein „Reichsgesetz über die Gesundheit des Wohnens" zu schaffen, so Strauß. Die Abgeordneten Schrader und Kalle stimmten Miquels Ideen zu, bezweifelten aber die Reichszuständigkeit, die Frage der Gesundheit in Bezug auf das Wohnen sei Ländersache. Beide verwiesen auf die schlechten Erfahrungen in Frankreich und England mit nationalen Gesetzen. Es sei zu befürchten, dass durch die örtliche Wohnungskontrolle „mehr Wohnraum verloren" ginge als neu gebaut werden könne. Die Wohnungsverhältnisse seien in Deutschland nicht „so schlecht", wie behauptet, wenn auch die Mietpreise für die ärmeren Schichten hoch seien. Die Hausbesitzer beklagten auch die „wenig wohlerzogenen" Mietergewohnheiten, denn auch gute Wohnungen würden „in der kürzesten Zeit verdorben".[258] Die baupolizeilichen Vorschriften seien „so scharf", dass schlechte und unbrauchbare Wohnungen überhaupt nicht mehr hergestellt würden.[259] Der Nachteil einer „theueren Wohnung" werde durch den „Vortheil" der „Gesundheit und der Sittlichkeit" für die Bewohner aufgewogen, der „standard of life", den die unteren Klassen somit erfahren, werde einen Einfluß auf die Lohnhöhe ausüben.[260]

Zunächst war für das vorgeschlagene „Reichsgesetz über die Gesundheit des Wohnens" keine verfassungsrechtliche Zuständigkeit angenommen worden, so Strauß. Dennoch könne ein Weg für ein Reichsgesetz für das Wohnungswesen vorgezeichnet werden, denn Artikel 4 der Verfassung enthalte die Zuständigkeit für „Maßregeln der Medizinal- und Veterinärpolizei", dazu

257 Strauß, Die Deutsche Wohnungsfrage, in: *Schriften des Centralverbandes*, 1890, Bd. 1, S. 137.
258 Strauß, Die Deutsche Wohnungsfrage, 1890, S. 173.
259 ebd., S. 173-174.
260 ebd., S. 174.

komme Artikel 3, der die Fragen des Bodenrechts behandle. Auch „könne man den Artikel 4 erweitern" und damit eine Reichszuständigkeit auf „einfachste und legalste Weise" herstellen.[261] Nach Strauß könnte Folgendes geregelt werden:

> Alle Materien, die das Wohnungswesen betreffen und „civilrechtlichen Inhalt haben", sollten in ein bürgerliches Gesetzbuch aufgenommen werden, drei bestimmte Materien sollten zunächst in Reichsgesetzen gefasst werden. Erstens, ein Reichsgesetz zur Verpflichtung der Gemeinden über Instandhaltung und Erweiterung der Städte, sowie die Einrichtung von Wohnungsämtern, zweitens die Schaffung einer Reichsbauordnung, die alle Anforderungen enthalte, die an bauliche Anlagen zu stellen wären, drittens die Schaffung einer Reichswohnungsordnung, die Mieter und Vermieter gleichermaßen verpflichten würde, die dauernde Instandhaltung der Wohnungen zu gewährleisten. Würden die drei Gesetze zeitgleich erlassen, könne ein einheitliches Reichswohnungsgesetz daraus entstehen, das die drei Teile, in gesonderten Abschnitten, enthalte.[262]

Bei der Konzeption eines Reichswohnungsgesetzes sollten die „Vorschläge von Professor Baumeister" beachtet werden, die er schon im Verein für öffentliche Gesundheitspflege gemacht habe, so Strauß. Er bezieht sich hier offensichtlich auf die XIV. und XV. Versammlung des DVöG. Die 1889 von Baumeister federführend für den DVöG erarbeiteten Vorschläge für „Reichsgesetzliche Vorschriften zum Schutz des gesunden Wohnens" wurden nach Beiträgen von Oberbürgermeister Miquel (Frankfurt), Baumeister Hartwig (Dresden), Stübben (Köln), Krieger (Straßburg), Strauß (München-Gladbach) und Oberbürgermeister Zweigert aus Essen, beschlossen.[263] Baumeister und Strauß waren maßgeblich am Zustandekommen des Entwurf eines Reichswohnungsgesetzes beteiligt, die Überschriften der Gesetzesabschnitte lauteten:

Titel: Reichsgesetzliche Vorschriften zum Schutz des gesunden Wohnens:

I. Straßen und Bauplätze.
II. Neuherstellung von Gebäuden.
III. Neuherstellung der zu längerem Aufenthalt von Menschen dienenden Räume.
IV. Benutzung der zu längerem Aufenthalt von Menschen dienenden Räume.

Auch wenn Strauß mit Baumeister und Stübben bei der XV. Versammlung des Vereins für öffentliche Gesundheitspflege 1889 zusammengearbeitet hatten, so vertrat Strauß bei der Frage einer Reichsbauordnung eine andere Auffassung als Baumeister und Stübben. Während Baumeister und Stübben die „Normale Bauordnung" (1880) forderten und detaillierte Vorschläge für eine umfassende Bauordnung gemacht hatten, wollte Strauß die Reichsbauordnung auf wenige Bestimmungen begrenzen. Beispielsweise sollten Vorschriften über die Aufstel-

---

261 ebd., S. 202.
262 ebd., S. 206.
263 *DVjöG* 1890, Bd. 22, S. 21-60. Strauß war „Director" des Centralverbandes der Haus- und städtischen Grundbesitzer-Vereine. Die XV. Versammlung des Vereins fand 1889 in Straßburg statt.

lung von Bebauungsplänen, Fluchtlinien und die Herstellung der Straßen in der Reichsbauordnung keine Aufnahme finden. In der Reichsbauordnung sei nur zu regeln: die sachgemäße Gebäudeausführung (Standfestigkeit, Feuersicherheit), die gesundheitlich richtige Bauweise, die Wahrung hygienischer Anforderungen und die Beachtung ästhetischer Rücksichten. Vorschriften in der Bauordnung dürften nicht im Missverhältnis zwischen Aufwand und Ertrag stehen. Würde mit einem Gesetz die „Baulust gedämpft", sei es besser, kein Gesetz zu erlassen.[264] Ungeachtet der Bedenken, die Strauß angeführt hatte, blieb der Centralverband in der Bauordnungsfrage doch aktiv.

Der Reichsbauordnungsentwurf vom Verband Haus- und städtischer Grundbesitzer

Auf Veranlassung des Verbandes waren die größeren deutschen Städte und die eigenen Landesverbände um Materialien zur Frage der Bauordnungen gebeten worden. Die Einsendungen (Bauordnungen, Ortsstatute und lokale Verordnungen) scheinen von „großem Erfolg" begleitet gewesen zu sein.[265] Die vom Vorstand eingesetzte Kommission hatte nach Durchsicht des Materials festgestellt, dass die Regelungsdichte im deutschen Bauwesen große Unterschiede aufweise. Sie reichten von großer Genauigkeit und Bearbeitungstiefe im Sinne örtlicher Vorstellungen bis zu einfach „abgeschriebenen" Bauordnungen. Geografisch sei die Bauordnungsmaterie einmal als Landesgesetz, aber oft nur durch Polizeiverordnungen geregelt, es handele sich damit um „eine zerstreute und verschiedenartige" Materie. Im Ergebnis sprach sich die Kommission für die Formulierung eines Reichsbauordnungsgesetzes aus. Ein Reichsgesetz sei schon deswegen sinnvoll, weil die klimatischen und kulturellen Verhältnisse in Deutschland nicht so verschiedenartig seien. Im Übrigen sei ein Reichsgesetz besser als die Vielzahl kommunaler Bauordnungen oder Verordnungen.[266]

Obwohl auch in der Kommission die Reichszuständigkeit für das Bauwesen bestritten wurde, beauftragte der Vorstand den „Casseler" Baumeister und Stadtrat Becker mit dem Entwurf einer Reichsbauordnung. Beckers „Entwurf einer Bauordnung für das Deutsche Reich" berücksichtigte die Vorstellungen des Centralverbandes. Becker vermied zum Beispiel genaue Festlegungen über die Belichtung von Wohnräumen („...müssen hinlänglich Licht und Luft haben..."),[267] Kellerwohnungen sind nach Becker zulässig, der Fußboden darf jedoch nicht tiefer als 0,5 Meter unter dem Umgebungsboden liegen. Für die Belichtung dieser Räume war die Bestimmung gedacht, dass die Hofgröße nach der Höhe der umliegenden Hauswände bemessen werden müsse (Regel: 45 Grad a.T.). Die Mindesthofgröße sollte 25 Quadratmeter nicht unterschreiten, damit wurde sogar die Berliner Bauordnung von 1853 „unterboten", dort waren 28,41

264 Strauß, Die Deutsche Wohnungsfrage, 1890, Bd. 1, S. 236.

265 Strauß, Wilhelm, Chronik des Centralverbandes der Haus- und städtischen Grundbesitzer-Vereine Deutschlands. 1879-1889, M.Gladbach und Leipzig 1889, S. 186. Strauß sprach von 100 Städten, die beteiligt wurden. Strauß: Baumeisters Buch (Stadterweiterungen) sei eine wertvolle Lektüre, ebenso positiv sei das Engagement der Architekten. Dagegen hätten sich Volkswirte und Juristen nur wenig mit der Materie beschäftigt.

266 ebd., S. 187-188.

267 Strauß, Chronik des Centralverbandes, S. 189-204.

Quadratmeter gefordert worden.[268] Becker hat für seinen Reichsbauordnungsentwurf Abschnitte gebildet. Sie beginnen mit der Bauanzeige und dem baupolizeilichen Verfahren, es folgen die Vorschriften für die Straßen und Plätze, die Rücksicht auf den öffentlichen Verkehr, den Hofraum, die Entfernung der Gebäude von der nachbarlichen Grenze und von einander, die Bemessung der Gebäudehöhen, der Durchfahrten, der Treppen und des Dachraums. Danach wurde die Standfähigkeit der Gebäude, die Baumaterialien, die Bauzeit, die Bauart der Wände und der Decken und Dächer, der Gesimse und Vorbauten, der Feuerungsanlagen und Schornsteine behandelt. Es folgten die Vorschriften über Allgemeine bauliche Anlagen und Wohnräume, Anforderungen an Materialien und Ausführung der Bauten. Abschließend wurden für die gewerblichen Betriebsstätten, die Lagerräume, die Gebäude mit starkem Besucherverkehr und die Abnahme der Bauten Vorschriften aufgeführt.[269]

Der Entwurf wurde vom Verband gebilligt. Der Vorstand solle jetzt eine Petition an den Reichstag richten und um den Erlass einer Reichsbauordnung bitten. Strittig war nur, ob bei der Petition der Beckersche Entwurf beigefügt werden solle. Der Vorstand entschied sich dagegen, denn er befürchtete, dass damit schon sein Einverständnis mit dem Entwurf verbunden werden könne. Eine so weitgehende und nach außen wirkende Identifizierung mit dem Entwurf müsse vermieden werden. Die Petition wurde dem Reichstag vorgelegt, die Beratung unterblieb aber. Das zuständige Gremium tagte nicht mehr, da die „Session“ geschlossen wurde. Auch der „Bundesrath“ hatte die Petition erhalten, sie wurde zwar beraten, aber nach einem Referat des Württembergischen Bevollmächtigten abgelehnt. Der Verband vermutete, dass die Vertreter der Länder nicht daran interessiert sein konnten, wenn das Reich eine noch nicht in der Verfassung verankerte Zuständigkeit im Wohnungs- und Bauordnungswesen beanspruche. Einer Änderung der Verfassung stünden die Länder vermutlich skeptisch gegenüber, so der Vorstand des Verbandes.[270]

Der Entwurf des „deutschen Gesundheits-Baugesetzes“ von Otto Kuntze

Fünf Jahre früher als Becker hatte Otto Kuntze seinen Entwurf eines „deutschen Gesundheits-Baugesetzes“ vorgestellt.[271] Kuntze scheint seinen mit 243 Paragrafen umfassenden Entwurf ohne weitere Hilfe aufgestellt zu haben. Seinen Gesetzentwurf hatte er als Petition dem Deutschen Bundesrat und dem Reichstag zugeleitet. In Kuntzes Entwurf waren umfangreiche und bis in die Details ausgearbeitete Lösungen vorgeschlagen worden.[272] Es kann angenommen werden,

---

268 ebd., S. 193.

269 ebd., S. 189-204. Der Entwurf enthält damit formal die wesentlichen Teile einer Bauordnung. Becker verzichtete in seiner Bauordnung auf die ebenso wichtige Regelung der Stadtplanung (Aufstellung und Verfahren von Bebauungs- und Fluchtlinienplänen), die Gründe dafür wurden nicht mitgeteilt.

270 ebd., S. 228.

271 Kuntze, Motivierter Entwurf eines deutschen Gesundheits-Baugesetzes, Leipzig 1882. Im Vorwort schreibt Dr. phil. Kuntze, daß er zwar kein Bautechniker sei, aber als Volkszählungskommissar für Teile von Leipzig sei er mit den Wohnungsverhältnissen sehr vertraut.

272 Kuntze, Motivierter Entwurf, die Regelungstiefe seiner Bauordnung ist bis in die Zeit nach 1918 nicht wieder erreicht worden.

dass die Petition Kuntzes auch Strauß bekannt war, denn Strauß verwandte 1890 in den Schriften des Centralverbandes den Buchtitel von Kuntze (Gesundheits-Baugesetz). Mit aller „Entschiedenheit“ spreche sich der Centralverband gegen ein „Gesundheits-Baugesetz“ aus.[273] Strauß zielte auf das von Otto Kuntze formulierte „Deutsche Gesundheits-Baugesetz“. Dieser Baugesetzentwurf war nach der Ansicht von Strauß so detailliert, dass für örtliche Ordnungen nur noch wenig Raum bliebe, ein Gesetz solle nur die „normalen Inhalte“ beschreiben. Auch sei es wünschenswert, wenn einerseits Mindestanforderungen aufgenommen werden, die sogar örtlich verschärft werden könnten. Andererseits sollten auch Maximalforderungen formuliert werden, die örtlich unterschritten werden dürften.[274]

Mit der Wohnungsbeaufsichtigung beschäftigte sich der „Centralverband“ auch im August 1900. Wieder wurde die Wohnungsaufsicht abgelehnt, die Bedenken waren: Die Neigung zum „Besserwohnen“ würde sich vergrößern, die Einführung der Aufsicht sei nicht notwendig, weil die Hausbesitzer schon von sich aus auf Verbesserungen drängten, die Aufsicht sei nur wünschenswert, um „Ordnung und Sauberkeit bei den Wohnungsinsassen zu erzwingen“. Die „Lohnhöhe der Insassen“ sei ausreichend um besser zu wohnen; würde beaufsichtigt, käme dies einer „Zwangserziehung ähnlich dem Schulzwang“ gleich.[275] Mit Mehrheit wurde die mildere Form der ursprünglichen Vorlage beschlossen:

> „1. Der Centralverband billigt im Prinzip die auf Herbeiführung einer dauernden Wohnungsbeaufsichtigung gerichteten Bestrebungen. Er hält aber für nöthig daß die Art und Weise der Einrichtung dieser Beaufsichtigung sich immer den örtlichen Verhältnissen anpasse und die Beaufsichtigung thunlichst durch ehrenamtlich thätige Bürger ausgeübt werde.
> 2. Der Centralverband hält für nöthig, daß bei der Handhabung der Wohnungsbeaufsichtigung neben den behördlichen Organen in jedem Falle auch Personen aus den Kreisen der Hauswirthe, Miether, Bausachverständige und Aerzte mitzuwirken haben.“[276]

Der Zentralverband hatte zur öffentlich geregelten Wohnungsaufsicht 1903 eine ambivalente Haltung eingenommen, nämlich dem Prinzip der Wohnungsaufsicht einerseits zuzustimmen, andererseits aber ablehnend zu reagieren. Inzwischen war der unveröffentlichte Entwurf eines preußischen Wohnungsgesetzes bekannt geworden. Der Verbandsvorsitzende nutzte den Anlass, den ihm die „preußische Regierung gegeben hatte“.[277] Die Regierung gehörte „bisher nicht

---

273 Strauß, Wilhelm, Die Deutsche Wohnungsfrage, in: *Schriften des Centralverbandes* (...) 1890, Bd. 1, S. 236.

274 Strauß, Die Deutsche Wohnungsfrage, S. 237. Außerdem solle ein Baugesetz zwischen Stadt und Land unterscheiden.

275 *Schriften des Centralverbandes* der städtischen Haus- und Grundbesitzer-Vereine Deutschlands, Berlin 1900, NF, Bd. V, S. 349.

276 ebd., S. 355. Die Verbandsdiskussionen sind deswegen bemerkenswert, weil in Hessen und Hamburg entsprechende Wohnungsaufsichtsgesetze seit Jahren in Kraft waren.

277 Hartwig, Sitzungsbericht 25. Verbandstag 1903, S. 182. Eine direkte Begründung für den „Glücksumstand“ gab der Vorsitzende Hartwig aus Dresden nicht, außer den dann erzielbaren höheren Mieteinnahmen.

zu den Gönnern des Verbandes", so der Vorsitzende, er wolle es der Öffentlichkeit „in die Ohren schreien", dass alle Wohnungsordnungen nur Ansprüche an größeren Wohnraum erzeugten. Die Wohnungsordnungen schränkten die Aftervermietung und die Schlafstellenvermietung ein. Mit den Ordnungen würden die Mieten bis zum Doppelten steigen. Die Ordnungen seien daher nicht gegen die Hauswirte gerichtet, sondern gegen die Mieter. Bei wirklich strenger Durchführung der Ordnungen käme es einem „Glücksumstand" für die Hausbesitzer gleich.[278] Nachdem der preußische Wohnungsgesetzentwurf von 1904 allgemein bekannt wurde, war dies der Anlass zu einer Massenprotestaktion aufzurufen. Der Vorstand hatte in seinen Mitteilungen die sogenannte „Normalpetition" vorformuliert, sie sollte von den örtlichen Vereinen und Mitgliedern an den Reichstag und an den preußischen Landtag verschickt werden. Der Protest richtete sich gegen die öffentliche Unterstützung der gemeinnützigen Bauvereine adressiert „An den Deutschen Reichstag. Vorstellung des Grund- und Hausbesitzer-Vereins [...] wg. Unterstützung von Baugenossenschaften betr." Im Text heißt es dann: „Die vielfach geäußerte Klage über Wohnungsnot und –Elend, über Mangel an Wohnungen ist eine durchaus unberechtigte. Wohin wir blicken, allenthalben ist Überfluss nicht nur an großen sondern auch reichlich an kleinen Wohnungen vorhanden."[279] Die Bemühungen des Verbandes mit 185 Petitionen waren nicht erfolgreich. Der Verband empfand die offizielle Mitteilung aus dem Reichstag „befremdlich". Es wurde dem Verband mitgeteilt, dass in der 2. Lesung des Etats des Reichsamtes des Innern beschlossen wurde „über diese Petitionen zur Tagesordnung überzugehen". Der Reichstag beschloss dagegen zur Förderung der von Kleinwohnungen für Angehörige des öffentlichen Dienstes eine Unterstützung von 4 Millionen Mark, sie wurden den privaten und gemeinnützigen Baugesellschaften zur Verfügung gestellt.[280]

Die Baugenossenschaftsidee hatte sich in Deutschland schneller durchgesetzt, als es der Verband befürchtet hatte. Schon im Jahr 1907 waren 747 Baugesellschaften als GmbH oder ohne Haftpflicht, eingetragen worden, das Reich unterstützte 10 % dieser Gesellschaften direkt.[281] Darlehen in Höhe von insgesamt 3,37 Millionen Mark wurden 1903 an 38 Gesellschaften vergeben, damit sei ein Bauvolumen von 8,42 Millionen Mark erzielt worden, das für die Herstellung von 1.685 Kleinwohnungen ausreiche.[282]

Auf dem Verbandstag des Zentralverbandes von 1904 hatte das Vorstandsmitglied Leisel zum preußischen Wohnungsgesetzentwurf vorgetragen, dass viele baupolizeiliche Bestimmungen des Entwurfs nicht in ein Wohnungsgesetz sondern in ein Baugesetz gehörten. Sie hätten mit der „Wohnungspolizei gar nichts

---

278 ebd., Sitzungsbericht 25. Verbandstag 1903, S. 182.

279 Sitzungsbericht vom 26. Verbandstag in Breslau, in: *Schriften,* Bd. X., Dresden 1905, S. 9.

280 *Schriften* (…), XI. Band, 1906, S. 72-73. Der Verbandsvorsitzende sprach von einer „großen und ernsten kriegerischen Aktion", gegen die „überflüssige Unterstützung der Baugenossenschaften."

281 ebd., *Schriften* (…), XVI. Band, 1909, S. 58.

282 Denkschrift der Reichsregierung, 1904. Drucksache des Reichstages Nr. 471, S. 15. Die Zahl von rund 1700 Kleinwohnungen, die die „Gemeinnützigen" 1903 damit fördern konnten, ist verhältnismäßig gering. Der Kampf der Haus- und Grundbesitzer gegen die Baugesellschaften muß daher als Grundsatzstreit angesehen werden.

zu tun“ und „die Erstellung der Wohnungen ist Baupolizeisache, die Benutzung der Wohnungen sei Sache der Wohnungspolizei“ und diese habe in erster Linie der Hauswirt selber auszuüben, wenn er „Herr im Hause“ sein wolle. Leisels Kritik am Entwurf beschränkte sich nicht auf die baupolizeilichen oder die wohnungspolizeilichen Sachverhalte. Seine schärfste Kritik richtete sich gegen den eigenen Verband. Leisel warf der Verbandskommission zur „Überwachung des Wohnungs- und Baugenossenschaftswesens“ vor, sie habe die Bedeutung der ständig wachsenden Baugenossenschaftsbewegung vollkommen verkannt. Von einer „abflachenden Diskussion“ könne keine Rede sein. Eine „ungeheure Gefahr für die Haus- und Grundbesitzer“ zeige sich „dank der unbegreiflichen Untätigkeit in unseren Kreisen“, die Baugenossenschaften würden immer einflussreicher und bedrohten den Stand der Hausbesitzer. In naher Zukunft würden die Baugenossenschaften zu einer „Institution mit öffentlich-rechtlichem Charakter“.[283]

Eberstadt hatte 1904 bei seiner Analyse des preußischen Wohnungsgesetzentwurfs von 1904 schon Anzeichen gesehen, dass beim Zentralverband der Haus- und Grundbesitzervereine ein „Umdenkungsprozess“ eingesetzt habe.[284] Dort habe man erkannt, dass die Wohnungsfrage zunehmend wichtiger würde. Eberstadt nahm Bezug auf eine Veröffentlichung des Verbandes, die sich gegen den „spekulativen Hausbesitz und die Bodenparzellierung“ wandte.[285] Andererseits darf nicht übersehen werden, dass der Verfasser (Grävéll) im Zentralverband aktiv tätig war und dessen Interessen zu wahren hatte. Er schrieb:

> „Dagegen gehört es zu den Lebens-Interessen des Staates, diejenigen Stände zu schützen und vor Auftheilung zu bewahren, auf deren Bestand er selbst gegründet ist. Und dahin ist in erster Linie der Stand der Grund- und Hausbesitzer, der ansässige Bürgerstand, zu rechnen, weil er alle produktiven Stände des Landes gleichmäßig zu umfassen vermag.“[286]

Eberstadt hatte den „Umdenkungsprozeß des Zentralverbandes“ positiv gedeutet, tatsächlich sorgte sich der Verband, dass die Diskussion über ein Reichswohnungsgesetz nicht enden würde. Die Regierung habe sich dem „Drängen der Öffentlichkeit“ nicht entziehen können und insofern eingegriffen, als die erledigten Petitionen im Reichstag erneut debattiert wurden. Die Petitionen wurden dem Reichskanzler mit der Bitte überwiesen, eine Kommission zur Untersuchung der Wohnungsverhältnisse zu berufen.[287] Grävéll meinte, erkenne die Reichsregierung einmal an, dass sie sich „um die Wohnungsfrage kümmern müsse“, so würden auch die anderen Lebensbedürfnisse „auf der Tagesordnung“

---

283 *Schriften* (…), X.. Band, 1905, S. 16, 32. Im Auftrag des rheinisch-westfälischen Provinzialverbandes städtischer Haus- und Grundbesitzervereine hatte Leisel schon 1900 eine Petition an den preußischen Landtag gerichtet. Darin wurde die Einstellung der staatlichen Unterstützung des Baugenossenschaftswesens verlangt. Die Petition wurde abgewiesen, weil entgegen der Behauptung des Petenten, die Herstellung von Wohnungen für die minderbemittelten Kreise notwendig sei. In: *Schriften* (…), V. Band, 1900, S. 303-336.

284 Eberstadt, Der Entwurf, S. 186.

285 Grävéll, Albert, Die Wohnungsnoth. Kritische Untersuchung des Begriffes und Wesens der Wohnungsnoth, ihrer geschichtlichen Entwickelung und sozialen Bedeutung, Dresden 1900.

286 ebd., S. 32.

287 ebd., S. 30-31.

bleiben. „Damit ist aber der Kommunismus aus der Theorie in die Praxis übersetzt, die Socialdemokratie könne man nicht mehr als Feinde des Staates bekämpfen.“[288] Grävéll: Die „Nichtgrundbesitzer freisinniger und socialdemokratischer Observanz“ streben nach der „Entrechtung des Grundbesitzes“ und damit „zum socialdemokratischen Zukunftsstaat, der das Eigentum nicht kennt.“[289] In der Resolution des Zentralverbandes vom August 1898 wurde die Haltung des Verbandes zur Wohnungsfrage dahin gehend zusammengefasst, dass die Förderung von Baugenossenschaften und Baugesellschaften, die öffentliche Zuschüsse erhalten, einzustellen sei, denn das Wohnungsbedürfnis einzelner Klassen durch öffentliche Mittel zu decken, würde zu Forderungen anderer Klassen führen. Wenn die Baugenossenschaften durch den Staat unterstützt würden, sei für die Hausbesitzer eine die Existenz bedrohende Konkurrenz geschaffen. Die vorübergehende Unterstützung sei gerechtfertigt, wenn die private Bautätigkeit, bei außergewöhnlichen Ereignissen, den Bedarf nicht decken könne. Der Verband könne, von einzelnen Fällen abgesehen, keine Wohnungsnot erkennen.[290]

Tabelle 15: Bewohnerzahl in einer Wohnung mit einem heizbaren Zimmer und Küche

	B= Zahl der Bewohner. % = Verhältnis zur Gesamtsumme						
Stadt	B = 4	in %	B = 6	in %	B = 8	in %	Gesamt-Bewohner
Berlin	35.917	44,8	12.108	15,1	2.281	2,8	80.028
Altona	175	48,8	67	18,7	13	3,6	358
Rixdorf	2.473	43,7	915	16,1	145	2,5	5.658

Die Grundzahlen sind der Begründung zum Wohnungsgesetzentwurf 1904 entnommen, die prozentuale Verteilung erfolgte durch den Verfasser.

Die Tabelle von 1904 zeigt den Belegungsgrad einer Wohnung mit einem Zimmer und Küche an. Danach sind zwischen 44 % und 49 % der Kleinstwohnungen mit 4 Personen belegt. Von der Überfüllung einer Wohnung wurde von Baumeister 1876 gesprochen, wenn fünf oder mehr Personen sich eine Wohnung teilen müssen. In der Begründung zum Wohnungsgesetzentwurf wurde eine „Überfüllung“ schon bei vier Personen pro Wohnung als gegeben angesehen.[291]

Die Annahme des Haus- und städtischen Grundbesitzervereine, wonach keine Wohnungsnot bestehe, wurde durch die preußische Regierung aber nicht geteilt. Die neueren Forschungen hätten, so Führer 1995, ergeben, dass die Wohnungsnot in der zweiten Hälfte des 19. Jh. heute in einem anderen Licht gesehen werden müsse. Der „durchgehende“ Wohnungsmangel seit 1870 sei ein entworfenes Bild der Zeitgenossen, das „gründlich revidiert werden müsse“. Zwar habe es unbestreitbar Phasen relativer Knappheit an Wohnungen gegeben, es lasse sich demgegenüber aber auch ein Überangebot an Wohnungen nachweisen. Dabei beruft sich Führer auf Wischermann, der eine verstärkte Wohnungsproduktion bis 1914 ermittelt habe.[292] Führer: Die Produktion von Kleinwoh-

288 ebd., S. 31.
289 ebd., S. 77.
290 Grävéll, Albert, Die Wohnungsnoth, S. 74-76.
291 Deutscher Reichsanzeiger (...), 1904, Begründung S. 2 und 3.
292 Führer, Karl Christian, Mieter, Hausbesitzer, Staat und Wohnungsmarkt, Stuttgart 1995, S. 23.

nungen bis 1914 sei bemerkenswert hoch, es könnte von einem Überangebot an Kleinwohnungen gesprochen werden.[293] Wischermann hatte 1997 in einem Beitrag („Geschichte des Wohnens") die Meinung von Grävéll wiedergegeben, der 1900 keine Wohnungsnot gesehen hatte. Grävéll befürchtete auch, dass wenn der genossenschaftliche Wohnungsbau weiter „kultiviert" werden würde, der Weg zum „Staatssocialismus" wäre beschritten.[294]

Als im Jahre 1912 das schon seit 1901 angekündigte preußische Wohnungsgesetz als interner Entwurf vorlag, reagierte der Reichstag mit einer Resolution, denn es schien, als würde das preußische Gesetz, wenn überhaupt, erst auf längere Sicht zustande kommen. Am 22. und 23. März 1912 befaßte sich der Deutsche Reichstag mit der Wohnungsfrage. Verschiedene Initiativanträge zur Wohnungsfrage waren zuvor einer besonderen Kommission zur Beratung überwiesen worden. Die Kommission mit 21 Mitgliedern beriet zwischen März 1912 und Anfang Mai 1912 den Resolutionsentwurf, die Beratungen endeten mit einstimmigem Beschluss. Das Ergebnis wurde dem Plenum des Reichstages zugeleitet, worauf der Reichstag am 22.5.1912, im Rahmen der Haushaltsberatungen, den Punkt „Wohnungsfrage" behandelte. Neben den Abgeordneten waren 15 hochrangige Vertreter der Reichsregierung und Vertreter der preußischen Regierung anwesend. Vorsitzender der Kommission war der Abgeordnete von Trampczynski, Berichterstatter war der Abgeordnete Dr. Eugen Jäger.[295]

In der Diskussion wurde vom Abgeordneten Göhre bemängelt, dass sich die Reichsregierung bisher zögerlich „bis ablehnend" zur Wohnungsfrage verhalten habe, obwohl sie schon durch die Kommissionsberatungen den Willen des Reichstages erkennen konnte. Andererseits sei es zu begrüßen, dass die Regierung schon mit den „Einzelstaaten in Verbindung getreten sei, um die Reform in Fluß zu bringen".[296] Vielleicht gelinge es der Reichsregierung, den notwendigen „Druck auf Preußen" auszuüben.

Der Hintergrund der Bemerkung zielte auf die zu erwartende bzw. schon angekündigte Veröffentlichung des Entwurfs des preußischen Wohnungsgesetzes, die am 8.2.1913 erfolgte. Der Abgeordnete Braband berichtete, dass sich in den Kommissionssitzungen erfreulicherweise gezeigt habe, dass die Reichsregierung in der Wohnungsfrage „tüchtige Vorarbeit" geleistet habe. Wer die Wohnungsfrage, so der Abgeordnete, „funditus" in Angriff nehmen wolle, könne an der „Bodenfrage" nicht vorübergehen. Die von der Kommission erarbeiteten und vom Reichstag einstimmig gebilligten drei Resolutionen vom 22. Mai 1912 hatten folgenden Wortlaut:

---

293 ebd., S. 23.

294 Grävéll, Albert, Die Wohnungsnoth, Vorwort. Es darf nicht übersehen werden, dass Grävélls 80 Seiten starke Schrift vom Zentralverband der Haus- und Grundbesitzervereine an die Untervereine sogar verteilt wurde.

295 Verhandlungen des Reichstags, XIII. Legislaturperiode, I. Session, Berlin 1912, Bd. 285, S. 2229. Göhre war Sozialdemokrat, Braband gehörte der Fortschrittlichen Volkspartei an.

296 Verhandlungen des Reichstags, XIII. Legislaturperiode, I. Session, Berlin 1912, Bd. 285, S. 2255.

„I. Der Reichstag wolle beschließen, die verbündeten Regierungen zu ersuchen, dem Reichstag in der nächsten Tagung Gesetzentwürfe betreffend Regelung des Wohnungswesens vorzulegen, die folgende Grundzüge enthalten:

1. Mindestvorschriften über Beschaffenheit und Benutzung der Wohnungen (Lage, Luftraum, Zufuhr von Licht und Luft in die Wohn-, Schlaf- und Arbeitsräume, Zahl und Anlage der Aborte, Schlafstellenwesen usw.) unter Anpassung an die besonderen Verhältnisse in Stadt und Land.
2. Vorschriften über eine amtliche Wohnungsaufsicht durch Orts- bzw. Bezirks- und Landeswohnungsämter mit einem Reichswohnungsamt als Zentralstelle für das gesamte Wohnungswesen.
3. Errichtung von Pfandbriefanstalten im Anschluß an die Landesversicherungsanstalten zu dem Zweck, um unter Reichsgarantie nach festen Normativbestimmungen möglichst hohe Pfandbriefsdarlehen auf Hausgrundstücke mit Kleinwohnungen sowohl an Baugenossenschaften, als auch an Privatpersonen zu gewähren.
4. Regelung des Wohnungsnachweiswesens.
5. Ausbau des Erbbaurechtes zum ausgiebigeren Gebrauch für den Kleinwohnungsbau.

II. Der Reichstag wolle beschließen, die verbündeten Regierungen zu ersuchen, die Ergebnisse der Wohnungsaufsicht, des Standes des Wohnungs- und Bodenmarktes, der Wohnungsmieten und der Bautätigkeit jährlich zu veröffentlichen.

III. Der Reichstag wolle beschließen, den Herrn Reichskanzler zu ersuchen, in geeigneter Weise darauf hinzuwirken, daß im Wege der Landesgesetzgebung der Bau von Kleinwohnungen gefördert werde

1. durch Festsetzung allgemeiner *(Normativ-)*Bestimmungen über Bodenaufteilung, Bebauungspläne und Bauordnungen zur *(behufs)* Verbilligung und Erleichterung des Kleinwohnungsbaues, sowie *(zwecks)* zu weiträumiger Bebauung *(und Dezentralisation)* der Besiedelung, unter Anpassung an die besonderen Verhältnisse in Stadt und Land,
2. durch Gewährung von Steuer- und Abgabenerleichterungen an die Besitzer von Häusern mit Kleinwohnungen sowohl *(seitens des Staates)* vom Staate wie *(der Kommunen)* von den Gemeinden,
3. durch Gewährung des Enteignungsrechts an die Gemeinden *(Kommunen)* zur Beseitigung von schweren Mißständen im Bebauungs- und Wohnungswesen.“[297]

Hinweis: Die kursiv eingefügten Teile sind den stenografischen Berichten des Reichstages, XIII. Legislaturperiode, I. Session, 69. Sitzung, 22.5.1912, entnommen. Sie entsprechen der Abstimmung im Reichstag. Die Abstimmung erfolgte zu allen drei Resolutionen einstimmig.

297 Der Städtebau 1913, S. 12. Tatsächlich muß von drei Resolutionen gesprochen werden. Erstens: Der Gesetzentwurf zum Wohnungsbau mit Hinweis auf Mindestvorschriften (Baupolizei), zweitens: Einführung einer Statistik über Wohnungsbau, Bodenmarkt, Mietpreise und Bautätigkeit und drittens Förderung des Kleinwohnungsbaus durch Erleichterungen, Änderung der Bauordnungen.

Anlässlich der Budgetberatungen für das Jahr 1913 debattierten die Reichstagsabgeordneten auch über die Resolutionen von 1912. Erneut wurde die Zuständigkeitsfrage von einigen Abgeordneten bezweifelt, während sich der Abgeordnete Jäger für die Weiterbehandlung der Wohnungsfrage im Reichstag einsetzte. Der Staatssekretär des Innern Delbrück verwies darauf, dass das Reich es nicht als seine originäre Verfassungsaufgabe ansehe, ein Wohnungsgesetz zu erlassen. Dennoch sei das Reich dann verpflichtet, tätig zu werden, wenn Preußen nicht bald sein Wohnungsgesetz verabschieden würde. „Wenn die Bundesstaaten weiterhin versagen, dann werden wir allerdings wohl an die Lösung dieser Fragen herantreten müssen. Ich gebe zu, dass auf dem Gebiete des Wohnungswesens so viele Mißstände bestehen, dass auf die Dauer ein völliges Gehenlassen unmöglich ist.“[298] Die von Marianne Rodenstein 1988 geäußerte Ansicht, der Reichstag habe die Wohnungsfrage [zu dieser Zeit] nicht behandelt, trifft daher nicht zu.[299] Diese Resolutionen waren auch Grundlage für den Entwurf eines Reichswohnungsgesetzes, der dem Reichstag 1912 vorgelegen hatte, eine weitere Beratung ist 1913 nicht erfolgt. Das Gesetz sollte als Rahmengesetz vom Reichstag erlassen werden, die Bundesstaaten sollten ihrerseits Einzelgesetze erarbeiten, die die Materie im gegeben Rahmen ausfüllen konnten. Alle Wohnungen, die bis zu 4 Räume enthalten, sollten einer ständigen Aufsicht unterliegen, damit „die Beschaffenheit, Einrichtung und Benutzung in gesundheitlicher oder sittlicher Beziehung“ zu keinen Bedenken Anlaß gibt. Der Bundesrat könne Vorschriften für die Baupolizei erlassen, um die ordnungsgemäße Beschaffenheit und Einrichtung der Wohnungen zu gewährleisten. Die zuständige Polizeibehörde könne auf Antrag der Wohnungsaufsichtsorgane Anordnungen zur Mängelbeseitigung treffen. Die baulichen Anforderungen bei bestehenden Gebäuden sollten nur dann gestellt werden, wenn „erhebliche, das Leben, die Gesundheit oder die Sittlichkeit der Bewohner gefährdende Missstände“ angetroffen würden.[300] Der vollständige Abdruck erfolgt als Anhang Nr. 9.

Gegen diesen Entwurf wurde heftig und teilweise auch polemisch protestiert, obwohl die Aussicht, dass der Reichstag den Entwurf, gegen den Willen Preußens, beraten und beschließen würde, nicht sehr hoch war. Eine der agierenden Organisationen war der Landes-Verband bayerischer Grund- und Hausbesitzer-Vereine e.V. in München, der bemerkte, dass der Entwurf „jedenfalls einen Vorzug“ habe, da er nur „sieben Paragraphen“ aufweise. Vom Inhalt her könne der Entwurf nur als ein in „knappem Kommandoton“ gehaltener „Kriegsartikel“ bezeichnet werden. Gegen ein Reichswohnungsamt und gegen eine Reichswohnungsaufsicht habe der Verband Einwände grundsätzlicher Art, der

298 Erste Beilage zum Deutschen Reichsanzeiger 1913, Nr. 34, S. 2.

299 Rodenstein hatte noch 1988 geschrieben, dass der Reichstag die Wohnungsfrage nicht behandelt habe, in: „Mehr Licht, mehr Luft“, S. 109.

300 Zum kommenden Reichswohnungsgesetz, in: *Schriften des Landesverbandes bayerischer Grund- und Hausbesitzervereine* e.V., Sonderdruck, München 1912, H. 6, S. 3-16 (6-8). Eine amtliche Quelle für den Entwurf (z.B. in den Reichstagsprotokollen) konnte nicht gefunden werden. Der hier vorliegende Abdruck von 1912 scheint aber aus dem Hause des Staatssekretärs Delbrück zu kommen, denn auch in der Zeitschrift für Wohnungswesen (1913, Jg. XI, Nr. 8) finden sich Bemerkungen von Delbrück zu einem Gesetzentwurf. Auch Gransche spricht von einem Antrag (Entwurf 1912), nähere Angaben zu Gransche: Siehe Literaturverzeichnis.

„Wert" dieser Behörden könne nicht erkannt werden. Sollte der Entwurf Gesetz werden, würde eine Verschärfung auf dem Wohnungsmarkt schon deswegen eintreten, weil „ideale Wohnungsverhältnisse" die „Abschaffung der Armut" voraussetzten.[301] Außerdem dürfe nicht vergessen werden, dass die Mieter zu einem „beträchtlichen Teil" selber an den Wohnungsverhältnissen Schuld seien.

Ein weiterer Ablehnungsgrund sei die Tatsache, dass „alle Wohnungen im Weichbilde einer Stadt" bei der Errichtung den baupolizeilichen Anforderungen genügt hätten. Würde jetzt eine Änderung herbeigeführt werden, würde „ein kolossaler Mangel" auf dem Wohnungsmarkt eintreten. Außerdem sei bei einer mit „Zwangsmitteln versehenen polizeilichen Wohnungsaufsicht" nicht so sehr der Vermieter, sondern der Mieter betroffen.[302] Der Verband plädierte auch für die Abänderung der bestehenden Bauvorschriften: Wenn in allen Städten die Bauordnungen und die Bebauungspläne „in dem Sinne umgestaltet" würden, dass die „Einfamilien- und Kleinhausbesiedlung" zur Regel für die minderbemittelte Bevölkerung gemacht würde, so könne nur von „einer Utopie der Bodenreformer" gesprochen werden.[303]

Der „bisherige Verlauf der Verhandlungen über das Reichswohnungsgesetz zeige den alten verfehlten Kurs; einzelnen Klassen des Volkes Vergünstigungen und Vorteile auf Kosten anderer zu verschaffen."[304] Ebenso polemisch wie der bayerische Verband reagierte der Zentralverband der Haus- und Grundbesitzervereine 1912. Die „Lehren der Bodenreformer" seien ein „gefährlicher Irrtum", die Lehre sei nichts anderes als „heimlicher oder bewusster Sozialismus, der dem ganzen Volk schadet."[305] Deshalb seien auch die „Wertzuwachssteuer[306] und die Steuer nach dem gemeinen Wert Schädlinge der wirtschaftlichen Arbeit." Die städtischen Hausbesitzer leisteten im Wirtschaftsleben eine der allerwichtigsten Arbeiten, denn „sie sind die Wohnungsunternehmer", so Schiele. Er wandte sich besonders gegen die gemeinnützigen Wohnungsbauunternehmen, deren Wohnungen nicht billiger hergestellt werden könnten, obwohl sie öffentliche Hilfen in Form von Steuernachlässen und baupolizeilichen Erleichterungen erhielten. Schiele schloss mit der Bemerkung, dass die „Gemeinnützigkeit schon schweren Schaden" auf dem Wohnungsmarkt angerichtet habe.[307]

In den Schriften des Landesverbandes bayerischer Grund- und Hausbesitzer-Vereine wurde auch beklagt, dass „man allseits auf eine tief bedauerliche Verständnislosigkeit" stoße. Das deutsche Volk müsse „Gesetze über sich ergehen" lassen, die die „Grundsäulen jeden Staatswesens, Gerechtigkeit und Privat-

---

301 ebd., S. 10.

302 Zum kommenden Reichswohnungsgesetz, in: Schriften des Landesverbandes bayerischer Grund- und Hausbesitzervereine, S. 12-13.

303 ebd., S. 14.

304 Zum kommenden Reichswohnungsgesetz, S. 16.

305 Schiele, Georg Wilhelm, Gedanken über die Stellung des Haus- und Grundbesitzes, in: *Schriften des Zentralverbandes der Haus- und Grundbesitzervereine Deutschlands*, Spandau 1912, 3. Heft 3, S. 1-8, zum Begriff Wertzuwachssteuer S. 58.

306 Baumeister, Die Zuwachssteuer, in: *Soziale Zeitfragen,* Berlin 1904, Jg. XVIII, S. 1-11. Schiele verwendet den Ausdruck Wertzuwachssteuer, Baumeister Zuwachssteuer. Beide Begriffe behandeln den gleichen Sachverhalt: die Abschöpfung des Mehrwerts, der beim Bodenverkauf nicht durch eigene Leistung entsteht, sondern durch kommunales Handeln.

307 ebd., S. 4.

eigentum, erschütterten.“ Der Verband könne aber auch erfreuliches berichten: „Die energische Interessenvertretung und Aufklärungsarbeit habe dazu geführt, dass das Reichswohnungsgesetz nicht kommen werde“.[308]

Die Haus- und Grundbesitzer-Vereine waren, trotz ihrer sehr guten Vertretung in den Parlamenten, bestrebt, eine noch breitere Mitwirkungsmöglichkeit in der Öffentlichkeit zu erlangen. Der Zentralverband beschloss auf der 37. Verbandstagung der Haus- und Grundbesitzervereine in Würzburg 1916, eine Hausbesitzerkammer zu gründen. Als „Muster“ dieser neuen Kammer sollten die preußischen Handelskammern, die Handwerkskammern und die Landwirtschaftskammern dienen, deren Grundsätze könnten übernommen und gegebenenfalls entsprechend dem neuen Zweck angepasst werden. Die Kammer wolle sich nicht so sehr mit Standesfragen beschäftigen, sondern mit wirtschaftlichen Fragen. Immerhin würden die Hausbesitzer etwa 35 % des Volksvermögens von ca. 420 Milliarden Mark repräsentieren, sie erfüllten mit ihrem Besitz damit eine wichtige Aufgabe.[309]

Die neue Kammer solle die Möglichkeit vergrößern, die Belange der Hausbesitzer gegenüber den städtischen und staatlichen Verwaltungen zu vertreten. Die Kammer sollte durch ein Landesgesetz als Körperschaft des öffentlichen Rechts geschaffen werden. Die Aufgabe der Kammer bestehe darin, die Gemeinden- und Staatsbehörden mit „tatsächliche Mitteilungen“ über die Verhältnisse der Hausbesitzer, wie z.B. durch Gutachten und Schriftsätze, zu informieren. Die Kammern müssten bei allen wichtigen, den Hausbesitz berührenden Fragen gehört werden, so z.B. zum Bodenrecht, der Baupolizei, dem Steuerrecht, der Wohnungsaufsicht und dem Grundstücksschätzungsrecht. Die laufenden Kosten der Kammern sollten von den Gemeinden des Bezirkes nach ihrem Verhältnis zur Gebäudesteuer getragen werden.[310] Neben der Forderung nach einer Kammer wollte der Verband auch im preußischen Herrenhaus mit Sitz und Stimme vertreten sein:

> “Wie der landwirtschaftliche Betrieb nicht als Erwerbsquelle, sondern als alter im Boden der Heimat festverwurzelter Besitzstand die Anwartschaft auf die Landstandschaft begründet, so rechtfertigt der seßhafte Hausbesitz, auf dessen gesunder Entwicklung die Erweiterung der Städte und des gesamten Wohnungswesens beruht, die Vertretung der ihm anvertrauten Aufgaben im Herrenhause.“[311]

---

308 Jahresbericht, in: *Schriften des Landes-Verbandes bayerischer Grund- und Hausbesitzervereine* e.V. München 1912, S. 8.

309 Seyfart, Walther, in: *Mitteilungen des preußischen Landesverbandes der Haus- und Grundbesitzer-Vereine* e.V., Spandau 1916, H. 105, S. 1-36, (5).

310 ebd., S. 3-4. Seyfart hatte im Auftrag des Verbandes bereits einen Gesetzentwurf für den Landtag und eine Satzung für eine Hausbesitzerkammer erstellt.

311 Conradt, Über die Vertretung des Hausbesitzes im Herrenhause, in: *Mitteilungen des Preußischen Landesverbandes der Haus- und Grundbesitzer-Vereine* e.V., Spandau 1918, S. 22. Insbesondere befürchtete der Verband, dass die bevorstehende Änderung des preußischen Wahlrechtes (Dreiklassenwahlrecht) dazu führen werde, dass die Hausbesitzer in den kommunalen Parlamenten nicht mehr angemessen vertreten seien. Die Wahrnehmung seiner Interessen sei damit erheblich gefährdet, ein Gegengewicht müsse durch die Hausbesitzerkammer hergestellt werden.

Das zuständige Ministerium hatte nach Prüfung des Antrages dem Verband entgegnet, dass ein Vergleich mit den Handwerkskammern (und anderen zitierten Kammern) nicht überzeugend sei. Die Hausbesitzerkammer könne nur „rein privatrechtliche" Angelegenheiten vertreten, während die anderen Kammern die allgemeinen Interessen in den Vordergrund zu stellen.[312] Zu einer Verabschiedung eines Hausbesitzergesetzes im preußischen Landtag ist es, möglicherweise auch wegen der Kriegsereignisse, nicht mehr gekommen.[313]

4.8 Mietervereinigungen, Verein Reichswohnungsgesetz

Im Gegensatz zu den gut organisierten deutschen Haus- und Grundbesitzer-Vereinen waren die deutschen Mietervereine nicht im gleichen Maß öffentlich vertreten oder wirksam. Frühe Mietervereinsgründungen sind erst für die Zeit um 1870 bekannt, sie hatten offensichtlich aber keinen längeren Bestand, so Riese.[314] Er führt dies einerseits auf die mangelnde Bereitschaft der Betroffenen „und der eher hilflosen Duldung der vorhandenen Situation" zurück, andererseits sei auch das örtlich gezielte kartellmäßige Vorgehen der Haus- und Grundbesitzervereine ein Hemmnis gewesen. Zusätzlich habe sich auch das Dreiklassenwahlrecht verzögernd ausgewirkt, da die Minderbemittelten in dieser Hinsicht eine einflusslose Gruppe waren.[315] Erst um 1882 wurde der „Verein Berliner Wohnungsmiether" registriert, weitere Gründungen sind u.a. 1882 für Leipzig, 1883 für Chemnitz und Dresden, 1884 für Magdeburg, Erfurt und Wiesbaden, 1886 für Berlin und Görlitz, 1887 für Barmen, 1888 für Elberfeld, 1890 für Hamburg und 1896 für Ludwigshafen belegt.[316]

Nach Riese sei die Einführung eines einheitlichen Mietvertragsformulars durch den Verband der Haus- und Grundbesitzer-Vereine ein weiterer Anlass zu verstärkten Mietervereinsgründungen gewesen.[317] Mit der lokalpolitischen und organisatorischen „Überlegenheit der Hausbesitzervereine" über die Mietervereine, so Wischermann, könne auch erklärt werden, warum die Mietervereine zunächst oder sogar auf längere Zeit wenig ausrichten konnten. Wischermann schätzt, dass über 80 % aller abgeschlossenen Mietverträge nach dem Muster des Hausbesitzerverbandes erfolgten.[318] Nur bei den Mietverträgen, die die bes-

---

312 *Mitteilungen des Preußischen Landesverbandes der Haus- und Grundbesitzer-Vereine* e.V., Spandau 1918, Vorwort S. 1-3.

313 Sammlung der Drucksachen des Preußischen Abgeordnetenhauses, Bd. 11, Drucksache Nr. 1174, S. 9-13.

314 Riese, Mieterorganisation und Wohnungsnot, Geschichte einer sozialen Bewegung, Basel 1990, S. 14.

315 ebd., S. 15.

316 ebd.: S. 16. Die Daten von Berlin, Chemnitz, Elberfeld, Erfurt, Görlitz, Magdeburg und Wiesbaden sind aus der „Chronik des Centralverbandes der Haus- und städtischen Grundbesitzer-Vereine …" entnommen, S. 263.

317 ebd., S. 59. Der Hausbesitzerverband hatte den Muster-Mietvertrag auf seinem Verbandstag in Elberfeld schon 1899 beschlossen, damit konnte der Verband schon vor der Einführung des BGB 1900, die Vertragstendenz bestimmen. Prof. Sohm (Mitverfasser des BGB) meinte schon frühzeitig, dass der Hausbesitzerverband seine Interessen gegenüber den Mieterinteressen durchzusetzen vermochte (Riese S. 59).

318 Wischermann, Clemens, Mythen, Macht und Mängel, Interessengruppen am Wohnungsmarkt, in: Geschichte des Wohnens, Bd. 3, 1997, S. 343.

ser verdienenden Schichten abschlossen, waren Muster des Mietervereins in der Überzahl. Die Aufgaben und Themen, die die Mietervereine bevorzugt zu bearbeiten hatten, waren: Beratungen zum Mietrecht und Mietvertrag, zur Wohnungsaufsicht, zur Wohnungsproduktion, zur Wohnungshygiene und der baulichen Veränderungen der Wohnung. Der Zusammenhalt unter den Mitgliedern wurde zunächst nicht durch ein im Reich verbreitetes Organ, ähnlich wie dem der Hausbesitzer, verwirklicht, sondern nur durch örtlich erscheinende Mieterzeitungen. Auch die systematische Befragung der Mieter über ihre Wohnungssituation und die Aufarbeitung des Materials konnte nicht in dem Maße so durchgeführt werden, wie es die Hausbesitzer mit ihrer Organisation vermochten.

In Frankfurt am Main hatte der Mieterverein Frankfurt 1897 eine Untersuchung von 215 Wohnungen mit örtlicher Begehung durchgeführt. Das Ergebnis der Untersuchung über Wohnflächen, Mietpreise, Fenstergrößen, sanitärer und baulicher Zustand und die (Über-)Belegung der Wohnungen) war nur ein Einzelbeispiel mit geringem Umfang. Dennoch kann die Frankfurter Untersuchung ein Beispiel für örtliche Initiativen sein, um Missstände und Defizite zu erkennen und zu benennen.[319] Weitere örtliche Untersuchungen wurden erst nach 1900 in Erfurt, Lechhausen und Augsburg durchgeführt.[320]

Neben der Beratungstätigkeit hatten einige Mietervereine versucht, gemeinnützige Bauvereine zu gründen, um selbständigen Wohnungsbau zu betreiben. So soll in Dresden der Bauverein schon 1907 289 Wohnungen im Bestand gehabt haben. Weitere bauliche Aktivitäten waren in Liegnitz (bis 1906 77 Wohnungen), in Frankfurt (bis 1904 80 Wohnungen), in Stuttgart (bis 1904 ein Haus), in Steglitz (bis 1907 32 Wohnungen) durchgeführt worden.[321] Einer der ältesten Bauvereine war der im Jahre 1864 in Darmstadt gegründete Bauverein für Arbeiterwohnungen, der 1900 um die 100 Wohnungen in seinem Bestand verzeichnete. Der Bauverein ist im 20. Jahrhundert in eine AG (Bauverein AG) umgewandelt worden. Durch Vereinigung mit anderen örtlichen gemeinnützigen Baugesellschaften hat die AG inzwischen einen Bestand von rund 18.000 Wohnungen.[322]

Während sich die Gruppe der Hausbesitzer in den kommunalen Parlamenten dank des Dreiklassenwahlrechts z.B. in Preußen und Sachsen eine gute Position zur Wahrung ihrer Interessen verschaffen konnten, gelang dies den Mietern nicht. Zwar hatten sich einige Vereine bemüht, eigene Listen für Gemeindewahlen aufzustellen oder sie unterstützten Kandidaten, die die Interessen der Mieter oder Mietervereine mit vertreten konnten. Große Erfolge waren bei den Wahlen allgemein jedoch nicht erzielt worden.[323] Auch die Mitgliederzahl in den Mietervereinen war, gemessen am deutschen Haus- und Grundbesitzerverein, der

---

319 Wohnungselend und seine Abhilfe in Frankfurt a. M., Frankfurt 1898.

320 Riese, Mieterorganisation, S. 38.

321 Neefe, M., Statistisches Jahrbuch Deutscher Städte, 1907, S. 79, führt folgende Neubautätigkeit (WE 1904) für Dresden mit 4.476 WE, für Frankfurt mit 2.966 WE, für Stuttgart mit 1.743 WE und für Darmstadt mit 829 WE auf. Der Anteil im Neubausektor war durch die gemeinnützige Bautätigkeit demnach sehr gering.

322 Festschrift des Bauvereins zum 125 jährigen Jubiläum 1989. Brief vom 11.12.2008 an den Verfasser.

323 Riese, Mieterorganisation, S. 45, der Steglitzer Mieterverein konnte bei einer Wahl sogar 7 von 24 Gemeinderatssitzen erringen, andere Vereine waren weniger erfolgreich.

schon um 1891 50.000 Mitglieder hatte, relativ gering. Den 72 Mietervereinen in Deutschland gehörten 1907 nur knapp 21.000 Mitglieder an. Riese führt die Zurückhaltung der Mieter, dem Verein beizutreten, der die Mieterinteressen am ehesten verkörpern konnte, darauf zurück, dass andere Organisationen wie Gewerkschaften und die Sozialdemokarten ihren Mitgliedern auch bei Miet- und Rechtsfragen halfen. Riese: Wenn der Arbeiter die für ihn wichtige „Dienstleistung" bereits durch seine Organisation erhielt, warum sollte er dann bei einer anderen Organisation nachfragen oder gar Mitglied werden?[324] Zwischenzeitliche Versuche einzelner Mietervereine mit den örtlichen Hausbesitzervereinen eine Art „Sozialpartnerschaft" zu entwickeln, sind nach kurzer Dauer von den Hausbesitzervereinen deswegen fallen gelassen worden, weil die „Machtlosigkeit der Mietervereine" erkannt wurde.[325]

Erst im Oktober 1900 war die Zeit reif für die Gründung eines „Verbandes deutscher Mietervereine", dem späteren Bund Deutscher Mietervereine e.V. Vier Jahre zuvor war die Gründung des Verbandes in Frankfurt gescheitert. Stattdessen gründete der Frankfurter Verein 1898 den „Verein Reichswohnungsgesetz", um die nach seiner Meinung notwendige reichsweite Plattform zu schaffen. Einer der führenden Köpfe des neuen Vereins war der Frankfurter Karl von Mangoldt. Er hatte im Vorgriff auf ein „Vereinsprogramm" 1902 begonnen, ein „Reformprogramm" zunächst als private Arbeit, jedoch mit Unterstützung des Vereins, zu entwickeln. Das vorläufige Programm enthält ähnliche oder sogar gleiche Ziele wie die Mietervereine: Wohnungsinspektion, Revision der Bauordnungen und der Bebauungspläne, Bekämpfung des Mietskasernensystems und Bevorzugung der Kleinhausbebauung, Errichtung von Baubanken, „Stadtverjüngung", eine am Gemeinwohl orientierten Bodenpolitik durch das Erbbaurecht und die Vertiefung wissenschaftlicher Erkenntnisse im Bau- und Wohnungswesen. 1904 wurde der Verein mit dem Zusatz „Deutscher Verein für Wohnungsreform" erweitert, bzw. umbenannt.[326]

Die Mitglieder waren vor allem weniger die Arbeiter und die kleinen Angestellten, sondern die gehobenen bis höheren Schichten der Bevölkerung. Bis um 1906 waren rund 700 Mitglieder dem Verein beigetreten, in der Mitgliederliste waren 13 Oberbürgermeister, 46 Gemeinde- und Magistratsräte, 109 höhere Beamte, 43 Ärzte, 70 „Promovierte", 17 Bankiers, sieben Mitglieder des „Hochadels", drei Arbeitersekretäre und zwei Handwerker vertreten.[327] Die Ziele des Vereins Reichswohnungsgesetz waren nicht sehr verschieden von denen, die auch der Verband deutscher Mietervereine propagierte: Beseitigung der aller-

---

324 ebd., S. 49.

325 ebd., S. 52. Auch in der Chronik des Centralverbandes der Haus- und städtischen Grundbesitzer-Vereine von 1889, wurde von Strauß nochmals auf den äußerst geringen Einfluß der Mietervereine hingewiesen.

326 Mangoldt, Karl von, Ein Reformprogramm für die Wohnungs- und Ansiedlungsfrage in Deutschland, in: *Archiv für soziale Gesetzgebung und Statistik*, Berlin 1903, S. 112-126. Die „Stadtverjüngung" hatte M. als Zwischenüberschrift in einem Kapitel gewählt.

327 Berger-Thimme, Dorothea, Wohnungsfrage und Sozialstaat, Untersuchungen zu den Anfängen staatlicher Wohnungspolitik in Deutschland 1873-1918, Frankfurt am Main 1976, S. 41. Mitglieder waren u.a.: Friedrich Naumann, Franz Adickes, Carl Johannes Fuchs, Josef Stübben, Gustav Stresemann, Albert Südekum und Paul Kampffmeyer.

schlechtesten Wohnungen, Sanierung von alten Stadtteilen, Wohnungsinspektionen bzw. eine entsprechende Wohnungsaufsicht, grundsätzliche Änderung der Bauordnungen und Neubestimmung der Bebauungsplaninhalte, Förderung des allgemeinen Kleinwohnungsbaues, besonders durch die Gemeinden und Wohnungsbaugenossenschaften. Neuere weitergehende Vereinsziele waren: Einrichtung einer Generalkommission für Wohnungswesen, Gewährung von Staatskrediten für den zu fördernden Kleinwohnungsbau, Zonenenteignung für bebautes Gelände, Reform des Enteignungsrechtes zu Gunsten der Städte, Einrichtung von „Baubanken" und die Einrichtung eines Reichswohnungsamtes.[328]

Auf dem 6. Verbandstag Deutscher Mietervereine 1905 in Kassel fragte Friedrich Naumann in seinem Referat, warum die Mietervereine und der Deutsche Verband nur wenige Mitglieder verzeichnen konnten. Als Ursachen bezeichnete er erstens ein deutlich unterentwickeltes Mieterbewusstsein, zweitens, die allgemeine Erfahrung, wonach sich die Anbieterseite, in diesem Fall die Hausbesitzer, immer straffer organisieren lässt, im Gegensatz zur Nachfragerseite, den wohnungssuchenden Mietern,[329] sowie drittens: die fehlende Unterstützung durch die Sozialdemokratie, die bisher nicht erkennbar in Erscheinung getreten sei. Es sei auch zu beobachten, dass die Sozialdemokratie beim Ringen um Gemeinderatssitze mit den Mieterkandidaten „in der 3. Klasse" konkurriere.[330] Die Zusammenarbeit zwischen der Arbeiterschaft und den Mietervereinen müsse gelingen, so könne der Mieterverband zu einer „Kampforganisation" werden, die das Problembewußtsein in der öffentlichen Wahrnehmung fördert.[331]

Wohnungsfrage und Sozialdemokratie

Die sozialdemokratische Partei hatte sich erst spät mit der Wohnungsfrage beschäftigt. Paul Kampffmeyer schrieb in einem Aufsatz nach dem Mainzer Parteitag 1900, dass eine „allseitige Überzeugung" unter den Genossen bestehe, sich mit der Wohnungsfrage beim nächsten Parteitag zu beschäftigen; bisher sei die Partei wegen drängenderer Fragen davon abgehalten worden.[332] Auch in der Parteiliteratur seien die Schriften zur Wohnungsfrage „spärlich". Beachtenswert sei es daher, dass jetzt von Hans Freiherr von der Goltz ein Entwurf zu einem Reichsgesetz über Wohnungsinspektionen erschienen ist.[333] Erfreulich sei auch, dass der „Genosse Louis Cohn" eine Schrift mit dem Titel „Die Wohnungsfrage und die Sozialdemokratie" herausgegeben habe.

---

328 ebd., S. 40.

329 Naumann, Friedrich, Die Wohnungsnot unserer Zeit, Vortrag auf dem 6. Verbandstage Deutscher Mietervereine in Cassel, Leipzig, 1905, S. 19.

330 ebd., S. 20, Naumann: Man würde „falsche Träume" wecken, wenn man meinte, dass sich die Sozialdemokratie bald der Wohnungsfrage annehmen würde. Bis die Sozialdemokratie „soweit sei", müssen viele kleine „Schritte" getan werden, zurzeit seien die „anderen Dinge" den Sozialdemokraten wichtiger als die Wohnungsfrage. Eine „einzige Bauordnung sei unendlich viel mehr Wert", als das „Geschrei in den Kongressen über die Sittlichkeit in den Wohnungen".

331 Riese, Mieterorganisation, S. 74-75.

332 Kampffmeyer, Paul, Der Parteitag und die Wohnungsfrage, in: *Sozialistische Monatshefte*. 4 = 6, (1900), H.10, S. 648-653, (S. 648-649). 1901 wurde auf dem Lübecker Parteitag die Wohnungsfrage unter Punkt 6 „Die Wohnungsfrage" diskutiert.

333 Goltz, Hans von der, Die Wohnungsfrage und das Reich, Göttingen 1900.

In der Schrift seien Gedanken zur „Bauordnung und die städtische Grundrente“, ein sozialdemokratisches Wohnungsprogramm und „abgestufte Bauordnungen“ behandelt worden.[334] Die Teilung in die landwirtschaftliche und in die städtische Grundrente sei ein Problem für die Entwicklung, so Cohn. Die landwirtschaftliche Grundrente ergäbe sich aus der Lage und der Bodenart, die städtische Grundrente sei ein „bodenmonopolistischer Zuschlag“ auf die landwirtschaftliche Grundrente.[335] Dieser Zuschlag sei ein arbeitsloses Einkommen, das nur durch die soziale Tätigkeit der Kommune erzeugt wird und nicht durch eigene Tätigkeit. Der Staat sichere die erhöhte städtische Grundrente durch die Bauordnungen ab, denn dort würde über die Ausnutzung entschieden. Die Spekulanten errechneten die Mieten nach der größten Ausnutzung, die auf einem Grundstück noch zulässig wäre.[336] Das sozialdemokratische Wohnungsprogramm müsse enthalten: eine Wohnungsenquete, die Schaffung der Wohnungsinspektion, die Errichtung von städtischen Wohnungsämtern mit Wohnungsnachweisen, neue abgestufte Bauordnungen mit Zonen verschiedener Straßenarten, die gesetzliche Regelung für Bodenumlegungen und Enteignungen und der Ankauf von Flächen im äußeren Bereich der Städte, d.h. die planmäßige Erweiterung des städtischen Besitzes.[337]

Auf dem Lübecker Parteitag im Jahre 1901 hatte der Dresdener Sozialdemokrat Südekum in seinem Referat zur Wohnungsfrage eindringlich geschildert, dass die Wohnungsnot nicht nur in den Städten vorkomme, sondern auch in den kleinen Landgemeinden. Südekum forderte den Bau von Wohnungen und den Ankauf von Bodenflächen nahe den Städten, jedoch unter der vorsorgenden Regie der Gemeinden. Der neu geschaffene städtische Grundbesitz müsse aber in städtischem Eigentum verbleiben. Wichtig sei auch die Verbesserung der Verkehrsmittel, wobei anzustreben sei, diese in das Eigentum der Städte zu überführen. Die Schaffung und Einrichtung von kommunalen Wohnungsämtern und Wohnungsinspektionen sei dringlich. Die Wechselbeziehung zwischen der Technik in Form der städtischen Bauämter und allgemeiner Sozialpolitik müsse endlich erkannt werden. Die von den Städten aufgestellten Bebauungspläne müssten mit einer „gediegenen Bauordnung“ in enger Verbindung stehen und der unverdiente Wertzuwachs aus der Bodenspekulation sei im Interesse der Gemeinden weitgehend abzuschöpfen. Südekum schloss seinen Bericht mit der Forderung nach einem Reichswohnungsgesetz und einer Reichsbauordnung, „wie sie die Autoritäten Stübben und Schilling vertreten“.[338]

---

334 Cohn, Louis, Die Wohnungsfrage und die Sozialdemokratie, München 1900.

335 Cohn, Louis, Wohnungsfrage, S. 28.

336 ebd., S. 34-35.

337 ebd., S. 57.

338 Südekum, A., Die Wohnungsfrage, in: Protokolle über die Verhandlungen der Parteitage der Sozialdemokratischen Partei Deutschlands, Online-Edition der Bibliothek der Friedrich-Ebert-Stiftung, http://library.fes.de/parteitage/1901-to.html, 23.11.2008.

Der Verein Reichswohnungsgesetz

Der Verein war der Ansicht, dass sich seine Aktivitäten nicht auf kommunale und regionale Einzelfragen beschränken sollen, sondern eher auf die nationale Ebene, nämlich des Reichstags und der Reichsregierung.[339] Dem Verein gelang es, einen ersten deutschen Wohnungskongreß abzuhalten, der im Oktober 1904, also kurz nach der Veröffentlichung des ersten preußischen Wohnungsgesetzentwurfs im August 1904, in Frankfurt a. M. stattfand.[340] Eugen Jäger (MdR) hatte sein Referat mit dem Entwurf des Wohnungsgesetzes begonnen und betont, dass mit dem Schritt der preußischen Regierung ein wichtiger Beitrag nicht nur für Preußen, sondern auch für das Reich vollzogen worden sei. Jäger hatte kurz zuvor eine Denkschrift für die Kammer der bayerischen Abgeordneten verfasst.[341]

In dieser Schrift hatte er in 27 Einzelpunkten seine Ansicht zu den Wohnungsproblemen veröffentlicht. Nach Jäger sei die Wohnungsnot eine Massenerscheinung, die Wohndichtigkeit, d.h. die Zahl der Personen auf ein heizbares Zimmer stehe in umgekehrtem Verhältnis zur Wohnungsgröße, die Behausungsziffer habe eine steigende Tendenz, damit steige die Mieterzahl in den Mietskasernen und die Zahl der Hausbesitzer falle. Die Wohnungsverhältnisse verschlechterten sich von West nach Ost, die kapitalistische Bodenspekulation treibe die Mieten hoch. Die Bebauungspläne mit großen Baublöcken und breiten Straßen würden die Mietskasernen stark fördern, statt die Errichtung von Ein- und 2-Familienhäuser zu begünstigen.[342]

Jägers Denkschrift enthält drei Leitsätze, die sich auf die Tätigkeit der Gemeinden, auf die Tätigkeit des Staates sowie auf die Tätigkeit des Reichs beziehen. Ohne die Leitsätze hier im Einzelnen wiederzugeben, kann festgestellt werden, dass Jägers Bemerkungen und Forderungen sich mit denen des Vereins Reichswohnungsgesetz, des Verbandes Deutscher Mietervereine, des *DVjöG* und in weiten Teilen mit denen von Baumeister und Stübben decken. Jäger war nicht nur 1903 aktiv an der Lösung der Wohnungsfrage interessiert, sondern auch später, nämlich im Reichstag 1912 beteiligt. Hier war es im Wesentlichen ihm zu verdanken, dass die drei Resolutionen vom 22.5.1912 zum Wohnungswesen vom Reichstag gebilligt wurden. Die drei Resolutionen vom 22. Mai 1912 wurden Wortlaut bei Abschnitt 4.7. zitiert.

---

339 Schwan, Bruno, Wohnungsreform, in: Handwörterbuch des Wohnungswesens, Jena 1930, S. 836-838. Der Verein wurde 1898 von Karl von Mangoldt unter dem Namen „Deutscher Verein für Wohnungsreform“ gegründet, 1904 erfolgte die Umbenennung in „Verein Reichswohnungsgesetz“.

340 Jäger, Eugen, Vorbericht zum Entwurf des preußischen Wohnungsgesetzes, in: Unterlagen I. Allgemeiner Deutscher Wohnungskongreß, Frankfurt 1904, S. 1. Dem vorbereitenden Kommission gehörten an: Bernstein, Brentano, Damaschke, Hirsch, Kirdof, Naumann, Schmoller, Südekum und Wagner. Jäger wird in der Literatur einmal als bayerischer Zentumsabgeordneter, als Reichstagsabgeordneter und einmal als Landtags- und Reichstagsabgeordneter bezeichnet.

341 Jäger, Eugen, Denkschrift über die Wohnungsfrage, in: XXXIII. Landtagsversammlung, III. Session 1903. Die Denkschrift hat 103 Seiten.

342 ebd., S. 1-3 und 99-103.

Zusammenfassung des vierten Kapitels

Die Wohnungsfrage im 19. Jahrhundert, Bauordnung und Baupolizei

Nach den Untersuchungen der Bauordnungen von Bayern, Württemberg, Hessen, Sachsen und den städtischen Bauordnungen Preußens soll dargelegt werden, welche Lehren die Regierungen aus den Erkenntnissen der Wissenschaft und aus den Forderungen der beteiligten Öffentlichkeit gezogen haben. Hat die Politik vorgeschlagene und geforderte Änderungen, die aus der jahrelangen Arbeit der Akteure hervorgegangen sind, übernommen und welche Änderungen können in den Bauordnungen nachgewiesen werden?

Der Spannungsbogen der privaten wie der öffentlichen Meinung zur Wohnungsfrage in der zweiten Hälfte des 19. Jh. zeigt einerseits die Klage über die große Wohnungsnot, vor allem in den Städten. Andererseits wird mit Vehemenz bestritten, dass es eine Wohnungsnot gäbe, allenfalls existiere eine partielle Wohnungsnot. Dass eine Wohnungsnot bestand, wurde aber von den Mietervereinen, dem Verein Reichswohnungsgesetz, dem Deutschen Verein für öffentliche Gesundheitspflege, einigen Landtags- und Reichstagsabgeordneten und anderen Persönlichkeiten wie Adickes, Arminius[343], Cohn, Baumeister, Brix, Eberstadt, Fuchs, Genzmer, Kampffmeyer, Lindemann und Stübben seit den frühen 70er Jahren des 19. Jh. beschrieben. Mit der Anerkennung eines grundsätzlichen Wohnungsproblems war aber nicht die Behauptung verbunden, es bestehe überall, zur gleichen Zeit und in gleichem Umfang eine Unterversorgung mit Wohnungen. Einige Regierungen (u.a. Hessen und Hamburg) hatten Wohnungs-(aufsichts-)Gesetze erlassen, in anderen Staaten wurden örtliche Satzungen oder Verordnungen auf Bezirksebene geschaffen, um die Wohnungsfrage – jedoch nur partiell – zu lösen. Preußen behalf sich mit Polizeiverordnungen jeweils für eine Stadt, bis 1904 der erste (öffentlich bekannte) Gesetzentwurf für ein Wohnungsgesetz vorgelegt wurde, indem zugleich bestimmte baupolizeiliche Regeln aufgeführt waren. Die Seite der Haus- und Grundbesitzervereine behauptete, dass eine Wohnungsnot im Gebiet des Deutschen Reichs nicht bestehe, abgesehen von partiellen Ausnahmen, die zeitlich bedingt auftreten könnten und die der Markt jeweils gelöst hätte.

Von 1871 bis zur Jahrhundertwende waren eine Fülle von sehr detaillierten Vorschlägen zur Lösung der Wohnungsfrage gemacht worden. Die Bauordnungsfrage war nicht immer der Hauptgegenstand der Diskussion, denn die volle Aufgabenübernahme der Wohnungsaufsicht in die baupolizeiliche Tätigkeit war zwar versucht worden, sie schied aber aus. Der Grund könnte auch darin liegen, daß die Baupolizei zuallererst bautechnische Gefahrenabwehr war und der polizeiliche Charakter dieser Behörde in Verbindung mit der Wohnungsaufsicht, zu Akzeptanzproblemen bei der betroffenen Bevölkerung geführt hätte. Ungeachtet dieser Einschränkung war sehr häufig auch die Bauordnung als ein Teil des Wohnungs-Problems angesehen worden. Die immer wieder von der Wissenschaft seit 1870 angemahnten Änderungen an den Bauordnungen wurden durch die Politik nicht in dem Maß umgesetzt, wie es die wissenschaftlichen Erkenntnisse und die sozialpolitischen Anforderungen ermöglicht hätten. Hessen

343 Nach Rodenstein, S. 213: Pseudonym für Adelheid Gräfin Dohna-Ponińska (1804-1878).

behielt seine Bauordnung von 1881 bis zur Mitte 20. Jh. bei, die bayerische Bauordnung von 1868 wurde 1881 und danach erst 1901 geändert, Sachsen hatte seine Bauordnung von 1869 erst 1900 neu gefasst, Württembergs Bauordnung von 1642 wurde 1872 und danach 1910 angepasst, die Berliner Bauordnung von 1853 galt bis Ende der 80er Jahre des 19. Jh.

Die Änderung von Bauordnungen und die wohnungspolitischen Reformen benötigten damit Zeiträume zwischen 20 und 40 Jahren. Mit anderen Worten: Änderungen und Reformen benötigten ein bis zwei Generationen. Die Berliner Bauordnung von 1853 zählt zu den Bauordnungen, deren Änderung extrem schwierig war. Dabei soll erneut darauf hingewiesen werden, dass gerade diese Bauordnung zweimal nur durch das ministerielle Eingreifen geändert bzw. reformiert werden konnte. Die Stadt, der Magistrat und die Stadtverordnetenversammlung, waren nur durch Zwang „zu überzeugen".

Substanzielle Änderungen der Bauordnungen haben lange Zeiträume in Anspruch genommen. Die Umsetzung wissenschaftlicher Erkenntnisse wurde, wenn überhaupt, nur dann normiert, wenn es nicht mehr zu vermeiden war. Beispiele sind die öffentliche und die häusliche Entwässerung und die Bemessung der Licht- und Luftverhältnisse in den Wohnungen. Die Begrenzung der Hinterhofbebauung durch Einführung der zweiten Baufluchtlinie, die Höhenbeschränkung der Gebäude, die Anhebung der Mindestwohnfläche, die einem Menschen grundsätzlich zur Verfügung stehen sollte, wurden sehr lange und ausführlich diskutiert, ehe die eine oder andere Bauordnungsänderung durchgesetzt werden konnte.

Die Reformbemühungen wurden von einer interessierten Öffentlichkeit getragen, besonders hervorgetreten waren: die Hochschulen, die Mediziner und die Verwaltungsexperten im Deutschen Verein für öffentliche Gesundheitspflege, die Berufsverbände der Architekten und Ingenieure und auch Politiker wie Eugen Jäger (Zentrum, MdR), die Oberbürgermeister und in geringerem Maße auch die Mietervereine.

Unter den Wissenschaftlern, die zugleich auch Praktiker waren, muss die langjährige öffentliche Tätigkeit von Reinhard Baumeister und unter den Bauräten der von Josef Stübben besonders erwähnt werden. Baumeister war 1875 42 Jahre alt, Stübben zum gleichen Zeitpunkt 30 Jahre, ihre Zusammenarbeit in vielen nationalen Gremien ist bemerkenswert. Beide waren zwar mehr an der praktischen Lösung der städtischen Aufgaben, wie Fragen der Bauordnung und der Bebauungsplanung interessiert, aber gleichzeitig auch der Wissenschaft und Forschung verbunden. Beiden ist es auch zu verdanken, dass die Wohnungsfrage nach der zweiten Hälfte des 19. Jh. nicht mehr als ein Einzelproblem angesehen wurde.

Die Wohnungsfrage war eine Bauordnungsfrage geworden: Wie konnten Bauordnungen und Bebauungspläne als Gesamtsystem der städtebaulichen Ordnung so miteinander verknüpft werden, dass das Ziel, die persönlichen Wohnbedingungen der einzelnen Familie und die äußere Wohnwelt für die Betroffenen erträglicher wurden? Führer hatte 1995 bemerkt, dass die „differenzierende Betrachtung" der Wohnungsfrage in der zeitgenössischen Literatur „zusehends untergegangen" sei, denn die Wohnungen in den Mietskasernen stellten unter

„Ausstattungsgesichtspunkten" doch einen Fortschritt dar.[344] Die bisherigen Überlegungen zur Wohnungs- und Bauordnungsfrage zeigen, dass die Erkenntnisse der Forschung (Bakteriologie), der praktischen Medizin, der Architekten und Ingenieure und der Sozialwissenschaft von der Mitte des 19. Jahrhunderts bis zum Ende des Jahrhunderts erheblich zugenommen hatten. Die Umsetzung dieser Erkenntnisse, die als sozialpolitische Forderungen zusammengefasst werden können, erfolgte in den (Bau-)Vorschriften jedoch sehr zögernd. Insgesamt blieben sie deutlich hinter dem wissenschaftlichen Entwicklungsstand und der möglichen praktischen Anwendung zurück.

Die Entwicklungsschritte, die seit der Mitte des 19. Jh. im Bauordnungs- und Bauplanungsbereich bis zum Beginn des 20. Jh. zurückgelegt wurden, lassen sich in drei Zeitabschnitten nachzeichnen.

1. Abschnitt 1850-1870: Ablösung der älteren Bauordnungen aus dem 18. und frühen 19. Jh., Erlass von neueren Bauordnungen

In der Mitte des 19. Jh. wurde in der Stadt Berlin eine neue Bauordnung erlassen, sie löste eine Bauordnung von 1641 ab. Die 1853 getroffenen Grenz- und Bauabstandsregeln waren einfach: Abstände zur Nachbargrenze und Abstände zu Gebäuden auf dem gleichen Baugrundstück betrugen 17 Fuß, Gebäude konnten hart an der Nachbargrenze errichtet werden. Wenn ein Abstand gefordert wurde, musste er, unabhängig von der Höhe der Gebäude, 17 Fuß (5,33 Meter) betragen. Die geringste Größe für einen unbebauten Hofraum betrug 28,40 Quadratmeter (5,33 mal 5,33 Meter). Im Übrigen musste nur die Fluchtlinie an der Straße und die vorgeschriebene Haushöhe eingehalten werden. Zwischen 1864 (alte bayerische Bauordnung) und 1872 (neue württembergische Bauordnung) wurde öffentlich von Hobrecht 1868 gefordert, dass ein kaiserliches Gesundheitsamt eingerichtet werden sollte.[345] Er begründete seine Forderung damit, dass die Gesundheit der Menschen ein sehr hohes Gut sei, das der Staat mit seinen Mitteln und Möglichkeiten unterstützen müsse. Dabei hatte Hobrecht auch auf die Wohnungen hingewiesen, die bei richtiger Anlage und Ausstattung dem Menschen gute gesundheitsfördernde Bedingungen z.B. für Licht und Luft in den Wohnungen, bieten würden. Hobrecht war zu Beginn seiner Berliner Tätigkeit (1858) bei der Baupolizei beschäftigt.[346] Es kann daher vermutet werden, dass Hobrecht die Schwächen der Bauordnung genau kannte. Der Vorschlag, die Verbesserung der allgemeinen Wohnverhältnisse einem erst zu gründenden (Reichs-)Gesundheitsamtes anzuvertrauen, zeigt, dass Hobrecht diese Verbesserungen nicht durch eine Änderung der Bauordnungen für erreichbar hielt. Dabei waren die gesundheits- und sozialpolitischen Forderungen nach mehr Licht und Luft und die Abgeschlossenheit der Wohnung, eine verminderte Bebauungsdichte und die Einschränkung der Hinterhofbebauung keine Angelegenheiten,

344 Führer, Karl Christian, Mieter, Hausbesitzer, Staat, S. 23. Die „fehlende differenzierende Betrachtungsweise" kann von Führer vermutlich nicht als Vorwurf an die „Zeitgenossen" gemeint sein, obwohl darin auch das Gegenteil interpretiert werden könnte.

345 *DVjöG* 1870, Bd. 2, S. 132-139. Hobrecht wurde in diesem Punkt vom Verein für öffentliche Gesundheitspflege unterstützt.

346 Heinrich, Der Hobrechtplan, S. 41.

die von vornherein einem neuen Gesundheitsamt zuzuordnen wären. Im Gegenteil, alle von Hobrecht und seinen Zeitgenossen erkannten baulichen „Mißstände“ wären durch Revisionen der Bauordnungen zu beheben gewesen. Hobrecht traute diese schwierige Arbeit seinem Polizeipräsidenten aber nicht zu. Deutlicher als Hobrecht waren Baumeister und später Stübben der Ansicht, dass die Bauordnungen ein großer Teil des Wohnungsproblems sind, das grundlegend nur durch neue Bauordnungen zu ändern war.

2. Abschnitt 1870-1890: Öffentliche Kritik an den Bauordnungen (Sozial- und Hygienefragen) und beginnende Diskussion über städtische Planungen. Erste Bauordnungen mit planerischen Vorgaben: Württemberg, Hessen und Bayern.

Diese Periode kann mit der verstärkten öffentlichen Diskussion der Architekten und Ingenieure über Bauordnungsfragen und den neuen Anforderungen an die städtische Planung beschrieben werden. Zu nennen ist Baumeisters Forderung von 1874 nach einem neuen Verständnis des Zusammenhangs zwischen Bauordnung und Bebauungsplan („Acht Thesen über Stadterweiterungen“). 1875 wurde das preußische „Gesetz, betreffend die Anlegung und Veränderung von Straßen und Plätzen in Städten und ländlichen Ortschaften“ (Fluchtliniengesetz) erlassen. Das Gesetz betraf vorwiegend nur die bauliche Anlage von Straßen (Straßenfluchtlinien), die geforderten engen Beziehungen zwischen Bauordnung und Bebauungsplan fehlten aber, dennoch war nun die Pflicht zur Schaffung von Bebauungsplänen allgemein verbindlich eingeführt worden. Nur kurze Zeit später (1876) hat Baumeister ein „vollständiges deutsches Baurecht“ (Reichsbauordnung) gefordert. Noch im gleichen Jahr legte Baumeister seine „Stadterweiterungen in technischer, baupolizeilicher und wirtschaftlicher Beziehung“ vor. Die Zustimmung der deutschen Architekten- und Ingenieurkollegen, vor allem zu einem „deutschen Baurecht“, war ihm dabei sicher (*DBZ* 1876). 1880 konnte Baumeister seine „Normale Bauordnung“ der Öffentlichkeit vorlegen. Hier fasste er alle Forderungen und Diskussionen aus der Architektenschaft, aber auch aus dem Verein für öffentliche Gesundheitspflege zusammen. Seine „Normale Bauordnung“ war nicht eine zusammengefaßte Beschreibung bestehender Bauordnungen, sondern eine Neukonzeption, unter Einbeziehung bewährter Vorschriften aus anderen deutschen Staaten und preußischen Städten.

Schon im ersten „Kreuzbergurteil“ (1880) war durch das OVG Berlin die Frage geklärt worden, ob und wie der Schutz eines Denkmals gegenüber einer künftigen baulichen Nachbarschaft gewährleistet werden könne. Im Ergebnis musste die Baugenehmigung erteilt werden, weil die durch die Baupolizei erlassene Denkmalschutzverordnung Sachverhalte regelte, die der Baupolizei nicht zustanden (Wohlfahrtsaufgaben). Die Baupolizei sei nur für feuer-, sicherheits- und gesundheitspolizeiliche Aufgaben zuständig, so das OVG. Das Urteil war aus ungeklärten Gründen nicht in der Urteilssammlung des OVG aufgenommen worden, es war damit weithin unbekannt. 1881 hatte das OVG, bei fast gleicher Ausgangslage, das sogenannte zweite Kreuzbergurteil gefällt, das nun als wegweisendes Urteil in die Literatur einging und zugleich die Frage, ob die Baupolizei Wohlfahrtsaufgaben zu erfüllen hatte, jedenfalls für Preußen, verneinte.

In kurzen Abständen erneuerten zwei Staaten ihre alten Bauordnungen, wobei die neue hessische Bauordnung von 1881 noch weitgehend der württembergischen von 1872 entsprach. Bayern erließ ebenfalls 1881 seine neue „Allgemeine Bauordnung für das Königreich Bayern". 1886 hatte Stübben in seinen „Drei Thesen zur Stadterweiterung, besonders in hygienischer Beziehung" verlangt, dass jede Stadt einen umfassenden Stadtbauplan aufzustellen habe. Mit diesem Plan seien auch zugleich die städtischen Be- und Entwässerungsanlagen vollständig zu planen. Jedes Bauvorhaben müsse der Anschlusspflicht unterliegen. Den Gemeinden müsse außerdem das Recht eingeräumt werden, die notwendigen Flächen für die öffentlichen Maßnahmen auf dem Wege des Enteignungsverfahrens zu erwerben. Die Genehmigung von Bauvorhaben, die nicht mit dem Bebauungsplan übereinstimmten, müsste ohne Entschädigung versagt werden. Der Bebauungsplan solle nach Stübben auch die Gebiete bezeichnen, in denen keine gewerblichen Betriebe angesiedelt werden dürfen.

Mit den Forderungen von Baumeister und Stübben, die große Unterstützung durch den DVöG, der *DVjöG, der DBZ* und dem Verband Deutscher Architekten- und Ingenieur-Vereine erhielten, waren die Grundvoraussetzungen für die künftige Stadtplanung geschaffen. Die detaillierte Planung, die Abstimmung zwischen der jeweiligen Bauordnung und der gezeichneten Bauordnung, dem Bebauungsplan, und die Berücksichtigung aller (damals) bekannten öffentlichen und privaten Belange im Bebauungsplan, war „Stand der Wissenschaft und Technik" aber im baurechtlichen Sinne noch nicht „Regel der Baukunst" geworden.[347]

3. Abschnitt 1890-1904: Allgemeine Wahrnehmung der Wohnungsnot, Diskussion über Wohnungsaufsicht. Intervention des Staates durch Erlass von Wohnungspflegegesetzen. Einheit von Bauordnung und Planung wird allgemein anerkannt. Sachsen ersetzte die alte Bauordnung durch das neue Baugesetz.

Dieser Zeitabschnitt zeichnet sich durch drei Merkmale aus. Erstens ist es die Diskussion um die Wohnungsaufsicht und deren praktische Umsetzung. Hier war das Großherzogtum Hessen-Darmstadt in Deutschland führend. Polizeiverordnungen, nicht Gesetze, folgten 1898 in Bayern, Sachsen und in einigen preußischen Städten. Hamburg erließ 1898 ein Wohnungspflegegesetz. Preußen hatte sich erst 1901 mit einem Erlass zur Wohnungsaufsicht und zum Wohnungsbau, verbunden mit Änderungsvorschlägen für städtische Bauordnungen, der Wohnungsfrage angenommen. Näheres dazu wird im Kapitel 5 beschrieben.

Zweitens ist die Konzeption des ersten Baugesetzes des 20. Jahrhunderts zu erwähnen, das Sachsen mit der Bauordnung, dem „Baugesetz", geschaffen hatte. Neben diesen Bemühungen der einzelnen Staaten zur Verbesserung der Wohnungen durch Wohnungsaufsichtsgesetze beizutragen, hatte die Reichsregierung im Juni 1904 eine Denkschrift, „betreffend die Wohnungsfürsorge im Reiche und in den Bundesstaaten" veröffentlicht.

---

347 Diese höchste Stufe in der Hierarchie der Regelwerke wurde erst dann erreicht, wenn die betreffende Konstruktion, die Art der Baumaßnahme oder die jeweils ausgewählten Baumaterialien in dem Gesetz (der Bauordnung) aufgeführt oder allgemein zugelassen waren.

Die nur als „Denkschrift" bezeichnete Vorlage war aber eine umfassende Bestandsaufnahme, an der alle Bundesstaaten sich beteiligt hatten. Den Anlass dazu hatte der Reichstagsabgeordnete Eugen Jäger gegeben. Er hatte von der Reichsregierung Auskunft erbeten, welche gesetzliche Regelungen in den einzelnen Bundesstaaten vorhanden seien, z. B. Stand des Wohnungswesens, Förderung des Wohnungsbaus insbesondere des Kleinwohnungsbaus, Wohnungsaufsicht und –kontrolle und Maßnahmen der Baupolizei.[348] Der Reichsinitiative begegnete Preußen im August 1904 mit dem schon Ende des 19. Jh. angekündigten Wohnungsgesetzentwurf.

Drittens verstärkte sich die öffentliche Diskussion um die Änderung der Bauordnungen. Vertreter der Städte (Adickes Frankfurt, Hetschel Dresden, Merkel Göttingen, Ruik Gera, Schneider Erfurt) und Vertreter der Wissenschaft (Baumeister) und der Praxis (Stübben) forderten, dass in den Bauordnungen gebietsbezogene Unterscheidungen zu treffen seien.[349] Die unterschiedlichen planerischen Bedürfnisse der Innenstadt, der Außenbezirke und der weiteren Umgebung der Städte könnten dann gelöst werden, wenn in den Bauordnungen entsprechende Zonen unterschiedlicher Nutzung durch die Städte verankert werden dürften.

Neben den planerischen Verfeinerungen in der Bauplanung waren auch Ergebnisse in der bautechnischen Forschung zu verzeichnen. Licht und Luft in den Städten und in den Wohnungen waren jetzt nicht mehr völlig nebensächlich, sondern auch Gegenstand der Forschung. Besonders zu erwähnen ist hier Nußbaum, der die angemessene Belichtung in den Wohnräumen untersucht und dafür technische Regeln aufgestellt hatte.[350]

Aber auch auf dem Gebiet der Hygiene waren erhebliche Fortschrittte erzielt worden. Sauberes Trinkwasser und gesicherte Ableitung mit Klärung des Abwassers waren, mindestens in den mittelgroßen und großen Städten, flächendeckend erreicht worden. Strittig zwischen Kommune oder öffentlichem Versorgungsunternehmen und dem Bauherrn bzw. dem Bauunternehmer war nur die Art der Bemessung und die Höhe des entstehenden Pflichtbeitrags für die Erschließungsmaßnahmen.

---

348 Jäger hatte schon 1902 zur Wohnungsfrage eine Abhandlung verfasst, die er 1903 zu einer Denkschrift an die bayerische Kammer der Abgeordneten nutze. Seine an die Reichsregierung gerichtete Anfrage wurde von anderen Mitgliedern des RT (RT-Drucksache Nr. 852) unterstützt. (Bebauungspläne, Abstufung der Ausnutzbarkeit von Grundstücken, Bauordnungen, Zusammenlegung von Grundstücken, Bau- und Straßenfluchtlinien, Geschosszahl, Zulässigkeit von Hintergebäuden, Kellerwohnungen und Reduzierung der Baugenehmigungsgebühren).

349 In der *DVjöG* 1894 auch als „Leitsätze" bezeichnet.

350 Nußbaum, Christian, Leitfaden der Hygiene, München 1902, S. 90 f. Er wies schon um 1900 nach, dass durch die Holz-Fensterkonstruktion ein beträchtlicher Teil des Tageslichts verloren geht. 1902 ergänzte er seine Messungen und ermittelte den Verlust als zwischen 30 und 35% liegend. Ein weiterer Tageslichtverlust werde durch die gewählte Glassorte mit etwa 12-18% verursacht. Zusammen kommt damit weniger als die Hälfte des zur Verfügung stehenden Tageslichts in den Raum. Diese Licht-Reduktionen wurden in den Bauordnungen nicht besonders berücksichtigt.

Der Ausblick auf das 20. Jahrhundert, die Bauordnung als „sociale Frage“

In einem 1901 erschienenen Beitrag hatten J. Stübben und B. Schilling Bauordnungen untersucht und im Kapitel „Ausblick in die Zukunft“ beschrieben, welchen qualitativen Stand die Vorschriften erreicht hatten. Andererseits wurde aufgezeigt, welche Lücken in den Bauordnungen bestehen.[351] Insofern ist der „Ausblick“ von Schilling und Stübben ein Arbeitsprogramm für neue Bauordnungen. Die Autoren verweisen auf die „socialen Anforderungen“ und die „öffentliche Wohlfahrtspflege“, denen auch die Bauordnung nachkommen müsse. Schilling und Stübben meinten, dass eine der zukünftigen Aufgaben darin bestehe, den Grundbesitzern zu zeigen, dass die durch Spekulation überhöhten Bodenwerte nicht ihren „wahren Interessen“ dienten. Die eigene Wohnung oder die Kapitalanlage im Wohnungsbau dienten dem Hausbesitzer mehr, als kurzfristiger und häufiger „Umsatz“.[352] In den Bauordnungen müsse es zu Vorschriften kommen, die beim Neubau höhere „sociale Anforderungen“ stelle, als im „altstädtischen Gebiet“. Die bisherigen Fortschritte reichten nicht aus, da die „Abstufung“ oder „Staffelbildung“ in deutschen Bauordnungen „noch fremd“ sei, auch fehle oft die „Abstufung nach der „Gebäudeart“. Hier unterscheiden Schilling und Stübben zwischen Häusern zum „Alleinbewohnen“ mit wenigen Wohnungen und zwischen Massenmiethäusern. Bei Ersteren sollten die Bauordnungen Erleichterungen gewähren (ua. Treppenbreiten, Verzicht auf feuerfeste Treppen im Kleinwohnungsbau, Verringerung des Grenzabstandes und Zulässigkeit des Reihen- oder Gruppenbaues). Die Autoren stellten fest, dass in 80 % der deutschen Bauordnungen Erleichterungen für den Kleinwohnungsbau fehlen. In den wenigen Städten, die den Kleinwohnungsbau förderten, seien die Erleichterungen „bescheiden“.[353]

Schilling und Stübben fragten beispielsweise, warum über 40 verschiedene Berechnungsmethoden für die zulässige „Hofgröße“ notwendig seien, zumal die Methodenvielzahl nicht dem Zweck diene, die gesicherte Belichtung und Belüftung sowie die Festlegung der nicht überbaubaren Freifläche zu sichern.[354] In Zukunft müsse jede Bauordnung und jeder Bebauungsplan auch die Festsetzung von rückwärtigen Baufluchtlinien ermöglichen, damit würden die „Hofgrößenberechnungen“ ein Ende finden. Hinsichtlich der sanitären Ausstattung, so die beiden Autoren, seien alle technischen Fragen geklärt, deshalb sollten die Bauordnungen bald ergänzt werden, um jede Wohnung an das Versorgungs- und Entsorgungsnetz anzuschließen. Damit könne jede Wohnung einen eigenen Abort erhalten. Leider gäbe es noch immer eine große Anzahl von Kellerwohnungen, auch aus neuerer Zeit, diese Zustände seien eines „hochentwickelten Kulturlebens“ unwürdig, im neuen Jahrhundert müsse das Problem gelöst werden.

---

351 Schilling, B. und Josef Stübben, Die Bauordnung, in: Neue Untersuchungen über die Wohnungsfrage in Deutschland und im Ausland, hg. vom Verein für Socialpolitik, Leipzig 1901, Bd. XCV, S. 187-248 (244).

352 Schilling, B. und Josef Stübben, S. 244. Jede Bauordnung sei ein „Kompromiß“ zwischen den öffentlichen Interessen („Gesundheit und allgemeine Wohlfahrt“) und andererseits den wirtschaftlichen Interessen der Kreise, denen aber eine Beschränkung auferlegt werden müsse.

353 Schilling, B. und Josef Stübben, S. 246.

354 . Schilling, B. und Josef Stübben, S. 217. E.F.: Die Aufzählung der Städte ergab die Zahl 40.

Zum Schluss fordern Schilling und Stübben, dass der „Verschiedenartigkeit" der Bauordnungen begegnet werden müsse, das Reich müsse eingreifen, obwohl dazu derzeit wenige Hoffnung bestehe. Einige Staaten hätten bereits Bauordnungen für das ganze Land erlassen und in jüngster Zeit habe sich vor allem Sachsen hervorgetan. Nur Preußen meine, dass der „Vervollkommnung der Bauordnungen auf örtlicher Ebene" Vorrang einzuräumen sei.[355] Die bautechnische und die gesundheitliche Behandlung in den Bauordnungen zeigten jetzt, dass sie eine Angelegenheit der „allgemeinen socialen Wohlfahrt" geworden" sei. Den Hochschulen stehe ein „allzudürftig bestelltes Feld" offen, um Bauordnungen auch als „sociale Frage" anzusehen.[356]

Im folgenden 5. Kapitel wird die Bauordnungs- und Bodenfrage im 20. Jh. angesprochen, zuvor soll aber untersucht werden, welche Ursachen maßgebend waren, staatliche oder städtische „Wohnungsaufsichten" am Ende des 19. Jh. einzuführen. „Aufsicht und Inspektion" sind Ende des 19. Jh. nicht als selbständige Fachbereiche entwickelt worden. Sie waren fachlich gesehen Bauordnungsteile, denn in den neuen Vorschriften für die „Aufsicht und Inspektion" waren auch baupolizeiliche Vorschriften enthalten. Die Ziele für „Aufsicht und Inspektion" waren mehr als eine verbesserte Baupolizeiordnung. Soziale und gesundheitliche Belange für die Nutzer von Mietwohnungen sollten mit der „Aufsicht und Inspektion" in den Vordergrund gestellt werden.

Die Entwicklung war in Deutschland sehr uneinheitlich. Hessen hatte ein Gesetz geschaffen, andere Staaten behalfen sich mit Polizeiordnungen. Preußen hat das „Wohnungsgesetz" als Artikelgesetz 1918 erlassen und dabei die „Aufsicht und Inspektion" mit Vorschriften für Stadt- und Straßenplanung, für Bauordnungen, für Erschließung, für Enteignung, für Wohnungsordnung und Finanzierung verbunden.[357] Die ausführlichere Darstellung dieses Gesetzes ist schon deswegen notwendig, weil es im Grunde nur die Änderung des alten „Fluchtliniengesetzes" von 1875 (inhaltlich ein Straßengesetz) war, nun aber ergänzt und mit anderen Gegenständen erweitert wurde.

---

355 Schilling, B. und Josef Stübben, S. 247.

356 Schilling, B. und Josef Stübben, S. 247-248.

357 Die naheliegende Frage, warum „Aufsicht" und „Inspektion" nicht in einer Bauordnung, beispielsweise in der hessischen oder der württembergischen Bauordnung mitgeregelt wurde, kann nur näherungsweise (mit Eberstadt) beantwortet werden. Er meinte, dass in der „Wohnungsaufsicht die polizeiliche Seite zurückgestellt werden sollte", in: Handbuch des Wohnungswesens und der Wohnungsfrage, Jena [4]1920, S. 360. Außerdem hatten die Regierungen zu beachten, dass die Kommunen durch die Aufgabenübernahme die Selbstverwaltung stärken wollten, selbst wenn die spezielle Aufgabe „Wohnungsaufsicht" auch zu finanziellen Lasten führen konnte.

5. Bauordnungen, Wohnungsaufsicht und Reformen am Beginn des 20. Jahrhunderts

5.1 Wohnungsaufsicht und -inspektion in Deutschland

Zwischen 1870 und 1890 waren wohnungspolitische Reformen verstärkt erhoben worden, die sozialen Aufgaben de Staaten wurden breit diskutiert und Abhilfen gefordert. Die schnelle Abfolge von öffentlichen Vorschlägen zum Thema Bauordnung, Wohnungsbau und -aufsicht zeigten die Dringlichkeit. Carl Johannes Fuchs hat im Auftrag des Vereins für Socialpolitik 1901 die „Neuen Untersuchungen über die Wohnungsfrage in Deutschland und im Ausland" herausgegeben.[1] Sie stellen einen umfassenden Überblick über die Wohnungsfrage am Ende des 19. Jh. dar. Zur Wohnungsfrage schrieb Fuchs 1901 in einem Aufsatz:

> „Da zeigt sich nun ein großer Unterschied: In Deutschland ist seit 1886 die Wohnungsfrage hundertmal „gelöst" worden - auf dem Papier und auf dem Katheder; nicht Tausende, sondern Hunderttausende von musterhaften und billigen Arbeiterwohnungen sind gebaut worden - auf dem Papier; von allen Seiten ist durch Ärzte, Techniker, Nationalökonomen hineingeleuchtet worden -, nicht in die Wohnungen, aber in die Wohnungsfrage, daß kein Eckchen darin dunkel geblieben ist - kurz, theoretisch haben wir in Deutschland die Wohnungsfrage in dieser Zeit bemeistert. Aber praktisch ist, wenn wir ehrlich sein wollen, trotz vieler schöner Ansätze und hoffnungsvoller Keime der jüngsten Zeit, alles in allem genommen und alles gemessen an der Größe der Aufgabe, doch noch recht wenig geschehen: Zu einer Wohnungsreform großen Stils, wie sie 1886 Miquel gefordert und vorgezeichnet hat, sind wir bis heute noch nicht gekommen."[2]

Aus der Sicht von Fuchs ergaben sich folgende Fragen: War die Wohnungsversorgung und -fürsorge eine anerkannte sozialpolitische Aufgabe der Städte oder des Staates? Wenn diese Aufgabe als wichtige politische Frage angesehen wurde, welche Maßnahmen wurden diskutiert, gab es Handlungsansätze, z.B. durch geänderte Bauordnungen, die den neuen sozialen Anforderungen angepaßt waren? Fuchs meint, „dass die Gesetzgebungsmaschine in einigen Staaten zu arbeiten angefangen hat, in anderen eben erst angeheizt wird, aber noch nirgends gut funktioniert."[3] Das Vorsorgeprinzip des Staates ist aber keine neue Erfindung, denn schon in der Mitte des 18. Jh. war von vielen Polizeiwissenschaftlern, u.a. von Gottlob von Justi formuliert worden:

---

1 Fuchs, Carl Johannes, Neue Untersuchungen über die Wohnungsfrage in Deutschland und im Ausland, hg. im Auftrag des Vereins für Socialpolitik, Leipzig 1901. Fuchs (1865-1934) war Professor für Volkswirtschaftslehre in Tübingen von 1908-1933. Ämter: Dekan und späterer Rektor der Universität Tübingen. Sein Werkverzeichnis umfaßt mehrere Seiten, in: „200 Jahre Wirtschafts- und Staatswissenschaften an der Eberhard-Karls-Universität Tübingen", S. 372-379, Stuttgart 2004. Fuchs ist es zu danken, dass der Verein für Socialpolitik seine zweite Untersuchung zur Wohnungs- und Bauordnungsfrage herausgeben konnte (Bde. XCIV, XCV, XCVI und XCVII, Leipzig 1901).

2 Fuchs, Carl Johannes, Zur Wohnungsfrage. Vorträge und Aufsätze, Leipzig, 1904, S. 24.

3 Fuchs, Zur Wohnungsfrage, S. 22.

„In engerem Verstande begreifet man unter der Policey alles dasjenige, was zur guten Verfassung des bürgerlichen Lebens erfordert wird, und mithin vornämlich die Erhaltung guter Zucht und Ordnung unter den Unterthanen, und die Maaßregeln, die Bequemlichkeiten des Lebens und den Wachsthum des Nahrungsstandes zu befördern.“[4] Justi bezeichnete die Aufgabe als Voraussetzung, damit der Staat seinen „Endzweck (…) erreicht, „denn das Wesen aller Republiken beruhet auf der Beförderung der gemeinschaftlichen Glückseligkeit.“[5]

Wird statt des Begriffs „Policey“ „die öffentliche Verwaltung“ als Synonym für „den Staat“ gesetzt, so müsste 100 Jahre nach Justi die von ihm geforderte Staatstätigkeit schon als Pflichtaufgabe angesehen werden. Jede staatliche Pflichtaufgabe bedarf am Ende des 19. Jh. aber der verfassungsrechtlichen Absicherung. Solche „Pflichten“ waren in den frühen Verfassungen Deutschlands nicht vorhanden, sie wurden erst in der Weimarer Verfassung aufgenommen.

In der zweiten Hälfte des 19. Jh. war durch die Bevölkerungszunahme in den Städten und der raschen Industrialisierung, verbunden mit unzureichenden Wohnverhältnissen eine Situation eingetreten, die ein soziales Problem darstellte, das zwar „thematisiert, aber erst Ende des 19. Jahrhundert als öffentliche Aufgabe“ begriffen wurde.[6] Ausreichender und bezahlbarer Wohnraum in einer abgeschlossenen Wohnung war und ist eine wichtige sozialpolitische Forderung.

Zwischen 1865 und 1895 waren zahlreiche Beiträge über die Wohnungsgröße, die Belichtung, die Belüftung und die Gebäudekonstruktion in der *Vierteljahrsschrift für öffentliche Gesundheitspflege* und in der *Deutschen Bauzeitung* verfasst worden. Die geforderte Umsetzung der Maßnahmen - zuvor abgesichert durch neue Bauordnungen - waren jedoch bis weit in die zweite Hälfte des 19. Jh. wenig erfolgreich. Die Freiheit des Einzelnen war ein höher bewertetes Gut als die Bereitstellung von gesunden Wohnungen.

Obwohl schon 1889 eine umfassende Wohnungspolitik „für ganz Deutschland“ von Miquel[7], Baumeister und anderen gefordert worden war, blieben die Appelle insoweit wirkungslos.[8] Die verfassungsrechtlichen “Maßregeln der Medizinal- und Veterinärpolizei“ im Artikel 4 Nr. 15 der Verfassung von 1871 sahen, selbst bei weitester Auslegung, keine direkte Reichszuständigkeit für den Bereich Wohnungswesen vor.

---

4 Justi, Grundsätze der Policeywissenschaft, S. 3-4, ^{3}1782.

5 ebd., S. 7. Wird statt des Begriffs Policey „die öffentliche Verwaltung“ als Synonym für „den Staat“ gesetzt, so kann sich daraus (auch für den Wohnungsbau) eine öffentliche Aufgabe entwickeln, die der Absicherung durch Verfassung und Gesetz zuvor bedarf.

6 Zimmermann, Von der Wohnungsfrage zur Wohnungspolitik, Göttingen 1991, S. 11.

7 Miquel, Johannes, Einleitung S. IX, in: Die Wohnungsnoth der ärmeren Klassen in deutschen Großstädten und Vorschläge zu deren Abhülfe. Gutachten und Berichte. Hg.: Verein für Socialpolitik, Leipzig 1886, Bd. XXX, S. IX-XXI, S. IX-XIV.

8 Fuchs, Zur Wohnungsfrage, S. 40. Fuchs hat die Jahreszahl 1886 angegeben, vermutlich hat er aber die Versammlung des DVÖG vom 15.9.1888 in Frankfurt gemeint. Denn an diesem Tage wurden die „Maasregeln zur Erreichung des gesunden Wohnens“ beschlossen. Der Versammlung lagen die wohnungspolitischen Thesen von Miquel und Baumeister vor, die ein einheitliches Reichsgesetz forderten. Das Gesetz sollte alle Anforderungen für das „Wohnen“ beschreiben und die notwendigen Änderungen „der Bauordnungen“ bewirken. In: *DVjöG* 1889, S. 9-41.

Allein das Medizinalwesen (Gesundheitswesen) konnte die Grundlage für reichsweite gesundheitspolitische Maßnahmen sein. Wohnungspolitik im engeren Sinne dagegen war und blieb Ländersache, ebenso wie die Bauordnungen und die Baupolizei.

Probleme der Baupolizei im Zusammenhang mit der Nutzung von Räumen

Welche unterschiedliche Auffassungen zwischen Baupolizei und Bauherrschaft bestehen können, soll an einigen Beispielen vorgestellt werden. Die Berliner Baupolizei wollte 1886 eine Kellerwohnung mit der Begründung nicht mehr zulassen, weil die im Hinterhofbereich liegende Kellerdecke statt der nach der Bauordnung geforderten 94 cm weniger als 90 cm über der Straßenkrone liegen würde. In der *Deutschen Bauzeitung* führte das zu einem Protest mit dem Verweis auf die Entschädigungspflicht der Baupolizei. Sie habe damit die „Unverletzlichkeit des Grundeigenthums (...) nach Art. 9 der Verfassung, verletzt“, daher müsse sie dem Bauherrn eine Entschädigung gewähren.[9]

In einem anderen Berliner Beispiel wurden die gegensätzlichen Standpunkte zwischen dem Bauherrn und der Baupolizei bei der Benutzung einer Wohnung deutlich. 1888 hatte der Zimmermeister D. eine Genehmigung mit der Auflage erhalten, in allen Geschossen die „Korridore“ schmäler zu gestalten, denn die „Korridore könnten trotz Lichtlosigkeit als Aufenthaltsräume“ genutzt werden. Die Baupolizei verlangte die Korridore schmäler und damit die (Berliner-)Zimmer tiefer zu gestalten. Der Bauherr erwiderte, dass es nicht im Belieben der Baupolizei stehe, die Zimmergröße zu bestimmen. Er könne keine Gewähr übernehmen, dass die Mieter oder Nacheigentümer nicht doch den Korridor als Aufenthaltsraum nutzten. Selbst wenn im Mietvertrag die Korridornutzung als Aufenthaltsraum verboten sei, könne er als Vermieter dieses nicht kontrollieren. Die Baupolizei „könne doch diese Kontrolle“ übernehmen. Die Klage des Bauherrn hatte Erfolg, die Auflage wurde zurück genommen.[10]

In einem anderen Fall hatte die Berliner Baupolizei einen geplanten fünfgeschossigen Wohnhausbau wegen einer Waschküche abgelehnt. Die Versagung wurde damit begründet, dass die Waschküche nicht den Anforderungen an einen Raum erfülle, der zum dauernden Aufenthalt vom Menschen gedacht sei. Der Bauherr erhielt dennoch die Baugenehmigung, weil das OVG feststellte, die Definition des „dauernden Aufenthalts vom Menschen“ sei sehr dehnbar. Es müsse von Fall zu Fall entschieden werden, hier sei die Waschküche aber kein Aufenthaltsraum.[11] In Frankfurt am Main wurde die Baupolizei vom Mieterverein kritisiert, sie sei an den schlechten Wohnungsverhältnissen Schuld, denn sie habe die „Wohnungsteilungen“ in kleinere 1 bis 2-Raum-Wohnungen geschehen lassen. Die Teilungen seien ohne Genehmigung erfolgt. Da die Anlage von Wasserstellen und Aborten durch den Hausbesitzer aus Kostengründen nicht vorgenommen worden seien, würde nun die doppelte oder dreifache Anzahl von Familien auf

---

9 *DBZ* 1886, S. 540. Diese Einstellung wird durch die in der preußischen Verfassung von 1850 garantierte Verfügungsfreiheit des Eigentümers, über seinen Grundbesitz nach Belieben zu verfahren, dokumentiert.

10 Baupolizeiliche Bedenken gegen zu breite Korridore, in: *DBZ* 1888, S. 512.

11 Ist eine Waschküche ein Aufenthaltsraum? In: *DBZ* 1888, S. 584.

den „einzigen Abort und die einzige Wasserstelle“ angewiesen sein.[12] Um den Missständen zu begegnen, sprach sich der Mieterverein für eine gesetzliche (preußische) Wohnungsaufsicht aus. Im benachbarten Großherzogtum Hessen war dagegen schon 1893 das Wohnungsaufsichtsgesetz erlassen worden.[13]

Am 14.11.1899 standen im Reichstag zwei Petitionen zur Wohnungsfrage an, der Regierungsvertreter vertrat den Standpunkt, dass es unmöglich sei, eine übereinstimmende Form von Grundsätzen zur Wohnungsfrage, auch in Bezug auf ein Reichswohnungsgesetz, aufzustellen. Der Vertreter führte aus: „Die Reichsverwaltung ist durchdrungen von der hohen Bedeutung, welche eine Besserung der Wohnungsverhältnisse der unbemittelten und der arbeitenden Volksklassen für die sociale Wohlfahrt und die sociale Ethik besitzt.“[14] Die Maßnahmen seien durch die Bundesstaaten einzuleiten, das betreffe die Wohnungspolizei, die gesundheits- und baupolizeilichen Vorschriften, die Wohnungsbeschaffenheit und die Wohnungsfürsorge. Die Petitionen wurden mit der Erklärung des Regierungsvertreters als erledigt betrachtet, die Kommission beschloss darauf, „zur Tagesordnung überzugehen.“[15] Nachfolgend soll das hessische Gesetz, dann der preußische Gesetzentwurf und schließlich noch das Hamburger Wohnungsgesetz angesprochen werden. Aus den sehr unterschiedlich verlaufenen Entstehungsprozessen der Wohnungs(aufsichts-)gesetze kann gezeigt werden, welche Schwierigkeiten überwunden werden mussten, um auch nur das geringste Mindestmaß an Luftvolumen, an Wohnfläche oder Raumbelichtung als notwendigen Wohnungsbestandteil gesetzlich beschreiben zu lassen.

Das hessische Gesetz von 1893: Wohnungsaufsicht und -inspektion

Das hessische Gesetz war das erste in Deutschland, das sich mit der Wohnungssituation befaßte und dem Staat eine Eingriffsmöglichkeit für Wohnungsmaßnahmen eröffnete.[16] Das Gesetz sei nicht durch eine „Katastrophe“ veranlasst und dann beschlossen worden, so Berger-Thimme, sondern als Folge der langjährigen „sozialreformerischen Initiative Einzelner“ in Hessen zustande gekommen.[17] Die Vorarbeiten zum Gesetz gingen auf einen Antrag (Interpellation)

---

12 Wohnungselend und seine Abhilfe in Frankfurt a. M., Frankfurt 1898, S. 28-33. Hg.: Vorstand des Mietervereins Frankfurt am Main. Der Mieterverein hatte 1897 eine große Untersuchung (215 Wohnungen) mit örtlicher Begehung durchgeführt. Dabei wurden die Wohnflächen, die Mietpreise, die Fenstergrößen, der sanitäre und bauliche Zustand und die Belegung der Wohnungen durch Besichtigung und Befragung ermittelt.

13 Gesetz, die polizeiliche Beaufsichtigung von Mietwohnungen und Schlafstellen betreffend, vom 1.7.1893, (Hessisches) Regierungs-Blatt S. 101.

14 Grävéll, Albert, Die Wohnungsnoth. Kritische Untersuchung des Begriffes und Wesens der Wohnungsnoth, ihrer geschichtlichen Entwickelung und sozialen Bedeutung, Dresden 1900, S. 29. Grävéll bezieht sich auf die RT-Drucksache Nr. 273, S. 2772-2782, im RT behandelt am 14.11.1899 unter dem Titel „Erlaß eines Reichs-Wohnungsgesetzes“.

15 ebd., S. 29-30.

16 Lönne, Friedrich, Die Bedeutung der Wohnungsinspektion für die moderne Wohnungsfrage, erläutert an den in Hessen gemachten Erfahrungen, Wiesbaden 1914. S. 2. Lönne hatte für seine Gießener Dissertation Materialien vom hessischen Landeswohnungsbauinspektor Gretzschel erhalten. Bis 1907 wurden in anderen deutschen Staaten nur Verordnungen für die Wohnungsaufsicht erlassen. 1907 wählte das Großherzogtum Baden die Gesetzesform (Bauordnung).

17 Berger-Thimme, Dorothea, Wohnungsfrage und Sozialstaat. Frankfurt 1976, S. 177.

des nationalliberalen Abgeordneten Reinhart in der zweiten Kammer zurück.[18] Reinhart vermutete 1890, dass die Reichsregierung keine Initiative auf diesem wohnungspolitischen wichtigen Gebiet zeigen würde.[19] Vom hessischen Gesetz waren nicht die Wohnungen der Eigentümer betroffen, sondern nur die vermieteten Wohnungen und Schlafstellen. Die Wohnungsinspektion wurde den Gesundheitsbeamten des Staates und der Ortspolizeibehörde übertragen, in jeder Gemeinde müsse daher ein besonderer Wohnungsinspektor bestellt werden. Die fachliche Aufsicht über alle Inspektoren und die Untersuchungsanweisungen solle durch den berufenen Landeswohnungsinspektor durchgeführt werden.[20]

Mit dem Gesetz verfolgte die Regierung eine deutliche Verbesserung des Wohnstandards.[21] Es solle herausgefunden werden, ob Nachteile für die Gesundheit oder Sittlichkeit aus der Benutzung der Wohnungen „zu besorgen" seien. Nachteile waren nach Ansicht des Gesetzgebers u.a., ein zu geringes „Maß an Luftraum" für den einzelnen Benutzer der Wohnung.[22] In Hessen war als Mindestwert 10 cbm Luftraum pro Erwachsenen und 5 cbm Luftraum pro Kind festgelegt.[23] Die Regierung hat sich dabei auf die Schriften des Vereins für Socialpolitik (Bd. XXX und XXXI) berufen, die Werte sollten „vorerst" aber nicht überschritten (sic) werden.[24] Die Inspektoren waren angewiesen, für jeden Schlafraum die höchstzulässige Zahl von Benutzern festzusetzen, die Zahl war an der Tür „anzuschreiben", damit bei der alle zwei Jahre stattfindenden Kontrolle ein sofortiger Überblick erzielt werden konnte. Lönnes Untersuchung zur Luftqualität ist in der Fußnote näher beschrieben.[25] Wurde durch die Inspektion

18 Begründung zum Gesetzentwurf, in: Verhandlungen der II. Kammer der Landstände des Großherzogthums Hessen in den Jahren 1891-1894, Darmstadt 1893. 27. Jg., Beilagen Bd. 3, Nr. 215-313 (hier Nr. 217), S. 11-29 (S. 11).

19 Berger-Thimme, Wohnungsfrage, S. 177.

20 Matthias, Gesetz, die polizeiliche Beaufsichtigung von Mietwohnungen und Schlafstellen betreffend (Wohnungsaufsichtsgesetz) vom 1.7.1893, Reg.-Blatt S. 101. Artikel 1 des Gesetzes und Paragrafen 5 und 6 der Ausführungsverordnung vom 7.8.1902.

21 Begründung (zum Gesetzentwurf), in: Verhandlungen der II. Kammer der Landstände des Großherzogthums Hessen (...), S. 15-17. Die hessische Regierung wies daraufhin, dass schon in den Schriften des Vereins für Socialpolitik von 1886 und in der Versammlung des Vereins (1886) „es als Pflicht des Staates anzusehen sei, durch gesetzgeberische Maßnahmen die Aufgaben der Gemeinden (...) auf diesem Gebiet zu unterstützen." Dabei sei „vorzugsweise" an das Reich zu denken, das nach Art. 4 der Reichsverfassung zuständig sei. Es seien aber „keinerlei Anzeigen" dafür vorhanden, dass das Reich aktiv werde.

22 Stübben, Josef, Der Städtebau, Darmstadt 1890, Reprint der 1. Auflage, Braunschweig 1980, S. 556. Der DVöG hatte 1889 eine reichsgesetzliche Vorschrift „zum Schutz des gesunden Wohnens" und schon Mindestwerte für den Luftraum pro Person (10 cbm/5 cbm) gefordert.

23 Stübben und Oberbürgermeister Zweigert, [Leitsätze zur] Handhabung der gesundheitlichen Wohnungspolizei, in: *DVjöG* 1892, S. 57-107 (78 und 107). Der DVöG hatte 1889 eine reichsgesetzliche Vorschrift „zum Schutz des gesunden Wohnens" und schon Mindestwerte für den Luftraum pro Person (10 cbm/5 cbm) gefordert.

24 Begründung zum Gesetzentwurf, in: Verhandlungen der II. Kammer der Landstände des Großherzogthums Hessen, S. 25.

25 Lönne hatte eine Versuchsreihe durchgeführt und den Kohlensäuregehalt der Zimmerluft bestimmt. Durch Vergleich mit unbelasteter Waldluft ermittelte er die notwendige Luftmenge, die nötig ist, um den Kohlensäuregehalt nicht über ein vertretbares Maß ansteigen zu lassen.

festgestellt, dass die vermietete Wohnung oder die Schlafstelle als gesundheitsgefährdend eingestuft werden musste, so war der „Beschluß“ dem Vermieter schriftlich zuzustellen. Konnten die Beanstandungen nicht sofort behoben werden, wurde ein Nutzungsverbot erlassen. Die Aufgaben des Landeswohnungsinspektors waren nicht nur auf die Organisation der in den Gemeinden eingerichteten Inspektionen gerichtet. Der Inspektor hatte jährlich einen Bericht der Regierung zuzuleiten, indem die gesamte Tätigkeit aller Inspektionen aufgeführt war. Immerhin unterlagen 49.200 Wohnungen in 862 Gemeinden der „polizeilichen Kontrolle“, von diesen 49.200 Wohnungen wurden im Berichtsjahr 27.150 kontrolliert und 2.847 Beanstandungen ausgesprochen.[26] Beanstandet wurden: Die Überfüllung der Wohnungen, zu geringe Fensterflächen, die Licht- und Luftmangel bedeuteten, feuchte Wohnungen, desolate Zustände in den Aborten, die teilweise ohne Türen angetroffen wurden, fehlende Lüftung der Aborte oder deren Lage im Hof, fehlende Reparaturen an Wänden, Decken, Fußböden und Treppen, schlecht schließende Fenster und Türen. Für die örtlichen Kontrollen wurde die Baupolizei nicht eingesetzt, denn der Landeswohnungsinspektor berichtete der Regierung, dass beispielsweise in Darmstadt und Offenbach ehemalige Polizeibeamte, in Mainz zwei ältere Wachtmeister, in Alzey, Heppenheim und Lampertheim Stadtbaumeister oder Gemeindetechniker eingesetzt wurden.[27]

Die hessische Regierung hatte schon im Gesetz und bei der ersten Ausführungsverordnung erkannt, dass die Übertragung der Aufgabe auf „Polizeiorgane möglichst vermieden“ werden sollte, die Baupolizei wurde in diesem Zusammenhang nicht erwähnt. Als geeignete Personen für die Wohnungsinspektion wurden zunächst die Beamten des Kreises (oder der Stadt) genannt, aber „überall sei darauf zu achten“, dass ausgewählte Personen besondere Sachkenntnisse aufweisen sollten, daher kämen Ärzte und Architekten besonders in Frage.[28] Im Bericht für 1904 wurden die örtlichen Inspektoren ermahnt, sich nicht als Polizeibeamte „mit Zollstock und Notizbuch und schneidigem Polizeiton“ zu betätigen. Wer so seine Aufgabe erledigen würde, „hätte seine Aufgabe nicht richtig erfaßt“, die Wohnungsinspektion sei auch keine Polizeiaufgabe, sondern eine Wohlfahrtseinrichtung des Staates. Der Inspektor solle sich als staatlicher Berater ansehen, der Hilfe anbietet und „sich Vertrauen erwirbt“. Neben den baulich-hygienischen Feststellungen ermittelten die Inspektoren auch die Wohnungsgrößen mit der Zimmerzahl, die Mietbelastung und das Einkommen der beteiligten

---

Lönne verlangte für Erwachsene: 20 cbm, für Jugendliche 14 cbm und für Kinder 7 cbm Luft pro Raum, S. 28.

26 Jahresbericht des Großherzoglichen Hessischen Landeswohnungsinspektors für das Jahr 1904, S. 48. Im Bericht heißt es weiter, dass die Kontrolldichte in Darmstadt, Erbach und Worms 100% betrug. Im Landkreis Darmstadt wurden 60%, in der Stadt Offenbach noch 32% und in Mainz nur noch 2,5% der untersuchungspflichtigen Wohnungen untersucht. Nach dem Gesetz sollte jede untersuchungspflichtige Wohnung alle zwei Jahre begangen werden.

27 Jahresbericht des Landeswohnungsinspektors für das Jahr 1904, S. 38.

28 Matthias, Gesetz, die polizeiliche Beaufsichtigung, S.7, Paragraf 5. Welche besonderen Sachkenntnisse erforderlich sein sollten, wurde im Gesetz und in der VO nicht beschrieben. Der Landeswohnungsinspektor bevorzugte für die Inspektionstätigkeit Ärzte und Architekten, Baumeister, Gemeindetechniker und „ältere“ Wachtmeister. Auch Lönne hat 1914 die besondere „Sachkunde oder Sachkenntnis“ des Inspektors nicht näher beschreiben können.

Mieter. Um einen Überblick über die Mietpreise zu erhalten, hatte der Landeswohnungsinspektor errechnen lassen, welcher Anteil der Steuerpflichtigen das „erforderliche Einkommen" nicht erzielte. Er war davon ausgegangen, dass eine Mietbelastung von 16 % des Einkommens als tragbar anzusehen sei.[29]

Tabelle 16: Verhältnis zwischen Einkommen und Mietpreisen (Bericht an die hessische Regierung, S. 19)

1	2	3	4	5	6	7
Hessische Stadt	Miet-preis	Mindest-ein-kommen/J	Sp. 2/3 Mietbelas-tung	Zahl der Steuer pflichtigen	Einkom-men < Spalte 3	Sp. 6/5
Darmstadt	240	1.440	16 %	23.172	14.882	64 %
Mainz	325	1.950	16 %	29.553	23.548	80 %
Worms	350	2.100	16 %	13.668	11.698	85 %

Im Ergebnis, so Gretzschel, haben 64 % der Darmstädter, 80 % der Mainzer und 85 % der Wormser Mieter ein Einkommen, „aus dem sie das durchschnittliche Minimum an Wohnraum nicht bezahlen könnten." Nach seinen Ermittlungen waren die Mietpreise in Darmstadt am geringsten, in Worms dagegen am höchsten. Der Landeswohnungsinspektor zog aus den Verhältniszahlen den Schluss, dass die Wohnungsfrage noch immer bestehe.[30]

Die Wohnungsinspektion führte zunächst zur Feststellung von Wohnungsmängeln in bestimmten Wohnungen. Diese Mängel sollten oder mussten beseitigt werden. Im engeren Sinne, so Lönne, wäre die Aufgabe als eine „negative Behandlung der Wohnungsfrage" zu definieren. Die „positive Behandlung" sei in der anderen Aufgabe des hessischen Staates zu sehen, nämlich in der Wohnungsfürsorge.[31] Die hessische Wohnungsinspektion hatte neben der Feststellung bereits vorhandener Wohnungsmängel eine weitere Aufgabe erhalten, die schon als baupolizeiliche Bauberatung für Bauunternehmer und Bauherren bezeichnet werden kann.

Bei den Gesetzesberatungen war der Wunsch geäußert worden, dass mit dem Gesetz eine weitere „gedeihliche" Wirkung verbunden werden könne, indem man dem Bauunternehmer eine Beratung vor dem Bau des geplanten Gebäudes anbot. Die Polizeibehörde sei verpflichtet, dem Unternehmer mitzuteilen, unter welchen Bedingungen sein Vorhaben (der Bau von Mieträumen), die „baulichen und gesundheitlichen" Anforderungen erfülle. An dieser „Verfügung" hatten die Lokalwohnungsinspektion, die Baupolizei und der Gesundheitsbeamte mitzuwirken. Damit würde dem Unternehmer Gewissheit gegeben, dass sein Gebäude richtig gebaut würde, „gesundheitliche Beanstandungen" wä-

29 Clemens Wischermann hat darauf hingewiesen, dass solche Regelannahmen allenfalls bei Arbeiterhaushalten angenommen werden können. Bei Angestellten oder kleinen Beamten würde das „Schwabesche Gesetz" zu Fehlern in der Bewertung führen. In: Wohnen in Hamburg vor dem Ersten Weltkrieg. Münster 1983, 212-213.

30 Jahresbericht des Landeswohnungsinspektors, S. 20. Der Einschätzung hat die Regierung nicht widersprochen.

31 Lönne, Friedrich, Die Bedeutung der Wohnungsinspektion für die moderne Wohnungsfrage, erläutert an den in Hessen gemachten Erfahrungen, Wiesbaden 1914, S. 8.

ren dann nicht mehr zu erwarten. Vielleicht, so die Auffassung der Regierung, könne diese Form der Bauherrenberatung auch dazu führen, dass ein „Antrieb zu Neubauten oder Umbauten“ erfolge.[32] Lönne folgend ist auch Berger-Thimme der Auffassung, dass die hessische Wohnungsinspektion nicht alle Erwartungen der gesetzgebenden Körperschaften erfüllt habe, sie war aber, gemessen an anderen deutschen Staaten, vorbildlich. Außerdem sei nicht zu unterschätzen, dass durch die mit der Inspektion gewonnenen Erkenntnisse das allgemeine Bewusstsein für diese sozialpolitische Aufgabe erheblich verbessert wurde.[33]

Dem hessischen Gesetz von 1893 folgte 1902 das Wohnungsfürsorgegesetz. Aus der „negativen Behandlung“, so Lönne, sei in Hessen die richtige Schlussfolgerung aus den statistischen Angaben gezogen worden, auch bestimmte finanzielle Mittel für den Bau von Kleinwohnungen und für Minderbemittelte zur Verfügung bereitzustellen.[34] Zwar hatte Hessen als erster Staat ein Wohnungsaufsichtsgesetz eingeführt, dennoch wurden auch in anderen Staaten Maßnahmen ergriffen, die sich mit der allgemeinen Wohnungsaufsicht, der Beschaffenheit der Wohnungen, der Wohnungsüberfüllung und der Unterbringung von ländlichen Arbeitern beschäftigten.

Allen diesen „Maßnahmen“ gemeinsam war, dass sie nicht als Landesgesetz erlassen wurden, sondern nur als Polizeiverordnungen, so beispielsweise für Lüneburg, Harburg, Lehrte und Celle 1898, im Regierungsbezirk Düsseldorf 1898, in Liegnitz 1900, im Regierungsbezirk Münster 1901, in Bayern für den Bezirk Oberfranken 1902 und für den Bezirk Pfalz 1902 gültig waren. In den kleineren Ländern wurden die entsprechenden Verordnungen zunächst allgemein erlassen, es aber den Gemeinden freigestellt, genauere Anweisungen in Ortsbaustatuten zu regeln mit der Folge weiterer Zer-splitterung oder der Unvergleichbarkeit von Ordnungen.[35]

Die praktische Arbeit der hessischen Wohnungsaufsicht

Am Beispiel der hessischen Wohnungsaufsicht kann die Arbeit der Landeswohnungsinspektion anschaulich dargestellt werden.[36] Die Landeswohnungsinspektion wurde durch den Landeswohnungsinspektor geleitet. Er hatte der Regierung jährlich einen Arbeitsbericht vorzulegen, die folgende Tabelle stammt aus dem Bericht des hessischen Landeswohnungsinspektors von 1905.

---

32 Matthias, Wohnungsaufsicht und Wohnungsfürsorge nach der hessischen Gesetzgebung, Darmstadt 1906, S. 21

33 Lönne, Bedeutung, S. 49, Berger-Thimme, Wohnungsfrage und Sozialstaat, S. 197. B-T. ist der Meinung, dass die hessische Wohnungsinspektion viele Faktoren aufgezeigt habe, die „innovativ“ und allgemein die soziale Gesetzgebung begünstigt haben.

34 Gesetz, die Wohnungsfürsorge für Minderbemittelte betreffend, vom 7.8.1902, (Hessisches) Reg.-Blatt S. 357. Erinnert sei hier an den „Ernst-Ludwig-Verein“ (Hessischer Zentralverein für Errichtung billiger Wohnungen) in Darmstadt, dessen Generalsekretär der Landeswohnungsinspektor (Gretzschel) war, er wurde sogar durch Art. 12 des Gesetzes und der erlassenen Ausführungsverordnung in § 9 als ständiger Schriftführer des großherzoglichen Vereins benannt.

35 Denkschrift der Reichsregierung von 1904, Anlagenband S. V.

36 Hessen, Reg. Blatt 1893, S. 101. Die hessische Wohnungsaufsicht wurde bereits 1893 eingeführt.

Tabelle 17: Aus dem Jahresbericht des Großherzoglichen Hessischen Landeswohnungsinspektors, S. 27.

Einwohner in Gemeinden	3-Raum-Wohnungen	2-Raum-Wohnungen	1-Raum-Wohnungen	Unter Aufsicht stehen zusammen Mietwohnungen
> 20.000	18.501 = 79 %	3.868 = 16 %	1.110 = 5 %	23.479
5.000-20.000	2.590 = 44 %	2.557 = 43 %	751 = 13 %	5.898
2.000-5.000	2.570 = 38 %	3.203 = 47 %	1.069 = 15 %	6.842
< 2.000	2.783 = 21 %	6.362 = 49 %	3.832 = 30 %	12.977
Gesamt:	26.444	15.990	6.762 =	49.196

Von 49.196 hessischen (Miet-)Wohnungen, die unter „Aufsicht" standen, lagen in den größeren Städten: 79 % 3-Raumwohnungen, 16 % waren 2-Raumwohnungen und nur 5 % waren 1-Raumwohnungen. In den kleinen Kommunen waren die 3-Raumwohnungen mit 21 %, die 2-Raumwohnungen mit 49 % und die 1-Raumwohnungen mit 30 % vertreten. Insgesamt waren von 49.196 Wohnungen 6.762 (gleich 13,7 %) Einraumwohnungen.[37] Von 49.196 „aufsichtspflichtigen" Wohnungen konnten im Jahr 1904 rund 55 % (27.155 WE) besichtigt werden. Außerhalb der Prüfung blieben die Wohnungen, die vom Eigentümer selbst bewohnt wurden.

Bei den Wohnungsbesichtigungen der Inspektoren waren folgende Sachpunkte zu berücksichtigen: 1. Größe des Luftraumes der bewohnten Räume, 2. die Zahl der Räume, 3. die erkennbare Trockenheit oder Feuchtigkeit der Räume, 4. die ausreichende natürliche Belichtung und Belüftung der Räume, 5. Keller- und Dachwohnungen.[38] An Mängeln wurden vorgefunden: die Überfüllung der Wohnung, Feuchtigkeit in den Räumen, Reparaturbedürftigkeit von Wänden, Decken, Fußböden und Treppen, schlechte Fenster, mangelnde Sauberkeit, Mangel an Licht und Luft. Ein „besonderes Kapitel seien die Abortverhältnisse", man müsse daher von einer „Abortfrage" sprechen.[39] Der Landeswohnungsinspektor kam zu der Auffassung, dass die Wohnungsfrage nicht nur als eine „städtische Frage" anzusehen sei, jedenfalls müsse für den Bereich des Großherzogtums auch von einer ländlichen Wohnungsfrage gesprochen werden.[40]

Das Großherzogtum Hessen-Darmstadt hatte eine große Bevölkerungszunahme zu verzeichnen, um 1880 waren 935.409 Einwohner gezählt worden, 1890 waren es schon 991.997 und 1900 1.118.979 Einwohner. 1905 wurden 1.209.175 Einwohner erreicht.[41]

---

37 Jahresbericht des Großh. Hessischen Landeswohnungsinspektors, Darmstadt 1905, S. 27.

38 Jahresbericht des Großh. Hessischen Landeswohnungsinspektors, Darmstadt 1905, S. 20. Nach Möglichkeit sollten die Kommunen eigene Inspektoren beauftragen, sie konnten Beamte oder Mitarbeiter der Verwaltung sein. Möglich war auch der Einsatz von staatlichen Gesundheitsbeamten oder Beamten der Ortspolizeibehörde. Voraussetzung war die „nötige Sachkunde" und die „Fähigkeit zu besitzen, ruhig und taktvoll mit dem Publikum zu verkehren". Daneben waren Ärzte und Architekten als besonders geeignete Personen benannt worden.

39 Jahresbericht des Großh. Hessischen Landeswohnungsinspektors, Darmstadt 1905, S. 26 und 27.

40 ebd., S. 27.

41 Statistische Handbuch 1909, Großherzogtum Hessen, S. 5.

Tabelle 18: Auszug aus der Statistik des Großherzogtums Hessen-Darmstadt, Einwohner, Wohngebäude, Wohnungszahl und Haushaltungen

Jahr	Bevölkerung	Haushalte	1 bewohntes Haus Personen	1 bewohntes Haus / Haushalte	1 Haushalt Zahl der Personen	Zahl der bewohnten Häuser
1900	1.119.893 (10)	242.432 (1)	7,30 (2)	1,60 (2)	4,60 (2)	154.297 (3)
1905	1.209.175 (11)	263.133 (4)	7,33 (5)	1,59 (5)	4,59 (5)	165.031 (6)
1910	1.282.051 (11)	281.429 (7)	7,29 (5)	1,60 (5)	4,56 (5)	175.831 (7)

Quelle: (1) Stat. Handbuch für das Großherzogtum Hessen 1903, S. 9, (2) Handbuch 1903, S. 9, (3) Handbuch 1903, S. 9, (4) Handbuch 1909, S.11, (5) rechnerisch ermittelt, (6) Handbuch 1909, S. 7. Ziffer (7): Statistik Hessen 1936, S. 8 und 16.[42] (10) Stat. Jahrbuch Dt. Reich, 1903, S. 1. (11) Stat. Jahrbuch Dt. Reich, 1915, S. 1.

Der hessische Landeswohnungsinspektors hatte 1904/1905 um 49.200 Wohnungen zu überprüfen. Bei der steigenden Einwohnerzahl müssten dann jedes Jahr ca. 600-800 Wohnungen zusätzlich überprüft werden, dies wären geschätzt statt 49.200 schon 56.300 Wohnungen im Jahr 1910; entsprechend müssten dann weitere Inspektoren gewonnen werden. Die Überprüfungen aller 49.200 Wohnungen in einem Jahr war auch aus personellen Gründen nicht möglich, dennoch wurden immerhin rund 55 % aller Mietwohnungen überprüft.[43]

Tabelle 19: Regelüberprüfung zu tatsächlicher Überprüfung in Hessen-Darmstadt

Jahr	Bevölkerung In Hessen	Haus-Halte	Regelüberprüfung Stückzahl	Nach der Überprüfung, Stückzahl(3)	Überprüfte Haushalte Sp.5 /Sp.3	Spalte 5 /Spalte 4	Beanstandet: WE
1904	1.208.000	263.133	49.200(1)	27.155	10,3 %	55,2 %	1.625
1905	1.209.175(2)	266.182		22.990	8,6 %		1.246
1906	1.223.700	269.232		31.667	11,8 %		1.970
1907	1.238.300	272.281		29.748	10,9 %		2.191
1908	1.252.900	275.330		30.756	11,2 %		3.014
1909	1.267.400	278.380		36.130	13,0 %		3.103
1910	1.282.051(2)	281.429		36.667	13,0 %		3.462

Quelle: Zahlen aus Tabelle 20, (1)Jahresbericht für 1904, S. 48, (2)Stat. Jahrbuch Dt. Reich, 1915, S. 1. Für 1905-1910 ist die Zahl der Regelüberprüfungen derzeit nicht zu ermitteln. (3) Gustav Gretzschel und Josef Rings, Die Praxis der Wohnungsreform, Darmstadt 1912, S. 16 und 17.

---

42 Statistische Handbücher 1903, 1907 und 1909, Großherzogtum Hessen, Beiträge zur Statistik des Großherzogtums Hessen. Ziffer 7: Hessen in Wort und Zahl, Hg.: Landesamt Statistik Hessen 1936.

43 Hessen, Reg. Blatt 1893, S. 101. Nach dem Gesetz von 1902 waren alle Vermieter verpflichtet, vor dem Einzug der Mietpartei Anzeige bei der Ortspolizeibehörde zu machen. Der Vermieter mußte folgende Angaben vorlegen: Eigentümer der Wohnung, Beruf, Namen und Alter der Mieter, Anzahl der vermieteten Räume, Wohnungslage. Änderungen mußte der Vermieter unverzüglich mitteilen. Aus der Personenzahl und der Raumzahl konnte ein Prüfungsraster erstellt werden. In Verbindung mit der Polizeiverordnung, die die Mindestvoraussetzungen (Belegungsdichte, Luftraum oder Fläche pro Person) regelte, war die Einordnung in 49.200 „aufsichtspflichtige" Wohnungen ermittelt worden.

Von den 1904 überprüften 27.155 Wohnungen wurden 1.6125 (6 %) beanstandet. Kritisiert wurden, schlechte Licht- und Luftverhältnisse und mangelnde Sauberkeit, bewohnte Keller, Wohnungsüberfüllung, Raumfeuchtigkeit sowie die allgemeine Reparaturbedürftigkeit in der Wohnung und im Gebäude. Das besondere Kapitel „Abortverhältnisse" war schon beschrieben worden. In den Inspektionsberichten wurden wiederholt die „schlechten sittlichen Verhältnisse" angesprochen: Konkubinate, Kuppelei, Teilung des Bettes zwischen Mutter und Sohn oder zwischen Vater und Tochter.[44] Von den festgestellten 1.625 Mängeln wurden rund 900 bei der nächsten Nachkontrolle nicht mehr angetroffen. Im Tätigkeitsbericht wird erwähnt, dass der Neubau von Wohnungen erfreulicherweise zugenommen habe, so wurden 1904 von allen gemeinnützigen Bauvereinen 336 Gebäude mit 723 Wohnungen hergestellt.

Die Unterstützung der Bauvereine durch die Gemeinden wurde vom Landeswohnungsinspektor weniger günstig beurteilt, denn die Zeichnung von Geschäftsanteilen gehe nur schleppend voran. Manche Gemeinden wie Alsfeld, Darmstadt, Gießen, Kastel, Mainz, Nidda und Worms hätten sich bisher nicht beteiligt. Die Gemeinden Astheim, Bensheim, Butzbach, Erbach, Gießen, Rüsselsheim und Mainz stellten aber preiswerte Grundstücke zur Verfügung oder übernahmen Bürgschaften für Darlehen.[45] Ein Verein soll hier besonders erwähnt werden, weil der hessische Landeswohnungsinspektor neben seinem öffentlichen Amt auch gleichzeitig Generalsekretär des Darmstädter „Ernst-Ludwig-Vereins " war. Der Verein hatte im Namen bereits die Vereinsaufgabe als Ziel ausgedrückt: Hessischer Zentralverein für Errichtung billiger Wohnungen. Diesem Verein hatte Eberstadt 1920 indirekt eine „weitreichende Bedeutung" bescheinigt, denn die hessische Wohnungsaufsicht sei ein Vorbild für andere deutsche Staaten gewesen. Die Bedeutung des Vereins wurde in der personellen Verbindung zwischen der hessischen Wohnungsaufsicht und dem Verein sichtbar.[46] Der Verein hatte sich nach seiner Gründung (1901) an der Formulierung des hessischen Wohnungsfürsorgegesetzes beteiligt und erreicht, dass im Gesetz keine Unterscheidung zwischen großen und kleinen Gemeinden mehr gemacht wurde.

Dieses Gesetz war in seinem Kern ein Finanzierungsgesetz für den Bau von kleineren Wohnungen, die staatliche und gemeindliche Hilfe sollte den „Minderbemittelten" zugutekommen.[47] Die Gesetze von 1893 und von 1902 galten damit in allen hessischen Gemeinden. Eine weitere Aufgabe sah der Verein da-

---

44 In seinem Bericht von 1904 hat Gretzschel wenige Detailangaben gemacht, die auf das Verhältnis der Beanstandung untereinander schließen lassen. Von 1.625 Beanstandungen (6% aller untersuchten Wohnungen) fallen auf den Kreis Schotten 47%, auf die Stadt Mainz 44%, die Stadt Alzey 16%, die Stadt Gießen 12% und Büdingen mit 10%. Darmstadt ist mit nur 3,5% vertreten.

45 Jahresbericht 1905, S. 74-77.

46 Eberstadt, Handbuch, S. 362, 496 und 559. Der Landeswohnungsinspektor (Gustav Gretzschel) war zuvor Generalsekretär des Rheinischen Vereins zur Förderung des Arbeiterwohnungswesens in Düsseldorf, dann Regierungsrat in Darmstadt. Ernst-Ludwig war der letzte hessische Großherzog, er starb 1937. Die „Nebentätigkeitsgenehmigung" für den Landeswohnungsinspektor war möglicherweise deswegen leicht erreichbar, weil der Großherzog den Verein sehr unterstützte. Das Gehalt von Gretzschel und seine Reisekosten wurden zu 75% vom Staat Hessen und zu 25% vom Verein getragen.

47 Hessisches Wohnungsfürsorgegesetz, in: Hessisches Regierungsblatt 1902, S. 357, Art. 3.

rin, die allgemeine Wohnungssituation zu verbessern, indem der Wohnungsbau der gemeinnützigen Bauvereine und Genossenschaften stark gefördert wurde.[48] Die Vereinshilfe bestand auch in der Erarbeitung von Baugenossenschafts- und Bauvereinssatzungen, in der Beratung bei der Baulandbereitstellung und in der Beschaffung der Finanzmittel. Eine besondere Aufgabe hat sich der Verein im Rahmen der hessischen „Landesausstellung für freie und angewandte Kunst" von 1908 gestellt.[49]

In der Ausstellung sollten sechs durch den Verein geförderte Projekte vorgestellt werden. Namhafte Architekten wie Mahr, Metzendorf, Olbrich, Rings, Walbe und Wienkopp wurden für die Planungsaufgaben verpflichtet, die Häuser sollten nicht mehr als 4.500 M für das Einfamilienhaus und 8.000 M für das Zweifamilienhaus, jeweils ohne Inneneinrichtung aber mit dem Grundstück, kosten.[50] Mit der Kostenobergrenze sollte ein Betrag zum preiswerten Wohnungsbau geleistet werden, ob das gelungen war, kann dahingestellt bleiben.[51] Nach der Darstellung der hessischen Bemühungen um die Wohnungsaufsicht soll jetzt der Weg beschrieben werden, den Hamburg mit seinem Gesetz von 1898, also fünf Jahre nach dem hessischen Gesetz, eingeschlagen hatte.

Das Hamburger Gesetz: Aufsicht und Inspektion

Anlaß für die Konzeption eines Wohnungspflegegesetzes war der erneute Ausbruch einer Choleraepidemie 1892.[52] Die Epidemie hat 8.594 Todesopfer gefordert, eine der Hauptursachen für die große Zahl an Toten war nach Richard Evans das Unvermögen und die Untätigkeit des Senats, die eingetretene Epidemie als Tatsache anzuerkennen und sofortige Gegenmaßnahmen einzuleiten.[53] Außerdem war die Trinkwasserversorgung mittels ungereinigtem Elbwasser noch nicht durch eine moderne (Sand-)Filtrierung, wie im preußischen Altona,

---

48 Das Gesetz sah die Reduzierung der Darlehenszinsen um 0,5% gegenüber dem Zinssatz der Landeskreditkasse (3,5%) vor. 1902 zählte der Landeswohnungsinspektor 11 Bauvereine und Baugenossenschaften, im Jahresbericht von 1905 waren bereits 20 und 1908 schon 40.

49 Diese Ausstellungsbauten auf der „Mathildenhöhe Darmstadt" waren im weiteren Sinn eine Folge der „Künstlerkolonie-Ausstellung" von 1901, die erhebliches Aufsehen erregt hatte. Weitere Angaben sind in dem Ausstellungskatalog „Joseph M. Olbrich 1867-1908" enthalten, Darmstadt 1983. Anlaß der großen Ausstellung im Jahre 1983 war der 75. Todestag von J. M. Olbrich.

50 Die Finanzierung erfolgte durch sechs Großindustrielle: Opel, Dyckerhoff, Merkel, von Heyl, Dörr& Reinhart und Cloos. Im Ergebnis waren die Gebäude, außer dem Haus Opel, anspruchsvoll. Das bestätigte auch der Generalsekretär des Vereins in seiner Schrift „Praktische Wohnungsfürsorge in Hessen", 1908. Die Wohnungskolonie sei als „Endziel der Bestrebungen" anzusehen (S. 9).

51 Praktische Wohnungsfürsorge in Hessen, Darmstadt 1908. Die Leitung des „Unternehmens" lag beim Generalsekretär Gretzschel. Er teilte mit: Miethöhen von 180-300 Mark seien in Hessen bei Dreiraum-Wohnungen üblich. Die Ausstellungshäuser hatten jedoch Vierraumwohnungen. Daher werde eine höhere Miete zu berechnen sein (S. 11). Auf S. 15 wurden von Gretzschel Miethöhen bei Vierraumwohnungen in Butzbach mit 204 Mark, in Gießen 300-350 Mark, in Mainz mit 340, bzw. 446 Mark angegeben.

52 Berger-Thimme, Wohnungsfrage, S. 159. Es war vom Senat ermittelt worden, dass die Stadtteile, die unter dem Hochwasserstand der Elbe lagen, besonders von der Cholera betroffen waren, außerdem war die unzureichende Trinkwasserversorgung, als weitere Ursache der Epidemie anzusehen.

53 Evans, Richard, Vom Verschweigen zur Katastrophe, in: Tod in Hamburg, Hamburg 1990, S. 377. Deutsche Übersetzung von Karl Klewer.

auf den neuesten Stand gebracht worden. Nach Evans hat der Senat die sich am 16.8.1892 abzeichnende Katastrophe zunächst nicht zur Kenntnis genommen, Abwehrmaßnahmen unterblieben. Erst am 24.8.1892 „berieten die Senatoren über zu ergreifende Maßnahmen“, bis dahin waren schon 1.173 Tote zu beklagen.[54] Robert Koch vom Reichsgesundheitsamt, der auf Weisung der Berliner Regierung am 24.8. nach Hamburg reiste, sollte über die dort aufgetretenen Cholerafälle nach Berlin berichten.[55] Unmittelbar nach dem Abklingen der Epidemie sollte eine „Senats- und Bürgerschaftskommission“ Vorschläge erarbeiten, wie das Gesundheitswesen in Hamburg reformiert werden könne.[56] Die Erfahrungen, die bei der Bekämpfung der Epidemie in Verbindung mit der Prüfung der sanitären Verhältnisse gesammelt wurden, waren für das Wohnungspflegegesetz hilfreich, so Berger-Thimme.[57] Der Gesetzentwurf konnte erst nach langen Beratungen 1898, fünf Jahre nach dem hessischen Gesetz und sechs Jahre nach der Choleraepidemie, beschlossen werden.[58]

Wesentliche Diskussionspunkte und Auseinandersetzungen zwischen der Bürgerschaft einerseits und dem Senat andererseits waren die Ansichten über Inhalt und Vollzug des Gesetzes. Beispielsweise war diskutiert worden, ob der Baupolizei die Wohnungspflege übertragen werden solle. Eine weitere Frage war, ob es eine unzumutbare Härte wäre, Bestimmungen über die Mindestfläche eines Zimmers, den Mindestluftraum, die Fenstergröße, die Bereitstellung einer eigenen Kochstelle für jede Familie und die Anlage eines Abortes für jede Familie zu erlassen.[59] Während der Senat forderte, dass die Mindestbestimmung für die Luftraumbemessung für jede einzelne Familie gelten sollte, wollte die Bürgerschaft diese Bestimmung nur dann angewendet wissen, wenn in dieser Wohnung mehrere Familien wohnten.

Der Senat schlug auch vor, dass für jedes Kind unter zehn Jahren eine Luftraummenge von zehn cbm vorhanden sein müsse, die Bürgerschaft forderte die Altersgrenze auf 14 Jahre anzuheben, in beiden Fällen war der Senatsvorschlag eine Verbesserung der Wohnsituation, während die Bürgerschaft gegen die Verbesserungen antrat.[60] Berger-Thimme zog aus dem Vergleich der Wohnungsaufsichtsgesetze von Hamburg, Hessen und Preußen für Hamburg den Schluss, dass „(...) die Entstehung des Wohnungspflegegesetzes sich als ein Kampf zwischen einer an präventiver Katastrophenvermeidung durch Normierung und Kontrolle orientierten Verwaltungsspitze und einer bornierte Interessenstandpunkte vertre-

54 Evans, Vom Verschweigen, S. 372. Die Zahl der Toten zwischen dem 16.8. und 24.8. lt. Tabelle S. 377.

55 Evans, Vom Verschweigen, S. 396. Koch urteilte über die Hamburger Verhältnisse: „Meine Herren, ich vergesse, dass ich in Europa bin.“ Evans: „Koch hatte den Senat gezwungen tätig zu werden.“

56 Evans, Vom Verschweigen, S. 642. Nach Evans „geschah mehr als vier Jahre nichts Bedeutsames.“

57 Berger-Thimme, Wohnungsfrage, S. 159.

58 Gesetz, betreffend die Wohnungspflege. Vom 8.6.1898, in: Stenographische Berichte über die Verhandlungen des Reichstages, vierter Anlagenband, Berlin 1904, S. 497.

59 Berger-Thimme, S. 162-164. Als Beispiel wurde von den Gegnern der Wohnungsreform behauptet, dass die von mehreren Familien gemeinsam benutze Küche und des Aborts, alle Parteien zur Reinlichkeit erziehe.

60 Berger-Thimme, Wohnungsfrage, S. 166.

tenden Bürgervertretung darstellt. Dabei kommt die Möglichkeit etwa eines Rechtsanspruchs auf menschenwürdiges Wohnen für die "niedere Klasse", bei dessen Gestaltung diese auch beteiligt werden müsse, auf beiden Seiten nicht in den Blick. Dieses Verlaufsmuster blieb in abgeschwächter Form auch in den Verhandlungen anläßlich seiner im Gesetz vorgeschriebenen Revision vor Ablauf von fünf Jahren bestimmend. Bei der Revision des [Hamburger] Gesetzes im Jahre 1903 wiederholte sich das Verfahren. Vorschläge des Senats, die u.a. einige der Mindestanforderungen an Wohnungen neu in das Gesetz einfügen wollten, scheiterten zweieinhalb Jahre später am Widerstand der Bürgerschaft, die sogar die Anwendungsmöglichkeiten des Gesetzes auf bereits bestehende Gebäude drastisch reduzierte und umfassende Ausnahmebestimmungen zur Umgehung des ohnehin geringen Mindestluftraums enthielt.“[61]

Hessen und Hamburg hatten jeweils (Landes-)Gesetze beschlossen, Preußen dagegen ging den Weg über die örtlichen, städtischen oder über die bezirklichen Polizeiverordnungen, um bauliche und hygienische Verbesserungen in den Wohnungen durchzusetzen.[62] Berger-Thimme sieht die „gesetzgeberischen Aktivitäten“ auf dem Gebiet der Boden- und Wohnungsreform in Preußen insgesamt nicht von „Aktivität“ gekennzeichnet, eher man müsse von den „Ursachen seiner Inaktivität“ sprechen.[63] Die Konzeption für ein preußisches Wohnungsgesetz dauerte in der ersten Phase von 1897 bis 1904, als zweite Phase kann die Zeit von 1913 bis 1916 und als dritte Phase die Zeit von 1916 bis 1918 angesehen werden, so Berger-Thimme.[64] Nach Niethammer hat die „königlich-preußische Gesetzesmaschinerie“ schon seit 1891 an einer ersten Entwurfsfassung eines „Wohnungsgesetzes“ gearbeitet, insgesamt wurden aber mindestens 20 Jahre für das Gesetz benötigt.[65]

Trotz der „Inaktivität Preußens“ in Bezug auf Wohnungsordnungen, Wohnungskontrolle, Wohnungsfürsorge und fehlender Bauordnung (Berger-Thimme) und der deutlichen Kritik von Niethammer, sind dennoch kleinere Fortschritte zu verzeichnen. Immerhin sind in den Jahren 1895-1900 eine Reihe von städtischen Polizeiverordnungen zur Wohnungskontrolle ergangen (Celle, Düsseldorf, Harburg, Lehrte, Lüneburg, Münster). Die örtlich zuständige Poli-

---

61 Berger-Thimme, Wohnungsfrage ,S. 168.

62 Beispiele für Polizeiverordnungen über die „Wohnungsbeschaffenheit und Wohnungsverhältnisse“: Polizeiverordnung des Regierungspräsidenten in Lüneburg vom 14.11.1898, Polizeiverordnung des Regierungspräsidenten in Düsseldorf vom 25.5.1898, Erlaß des Oberpräsidenten der Rheinprovinz an die Regierungspräsidenten, betreffend die Verbesserung der Wohnungsverhältnisse der Arbeiter vom 25.3.1998, in: Stenographische Berichte über die Verhandlungen des Reichstages, Berlin 1904, 11. Legislaturperiode, I. Session, Abschnitt 1903/1904, Drucksache Nr. 471, vierter Anlagenband.
Der Verfasser weist darauf hin, dass auch Preußen zunächst ein „Wohnungsgesetz“ geplant hatte. Der Entwurf wurde 1904 öffentlich vorgelegt. Die Gesetzesbegründung war ungewöhnlich breit angelegt und das Wohnungsproblem klar und ungeschönt erläutert. Der Entwurf ist wegen der öffentlichen Kritik nicht weiter verfolgt worden, näheres dazu in Abschnitt 5.2.

63 Berger-Thimme, Wohnungsfrage, S. 199.

64 Berger-Thimme, Wohnungsfrage, S. 220.

65 Niethammer, Lutz, Ein langer Marsch durch die Institutionen. Zur Vorgeschichte des preußischen Wohnungsgesetzes von 1918, in: Wohnen im Wandel. Hg.: Lutz Niethammer, Wuppertal 1979, S. 363.

zeibehörde hatte am Ende des jeweiligen Jahres zusammengefaßte Tätigkeitsberichte der nächsthöheren Dienststelle einzureichen. Neben der Zahl der vorhandenen und besichtigten Wohnungen war auch anzugeben, wie viele Wohnungen als absolut ungeeignet angesehen wurden und welche „der aufgefundenen Mängel" im Laufe des Berichtsjahres behoben worden waren.[66] Es kann als gesichert angenommen werden, dass diese (Sammel-)Berichte über die Oberpräsidenten an die preußische Regierung gelangten, denn am 8.12.1900 hat das preußische Staatsministerium auf Anregung des Grafen Posadowsky beschlossen, „sofort eine Zirkularverfügung zur Verbesserung der Wohnungsverhältnisse" anfertigen zu lassen.[67] Diese „Verfügung" wurde durch den „Erlaß, betreffend die Wohnungsverhältnisse" vom 19.3.1901 auch umgesetzt.[68] In der Sitzung des preußischen Staatsministeriums am 31.12.1900 wurden für die bevorvorstehende Eröffnung des preußischen Landtags am 8.1.1901 Entwürfe für die sog. Thronrede besprochen. Sie war für den Präsidenten des Staatsministeriums Graf Bernhard von Bülow die Gelegenheit, seine Politik für die nächste Zeit darzustellen.[69]

Die Thronrede von Wilhelm II. (1901) und der preußische Wohnungserlaß

Diese Thronrede Wilhelms II. wird in der Literatur zur Wohnungsfrage nicht beachtet, selbst in den Rede-Verzeichnissen taucht sie nicht auf. Die Zurückhaltung könnte darin liegen, weil die Rede eher im Stil einer bürokratischen Mitteilung geschrieben wurde, die keine Emotionen auslöst. Die Rede wurde vom Präsidenten des preußischen Staatsministeriums und Reichskanzlers in mehreren Sitzungen mit dem preußischen Kabinett erarbeitet. Wilhelm II. hatte die Rede zwar gelesen und auch am 5.1.1901 abgezeichnet, aber eben nicht selbst verfasst oder mit Textänderungen versehen. Ein weiterer Grund für die „unbekannte Rede" könnte darin zu suchen sein, dass die Rede selbst nur wenige weiterreichende politische Perspektiven bietet.[70] Themen waren der preußische Haushalt, der weitere Ausbau der Eisenbahn, Kanal- und Wasserprojekte, der Wegebau, die Berliner Verwaltungsorganisation und der Entwurf eines Umlegungsgesetzes für Frankfurt am Main.[71] Gleichwohl kann diese Rede als ein Auftakt Preußens angesehen werden, die Wohnungsfrage mit den Bereichen Baupolizei, Bauordnung

66 ebd., S. 158.

67 Protokolle des Preußischen Staatsministeriums, in: Acta Borussica, Berlin 2001, Bd. 9, S. 53-54.

68 Der Erlass ist in der „Denkschrift, betreffend die Wohnungsfürsorge im Reiche und in den Bundesstaaten", Drucksache Nr. 471 vom 10.6.1904 abgedruckt. Der Inhalt des Erlasses wird gesondert (nachfolgend) beschrieben. Nach Niethammer lief „die königlich-preußische Gesetzesmaschinerie bereits seit 1891, der Erlass erschien 1901, also 10 Jahre nach den ersten Bemühungen sich der Wohnungsfrage anzunehmen.

69 Protokolle des Preußischen Staatsministeriums, in: Acta Borussica, Berlin 2001, Bd. 9, S. 55. Dem Staatsministerium lagen mehrere Entwurfstexte vor. Zur Thronrede erschienen das diplomatische Korps, sowie die preußischen Minister und alle Mitglieder des Landtags (Stenographische Berichte (...) 1901, Sp. 1.)

70 Stenographische Berichte über Verhandlungen des Preußischen Hauses der Abgeordneten, Berlin 1901, 19. Legislaturperiode, (III. Session), Spalte 1-14 (Sp. 1-6). Mehrere Entwurfsfassungen der Thronrede sind in Acta Borussica (Rep.90a) erwähnt. Die verschiedenen Fassungen sind als Kopie im Besitz des Verfassers.

71 Das Gesetz hat später die populäre Bezeichnung „Lex Adickes" erhalten. Das Gesetz wurde am 28.7.1902 beschlossen.

und Wohnungsaufsicht im Sinne einer sozialpolitischen (Teil-)Modernisierung zu lösen.[72] Die weitergehende Bedeutung der Rede sieht der Verfasser darin, dass sie im Zusammenhang mit dem preußischen „Wohnungserlaß" von 1901 und mit dem Entwurf des 1. Wohnungsgesetzes von 1904 gestellt werden muss.

Die vom König gebilligte Thronrede wurde am 8.1.1901 nicht von Wilhelm II. vorgetragen, sondern durch den Präsidenten des Staatsministeriums (Graf von Bülow). Zur Wohnungs- und Grundstückspolitik führte von Bülow aus, dass man in Kürze ein „Gesetz für Umlegungen in Frankfurt am Main" vorlegen werde, damit solle die Baulanderschließung vereinfacht werden. Dieses Gesetz könne, „sofern Gemeinden dies wünschen, auch durch Verordnungen auf andere Gemeinden übertragen" werden.[73] Die Staatsregierung „sei in der Erörterung begriffen, welche Anordnungen im Verwaltungswege zu treffen und welche einer gesetzlichen Regelung zuzuweisen sein werden, um die hervorgetretenen Mißstände zu mildern und namentlich dem Wohnungsbedürfnisse der minder bemittelten Klassen nach Möglichkeit abzuhelfen."[74] Besonders sei die Gestaltung der Wohnungsverhältnisse, „namentlich in den dicht bevölkerten und überwiegend industriellen Gegenden" eine bald zu lösende Fürsorgemaßnahme.

Am 19.3.1901, zwei Monate nach der „Thronrede" des preußischen Königs, erschien, von der Öffentlichkeit völlig unerwartet, so Rudolf Eberstadt, ein Erlass mit der Überschrift: „Erlaß der Minister für Handel und Gewerbe, der geistlichen, Unterrichts- und Medizinal-Angelegenheiten und des Innern an die Regierungspräsidenten, betreffend Verbesserung der Wohnungsverhältnisse".[75] Die preußische Regierung stellte in dem (Wohnungs-)Erlass fest, dass in zahlreichen Städten und Bezirken „Mißstände" auf dem Gebiet des Wohnungswesens herrschten, die im gesundheitlichen, sittlichen und sozialen Interesse beseitigt werden müssten. Schon bevor ein Gesetz zu erlassen sei, sollen auf dem „Verwaltungswege" die Maßnahmen eingeleitet werden, die bereits jetzt auf „Grund bestehender Gesetze" durchgeführt werden könnten. Ziel der „Maßregeln" solle es sein, die Herstellung gesunder, in sittlicher und sozialer Beziehung einwandfreier, billiger und kleiner Wohnungen zu fördern.[76] Für die in Staatsbetrieben beschäftigten Arbeiter sollten weitere finanzielle Mittel bereitgestellt werden, die Hilfe könne auch darin bestehen, dass der „Staat selbst entsprechende Wohnungen" herstelle und sie zu angemessenen Preisen an Arbeiter und untere Beamte vermiete.

Die Regierung sprach die Erwartung aus, dass die Gemeinden diesem Beispiel folgten und „ungesäumt eine eingehende Prüfung vornehmen".[77] Die Gemeinden und Städte sollten den in ihrem Gebiet tätigen gemeinnützigen Bauge-

---

72 Zu erinnern ist in diesem Zusammenhang an die breitangelegte Untersuchung des Vereins für Socialpolitik über die „Wohnungsnoth" von 1886 und die neuere Untersuchung des gleichen Vereins im Jahre 1901 (Fuchs). Nähere Angaben sind bei Abschnitt 3.3, bei 4.6 und am Schluß des Kapitels 4 vermerkt.

73 Thronrede 1901, in: Verhandlungen des preußischen Hauses der Abgeordneten, 19. Legislaturperiode, III. Session, 1901, Sp.1-6.

74 Thronrede 1901, Sp.1-6.

75 Eberstadt, Rudolf, Gesetzgebung. Der Entwurf, Tübingen 1904, S.180. Der „Wohnungserlaß" ist in der Denkschrift der Reichsregierung vom 10.6.1904 abgedruckt, S. 167-172.

76 Wohnungserlaß vom 19.3.1901, in: Denkschrift...., Berlin, S. 167.

77 Wohnungserlaß vom 19.3.1901, S. 168.

sellschaften bei der Kapitalbeschaffung und durch „Bereitstellung der Baubeamten" helfen. Die Gemeinden sollten auch dafür sorgen bzw. sicherstellen, dass die so erstellten preiswerten Wohnungen dem beschriebenen Personenkreis erhalten blieben, eine spätere Zweckentfremdung sei unerwünscht.[78] Die Gemeinden könnten auch dadurch helfen, indem sie den völligen oder teilweisen Nachlaß der Straßen- und Kanalbaukosten den Gemeinnützigen gewähren. Außerdem sollten die Gemeinden die Verkehrsverbindungen zu den Außenbezirken fördern und für die Minderbemittelten Fahrpreisermäßigungen einführen. Schließlich schlug die Regierung vor, die Bodenspekulation zu bekämpfen. Dies könne durch den Ankauf von preiswertem Land und durch die Hergabe von Erbpachtgrundstücken geschehen, welche Form gewählt würde, sei von der Gemeinde zu entscheiden. Am 19.3.1901 wurden die preußischen Oberpräsidenten gebeten, die Frage zu prüfen, ob nicht in der jeweiligen Provinz eine Zentralstelle im Sinne des „Rheinischen Vereins zur Förderung des Arbeiterwohnungswesens" geschaffen werden könne. Da die bisherigen Polizeiverordnungen „vielfach den Anforderungen an gesunde Wohnungen nicht ausreichten" oder durch die „Verschiedenartigkeit der Bestimmungen" zu „Unzuträglichkeiten" geführt hätten, wurde dem Erlass ein Muster für Polizeiverordnungen beigefügt.[79] Im Mai 1901 konkretisierte der „Minister der öffentlichen Arbeiten", welche Hilfestellung die Baubeamten den Gemeinden oder den Gemeinnützigen leisten könnten. Die Beamten sollten mit „Rath und Auskunft" und durch Bauentwürfe, sowie von Kosten und Rentabilitätsberechnungen „förderlich" wirken. Sofern in einer gemeinnützigen Baugesellschaft kein „bautechnischer Beirath" zur Verfügung stehe, sollten sie sich an die besonders „namhaft gemachten Baubeamten" wenden.[80]

Der preußische Erlass von 1901 („Verbesserung der Wohnungsverhältnisse)" war nach Gransche eine Art „Magna Charta" der Wohnungspolitik in Preußen, die auch eine Ausstrahlung auf die anderen Staaten besessen hätte.[81] Obwohl der Erlass nur eine „rhetorische Anerkennung" der verheerenden Wohnungszustände war und kein Gesetz und keine Verordnung darstellte, so enthalte dieser Erlass noch heute gültige „wohnungspolitische Prinzipien", so Gransche. Nach dem heutigen Forschungsstand habe der Erlass, trotz seiner Wichtigkeit, eine „relativ unbedeutende Wirkung" gehabt.[82]

Gleichwohl kann dieser Erlass von 1901 eine größere Rolle gespielt haben als Gransche meint, denn im Reichstag hat der Abgeordnete Jäger schon 1902 eine Resolution eingebracht, die vom Reichstag gebilligt wurde.[83] Danach sollte die Reichsregierung eine „Übersicht über alle Gesetzgebungs- und Verwaltungsmaßregeln", auch der Bundesstaaten, vorlegen, die das Wohnwesen betreffen.

---

78 Wohnungserlaß vom 19.3.1901, S. 167-168.

79 ebd., S. 172-173.

80 Centralblatt der Bauverwaltung 1901, S. 229.

81 Gransche, Elisabeth, Die Entwicklung der Wohnungspolitik bis zum Ersten Weltkrieg, Frankfurt a. M. 1985, S. 49.

82 Die zeitliche Nähe zwischen dem Erlass von 1901 und dem ersten Entwurf des preußischen Wohnungsgesetzes von 1904 kann auch anders als bei Gransche gedeutet werden, nämlich als politischer Auftakt zur Lösung der (preußischen-)Wohnungsfrage.

83 Deutscher Reichstag, Drucksache Nr. 852 (zitiert aus der Denkschrift).

Daraus ist die „Denkschrift, betreffend die Wohnungsfürsorge im Reiche und in den Bundesstaaten“ entstanden.[84] Die zeitlichen Abfolgen, beginnend mit der Thronrede, dem preußischen Erlass von 1901, der Reichstags-Resolution von Jäger 1902, der Denkschrift des Reichs vom 10.6.1904 und dem Entwurf des ersten preußischen Wohnungsgesetzes vom 6.8.1904 sind sicher nicht zufällig, sondern ein (vorsichtiger) Neubeginn der Wohnungspolitik in Preußen, aber auch im übrigen Reichsgebiet.

5.2 Bauordnung, Wohnungsaufsicht und Wohnungsfürsorge in der Denkschrift des Reichsamtes des Innern von 1904[85]

Die Bauordnungen und die Wohnungsaufsicht in der Denkschrift

Die Zuständigkeit für die Wohnungspflege und -aufsicht lag bei den Bundesstaaten und nicht beim Reich. Die Reichregierung sah in der Denkschrift jedoch eine Möglichkeit, nicht nur die Maßnahmen der „Wohnungspflege oder -aufsicht“ zusammenzufassen, sondern auch Maßnahmen zu beleuchten, die auch mit dem Wohnungsproblem zusammenhängen.

Die thematische Erweiterung konnte aus der Fragestellung des Abgeordneten Jäger abgeleitet werden, denn er hatte nach allen Maßnahmen und Vorschriften gefragt, die das Wohnungswesen in den Bundesstaaten betreffen.[86] Die Reichsregierung hat am 8.6.1903 daraufhin „die verbündeten Regierungen ersucht“, [...] „über alle zum Zwecke der Wohnungsfürsorge“ getroffenen gesetzlichen Maßnahmen und „deren Erfolge“ zu berichten, eingeschlossen war die Frage nach der Baupolizei. Die Antworten der Bundesstaaten wurden in der Denkschrift in drei Gruppen zusammengefaßt, innerhalb der einzelnen Gruppen wurden folgende Schwerpunkte gebildet:

Gruppe I: Allgemeine Vorschriften über Baugelände und Gebäude

In Gruppe I. waren, erstens, die Aufstellungsvorschriften für Bebauungspläne enthalten, zweitens die Möglichkeit der Grundstücksumlegung bei Grundstücken, die nicht bebauungsfähig waren, drittens die Mittel gegen die übermäßige Ausnutzung der Baugrundstücke, viertens die Vorschriften über die Bauweise, die vordere und hintere Baufluchtlinie und fünftens, die Vorschriften für die zulässige Gebäudehöhe, die Geschosszahl und die Zulässigkeit von Hinter- und Seitengebäuden.

---

84 Deutscher Reichstag, Drucksache Nr. 471, 11. Legislatur-Periode, I. Session 1903-1904.

85 Reichstagsdrucksache Nr. 471 vom 10.6.1904. Denkschrift, betreffend die Wohnungsfürsorge im Reiche und in den Bundesstaaten. Die Denkschrift hat einen Umfang von 507 Seiten!

86 Drucksache Nr. 471, S. III. Jäger war Mitglied der Bayerischen Kammer der Abgeordneten und zugleich Mitglied des Reichstages. Schriften: „Die Wohnungsfrage“ zwei Bände 1902, „Denkschrift über die Wohnungsfrage auf Wunsch zahlreicher Abgeordneten für den bayerischen Landtag“, in: Kammer der Abgeordneten, XXXIII. Landtagsversammlung, III. Session 1903. Und: „Vorbericht zum Entwurf des preußischen Wohnungsgesetzes, in: Unterlagen I. Allgemeiner Deutscher Wohnungskongreß, Frankfurt 1904, sowie „Bodenreform, Wohnungsfrage und Schutzverband für deutschen Grundbesitz. Offener Brief an den Herrn Landtagsabgeordneten Grafen Anton von Spee“, 1914

Gruppe II: Durchführungsvorschriften für die Wohnungsaufsicht

Hier waren die Vorschriften über die Beschaffenheit, die Benutzung und die Instandsetzung von Wohnungen aufzuführen, zweitens die baupolizeilich-hygienischen Vorschriften: Höhe und Fläche der Räume, Lichtzufuhr und Aborte, drittens sollten die Vorschriften gegen bauliche Verwahrlosung von Gebäuden, Keller- und Dachwohnungen aufgeführt werden. Gefragt wurde nach Vorschriften, die die Höchstzahl der Personen pro Wohnung regelten, schließlich war anzugeben, wie das Schlafstellen- und das Aftervermietungswesen behandelt werden.

Gruppe III: Förderung des Wohnungsbaus für die minderbemittelten Klassen

Hier war, erstens, nach den Bestimmungen über den „Nachlaß von baupolizeilichen Vorschriften für kleine Wohnungen gefragt worden." Zweitens sollten Vorschriften aufgeführt werden, wie der Erlass von Steuern und Gebühren geregelt wird. Drittens wurde gefragt, ob eine Ermäßigung von Anliegerbeiträgen für Straßen- und Entwässerungskosten und für Licht- und Wassertarife möglich ist. Viertens sollte erläutert werden, ob Kredithilfen durch Zeichnung von Aktien oder Anteilscheinen geplant sind oder schon bestehen. Auch sollte die Gewährung von Baudarlehen und die Übernahme von Bürgschaften aufgezeigt werden. Fünftens wurde gefragt, ob die „Hingabe von Bauland zu Eigentum oder Erbbaurecht" schon erwogen würde. Sechstens wurde gebeten, ob Staats- und Kommunalbeamte durch „Raterteilung" an der Ausarbeitung von Plänen und Kostenvoranschlägen mitwirken würden.[87]

Die von der Reichsregierung zusammengestellten Antworten der Bundesstaaten in Bereichsgruppen können nur eine Übersicht ergeben, wie die Wohnungsfrage zu Beginn des 20. Jh. in den Bundesstaaten politisch bewertet wurde.[88] Es würde in dieser Arbeit zu weit führen, wenn die in der Denkschrift ebenfalls aufgeführten einzelnen Finanzhilfen und deren Vergabemodalitäten untersucht würden. Überwiegend wurden die Mittel zunächst für die Angehörigen des öffentlichen Dienstes eingesetzt. Bevorzugte Hilfe erhielten geringverdienende Beamte und Angestellte, sei es in Form der Baulandbereitsstellung oder der Gewährung von Darlehen. Die Hilfe konnte auch dadurch gewährt werden, dass man preiswerte Dienstwohnungen errichtete, die dann an bestimmte Gruppen vermietet wurden. Eine weitere Unterstützung für die Herstellung von Kleinwohnungen waren die für Baugenossenschaften und Bauvereine vorgesehenen öffentlichen Darlehen oder die Geländebereitstellung.[89]

87 Drucksache des Reichstags, Drucksache Nr. 471, 11. Legislaturperiode, I. Session 1903-1904. „Die Wohnungsfürsorge im Reiche und in den Bundesstaaten, S. III-VII.

88 Drucksache Nr. 471, S. 4. Beteiligt waren die Königreiche Bayern, Preußen, Sachsen und Württemberg, die Großherzogtümer von Baden bis Oldenburg, die Herzogtümer von Braunschweig bis Anhalt, die Fürstentümer von Schwarzburg-Sondershausen bis Lippe, die Hansestädte Bremen, Lübeck und Hamburg und das Gebiet von Elsaß-Lothringen.

89 Drucksache Nr. 471, S. 126. Die Zahl der Staatsbediensteten betrug 1902 in Bayern 11.529. Für sie standen 1002 Dienstwohnungen zur Verfügung, daher kamen nur 8,7 % der Mitarbeiter in den Genuß einer Wohnung.

Einige Staaten hatten die Wohnungsaufsicht in einer Verordnung geregelt, beispielsweise Bayern, zusätzlich war hier aber mitgeteilt worden, dass in der vorhandenen Bauordnung ausreichend formulierte Voraussetzungen für das „gesunde Wohnen“ enthalten seien, von einer speziellen Wohnungsvorschrift könne in Bayern abgesehen werden. Da es in Preußen weder eine Bauordnung noch ein Wohnungsgesetz gab, wurden einzelne örtliche Polizeiverordnungen, die Zahl der VO wird dabei auf 125 geschätzt, erlassen.[90] In Sachsen war das Baugesetz von 1900 die Grundlage zur Einführung der Wohnungsaufsicht. Nach § 163 „können Ortsgesetze oder örtliche Polizeiverordnungen“ über die Instandhaltung und die Beaufsichtigung von Mietwohnungen erlassen werden. In Württemberg war kein Gesetz oder Verordnung für die Wohnungsaufsicht erlassen worden; die württembergische Regierung wies auf die Vorschriften der Bauordnung von 1872 hin, in der Bestimmungen zum Schutz „der Gesundheit und Sicherheit“ der Bewohner getroffen worden seien. Zusätzlich sei 1901 eine Ministerialverfügung über die „regelmäßige Wohnungsaufsicht“ ergangen.[91]

Die Wohnungsfürsorge in der Denkschrift

Unter Wohnungsfürsorge wurde Ende des 19. und zu Beginn des 20. Jh. nicht nur die finanzielle Hilfe oder die Zuwendung in Form von Gütern des täglichen Bedarfs verstanden, Wohnungsfürsorge war eine weitergehende Form der Hilfe für den Einzelnen.[92] Die staatliche und gemeindliche Wohnungsfürsorge konnte daher auch Hilfe durch Hergabe von öffentlichen Darlehen sein. Der Staat Hessen-Darmstadt hatte die Wohnungsfürsorge 1902 den Gemeinden übertragen, wobei die Gemeinden dafür sorgen sollten, dass „gute und billige Wohnungen

---

90 Drucksache Nr. 471, S. 113, der bayerische Beitrag zur Denkschrift enthielt weite Teile der eigenen Bauordnung. Sachsen regelte die Wohnungsaufsicht im Baugesetz (§ 163).

91 Drucksache Nr. 471, S. 155.

92 Denkschrift, betreffend die Wohnungsfürsorge im Reiche. Der Begriff hat seit dem Beginn des 20. Jh. einen Bedeutungswandel erfahren. Die „Wohnungsfürsorge“ ist ein Sammelbegriff. Er steht für folgende Regeln, Maßnahmen und Tätigkeiten der öffentlichen Hand, aber auch der caritativen und gemeinnützigen freien Gesellschaften: Änderungen an den Bauordnungen zu Gunsten des Kleinhausbaus, Arbeitgeberwohnungsbau, Bereitstellung von gemeindlichen „Baustellen“, Dienst- und Mietwohnungen für öffentliche Bedienstete, Erbpachtvergabe an Bauwillige, Gebühren- und Steuerermäßigungen, Gewährung von Baudarlehen, Hausbauprämien und –Darlehen, Kredite der Landesversicherungsanstalten, Zinsbeihilfen durch die öffentlichen Hand im Wohnungsbau an einkommensschwache Schichten.
Vergl.: Scheidt, Adolf, Staatliche Wohnungsfürsorge in Preußen, Berlin 1920. Nach 1918 erweiterte der Staatskommissar für Wohnungswesen, Adolf Scheidt, die „Wohnungsfürsorge“ um die Begriffe: Baustoffversorgung, Bekämpfung der Wohnungsnot, Bereitstellung von Pacht- und Gartenland, Hilfe durch „Überteuerungszuschüsse“, Kapitalabfindungen für Kriegsbeschädigte, Mietkostenzuschüsse, Wohnungsaufsicht- und Pflege, Wohnungsnachweise und Wohnungsbewirtschaftung, Wohnungsämter, allgemeine Wohnungshilfe, Zurückdrängung der Mietskaserne zu Gunsten des Kleinhausbaues.
Vergl.: Wohnungsfürsorge in deutschen Städten, hg. vom Kaiserlichen Statistischen Amt, Berlin 1910. Im 20. Jh. wurde die Wohnungsfürsorge als „jede zielbewußte auf die geregelte Befriedigung des Wohnungsbedürfnisses anderer Personen gerichtete Tätigkeit“ definiert, in: Handwörterbuch des Städtebaues, Wohnungs- und Siedlungswesen, hg. von Hermann Wandersleb (Bundesministerium für Wohnungsbau), Stuttgart 1959, Bd. 3, Buchstabe R bis Z, S. 1716.

für Minderbemittelte in genügender Anzahl vorhanden sind".[93] Der Staat bot mit dem Gesetz den Gemeinden Darlehen zum Baugeländekauf, aber auch zum Wohnungsbau an. Die Zinshöhe wurde unter dem Marktzins angesetzt. Die öffentlichen Darlehen waren nicht nur für die Förderung von Mietwohnungen vorgesehen, es konnten auch minderbemittelte Familien gefördert werden, die bereits in einem Einfamilienhaus wohnten. Die Gemeinden wurden angehalten, Familien, die in schlechten und ungesunden Wohnungen wohnten, auf neu errichtete Wohnungen, im Rahmen des Förderprogramms, hinzuweisen.[94] Diese Wohnungspolitik verfolgten auch andere deutsche Staaten in unterschiedlichem Maß. Die Wohnungsfürsorge für seine Arbeiter, Angestellten und die „geringbesoldeten Beamten" hatte die Reichsregierung durch den Bau von Wohnhäusern (aber eben nur nach der Haushaltslage) ansatzweise versucht zu erfüllen, ohne indes den tatsächlichen Bedarf decken zu können. Das Reich hatte auch Baugenossenschaften mit der Aufgabe betraut, nach speziellen Erfordernissen Wohnungen zu errichten.[95]

Die Denkschrift behandelte zunächst die Maßnahmen, die das Reich selbst als Arbeitgeber durchführen konnte. Dazu gehörten auch die Einrichtung des Erbbaurechts[96] und dessen Vergabe an Genossenschaften und Einzelbauherren mit unterschiedlichen Laufzeiten von 65 bis 80 Jahren.[97] Das Reich sah in der Vergabe des Erbbaurechts eine Möglichkeit, die Bodenspekulation völlig auszuschalten.[98] Das Reich verteidigte öffentlich vorgebrachte Bedenken gegen das Erbbaurecht mit dem Hinweis, dass der Erbbaurechtsnehmer sein Recht veräußern könne. Außerdem sei das Recht vererbbar. Würde der Erbbaurechtsnehmer sein Obereigentum vernachlässigen, schade er sich selbst am meisten.[99]

93 Gesetz, die Wohnungsfürsorge für Minderbemittelte betreffend, Hessisches Regierungsblatt 1902, S. 357.

94 Matthias, Wohnungsaufsicht und Wohnungsfürsorge nach der hessischen Gesetzgebung, Darmstadt 1906, S. 49.

95 Reichstagsdrucksache Nr. 471, S. 5-9. Für die Reichsbehörden waren unterschiedliche Fürsorgeformen vorgesehen: Maßnahmen für das Reichsmarineamt, die Reichspost, die Reichseisenbahnverwaltung, das Reichskanalamt und viele andere mehr.

96 Eberstadt, Handbuch des Wohnungswesens, S. 427-429. Das Erbbaurecht wurde auch Bodenleihe genannt, es verleiht dem Erbbaurechtsnehmer das veräußerliche und vererbbare Recht auf fremdem Boden auf oder unter der Erde ein Gebäude zu errichten. Nach Ablauf des Vertrages fällt das Gebäude dem Grundeigentümer (mit oder ohne) Entschädigung zu. Frankfurt am Main hat den ersten neuzeitlichen Vertrag 1900 geschlossen.

97 Koska, Max, Der erste Erbbauvertrag des Preußischen Staates, in: *Zeitschrift für Wohnungswesen*, Berlin 1903, H. II, S. 17-18. Das Erbbaurecht ist als Institut seit langem bekannt, es ist insbesondere von Stiftungen immer wieder angewandt worden. Dennoch hat es Aufsehen erregt, als der Staat Preußen 1903 den ersten Erbbaurechtsvertrag abgeschlossen hatte. Der Beamtenwohnungsverein Berlin erhielt auf 70 Jahre (mit 2 % Zinsen) das Recht, auf einer königlichen Domäne in Dahlem Wohnungen zu errichten. Die Vertragsformulierung war einer Kommission übertragen, die aus acht Kommissaren und einem Minister bestand.

98 Das Reich wurde in diesem Falle als Käufer entsprechender Grundstücke tätig, das Reich blieb Eigentümer. Die Vergabe des Erbbaurechts erfolgte gegen den mäßigen Zinssatz von 2%. Der Zinssatz war auch deswegen gerechtfertigt, weil das Grundstück im Eigentum des Reichs blieb und das Reich evtl. Bodenwertsteigerungen für sich verbuchen konnte (DrS. Nr. 471, S. 22).

99 In der Denkschrift fand sich kein Hinweis, warum diese Bedenken geäußert wurden, S. 19. Der hessische Landeswohnungsinspektor äußerte sich 1912 dazu wie folgt: Die negativen

Der erste Entwurf des preußischen Wohnungsgesetzes (1904)

In diesem Teil soll nun auf die erste und zweite Entwurfsfassung eines preußischen Wohnungsgesetzes von 1904 und 1913 eingegangen werden und diese mit dem Gesetz von 1918 verglichen werden. Der erste preußische „Wohnungsgesetzentwurf" war nicht auf der Grundlage eines eigenständigen Gesetzes aufgebaut. Vielmehr war der Entwurf ein Artikelgesetz mit sechs Artikeln, die in das „Fluchtliniengesetz" von 1875 einfügt werden sollten. Der Entwurf des Artikelgesetzes von 1904 trug die Überschrift „Entwurf eines Gesetzes zur Verbesserung der Wohnungsverhältnisse". Mit der Konzeption verschiedener Sachverhalte in einem Gesetz waren aber erhebliche fachliche und rechtliche Schwierigkeiten verbunden. Sie lagen darin begründet, dass z.B. in Artikel 1 das „Fluchtliniengesetz" geändert werden sollte, durch Artikel 2 sollten Änderungen in den 300 städtischen Bauordnungen möglich sein. In Artikel 3 sollte das Kommunalabgabengesetz in drei Paragrafen unterteilt werden, der Artikel 4, Wohnungsordnungen, war der eigentliche Anlaß für das Artikelgesetz. Die zitierten älteren Gesetze mussten überprüft werden, es sollte festgestellt werden, ob und wie die neuen sozialpolitischen Zielvorstellungen in die älteren Regelwerke integriert werden konnten. Eine „beträchtliche Unübersichtlichkeit" (Berger-Thimme) war diesem Gesetzentwurf in allen Punkten anzumerken.[100]

Im Entwurf von 1904 war das „Wohnungsbedürfnis" noch nicht Hauptgegenstand, denn die geplante Vorschrift in Art. 1 lautete: „Zu den bei der Festsetzung (von Fluchtlinien) wahrzunehmenden Rücksichten gehört ferner die Rücksicht auf das Wohnungsbedürfnis".[101] Den Gemeinden wurde in Art. 2 die Möglichkeit gegeben, die eigenen Bauordnungen zu ändern, besonders sollten nun Abstufungen der baulichen Ausnutzbarkeit, d.h. Zonen unterschiedlicher Nutzung und Bebauungsdichte zugelassen werden. Allerdings war diese Vorschrift als eine „Kann-Bestimmung" konzipiert und damit in das Belieben der Gemeinde gestellt.[102] Die Einführung einer Art Wohnungsinspektion wurde im Artikel 4 als „Wohnungsordnung" bezeichnet. Sie war für Gemeinden mit mehr als 10.000 Einwohnern Pflichtaufgabe, in kleineren Gemeinden konnte sie eingeführt werden. In Großstädten über 100.000 Einwohner war ein Wohnungsamt einzurichten (Art.5, § 1). Die Mindestanforderung für die Wohnungen war die baupolizeiliche Genehmigung, die die Räume als zum dauernden Aufenthalt von Menschen deklarierte. Mietwohnungen durften „baulich nicht verwahrlost" sein, sie durften „in gesundheitsschädlicher Weise nicht feucht" sein, die Wohnung musste einen eigenen Zugang haben. Die Wohnungen mussten einen eigenen Abort und eine eigene Kochstelle haben und „soweit sie an die Kanalisation und Wasserleitung angeschlossen" waren, einen eigenen Ausguß und Wasserhahn

---

englischen Erfahrungen sollten nicht auf Deutschland übertragen werden, denn der deutsche „Reichsfiskus" habe einen „Normal-Erbbauvertrag" herausgegeben. Darin bemißt sich bei Vertragsende die Entschädigungshöhe nach dem tatsächlichen Wert (Realwert) der Bauten. (Die Praxis der Wohnungsreform, Darmstadt 1912, S. 46).

100 Berger-Thimme, Wohnungsfrage ,S. 222.

101 Entwurf eines Gesetzes zur Verbesserung der Wohnungsverhältnisse, in: Erste Beilage zum Deutschen Reichsanzeiger und Königlich Preußischen Staatsanzeiger, 1904, Nr. 184, S. 1.

102 ebd., Artikel 2.

vorweisen. Die Wohn- und Schlafräume und die Küche mussten für jede Person mindestens zehn cbm Luftraum und vier Quadratmeter Bodenfläche aufweisen. Für Kinder unter zehn Jahren konnten geringere Werte zugelassen werden. Durch die Erhöhung der Personenzahl, z.B. durch Geburten oder das Heranwachsen der Kinder über die Schwelle von zehn Jahren änderte sich an den Mindestvoraussetzungen nichts, die Erhöhung des Luftvolumens oder der Bodenfläche brauchte nicht berücksichtigt werden (§ 4, Abs. 3). Dem Gesetzentwurf von 1904 war eine umfangreiche Begründung beigefügt worden.[103]

In der Begründung wurde auf die „Thronrede zur Eröffnung des Landtages" (1901) hingewiesen, wonach die „Gestaltung der Wohnverhältnisse" in den dicht bevölkerten Gebieten ein Eingreifen „erheische", um Missstände „zu mildern" und dem Wohnungsbedürfnis der „minderbemittelten Klassen" nach Möglichkeit abzuhelfen.[104] Es seien umfangreiche Ermittlungen in Preußen angestellt worden, die zu dem Schluss geführt hätten, dass die „erheblichen Mißstände sogar dauernder Natur" seien.[105]

Unter den „Mißständen" wurde verstanden: der Wohnungsmangel und die Obdachlosigkeit, die geringe Anzahl von leerstehenden Wohnungen, die geringe Anzahl von Kleinwohnungen, die hohen Mietpreise (im Verhältnis zum Einkommen der lohnabhängigen Bevölkerung), die Über- und Fremdbelegungen in den Wohnungen, die schlechte Lage der Wohnungen und deren mangelhafter baulicher Zustand. Eine der Meßziffern für die Beurteilung des Wohnungsmarktes waren die sog. Leerstandzahlen, von „ernstlichen Wohnungsproblemen" müsse dann gesprochen werden, wenn die Leerstandszahl unter 3% sinke.[106]

Tabelle 20: Leerstandszahlen zwischen 1890 und 1900 in drei preußischen Städten[107]

Stadt	Insgesamt			Mit 1 heizbaren Zimmer			Mit 2 heizbaren Zimmern		
Zeitpunkt	1890	1895	1900	1890	1895	1900	1890	1895	1900
Berlin	3,14	5,56	0,44	1,66	4,73	0,27	3,79	6,02	0,32
Hannover	1,25		1,47	0,42		0,78	1,71		1,26
Königsberg	1,92	0,18	2,84	1,50	0,15	1,80	1,98	0,27	3,34

103 Der Abdruck im Deutschen Reichsanzeiger erfolgte im Format 30 mal 40 cm und im Kleindruck, umgerechnet sind dies ca. 25 DIN-A4-Seite. In der Begründung waren die bisher erstellten Untersuchungen zur Wohnungssituation in Preußen, oft in tabellarischer Form, umfassend dargestellt. Die preußische Regierung hatte sich nicht gescheut, den Wohnungsfehlbestand, die Leerstände, die Überbelegung, die fehlende sanitäre Ausstattung und den allgemeinen schlechten baulichen Zustand der Gebäude (und viele weitere wohnungsrelevante Daten) darzustellen. Zusammengenommen muss diese umfassende und eher schonungslose Vorlage des Gesetzesentwurfs als ungewöhnlich bezeichnet werden.

104 Erste Beilage zum Deutschen Reichsanzeiger und Königlich Preußischen Staatsanzeiger, Berlin 1904, Nr. 184, vom 6.8.1904, S. 2.

105 Erste Beilage zum Deutschen Reichsanzeiger, 1904, S. 2.

106 Albrecht, H., Leerwohnungsziffer, in: Handwörterbuch des Wohnungswesens, Jena 1930, S. 509-512. Die Ziffer wird allgemein in der Literatur mit 3 % angegeben. Sie besagt, dass ungefähr drei bis vier bewohnbare Wohnungen pro 100 vorhandenen Wohnungen nicht bewohnt sind, dem Markt aber zur Verfügung stehen.

107 ebd., Entwurfsbegründung, S. 2.

Die Leerstandszahl von 3 % wurde von der preußischen Regierung nicht als eine absolute Meßgröße angesehen, denn die Schwankungsbreite in fünf Jahren (Berlin) reichte von 3,14 auf 5,56 und fiel partiell auf 0,44, sie konnte daher nur ein Indikator für die Wohnungssituation sein. Annähernd verlässliche Verhältnisse konnten, bedingt, nur durch jährliche Wohnungserhebungen gewonnen werden, gleichwohl wurde die Meßziffer 3 % trotz ihrer methodischen Schwäche, noch bis in die 50er Jahre des 20. Jh. angewandt. Die Begründung des Gesetzentwurfs beschränkte sich jedoch nicht auf die Wiedergabe von Leerstandszahlen. Der Begründung waren umfangreiche statistische Erhebungen (Tabellen) beigefügt. Sie enthielten: Die Leerstandszahlen von 1901-1904 für Berlin, Frankfurt a. M, Magdeburg, Charlottenburg, Königsberg, Essen, Halle, Kiel, Schöneberg und Flensburg, die Mietpreise des Jahres 1901 für Berlin, Breslau, Charlottenburg, Altona, Posen, Schöneberg, Rixdorf, Friedenau, Grunewald und Schmargendorf, die Anteile der Kleinwohnungen mit nur einem heizbaren Zimmer im Verhältnis zur Wohnungszahl und zwar für Berlin, Breslau, Magdeburg, Königsberg, Halle, Barmen, Posen, Rixdorf und Görlitz. Aufgeführt war der Anteil der Kleinwohnungen mit nur einem heizbaren Zimmer im Verhältnis zur Einwohnungszahl für Berlin, Breslau, Magdeburg, Königsberg, Halle, Barmen, Posen, Rixdorf und Görlitz. In einer Tabelle wurde der Überfüllungsgrad der Wohnungen für Berlin, Schöneberg, Rixdorf, Frankfurt, Charlottenburg und Altona angegeben. Belegt wurden auch die Anzahl der Wohnungen, die nicht nur von Familienangehörigen, sondern auch von Schlafleuten belegt oder bewohnt wurden, genannt wurde Berlin, Charlottenburg, Schöneberg, Rixdorf und Essen. Schließlich wurde die Zahl der Wohnungen im Keller, im IV. Stockwerk und in Dachgeschossen für Berlin, Breslau, Hannover, Charlottenburg, Altona, Posen, Kiel, Schöneberg und Görlitz dargestellt, dies jeweils im Verhältnis zur Gesamtzahl der bewohnten Wohnungen.[108]

Den Mangel an kleineren Wohnungen führte die Regierung auf das unzureichende Angebot zurück, es sei zu beobachten, dass ältere Gebäude mit preiswertem Wohnraum vielfach abgerissen würden, um Neubauten mit 4- bis 5-Zimmerwohnungen in mehrgeschossigen Gebäuden zu errichten. Zudem fügten die Unternehmer noch Quer-, Hinter- und Seitengebäude an mit der Folge, dass weitere „licht- und luftarme Wohnungen" entstünden. Die Wohnungsnot wäre auch deswegen so groß, weil durch die Spekulation „vielfach übermäßig gesteigerten Bodenpreise" zu höheren Gestehungskosten und damit zu höheren Mietpreisen führe, die in keinem Verhältnis mehr zum Einkommen der Schichten stehen, die die Wohnungen benötigten.[109] Zu den Schwierigkeiten der Städte, zähle auch die vom Reich gewährleistete Freizügigkeit. Es sei zu überprüfen, ob von einem „auf die Beseitigung der vorhandenen Wohnungsmißstände gerichteten Vorgehen ein unerwünschter Einfluß auf die Vermehrung des Zuzugs der ländlichen Bevölkerung nach den Städten zu erwarten ist."[110]

108 Entwurfsbegründung, S. 2 und 3.

109 Entwurfsbegründung, S. 3.

110 Entwurfsbegründung, S. 4. Daher, so die Umschreibung aus der Regierungsvorlage, müsse die „Verbesserung der Wohnungsverhältnisse auch unter diesem Gesichtspunkt geprüft werden." Vereinfacht ausgedrückt: Kann die Verbesserung der Wohnungsverhältnisse in den Städten sich sogar negativ auswirken, weil mit besseren Wohnungen und preiswertem Wohnraum noch mehr unerwünschter Zuzug aus ländlichen Gegenden zu erwarten sei?

Die Entwurfsbegründung zeigt die wohnungspolitischen Schwächen auf, die schon Baumeister, Stübben, Adickes, Kuntze und der Verein für öffentliche Gesundheitspflege seit den 80er Jahren des 19. Jh. angeprangert hatten. Das preußische Gesetz sollte nun dem allgemein bekannten Wohnungsmangel und den Missständen abhelfen. Als wichtigste Maßnahme zur Bekämpfung der Wohnungsnot wurde der Bau von Kleinwohnungen, die in „gesundheitlicher, sittlicher und sozialer Hinsicht einwandfrei" seien, angesehen, dabei sei der Mietpreis in angemessenen Grenzen zu halten. Erschwerende Einflüsse müssten für die Bauunternehmungen beseitigt und Anreize zum Bau gegeben werden. Eine erschwerende Ursache sei die ungesunde Bodenspekulation, der durch die Aufstellung von Bebauungsplänen, Straßenherstellung, Besteuerung und Bauordnungsänderungen wirksam begegnet werden könne. Das Baupolizeirecht solle daher abgestufte Nutzungen ermöglichen. Die Herstellung und Vermietung von Kleinwohnungen sei bei den Unternehmern „unbeliebt", weil der Mieteingang unsicherer als bei großen Wohnungen sei. Außerdem würde die Verwaltung der Kleinwohnungen höhere Kosten verursachen, die Abnutzung und bauliche Unterhaltung dieser Gebäude wären ebenfalls höher als bei anderen Wohnungen.[111] Um hier Abhilfe zu schaffen, sei seitens der Regierung daran gedacht, die Straßenkostenbeiträge, die Gebühren für Kanalnutzung, Wasserbezug, Baugenehmigung und Grundsteuern zu ermäßigen; den gemeinnützigen Wohnungsbaugesellschaften sollten Finanzierungserleichterungen gewährt werden. Die freien Wohnungsbauunternehmen würden keine Einbußen erleiden, weil sich die bisherige Bautätigkeit der gemeinnützigen Gesellschaften in Preußen bis 1900 mit 8.478 Gebäuden und 24.075 Wohnungen in engen Grenzen halte. Ein besonders wirksames Mittel, um die Bauunternehmen zum Bau von guten Kleinwohnungen zu veranlassen, sei das „planmäßige Einschreiten" gegen die schlechten und überfüllten Wohnungen.[112]

Die Wohnungsinspektion und die Mängelfeststellungen würden, so die Hoffnung der Regierung, die Bauunternehmer veranlassen, mehr Kleinwohnungen zu bauen.[113] Bebauungspläne, die in manchen Städten noch den Bau von „Hinterwohngebäuden" und „Massenmiethäuser" durch tiefe Bebauung, bei übermäßig breiten Straßen, möglich machten, sollten geändert werden. Damit sollte die flachere Bebauung (1- bis 3-Geschosse) mit geringeren Bautiefen und schmaleren Straßen gefördert werden.[114] Die Regierung stellte auch fest, dass die „uneingeschränkte Ausnutzung der vorhandenen guten großen Wohnungen eine unlautere Konkurrenz" darstelle.[115] Damit würde die „Neigung weiter Bevölkerungskreise in erster Linie an der Wohnung zu sparen", ein wesentlicher Grund für die Bauunternehmungen sein, weniger (Klein-)Wohnungen zu bauen.[116] Die örtliche Wohnungsaufsicht sei deshalb geeignet, dem weiteren Ansteigen der Mieten und der Bodenpreise entgegenzuwirken. Die flachere Bauweise sei in den ländlichen Ge-

111 Entwurfsbegründung, S. 4.

112 Entwurfsbegründung, S. 4.

113 Entwurfsbegründung, S. 4. „Als besonders wirksames Mittel zur vermehrten Herstellung erscheint ein planmäßiges Einschreiten notwendig".

114 Entwurfsbegründung, S. 4.

115 Entwurfsbegründung, S.4. Gemeint ist die Ausnutzung großer Wohnungen durch Untervermietung und Schlafgänger.

116 Entwurfsbegründung, S. 4.

bieten zu fördern, weil damit indirekt auf die übermäßigen städtischen Bodenpreise regulierend eingewirkt werden könne. Die gesunde weiträumige flachere Bauweise verhindere das Zusammendrängen „in Mietskasernen“.[117] Von großer Bedeutung für eine Verbesserung der Wohnungsverhältnisse seien „angemessene städtische Bodenpreise“.[118] Um die vorhandene Neigung der Bauunternehmungen, Hintergebäude zu bauen, einzudämmen, solle das Gesetz Bestimmungen enthalten, so die Begründung, die eine Abänderung der bestehenden Bebauungspläne und Bauordnungen auf Grund des Wohnungsbedürfnisses ermöglichen könnte.[119]

Im Artikel 1 (Ziffer 5) des Entwurfs war vorgesehen, dass die Straßenkostenbeiträge um 25 % gesenkt werden sollen, wenn Gebäude und gesunde Wohnungen für minderbemittelte Familien bereitgestellt werden, die von Aktiengesellschaften, Genossenschaften und anderen Gesellschaften, deren Jahresgewinn auf 4 % beschränkt ist, errichtet werden. Welche Wohnform für solche Familien geeignet sein soll, könne durch Ortsstatute geregelt werden. Mindestens sei dort festzustellen, welche Zimmerzahl erwünscht sei, welche hygienischen Voraussetzungen zu schaffen seien, auch solle die Höchstzahl der Wohnungen und die Gebäudehöhe festgelegt werden, außerdem müsse die Wohnung abgeschlossen sein. Die zu gewährenden Vergünstigungen sollen nur dann entfallen, wenn das Gebäude weniger als 20 Jahre im Sinne der Anforderungen genutzt würde. Artikel 2 des Entwurfs trug die Überschrift „Bebauung der Grundstücke“ mit dem Untertitel „Bauordnungen“. Städtische Bauordnungen und „Wohnungsordnungen“ sind beides Polizeiverordnungen.

Von den städtischen Bauordnungen wurde angenommen, dass durch sie die Bodenpreise in angemessenem Rahmen gehalten werden könnten, bisherige „Erfahrungen haben dieses erwiesen“.[120] Um den „angemessenen“ Bodenpreis zu erreichen, „werden die baupolizeiliche Beschränkung der Ausnutzbarkeit“ der Grundstücksfläche und die Verringerung der Stockwerkszahl diesem Ziel dienen. In erster Linie würden die hohen Bodenpreise durch die bestehenden Bauordnungen bestimmt, weil sie die Ausnutzung einer bebaubaren Fläche erst ermöglichten, so die Regierung in der Begründung.[121] Außerdem sei zugelassen worden, dass mehrfache Hinter- und Quergebäude gebaut wurden, die nun ihrerseits die Bodenpreise in der näheren Umgebung in die Höhe getrieben hätten.[122]

Damit wurde erstmals amtlich bestätigt, dass die verbreitete Auffassung, wonach der hohe Bodenpreis dazu zwinge, die höhere Gebäude- und Wohnungsdichte zuzulassen, der Korrektur bedürfe. Die Ansicht, wonach die Bau-

117 Entwurfsbegründung, S. 4.

118 Gemeint ist in diesem Zusammenhang nicht der stadteigene Grundbesitz, sondern das Bauland innerhalb der Städte.

119 Entwurfsbegründung, S. 4. Im Text des Entwurfs (Artikel 1, Ziffer 1a, 2 und 3) ist eine Abänderung bestehender Bebauungspläne jedoch nicht aufgeführt. Daher hieß es auch in der Begründung in einem Nebensatz, dass von der Abänderung bestehender Pläne „nur geeignetenfalls“ Gebrauch gemacht werden könne. Zu bedenken war auch, ob mit einer negativen Änderung der Fluchtlinie nicht die Eigentumsgarantie nach Artikel 9 der preußischen Verfassung verletzt werden würde.

120 Entwurfsbegründung, S. 4.

121 Entwurfsbegründung, S. 5, zu Art. 2.

122 Entwurfsbegründung, S. 4, zu Art. 1.

ordnung den Bodenpreis wesentlich bestimmt, war für die Fachleute (Baumeister, Eberstadt, Fuchs und Stübben u.a.) nicht neu, die Bestätigung der „neuen These" durch den Regierungsentwurf war allerdings entscheidend.[123]

Baumeister hatte schon 1887, bei seiner Kritik an der neuen Berliner Bauordnung, geschrieben, dass Bodenpreis und Wohnsystem bei der baulichen Entwicklung der Stadt in einer fast unlösbaren Wechselbeziehung stünden. Die baupolizeilich zulässige Ausnutzung des Grundstückes bestimme dessen Preis.[124] Da die dauerhaft erzielbare hohe Miete für den Bauunternehmer die Kalkulationsgrundlage war und ist, muss zwangsläufig die größtmögliche Ausnutzung nach der Bauordnung auch die Rechengrundlage für den zu erwerbenden Bauboden sein. Die Bebauungspläne und die Bauordnungen mancher Städte hätten, so Carl Johannes Fuchs, „bisher tiefe Baublöcke" bei wenigen, aber übermäßig breiten Straßen vorgesehen, daher sei eine hohe Bodenpreissteigerung eingetreten.[125]

Die Einführung einer modernen Bauordnung, so wie sie Sachsen, Bayern, Württemberg und Hessen schon lange Zeit vorher gesetzlich geregelt hatten, unterblieb aber in Preußen, es blieb dabei, baupolizeiliche Bestimmungen im „Wohnungsgesetz" aufzunehmen, und zwar in allen Entwürfen bis 1918. Neben der grundsätzlich neuen Zielsetzung, den Bodenpreis zu stabilisieren, wurden im Entwurf von 1904 Bestimmungen vorgesehen, die bei Weitem nicht die Mustervorschläge der sächsischen Bauordnung von 1900 erreichten. In Sachsen sollte ein Zimmer mindestens 20 cbm und ein Kinderzimmer zehn cbm Luftraum pro Person, Wohn- und Schlafräume sollten zusammen mindestens 30 qm aufweisen.[126] Nach der preußischen Formel sollte der Rauminhalt für einen Erwachsenen zehn cbm und die Raumfläche vier Quadratmeter betragen, für Kinder sollten noch geringere Werte gelten (Artikel 4, § 4).[127] Als eine wichtige „sozialpolitische Forderung" betrachtete die preußische Regierung die Bestimmung, dass alle Räume zum dauernden Aufenthalt von Menschen bauaufsichtlich genehmigt sein müssten. „Ob Keller- und Dachwohnungen, Flure oder Korridore zu Wohnzwecken" genutzt werden dürften, bleibe grundsätzlich der örtlichen Baupolizei überlassen. Um sich eine Vorstellung zu verschaffen, welche Wohnfläche für eine Familie mit 6 Kindern sozialpolitisch noch als „ausreichend" gelten könne, hatte die Regierung folgende Berechnung angestellt:

---

123 Fuchs, Carl Johannes, Zur Wohnungsfrage, S. 69. Nach Fuchs besteht zwischen Bodenpreis und Gebäudeform eine Wechselwirkung. Am Anfang der Kette stehe aber immer die durch Bauordnung zulässige Bauform, denn nur durch sie können die Erwartungen der Grundstücksbesitzer (Ausnutzung des Grundstücks) realisiert werden.

124 Baumeister, Reinhard, Die neue Berliner Bauordnung, in: *DVjöG* 1887, S. 600-608, (606).

125 Fuchs, Zur Wohnungsfrage. Vorträge und Aufsätze, Leipzig 1904, S. 64. Fuchs wies darauf hin, dass es ja die Behörden (ob staatlich oder kommunal) sind, die die Bebauungspläne und die Bauordnungen schaffen. Daher sei das Entstehen der Mietskasernen mit Hofwohnungen und mehrfachen Hintergebäuden zwar eine Folge des hohen Bodenpreises, der eigentliche Auslöser liege aber darin, dass die Bauordnungen und die Bebauungspläne die dichte Bebauung zu lassen.

126 20 cbm Rauminhalt sind bei 2,50 Meter lichter Höhe acht Quadratmeter.

127 In der Alltagspraxis dürften nicht nur die preußischen Baupolizeidienststellen Schwierigkeiten gehabt haben, bei der Prüfung eines Bauantrages die Personenzahl eines unbekannten (zukünftigen) Mieters zu ermitteln.

„Nach den Bestimmungen der Ziffern 3 und 4 kann in einem Raume von 5 Meter Länge und 5 Meter Breite bei 3 Meter Höhe, wenn für Kinder unter zehn Jahren die Hälfte der geforderten Sätze festgesetzt wird, eine Familie von acht Personen, und zwar ein Ehepaar mit zwei Kindern von zehn bis vierzehn Jahren und vier Kinder unter zehn Jahren untergebracht werden."[128]

Haberland hat diesen Raum- und Flächennachweis für Wohnungen kritisiert und ihm eine Gefängnis-Einzelzelle gegenübergestellt. Die Zelle hat nach Haberland eine Fläche von mindestens 8,36 qm und mindestens 25 cbm Luftraum aufzuweisen.[129] Auf dem X. internationalen medizinischen Kongress in Berlin 1890 war eine noch geringere Fläche für Kost-, Quartier- und Schlafgänger als ausreichend angesehen worden:

Um das Kost- und Quartiergängerwesen einzuschränken, sollte für jeden vermieteten Raum eine Mindestfläche von drei Quadratmeter bei zehn cbm Luftraum pro Person vorhanden sein, für Kinder bis sechs Jahre genüge ein Quadratmeter und 3,3 cbm Luftraum, für Kinder von vierzehn Jahren genügen zwei Quadratmeter und 6,6 cbm Luftraum.[130]

Der preußische Gesetzentwurf wurde direkt nach der Veröffentlichung im August 1904 schon kritisiert, denn der Direktor der Berlinischen Boden-Gesellschaft, Georg Haberland, hatte seine „kritische Betrachtung" bereits 1904 veröffentlicht.[131] Im Gesetzentwurf war die Bestimmung enthalten, dass die Straßen nach ihrer Bedeutung ausgebaut werden sollten, d.h. Hauptstraßen mit größerer Breite und Nebenstraßen mit geringerer Breite. Indirekt sollten damit die tiefen Baublöcke reduziert werden. „Gegen diese Bestimmung lässt sich nichts einwenden", so Haberland, denn die Städte würden schon lange unterschiedliche Straßenbreiten in Bebauungsplänen festsetzen. Er fährt dann aber fort, „für eine gesetzliche Bestimmung, dass die Kommunen auf das Wohnungs-

128 Entwurfsbegründung, S. 7 zu Art. 4. Bei dieser Betrachtung würde auf einen Menschen ein Luft- und Raumvolumen von 25 Quadratmeter * 3 Meter = 75 cbm, dividiert durch 8 Personen = 9,37 cbm entfallen. Als „ausreichend" im Sinne des Entwurfs wäre damit eine Wohnfläche von 25/8 = 3,12 Quadratmeter pro Person. Würden beispielsweise 2 oder 3 Kinder innerhalb der nächsten 2 Jahre die „Altersgrenze von 10 Jahren" überschreiten, würde die geforderte Mindestluftmenge (für die Familie) schon nicht mehr gewährleistet sein.

129 Haberland, Georg, Der preußische Gesetzentwurf zur Verbesserung der Wohnungsverhältnisse. Kritische Betrachtungen, Berlin 1904, S. 35. Nach Haberland stünde einer Familie nach dem preußischen Entwurf pro Person also weniger als die Hälfte an Fläche zur Verfügung, die als Mindestmaß einem Gefängnisinsassen zustehe.

130 Festschrift des kaiserlichen Gesundheitsamtes zum X. Internationalen Medizinischen Kongress Berlin 1890, Berlin 1890, S. 208.

131 Inoffiziell waren die Texte (Gesetzestext und Entwurf) schon Anfang 1904 bekannt geworden, so Zimmermann, S. 212. Haberland war Preußischer Kommerzienrat und Direktor der Gesellschaft. In der Zeitschrift „Frei Land", dem Organ der Deutschen Bodenreformer, wurde von Ludwig Eschwege 1909, S. 21-28, unter dem Titel „Der Fall Haberland" mitgeteilt, dass die Bodengesellschaft zwar von Haberland (Senior) 1890 gegründet wurde, der Hauptgesellschafter sei aber die Dresdener Bank. Haberland (Junior) sei Berliner Stadtverordneter und äußerst erfolgreich bei Ansiedlungen in Schöneberg, Tempelhof, Wilmersdorf, Friedenau und Schmargendorf. In diesen Gebieten beherrsche er die gesamte Entwicklung.

bedürfnis Bedacht nehmen sollten, sei ein „Erfordernis" nicht vorhanden." Die Schaffung schmälerer Straßen führe nicht zu besseren Verhältnissen, denn die „Luft- und Lichtzuführung" für die Wohnungen erfolge von der Straße. „Je breiter" die Straßen, umso „gesünder" seien die Wohnungen.[132]

Nach Artikel 1, Paragraf 3 Abs. 1 des Entwurfs von 1904 sollte das „Wohnungsbedürfnis" gegenüber dem „Verkehrsbedürfnis" gestärkt werden, so sollten die Polizeibehörden diesen Gesichtspunkt mehr als bisher beachten. „Nötigenfalls" müsse der Staat Verbesserungen auch „gegen den Widerstand der Gemeindevertretungen" durchsetzen. Haberland wandte sich gegen diese Argumentation. Die Regierung würde nämlich damit den Kommunen den Vorwurf machen, in der Vergangenheit zu wenig auf das Wohnungsbedürfnis Rücksicht genommen zu haben. Der Staat könne mit dem Wahlrecht und „dem von ihm selbst geschaffenen Privileg der Hausbesitzer" nicht Misstrauen in die Gemeindeorgane tragen.[133]Wenn der Staat der Auffassung sei, dass „das Hausbesitzerprivileg" an der städtebaulichen Entwicklung und dem Wohnungsmangel „Schuld" sei, so wäre es nach Haberland einfacher, das Privileg zu beseitigen, als „dasselbe durch Bestimmungen zu bekämpfen".[134] Die Abstufung der baulichen Ausnutzbarkeit der Grundstücke (in Artikel 2) wäre „nichts neues", so Haberland. Insgesamt wäre es besser, die Bestimmungen über die Größe der Räume, die Licht- und Luftzufuhr, die Anlage von Aborten nicht im Wohnungsaufsichtsgesetz, sondern durch die Bauordnung zu regeln, „damit sie auf alle neuen Gebäude Anwendung findet." Haberland ging jedoch nicht darauf ein, dass es in Preußen keine Bauordnung gibt, sondern etwa 300, außerdem ließ er die Frage unerörtert, dass mit seinem Wunsch bestehende Gebäude von Verbesserungen direkt ausgeschlossen werden würden. Überhaupt könne von diesem Gesetz „kein wesentlicher Einfluß ausgehen", denn die meisten „Mindestbestimmungen" seien so niedrig, dass sie schon jetzt in der Praxis erfüllt würden. Der preußische Städtetag habe den Entwurf bereits auf seine nächste Tagesordnung gesetzt, „man darf erwarten, dass sich die Kommunen in breitester Öffentlichkeit gegen die Schmälerung ihrer Rechte zu wehren wissen werden."[135]

Eberstadt begrüßte im Grundsatz den Entwurf des neuen preußischen Wohnungsgesetzes von 1904. Damit sei Preußen auf dem richtigen Weg, andererseits fehle aber die Erklärung, was die „Rücksicht auf das Wohnungsbedürfnis" (Artikel 1, Paragraf 3) wirklich bedeute. Eberstadt löste sich von der fehlenden Begriffsdefinition, denn nach seiner Meinung habe die Regierung in diesem Punkt die „Wahrnehmung der öffentlichen Interessen" als Selbstverwaltungsaufgabe der Gemeinden angesehen. Sollte die Selbstverwaltung in diesem Punkte versagen, müsse die Aufsichtsbehörde die Gemeinde aber zum Handeln

132 Haberland, S. 4. Da sich die Höhe der Gebäude und damit indirekt die Zahl der Geschosse nach der Breite der Straße richtet, darf für die erstaunliche Kehrtwendung Haberlands ein bestimmtes Interesse vermutet werden.

133 ebd., S. 6. Haberland meinte damit das in drei Abteilungen gegliederte Wahlrecht (auch Dreiklassenwahlrecht genannt), das den höheren Einkommensschichten eine überproportionale Vertretung gewährleistete.

134 ebd., S. 15.

135 ebd., S. 21.

zwingen.[136] Der Entwurf von 1904 wurde wegen der zahlreichen Einwände zurückgezogen, eine Debatte fand nicht statt, weil der Entwurf dem preußischen Landtag gar nicht erst zugeleitet wurde.[137] Nach Niethammer konnte der Entwurf nichts bewirken, denn der Regierung fehlte der politische Wille, den erkannten großen Wohnungsmangel auch wirklich zu beheben. Im Kern sei der Entwurf ein polizeiliches Reforminstrument, mit ihm sollten die Städte zur Bebauungsplanung gezwungen werden, die sich bisher aus „Armenfeindlichkeit" dagegen gewehrt hätten. Die konzipierte Wohnungsaufsicht in Artikel 5 verschleiere den wirklichen Grund, nämlich die ärmeren Schichten zu einer Wohnungsnachfrage zu drängen, und schlimmer noch, diese Schichten aus der Stadt fernzuhalten.[138]

Der preußische Gesetzentwurf von 1904 ging mit seinen Bestimmungen nicht weiter, als das schon 11 Jahre ältere hessische Gesetz. Die durch das hessische Ministerium veröffentlichten Jahresberichte über die örtlich festgestellten baulich-hygienischen Wohnungszustände waren auch in Berlin bekannt. Zudem muss berücksichtigt werden, dass Hessen dem Wohnungsaufsichtsgesetz von 1902 als weitere Stufe das Fürsorgegesetz ergänzend folgen ließ. Mit diesem Gesetz wurde der Artikel 10 des Gesetzes von 1893 aufgehoben, der nur die Gemeinden über 5.000 Einwohner der Kontrolle unterwarf. Hessen war der preußischen Entwurfsregelung von 1904, 1913, 1916 und dem Gesetz von 1918 voraus, denn in Preußen waren Gemeinden unter 10.000 Einwohner von der Aufgabe „Wohnungsaufsicht" freigestellt. Die hessische Gesetzesberatung dauerte auch nur etwas länger als vier Monate, obwohl noch drei weitere Nebengesetze zu Finanzierungsregelungen geändert wurden. Die Einigkeit der Abgeordneten der hessischen II. Kammer war offensichtlich so groß, dass die Beratung dieses Gesetzes in wenigen Tagen beendet werden konnte.[139] Die hessische Wohnungsaufsicht wurde in einem Gesetz geregelt, die dabei gemachten positiven Erfahrungen wurden in Preußen offensichtlich nicht erkannt.[140]

Die Bauberatung im Rheinland

Der Deutsche Architekten- und Ingenieur-Verein regte im Jahre 1907 an, eine systematische Aufklärungsarbeit „zur Gesundung des baukünstlischen Schaffens" zu betreiben.[141] Es wurde diskutiert, ob die Arbeit der Bauberatung bei der Baupolizei oder als eigene Organisation erfolgen solle. Die in der öffentlichen Diskussion geforderte „Bauberatung" war aber nicht ein geeignetes Instrument,

---

136 Eberstadt, Der Entwurf eines preußischen Wohnungsgesetzes, seine Vorgeschichte und seine Bedeutung, in: *Archiv für Sozialwissenschaft und Sozialpolitik*, 1904, Bd. 19, S. 173-202, S. 195.

137 Zimmermann, Clemens, Von der Wohnungsfrage zur Wohnungspolitik, Göttingen 1991, S. 213. Zimmermann erwähnt auch die Kritik der "Städtevertreter", die meinten, der Staat greife nach Materien, die zum Kernbereich kommunaler Aufgaben gehören.

138 Niethammer, Ein langer Marsch….., S. 373.

139 Berger-Thimme, Wohnungsfrage, S. 189. „Die Generaldebatte […] fiel mangels Wortmeldungen aus und man begab sich gleich in medias res".

140 Zimmermann, Von der Wohnungsfrage, Z. schreibt, zwar war sich die Regierung einig, dass gehandelt werden müsse, denn die Entwicklung in anderen Staaten, so in Hessen-Darmstadt, schreite voran und „drohe Preußen zu überholen" Der badische Gesandte berichtete seiner Regierung aber, „so eilig sei die Angelegenheit" [Wohnungsaufsicht] in Preußen nicht, S. 211.

141 *Zeitschrift für Wohnungswesen*, Berlin 1913, Jg. XI, H. 11, S. 170-180 (172)

zur Lösung der Wohnungsfrage beizutragen. Denn unter dem Begriff „Bauberatung" wurde nicht die baupolizeiliche Beratung der Bauherren oder der Gemeindeverwaltungen verstanden.

Die „Bauberatung" war der Versuch von Wohnungsvereinen und des Verbandes Deutscher Architekten- und Ingenieur-Vereine, mehr Einfluß auf die Arbeit der Baupolizei zu gewinnen. In den Leitsätzen, die die rheinischen Bauberatungsstellen schließlich 1912 erarbeitet hatten, wurde die Spannung zwischen der Baupolizei und den ehrenamtlichen Mitgliedern der Bauberatungsstellen deutlich.[142] Einerseits sollte die Bauberatung ehrenamtlich arbeiten, d.h. die Bauherren sollten in künstlerischen Fragen ohne Kosten beraten werden, um vorhandene Stadt- und Landschaftsbilder zu schützen, gleichzeitig sollte die Bauberatung zu einem „guten Baugeschmack beim Publikum und den Baubeflissenen" beitragen (Leitsatz 2). Andererseits sollte die Bauberatung in die öffentliche Verwaltung als ein gleichberechtigter Teil organisatorisch eingegliedert werden.

Die Selbständigkeit der Bauberatungsleistungen sollte ihren Ausdruck darin finden, dass die Baupolizeibehörden angewiesen werden, den Forderungen der Beratungsstellen beim Bauherrn Geltung zu verschaffen. Die Baupolizeibehörden sollten verpflichtet werden, jeden Bauantrag der Bauberatungsstelle vorlegen. Die Bauberatungsstellen, so der Punkt 10 der Leitsätze, sollte, wie alle „aus der Not der Zeit geborenen Hilfsmittel" keine Dauereinrichtung werden, ihre Aufgabe sei, „sich selbst überflüssig zu machen".[143] In der Versammlung aller rheinischen Bauberatungsstellen (1912) wurden nach kontroverser Diskussion die zehn Leitsätze der rheinischen Bauberatungsstellen, trotz der Bedenken der Regierungsvertreter, beschlossen.[144] Die Eingliederung der Bauberatungsstellen in die staatliche Verwaltung fand jedoch nicht statt.

Der weitere Anlauf zum preußischen Wohnungsgesetz

Neun Jahre nach dem Gesetzentwurf von 1904 folgte 1913 ein weiterer Anlauf der preußischen Regierung, das Wohnungsproblem zu lösen, bzw. es zu entschärfen; dies wurde auch im Deutschen Reichstag so gesehen. Allerdings wurde dort bedauert, dass die einstimmig am 12.5.1912 angenommenen Resolutionen „in der eine reichsgesetzliche Regelung der Wohnungsfrage gefordert wurde", nicht weiter gediehen sei.[145] Bei der Beratung des Reichshaushalts für 1913 hatten sich einige Abgeordnete, gestützt auf die Resolutionen, dafür ausgesprochen, dass das Reich die Wohnungsgesetzgebung übernehmen solle. Andere

142 *Zeitschrift für Wohnungswesen*, S. 171. Um 1910 bestanden etwa 70 Bauberatungsstellen in der preußischen Rheinprovinz. Die ehrenamtlichen Mitglieder, bzw. diejenigen, die zeitweise mitarbeiteten, waren Architekten, Ingenieure, Sachbearbeiter der Verwaltung, Mitglieder von Heimatschutzvereinen, aber nur wenige waren Angehörige der Baupolizei.

143 ebd., S. 172.

144 ebd., S. 175. Die Regierung war durch Regierungspräsidenten, Oberpräsidenten und durch einen Staatsminister vertreten. Bedenklich war, dass die staatliche Baupolizei Aufgaben an eine nichtöffenliche Institution übertragen sollte, die keine gesetzliche Grundlage und keine hoheitliche Befugnis für ihre Arbeit hatte.

145 Deutscher Reichstag, 106. Sitzung, 7.2.1913, in: Erste Beilage zum Deutschen Reichsanzeiger und Königlich Preußischen Staatsanzeiger, 1913, Nr. 34, S. 1-2.

Abgeordnete entgegneten, die Wohnungsgesetzgebung stehe nicht dem Reich, sondern den Ländern zu. Denn: „Wer den preußischen Entwurf ansieht" wird erkennen, dass die Wohnungsaufsicht eine „Frage der Polizeiorganisation" sei, und die sei Landessache.[146] Der Stellvertreter des Reichskanzlers sicherte den Abgeordneten zu, dass das Reich nur dann sich der Wohnungsgesetzgebung annehmen würde, wenn Preußen nicht in der näheren Zukunft ein Gesetz erlassen würde.[147] Preußen sei aber auf dem Weg, ein Gesetz zu erarbeiten und bald dem Landtag vorzulegen. Entgegen früherer Übung sollte der neue preußische Entwurf nicht als Ressortentwurf des zuständigen Ministers vorgelegt werden. „Man wolle zunächst die Sanktionierung zur Publikation" durch den König abwarten, damit sollte dem Entwurf von 1913 eine hohe politische Bedeutung beigemessen werden.[148] Der preußische König hatte den Entwurf am 24.1.1913 aber mit der erstaunlichen Einschränkung abgezeichnet, dass der Entwurf „erst beim nächsten Zusammentritt des Landtages" - „im nächsten Winter" - dem preußischen Landtag vorgelegt werden solle. Folgerichtig ging der Entwurf erst am 23.12.1913 dem Landtag zu.

Die erste Vorberatung des Wohnungsgesetzentwurfs begann am 21.1.1914. Damit war der Entwurf auf Weisung des Königs, allein fast ein Jahr lang bei den Ministerien liegen geblieben.[149] Der neue Entwurf von 1913 ähnelte dem ersten Entwurf von 1904. Die ab 1904 geäußerte Kritik veranlasste die Regierung, Änderungen am „neuen" Entwurf vorzunehmen, die aber keine wesentliche Verbesserung zu Gunsten der wohnungssuchenden Bevölkerung brachten. Beispielsweise war nach dem Entwurf von 1904 vorgesehen, dass in Bauordnungen die Abstufung der baulichen Nutzung von Grundstücken geregelt werden „kann". Im zweiten Entwurf blieb es bei der Kann-Vorschrift, obwohl Kritiker wie Lindemann schon 1904 erkannt hatten, dass die fehlende Verbindlichkeit die Gemeinden nicht veranlassen würden, die Bauordnungen insoweit zu ändern. Die Scheu vor hohen Grundstückspreisen und die Furcht, „sogenannte wirtschaftliche Werte" zu reduzieren, würden dazu führen, dass die Gemeinden sehr zögerlich mit dem neuen Instrument umgehen, so Lindemann.[150] Nach Art. 2 Paragraf 2 „sollen" die Bauordnungen hinsichtlich der Standsicherheit und Feuersicherheit unterschiedlich strenge Bestimmungen enthalten, jedoch nur dann, „sofern die bauliche Entwicklung es erfordert".[151] Auch im neuen Entwurf

146 Deutscher Reichstag, 106. Sitzung, S. 1.

147 Deutscher Reichstag, 106. Sitzung, S. 1.

148 Deutscher Reichstag, 106. Sitzung, S. 2.

149 Sammlung der Drucksachen des pr. Hauses der Abgeordneten, 1914, Bd. 1, Drucksache Nr. 16, S. 561.

150 Lindemann, Hugo, Der preußische Wohnungsgesetzentwurf, in: Archiv für Sozialwissenschaft und Sozialpolitik, Tübingen 1913, S. 815. Trotz vieler kritischer Anmerkungen lehnt Lindemann den Entwurf nicht ab. Der Entwurf von 1913 habe aber nicht die Qualität des Entwurfs von 1904, leider seien einige wichtige Bestimmungen nun gestrichen worden, die Regierung habe dem Druck nachgegeben.

151 Nach Lindemann (S. 815) ist es unverständlich, warum die zu begrüßende Reduktion der baupolizeilichen Anforderungen bei kleineren Gebäuden nur dann gelten solle, wenn die „bauliche Entwicklung" es erfordert"; welche bauliche Entwicklung war gemeint? Warum sollte die Erleichterung nur unter dem angegebenen Gesichtspunkt „wenn es erforderlich ist" gelten und warum nicht generell?

war die Pflicht („sind") vorgesehen, bei Gemeinden über 10.000 Einwohner eine Wohnungsordnung zu erlassen. Den Gemeinden unter 10.000 Einwohner war es freigestellt, eine Wohnungsordnung einzuführen. In der Begründung heißt es dazu: Im Allgemeinen hätten sich seit dem ersten Entwurf die Verhältnisse auf dem Wohnungsmarkt, besonders für die minderbemittelten Kreise, schon gebessert. Daher könne man auch „ohne so weitgehende staatliche Eingriffe" eine Beruhigung des Wohnungsmarktes „schon als Folge der natürlichen Entwicklung erhoffen".[152] Nach dem Entwurf von 1904 durften Aufenthaltsräume nur dann benutzt werden, wenn sie baupolizeilich genehmigt waren (Art. 4, § 3.) Nach dem Entwurf von 1913 „kann" in der Wohnungsordnung vorgeschrieben werden, dass Aufenthaltsräume nur zu nutzen sind, wenn sie baupolizeilich genehmigt sind.[153] Auch „können" in der Wohnungsordnung Vorschriften aufgenommen werden, die an die bauliche und gesundheitliche Beschaffenheit der Wohnung Anforderungen stellen (Artikel 3, § 3). 1904 waren baupolizeiliche Bestimmungen einheitlich auf alle Gebäudearten bezogen.

Nach dem neuen Entwurf (Art. 2, § 1) konnten nach der Bauordnung nun baupolizeiliche Abstufungsmöglichkeiten zwischen größeren und kleineren Gebäuden auf Einzelgrundstücken möglich sein. Die Regierung begründet die Vorschrift damit, dass die bisherigen staatlichen Bemühungen (Erlasse/Anweisungen) keinen Erfolg gehabt haben, denn die „Klagen über ungerechtfertigte Belastungen" der kleineren Gebäude durch die Bauordnungen „wollen nicht verstummen".[154] Das Stichwort „Wohnungsbedürfnis" taucht im Entwurf von 1913 als ein wichtiger Faktor bei der Planung von Fluchtlinien erneut auf. Nach Art. 1, § 1 stellt aber die Ortspolizei fest, ob das „Bedürfnis" vorliegt, die Gemeinde als Selbstverwaltungskörperschaft war nicht entscheidend. Die Herstellung und Unterhaltung von Straßen soll nach dem Entwurf von 1913, „sofern die Verhältnisse es erfordern, durch Polizeiverordnungen abgestufte Bestimmungen als Verkehrsstraße oder Wohnstraße", eingeführt werden.

Das parlamentarische Verfahren im preußischen Landtag 1914

Die Beratungen zum Entwurf von 1913 begannen am 17.1.1914. Mit der Vorlage, so der Minister Sydow, komme die Regierung den „Wünschen des Hohen Hauses" nach, das in einer Resolution ein Wohnungsgesetz gefordert habe. Die Regierung erkenne an, dass das Wohnungsproblem ohne die gesetzliche Regelung nicht gelöst werden könne. Das Wohnungsproblem sei schon „ein halbes Jahrhundert" bekannt. Hervorgerufen sei es durch drei Faktoren: erstens durch die Industrialisierung „gewisser Teile des Vaterlandes", zweitens durch die Verbesserung der Verkehrsverhältnisse, drittens durch die „Freizügigkeit" der Menschen.[155] Der Regierung sei auch bekannt, dass im Reichstag ein „starkes Drängen im Gange" sei, eine reichsrechtliche Regelung der Wohnungsfrage durchzusetzen. Die Regierung, so Sydow, sei nun „um so dankbarer", dass sich der

---

152 Erste Beilage zum Deutschen Reichsanzeiger und Königlich Preußischen Staatsanzeiger, 1913, Nr. 22, Begründung Seite 1.

153 Die Vorschrift von 1904 ist „zwingend", die Änderung von 1913 ist eine „Kann-Vorschrift".

154 Erste Beilage zum Deutschen Reichsanzeiger, Begründung Seite 2.

155 Stenographische Berichte über Verhandlungen des Preußischen Hauses der Abgeordneten, Berlin 1914, Bd. 1, (II. Session) Drucksache 16, S. 357-416 (357).

Landtag der Sache annehme und „Maßregeln" beschließen wolle.[156] Nach Ausführungen zur Wohnungsfrage und des Hinweises auf die Notwendigkeit, die Bauordnungen zu ändern, schloss der Minister mit dem Appell, das Gesetz zu verabschieden, damit für das „Eingreifen des Reichs kein Raum" mehr sei, denn in „Reichstagskreisen würde auf das lebhafteste" ein Reichsgesetz gewünscht.[157]

Am 27.3.1914 endeten die Beratungen in der eingerichteten 11. Kommission des Landtages. Der Entwurf wurde dann in zweiter Lesung im Plenum mit bestimmten Änderungen beraten und am 25.6.1914 beschlossen. Eine dritte Lesung wurde nicht mehr gewünscht. Ein strittiger Diskussionspunkt in den beiden Lesungen war die Frage, wer für die Wohnungsaufsicht zuständig sein solle, die Baupolizei oder die Wohnungspolizei.[158] Mit den eher praktischen Überlegungen war aber eine Kompetenzfrage verbunden. Die Gemeinden hatten schon früher gefordert, dass die Baupolizei auf die Gemeinden verlagert werden müsse. Die Regierung hielt dem entgegen, dass sie solche Aufgabendelegationen auf Städte schon vollzogen habe. Jedoch solle dort, wo schon königliche Polizeiverwaltungen bestehen (z.B. in Potsdam und Berlin) keine Änderung erfolgen. Der Regierungsvertreter fügte hinzu, dass die „Wohnungspolizei" kein klar umrissener Begriff sei, hier greifen die Baupolizei, die Gesundheitspolizei und die Sicherheitspolizei ineinander.[159] Der Antrag eines „Kommissionsmitgliedes", die Fluchtlinienpolizei mit der Baupolizei zu vereinen, wurde durch die Regierung abgelehnt; das „Polizeigesetz von 1850" lasse es nicht zu, „den umfassenderen Teil (die Fluchtlinienpolizei) mit der „weniger bedeutsamen Baupolizei aneinander zu ketten".[160] Zwischen dem 25.6. und dem 6.7.1914 wurden die „Eingaben" behandelt, sie reichten von der Petition des Preußischen Städtetags, dem Reichsverband deutscher Städte, dem Verband deutscher Mietervereine, dem Architektenverein Berlin, dem preußischen Landesverband der Haus- und Grundbesitzervereine bis zum Deutschen Verein für Wohnungsreform.[161]

Der Preußische Städtetag lehnte den Entwurf u.a. aus folgenden Gründen ab: Erstens wurde eine Einschränkung der Selbstverwaltung befürchtet, zweitens sollte die Polizei keine Mitwirkung bei der Frage bekommen, ob ein Wohnungsbedürfnis vorliege. Gefordert wurden die allgemeine Einführung der „Lex Adi-

---

156 Stenographische Berichte, S. 359. Der Minister wies besonders auf die hessische und hamburgische Gesetzgebung zur Wohnungsaufsicht vor mehr als 20 Jahren hin.

157 ebd., S. 363. Auch die Einführung durch den Minister (17.1.1914) zeigt die gleiche klare und wenig beschönigende Beschreibung des preußischen Wohnungszustandes, wie schon in der Gesetzesbegründung vom 24.1.1913. Die Regierung war sich über den allgemein schlechten Zustand im Bau- und Wohnungswesen im Klaren. Ihr „plötzliches" Handeln im Jahr 1913 ist vermutlich weniger eine sozialpolitische Einsicht oder Sorge, sondern der heraufziehenden „Gefahr" eines Reichswohnungsgesetzes zuzuordnen.

158 Stenographische Berichte (Anlage), 1914, Bd. 6. Drucksache und 634 A, S. 3581-3582.

159 Stenographische Berichte, 22. Legislaturperiode, II. Session 1914/15, Bd. 6, Drucksache 16 und 634 A bis D. S. 3555.

160 Stenographische Berichte, 22. Legislaturperiode, S. 3556.

161 Drucksachen des Preußischen Hauses der Abgeordneten, Berlin 1914, Bd. 6, Drucksache 634 C, S. 3693-3697. (Zeitlicher Hinweis: Am 28.6.1914 wurde der österreichische Thronfolger ermordet).

ckes"[162] und die Übertragung der Baupolizei auf die Städte. Außerdem wurde gefordert, dass die „Wohnungsfürsorge weiter ausgebaut" werden müsse. Zugestimmt wurde „der Erweiterung des Baupolizeirechtes", der Festsetzung von rückwärtigen Baugrenzen und Baulinien und der Einführung von Baulastenbüchern. Abgelehnt wurde die Einführung einer allgemeinen Landesbauordnung. Die Kaufmannschaft bedauerte das Fehlen einer Bauordnung für Preußen, bedenklich seien die ständigen Änderungen der städtischen Bauordnungen, insbesondere dann, wenn die Kaufmannschaft nicht gehört werde. Die „Kann-Vorschriften" müssten durch „Soll-Vorschriften" ersetzt werden, so der deutsche Arbeiterkongress, der Verein zur Förderung des Arbeiterwohnungswesens in Frankfurt, der Architektenverein Berlin, die Berliner Mietervereine und der Verband deutscher Mietervereine. Schließlich forderte der deutsche Verein für Wohnungsreform, dass die Wohnungsordnungen obligatorisch in Preußen einzuführen seien, Wohnungsordnungen sollten durch die Baupolizei erlassen werden.[163] Der zweite Entwurf des preußischen Wohnungsgesetzes 1914, wurde zwar beraten, aber „infolge des Ausbruchs des Krieges" nicht verabschiedet. Dieser zweite Entwurf wurde mit kleinen Änderungen zwei Jahre später erneut im Landtag behandelt. Anlass war der Antrag (23.2.1916) einiger Abgeordneter des Landtages, „die königliche Staatsregierung zu ersuchen, sofern nicht alsbald eine reichsgesetzliche Regelung des Wohnungswesens erfolgt, dem Landtage einen Wohnungsgesetzentwurf vorzulegen."[164]

Die erneute Regierungsvorlage des (dritten) Entwurfes erfolgte nicht aus freien Stücken. Indirekt bestätigte die preußische Regierung dies in der Begründung, wonach „mit Rücksicht auf die Bedeutung der Wohnungsfrage für das leibliche und sittliche Wohl auch der herwachsenden Jugend" Maßnahmen ergriffen werden müssten.[165] „Ungeachtet des Kriegszustandes" sei es geboten, die Wohnungsverhältnisse zu verbessern. Damit „entspreche die Regierung auch dem Wunsch der Abgeordneten" nach Vorlage eines Gesetzes, „sofern nicht alsbald eine reichsgesetzliche Regelung des Wohnungswesens" erfolge.[166] Diese mögliche Initiative des Reichs war Veranlassung, überhaupt tätig zu werden, denn in Preußen wurde seit dem ersten Entwurf eines Wohnungsgesetzes (1904) über die Wohnungsfrage schon über 12 Jahre diskutiert.[167]

162 Lex Adickes ist die Umschreibung für das „Gesetz, die Umlegung von Grundstücken in Frankfurt am Main, vom 28.7.1902, in: Preußische Gesetzsammlung 1902, S. 273. Auch in: Drucksachen des Preußischen Hauses der Abgeordneten, Berlin 1918, Bd. 4, Drucksache Nr. 299, S. 2404-2412.

163 Drucksachen des Preußischen Hauses der Abgeordneten, Berlin 1914, Bd. 6, Drucksache 634 C, S. 3693-3697.

164 Drucksachen des Preußischen Hauses der Abgeordneten, Berlin 1918, Bd. 2, Drucksache 107, S. 1178.

165 Drucksachen des Preußischen Hauses der Abgeordneten, Berlin 1918, Bd. 4, Drucksache 229, S. 2378.

166 Drucksachen des Preußischen Hauses der Abgeordneten, Berlin 1918, Bd. 4, Drucksache 229, S. 2378.

167 Die amtliche Analyse des Wohnungszustandes in Preußen im ersten und zweiten Entwurf war ausführlich, klar und ungeschönt.

Die Notwendigkeit des staatlichen Eingriffs war von der preußischen Regierung schon in den Begründungen zu den Entwürfen 1904 und 1913 betont worden. Der Entwurf von 1916 ist damit die Vorlage für das preußische Wohnungsgesetz von 1918.Dieser dritte Entwurf wurde im Landtag am 1.12.1916 eingebracht, fünf Monate später wurde der Entwurf in drei Lesungen behandelt und am 2.5.1917 beschlossen. Die Session wurde am 16.5.1917 bis zum 9.10.1917 geschlossen, sodass die Beratungen im Herrenhaus ebenfalls unterbrochen wurden. Der dritte Entwurf gleicht in weiten Teilen dem zweiten Entwurf, sie sind aber nicht identisch.[168] Wie schon beim ersten und zweiten Wohnungsgesetzentwurf stellte die preußische Regierung in der Begründung fest, dass die „Wohnungsmißstände" trotz Bemühungen nicht beseitigt werden konnten. Jetzt müsse befürchtet werden, dass die allgemeine Wohnungsnot sich zu einer besonderen „Kleinwohnungsnot" entwickeln werde. Eine Ursache sei auch die „Kriegsfolge durch Auflösung vieler Familienhaushalte". In den Fällen, in denen das „Familienhaupt gestorben" sei, werden die Hinterbliebenen in kleinere Wohnungen umziehen, dies verstärke den Kleinwohnungsbedarf. Daneben werde auch die Familiengründung junger Heimkehrer eine verknappende Rolle spielen.[169] Vor den Beratungen im Landtag beschloss die 17. Kommission, dem Landtag eine „Entschließung" vorzulegen. Darin wurde gefordert:

> „Die königliche Staatsregierung zu ersuchen, möglichst bald den Entwurf eines allgemeinen Baugesetzes vorzulegen, durch das die geltenden gesetzlichen Bestimmungen den Anforderungen und Bedürfnissen des neuzeitlichen Städtebaus entsprechend abgeändert und ergänzt sowie durch das die Rechte der Gemeinden und der durch Anwendung solcher gesetzlichen Bestimmungen Betroffenen gewahrt und geregelt werden."[170]

In den beiden Lesungen des Landtags wurde die Konkretisierung des „Wohnungsbedürfnisses" nicht vorgenommen.[171] Erst die Beratungen im Herrenhaus brachten die Lösung: Bei der Festsetzung von Fluchtlinien sollte die Ortspolizei verlangen können, dass bei der Planung „ein hervorgetretenes Bedürfnis nach Klein- und Mittelwohnungen" berücksichtigt werden muss.[172]

Das preußische Abgeordnetenhaus und das Wohnungsgesetz

Es war schon erwähnt worden, dass das preußische Wohnungsgesetz von 1904 nur als Entwurf vorgelegt worden war. Die öffentliche Kritik, die besonders vom Verband der Haus- und Grundbesitzer vorgetragen wurde, verhinderte die

---

168 Drucksachen des Preußischen Hauses der Abgeordneten, Berlin 1918, Bd. 4, Drucksache 229, S. 2370-2393.

169 Drucksachen des Preußischen Hauses der Abgeordneten, Berlin 1918, Bd. 4, Drucksache 229, S. 2378.

170 Stenographische Berichte über Verhandlungen des Preußischen Hauses der Abgeordneten, Berlin 1917, Bd. 5, Drucksache 229, S. 5718. Diese Entschließung scheint bei den Schlussabstimmungen übersehen worden zu sein, denn es fand sich kein Beleg in den Berichten.

171 Anlagen zu den stenographischen Berichten über die Verhandlungen des Preußischen Herrenhauses, Berlin 1918, Bd. 2, Drucksache 206 B, S. 929. Erst die Beratungen des Herrenhauses zwischen Mai 1917 und Januar 1918 haben die Konkretisierung herbeigeführt.

172 Drucksachen des Preußischen Hauses der Abgeordneten, Berlin 1918, Bd. 4, Drucksache 229, S. 2372.

Vorlage des Entwurfs an das preußische Haus der Abgeordneten (Landtag). Auch der nächste Versuch der preußischen Regierung den inzwischen geänderten Entwurf 1913 als Gesetz beschließen zu lassen, musste wegen der Kriegsereignisse 1914 abgebrochen werden. Am 30.11.1916 hatte der preußische König die Genehmigung zur Vorlage eines weiteren Entwurfs eines Wohnungsgesetzes erteilt, er ging am 1.12.1916 beim Präsidenten des Hauses der Abgeordneten ein. Das Parlament begann am 30.4.1917 mit der zweiten Lesung des Gesetzentwurfs. Dem Haus lag ein Antrag der inzwischen gebildeten 17. Kommission (Drucksache 530 A, Spalte 92/93) zur Beschlussfassung vor, er lautete: Erstens den Entwurf nach den Beschlüssen der Kommission und zweitens die folgenden Entschließungen anzunehmen:

„2 c) Die königliche Staatsregierung zu ersuchen, möglichst bald den Entwurf eines allgemeinen Baugesetzes vorzulegen, durch das die geltenden gesetzlichen Bestimmungen den Anforderungen und Bedürfnissen des neuzeitlichen Städtebaus entsprechend abgeändert und ergänzt sowie durch das die Rechte der Gemeinden und der durch Anwendung solcher gesetzlichen Bestimmungen Betroffenen gewahrt und geregelt werden;

2 d) die königliche Staatsregierung zu ersuchen, im Bundesrat auf baldigen reichsgesetzlichen Ausbau des Erbbaurechts, insbesondere nach der Richtung seiner leichteren und sicheren Beleihbarkeit, hinzuwirken;
2 f) bei Auswahl der nach dem Wohnungsgesetz mit der Durchführung der staatlichen Aufgaben zu betrauenden Beamten darauf Bedacht zu nehmen, dass diese Beamten die erforderlichen Kenntnisse und Erfahrungen auf dem Gebiet des neuzeitlichen Städtebaus besitzen sowie gegebenenfalls für sie städtebauliche Kurse einzurichten.“[173]

Die Beratungen begannen mit der Versicherung eines Abgeordneten, dass die Kommissionsberatungen „im Geiste des Burgfriedens getragen worden seien“.[174] Die Arbeit sei auch deswegen „in so kurzer Zeit“ möglich gewesen, weil der „Gegenstand 1913-1914 sehr eingehend“ behandelt worden sei, außerdem sei daran zu erinnern, dass schon 1904 ein erster aber „vergeblicher Versuch“ gemacht worden sei, ein Wohnungsgesetz zu schaffen. Im Verlauf der zweiten Lesung wurde von den Konservativen, dem Zentrum, den Nationalliberalen und den Freikonservativen bedauert, dass kein umfassendes Baugesetz für Preußen erarbeitet worden sei und wohl auch in der allernächsten Zeit nicht kommen würde.[175] Im jetzigen Entwurf würden wieder nur einzelne Tätigkeitsfelder der

---

173 Stenograph. Berichte, 22. Legislaturperiode, III. Session 1916-1917, Bd. 5, Berlin 1917, Spalte 5718. Die Entschließungen zu 2 a), b) und e) betrafen folgende Gegenstände: Die Berücksichtigung der Wohnungsbedürfnisse kinderreicher Familien, die Förderung des innerstädtischen Nahverkehrs, die Überlassung von fiskalischem Gelände an Bauwillige zu angemessenen Preisen, die Einrichtung von öffentlichen Anstalten zur Umwandlung von Anliegerkosten in Rentenbeiträgen.

174 ebd., Spalte 5721.

175 Bei der 2. Lesung hat sich die sozialdemokratische Fraktion nicht speziell zur „Bauordnung“ geäußert. Gleichwohl hat sie schon in früheren Beratungen zum Ausdruck gebracht, dass eine Bauordnung und ein Wohnungsgesetz wichtig seien. Letztlich hat sich die SPD der Entschlie-

Baupolizei geregelt. Es sei auch nicht besonders beruhigend, wenn der Regierungskommissar nur „in Aussicht stelle, Revisionen aller Bauordnungen des ganzen preußischen Staates" vornehmen zu wollen.[176] Der Abgeordnete Schroeder von den Nationalliberalen versicherte auch im Namen seiner Parteifreunde, dass es sich „Preußen nicht nehmen lassen dürfe, die Wohnungsverhältnisse selbst zu regeln". Das Wohnungsrecht dürfe nicht in die „Hände des Reichs" gelangen.[177]

Um dem Reich mit seiner möglichen Gesetzesinitiative zuvorzukommen, wurde die Beratung des Entwurfs schon am 2.5.1917 fortgesetzt. Der „Burgfrieden" zwischen den Parteien wurde in der 2. Lesung weitgehend eingehalten. Erst in der 3. Lesung, in der üblicherweise über Grundsatzfragen nicht mehr gestritten wurde, brachte der Abgeordnete Bredt (Freikonservative) die offensichtlich doch allgemein vorhandenen Bedenken zum Ausdruck: Das ganze Gesetz sei von dem Gedanken getragen, „daß eine Wohnungsnot tatsächlich bestehe". Dem könne so nicht zugestimmt werden, denn „wer die Wohnungsverhältnisse in England und Frankreich kenne, der könne mit unseren Wohnungszuständen verhältnismäßig zufrieden" sein. Das neue Gesetz bringe wenig Neues, denn warum solle beispielsweise die Gebäudehöhe, die Benutzung der Grundstücke und die Hofraumgröße noch einmal geregelt werden? Bredt: „Ja, meine Herren, das machen wir in ganz Preußen seit hundert Jahren in jeder Stadt und in jeder besseren Landgemeinde." Auch die Vorschrift über die Wohnungsordnungen „brauchen wir nicht", denn in den Wohnungspolizeiordnungen der verschiedenen Provinzen sei dieser Gegenstand längst geregelt. „Alle Verordnungen von Batocki und Michaelis zusammen", so Bredt, „sind nicht so verwickelt, wie die heutigen Bestimmungen des preußischen Baurechts", daher sei das einzig Positive bei der Beratung, dass das Abgeordnetenhaus die Regierung aufgefordert habe, ein allgemeines Baurecht für Preußen als Entwurf vorzulegen.[178]

Der Abgeordnete Hirsch von den Sozialdemokraten widersprach der Einschätzung Bredts, dass es in Deutschland keine Wohnungsnot gäbe, das Gegenteil sei richtig. Bredts Meinung würde eigentlich „nur vom Schutzverband für deutschen Grundbesitz geteilt". Das Haus müsse auch bedenken, dass sich nach dem Kriege die Wohnungsnot „weit schlimmer" bemerkbar machen würde.[179] Wenn der Abgeordnete Hirsch meine, so Bredt, „daß mir die Bestimmungen des

---

ßung der 17. Kommission (Forderung nach einem Baugesetz) voll angeschlossen. Stenograph. Berichte, III. Session, 89. Sitzung, 30.4.1917, Spalte 5718.

176 ebd., Spalte 5753. Regierungskommissar war der Unterstaatssekretär Freiherr von Coels v.d. Brügghen. Er war der Auffassung, dass eine Revision aller (ca. 300) in Preußen geltenden Bauordnungen, zu einem preußischen Baugesetz führen werde.

177 ebd., Spalte 5736.

178 ebd., Spalte 5835. Batocki war ostpreußischer Oberpräsident. Michaelis war Leiter der Getreidestelle der Reichsregierung und von Mitte Juli 1917 bis Oktober 1917 Reichskanzler.

179 ebd., Spalte 5840. Der „Verband zum Schutze des Deutschen Grundbesitzes und Realkredits (Berlin) wurde um 1912 gegründet. Mitglieder waren: „Die Großbanken, die Hypothekenbanken, die Organisation des deutschen Hausbesitzes, die Versicherungsgesellschaften, die Organisation der Grundstücks- und Hypothekenmakler und die unmittelbaren Terraingesellschaften", in: *Jahresbericht des Landesverbandes bayerischer Grund- und Hausbesitzervereine*, München 1912, S. 8-9.

Entwurfs unsympathisch" seien, so wolle er das richtigstellen, er finde keine Bestimmung unsympathisch, er finde alle Bestimmungen „so harmlos und wenig weittragend", dass er „selbstverständlich dem Gesetz zustimmen werde".[180] Im Abgeordnetenhaus betonten alle Fraktionen und auch der Regierungskommissar die Wichtigkeit und Eilbedürftigkeit des Wohnungsgesetzes. Binnen zweier Tage fand die zweite und dritte Lesung des Entwurfs statt, dem mit wenigen Änderungen am 2. Mai 1917 zugestimmt wurde. Schon am 10. Mai 1917 lag die beschlossene Entwurfsfassung der XIV. (Beratungs-)Kommission des preußischen Herrenhauses vor. Unter diesem Eindruck erscheint es aber erstaunlich, dass der Landtag und damit auch das Herrenhaus sich bereits am 19.05.1917 bis zum 9.10.1917 vertagen mussten.[181]

Das preußische Herrenhaus und der Wohnungsgesetzentwurf

Die im Mai 1917 gebildete XIV. Kommission des Herrenhauses nahm seine Beratungen also erst wieder im Herbst 1917 auf, das Ergebnis wurde am 15.1.1918 im Herrenhaus behandelt.[182] Der Wohnungsgesetzentwurf war dort auf wenig Gegenliebe gestoßen. Aus städtischer Sicht, so der Oberbürgermeister von Danzig, bringe das Gesetz keine wesentlichen Verbesserungen zur Lösung der Wohnungsfrage. In der XIV. Kommission fiel das Wort „das einzig Erfreuliche am Gesetz, sei die Überschrift Wohnungsgesetz", das Übrige sei eine „einzige Enttäuschung und das Gegenteil eines Wohnungsgesetzes." Den Städten wurde in der Entwurfsberatung durch die Regierung versprochen, die „Fluchtlinien- und Baupolizei" auf die Städte zu übertragen, jedoch „nur auf Antrag". Damit, so ein Mitglied, werde die Baupolizei noch nicht zu einem gemeindlichen Amt im Sinne der Selbstverwaltung, denn sie sei immer noch eine königliche Behörde, die der Oberbürgermeister im Namen des Königs ausübe.[183] In einem Antrag forderte Fürst zu Salm-Salm im Namen einer Reihe von Standeskollegen, dass die Liegenschaften und die Schlösser des Königs und der Mitglieder des Hohenzollernschen Fürstenhauses, sowie des ehemaligen Hannoverschen Königshauses und weitere herzogliche Liegenschaften von der Wohnungsaufsicht ausgenommen werden sollten.[184] Dem Antrag wurde im Herrenhaus zugestimmt. Zustimmung fand auch der Entwurf eines Bürgschaftssicherungsgesetzes, das gleichzeitig mit dem Wohnungsgesetz beraten wurde. Mit den Vorschriften sollte erstens, die II. Hypothek staatlich verbürgt werden und zweitens war vorgese-

---

180 ebd., Spalte 5843.

181 Anlagen zu den stenographischen Berichten, Session 1916-1918, Bd. 1, Berlin 1918, S. 705. Die Bitte der XIV. Kommission weiter tagen zu dürfen, wurde von der Regierung mit der Bemerkung zurückgewiesen, der vorgeschlagene „Weg sei nicht angängig." Diese Haltung ist deswegen erstaunlich, weil die militärische Lage für Deutschland immer bedrohlicher wurde, denn die USA hatten am 6.4.1917 den Krieg gegen Deutschland erklärt, damit schwand die Hoffnung auf einen Sieg.

182 Sembritzki, Zum preußischen Wohnungsgesetzentwurf, in: *Preußisches Verwaltungsblatt*, Jg. 39, Berlin 1917, S. 61-62. Damit hat die Kommission und das Herrenhaus, unfreiwillig, acht Monate zur Prüfung aufwenden müssen.

183 Scholtz, Heinrich, Das preußische Wohnungsgesetz, in: *Preußisches Verwaltungsblatt*, Jg. 39, Berlin 1918, S. 197-199. In den Anlagen zu den Stenographischen Berichten über die Verhandlungen des Preußischen Herrenhauses in der Session 1916-1918 wurden keine Namen genannt.

184 Preußisches Herrenhaus, Anlagen zu den (...), 24. Sitzung am 15.1.1918, S. 701.

hen, im Haushalt einen Bürgschaftsrahmen von 150 Millionen Mark und einen Betrag von 20 Millionen Mark zur direkten Unterstützung des Wohnungsbaus bereitzustellen. Zum Vergleich wurde mitgeteilt, dass Preußen für seine Beamten, Angestellten und Arbeiter bisher rund 193 Millionen Mark zur Verfügung gestellte hatte.[185] Beiden Entwürfen stimmte das Herrenhaus zu, das Abgeordnetenhaus schloss sich mit geringfügigen Änderungen an. Das preußische Wohnungsgesetz trat, kurz vor Kriegsende, am 1. April 1918 in Kraft.

Im Mai 1918 bestimmte der preußische König, dass die bisher von verschiedenen Ministerien „wahrgenommenen Geschäfte auf dem Gebiete der Wohnungswesens" einem Staatskommissar übertragen werden sollten. Der Kommissar wurde zum ständigen Vertreter des Präsidenten des Staatsministeriums für den Bereich Wohnungswesen ernannt. Anlass für diese neue Aufgabenkonzentration war die völlige Zersplitterung der Zuständigkeiten. Unter fünf Ministerien waren folgende Sachgebiete verteilt: Baugenossenschaften, Baupolizei, Bevölkerungspolitik, Fluchtlinien, Kommunalaufsicht für den Bereich Bauwesen, Maßnahmen der Wohnungshygiene, Siedlungsgesellschaften, Städtebau, Umlegungsmaßnahmen, Wohnungsbau und Wohnungsaufsicht.[186] Die neue Zuständigkeitsregelung im Wohnungswesen war ein Ergebnis der Diskussionen im preußischen Herrenhaus. Dort wurde die Haltung der Regierung gerügt, die es bisher versäumt habe, die mit der Fluchtlinien- und Baupolizei und dem Wohnungswesen verbundenen Fragen, in einem Ressort zu vereinen. Zwar versuchten die Regierungsvertreter die Forderungen aus dem Abgeordnetenhaus, wie übrigens später auch im Herrenhaus geschehen, zu entkräften, dies gelang jedoch nicht, die Zuständigkeitsverteilung in fünf Ministerien war angesichts der allgemeinen politischen Lage Anfang 1918 nicht mehr aufrecht zu halten.

Niethammer schrieb 1979, dass am preußischen Wohnungsgesetz 20 Jahre gearbeitet wurde, indirekt seien es aber 50 Jahre gewesen. Daraus leitet Niethammer ab, dass die konservativen Kräfte, gestützt auf die „Hausagrarier" und das Dreiklassenwahlrecht, verbündet mit dem preußischen Herrenhaus, genügend Einfluß hatten, jede Art von Reform zu verhindern oder wesentlich zu verzögern.[187]

Der Anlaß für die Installierung des Kommissars scheint aber nicht allein die undurchsichtige Zuständigkeitsfrage im Bau- und Wohnungswesen gewesen zu sein, denn Niethammer macht gewichtigere Gründe geltend. Die Wohnungsreformer hätten schon vor 1900 und 1914 darauf hingewiesen, dass die Wohnungsfrage, auch im Frieden, ungelöst sei. Umso schwerer würde diese Frage mit den heimkehrenden Soldaten bei Kriegsende zu lösen sein. Nachdem auch ein „apodiktisches Schreiben von Ludendorff an den Reichskanzler" bekannt wurde,

---

185 Rheinbaben, Paul, Frh. von, Anlagen zu den stenographischen Berichten, Session 1916-1918, Bd. 1, Berlin 1918, S. 714. Mit den neuen Mitteln von rund 170 Millionen konnte ein erheblich größerer Teil an Hausbauinvestitionen ermöglicht werden, denn es konnte angenommen werden, dass Bürgschaften nur in wenigen Fällen in Anspruch genommen werden müssen.

186 Drucksache des preußischen Abgeordnetenhauses Nr. 1076, 1919, Band 11, S. 6179. Die Änderung wurde am 31.5.1918 wirksam.

187 Niethammer, Lutz, Ein langer Marsch durch die Institutionen. Zur Vorgeschichte des preußischen Wohnungsgesetzes von 1918, in: Wohnen im Wandel. Hg. von Lutz Niethammer, Wuppertal 1979, S. 363-384 S. 364 und 375.

schien der preußischen Regierung klar zu werden, dass ein weiteres Hinhalten in der Wohnungsfrage die eigene Position gegenüber dem Reich nur schwächen würde.[188] Zudem zeigte sich die Sozialdemokratie politisch gestärkt und konnte nicht mehr einfach übergangen werden.

Zusammenfassung wichtiger Teile des preußischen Wohnungsgesetzes

Mit dem preußischen Wohnungsgesetz wurde das allgemeine Wohnungsbedürfnis und besonders das der ärmeren Schichten der Bevölkerung, als ein „öffentliches Interesse" anerkannt. Die Ortspolizeibehörde konnte fordern, dass Pläne für die Bebauung von Klein- und Mittelwohnungen aufzustellen sind. Die städtebauliche Erkenntnis hatte sich durchgesetzt, dass sich die Straßenbreiten nach der Nutzung im Quartier richten müssen, eine schematische Breitenbestimmung in den Bauordnungen entsprach nicht mehr dem neuzeitlichen Städtebau. Die sog. „Flachbauweise" (das Erdgeschoss und ein weiteres Geschoss) wurde als wünschenswerte Bebauung allgemein, aber besonders für die minderbemittelten Schichten, angesehen. Die Festsetzung von Zonen, in denen ein bestimmter Ausnutzungsgrad des Baugrundes nicht überschritten werden durfte, wurde zulässig. Anerkannt wurde jetzt, dass bestimmte Nutzungsarten, z.B. Gewerbe oder Wohnen, in zuvor definierte Zonen durch Bebauungspläne (Artikel 4, § 1, Baupolizeiliche Vorschriften) verwiesen werden konnten. Gleichzeitig konnten abweichende Baufluchtlinien (rückwärtige Baulinien), festgesetzt werden. Neu war auch die Möglichkeit, für bestimmte Gebäudetypen unterschiedliche baupolizeiliche Anforderungen zu stellen.

Das Bauverbot nach § 12 Fluchtliniengesetz (Verbot der Errichtung von Gebäuden an noch nicht hergestellten Straßen), konnte unter bestimmten Bedingungen durch „Dispense" gelockert werden. Für die Benutzung von Gebäuden sollten die Gemeinden Wohnungsordnungen erlassen, die Wohnungsaufsicht in Gemeinden mit 10.000 und mehr Einwohnern wurde eingeführt. Für die gemeinnützige Bautätigkeit wurde ein Betrag von 20 Millionen Mark bereitgestellt, der Mitteleinsatz war nur dann zulässig, wenn der Staat Stammeinlagen bei den gemeinnützigen Bauvereinigungen erhalte.

Die sog. Wertabschöpfung und die Frage nach einer allgemeinen Bodenumlegung, verbunden mit dem Abzug bestimmter Anteile zu Gunsten der Gemeinde, war kein Gegenstand der Wohnungsgesetzentwürfe seit 1904, obwohl im Abgeordnetenhaus der Versuch gemacht wurde, das „Lex Adickes" auf Preußen auszudehnen. Eine weitere Erkenntnis war, dass die Bauordnungen der Provinzen und der Städte in Preußen „revidiert" werden müssten; die Forderung nach einem preußischen Baugesetz (einer „Landesbauordnung") wurde anerkannt, aber nicht verwirklicht.[189]

188 Niethammer, Ein langer Marsch, S. 379-382.

189 In diesem Zusammenhang muß einer Bemerkung von Rolf Kornemann widersprochen werden, wonach das pr. Wohnungsgesetz auch „eine Neuregelung der Bauordnung" beinhalte. Auch seine weitere Mitteilung, „das Wohnungsgesetz definiere die Preußische Bauordnung" hinsichtlich bestimmter Dichtevorschriften, ist sehr missverständlich, denn es hat für den Staat Preußen nie eine Bauordnung gegeben. Kornemann: Gesetze, Gesetze, in: Geschichte des Wohnens, Stuttgart 1996, Bd.4, S. 599-703, (620-621).

Wirkungen des preußischen Wohnungsgesetzes von 1918

Mit den nachfolgenden statistischen Daten für den Wohnungsbau kann nicht unmittelbar erklärt werden, ob durch das Gesetz eine gesteigerte Wohnungsproduktion (in welcher Höhe) möglich geworden war. Sicher ist aber, dass den Kommunen eine größere Planungsfreiheit in der einzelnen Gestaltung, verbunden aber mit einer Planungspflicht gegeben wurde. Die Ortspolizeibehörde konnte jetzt auch fordern, dass das Wohnungsbedürfnis in die Planung einbezogen werden musste. In den Bauordnungen waren nun Vorschriften für unterschiedliche Nutzungen und differenzierte bauliche Ausnutzungen möglich.

Zu bedenken ist auch, dass zwischen dem Spätherbst 1918 und dem Ende der Inflation Ende 1923 immerhin 5 Jahre lagen, in denen durch wirtschaftliche und gesellschaftliche Probleme viele Bauprojekte nicht verwirklicht werden konnten. Die folgenden statistischen Angaben der Zeit von 1919 bis 1934 können daher nur unter Berücksichtigung der vorgenannten Bedingungen gesehen werden. Der Wohnungsbau in Preußen kann in vier Phasen eingeteilt werden: erste Phase 1919-1922: Anstieg fertiggestellter Wohnungen nach dem Ersten Weltkrieg bis zur Inflation, zweite Phase 1922/1923 und 1923-1924: Stagnation im Wohnungsbau, leicht fallend, als Folgen der Inflation, dritte Phase 1925-1930: Erheblicher Anstieg fertiggestellter Wohnungen nach Einführung der neuen Währung, vierte Phase 1931-1934: Steiler Abfall verbunden mit direktem und deutlichem Anstieg der Wohnungsbauleistung.[190]

Eine ähnliche Entwicklung hatte sich auch im übrigen Deutschland vollzogen. Aus dem mit Zahlen belegten Reinzugang von neuen Wohnungen in Preußen, läßt sich kein sicherer Rückschluss auf die Wirksamkeit des preußischen Wohnungsgesetzes ableiten. Die im Gesetz von 1918 bereitgestellten Mittel in Höhe von 20 Millionen Mark waren nur für Stammeinlagen bei den gemeinnützigen Bauvereinigungen vorgesehen, dienten also nicht direkt dem Wohnungsbau.

Es erscheint möglich, dass die 20jährige Diskussion über das preußische Wohnungsgesetz zu der Einsicht bei der Regierung geführt hat, auch für Preußen **eine geltende** Bauordnung aufzustellen und es nicht auf einige baupolizeiliche Vorschriften im Wohnungsgesetz von 1918 zu beschränken. Jedenfalls hatte die preußische Regierung schon ein Jahr später den Entwurf einer Bauordnung veröffentlicht und die Provinzregierungen und Städte gebeten, den Entwurf, ohne Änderungen, zu übernehmen. Die Städte konnten die Entwurfsempfehlungen direkt anwenden oder sogar verändern.

Damit ist der Entwurf das geblieben, was er war, ein fast unverbindliches Muster, denn die Regierung Preußens scheute sich den Entwurf zu einem Gesetz zu erheben und damit eine preußische Bauordnung zu schaffen. Der Entwurf ist als Erlass im *Zentralblatt der Bauverwaltung* 1919, Nr. 42, S. 225 abgedruckt worden.

---

190 Wird die Wohnungsbauleistung im Reich mit „100" angesetzt, beträgt die preußische Bauleistung zwischen 1919 und 1934 jeweils etwa 57% - 64%, im Mittel also etwa 60% des Reichs.

Tabelle 21: Der Wohnungsbau (Reinzugang) in Preußen, hier von 1919-1934

1919	1920	1921	1922	1923	1924	1925	1926
32.212	60.365	80.536	90.988	74.902	65.348	109.501	129.258
1927	1928	1929	1930	1931	1932	1933	1934
178.535	190.645	197.763	202.113	149.467	88.577	107.095	165.713

1. Zeile: Jahre, 2. Zeile: Zahl der von der Statistik erfaßten neuen Wohnungen (Reinzugang). Statistisches Jahrbuch für das Deutsche Reich, Jahrgänge 1919-1935.

5.3 Bodenfrage und Bauordnung

In diesem Abschnitt sollen die Bodenfrage und die Bodenspekulation erörtert werden, weil ein Zusammenhang zwischen der Bodenfrage und der Bauordnung angenommen wird.[191] Es wird vermutet, dass der Preis des Baubodens, jedenfalls gegen Ende des 19. und zu Beginn des 20. Jh. in einem engen Zusammenhang mit der Bauordnung steht. Der Zusammenhang kann sich aus der zulässigen „Ausnutzbarkeit" baupolizeilicher Vorschriften der Bauordnung ergeben. In der volkswirtschaftlichen und städtebaulichen Literatur wurde die Bodenfrage seit der Mitte des 19. Jh. immer wieder thematisiert.[192] Die Meinungen, wie die Bodenwertsteigerungen zu Stande kommen, wer sie verursacht und wie die erzielten hohen Bodengewinne zu Gunsten der Allgemeinheit abgeschöpft werden können oder sollen, waren geteilt. Baumeister hatte 1876 die kurze Formel geprägt, „Der Bodenwerth ist aber nicht Ursache, sondern Folge des Wohnsystems". Wenn das Wohnsystem einmal eingeführt wäre, könne eine Änderung nur sehr schwer erreicht werden.[193] Bei seiner Kritik an der neuen Berliner Bauordnung von 1887 wiederholte er seine Auffassung, dass bei der städtebaulichen Weiterentwicklung der Stadt Berlin, der Bodenpreis und das Wohnsystem in einer fast unlösbaren Wechselbeziehung verbunden wären. Die baupolizeilich zulässige Ausnutzung eines Grundstücks bestimme fast immer dessen Preis.[194] Auch 1893 waren sich die Fachleute, wie Baumeister, Stübben und Adickes, völlig im Klaren, dass die äußerste Ausnutzung des Baugeländes eine nicht zu verantwortende Steigerung der Bodenpreise zur Folge habe, da die Bodenpreise wesentlich durch das baupolizeilich zugelassene Maß der baulichen Ausnutzung mitbestimmt würden.[195] Der Volkswirt Carl Johannes Fuchs bemerkte 1904, dass zwischen dem Bodenpreis

191 Böhm, Hans, Rechtsordnungen und Bodenpreise als Faktor städtischer Entwicklung im Deutschen Reich zwischen 1870 und 1937, in: Urbanisierung im 19. und 20. Jahrhundert. Historische und Geographische Aspekte. Hg. von Hans Jürgen Teuteberg, Köln-Wien 1983. S. 214-240 (229).

192 Die Beiträge reichen von Adickes, Baumeister, Wilhelm Dittus, Eberstadt, Faucher, Karl Christian Führer, Fuchs, Jäger, Stübben bis Hans Jürgen Teuteberg, A. Voigt und Clemens Zimmermann.

193 Baumeister, Reinhard, Stadterweiterungen, S. 24. Baumeister beruft sich auch auf J. Faucher. Baumeister meint mit dem Wort Wohnsystem, die mehrstöckige Bauweise mit Hintergebäuden.

194 *DVjöG* 1887, S. 600-608, (606).

195 *DVjöG* 1894, S. 21. Neben Baumeister und Stübben bestimmten einige Oberbürgermeister die Diskussionen. Adickes: „die Maßnahmen der öffentlichen Hand, insbesondere auch die Gestaltung der Bauordnung, [wirken] auf die Preisbildung in entschiedenster Weise ein." Der Abstand zur Grenze, die Hofgröße, die Geschosszahl, die lichte Wohnraumhöhe und die Straßenbreite bestimmten, neben dem Bebauungsplan, die zulässige bauliche Ausnutzung des Grundstückes.

und der Gebäudeform eine sehr enge Wechselwirkung bestehe. Am Anfang der Betrachtung stehe immer die Bauordnung, denn nur durch sie können die Erwartungen der Grundstücksbesitzer, durch maximale Ausnutzung des Baugrundstücks, verwirklicht werden.[196]

Die von Baumeister und Stübben seit den 80er Jahren geführte Diskussion über Bauordnungen und Bebauungspläne zeigen, dass unter den Fachkollegen große Einigkeit über die Veränderungsnotwendigkeit der Bauordnungen herrschte. In dem langen Diskussionsprozess, der zugleich die theoretischen und die praktischen Grundlagen für die Stadtplanung lieferte, war die Bodenbodenfrage zwar immer wieder angeklungen, ohne indessen zu einem vorläufigen Abschluss zu kommen. Den Stadtplanern, aber auch den Oberbürgermeistern, war klar geworden, dass sich Planungen für den öffentlichen und den privaten Bereich nur unter größeren Schwierigkeiten durchsetzen ließen, weil die besten Planungen an der Frage scheitern mussten, wie das notwendige Gelände zu annehmbaren Preisen bereitgestellt werden könne.

Neben den Architekten und Ingenieuren, wie Baumeister und Stübben, hatte sich auch die Volkswirtschaft mit der Bodenfrage beschäftigt, so z.B. Eberstadt, Fuchs, A. Voigt und P. Voigt, Weyermann und die Politiker Lindemann und Jäger. Bis in die 1890er Jahre herrschte die allgemeine Meinung, Experten wie Baumeister, Eberstadt, Fuchs, Stübben und andere ausgenommen, dass die hohen Bodenpreise förmlich eine dicht gedrängte und mehrgeschossige Bebauung erforderten. Nur durch eine höhere Zahl von Wohnungen auf dem Grundstück könne die Kalkulation so gestaltet werden, dass sich der Kauf eines Grundstückes für den Investor noch lohne. Aus dem häufig vorliegenden planerischen Konzept mit breiten Straßen und tiefen bebaubaren Grundstücken leitete sich „das Axiom ab, gedrängter zu bauen“.[197]

Eberstadt sah die Nachprüfung dieser „Glaubenssätze“ neben seiner Lehrtätigkeit an der Friedrich-Wilhelm Universität in Berlin, als eine wichtige Aufgabe an.[198] Die Bauordnung und der Bebauungsplan waren in jedem Falle wichtige, wenn nicht sogar die wesentlichen Faktoren für die überhöhten Baubodenpreise. Die Überlegungen von Eberstadt, Fuchs und anderen zielten auf die Fragen nach „Ursache und Wirkung“ in Bezug auf Bodenpreis und Miethöhe. Wie kann der Baubodenpreis erklärt und welche Wirkung hat er? Aus den veröffentlichten Beiträgen, beispielsweise von Fuchs, Voigt und Eberstadt, hat der Verfasser folgende Fragen abgeleitet:

1. Bestimmt der Bodenpreis die spätere Höhe des Mietzinses?
2. Bestimmt der erreichbare Mietzins den Bodenpreis und ist der Bodenpreis damit eine Funktion des Mietzinses?
3. Bestimmt die Bauordnung und der Bebauungsplan die maximal erreichbare Mietfläche und damit indirekt die daraus zu erzielende Mietenhöhe?
4. Inwieweit bestimmt das Hypothekarrecht die Höhe des Mietpreises durch überhöhte Bodenverschuldung und durch Unterlassen der ordnungsgemäßen Tilgung?

196 Fuchs, Zur Wohnungsfrage, S. 69.
197 Eberstadt, Handbuch...., S. 108.
198 Eberstadt, Handbuch..., S. 109.

Tabelle 22: Baukosten, Hypotheken und Verkaufspreis eines Vorhabens, in Mark

1	2	3	4	5	6	7	8	9
Bau-Kosten (BK)	I. Hypothek	II. Hypothek	Rest-Kauf-Geld	Belastung Schulden Sp. 2+3+4	Belastung über den Baukosten	VK des Objektes	% über den BK	VK-BK Sp.7-Sp.4+Sp.1
166.850	190.000	44.000	11.000	245.000	146,8 %	255.000	152,8	77.150
166.700	190.000	46.000	7.000	243.000	145,8 %	253.000	151,7	79.300
145.985	170.000	50.000	31.500	251.500	172,2 %	261.500	179,1	84.0515

Eberstadt, S. 146. Anmerkung: Die Grundzahlen (Spalten 1-5 und 7) sind von Eberstadt ermittelt. Die Spalten 6, 8 und 9 sind vom Verfasser hinzugefügt worden. VK = Verkaufspreis

Die Tabelle zeigt in Spalte 1 die Baukosten eines Projektes, in Spalte 5 die Belastung durch Hypotheken und Restkaufgelder und in Spalte 7 den erzielten Verkaufspreis nach Fertigstellung des Vorhabens. Diese Zahlen hatte Eberstadt von „spekulationsfreundlicher Seite“ erhalten, um gegen „Anfechtungen“ bei seiner Argumentation sicher zu sein. Die Beleihungen (Schulden) bei diesen drei Beispielen lagen danach bei rund 46 % bis zu 72 % über den Baukosten. Eberstadt betonte, dass es nicht darum ginge, die Gewinnspanne bei derartigen Investitionen grundsätzlich zu verdammen, vielmehr gehe es um die erstaunliche Tatsache, dass die Kreditinstitute Grundstücke mit 146 % bis zu 172 %, gemessen an den Baukosten, beleihen. Eberstadt hatte die drei obigen Grundstücksfälle nachrecherchiert, um den typischen Verlauf zu zeigen, wie aus normalen Baukosten durch Feuertaxen und Beleihungen erhebliche „Wertsteigerungen“ mit Langzeitwirkung generiert werden konnten. Diese Wertsteigerung hatte der letzte in der Kette, der Mieter, zu begleichen. Nach Eberstadt wurde die Beleihungssteigerung schrittweise vollzogen. Zunächst wurde die Feuertaxe von 166.850 Mark auf 208.100 Mark gleich 41.250 M „durch Übertaxierung“ erhöht; die erste Steigerung beträgt damit schon 41.250/166.850 = 24,7 % über den tatsächlichen Baukosten.[199] Dieser Ansatz ermöglichte dann die Beleihungssteigerung (erste Zahlenreihe) von 245.000/166.850 auf 146,83 % der Baukosten.

Die folgende Tabelle 23 (Zeile 5) zeigt die Wirkung der Finanzierung, d.h. der hohen Beleihung der drei Objekte weit über die Herstellungskosten hinaus. Die Gesamtbaukosten von 480.000 Mark wurde mit 740.000-480.000 Mark um 260.000 Mark Beleihungen in Form der I. und II. Hypotheken erhöht. Nach Fertigstellung wurden die Objekte zum Preis von rund 770.000 Mark verkauft. Für die Erwerber waren die Beträge (Spalte 7) der jeweilige Einstandspreis, gleichgültig ob bar gezahlt und die Schulden sofort getilgt wurden, oder ob nur eine kleine Anzahlung erfolgte, der Käufer dafür aber die Beleihungen zu übernehmen hatte. Eberstadt und Fuchs betonen in diesem Zusammenhang, dass eine der Ursachen der (übermäßig) hohen Beleihungen aus dem preußischen Hypothekenrecht herrührt. Der Grund liege darin, dass die Beleihungen nicht mit dem üblichen Satz von 1 bis 1,5 Prozent pro Jahr, oder gar nicht, getilgt wurden.

199 Die „Übertaxierung der Feuertaxe“ war nach Eberstadt eine beliebte Methode um die Beleihungsgrenzen nach oben zu verlagern, d.h. die erwünschte höhere Hypothekensumme zu erlangen.

Tabelle 23: Berechnungen der Wertsteigerung durch Verschuldung, Beträge in Mark

	Berechnung aus der Sicht des ersten Investors					
	1	2	3	4	5	6
1	Baukosten	Verkaufs-preis	Schulden	Roh-Gewinn	Zinsen	Gewinn
2	166.850	255.000	245.000	88.150	-10.275	77.875
3	166.700	253.000	243.000	86.300	-10.375	75.925
4	145.985	261.500	251.500	115.515	-11.096	104.419
5	479.535	769.500	739.500	289.965	-31.746	258.219

	Berechnung aus der Sicht des ersten Erwerbers				
6	7	8	9	10	11
7	Einkaufspreis	Zins in %	Zinsen	Mieteinnahme	Mehreinnahme
8	255.000	4,293	10.947	-	-
9	253.000	4,293	10.861	-	-
10	261.500	4,293	11.204	-	-
11	769.500	4,293	33.012	53.625	20.613

Eberstadt, S. 146. Anmerkung: Die Grundzahlen (Spalten 1-3, 7 und 10) sind von Eberstadt ermittelt. Die Spalten 4, 5, 6, 8, 9 und 11 sind vom Verfasser hinzugefügt worden. Der Zinssatz (Spalte 8) ist der Durchschnittszinssatz aus den drei Objekten.

Fragen zur Schuldentilgung

Die Schuldentilgung spielte im 18. und 19. Jh. eine geringe Rolle, so Weyermann.[200] Der Bauer „betrachte" seinen Hof und seine Bodenflächen, als alleinige „Ertragsquelle, sie ist seine Existenzgrundlage." Daher sei seine Bereitschaft, den Boden übermäßig zu belasten gering, eine Verschuldung diene nur der Produktivitätserhöhung und dem Ziel, den Grundbesitz so bald als möglich zu entschulden. Völlig anders sei die Motivation der „intellektuell dem Bauern überlegenen Großgrundbesitzer". Sie stellten den Verkaufsgewinn vor den Bodenertrag, der Großgrundbesitzer sei nur an der Bodenwerterhöhung interessiert.[201]

Weyermann untersuchte Wertsteigerungen, die sich bei bestimmten Grundstücken durch Kauf- und Verkaufsfälle entwickelt hatten. Besonders interessierte ihn die Schuldentilgung. Weyermann: Die Tilgungen waren in der ersten Hälfte des 18. Jahrhunderts sehr hoch, der Grundsatz der schnellen Entschuldung war vorherrschend. Wem es nicht gelang, eine aufgenommene Hypothek „aus eigenen Mitteln" zügig zu tilgen, der wurde von Geldgebern als wenig kreditwürdig angesehen.[202]

In der zweiten Hälfte des 18. Jh. war die umgekehrte Richtung vorherrschend und auf lange Zeit galt die Regel: Kaufgeldhypotheken blieben nach kurzer Tilgung „stehen"; der Schuldner hatte seine Hypothek erhalten, die ihn jedoch nur die Zinsen kostete, der Gläubiger hatte aber eine sichere Zinsein-

200 Weyermann, M., Zur Geschichte des Immobiliarkreditwesens in Preußen, Theorie der Bodenverschuldung, Karlsruhe 1910, S. 37.

201 Weyermann, Zur Geschichte, „Der spekulative Großgrundbesitzer belastet teilweise sehr hoch, um später mit Gewinn zu verkaufen, der Bauer scheut die Gutsbelastung, um später nicht wegen Schuldenlast verkaufen zu müssen". S. 37.

202 Weyermann, Zur Geschichte, S. 47.

nahme.[203] Weyermann führte die deutlich erhöhten Bodenverschuldungen und die Neigung Tilgungen zu vermeiden, auf die Änderung des Hypothekarrechts von 1748 zurück.[204] Eberstadt und Fuchs sahen in der unterbliebenen Tilgung die Erklärung, warum es auch im 19. Jh. für relativ unvermögende Grundstückserwerber einfach war, große Objekte zu erwerben: Der Erwerber übernahm die vorhandenen Hypotheken und zahlte nur 5-10 % des Verkaufspreises in bar.[205] Weyermann fragte: Warum wurde das Hypothekarrecht nach 1750 geändert?

Solange das Gleichgewicht zwischen dem Bodenertrag, dem Bodenwert und dem Zinsfuß stabil blieb und die Spekulation nicht störte, gab es keine Veranlassung, das Hypothekenrecht zu ändern, so Weyermann. Nach dem alten Hypothekenrecht hatte der Baugläubiger (z.B. Unternehmer oder Baustofflieferant) ein Vorrecht, obwohl die zeitliche Rangfolge der Hypotheken nach dem „Prinzip der Alterspriorität" dem scheinbar widersprach.[206] Dennoch sei keine wesentliche Störung zwischen Baugläubiger und dem erstrangigen Hypothekengeber zu verzeichnen. Der Rang I. wurde „trotz Zurückstellung" indirekt insofern gesichert, als das Objekt, z.B. das neue Gebäude, den Gesamtwert nach der Regel steigerte, wonach „der Bau dem Boden folgt".[207] Das vom Staat geschaffene Instrumentarium (Grundbuch, Namen aller Beteiligten, Verwendungszweck, Schuldverzeichnis usw.) garantierte dieses Gleichgewicht ebenfalls.

Um 1740/1750 setzte sich die Auffassung durch, dass der als starr empfundene „Grundbuchformalismus" in der Hypothekenordnung zu Gunsten einer leichteren Handhabung geändert werden sollte, dies geschah dann durch die Konkursordnung von Friedrich dem Großen am 3.4.1748 in Verbindung mit der Justizreform zwischen 1748 bis 1751.[208]

Weyermann meint, dass die folgenreiche Änderung, die sich auch auf die Hypothekenordnung auswirkte, nebenbei und unter Außerachtlassung der möglichen Wirkungen entstand. Die Folgen seien aber deutlich, der Immobiliarkreditrahmen wurde wesentlich erweitert, die Kreditnehmer entschuldeten sich seither nicht mehr im geübten Maß. Der Kredit blieb stehen und wurde verzinst, aber nicht getilgt. Die Folge war ein Anwachsen der Kredite auf dem Grundstück. Fuchs hatte in diesem Zusammenhang eine Berechnung veröffentlicht, wie sich die realen Gebäudewerte und die Verschuldungen durch Hypotheken zwischen 1870 und 1897 entwickelt hatten.[209]

---

203 Weyermann, S. 48.

204 Weyermann, S. 64. Seine These stützt W. auf die Grundbuchuntersuchungen, die um 1750 eine auffallende neue Tendenz anzeigte.

205 Eberstadt, S. 148-149. Der (neue) Hausbesitzer wird zu einem Scheinbesitzer und Hypothekenwächter. Das Problem der „Scheinbesitzer" ist nach Weyermann keine neue Erkenntnis, denn diese Form des geringen Bargeldeinsatzes war auch im 18. Jh. bekannt.

206 Weyermann, S. 5. „Alterspriorität" bedeutet, die älteste Hypothek hat den ersten Rang.

207 Weyermann, S. 19, 25 und 64. Der Baugläubiger war in diesem Falle jemand, der im Rang erst nach der I. Hypothek im Grundbuch eingetragen wurde.

208 Weyermann, S. 24, Ziel der Änderung war u.a. die Rangordnung der Gläubiger zu schematisieren. Nicht der Eintragungsgrund war entscheidend, sondern nur noch das Datum. Die erste Hypothek hatte den „Platz an der Sonne", das Vorrecht der Baugläubiger war entfallen. S. 26.

209 Fuchs, Zur Wohnungsfrage, S. 74. Fuchs beruft sich auf eine Mitteilung von Eberstadt.

Disparität zwischen Gebäudewerten und Schuldenverlauf

Die folgende Tabelle von Fuchs belegt, dass die Baukosten zwischen 1870 und 1897 um das Vierfache gestiegen waren. Die Schuldensteigerung durch nicht getilgte Hypotheken berechnet sich dagegen schon auf das Fünffache. Der Grund für das „Auseinanderlaufen" von erstelltem Bauwert und Verschuldung könne, so Fuchs, nur in der Bodenspekulation gesehen werden, die Tabelle zeigt die divergierende Entwicklung. Die verwendeten Grundwerte sind bei Fuchs entnommen, die möglichen Bodenwertsteigerungen wurden vom Verfasser ermittelt. Auf die Angabe *einer jährlichen Steigerungsrate* wurde vom Verfasser verzichtet, weil sie nur theoretische Bedeutung hat. Die Baukonjunktur (die Baupreise) verlaufen selten stetig, Steigerungen in einem Jahr von 1 % können Jahre später von Steigerungen von 5 % und mehr abgelöst werden.

Tabelle 24. Gebäudewerte und Verschuldung zwischen 1870-1897 in Teilen Berlins

1	2	3	4	5	6	7
Jahr	Gebäudewert	Verschuldung	Unterschied in Mark	Steigerung in %	Gebäude-wertsteigerung	Schulden-Steigerung
1870	858	882	24	2,79 %		
1897	3.380	4.412	1.032	30,53 %	3,939-fach	5,000-fach

Im Herrenhaus des preußischen Landtages war die Meinung vertreten worden, dass der Bodenpreis entscheidend durch die Art der Bodenaufteilung beeinflusst werde.[210] Auf der durch den Bebauungsplan geschaffenen Grundlage (mit breiten Straßen und tiefen Grundstücken) änderten sich Bodenwerte zugunsten der Spekulanten. Baupolizeiliche Beschränkungen der Bebauungsdichte und der Stockwerkszahl hätten sich als wirksames Mittel zur Eindämmung der Bodenpreise erwiesen.[211]

Die Baupolizei, so Adolf Weber, könne „wertvolles bei der Festlegung des Bebauungsplanes und der Bauordnung" leisten, nur dürfe sie nicht „zuviel des Guten tun".[212] Eberstadt: „Man sagt, die hohen Bodenpreise in Berlin [und anderswo] bedingen die Bebauung durch Mietskasernen; das Gegenteil ist die Wahrheit". Allein die Voraussetzung, Mietskasernen nach der Bauordnung bauen zu dürfen, habe die Bodenpreise dort „emporgeschwindelt".[213]

---

210 Anlagen zu den Stenographischen Berichten über die Verhandlungen des Preußischen Herrenhauses, Berlin 1918, Bd. 2, S. 883-894, (891).

211 Anlagen zu den Stenogr. Berichten über die Verhandlungen (...), Bd. 2, S. 883-894, (891-892). Die Bodenspekulation war nach Niethammer nicht gleichmäßig im Lande verteilt, es habe erhebliche Differenzierungen gegeben, so sei die Spekulation im Rheinland nicht vergleichbar mit der Spekulation in Berlin.

212 Weber, Adolf, Die Großstadt und ihre sozialen Probleme, Leipzig 1908, S. 49. Weber meint hier, die Baupolizei solle in der Bauordnung und im Bebauungsplan nicht zu viele Einschränkungen machen.

213 Zitiert nach Niethammer, Wohnen im Wandel, S. 286. Niethammer meint einschränkend: Eberstadts These könne überspitzt sein, gleichwohl war der Bebauungsplan und die Bauordnung verantwortlich für die Verbreitung der Mietskaserne und damit für einen Teil der Bodenspekulation.

Wirkung von Bauordnung und Bebauungsplan auf die Bodenspekulation

Der Begriff „Spekulation“ wird hier so verwendet, wie er von Eberstadt Anfang des 20. Jh. beschrieben wurde.[214] Die Spekulation kann, so Eberstadt, in beide Richtungen verlaufen, nämlich „Auf“ und „Ab“, warum sollte aber jemand beim „Boden à la baisse spekulieren“? Seine Schlussfolgerung war, dass die „Spekulation“ nur im Bodenbereich keinerlei Berechtigung habe, daher sei der Begriff der Preistreiberei oder der Preissteigerung angemessen.[215] Das „sogenannte Gesetz von Angebot und Nachfrage“ funktioniere bei den beweglichen Gütern dann richtig, wenn folgende Mindestvoraussetzungen vorliegen: Es dürfe kein Monopolanbieter und keine Not- oder Zwangslage bestehen. Die Argumente, die sich aus dieser „gesetzlichen“ Grundlage ergeben, könnten beim Boden nicht verwendet werden und führten nur zu falschen Anschauungen und daraus abgeleiteten Handlungen.[216]

Adolf Weber vertrat eine völlig andere Auffassung in der Boden- und Wohnungsfrage. In seiner Schrift von 1908 gliedert er die Mietpreise in: Baukosten, Unternehmergewinne und Bodenrente. Nach seiner Ansicht wären bei den Baukosten keine großen Einsparungen möglich, da die Ansprüche der Mieter auf Erstellung der Wasserleitung, des Kanalanschlusses, die solidere Bedachung und die „hübsche Innenausstattung“ höhere Kosten erforderten, die zwangsläufig auch höhere Mieten zur Folge hätten. Beim Unternehmergewinn, der Risikoprämie des Vermieters, könne ebenfalls kaum gespart werden. Die hohe städtische Bodenrente erklärte Weber damit, dass die Bodenspekulation die Aufgabe habe, ohne gesicherte Daten, aber vorausschauend den Baulandbedarf abzuschätzen und Böden zu Baulandzwecken zu erwerben.[217]

Zur Erklärung, warum die Bodenpreise so gestiegen sind, meint Weber: „Es genügt vollkommen, wenn man auf das rasche Anwachsen der Städte hinweist“.[218] Weber räumt aber ein, dass es die Baupolizei teilweise in der Hand habe, die Bebauungspläne so zu gestalten und die Bauordnung so anzuwenden, dass eine Beruhigung auf dem Bodenmarkt eintreten könne, doch solle man von der „Bürokratie nicht zu viel erwarten“. Als einen richtigen, aber kleinen Schritt

---

214 Eberstadt, Handbuch, S. 96 ff. Unter „Spekulation“ versteht er zwei Tätigkeiten: Die Handels- und die Wertspekulation. Die erstere sei in der neueren Wirtschaft fast unentbehrlich, denn wer Häuser für einen unbestimmten Käuferkreis baut, betreibt Handelsspekulation, sie sei zur Versorgung der Bevölkerung notwendig. Wer aber nur Gelände aufkauft, um beim Weiterverkauf eine Wertsteigerung „herauszuschlagen“, der betreibe eine „Wert- oder Bodenwertspekulation“. Im Handwörterbuch des Städtebaues, Wohnungs- und Siedlungswesens, 1959, Bd. 1, S. 411 wurde unter der „Bodenspekulation in der freien Wohnungswirtschaft“, Ende des 19. Jh., ein Sammelbegriff verstanden. Bodenspekulation war die sozial schädliche Erscheinung mit „ungesunder Bebauungsverdichtung“, verbunden mit der „Gewinnsucht der Bodenbesitzer durch Ausnutzung des Bodenmonopols“.

215 Eberstadt, Handbuch, S. 98-99.

216 Eberstadt, Handbuch, S. 99-100. Eberstadt wendet sich auch gegen die Sprachverwirrung bei dem Begriff „Gesetz von Angebot und Nachfrage“. Von einem „Gesetz“ sei keine „Spur“ zu finden, es handele sich daher allenfalls um Worthülsen ohne Inhalt.

217 Weber, Adolf, Die Großstadt, S. 45-46. W. (geb. 1876) war Nationalökonom, Lehrer an den Universitäten Köln, Breslau, Frankfurt und München, gestorben 1963.

218 Den Thesen von Weber traten die Bodenreformer in ihrer Verbandszeitschrift „Freiland“ vehement entgegen, in: Bodenreform-Deutsche Volksstimme-Freiland, Berlin 1909, S. 6-11.

zur Lösung des Boden- und Wohnungsproblems, sah Weber die verstärkte Anwendung des Erbbaurechts und auch die Anlage von Gartenvorstädten, während er die reine Gartenstadt nach dem Modell von Howard in Deutschland für nicht tragfähig hielt.[219] Adolf Webers Theorie der Bodenpreisbildung beim Ackerland, beim Rohbauland und beim Bauland, kann so skizziert werden:

Welche Ursache	bedingt oder erzwingt welche Wirkung
1. Hoher Bevölkerungszuzug in die Stadt	starke Nachfrage nach Wohnungen
2. Starke Nachfrage nach Wohnungen	vermehrte Landkäufe zu hohen Preisen
3. vermehrte Landkäufe zu hohen Preisen	Baustellensuche mit hoher Ausnutzbarkeit
4. Baustellensuche mit hoher Ausnutzbarkeit	Planung und Bauordnung der Stadt
5. Planung und Bauordnung der Stadt	Berechnung der max. Mietfläche und Mietzins
6. Kalkulierte Mietzinshöhe	Baulandkauf durch Zwischenhändler
7. Baulandkauf durch Zwischenhändler und Erstellung der Gebäude	Verkauf an Bauunternehmen zu hohem Preis
8. Bezugsfertiges Gebäude	Wohnungsangebot an Mieter zu hohem Zins.

Die eingangs gestellte Frage, ob der Bodenpreis die spätere Höhe des Mietzinses bestimmt oder der erreichbare Mietzins den Bodenpreis bestimmt, wurde je nach Einstellung verschieden beantwortet. Eberstadt vertrat die These, dass der erreichbare Mietzins letztlich den Bodenpreis bestimmt, den ein Käufer zu zahlen bereit ist.[220] Die hohen Bodenpreise seien auch eine Folge der künstlichen Verknappung des Baulandes, die monopolartige Stellung der Grundbesitzer trage durch ihr Verhalten zu hohen Preisen bei. Die hohen Bodenpreise seien auch eine Folge der Bebauungspläne und der Bauordnungen, zusätzlich würde auch das Hypothekenrecht eine zu hohe Verschuldung auf dem Boden zulassen. Das Institut der Tilgungshypothek, die Pflicht zur regelmäßigen Tilgung, würde zu wenig angewandt, daher steige zwangsläufig der Verschuldungsgrad. Andere, wie Adolf Weber, Georg Haberland und Andreas Voigt vertraten die gegenteilige These: Der Bodenmarkt funktioniere wie andere beliebige Märkte, nämlich nach Angebot und Nachfrage, der Beginn der Ursache-Wirkungs-Kette beginne immer bei der Nachfrage nach Wohnungen, der hohe Bevölkerungszuwachs, das Städtewachstum und auch der erzielbare Mietertrag eines Objektes bestimme daher den Bodenpreis.

Eberstadt hatte sich immer gegen die These gewehrt, dass das Prinzip „Angebot und Nachfrage" auch auf dem Bodenmarkt gelte. Der Boden „ist unbeweglich und nicht vermehrbar" und mit keinem sonstigen Produktionsfaktor zu vergleichen.[221] Der Blick auf das Grundbuch zeige, dass der Staat dem Boden einen besonderen Platz im Wirtschaftsleben einräume. Anders als bei allen be-

219 Weber, Die Großstadt, S. 78-79. Weber: Die Garten(vor)stadt als Experiment könne aber wertvolle Hinweise liefern.

220 Neben Eberstadt: Friedrich Naumann, Adolf Damaschke, Carl Fuchs, Heinrich Freese, Eugen Jäger. Hugo Lindemann u.v.a.. Dazu gehört auch Baumeister, der sich auf dem Bundestag der Deutschen Bodenreformer 1904 in Darmstadt für eine (Wert-)Zuwachssteuer eingesetzt hatte. Der ohne eigene Arbeit erzielte Gewinn zwischen Bodenkauf und Verkauf müsse zur Wert-Zuwachssteuer, beim Verkäufer, herangezogen werden. In: Die Zuwachssteuer, Berlin o.J., vermutlich 1904.

221 Eberstadt, Handbuch, S. 96.

weglichen Gütern im gewöhnlichen Geschäftsverkehr werden die Rechte und Pflichten der Grundeigentümer, wie die der Gläubiger, durch die staatliche Grundbucheintragung gesichert.[222] Nach Andreas Voigt war Eberstadts These grundsätzlich abzulehnen. Das Prinzip Angebot und Nachfrage gelte auch beim Bodenmarkt, denn es sei nur eine Frage der Bereitstellung von Bauland und der Erschließung.

Voigts Kernthese lautete: „Das größte Mittel, das es gibt, um die Bautätigkeit zu fördern und die Aufwärtsbewegung der Mieten zu hemmen, bleibt unter allen Umständen die Beseitigung der Belastungen und Beschränkungen des Bauens; und diejenige Stadt wird in der Wohnungspolitik den besten Erfolg haben, welche, ohne berechtigte Gegenforderungen zu mißachten, am meisten Freiheit gewährt."[223] Seine zweite These lautete: „Das Tatsachenmaterial beweist ausnahmslos, dass die relativen Baukosten mit der wirtschaftlichen Intensität der Bebauung abnehmen, dass also in Wahrheit der teuerste Wohnboden meistens der billigere ist, weil der Bodenpreis nicht in dem Maße zu steigen pflegt, in welchem die Ausnutzung wächst."[224]

Eberstadt und in geringerem Ausmaß auch Fuchs und Stübben erschienen nach Voigt als Verfechter einer überholten Bodentheorie. Voigt: „Die Schrift Eberstadts [Städtische Bodenfragen] ist nach allem eine absolut unwissenschaftliche Agitations- und Tendenzschrift, unzuverlässig in ihrer ohne Sorgfalt zusammengerafften [...] Tatsachenmaterial, unwissenschaftlich gegen die elementarsten volkswirtschaftlichen Einsichten verstoßend."[225] Eberstadts Boden- und Wohnungstheorie lasse sich in 5 kurzen Sätzen zusammenfassen:

1. „Das Grundübel ist der Bebauungsplan mit seinen breiten Straßen,
2. diese haben zur Folge die großen Baublocks, und
3. aus beiden ergibt sich mit Naturnotwendigkeit die Mietkaserne,
4. die Mietkaserne aber ist die Mutter der Bodenspekulation, welche die Bodenpreise in schwindelnde Höhen treibt,
5. die hohen Bodenpreise erzeugen die hohen Mieten und daraus endlich folgt alle Wohnungsnot."[226]

„Diese fünf Grundsätze stehen plötzlich fertig vor uns", so Voigt.[227] Als Quelle nennt er den Aufsatz von Eberstadt: „Der Entwurf eines preußischen Wohnungsgesetzes, seine Vorgeschichte und seine Bedeutung"[228] Die Durchsicht des kritisierten Eberstadtschen Aufsatzes weist aber an keiner Stelle, eine solche unzulässige Vereinfachung auf. Voigt zeigt damit erstmals, dass er mit seinem Buch ein Ziel verfolgt, das neben der Darstellung seiner Bodentheorie, auch ei-

222 Eberstadt, Handbuch, S. 96, er führt hier insbesondere das Immobiliarrecht und die Bodenverschuldung an. Hypotheken und sonstige Pfandrechte, einschließlich der Baulasten und Sicht-, Geh-, Fahr- und Leitungsrechte sind Gegenstände auch des früheren Grundbuchrechtes.

223 Voigt, Andreas, Kleinhaus und Mietskaserne. Eine Untersuchung der Intensität der Bebauung vom wirtschaftlichen und hygienischen Standpunkt, Berlin 1905, S. 12.

224 Voigt, Kleinhaus ...., S. 9.

225 Voigt, Kleinhaus ...., S. 47.

226 Voigt, Kleinhaus ...., S. 35.

227 Voigt, Kleinhaus ...., S. 36.

228 Nach Voigt, Kleinhaus, S. 36, im *Archiv für Sozialwissenschaft* 1904, Bd. XIX, S. 173ff.

nen anderen Zweck hat. Nach Voigt geht es um eine grundsätzliche Auseinandersetzung mit Eberstadt und Fuchs, die eine „Anarchie der Begriffe proklamierten.“[229] Eberstadt und andere verfolgten mit ihren Behauptungen, so Voigt, nur das Ziel der deutschen Bodenreformer, die schon einmal gescheitert seien. Voigt: In der Gründerzeit nach 1870 habe eine erste Reformbewegung begonnen, die Folge war ein extrem vermehrter Bodenaufkauf. Es schien, als ob die Villenkolonien in Westend, Lichterfeld, Steglitz, Lankwitz, Düppel und am Wannsee der Baustil der Zukunft sein würden. An den Arbeiter als künftigen Mieter habe man nicht gedacht. Das offensichtliche Mißverhältnis zwischen Angebot und Nachfrage zeigte sich, als die zuvor erzielten (scheinbaren) Bodengewinne zusammenbrachen. „Damit endete die erste Wohnungsreformbewegung in Berlin.“[230]

Voigt widersprach der allgemeinen Auffassung, dass die Baubodenpreise schon vor der Mitte des 19. Jh. deutlich angestiegen seien. Er ist vielmehr der Meinung, dass sich die Baubodenpreise nur sehr langsam entwickelt hätten, während die Gebäudewerte schneller nach oben anstiegen. Nach Voigt habe sich damit eine Gebäudewertsteigerung ergeben, die nicht proportional zur Bodenwertsteigerung, sondern steiler verlaufe. Die Bodenwerte verzeichneten einen geringeren Anstieg als die Gebäudewerte, so Voigt.

Tabelle 25: Nach A. Voigt: Zuwachs des Gebäudewertes zwischen 1830 und 1898, in Mark.

1	2	3	4	5	6	7
Jahr	Einstandskosten (Grundstück) oder Zuwachs	Anteil der Sp. 2 am Gesamten in %	Gebäudewert nach Feuertaxe in M.	Anteil der Sp. 4 am Gesamten in %	Gesamtwert der Grundstücke und Gebäude	Anteil der Sp.6 am Gesamten in %
1830	keine Angabe		keine Angabe		keine Angabe	
1898	2.101 Mill. M.	36,84	3.611	63,16	5.712 Mill. M.	100

Die Zahlen der Tabelle stammen von A. Voigt, Kleinhaus und Mietskaserne (...), S. 92. Voigt gibt an, die Zahlen aus dem Stat. Jahrbuch der Stadt Berlin entnommen zu haben, die Datumsangabe fehlt. Die Werte der Spalten 1, 4 und 6 sind von Voigt übernommen. Die Werte der Spalten 2, 3, 5 und 7 sind vom Verfasser ermittelt.

Voigt: „Nach diesen Werten würde also der weitaus größte Teil des Zuwachses dem gestiegenen Bauwert zufallen.“ Wenn vom Endwert (5.712 Millionen Mark) der Gebäudewert (3.611 Millionen Mark) abgezogen wird, so verbleibt ein Zuwachs zwischen 1830 und 1898 von 2.101 Millionen Mark. Diese 2.101 Millionen Mark entsprechen dem Grundstücksanteil von rund 37 %, der Gebäudeanteil liegt dann bei rund 63 %. Der Voigtschen Schlussfolgerung kann aber nicht gefolgt werden, da jede Angabe fehlt, welche Ausgangsbasis 1830 vorhanden war, folglich läßt sich eine Steigerung weder absolut noch prozentual errechnen. Je nach Ausgangswert des Jahres 1830 (Spalte 2) kann der Zuwachs erheblich oder auch minimal sein; auch der Wert der Spalte 4 kann zu einer wesentlichen oder zu einer unwesentlichen Steigerung, bzw. Zuwachs, führen. Die These von Voigt wird bezweifelt.

---

229 Voigt, Kleinhaus ...., S. 243.
230 Voigt, Kleinhaus ...., S. 18.

Voigt stellte im Kapitel „Die Baukosten“ Berechnungen an, wie sich die Baukosten in den verschiedenen Stockwerken eines Gebäudes zueinander verhalten. Im Ergebnis soll z.B. das vierte Geschoss nur 88 % der Kosten eines Erdgeschosses betragen, das bedeutet, dass die Herstellung jedes weiteren Geschosses über dem Erdgeschoss billiger werden würde. Damit wollte Voigt beweisen, dass die These von Eberstadt und Fuchs unrichtig sei.[231] Voigt teilte mit, dass es sich bei seinen Berechnungen um „Selbstkostenpreise des Bauunternehmers“ handele. Unberücksichtigt blieb bei Voigt aber, wie hoch die Gesamtkosten waren.[232] Die Selbstkosten können jedoch immer nur ein Teil des in Rechnung zu stellenden Gesamtpreises sein, es fehlen daher alle weiteren Angaben, wie Steuern, Abgaben, Stempelgebühren und schließlich Wagnis und Gewinn. Die von Voigt angewandte Methode der Selbstkostenrechnung als Basis für weitere Vergleichsrechnungen und Ergebnisse im Kapitel „Baukosten“, können nur mit großem Vorbehalt betrachtet werden.

Bei der Bodenspekulation erkennen Voigt, Fuchs, Eberstadt, Baumeister und Stübben den großen Einfluß der jeweiligen Bauordnung an.[233] Unter Bauordnung wird hier vereinfachend auch der Bebauungsplan verstanden. Beide wirken, aufeinander abgestimmt, regulierend. Bei einem „Neben- oder Gegeneinander“ wie bei der Berliner Bauordnung von 1853 werden erhebliche, vor allem negative, Wirkungen erzielt, die nicht vorhergesehen wurden. Der mögliche Grundstücksertrag, so Voigt, wird wesentlich von der Bauordnung mitbestimmt, je nach der Zulässigkeit der Bebauungsintensität, Voigt meint damit die Bebauungsdichte, steigt die Bereitschaft des Käufers, einen höheren Preis zu bezahlen, „die Bauordnung hat den entscheidenden Einfluß auf den Bodenpreis.“[234] Damit scheint sich ein Konsens zwischen Eberstadt und Fuchs einerseits und Voigt auf der anderen Seite anzudeuten. Der grundsätzliche Dissens bleibt dennoch bestehen, denn Voigt vertritt vehement die Theorie von „Angebot und Nachfrage“ auch im Baubodenmarkt, während Eberstadt und Fuchs betonen, dass gerade beim Boden dieses „Gesetz“ keine Gültigkeit haben könne, denn der Boden sei das einzige Gut, das unvermehrbar ist.

Voigt bekämpfte die gegen Ende des 19. Jh. vertretene These, wonach die Mietkasernenbebauung eine Mieten verteuernde Wirkung habe. Voigt behauptet nun das Gegenteil, die Mietkasernenbebauung sei geradezu imstande, eine dämpfende Wirkung auf dem Mietermarkt auszuüben. Als Beweis führt er den Dresdener Baumeister Hartwig an, der folgende These vertrat: Durch die Beschränkung der Bebauungsfreiheit könne man vielleicht billigeres Bauland erhalten. Dieses schaffe aber keine billigeren Mieten. Die Baukosten vierstöckiger

---

231 Eberstadt, Stübben und Fuchs und viele andere vertraten die folgende These: Die Baukosten des dritten oder vierten Obergeschosses eines Mietwohnhauses reduzierten sich nicht um einem messbaren Betrag, sie seien etwa gleich wie die Kosten des Erdgeschosses. Unter Umständen könnten die Baukosten des dritten oder vierten Obergeschosses sogar höher ausfallen als die Kosten eines unteren Geschosses (eines Erd- oder sonstigen Geschosses).

232 Voigt, Kleinhaus ...., S. 68.

233 Voigt, Andreas, Wie um die Bauordnung gekämpft wird, Berlin 1909, S. 27, in dieser späteren Schrift relativiert Voigt seine Meinung über die Wirkungsweise der Bauordnung: Es sei fraglich, ob die „Bauordnung überhaupt im Stande ist, die Bauweise“ zu regulieren.

234 Voigt, Kleinhaus, S. 236.

Wohnhäuser würden, auf den Kopf der Bewohner verteilt, niedriger als beim kleinen Haus sein. Hartwig war der Vorsitzende des Centralverbandes der städtischen Haus- und Grundbesitzer-Vereine Deutschlands.[235] „Alle Versuche von Eberstadt und Stübben, einen Zusammenhang zwischen der Intensität (Dichte) der Bebauung und der Höhe der Mietpreise zu konstatieren, so Voigt, sind mißlungen, ihre Methoden sind ungeeignet, Beziehungen aufzuklären."[236] Die eingangs gestellten Fragen, die am Ende des 19. Jh. und zu Beginn des 20. Jh. unter den Wissenschaftlern diskutiert wurden und zu heftigen Schmähungen und Beschuldigungen führten, können - in Kurzfassung - so beantwortet werden:

Erstens: Bestimmt der Bodenpreis die spätere Höhe des Mietzinses? Voigt verneint hier, Eberstadt bestätigt dies aber. Zweitens, bestimmt der erreichbare Mietzins den Bodenpreis und ist der Bodenpreis eine Funktion des Mietzinses? Voigt bejaht diese These eindeutig. Eberstadt ist gegenteiliger Auffassung. Drittens, bestimmt die Bauordnung (und der Bebauungsplan) die größte erreichbare Mietfläche und damit die daraus zu erzielende Mietenhöhe? Hier stimmen die Ansichten beider Kontrahenten überein. Viertens, wieweit bestimmt das Hypothekarrecht die Höhe des Mietpreises durch überhöhte Bodenverschuldung und durch Unterlassen der ordnungsgemäßen Tilgung? Nach Voigt hat es keinen Einfluss, Eberstadt stimmt dem zu. Letztlich ist die Auseinandersetzung mit Eberstadt durch die äußerst heftigen und schmähenden persönlichen Angriffe von Voigt wenig hilfreich, Voigts Arbeit leidet erheblich unter dem selbst gewählten Motto der „Generalabrechnung" mit Eberstadt und Fuchs.[237]

Die weitere Auseinandersetzung: Voigt kontra Eberstadt und Fuchs

Andreas Voigt hat, vier Jahre nach seiner ersten Schrift, das Werk „Wie um die Bauordnung gekämpft wird" 1909 veröffentlicht und im Vorwort bemerkt, dass die Auseinandersetzung „mit dem Gegner" weitergehen müsse.[238] „Die Wohnungspolitiker" meinten, sie seien über alle Zweifel erhaben, ob aber deren Motive einer „ethischen Prüfung" standhielten, werde nicht hinterfragt. Voigt nahm die geplante Änderung der württembergischen Bauordnung von 1872, sie erfolgte 1910, zum Anlaß, die Wirkungen einer Bauordnung aus seiner Sicht vorzustellen. Einleitend wird von Voigt zugegeben, dass die Bauordnung ein geeignetes Mittel sei, um eine bestimmte Bauweise zu fördern. Die „segensreichen Folgen" einer Bauordnung, wie sie Fuchs beschriebe, sei indessen zweifelhaft. Ihm, Voigt, seien nun Bedenken gekommen, ob die Bauordnung im Stande sei, die

---

235 Schriften des Verbandes, Dresden 1904, S. 178. Anmerkung des Verfassers: Die reinen Baukosten können tatsächlich etwas geringer ausfallen, darum ging es bei dem Streit aber nicht allein. Es ging Eberstadt und Fuchs vorwiegend darum, wie sich die Mietpreise am Ende darstellen. Im Übrigen hatte Hartwig nur die reinen Baukosten erwähnt, den Hinweis auf die höher ausfallenden Grundstückskosten aber unterlassen.

236 Voigt, A., Kleinhaus, S. 67.

237 Voigt, A., Kleinhaus, S. 243.

238 Voigt, A., Wie um die Bauordnung gekämpft wird, Berlin 1909, S. 6-7. Voigt bezieht sich ausdrücklich auf sein Buch von 1905 (Kleinhaus und Mietskaserne). Voigt zitiert Goethe: „Wer den Teufel erschrecken will, der muß laut schreien". Damit sollte von Voigt zum Ausdruck gebracht werden, dass nur die laute und energische Stimme sich (auch in der Wissenschaft) Gehör verschaffen könne.

beabsichtigte Wirkung zu erzielen. Die englische Bauweise sei ohne Bauordnungen entstanden, ebenso habe Bremen keine Bauordnung gehabt, trotzdem sei dort das Kleinhaus vorherrschend und nicht die Mietskaserne. Es ginge also auch ohne Bauordnung, „alles sei von selbst entstanden."[239] Wo Bauordnungen vorhanden seien, „machen sie nicht den Eindruck", die Bauweise zu beschränken, eher verführe die Bauordnung dazu, „das zulässige Maximum auszuschöpfen".[240] Aus den Erfahrungen würde sich ergeben, dass die Wirkung der Bauordnung viel geringer sei, als dies Fuchs (und andere) erhofften. Die englische Bauweise könne durch „keine Bauordnung herbeigeführt" werden, sie entstehe entweder von selbst, aus Sitte und Volkscharakter oder aus Mangel an Nachfrage nach Wohnungen in Etagenhäusern."[241]

Die Angriffe gegen Eberstadt und Fuchs resultieren zum Teil aus der Nichtvergleichbarkeit von Zahlenangaben und fehlenden Definitionen der Begriffe. Der Begriff Mietkaserne sei z. B. mehrdeutig. Ist die Mietkaserne ein Gebäude mit vier oder fünf Geschossen? Was ist ein Geschoss, ein Stockwerk? Aus was besteht eine 5-Zimmer-Wohnung, eine 5-Raumwohnung? Können in einer Wohnung alle Räume, oder nur ein einzelner Raum beheizt werden? Ist bei zwei oder drei Wohnungen auf einer Etage in einem fünfstöckigen Gebäude der Begriff Mietkaserne richtig? Oder gehört zur „Mietkaserne" immer die hintere Bebauung (mit ein oder mehreren Innenhöfen)?[242] Voigt: Bei den Baukosten gäbe es, je nach Ausstattung, zwar Qualitätsstufen, dennoch seien in England die kleinen Häuser „schlecht und billig". Ganz anders dagegen sei das „deutsche Einfamilienhaus", haltbar und solide. Der Unterschied werde aber noch deutlicher, wenn man das Miethaus heranziehe.[243] Der Schluss müsse gezogen werden, so Voigt, dass die Baupolizei mit ihrer Bauordnung sich beim Einfamilienhaus weniger darum kümmern solle. Beim mehrstöckigen Miethaus seien auch andere Menschen gefährdet und müssten durch die Baupolizei geschützt werden. Eberstadt hat sich zur geplanten Änderung der württembergischen Bauordnung 1909 öffentlich geäußert und dabei den Vorwürfen von Voigt deutlich widersprochen.[244]

---

239 Voigt, Wie um die Bauordnung gekämpft wird, S. 28. Voigt: „England kennt keine Bauordnungen". Später habe er (Voigt) hinzugefügt: „England kennt keine Bauordnungen *in unserem Sinne*".

240 Voigt, Wie um die Bauordnung gekämpft wird, S. 29.

241 Voigt, Wie um die Bauordnung gekämpft wird, S. 29. Jede Bauordnung wirke nur negativ, also immer beschränkend (S. 30).

242 Voigts Argumentationsweise kam die allgemeine Unsicherheit und Ungenauigkeit der Verwendung von Begriffen gelegen, wenn er Eberstadt und Fuchs angriff.

243 Voigt, Wie um die Bauordnung gekämpft wird, S. 57-56. Voigt: Das Miethaus werde in der Erwartung gebaut, eine lange Vermietungsdauer zu sichern, während der wenig kapitalkräftige Mann sein Einfamilienhaus weniger solide bauen würde. Voigt vergleicht hier nicht nur zwei unterschiedliche Eigentumssysteme (Bauen im Erbbaurecht gegen Bauen im Volleigentum), er bewertet auch mit „schlecht und billig".

244 Voigt, Wie um die Bauordnung gekämpft wird, S. 80. Der Widerspruch von Eberstadt erschien in der *Neckarzeitung* am 13.3.1909 unter dem Titel: Die neue württembergische Bauordnung. Eine Richtigstellung von Prof. Dr. Rudolf Eberstadt. Den Text dieses Widerspruchs hatte Voigt in seinem Buch „Wie um die Bauordnung (...)" auf Seite 80-85 abgedruckt. Voigt setzte sich mit den Argumenten Eberstadts kaum auseinander, vielmehr schmähte er Eberstadt

Diese Debatte um die Bodenpreisbildung zeigte, dass die Bauordnung, neben anderen Faktoren, eine bedeutende Rolle spielte. Die Festsetzungen in den Bebauungsplänen und die in der Bauordnung verankerten und daher zulässigen Ausnutzungen bestimmen den Wert des Baubodens, zumindest im Wohnungsbau. Investitionsrechnungen verlaufen auch heute noch nach dem Prinzip, welche zulässige maximale Miet-Wohnfläche erzielt wird und mit welchen Baukosten gerechnet werden muss. Aus dem Ergebnis kann zurückgerechnet werden, ob der angebotene Bodenpreis das Vorhaben rentabel oder unrentabel macht. Der Streit zwischen Eberstadt und Fuchs einerseits und Voigt andererseits ist auch eine Frage der betriebswirtschaftlichen unternehmerischen Rechnung. Vor allem aber schien es ein Dissens zwischen dem Befürworter des Massenwohnungsbaus und der Mietskaserne (Voigt) und den beiden Protagonisten des gemäßigten städtebaulichen Hochbaus und des „Flachbaus" gewesen zu sein.

5.4 Bodenreform, Erbpacht und Heimstättenwesen

Der Boden und besonders der Boden, der durch die Städte zu Bauland vorbereitet wurde, war Ende des 19. Jh. und zu Beginn des 20. Jh. Gegenstand heftiger Auseinandersetzungen.[245] Die einflußreiche Gruppe der Haus- und Grundbesitzer war bemüht, jede Art des Eingriffs in die freie Gestaltung des Bodenpreises abzuwehren. Nach der Auffassung des gut organisierten Grundbesitzes sollte der Bodenpreis allein durch „Angebot und Nachfrage" entschieden werden.

Hiergegen haben sich schon Ende des 19. Jh. einige Politiker, u.a. Jäger, Wissenschaftler unter ihnen Eberstadt und Fuchs und vor allem die Boden- und Wohnungsreformer wie Damaschke und Mangoldt gewandt. Die Begründung der Reformer, warum das Prinzip „Angebot und Nachfrage" kein „gerechtes" Instrument sei, war die Feststellung, dass jedes wirtschaftliche Gut in jeder beliebigen Menge produzierbar sei. Die Güterproduktion in einer Nation erfolge immer nach dem Prinzip Angebot und Nachfrage, entsprechend steige und falle der einzelne Preis. Der Boden aber ist weder vermehrbar noch reproduzierbar, er ist auch nicht durch den Eigentümer noch durch den Staat geschaffen worden. Die deutschen Bodenreformer, an der Spitze Adolf Damaschke, widersprachen der zuvor formulierten Ursache-Wirkungs-Kette von Adolf Weber, „die Nachfrage bestimme den Preis des Bodens". Die Bodenreformer wurden durch die Haus- und Grundbesitzerverbände damit verdächtigt, den Sozialismus oder gar den Kommunismus in Deutschland einführen zu wollen.[246]

---

erneut heftig. Voigt unterstellte Eberstadt am Schluß seiner Schrift „blinden Fanatismus, der mildernde Umstände verdiene".

245 In der heutigen Zeit ist die Diskussion über die Bodenfrage durch das Bundesbaugesetz von 1960 erheblich ruhiger geworden. Zwar konnte eine direkte Abschöpfung des unverdienten Wertzuwachses nicht gesetzlich geregelt werden. Dennoch besteht in der Bodenumlegung nach Werten eine Möglichkeit, die öffentliche Hand an den erheblichen Differenzen zwischen dem Bauerwartungsland und dem Bauland zu beteiligen.

246 Schiele, Georg Wilhelm, S. Heft 3, S. 1-8. Aber auch Graf Spee, pr. Landtagsabgeordneter, hatte sich für den „Schutzverband für den Grundbesitz" die Formel zu Eigen gemacht, wonach sich der Bund Deutscher Bodenreformer als „unbewußte oder bewußte Vorkämpfer der

Der Bodenreformer Adolf Damaschke

Einer der bekanntesten deutschen Bodenreformer war Adolf Damaschke.[247] Er hatte sich schon vor 1900 um Reformfragen gekümmert und war Schriftführer der Zeitschrift *Der Naturarzt*, dem Organ des „Bundes der Vereine für volksverständliche Gesundheitspflege“. Um 1901 erschien von Damaschke schon in vierter Auflage seine Schrift „Aufgaben der Gemeindepolitik. (Vom Gemeinde-Sozialismus.)“, darin äußerte er sich zu den Aufgaben und der Zusammensetzung der Körperschaften in den Gemeinden. Nach seiner Ansicht habe die Selbstverwaltung der Gemeinden noch nicht den wünschenswerten Stand erreicht, die übergeordneten Instanzen wie der Regierungspräsident oder der Oberpräsident, sollten daher weitere Aufgaben den Gemeinden überlassen. Zudem sei das Dreiklassenwahlrecht, in den alten Provinzen Preußens, überholt und die Vorrechte der Hausbesitzer hätten ihre Berechtigung verloren.[248]

Damaschke hatte seine Schrift nicht allein auf die Gemeindeaufgaben, wie Kinderspielplätze, Turnhallen, Be- und Entwässerung usw., beschränkt. Als Bodenreformer waren ihm die Themen Zuwachsrente, Zuwachssteuer, Umsatzsteuer und Bauplatzsteuer sehr wichtig.[249] Seine Forderung, den „unverdienten Zuwachs“, der beim Bodenhandel entsteht oder entstehen kann, stark zu besteuern, war nicht neu.[250] Auch die Sozialdemokraten debattierten 1900 über Wohnungsfragen, Mieten, Baulandbereitstellung, gemeindlicher Ankauf von Bauland und Bauordnungen auf ihrem Mainzer Parteitag.[251] Sie brachten daraufhin einen Antrag „auf Vorlage eines Gesetzentwurfs zur Regelung des Wohnungswesens“

Sozialdemokratie und ihres kommunistischen Endzieles“ betrachtet, in: Jäger, Bodenreform, Wohnungsfrage und Schutzverband für deutschen Grundbesitz, Berlin 1914, S. 2.

247 Neue Deutsche Biographie, Berlin 1957, Hbek/4 53.410-3, S. 497-498 (Theodor Heuss). Adolf Damaschke, geb. 1865 in Berlin, war Volksschullehrer und ab 1893 Schriftleiter der Zeitschrift „Der Naturarzt“. Auf die Bodenfrage wurde Damaschke durch M. Flürschein aufmerksam, er wies ihn auf Henry George (San Francisco) hin. George hatte um 1878 das Buch „Progress and Poverty“ veröffentlicht, es wurde in deutscher Sprache unter dem Titel „Fortschritt und Armut“ 1880 herausgegeben. George behandelte darin die Bodenfrage in den USA. Damaschke ist es zu verdanken, dass erstmals in der deutschen Verfassungsgeschichte grundlegende (Teil-)Ziele des Sozialstaates Verfassungsrecht wurden (Artikel 155 der Weimarer Verfassung Boden- und Wohnungsrecht).

248 Damaschke, Adolf, Aufgaben der Gemeindepolitik. (Vom Gemeinde-Sozialismus). Jena, 1901, S. 3-4.

249 Damaschke, Aufgaben, S. 87. Unter Zuwachsrente verstand Damaschke die Bodenwertsteigerung, die ohne Arbeit am Boden durch den Eigentümer erzielt wird, sie solle durch eine Zuwachssteuer der Allgemeinheit nutzbar gemacht werden. Unter der Umsatzsteuer ist nach Damaschke eine Steuer zu verstehen, die nur dann erhoben wird, wenn ein Grundstück verkauft wird, die Höhe könne zwischen 0,5 und 1% des Verkaufswertes liegen (S. 102). Nach Damaschke sollte die Bauplatzsteuer beibehalten werden, da sie denjenigen einer Steuer unterwirft, der seinen Bauplatz nicht bebaut oder ihn aus Gründen der Spekulation nicht verkauft (S. 104).

250 Damaschke, Aufgaben, S. 3-4 und 87. Der Begriff Zuwachsrente war ein Ausdruck der Bodenreformer, die damit den Begriff „erhöhte Grundrente“ präzisierten. Ausdrücklich wies Damaschke darauf hin, dass nicht jede Art des (Boden-)Mehrwerts abgeschöpft werden sollte, z.B. die Grundrente, die durch menschliche Arbeit am Boden entsteht.

251 Kampffmeyer, Paul, Der [Mainzer] Parteitag und die Wohnungsfrage, in: http://library.fes.de/cgi/-bin/populo/fespac.pl, abgerufen am 24.11.2008.

am 22.11.1900 im Reichstag ein. Auf dem Lübecker Parteitag der SPD im September 1901 wurde dann gefordert, dass die Gemeinden den Bodenbesitz nicht an Private „verschleudern" dürfen. Die Gemeinden hätten daneben die Aufgabe, die private Ausnutzung des Bodens zu begrenzen. Der privaten Spekulation sei vorzubeugen. Die Gemeinden sollten aber den Baugenossenschaften Bauland zur Verfügung stellen und die Bauordnung entsprechend den gesellschaftlichen Bedürfnissen anwenden. Der Parteitag billigte den Antrag, dass ein Reichswohnungsgesetz und ein Reichsbaugesetz geschaffen werden müssen.[252]

Nach Damaschke sollte es eine der ersten Aufgaben der Gemeinden sein, die Bauordnungen so anzuwenden, dass der Wohnungsnot wirksam begegnet werden könne.[253] Seine Forderung richtet sich nicht nur an die Gemeinden, denn sie hatten teilweise sogar eigene städtische Bauordnungen, er meinte vor allem den Staat. Der Staat gebe den baupolizeilichen Ordnungsrahmen vor, der von den Gemeinden nicht direkt geändert werden könne, bzw. werden dürfe. Preußen habe keine landesweit geltende einheitliche Bauordnung, anders dagegen die Länder Bayern, Hessen-Darmstadt, Württemberg und Sachsen, die einheitliche Bauordnungen für das Staatsgebiet erlassen hätten.

Die „Wohnungsfrage ist im Wesentlichen eine Bodenfrage" und damit indirekt eine Bauordnungsfrage, so Damaschke.[254] Um die Bodenspekulation einzudämmen, sei die „geeignete" Bauordnung ein sehr wichtiges Mittel. Diese müsse Zonen unterschiedlicher Bebauung möglich machen, die Gebäude sollten im Kern der Stadt ihre höchste Höhe erhalten, um langsam nach außen niedriger zu werden und schließlich auf dem Lande in eine „landhausmäßige Bebauung" überzugehen.[255] In den Außenbereichen sei die Mietskaserne, die „verhängnisvollste Form der modernen Entwicklung" auszuschließen. „Die Bauordnung hat also auf den Preis des Bodens entscheidenden Einfluß".[256]

Damaschke vertrat die Auffassung, wie Adickes, Eberstadt, Fuchs und andere, dass der hohe Preis des Baulandes dazu zwinge, den Bauboden möglichst intensiv auszunutzen, und, die Haus- und Grundbesitzer machten immer wieder den Versuch, das Prinzip von Ursache und Wirkung umzudeuten. Damaschke: Die Möglichkeit, nach der Bauordnung und dem Bebauungsplan, Mietskasernen zu errichten, mache den Bauboden teuer und nicht umgekehrt.[257] Das Programm der Bodenreformer war in einem Satz zusammengefasst und in allen Schriften Damaschkes und der Bodenreformer wiederholt worden: „Der Bund Deutscher Bodenreformer tritt dafür ein, dass der Boden, die Grundlage alles nationalen Seins,

252 Südekum, Die Wohnungsfrage, in: Sozialdemokratische Parteitage (1890-1909), Parteitag 22.9.1901 in Lübeck, Tagesordnungspunkt 6, Protokolle S. 93-101, und S. 293-301. Auf dem Parteitag 1901 hat Südekum sich nicht zum Revisionsmusstreit direkt geäußert. Südekum umging die Frage mit dem Argument, dass die Wohnungsfrage eine Machtfrage sei, insofern sei dies eine Aufgabe des Klassenkampfes. Andererseits müssen wir die Wohnungsfrage lösen und die Bauordnungen verbessern und in den parlamentarischen Körperschaften dafür kämpfen.

253 Damaschke, Aufgaben, S. 171.

254 Damaschke, Aufgaben, S. 185. „Bodenreform ist deshalb auch Wohnungsreform", S. 185.

255 Damaschke, Adolf, Die Bodenreform, Grundsätzliches und Geschichtliches zur Erkenntnis und Überwindung der sozialen Not, Jena 1918, S. 91.

256 Damaschke, Die Bodenreform, S. 92.

257 Damaschke, Aufgaben, S. 172.

unter ein Recht gestellt werde, dass seinen Gebrauch als Werk- und Wohnstätte fördert, das jeden Mißbrauch mit ihm ausschließt und das die Wertsteigerung, die er ohne die Arbeit des einzelnen erhält, dem Volksganzen nutzbar macht."[258]

Als Damaschkes Schrift 1901 in vierter Auflage erschien, hatte die preußische Regierung kurz zuvor den Wohnungsbauerlass vom 19.3.1901 herausgegeben, den Damaschke als die „glänzende" Fortsetzung der „hohenzollerschen Bodenpolitik" ansah.[259] Dieser Erlass sei der Auftakt zur Wohnungspolitik, so Gransche, denn die Regierung bestätigte darin die „Mißstände im Wohnungswesen" vor allem bei den „minderbemittelten" Bevölkerungsklassen. [260] Mit dem Erlass könnten schon „dringende Maßnahmen eingeleitet" werden, selbst wenn das zu erwartende Gesetz noch ausstehe. Als Arbeitgeber habe der Staat die soziale und sittliche Pflicht, seinen Arbeitern und gering besoldeten Beamten Wohnungen zu angemessenen Preisen zur Verfügung zu stellen.[261] Weitere Hilfen könnten die Gemeinden den gemeinnützigen Baugesellschaften geben, z. B. durch Nachlass von öffentlichen Gebühren wie Straßen- und Kanalkosten.

Der Erlass eröffnete den Gemeinden außerdem die Möglichkeit, bei den Landesversicherungsanstalten Gelder aufzunehmen und sie den gemeinnützigen Baugesellschaften zum Bau von Kleinwohnungen zu überlassen. Damit trat die Gemeinde als Schuldner auf und konnte bessere Konditionen und eine höhere Beleihung erreichen. Die Gemeinde konnte auch den gemeinnützigen Baugesellschaften helfen, in dem sie gegenüber der Sparkasse als Bürge auftrat.

Die Bodenfrage bezeichnete die preußische Regierung als eine Hauptquelle der ungesunden Bodenspekulation, die nur durch „gesetzliche Abänderung" bekämpft werden könne.[262] Dem wohnungspolitischen Auftakt folgte allerdings keine umfassende Gesetzgebung, weder waren ein Wohnungsgesetz oder ein Bodengesetz noch ein Bauordnungsgesetz vorgelegt worden. Drei Jahre nach dem Erlass wurde der Entwurf des preußischen Wohnungsgesetzes von 1904 veröffentlicht, aber nicht dem Landtag zugeleitet, der Entwurf blieb stecken.[263]

Der Haus- und Grundbesitzerverband gegen Adolf Damaschke

1918 wiederholte Damaschke seine Forderung nach einer zweckmäßigen Bauordnung, sie könne zusammen mit einer gerechten Besteuerung das „verderbliche Emportreiben" der Bodenpreise einschränken und zu billigeren Mietpreisen führen.[264] Die Reformer um Damaschke wurden vom Haus- und Grundbesitzerverband beschuldigt, eine „sozialistische" Bewegung zu sein, die sich gegen die „Gesellschaftsordnung richte." Der Zentralverband der Haus- und Grundbesitzervereine Deutschlands verteidigte seine Auffassung mit dem Satz: „Die städti-

258 Damaschke, Adolf, Deutsche Bodenreform, ohne Jg., nach 1928.

259 Damaschke, Aufgaben, S. 188.

260 Gransche, Elisabeth, Die Entwicklung der Wohnungspolitik, S. 49.

261 Erlass vom 19.3.1901, in: Denkschrift, betreffend die Wohnungsfürsorge im Reiche und in den Bundesstaaten, S. 167-172.

262 Erlass vom 19.3.1901, in: Denkschrift, 170.

263 Beispielsweise leiteten die Städte aus der Vorschrift, Bebauungspläne auch für den Bau von Kleinwohnungen aufstellen zu müssen, eine Bevormundung durch den Staat ab. Auch die Haus- und Grundbesitzer erhoben Bedenken. Erst 1913 unternahm die preußische Regierung den zweiten Anlauf für ein Gesetz, das allerdings ebenfalls stecken blieb.

264 Damaschke, Die Bodenreform, S. 87.

schen Haus- und Grundbesitzer leisteten wichtigste Arbeiten, denn „sie sind die Wohnungsunternehmer und eine Bodenspekulation sei notwendig.[265] Im Übrigen „richte die sog. Gemeinnützigkeit [der Bauvereine und Genossenschaften] auf dem Wohnungsmarkt einen schweren Schaden an, weil sie durch die besonderen Vorteile, die sie geschenkt erhält, die notwendigen Preise verwirrt, fälscht und somit den Wettbewerb der privaten Unternehmung unmöglich macht."[266]

Einer der Reformkritiker war Wilhelm Schiele aus Naumburg. Er warf 1917 den Bodenreformern vor, „in der Bodenreform stecke nur der Fanatismus der Gleichmacherei", es müsse daher von einer „falschen" Bodenreform gesprochen werden.[267] Die richtigen Bodenreformer, so Schiele, lehnten die Wertzuwachssteuer ab, sie forderten ein leicht zu handhabendes Baugesetz mit wenigen Vorschriften.[268] Den Grundeigentümern müsse ein „bedeutender Einfluß auf die öffentlichen Geschäfte erhalten" bleiben.[269] Die geplante Wohnungsaufsicht müsse geändert werden, denn würde die Wohnungsaufsicht eingeführt, hätten die Mieter das Nachsehen, sie seien dann zum Umzug gezwungen.

Die „Bodenreform ist eingeschränkter Sozialismus", so Schiele, weil die Sozialisten alle Produktionsmittel in Gemeineigentum überführen wollten, während die Bodenreformer nur den Boden in Gemeineigentum überführen wollen.[270] Wenn die Bodenreformer wollen, dass der Boden, die „Grundlage aller nationalen Existenz", unter ein Recht gestellt werde, das jeden „Mißbrauch" mit ihm ausschließt, so Schiele, dann sei dies eine „unmögliche Forderung", weil es keine „fähigen" Richter gäbe, die einen solchen Sachverhalt überprüfen könnten.[271] Die Bodenreformer wollten auch, dass die Wertsteigerung ohne eigene Arbeit dem Volksganzen nutzbar gemacht werde, dies sei, so Schiele, halbsozialistisch, eigentumsfeindlich und einem „unternehmungsfremden Geist" entsprungen.[272] Schiele: Das großstädtische Wachstum sei eine Gefahr, daher müsse die „Volkskraft auf dem Lande" durch Dezentralisation gestärkt werden.[273]

265 Schiele, Georg Wilhelm, Gedanken über die Stellung des Haus- und Grundbesitzes, in: *Schriften des Zentralverbandes der Haus- und Grundbesitzervereine Deutschlands*, Berlin 1912, Bd. XVII, H. 3, S. 3.

266 Schiele, Georg Wilhelm, Gedanken, S. 4.

267 Schiele, Politik der Vermehrung, S. 54. Der Arzt und Volkswirtschaftler Georg Schiele (1868-1932) hatte neben der „Politik der Vermehrung" mehrere Aufsätze, so unter anderem „Stadterweiterung und Landbesiedlung" (1909) in den „*Schriften des Zentralverbandes der städtischen Haus- und Grundbesitzer-Vereine Deutschlands*" veröffentlicht, Schiele war beim Verband der „Haus- und Grundbesitzervereine Deutschlands" sehr engagiert.

268 Schiele, Politik der Vermehrung, S. 73. Schiele übte scharfe Kritik am sächsischen Baugesetz von 1900, das bevormundend wirke. Von der Baupolizei könne nicht erwartet werden, dass sie das Wohnungsbedürfnis beurteilen könne und die richtigen Bedingungen für das Bauen finde. Diese „Art der Einrichtungen seien wirtschaftsfremd und unternehmungsfeindlich", S. 105.

269 Schiele, Politik der Vermehrung, S. 61. Er fügt an anderer Stelle (S. 59) hinzu, „Denn die Grundeigentümer können von sich mit fast vollkommenem Recht sagen, dass sie selbst der Staat sind."

270 Schiele, Politik der Vermehrung, S. 60."

271 Schiele, Politik der Vermehrung, S. 60."

272 Schiele, Politik der Vermehrung, S. 45.

273 Schiele, Politik der Vermehrung, S. 139. Schiele: „Alles was ich sage, entspringt nicht dem ökonomischen oder parteipolitischen Interesse, sondern aus völkischem Interesse."

Boden und Wohnung in der Reichsverfassung, ein sozialpolitisches Ziel

Am 21. Februar 1919 hatte die Nationalversammlung erstmals offiziell den Entwurf der neuen Reichsverfassung beraten. Zu diesem Zeitpunkt war in dem von Hugo Preuß im Wesentlichen erarbeiteten Entwurf noch kein Hinweis auf „bodenreformerische Grundsätze" enthalten. Dies veranlasste am 27.2.1919 die Bodenreformer um Damaschke zu einer Eingabe an den Reichspräsidenten und an die Nationalversammlung mit der dringenden Bitte um Aufnahme eines Artikels, der das Boden- und Wohnrecht im Sinne der Bodenreformer sichern solle. Das Thema wurde in der Nationalversammlung aufgegriffen und von Gustav Stresemann (Deutsche Volkspartei) und Friedrich Naumann (Demokratische Partei) stark unterstützt.[274]

Nach verschiedenen Formulierungen für den Artikel 155 wurde die nachstehende Fassung (Artikel 155) angenommen, die zeitgleich mit dem Reichssiedlungsgesetz am 11. August 1919 in Kraft trat:

> „Absatz 1: Die Verteilung und Nutzung des Bodens wird von Staats wegen in einer Weise überwacht, die Mißbrauch verhütet und dem Ziele zustrebt, jedem Deutschen eine gesunde Wohnung und allen deutschen Familien, besonders den kinderreichen, eine ihren Bedürfnissen entsprechende Wohn- und Wirtschaftsheimstätte zu sichern. Kriegsteilnehmer sind bei dem zu schaffenden Heimstättenrecht besonders zu berücksichtigen.
> Absatz 2: Grundbesitz, dessen Erwerb zur Befriedigung des Wohnbedürfnisses, zur Förderung der Siedlung und Urbarmachung oder zur Hebung der Landwirtschaft nötig ist, kann enteignet werden. Die Fideikommisse sind aufzulösen.
> Absatz 3: Die Bearbeitung und Ausnutzung des Bodens ist eine Pflicht des Grundbesitzers gegenüber der Gemeinschaft. Die Wertsteigerung des Bodens, die ohne eine Arbeits- oder Kapitalaufwendung auf das Grundstück entsteht, ist für die Gesamtheit nutzbar zu machen.
> Absatz 4: Alle Bodenschätze und alle wirtschaftlich nutzbaren Naturkräfte stehen unter Aufsicht des Staates. Private Regale sind im Wege der Gesetzgebung auf den Staat zu überführen."[275]

Wie schon erwähnt, war es damit zum ersten Mal gelungen, das Recht auf eine Wohnung als Staatsziel in der Reichsverfassung zu verankern, die Verteilung und Nutzung des Bodens sollte vom Staat überwacht werden, um „Mißbrauch" auszuschließen. Die enge Verbindung mit Absatz 2 („Die Fideikommisse sind aufzulösen") ist auffällig und eine politisch gewollte Demonstration. Das am 11.8.1919 verabschiedete Reichssiedlungsgesetz war die Grundlage zur Förderung der allgemeinen Siedlungstätigkeit. Kurz darauf wurde schon im Mai 1920 das Reichsheimstättengesetz verabschiedet.

Die Kriegsteilnehmer, die Witwen von Gefallenen und kinderreiche Familien waren „vorzugsweise" zu berücksichtigen. Zur Bereitstellung des Siedlungslandes waren Enteignungsvorschriften (§ 28) vorgesehen. Die Heimstätte konnte zwar veräußert werden, der Ausgeber der Heimstätte (das Reich, die

274 Damaschke, Adolf, Der Entwurf eines Wohnheimstättengesetzes, Berlin ohne Jahreszahl (nach 1928), S. 4.

275 Die Verfassung von 1919, abgedruckt im Reichsgesetzblatt 1919, Nr. 152, S. 1383 bis 1436, (1413).

Länder oder die Gemeinden) hatten aber das unbedingte Vorkaufsrecht. Das Siedlungswerk habe, so der Sozialdemokrat David, eine große volkswirtschaftliche Bedeutung und trage eine „historische Schuld“ ab.[276] Mit dem Reichsheimstättengesetz war die Hoffnung verbunden, die Vorgabe aus dem Artikel 155, jedenfalls teilweise, schnell zu erfüllen. Um die vorgesehenen Fördermaßnahmen auch in die Praxis umzusetzen, hatte der Reichsarbeitsminister im Mai 1920 Damaschke gebeten, den Vorsitz des „Ständigen Beirats für Heimstättenwesen“ zu übernehmen und dessen Mitglieder vorzuschlagen. Damaschke folgte der Bitte.[277] Aufgabe des Beirates war die Förderung des Heimstättenwesens in Bezug auf soziale, finanzielle und bautechnische Schwierigkeiten, die sich als Hemmnisse für den Vollzug des Gesetzes einstellen könnten. Der Minister sicherte dem Beirat zu, bei allen Maßnahmen der Reichsregierung den gutachterlichen Rat einzuholen.[278]

Entgegen der politischen Erwartung, so Kornemann, „hat die Heimstätte in der Weimarer Republik keine starke Verbreitung gefunden.“[279] Gründe seien die sehr strengen finanziellen, sozialen und bautechnischen Vorschriften gewesen, die der Siedler einzuhalten hatte. Umstritten sei auch der „Heimfallanspruch des Ausgebers“. Die Bodenentschädigung war auf den Wert des Bodens bei Begründung der Heimstätte begrenzt. Die errichteten Bauten sollten nach dem Wert beim Heimfall bemessen werden.

Der Wohnungsbaubeitrag durch die Heimstätten zwischen 1919 und 1945 war nach Hafner bescheiden. Nach den amtlichen Angaben sollen 30.000 Siedlerstellen zwischen 1931-1933, 80.000 zwischen 1920-1945 und 180.000 zwischen 1931-1945 geschaffen worden sein. Hafner weist auf die differierenden Zahlen hin.[280] Gemessen am Nachkriegswohnungsbedarf von etwa 800.000 Wohnungen, waren die gebauten 30.000 oder 80.000 Heimstätten keine große Entlastung für den Wohnungsmarkt.[281]

---

276 David, Eduard, Die Siedlungsgesetzgebung, Berlin 1921, S. 6-8. David sah das aus dem Hardenbergschen Regulierungsedikt von 1811 und das durch König Friedrich Wilhelm III. 1816 „durchlöcherte Edikt“ als eine historische Schuld an, die dem (freien) Bauernstand schweren Schaden zugefügt habe. Siehe auch M. Behnen, Deutschland unter Napoleon. Restauration und Vormärz, in: Deutsche Geschichte. Hg. Martin Vogt, Stuttgart, [2]1991, S. 349-402, hier S. 360. Eduard David war SPD-Mitglied und Abgeordneter im Hessischen Landtag, dann im Reichstag und nach 1918 Präsident der Weimarer Nationalversammlung. David wurde Reichsminister des Innern nach Hugo Preuß. Von 1923 bis 1927 lehrte er an der TH-Darmstadt Politik.

277 Damaschke, Der Entwurf eines Wohnheimstättengesetzes, o.J., nach 1927, S. 7.

278 Damaschke, S. S. 8-9. Dem Beirat gehörten Vertreter der Gewerkschaften, der Angestelltenverbände und dem Heimstättenamt der Beamtenschaft an. Zusätzlich waren eine Reihe von Oberbürgermeistern und der Baurat Siebold (Bethel, Anstalten von Pastor Bodelschwingh) vertreten. Siebold hatte 1919 vorgeschlagen, die Baupolizei für den Wohnungsbau abzuschaffen.

279 Kornemann, Rolf, Gesetze, Gesetze ..., in: Geschichte des Wohnens Bd. 4, S. 621.

280 Hafner, Eigenheim und Kleinsiedlung, Heimstätten, in: Geschichte des Wohnens Bd. 4, S. 565. Hafner deutet an, dass die amtlichen Zahlen aus dem zuständigen Bundesministerium, wohl auch dort, umstritten sind.

281 Kähler, Gert, Nicht nur neues Bauen! In: Geschichte des Wohnens Bd. 4, S. 315.

5.5 Die englische und deutsche Gartenstadtbewegung

Der englische Parlaments-Stenograf Ebenezer Howard beobachtete, dass die Menschen mehr und mehr in die Städte zogen.[282] Seine Schlussfolgerung war: Da die Menschen sich aus verschiedenen Gründen von der Stadt angezogen fühlten, müsse etwas gefunden werden, was ebenso oder stärker wirke, um eine Gegenbewegung von der Stadt auf das Land in Gang zu setzen. Howard meinte, das menschliche Verhalten sei dem einer „Magnetnadel“ ähnlich, die vom „Magneten“ angezogen wird, die Stadt sei der Magnet, der Mensch sei die Nadel. Howard sah im Architekten Raymond Unwin einen Planer, der die Möglichkeiten der Gartenstadtidee erkannte.[283] Verwirklicht wurden so aus der Zusammenarbeit Unwins mit Parker die Gartenstadt Letchworth, das Projekt New Earswick und die Gartenvorstadt Hampstead. Für Welwyn war Louis de Soissons der Planer. Howards Idee hat in vielen Ländern große Beachtung gefunden.

Gartenstädte und Gartenvorstädte in Deutschland

Auch in Deutschland wurde nach Auswegen gesucht, die aus der Sackgasse „der Bodenspekulation hin zu einer gemeinnützigen Regelung der Wohnungs- und Bodenpreise“ führen konnten.[284] Bebauungspläne, abgestimmt auf die jeweiligen Bauordnungen, konnte nur ein Weg aus der Sackgasse sein. Ein Vorschlag, mit neuen Planungsformen zu experimentieren, stammt von Theodor Fritsch mit seiner Schrift „Die Stadt der Zukunft“.[285] Sein Beitrag hat in Deutschland jedoch keinen Einfluß gewinnen können. Hans Kampffmeyer meinte dazu 1913, dass Fritsch zwar den Gartenstadtgedanken „zum ersten Male“ in deutscher Schrift vorgetragen hatte, dennoch sei mit dem Buch kein praktischer Erfolg verbunden.[286] Albers sah in Howard und Fritsch zwei Exponenten, von denen neue Ideen für Stadtkonzepte genau um die Jahrhundertwende kamen.[287] Die sich neu entwickelnde Disziplin Städtebau sei daher „dem Grunde nach eine Gegenposition zur zeitgenössischen Stadt.“[288] Die Überlegungen anderer Planer, Bandstädte zu entwickeln, habe eine Schwäche, nämlich die Unmöglichkeit, einen „klaren Standort für das Stadtzentrum“, die zentrale Mitte, schaffen zu können.[289]

---

282 Posener, Julius, Ebenezer Howard. Gartenstädte von morgen, das Buch und seine Geschichte, Berlin 1968, S. 8. Originaltitel von E. Howard: To-morrow, A peaceful path to real reform, London 1898. Später (1902) dann: Garden cities of To-morrow.

283 Ab 1911 bis 1914 war Unwin Professor für Städtebau in Birmingham. 1914 wurde er zum Vorsitzenden der Städtebau-Inspektion beim Local Government Board ernannt, in: Baumgärtel, Otto, (Hg.), Grundlagen des Städtebaues, Berlin [2]1922, Vorwort S. V. Es handelt sich um die deutsche Übersetzung von Unwins Buch.

284 Kampffmeyer, Hans, Die Gartenstadtbewegung. Leipzig/Berlin [2]1913, S. 30.

285 Fritsch, Theodor, „Die Stadt der Zukunft“, Leipzig 1896, es handelt sich hier um die 1. Auflage. Die zweite Auflage von 1912 ist fast identisch mit der 1. Auflage.

286 Kampffmeyer, Hans, Die Gartenstadt, S. 8. Weitere Gründe für die Erfolglosigkeit von Fritsch, hatte K. nicht angegeben. K. ging 1913 auch nicht auf die 2. Auflage von 1912 „Die Stadt der Zukunft“ mit dem Zusatz „Gartenstadt“ ein, es kann sein, dass K. diese Schrift aus zeitlichen Gründen nicht kennen konnte.

287 Albers, S. 234.

288 Albers, S. 234.

289 Albers, S. 287.

Praktische Versuche mit Howards Ideen in deutschen Städten

Der Gartenstadtgedanke hatte sich in Deutschland zu einem „werbenden Schlagwort" entwickelt, so Johannes Fuchs auf der Jahrestagung des DVöG in Bremen 1907.[290] Fuchs referierte über die „Gartenstadt" und wies auf die „Erfüllung einer Sehnsucht" hin, die die Menschen mit dem Wort Gartenstadt verbinden. Selbst Terraingesellschaften und „Bodenspekulanten" hätten den Wert des Begriffs erkannt. Nach Fuchs konnte die Gartenstadtidee Anhänger gewinnen und sogar Begeisterung auslösen, doch seien der Verwirklichung in Deutschland Grenzen gesetzt. Dies läge auch daran, dass neben der Landflucht auch das „englische Agrar- und Besiedelungssystem" der Anlaß für Howard war, seine neue Siedlungsform zu entwickeln.[291] Fuchs bezweifelte, dass sich in Deutschland die Howardsche Gartenstadtidee in großem Stil durchsetzen werde, eher werde es zu „Gartenvorstädten" kommen. Die Siedlungen Port Sunlight und die Cadbury-Siedlung in Bournville seien sehr gute Vorbilder.

Die deutsche Gartenstadtbewegung, so Fuchs, könne einen bescheidenen Beitrag zum „lebhaft entbrannten Kampf" zur Frage „Kleinhaus oder Mietskaserne" leisten. Sobald die Gartenstadtbewegung Bebauungspläne und Änderungen der Bauordnungen verlange, werde ein städtischer Abwägungsprozess in Gang gesetzt, der vielleicht die „Flachbauweise" begünstige.[292] Nach dem Referat von Fuchs rief Baumeister dazu auf, die Gartenstadt und Gartenvorstadt nicht als ein besonderes städtebauliches Element anzusehen. Bebauungspläne und Bauordnungen dürften die Gartenstädte nicht behindern.[293] Stübben, der Port Sunlight und die Cadbury-Siedlung in Bournville besichtigt hatte, sprach von dem „erfreulichen Eindruck", den die „künstlerische, städtebauliche und wohnliche Seite" der Siedlungen zeige. Stübben begrüßte ausdrücklich die gewählte Form des Bodeneigentums, nämlich das Erbbaurecht.[294] Die Gartenstadtidee sei zu fördern, so Genzmer in der Versammlung des DVöG, die Bauordnungen der Städte sollten so geändert werden, dass die Grundstücksausnutzung, d.h. die Bebauungsdichte (Höhe, Zahl der Geschosse und überbaubare Fläche) vom Stadtinnern zum Umland in Stufen immer geringer wird.[295] Howards Idee hatte sich nach 1900 schon weit verbreitet, sie wurde in Deutschland, wie in anderen Ländern auch, abgewandelt und oft örtlich so umgeformt, dass kein Bezug zur Ursprungsidee mehr sichtbar wurde. Einer der ersten deutschen Befürworter der Gartenstadtidee nach englischem Vorbild war Hans Kampffmeyer.[296] In Darmstadt wurde 1911 eine „Gartenstadt für kleine Leute" der Stadt Darmstadt mit

290 Fuchs, Carl Johannes, Die Gartenstadt, in: *DVjöG* 1908, S. 91.

291 Fuchs, *DVjöG* 1908, S. 93. Fuchs hatte auch darauf hingewiesen, dass Fritsch schon etwas früher eine vergleichbare Idee hatte.

292 Fuchs, Carl Johannes, *DVjöG* 1908, S. 100.

293 Diskussionsbeitrag von Baumeister, in: *DVjöG* 1908, S. 102.

294 Diskussionsbeitrag von Stübben, in: *DVjöG* 1908, S. 106.

295 Diskussionsbeitrag von Genzmer (Baurat und Professor in Danzig), in: *DVjöG* 1908, S. 109.

296 Hans Kampfmeyer hatte zwei Vettern: Paul und Bernhard Kampffmeyer. Bernhard K. war ebenfalls in der Deutschen Gartengesellschaft an führender Stelle tätig. Hans K. war der Generalsekretär der Deutschen Gartenstadtgesellschaft Karlsruhe. Von Hans Kampffmeyer stammt die Schrift: Die Gartenstadtbewegung, Leipzig-Berlin 1913. Zu den Verwandtschaftsverhältnissen: Kristiana Hartmann, Deutsche Gartenstadtbewegung, München 1976, S. 31.

der Bitte um Förderung vorgestellt.[297] Das Projekt wurde für ein ausgebeutetes Gelände einer Ziegelfabrik entwickelt; im Planentwurf waren 460 „Baustellen" zu je 400-500 Quadratmetern vorgesehen. Das Grundstück hatte direkten Anschluss an die vorhandene Bebauung. Die der Stadt vorgelegten Kostenberechnungen (mit Erschließung) waren sorgfältig, die Bauplatzverkäufe sollten die Finanzierung sichern. Im Antrag fehlten aber die Angaben zum Gemeinschaftseigentum, Erbbaurecht und den öffentliche Einrichtungen. Die Initiatoren hatten den Begriff „Gartenstadt" verwendet, aber ohne Bezug zur Howardschen Idee. Die Stadt bedankte sich für „die wertvolle Mitarbeit", man werde bei späterer „Bearbeitung eines Bebauungsplanes" von den Vorschlägen Gebrauch machen. Das Projekt wurde nicht verwirklicht. An diesem Beispiel zeigt sich, dass um 1910 der positiv besetzte Begriff „Gartenstadt" auch der „Werbung" diente. Eine andere Investorengruppe, die um 1905 schon mit der Planung einer „Gartenstadt Hohler Weg" in Darmstadt begonnen hatte, war finanziell erfolgreicher. Für das stadtnahe Gelände brauchten keine öffentlichen Einrichtungen vorgesehen werden, außer der Erschließung. Der für die Hessische Landesausstellung (1908) in Darmstadt tätige Architekt J.M.Olbrich hatte den Bebauungsplan entwickelt, der jedoch zweimal bei der Stadt durchfiel.[298] Bis 1914 waren 25 von ca. 100 Gebäuden errichtet.[299] Alle früheren Vorstellungen, wonach sich in der neuen Gartenstadt besonders auch „die kleinen Leute" ansiedeln sollten, wurden zu Gunsten einer „stattlichen Villenbebauung" für die wohlhabenden Bürger der Stadt aufgegeben.[300] Trotz solcher vom Ideal abweichender Gartenstädte wurden in Deutschland eine Anzahl von Gartenstädten, Gartenvorstädten und Arbeitersiedlungen mit ähnlichem Charakter verwirklicht.[301] Die Idee konnte sich nicht durchsetzen, vielleicht auch deswegen nicht, weil die sozial-planerische Siedlungsform mit dem Erbbaurecht (noch) nicht in Einklang zu bringen war.

---

297 Universitäts- und Landesbibliothek Darmstadt 43-A-895a. „Denkschrift über die Errichtung einer Gartenstadt für kleine Leute und Arbeiter auf dem Gelände der Darmstädter Aktienziegelei zu beiden Seiten der Kranichsteinerstraße". Die Schrift ist nicht veröffentlicht worden. Im Oktober 1911 wurde die „Antragsbitte" der Stadtverwaltung Darmstadt übergeben. Der Verfasser ist unbekannt.

298 Denkmal-Topographie Darmstadt 2005, S. 207. Die Behörde der Stadt und die Mitglieder der Genossenschaft kritisierten: „Zu teuer, zu viele Straßen und zu sehr am ästhetischen Gesamteindruck orientiert".

299 Ensgraber, Wilhelm, Die Entwicklung der Bodenpreise Darmstadts in den letzten 40 Jahren, S. 113. Ensgraber erwähnt einen Bebauungsplan, der 450 Häuser vorsah. Nach seinen Recherchen habe sich der Bodenpreis in diesem Gebiet von 0,35 Mark (1890) über 2,65 (1900) auf 10 Mark (1905) entwickelt. Wegen der sehr detaillierten Bauvorschriften seien die normalen Baukosten von rund 15.000 Mark auf 20.000 Mark gestiegen, allerdings waren die Erschließungskosten eingeschlossen. Das Gebiet zog daher die besser verdienenden Schichten an. Das Gebiet hat sich zur einer der bevorzugten und teuren Wohnlagen Darmstadts entwickelt.

300 ebd., S. 205-210.

301 Gartenstädte und -vorstädte entstanden z.B. in: Darmstadt Arbeiter-Kolonie Merck (Stadtrand), Siedlung Altenhof Krupp um 1892-93. Margarethenhöhe in Essen 1909, Hellerau Dresden 1910, Karlsruhe Rüppurr, Berlin-Britz, Magdeburg Reform 1913, Berlin-Staaken 1917, Berlin Siedlung Tuschkasten 1913-1914, Siedlung Falkenberg bei Grünau, Karlsruhe-Dammerstock, Postdörfle 1868. Eine Siedlung ist in Buchschlag bei FFM, unter Schonung des Waldbestandes, entstanden. Das Gelände für die Villenkolonie wurde von der Großherzoglichen Domänenverwaltung einem gemeinnützigen Unternehmen überlassen. Die Siedlung hat jedoch ihren geplanten Charakter schnell verloren. Buchschlag gehörte bald zu den begehrtesten Adressen im Frankfurter Umland.

Zusammenfassung des 5. Kapitels

Als Ende des 19. Jh. die Wohnungsaufsicht und -inspektion, wenn auch zögerlich, in Deutschland eingeführt wurde, muss dies als ein deutlicher Hinweis auf die ungelöste Wohnungsfrage angesehen werden, die Intervention des Staates war erforderlich geworden. Das Wohnen war mit einer „Schichten- und klassenspezifischen“ Se-gregation verbunden, so Wehler, die großen Wohnblöcke dienten nicht dem sozialen Zusammenleben.[302] Die soziale „Durchmischung der Schichten“ (Hobrecht) blieb nur eine Idee.

Lange vor der Reichsgründung zeigte sich, dass die Wohnungsfrage eine Bodenfrage war, die von Terraingesellschaften, Banken und Haus- und Grundbesitzervereinen bis zum Anfang des 20. Jh. bestritten wurde, denn die „Lobby“ dieser Gruppe, so Wehler, war stark und lange Zeit erfolgreich. Hohe Bodenpreise konnten durch veraltete Bauordnungen erzielt werden, die höheren Preise trafen am Ende den einzelnen Mieter, denn sie mussten die Mieten aufbringen. Dagegen wandten sich die Bodenreformer um Damaschke, Mangoldt, Fuchs und Eberstadt. Nach Damaschke war die „Wohnungsfrage im Wesentlichen eine Bodenfrage“ und damit eine Bauordnungsfrage.[303] Um die Bodenspekulation einzudämmen, sei die „geeignete“ Bauordnung ein sehr wichtiges Mittel; Damaschke forderte Bauordnungen, die auch Zonen unterschiedlicher Bebauungsdichten und Bauhöhen möglich machten.

Das Erbpacht- und Heimstättenwesen wurde ebenfalls durch die Bodenreformer vertreten, auch die Reichsregierung empfahl die Erbpacht als ein Mittel um finanziell schwächeren Schichten Eigentum auf längere Zeit zu ermöglichen, dennoch blieb ein andauernder Erfolg aus, Ähnliches gilt auch für die deutsche Gartenstadtbewegung.

302 Wehler, Deutsche Gesellschaftsgeschichte, S. 36.
303 Damaschke, Aufgaben, S. 185. „Bodenreform ist deshalb auch Wohnungsreform“, S. 185.

6. Wege zu einem Reichstädtebaugesetz

Während die Bauordnungen eine lange Tradition aufweisen, kann die Stadtplanung als selbständiges Fachgebiet noch nicht sehr lange auf eine verbindliche Ausformung hinweisen. Bis weit in das 20. Jh. waren in den Bauordnungen auch die technisch-formalen Voraussetzungen enthalten, um Stadterweiterungen zu planen. Der enge fachliche Bezug zwischen der Planung und der baupolizeilichen Kontrolle war gegeben, in vollem Umfang gilt dies aber nur für die deutschen Staaten, die eine eigene landesweit geltende Bauordnung eingeführt hatten.[1] In den übrigen Staaten existierten Bauordnungen nur auf der bezirklichen oder auf der städtischen Ebene. Die Vielzahl und die Unheitlichkeit der Bauordnungen im Deutschen Reich brachte die Forderung nach Vereinheitlichung und Schaffung einer einzigen reichsweit geltenden Bauordnung: einem Reichsbaugesetz.

In diesem Kapitel soll nachvollzogen werden, welche Anstrengungen von Parteien, Hochschullehrern, Architekten und technischen Verbänden seit 1876 bis zum II. Weltkrieg unternommen wurden, ein Reichsbaurecht zu schaffen.[2] Aufgenommen sind nur die Baugesetzentwürfe, die eine überregionale Bedeutung beanspruchen.

Die Darstellung nur reichsrechtlicher Bemühungen um den Städtebau wäre jedoch ohne die Einbeziehung der preußischen Städtebauansätze nicht ausreichend. In der Literatur wechselten die Baurechtsbegriffe seit 1876: Deutsches Baurecht, Reichsbauordnung, Bauordnung für das Reich, Reichsbaugesetz bis zum Reichsstädtebaugesetz.[3] Während die ersten vier Begriffe nicht nur die Ordnungs- sondern auch die Planungsvorschriften enthielten, war das „Reichsstädtebaugesetz" nur auf die Planung ausgerichtet.

6.1 Baugesetzentwürfe im Reich und in Preußen zwischen 1876 und 1932

Im Folgenden wird die chronologische Methode für die Darstellung gewählt, denn in den 70er Jahren des 19. Jh. bis in die 20er Jahre des 20. Jh. gingen die Normierungsbestrebungen zunächst von einem Baugesetz des Reiches aus. Darauf folgte eine vierjährige Periode, in denen der Staat Preußen bei der Kodifizierung des Städtebaurechts bis etwa 1929 führend war. Dem schlossen sich fast gleichzeitig reichsrechtliche Bemühungen bis 1932/33 an.

In dieser Arbeit ist das Hauptinteresse auf die beiden Materien Bauordnung und Städtebaurecht gerichtet, das schließt notwendigerweise die Frage ein, welches Ergebnis die Baupolizeitätigkeit in Bezug auf den Wohnungsbau hatte. Das

1 Dies waren die Staaten Bayern, Sachsen, Württemberg und Hessen-Darmstadt mit eigenen Gesetzen, die überwiegend „Bauordnung" genannt wurden. Der Begriff Bauordnung kann aber auch nur die städtische Bauordnung beinhalten, die als (Polizei-)Verordnung der Bezirksregierung erlassen wurde.

2 1876 hat Reinhard Baumeister in der *DBZ* die Forderung nach einem „Deutschen Baurecht", gegebenenfalls nach einer „Reichsbauordnung" gestellt.

3 In einer Reichsbauordnung konnten bis zum Anfang des 20. Jh. auch planungsrechtliche Teile enthalten sein, daher muß jeder einzelne Vorschlag für ein (Bau-)Gesetz gesondert betrachtet werden.

führt dazu, dass auch in den folgenden Abschnitten die Wohnungsfrage immer wieder angesprochen wird, zumal in den vielen Parlamenten direkte Bezüge zwischen dem Wohnungsbau und der Bauordnung hergestellt wurden.

Reichsbauordnung – Reichsbaugesetz (Entwurf Baumeister 1876)

Die Entwicklung eines einheitlichen deutschen Baurechts nach der Reichsgründung von 1871 hat, wenn Baumeisters Forderungen von 1876 zur Grundlage gemacht werden, 84 Jahre gedauert. Baumeister hatte in der *Deutschen Bauzeitung* 1876 einen Aufsatz veröffentlicht und die Kollegen aufgefordert, selbst an der Gestaltung eines Deutschen Baurechts aktiv teilzunehmen. Man dürfe, so Baumeister, nicht warten, bis die Regierung sich der Existenz der deutschen Architekten- und Ingenieurvereine erinnere. Es sei an der Zeit, die „verschiedenartigen und sich widersprechenden Partikularrechte", die in den Bundesstaaten geltendes Recht waren, aufzulösen und sie durch ein Reichsgesetz zu ersetzen.[4] Der Anstoß zu einem Baugesetz müsse durch die Kompetenzerweiterung des Reichs eingeleitet werden, danach könne ein vollständiges Deutsches Baurecht geschaffen werden. Falls das nicht sofort möglich sei, könne zunächst auch eine Reichsbauordnung in Erwägung gezogen werden.[5]

In der folgenden Abgeordnetenversammlung des Verbandes Deutscher Architekten- und Ingenieurvereines (3.9.1876) war von Baumeister der Antrag gestellt worden, eine Denkschrift dem Reichskanzler mit der Forderung zuzuleiten, ein Reichsgesetz für das Bauwesen zu erlassen. Nach Diskussionsbeiträgen der verschiedenen Landesvereine des Verbandes wurde beschlossen, von einer Denkschrift zunächst abzusehen. Der Forderung nach Schaffung eines Deutschen Baurechts wurde aber zugestimmt.[6] Baumeisters „Stadterweiterungen" (1876) war, wie der Aufsatz im gleichen Jahr, auch Anlaß zu einer Bestandsaufnahme der Bauordnungen in Deutschland. Baumeister hatte diese Aufgabe auf Bitten des Verbandes übernommen.

Das Ergebnis war Baumeisters „Normale Bauordnung"[7] von 1880.[8] Nach seinen Worten war diese Bestandsaufnahme die beste Vorbereitung für eine Reichs-Bauordnung.[9] Die weit in die Zukunft vorausschauende Haltung des Verbandes Deutscher Architekten- und Ingenieurvereines zur Frage eines deutschen Baurechts bzw. einer (Reichs-)Bauordnung, war und ist bemerkenswert. Die Verbandsmitglieder hatten die Schwierigkeit erkannt, die in der nicht vor-

---

4 Aufsatz von Reinhard Baumeister in der *DBZ* 1876, H. 21, S. 103. Der Aufsatz trägt die Überschrift: Der Verband deutscher Architekten- und Ingenieur-Vereine und die Reichsgesetzgebung.

5 Aufsatz von Baumeister in der *DBZ* 1876, H. 21, S. 103-104.

6 Protokoll der fünften Abgeordneten-Versammlung zu München 1876, in: *DBZ* 1876, H. 75, S. 373.

7 Baumeister, Reinhard, Normale Bauordnung, Wiesbaden 1880.

8 Der hessische Landtag hat anläßlich seiner Beratungen zur „Hessischen Bauordnung" auf Baumeisters Werk hingewiesen. Die Regierung sprach von einer „bewährten Autorität", die den Entwurf einer „Normalen Bauordnung" ausgearbeitet hat, in: HSTA Darmstadt Q 15, Nr. 2563-2568, Hess. Landtag, Protokoll Nr.36, S. 2-3.

9 Baumeister, Normale Bauordnung, S. 3. Seine Bauordnung umfasste 60 Paragrafen. Regelungen für die Planung (Stadtpläne und Bebauungspläne) waren noch nicht enthalten, die Bezeichnung „Bauordnung" ist wörtlich zu nehmen. In der Literatur Ende des 19. Jh. und des beginnenden 20. Jh. ist die notwendige Unterscheidung zwischen Ordnung und Planung oft unterblieben, was immer wieder zu Irritationen und Falschbeurteilungen führte.

handenen Verfassungskompetenz des Reichs für das Bau(ordnungs)recht lagen, sie waren dennoch von einer Reichsbauordnung anstelle von 300 bis 400 deutschen Stadt- und Bezirksbauordnungen und Bezirksverordnungen überzeugt.[10]

Reichsbauordnung/Reichsbaugesetz (Entwurf Architekt Becker Cassel, 1889)

In der Chronik des Centralverbandes der Haus- und städtischen Grundbesitzer-Vereine Deutschlands wurde 1889 der „Entwurf für eine Bauordnung für das Deutsche Reich" veröffentlicht. Der Verbandsvorstand hatte dem „Casseler Stadtrath", Architekt Becker, den Auftrag erteilt, einen Entwurf zu erstellen.[11] Er war nach den klassischen Regeln aufgebaut, Vorbilder waren die Bauordnungen von Bayern, Hessen-Darmstadt und Württemberg. Becker hatte aber aus den Bauordnungen der drei Staaten nur die ordnungsrelevanten Teile verwendet, dagegen die Planungsteile und die Wohnungsaufsicht, weggelassen. Beispielsweise wollte Becker nur das Gebäude „in der Bauflucht" gesichert wissen. Wie und wer eine Bauflucht oder eine Straßenflucht plante und festsetzen sollte, wie viele Geschosse ein Gebäude aufweisen darf, fehlte aber im Entwurf. Das kann bedeuten, dass seine Reichsbauordnung nur als ein Teil eines Gesamtbaurechts gedacht war, in jedem Fall fehlte für die Aufstellung von Bebauungsplänen die verbindliche Regelung.[12] Wird der Gedanke von Becker theoretisch weiterverfolgt, so müsste die Aufstellung von Bebauungsplänen, die Grundstücksumlegung und das Enteignungsrecht durch eine Landesbauordnung oder eben durch ein weiteres Reichsgesetz geregelt werden. Der Entwurf hatte für den Centralverband vermutlich nur den Zweck, die Fähigkeit des Verbandes zu großen Lösungen zu demonstrieren, der Entwurf löste jedoch keine weitere Diskussion aus.

Reichsbauordnung/Reichsbaugesetz (Sozialdemokratische Partei 1901)

Im Jahre 1901 hat sich die Sozialdemokratische Partei auf ihrem Parteitag in Lübeck mit der Wohnungsfrage beschäftigt, nachdem auf dem Mainzer Parteitag (1900) beschlossen worden war, beim nächsten Parteitag die Wohnungsfrage zu diskutieren.[13] Die Hamburger Sozialdemokraten hatten für den Parteitag 1901 den Antrag gestellt, dass „die Regelung der Wohnungsfrage durch das Reich"

---

10 Baltz & Fischer, Preußisches Baupolizeirecht, 1938, 61938, S. IV und V, dort wurde die Zahl allein für Preußen auf 300 geschätzt. Die Zahl von 300-400 Bauordnungen wurden vom Verfasser geschätzt, denn zu den 300 preußischen Bauordnungen kommen die Bauordnungen der übrigen Staaten, Städte und Bezirke hinzu. Ausgenommen sind nur die vier Bauordnungen von Bayern, Hessen-Darmstadt, Sachsen und Württemberg, sie hatten je eine landesweit geltende Bauordnung.

11 Strauß, Chronik des Centralverbandes der Haus- und städtischen Grundbesitzer-Vereine, M.-Gladbach 1889, S. 186-204.

12 Seit den 70er Jahren des 19. Jh. gab es in Deutschland in einem Punkt keine Meinungsverschiedenheiten unter den Wissenschaftlern und den Praktikern, nämlich über die Notwendigkeit, Bau- und Straßenbaufluchten in Form von Straßenfluchtlinienplänen oder Bebauungsplänen gesetzlich oder durch ein auf Verordnung beruhendes Ortsstatut zu regeln.

13 Zur allgemeinen Diskussion der Wohnungsfrage: H. Albrecht, Wohnungsstatistik und Wohnungsenquete, in Handbuch der Hygiene 1895, Bd. 4, S. 13-34. Albrecht behandelte die Berliner Enquete ausführlich, bei den anderen deutschen Städten verwies er auf die Jahrbücher deutscher Städte von Neefe. Daneben ist die groß angelegte Untersuchung zur „Wohnungsnoth der ärmeren Klassen (1886) und die „Untersuchungen zur Wohnungsfrage" (1901), beide in den „Schriften des Vereins für Socialpolitik" veröffentlicht, zu erwähnen.

erfolgen solle. Das Wohnungsgesetz solle als „Reichswohnungsgesetz" erlassen werden. Unterstützt wurde der Antrag aus dem Ortsverein Barmen, wonach die Reichstagsfraktion ein „Reichs-Wohnungsgesetz im Reichstag einbringen solle." Der Parteivorstand hatte jedoch schon vorher eine Resolution zur Wohnungsfrage vorbereitet. Zunächst stellte er fest, dass die bürgerlichen Wohnungsreformer allein das gemeinsame Ziel nicht erreichen können, weil die in Staat und Gemeinden herrschenden „politischen Machtverhältnisse" eine bald wirksame Veränderung nicht zulassen würden.[14]

Die Gemeinden sollten nach der Resolution von 1901 den gemeindlichen Grundbesitz durch Geländeankauf jeder Art vermehren, außerdem sollten sie Wohngebäude für die „Arbeiterklasse zum Selbstkostenpreis" bauen und „die Bauordnungen sollten verbessert werden". Die Einzelstaaten müssten die Kommunalwahlsysteme ändern und durch ein allgemeines, gleiches, geheimes und direktes Wahlrecht ersetzen. Das Enteignungsrecht müsse zu „Gunsten der Allgemeinheit" umgestaltet werden. Vom Reich erwarte man, dass ein Reichswohnungsgesetz mit Bauordnung, Wohnungsinspektion und Kreditbestimmungen erlassen werde, ein „Reichswohnungsamt sei einzurichten".[15] Die gemeinnützigen Baugenossenschaften sollen gefördert werden, wenngleich nicht erwartet werde, dass allein damit die Wohnungsnot wirksam bekämpft werden könne. Die Resolution wurde einstimmig angenommen, abschließend stellte der Berichterstatter unter großem Beifall fest: „Die Wohnungsfrage ist eine Machtfrage".[16]

Am 18.9.1904 hatte sich die SPD auf dem „Bremer Parteitag" wieder mit der Wohnungsfrage beschäftigt und den Entwurf eines „Kommunalprogramms" diskutiert. Erstaunlicherweise wurde der veröffentlichte „Wohnungsgesetzentwurf" der preußischen Regierung vom August 1904 in der Debatte jedoch nicht erwähnt. Das Kommunalprogramm, das von Hugo Lindemann entworfen worden war und am Schluss der Tagung in die „Resolution Lindemann" umbenannt wurde, wiederholte nur die Forderung nach einer Verbesserung des Wohnungswesens. Außerdem sollte eine Besteuerung der „unverdienten Wertsteigerungen" des Bodens geschaffen werden.[17] Diese Programmteile waren, gemessen am „Wohnungsgesetzentwurf" der preußischen Regierung, nicht weiterführend. Im Oktober 1909 veröffentlichte der „Vorwärts" ein sozialdemokratisches Kommunalprogramm, das von der „Konferenz der sozialdemokratischen Gemeinde-

14 Resolution Südekum, in: Sozialdemokratische Parteitage 1900-1909, hier Parteitag 1901, S. 99, http://library.fes.de/parteitage/1901-to.html, 23.11.2008. Cohn hatte in seiner „Wohnungsfrage und die Sozialdemokratie", München 1900, auf die Notwendigkeit hingewiesen, dass die SPD-Forderung nach einem Wohnungsprogramm erst durch eine zuvor erstellte Wohnungsübersicht (Enquete) Gewicht bekommt.

15 Resolution Südekum, S. 99-100.

16 Referat Südekum, in: Sozialdemokratische Parteitage, 1901, S. 295, http://library.fes.de/parteitage/1901-to.html, 23.11.2008. Die Haltung der SPD (auch zur Wohnungsfrage) war seit 1895 durch den Revisionismusstreit (Bernstein) noch nicht endgültig zu Gunsten der Reformer entschieden. Der „Wohnungsbeschluß" 1901 könnte als Kompromiß bezeichnet werden. 1901 hatte die preußische Regierung einen Erlass „betreffend Verbesserung der Wohnungsverhältnisse" herausgegeben, dem aber erst 1904 der 1. Entwurf des preußischen Wohnungsgesetzes folgte, danach sollten kleinere Änderungen an den örtlichen BO vorgenommen werden.

17 Punkt 6 der Tagesordnung des Parteitages, in: Sozialdemokratische Parteitage, hier 1904, S. 118-121/290-304. Abgerufen: 9.3.2010 http://library.fes.de/parteitage/1904/index-pt-1900.html.

vertreter Groß-Berlins und der Provinz Brandenburg" entwickelt worden war.[18] Auch in diesem Programm war die Wohnungsfrage nur ein Thema unter vielen anderen. Die Sozialdemokraten forderten u.a., dass die Gemeinden Grundbesitz erwerben sollten, Bebauungspläne sollten unter sozialpolitischen, hygienischen und ästhetischen Gesichtspunkten entwickelt werden, die Mietskaserne sollte durch Festsetzung geringerer Haushöhen und des Überbauungsgrades der Grundstücke bekämpft werden, schließlich wäre auch die Festsetzung von Minimalgrößen für Wohn- und Schlafräume wichtig.[19] Wie schon 1904, waren auch diese Forderungen nicht neu. Die Lösungsansätze für die Gemeinden waren zu allgemein gehalten, für die nächsthöhere Ebene, Bezirk oder Provinz, fehlten Forderungen, z. B. nach einem Wohnungsgesetz oder einer Bauordnung.

Nach vergeblichen Versuchen der preußischen Regierung von 1904, 1913 und 1916, ein Wohnungsgesetz zu schaffen, war auch nicht auf der Reichsebene zu erwarten, dass während des I. Weltkrieges eine Reichsbauordnung oder ein Reichsbaugesetz geschaffen werden konnte. Aktivitäten für ein Reichsbaugesetz oder Gesetze der Einzelstaaten sind aus dieser Zeit nicht bekannt. Die einzige Ausnahme war das preußische Wohnungsgesetz vom April 1918, das aber nur einige wenige bauordnungsrechtliche Vorschriften enthielt.

Erst nach dem Zusammenbruch des Kaiserreichs wurden die Bestrebungen nach einer Bauordnung oder einem Städtebaugesetz wieder aufgenommen, nachdem zunächst Einzelmaßnahmen, u.a. das Siedlungsgesetz, dringender waren. Im Mai 1919 teilte der preußische Staatskommissar für das Wohnungswesen mit, dass Preußen nun versuche, durch die „Einheitsbauordnung 1919" eine einheitliche Regelung der Bauordnungsangelegenheiten anzustreben.[20]

Die Einheitsbauordnung sollte den Grundstock für ein „allgemeines preußisches Baugesetz" bilden, so die Ansicht des preußischen Staatskommissars im Mai 1919. Zunächst blieb es aber bei der Ankündigung.[21] Auf dem SPD-Parteitag von 1920 war die Wohnungsfrage Teil einer kontroversen Diskussion.

---

18 Entwurf eines sozialdemokratischen Kommunalprogramms, in: *Kommunale Praxis*, Berlin 1909, Nr. 46, S. 1438-1441, und Nr. 52, S.1622-1637.

19 Sozialdemokratisches Kommunalprogramm, S. 1439.

20 In der Einheitsbauordnung, auch als Musterbauordnung 1919 bezeichnet, waren nur die klassischen baupolizeilichen Bestimmungen, ohne die inzwischen ebenso möglichen Bauplanungsvorschriften, aufgeführt. Die Einheitsbauordnung enthielt folgende Einzelvorschriften: Zugänglichkeit und bauliche Ausnutzbarkeit der Grundstücke, Gebäudeabstand, Gebäudehöhe, feuerbeständige und feuerhemmende Bauweise, Standsicherheit, Grund- und Kellermauern, aufgehende Wände, Brandmauern, Decken, Dächer, Treppen, Feuerstätten, Rauchrohre, Schornsteine, Wasserversorgung, Entwässerung, Abfallstoffe, Lichtschächte, Räucherkammern, äußere Gestaltung der baulichen Anlagen, Einfriedigungen, Räume zum dauernden Aufenthalt von Menschen, Dach- und Kellerwohnungen, Einfamilien-, Klein-, Mittel-, Holz- und Blockhäuser, Scheunen, Anforderungen an besondere Bauten, Fabrikbauten und Viehställe.

21 Baltz & Fischer, Preußisches Baupolizeirecht,1938, ^{6}1938, S. IV und V. Es handelt sich nicht um eine gesetzliche eingeführte Bauordnung, sondern um einen Entwurf, den der Minister - nur für Preußen - vorstellte! Der Entwurf war jedoch nur ein nicht verpflichtender Musterentwurf für die Städte und Provinzen. Im *Zentralblatt der Bauverwaltung* vom 24.5.1919 wurden dem Musterentwurf wenige Chancen gegeben, einmal das Fundament eines preußischen Baugesetzes zu bilden, denn die Selbstverwaltungsbehörden sollten den Musterentwurf ohne Änderung lediglich „annehmen".

Es ging um die Frage, wie der Wohnungsbau gefördert werden könne, denn die staatlichen Mittel wie Zuschüsse zum Wohnungsbau seien begrenzt. Andere Delegierte meinten, dass eine Besserung nur durch eine Überführung des Bodens und des gesamten Bauwesens in Gemeineigentum erreicht werden könne. Es sei bekannt, dass die hohen „Bodenpreise durch die Bauordnungen" bewirkt werden, daher müsse dort eine Veränderung eintreten.[22] Im Parteitagsantrag Nr. 318 wurde gefordert, dass das gesamte Wohn- und Siedlungswesen vom Reich übernommen werden müsse. Die Bauordnungs- und Bodenfrage wurde auf dem Parteitag diskutiert, es kam aber zu keinem Beschluss zur Reichsbauordnung, sondern nur zur Bodenfrage und der Vergesellschaftung der Baustoffindustrie.[23]

Unterdessen war in Preußen die Arbeit an einem „Baugesetz" begonnen worden, allerdings zunächst nur mit dem Versuch, das preußische Fluchtliniengesetz von 1875 und die Ergänzungen aus dem Wohnungsgesetz von 1918 zu vereinen. Die Ankündigung des Staatskommissars für das Wohnungswesen im Mai 1919, die Musterbauordnung als den Grundstock für ein preußisches Baugesetz anzusehen, wurde insoweit eingelöst, dennoch: Es blieb beim „Muster".

Der erste (Versuchs-)Entwurf eines preußischen Städtebaugesetzes (1925)[24]

Bei der „Einführung" der preußischen Einheitsbauordnung von 1919 teilte die Regierung mit Schreiben vom 20.12.1922 mit, sie beabsichtige die Planungsgrundsätze, die in der Verbandsordnung des „Siedlungsverband Ruhrkohlenbezirk" (SVR, auch Ruhrsiedlungsverband genannt[25]) festgelegt waren, in das bestehende „Baufluchtengesetz" von 1875 einzuarbeiten, wobei die Bestimmungen von 1875 nicht verändert werden sollten.[26] Das Vorhaben, eine „verbesserte Fassung" des Fluchtliniengesetzes als „Baugesetz" zu erarbeiten, begann mit der Anfrage bei den Regierungs- und Polizeipräsidenten und dem Verbandspräsidenten des Siedlungsverbandes Ruhrkohlenbezirk 1922. Gefragt wurde nach der

22 Damit befand sich die SPD in voller Übereinstimmung mit Eberstadt, Fuchs und anderen.

23 Berichterstatter war Paul Hirsch, in: Sozialdemokratische Parteitage, hier 1920, S. 225-266 und 300-316, http://library.fes.de/parteitage/1901-to.html, 30.4.2009.

24 Renfert, Der Entwurf eines preußischen Städtebaugesetzes, in: *Zentralblatt der Bauverwaltung* 1925, H. 34, S. 408-409. Tatsächlich gab es aber einen „allerersten Städtebaugesetzentwurf" (1922), der „aber nicht günstig aufgenommen wurde", so Renfert. Diesem Entwurf wird in der Arbeit nicht weiter nachgegangen.

25 Hercher, Der Siedlungsverband für den Ruhrkohlenbezirk, in: Zentralblatt *der Bauverwaltung* 1920, H. 43, S. 275-276. Die Gründung des Verbandes wurde durch das Gesetz vom 5.5.1920 eingeleitet (*Deutsche Bauzeitung* 1924, S. 337). Im *Zentralblatt der Bauverwaltung* (1924, S. 234-237), beschrieb der Verbandsdirektor Robert Schmidt „seinen" Verband so: Bei der Gründung hatte der Verband rund 4 Millionen Einwohner, sein Gebiet umfasse 18 Stadtkreise, 11 Landkreise mit 18 Landstädten und 289 Gemeinden. Die Verbandsaufgabe bestehe in der Leitung und Lenkung der Siedlungstätigkeit; der Verband sei einerseits ein Kommunalverband mit Selbstverwaltung und andererseits ein Verband, der staatliche Aufgaben im Auftrag der preußischen Regierung erfülle. Dem Verband wurde die Baupolizei insofern übertragen, als ihm jedes Baugesuch vorzulegen sei, wenn das Baugrundstück außerhalb der bebauten Ortschaft lag. Die Prüfung erfolge anhand der (Verbands-)Bauordnung. Die städtebauliche Planung, in Zusammenarbeit mit den Gemeinden, sei ebenfalls Bestandteil der Verbandsaufgaben, vergl. auch „Baupolizeiverordnung des Verbandspräsidenten für den Siedlungsverband Ruhrkohlenbezirk vom 4.4.1930", Essen 1930.

26 Schmidt, Robert, Das neue preußische Städtebaugesetz, in: *Zentralblatt der Bauverwaltung* 1925, Nr. 34, Seite 406-408 (407).

Erfahrung mit dem Fluchtliniengesetz, außerdem sollte mitgeteilt werden, welche Änderung und Ergänzung für notwendig gehalten wird.[27] Die Berichte der oberen Verwaltungsstellen wurden nun in den Entwurf „Grundzüge für ein Gesetz zur Aufstellung und Durchführung von Siedlungs- und Bebauungsplänen" im Sommer 1923 eingearbeitet. Das Ergebnis wurde jetzt auch den Oberpräsidenten sowie den nachgeordneten Behörden und Interessenverbänden zugeleitet. Ende 1923 und Anfang 1924 setzte dann eine „lebhafte Kritik" von den Fachverbänden und der Wirtschaft ein, so Fischer. Kritisiert wurde, dass eine einfache Umgestaltung des „Baufluchtliniengesetzes" nicht ausreiche, gefordert wurde ein Gesetz, das sämtliche Städtebaufragen regeln sollte.

Der SVR hielt ein „verbessertes Fluchtliniengesetz" für ungeeignet, um daraus ein modernes preußisches Städtebaugesetz zu entwickeln. Der Verband erläuterte, dass trotz des Gesetzes von 1875 keine positiven Auswirkungen auf dem Bodenmarkt zu verzeichnen waren. Planungen, die im öffentlichen Interesse erstellt würden, müssten die „Wirklichkeit" zur Kenntnis nehmen. Die Bodenfrage dürfe in einem eng besiedelten Land „nicht das dauernde Versuchsobjekt wirtschaftlicher Dilettanten" sein, der Verband habe daher einen eigenen Entwurf eines Städtebaugesetzes dem „Wohlfahrtsminister" vorgelegt.[28]

Offensichtlich wurden die Anregungen im preußischen Wohlfahrtsministerium in den neuen Entwurf eingearbeitet, denn schon im Mai 1925 wurde dann der neue Entwurf vorgelegt, der nun auch veröffentlicht wurde, im Folgenden wird er hier als Entwurf „Verlag Heymanns" bezeichnet. Der Entwurf erschien 1925 ohne Angabe des Verfassers oder Herausgebers, als Druck beim Verlag Carl Heymanns in Berlin. Es kann als gesichert angenommen werden, dass der Entwurf aus dem zuständigen Ministerium stammt.[29] Der Referentenentwurf wurde den Oberpräsidenten, Regierungspräsidenten und Wirtschaftsverbänden zur Durchsicht übersandt. Ausdrücklich wurde in der Begründung die Trennung zwischen der Planung (Städtebaugesetz) und der Ordnung (Muster einer Bauordnung/Einheitsbauordnung) hervorgehoben.[30] Verbandsdirektor Schmidt begrüßte prinzipiell den Entwurf des Städtebaugesetzes, denn er sah darin schon das Muster eines Städtebaugesetzes, das andere Ländern übernehmen könnten, außerdem müsse die begonnene Reform zu einem „Reichsgesetz" führen.[31]

Der Entwurf bezieht sich auf die „Leitsätze des Internationalen Kongresses für Städtebau und Siedlungswesen" in Amsterdam 1924. Dort wurde gefordert: Das Anwachsen der Großstädte solle vermieden werden, Trabantenstädte können eine Lösung (Dezentralisation) sein. Großstädte sollten durch Grüngürtel

27 Fischer, F.W. Der Städtebaugesetzentwurf, in: *Zentralblatt der Bauverwaltung* 1927, H. 23, S. 266-269.

28 Schmidt, Das neue preußische Städtebaugesetz, der Gesetzesvorschlag von Schmidt ist vermutlich 1924 erarbeitet worden.

29 Fischer teilte mit, dass der 1925er Entwurf ein „Referentenentwurf" sei. Vgl. auch Preußischer Staatsrat 1926, Nr. 209, Begründung S. 49, darin wurde mitgeteilt, dass der Referenten-Entwurf vom Mai 1925 aus dem Hause des Ministers für Volkswohlfahrt stamme.

30 Entwurf eines preußischen Städtebaugesetzes nebst Begründung, Verlag Heymanns Berlin 1925, S. 48-50.

31 Schmidt, Das neue preußische Städtebaugesetz, Schmidt: „ein preußisches Gesetz wird die anderen Länder anregen", S. 407.

abgegrenzt werden, Verkehrsfragen sollten mehr Aufmerksamkeit erhalten, „Überlandplanungen“ (regionale Nutzungspläne) seien besonders wichtig, wenn Großstädte nahe beieinander lägen, die Planungen müssen aber „elastisch“ sein, Änderungen dürften nur aus Gründen des öffentlichen Wohls erfolgen. Bebauungspläne und Überlandpläne sollten durch Gesetz Rechtskraft erlangen, um den Boden seiner planmäßigen Bestimmung zuzuführen.[32] Schon in diesem Entwurf war die zentrale städtebauliche Neuerung eingeführt worden, die die städtebauliche Wissenschaft gefordert hatte: der „Flächenaufteilungsplan“.

Der zweite Entwurf eines preußischen Städtebaugesetzes (1926), DS 4360

Der Minister für „Volkswohlfahrt“ teilte in der Begründung des Entwurfs mit, dass die „Fülle der Gutachten“, die zahlreichen Beiträge der Verbände sowie die Berichte in den Fachzeitschriften zum Entwurf von 1925 für den neuen Entwurf genutzt worden seien.[33] Nach Einarbeitung der Stellungnahmen der beteiligten Verbände in den ersten Entwurf, wurde der zweite Gesetzentwurf dem preußischen Staatsrat[34] am 11.6.1926 mit der Bitte zugeleitet, eine „gutachtliche Äußerung“ abzugeben.[35] Der Entwurf von 1926 wurde damit die Entwurfsfassung, die noch heute in der städtebaulichen Literatur zitiert wird, obwohl ein weiterer, der Dritte, Städtebaugesetzentwurf dem Landtag 1929 vorgelegt wurde.[36] Fritz Schumacher wies in einem Aufsatz darauf hin, dass der zweite Entwurf „mit weitem Blick für die Ziele der Zukunft“ entstanden sei.[37] Eine unvermeidliche Schwäche des Entwurfs läge aber darin, dass die Planungen der großen Reichseisenbahn- und Wasserstraßenverwaltungen nicht immer bekannt seien, obwohl gerade sie einen sehr großen Einfluss auf die Planung einer Stadt hätten. Anders sei es bei den unter kommunalen Einfluss stehenden oder nahe stehenden Fachverwaltungen, deren Absichten könnten mit einiger Sicherheit in die Planung

---

32 Verlag Heymanns 1925: Entwurf eines preußischen Städtebaugesetzes, Begründung, S. 49.

33 Sammlung der Drucksachen des Preußischen Landtags, 2. WP., Berlin 1927, Bd. 11, Drucksache 4360. „Entwurf eines preußischen Städtebaugesetzes“ vom 4.11.1926. Begründung, S. 5625-5630.

34 Lilla, Joachim, Der Preußische Staatsrat, 1921-1933, Düsseldorf 2005, S. 11 und 12. Lilla: Der Staatsrat war „ein zur Vertretung der Provinzen gebildetes oberstes Staatsorgan. Daraus ergab sich die Funktion, die „Interessen der Provinzen“ gegenüber dem Landtag und der Regierung zu vertreten. Gleichzeitig bildete der Staatsrat ein „Dezentralisierungsorgan“, Die parteipolitische Zusammensetzung des Staatsrates war nicht identisch mit dem Landtag. Im Staatsrat hatten drei Parteien zwischen 1921 und 1930 ein deutliches Übergewicht: Die „Deutschnationale Volkspartei“ hatte zwischen 35% und 39%, das „Zentrum“ zwischen 22% und 23% und die Sozialdemokraten zwischen 25% und 29% der Sitze. Kommunisten, USPD und die Deutsche Staatspartei lagen bei ca. 4% bis 6%, S. 19. Die KPD wurde vertreten (u.a.) durch Wilhelm Pieck und Franz Dahlem, die SPD durch Max Brauer, Paul Löbe, Ernst Reuter, Christian Wittrock und andere, das Zentrum durch Konrad Adenauer und Ludwig Kaas (S. 281-283).

35 Nach der preußischen Verfassung war zwingend vorgeschrieben, Gesetzentwürfe dem Staatsrat zuzuleiten, ehe sie in den Landtag eingebracht wurden. Die politische Stabilität in Preußen war seit 1919 bis 1932 weitaus größer als im Reich. In Preußen stellte die SPD, mit Ausnahme weniger Monate 1921 und 1925, den Ministerpräsidenten. Der preußischen Regierung war auch daran gelegen das Gesetz „gerade jetzt zu erlassen, denn die „gegenwärtige wirtschaftliche Depression“ müsse genutzt werden, um bei steigender Konjunktur nicht störend eingreifen zu müssen.

36 Dieser dritte preußische Entwurf wird nachfolgend vorgestellt.

37 Schumacher, Fritz, Der neue Entwurf eines preußischen Städtebaugesetzes, in: *Zentralblatt der Bauverwaltung* 1925, S. 424-427.

eingebaut werden. In vollem Umfang werde das Gesetz erst anwendbar sein, wenn „in einem Reichsgesetz" die Eisenbahn-, die Wasserstraßen- und die Flughafenplanungen in die gemeindliche Planung einbezogen werden würden.

Der preußische Staatsrat begrüßte im Gutachten den Städtebaugesetzentwurf, jedoch fielen die anschließend formulierten Bedenken zu den Sachthemen so aus, dass das Gutachten einer völligen Ablehnung des Städtebaugesetzentwurfs gleichkam.[38] Z. B. war der Staatsrat gegen die Einführung einer neuen Planungsebene, dem „Flächenaufteilungsplan". Mit der Aufstellung dieser Pläne wollte die Regierung die Gemeinden auffordern, schon sehr frühzeitig Überlegungen anzustellen, in welchen Gemeindebereichen welche Nutzungen künftig erlaubt seien und welche nicht. Diese neue Möglichkeit war nach Ansicht der Regierung eine der „wesentlichen Neuerungen" des Entwurfes, sie wurde von Schumacher sehr begrüßt.[39] Die Vorschrift lautete (§ 1):

> „Um die städtebauliche Entwicklung der Gemeinden vorausschauend zu ordnen und eine diese Entwicklung störende Nutzung und Bebauung zu verhindern, können Flächenaufteilungspläne festgesetzt werden".[40]

Die Gemeinden sollten im Plan folgende Flächen als Ortssatzung festsetzen können: Grünflächen aller Art, Verkehrsflächen, Bergbauflächen, Industrieflächen und Wohnflächen. Gemeinden, die trotz eines dringenden Bedürfnisses keine oder eine unzureichende Ortssatzung aufstellten, konnten durch die Aufsichtsbehörde auf dem Wege der Ersatzvornahme dazu angehalten werden. Eine städtebauliche Neuheit war die Pflicht der Gemeinden, bei den Vorarbeiten zu den Flächenaufteilungsplänen die beteiligten Reichsbahn- und die Straßenbauverwaltungen, neben den Bergbau-, den Forst-, den Wasser- und den Kulturämtern anzuhören. Zu beteiligen waren auch die Landwirtschafts- und Industrievertretungen. Die Bestimmungen über die Aufstellung von Fluchtlinienplänen und Bebauungsplänen waren aus früheren Bauordnungen und aus dem Fluchtliniengesetz, jedoch ohne grundsätzliche Neuformulierung übernommen worden. Im Entwurf war die Bestimmung (§ 7 Absatz 4) eingeführt worden, dass für Baubeschränkungen und Ansiedlungsgenehmigungen in „Industrie- und Wohnflächen" eine Regelung durch die Bauordnungen erfolgen müsse.

Der preußische Staatsrat sah in dem neuen Planwerk einen Eingriff in die gemeindliche Selbstverwaltung, das Gesetz schränke den Einfluß der Gemeinde zugunsten des Regierungspräsidenten ein und verhindere eine „verständige" Bodenpolitik in den Gemeinden und Städten. Der Flächenaufteilungsplan werde, wenn er „zu häufig und ausgedehnt angewandt würde", zu wirtschaftlichen Hemmnissen führen.[41] Es fehle bei den am Planungsprozess beteiligten Dritten (Wirtschaft, Landwirtschaft und Verbände) die nötige „Sachkenntnis" im Pla-

---

38 Preußischer Staatsrat, Gutachterliche Äußerung des Staatsrates vom 8.10.1926, in: Sammlung der Drucksachen des preußischen Landtags, 2. WP, Bd. 11, 1925/1926, S. 5651, Drucksache des Staatsrates Nr. 209.

39 Schumacher, Fritz, Der neue Entwurf eines preußischen Städtebaugesetzes, S. 424.

40 Sammlung der Drucksachen des Preußischen Landtags, 2. WP., Berlin 1927, Bd. 11, Drucksache 4360, S. 5606.

41 Gutachterliche Äußerung des Staatsrates vom 8.10.1926, S. 5651.

nungsrecht, auch sei ein „neuer vorgebildeter Beamtenapparat" notwendig.[42] Der Staatsrat sah eine städtebauliche Erschwernis darin, dass die Gemeinden den Flächenumfang des Flächenaufteilungsplanes allein bestimmen sollten. Trotz des ablehnenden Votums des Staatsrates beharrte die Regierung auf ihrem Standpunkt und legte den Entwurf dem Landtag vor.[43] Dem Städtebaugesetzentwurf (1926, DS. Nr. 4360) fügte die Regierung eine umfangreiche Begründung bei und legte die grundsätzliche Haltung der Regierung zum Städtebau in Preußen dar.[44]

Als Versäumnis der letzten Jahrzehnte bezeichnete der Minister für Volkswohlfahrt, Heinrich Hirtsiefer, die Passivität des Staates gegenüber „den Wünschen der unternehmenden Grundeigentümer". Wenn sie es forderten, wurden auf „weiten Flächen der Städte Fluchtlinien" festgesetzt, denn aus der früheren Sicht sei die Stadterweiterung als eine „rein privatwirtschaftliche" Angelegenheit angesehen worden. Diese Haltung des Staates habe sich schon vor Kriegsausbruch 1914 entscheidend geändert, die „überkommenen Pläne, die die freie städtebauliche Arbeit behindern", müssten beseitigt werden, so der Minister.[45] Mit dem Entwurf von 1926 nahm die Regierung eine grundsätzliche Wendung in der Städtebaupolitik vor, die auch eine Erklärung sein kann, warum sich die Regierung über die Zweifel und Bedenken im Gutachten des Staatsrates zum Städtebaugesetzentwurf hinwegsetzte.

Aus dem nachfolgenden Absatz in der Begründung lassen sich drei grundsätzliche Standpunkte erkennen: erstens, der Städtebau habe einen weitaus höheren Stellenwert als früher, zweitens, die vorausschauende Planung sei jetzt ein zwingendes Erfordernis für die Städte und Gemeinden geworden und drittens, die öffentliche Planung habe unbedingten Vorrang vor Einzelinteressen. So schrieb Hirtsiefer in seiner Begründung zum Städtebaugesetz:

> „Unsere Generation muß den Standpunkt des Baufluchtliniengesetzes in zweifacher Hinsicht verlassen. Erstens müssen wir in der Erkenntnis, dass richtiger Städtebau die Voraussetzung für das Wohlergehen unseres ganzen Volkes ist, mehr als bisher betonen, dass er eine Aufgabe der öffentlichen Hand ist, und dass die Arbeit der

---

42 Gutachterliche Äußerung des Staatsrates vom 8.10.1926, S. 5651.

43 Lilla, Joachim, Der Preußische Staatsrat, S. 12, „Der Staatsrat war keine erste Kammer und kein dem Landtag gleichberechtigter Faktor", S. 12. Die verfassungsrechtliche Stellung des Staatsrates war schon für die „zeitgenössische Literatur nicht einfach", denn seine rechtliche und politische Bedeutungslosigkeit stand im Kontrast zu den zu lösenden Problemen, S. 7. Im Landtag wurde im Oktober 1925 erklärt, dass die Einrichtung des Staatsrates „ein Konstruktionsfehler in der Verfassung" darstelle, in: Sitzungsberichte des Preußischen Landtags, 2. WP, Bd. 3, S. 4763.

44 Die „grundsätzlich neue Haltung der Regierung" zeigte sich darin, dass Erweiterungsplanungen nicht wie bisher nur auf die jeweilige Gemeinde bezogen werden konnten, sondern auch die Nachbargemeinden tangierten. Die Planungserfahrungen, die beim Ruhrsiedlungsverband seit 1920 gemacht worden waren, sollten in den Entwurf des Städtebaugesetzes einfließen. Die Politik hatte die theoretisch wie praktisch entwickelten Planungsgrundsätze im Städtebau nicht mehr nur zur Kenntnis genommen, sondern einen Paradigmawechsel eingeleitet. Der Verbandsdirektor des Ruhrsiedlungsverbandes Schmidt im August 1926: Es sei anzuerkennen, dass die Regierung in vielen Bereichen den Anregungen Dritter aber auch denen des Siedlungsverbandes gefolgt sei.

45 Begründung zum Gesetzentwurf, in: Drucksache 4360 des Preußischen Landtags, 2. WP, Bd. 11, S. 5625.

> Privatunternehmer sich ihrem Plane unter allen Umständen einzugliedern hat. Zweitens dürfen wir uns dem nicht verschließen, dass es notwendig ist, bevor man das Bauen gestattet, sich zunächst klarzuwerden, welche Flächen unbebaut zu bleiben haben. Die Festsetzung von Fluchtlinien ist damit auf den zweiten Platz gedrängt; für die Planung im großen hat sie keine maßgebliche Bedeutung mehr."[46]

Hirtsiefer schlug eine weitere Neuerung vor, denn neben den erwähnten gemeindlichen Flächenaufteilungsplänen leitete er auch den Schritt zur „regionalen Planung" ein: Sollten Flächenaufteilungspläne einer Gemeinde über das eigene Gebiet hinaus Auswirkungen erwarten lassen und würden sich die betroffenen Gemeinden nicht zu einem einheitlichen Flächenaufteilungsplan verständigen, konnte der Kreis diesen Plan erstellen und beschließen. Unter Umständen konnte dies sogar für das gesamte Kreisgebiet geschehen, faktisch kam damit dieser Plan einem „Regionalplan" heutiger Prägung sehr nahe.[47]

In den Landtagsberatungen zeigte sich, dass die Abgeordneten dem Gesetzesziel im Wesentlichen zustimmten. Es wurde hervorgehoben, dass die Zusammenfassung aller in vielen Einzelgesetzen oder Verordnungen und unzureichend geregelten städtebaulichen und bauordnungsrechtlichen Vorschriften in einem Gesetz richtig sei. Dennoch wurden Bedenken von der Deutschnationalen Volkspartei vorgebracht: Der Entwurf gehe über das Ziel hinaus, indem er den „öffentlichen vor den privaten Eigentumsbegriff" stelle.[48] Die Einführung des Flächenaufteilungsplans sei ein zu großer Schritt, es sei unnötig, wenn nun in ganz Preußen „solche Pläne aufgestellt" würden, allenfalls für die größeren Städte und die Großstädte könne der Plan hilfreich sein.[49] Der Begriff „Städtebaugesetz" sei falsch, denn auch Gemeinden sollten solche Pläne feststellen dürfen, auch sei der Begriff „Stadt" unklar, die Wirtschaftsverbände wünschten hier eine ähnliche Definition wie in Frankreich.[50]

Ein Mitglied des Landtages sah in dem neuen Gesetzentwurf nur „eine Kodifikation" alter Bestimmungen, „neue große Gedanken" seien nicht zu erkennen, der Entwurf sei kein „Meisterwerk", vermisst würde der Grundsatz des Preußischen Landrechts, dass die Baufreiheit an erster Stelle zu stehen habe.[51] Nachstehend folgen die Regierungsauffassung zum Flächenaufteilungsplan und die Formulierung des Landtagsausschusses.

---

46 Begründung zum Gesetzentwurf, in: Drucksache Nr. 4360 des Preußischen Landtags, 2. WP, Bd. 11, S. 5625. Die Zurückweisung der gutachterlichen Bedenken des Staatsrates durch die Regierung wird durch das Zitat nochmals unterstrichen.

47 Drucksache Nr. 4912 des Preußischen Landtags, 2. WP, Bd. 12, S. 6300. Der Flächenaufteilungsplan kann mit dem Flächennutzungsplan des Bundesbaugesetzes von 1960 verglichen werden. Ein Flächenaufteilungsplan für einen Kreis kann aber schon Flächen in größerem regionalen Zusammenhang darstellen.

48 Drucksache Nr. 8950, 2. WP, Bd. 18, S. 9882.

49 Drucksache Nr. 8950, Bd. 18, S. 9883.

50 Drucksache Nr. 8950, Bd. 18, S. 9883. In Frankreich sei eine Stadt dann eine „Stadt", wenn sie mehr als 10.000 Einwohner habe.

51 Sammlung der Drucksachen, 2. WP, Berlin 1928, Bd. 18, Beginn der Tagung 13.1.1927. Drucksache Nr. 8950, S. 9885. Das Mitglied gehörte zur DVP-Fraktion.

Der Flächenaufteilungsplan in preußischen Städtebaugesetzentwürfen

Text des § 1 der Regierungsvorlage vom 4.11.1926, Drucksache Nr. 4360	Text des § 1 nach der 2. Lesung (24.2.1928) im zuständigen Ausschuß Nr. 29, Drucksache Nr. 8950-B
Um die städtebauliche Entwicklung der Gemeinden vorausschauend zu ordnen und eine diese Entwicklung störende Nutzung und Bebauung zu verhindern, können Flächenaufteilungspläne festgesetzt werden.	Die städtebauliche Entwicklung der Gemeinden kann durch Festsetzung von Flächenaufteilungsplänen vorausschauend zur Befriedigung eines öffentlichen Bedürfnisses geordnet werden. Ein öffentliches Bedürfnis kann nur als vorliegend erachtet werden bei Großstädten und bei Gemeinden und Gemeindeverbänden, wo eine starke industrielle oder bauliche Entwicklung vorliegt oder in Kürze erwartet wird.

Quelle wie oben angegeben.

Die Regierung beschrieb den Inhalt und die beabsichtigte Wirkung des Flächenaufteilungsplanes in knapper, aber ausreichender Form. Der Ausschuss verlangte, dass die „Befriedigung eines öffentlichen Bedürfnisses" Voraussetzung für das Tätigwerden der Gemeinde werden müsse. Das allgemeine „öffentliche Bedürfnis" sollte zur zwingenden Voraussetzung gemacht werden. Die Feststellung, was das „öffentliche Bedürfnis" sein sollte, sollte nicht den Gemeinden überlassen werden. Die Vorgabe war: Nur wenn in Großstädten und bei Gemeinden und Gemeindeverbänden eine „starke industrielle oder bauliche Entwicklung" bereits vorliegt oder in „Kürze erwartet wird", sollte „vorausschauend" geplant werden.

Die Planung für eine Entwicklung, die vorliegt oder „in Kürze" erwartet wird, ist aber nicht vorausschauend, sondern nur der rechtliche Nachvollzug von geschaffenen Tatsachen. Die Ausschussformulierung ist eine Umkehrung des von der Regierung und den Fachleuten[52] gewollten Prinzips der vorausschauenden Planung.[53] Der Landtagsausschuss Nr. 29 beriet vom Dezember 1926 bis Februar 1928 in 64 Sitzungen den Gesetzentwurf. Der Ausschuss hatte am Schluss der zweiten Lesung das Inkrafttreten des Gesetzes, 1. Juli 1928, genannt.[54] Die Landtagssitzungen endeten aber schon im Frühjahr 1928, denn der Landtag hatte sich freiwillig vorzeitig aufgelöst. Anlass war die am 20. Mai 1928 angesetzte Wahl zum Deutschen Reichstag. „Der Landtag glaubte, dem Volk nicht zwei Wahlen in einem Jahr zumuten zu können", so wurde in Preußen die nun notwendige Landtagswahl auch auf den 20. Mai 1928 angesetzt.[55] Der Gesetzentwurf, der nur eine Beratungszeit von 14 Monaten erfordert hatte, war mit dem Ende der Legislaturperiode gegenstandslos geworden.

52 Brix, Josef, Die „Freie Deutsche Akademie des Städtebaues" zum Städtebaugesetz, in: *Zentralblatt der Bauverwaltung*, 1927, Nr. 23, S. 278. Brix hatte geschrieben, dass das preußische Gesetz erforderlich sei, wenngleich ein „städtebauliches Reichsgesetz" ebenso ein „unabweisbares Bedürfnis" darstelle.

53 Sitzungsberichte des preußischen Landtags, Drucksache 8950-B, 4360 und 4912, 2. WP, Bd. 18, S. 10281.

54 Drucksache 4360 und 4912, 2. WP, Bd. 18, S. 10311.

55 Sitzungsberichte des Preußischen Landtags, Bd. 7, 3. WP, S. 8942.

Der dritte Entwurf eines preußischen Städtebaugesetzes (1929), DS 3015

Nach der Wahl im Mai 1928 hatte die Regierung erst mit einer gewissen zeitlichen Verzögerung ihren dritten Entwurf am 17.7.1929 in den Landtag einbringen können.[56] Dieser Entwurf war in wesentlichen Teilen identisch mit dem zweiten Entwurf von 1926. Es wird daher auf eine umfangreichere Darstellung dieses Entwurfes verzichtet. Auch in der erneuten Gesetzesbegründung hatte die Regierung besonders auf die Amsterdamer Leitsätze von 1924 hingewiesen. Die Regierung betonte, dass auch die auf der Pariser Konferenz von 1926 ergänzten Leitsätze des Internationalen Kongresses für Städtebau und Siedlungswesen, Eingang in die Überlegungen der preußischen Regierung gefunden hätten.[57] Die ergänzenden Leitsätze werden hier sinngemäß wiedergegeben:

> (...) „dass kein Bodenbesitz in der Stadt- und Landesplanung ausgenommen werden dürfe, die Landesplanung müsse unbedingt gefördert werden, dabei seien die Landesbehörden mit den notwendigen Machtbefugnissen auszustatten. Die Werterhöhungen, die durch Planungen der öffentlichen Hand entstünden, sollten zu Gunsten der Allgemeinheit abgeschöpft werden.[58]

Hirtsiefer betonte in der Begründung, dass die „Städtebautechniker" erneut ihre Zustimmung zum Entwurf bekundet hätten, bedauerlich sei nur, dass die Umlegungsvorschriften fehlten. Der Grund liege in der Unklarheit, welche Bestimmungen das mögliche Reichsrecht dazu vorsehe, allerdings „scheine die Reichsregierung jetzt dazu entschlossen zu sein."[59] Auch zu diesem Entwurf hatte der preußische Staatsrat unter Präsident Konrad Adenauer Bedenken, denn die „gemeindlichen Selbstverwaltung" werde beeinträchtigt.[60] Krabbe vermutet, dass die „Selbstverwaltung in die übergeordneten Strukturen der Staatsverwaltung" mit einem Verlust der Autonomie eingebunden würden.[61] Wie schon früher war der

56 Anlagen zu den Sitzungsberichten, 3. WP, Berlin 1930, Bd. 4, S. 2573-2621 (2596). Hirtsiefer begründete die verzögerte Vorlage um ca. zwei Monate damit, dass in der vorigen WP im Ausschuß bestimmte Änderungen gewünscht wurden, die jetzt eingearbeitet worden seien, auch haben weitere Gespräche mit Fachleuten des Städtebaus stattgefunden. Bedauerlich sei aber nur, dass die Umlegungsvorschriften in diesem Entwurf nicht mehr enthalten seien. Obwohl es „scheint", als wolle der Reichsgesetzgeber das Problem des „Rechtsmittelweges" bei der Umlegung lösen, sehe er in der näheren Zeit keine konkrete Absicht des Reiches.

57 Drucksache 3015, 3. WP (1929), Bd. 4, S. 2591. In diesem Zusammenhang wird auf die Erklärung von La Saaraz und auf die Charta von Athen hingewiesen. Während die Ergebnisse der Konferenzen in Amsterdam und Paris einen direkten Einfluß auf den preußischen Wohlfahrtsminister ausübten, kann das von der Tagung von La Saaraz und seiner „Erklärung" vom 28.7.1928 nicht gesagt werden. Näheres dazu im Anhang Nr. 10.

58 Drucksache 3015, 3. WP, Bd. 4, S. 2591.

59 Drucksache 3015, 3. WP, Bd. 4, S. 2596. Der Minister hatte vermutlich Kenntnis vom Entwurf des „Reichsbaulandgesetzes" vom 15.2.1930, bzw. der Vorarbeiten aus dem zuständigen Reichsministerium erhalten.

60 Drucksache 3015, 3. WP, Bd. 4, S. 2619. Der Staatsrat sah in dem Flächenaufteilungsplan keine „wertvolle Erneuerung", da die Fluchtlinienpläne und Bauordnungen völlig ausreichten.

61 Krabbe, Wolfgang, Die deutsche Stadt, Göttingen 1989, S. 181. Krabbe: Bei den „Gebietsreformen oder Stadtgebietserweiterungen", die die Städte selbst in Gang setzen und bei der Übernahme von Auftragsangelegenheiten (Übernahme der Baupolizei) würde die Tendenz sichtbar.

Entwurfsabschnitt I. (Flächenaufteilungsplan -FAP-) aus der Sicht des Staatsrates „unannehmbar". Auch die neue Ablehnung des Staatsrates wurde durch Minister Hirtsiefer „als irrig" zurückgewiesen.[62] Ähnliche Bedenken wie der Staatsrat hatten einige Städtebaufachleute, die den Flächenaufteilungsplan für möglich hielten, ihn aber als Festsetzung durch Ortssatzung nicht für geeignet ansahen. Auch „vermisse man im Entwurf Klarheit, Beweglichkeit und Einfachheit, damit scheide der Entwurf als städtebauliche brauchbare Grundlage aus, so die Erklärung der „Unterzeichner".[63] Fast zur gleichen Zeit hatte sich der „Städtetag" in die Debatte eingeschaltet und einen eigenen Entwurf vorgelegt.[64]

Der Frankfurter Oberbürgermeister fasste im Februar 1929 die Forderungen des preußischen Städtetags zum Städtebaugesetz nach einem Vorstandsbeschluss so zusammen: Der Entwurf des Städtebaugesetzes von 1926 (Drucksache 4360) müsse „auch in seiner äußerlichen Gestalt" überarbeitet werden, auf die „kasuistische Arbeitsweise" müsse der Gesetzgeber verzichten; die Regierung solle auf den Begriff „Flächenaufteilungsplan" verzichten. Die Bestimmungen zum Fluchtlinienplan aus dem Fluchtliniengesetz von 1875 sollten nur „geradlinig" weitergebildet werden. Die „alte Handhabe mit dem kommunalen Bauverbot" solle sich nicht nur auf die „unfertigen Straßen" beziehen, sondern künftig allgemein gelten und die Regierung solle die Aufgaben und Befugnisse der Baupolizei auf die Städte übertragen, damit würde die Selbstverwaltung der Städte gestärkt.[65]

Der vom Städtetag kritisierte Regierungsentwurf von 1928 hatte 151 Paragrafen, der Städtetag verkürzte seinen Entwurf auf 62 Paragrafen. Der Haupteinwand des Städtetags betraf den Flächenaufteilungsplan.[66] Aus der Sicht des Städtetags war es folgerichtig, die von Minister Hirtsiefer und vielen Städtebauern geforderten und für den modernen Städtebau zwingend notwendig gehaltenen Flächenaufteilungspläne, nicht aufzuführen.[67] Die „Überflüssigkeit" des Flächenaufteilungsplans wurde damit begründet, dass die möglichen Festlegun-

---

62 Drucksache 3015, 3. WP, Bd. 4, S. 2620. Die von Hirtsiefer und den Städtebautechnikern geforderten und vom Staatsrat grundsätzlich abgelehnten FAP konnten erst unter anderen politischen Umständen - und 20 Jahre später - eingeführt werden. Die FAP wurden 1949 als „Flächennutzungspläne" im Entwurf eines „Baugesetzes für die Bundesrepublik Deutschland" unter Bundeskanzler Adenauer verwirklicht.

63 Kritik des Städtebaugesetzes, in: *Baugilde* 1929, H. 9, S. 692. Die „Erklärung" unterschrieben die Professoren und Stadtbaudirektoren Arnzt (Köln), Behrend (Breslau), Ehlgötz (Berlin), Elkart (Hannover), Jansen (Berlin), Keppen (Berlin), R. Schmidt (Essen) und Martin Wagner (Berlin).

64 *Der Städtetag* 1929, H. 2 (Sonderbeilage vom 25.2.1929), S. 1-16. Einerseits betonte der Städtetag, dass der FAP und der Fluchtlinienplan „wesensgleich" seien, dennoch müsse die Einführung des neuen Planungsbegriffs vermieden werden. Hirtsiefer hatte aber schon in der Begründung zum Entwurf erklärt, dass der FAP „eben vorwiegend Flächen" definiert, während der alte Fluchtlinienplan Linien als Grundgrößen verwende. Außerdem, so Hirtsiefer, solle der FAP die Flächen nach ihrer Bestimmung bezeichnen und jede andere Nutzung beschränken. Hirtsiefer verglich sie mit „Nutzungsbeschränkungsplänen". Drucksache 3015, 3. WP, Bd. 4, S. 2597.

65 Landmannn, Wiedergeburt des Städtebaugesetzes, in: *Der Städtetag* 1929, H. 1, S. 1-6.

66 Der Städtetag kritisierte nicht nur den Flächenaufteilungsplan, sondern auch die Vergünstigungen, die Bauherrn dann erhalten sollten, wenn sie Mittel- und Kleinwohnungen errichteten, Sonderbeilage, S. 13.

67 Den oben zitierten Kritiker des pr. Städtebaugesetzes standen andere Stadtplaner entgegen, die den Entwurf grundsätzlich begrüßten, hier stellvertretend Josef Brix für die „Freie Deutsche Akademie des Städtebaues", in: *Zentralblatt der Bauverwaltung* 1927, H. 23, S. 278-279.

gen durch die neue Planungsmethode nichts anderes seien, als die schon bekannten Fluchtlinien aus dem Gesetz von 1875. Der Flächenaufteilungsplan und der Fluchtlinienplan, so Landmann, seien zum größten Teil „wesensgleich". Mit den Fluchtlinien und der städtischen Bauordnung könnten neben den Straßen und Wegen auch die Park- und Gartenanlagen, die Spiel- und Sportplätze und die Friedhöfe nicht nur ausgewiesen, sondern auch durch Beschluss der Gemeinde festgestellt werden.[68]

Der Städtetag weigerte sich strikt, das neue Planungsinstrument „Flächenaufteilungsplan", mehr als nur zur Kenntnis zu nehmen. Es wurde auch kein Versuch unternommen, das „Neue" nach eigenen Interessen umzuformen. Der Städtetag befürchtete, dass die Einführung des Flächenaufteilungsplans eine weitere Bevormundung der Gemeinden und Städte bedeute, denn im Entwurf sei unter bestimmten Voraussetzungen ein Zwang zur Aufstellung des Planes enthalten.[69]

Die Entwicklung des § 1 des Gesetzentwurfs zwischen 1926 und 1929:

Text des § 1 der Regierungsvorlage vom 4.11.1926, Drucksache Nr. 4360	Text des § 1 nach der 2. Lesung (24.2.1928) im Ausschuss Nr. 29, Drucksache Nr. 8950-B	Text des § 1 (17.7.1929) im Landtag, Drucksache Nr. 3015, Regierungsvorlage
Um die städtebauliche Entwicklung der Gemeinden vorausschauend zu ordnen und eine diese Entwicklung störende Nutzung und Bebauung zu verhindern, können Flächenaufteilungspläne festgesetzt werden.	Die städtebauliche Entwicklung der Gemeinden kann durch Festsetzung von Flächenaufteilungsplänen vorausschauend zur Befriedigung eines öffentlichen Bedürfnisses geordnet werden. Ein öffentliches Bedürfnis kann nur als vorliegend erachtet werden bei Großstädten und bei Gemeinden und Gemeindeverbänden, wo eine starke industrielle oder bauliche Entwicklung vorliegt oder in Kürze erwartet wird.	Die städtebauliche Entwicklung der Gemeinden soll durch Aufstellung von Flächenaufteilungsplänen vorausschauend geordnet werden. Die Flächenaufteilungspläne erhalten nur dann und nur insoweit Rechtswirkungen, als das Verfahren der §§ 4 ff. angewandt wird.

Quelle wie oben angegeben.

Mit der dritten Fassung des Paragrafen 1 wird deutlich, dass die Regierung, trotz der Versuche des Staatsrates den Flächenaufteilungsplan gänzlich fallen zu lassen, an der neuen Methode festgehalten hatte. 1926 war im § 1 den Gemeinden die Möglichkeit eröffnet worden, Flächenaufteilungspläne durch Ortssatzung festsetzen zu können. Der Landtagsausschuss veränderte zwar die Kann-Bestimmung nicht, doch sollten die Pläne nur dann aufgestellt werden, wenn sie ein definiertes „öffentliches Bedürfnis" erfüllen. Im dritten Städtebaugesetzent-

68 Landmann, Wiedergeburt, S. 4.

69 Verfasser: Die Festsetzung von Linien (Bauflucht- und Straßenfluchtlinien) und die neue Möglichkeit, „Flächenaufteilungen mit Nutzungen" zu versehen, können nicht „wesensgleich" (Städtetag) sein. Die Begründung für die Verschiedenartigkeit zwischen Linie und Fläche liegt u.a. darin, dass im Regierungsentwurf beide Instrumente aufgeführt waren. Planerisch konsequent sollte zuerst die „Fläche" mit ihrer Bedeutung festgelegt und danach erst mit der „Linie" die Einzelheiten bestimmt werden. Es kann aber auch nicht ausgeschlossen werden, dass eine gewisse Begriffsverwirrung in der Diskussion „beibehalten" wurde.

wurf von 1929 hatte die Regierung die „Kann-Bestimmung“ durch eine „Soll-Bestimmung“ ersetzt und den Nachweis des „öffentlichen Bedürfnisses“ für die Planung entfallen lassen, jedoch den indirekten Nachweis durch das Verfahren nach § 4 wieder eingeführt.[70] Noch vor der ersten Beratung am 26.11.1929 hatte Hirtsiefer im Oktober 1929 einige deutsche Städtebauer zu einer Diskussion eingeladen, dabei wurde festgestellt, dass die Kritik der Fachleute nicht dem Entwurf an sich gegolten habe. Vielmehr habe sich herausgestellt, dass der vom Städtetag und dem Landkreistag angegriffene und als zwingende Vorschrift angesehene Paragraf 1 im Entwurf eine „Kann-Vorschrift“ sei. Damit seien die Bedenken der Fachleute ausgeräumt.[71]

Ob die *Baugilde* die unterschiedlichen Begriffe „Kann“ und „Soll“ richtig wiedergegeben hat, bleibt offen, denn die Regierungsvorlage enthält das „Soll“. Trotz der im November 1929 im Landtag begonnenen Beratungen beantragte die „Deutsche Fraktion“ am 18. März 1930 die Vertagung.[72] Als Begründung wurde eine Veröffentlichung des Reichsarbeitsministers angeführt, der einen „Baulandgesetzentwurf“ im Februar 1930 veröffentlicht hatte. Der Entwurf solle, so die Fraktion, die bisher zerstreut liegende städtebauliche Gesetzgebung zusammenfassen und als Rahmengesetz für die Länder dienen. Der Reichsentwurf müsse die Grundlagen für den technischen Städtebau und für die Enteignung und Entschädigung legen. Damit wäre der Erlass eines preußischen Städtebaugesetzes vor dem Reichsgesetz „übereilt“. Die Fraktion beantragte, den preußischen Entwurf bis zur Verabschiedung des Reichsgesetzes „auszusetzen“.[73]

Der Landtag folgte dem Antrag, jedoch mit der Formulierung „der Antrag werde dem Städtebauausschuss überwiesen“, damit konnten aber die Beratungen im Ausschuss fortgeführt werden.[74] Ob der Entwurf im Ausschuss weiterberaten wurde, konnte nicht festgestellt werden. Die Vermutung liegt nahe, dass die Beratungen ausgesetzt wurden, weil ein heute wenig bekanntes, aber einschneidendes Reichsgerichtsurteil am 28.2.1930 ergangen war. Es handelt sich um den „Betcke-Fall“ in Berlin.[75]

---

70 Nach § 4 „kann der Plan, wenn hierfür ein Bedürfnis vorliegt durch Ortssatzung festgesetzt werden“. Das „Bedürfnis sei aber nur dann anzuerkennen, wenn eine „industrielle oder bauliche Entwicklung vorliegt oder in Kürze erwartet wird.“(sic). In der politischen Diskussion wurde nicht besonders darauf hingewiesen, dass die Gemeinden durchaus FAPs ohne Beschluß aufstellen und als planerische Grundlage für interne städtebauliche Entscheidungen nutzen konnten. Erst wenn Bebauungspläne aufzustellen waren, sollte der FAP durch die Ortssatzung eine rechtliche Grundlage erhalten.

71 Schriftleitung der *Baugilde* 1929, H. 21, S. 1761. Es ist nicht bekannt, ob die bereits wähnten Städtebauer bei der Diskussion im Ministerium anwesend waren.

72 Sitzungsberichte des pr. Landtages, 3. WP., Drucksache Nr. 4504. 1. Tagung am 8.6.1928, Bd. 9, S. 12373. Mitglieder waren: Christian, Pohl, Ponsick, Prelle, Freiherr von Wangenheim. Die Deutsche Fraktion war keine Partei, sondern eine (deutsch-völkische) Splittergruppe.

73 Sitzungsberichte des Preußischen Landtags, 3. WP, Bd. 8, S. 12372-12373.

74 Drucksache 4505, 3. WP, Bd. 6, S.4261 (Anlagen zu den Sitzungsberichten).

75 Urteil des Reichsgerichts, 3. Zivilsenat, in: Entscheidungen des Reichsgerichts 1930, Bd. 128, S. 18-34, in der Literatur wird das Urteil als „Betcke-Urteil“ bezeichnet. Es wird hier auf das „Kreuzbergurteil“ von 1882 hingewiesen, das ebenfalls weitreichende Folgen hatte.

Entwurf des Rahmengesetzes „über baupolizeiliche Vorschriften“ (SPD 1928)

Die SPD hatte nach 1918 auf die Sozialisierung des Bodens und des Wohnungsbausektors durch die Verfassung gehofft, doch sei ein „konzeptionelles Defizit“[76] vorhanden gewesen, das in wohnungspolitischer Hinsicht in „Ratlosigkeit“ mündete. Obwohl die SPD in vielen Städten die Bürgermeister stellte und ca. 40.000 Gemeinderäte kommunale Erfahrungen hatten, konnte durch die unterschiedlichen Strömungen innerhalb der SPD kein wohnungspolitisches Konzept vorgelegt werden, die SPD war sich über den Weg nicht im klaren.[77] Auch im Programmentwurf des Görlitzer Parteitag 1921, der noch die „Vergesellschaftung des Grund und Bodens sowie des Wohnungswesens“ vorsah, entfielen die wohnungspolitischen Teile im endgültigen Programm, selbst der „Abschnitt über das Wohnungswesen“ fehlte.[78] Einige Jahre später, 1927, hatte die SPD-Fraktion im Reichstag einen Gesetzentwurf „Über das Miet- und Wohnrecht“ beantragt (Drucksache 3477). Die Gemeinden sollten „verpflichtet“ werden, ausreichenden Wohnraum für jedermann zu beschaffen. Damit war eine konkrete kommunalpolitische Forderung an die Reichsregierung formuliert und nicht nur als Parteiprogramm verkündet worden.[79] In den Gemeinden sollte das Wohnungsamt folgende Aufgaben übernehmen: Aufsicht über die „gesundheitsmäßige Beschaffenheit“ der Wohnräume, Fürsorge für die Bewohner „für die aus der Beschaffenheit der Räume entstehenden sozialen und hygienischen Mißstände“, Aufsicht über unbebaute Grundstücke in der Nähe von Wohnungen, „Sanierung alter Stadtviertel mit Hilfe der Baupolizei“. Die Aufzählung zeigt, dass Aufgaben der Wohnungsaufsicht und -pflege mit Aufgaben der Baupolizei vermischt wurden, darüber hinaus sollten diese Aufgaben durch ein Reichsgesetz gelöst werden. Manche Forderungen sind vermutlich aus dem Katalog des bestehenden preußischen Wohnungsge-

---

76 Saldern, Adelheid von, Sozialdemokratie und kommunale Wohnungsbaupolitik, in: AfS 25/1985, S. 183-237 (189).

77 von Saldern, Sozialdemokratie, S. 189. Der skeptischen Einschätzung von A. von Saldern, steht die praktische Wohnungsbauförderung durch die SPD gegenüber: Die Zustimmung im Reichstag zu Finanzierungsprogrammen und zur „Hauszinssteuer“, auch als „Geldentwertungsausgleichssteuer“ bezeichnet. Die Steuer wurde von den Hauseigentümern erhoben. Besteuerungsgrundlage war die sog. Friedensmiete, die vor dem Kriegsausbruch vom Mieter zu entrichten war. Von dieser Miete wurde den Hauseigentümern der Teil überlassen, der für Betriebs-, Verwaltungs- und Instandhaltungskosten benötigt wurde. Zusätzlich sollte den Eigentümern (spätere Regelung) auch die Verzinsung des Eigen- und Fremdkapitals möglich gemacht werden. Nach diesen „Abzügen“ von der Miete ergab sich die Bemessungsgrundlage für die sog. Hauszinssteuer, die die Länder vereinnahmten. Um Preissteigerungen auszugleichen, wurde die Friedensmiete zunächst mit 30%, dann bis auf 85% und schließlich 1926 auf 100% angehoben. 1931 erreichte die Bemessungsgrundlage einen durchschnittlichen Wert von 133% der Friedensmiete. Damit erhöhte sich auch ständig die „steuerliche Bemessungsgrundlage“. Die reichsrechtliche Rahmenregelung schrieb vor, dass am Anfang mindestens 10% und später (1927) 20% der Einnahmen für den Wohnungsbau vorbehalten waren, der große Rest (ca. 80%) diente den Ländern zur allgemeinen Haushaltsfinanzierung. Das System stellte damit einen Vorläufer des Lastenausgleichs der 50er Jahre dar. Vergl. auch Peter-Christian Witt: Inflation, Wohnungszwangswirtschaft und Hauszinssteuer, in: Wohnen im Wandel, hg. von Lutz Niethammer, Wuppertal 1979, S. 385-407, (396-397).

78 von Saldern, Sozialdemokratie, S. 189.

79 Reichstag 1924/28, III. WP, Bd. 416, Drucksache Nr. 3477, 28.6.1927. Der Antrag wurde nicht mehr behandelt, nach der RT-Wahl 1928 wurde der Antrag mit gleichem Wortlaut erneut gestellt (DS. Nr. 659).

setzes von 1918 entnommen worden. Bei den Beratungen zum Reichshaushalt hatte der SPD-Abgeordnete Lipinski den folgenden Antrag (Nr. 284) gestellt: „Die Reichsregierung zu ersuchen, dem Reichstag bald einen Gesetzentwurf für ein einheitliches Reichsbaurecht vorzulegen“.[80]

„Reichsrichtlinien für das Wohnungswesen“, Reichsarbeitsminister 1929

Schließlich wurde im März 1928 im Reichstag (Drucksache 4022) auf Antrag der SPD-Fraktion ein Wohnungsbauprogramm beschlossen.[81] Aus den Kommunalpolitischen Richtlinien“ der SPD von 1928, so v. Saldern, „habe man eine Wendung erkennen können“, denn die Forderung nach Vergesellschaftung von Grund, Boden und Wohnungswesen wurde nicht mehr erhoben.[82] Doch sollte ein Reichsenteignungs- und ein Städtebaugesetz geschaffen werden, die Gemeinden sollten Wohnungsbau betreiben und die gemeinnützigen Wohnungsbaugesellschaften sollten weiter gefördert werden.[83] Die Förderung betraf nicht nur finanzielle Aspekte, sondern auch die zügige Behandlung der Bauanträge. Die Schwierigkeiten, die die Bauherren bei der Baupolizei hatten, waren Anlaß für die SPD-Fraktion, im Reichstag auf Verbesserungen zu dringen. Die SPD forderte von der Regierung ein „Rahmengesetz über baupolizeiliche Vorschriften“, mit dem die bauaufsichtlichen Verfahren der mit dem „Bauvorhaben befaßten öffentlichen Verwaltungsstellen vereinfacht, beschleunigt und verbilligt“ werden können.[84]

Mit diesem Antrag wurde im Reichstag auch der Entwurf der „Reichsrichtlinien für das Wohnungswesen“ (RRW) verbunden, die zu „derselben Materie gehören“.[85] Der Entwurf war jedoch kein Versuch, das Baupolizeirecht zu modernisieren, sondern die Folge der verfahrenstechnischen und finanziellen Förderung des Wohnungswesens. Gleichwohl wurden vom Reichsarbeitsminister Hinweise an die Länder herausgegeben, welche Bauformen für die breiten Schichten der Bevölkerung aus finanziellen und hygienischen Gründen günstig seien und durch geeignete Bauordnungen und Bebauungspläne realisiert werden können. An erster Stelle wurden der „Flachbau“ und der Einfamilienhausbau mit Garten bezeichnet, beide Bauformen böten gute Belichtung und Belüftung, weitere baupolizeiliche

---

80 Reichstag 1924/28, III. WP, Bd. 422, Antrag Nr. 284.

81 Jahrbuch der Deutschen Sozialdemokratie für das Jahr 1928, S. 104. (Reprint Berlin 1976).

82 von Saldern, Sozialdemokratie, S. 189.

83 Jahrbuch der Deutschen Sozialdemokratie, 1928, S. 396-403. Die kommunalen Richtlinien der SPD von 1928 zeigen den Willen der SPD, die Bau- und Wohnungssituation auf der kommunalen Ebene zu verbessern. Verlangt wurde der Erlass eines Reichsenteignungsgesetzes, eines Reichsstädtebaugesetzes und eines Reichswohnungsgesetzes. Die Gemeinden könnten, so die Richtlinien unter Buchstabe C, schon jetzt Grundbesitz erwerben. In Bebauungsplänen müsse auf die “hygienischen, sozialpolitischen, wirtschaftlichen und ästhetischen“ Belange eingegangen werden. Nutzungsabstufungen der Bauzonen, geringere Dichte, Beschränkung der Gebäudehöhe und der Geschosszahl sowie die Festsetzung der Mindestwohnraumgröße seien wichtige Maßnahmen.

84 Antrag der SPD-Fraktion vom 12.12.1928, RT-Drucksache Nr. 659, IV. WP, 1928. Erstaunlich ist, dass der Reichstag baupolizeiliche Verfahrenswege regeln sollte, obwohl die Baupolizei eine Länderangelegenheit war. Der „baupolizeiliche Eingriff“ der SPD-Fraktion kann als Bestätigung der Zersplitterung des Baupolizeirechts im gesamten Reichsgebiet verstanden werden.

85 Regierungsentwurf 18.2.1929, RT-Drucksache 824, IV. WP, 1928 und 49. Sitzung (21.2.1929) S. 1231. Die Beratungen der Richtlinien waren erst nach 30 Sitzungen im Wohnungsausschuss beendet, so im Jahrbuch der Deutschen Sozialdemokratie 1929, S. 124.

Erleichterungen wurden nicht vorgegeben.[86] Als Aufgabe der Wohnungs- und Siedlungspolitik wurde in den Richtlinien die Schaffung von Wohnraum bezeichnet, denn „schwerste Mißstände im Wohnungswesen seien seit Jahrzehnten bekannt".[87] In den Richtlinien zeigte sich auch, dass verläßliche Daten in den Wohnungsstatistiken fehlten, um den Wohnungsbedarf zu ermitteln.[88] Deutlich wurde diese Lücke schon früher in den „Denkschriften des Reichstages".[89] Die Regierung stellte in den Richtlinien fest, dass der Bedarf an neuen Wohnungen, aus finanziellen Gründen, weder sofort noch im notwendigen Umfang befriedigt werden könne. Zuerst müsse die „Bekämpfung der allerschlimmsten Notstände" erfolgen, die Regierung konnte den Wohnungsbedarf daher nur schätzen.

Tabelle 26: Voraussichtlicher Bedarf an neuen Wohnungen im Deutschen Reich

Jahr	1927	1928	1929	1930	1931	1932	1933	Summe
WE-Neubau	225.000	225.000	225.000	225.000	250.000	250.000	250.000	1.650.000
WE-Rückstand	95.000	95.000	90.000	80.000	70.000	65.000	55.000	550.000
Nachholbedarf	100.000	95.000	95.000	30.000	30.000	30.000	30.000	410.000
Überfüllte WE	55.000	45.000	35.000	25.000	10.000	10.000	5.000	185.000
Land-Umsied.	80.000	80.000	20.000	10.000	10.000	10.000	5.000	215.000
Gesamtbedarf:	555.000	540.000	465.000	370.000	370.000	365.000	345.000	3.010.000
Die tatsächliche Wohnungsbauleistung betrug in den Jahren 1927-1933								
Bauleistung	288.635	309.762	317.682	310.971	233.648	141.265	178.038	1.780.001

Erläuterung: WE = Wohneinheit (Abk. für eine Wohnung); WE-Neubau = Bedarfsschätzung; WE-Rückstand aus 1913-1919; Nachhol- u. Ersatzbedarf = Abbruchreife WE; überfüllte WE = Insgesamt wurden 750.000 WE gezählt, davon wurde ein Teil (geschätzt ca. 25 %)) als Bedarf angesehen, da die freiwerdenden WE zur Verfügung stünden. Land-Umsied. = Umsiedlungen von gewerblich- und landwirtschaftlich tätigen Arbeitern. Die Gesamtbedarfszahl von 3.01 Millionen WE würde einen jährlichen Reinzugang von knapp 430.000 WE bedeuten, d.h. eine Bruttobauleistung von ca. 450.000 WE jährlich! Der Reinzugang an WE wurde erst 1952, unter völlig anderen Umständen, erreicht. Die Zahlen der realen Bauleistung sind den Stat. Jahrbüchern 1914-1940 entnommen.

Die Regierung empfahl als vordringliche Maßnahmen, die Familien, die mit anderen Haushaltungen in überbelegten Wohnungen zusammen wohnten, „herauszunehmen", abbruchreife Wohnungen in „Elendsvierteln" zu räumen und kinderreiche Familien bevorzugt in bessere Wohnungen unterzubringen, für gewerbliche Arbeiter seien neue Wohnungen zu schaffen, besonders dann, wenn sie durch Betriebsrationalisierungen betroffen wurden. Landwirte und Landarbeitern sollten „auf dem flachen Lande" durch Ansiedlung auf „eigener Scholle" gefördert werden.[90] In der Einleitung zu den „Richtlinien" hatte der Reichsarbeitsminister ge-

86 Reichsarbeitsblatt I, 1929, S. 46-47. Flachbau: Gebäude mit ein oder zwei Geschossen. „Zu erstreben sei das Einfamilienhaus mit Garten", Hintergebäude seien zu vermeiden, die 3-geschossige Bauweise solle nur in den mittleren Städten, die 4-geschossige Bauweise nur in größeren Städten zulässig sein.

87 Reichsarbeitsblatt I, 1929, S. 46.

88 Hier ist an die Reichswohnungszählung von 1927 zu erinnern. Vergl. Friedrich Lütge, Reichswohnungszählung 1927, in: Handwörterbuch des Wohnungswesens, hg. von Gerhard Albrecht, Jena 1930, S. 606-617.

89 Vgl. in der 1. Denkschrift des Reichstages 1924 und der 2. Denkschrift 1927.

90 Vergl. Reichsrichtlinien 1929, S. 46.

schrieben, dass in „Deutschland eine Million Familien“ keine eigene Wohnung hätten, daher müsse das „Endziel der Wohnungspolitik in einem Kulturstaat sein, jeder Familie die eigene Haushaltung in der eigenen Wohnung zu ermöglichen und ihr damit eine gesunde Lebensführung ebenso wie die Erhaltung und Stärkung der Arbeitskraft zu sichern“. Jedoch sei diese große Aufgabe auch in „geordneten Zeiten“ schwer zu erreichen.[91] Eine jährliche Wohnungsbauleistung von ca. 450.000 Wohnungen (siehe Tabelle 27) kann nur als obere Zielmarke angesehen werden, denn die tatsächliche Bauleistung war bedeutend niedriger. Die nachfolgende Darstellung der Wohnungsbauleistung zeigt den Verlauf des Wohnungsbaus (Reinzugang) zwischen 1919 und 1938:

Deutsches Reich, Reinzugang an Wohnungen, Bevölkerungszahlen zwischen 1914–1939

A	B	C	D
Jahr	Bevölkerung Deutsches Reich	Reinzugang Wohnungen Deutsches Reich	Gebaute Wohnungen pro Tausend der Bevölkerung (Reich)
1914	67.790.000	113.600	1,6758
1915	67.883.000	52.000	0,7660
1916	67.715.000	15.200	0,2245
1917	67.368.000	5.600	0,0831
1918	66.811.000	2.800	0,0419
1919	62.897.000	56.714	0,9017
1920	61.797.000	103.092	1,6682
1921	62.469.000	134.223	2,1486
1922	62.035.000	146.615	2,3634
1923	62.450.000	118.333	1,8948
1924	62.846.000	106.502	1,6947
1925	63.177.000	178.930	2,8322
1926	63.646.000	205.793	3,2334
1927	64.022.000	288.635	4,5084
1928	64.397.000	309.762	4,8102
1929	64.746.000	317.682	4,9066
1930	65.092.000	310.971	4,7774
1931	65.441.000	233.648	3,5704
1932	65.731.000	141.265	2,1491
1933	66.030.000	178.038	2,6963
1934	66.391.000	283.995	4,2776
1935	66.871.000	241.032	3,6044
1936	67.349.000	310.490	4,6102
1937	67.831.000	320.057	4,7184
1938	68.558.000	285.269	4,1610
1939	69.286.000	206.229	2,9765

Quellen: Zahlen der Jahre 1919-1925: 2. Denkschrift, Seite 48. Ab 1925 bis 1933 aus den Stat. Jahrb. Deutsches Reich. Zahlen ab 1934 bis 1938: P.C.Witt.[92] Der durchschnittliche Reinzugang betrug: 2.830.203 WE / 15 Jahre = 188.680 WE pro Jahr. In den Spitzenjahren wurden sogar etwas über 300.000 WE pro Jahr gebaut. Fehlende Zahlen im Jahrbuch durch Mittelwerte.

---

91 ebd., S. 46. Deutschlands Bevölkerung betrug um 1927 rund 64.100.000 Personen (Stat. Jahrbuch für das Deutsche Reich 1928, S. 7). Der Fehl- und Nachholbedarf bei einer Million Familien ohne eigene Wohnung, kann mit etwa einer Million fehlender Wohnungen gleichgesetzt werden.

92 Witt, Peter-Christian, Inflation, Wohnungszwangswirtschaft und Hauszinssteuer, in: Wohnen im Wandel, hg. von Lutz Niethammer, Wuppertal 1979, S. 385-407, 400.

Reichsbauordnung/Reichsbaugesetz (Entwurf G.A. Platz, 1929)

In den Reichsrichtlinien hatte die Regierung angedeutet, dass nicht nur die finanzielle Wohnungsbauförderung eine wichtige Rolle spielt. Die baupolizeilichen Vorschriften sollten auch auf die „heutigen hygienischen Anforderungen" überprüft werden, die richtige Belichtung und Belüftung der Wohnungen seien zu beachten. Diese Fragen und mögliche Lösungen beschäftigten auch die Baupolizei auf einer Konferenz. Im September 1929 veranstaltete der „Deutsche Baupolizeitag" eine Konferenz in Mainz, ein Thema war der „Vorentwurf zu einer Reichsbauordnung".[93] Der Vorentwurf war auf dem Muster der preußischen Einheitsbauordnung (EBO) aufgebaut und von Stadtbaudirektor G.A. Platz aus Mannheim konzipiert worden.[94] Die EBO von 1919 war jedoch eine reine Bauordnung. Platz wählte für seinen Entwurf die Überschrift „Reichsbauordnung". In seinem Entwurf war aber nicht nur die ordnungsrechtliche Seite ausformuliert, sondern auch Planungsvorschriften aufgeführt. Beispielsweise sollte die Stadt in Landhausviertel, Gartenstädte, Flachbausiedlungen, Hauptstraßen dicht bebauter Vororte und Geschäftsviertel eingeteilt werden. Zusätzlich schlug Platz vor, die Baugebiete weiter zu unterteilen in: „Reines Wohngebiet, Gemischtes Wohngebiet, Geschäftsviertel, Industriegebiet, Landgebiet und Freigebiet". Mit der Abgrenzung der Gebiete nahm Platz die Begriffe, wenn auch nicht wortgleich, auf, die in den preußischen Städtebauentwürfen eingeführt waren. Den Gebieten hatte Platz auch abgestufte Dichtevorschriften nach einer „Zonentabelle" hinzugefügt. Damit näherte er sich einem Reichsbaugesetz, in dem die Planungsbestimmungen einen großen Rahmen einnehmen sollten, verbunden mit einer ausfüllungsbedürftigen Rahmenbauordnung. Platz betonte auf der Konferenz, dass ursprünglich beabsichtigt war, ein Reichsbaugesetz zu entwickeln. Die Absicht wurde fallen gelassen, weil befürchtet werden musste, eine Diskussion „ad calendas graecas" bei der „bekannten Einigkeit", zu führen. Außerdem sei mit einem Reichsbaugesetz eine Verfassungsänderung verbunden, die eine Zweidrittelmehrheit erfordere. Dieser Weg sei „kräftevergeudend", dagegen sei es möglich, eine Reichsbauordnung vorzulegen, sie biete die Chance einer Einigung. Voraussetzung sei, dass die zuständigen Landesminister sich auf eine Fassung verständigen würden.[95] Der Entwurf von Platz regelte die bauaufsichtliche Zuständigkeit, das bauaufsichtliche Verwaltungsverfahren, die Befreiung und Ausnahmegewährung, die Bestimmungen über die Art der Bauvorlagen und die Erteilung der Baugenehmigung, deren Überwachung und Abnahmen. Vorschriften für die Gebäudehöhe, die Grenzabstände und die Nutzung von Keller- und Dachräumen zu Wohnzwecken waren vorgesehen. Diese Teile entsprachen dem Aufbau der Landesbauordnungen. Erstmals wurden die geschlossene und die offene Bauweise genau definiert.

93 Der „Baupolizeitag" war eine Vereinigung der höheren Baupolizeibeamten Deutschlands. Der Name des Vereins lautete um 1911 „Baupolizeibeamtenverein", ab 1912 dann "Vereinigung der höheren Baupolizeibeamten Deutschlands". Die „Vereinigung" läßt sich noch 1931 nachweisen. Ziele der Vereinigung waren die Verbesserung der Bauordnungen durch Vorträge, Anregungen zu Gesetzen (Städtebaugesetzentwurf Preußen 1925/26) und die Verbesserung der Lichtverhältnisse in Wohnungen mit Nachweismethoden (Küster Görlitz).

94 Platz, Gustav Adolf, Vorentwurf zu einer Reichsbauordnung, in: *Zentralblatt der Bauverwaltung*, 1929, S. 566-571. Platz war Stadtbaudirektor von Mannheim.

95 Platz, Gustav Adolf, Vorentwurf, in: *Zentralblatt der Bauverwaltung*, 1929, S. 566.

Reichseinheitlich sollte eine Zonentabelle (mit fünf Zonen) Flächen unterschiedlicher Nutzungen vorgesehen werden.[96] Den Zonen waren Überbauungsdichten der Grundstücke (von 2/10, 4/10 bis zu 6/10) als Höchstmaß und die Zahl der zulässigen Stockwerke zugeordnet.

Damit setzte Platz die städtebaulichen Erkenntnisse seit dem Ende des 19. Jh. fort, die mehr und mehr auf Differenzierung im Bebauungsplan einerseits und in der Bauordnung andererseits achteten.[97] Unter dem Begriff Differenzierung können die verschiedensten Bezeichnungen verstanden werden, die uneinheitlich von Land zu Land oder sogar von Stadt zu Stadt gebraucht wurden.[98] Beispielsweise: Abstufung der Ausnutzbarkeit (Einheitsbauordnung 1919), Zonenbauordnung, Zonenbauweise, Staffelbauweise, Staffelbauordnung (München), Wichbauweise (großer Abstand zwischen Gebieten unterschiedlicher Nutzung, Frankfurt), Gruppenbauweise, Pavillonsystem (Stuttgart und München), Gruppenbauweise mit Mietvillen (Dresden) und Bauklassen (Gurlitt), Bauzonenplanung und Hoch- und Flachzonenbebauung (Roman Heiligenthal).[99]

Der Entwurf von Platz zeigt die Schwierigkeiten, die auftraten, wenn Aufgaben und Befugnisse, die bis zum Beginn des 20. Jh. allein den Ländern vorbehalten waren, zwischen Reich und Ländern aufgeteilt werden sollten. Platz hatte nämlich vorgeschlagen, bestimmte ordnungsrechtliche Teile der Bauordnung auf das Reich zu übertragen, gleichzeitig sollten auch planungsrechtliche Teile (Städtebau und Bebauungsplan) von den Ländern auf das Reich übergehen. Andererseits sollten die Länder diese Reichsbauordnung als einen ausfüllungsbedürftigen „Rahmen“ ansehen, der durch eigene (Landes-)Bauverordnungen ergänzt werden könne. Die Vermischung von „Planung und Ordnung“ zeigt sich

---

96 Platz, Vorentwurf, S. 569. Ob die eher schematische Einteilung in nur 5 Zonen möglich gewesen wäre, hätte erst durch einen Modellversuch an einer vorhandenen größeren Stadt geklärt werden können. Die Baunutzungsverordnung von 1960 enthält zwar auch Gebiete unterschiedlicher Nutzung, doch kann in einem heutigen Mischgebiet ein Gebiet mit völlig anderer Nutzung (z.B. reines Wohngebiet) enthalten sein. Die „Dichtevorschriften“ von Platz sind dagegen auch heute noch Norm-Bestandteile der Planung.

97 Vergl. Baumeister, Die Abstufung von Bauordnungen für den Stadtkern, Außenbezirke und Vororte, Berlin 1892.

98 Vergl. Stefan Fisch, Stadtplanung im 19. Jahrhundert. Das Beispiel München bis zur Ära Theodor Fischer, München 1988, S. 258. Fisch wies daraufhin, dass das allmähliche „Vordringen der Zonung“ etwa um 1874 in Budapest begann, auch Adickes habe 1884 in Altona ebenfalls schon versucht, Zonen unterschiedlicher Bebauung einzuführen.

99 Adickes und Baumeister, Die unterschiedliche Behandlung der Bauordnungen für das Innere, die Außenbezirke und die Umgebung von Städten, Braunschweig 1893, S. 22-24. Die Einführung von „Bauzonen“, die von Adickes und Baumeister gefordert wurden, haben seit dem Ende des 19. Jh. eine Veränderung erfahren, die nicht gleichmäßig verlief. Um 1890 waren Zoneneinteilungen noch grob umrissen wie in Frankfurt, bzw. in Berlin, nämlich in die Innenbezirke und in die Außenbezirke oder die Vororte. Der Außenbezirk war wiederum unterteilt in Wohnviertel, Fabrikviertel und gemischte Viertel. Adickes hatte auch vorgeschlagen, das Stadterweiterungsgebiet in Zonen unterschiedlicher Bodenwerte einzuteilen. S. 15. München hatte 1904 eine Staffelbauordnung eingeführt, die zunächst nur zwei „Bausysteme“ vorsah: die geschlossene oder offene Bauweise. In der geschlossenen Bauweise galten fünf Baustaffeln, die sich auf Höhe und Zahl der Stockwerke bezogen. Die offene Bauweise war in vier Baustaffeln, ebenfalls mit Höhe und Zahl der Stockwerke unterteilt. Zusätzliche Vorschriften regelten die Licht-, Dichte- und Abstandsforderungen.

beispielsweise darin, dass in der Reichsbauordnung Gebietskategorien vorgesehen waren, die bisher in den Bauordnungen der Länder noch nicht enthalten waren. Erst der Entwurf für ein preußisches Städtebaugesetz von 1926 sah die Kategorien Grünflächen, Verkehrsflächen, Bergbauflächen, Industrieflächen und Wohnflächen vor. Platz wollte dagegen schon das „reine Wohngebiet, das gemischte Wohngebiet, das Geschäftsviertel, das Industriegebiet, das Landgebiet und das Freigebiet" vorsehen.[100] Eine Neuerung war der Vorschlag (Ziffer 6 des Entwurfs), den Baupolizeibehörden eine „Kunstkommission beizugeben". Sie solle aus anerkannten Baukünstlern bestehen, die die „Eingliederung des Bauwerks" begutachten und zur Förderung der städtebaulichen Absichten der Gemeinde beitragen sollten. Die „Kunstkommission" führte zu Mißverständnissen, denn, so Bruno Taut 1929, was ist die Eingliederung in die Umgebung, und wer ist ein „anerkannter Baukünstler"?[101] Nach weiteren kritischen Bemerkungen zum Entwurf schlug Taut vor, in der „geschlossenen Bauweise" die Bodenbesitzer durch „eine Vorschrift zu zwingen, einen Zweckverband für geplante Vorhaben zu bilden." Auf diese Weise könne eine städtebauliche Gestaltungsabsicht besser umgesetzt werden.[102] Auch dieser Vorschlag von Taut blieb folgenlos. Am Ende der Tagung wurde „unter Anerkennung der wertvollen Materialsammelarbeit die weitere Bearbeitung einem Ausschuß überwiesen."[103]

Der Vorschlag von Platz hatte kritische öffentliche Äußerungen zur Folge. Magistratsbaurat Schwartz aus Königsberg hat Platz die Nichtbeachtung folgender Voraussetzungen vorgehalten: die Verschiedenartigkeit der Verwaltungsstruktur der deutschen Länder, die Größe der Länder, die „Bevölkerungsart", das „Durcheinander von Zentral- und Provinzinstanz", die Belastung mit Kommissionen: „Kunstkommission", Amtskonferenz, Baukommission, die Verschiedenartigkeit der geografischen und der klimatischen Lage der Länder, „Ertötung" der natürlichen und historischen Eigenarten, Vermischung baupolizeilicher Begriffe „Gemeindeangelegenheit und die staatliche „Auftragserledigung" durch den Bürgermeister. Der Forderung nach einem Reichsbaugesetz stimmte Schwartz jedoch zu, nicht aber der Reichsbauordnung.[104] Platz hat nach der Kritik von Schwartz diesem öffentlich entgegnet, dass Schwartz bei seiner Kritik wohl ein „Reichs-Städtebaugesetz" im Auge habe, hier dagegen handele es sich um ein „Reichs-Baugesetz", das dem Neben- und Durcheinander von städtischer Bauordnung, Fluchtlinienvorschriften, Landesbauordnung (Baden oder Hessen)

100 Platz, Vorentwurf, S. 571. Platz kam damit den Vorschriften der späteren Baunutzungsverordnung (1962) schon sehr nahe. Heiligenthal hat 1921 das „Reine Wohngebiet" noch nicht definiert, er sprach von der „geschlossenen bebauten Wohnzone", dem „offen bebauten mit Reihen- und Gruppenhäusern besetzten Wohngebiet" und von der „ halbländlichen Industriekolonie mit Einzel- und Doppelhäusern". Heiligenthal, Deutscher Städtebau, Heidelberg 1921, S. 190.

101 Taut, Bruno, Vorentwurf zu einer Reichsbauordnung, in: *Zentralblatt der Bauverwaltung*, 1929, S. 624.

102 Taut, Vorentwurf (...), S. 624. Taut wollte auch erreichen, dass die Baupolizei bei Gebäudezeichnungen, die nur „Schund" seien, den Architekten zwingt, sich dem Urteil „dreier angesehener Architekten" zu unterwerfen. Taut hatte hier die Verfassungsrechte des Bauherrn und des Architekten übersehen.

103 Schwartz: Reichsbauordnung oder Reichsbaugesetz, in: *Zentralblatt der Bauverwaltung* 1929, S. 850.

104 Schwartz: Reichsbauordnung, in: *Zentralblatt der Bauverwaltung* 1929, S. 850-851.

und Ortsstraßengesetz (Baden) ein Ende machen solle.[105] An diesem eher kleinen sprachlichen Disput zwischen zwei „Baupolizisten" zeigt sich wiederholt, dass unter dem Begriff Bauordnung auch ein Reichsbaugesetz mit städtebaulichem Inhalt oder ein Gesetz mit rein bauordnungsrechtlichem Inhalt verstanden werden konnte und sogar ein Gesetz, das beides, Planung und Ordnung, in sich vereinigte. Viel schwerwiegender als die unterschiedliche Meinung zweier Fachleute war Ende 1929 eine baupolizeiliche Ablehnung, die die Berliner Baupolizei bearbeitet hatte.

Die Versagung einer Baugenehmigung 1930, die Folgen für Deutschland

Auch im Städtebau werden Planungen durch Gerichtsentscheidungen stark beeinflußt, die Kommunen und Planer nicht vorhersehen können. Eines dieser wichtigen Urteile war das Reichsgerichtsurteil vom 28.2.1930.[106] Anlaß war die Ablehnung von Bauanträgen eines Berliner Bauherrn Betcke, der daraufhin seinerseits mehrere Prozesse anstrengte und erhebliche Entschädigungen forderte.[107] Betcke wollte auf einem zur Freifläche erklärten Grundstücksteil ein Gebäude errichten. Im Laufe der Gerichtsverhandlungen wurde aus einer baupolizeilichen Ablehnung eine Verfassungsfrage. Im Urteil stellte das Reichsgericht fest, dass die Enteignungsvorschriften nach dem pr. Fluchtliniengesetz verfassungswidrig seien, weil der Bauherr nicht erkennen könne, ob und welche Entschädigung ihm zu gewähren sei. Nach der Weimarer Verfassung war eine (städtebauliche) Enteignung nur dann zulässig, wenn ein entsprechendes Gesetz (z.B. ein Städtebaugesetz) mit Enteignungsvorschriften vorliege. Preußen hatte, wie die anderen Staaten auch, aber kein entsprechendes Gesetz geschaffen. Das Urteil hatte große Bedeutung für das gesamte Bauordnungs- und Planungsrecht in Deutschland, denn jeder städtebaulichen Enteignung fehlte die Rechtsgrundlage nach der Verfassung. Die Brisanz für den gesamten deutschen Städtebau war von den Fachzeitschriften sofort erkannt worden. Die Ziele des modernen Städtebaus, neben vielen anderen auch „Freiflächen" vorzusehen, konnten nicht „mit der notwendigen Energie" verfolgt werden. Keiner der bisherigen Städtebaugesetzentwürfe konnte „dem Schicksal entgehen, nach einer der vielen Theorien" als eine entschädigungspflichtige Enteignung „gebrandmarkt" zu werden.[108] Aus dem „Betcke-Urteil" hatten die deutschen Städte und die städtebauliche Fachwelt den richtigen Schluss gezogen, dass die bisherigen Entschädigungsvorschriften bei der Ausweisung von Freiflächen aller Art unter Umständen zu sehr hohen Entschädigungsleistungen führen konnten, eine Regelung des städtebaulichen Entschädigungsrechts sei damit zwingend geworden.

---

105 Platz, in: Reichsbauordnung oder Reichsbaugesetz, *Zentralblatt der Bauverwaltung* 1929, H. 52, S. 850-851.

106 Urteil des Reichsgerichts, 3. Zivilsenat, in: Entscheidungen des Reichsgerichts 1930, Bd. 128, S. 18-34, in der Literatur wird das Urteil als „Betcke-Urteil" bezeichnet. Es wird hier auf das „Kreuzbergurteil" von 1882 hingewiesen, das ebenfalls weitreichende Folgen hatte.

107 Martin Wagner (Stadtbaurat von Berlin) sprach von Entschädigungen, die als Folge des Urteils allein auf Berlin zu kommen könnten im Umfang von 100 Millionen RM. Der Kläger hatte zunächst nur einen Betrag von 600.000 RM eingeklagt.

108 Arndt, *JW* 1930, H. 12, S. 789-790.

Martin Wagner schrieb im April 1930 einen Aufsatz mit dem Titel „Material zu einem Reichsstädtebaugesetz“ und griff das Reichsgericht scharf an.[109] Das Gericht hatte dem Kläger volle Entschädigung „wegen Enteignung“ zugesprochen.[110] Das Gericht entschied, dass der Paragraf 13 des Fluchtliniengesetzes von 1875 mit der Reichsverfassung von 1919, hier Artikel 153 Absatz 2, nicht vereinbar sei.[111] Mit dem Paragraf 12 war 1875 festgelegt worden, dass Wohngebäude, die einen Ausgang an noch nicht fertiggestellten Straßen haben sollen, nicht errichtet werden dürfen (Bauverbot). Ausgenommen davon waren nur Gebäude an „historischen Straßen“. Die Stadt Berlin hatte mittels Fluchtlinienplänen einen größeren Teil des Grundstücks des Klägers dem angrenzenden Stadtwald zugeschlagen. Der Kläger hatte zunächst erfolglos binnen zweier Jahre drei Bauanträge eingereicht, und schließlich gegen die dritte Ablehnung erfolgreich geklagt. Das Reichsgericht hatte eine Rechtskonstruktion für das Urteil gewählt, die Wagner zu folgendem Urteil veranlaßte: „Das Urteil des Reichsgerichts ist nicht mehr ein Alarmsignal, sondern zu einer Kriegserklärung geworden“.[112] Wagner begründet seine Kritik am Urteil so:

> Das Reichsgericht habe jedes Fluchtlinienfestsetzungsverfahren damit zu einem Enteignungsverfahren erklärt und damit jedes in die Fluchtlinie fallende Gelände einer Enteignung gleichgesetzt. Das Gericht habe die Baubeschränkungen nach § 11 des Fluchtliniengesetzes schon als Teilenteignung angesehen, (§ 11: Eintritt einer Baubeschränkung), jede Fluchtlinienfestsetzung sei als Verwaltungsakt angesehen worden. Das Gericht habe verkannt, dass Fluchtlinien von der Polizeibehörde verlangt werden können, sie werden damit nicht zu einem Verwaltungsakt, sondern sind baupolizeiliche Tätigkeiten im Interesse der Allgemeinheit. Das Gericht habe eine erstaunliche Wendung in der Auslegung verfassungsrechtlicher Grundsätze vollzogen, indem es den Artikel 153 zu unmittelbar anwendbarem Recht erklärte, das auch älteren Gesetzen gegenüber Platz greife. Gemeinhin seien jedoch die Artikel einer Verfassung kein direkt anwendbares Recht, sondern ausfüllungsbedürftig. Es sei völlig übersehen worden, dass die Entschädigungsfrage im preußischen Fluchtliniengesetz von 1875 schon geregelt war, damit sei die Forderung nach Artikel 153 („gesetzliche Grundlage“) erfüllt. Wenn das Reichsgericht nun ein „Reichsgesetz für Enteignungen“ fordere und das preußische Gesetz (jedenfalls den Paragrafen 13) nicht als gesetzliche Grundlage ansehe, so könne eine solche Wendung nur von einem „Syndikus des Schutzverbandes für deutschen Grundbesitz verfasst worden sein.“[113]

---

109 Wagner, Martin, Das Reichsgericht als Scherbengericht gegen den deutschen Städtebau, Berlin 1930.

110 In der *Bauwelt* 1930 wurde die Forderung des Klägers Betcke mit 1.700.000 RM beziffert, Betcke soll das (Wald-)Grundstück) 1920 zu 20.000 RM erworben haben, in: *Bauwelt* 1930, H. 19, S. 605-606.

111 Verfassung von 1919, Artikel 153 Absatz 2: „Eine Enteignung kann nur zum Wohle der Allgemeinheit und auf gesetzlicher Grundlage vorgenommen werden. Sie erfolgt gegen angemessene Entschädigung, soweit nicht ein Reichsgesetz etwas anderes bestimmt.“

112 Wagner, Reichsgericht, S. 30. Die Kriegserklärung sei gegen die Fortentwicklung der städtebaulichen Gesetzgebung, gegen die fortschrittliche Planungsarbeit, gegen die Verbilligung und Verbesserung des Wohnungsbaues und gegen die deutsche Auffassung vom Bodenrecht gerichtet.

113 Wagner, Reichsgericht, S. 7-28.

Die Kritik des Berliner Stadtbaurats Wagner richtete sich auch gegen den preußischen Minister für Volkswohlfahrt, denn nach dem Urteil zeige sich, dass ein preußisches Städtebaugesetz, das absolut notwendig sei, doch nicht ohne ein vorhergehendes Reichsgesetz möglich sei. Es ist sicher ein Zufall, dass zwei Wochen vor dem Reichsgerichtsurteil der Entwurf eines Reichsbaulandgesetzes veröffentlicht wurde, indem die Fragen der Enteignung und Entschädigung geregelt werden sollten. Die „städtebauliche Enteignungsfrage" war schon Mitte der 20er-Jahre in Aufsätzen aufgeworfen worden, doch war das Hauptaugenmerk nur auf ein Reichsenteignungsgesetz als Rahmengesetz gerichtet. Der § 13 des preußischen Fluchtliniengesetzes und die Abänderung des 1918 erlassenen Wohnungsgesetzes war in Preußen Rechtsgrundlage, Zweifel an der Rechtsgültigkeit bestanden nicht. Auch theoretische Überlegungen, ob Polizeiverordnungen, die auf Grund eines Gesetzes erlassen wurden, mit der Reichsverfassung vereinbar sind, konnten nicht gefunden werden, ausgenommen ein Gutachten. Es war der Deutsche Städtetag, der 1929 den Heidelberger Professor Jellinek beauftragt hatte, ein Gutachten zur Frage abzugeben, ob für „baurechtliche Eigentumsbeschränkungen eine öffentlich-rechtliche Entschädigung" zu leisten sei.[114] Jellinek vertrat im Gutachten vom September 1929 die Auffassung, dass städtebauliche Baubeschränkungen im Sinne des Artikels 153 der Reichsverfassung allenfalls „Schrankenziehungen aber keine Enteignungen sind".[115]

Als das Urteil im März 1930 bekannt wurde und Wagner davon sprach, dass allein in Berlin mehr als 100 Millionen RM an Entschädigungen anfallen könnten, wollte er alle Fluchtlinienpläne aufheben, um den Forderungen zu entgehen.[116] Wagner hatte aber später von einer solch drastischen Maßnahme abgesehen.[117] Einen ersten Versuch zur Lösung des Problems machte die sozialdemokratische Fraktion im Reichstag, indem sie den Entwurf eines „Wohnheimstättengesetzes" am 4.12.1930 dem Reichstag vorlegte. Darin wurden die Gemeinden aufgefordert, eine aktive Bodenpolitik im Rahmen des Städtebaus durch Bodenankauf und Umlegung zu betreiben; planerische Mittel waren der Wirtschaftsplan, der Flächenaufteilungsplan und der Bebauungsplan.[118] Der Entwurf wurde am 17.3.1931 letztmals beraten, die weitere Behandlung unterblieb, weil die Regierung darauf hinwies, dass ein Reichsstädtebaugesetz alsbald vorgelegt werden würde.[119] Die Reichsregierung hatte inzwischen eine Lösung

114 Jellinek, Walter, Entschädigung für baurechtliche Eigentumsbeschränkungen, in: *Schriftenreihe des Deutschen Städtetages*, Berlin 1929.

115 Jellinek, S. 35. Jellinek verwies auch auf den Artikel 155 der Verfassung, danach solle die Wertsteigerung des Bodens, die ohne Arbeit entstehe, der „Gesamtheit nutzbar" gemacht werden.

116 Dittus, Wilhelm, hatte 1951 jedoch mitgeteilt, dass „über Nacht alle diesbezüglichen Pläne aufgehoben werden mussten.". Die Notverordnung von Hindenburg (1931) sei umständlich und verklausuliert formuliert und zeige, wohin „man komme, wenn die grundsätzliche Reform des Bau- und Planungsrechtes" nicht in Angriff genommen wird." Baurecht im Werden, München 1951, S. 46.

117 Wagner, Reichsgericht, S. 12. Die Beratungen hätten ergeben, dass damit die Entschädigungen nicht gesichert abgewiesen werden können.

118 Reichstagsprotokolle, 44. Sitzung, 17.3.1931, S. 1616 und 1673.

119 RT-Drucksache Nr. 438 vom 8.12.1930, V. Reichstag 1930, S. 50-53. Der Begriff Wirtschaftsplan taucht erstmals in einem Gesetzentwurf auf. Vgl. auch Jahrbuch der Deutschen Sozialdemokratie für das Jahr 1931, Nachdruck 1976, S. 55.

erarbeitet, die das städtebauliche Problem jedoch nur zeitweilig löste. In der „Zweiten Notverordnung“ des Reichspräsidenten vom 5.6.1931 war ein Kapitel III „Enteignungen auf dem Gebiete des Städtebaues“ eingefügt worden. Darin waren „Enteignungen, die nach dem 13.8.1919[120] und vor dem 1.4.1933 auf dem Gebiete des Städtebaues [...]“ vollzogen worden waren und solchen Enteignungen, die bis 1933 noch erfolgen, nach landesrechtlichen Vorschriften in angemessener Höhe entschädigungspflichtig.[121] Den Städten war damit die Möglichkeit eröffnet, Planungen und Festsetzungen bei Fluchtlinien, Freiflächenplanungen, Grundstücksumlegungen, Erhaltung von Baumbeständen und die Freihaltung von Uferwegen vorzunehmen. Die Verordnung regelte auch die Entschädigungshöhe sowie das Verfahren. Mit der Notverordnung wollte die Reichsregierung den Entschädigungsteil des im gleichen Jahr geplanten Reichstädtebaugesetzes konkretisieren.

Exkurs zum Fristablauf der Zweiten Notverordnung des Reichspräsidenten

Die Notverordnung vom 5.6.1931 galt bis zum 1.4.1933. Das geplante Reichsstädtebaugesetz war aber, trotz Bemühungen der SPD-Reichstagsfraktion, bis 1932 nicht zu Stande gekommen. Mit dem Regierungswechsel (Machtübernahme der Nationalsozialisten am 30.1.1933) war die Diskussion um das Reichsstädtegesetz beendet. Die Regierung Hitler verschob die Entscheidung für ein Reichsstädtebaugesetz und verlängerte die Frist der „Zweiten Notverordnung“ auf das Jahr 1935.[122] Auch 1935 wurde keine Möglichkeit gesehen, den Schwebezustand zu beseitigen, die Regierung verlängerte die Frist bis 1937.[123] Auch diese Frist konnte nicht eingehalten werden, die Frist wurde nun auf 1939 verlegt.[124] Kurz vor Kriegsbeginn entschloss sich die Regierung, die Fristverschiebungen zu beenden, indem sie den Reichsarbeitsminister ermächtigte, den Zeitpunkt des Außerkrafttretens dieser Vorschriften zu bestimmen.[125] Im Dritten Reich ist kein Reichsstädtebaugesetz (oder ein Reichsbaurecht) geschaffen worden, eine Lösung des städtebaulichen Enteignungs- und Entschädigungsproblems unterblieb.

Mit der Schilderung des Reichsgerichtsurteils und seinen rechtlichen und verwaltungstechnischen Folgen konnte gezeigt werden, dass ein einziges Urteil den Stadtplanungsprozess in sehr großem Maß behindern kann. Das Urteil hatte auch deswegen eine so erhebliche Wirkung entfaltet, weil es nicht nur um eine preußische städtebauliche Vorschrift ging, die 55 Jahre, ohne Beanstandung, angewandt worden war. Die Gefahr bestand offensichtlich, dass das Reichsgerichtsurteil auch in anderen Ländern Deutschlands zum Anlass genommen werden würde, städtebauliche Entschädigungsforderungen einzuklagen.

120 Die Reichsverfassung trat am 14.8.1919 in Kraft.

121 Zweite Notverordnung des Reichspräsidenten, RGBL. I., 1931, Nr.22, S. 309. Damit war zunächst Zeit gewonnen, denn noch bestand die Hoffnung, das Reichsstädtebaugesetz könne bis 1933 beschlossen werden.

122 RGBL. I., 1933, Nr. 23, S. 109/122. Diese Verordnung hatte noch Reichspräsident Hindenburg unterzeichnet.

123 RGBL. I., 1935, Nr. 36, S. 455.

124 RGBL. I., 1937, Nr. 47, S. 442.

125 RGBL. I., 1939, Nr. 61, S. 649.

Die zweimalige Fristverlängerung durch eine (Reichs-)Notverordnung und die weitere zweimalige Verlängerung durch die NS-Regierung Hitler zeigen, welche außerordentliche Bedeutung der „Fall Betcke“ für den deutschen Städtebau hatte, es zeigt zudem, dass keine Regierung die Verfassungsänderung gewagt hatte.

Reichsbaulandgesetz 1930, unverbindlicher Entwurf, (IV. Reichstag)

Im Februar 1930 veröffentlichte die Reichsregierung den „vorläufigen unverbindlichen Referentenentwurf für ein Gesetz über die Erschließung und Beschaffung von Baugelände“ (Baulandgesetz).[126] In der Literatur wird dieser Entwurf als eine Folge des dritten preußischen Städtebaugesetzentwurfes von 1929[127] bezeichnet, Preußen kann damit für sich beanspruchen, die Initiative für ein Städtebaurecht ergriffen zu haben. Das Reichs-Baulandgesetz war als Rahmengesetz gedacht, indem die aus dem Bürgerlichen Gesetzbuch (BGB) vorgegebenen Eigentumsbeschränkungen und die Vorgabe des Artikels 155 der Weimarer Verfassung auf den Städtebau anwendbar gemacht werden sollten.[128] Folgende Sachbereiche sollten in dem Entwurf geregelt werden: Planung, Geländeerschließung, Umlegung und Grenzberichtigung, Anliegerleistungen, Bodenbeschaffung, Enteignung, Vorkaufsrecht und die Entschädigung. Schon in den Debatten im preußischen Landtag zwischen 1926 und 1929 war auch vom zuständigen Minister erläutert worden, wie wichtig eine reichsgesetzliche Vorschrift sei. Das Umlegungs- und Enteignungsrecht für den Städtebau müsse zunächst im Reich gelöst werden. Der Reichs-Baulandentwurf wurde durch die Reichsregierung nicht weiterverfolgt, weil sich zwischenzeitlich gezeigt hatte, dass in einem Rahmengesetz auch weitere Sachgebiete, wie der Wirtschaftsplan, der Bebauungsplan und Teile des Bauordnungsrechtes einer Regelung bedürfen, die von den Ländern mit eigenen Gesetzen ausgefüllt werden müssten. Der Entwurf hatte auch deswegen keine Rolle im Reichstag mehr gespielt, weil Reichspräsident Hindenburg den Reichstag am 18.7.1930 aufgelöst hatte. Die Wahl zum V. Reichstag war am 14.9.1930 angesetzt.[129] Der Entwurf eines Reichsbaulandgesetzes von 1930 wurde 1931 durch den nächsten Entwurf des inzwischen zum „Reichstädtebaugesetz“ umbenannten Entwurfs abgelöst.

Reichstädtebaugesetz (1931) – Referentenentwurf, (V. Reichstag)

Dieser aus dem Baulandentwurf abgeleitete erste „Reichstädtebaugesetzentwurf“ wurde am 19.11.1931 dem Wohnungsausschuss des Reichstags vorgelegt.[130]. Der Entwurf des Reichsarbeitsministeriums enthielt nun die beim Baulandgesetzentwurf noch unberücksichtigten Teile. Die Bauordnungsvorschriften waren für die Länder der Rahmen, in dem sie die Vorschriften für die bauliche Ausnutzbarkeit wie Bauklassen, Baustaffeln, Bauweise, Zeilen- oder Blockbebauung regeln konnten. Der Entwurf wurde in erster Lesung und in „überraschendem Tempo“

126 Reichsarbeitsblatt 1930, Nr. 5, S. 29.

127 Preußen, Landtagsdrucksache Nr. 3015.

128 Der Baulandgesetzentwurf ist zwar als ein „städtebaulicher“ Entwurf anzusehen, dennoch aber kein Städtebaugesetzentwurf, da die planungsrechtlichen Festsetzungsmöglichkeiten fehlten.

129 Reichsgesetzblatt 1930, Nr. 30, S. 299.

130 *Baugilde* 1931, H. 22, S. 1718. Der Entwurf wurde am 15.11.1931 im Reichsarbeitsblatt I. 1931, Nr. 32, S. 266-274 veröffentlicht.

schon vor Weihnachten 1931 beraten. Der Zentralverband der Hausbesitzervereine bemängelte, dass ein Reichstagsausschuss ohne Stellungnahme der Länder bereits Beratungen „in einer Zeit äußerster Not und größtem wirtschaftlichen Tiefstand“ durchführe.[131] Der Zentralverband hatte u.a. Bedenken gegen die „Flächenaufteilungs- und Wirtschaftspläne“, sie seien nur dann gerechtfertigt, wenn ein „dringendes Bedürfnis“ durch die Gemeinden festgestellt werde.[132] Die Gemeinden müssten bei Wirtschaftsplänen in erster Linie gemeindeeigenes Land zur Verfügung stellen, danach müsste Baugelände des Staates oder des Reiches für Wirtschaftspläne herangezogen werden, ehe privates Gelände in Anspruch genommen würde. Die Gemeinde sollte nur dann das Planaufstellungsrecht haben, wenn eine wirtschaftliche und bauliche Entwicklung bevorstehe, die Gemeinde habe den Nachweis gegenüber der Landesbehörde zu erbringen. Die Aufstellung der Pläne dürfe nur in „paritätischer Mitwirkung“ der Grundstückseigentümer erfolgen, deren Einspruchsrecht müsse gesichert sein. Grundstücke nach dem Wertverhältnis umzulegen, sei prinzipiell richtig, dagegen sei der entschädigungslose Flächenabzug in Höhe von 35 % über das von der Gemeinde „eingeworfene Gelände“ abzulehnen. Ein Flächenabzugssatz von 25 % sei ausreichend. Die bauordnungsrechtlichen Bestimmungen zur Erhaltung des Orts- und Landschaftsbildes, der Erhaltung von Bäumen und Baumgruppen und die Freihaltung der Ufer- und Wanderwege von einer Bebauung, wären nur gerechtfertigt, wenn die volle Entschädigung gewährt werde.[133]

Die Tatsache, dass der Referentenentwurf nicht als Regierungsentwurf in den Reichstag, sondern „nur“ in den Wohnungsausschuss eingebracht wurde, führte im Januar 1932 zur Kritik in der „*Bauwelt*“. Die Schriftleitung bemängelte, dass zwar der Ausschuss den Gesetzentwurf beraten habe, dass aber keine Berichte oder Verlautbarungen bekannt geworden seien.[134] Es sei ungewöhnlich, einen Gesetzentwurf zu beraten, zu dem die Länder noch keine Stellungnahme erarbeitet hatten, so die *Deutsche Bauzeitung*.[135] In der „*Bauwelt*“ (1932) wurde in den Beschlüssen des Wohnungsausschusses die „verschleierte Sozialisierung des Grundbesitzes“ gesehen, mindestens aber der des städtischen Grundbesitzes. Die „Zurückziehung der nationalsozialistischen Mitglieder des Ausschusses“ sei von Einfluß auf die Entschließungen gewesen.“ Das von „prominenter nationalsozialistischer Seite“ aufgestellte Siedlungsprogramm, unter scharfer Betonung des privatwirtschaftlichen Charakters des Bodens, sei die Ursache gewesen.[136]

131 Hausbesitz und Reichsstädtebaugesetzentwurf, in: Denkschrift des *Zentralverbandes Deutscher Haus- und Grundbesitzervereine,* Berlin 1932, S. 1-56, S. 9.

132 Drucksache Nr. 125, VII. WP, 1932 (SPD-Entwurf eines Reichstädtebaugesetzes). Der „Wirtschaftsplan“ kann mit dem preußischen „Flächenaufteilungsplan“ verglichen werden. Der Wirtschaftsplan war von der Gemeinde aufzustellen und sollte landwirtschaftliche Flächen, Verkehrsflächen, Bauflächen, Industrieflächen, Grünflächen und Bergbauflächen planerisch vorsehen. Der „Plan“ sollte unverbindlich sein, war aber andererseits für jeden Bebauungsplan zwingende planerische Grundlage.

133 Hausbesitz und Reichsstädtebaugesetzentwurf, S. 12-29.

134 *Bauwelt* 1932, H. 2, S. 56.

135 *Deutsche Bauzeitung* 1932, H. 13, S. 241-243. Außerdem wurde kritisiert, dass das Reichskabinett den Entwurf noch nicht beraten habe.

136 Bayern gegen das Reichsstädtebaugesetz, in: *Deutsche Bauzeitung* 1932, H. 7, S. 192. Ein Protokoll oder eine Niederschrift aus den Ausschußsitzungen wurde von der *DBZ* nicht mitgeteilt.

Der Referentenentwurf von 1931 war kritisch in der Öffentlichkeit aufgenommen worden, wie es sich schon in der Stellungnahme des Zentralverbandes Deutscher Haus- und Grundbesitzervereine zeigte. Aber auch aus der Bauwirtschaft und von einigen Architekten wurden Einwände gegen den Entwurf vorgebracht.

So hatte in der *Baugilde* der Architekt Kallmeyer aus Halle geschrieben, dass aus der ehemaligen Baufreiheit jetzt eine „Unfreiheit geworden" sei.[137] Architekt Wilhelm Heilig meinte, dass es bei dem Entwurf nicht so sehr auf die technischen Einzelheiten ankomme, sondern auf die entscheidendere Frage, wie die Entschädigung bei Enteignungen gelöst werde. In Bebauungsplänen und Bauordnungen könne oft eine Inanspruchnahme von Privatgelände nicht vermieden werden, daher müsse das städtebauliche Enteignungsrecht nach Artikel 155, Absatz 2 der Verfassung grundsätzlich geregelt werden, entweder durch ein eigenes Reichsgesetz oder durch das Städtebaugesetz.[138]

1929 hatte der Deutsche Baupolizeitag in Mainz den „Vorentwurf zu einer Reichsbauordnung" von Gustav Adolf Platz aus Mannheim diskutiert. Der Entwurf war von Fachkollegen auch als „Reichsbaugesetz" bezeichnet worden. Daher wurde der Entwurf von Platz mit dem vorliegenden „Reichstädtebaugesetzentwurf" kursorisch verglichen, im Ergebnis zeigten sich, wie erwartet, aber keine Ähnlichkeiten. Auch die Vorschläge von Platz, bestimmte Gebiete als „Reine Wohngebiete oder „Gemischte Gebiete" zu bezeichnen, fehlten in diesem Reichsentwurf noch. Etwas anders sieht es mit dem preußischen Städtebaugesetzentwurf von 1929 aus, wenn er mit dem Reichsentwurf von 1931 verglichen wird. Denn im Reichsentwurf 1931 finden sich gleichlautende oder verwandte Begriffe: Beispielsweise wurde aus dem preußischen „Flächenaufteilungsplan" der „Wirtschaftsplan", in dem bestimmte Flächenarten definiert wurden: Land- und Forstwirtschaftliche Flächen, Verkehrsflächen, Bauflächen, Industrieflächen, Grünflächen und Bergbauflächen. Unter dem „Wirtschaftsplan" verstand die Reichsregierung nun Flächenaufteilungspläne, Nutzungspläne, Generalbebauungspläne und Generalbaulinienpläne.[139]

Die Entwurfsberatung im Wohnungsausschuss bzw. im Reichstag war jedoch ab dem Frühjahr 1932 nicht mehr möglich. Nach dem Rücktritt des Kabinetts Brüning, der Auflösung des V. Reichstages am 4.6.1932 und den angesetzten Neuwahlen am 31.7.1932, konnte eine Sacharbeit in dieser Wahlperiode des Reichstags kaum erwartet werden. Angesichts der politischen Lage „kam es zu keiner umfassenden Kodifikation" des Städtebaurechtes im Reichstag.[140]

137 Kallmeyer, Kritisches zum Referentenentwurf eines Reichsstädtebaugesetzes, in: *Baugilde* 1932, H. 3, S. 103-108.

138 Heilig, Wilhelm, Der Referentenentwurf zu einem Reichsstädtebaugesetz, in: *Baugilde* 1932, H. 9, S. 427-431.

139 Reichsarbeitsblatt I. 1931, S. 266.

140 Magin, Fred, Die Verordnung über Baugestaltung vom November 1936. Ein Beitrag zur Entwicklung des Baurechts in der Zeit von 1933-1945 unter besonderer Berücksichtigung des Berliner Wohnungsbaues, Berlin 2006, S. 24-25.

Der Entwurf eines Reichstädtebaugesetzes der SPD-Fraktion im Reichstag (1932) Drucksache Nr. 127, (VI. Reichstag)

Direkt nach den Neuwahlen am 31.7.1932 legte die sozialdemokratische Reichstagsfraktion einen „Entwurf eines Reichstädtebaugesetzes" als Initiativantrag vor.[141] Dieser Entwurf ist weitgehend mit dem Referentenentwurf aus dem Hause des Reichsarbeitsministers (1931) identisch, kleinere Abweichungen sind im V. Abschnitt (Entschädigung) anzutreffen. Eine ausreichende Beratung fand nicht mehr statt, denn schon am 6.11.1932 fand die Wahl zum VII. Reichstag statt.

Der Entwurf eines Reichstädtebaugesetzes der SPD-Fraktion im Reichstag (1932) Drucksache Nr. 125, (VII. Reichstag)

Nach der Wahl zum VII. Reichstag brachte die sozialdemokratische Reichstagsfraktion ihren früheren Entwurf erneut in den Reichstag wiederum als Initiativantrag (Drucksache Nr. 125) am 1. Sitzungstag des neuen Reichstages am 6.12.1932 ein. Auch hier kam es zu keiner parlamentarischen Beratung mehr. Zu den Gesetzentwürfen zwischen 1930 und 1932 sind kritische wie zustimmende Aufsätze erschienen. Gegen ein Reichsstädtebaugesetz sprach sich die sächsische Landesregierung 1931 aus. Sie befürchtete, dass die inzwischen eingeleitete Reform der Bauordnung verhindert werden würde, sollte das Reich eine Baurechtsregelung beschließen. In der Verfassung sei kein Platz für eine Reichszuständigkeit für das Bauwesen, die Kompetenz läge bei den Ländern, Sachsen würde sich im Reichsrat entsprechend wehren.[142] Mit dem Städtebaugesetzentwurf der Sozialdemokraten (Drucksache 125) war der letzte Versuch vor dem 30.1.1933 gemacht worden, ein umfassendes Reichsstädtebaugesetz zu erarbeiten.[143] Verfassungsrechtlich war die VII. Legislaturperiode des Reichstages am 30.1.1933 nicht beendet, das geschah erst durch Hindenburgs Auflösungsverordnung vom 1.2.1933 und der Anordnung von Neuwahlen am 5.3.1933 zum VIII. Reichstag. Angesichts der Auswirkungen der Weltwirtschaftskrise von 1929 und des politischen Kampfes zwischen den nationalistisch agierenden Parteien und den demokratischen Parteien, fehlte, so Magin, in dieser „Endphase der Weimarer Republik schlicht die Kraft zur Neugestaltung."[144]

Die Lage der Bauwirtschaft wurde 1931 pessimistisch beurteilt. „Jede der bisherigen Wirtschaftskrisen" habe eine Stagnationsphase von mindestens zwei Jahren ausgelöst. Die Weltwirtschaftskrise von 1929 sei jedoch so schwerwiegend, dass die Erholung auf dem Baumarkt erst 1932/1933 zu erwarten sei. 1932 war die Wohnungsbauleistung mit 141.000 Wohnungen auf dem Tiefpunkt, dem sich 1933 ein Aufschwung auf 178.000 Wohnungen und 1934 mit 283.000 Wohnungen anschloss.[145] Die Steigerung der Wohnungsfertigstellungen von 1932 auf 1933 ist mit dem zeitlichen Ablauf für Bauplanung, Baugenehmigung

---

141 Verhandlungen des Reichstages, VI. WP, 1932, Bd. 454, Drucksache 127.

142 Reichsstädtebaugesetz – Konfliktstoff zwischen Reich und Ländern, in: *Baugilde* 1931, H. 24, S. 1826.

143 Benz, Wolfgang, Geschichte des Dritten Reichs, München 2000. Benz: Hitler war am Vormittag des 30.1.1933 als Reichskanzler von Hindenburg berufen worden.

144 Magin, Die Verordnung über Baugestaltung vom November 1936. Ein Beitrag zur Entwicklung des Baurechts in der Zeit von 1933-1945 (...), S. 25.

145 Die Bauwirtschaft 1931, in: *Zentralblatt der Bauverwaltung* 1932, S. 128-129.

und Baubeginn zu erklären, der die bautechnische Ausführungszeit im Abstand von ungefähr zehn Monaten folgt.[146] Auch im Wohnungsbau zeigten sich die Auswirkungen der Weltwirtschaftskrise deutlich, wie die folgende Tabelle zeigt:

Tabelle 27: Der tatsächliche Reinzugang an Wohnungen (WE) zwischen 1919 und 1933

Jahr	1919	1920	1921	1922	1923	1924	1925	1926	Σ
WE	56.714	103.092	134.223	146.615	118.333	106.502	178.930	205.793	1.050.202
Jahr	1927	1928	1929	1930	1931	1932	1933		
WE	288.635	309.762	317.682	310.971	233.648	141.265	178.038		1.780.001
Summe der neu gebauten oder instandgesetzten Wohnungen der Jahre 1919 bis 1933:									2.830.203

Zahlen der Jahre 1919-1925 aus 2. Denkschrift, Seite 48. Ab 1925 bis 1927 aus den Stat. Jahrb. Deutsches Reich, ab 1928 bis 1934: Stat. Handbuch von Deutschland, München 1949, S. 340. Der durchschnittliche Reinzugang beträgt: 2.830.203 WE / 15 Jahre = 188.680 WE pro Jahr.

Das Ende der preußischen Bauplanungs- und Bauordnungsdiskussion

Nach dem „Preußenschlag" im Juli 1932 war die „Städtebaudiskussion" in Preußen beendet. Die neue preußische Führung unter dem Reichskommissar von Papen setzte im Oktober 1932 eine Verordnung des Reichspräsidenten um. Danach waren die Länder ermächtigt, bestimmte Veränderungen in der Staatsverwaltung vorzunehmen, selbst wenn sie vom bestehenden Landesrecht abweichen. Von Papen löste das Ministerium für Volkswohlfahrt, das die Belange Städtebau vertreten hatte, auf. Die Bereiche Städtebau und Landesplanung, Wohnungswesen, Wohnungsgesetzgebung, Baugenossenschaften, Reichsheimstättenrecht, Fluchtlinien, vorstädtische Kleinsiedlung, Erhaltung des Baumbestandes und der Uferwege, Aufhebung privater Baubeschränkungen wurden dem Ministerium für Wirtschaft und Arbeit übertragen. Die Aufgaben der Bau- und Feuerpolizei, die Bauordnungen und die Wohnungsaufsicht, die Architektenkammern, die staatliche Prüfstelle für statische Berechnungen und alle hochbautechnischen Angelegenheiten der Domänen- und Forstverwaltung sowie die hochbautechnischen Angelegenheiten der Polizei wurden dem Finanzminister zugeordnet. Der bestehende fachliche Zusammenhang zwischen Bauordnung und Städtebau wurde aufgebrochen, die Aufgaben wurden zwei verschiedenen Ministerien zugeteilt. Die Chance, städtebauliche Fachbereiche unter einer einheitlichen Leitung zusammenzuführen wurde nicht erkannt, vermutlich waren andere politische Überlegungen des Reichskommissars von Papen maßgebend.[147]

Exkurs: Dr. Heinrich Hirtsiefer, preußischer Minister für Volkswohlfahrt

Hirtsiefer[148] war Mitglied der "International Federation for Town and Country Planning and Garden Cities".[149] Vermutlich nahm Hirtsiefer schon am 8. Kon-

146 Ein Bauantrag, der beispielsweise im Frühjahr 1932 gestellt wurde, führt zu einer Baufertigstellung nicht vor dem Sommer 1933. In der Statistik wird dieses Gebäude daher als „Reinzugang" im Jahr 1933 gezählt.

147 Preußische GS. 1932, Nr. 60, S. 333-338.

148 Heinrich Hirtsiefer war Mitglied des Zentrums im Preußischen Landtag.

149 Albers, Gerd, Zur Entwicklung der Stadtplanung, S. 187, die frühere Bezeichnung lautete: International Garden Cities and Town Planning Association.

greß Amsterdam 1924 teil, denn Hirtsiefer hatte in seiner Begründung zum Entwurf des preußischen Städtebaugesetzes von 1926 die sieben Leitsätze des Kongresses von Amsterdam wörtlich eingeführt und für deren Umsetzung in den Gesetzentwurf gesorgt.[150] Nach Albers wurde Hirtsiefer 1930 auf einer Ratssitzung in London sogar zum Vorsitzenden gewählt. Unwin habe aber später in einem Privatbrief geäußert, dass Hirtsiefer „a very rude Prussian Minister" sei.[151] Tatsächlich hatte sich Hirtsiefer sehr für den Städtebau in Preußen eingesetzt.[152] Seine Leistungen können auch daran gemessen werden, dass er trotz der von ihm nicht zu vertretenden Umstände, u.a. dem Preußenschlag[153], mehrmals das preußische Städtebaugesetz im Landtag eingebracht und verteidigt hatte.

6.2 Zusammenfassung der Entwicklungsgeschichte des Städtebau- und Bauordnungsrechts in der Weimarer Zeit

Die Bemühungen Preußens

49 Jahre nach den ersten Aufrufen zu einem Gesamtbaurecht bzw. einer Bauordnung durch Baumeister 1876, wurde in Preußen erst 1925 mit der parlamentarischen Diskussion um ein Baurecht begonnen. Die preußische Regierung entschloss sich direkt nach dem Ersten Weltkrieg zunächst dazu, das zersplitterte Bauordnungsrecht für Preußen zugunsten eines Planungsrechtes zurückzustellen. Bauordnungsregelungen sollten nicht durch ein Gesetz, sondern durch eine „Einheitsbauordnung 1919" erfolgen, der die Kommunen folgen sollten, jedoch nicht mussten. In Preußen hatte sich schon um 1900 gezeigt, dass das Fluchtlinienrecht aus dem Jahre 1875 für die neuen Anforderungen der Wohnungs- und Siedlungspolitik nicht ausreichte. Das Reich hat sich zwar ebenfalls direkt nach dem Ersten Weltkrieg mit der Siedlungspolitik befaßt und ein Reichssiedlungsgesetz geschaffen, die Kodifizierung der Planung auf der nächsten Ebene, der Regional- und Gemeindeebene, unterblieb aber. Die Gesetzentwürfe von Preußen und dem Reich zwischen 1925 und 1932 zeigen dennoch einen bemerkenswerten Abschnitt in der Kodifikationsgeschichte des Städtebaus. Zur Einordnung muss an die Bemühungen von Baumeister („Stadterweiterungen" 1876 und seine „Nor-

---

150 Hirtsiefer, Heinrich, Die Wohnungswirtschaft in Preußen, Eberswalde 1929, S. 53.

151 Albers, S. 189, Unwin meinte damit, Hirtsiefer sei ein „unhöflicher Mensch". Die Wiedergabe der kleinen Nebenbemerkung von Unwin über Hirtsiefer zeigt nur eine persönliche Einschätzung während eines Kongresses.

152 Die Universität Breslau hatte Hirtsiefer 1931 in „Anerkennung seiner hervorragenden Verdienste um die Förderung des Siedlungs- und Bauwesens" die Würde eines „Doktor-Ingenieurs ehrenhalber" verliehen. Zuvor wurde er mit dem „Dr. med. hc." wegen seiner Verdienste um die Hygiene durch die Universität Bonn geehrt, in: *Zentralblatt der Bauverwaltung* 1930, S. 196. Hirtsiefer war stellvertretender Ministerpräsident und übernahm nach dem „Preußenschlag" 1932 für kurze Zeit die Leitung der geschäftsführenden pr. Regierung. 1933 bis 1934 wurde er im KZ Kemma und Börgermoor inhaftiert, in: Bundesarchiv.de/aktenreichskanzlei/1919-1933/0011/adr/adrhl/kap1_1/par, abgerufen 4.6.2009. Die dritte Ehrendoktorwürde (TU Graz) konnte nicht näher ermittelt werden.

153 Vogt, Martin, Die Weimarer Republik (1918-1933), in: Deutsche Geschichte 21991, S. 568-645, (639), Hg.: Martin Vogt. Die Regierung des preußischen Ministerpräsidenten Braun wurde mit Hilfe der Reichswehr am 20. Juli 1932 abgesetzt. Reichskanzler von Papen wurde gleichzeitig Reichskommissar für Preußen. Faktisch war das Vorgehen ein Staatsstreich (DTV-Atlas von 2005, S. 471).

male Bauordnung von 1880), Stübben (Der Städtebau 1890), des Verbandes Deutscher Architekten- und Ingenieurvereine 1876) und des Vereins für öffentliche Gesundheitspflege erinnert werden. Sie forderten schon lange vor 1900 eine verbindliche Gesetzgebung des Planungs- und des Bauordnungsrechtes. Der Zeitraum von 1876 bis 1925 war für die Schaffung eines einheitlichen Baurechts doch ungewöhnlich lang, denn schon um 1900 waren die theoretischen Grundlagen der Städtebauplanung von den Praktikern und Wissenschaftlern erarbeitet worden. Der Ersten Weltkrieg und seine sozialen und wirtschaftlichen Folgen hatten es bis 1924 aber verhindert, dass sich die Gesetzgeber (das Reich und die Bundesstaaten) mit dem Städtebau und der Bauordnung befassen konnten. Zu erinnern ist auch an die Bemühungen des preußischen Staates, die Wohnungsfrage zu lösen und ab 1901 eine aktive Rolle zu übernehmen bzw. zu intervenieren.

Der zweite Entwurf eines preußischen Städtebaugesetzes von 1926 scheiterte nicht an den politisch-parlamentarischen Auseinandersetzungen, wie noch das preußische Wohnungsgesetz. Der Entwurf scheiterte auch nicht an den Einwänden der Verbände, der gewerblichen Wirtschaft, des Handels oder der Landwirtschaft, der Entwurf fand wegen der nicht vorhersehbaren Auflösung des Landtags, ausgelöst durch die Reichstagswahlen, ein unverdientes Ende. Der dritte Entwurf eines preußischen Städtebaugesetzes von 1929 scheiterte ebenfalls weder an den üblichen Meinungsverschiedenheiten im Landtag, noch an der schwierigen Materie Städtebau und Bauordnung, sondern an den schon beschriebenen Umständen. Die Vorlage eines Reichsbaulandgesetzes im Februar 1930 und die daraufhin ausgesetzte Beratung im preußischen Landtag und die Anträge einiger Fraktionen auf Auflösung des Landtags wirkten lähmend auf die Parlamentsarbeit. Die Fraktionen waren an der Sacharbeit zum Städtebaugesetz nicht besonders interessiert, beispielsweise wurden im Laufe des Jahres 1930 weit über 150 Anträge und Anfragen an die Regierung gestellt, die die Regierung nach parlamentarischem Brauch zu beantworten hatte. Nur zwei von 150 Anträgen befaßten sich mit dem Thema preußisches Städtebaugesetz, bezeichnenderweise waren es Anträge „auf Vertagung“ bis ein Städtebaugesetz durch den Reichstag verabschiedet sein würde.

Die schärfsten Angriffe kamen von den Nationalsozialisten, denen Ministerpräsident Braun Auszüge aus den „Führerbriefen“ entgegenhielt.[154] Trotz lautstarker Proteste der Nationalsozialisten hatte der Landtag am 15.10.1930 sämtliche Auflösungsanträge zurückgewiesen und bestätigte die Regierung Braun.[155] In der Landtagssitzung vom 8.7.1931 wurde die Auflösung des Landtages erneut beantragt, die Abstimmung erfolgte am 9.7.1931.[156] Gegen die Auflösung votierten die Sozialdemokraten, das Zentrum, die Fraktion der Deutschen Staatspartei.

154 Sitzungsberichte des Preußischen Landtags, 3. WP, Bd. 11 1930, S. 14933-14936. Braun zitierte aus den „Führerbriefen“ 1929: „Alles was der bestehenden Ordnung der Dinge schädlich ist, findet unsere Unterstützung“. Oder: „Wir treiben Katastrophenpolitik, weil nur die Katastrophe, das ist der Zusammenbruch des liberalen Systems, die Bahn frei macht für jenen Neubau, den wir Nationalsozialismus nennen“.

155 Sitzungsberichte des Preußischen Landtags, 3. WP, 1930, S. Bd. 11, S. 14932-15310.

156 Sitzungsberichte des Preußischen Landtags, 3. WP, 1931, S. Bd. 15, S. 21725. In diesem Zusammenhang (Volksbegehren) schrieb Martin Vogt in der „Deutschen Geschichte“: „Das Bollwerk Preußen hatte […] widerstanden, S. 631.

Für die Auflösung stimmten die Fraktionen der Deutschnationalen Volkspartei, der Kommunistischen Partei, der Deutschen Volkspartei, der Reichspartei des Deutschen Mittelstandes, der Nationalsozialistischen Deutschen Arbeiterpartei, des Christlich-Sozialen Volksdienstes und die Fraktionen zweier kleinerer Kommunistischer Gruppen. Der Auflösungsantrag wurde abgelehnt.[157]

In den Landtagssitzungsberichten zwischen Dezember 1930 bis April 1932 fand sich kein Hinweis auf eine weitere Beratung des preußischen Städtebaugesetzes. Den Entwurf einer „Polizeiverordnung über Anlage, Einrichtung und Betrieb von Waren- und Geschäftshäusern" (17.10.1930) konnte noch im Landtag beschlossen werden, die Verordnung wurde am 8.12.1931 erlassen.[158]

Nachdem der Reichspräsident schon am 14.7.1932 dem Reichskanzler die Vollmacht erteilt hatte, die Regierung Braun abzusetzen, vollzog von Papen dies am 20.7.1932.[159] Auch die Kodifikationsbemühungen für ein Reichsstädtebaugesetz in den Jahren 1928 bis 1932 scheiterten letztlich an den politischen Umständen.

Die Bemühungen auf der Reichsebene

Bei der Beschreibung der reichsrechtlichen Bemühungen um ein Städtebaurecht konnte nachgewiesen werden, dass sich das Reich nach 1918 zunächst der Verminderung der Wohnungsnot angenommen hatte. Die Phase der städtebaulichen Bemühungen des Reichs begann aber erst Ende 1929 und dauerte nur drei Jahre. Innerhalb dieser Zeit wurde der Reichstag beginnend im Mai 1928, sowie im September 1930, im Juli 1932 und im November 1932 viermal neu gewählt. Mitte Juli 1930 hatte der Reichspräsident auf Vorschlag von Reichskanzler Brüning den Reichstag aufgelöst, Anlass war u.a. die vom Reichspräsidenten in der Notverordnung vorgesehene „Zulassung einer Getränkesteuer". Da im Reichstag mehrere Anträge auf Aufhebung der Notverordnung anstanden, löste der Reichspräsident am 18.7.1930 den Reichstag auf.

Auch der Entwurf des Reichsstädtebaugesetzes vom November 1931 konnte nicht beraten werden, denn der Reichstag wurde am 4.6.1932 erneut aufgelöst, die Wahl erfolgte am 31.7.1932. Es war nicht zu erwarten, dass binnen 6 Monaten die technischen Teile des Städtebaus wie Flächenpläne, Bebauungspläne, Wirtschaftspläne, die Bodenbeschaffung, die Bodenumlegung und die Entschädigung geregelt werden würden.

Nach der Reichstagswahl im Juli 1932 hatte die SPD-Fraktion die Initiative übernommen und den Referentenentwurf von 1931 im Reichstag eingebracht. Auch hier scheiterte der Entwurf nur deswegen, weil schon im November 1932 erneut Reichstagswahlen abgehalten werden mussten. Gesetzentwürfe, die nicht bis zum letzten Sitzungstag der Wahlperiode beraten und verabschiedet waren, wurden nach parlamentarischem Brauch gegenstandslos. Im Ergebnis kann nur festgestellt werden, dass in den sieben Jahren von 1925 bis 1932 die Kodifikation des Planungs- oder des Bauordnungsrechts, weder im größten deutschen Staat noch im Reich erzielt werden konnte. Die vorzeitige preußische Land-

157 Sitzungsberichte des Preußischen Landtags, 3. WP, 1931, S. Bd. 15, S. 21725-21734.
158 Sammlung der Drucksachen des Preußischen Landtags, Nr. 8122, 3. WP. Bd.15, S. 7916.
159 Vergl. dazu: Winkler, Heinrich August, Weimar 1918-1933, München ^{2}1994, S. 495-497.

tagswahl und die drei Wahlen zum Reichstag innerhalb zweier Jahre, immer verbunden mit der Auflösung nach Artikel 48 der Verfassung, verhinderten den schon nahe liegenden städtebaulichen Erfolg in der Weimarer Zeit.

6.3 Der „Neubeginn", Städtebau und Baupolizei im Dritten Reich, der Entwurf des Deutschen Baugesetzbuches

Während der „Weimarer Zeit" war es nicht gelungen, das zersplitterte deutsche Städtebau- und Bauordnungsrecht zu ordnen und die staatspolitischen Ziele der Verfassung in die Tat umzusetzen.[160] Durch das Ermächtigungsgesetz vom 24.3.1933 wurden die Hoheitsrechte der Länder eingeengt und schließlich vollständig beseitigt. Als eine der ersten Maßnahmen wurde Anfang April 1933 das „Gesetz zur Gleichschaltung der Länder mit dem Reich" erlassen und ein Reichsstatthalter für jedes Land bestimmt: [dieser] „hat die Aufgabe, für die Beobachtung der vom Reichskanzler aufgestellten Richtlinien der Politik zu sorgen."[161] Als zweite Maßnahme folgte das Reichsstatthaltergesetz vom 7.4.1933 mit weiteren Befugnissen für die Statthalter.[162] Die Auflösung der Länder geschah durch das „Gesetz über den Neuaufbau des Reichs" vom 30.1.1934, damit wurden die Hoheitsrechte der Länder auch formell auf das Reich übertragen. Dieses Gesetz eröffnete, nach der sehr regiemefreundlichen Darstellung von Hans Pfundtner, alle Möglichkeiten, den „herrschenden Gegensatz zwischen der Reichsregierung und den Länderregierungen, der Quelle des Übels" zu beenden.[163] Die bisher zu erfüllenden Aufgaben nach der jeweiligen Landesverfassung mussten nach der „Ersten Verordnung über den Neuaufbau des Reichs" „im Auftrage und im Namen des Reichs" erledigt werden.[164] Zwar konnten die Länder Gesetze für ihren Bereich erlassen, jedoch nur mit Zustimmung des zuständigen Reichsministers. Damit galten weiterhin die einzelnen Länderbauordnungen und Baupolizeiverordnungen, so z.B. die Bauordnungen von Bayern, Sachsen, Württemberg oder Hessen. Neue Bauordnungen sind im Dritten Reich nicht geschaffen worden. Änderungen von baupolizeilichen Vorschriften wurden durch die jeweilige Landesregierung beschlossen und durch den Reichsstatthalter vollzogen. Die Änderung von Gesetzen und Verordnungen, die baupolizeilich notwendig waren, betrafen u.a. den baulichen Luftschutz, befristete Bausperren, Abbruch von Gebäuden, Einsparung von Baustoffen, Luftschutzbunkerbau, bauliche Feuersicherheit mit neuen technischen Anforderungen.[165]

---

160 Es ging insbesondere um die praktische Umsetzung des Artikels 155 der Verfassung, wonach „allen deutschen Familien [...] den Bedürfnissen entsprechend [...] eine Wohnheimstätte zu sichern" [ist]. Der Missbrauch am Boden sollte verhindert werden. Vergl. RGBL. I., 1919, Nr. 152, S. 1383-1418 (1413).

161 RGBL. I., 1933, S. 173. Dort der Paragraf 1.

162 RGBL. I., 1933, S. 293.

163 Pfundtner, Hans, „Ein Führer!, Ein Volk! Ein Reich!", in: *Reichsverwaltungsblatt* 1934, Bd. 55, S. 110. Pfundtner war Staatssekretär im Reichsministerium des Innern.

164 RGBL. I., 1934, S. 75. Das bestehende Bauordnungs- und Planungsrecht der Länder blieb unangetastet.

165 Luftschutz: RGBL. I., 1935, Nr. 69, S. 827, Bausperren: RGBL. I, 1936, Nr. 104, S. 933, Abbruch von Gebäuden: RGBL. I., 1937, Nr. 46, S. 440, Einsparung von Baustoffen: RGBL. I.,

Mit dem „Gesetz über die Aufschließung von Wohnsiedlungsgebieten vom 22.9.1933 und dem Erlass über den Reichskommissar für das Siedlungswesen vom 29.3.1934 sollte der Anfang einer grundlegenden Siedlungs- und Städtebaugesetzgebung gemacht werden.[166] Dazu wurden die Zuständigkeiten für das Siedlungswesen neu verteilt. Aus dem Wirtschaftsministerium wurden die Teile Siedlungs- und Wohnungswesen, Wohnungsfürsorge, Reichs- und Landesplanung und Kleinsiedlungen dem Reichsarbeitsminister unterstellt.[167] Später wurde im Arbeitsministerium die neu gebildete Hauptabteilung IV um die Gebiete „Städtebau und Planungswesen" und das „Bau- und Bodenrecht" erweitert.[168] Zur Förderung des „Siedlungswerkes" wurde am 29.3.1934 ein „Reichskommissar für das Siedlungswesen" bestellt, dem „alle Aufgaben des Siedlungswesens" übertragen wurden.[169] Unmittelbar darauf wurde Gottfried Feder von Hitler zum Reichskommissar berufen. Feder hatte schon frühzeitig mit Hitler Kontakte gehabt, denn Hitler schreibt in „Mein Kampf", er habe schon im Frühjahr 1919 im Auftrage der „Wehrmacht" Kurse zum „staatsbürgerlichen Denken" in München besucht. Einer der Vortragenden war Gottfried Feder. Hitler war von den Ausführungen Feders über das „spekulative Börsen- und Leihkapital" und der „Brechung der Zinsknechtschaft" so beeindruckt, dass er „die wesentlichsten Voraussetzungen" zur Gründung einer neuen Partei durch Feder erfahren habe.[170] In einem weiteren Punkt teilten Hitler und Feder die allgemein verbreitete Kritik an der Großstadt: Die „Nachkommen würden als gewaltigste Werke (...) nur die Warenhäuser und die Hotels (...) als Ausdruck (...) der Kultur bewundern."[171]

1937, Nr. 77, S. 728, Bunkerbau: RGBL. I., 1939, Nr. 143, S. 1393, Hebung der baulichen Feuersicherheit: RGBL. I., 1943, Nr. 79, S. 497.

166 Heilmann, Georg. Neugestaltung des deutschen Baurechts, in: *Zentralblatt der Bauverwaltung* 1937, H. 13, S. 327ff. Heilmann hat 1934 und 1937 die gleiche Auffassung öffentlich vertreten, wonach auch das „Gesetz über die Aufschließung von Wohnsiedlungsgebieten" nur der Anfang eines Prozesses sei. „Das Reichsbaurecht wird kein Rahmengesetz sein", sondern umfaßt „alle baurechtlichen Grundgesetze", einschließlich aller Ausführungs- und Vollzugsbestimmungen. Heilmann war 1934 Oberregierungsrat im Reichswirtschaftsministerium, dann Ministerialrat und Gruppenleiter der Gruppe IVd (Bau- und Bodenrecht) im Reichsarbeitsministerium (Geschäftsplan des Ministeriums 1940, BA-Koblenz R 41/39).

167 RGBL. I. 1934, Nr. 133, S. 1225.

168 BA Koblenz, II 5 -9911.

169 Der Begriff „Siedlungswerk" taucht erstmals im RGBL. 1934, Nr. 37, S. 295, im „Erlaß über den Reichskommissar für das Siedlungswesen" vom 29.3.1934 auf. Eine Definition erfolgte nur in umschreibender Form, wonach alle „Aufgaben der Siedlung" dem Kommissar zugeteilt wurden. Feder wählte eine eigene Definition: Zusammenfassung aller Bau- und Siedlungsaufgaben und Zusammenführung der entsprechenden Abteilungen aus dem Reichsarbeits- und dem Reichswirtschaftsministerium, sowie der Abteilungen aus dem preußischen Ministerium für Wirtschaft und Arbeit. Feder wollte damit die gesamte Gesetzgebung, die Landes- und Reichsplanung, die Industrieverlagerung sowie die Finanzierung der Siedlungsvorhaben seinem Amt zuordnen.

170 Hitler, Adolf, Mein Kampf, München 1936, S. 228-232.

171 Hitler, Mein Kampf, S. 288-291. Feder war Mitglied der 1919 gegründeten Deutschen Arbeiterpartei. Diese hatte am 24.2.1920 das „25-Punkte-Programm der NSDAP" verkündet. Der Programmpunkt 17 lautete: „Wir fordern eine unseren nationalen Bedürfnissen angepasste Bodenreform, Schaffung eines Gesetzes zur unentgeltlichen Enteignung von Boden für ge-

Schon vor Hitlers Machtergreifung 1933, so schreibt Barbara Miller Lane, soll in Süddeutschland der „Kampfbund für deutsche Kultur“ um 1928 gegründet worden sein.[172] Einer der Initiatoren sei der „frustrierte Architekt“ Alfred Rosenberg gewesen, der sich gegen das „Neue Bauen“ und gegen das Bauhaus wandte und bald in Paul Schultze-Naumburg einen Mitkämpfer fand.[173] Schultze-Naumburg konnte weitere Mitglieder für den Kampfbund gewinnen, so u.a. Paul Schmitthenner und Eugen Hönig.[174] Dies führte bis 1932 zur Gründung der „Tochterorganisation“ des Kampfbundes, dem „Kampfbund deutscher Architekten und Ingenieure“ (KDAI). Die Aktivitäten des KDAI unterstützte die NSDAP, z.B. durch Organisation und Schutz der Veranstaltungen. Feder ist nach Durth schon früh auf den Kampfbund aufmerksam geworden und hatte sich ihm angeschlossen. Die Aufgabe des Kampfbundes bestand in der „Sammlung der deutschen Architekten und Ingenieure“, um ihn zu einem „Sammelbecken“ für die weitere Arbeit der NSDAP zu machen.[175] Nach Feder war der Kampfbund die einzige von der NSDAP anerkannte Organisation, gleichwohl schrieb Feder als „Reichsleiter U III B der „Politischen Zentralkommission der NSDAP“ (PZK)“, dass der Bund Deutscher Architekten (BDA) die „anerkannte und beauftragte berufsständige Organisation“ sei.[176] Feder war inzwischen Staatssekretär im Reichswirtschaftsministerium geworden. Es ist anzunehmen, dass Feder seinen Aufgaben als Staatssekretär nicht gewachsen war, denn, so Wolfgang Benz, „Feder war schon im August 1934 aus dem Amt entfernt worden“.[177] Schließlich bot sich für Feder die Möglichkeit, die von Hitler geschaffene Position des „Reichskommissars für das Siedlungswesen“ zu übernehmen, wobei die Stelle des Reichskommissars dem Reichswirtschaftsministerium unterstand. Feder, der im Mai 1934 gleichzeitig Staatssekretär und Reichskommissar war, umschrieb im *Zentralblatt der Bauverwaltung* seine Auffassung über das deutsche Siedlungswerk so: Der oberste Planungsgrundsatz sei die Einhal-

---

meinnützige Zwecke. Abschaffung des Bodenzinses und Verhinderung jeder Bodenspekulation.“ Vgl. zur Großstadtkritik: Werner Durth, Deutsche Architekten, München 1992, S. 132.

172 Miller Lane, Barbara, Architektur und Politik in Deutschland 1918-1945, Braunschweig-Wiesbaden 1986, S. 144. Miller-Lane schrieb: „man vermutet, daß der Kampfbund um 1928 in Süddeutschland gegründet wurde.“

173 Miller Lane, Architektur, S. 152-153, Paul Schultze-Naumburgs öffentliche Vorträge in Universitäten und Hochschulen erregten überall Aufsehen.

174 Hönig war Professor für Architekturgeschichte in München, Vorsitzender des BDA und kurz nach der Machtergreifung Präsident der „Reichskammer der bildenden Künste“ (Durth, Deutsche Architekten, S. 120).

175 Feder, Gottfried, Aufgaben und Zuständigkeit des Kampfbundes deutscher Architekten und Ingenieure, der Unterkommission III b und des BDA, in: *Baugilde* 1933, H. 13, S. 600-601.

176 Feder, Gottfried, Aufgaben und Zuständigkeit, in: *Baugilde* 1933, H. 13, S. 600. Diese organisatorischen Unklarheiten vermehrte Feder zusätzlich, in dem er den „Reichsbund Deutscher Technik“, den „Kampfbund für den gewerblichen Mittelstand“ und die anderen „Technisch-wissenschaftlichen Vereinigungen“ ebenfalls als Organisationen bezeichnete, die der „Politischen Zentralkommission der NSDAP“ nahestehen müssten. Zu der Zeit bestanden als selbständige Organisationen noch der BDA und der Werkbund, auch sie wurden sehr bald „gleichgeschaltet“ und mit dem KDAI verbunden.

177 Benz, Wolfgang, Geschichte des Dritten Reichs, München 2000, S. 101.

tung der „gemeinsamen Grundlinie staatspolitischer, rassenhygienischer und bevölkerungspolitischer Art." Eine der Aufgaben des „Dritten Reichs" bei der Auflockerung der Großstädte und der „Wiederbodenständig- und Seßhaftmachung" der Bevölkerung" sei es zu entscheiden, ob bei dem neuen Siedler die rassenhygienischen Voraussetzungen vorliegen, ob „gute Erbmassen und Kinderreichtum und keine Geisteskrankheiten bei den Voreltern" vorgelegen haben.[178] Die bevölkerungspolitische Aufgabe des „Dritten Reichs" bestehe auch in der „Erlösung aus dem Großstadtelend", gesunde Lebensbedingungen für die heranwachsende Generation zu schaffen, sei eine „unabweisbare Pflicht" für eine „volksbewußte" Reichsregierung.[179] In einem Schreiben an alle Reichsminister hat Feder die tatsächliche Lage auf dem Wohnungsmarkt jedoch schonungslos dargestellt. Nach Harlander soll Feder von fehlenden 1.250.000 Wohnungen schon zum Zeitpunkt September 1934 gesprochen haben.[180] Feders Stellvertreter als Reichssiedlungskommissar war Ludowici, er war gleichzeitig Leiter des Heimstättenamtes der NSDAP. Ludowici führte die von Feder begonnene Aufgabenbeschreibung des „Deutschen Siedlungswerks" fort.[181]

Auch von der leitenden Stelle eines Reichskommissars wurde Feder nach kurzer Tätigkeit „als Professor an die Technische Hochschule Berlin versorgt".[182] Schließlich hatte Feder 1939 an der Hochschule sein Werk „Neue Stadt" verfasst, als Ziel der 480-seitigen Arbeit nannte er die Schaffung der „Neuen Stadt". Mit den „Städten der Zukunft" könne der Verfall der Stadtplanungskunst aufgehalten werden. Der technische Aufstieg im Bauwesen sei nicht durch das System der liberalistisch-kapitalistischen Wirtschaftsführung ermöglicht worden, sondern nur durch die „Unzahl neuer technischer Erfindungen." Der „liberalistische Geist sei die Keimzelle des Verfalls, die entartete Großstadt sei der Tod der Nation."[183] Dem Verfall setze er, Feder, die neue Stadt entgegen, sie solle etwa 20.000 Einwohner haben und „von sich aus lebensfähig sein."[184] Feders „Neue Stadt" beanspruche, so Durth, schon den „Rang eines Lehrbuchs", denn die Sammlung von „Musterentwürfen" und städtebaulicher „Orientierungswerte" seien umfangreich.[185]

---

178 Feder, Gottfried, Das Deutsche Siedlungswerk, in: *Zentralblatt der Bauverwaltung*, 1934, H. 20, S. 265-266.

179 Feder, Das Deutsche Siedlungswerk, S. 266.

180 Harlander, Tilman, Zwischen Heimstätte und Wohnmaschine. Wohnungsbau und Wohnungspolitik in der Zeit des Nationalsozialismus, Basel 1995, S. 64.

181 Ludowici, Wilhelm, Aufbau des deutschen Siedlungswerkes. Gedanken und Versuche, in: *Zentralblatt der Bauverwaltung* 1934, H. 28, S. 373-376. Als Aufgabe wurde die Schaffung von Eigenheimen und selbständigen Siedlerstellen für „Minderbemittelte" angesehen. Jeder Siedlergruppe sollte ein „Lehrsiedler" zur Führung der Gruppe angehören. Das Siedlungs- und Bauverfahren sollte sich nach der Einkommensstufe unterscheiden, die innerhalb der „einfachsten Volksschichten" bestanden.

182 Benz, Geschichte, S. 101.

183 Feder, Die neue Stadt. Versuch der Begründung einer neuen Stadtplanungskunst aus der sozialen Struktur der Bevölkerung, Berlin 1939, S. 14.

184 Feder, Die neue Stadt, S. 477. Den Aufwand für seine neue Stadt kalkulierte er mit 60 Millionen Reichsmark.

185 Durth, Werner, Deutsche Architekten, München 1986/1992, S. 136. Durth: Feders „Versuch" blieb folgenlos.

Im ersten und zweiten Jahr des „Neubeginns" zeigte sich die Tendenz der Nationalsozialisten, ureigenste Aufgaben des Staates mehr und mehr durch nichtstaatliche Organisationen durchführen zu lassen. Interessant ist dabei nur, ob die Aufgabenerledigung, versehen mit den notwendigen Befugnissen, durch die andere Organisation in vollem Umfang geschah, oder ob eine parallele „Verwaltungsebene" außerhalb der herkömmlichen Verwaltungsstruktur entstand. Während in der Weimarer Zeit besondere Aufgaben auch gelegentlich einem Reichskommissar übertragen worden waren, wurden ab 1933 mehrere Reichskommissare bestellt. Im Februar 1933 wurde der „Reichskommissar für die Luftfahrt" (Göring) geschaffen und im März 1934 der „Reichskommissar für das Siedlungswesen" (Feder). In schneller Folge wurden der „Reichskommissar für die Gleichschaltung der Justiz," der „Reichskommissar für den freiwilligen Arbeitsdienst" (Seldte) und der „Reichskommissar für die Rückgliederung des Saarlandes" durch Hitler ernannt. Die Befugnisse, die den Reichskommissaren übertragen wurden, führten wohl kaum zu einer Entlastung bei den zuvor zuständigen Behörden, denn allein der Koordinierungsaufwand zwischen der neuen Dienststelle und den vorhandenen Behörden dürfte beträchtlich gewesen sein. Im Zusammenhang mit dem schon im April 1934 von der Deutschen Arbeitsfront (DAF) gegründeten Reichsheimstättenamt[186] meinte Harlander, dass die gleichzeitige Bearbeitung der Wohnsiedlungsfragen im Reichsarbeitsministerium und dem Reichsheimstättenamt der DAF zu „einem Organisationschaos, das auch Spezialisten nicht mehr gänzlich überblickten", führte.[187]

Neue (zusätzliche) Verwaltungsstrukturen im Reich

Weit bedeutsamer erscheint jedoch die neue Praxis des Dritten Reichs, neben den Behörden des Reiches, nun auch auf der Ebene der Länder und der Regierungspräsidenten behördenähnliche Strukturen zu schaffen, die nur der NSDAP unterstanden, dabei aber gleiche oder ähnliche Aufgaben durchführen sollten. Diese „Behörden", jetzt auch als „Ämter" mit der Zusatzbezeichnung „Gau" bezeichnet, erledigten einen wesentlichen Teil der Arbeit der klassischen deutschen Verwaltung. Beispiel für die „neue Sicht" ist das Amt des neuen "Reichssiedlungskommissars" Gottfried Feder. Stellvertreter war Ludowici, der aber auch gleichzeitig Leiter des Heimstättenamtes der NSDAP war. Die enge Verbindung zwischen dem Staat (Reichskommissar) und der Partei (NSDAP) wird damit offenkundig, der Staat und die Partei arbeiteten nebeneinander am „Aufbau des deutschen Siedlungswerks". Das geschilderte „Nebeneinander" war aber nur ein Teil der Beschreibung, das „Gegeneinander", war eher die Regel, wenn, was noch zu beschreiben sein wird, die Konkurrenzsituation zwischen der „Deutschen Arbeitsfront" (DAF) und dem Reichsarbeitsministerium betrachtet wird. Der „Dualismus der NS-Zeit", so Harlander, habe die typische „polykrati-

186 Es handelt sich um das neu errichtete Reichsheimstättenamt. Schon 1918 war von den Bodenreformern ein Gesetzentwurf vorgelegt worden, ein solches Amt nicht nur als Reichsheimstättenamt, sondern auch in den Ländern (Landesheimstättenämter) einzurichten. Das Reichsheimstättengesetz (Juni 1920) sah auch die „Ämter" vor. Die Reichsregierung hat diesen Teil des Gesetzes jedoch nicht umgesetzt. Vgl. auch Fritz Wenzel: Heimstättenrecht, in: Handwörterbuch des Wohnungswesens Jena 1930, hg. von Gerhard Albrecht, S. 357-365 (362).

187 Harlander, Zwischen Heimstätte, S. 67.

sche Durchdringung von Staats- und Parteiämtern“ ausgebildet.[188] Hitler, so Heiber, hatte die „Durchdringung“ einerseits und die Parallelität andererseits nicht direkt ausgelöst, aber geduldet oder sogar genutzt. Hitler konnte sich so „jede Option offen halten“, er konnte den unbequemen Parteieinfluss mit Hilfe des „Staatsapparates“ zurückdrängen oder die Ministerialbürokratie durch neue „Parteiorgane“ (z. B. durch Sonderbeauftragte oder Sonderbevollmächtigte) gefügig machen.[189] Heiber nennt diese Art der Führung „das kennzeichnende Element der führerstaatlichen Verfassung des NS-Regimes.“[190] Das Ende der Entwicklung sei ein „heilloses Durcheinander“ sich widersprechender oder sogar sich „ausschließender Kompetenzen“ auf allen Leitungsebenen.[191]

Die Deutsche Arbeitsfront (DAF) und Robert Ley

Die Deutsche Arbeitsfront (DAF) war durch Gesetz vom 20.1.1934 legitimiert und im Oktober 1934 der NSDAP angeschlossen worden, der Führer der DAF Robert Ley hatte damit eine außerordentlich starke Stellung innerhalb der NS-Eliten erhalten. Ley war, so Harlander, „sozialpolitisch radikal“ und ständig bestrebt, Macht zu gewinnen, Ley hatte ein „erstaunliches Organisationstalent“. Den „Führer“ bewunderte Ley mit „religiöser“ Hingabe.[192] Leys „hegemoniale Stellung“ innerhalb der DAF, die schon um 1938 mehr als 23 Millionen Mitglieder[193] hatte, sicherte ihm eine bedeutende Rolle.[194] Der Streit zwischen der DAF und dem Reichsarbeitsministerium (RAM), wer letzten Endes für die Wohnungsbaupolitik zuständig sein sollte, wurde über die Veröffentlichung unzähliger Städtebau- und Wohnungsbauprogramme geführt. Ley hatte in „gewohnt großsprecherischer“ Weise ein großes Siedlungswerk nach der Verkündung des Vierjahresplans 1936 angekündigt. Dabei berief sich Ley auf Hitler, der nach Erreichen der „Wehrhaftmachung“ den Bau von fünf Millionen Wohnungen wünschte.[195] Zwischen 1936 und Kriegsbeginn, so Harlander, entwickelte sich eine gegenläufige Tendenz in der offiziellen Wohnungsbaupolitik; während das RAM „sich als Verwalterin des Mangels“ sah, entwarf die DAF unter Robert Ley, ohne auf die finanziellen und technischen Voraussetzungen zu ach-

188 Harlander, Zwischen Heimstätte, S. 39 und 66.

189 Heiber, Helmut, Hitler, Die Partei und die Institutionen des Führerstaates, in: Ploetz, Das Dritte Reich, Freiburg 1983, S. 148, hg. von Martin Broszat.

190 Heiber, Hitler, S. 150.

191 Heiber, Hitler, S. 153. Ein Beispiel für das „Nebeneinander und der Durchdringung“ zeigt der Erlass des Reichsstatthalters in Hessen „über die Einrichtung und den Aufgabenbereich von Wohnungs- und Siedlungsämtern“. Dieses neue Amt werde die Bezeichnung tragen „Der Gauwohnungskommissar des Gaues Hessen-Nassau - Wohnungs- und Siedlungsamt - beim Reichsstatthalter in Hessen – Landesregierung - Dienstsitz Frankfurt a.M. Quelle: Hessisches Regierungsblatt 1942, Nr. 4, S. 18. Ein Jahr später ordnete Gauleiter Sprenger (Reichsstatthalter und Gauleiter Hessen-Nassau) im Rahmen der „Wohnraumlenkung“ an, dass die Gemeinden bestimmte Erhebungen über den vorhandenen Wohnraum durchführen sollten; Wohnraum solle durch Umbauten verfügbar gemacht werden. Quelle: Hessisches Regierungsblatt 1943, Nr. 5, S. 19.

192 Harlander, Zwischen Heimstätte, S. 114.

193 Benz, Geschichte, S. 31.

194 Harlander, Zwischen Heimstätte, S. 293.

195 Harlander, Zwischen Heimstätte, S. 90.

ten, „großzügige Pläne" für den sozialen Wohnungsbau.[196] Schließlich veröffentlichte Ley 1939 seine „Neuausrichtung und Neufassung der gesamten Wohnungsbaupolitik", sie sollte seine Position gegenüber dem RAM stärken.[197] Der Zuständigkeitskampf zwischen Ley und Seldte - Deutsche Arbeitsfront (DAF) gegen das Reichsarbeitsministerium (RAM) - wurde von Ley zunächst gewonnen.[198] Seine Bemühungen wurden durch den „Führererlaß" vom 15.11.1940 bestätigt, denn nun wurde Ley neben seinen anderen Aufgaben als „Reichskommissar für den sozialen Wohnungsbau" bestellt.[199]

Das Reichsarbeitsministerium

Im Februar 1935 erließ der Reichsarbeitsminister eine Verordnung für die „Reichs- und Landesplanung", darin wurden „Planungsräume" bestimmt, die sich mit dem Zuständigkeitsbereich des Reichsstatthalters deckte, außer in Preußen, dort war als Planungsraum die Provinz festgelegt worden.[200] Ziel der Verordnung war nur die Bildung einer Verwaltungsstruktur für die Reichsplanung, denn in der Aufgabenbeschreibung war lediglich erwähnt, dass die Planung „vorausschauend und gestaltend" sein solle, die Einzelraumplanung müsse sich in die Gesamtplanung des Reichs einfügen. 1937 hatte das RAM neun „Grundsätze der Reichswohnungspolitik" und etwas später durch Minister Seldte „Mein Siedlungsprogramm" veröffentlicht, das Harlander als das wichtigste programmatische Dokument des Reichsarbeitsministeriums bezeichnete.[201]

Die Entscheidung, wer für den Wohnungsbau zuständig sein sollte, wurde im beginnenden Krieg allmählich durch die Finanzierungsfrage, die Baustoffknappheit und den Arbeitskräftemangel zum großen Teil gelöst. Ley blieb jedoch unermüdlich in dem Bestreben, seinen Einfluß zu erhalten oder zu vermehren. Der nicht völlig beendete Streit zwischen RAM und DAF brachte am 23.10.1942 noch einmal einen Erfolg für Ley; Hitler hatte per Erlass den „Reichskommissar für den sozialen Wohnungsbau" nun zum „Reichswohnungskommissar" ernannt, damit war der gesamte deutsche Wohnungsbau Ley unterstellt.[202] Harlander ist der Auffassung, dass die „etablierten Kräfte" des

---

196 Harlander, Zwischen Heimstätte, S. 95.

197 Harlander, Zwischen Heimstätte, S. 143.

198 Hüttenberger, Peter, Die Gauleiter. Studie zum Wandel des Machtgefüges in der NSDAP, Stuttgart 1969, S. 222. Robert Ley war vor 1933 schon Gauleiter, dann Reichsorganisationsleiter der NSDAP und Führer der Deutschen Arbeitsfront (DAF).

199 RGBL. I, 1940, S. 1495. Der Erlass trägt die Überschrift: Erlaß zur Vorbereitung des deutschen Wohnungsbaues nach dem Kriege. In der *DBZ* 1940 wurde dazu die Artikelüberschrift gewählt: „Das Grundgesetz des sozialen Wohnungsbaues" (Harlander und Fehl, in: Hitlers sozialer Wohnungsbau 1940-1945, Aachen 1986, S. 131). In dem „Führererlaß" (RGBL.I., 1940, S. 1497) waren u. a. die Größen für die zu erstellenden Wohnungen festgelegt worden. Die 3-Zimmer-Wohnung solle inklusive der Wohnküche nicht mehr als 62 Quadratmeter aufweisen, die 4-Zimmer-Wohnung solle inklusive der Wohnküche 74 Quadratmeter haben und die 5-Zimmer-Wohnung solle inklusive der Wohnküche nicht mehr als 86 Quadratmeter aufweisen.

200 RGBL. I., 1936, S. 104-105. Der Planungsraum war damit die Verwaltungseinheit und nicht die wirtschaftliche oder geographisch zusammenhängende Struktur.

201 Harlander, Zwischen Heimstätte, S. 95.

202 Kornemann, Rolf, Gesetze, Gesetze ... Die amtliche Wohnungspolitik in der Zeit von 1918-1945 in Gesetzen, Verordnungen und Erlassen, in: Geschichte des Wohnens, Stuttgart 1996,

RAM, der „gemeinnützigen Wohnungswirtschaft“ und des „organisierten Realkredits“, trotz des allmächtigen Reichswohnungskommissars, eine größere „Widerstands- und Beharrungskraft“ hatten. Die klassische Ministerialbürokratie behielt gegenüber Ley und seinen Ambitionen mit der DAF die Oberhand.[203]

Für den baupolizeilichen Vollzug war im Februar 1936 die „Verordnung über die Regelung der Bebauung“, gestützt auf das „Gesetz über einstweilige Maßnahmen zur Ordnung des deutschen Siedlungswesens“, vom Reichsarbeitsminister erlassen worden. Mit dieser Verordnung wurden die schon in der Weimarer Zeit bekannten Siedlungsformen und Baugebietsabgrenzungen reichseinheitlich eingeführt (Kleinsiedlungs-, Wohn-, Gewerbe- und Geschäftsgebiete). Diese Kategorien sind dem Planungsrecht zuzuordnen, in Baupolizeiverordnungen sollten dagegen Bestimmungen aufgenommen werden, dass in bestimmten Gebieten nur eingeschossige Gebäude zulässig sein sollten. Die Mindestgröße eines Grundstückes konnte vorgeschrieben werden, wenn Gebäude mit Aufenthaltsräumen zulässig sein sollten.[204] In einer weiteren Verordnung wurde auf Grund des Siedlungsgesetzes von 1934 die „befristete Bausperre“ eingeführt, sie war von der Baupolizei anzuordnen, wenn ein Vorhaben andere öffentliche Maßnahmen erschwert hätte oder unmöglich machen würde. Die Sperre war auf zwei Jahre befristet, jedoch mit einer Verlängerung um ein weiteres Jahr.[205]

Die beschriebenen Verordnungen zeigen, dass die Reichsführung den Zeitpunkt für das Reichsstädtebaugesetz, mit oder ohne bauordnungsrechtliche Teile, noch nicht gekommen sah.[206] Die „Verordnung über Baugestaltung“ vom November 1936 kann nur als ein Baustein angesehen werden, der zu einem Städtebaugesetz, als Zusammenfassung aller Verordnungen in einem Gesetz, führen konnte. Das Gesetz über einstweilige Maßnahmen zur Ordnung des deutschen Siedlungswesens von 1934, das möglicherweise als Kern eines Reichsstädtebaugesetzes vorgesehen war, blieb als Torso bestehen und hatte kein umfassendes baurechtliches Regelwerk zur Folge. Die nach 1934 erlassenen einzelnen Siedlungs- und baupolizeilichen Verordnungen waren, so Rehkopp, nur eine Stufe der „organischen Entwicklung“ zu einem Reichsbaurecht.[207]

Bd. 4, S. 682. Zur zeitlichen Einordnung: drei Monate nach der Ernennung von Ley war die 6. Deutsche Armee in Stalingrad am 2.2.1943 in Gefangenschaft gegangen.

203 Harlander, S. 293. Harlander berichtete auch, dass aus dem RAM führende Kräfte mit ihrem Wissen später auf den Wiederaufbau nach 1945 Einfluß nehmen konnten.

204 RGBL. I., 1936, S. 104.

205 RGBL. I., 1936, S. 933.

206 Kayser, G., Die ersten reichsrechtlichen Versuche für eine Vereinheitlichung des Baurechts, in: *Zentralblatt der Bauverwaltung*, 1937, H. 4, S. 86-88. Kayser konnte vermutlich die tatsächlichen Gründe nicht erwähnen (Beginn der Aufrüstung mit dem Vierjahresplan). Stattdessen schrieb er, dass die „Schwierigkeit des Sachgebiets“ und die Unterschiedlichkeit der in den Ländern seit Jahrzehnten geregelten Materie, eine schnelle Lösung erschweren. Als Ergebnis solle die systematische Gesamtordnung durch eine „ruhige Durcharbeitung“ erfolgen.

207 Rehkopp, A., Auf dem Wege zu einem einheitlichen Reichsbaurecht, in: *Reichsverwaltungsblatt*, 1937, Nr. 14, S. 277-279. Rehkopp benutzte den in der NS-Terminologie häufig gebrauchten Ausdruck der „organischen Entwicklung“, wenn er zum Beispiel zu begründen versuchte, warum das Dritte Reich noch immer kein Reichsbaugesetz habe. Das Begriffspaar:

Die Baugestaltungsverordnung von 1936 als „Baustein eines Reichsbaurechts“

Nach der Olympiade von 1936 hatte Hitler den „Parteitag der Ehre“ nach Nürnberg einberufen. Hitler sprach von den „gewaltigen Bauvorhaben“, die im Reich in Angriff genommen wurden, oder in naher Zukunft begonnen werden sollten, sie müssten ein „Dokument stilbildender Art“ werden. Für Millionen Deutsche sollten sie ein „Denkmal des Stolzes“ sein.[208]

Den „Vierjahresplan“ verkündete Hitler in Nürnberg noch nicht, er erwähnte ihn aber. Das Ziel des Planes war „eine einheitliche Lenkung aller Kräfte des Deutschen Volkes und die straffe Zusammenfassung aller einschlägigen Zuständigkeiten in Partei und Staat“.[209] In der Rückschau ist der Zusammenhang zwischen dem Vierjahresplan von 1936 und dem Kriegsbeginn 1939 offensichtlich. Noch im November 1936 wurde die „Verordnung über Baugestaltung“ erlassen, mit der sollte ein Problem gelöst werden, für das Architekten, Baupolizeibehörden, Gerichte und Politikern bisher keinen Ausweg gefunden hatten.

Die Frage war: Wie sind bauliche Anlagen zu gestalten damit sie dem jeweiligen Schönheitsbegriff („ästhetische Auffassung“) entsprechen. In Paragraf 1 der Baugestaltungsverordnung heißt es:

> „Bauliche Anlagen und Änderungen sind so auszuführen, dass sie Ausdruck anständiger Baugesinnung und werkgerechter Durchbildung sind und sich der Umgebung einwandfrei einfügen. Auf die Eigenart oder die beabsichtigte Gestaltung des Orts-, Straßen- oder Landschaftsbildes, auf Denkmale und bemerkenswerte Naturgebilde ist Rücksicht zu nehmen.“[210]

Nach Paragraf 2 konnten die Baupolizeibehörden Anforderungen über die Lage und Stellung der baulichen Anlage, die Baukörpergestaltung und die Dachform dem Bauherrn auferlegen. Paragraf 4: „Solange den Vorschriften [...] nicht Rechnung getragen ist, ist die baupolizeiliche Genehmigung zu versagen.“

Nach Magin sind es drei Gründe, die zu dieser Verordnung führten: Erstens gehe das RAM davon aus, dass mit einem Reichsstädtebaugesetz (trotz der Entwürfe aus der Weimarer Zeit) nicht sehr bald zu rechnen sein würde, zweitens hätten sich die Anzeichen verstärkt, dass die Gemeinden dazu übergehen wollten, eigene Gestaltungssatzungen zu entwickeln, was dem „auf Einheitlichkeit ausgerichteten Regime [...] zuwiderlief“, drittens seien die verwaltungsrechtlichen und organisatorischen Zuständigkeiten im Baurecht so verschieden, dass

---

„organische Entwicklung“ muß als Worthülse bezeichnet werden, denn die Bedeutung „des Organischen“ blieb unklar und verschwommen.

208 Domarus, Max, Reden und Proklamationen 1932-1945. Kommentiert von einem deutschen Zeitgenossen, Würzburg 1962, Bd. 1, S. 639.

209 RGBL. I., 1936, S. 887. Das wenige Tage später beschlossene Gesetz zur Durchführung des Vierjahresplans enthielt schon alle Preisüberwachungsmaßnahmen für „Güter und Leistungen jeder Art“.

210 RGBL. I., 1936, S. 938.

man von einer übersichtlichen Regelung nicht mehr sprechen könne.[211] Die Baugestaltungsverordnung von 1936 ist trotz ihrer unbestimmten Anforderungen in Paragraf 1 („Bauliche Anlagen und Änderungen ...“) von den unteren Verwaltungsgerichten nach 1945 und vom Bundesverwaltungsgericht 1955 als gültiges Länderrecht angesehen worden, soweit sein Inhalt nach „rechtsstaatlichen Grundsätzen ausreichend bestimmbar“ ist.

Die „anständige Baugesinnung“ wurde durch den Reichsarbeitsminister 1936 so definiert, dass das Werk nach den „Regeln einer guten Baukunst klar gestaltet“ werden sollte.[212] Diese Umschreibung reichte dann dem Bundesverwaltungsgericht aus, um die Verordnung – jedenfalls in Teilen – für anwendbar zu erklären.[213] In dieser Arbeit war an anderer Stelle auf die „Kreuzbergurteile“ des preußischen OVGs hingewiesen worden. Im Ergebnis hatte das OVG zwischen 1880 und 1882 mehrmals bestätigt, dass die Baupolizei keine Befugnis habe, bestimmte Höhenbeschränkungen bei Gebäuden vorzugeben oder die „harmonische Gestaltung“ von Bauwerken zu verlangen.[214] Der Baupolizei stehe es nicht zu, eine Kontrolle über ästhetische Vorstellungen im Bereich der Stadtgestaltung auszuüben.

Obwohl die Obergerichte nach 1882 den Grundtenor des OVG-Urteils immer wieder bestätigten, wurde von städtischen Gremien weiterhin durch detaillierte Gestaltungsvorschriften versucht, „die Stadt zu gestalten“. In jedem Falle mussten aber formulierte ästhetische Gesichtspunkte in die Bauordnung oder in die Ortsbaustatute so eingefügt werden, dass die Baupolizei eine Zeit lang damit arbeiten konnte.

Neuerdings hat sich Magin 2006 mit einer Arbeit über die Baugestaltungsverordnung des Dritten Reichs befasst. Er zeichnet das Entstehen der Verordnung ausführlich nach und dokumentiert die verschiedenen Fassungen der Verordnung. Die Formulierungsversuche zeigen, dass auch im „Führerstaat“, die (juristische) Formulierung einer politisch gewünschten „deutschen Baugesinnung“ sehr schwierig war. Dabei hatte das Regime zu bedenken, dass agitatorisch-phrasenhafte Formulierungen in einer auch von Verwaltungsgerichten nachprüfbaren Verordnung nicht einfach umgesetzt werden können, sondern bestimmten Anforderungen genügen müssten.

Magin hat fünf Formulierungsversuche des RAM für die Eingangsfloskel und den Paragrafen 1 untersucht; nachfolgend wird hier nur die erste und die letzte Entwurfsfassung wiedergegeben, da sie für die Definitionsbemühungen des Begriffs „deutsche Baugesinnung“ ausreichend sind.

---

211 Magin, Die Verordnung über Baugestaltung. Ein Beitrag zur Entwicklung des Baurechts in der Zeit von 1933-1945, S. 87.

212 Reichsarbeitsminister, Erlaß vom 17.12.1936, in: RABL. I. 1936, Nr. 22. Der Zweck der Verordnung werde erreicht, wenn das einzelne Bauwerk nicht nur nach den Regeln einer guten Baukunst klar gestaltet und werkgerecht durchgebildet, sondern auch in das Ganze einwandfrei eingeordnet und auf seine Umgebung abgestimmt ist. „Wird nach diesen Anforderungen gebaut, so ist die in der Verordnung gestellte Forderung nach anständiger Baugesinnung als erfüllt anzusehen,“ so der Reichsarbeitsminister, S. 230.

213 Bundesverwaltungsgericht 1955, Urteil vom 28.6.1955, Nr. 46, S. 172.

214 Die Baupolizei hatte dazu keine Befugnis, wenn es sich um eine Gestaltungsvorschrift handelte.

1. Entwurf Februar 1936	5. Entwurf September 1936
Die deutschen Städte und Dörfer sollen Ausdruck deutschen Gemeinsinns sein und deutsche Baugesinnung kundtun. Es wird daher auf Grund des Gesetzes über einstweilige Maßnahmen zur Ordnung des deutschen Siedlungswesens vom 3.7.1934 (...) verordnet:	Auf Grund des Gesetzes über einstweilige Maßnahmen zur Ordnung des deutschen Siedlungswesens vom 3.7.1934 (...) wird verordnet:
§ 1: Bauliche Anlagen und Änderungen an ihnen sind, soweit sie von außen sichtbar sind, so auszuführen, dass sie den schönheitlichen Anforderungen entsprechen und sich ihrer Umgebung einwandfrei einfügen. Auf die Eigenart eines Orts- oder Landschaftsbildes, auf Baudenkmäler und bemerkenswerte Naturgebilde ist weitestgehend Rücksicht zu nehmen.	§ 1: Bauliche Anlagen und Änderungen sind so auszuführen, dass sie Ausdruck anständiger Baugesinnung und werkgerechter Durchbildung sind und sich der Umgebung einwandfrei einfügen. Auf die Eigenart oder die beabsichtigte Gestaltung des Orts-, Straßen- oder Landschaftsbildes, auf Denkmale und bemerkenswerte Naturgebilde ist Rücksicht zu nehmen.

Quelle: Magin, Die Verordnung über Baugestaltung (...), Berlin 2006, Dok. I/8 und Dok. I/12.

Das Sonderbaurecht des „Führers“

Neben diesen allgemein geltenden Vorschriften ist das „Gesetz über die Neugestaltung deutscher Städte“ vom 4.10.1937 insofern eine Besonderheit, als es nur dann anzuwenden war, wenn der „Führer“ und Reichskanzler einen bestimmten Bereich einer Stadt bestimmt hatte, in dem dieses Gesetz gelten sollte. Zur Neugestaltung bestimmte Hitler im Laufe der Zeit die Reichshauptstadt Berlin, später die Städte München, Nürnberg, Hamburg und Linz a.d. Donau, die fünf „Führerstädte“.[215] Schließlich wurden bis 1941 23 Städte für die Neugestaltung ausgewählt, denen weitere 18 Städte folgen sollten. Für die übrigen Städte im Reichsgebiet konnte und durfte das Gesetz nicht angewendet werden.

Das Neugestaltungsgesetz erlaubte der Führung des Dritten Reichs erhebliche Eingriffe in die Planungshoheit der Städte und in das Eigentum Dritter. Es gestattete auch „Umlegungen“, d. h. die Veränderung von Grundstücken durch Zusammenlegung und Neueinteilung der Flurstücke bis hin zur „Nichtanwendung“ von Vorschriften, die der erwünschten Neugestaltung entgegenstanden, wie z.B. bauordnungsrechtliche Vorschriften. Aus der Aufzählung der im Dritten Reich erlassenen „Gesetze und Verordnungen“ könnte geschlossen werden, dass die Führung des Dritten Reichs, ausgestattet mit allen Möglichkeiten, die

215 Hitler hatte 1937 auf dem Nürnberger „Reichsparteitag der Arbeit“ in einer Rede die fünf Städte bestimmt. Die Auswahl von Berlin kann mit der Konstruktion eines machtvollen Geschichtsbildes für die Nation, aber vor allem auch gegenüber dem Ausland gedeutet werden. Die Stadt Hamburg war mit ihren internationalen Verbindungen einerseits, aber auch wegen ihrer militärischen Möglichkeiten (Schlachtschiff- und U-Boot-Bau) und der strategischen Lage nach Westen und Norden eine bedeutende Stadt. München war die „Hauptstadt der Bewegung“, Nürnberg war die Stadt der „Reichsparteitage“, die aus der Sicht Hitlers eine außerordentliche große Plattform für die Agitation bot. Linz kam als fünfte Stadt erst nach dem „Anschluß“ Österreichs hinzu, hier kann die Nähe zu Hitlers Geburtsort eine gewisse Rolle gespielt haben. Die mögliche emotionale Beziehung zur Stadt „seiner Jugend“ ist als Motiv denkbar. Letztlich kann auch die immer wieder von Hitler geäußerte Ablehnung Wiens als Grund hinzu. Vgl. auch Werner Durth, Deutsche Architekten, München 1992, S. 191.

eine Diktatur kennzeichnen, ein einheitliches Planungs- und Ordnungssystem im Siedlungs- und Bauwesen entwickelt hätte. Diese These muss jedoch verneint werden, denn das Gesetz über einstweilige Maßnahmen zur Ordnung des deutschen Siedlungswesens von 1934 blieb als Torso bestehen und hatte kein nachfolgendes umfassendes Regelwerk zur Folge. Der zuständige Referent im Reichsarbeitsministerium, Wilhelm Dittus, beschrieb später, 1951, das Regierungshandeln mit den Worten „in Wirklichkeit wurde die Baugesetzgebung von zahlreichen Ressorts ohne gemeinsames System und ohne gegenseitige Fühlung" behandelt. In das Baurecht haben in unterschiedlicher Intensität eingegriffen: die Reichsstelle für Raumordnung, Reichsminister Speer als Generalbevollmächtigter für die Reichshauptstadt, der Generalbevollmächtigte für die Regelung der Bauwirtschaft, der Reichswohnungskommissar, der Reichsinnenminister, der Reichskommissar für die Festigung deutschen Volkstums und weitere Minister. Jedes dieser Ressorts wollte für seinen „tatsächlichen oder angemaßten Geschäftsbereich sein eigenes Baurecht schaffen."[216] Das erwähnte „Neugestaltungsgesetz" war ein auf Hitler allein zugeschnittenes Instrument zur Durchsetzung seiner Vorstellungen über die bauliche Darstellung seiner Herrschaft.

Als im Juli 1934 das „Gesetz über einstweilige Maßnahmen zur Ordnung des deutschen Siedlungswesens" erlassen wurde, wurde in diesem Gesetz schon die Grundlage zu einem Reichsbaugesetz gesehen, dieses sei das „Grundgesetz" des künftigen Reichsbaurechtes.[217] Das Reichsbaugesetz solle neben den Bauordnungen enthalten: „das Planungswesen, das Ansiedlungsrecht, die Anliegerbeiträge, die Altstadtsanierung, die Baupflege, Vorschriften gegen die Verunstaltung im Orts- und Landschaftsbild, die Denkmalpflege und neben vielem anderem, die Formulierung ästhetischer Bauforderungen."[218]

Offensichtlich war die Baugestaltung ein wichtiges Thema, denn G. Kayser schrieb schon 1935 im *Zentralblatt der Bauverwaltung,* dass in der alltäglichen Arbeit der Baupolizei beklagt werde, dass sich Bauherren vielfach nicht an die Bauvorschriften halten würden.[219] Bei der Vorlage von Nachtragsunterlagen sei dann wiederholt von den Bauherren und Unternehmern bemerkt worden, dass die baurechtlichen Vorschriften doch aus der Zeit des verflossenen „,Systems'" stammen, daher „könne man sich darüber hinwegsetzen", dieser Ansicht müsse energisch entgegengetreten werden. Nachweislich, so Kayser, seien baurechtliche Vorschriften „zu keiner Zeit" nach politischen Gesichtspunkten, sondern immer nach den „Grundsätzen von Sicherheit, Ordnung und Gemeinwohl" er-

---

216 Dittus, Wilhelm, Baurecht im Werden, München 1951, S. 48. Dittus wird wenige Jahre später einer der Schöpfer des „Baugesetzes für die Bundesrepublik Deutschland" sein, sein Gesetzentwurf stammt vom August 1950.

217 Neugestaltung des deutschen Baurechts, in: *Zentralblatt der Bauverwaltung* 1937, H. 13, S. 327-328, darin die Mitteilung über einen Vortrag von Ministerialrat Dr. Heilmann bei der Akademie für Bauforschung im Januar 1937 in Goslar. Heilmann hatte schon 1934 einen Kommentar zum Gesetz über einstweilige Maßnahmen zur Ordnung des deutschen Siedlungswesens herausgegeben. Die nationalsozialistische Führung musste aus Gründen der Propaganda an der These eines „Grundgesetzes für das neue Reichsbaurecht" festhalten.

218 Kayser, G., Disziplin im Baurecht, Ausnahme- und Dispensrecht, Nachbarrechte, Reichsbaugesetz, in: *Zentralblatt der Bauverwaltung* 1935, H. 14, S. 255-257 (255). Kayser war Ministerialrat im preußischen Finanzministerium und damit für die Baupolizei zuständig.

219 Kayser, *Zentralblatt,* 1935, H. 14, S. 255.

lassen worden.[220] Oberster Grundsatz für die Baupolizei und für die Bauherren dürfe aber nicht die größte Ausnutzung von Baurechten sein, vielmehr habe das Gemeinwohl Vorrang. Diese „ausgesprochen nationalsozialistische Note ist dem öffentlichen Baurecht an sich immanent." In einem kommenden Reichsbaurecht werde eine „Zusammenfassung aller in verschiedenen Gesetzen und Verordnungen zerstreuten Vorschriften" erfolgen. Das neue Reichsbaurecht werde „tunlichst" nicht in Teillösungen zu schaffen sein, sondern in „einem großen Wurf."[221] Zwei Jahre nach dieser Einschätzung hatte Kayser in einem Aufsatz seine Hoffnung auf den „großen Wurf" schon eingeschränkt. Die „systematische Gesamtordnung" des Baurechts, sei „eigentlich" die „gegebene Lösung". In die Gesamtlösung würden die schon „vorgriffsweise" geregelten Teile (Verordnung über die Regelung der Bebauung, Verordnung über die Zulässigkeit befristeter Bausperren und die Verordnung über Baugestaltung) unter Nutzung der gesammelten Erfahrungen eingebaut.[222]

Nachdem Kayser die Hoffnungen auf ein Reichsbaurecht gedämpft hatte, wurde bei der Jahrestagung der Deutschen Akademie für Bauforschung in Goslar erläutert, dass die Einführung eines Reichsbaugesetzes erst später bevorstehe, denn, so Heilmann, zuerst müsse das deutsche Verwaltungsrecht geordnet werden. Das Reichsbaurecht sei ein wesentlicher Teil des „neuen Verwaltungsrechts", doch könne das neue Baurecht nur dann integriert werden, wenn das neue Verwaltungsrecht geschaffen sei. Das Baurecht wird „ausschließlich Reichsrecht" sein, es wird auch nicht als Rahmengesetz erlassen, denn das Baurecht der Länder werde mit dem neuen Reichsbaurecht überflüssig.[223] Heilmann ließ offen, ob das Reichsbaugesetz zwei Teile haben werde; ein Teil könne den „polizeilichen" Abschnitt umfassen, der andere Abschnitt könne das sonstige Baurecht enthalten. Es spreche viel dafür, so Heilmann, beide Teile in einem Gesetz zu fassen. Andererseits habe die Polizei im nationalsozialistischen Staat eine andere Aufgabe als im „liberalen Staat". Die Polizei müsse dafür sorgen, dass der einzelne „seine Grenzen" nicht überschreite und dabei die „volkliche Lebensordnung" störe.[224] Neben dem Neugestaltungsgesetz von 1937 nimmt sich die „Reichsgaragenordnung" als eine der vielen Verordnungen des Dritten Reichs bescheiden aus.[225] Dennoch hat sie, vor 70 Jahren erlassen, noch immer

---

220 Kayser, *Zentralblatt,* 1935, H. 14, S. 255.

221 Kayser, G., *Zentralblatt,* 1935, H. 14, S. 257.

222 Kayser, G., Die ersten reichsrechtlichen Versuche für eine Vereinheitlichung des Baurechts, in: *Zentralblatt* 1937, Nr. 4, S. 86-88.

223 Heilmann, Georg, Neugestaltung des deutschen Baurechts, in: *Zentralblatt* 1937, Nr. 13, S. 327-328, (327). Ministerialrat Heilmann war Gruppenleiter (Bau- und Bodenrecht) in der Hauptabteilung IV (Städtebau und Baupolizei). Geschäftsplan des Reichsarbeitsministerium (1940), Quelle: BA Koblenz II 5-9911. Die hinhaltenden Bemerkungen von Heilmann lassen vermuten, dass an einem Reichsbaurecht noch nicht intensiv gearbeitet wurde. In der Rückschau bestätigt sich die Vermutung, denn der unveröffentlichte Entwurf des „Deutschen Baugesetzbuches" trägt das Datum 21.3.1942, also fünf Jahre nach 1937.

224 Heilmann, Neugestaltung, S. 327. Was die „volkliche Lebensordnung" bei Heilmann bedeutet, blieb aber ungeklärt.

225 RGBL. I. 1939, Nr. 28, S. 219. Der offizielle Titel lautet: Verordnung über Garagen und Einstellplätze. Nur im Untertitel heißt es: „Garagenordnung", denn die Verordnung galt keineswegs den Garagen allein.

einen festen Platz im Städtebau, auch wenn sie nach 1945 geändert wurde.[226] Der Reichsgaragenordnung vom Februar 1939 war 1931 ein „Reichsmuster zu einer Verordnung über die Einstellung von Kraftfahrzeugen" des Reichsverkehrsministeriums vorausgegangen. Das Muster sollte die Grundlage für Verordnungen bilden, die durch die Länder nach und nach eingeführt wurden.[227] In der Kommentierung hatten die Verfasser von einem „einheitlichen Garagenbaurecht für Deutschland" gesprochen, zugleich aber einschränkend mitteilen müssen, dass Hessen erst über den Umweg eines eigenen Gesetzes das Reichsmuster einführen konnte. In Braunschweig wurde das Muster „Richtlinien" genannt. Preußen wählte für das „Muster" keine „Landes(polizei)verordnung, sondern überließ es den Regierungspräsidenten, das „Muster" einzuführen. Bis Ende 1931 wurden 33 preußische Polizeiverordnungen für die Einstellung von Kraftfahrzeugen durch die Regierungspräsidenten erlassen. Sie stützten sich rechtlich entweder auf das preußische Wohnungsgesetz oder auf das Polizeiverwaltungsgesetz. Bei der „Einführung" hatte die preußische Regierung mitgeteilt, dass nicht die Regierung, sondern „nur die Oberpräsidenten oder Regierungspräsidenten für Verordnungen" zuständig seien. Der Einführungserlass der Regierung war daher keine klassische Anweisung, sondern eine Bitte an die Regierungspräsidenten, tätig zu werden, denn die Regierung bat, „keine Änderungen am „Mustertext" vorzunehmen, Anhörungen von Interessenverbänden sollten nach Möglichkeit unterbleiben.[228] Schon die Vielzahl der preußischen Verordnungen ließ vermuten, dass von einem tatsächlichen einheitlichen Muster nicht mehr gesprochen werden konnte, das bestätigte sich, denn die anderen deutschen Länder, von Bayern bis Schaumburg-Lippe, hatten das Reichsmuster je nach eigenem Bedürfnis umgeändert.[229] Da das Reichsmuster von den Ländern vielfach geändert wurde, blieb die vom Reichsverkehrsministerium erwartete einheitliche Umsetzung der Vorschriften unerreicht. Acht Jahre nach der vergeblichen Einführung einer einheitlichen Bewertung des kleinen städtbaulichen Problems „Kraftwagen-Einstellplätze-Garagen" hatte die nationalsozialistische Regierung 1939 eine zentrale Lösung durchgesetzt. Außerdem veränderte sich die bisherige Ansicht, wonach die Garage mehr oder weniger eine „Einzelerscheinung" sei, die zwar einer Regelung bedurfte, die aber doch eine Randerscheinung sei.[230]

---

226 Inzwischen ist sie den Ländern zugeordnet und hat die Bezeichnung „Garagenverordnung" erhalten, so zum Beispiel im Bundesland Hessen, GVBL. I., 1995, S. 514.

227 Eras und Bösling, Reichsgaragenordnung mit Landesvorschriften und Tankwesen, Berlin 1932, S. III.

228 Eras und Bösling, Reichsgaragenordnung, S. 121. Erst nach dem neuen preußischen Polizeiverwaltungsgesetz (Oktober 1931) war der Erlass von Polizeiverordnungen durch die preußische Regierung möglich.

229 Eras und Bösling, Reichsgaragenordnung, S. 131. Ein Land änderte das Wort „Quadratmeter in qm Grundfläche", ein Land hatte Schornsteine durch „Kamine" ersetzt, ein Land meinte die „Schornsteinreinigungsöffnung" durch „Reinigungsöffnung für Schornsteine" ersetzen zu müssen. Die beschriebenen Beispiele verändern nicht den Grundgehalt eines Musters, sondern sind nur landestypische Eigenarten. Anders dagegen ist die Änderung des folgenden Satzes zu werten: „Die Polizeibehörde kann die Aufbewahrung von Treibstoffen mit einem Flammpunkt über 55° Grad C gestatten" in „Für Treibstoffe mit einem Flammpunkt über 55° Grad C gelten diese Vorschriften nicht".

230 Dittus, Wilhelm, Zur Reichsgaragenordnung, in: RABL. II., 1939, Nr. 7, S. 94-97 (94).

Nachdem die Motorisierung aber stetig zugenommen habe und „man das baldige Erscheinen des Volkswagens", das „Meisterwerk deutscher Erfindungskraft", erwartete, war der Zeitpunkt für eine reichseinheitliche „städtebauliche Planung" gegeben.[231] Die Reichsgaragenordnung setzte damit auch baupolizeiliche Ländervorschriften außer Kraft. Das Reich habe sich bewusst von der Auffassung gelöst, dass „das Bauen eine Angelegenheit sei, die überwiegend der örtlichen Rechtsgestaltung vorbehalten bleiben müsse." Die Garagenordnung „scheint im besonderen Maße" geeignet, ein wichtiger vorweggenommener Teil „einer reichsgesetzlichen städtebaulich-baupolizeilichen Gesamtregelung" zu sein.[232]

Der Entwurf des „Deutschen Baugesetzbuches" von 1942

Zum Abschluss der im Dritten Reich geplanten oder verwirklichten städtebaulichen Bestimmungen soll auf den Entwurf für ein „Deutsches Baugesetzbuch" hingewiesen werden. Nachdem die Gesetzentwürfe für ein Städtebaurecht weder in Preußen noch im Reich bis 1933 realisiert werden konnten, war auch nach 1933 zunächst kein Anlass, sich dem Thema zuzuwenden, obgleich in den Fachaufsätzen immer wieder auf das „kommende Reichsbaugesetz" hingewiesen wurde. Die Führung des Dritten Reichs, vertreten durch das RAM hatte 1942 einen siebenteiligen Entwurf erarbeitet, der die Überschrift „Entwurf eines Deutschen Baugesetzesbuches" trug, der Entwurf ist vom 21.3.1942.[233] Die Gliederung des Deutschen Baugesetzbuchs in sieben Teilen:

Erster Teil:	Planungsordnung	Fünfter Teil:	Bauordnung
Zweiter Teil:	Umlegungsordnung	Sechster Teil:	Bestehende Bauten und Anlagen
Dritter Teil:	Baulandbeschaffungsordnung	Siebter Teil:	Gemeinsame Bestimmungen
Vierter Teil:	Erschließung		

Der Entwurf hatte 450 Paragrafen, im Anhang waren auf 25 Seiten Ausführungsbestimmungen entworfen worden. Der Entwurf war während des Dritten Reichs nicht in amtlichen Blättern oder in Fachzeitschriften veröffentlicht worden.[234] Der Entwurf aus dem Hause des Reichsarbeitsministers hat aber 1949/1950 eine sehr wichtige Rolle in der Bundesrepublik Deutschland gespielt. Die Abteilung Städtebau im Reichsarbeitsministerium hatte 1942, ohne weitere Beachtung der Reichsführung, am Entwurf gearbeitet und ihn fast fertiggestellt.

---

231 Dittus, Reichsgaragenordnung, in: RABL. II., 1939, Nr. 7, S. 94.

232 Dittus, Reichsgaragenordnung, S. 97. Dittus drückt gerade im letzten Teil seine Hoffnung auf ein allgemeines Reichsbaurecht aus. Mit seiner Hoffnung befindet er sich im Einklang mit vielen Kollegen aus dem Reichsarbeitsministerium, näheres mit vielen Nachweisen dazu bei Harlander: Zwischen Heimstätte und Wohnmaschine, Basel 1995.

233 BA Koblenz, R 41 / 882. Der Leiter der Hauptabteilung IV im Reichsarbeitsministerium, Ministerialdirektor Durst hatte auf der 17. Tagung der Deutschen Akademie für Bauforschung mitgeteilt, dass das Reichsbaugesetz, die Reichsbauordnung, das Reichsanliegergesetz, das Reichsansiedlungsgesetz und das Baulandumlegungsgesetz im Entwurf vorliegen würden. Diese Gesetze sollen das „unübersichtliche und zersplitterte Landesrecht" ersetzen und damit vereinheitlichen, in: *Der Baumeister* 1940, H. 7, S. 131.

234 Krautzberger, Michael, in: Baugesetzbuch, München 2003, Bd. I, Einleitung Stand Oktober 2003, S. 30. „Der Entwurf wurde aber im Hinblick auf die Kriegsverhältnisse nicht mehr veröffentlicht" (Krautzberger).

Das „Erscheinen des Entwurfs" war auch „wiederholt angekündigt" worden, so Dittus.[235] Als der Entwurf für die Veröffentlichung vorbereitet wurde, hatte die Leitung des Ministeriums „aber nicht mehr die Kraft gefunden" um sich im „Widerstreit" mit den übrigen Reichsstellen und den „Machthabern" durchzusetzen, der fertiggestellte Entwurf blieb folgenlos.[236] Die Bedeutung des Entwurfs wird im Zusammenhang mit dem ersten Entwurf eines Bundesbaugesetzes in Abschnitt 8.2 ausführlich dargestellt.

Im Herbst 1943 verkündete Hitler die „Vorbereitung des Wiederaufbaues bombengeschädigter Städte" an und beauftragte Minister Speer mit der Leitung der Planung.[237] Hitler hatte aber verfügt, dass er die „Wiederaufbaustädte" selbst bestimme, Speer solle den „Rahmen für die künftige Gestaltung dieser „Wiederaufbaustädte" festlegen. Speer blieb es überlassen, die „Stellen" zu bezeichnen, die die Planung durchzuführen hatten, geeignete Kräfte sollte er diesen Stellen zuweisen.[238] In einer Diskussionsrunde mit Vertretern der bombengeschädigten Städte und Gauleitern teilte Speer am 30.11.1943 mit, dass er den „Führererlaß" bei Hitler selbst „beantragt" habe.[239] Die Aufgabe, so Speer, bestünde darin, für die Wiederaufbauplanung Regeln aufzustellen in welcher Form geplant werden solle, dazu müsse aber in jeder bombengeschädigten Stadt durch örtliche Ermittlung festgestellt werden, was an Bausubstanz noch vorhanden und wiederaufbaufähig sei.[240] Erst wenn diese Maßnahmen erledigt seien, so Speer, könne an die „Wiedererrichtung von Stadtzentren und Verwaltungszentren" gedacht werden.[241] Die Planung von großen Ost-West-Achsen und Nord-Süd-Achsen müss-

---

235 Dittus, Wilhelm, Das öffentliche Interesse bei Grundstücksveräußerungen, in: Reichsarbeitsblatt 1944, Teil V., Nr. 4, S. V-35 - V 40. Unter dem eher unverdächtigen Titel schrieb Dittus, dass das Bedürfnis nach einer gesetzgeberischen Neuregelung des Baurechts groß sei. Leider sei es auch im letzten Jahrzehnt (sic) trotz hoher Erwartungen zu keinem Städtebaugesetz gekommen. Das Wohnsiedlungsgesetz von 1933 sei nur ein Anfang. Es fehle die reichseinheitliche, umfassende und erschöpfende Regelung der städtebaulichen Planung. Die neue Rechtsordnung müsse von programmatischen Allgemeinplänen bis zum verbindlichen Detailplan reichen. Dittus konnte in diesem Aufsatz (aus verständlichen Gründen) nicht mitteilen, dass auf seinem Tisch bereits seit zwei Jahren der nahezu fertige Entwurf eines Reichsstädtebaugesetzes lag.

236 Dittus, Baurecht im Werden, S. 44. Dittus hatte diese Abhandlung unter dem Titel „Die Erneuerung unseres Baurechts als Voraussetzung für den Wiederaufbau" schon im Januar 1948 in *Der Bauhelfer* veröffentlicht.

237 RGBL. I., 1943, Nr. 93, S. 575.

238 RGBL. I., 1943, Nr. 93, S. 575. Vgl. auch Durth, Deutsche Architekten. Durth beschreibt die Einrichtung des „Arbeitsstabes", der Speer direkt unterstellt, aber der „Ämtergliederung" im Rüstungsministerium entzogen war. Dieser Arbeitsstab hat sich nur mit städtebaulichen Planungsfragen beschäftigt. Gleichzeitig arbeiteten im Reichsarbeitsministerium Dittus, Durst, Kriebel, Kuhn, Zinkahn, Wedler und Wambsganz an Fragen des Städtebaus und der Baupolizei (Geschäftsverteilungsplan des Ministeriums von 1943).

239 BA Koblenz R3/1548. Reichsminister Speer über den Wiederaufbau der deutschen Städte, 30.11.1943, Sitzungsbeginn 16 Uhr.

240 Zur Rede von Speer, vgl. auch Werner Durth, Deutsche Architekten, München 1992, S. 261.

241 Speer: Die Planung werde „drei Gruppen" haben. In die erste Gruppe falle der Wiederaufbau der zerstörten Gebäude. In der zweiten Gruppe werde die Neuanlage von Siedlungen eingereiht, in der dritten Gruppe stehe der Behelfswohnungsbau, der für einige Jahre die schlimmste Not überbrücken könne. Mit diesen Maßnahmen könnten mehr als 1.500.000 Wohnungen hergestellt werden. Speer: Der „Führer" hat den Gruppen und die bauliche Umsetzung zugestimmt.

ten, ebenso wie „hochkünstlerische“ Ideen für Stadtzentren, entfallen.[242] Speer, so schreibt Harlander, war ausersehen, das neu zu gründende deutsche Reichsbauministerium zu übernehmen. In diesem Ministerium sollten alle Aufgaben des Bauwesens vereinigt werden.[243] Ley arbeitete dagegen und ließ eine „große Führervorlage“ „Zum Wohnungsbau nach dem Kriege“ Ende 1944 erarbeiten, die er im Januar 1945 dem „Führer“ vorlegen wollte.[244] Harlander fasst die unwirkliche und realitätsferne Situation der NS-Zeit so zusammen: „Es war ein Kampf [um Macht und Einfluß] ohne Ende, [...] das NS-Regime zerlegte sich auch im Wohnungswesen in den letzten Stunden sukzessive in kleine und größere Machtbereiche“, die „ohne Rücksicht [...] nach Gutdünken Aktivitäten entfalteten.“[245]

Die Lehmbauweise als letztes Mittel

Nach der militärischen Niederlage der 6. Armee in Stalingrad am 2.2.1943 und der Invasion der westlichen Armeen im Juni 1944 waren kaum noch Aktivitäten in den Bereichen Wohnungsbau und Städtebau zu verzeichnen. Im August 1943 wurde eine der letzten baupolizeilichen Verordnungen erlassen, sie betraf „die Hebung der baulichen Feuersicherheit“ u.a. durch massive Decken in dreigeschossigen Gebäuden. Ebenso sollten in bestimmten Gebäuden Brandwände eingebaut werden. Bezeichnenderweise war in der Verordnung nicht geregelt, welche Stellen für die Freigabe der notwendigen Baustoffe zuständig sein sollten.[246] Zu diesem Zeitpunkt zeichnete sich die Luftüberlegenheit der Alliierten ab, die Städte waren nicht mehr „Zuflucht“, sondern gefährliche Orte für die Bewohner geworden. Im August 1944 beauftragte der „Führer“ den Reichsminister für Rüstung und Kriegsproduktion Speer mit der Leitung des Kriegseinsatzes aller staatlichen und kommunalen Bauverwaltungen, damit war auch die städtebauliche Planung beendet. Die Sicherung der bombengeschädigten Gebäude ohne die notwendigen Baustoffe war kaum zu leisten. Trotzdem folgte noch der „Erlaß des Führers über die Vorbereitung des Wiederaufbaues bombengeschädigter Städte am 11.10.1943. Eine der letzten städtebaulichen Maßnahmen nach dem Gesetz über die „Neugestaltung deutscher Städte“ war der „Erlaß über städtebauliche Maßnahmen in der Stadt Bochum“, tatsächliche planerische Folgen wurden jedoch nicht bekannt.[247] Das Ende aller „großen städtebaulichen Maßnahmen“ des Dritten Reichs war die „Verordnung über Lehmbauten“ vom 4.10.1944. Die „Lehmbauweise“ war damit das Ende und zugleich der Anfang nach dem Zusammenbruch des Dritten Reichs.

---

242 Speer, Albert, Erinnerungen, Frankfurt 1969, S. 327-328.

243 Harlander, Zwischen Heimstätte, S. 283. Aufgaben waren u .a.: Raumordnung, Siedlungsplanung, Wohnungsbau und städtebauliche Gesetzgebung. Die kommende Stellung von Speer hatte Ley als Gefahr angesehen, denn sie bedeutete für ihn einen erheblichen Machtverlust.

244 Harlander, Zwischen Heimstätte, S. 283. Um das geplante Bauministerium zu schwächen, sollte eine „Reichsstelle für Siedlungsgestaltung“ als „Oberste Reichsbehörde“ neben dem Bauministerium installiert werden. An der Vorlage wurde noch Mitte Februar 1945 gearbeitet, eine fertiggestellte „Führervorlage“ ist nicht bekannt.

245 Harlander, Zwischen Heimstätte, S. 277.

246 RGBL. I. vom 25.8.1943, S. 497.

247 RGBL. I. vom 29.12.1943, S. 683.

7. Die Kapitulation 1945 und der Aufbau einer demokratischen Verwaltungs- und Polizeistruktur in Deutschland

7.1 Der Übergang von der zentralgelenkten Reichsverwaltung auf die Länderverwaltungen

Am 8.5.1945 kapitulierte die deutsche Wehrmacht bedingungslos, die Kampfhandlungen waren am 9.5.1945 beendet. Das Gebiet des Deutschen Reiches wurde durch die Alliierten besetzt, die bisherige Reichsregierung bestand de facto nicht mehr, die hoheitliche Gewalt wurde auf allen Ebenen durch die Alliierten ausgeübt. Die „Stunde Null", wie sie in der Literatur bezeichnet wird, wird als Metapher angesehen, denn tatsächlich hatte sich am 8.5.1945 der Rechtszustand des deutschen Reichs nicht geändert.[1] Deutschland war als Staat völkerrechtlich nach wie vor ein Rechtssubjekt, das nur zeitweilig seinen Aufgaben nicht nachkommen konnte. An seiner Stelle übte der Kontrollrat formal und tatsächlich die Regierungsgewalt aus. Die obersten Militärbehörden wurden durch die in den Besatzungszonen agierenden militärischen Oberbefehlshaber vertreten. Staatsrechtlich ist das Deutsche Reich am 8. Mai 1945 nicht untergegangen, es besaß ab diesem Zeitpunkt jedoch keine (deutschen) oberen staatlichen Autoritäten mehr.[2] Die deutsche Regierung war aufgelöst, abgesehen von der Regierung Dönitz, die noch bis zum 23.5.1945 „regierte".[3]

Den Alliierten stellten sich gleich mehrere große Aufgaben: Die Flüchtlingsströme aus den östlichen Gebieten Deutschlands waren „geordnet in den Westen zu lenken", die Entwaffnung und Rückführung der ehemaligen Angehörigen der deutschen Wehrmacht war zu organisieren, die Versorgung mit Lebensmitteln musste überwacht und mit eigenen Lieferungen unterstützt werden und die Brennstoff- und die Stromversorgung waren wieder in Gang zu bringen. Zudem mussten die von den Deutschen aufgebauten umfangreichen militärtechnischen Anlagen so schnell als möglich demontiert und aufgelöst werden und die Sicherheit und Ordnung im besetzten Gebiet gewährleistet werden.[4]

---

1 Schneider, U., Niedersachsen 1945/46, S. 130. Schneider: „die Stunde Null" solle nur als Bezeichnung für das materielle, soziale und moralische Trümmerfeld gelten. Allein in der Bibliothek der TU Darmstadt wird der Begriff 25mal im Katalog aufgeführt. Wulf (Deutschland nach 1945) interpretiert den Begriff „Stunde Null" so: Sie ist nicht nur im „zeitlich-gegenwärtigen Sinne", sondern auch im „historischen Sinne" zu sehen, in: Deutsche Geschichte, hg. von Martin Vogt, Stuttgart 21991, S. 728.

2 BVerfGE Bd. 2, 1953, S. 56. „Die Alliierten haben [...] die Staatsgewalt kraft eigenen Okkupationsrechtes, nicht kraft Übertragung durch eine deutsche Regierung ausgeübt [...]" Ähnlich in BVerfGE 1954, Bd. 3, S. 316, „Die Kapitulation hat den Fortbestand des Deutschen Reiches als Staat nicht berührt [...]."

3 In der Kapitulationsurkunde vom 5. Juni 1945 heißt es: "Es gibt in Deutschland keine zentrale Regierung oder Behörde, die fähig wäre, die Verantwortung für die Aufrechterhaltung der Ordnung, für die Verwaltung des Landes und für die Ausführung von Forderungen der siegreichen Mächte zu übernehmen." Dönitz war bis zum 23.5. offiziell Reichspräsident.

4 Schulte, Wolfgang, Politische Bildung in der Polizei. Die vier D-Begriffe stellen mehr oder weniger gleichzeitig zu lösende Aufgaben dar: Dezentralisierung, Denazifizierung, Demilitarisierung und Demokratisierung (ohne Rangfolge).

Dazu wurden funktionierende deutsche Behörden auf der mittleren und unteren Ebene sofort gebraucht, jedoch unter der Kontrolle der Militärregierung.[5] Im Frühjahr 1945 gab der Oberbefehlshaber der alliierten Streit-kräfte, General Eisenhower, in der Proklamation Nr. 1 in vier Artikeln bekannt, welche Maßnahmen durch die Militärregierung sofort umgesetzt werden sollten. In Artikel IV wurden alle Beamten und Angestellte des öffentlichen Dienstes und von gemeinwirtschaftlichen Betrieben verpflichtet, „auf ihrem Posten zu verbleiben" und alle Befehle und Anordnungen der Militärregierung und der deutschen Regierung zu befolgen.[6]

Ein Beispiel für die Beaufsichtigung ist die fünfseitige Anweisung des amerikanischen Hauptquartiers an den Direktor der Behörde der Militärregierung für Bayern, „Groß-Hessen" und „Württemberg-Baden".[7] Tatsächlich bediente sich die Militärregierung der unteren deutschen Organe, abgesehen von den NS-Einrichtungen, die sofort verboten und aufgelöst worden waren. Polizeiangehörige, die nach einer ersten Durchsicht nicht als belastet angesehen wurden, hatten ihren Dienst weiter zu versehen.[8] Aus dem Armeehauptquartier teilte Generalmajor Adcock seinen unteren Militärbehörden mit, dass verschiedene Schritte unternommen wurden, um die „reibungslose Ab-wicklung" der deutschen Regierungsgeschäfte zu sichern.

Im Einzelnen und in Kurzfassung: Die eingesetzten Ministerpräsidenten wurden durch die Militärregierungen beaufsichtigt, die drei „neuen Staaten" erhalten je eine Staatsregierung, die Ministerien üben die Funktionen aus, die früher die Reichsinstanzen innehatten. Beamte könnten, nach vorheriger Zustimmung, ernannt werden. Jedes Land erhielt die Befugnis, Gesetze zu erlassen, rechtsprechende Akte zu vollziehen und die ausführende Gewalt unter Kontrolle der Militärregierung auszuüben. Die Angleichung von Vorschriften, die bisher der Reichsregierung zugeordnet waren, werden zwischen den drei Staaten[9] durch die Schaffung eines Ministerpräsidentenrates besprochen und vereinbart. Das von der Militärregierung gesetzte Ziel einer funktionierenden deutschen Verwaltung sollte bis zum 31.12.1945 erreicht werden.[10]

---

5 Wulf, Peter, Deutschland nach 1945, in: Deutsche Geschichte (Hg. Martin Vogt), Stuttgart ^{2}1991, S. 728-839, (732). Tatsächlich bestand aber bis Ende Mai noch die Regierung Dönitz. Nach Wulf gab es ab diesem Zeitpunkt keine deutsche Staatsführung mehr, das Reichsgesetzblatt wurde nach dem 24.3.1945 eingestellt.

6 Ruhl, Hans-Jörg, (Hg.), Neubeginn und Restauration, Dokumente zur Vorgeschichte der Bundesrepublik Deutschland, 1945-1949, München 1982, S. 123-125. DTV Dokumente Nr. 2932.

7 HSTA-W, 502/4617a, Aktion zur Stärkung der Deutschen Zivilverwaltung in der „AM.-Zone" (Spätherbst 1945).

8 Darmstadt wurde am 25.3.45 besetzt. Einen Tag später wurde Ludwig Metzger als Bürgermeister eingesetzt.

9 In der deutschen Fassung der Proklamation Nr. 2 von General Eisenhower wurde der Begriff Staaten eingeführt. Hessen hatte sich am 31.12.1945 ein „Staatsgrundgesetz" gegeben. Die drei Staaten waren Groß Hessen, Bayern und Württemberg-Baden.

10 HSTA-W, 502/4617a, S. 1, Adock war damit einverstanden, dass seine Anweisung auch den Länderministerpräsidenten mitgeteilt werden solle, auch die regionalen Militärdienststellen erhielten die Anweisung. Quelle wie FN oben. Aus einem „Progress Report of Land Greater Hesse" vom 21.12.1945 geht hervor, dass das „Office of Miltary Government for Greater

In der alltäglichen Praxis der Gemeinden und Städte gab es, trotz der Auflösung des Dritten Reichs, dem unvermeidlichen „Schwarzhandel" und auch Plünderungen, eine relativ gut funktionierende örtliche Polizei und Verwaltung im Frühsommer 1945, sie wurden aber durch die Militärregierung überwacht.[11]

Die Besatzungsmächte (Großbritannien und USA) mussten jedoch entsprechende Einrichtungen für ihre „neuen Staaten" schaffen, die den Prinzipien der schon 1944 erarbeiteten politischen Vorstellungen der USA - Direktive JCS 1067[12] - und der britisch-amerikanischen Direktive - CCS-551[13]- folgten. Als oberste Instanz wurde der Kontrollrat (KR) am 5. Juni 1945 eingerichtet, in den die vier Siegermächte je einen Vertreter entsandten.[14] Nach dem 14. Juli 1945 wurden Rechtssätze und Vorschriften, die für ganz Deutschland gelten sollten, vom KR verkündet. Die initiierende Form wurde - jedenfalls im Bereich der US-Zone und vergleichbar in der britischen Besatzungszone - durch die Proklamation Nr. 1 vom 14. Juli 1945 geschaffen.[15]

Die Gesetzgebungsgewalt der Militärregierung wurde in verschiedene Verkündungsformen ausgeübt, die auch die Polizei, die Gewerbepolizei, die Medizinalpolizei und die Baupolizei betraf. Für die deutschen Behörden war die Kenntnis dieser ungewohnten „Befehls-, Anordnungs- und Verwaltungssprache" wichtig, wenn Maßregeln der Militärbehörden oder Zurechtweisungen deutscher Aufsichtsorgane vermieden werden sollten. Näheres über die "Proclamations, Laws, Ordinances, Notices, Directives, Orders, Instructions und Regulations" sind im Anhang Nr. 11 abgedruckt.

Hesse" (OMGHE/OMGGH) offensichtlich mit der Arbeit der eingesetzten hessischen Regierung zufrieden war (HSTA-W, 502/1874). Auf der ersten Seite des Reports hatte Newmann handschriftlich geschrieben: „To my good friend Prof. Dr. Geiler, Minister-President of Greater Hesse with my kindest regarde, James R. Newmann".

11 Die Militärbehörden ersetzen „belastete" Bürgermeister durch unbelastete Personen, die von kirchlichen Stellen oder von „alten" Sozialdemokraten benannt wurden. Die unteren Ränge der öffentlichen Bediensteten arbeiteten – sofern sie unbelastet waren – mit den Vorschriften weiter, die (noch) nicht verboten waren.

12 Borsdorf, Ulrich und Lutz Niethammer, in: Zwischen Befreiung und Besatzung, Wuppertal 1976, S. 173. Es handelt sich um die Besatzungspolitik, die unmittelbar nach Einstellung der Kämpfe durchzuführen war. JCS = Joint Chiefs of Staff. Die Direktive ist bei Hans-Jörg Ruhl „Neubeginn und Restauration" in weiten Bereichen abgedruckt, S. 58.

13 Die CCS 551 wurde in der US-Zone nicht angewandt, umgekehrt wurde in der britischen Zone die US-JCS 1067 nicht verwendet. Siehe auch Stefan Noehten, Alte Kameraden und neue Kollegen, Essen 2002, S. 66.

14 Die allgemeine Bekanntmachung erfolgte am 5. Juni 1945, DRZ 2, 1946, S. 53.

15 Hemken, Ruth, Sammlung von Vorschriften, M-Proklamation Nr. 1. Diese Proklamation ist vom 14.5.45. Eine weitere Proklamation Nr. 1 hat kein Datum, sie gilt ab dem 18.9.1944, dem ersten Tag der Besetzung nach Brandl, Felix: Das Recht der Besatzungsmacht, Ausgabe 1947, S. 6/7.

7.2 Demokratisierung und Dezentralisation zwischen 1945 und 1949 am Beispiel der Baupolizei

Gleichzeitig mit den zuvor beschriebenen Hauptaufgaben begannen der Aufbau dezentraler demokratischer Strukturen und die „Entnazifizierung" im großen Umfang.[16] Zugleich mit der Entnazifizierung musste die deutsche Verwaltung mit Kräften besetzt werden, die demokratisch gesinnt und unverdächtig waren. Über die Schwierigkeiten der Arbeit klagte Gottlob Binder, Minister für politische Befreiung in Hessen, in einer Rede am 4.3.1947. „In Hessen seien 760.000 Personen im Rahmen der Entnazifizierung zu überprüfen", was 27% der Hessischen Bevölkerung entsprach. In der US-Zone wären insgesamt etwa 3,5 Millionen Personen betroffen. Das Gesetz sei zu breit angelegt, man müsse von einem „Problem der Masse" sprechen. Bis 1947 seien nur 63.000 Fälle bearbeitet worden, man könne sich daher ausrechnen, dass die Arbeit noch mindestens zehn Jahre dauern würde. Zum Schluss hoffte Binder, dass die Militärregierung über Amnestien das Massenproblem teilweise lösen würde.[17] Bis Ende 1946 hatten Angehörige der NSDAP und anderer inzwischen verbotener Organisationen, soweit sie bestimmte höhere Funktionen im NS-Regime innegehabt hatten, zunächst keine Chance, in der öffentlichen Verwaltung tätig zu sein. Zu Beginn des Jahres 1947 vollzog sich jedoch ein Wandel; es gelangten immer mehr ehemalige SA- oder NSDAP-Angehörige in den öffentlichen Dienst, nachdem sie das Entnazifizierungsverfahren überstanden hatten. Gleichwohl gelang der Eintritt in den öffentlichen Dienst denjenigen vorerst nicht, die in den Entnazifizierungsverfahren als „belastet" eingestuft wurden. Nach 1947 relativierte sich aber auch dieses, allgemein bekannt war der Satz: Die Kleinen werden gehängt, die Großen kamen davon.[18]

Neben Befehlen, Direktiven und Anordnungen der amerikanischen Militärregierung ist die Anordnung mit der Überschrift „Titel-9" für das hier näher untersuchte Gebiet der Trennung von Polizei und Verwaltung besonders wichtig. Titel-9 legte die Politik der amerikanischen Militärregierung bezüglich des Aufbaus und der dienstlichen Tätigkeit der deutschen Polizei- und Feuerwehrbehörden in der US-Besatzungszone fest.[19] So wurde die Dezentralisierung der deut-

---

16 Die Entnazifizierung begann erst 1946-1947. Selbst bereits verstorbene oder gefallene Soldaten wurden in die Entnazifizierung einbezogen, wobei nach erfolgtem Abschluss die Kriegerwitwen sämtliche Verwaltungs- und Rechtsanwaltsgebühren bezahlen mussten, selbst dann, wenn die vom öffentlichen Kläger erhobenen Anklagen später eingestellt wurden. General Lucius Clay mahnte am 5.11.1946 die Ministerpräsidenten, die Entnazifizierung entschlossener anzugehen, von den bisherigen Ergebnissen sei er „schwer enttäuscht", in: HSTA-W, 502/1874, S. 1-3.

17 HHSTA-W, Abtl. 502/12060-a und b.

18 Schneider, U., Britische Besatzungspolitik 1945, S.143. „Die Entnazifizierungspolitik gehört [...] zu den damals wie heute am heftigsten umstrittenen Kapiteln der Besatzungspolitik, [...] sie war hinderlich und erfolglos". General Clay hatte schon 1946 auf einer Länderratstagung den Ministerpräsidenten gesagt, dass er „von den Ergebnissen der Entnazifizierungsarbeit schwer enttäuscht sei." Wenn sich keine schnelle Änderung zeige, müsse er (Clay) annehmen, dass „die deutschen Behörden nicht willens seien, Verantwortung zu übernehmen". Sollte sich bald nichts ändern, werde die MR einschreiten. (HHSTA-W, Abtl. 502/1874).

19 HSTA Darmstadt, H2, Lauterbach Nr. 758, Titel-9-100. Der „Titel-9" bezeichnet die Politik der amerikanischen Militärbehörde für den Aufbau und die dienstliche Tätigkeit der deut-

schen Polizei verlangt und die Bezeichnungen für die Gemeindepolizei, in Gemeinden über 5.000 Einwohnern in Titel-9-211 und die Landpolizei für Gemeinden unter 5.000 Einwohnern in Titel-9-212, festgelegt.[20] Die Aufgaben der ehemaligen „Verwaltungspolizei" wurden im Titel-9-235 neu geregelt: „Alle früher von der deutschen Polizei wahrgenommenen Aufgaben, die nicht unmittelbar im Zusammenhang mit dem Schutz von Leben und Eigentum, der Aufrechterhaltung der öffentlichen Ordnung und der Verhütung und Entdeckung von Straftaten stehen, werden dem polizeilichen Tätigkeitsgebiet entzogen."[21] Diese Pflichten sollten von anderen behördlichen Stellen wahrgenommen werden, doch dürfe die Bezeichnung 'Polizei' für derartige Funktionen oder für die sie ausübenden Dienststellen oder Personen nicht mehr benutzt werden.[22]

Damit wurde die Verwaltungspolizei aus der Polizei ausgegliedert und - unter Weglassung des Begriffs Polizei - in die innere (Zivil-)Verwaltung übernommen, wobei klar war, dass Aufbau und Tätigkeit des „neuen" Amtes nicht im Verantwortlichkeitsbereich der „öffentlichen Gefahrenabwehr" liegen dürfe.[23] Beispielsweise wurden die Bau-, Gesundheits-, Gewerbe- und die Lebensmittelpolizei anderen Verwaltungsbehörden mit der Forderung übertragen, die Zusatzbezeichnung „Polizei" zu streichen. So wurde, wenn auch gelegentlich zögernd, aus der Gewerbepolizei die Gewerbeaufsicht, aus der Baupolizei die Bauaufsicht und aus der Gesundheitspolizei die Gesundheits- oder Medizinalbehörde. Die von den Alliierten angeordnete Zurückführung der Polizei auf ihre Aufgabe in einem demokratischen Staat musste auch Auswirkungen auf die Baupolizei haben. Schon der bis 1954/1955 noch immer verwendete Begriff „Baupolizei" zeigt, dass die Vorstellungen der Militärregierung von einer neuen Struktur nicht völlig Eingang in die Staatspraxis gefunden hatte.[24]

---

schen Polizei- und Feuerwehrbehörden. „Titel-9" enthält Grundsätze und Vorschriften, wie die deutsche Polizei dezentralisiert werden solle. Als gesicherte Quelle für „Titel-9" kann das „Allgemeine Polizeirecht", ein Leitfaden für Verwaltungsbeamte und das wissenschaftliche Studium, gelten. Hg. von Bill Drews und Gerhard Wacke, Berlin, Köln, München ^{6}1952, S. 232-234. Unter der Überschrift: § 18, Organisation der Polizei in der amerikanischen Besatzungszone, hat Wacke die Vorschriften der Militärregierung, hier Titel 9, beschrieben. Die deutsche Überschrift lautet: „Titel 9 der Vorschriften der Militärregierung über öffentliches Sicherheitswesen vom Mai 1945, in der Abänderung vom 22.5.1947." Die Quelle der vom Verfasser verwendeten deutschen Fassung ist in der FN angegeben.

20 HHSTA-W, Abtl. 502/1874. In einer Besprechung zwischen dem hessischen Ministerpräsidenten und der Militärregierung am 10.1.1946 wurde in einem Aktenvermerk notiert, dass Major Landin besonders auf die weitere „Dezentralisierung der Polizei" Wert gelegt habe.

21 HSTA Darmstadt, H2, Lauterbach, Nr. 758, Titel-9-100. Bestimmte Polizeifunktionen, die unter die Bezeichnung Sonderpolizei (Wasser-, Eisenbahn- und Schifffahrtspolizei) fallen, werden hierin nicht behandelt, da sie anderen Ministerien als dem Innenministerium zugeordnet waren.

22 HSTA Darmstadt, H2, Lauterbach Nr. 758, S. 6. Titel-9-235 = Verwaltungspolizei.

23 Edelmann, Günther, Der Einfluß des Besatzungsrechts auf das deutsche Staatsrecht der Übergangszeit 1945-1949, Miltenberg 1955, S. 39. Der „Titel-9-235" bezeichnete die Vorschrift der US-Militärregierung für die ehemalige „Verwaltungspolizei". In der britischen Zone hieß die vergleichbare Vorschrift: „Anordnung der Militärregierung über die Re-Organisation der Deutschen Polizei". Sie stammt vom 25.9.1945.

24 Trennung zwischen der staatlichen, bzw. der kommunalen Polizei und der Verwaltung in zwei selbständige Bereiche.

Der Begriff „Baupolizei“ wurde auch noch verwendet, als diese Verwaltungstätigkeit in die kommunale Hoheit als Auftragsverwaltung, bereits übergegangen war.[25] Auch einzelne Gesetzgeber wie z.B. das Land Hessen oder Verwaltungsdienststellen nutzten noch den Begriff Baupolizei für eine Aufgabe, die später als Bauordnung oder Bauaufsicht/Baurecht bezeichnet wurde.[26] Dagegen hatte sich der frühere Begriff Gewerbepolizei längst in die „Gewerbeaufsicht“ gewandelt.[27] Die Militärregierung hatte das Verbot, das Wort Polizei zu verwenden, gelegentlich auch indirekt formuliert, indem sie genau die Dienststellen aufführte, die den Zusatz Polizei noch, oder wieder z.B. die Grenzpolizei, verwenden durften, allen anderen Dienststellen war dies entweder verboten oder sie wurden von der Polizei in eine zivile Verwaltungsbehörde eingegliedert. Der Titel-9-430 untersagte auch der deutschen Polizei, Verfügungen, Verordnungen oder andere Anordnungen mit „Gesetzeskraft“ zu erlassen. Strafverfügungen der Baupolizei nach Polizeistrafgesetzen waren verboten. Ausgenommen waren nur baupolizeiliche Verfügungen im Sinne des PVG[28] von 1931.

7.3 Lenkung der deutschen Verwaltung im britischen Kontrollgebiet

Die britische Militärregierung fand in ihrem besetzten Gebiet[29] eine Polizei vor, die, gemessen an englischen Traditionen, eine außergewöhnliche Macht besaß, denn die deutsche Polizei konnte auch Polizei-Verordnungen erlassen. Sie war, zunächst durch Frick 1934, dann durch Himmler 1936 zentral organisiert worden und stand damit im Gegensatz zur Weimarer Zeit, wo die Länder und die Gemeinden die Polizeihoheit hatten. Die Bewaffnung der deutschen Polizei wurde jetzt auf Pistolen und Revolver (nach Titel 9-320) beschränkt. Die Polizei musste nach britischen und amerikanischen Vorstellungen eine grundlegende Wandlung erfahren, die zum angestrebten Ziel, der Herstellung einer funktionierenden demokratischen Gesellschaft, führen sollte. Nach Diskussionen innerhalb des Foreign Office wurde schließlich die Anordnung vom 25.9.1945 erlassen.[30]

---

25 HSTA Darmstadt, H2, Lauterbach, Nr. 758, Schreiben des RP vom 2.4.1948. Beispielsweise wurde der hessische Innenminister von der Militärregierung kritisiert, weil noch immer der Begriff Baupolizei oder Gesundheitspolizei verwendet würde.

26 HHSTA-W, Abtl. 503-4595. Der hessische Justizminister sah als Ziel einer neuen Bauordnung das „Bau-(polizei)Recht“ zu vereinheitlichen (Schreiben an den Innenminister am 2.8.1954). Nach Ansicht des hessischen Arbeitsministers solle die neue Bauordnung nun drei Rechtsgebiete zusammenfassen: „Das Bauplanungsrecht, das Baupolizeirecht und das Recht der Außenwerbung“ (HHSTA-W, Abtl. 503-4592, 21.9.1954).

27 HHSTA-W, Abtl. 502-1928. Der hessische Ministerpräsident teilte der „Alliierten Hohen Kommission für Deutschland“ am 30.5.1950 mit, dass „die früher von der Polizei wahrgenommenen Funktionen der Lebensmittelkontrolle“ den Gewerbeämtern der Land- und Stadtkreise übertragen wurde.

28 PVG: (Preußisches) Polizeiverwaltungsgesetz.

29 Die Provinzen Hannover, Nordrheinprovinz, Schleswig-Holstein und Westfalen, die Länder Braunschweig, Lippe-Detmold, Schaumburg-Lippe, Oldenburg, zeitweilig Bremen und die Hansestadt Hamburg.

30 Anordnung der Militär-Regierung über die Reorganisation der deutschen Polizei in der Britischen Zone. BAOP/38708/30/G vom 25. September 1945. Dem Verfasser mitgeteilt vom Niedersächsischen Staatsarchiv Osnabrück am 27.10.2004, zusammen 22 Seiten, incl. An-

Sie war der erste Versuch, die Befugnisse der deutschen Polizei auf das Tätigkeitsgebiet der „festen Aufrechterhaltung von Gesetz und Ordnung", zu beschränken.[31] In der Anordnung sind die Anweisungen aufgeführt, die besonders zu beachten und zu befolgen sind, sie umfassen die „restlose Beseitigung und Auflösung aller „Nazi-Aufbauten und –Einrichtungen", die Entmilitarisierung und Entwaffnung der Polizei und Umbildung in eine zivile Körperschaft, Beseitigung aller richterlichen oder gesetzgebenden Aufgaben und Funktionen der Polizei."[32] Das Mittel, mit dem Briten aber auch die Amerikaner die Regierungskontrolle durchführten, war die sogenannte „indirect-rule", also die indirekte Führung der deutschen Regierungs- und Verwaltungsstellen.[33] Aus den erlaubten Organisationen wurden Nationalsozialisten entfernt und die Unterstellung der Polizei in zivile Provinzial-Behörden, Regierungsbezirke und Städte" angeordnet.[34] Damit sollte eine durchgreifende Dezentralisation der im Dritten Reich zentral geführten Polizei bewirkt werden.

Die britische Anordnung vom 25.9.1945 enthält auch, wie erwähnt, eine Liste mit allen abgeschafften Dienststellen und Organisationen, so u.a. auch die Verwaltungspolizei und die Ordnungspolizei. Die für die deutsche Verwaltung neue Darstellung von Zielen, die Aufzählung der Mittel, um Ziele zu erreichen und die zielumschreibende Art eines Gesetzes, einer Verordnung oder Direktive war für die deutsche Bürokratie ungewohnt. Sie kannte nur die in Paragrafenform knapp gefasster Gesetzessprache. Die neue Art der indirekten Regierung (durch Zielsetzung) wirkte teilweise verwirrend und fremdartig - auch schon deswegen, weil unzählige Verordnungen und Direktiven ohne Datum herausgegeben wurden. Missverständnisse waren daher vorhersehbar, dennoch war es der britischen (und der amerikanischen) Besatzungsmacht mit dem eingeschlagenen Weg ernst.[35] Noch Jahre nach der Anordnung vom 25.9.1945 wurde die Trennung von Polizei und Verwaltung, auch im Bereich der Baupolizei, Gegenstand von ministeriellen Anweisungen, da der spätere Behördenalltag oder der vermeintliche Verlust der eigenen Bedeutung den eigentlich beabsichtigten grund-

---

hänge. Dortige Akte: STA-Osn, Rep. 430, Dez. 201, Aktz. 11/74 Nr. 2. Diese Anordnung deckt sich teilweise mit den Richtlinien für die deutsche Polizei vom 8.5.1945 bei Wolfgang Schulte: Politische Bildung in der Polizei, Funktionsbestimmung von 1945 bis zum Jahr 2000, Frankfurt 2003, S. 411-413.

31 Anordnung der Militär-Regierung über die Reorganisation, S. 6. Zur Frage der „Re-Organization" in der Britischen Zone grundlegend in AÖR „Archiv des öffentlichen Rechts"1949, Bd. 75, S. 471.

32 ebd., Die Befehle (Gesetze) und Anordnungen der Militärregierung liegen teilweise nur in deutscher Übersetzung vor, wenn z.B. die „Beseitigung" von solchen Kräften" gefordert wurde, so war sinngemäß an die Entfernung aus dem derzeitigen Dienst gemeint.

33 Auch die amerikanische Militärregierung verfolgte die Politik der „indirect rule". In Kurzform: Die Besatzung verwaltet das besetzte Land nicht selbst, sondern beaufsichtigt und lenkt die einheimischen Verwaltungskräfte, notfalls greift die Besatzungsmacht aber auch ein, so Stefan Noethen, Alte Kameraden und neue Kollegen. Polizei in NRW 1945-1953, Essen 2003, S. 71.

34 Anordnung der Militär-Regierung über die Reorganisation, S. 2.

35 Verordnung Nr. 135 der Militärregierung, Britisches Kontrollgebiet über die „Deutsche Polizei. In der VO wurden die Begriffe Aufgabe der Polizei und die Einrichtung beschrieben. BA-Ko 034-013, S. 113.

legenden Wandel in der Hintergrund treten ließ. Die geschilderten Unklarheiten waren nicht nur durch technische Fehler, sondern auch durch die Übermittlung der Anordnung bedingt. Noehten beschreibt, dass in der Anordnung vom 25.9.45 nicht beachtet wurde, dass das preußische Polizeiverwaltungsgesetz von 1931 noch immer gültig war, außerdem wurde die Anordnung nicht zentral und sofort veröffentlicht, sondern zunächst als eine interne militärische Dienstanweisung angesehen, die zuvor alle britischen Dienststellen noch durchlaufen sollte.[36] So wurde die Anordnung in manchen Städten sofort, in anderen Städten erst nach mehrmonatiger Verzögerung eingeführt.

7.4 Trennung von Polizei und Ordnung, die sogenannte „Entpolizeilichung"

Die „Umbauschwierigkeiten", vor denen die US-Militärregierung stand, waren doch größer als erwartet, denn im „Historical Report vom August 1945 wurde berichtet, „dass die Militärregierung im 'Kindergarten-Stadium' ansetzen musste, was die deutschen Fähigkeiten zu einer „eigenständigen Verwaltung" betraf. „Preußische Bürokratie und Organisationspläne der Militärregierung waren nicht miteinander vereinbar" und „das Verrücken eines Schreibtisches brachte Kalamitäten mit sich, der Umzug eines Büros war eine Katastrophe."[37] Der „Titel-9" (US-Zone) und die britische „Anordnung" vom 25.9.1945 waren im Polizei und Baupolizeibereich die beiden Vorschriften, die sofort und am augenfälligsten die Ziele Dezentralisation und Demokratisierung der Besatzungsmächte deutlich machen konnten. Sie sind aber auch ein Beleg dafür, wie schwierig es für eine siegreiche Armee sein konnte, ein eingefahrenes System so zu ändern, dass das Ergebnis für die Besatzungsmacht befriedigend sein würde.

Weder in der US- noch in der britischen Zone gelang der erwartete volle Durchbruch bei der Trennung der Strukturen von Polizei und ziviler Verwaltung. Die Entfernung des Begriffs „Polizei" aus den zusammengesetzten Amts- oder Tätigkeitsbezeichnungen, z.B. Baupolizei, Gesundheitspolizei, Gewerbepolizei, Feldpolizei, Jagdpolizei und Forstpolizei, wurde nicht konsequent durchgesetzt. Um die wirkliche Trennung zu erreichen, vergingen im besten Fall einige Monate, bei der Baupolizei dauerte es jedoch fast zehn Jahre, bis der Begriff „Baupolizei" abgeschafft war.[38] Z.B. musste der hessische Innenminister seine Regierungspräsidenten am 13.2.1947 mahnen, den verlangten Bericht über die Organisation der Polizei nach Titel-9 alsbald vorzulegen. Als Termin für das aufzustellende Handbuch (innere Organisation des Dienstes), wurde der 1.3.1947 angesetzt. Besonders sei zu berichten, ob das örtliche Handbuch schon verfasst wurde, welche Verantwortlichkeit festgelegt wurde und wie neue Polizeibewerber geprüft würden.[39] Aber auch die Landräte hielten sich nicht an die Weisungen, denn der Regierungspräsident teilte ihnen am 2.4.1947 mit, dass die

---

36 Noethen, Stefan, Alte Kameraden und neue Kollegen. Polizei in NRW 1945-1953, Essen 2003, S.106.

37 Emig, Dieter und Alfred G. Frei, Office of Military Government for Hesse, in: OMGUS-Handbuch, Bericht des Detachment E-5, hg. von Christoph Weisz, München 1994. S. 323.

38 1945 wird als Veränderungsbeginn und 1955 als Ende gesetzt. Mitte 1954 war das „Baurechtsgutachten" durch das Bundesverfassungsgericht fertiggestellt worden.

39 HSTA Darmstadt, Abt. H2-Friedberg, Nr. 347

Militärregierung eine Reihe von Verstößen gegen die Vorschriften des Titels-9 Nr. 235 (Verwaltungspolizei) beanstandete. In Nr. 235 sei festgelegt, dass die Polizei keine Aufgaben zu übernehmen und durchzuführen hat, die den Aufgaben der Polizei widersprechen. Aufgaben, die nicht unmittelbar im Zusammenhang mit dem Schutz von Leben und Eigentum, und der Aufrechterhaltung der öffentlichen Ordnung entsprechen, „sind dem polizeilichen Tätigkeitsgebiet entzogen". Derartige Pflichten müssen von zivilen behördlichen Stellen erfüllt werden. Die Bezeichnung Polizei für derartige Funktionen oder ausübende Dienststellen sei auch im Wortzusammenhang nicht zugelassen. Als Polizei im Sinne des Titels-9-235 dürften nur folgende Sachgebiete bezeichnet werden:

„A. Im Rahmen der staatlichen Polizei
Gendarmerie inklusive Kriminalpolizei, Grenzpolizei, Landeskriminalbüro

B. Im Rahmen der kommunalen Polizei
Schutzpolizei, Kriminalpolizei, Verwaltungspolizei als Verkehrspolizei, Fremdenpolizei (Melde-, Paß- und Ausländerangelegenheiten) sowie Führerscheine u. ä."[40]

Weiter wurde im Titel 9-702 bestimmt, dass die deutschen Feuerwehren kein Bestandteil des deutschen Polizeisystems mehr sind, sie sind eine zivile Organisation, die der örtlichen Verwaltungsbehörde unterstellt sei. Die Wahrnehmung der Dienststellung eines Bürgermeisters und die eines Polizeichefs in einer Person war untersagt. Die Dienststellenbezeichnung Gesundheitswesen oder Bauaufsicht als Polizeidienststelle war unzulässig.[41]

Polizei- und Verwaltungsaufgaben werden getrennt, die „Baupolizei" wandelt sich zur „Bauaufsicht"

Die strikte Trennung zwischen Verwaltungsbehörden und der Polizei war das politische Ziel der Besatzungsmacht, die Umsetzung lag bei den von der Militärregierung kontrollierten deutschen Regierungsstellen. In der deutschen Verwaltung war die Aufgabe oder die Tätigkeit einer Stelle als Wortverbindung zweier Substantive gekennzeichnet, daher hat die Endung „Polizei" eine lange Tradition.[42] Sie sollte nach dem Willen der US-Militärregierung (Titel 9-235) aufgebrochen werden. Die deutschen Stellen bemühten sich, den „Direktiven" des Titels 9 zu folgen, dies geschah allerdings mit gelegentlichen „Rückfällen". Die Militärregierung beanstandete bei Inspektionen der Dienststellen dann die Verletzung des Titels 9 gegenüber der deutschen Regierung. In der Folge musste beispielsweise der hessische Innenminister die Regierungspräsidenten auffordern „die Bauaufsicht" nicht als „Baupolizei" zu bezeichnen, bei Nichtbefol-

40 HSTA Darmstadt, Abt. H2-Lauterbach, Nr. 758, dort die Vorschriften des Titel-9, S. 6 und 7.

41 HSTA Darmstadt, Abt. H2-Lauterbach, Nr. 758, (Titel-9).

42 Allein mit dem Buchstaben F zeigen sich folgende zehn Wortverbindungen: Feldpolizei, Feuer-Bau-Polizei, Feuerlöschpolizei, Feuerpolizei, Fischereipolizei, Fluchtlinienpolizei, Forstpolizei, Freiheitspolizei, Fremdenpolizei und Funkpolizei. Der Verfasser hat bei der Bearbeitung des Themas eine private Liste mit 75 Begriffsendungen „Polizei" erstellt. Die „Verwaltungspolizei" (noch 1950 verwendet) gehört auch zu diesen kuriosen Begriffen.

gung wurden „Maßregeln“ angedroht.[43] Dabei hatte der Minister auf seinen Erlass vom 14.8.1947 hingewiesen, wonach die bisherige Bezeichnung „Baupolizeibehörde“ in „Bauaufsichtsbehörde“ abzuändern sei.[44]

Die Gewaltentrennung in der Verwaltung auch durchzusetzen, erforderte u.a. den Einsatz höchster Beamter. So richtete der Hessische Ministerpräsident an den Landeskommissar am 31.1.1950 einen ungewöhnlichen Hilferuf. Er sollte zustimmen, dass die Lebensmittelkontrolle, wegen auftretender Massenverfälschung von Lebensmitteln, der Polizei als Aufgabe zugewiesen werden dürfe, denn die Personalausstattung sei bei der Lebensmittelüberwachung zu gering. Der Titel 9 Nr. 235 würde diesem Verlangen nicht entgegenstehen.[45] Offensichtlich ist die Bitte auf Missfallen beim Landeskommissar gestoßen, denn am 1.3.1950 teilte er dem Ministerpräsidenten mit, dass die Kontrolle keine Polizeiaufgabe sei, sondern eine reine Verwaltungsaufgabe, die die Lebensmittelkontrolle leisten müsse. Die Belehrung des Landeskommissars zeigte Wirkung, denn schon am 30.5.1950 meldete der Ministerpräsidenten den Vollzug: Der Innenminister habe die Lebensmittelüberwachung den Gewerbe- und Preisprüfern der Gewerbeämter übertragen, damit sei „seinem [Dr. Newmans] Schreiben Rechnung getragen“.[46]

Die zuvor geschilderten Beispiele zeigen, dass immer wieder der Versuch gemacht wurde, selbst eine klare und einfache Anordnung zu umgehen, entweder aus Unverständnis oder einem bewussten Nicht-zur-Kenntnis-nehmen. Die hessischen Beispiele dürften sich vermutlich in Bayern oder in Niedersachsen von den Jahren 1945 bis weit in die 1950er Jahre ebenso nachweisen lassen. Die enge Zusammenarbeit der Länder Bayern, Württemberg-Baden und Hessen zur Lösung von wirtschaftspolitischen Fragen, beginnend noch vor dem Jahresende 1945, schien notwendig und wünschenswert. Immerhin hatte das am 19.9.1945 neugebildete Groß-Hessen[47] schon am 22.11.1945 sein „Staatsgrundgesetz des Landes Groß-Hessen“ nach einer Volksabstimmung[48] beschließen und Ende

---

43 HSTA-Darmstadt, Abtl. H2 Lauterbach Nr. 758. Schreiben des Regierungspräsidenten an die Landräte vom 2.4.1948. Genau ein Jahr vorher, am 2.4.1947, hatte der Minister schon einmal auf das Verbot den Begriff „Baupolizei“ zu verwenden, hinweisen müssen.

44 HHSTA-W, Abt. 503 Nr. 1077-a. Erlaß des Innenministers vom 28.5.1949 an die Regierungspräsidenten. Die „Arbeitsgemeinschaft der für das Bau-, Wohnungs- und Siedlungswesen zuständigen Minister der Länder der Bundesrepublik Deutschland und Berlin“ (ARGEBAU), berichtete am 12.5.1950, dass der zuständige Staatssekretär im Bundestag eine gesamtstaatliche „Regelung des Baupolizeiwesens“ für möglich hielt, (HHSTA-W, Abt. 503 Nr. 1077-a, 12.5.1950).

45 HHSTA-W, Abt. 502 Nr. 1928, „An das Amt des amerikanischen Hohen Kommissar für Deutschland“. Landes-Kommissar war Dr. James Newman.

46 HHSTA-W, Abtl. 502, Nr. 1929 und 1928.

47 Der offizielle Begriff Groß-Hessen scheint eine verunglückte Übersetzung des englischen Begriffs „Greater Hesse“ zu sein, denn die Besatzungsmacht hatte eher an ein größeres Hessen (als das vorgefundene) gedacht, die deutsche Übersetzung lautete dann sinnentstellend „Groß-Hessen“. Dieser Begriff wurde im Laufe des Jahres 1946 in die heutige Form „Land Hessen“ geändert.

48 Die Hessische Verfassung wurde durch Volksabstimmung am 1.12.46 angenommen, damit wurde das „Staatsgrundgesetz“ außer Kraft gesetzt.

1945 verkünden können.[49] Im Herbst 1945 vereinbarten die Ministerpräsidenten von Bayern, Württemberg-Baden und Hessen, mit Zustimmung der US-Behörden, den „Rat der Ministerpräsidenten im amerikanischen Besatzungsgebiet", ein Büro wurde in Stuttgart eingerichtet.[50]

7.5 Länderrat (US-Zone) und Zonenbeirat in der britischen Zone (British Element - BE -), Beispiele der Zusammenarbeit auf Länderebene

General Clay regte am 17.10.1945 die Bildung eines „Joint coordinating staff", also eines Koordinationsausschusses an, da die den Ländern übertragenen ehemaligen Reichszuständigkeiten „koordiniert" werden mussten.[51] Damit sollte das völlige Auseinanderlaufen der Entwicklung der drei Länder in der US-Zone beendet werden, denn der Umbau der deutschen Verwaltung vollzog sich in den westlichen Besatzungszonen schon ab 1945 unterschiedlich. Aus dem zuvor benannten „Rat der [drei] Ministerpräsidenten" wurde der „Länderrat" in der US-Zone. Zur Regelung der dringenden Wirtschaftsfragen und die Durchsetzung der Rechtseinheit in allen Bereichen der US-Zone, gingen die Ministerpräsidenten (Bayern, Groß-Hessen und Württemberg-Baden) davon aus, dass eine Zusammenarbeit der Länder auf allen Gebieten zwingend sei.[52] Aus dem „Regionalen Angleichungsamt" bildete sich in kurzer Zeit der „Länderrat des amerikanischen Besatzungsgebietes".[53]

Die Regelung eines einheitlichen Baugenehmigungsverfahrens (sic) für die drei Länder war zwar schon früher diskutiert worden, aber vordringlich schien das Thema nicht zu sein. Die Militärregierung hatte offensichtlich andere Vorstellungen, denn sie setzte eine Besprechung des Ausschusses für Bauwesen am 30.8.1946 in Stuttgart an. Der erste Punkt der Tagesordnung war die „Gemeinsame Richtlinie für den Wiederaufbau in der US-Besat-zungszone", zweiter Punkt war die „Stellungnahme zu der Vorlage für die behördliche Baugenehmigung vom Alliierten Kontrollrat."[54]

---

49 Vgl. Helmut Berding, Die Entstehung der Hessischen Verfassung, Wiesbaden 1996, hg. im Auftrag des Hessischen Landtags von Helmut Berding. Einleitung S. IX-X.

50 HHSTA-W, Abtl. 502, Nr. 1659, Schreiben des Sekretariats.

51 Elmnau, J. von, Aufbau und Tätigkeit des Länderrats in der US-Zone, DRZ 1946, S. 113-117. Der Länderrat hatte sich aus der Zusammenarbeit der drei Ministerpräsidenten (Hessen, Württemberg-Baden und Bayern) auf Wunsch von General Clay gebildet. Clay hatte am 17.10.1945 in Stuttgart den drei Ministerpräsidenten einen Koordinationsausschuß (Joint Coordinating Staff) vorgeschlagen. Zwischenzeitlich wurde aus dem „Joint coordinating staff" der Militärregierung das „Regional Coordinating Office" (Regionales Angleichungsamt). Darauf wurde ein Sekretariat in Stuttgart eingerichtet, der Ausschuss hatte dann sehr bald die Bezeichnung „Länderrat" bekommen. Ein Brief vom 29.10.1945 an den Hessischen Ministerpräsidenten zeigt als Absender schon „das Sekretariat des Rates der Ministerpräsidenten" (HHSTA-W, Abt. 502 Nr. 1659).

52 HHSTA-W, Abt. 502 Nr. 1902 vom 30.9.1946. Hierin teilt die US-Militärregierung den US-Länderdienststellen mit, dass die wirtschaftliche Einheit (in der US-Zone) durch die Errichtung von „Verwaltungsapparaten" für Handel, Industrie, Ernährung und Landwirtschaft, Finanz-, Verkehrs-, und Nachrichtenwesen dringlich sei.

53 Das „regionale Angleichungsamt" war keine Exekutivbehörde, sondern nur als Beratungsstelle gedacht, die allerdings schon bald einen Mitarbeiterstab von über 150 Personen umfasste.

54 HHSTA-W, Abt. 528. Nr. 110. Einladung vom 26.8.1946.

Der einberufene „Hauptausschuß Bauwesen" tagte schon am 12.9.1946, vertreten waren die Länder Bayern, Groß-Hessen und Württemberg-Baden, sowie hohe Vertreter des OMGUS-Berlin.[55]

Acht Tage nach der Besprechung kam der Ausschuss für Bauwesen in Stuttgart am 20.9.1946 zusammen, um erneut über das Genehmigungsverfahren in der US-Zone zu beraten, anwesend waren Vertreter Bayerns, Groß-Hessens und Württemberg-Badens. Übereinstimmend wurde festgestellt, dass die Forderungen der Militärregierung in allen drei Ländern „schon jetzt nahezu erfüllt seien". In der Besprechung wurde bekannt gegeben, dass Bayern, Württemberg-Baden und Groß-Hessen bereits je ein eigenes „Aufbaunotgesetz" im Entwurf erarbeitet hätten und die Ausarbeitung einer neuen Bauordnung für die US-Zone als „verfrüht" angesehen würde.[56] Trotz der von der Militärregierung geforderten Beschleunigung in der Angelegenheit „Einheitliches Baugenehmigungsverfahren für die gesamte US-Zone", wurde vom Ausschuss für Bauwesen zunächst einmal die Bildung einer Fachkommission beschlossen. Aufgabe sei es, für die „bestehenden Bauordnungen einheitliche gesetzliche Bestimmungen auszuarbeiten".[57]

Am 7.10.1946 schrieb der Generalsekretär des Länderrats an den Hessischen Länderbevollmächtigten, dem Bayerischen Minister für Wirtschaft und dem Hessischen Innenminister, dass der „Kontrollrat" an einem einheitlichen Baugenehmigungsverfahren arbeite. Die am 12.9.1946 erarbeitete Stellungnahme des deutschen Ausschusses für Bauwesen sei unzureichend. Das „Regional Coordinating Office" wünschte aber die deutsche Stellungnahme zu einer „einheitlichen Verordnung über die Regelung des Baugenehmigungsverfahrens für die gesamte US-Zone". Der Ausschuss für Bauwesen solle klären, ob dem Wunsch der Militärregierung Rechnung getragen werden könne. Geklärt werden sollte auch, ob das OMGUS-Berlin eine VO für die drei Länder wünscht, oder ob die Regelung in die bestehenden Länder-VO eingebaut werden solle.[58] Der deutsche Ausschuss hatte zusätzlich zur Militärregierungsvorlage gefordert:

1. Das Bauverbot für Bauten aller Art sollte bestehen bleiben, Ausnahmen dürften nur die jeweilige (Landes-)Zentralbehörde erteilen,
2. alle Baugesuche müssen einem zu bildenden besonderen Ausschuss vorgelegt werden, der die Dringlichkeit und die wirtschaftliche Notwendigkeit im jeweiligen Land prüfe,

---

55 OMGUS: Abkürzung für "Office of Military Government for Germany (US)". OMGHE ist die Abkürzung für die Militärregierung im neugebildeten Land "Greater Hesse", OMGBY ist die Abkürzung für den Bereich Bayern und OMGWB betraf Württemberg-Baden, in: OMGUS-Handbuch: Die amerikanische Militärregierung in Deutschland 1945-1949, München 1994, S. IX. Dem OMGUS der Amerikaner stand das englische CCG/BE (Control Commission for Germany/British Element – BE -) gegenüber, in: Schneider, Niedersachsen 1945/46, Hannover 1984, S. 43.

56 HHSTA-W, Abt. 528. Nr. 110, Sitzungsbericht des Ausschusses Bauwesen. Datum 20.9.46.

57 HHSTA-W, Abt. 528. Nr. 110, S. 2 des Sitzungsberichts. Die Kommissionsaufgabe war vermutlich bewusst so formuliert, damit die Aufgabe ungelöst bleiben konnte. Denn (ergänzende) „einheitliche Bestimmungen zu bestehenden (also verschiedenen) Bauordnungen können grundsätzlich nicht „ausgearbeitet" werden.

58 HHSTA-W, Abt. 528. Nr. 110. Der hessische Bevollmächtigte beim Länderrat war Graf von Wedel. OMGU-Berlin ist die Bezeichnung für das „Office of Military Government for Germany in Berlin", in: *Vierteljahrshefte für Zeitgeschichte* 1976, S. 75.

3. die Erteilung der Baugenehmigung sei davon abhängig, ob der Zuteilungsnachweis für die notwendigen Baustoffe erbracht sei,
4. Die Zentralbehörden der Länder überwachen die Einhaltung der Richtlinien durch die unteren Behörden.[59]

Eine Woche später, am 15.10.1946, beriet der „Ausschuß Bauwesen" im Länderrat in Stuttgart. Obwohl das OMGUS-Berlin am 1.10. eine Stellungnahme der drei Länder erwartete, meinte der Länderrat, dass es bisher „keine Gelegenheit gab", den Entwurf des „vorläufigen Zonenaufbaugesetzes" zu prüfen".[60] Bayern und Hessen wiesen darauf hin, dass wesentliche Vorschriften bereits in den Landes-VO enthalten seien. Es wurde vorgeschlagen, die Ziffern eins bis vier des Entwurfes in ein Zonenaufbaugesetz aufzunehmen, als Termin für den Gesetzentwurf wurde der 25.10.46 von der Militärregierung vorgegeben, somit könne am 12.11.1946 das Zonenaufbaugesetz auf die Tagesordnung gesetzt werden. Daher erübrige sich ein eigenes Gesetz über das Baugenehmigungsverfahren. Nach telefonischer Rückfrage des US-Majors entschied das OMGUS-Berlin, dass die bauaufsichtlichen Regelungen in ein Zonenaufbaugesetz aufzunehmen seien.[61] Insgesamt bemängelten die OMGUS-Vertreter, dass die deutschen Baubehörden ihre Pflichten vernachlässigten, z.B. fehlten die Angaben über die Reparaturen und Wiederherstellung von Wohnungen. Andererseits konnte die hessische Regierung bereits am 15.10.1946 das „Gesetz zur Beschaffung von Siedlungsland und zur Bodenreform" vorweisen. Das Gesetz trat einen Tag vor der Volksabstimmung (1.12.45) über die hessische Verfassung in Kraft.[62]

Dem amerikanischen OMGUS stand das englische CCG/BE (Control Commission for Germany/British Element) gegenüber. Die britischen Militärbehörden konnten nicht sofort auf neu gebildete Länder zurückgreifen, um ihre politischen Vorstellungen sofort durchzusetzen, denn die britische Politik war nicht auf schnelle Lösungen ausgerichtet, so Schneider, sondern auf „a question of long term policy".[63] Erst am 4.7.1946 wurde der „Zonenbeirat" aufgefordert, Vorschläge für die Länderneubildung zu machen.[64]

---

59 HHSTA-W, Abt. 528. Nr. 110, Einladung und Tagesordnung zur Sitzung des Hauptausschusses Bauwesen am 12.9.1946.

60 HHSTA-W, Abt. 528. Nr. 110. Schreiben vom 7.10.1946 des Generalsekretärs des Länderrates an die Länder Hessen und Bayern. Darin wird von einem „Entwurf einer einheitlichen Regelung des Baugenehmigungsverfahrens für die US-Zone" berichtet, der geprüft werden solle. Ob es sich bei dem „vorläufigen Zonenaufbaugesetz" um den zitierten „Entwurf einer einheitlichen Regelung des Baugenehmigungsverfahrens für die US-Zone" handelt, konnte nicht ermittelt werden.

61 HHSTA-W, Abtl. 528 Nr. 110. Tagesordnung vom 15.10.1946 und Sitzungsbericht mit Datumsstempel 21.10.46, S. 3.

62 GVBL. Groß-Hessen 1946, S. 218. Im ersten Teil des Gesetzes wurde die Geländebereitstellung für Siedler geregelt, danach folgten die Vorschriften über die „freiwillige" und zwangsweise Übereignung" des Bodens. Bei Bodenflächen von bis zu 500 ha („in einer Hand") wurden stufenweise zwischen 10% und 50% des Bodens eingezogen. Die Entschädigungshöhe wurde nur nach dem tatsächlichen landwirtschaftlichen Ertragswert bemessen.

63 Schneider, Ullrich, Britische Besatzungspolitik, S. 112-117.

64 Kern, Aufbau und Gliederung der britischen Militärregierung für Deutschland, in: DRZ 1946, H. 6, S. 188 und DRZ 1947, H. 12, S. 407-408. Die Anweisung zur Bildung eines Zonenbeirates wurde am 15.2.1946 von der CCG/BE erteilt (Kern). In den Akten des HHSTA-W, Abt. 502-1659, fand sich jedoch das spätere Datum (4.7.1946) für die Reorganisation in der briti-

Der Zonenbeirat sollte daneben die englische Militärbehörde in verwaltungstechnischen Fragen beraten und Empfehlungen zu Fragen abgeben, die von „deutschen Behörden dem Zonenbeirat" vorgelegt wurden.[65] Die Länder Nordrhein-Westfalen und Schleswig-Holstein wurden am 23.8.1946 und das Land Niedersachsen am 1.11.1946 gegründet. Die Stadtstaaten Bremen und Hamburg blieben bestehen.[66]

7.6 Der vergebliche Kampf um das einheitliche Wiederaufbaurecht

Die Forderung nach einem deutschen Baurecht wurde in der Fachpresse schon im Juli 1946 laut. In der neu gegründeten *„neuen" Bauwelt* hatte ein Autor dafür geworben. Der Wiederaufbau des „zerstörten Landes" könne nur dann bewältigt werden, wenn das aus „acht verschiedenen Jahrzehnten" stammende und in den verschiedensten Bereichen angesiedelte Baurecht neu gefasst werde.[67] Die Bauaufgabe sei so gewaltig, dass sich der kommende demokratische Staat Einzellösungen nicht erlauben könne. Das Baurecht müsse einheitlich sein, denn die „bau- und bodenrechtlichen Probleme" seien in allen Ländern gleich, „Verschiedenheiten" dürften den Blick nicht verstellen, und, „wir können uns den Luxus" mit „möglicherweise 15 Baurechtsordnungen" nicht leisten, Deutschland sei kleiner geworden. Der Autor erinnerte daran, dass in der Weimarer Zeit, trotz intensivster Bemühungen, kein Reichsstädtebaugesetz zu Stande gekommen sei. „Unsere Generation" dürfe später einmal „nicht dem Vorwurf ausgesetzt sein", das Notwendige nicht getan und „in unserer Arbeit versagt" zu haben.[68]

Ob diese Mahnung der Auslöser für die Vielzahl der Fachbeiträge ab 1946 war, kann nur vermutet werden. Im Ergebnis kann aber von einer Flut städtebaulicher Abhandlungen, verbunden mit Vorschlägen, in der Zeit von 1946 bis 1949 gesprochen werden. Die Auswertung der Fachzeitschriften *Neue Bauwelt, Der Bauhelfer, Baurundschau, Baumeister, Deutsche Verwaltung und Deutsches Verwaltungsblatt* zeigen das Engagement von vielen Stadtbauräten, Architekten

---

schen Zone, „Neuaufbau der Länder in der britischen Zone. Es sollen nicht mehr als fünf geben und - wenn möglich - weniger."

65 Kern, Zonenbeirat und Zentralämter der britischen Zone, S. 407. Der Unterschied zwischen dem Länderrat der US-Zone und dem Zonenbeirat der britischen Zone war nicht wesentlich, dennoch hatte die amerikanische Militärregierung ein schnelleres Tempo vorgelegt, die „Anleitung zur Mitarbeit der deutschen Verwaltung" war gründlicher verfasst.

66 Schneider zu Nordrhein-Westfalen und Niedersachsen, S. 115-117. Bremen blieb unter amerikanischen Einfluss.

67 Zu einem neuen deutschen Baurecht, ohne Namen, in: „neue" *Bauwelt* 1946, H. 4, S. 1-2. Der Autor kann Ludwig Wambsganz gewesen sein, denn unter dem Artikel steht der Buchstabe W. Wambsganz hatte im Reichsarbeitsministerium mit Dittus am „Deutschen Baugesetzbuch" (1942) gearbeitet. Dittus hat nun 1950, bei der Vorlage seines Baugesetzes für die Bundesrepublik im Literaturverzeichnis sich als Autor in H. 4, S. 1-2 bezeichnet. Da beide etwa 15 Jahre aber gemeinsam für das einheitliche Deutsche Baurecht „gefochten" hatten, ist die Annahme gerechtfertigt, dass Dittus eine Zeit lang an der öffentlichen Nennung seines Namens gehindert war. Dittus betonte nach 1946 wie eng seine Zusammenarbeit mit Wambsganz tatsächlich war.

68 Zu einem neuen deutschen Baurecht, ohne Namen, in: *„neue" Bauwelt* 1946, H. 4, S. 2.

und Wissenschaftlern.[69] Im April 1946 war der „Entwurf zu einem Gesetz zur Schaffung billigen Bodens und zur Schaffung von Volksheimstätten" dem Länderrat vorgelegt worden, der diesen Entwurf der amerikanischen Kontrollkommission zur Zustimmung weiterreichte. In der Fachliteratur wurde der Entwurf als „Süddeutscher Entwurf" bezeichnet.[70] Im Wesentlichen enthält der Entwurf die Grundrentenabgabe, die Enteignung und das Verfahren dazu, die Entschädigung, die Rechtsmittel und die Bestimmungen für den Bau von Volksheimstätten. Hinzu kamen die persönlichen und sachlichen Voraussetzungen, die Siedler erfüllen mussten, die Beleihung und die Abgabenbefreiung.[71]

Schon in der Septemberausgabe der „neuen" *Bauwelt* hatte Wa[mbsganz] berichtet, dass die Militärregierung diesen Entwurf abgelehnt hatte, weil die Grundrentenabgabe, die die steigenden Grundrenten der Allgemeinheit zuführen sollte, rechtsstaatlich ungenügend definiert war und das „deutsche Finanzsystem" damit eine weitreichende Änderung erfahren würde. Nach Wa[mbsganz] habe sich auch hier gezeigt, dass „die Einzellösung ohne ein abgestimmtes und einheitliches städtebauliches Gesamtsystem" nicht erfolgversprechend sein könne.[72] Das städtebauliche Gesamtsystem müsse, neben der inhaltlichen Klärung, auch einen allgemein verständlichen leitenden Oberbegriff entwickeln.[73] Wambsganz schlug vor, die Begriffe Landesplanung, Städtebau und dörfliche Planung unter den umfassenden Begriff „Bauleitplanung" zu stellen.

Mit dem Vorschlag hatte Wambsganz 1946 eine Formulierung gefunden, die 1948 für das Berliner Baugesetz, für das hessische Aufbaugesetz (1948) und für das Bundesbaugesetz von 1960 allgemein verbindlich wurde.[74] Wambsganz hatte bei seiner Kritik an den verschiedenen Versuchen der Länder Teillösungen

---

69 Vertreten waren neben vielen anderen, Bonatz, Göderitz, Platz, Schumacher, Bruno Taut, Dittus und Wambsganz. Bevorzugtes Medium war die *„neue" Bauwelt* und der *Bauhelfer* und später das *Deutsche Verwaltungsblatt*. Die *Deutsche Bauzeitung* (*DBZ*) war noch nicht wieder erschienen. Es soll hier nur auf die schwierige allgemeine Lage hingewiesen werden, in der sich die Autoren befanden: Die Sorge um die täglich benötigten Lebensmittel, die Sorge, ausreichende Mengen an Brennstoffen für den Winter 1946/1947 zu erhalten und die Schwierigkeiten, Papierkontingente für den Druck bereitzustellen.

70 Rühle, Herbert, Gemeindliche Bodenreform, in: *„neue" Bauwelt* 1946, H. 7, S. 1.

71 Die Entwurfsverfasser waren vom Artikel 10 (Bodenfrage) und Artikel 155 (Wohnungsfrage) der Weimarer Verfassung als Leitidee ausgegangen.

72 Wambsganz, Ludwig, Der süddeutschen Entwurf, in: *„neue"* Bauwelt 1946, H. 12, S. 1-11. Wambsganz war im Reichsarbeitsministerium zunächst Oberregierungsbaurat in der Abteilung IV-c (Städtebau und Planungswesen), Leiter des Referats 4, Baupolizeirecht, baupolizeiliche Sonderfragen, Mitwirkung der Baupolizei im Vierjahresplan, Deutscher Ausschuß für Eisenbeton. Oberregierungsrat Wilhelm Dittus war zu dieser Zeit Leiter des Referats 10, Baupolizeirecht einschließlich Gesetzgebungsrecht. Für Wambsganz und Dittus: Geschäftsverteilungsplan der Hauptabteilung Siedlungswesen, Wohnungswesen und Städtebau des Reichsarbeitsministerium, BA Koblenz, R 41/39.

73 Wambsganz meinte, dass die bisher verwendeten städtebaulichen Begriffe, wie: „Wirtschaftsplan, Flächenaufteilungsplan, Nutzungsplan, Generalbebauungsplan, Fluchtlinienplan, Generalbaulinienplan und städtebauliche Gesamtplanung" nur zu einem Teil den Inhalt dessen angeben, was unter „städtebaulicher Planung" zu verstehen sei.

74 Wambsganz, Die rechtliche Ordnung der städtebaulichen Planung, in: *„neue" Bauwelt* 1946, H. 16, S. 8-9. Damit ist Wambsganz der Schöpfer des Begriffs, den auch Dittus für das Bundesbaugesetz 1950 verwandt hat und der bis heute unumstritten ist.

im Bauwesen zu entwickeln, gefordert, das Gesamtsystem „Bauleitplanung" müsse auch bei der Grundstücksumlegung die unzureichenden Lösungen der Weimarer Zeit verlassen. Die Umlegung in einem definierten Gebiet müsse die Gemeinbedarfsflächen (u. a. auch die Grünflächen und öffentliche Plätze) ausscheiden. Die ermittelte Fläche sei der „Flächenabzug" (in %), den jeder beteiligte Grundeigentümer im öffentlichen Interesse leisten müsse. Die von den Beteiligten „eingeworfenen Grundstücke" sollten um den Prozentsatz „vermindert" werden, damit hat der Beteiligte einen konkreten Anspruch auf Bauland, denn die Flächenabgabe wurde auf alle Schultern gerecht, d. h. anteilmäßig, verteilt.[75]

Im Herbst 1946 konnte im Länderrates kein Fortschritt für ein deutsches Aufbaugesetz erzielt werden; der nächste (vergebliche) Anlauf für das Aufbaugesetz wurde am 13.5.1948 vom Ausschuss für Bauwesen unternommen. Die in den Ländern intern erarbeiteten Gesetzesfassungen sollten untereinander ausgetauscht werden, um daraus ein einheitliches deutsches (Bau-)Rahmengesetz zu entwickeln. Die Vorlage eines Rahmengesetzes sei das richtige Mittel, den deutschen Landtagen die Verabschiedung eines einheitlichen Rahmengesetzes nachdrücklich zu empfehlen.[76]

Hessen und Württemberg-Baden teilten jedoch mit, dass sie den Landtagen bereits Gesetzentwürfe zugeleitet hatten, auch Bayern plane eine entsprechende Gesetzesvorlage. Zu einer gemeinsamen Entwurfsfassung eines deutschen (Planungs-)Rahmengesetzes kam es aber nicht mehr.[77] Auf der überörtlichen Ebene zeichneten sich Schwierigkeiten in der politischen Abstimmung zwischen der britischen und der amerikanischen Militärregierung ab. Wenige Wochen nach der enttäuschenden Sitzung des Ausschusses für Bauwesen, wurde am 30.7.1948 auf einer Sitzung zur „Bildung eines bizonalen Ausschusses beim Länderrat" in Frankfurt von den Ländervertretern betont, dass ein „Zweizonenamt" nicht in Frage kommen könne. Die „Legislative und die Exekutive" läge im Bauwesen bei den Ländern, zudem lasse die Proklamation Nr. 7 dieses Amt nicht zu.[78] Als weiterer Ablehnungsgrund wurde die „Verschiedenheit der Administrationen in der US-Zone und der britischen Zone" genannt. In der britischen Zone sei das gesamte Bauwesen im Aufbauministerium vereinigt, in den süddeutschen Ländern dagegen sei das Bauwesen (Baurecht, Bautechnik und „Baupolizei") im jeweiligen Innenministerium angesiedelt.[79]

---

75 Wambsganz, Warum eine neue Ordnung in der Baulandumlegung? In: *„neue" Bauwelt* 1946, H. 20, S. 3-5. Der anteilmäßige Flächenabzug war schon im Entwurf des Deutschen Baugesetzbuches von 1942 formuliert worden (§ 30 und 37). Dort sollte der Abzug nicht mehr als 35% betragen. Auch der 1942 erwogene Flächenabzug geht auf einen älteren Entwurf zurück, nämlich auf den Reichsstädtebaugesetzentwurf der SPD vom 6.2.1932 (§ 31).

76 HHSTA-W, Abtl. 528, Nr. 110, Tagesordnung und Sitzungsbericht vom 13.5.1948. Die Materialsammlung und das „Rahmengesetz" konnten aber auch in gegenteiliger Absicht lanciert worden sein, um so doch das eigene Landesaufbaugesetz leichter „durchzubringen".

77 Es darf vermutet werden, dass die Interessenlage des eigenen Landes im Mai 1948 höher bewertet wurde, als das Gesamtinteresse.

78 HHSTA-W, Abtl. 528, Nr. 110, Tagesordnung und Sitzungsbericht vom 26.8.1948. Unterdessen hatten die Länder bereits Gesetze „Über den parlamentarischen Rat" beschlossen. (Hessen am 13.8.1948).

79 HHSTA-W, Abtl. 528, Nr. 110. Tagesordnung und Sitzungsbericht vom 26.8.1948, S.4.

Der Appell von Wambsganz im Jahre 1946 zielte auf ein einheitliches Baurecht für Deutschland. Zwar hatte das in der britischen Zone gelegene „Zentralamt für Arbeit“ in Lemgo einen Baugesetzentwurf unter Mitwirkung von Prof. Göderitz aus Braunschweig entwickelt, der „Lemgoer-Entwurf, auch als „Aufbaugesetz“ bezeichnet. Er diente den Ländern der britischen Zone auch als Muster, nachdem auch der Deutsche Städtetag dem Entwurf zugestimmt hatte, der Entwurf wurde auch den Ländern der US-Zone zur Umsetzung empfohlen.[80]

Der Lemgoer Entwurf kann allerdings nicht als Städtebaugesetz angesehen werden, da der „Aufbauplan“ und das „Aufbaugebiet“ nur die „Verteilung der Bevölkerung, die Wohndichte und die sozialen, gesundheitlichen und kulturellen Bedürfnisse der Bevölkerung, sowie die Erfordernisse der Landwirtschaft, der gewerblichen Wirtschaft und des Verkehrs“ in groben Zügen darstellen sollte.[81] Der zu wählende Maßstab für die zeichnerische Darstellung des Planes war höchstens auf eins zu 2.000 und mindestens eins zu 10.000 vorgegeben. Diese Maßstäbe lassen aber keine stadtgestaltende Planung zu. Der Lemgoer Entwurf traf auch keine Regelungen über Flächennutzungs-, Bebauungs- oder Fluchtlinienpläne. Der Lemgoer Entwurf war ein Wirtschaftsplan, dem Detailpläne, vermutlich nach den älteren städtischen Bauordnungen, folgen müssten.[82] Der Vorschlag des „Zentralamtes für Arbeit“ (Lemgoer Entwurf) konnte allerdings weder in der britischen noch in der amerikanischen Zone volle Zustimmung finden, so Krautzberger, der Lemgoer Entwurf sei in den norddeutschen Ländern mit vielen Abweichungen übernommen worden, die „Länder Baden, Hessen und Rheinland-Pfalz hätten sich noch weiter vom Entwurf entfernt.“[83]

Dem Aufbaugesetzentwurf aus der britischen Zone haftete ein grundsätzlicher Mangel an, denn die folgenden Vorschriften sollten teilweise weiter gelten, obwohl sie stark veraltet waren (Wambsganz) oder aus der nationalsozialistischen Zeit stammten. In Kraft bleiben sollte das Fluchtliniengesetz von 1875, das Ansiedlungsgesetz von 1904/1918, das Wohnungsgesetz 1918, das Wohnsiedlungsgesetz 1933, das Gesetz über einstweilige Maßnahmen zur Ordnung des deutschen Siedlungswesens und dessen Verordnungen, das Reichsnaturschutzgesetz von 1935, die Verordnung über die Regelung der Bebauung von 1936, die Verordnung über Baugestaltung von 1936, der Erlass über Anbau an Verkehrsstraßen von 1936, die Verordnung über die Zulässigkeit befristeter Bausperren von 1936 und die Reichsumlegungsordnung von 1937.

80 Meyer-Ottens, Das Aufbaugesetz, in: *Bau-Rundschau* 1947, H. 15/16, S. 369. Zum Inhalt des hessischen Aufbaugesetzes siehe Anhang Nr. 12.

81 Göderitz, Johannes, Neues Städtebaurecht. Der Entwurf eines Gesetzes über den Aufbau der Deutschen Gemeinden (Aufbaugesetz), in: *Schriften des Deutschen Städtetages*, Braunschweig 1948.

82 Beim Entwurf lag das Schwergewicht auf der Umlegung und der Enteignung von Grundstücken. Das Prinzip des „gerechten Flächenabzuges“ für Gemeinbedarfsflächen mit maximal 35%, wurde übernommen.

83 Krautzberger, Michael, Die Entwicklung des Baurechts nach 1945, in: Baugesetzbuch München 2003, Einl. S. 32. Prof. Dr. Krautzberger war Ministerialdirektor im Bundesministerium für Verkehr, Bau- und Wohnungswesen.

Ein Problem bestand für den angewandten Städtebau auch darin, dass im Aufbaugesetzentwurf nicht geklärt wurde, welche der konkurrierenden Vorschriften Vorrang haben sollten, die Rechtssicherheit für den Nachkriegsstädtebau war damit nicht erzielbar.[84]

Tabelle 28: Die zeitliche Reihenfolge der Länder-Aufbaugesetze von 1948 bis 1950

1. Württemberg-Baden	18.8.1948	5. Schleswig-Holstein	21.5.1949
2. Hessen	25.10.1948	6. Rheinland-Pfalz	1.8.1949
3. Hansestadt Hamburg	11.4.1949	7. Baden	25.11.1949
4. Niedersachsen	9.5.1949	8. Nordrhein-Westfalen	29.4.1950

Quelle: Krautzberger, Baugesetzbuch München 2003, Einleitung S. 33-34.

Hessen hatte seine Beratungen für das „Gesetz über den Aufbau der Städte und Dörfer des Landes Hessen" (Aufbaugesetz) erfolgreich abgeschlossen und am 22.11.1948 in Kraft gesetzt.[85] Nachdem Württemberg-Baden am 18.8.1948, Berlin am 20.9.1948 und Hessen Aufbaugesetze verabschiedet hatten, waren die Bemühungen um das einheitliche Baugesetz, das in drei Ländern gleichlautend eingeführt werden sollte, gescheitert. Die föderalen Eigeninteressen der Länder und die tägliche Aufbautätigkeit bewirkten, dass sich die dezentralen Lösungen durchsetzen.

Nach Krautzberger verzichteten die Länder „bewusst auf eine geschlossene Neuordnung" des Baurechts in der „richtigen Erkenntnis", dass umfangreiche Vorarbeiten notwendig gewesen wären. Die praktische Arbeit hätte diese Verzögerung aber nicht zugelassen.[86] Nach Meinung des Verfassers ist auch eine andere Ansicht möglich. Denn das Beispiel der Berliner Baugesetzgebung (1948) zeigte, dass der Entwurf des Reichsarbeitsministeriums von 1942 eine ausreichende Grundlage für das Berliner Gesetz war. Selbst der erste Entwurf des Bundesbaugesetzes von Dittus, um 1948-1949 erarbeitet, ist Beleg für die Meinung des Verfassers. Auch der 1950 vorgelegte bayerische Baugesetzentwurf dient als Beispiel.

Die Länder trafen, so Krautzberger, nur die nach ihrer Ansicht wichtigsten Regelungen, der Preis war die „weitere Zersplitterung" des Baurechts. Berlin hatte sein „Gesetz über die städtebauliche Planung für Groß-Berlin" am 20.9.1948 beschlossen und den neuen Begriff „Bauleitplanung" verwendet. Der Entwurf stammte von Dittus, dem früheren Oberregierungsrat aus dem Reichsarbeitsministerium, der auch am Entwurf des „Deutschen Baugesetzes" mitgearbeitet hatte.[87] Zwei ausgewählte Bestimmungen zeigen die Herkunft des Berliner Gesetzes aus dem Reichsarbeitsministerium: Der Regelungsinhalt des Flächennutzungsplans von 1942 und von 1948 (Berlin):

---

84 Krauss, E. H., Künftige Städtebaugesetzgebung, in: Baurundschau 1948, H.3/4, S. 49-59.

85 GVBL. Hessen 1948, S. 139. Hessen hatte den „neuen Begriff Bauleitplanung im Gesetz verankert.

86 Krautzberger bezeichnete den Vorgang „als bewussten Verzicht einer geschlossenen Neuordnung", der Verfasser kann dieser Auffassung nicht zustimmen.

87 Dittus, Überprüfung des baulichen Nachbarrechts, in: *Neue Bauwelt* 1949, H. 8, S. 113. Dittus war zwischen 1947 und 1948 vom Berliner Magistrat zum „Hauptreferenten für Baurecht und Baugesetzgebung" berufen worden. Seine Arbeit am neuen Berliner Baurecht kann daher wischen Mitte 1947 und Anfang 1948 datiert werden.

„Entwurf zu einem Deutschen Baugesetz vom 21.3.1942	„Gesetz über die städtebauliche Planung für Groß-Berlin, September 1948
§ 4 Vorbereitende städtebauliche Pläne Der Flächennutzungsplan	§ 9 Der Flächennutzungsplan Aufgabe des Flächennutzungsplanes
Der Flächennutzungsplan stellt die flächenmäßige Gliederung des Plangebietes in den Grundzügen dar und zeigt, wie die geordnete Nutzung des Bodens und die bauliche Entwicklung innerhalb eines Gemeindegebietes oder innerhalb mehrerer benachbarter Gemeindegebietes gedacht ist, und gibt damit eine Richtschnur für die Aufstellung der Bebauungspläne. (...).	Der Flächennutzungsplan stellt die flächenmäßige Gliederung des Stadtgebietes in den Grundzügen dar und zeigt, wie die geordnete Nutzung des Bodens und die bauliche Entwicklung gedacht ist. Er macht vor allem ersichtlich, welche Flächen im Laufe der Zeit voraussichtlich der Bebauung zugeführt werden können und welche Flächen aus Gründen des öffentlichen Wohles unbebaut oder in der Bebauung beschränkt bleiben sollen.
§ 10 (2) Der Bebauungsplan	§ 14 (3) Der Bebauungsplan
Jede im Rahmen einer geordneten baulichen Entwicklung demnächst bevorstehende Bautätigkeit in einer Gemeinde ist durch vorherige Aufstellung des Bebauungsplanes zu regeln, soweit diese Bautätigkeit nicht nach Umfang oder Bedeutung geringfügig ist. Die Festsetzung von Bebauungsplänen darf den Umfang des zuverlässig abzusehenden Bedarfs nicht übersteigen und ist daher grundsätzlich nicht weiter auszudehnen, als dass die in den unmittelbar bevorstehenden Jahren zu erwartende Bautätigkeit von dem Gebiet der Bebauungspläne aufgenommen werden kann. (...)"[88]	Jede wesentliche Bautätigkeit ist durch vorherige Aufstellung eines Bebauungsplanes zu regeln. Die Festsetzung von Bebauungsplänen darf den Umfang des zuverlässig abzusehenden Bedarfs nicht übersteigen. Künftige Bedürfnisse sind daher nur insoweit in Betracht zu ziehen, als ihre Befriedigung in absehbarer Zeit mit Bestimmtheit zu erwarten ist. Auch für überwiegend bebaute Gebiete ist ein Bebauungsplan dann aufzustellen, wenn es notwendig ist, eine Änderung des bestehenden städtebaulichen Zustandes anzubahnen."[89]

Zwar sind die vorigen Formulierungen des Reichsentwurfs und des Berliner Entwurfs nicht identisch, jedoch in Wortwahl und Inhalt so ähnlich, dass von einer annähernden Gleichheit gesprochen werden kann. Hessen hatte, nach Berlin, erstmals in der Nachkriegsgeschichte ein städtebauliches Planungsgesetz vorgelegt, in dem die wichtigen Teile, außer den Bauordnungsvorschriften, enthalten waren.[90] Außer Bayern und Bremen erließen alle Länder zwischen 1948 und 1952 Aufbaugesetze. Bayern wollte mit dem „Bayerischen Baugesetz" eine endgültige Regelung schaffen, um den Wiederaufbau sofort durchführen zu

88 Entwurf zu einem Deutschen Baugesetzbuch, BA Koblenz, R 41/882.

89 Dittus, Wilhelm, Erstmalige, umfassende Gesamtregelung des baulichen Planungsrechtes. Ein Planungsgesetz, in: *Neue Bauwelt*, 1948, H. 49., S. 769-772. Ebenso: Wilhelm Dittus, Entwurf zu einem Bau-Gesetz für Berlin, April 1949.

90 Im Anhang Nr. 12 wird der wesentliche Aufbau des hessischen Gesetzes dargestellt. Auch Hessen hatte die 35%-Abzugsregel eingeführt.

können.[91] Das bayerische Baurecht sollte in zwei Gesetzen beschlossen werden, erstens in einem Bayerischen Baugesetz und zweitens in der Bayerischen Bauordnung.[92] Der bayerische Innenminister bat am 31.3.1950 die Staatskanzlei, den Entwurf nach Beratung dem Landtag vorzulegen. Die bayerische Staatsregierung sei von vielen Seiten aufgefordert worden, ein Baugesetz zu erlassen. Die Dringlichkeit ergebe sich auch aus „beobachteten Bestrebungen“ das Bau- und Bodenrecht bundesrechtlich zu regeln, „in Bonn dürften diese Bestrebungen aber nicht die Oberhand“ bekommen.[93]

In der Gesetzesbegründung wurde auf die bayerische Bauordnung von 1901, auf das Erschließungsgesetz von 1923 und auf die reichsrechtlichen Gesetze und Verordnungen hingewiesen, die sämtlich „unbrauchbar, uneinheitlich, zersplittert und daher überholt“ seien.[94] In der britischen Zone sei ein Baugesetzentwurf entstanden, der seit 1947 als „Lemgoer-Entwurf“ bezeichnet wurde. Er enthalte auch Anleihen aus dem unveröffentlichten Entwurf des „Deutschen Baugesetzbuches“ von 1942.

Hessen habe schon sehr früh den Lemgoer Entwurf für ein eigenes Gesetz genommen, aber im Aufbau und im Text erhebliche Änderungen vorgesehen. Nur im Berliner Entwurf sei der Entwurf aus dem Reichsarbeitsministeriums von 1942 zum großen Teil übernommen worden.[95]

---

91 Bayern hatte sich mit seinem „bayerischen Aufbaugesetz“, ähnlich wie in den anderen Ländern, nicht angeschlossen. In den anderen Ländern sei mit der „Behelfslösung Aufbaugesetz“ keine guten Erfahrungen gemacht worden.

92 Wambsganz, Der Entwurf für das Bayerische Baugesetz, in: Bayerischer Staatsanzeiger 1950, Nr. 13, S. 1.

93 BayHSTA StK GuV 802, Schreiben des Bayerischen Staatsministeriums des Innern vom 31.3.1950.

94 HHSTA-W, Abtl. 503, Nr. 1054. Schreiben des bayerischen Innenministers an den hessischen Innenminister (4.9.1950), es enthält die Begründung zum Entwurf eines bayerischen Baugesetzes.

95 Die „Anlehnung“ an den 1942er Entwurf ist auch durch die handelnden Personen zu erklären. Für den Entwurf Bayern war Ministerialrat Wambsganz zuständig, er war im Reichsarbeitsministerium Oberregierungsbaurat in der Abteilung IV-a (Städtebau und Baupolizei), Referat 8. Dittus war 1942 Oberregierungsrat und Kollege von Wambsganz in der gleichen Abteilung, Referat 7. Später war Ministerialrat Prof. Dr. Dittus im Bundesministerium für Wohnungsbau tätig. Ein weiterer Kollege im Reichsarbeitsministerium war der Regierungsrat Dr. Zinkahn (als Vertreter von Dittus). Auch Zinkahn hat ab 1949 eine bedeutende Rolle im Wohnungsbauministerium gespielt. Neben vielen anderen Referenten, waren Wambsganz, Dittus und Zinkahn am Entwurf des Deutschen Baugesetzbuches von 1942 beteiligt. Die Behauptung von Wambsganz, „nur Berlin“ habe große Teile des 1942er Entwurfs übernommen, trifft nicht zu. Der bayerische Baugesetzentwurf, der Entwurf des Baugesetzes für Berlin und der Entwurf des Bundesbaugesetzes zeigen die Handschrift der Abteilung IVa aus dem Reichsarbeitsministeriums von 1942. Biographische Daten zu den Personen bis 1945, in: BA Koblenz, R 41/39 (Geschäftsverteilungsplan des RAM). Ab 1945: Fachzeitschriften, wie *Bauwelt, Bauhelfer, Baumeister, BauRundschau, Deutsche Bauzeitung*. Nach Einführung des Bundesbaugesetzes: Standardkommentar zum Bundesbaugesetz von „Ernst-Zinkahn-Bielenberg“.

Der Vergleich von Entwürfen: Deutsches Baugesetzbuch und Bayerisches Baugesetz (Auszüge)

„Entwurf Deutsches Baugesetzbuch vom 21.3.1942	„Entwurf für ein Bayerisches Baugesetz vom 31.3.1950
§ 2 (4) Die vorbereitenden Pläne haben alles das zu enthalten, was zur Erarbeitung und Aufstellung des Bebauungsplanes erforderlich ist.	Art. 5, I. Die vorbereitenden Bauleitpläne haben alles zu enthalten, was zur Aufstellung des Bebauungsplanes erforderlich ist.
§ 3 Aufstellung der städtebaulichen Pläne (3) Die Aufsichtsbehörde hat die Baubehörde bei der Bearbeitung und Aufstellung der Pläne nach Bedarf zu beraten und zu unterstützen.	Art. 9 Aufstellung der örtlichen Bauleitpläne II. Die Regierungen haben die unteren Bauordnungsbehörden bei der Bearbeitung und Aufstellung der örtlichen Bauleitpläne nach Bedarf zu beraten und zu unterstützen. [...]
Der Flächennutzungsplan stellt die flächenmäßige Gliederung des Plangebietes in den Grundzügen dar und zeigt, wie die geordnete Nutzung des Bodens und die bauliche Entwicklung innerhalb eines Gemeindegebietes oder innerhalb mehrerer benachbarter Gemeindegebiete gedacht ist, und gibt damit eine Richtschnur für die Aufstellung der Bebauungspläne. [...]“	Art. 10 Aufgabe des Flächennutzungsplanes Der Flächennutzungsplan stellt die flächenmäßige Gliederung des Gemeindegebietes in den Grundzügen dar und zeigt, wie die geordnete Nutzung des Bodens und die bauliche Entwicklung gedacht ist. [...].“

Quelle: Deutsches Baugesetzbuch: BA Koblenz, R 41/882. Bayerisches Baugesetz: BayHSTA, StK GuV ^{8}02.

Auch im bayerischen Baugesetzentwurf vom 31.3.1950 wurden große Teile aus dem Entwurf zu einem Deutschen Baugesetz vom 21.3.1942 verwendet, wie der obige kurze Ausschnitt zeigte. Mit dem bayerischen Baugesetz sollten Gesetze und Verordnungen aus der Zeit des Nationalsozialismus aufgehoben werden. Die Tatsache ist deswegen erwähnenswert, weil die Aufbaugesetze der anderen Länder, diese umfassende Bereinigung nicht so konsequent durchführten. Insgesamt sollten durch das bayerische Baugesetz 25 verschiedene Gesetze und Verordnungen aufgehoben werden, davon stammten 20 aus der Zeit zwischen 1933 und 1945, nur fünf Vorschriften waren schon vor 1933 erlassen worden.[96] Bayern konnte sein Baugesetz, aber auch das zuvor entwickelte „Wiederaufbaugesetz“ jedoch nicht verabschieden; auch das „Baunotgesetz“ und das Grundenteignungsgesetz blieben wegen verfassungsrechtlicher Bedenken unerledigt. Die vier Großstädte (München, Nürnberg, Augsburg und Würzburg) konnten, trotz der Mithilfe der Architektenverbände, das Wiederaufbaugesetz nicht durchsetzen. Beyme kritisierte an diesem bayerischen Beispiel die Haltung der staatlichen Organe als eine folgenreiche „Nichtentscheidung“, die dazu führte, dass Bauwillige an den Stadtrandbezirken eine Bautätigkeit auf der Grundlage des alten bayerischen Baugesetzes entfalteten und sich „von den Altstadtruinen abwandten.“[97]

96 BayHSTA, StK GuV 802, Entwurf, Artikel 171.

97 Beyme, Klaus von, Wohnen und Politik, in: Geschichte des Wohnens, Stuttgart 1999, Bd. 5, S. 86. Beyme meint, dass nach dem Scheitern der vier Gesetzentwürfe kein politischer Wille mehr

7.7 Öffentliche Debatte: Baurecht und Bauordnungen nach 1946

Nachdem schon im April 1946 der „Süddeutsche Entwurf" zur „Beschaffung billigen Bodens und zur Schaffung von Volksheimstätten" vorgelegt wurde und dieser Entwurf im Juni 1946 von der Militärregierung wegen ungeklärter eigentumsrechtlicher Fragen abgelehnt wurde, folgten zahlreiche Beiträge. Immer ging es um die Frage, wie das Bodeneigentum nicht nur gegenüber dem Einzelnen gewährleistet, sondern für die Allgemeinheit nutzbar gemacht werden könne. Die Frage könne nur dann gelöst werden, wenn das Bodenrecht in das Städtebaurechts integriert würde, so Dittus. Es sei „Allgemeingut", dass nur eine Gewerbeordnung, eine Grundbuchordnung, ein Bürgerliches Gesetzbuch und ein Handelsrecht Deutschland vorhanden sei, warum sollte es so schwer sein, ein Baurecht für Deutschland zu schaffen? Die bodenrechtliche Probleme seien eben nicht so verschieden, wie behauptet.[98]

Ungeachtet der Forderungen nach einem Gesamtbaurecht waren andere Autoren der Ansicht, bevor ein Baurecht erreicht werden könne, müsse den Gemeinden eine Regelung zum sofortigen Wiederaufbau gegeben werden. Der Wiederaufbau war eine der dringenden Kommunalaufgaben. 1945 waren etwa 5,4 Einwohner auf eine Wohnung angewiesen, der Wert lag damit um 18% über dem Ende des 19. Jh. ermittelten Wert (4,6).[99] Das Wohnungsbauministerium schätzte um 1950 einen „ungedeckten Wohnungsbedarf" durch Bombenschäden und Substanzverlust wegen fehlender Sanierung von ca. 3,2 Millionen bis 4,6 Millionen Wohnungen.[100]

Um den Wiederaufbau zu beschleunigen sollte nur ein „Rahmengesetz" dem Länderrat vorgelegt werden, diesem Rahmengesetz könne später ein allgemeines Baurecht folgen.[101] Auch die „Enttrümmerung" mußte in den Jahren 1946 und 1947 normiert werden, so in Hamburg mit dem Gesetzentwurf „über die Räumung von Trümmergrundstücken mit Trümmerverwertung"[102]

Ein besonderer Vorschlag kam von Platz aus Mannheim. Dieser hatte 1929 eine Reichsbauordnung vorgelegt, aber damals Zweifel geäußert, ob ein Reichsbaugesetz möglich sein würde. Im Juni 1947 legte er aber seine „Aufbau- und

---

erkennbar war, ein Baugesetz zu erlassen. Beyme hat die verfassungsrechtlichen Bedenken des Ministerrates nicht erläutert. Die Ministerratsakten konnte der Verfasser noch nicht einsehen.

98 Dittus, Zu einem neuen Deutschen Baurecht, in: *Neue Bauwelt* 1946, H. 4, S. 1-6.

99 Weiss, Erhard, 50 Jahre Deutscher Verband für Wohnungswesen, Städtebau und Raumordnung e.V., Bonn 1996, S. 46. Der Wiederaufbau vollzog sich relativ schnell, denn schon 1950 wurde ein Wert von 5,0 E/WE erreicht, 1960 sank der Wert auf 3,4 E/WE, für 1970 wurden 2,9 E/WE und für 1980 2,4 E/WE ermittelt.
Die zur Verfügung stehende Wohnfläche pro Person, die zu Beginn des 20. Jh. noch mit 10 Kubikmeter, was ungefähr vier Quadratmetern entspricht, angemessen erschien (Wohnungsaufsicht Hessen), erreichte 1990 den Wert von 36 Quadratmeter pro Person (Bundesministerium für Raumordnung, Bauwesen und Städtebau 1993, S. 42). 2006 veröffentlichte das Stat. Bundesamt für das Jahr 1991 den Wert von 46 Quadratmeter pro Person.

100 Fey, Walter, Objektiver Wohnungsbedarf, in: Handwörterbuch des Städtebaues, Wohnungs- und Siedlungswesens, hg. von Hermann Wandersleb, Stuttgart 1959. S. 1701-1706.

101 Kaiser, G., Die bauliche Neuordnung zerstörter Städte, in: *Der Bauhelfer*, 1947, H. 1, S. 2-4.

102 Meyer-Ottens, Räumung von Trümmer-Grundstücken und Verwertung von Trümmern, in: *Bau-Rundschau* 1947, H. 4, S. 121-123.

Gesundungsordnung“ vor.[103] Platz: „Die Baupolizei soll Wohlfahrtspolizei des Wiederaufbaues werden“. Platz hat seine „Gesundungsordnung“ aus der Sicht der Baupolizei entwickelt, die bekannten und wohl auch akzeptierten Planungsgrundsätze der Bauleitplanung wurden jedoch nur angerissen.

Sein Vorschlag war dennoch neu, denn Platz wollte das bisher zivilrechtliche Nachbarrecht aus dem BGB lösen und die Baupolizei auch mit dieser Aufgabe betrauen: „Die Baupolizei hat die nachbarlichen Beziehungen, soweit sie baurechtlicher Natur sind, zu regeln.“[104] Wambsganz äußerte sich im Juni 1947 kritisch über diese ausformulierten Gesetzvorschläge, denn inzwischen könne man schon vom „Süddeutschen und Lemgoer Entwurf, dem hessischen Aufbaugesetz, vom Entwurf der britischen Zone, den Entwürfen aus Mannheim, Pforzheim, Mecklenburg, Bremen und dem Baunotgesetz sprechen.“ Das „Splitter-, Flick-, und Teilgesetzgebungswerk“ der letzten Jahrzehnte sei noch in guter Erinnerung, die daraus folgenden „Verwirrungen und Erschwernisse „dürften doch ihre abschreckende Wirkung noch nicht verloren haben.“[105]

Der Deutsche Verband für Wohnungswesen, Städtebau und Raumplanung veröffentlichte im April 1947 als Ergebnis einer Kölner Arbeitstagung unter dem Titel „Grundfragen des Aufbaus in Stadt und Land“ einen Beitrag.[106] Am Schluss der Tagung machte Staatsminister Binder aus Stuttgart den Vorschlag, einen Fachausschuss „Boden- und Baurecht“ nach Bad Homburg einzuberufen, der „Grundsätze zur Gesetzgebung für den Auf- und Ausbau unserer Stadt- und Landgemeinden“ entwickeln sollte.[107]

---

103 Platz, Gustav Adolf, Entwurf einer Aufbau- und Gesundungsordnung, in: *Neue Bauwelt*, 1947, S. 395-397. Bemerkung: Platz hatte noch immer den Begriff „Baupolizei“ verwandt, obwohl dies verboten war.

104 Platz, S. 397. Weitere Einzelfragen hatte Platz offen gelassen, denn schon die Feststellung, ob eine Angelegenheit zwischen Nachbarn „baurechtlicher Natur ist, ist sehr schwierig.

105 Wambsganz, Ludwig, Weg und Ziel einer Erneuerung des Baurechts, in: *Neue Bauwelt* 1947, H. 26, S. 403-405. Damit hatte Wambsganz eine Eigenart angesprochen, die auch schon in der Weimarer Zeit die Städtebaugesetzgebung begleitet hatte. Vermutlich hatte er die „Diskussionsfreude“ der wirtschaftspolitisch Interessierten und auch der Fachöffentlichkeit und die zahlreichen „Grundsatzlösungen“ gemeint.

106 Weise, Erhard, 50 Jahre Deutscher Verband für Wohnungswesen, Städtebau und Raumordnung e.V. Bonn 1996. Weise: Die Gründung erfolgte im April 1946, Gründungsmitglieder waren: T. Bäuerle (Ministerialdirektor Stuttgart), Landrat Hellmuth Jäger (Ludwigsburg), Landrat und Oberbürgermeister Oskar Kalbfell (Reutlingen), E. Geiger Direktor des Wohnungsamtes (Stuttgart), Prof. H. Keuerleber (TH-Stuttgart), Architekt E. Kilgus (Stuttgart), Prof. Maier-Leibnitz (TH-Stuttgart), H. Schuon Bausparkasse „Gemeinschaft der Freunde Wüstenrot“, Ministerialrat a.D. Otto Wölz (Schwäbisch Gmünd) und Generalsekretär Paula Schäfer (Gaildorf). Präsident wurde der hessische Wiederaufbauminister Gottlob Binder. Der Deutsche Verband wurde 1950 vom „Internationalen Verband für Wohnungswesen und Städtebau“ anerkannt.

107 Binder, Gottlob, Hg., Grundfragen des Aufbaus in Stadt und Land, in: Deutscher Verband für Wohnungswesen, Städtebau und Raumplanung, Aufbau-Sonderheft 2, Stuttgart 1947, S. 46-83. Der Verband für Wohnungswesen, Städtebau und Raumordnung hatte die Einladung übernommen.

Dem Ausschuss gehörten Vertreter verschiedener Ministerien an, besonders die Vertreter aus Magdeburg, Berlin und Professor Göderitz aus Braunschweig waren eingeladen worden.[108] Der Ausschuss legte am 20.5.1947 seine „Grundsätze zur Gesetzgebung für den Auf- und Ausbau unserer Stadt- und Landgemeinden" vor. Die „Grundsätze" wurden mit folgender Feststellung eingeleitet:

> „Aus der Sorge heraus, dass eine allzu große Zersplitterung in der Aufbaugesetzgebung eintritt, wird empfohlen, unter Zugrundelegung des von dem interzonalen Ausschuß des Städtetages und von den beteiligten Ländern erarbeiteten Entwurfs für ein Aufbaugesetz als Diskussionsgrundlage eine enge Zusammenarbeit der Länder aller Zonen, der Fachverbände und Vereinigungen der Stadt- und Landgemeinden herbeizuführen. Auch die gebotene Eile und die Vermeidung unnötiger Doppelarbeit geben Veranlassung zu einer gemeinschaftlichen Arbeit an einem einheitlichen Aufbaugesetz."[109]

Damit waren Mitte des Jahres 1947 weitere Baurechtsgrundsätze[110] zum Bauplanungsrecht aufgestellt worden, eher unbeabsichtigt hatte der Ausschuss aber schon die reale Situation der Länder beschrieben, als er feststellte, dass eine „allzu große Zersplitterung" in der Aufbaugesetzgebung fast schon eingetreten sei.[111] Am Schluss der Bad Homburger Tagung wurden die „Grundsätze zur Gesetzgebung für den Auf- und Ausbau unserer Stadt- und Landgemeinden" beschlossen, sie lassen sich wie folgt zusammenfassen:

Der Aufbau zerstörter als auch der Ausbau übervölkerter Orte seien gleichgewichtig, Unterschiede müssten vermieden werden, der Aufbau und der Ausbau seien Selbstverwaltungsaufgaben der Gemeinden. Daher sollten die Zentralinstanzen nur die übergeordneten Interessen koordinieren, die Kooperation benachbarter Gemeinden müsse aber gefördert werden. Zu den Pflichtaufgaben der Gemeinden gehöre die Aufstellung von Flächennutzungs- und Bebauungsplänen. Zur Sicherstellung der Gemeindeentwicklung sei ein soziales Grund- und Bodenrecht notwendig, das persönliche Eigentum am Boden müsse aber den Interessen der Gemeinschaft untergeordnet werden, dem Verzicht solle eine Gegenleistung gegenüberstehen, sie könne bar oder in Naturalrechten erfolgen, die unverdiente Bodenwertsteigerung sollte aber der Allgemein-

---

108 Binder, S. 79, Binder hatte Bad Homburg gewählt, denn „dort sitzt man in aller Stille, dort werde ich die Herren gut unterbringen und für Verpflegung sorgen können." Weitere Mitglieder des Ausschusses waren u.a.: Sigloch (Stuttgart), Wittrock (Wiesbaden), Göderitz (Braunschweig), Schunk (Köln) und der Generalsekretär des Zonenbeirates, Weiser aus Hamburg.

109 In den „Grundsätzen" war ausdrücklich von einem „Entwurf für ein Aufbaugesetz" gesprochen worden, es handelt sich dabei um den sog. „Lemgoer Entwurf", der erst am 12.8.1947 veröffentlicht wurde.

110 Dittus, Wilhelm, Die Grundsätze zur Baugesetzgebung, in: *Neue Bauwelt* 1947, H. 30, S. 467-469. Auch in: Dittus, Baurecht im Werden, München 1951, S. 71. Die „Grundsätze" wurden von Wilhelm Dittus in der *Neuen Bauwelt* 1947 H. 30, S. 467-469 ausführlich und überwiegend zustimmend, kommentiert.

111 In diesem Zusammenhang wird daran erinnert, dass die drei Ministerpräsidenten der US-Zone die Forderungen von OMGUS-Berlin nach einem einheitlichen Baugenehmigungsverfahren unterliefen, indem sie die erbetene Vorlage hinauszögerten. Die befürchtete Zersplitterung war längst eingetreten. HHSTA-W, Abtl. 528, Nr. 110.

heit zu Gute kommen. Es wurde empfohlen, dass sich verschiedene Grundstückseigentümer zu einer Genossenschaft oder einer Gesellschaft unter Beteiligung der Gemeinde, zusammenschließen. Die Mindestgrundsätze eines soziales Bodenrechts sollten weiterentwickelt werden, dabei müssten die Gemeinden das Recht erhalten, Baugebote und Bauverbote auszusprechen. Straßenbaukosten sollten nicht mehr nach Frontmetern umgelegt werden, zu bevorzugen sei eine Bemessung aus der Kombination von Nutzungsmöglichkeiten des Grundstücks, wie Höhe, Fläche und Ertrag, Härten müssten aber ausgeglichen werden. Viele Ortssatzungen seien veraltet, sie genügten weder in hygienischer, technischer und wirtschaftlicher Sicht, empfehlenswert sei es, eine Musterbausatzung herauszugeben.

Zum Schluss wurde betont, dass der Ortsausbau dem Menschen zu dienen habe und nicht allein dem Verkehr und der Wirtschaft oder anderen Zwecken, der Dienst am Menschen verlange eine Aufgliederung der Stadtquartiere nach den Bedürfnissen der Einwohner. Der „Städtebau" sei eine große gemeindliche Aufgabe, die durch ein zu bildendes „Aufbauministerium" gefördert werden müsse.[112]

Dittus fragte in einer Abhandlung zu den „Grundsätzen", warum in Deutschland noch immer zusammengesetzte Begriffe verwendet würden, beispielsweise wäre es einfacher statt Aufbau- und Ausbaugesetz gleich das Wort Baugesetz zu verwenden, denn in jedem Falle sei das „Bauen" das Wesentliche, vom Gegenteil, dem „Abbau", würde niemand sprechen. Die Forderung nach einem sozialen Grund- und Bodenrecht im Bauwesen könne nicht bei der Formulierung des § 903 BGB stehen bleiben, wonach der Eigentümer mit einer Sache nach Belieben verfahren könne, sofern Gesetze oder die Rechte Dritter nicht entgegenstünden. Das Eigentum am Boden könne grundsätzlich nicht mit einer beweglichen Sache verglichen werden, denn das Bodeneigentum „hat eine ganz andere soziale Funktion", diese „andere Funktion" müsse aber nach diesem Krieg die herausragende Bedeutung auch und gerade im Städtebaurecht erfahren.[113]

Wenige Monate nach der Bad Homburger Tagung legte Göderitz seinen „Entwurf eines Gesetzes über den Aufbau der Deutschen Gemeinden (Aufbaugesetz) vor, der am 12.8.1947 vom Zentralamt in Lemgo veröffentlicht wurde.[114] Es war schon beschrieben worden, dass dieser Entwurf kein „Baugesetz" im Sinne von Dittus und Wambsganz war, sondern nur ein Aufbaugesetz war und keine Zustimmung in der Bizone erreichen konnte.

Eine verwirrende städtebaurechtliche Empfehlung kam vom Verbandspräsidenten des Deutschen Verbandes für Wohnungswesen, Städtebau und Raumplanung im August 1947. Der Präsident hatte „mit großem Nachdruck" angeregt, das „Gesetz zur Neugestaltung deutscher Städte" von 1937 heranzuziehen. Das Gesetz sei noch nicht aufgehoben. Mit „wenigen formellen Änderun-

---

112 Binder, Gottlob, Hg., Grundfragen des Aufbaus in Stadt und Land, in: Deutscher Verband für Wohnungswesen, Städtebau und Raumplanung, Aufbau-Sonderheft 2, Stuttgart 1947, S. 82-83.

113 Dittus, Wilhelm, Grundsätze, in: *Neue Bauwelt* 1947, H. 30, S. 467.

114 Der Entwurf wurde überwiegend nach dem Sitz des Zentralamtes der britischen Zone in Lemgo, als „Lemgoer Entwurf" bezeichnet, aber eben auch als „Aufbaugesetz" oder als Entwurf „Göderitz".

gen" und nach Ausdehnung seines Geltungsbereiches auf alle Gemeinden könne das Gesetz für die Zwecke des „neuzeitlichen Aufbaus" nutzbar gemacht werden.[115] Daraufhin hatte Wambsganz in der Bauwelt nach den Gesichtspunkten der „politisch orientierten Wertung" des 1937er Gesetzes und nach den inhaltlichen Kriterien „fachlicher Nützlichkeit und Brauchbarkeit" gefragt.[116]

Wambsganz kam zu dem Ergebnis, dass nur der Paragraf 3 brauchbar sei, denn darin wurde der Planungsbehörde das Recht eingeräumt, „Umlegungsgrundstücke" zu betreten und Vermessungsarbeiten durchzuführen. Wertlos seien die Vorschriften über die Wertsteigerungserfassung und über die Umlegung, da sie nur Ermächtigungen zum Erlass von Vorschriften enthielten, die es nie gegeben habe, solche „Ermächtigungen seien nur leere Blankette", die nicht weiterhelfen würden. Auch die Enteignungsvorschriften des Neugestaltungsgesetzes müssten unter rechtsstaatlichen Gesichtspunkten erhebliche Zweifel auslösen, das Gesetz sei überholt, selbst wenn kleinere Teile noch brauchbar seien. Der Berliner Magistrat war schon im Oktober 1945, nach Überprüfung verschiedener Baugesetze, zu der Auffassung gelangt, dass das Neugestaltungsgesetz automatisch außer Kraft getreten sei. „Wer meint", das Gesetz sei in weiten Teilen doch noch brauchbar, der müsse „den Beweis antreten", warum eine Vorschrift, die für das „System der Baudiktatur" und das „Führerprinzip" mit einem Generalbauinspektor zugeschnitten war, heute noch eine Grundlage sein könne.[117]

Der Verbandspräsident (Staatsminister Binder) hatte in dem Rundschreiben vom August 1947 auch angeregt, den Entwurf eines „Gesetzes zur Beschaffung billigen Bodens und zur Schaffung von Volksheimstätten" zur Diskussion zu verwenden.[118] Der Präsident hatte aber übersehen, dass dieser Entwurf schon 1946 von der Militärregierung wegen ungeklärter steuer- und eigentumsrechtlicher Fragen abgelehnt worden war.[119] Die Zahl der Vorschläge, der Anregungen und Meinungen zum Wiederaufbau und zur Frage der Baugesetzgebung stiegen weiter an.

115 Rundschreiben des Verbandspräsidenten vom August 1947, in: Deutscher Verband für Wohnungswesen, Städtebau und Raumplanung, Aufbau-Sonderheft 2, Stuttgart 1947, S. 83.

116 Wambsganz, Das „Speergesetz" als Rechtsunterlage des Wiederaufbaus? In: *Neue Bauwelt* 1947, H. 43, S. 675.

117 Wambsganz, Das „Speergesetz" als Rechtsunterlage des Wiederaufbaus? In: *Neue Bauwelt* 1947, H. 43, S. 676.

118 Rundschreiben des Verbandspräsidenten vom August 1947, in: Deutscher Verband für Wohnungswesen, Städtebau und Raumplanung, Aufbau-Sonderheft 2, Stuttgart 1947, S. 83.

119 Wambsganz, Ludwig, Der süddeutsche Entwurf zu einem Gesetz zur Schaffung billigen Bodens und zur Schaffung von Volksheimstätten, in: *Neue Bauwelt* 1946, H. 12, S. 1-11.

Auch 1948 wurde die Frage nach der neuen (einheitlichen) Baugesetzgebung noch diskutiert, es wurde erörtert, ob das Wohnsiedlungsgesetz von 1933, „da es kein nationalsozialistisches Gesetz“ sei, doch zu einem Teil für die neue Gesetzgebung verwendet werden könne.[120] Rappaport[121] hatte dabei in einer Schrift von 1952 von der Eigentümlichkeit nationalsozialistischer Gesetze gesprochen, die noch heute wirkten:

> „Es ist eines jener Geheimnisse politischer Entwicklung, dass ausgerechnet der Nationalsozialismus, den wir sonst vollauf verdammen möchten, der Träger fast aller beständigen und fortschrittlichen Städtebaugesetze in Deutschland ist. Diese Gesetze überdauern als eigentümliches Erbe den Nationalsozialismus, sind heute die Grundlage städtebaulicher Gestaltung und gehen in die neuen Gesetze über, ohne dass wir uns immer ihres Ursprungs klar bleiben. Die Stadt wird wieder als ein Ganzes aufgefasst, ausgehend von der Allgemeinheit und für die Allgemeinheit sorgend“.[122]

In den Beiträgen des Jahres 1947 tauchten auch Anregungen auf, die eine amtliche Stelle für die Baugesetzgebung, z. B. ein „Aufbauamt“ oder ein „Aufbauministerium“ forderten.[123] Bisher gab es nur zwei von den Besatzungsmächten kontrollierte behördenähnliche Stellen. Zum einen war es der Stuttgarter Länderrat für die amerikanische Zone, zum anderen war in der britischen Zone das „Zentralamt für Arbeit“ in Lemgo tätig. Beide Stellen waren der Meinung, dass den Kabinetten der Länder der Bizone die Bildung eines „bizonalen Amtes für Aufbau“ im Rahmen des schon bestehenden Frankfurter Wirtschaftsrats vorgeschlagen werden sollte.

---

120 Krauss, E. H., Künftige Städtebaugesetzgebung, in: *Bau-Rundschau* 1948, H. 3/4, S. 49-59. Sowie Hans Mayer, Wohnsiedlungsgesetz - Aufbaugesetzentwurf und Betrachtungen zur Gefahr der Kritik, in: *Bau-Rundschau* 1948, H. 3/4, S. 59-61.

121 Dr. Ing. Philipp Rappaport war Erster Beigeordneter des Siedlungsverbandes Ruhrkohlenbezirk in Essen. In: *Zentralblatt der Bauverwaltung* 1926, H. 42, S. 472-474.

122 Rappaport, Philipp, Sitten und Siedlungen im Spiegel der Zeiten, 1952, S. 129. Zitiert aus: Der Bundesminister für Wohnungsbau, Stellungnahme der Bundesregierung zur Frage der Gesetzgebungszuständigkeit des Bundes auf dem Gebiete des Baurechts vom 28.4.1953 (Bundesarchiv Koblenz, B-141-4585, S. 23-24). Die Bundesregierung hat folgende Bestimmungen aus der Zeit vor 1945 aufgeführt, die 1953 noch galten: Die Verordnung (VO) zur Regelung der Bebauung, die VO über Baugestaltung, die Reichsgaragenordnung, die VO über die Zulässigkeit befristeter Bausperren, die VO über den Abbruch von Gebäuden, die VO über baupolizeiliche Maßnahmen zur die Einsparung von Baustoffen, die VO über die allgemeine baupolizeiliche Zulassung neuer Baustoffe und Bauarten, die VO über Grundstückseinrichtungsgegenstände, die VO über die baupolizeiliche Behandlung von öffentlichen Bauten, die VO über die statische Prüfung genehmigungspflichtiger Bauvorhaben und die VO zur Hebung der baulichen Feuersicherheit. Rappaport sprach nur von Gesetzen, er meinte wohl eher Bestimmungen aller Art. Denn „Gesetze“ für das Bauwesen aus dem „Dritten Reich“, z.B. das Reichssiedlungsgesetz samt den Durchführungsverordnungen oder das Neugestaltungsgesetz (Berlin) hatte er sicher nicht gemeint. Quelle wie oben angegeben.

123 In den „Grundsätzen zur Gesetzgebung für den Auf- und Ausbau unserer Stadt- und Landgemeinden“ des Deutschen Verbandes für Wohnungswesen, Städtebau und Raumordnung wurde e i n Aufbauministerium gefordert. Unklar blieb, auf welcher Ebene das Ministerium angesiedelt werden sollte, in: Binder, Gottlob, Grundfragen, in: Deutscher Verband für Wohnungswesen, Städtebau und Raumplanung, Aufbau-Sonderheft 2, Stuttgart 1947, S. 83.

Die britische Militärregierung erklärte daraufhin im August 1947, dass sich bizonale Regelungen nur auf „wirtschaftliche Angelegenheiten“ beziehen dürften. Das „beantragte“ Amt müsse sich daher auf wirtschaftliche Fragen beim Wiederaufbau beschränken. Walter Gropius, der als Sachverständiger von General Clay zu Rate gezogen wurde, teilte ihm mit, dass eine zentrale „Institution für Wohnungswesen und Städtebau“ wünschenswert sei. Bei „außergewöhnlichen Verhältnissen“, so Gropius, seien auch „außergewöhnliche Mittel“ erforderlich.[124]

In der *Baurundschau* hatte sich Hillebrecht für die Bildung „eines Aufbauamtes“ im Rahmen des Frankfurter Wirtschaftsrats eingesetzt und die Denkschrift des Deutschen Verbands für Wohnungswesen, Städtebau und Raumordnung begrüßt. Nach Beyme soll er sich damit den Zorn des Leiters des Zentralamtes für Wirtschaft, Viktor Agartz, zugezogen haben, was die Entlassung aus seinem Amt als Stadtbaurat von Hannover zur Folge gehabt hat.[125] Eine Entscheidung für „ein Amt“ war im Jahre 1947 nicht möglich gewesen.

Die bizonalen Ämter fanden eine zunächst verblüffend einfache Lösung des Problems mit dem Verzicht auf das selbständige Aufbauamt. Stattdessen solle im Frankfurter Wirtschaftsrat eine „Wirtschaftsverwaltung für Bau- und Wohnungswesen“ eingegliedert werden. Die neue Stelle sei genauso wichtig, wie die schon bestehenden Wirtschaftsverwaltungen für die industrielle, gewerbliche und kommerzielle Wirtschaft, für die Verkehrs-, Ernährungs- und Landwirtschaft, für die Post und die Eisenbahn. Die Wirtschaftsverwaltung für Bau- und Wohnungswesen wäre daher nur eine notwendige Ergänzung.[126]

Die Anregung, ein Aufbauamt für die Bizone zu schaffen, griff der Deutsche Verband für Wohnungswesen, Städtebau und Raumordnung durch eine veröffentlichte Denkschrift am 8.1.1948 auf.[127] Der Verband regte an, ein „Direktorat für Aufbau“ einzurichten, das für „wirtschaftliche Grundsatzfragen auf den Gebieten Grund und Boden, Bauwesen, Wohnungswesen und der sonstigen Gebäudewirtschaft“ zuständig sein sollte. Unter „Grund und Boden“ wurden die Aufgaben des Orts- und Städtebaues, des Siedlungswesens und der Landesplanung verstanden. Mit dem „Bauwesen“ sollte die „Verschwendung und die wirtschaftliche Fehlleitung“ der Ressourcen vermieden werden.

---

124 Hillebrecht, Rudolf, Wirtschaftsverwaltung „Amt für Aufbau“, in: *BauRundschau* 1948, H. 5/6, S. 100.

125 Beyme, Klaus von, Wohnen und Politik, in: Geschichte des Wohnens, Stuttgart 1999, Bd. 5, S. 86. Beyme erklärte den Rausschmiss damit, dass Viktor Agartz keine Kompetenzen abtreten wollte, er sei auch gegen die Bildung einer Exekutivbehörde, die Hillebrecht in seinem Aufsatz mit dem „Amt für Aufbau“ angeregt hatte. Agartz (1897-1964) war 1947 zum Leiter des Zonenwirtschaftsamtes in der englischen Zone ernannt worden (auch als Zentralamt für Wirtschaft bezeichnet). Später war Agartz Abgeordneter des Landtags von Nordrhein-Westfalen (Munzinger-Archiv 1965).

126 Hillebrecht schrieb, der „Vertreter des niedersächsischen Ministers für Aufbau“ habe eingeräumt, dass „man seinerzeit vergessen“ habe, auch die Aufgabe „Aufbau“ in die Wirtschaftsverwaltung einzubeziehen, in: *Bau-Rundschau* 1948, H. 5/6, S. 101.

127 Deutscher Verband für Wohnungswesen, Städtebau und Raumplanung, Bildung eines Direktorats für Aufbau, in: *Bau-Rundschau* 1948, H. 5/6, S. 99.

Im „Wohnungswesen“ war an die Förderung des Wohnungsbaus in wirtschaftlicher Hinsicht gedacht. Die „sonstige Gebäudewirtschaft“ sollte sich dem Thema der technischen und wirtschaftlichen Gebäudeverwertung, ihrer Instandhaltung mit Bildung von finanziellen Rückstellungen und den Abschreibungsfragen widmen, auch um einheitliche Standards für Deutschland zu entwickeln. Alle Einzelgebiete stünden in unmittelbarem Zusammenhang mit dem „Arbeitsgebiet“ Grundsatzfragen und des einheitlichen Baurechts.[128]

Das Direktorat wurde nicht geschaffen, die Währungsreform Mitte 1948 und die Verabschiedung der Länderbaugesetze (1948) in Württemberg-Baden, Hessen und in der Stadt Berlin machte die Installation eines Direktorats nicht mehr sehr wichtig.[129]

Trotz der sich ändernden politischen Lage, wurden ständig neue Anregungen für „ein Baugesetz“ veröffentlicht. „Die Provisorien schossen wie Pilze aus der Erde,“ nachdem sich aber die Länder festgelegt hatten“, so Beyme, war die „Chance für eine großräumige und einheitliche Lösung“, vertan. Selbst gemäßigte Formulierungen wurden als zu weitgehend empfunden; die Veränderungen, die die Länder am Lemgoer Entwurf vornahmen, bewirkten nur die Erhaltung des alten städtebaurechtlichen „Flickenteppichs“.[130]

Eine der Anregungen war ungewöhnlich, denn sie unterschied sich deutlich von der allgemeinen Diskussion. Der Kölner Architekt Hoenig forderte, ausgehend vom Allgemeinen Preußischen Landrecht, die Theorie der „allgemeinen materiellen Baufreiheit“ aufzuheben, denn bei näherer Betrachtung habe sich das „verbriefte Recht“ für den Städtebau als eine Fehlkonstruktion erwiesen.[131] Die Baufreiheit sei eine verfehlte und gegen die Vernunft „aufrechterhaltene Theorie“, die sich in der Praxis als untauglich gezeigt habe. Baufreiheit gebe es nur für den Grundeigentümer, für denjenigen aber, der keinen Boden besitze, gelte sie nicht.[132]

Hoenig versuchte die Lösung des Bodenproblems durch die Einführung des Instituts des „Bauloses“. Das Baulos sollte an denjenigen vergeben werden, der bauen wolle. Die Gemeinde müsse aber zuvor Bebauungspläne aufstellen und „feststellen“. Je nach wirtschaftlicher und sozialer Lage sollte die Gemeinde im „Baufortschrittsplan“ die entsprechenden festgestellten Flächen zur Bebauung freigeben. Jeder, der den Nachweis erbringe, bauen zu können, erhalte den von ihm ausgesuchten Bauplatz, verbunden mit der Baupflicht.

Mit dem Eigentümer dieses Bauplatzes müsste der Baubewerber entweder einen Erbbauvertrag schließen, oder Eigentümer und Bauherr würden eine „Besitzgemeinschaft“ bilden und schließlich könnte der Bewerber auch das Grundstück vom Eigentümer abkaufen. Die Grundstückspreise würden durch die Gemeinde festgesetzt. Die Kontrolle der verschiedenen Vorgänge (Baufortschrittsplan, Baulosvergabe, Bodenpreisermittlung) sollte nach Hoenig durch Regie-

128 Deutscher Verband für Wohnungswesen (…), in: *Bau-Rundschau* 1948, H. 5/6, S. 99.

129 Die Ministerpräsidenten hatten im Juli von den Militärregierung den Auftrag zur „Bildung des Verfassungsausschusses“ angenommen, der Ausschuß hatte seine Arbeit binnen zweier Wochen im August 1948 erledigt.

130 Beyme, Klaus von, Wohnen und Politik, S. 86.

131 Hoenig, Anton, Entwurf zu einem Bau- und Bodengesetz, in: *Baumeister* 1948, S. 160-163.

132 Hoenig, S. 161.

rungspräsidien oder obere Verwaltungsbehörden wahrgenommen werden. Die Vergabe der Baulose bei gleichzeitiger Baupflicht könnte nach Hoenig nicht nur das städtebauliche Übel der Baulücken beseitigen, sondern auch das Übel der zufälligen, aber gleichzeitigen Entwicklung an den verschiedensten Orten einer Gemeinde. Zudem habe die Gemeinde ein wirksames Instrument zur Regulierung der Bodenpreise, hohe Bodengewinne würden vermieden oder ausgeschaltet. Geringere Schwankungen des Bodenpreises seien unbedeutend und hätten bei weitem nicht mehr den Einfluss, den sie im 19. und Anfang des 20. Jh. hatten.[133]

Der Hoenigsche Entwurf war der bisher konsequenteste Versuch, das städtebauliche Bodenrecht zu reformieren, ohne die Eigentumsgarantie aufzugeben. Die Gemeinde hätte nach Hoenig nicht nur die Planungshoheit, sondern auch die Pflicht zur Verleihung des einzelnen Baurechts durch das Baulos, sie würde damit auch das bisher ungelöste Problem der zeitlichen Durchführung der Bebauung steuern.

Der Vorschlag von Hoenig im *Baumeister* hatte aber kein großes Echo gefunden, immerhin reagierte aber Wilhelm Dittus mit einem Aufsatz im *Bauhelfer*. Dittus bestätigte Hoenig, dass der Eigentumsvorbehalt und die Eigentumsverteilung bisher in der städtebaulichen Diskussion zu wenig beachtet wurden. Es sei richtig, dass der „Nichtbauwillige dem Bauwilligen" weichen sollte, nur so wäre der Erschließungsaufwand für die Baugebiete zu rechtfertigen. Hoenig komme das Verdienst zu, so Dittus, das Problem „aufs neue" herausgestellt und „überzeugungskräftig" mit einem Vorschlag begründet zu haben.[134] Hoenig veröffentlichte seinen Vorschlag im April 1948, auch ihm war bekannt, dass die Länder Württemberg-Baden, Berlin und Hessen an Baugesetzentwürfen arbeiteten.

Hoenigs Vorschlag war so weitgehend, dass eine längere Diskussion im Sinne eines Vorentwurfs erforderlich gewesen wäre. Dieser zeitliche Vorlauf war aber nicht mehr vorhanden, denn schon vier Monate nach Hoenigs Veröffentlichung beschloss Württemberg-Baden am 18.8.1948 sein Landes-Aufbaugesetz. Berlin folgte einen Monat später. Die Aufhebung des Prinzips der Baufreiheit und die Einführung einer Baupflicht mit weiteren staatlichen Interventionen, waren so ab 1948 nicht möglich.

Die schnelle Verabschiedung von drei Aufbaugesetzen, Württemberg-Baden, Berlin und Hessen, innerhalb eines halben Jahres deutet auf ein weiteres Problem hin. Es bestand nicht nur in einem fehlenden oder unzureichenden Planungsrecht, sondern auch in der baupolizeilichen Behandlung von Bauanträgen. Wie sollten Bauanträge, in Frankfurt und Wiesbaden, wo alte preußische Bauverordnungen existierten, Anträge in Oberhessen und Darmstadt mit der Bauordnung von 1881, und Anträge in Worms, Mainz und Alzey, die die ehemalige Darmstädter Bauordnung besaßen, jetzt aber zu Rheinland-Pfalz gehörten, behandelt werden?

---

133 Hoenig, Anton, Entwurf, S. 162-163.

134 Dittus, Wilhelm, Über Dr. Hönigs Bau- und Bodengesetzentwurf, in: *Der Bauhelfer* 1948, H. 24, S. 651-652.

In der praktischen Baupolitik hatten die Länder sehr unterschiedliche Ausgangslagen. Das neugebildete Hessen hatte, bedingt durch die gebietliche Zusammenlegung von Hessen-Darmstadt, Hessen-Nassau und Frankfurt, eine besondere Schwierigkeit im Bauwesen zu überwinden, denn noch galten drei verschiedene Bauordnungen, die alte (Darmstädter-)Bauordnung von 1881, die städtische Frankfurter Bauordnung und die Verordnung, die Preußen für den Raum des ehemaligen Nassau erlassen hatte. In der Kabinettssitzung vom 17.7.1951 war die Frage diskutiert worden, wie Hessen eine Bauaufsichtsregelung gestalten sollte.

Zunächst war daran gedacht worden, ein Gesetz „über die Zuständigkeiten auf dem Gebiete der Bauaufsicht“ zu erlassen. Die „Ministerialdirektorenkonferenz“ war aber der Ansicht, das Gesetz könne deswegen dem Parlament nicht vorgelegt werden, weil in Hessen noch keine Kreisbauämter eingerichtet seien. Es sei auch zu befürchten, dass die Landkreise eigene Bauämter einrichten und mit eigenem Personal versehen könnten. Da andererseits die Auflösung einiger Staatsbauämter geplant sei, müsse diesen Beamten eine Arbeitsmöglichkeit, z. B. in den neuen Bauaufsichtsbehörden der Kreise, offen gehalten werden.

Das Kabinett schloss sich der Argumentation an und bat den Innenminister um eine Reorganisation der neuen Staatsbauämter und um die Feststellung, mit welchen Gebühren die Landkreise rechnen könnten, falls ihnen die Bauaufsicht übertragen würde.[135] Nachdem in der Kabinettssitzung berichtet wurde, dass der Bund ein Bau-Rahmengesetz erlassen wolle, äußerte der Ministerpräsident Bedenken, denn die Frage sei doch, „ob der Bund die Zuständigkeit dafür besitze“.[136] Dies veranlasste das Kabinett zu dem Beschluss, die eigene Bauordnungsgesetzgebung „zu beschleunigen“.[137] Zwischenzeitlich hatte die Stadt Frankfurt am Main von der Landesregierung eine eigene Bauordnung gefordert, der Forderung kam der hessische Landtag nach und verabschiedete am 30.11.1951 die „Bauordnung für die Stadt Frankfurt am Main“ als Gesetz.[138]

Seit 1946 kann von einer breiten öffentlichen Fachdiskussion über das Baurecht gesprochen werden, selbst wenn unter „dem Baurecht“ gelegentlich nur das Bauordnungsrecht oder das Planungsrecht verstanden wurde. Das zweite Thema war die Frage, ob das Baurecht eine Länderangelegenheit sein müsse, oder ob es gelingen könne, ein einheitliches Baurecht zu formulieren, das ohne Änderungen in den Landtagen angenommen werden könne? Die Frage wurde rasch gegenstandslos, denn 1948 hatten drei Länder eigene Aufbaugesetze verabschiedet: im August 1948 Württemberg-Baden, im September Berlin und im

135 HHSTA-W Abt. 502, Nr. 8404, Tagesordnung und Beschlußprotokoll der 31. Kabinettssitzung. Die Befürchtung war nämlich, dass die Einnahmen höher als die eigenen Kosten ausfallen könnten.

136 HHSTA-W Abt. 502, Nr. 8404, Tagesordnung und Beschlußprotokoll der 31. Kabinettssitzung, S. 10 und 13.

137 HHSTA-W Abt. 502, Nr. 8404, Tagesordnung (TOP 4) und Beschlußprotokoll der 31. Kabinettssitzung.

138 GVBL. Hessen, 1951, S. 91-119. Diese Bauordnung wurde rückwirkend zum 1.1.1949 in Kraft gesetzt, sie sollte am 31.12.1953 außer Kraft treten, da die Landesregierung hoffte, bis dahin eine neue Hessische Bauordnung schaffen zu können. Die neue Hessische Bauordnung konnte allerdings erst 1957 geschaffen werden.

Oktober 1948 Hessen. Zur gleichen Zeit, am 25.8.1948 war der „Entwurf eines Grundgesetzes“, der „Chiemsee-Entwurf“, durch den Verfassungsausschuss fertiggestellt worden, in dem erste Kompetenzverteilungen zwischen Bund und Ländern beschrieben wurden. Dieser Entwurf war die Grundlage der Beratungen des „Parlamentarischen Rates“ für ein „Grundgesetz der Bundesrepublik Deutschland“.

Die Frage nach Kompetenzverteilung für bestimmte Sachbereiche zwischen Bund oder Länder, war in dem neuen föderalen Staat von großer Wichtigkeit. Von großem Interesse ist dabei, wie auftretende Konflikte, die durch die föderale Verfassungsstruktur fast zwangsläufig zu erwarten waren, zwischen dem Bund und den Ländern politisch „ausgehandelt“ wurden.[139]

---

139 Die Ministerpräsidenten hatten ursprünglich den Begriff „Konstituierende Versammlung“ in „Parlamentarischer Rat“ geändert. Die Militärgouverneure stimmten dem Begriff und der künftigen Arbeit des Rates zu.

8. Die Zuständigkeit für die Baupolizei: Der Bund oder die Länder?

8.1 Neuanfang auf parlamentarisch-demokratischer Grundlage

In diesem Kapitel soll die Frage erörtert werden, welche Bedeutung das Baurecht im Grundgesetz erhalten hat und wie die Kompetenzverteilung zwischen Bund und Ländern im „Bauwesen/Baurecht" geplant wurde. Die Überlegung betrifft den Artikel 74, Ziffer 18 GG (geltende Fassung). Bei den Beratungen wurde das Bau- und Bodenrecht in zahlreichen Fassungen des Grundgesetzentwurfs behandelt. Für das „Bodenrecht" gab es verschiedene Ansichten im Ausschuss für „Zuständigkeitsabgrenzung".[1] Für das Bodenrecht lag folgende Formulierung (Artikel 36 Ziffer 26) vor: "Grundsätze der Bodenverteilung, des Siedlungs- und Heimstättenwesens sowie des Wohnungsrechtes (Flurbereinigung)".[2] In der dritten Sitzung des Ausschusses für Zuständigkeitsabgrenzung im September 1948 war das „Bodenrecht" noch immer ungeklärt.[3]

Unter dem Bodenrecht verstanden die Ausschussmitglieder u.a.: „Bodenrecht als solches sind die Grundsätze der Bodenverteilung; Bodenrecht ist die Bewirtschaftung von landwirtschaftlichen Erzeugnissen, das Pachtwesen und der Grundstücksverkehr; Bodenrecht ist Landpachtrecht, der Bodenverkehr, die Flurbereinigung, die Grundsätze der Bodenverteilung, Siedlung und Heimstätten; Bodenrecht umfasst nicht das Wohnungsrecht."[4] Nach Beiträgen der Mitglieder Strauß und Blomeyer sagte der Berliner Oberbürgermeister Ernst Reuter zum Bodenrecht:

> "Ich habe den Eindruck, daß wir [...] an sich zunächst wenigstens nach ihrem Wortlaut ganz andere Dinge behandeln. [...] Wir müssen ferner, denken sie nur an das Ruhrgebiet, zu einer Siedlungs- und Heimstättenregelung kommen; denn sie können ein Gebiet wie die Ruhr überhaupt nicht erschließen, wenn sie nicht das Heimstätten- und Siedlungswesen aufgrund rechtlicher Vollmachten in die Hand nehmen. Wir müssen [...] das Bodenrecht durch eine Verstärkung insbesondere des Erbbaurechtes, das bei uns sehr unzureichend entwickelt ist, in eine Form hinein gießen, daß diese Dinge möglich sind. Das hängt auch zusammen mit den Rechtsgrundsätzen, die wir auf dem Wege der Aufbaugesetze in den einzelnen Ländern für die Stadtplanung schaffen wollen."[5]

---

1 Mitglieder des Ausschusses waren: von der CDU/CSU Adolf Blomeyer, Walter Strauß, Joseph Ferdinand Kleindinst und Wilhelm Laforet. Von der SPD waren Friedrich Wilhelm Wagner, Fritz Hoch, Adolf Ehlers, Hannsheinz Bauer und Ernst Reuter anwesend. Von der FDP kam Hans Reif und vom Zentrum Helene Wessel.

2 Der Parlamentarische Rat 1948-1949, Band 3, S. 43 und 119. Die „Flurbereinigung" stand noch zur Diskussion.

3 Die Diskussionen über den Begriff Bodenrecht waren deswegen so wichtig, weil in ihm das gesamte Städtebaurecht enthalten war und ist.

4 Der Parlamentarische Rat, Band 3, 1986, S. 120

5 Der Parlamentarische Rat. Band 3. 1986, S. 122. Zum Namen Strauß: Gemeint ist Dr. Walter Strauß, Hessen.

Nach Walter Strauß sollte der Artikel 36 (Ziffer 11 und 12)[6] lauten: Öffentliche Bewirtschaftung landwirtschaftlicher Erzeugnisse, Förderung des Pflanzenwuchses, landwirtschaftliches Pachtwesen, Grundstücksverkehr, Wetterdienst, Vermessungswesen. Die Ziffer 12 sollte die Rahmenvorschriften für das Bodenrecht, Flurbereinigung, Siedlungs- und Heimstättenwesen sowie Wohnungsrecht enthalten. Die Rahmenvorschriften für Bodenrecht sollten auch die Bodenverteilung umfassen. Als Zwischenergebnis der Diskussion wurde festgestellt, dass der Begriff Wohnungsrecht in der „Vorranggesetzgebung" bleiben solle, der Begriff Wohnungsbau könne dagegen nur als Rahmenvorschrift akzeptiert werden.[7] Die neunte Sitzung des Ausschusses (7.10.1948) war vorwiegend der Landwirtschaft gewidmet, dabei sollte der Begriff "Bodenverteilung" geklärt werden.[8] Im Ergebnis sollte unter dem Bodenrecht „das allgemeine und damit auch das städtische Bodenrecht" verstanden werden. In der neunten Sitzung wurde zum einzigen Mal während der gesamten Beratungen dieses Ausschusses der Begriff „Baurecht" benutzt. Wörtlich heißt es in der Niederschrift: "Dann ist noch die Frage, ob Baurecht zum Bodenrecht gehört. Dr. Laforet: Baupolizei muss länderrechtlich sein. Dr. Hoch: Das, was mich interessiert, ist die Frage der Bodenverteilung, das Bodenrecht. Dr. Strauß: Das ist gesagt."[9] In der zehnten Sitzung (8.10.1948) war die Ziffer 11 des Artikels 36 soweit beraten und mit folgender Formulierung angenommen worden:

> "11. Grundstücksverkehr, Bodenrecht; Wohnungsrecht, Rahmenvorschriften für Flurbereinigung, Bodenverteilung, Siedlungs- und Heimstättenwesen."[10]

In der zwölften Sitzung am 14. Oktober 1948 wurde die "Flurbereinigung" auf Wunsch von Dr. Laforet aus dem Katalog entfernt, da nach seiner Ansicht die Flurbereinigung dem Bund nicht zustehe. Die Formulierung von Ziffer 11 lautet jetzt:

> "11. den Grundstücksverkehr, das Bodenrecht und das Wohnungsrecht; Rahmenvorschriften für die Bodenverteilung und das Siedlungs- und Heimstättenwesen."[11]

Neben dem Ausschuss für Zuständigkeitsabgrenzung tagte am 16. November 1948 der Allgemeine Redaktionsausschuss, er formulierte die Ziffer 11 (neu Ziffer 17) wie folgt:

"17. den Grundstücksverkehr, das Bodenrecht und das landwirtschaftliche Pachtwesen, das Wohnungsrecht (Wohnungswesen?), Rahmenvorschriften für die Bodenverteilung und das Siedlungs- und Heimstättenwesen."[12]

---

6 ebd., S. 346

7 Die „Vorranggesetzgebung" sollte nach dem „Chiemsee-Entwurf" bedeuten, dass dem Bund die Zuständigkeit für die Sachgebiete zuerkannt wird. In den „Rahmenvorschriften" sollte der Bund nur den Rahmen für ein Sachgebiet abstecken dürfen; die Länder sollten für die Ausfüllung des Rahmens mit eigenen Gesetzen zuständig sein.

8 Der Parlamentarische Rat. Band 3. 1986, S. 368.

9 ebd., S. 405.

10 ebd., S. 413.

11 ebd., S. 413.

In der siebzehnten Sitzung des Ausschusses am 23.11.1948 wurde zum letzten Mal die Ziffer 11 des Artikels 36 behandelt. Danach wurde der Begriff Wohnungsrecht durch den weitergehenden Begriff Wohnungswesen ersetzt, denn in diesem Begriff "könne man die ganze Architektur einschließen"[13]. Während Seebohm meinte, dass die Formulierung "Bauvorschriften und Wohnungsrecht" noch umfassender seien, waren die anderen Mitglieder der Meinung, dass im Wohnungswesen die Architektur und die Bauvorschriften enthalten seien. Der Hauptausschuss übernahm die Formulierung des Allgemeinen Redaktionsausschusses zu Artikel 36 Ziffer 17 in seiner Lesung am 10.12.1948, allerdings mit einer wichtigen Änderung, wonach das Wohnungswesen und das Siedlungs- und Heimstättenwesen vor die Rahmenvorschriften für die Bodenverteilung gerückt wurde.

> "17. den Grundstücksverkehr, das Bodenrecht und das landwirtschaftliche Pachtwesen, das Wohnungswesen, das Siedlungs- und Heimstättenwesen und Rahmenvorschriften für die Bodenverteilung;"[14]

Mit dieser Änderung wurde die Bundeszuständigkeit für das Wohnungswesen und das Siedlungs- und Heimstättenwesen deutlicher herausgestellt. Die zweite Lesung der Vorschriften des Artikels 36 Ziffer 17 im Hauptausschuss am 6.1.1949 brachte noch eine Ergänzung um die Rahmenvorschriften der Raumordnung und des Wasserhaushalts:

> "17. den Grundstücksverkehr, das Bodenrecht und das landwirtschaftliche Pachtwesen, das Wohnungswesen, das Siedlungs- und Heimstättenwesen sowie Rahmenvorschriften für die Bodenverteilung, die Raumordnung und den Wasserhaushalt;"[15]

In der dritten Lesung des Artikel 36 Ziffer 17 im Hauptausschuss wurden die Rahmenvorschriften aus der Ziffer 17 entfernt und ein neuer Artikel 36 a eingeführt. Artikel 36 Ziffer 17 lautete jetzt und wurde so auch geltendes Recht:

> "17. den Grundstücksverkehr, das Bodenrecht und das landwirtschaftliche Pachtwesen, das Wohnungswesen, das Siedlungs- und Heimstättenwesen."[16]

Die vollständige Fassung des Entwurfes des Grundgesetzes wurde nach der Abschlusslesung den Militärgouverneuren zur Zustimmung vorgelegt.[17] Sie hatten am 2.3.1949 zu Artikel 36 und 36a Bedenken geäußert, weil ihnen die Stellung der Länder in einem föderativen System nicht angemessen erschien.[18] Die Mili-

---

12 Jahrbuch des öffentlichen Rechts. Neue Folge/Band 1, 1951, S. 488.

13 Der Parlamentarische Rat, Band 3, 1986, S. 654. Dies war die Meinung des Mitgliedes Joseph F. Kleindinst.

14 Jahrbuch des öffentlichen Rechts. Neue Folge/Band 1, 1951, S. 490.

15 Jahrbuch des öffentlichen Rechts. Neue Folge/Band 1, 1951, S. 494.

16 Jahrbuch des öffentlichen Rechts. Neue Folge/Band 1, 1951, S. 496.

17 Jahrbuch, Bd. 1, S. 496.

18 Jahrbuch, Bd. 1, S. 496. Die Stellung der Länder gegenüber dem Bund sollte verstärkt werden.

tärgouverneure schlugen vor, die Artikel 36 und 36a in einem Artikel zusammenzufassen und in einem Absatz 1 die Stellung und die Rechte der Länder stärker herauszustellen. Der Allgemeine Redaktionsausschuss faßte in seinem Vorschlag vom 2.5.1949 die interfraktionellen Besprechungen vom März und April 1949 zusammen und beließ es bei der Trennung der Artikel 36 und 36a.

In den Protokollen zum Thema Bodenrecht/Baurecht fällt auf, dass eine Diskussion über das Städtebaurecht fehlt. Es wird vermutet, dass dieses Recht kein besonderer Gegenstand deswegen war, weil es "selbstverständlich Ländersache“ oder ebenso "selbstverständlich" im Bodenrecht enthalten war. Für beide Versionen gibt es Hinweise. Nur einmal, nämlich in der neunten Sitzung des Ausschusses für Zuständigkeitsabgrenzung, wurde das Wort Baurecht in Form einer Nachfrage gebraucht. Wagner: „Gehört das Baurecht zum Bodenrecht?"[19] Laforet beantwortete die Frage mit der Feststellung, dass die Baupolizei Ländersache sein müsse, obwohl danach nicht gefragt war.

Es hat den Anschein, dass die anderen Mitglieder die Bedeutung der Frage und vor allem aber die gegebene Antwort nicht erkannt haben.[20] Aber auch für die andere Ansicht, das Baurecht sei im Bodenrecht enthalten, findet sich ein Beleg. In der 12. Sitzung des Ausschusses für Zuständigkeitsabgrenzung wurde gefragt: „Was ist Bodenrecht“? Hierauf antwortete Strauß: „Das ist auch der städtische Grundstücksverkehr hier. Die Einschränkungen, die wir seit 1917 haben, wollen wir auch künftig im Bundesrecht haben. Bodenrecht ist städtische Bodenreform. Bodenrecht sind die Gesetze, die sich aus der Zerstörung der Städte ergeben."[21] Die Gesetze, die sich aus der Zerstörung der Städte ergeben, umfassen daher auch die Annexgebiete der Planung zur Durchführung des Wiederaufbaus.

Diese Deutung kann auch den Beiträgen von Ernst Reuter aus den ersten sechs Sitzungen entnommen werden. Danach konnte Reuter wegen der Ereignisse in Berlin, der Blockade von Westberlin durch die Truppen der UDSSR, an den Sitzungen nicht mehr teilnehmen.[22] Unter den 11 Mitgliedern des Zuständigkeitsausschusses waren weder Architekten, Stadtbauräte, Stadtplaner oder Vertreter der städtebaulichen Wissenschaft, dafür aber sieben Juristen zu finden. Folgende Inhalte wurden unter dem Begriff Bodenrecht im Laufe der Beratungen des Ausschusses für Zuständigkeitsabgrenzung vom 15.9.1948 bis zum 7.12.1948 verstanden: Die Bodenverteilung, das landwirtschaftliches Pachtwesen, das Wohnungswesen, der Grundstücksverkehr, die Grundsätze der Bodenverteilung, das Landpachtrecht, die Flurbereinigung und die städtische Bodenreform.

---

19 Der Parlamentarische Rat, Band 3, 1986, S. 405. Für das Bodenrecht wurden 282 Protokollzeilen benötigt, für das Lichtspielwesen 308 und für das Jagdwesen 312 Zeilen.

20 Diese scheinbar belanglose Feststellung von Wilhelm Laforet, das Baurecht mit der Baupolizei gleichzusetzen, sei, hat bei der Antragsformulierung zum „Karlsruher Gutachten“ die entscheidende Rolle gespielt!

21 Der Parlamentarische Rat, Band 3. 1986, S. 515

22 Vermutlich wären von dem einzigen Ausschussmitglied, das praktische Erfahrungen mit dem Baurecht als Regierender Bürgermeister von Berlin gesammelt hatte, Klarstellungen zum Thema Baurecht möglich gewesen.

Bei den Beratungen der Ausschüsse „Zuständigkeitsabgrenzung“, „Allgemeine Redaktion“ und des Hauptausschusses von September 1948 bis Mai 1949, wurde das Bodenrecht nicht eindeutig definiert. Schon während der Beratungen auf Herrenchiemsee (Verfassungsausschuss der Ministerpräsidentenkonferenz) und vor allem bei den Beratungen des Parlamentarischen Rats in Bonn zeigte sich, dass der Stuttgarter Länderrat keine Rolle mehr spielte.

Die politischen Aktivitäten verlagerten sich vom Länderrat auf die Landesparlamente und auf die Ministerpräsidenten. Es war nur noch die Form zu finden, wie der Länderrat seine Tätigkeit beenden konnte.[23] Das geschah auf die klassische Weise, das Personal wurde Schritt für Schritt durch Versetzungen in die Länderverwaltungen „abgebaut“, für einige Mitarbeiter fand sich jedoch keine Verwendung.[24]

Der hessische Bevollmächtigte beim Länderrat, Emil Graf von Wedel, der schon am 3.11.1945 berufen wurde, hatte die „undankbare und unerfreuliche“ Aufgabe übernehmen müssen, den Länderrat aufzulösen.[25] Von Wedel hatte im Juli 1948 die „leer laufende Gesetzgebungsmaschine“ wieder zur „Wirksamkeit“ bringen wollen und auf 37 Gesetzesvorhaben verwiesen. Als unerledigte Aufgaben führte von Wedel die Gesetzesvorhaben für das Bau- und Wohnungswesen sowie des Bodenrechts an.

Am 23.9.1949, direkt nach der ersten Kabinettsbildung in Bonn, teilte er der „Bundeskanzlei“ mit, welche Aufgaben unerledigt geblieben waren: das Bodenrecht, das Wohnungswesen und das Architektenrecht. Drei Tage später erstellte von Wedel seinen Schlussbericht und bedauerte, dass weder die Mitglieder des Parlamentarischen Rats, des Länderrats noch die Ministerpräsidenten Zeit für eine angemessene Schlusssitzung in Stuttgart fanden.[26]

8.2 Die Entwicklung des Bundesbaurechtes aus dem Grundgesetz

Im Grundgesetz hat der Bund im Rahmen der konkurrierenden Gesetzgebung das Recht, den Grundstücksverkehr, das Bodenrecht, das landwirtschaftliche Pachtwesen, das Wohnungswesen und das Siedlungs- und Heimstättenwesen zu regeln.[27] Dieses Recht konnte der Bund nur dann in Anspruch nehmen, wenn die Länder von ihrer Befugnis keinen Gebrauch gemacht hatten.

Im folgenden Abschnitt wird nur das Bodenrecht behandelt, denn als Teil des Bodenrechts wurde, wenn auch mit einigen Abwandlungen, das Städtebaurecht verstanden. Das Wohnungsrecht bedarf keiner weiteren Erläuterung. Das „Baupolizeirecht“, das ab 1949 als Wortverbindung teilweise aus dem amtlichen

---

23 HHSTA-W Abt. 502, Nr. 1659, die Länderministerpräsidenten hatten am 15.2.1949 die Beendigung der Tätigkeiten des Länderrats zum 30.9.1949 beschlossen.

24 Zu Beginn der Tätigkeit im Länderrat waren um 180 Personen beschäftigt.

25 HHSTA-W Abt. 502, Nr. 1659, Vertraulicher Bericht des Grafen von Wedel (24.1.1949) an die Mitglieder des Direktoriums des Länderrates. Wedel war bis 1933 Landrat im Kreis Hersfeld und Mitglied der SPD. Persönliche Daten sind seinem Lebenslauf entnommen, (gleiche Fundstelle).

26 HHSTA-W Abt. 502, Nr. 1659, Schlußbericht vom 26.9.1949. Der Länderrat hatte 58 „zonale Gesetze und Verordnungen“ fertiggestellt und zum Abschluß gebracht und weitere 27 Vorhaben - als Entwurfsfassungen - für die Länder erarbeitet. Am 31.10.1949 solle auch die bürotechnische Abwicklung beendet sein.

27 Grundgesetz für die Bundesrepublik Deutschland, in: „Beck-Texte“ [23]1987, Artikel 72 und 74.

Sprachgebrauch verschwunden war, wurde zunehmend als „Bauordnungsrecht“ bezeichnet, das entsprechende Werk hieß häufig nur „Bauordnung“, obwohl es ein Gesetz war.[28] Die Ausnahme war das frühere Preußen, denn dort gab es keine geltende Bauordnung, die Städte hatten „Bauordnungen“ aufgestellt, sie waren im rechtlichen Sinne nur gemeindeeigene Satzungen. Nach der Währungsreform, der Wahl zum deutschen Bundestag und der Regierungsbildung im Herbst 1949 war auch die Wohnungsfrage ein zentraler Teil der Regierungsarbeit.

Der erste Wohnungsbauminister der Bundesrepublik Deutschland, Eberhard Wildermuth, hatte zu Beginn seiner Tätigkeit zwei wesentliche Aufgaben zu erfüllen, nämlich die Vorlage eines Wohnungsbaugesetzes und der Entwurf eines Baugesetzes.[29] Ende des Jahres 1949 hatte Wildermuth den ehemaligen Oberregierungsrat Wilhelm Dittus aus dem Reichsarbeitsministerium, der schon das Berliner Baugesetz im September 1948 mit seinem Kollegen Wambsganz erarbeitet hatte, beauftragt, ein umfassendes Städtebaugesetz zu erarbeiten.

Der Bundestag hatte kurz darauf, am 28.3.1950, die Vorlage eines „Gesetzes zur Erleichterung der Baulandbeschaffung“ gefordert.[30] Ohne die nach dem Grundgesetz erforderliche gesetzliche Enteignungsregelung bestand die Gefahr, dass städtebauliche Enteignungen nach den „Länder-Aufbaugesetzen“, wie schon 1930, zu unerwünschten Urteilen führen konnten.[31]

---

28 Der „Titel 9-235“ und die entsprechende britische Bestimmung galten noch als Vorbehaltsrecht.

29 Das „Erste Wohnungsbaugesetz“ wurde durch den Bundestag am 28.3.1950 beschlossen. Das Gesetz hat nur 30 Paragrafen, es war kein Baugesetz, sondern ein Finanzierungs- und Steuergesetz.
Das Gesetz unterschied drei Arten des Wohnungsbaues: den öffentlich geförderten Wohnungsbau, den steuerbegünstigten Wohnungsbau und den frei finanzierten Wohnungsbau. Der steuerbegünstigte Wohnungsbau war ein wichtiges Element, denn er setzte den privaten Wohnungsbau mit Hilfe der „Grundsteuerermäßigung“ in Gang. Vgl. hierzu Hans-Günther Pergande, Was muß ich vom Ersten Wohnungsbaugesetz wissen? Wiesbaden ohne Datum.
Das Zweite Wohnungsbaugesetz von 1956 brachte dann mit dem Paragrafen 7-b eine außerordentliche Finanzierungsmöglichkeit. Nach „7-b“ konnten „erhöhte Absetzungen für Wohngebäude“ bei der Einkommensteuererklärung für lange Zeiträume geltend gemacht werden. Das zweite Wohnungsbaugesetz wurde 1956 erlassen, es erweiterte beträchtlich den Inhalt und die Möglichkeiten des ersten Gesetzes in Bezug auf Kleinsiedlungen, Familienheime, Einliegerwohnungen und die Schaffung von Eigentumswohnungen. Vgl. hierzu Werner Ehrenforth, Zweites Wohnungsbaugesetz, Köln-Berlin-Bonn 1958.

30 Verhandlungen des Deutschen Bundestages, I. WP 1949, Stenographische Berichte Bd.8, S. 6081. Die dringende Notwendigkeit, Bauland bereitzustellen und gegebenenfalls auch Grundstücke zu enteignen, war bei den Parteien anerkannt.
Der Minister begründete seinen ersten Entwurf auch damit, dass die Aufbaugesetze der Länder die Enteignungsfrage nur unzulänglich gelöst hatten. Vielfach werde noch die „Verordnung zur Behebung der dringendsten Wohnungsnot“ von 1919 angewendet.

31 Entwurf zu einem Baugesetz für die Bundesrepublik Deutschland, Bonn 1950. Einführung, S. 90. Dittus hatte in seiner Erläuterung darauf hingewiesen, dass aus der Gefahr schon Realität geworden war. In Norddeutschland seien inzwischen einige Entschädigungsprozesse (wegen Bausperren und Fluchtlinienfestsetzungen) „angelaufen“.

Im Bundestag wurde auf das fehlende Baurechtsgesetz oder Bundesbaugesetz, hingewiesen, obwohl „sie schon im letzten Sommer“ von Wilhelm Dittus den „großen Entwurf eines Bundesbaugesetzes“ bekommen hätten.[32]

Der Entwurf von Wilhelm Dittus

Der Wortvergleich der Vorschriften für die Bauleitplanung, für die vorbereitenden Bauleitpläne und für den Inhalt des Bebauungsplans zwischen dem (Bundes-)Entwurf vom 1. September 1950 und dem (Reichs-)Entwurf vom 21. März 1942 (nachfolgend dargestellt) offenbart eine weitgehende Übereinstimmung. Es kann davon ausgegangen werden, dass die aus dem Reichsarbeitsministerium stammenden Mitarbeiter, Dittus, Fischer-Dieskau, Wedler, Wambsganz und Zinkahn und die ehemals im Speerschen „Arbeitsstab Wiederaufbauplanung“ eingesetzten Dustmann, Hebebrand, Neufert, Reichow, Rimpl, Tamms und Wortmann und andere den Baugesetzentwurf von 1942 kannten, obwohl dieser nicht veröffentlicht worden war.[33]

Der Entwurf aus dem Jahre 1942 war umfassend im Sinne eines Gesamtbaurechts formuliert worden, sodass die wenigen Stellen, bei denen der „Geist der damaligen Zeit“ zu spüren ist, gestrichen werden konnten.[34] Damit wird es auch verständlich, warum die Bundesrepublik Deutschland auf diesen Entwurf zurückgreifen konnte.

Der Entwurf vom 1.9.1950 für das Deutsches Baugesetz - DBauG -, das später „Bundesbaugesetz“ genannt wurde, war vom zuständigen Referenten Wilhelm Dittus im Auftrag des Wohnungsbauministers zwischen 1949 und 1950 erarbeitet worden. An anderer Stelle wurde bereits darauf hingewiesen, dass Dittus am Entwurf des Deutschen Baugesetzes und an den Baugesetzen von Berlin und Bayern verantwortlich beteiligt war.[35] Nachfolgend wird ein Ausschnitt des Entwurfs von 1942 mit dem Vergleich zum Entwurf von 1950 vorgestellt.

---

32 Verhandlungen, I. WP 1949, Bd.8, S. 6085.

33 BA Koblenz, R 41/39. Geschäftsverteilungspläne der Hauptabteilung IV im Reichsarbeitsministerium der Jahre 1940, 1941 und 1943. Die zum Wiederaufbaustab Speer gehörenden Namen sind aus Harlander, Zwischen Heimstätte und Wohnmaschine, S. 279 entnommen. Im Bonner Wohnungsbauministerium haben die Mitarbeiter aus dem Reichsarbeitsministerium hohe Stellen (bis zum Ministerialdirektor) erreichen können. Die Mitarbeiter aus dem Hause Speer sind Stadtbauräte, Professoren an Technischen Hochschulen und freischaffende Architekten geworden.

34 BA Koblenz, R 41/39. Ein Beispiel: Bauvorhaben der öffentlichen Hand (Bauten des Reiches, der Länder, des Unternehmens Reichsautobahn und der NSDAP, ihrer Gliederungen und angeschlossenen Verbände) waren von der Baugenehmigungspflicht ausgenommen (§ 367).

35 Der Entwurf von Dittus war damit noch keine Bundestagsvorlage, aber dennoch mit vollem Einverständnis des Ministers der Öffentlichkeit zur Diskussion übergeben worden. Die erweiterte Darstellung des Entwurfs ist im Anhang Nr. 13 abgedruckt.

Der Vergleich ausgewählter Vorschriften von 1942 und 1950

„Entwurf Deutsches Baugesetzbuch vom 21.3.1942	„Baugesetz für die Bundesrepublik Deutschland (Deutsches Baugesetz - DBauG -) Entwurf vom 1.9.1950
§ 3 Aufstellung der städtebaulichen Pläne	§ 3 Aufstellung der Bauleitpläne
(2) Bei der Aufstellung, Änderung oder Aufhebung eines Planes sind die Behörden und Stellen zu beteiligen, deren Belange von der Aufstellung oder Änderung berührt werden.	(1) Bei der Aufstellung der Bauleitpläne sind die Behörden und Dienststellen zu beteiligen, deren belange berührt werden.
(4) Die vorbereitenden Pläne haben alles das zu enthalten, was zur Erarbeitung und Aufstellung des Bebauungsplanes erforderlich ist.	(1) Die vorbereitenden Bauleitpläne haben alles das zu enthalten, was zur Aufstellung des Bebauungsplanes erforderlich ist.
§ 4 Der Flächennutzungsplan	§ 12 Aufgabe des Flächennutzungsplanes
(1) Der Flächennutzungsplan stellt die flächenmäßige Gliederung des Plangebietes in den Grundzügen dar und zeigt, wie die geordnete Nutzung des Bodens und die bauliche Entwicklung innerhalb eines Gemeindegebietes oder innerhalb mehrerer benachbarter Gemeindegebiete gedacht ist, und gibt damit eine Richtschnur für die Aufstellung der Bebauungspläne. Er hat entsprechend den landschaftlichen, klimatischen, geologischen und sonstigen Gegebenheiten und in Berücksichtigung aller dafür in Betracht kommenden Bedürfnisse, wie namentlich denen der Land-, Forst- und Wasserwirtschaft, der Industrie, des Gewerbes und des Bergbaues, des Verkehrs, der Erholung der Bevölkerung, des Schutzes des Orts- und Landschaftsbildes und der Landesverteidigung, vor allem ersichtlich zu machen, welche Flächen im Laufe der Zeit voraussichtlich der Bebauung zugeführt werden können und welche Flächen aus Gründen des öffentlichen Wohles unbebaut oder in der Bebauung beschränkt bleiben sollen.	Der Flächennutzungsplan stellt die flächenmäßige Gliederung des Gemeindegebietes nach der grundsätzlichen Zweckbestimmung der Flächenteile dar und zeigt, wie die bauliche Entwicklung und die geordnete Nutzung des Bodens gedacht sind. Er macht vor allem ersichtlich, welche Flächen im Laufe der Zeit voraussichtlich der Bebauung zugeführt werden können, welche Flächen aus Gründen des öffentlichen Wohles unbebaut oder in der Bebauung beschränkt bleiben und welche Flächen einer sonstigen Zweckbestimmung vorbehalten bleiben sollen.
§ 14 (2) Der Flächennutzungsplan ist aufzustellen, wenn es die bauliche oder wirtschaftliche Entwicklung der Gemeinde oder andere öffentliche Belange erfordern.(...)"	§ 14 (1) Ein Flächennutzungsplan ist aufzustellen, wenn die bauliche oder wirtschaftliche Entwicklung der Gemeinde oder andere öffentliche Belange es erfordern."

Quelle: 1. Entwurf Deutsches Baugesetzbuch vom 21.3.1942: BA Koblenz, R 41/882
2. Baugesetz f. d. Bundesrepublik Deutschland (Deutsches Baugesetz - DBauG -), Entwurf vom 1.9.1950, Verfasser: Wilhelm Dittus. Geodätisches Institut TH Darmstadt, X/92, Inv. Nr. 554.

Die vorige Gegenüberstellung ausgewählter Vorschriften zeigt Übereinstimmungen zwischen dem Reichsgesetzentwurf von 1942 und dem Entwurf von 1950. Der Entwurf von 1942 fasste die wichtigsten Elemente für ein umfassendes Reichsstädtebaurecht, nämlich das Planungs-, das Umlegungs-, das Baulandbeschaffungs-, das Erschließungs-, das Sanierungs-, das Nachbarbau- und das Bauordnungsrecht, die Entschädigungsregelungen, samt den notwendigen Verfahrens- und Zuständigkeitsregelungen in einem Baugesetz zusammen. Darüber hinaus wird in der Vorbemerkung auch auf das Raumordnungsrecht, das dem Entwurf noch vorangestellt werden sollte, hingewiesen. Vorsorglich wurde das Inkrafttreten des Gesetzes im § 450 auf den 1. Oktober 1943 terminiert.

Aus den Veröffentlichungen der Fachzeitschriften zum Thema Baurecht zwischen 1946 und 1950 *(Neue Bauwelt, Der Bauhelfer, Baurundschau, Baumeister* und *Bau-Rundschau)* wird erkennbar, dass die Mehrzahl aller Beiträge von nur zwei Personen stammten. Obwohl einige Abhandlungen ohne Namensangabe erfolgten, ist die Zuordnung zu Dittus oder Wambsganz an der Argumentationsweise und am gemeinsamen Ziel eines einheitlichen Baurechts, möglich. Dittus hatte 1951 in seinem Buch „Baurecht im Werden" bestätigt, dass er mit Wambsganz lange vor 1945 und auch nachher sehr eng zusammengearbeitet hatte. Wambsganz war im Juni 1952 noch einen Schritt weitergegangen, denn er bezeichnete Dittus und sich als die beiden Schöpfer des Deutschen Baugesetzbuches von 1942, „wir haben während des Krieges im Reichsarbeitsministerium das Deutsche Baugesetzbuch entworfen."[36] Es sei daher nur natürlich gewesen, dass sie beide von 1945 bis 1948 das Berliner Baugesetz und den Entwurf des bayerischen Baugesetzes aufgestellt hätten. Den Entwurf des Bundesbaugesetzes von 1949-1950 habe dann Dittus, unter Verwendung des gemeinsamen Entwurfs von 1942, allein erarbeitet.[37] In der Einführung zum Bonner Gesetzentwurf von 1950 hatte Dittus seine Ansicht für ein einheitliches Gesetz beschrieben und mögliche Einwendungen vorweggenommen, hier in verkürzter Form aufgeführt:

Das grundlegende Recht müsse um der Rechts- und Wirtschaftseinheit willen und zur Wahrung der Einheitlichkeit der Lebensverhältnisse gleich sein. Das Städtebaurecht sei sehr stark mit dem bürgerlichen Recht, dem Wirtschafts- und Steuerrecht verwachsen, sodass partikulare Regelungen Fehlentwicklungen seien.

Das Eigentumsrecht fordere gleiche Behandlung aller Beteiligten. Wenn bei grundlegenden Rechtsgestaltungen keine Einheit bestehe, könnten auch keine vergleichenden Untersuchungen, keine Statistiken und keine Bewertungen über den Grundgesetzauftrag „gleiche Lebensverhältnisse" anzustreben, angestellt werden. Das Bodenrecht, das sich weithin mit dem Städtebaurecht deckt, könne keine Unterschiede nach Ländern ertragen. Die Landesgesetzgebung habe sich bis jetzt dem schwierigen Problem des Städtebaurechts und dem Bodenrecht nicht gewachsen gezeigt.

Die Vereinbarkeit des Baurechts mit dem Grundgesetz, besonders beim Enteignungsrecht, würde in „einfacher Lösung" besser, als in 12facher Auflage bewältigt. Die Rechtsprechung, die Kommentierung und Auslegung in der Praxis würde bei einem Gesetz klarer und leichter

36 Wambsganz, Wilhelm, Stand der Baugesetzgebung, ein Querschnitt durch die heutige Lage der städtischen Rechtserneuerung, in: *Bundes-Baublatt* 1952, H. 3, S. 101.

37 Wambsganz, Wilhelm, Stand der Baugesetzgebung, Wambsganz wurde 1949 Ministerialrat im bayerischen Innenministerium und Dittus 1950 Ministerialrat im Wohnungsbauministerium in Bonn und zusätzlich Hochschullehrer.

verständlich. Es scheine selbstverständlich, dass ein Städtebaurecht auf den Hochschulen und sonstigen Ausbildungsinstituten wirksamer gelehrt werden könne, als bei partikularer Betrachtung des Baurechts.[38]

Dittus schrieb: „Es wird in Deutschland **e i n** Städtebaurecht geben, oder es wird keines geben".[39] An einem „unwesentlichen" Merkmal dieses Entwurfes kann die weitere Bedeutung der Vorlage erkannt werden, denn Dittus hatte in seinem „Aufhebungskatalog" allein 37 Gesetze und Verordnungen aufgeführt, die nach Rechtskraft des Bundesbaugesetzes außer Kraft treten sollten. Diese gründliche Bereinigung des zersplitterten deutschen Bauplanungs- und Bauordnungsrechts war eine Forderung, die 1950 bereits 75 Jahre alt war.[40] Nachfolgend sollen zunächst nur die Überschriften der einzelnen Teile des Entwurfs vorgelegt werden, daran sollen sich einige Bemerkungen zu dem Verhältnis von Bauplanung und Bauordnung anschließen. Der Entwurf von Dittus hatte folgende Gliederung:

Planung, Baulandumlegung, Zusammenlegung von Grundstücken, Landbeschaffung, Bodenbewertung und Bodenverkehr, Erschließung, Bebauung, Bauliches Nachbarrecht, Übergangs- und Schlußbestimmungen.

Die Struktur dieses Entwurfs zeigt den Diskussionsstand in der städtebaulichen Fachliteratur der Jahre 1946-1949. Erst nach der vorbereitenden Planung, ausgehend von der Landesplanung und weiteren Bedingungen, kann an die Bebauung gedacht werden. Die weitere Bedingung war nach Dittus, die Festlegung in einem einheitlich geltenden Regelwerk.[41] Dieses heute als selbstverständlich erscheinende planerisch-methodische Vorgehen, vorgegeben durch eine Norm, war schon weit vor der Mitte des 20. Jh. bei den aktiven Stadtplanern bekannt. Wie die Vielzahl der nicht aufeinander abgestimmten Aufbaugesetze in den Ländern nach 1946 aber zeigen, war die Grundvoraussetzung bei den verantwortlichen politischen Stellen, den Länderregierungen, bis Mitte der 50er Jahre nicht gegeben. Das föderalistische Prinzip überlagerte alle anderen Überlegungen. Blumenfeld, der über Umwege in die USA auswandern musste, hat mit Zismann

---

38 Dittus, Wilhelm, Entwurf zu einem Baugesetz für die Bundesrepublik Deutschland, Einführung S. 89. Dittus: Die Stadt Köln hat die geltenden Rechtsquellen auf dem Gebiet des Bauaufsichts- und des Bauordnungswesen aufgelistet und kam auf 121 Reichsgesetze, 50 preußische Regelungen und 27 Ortssatzungen.

39 Leider hat Dittus für diesen Satz keine direkte Quelle angegeben. Dennoch ist gesichert, dass Hans Blumenfeld und Samuel B. Zisman (nicht „Ziemau" wie Dittus schrieb) diesen Satz geprägt haben. Beide waren von der US-Regierung 1949 nach Deutschland mit dem Auftrag geschickt worden, über die Notwendigkeiten und die Möglichkeiten deutscher Planungs- und Baugesetzgebung zu berichten. Der Bericht von Blumenfeld und Zismann ist in der *Bauwelt* 1950, H. 6, S. 92 erschienen. Blumenfeld hat in seiner Autobiographie „...es sei denn, sie bauen eine humane Stadt ", Basel 1993, S. 184 bestätigt, dass er als „visiting expert" mit dem Leiter der Stadtplanung von Philadelphia (S.B. Zisman) 1949 nach Deutschland gekommen war. Vgl. auch Volker Roscher, Über Hans Blumenfeld, in: Die alte Stadt, 1985, S. 57-65. Blumenfeld hat 1921 an der TH Darmstadt sein Diplomexamen in Architektur abgelegt. Quelle: Die alte Stadt, 1958, S. 58.

40 Vgl. Reinhard Baumeister 1876.

41 Die weiteren Vorbedingungen sind u. a. die Grundstückszusammenlegung, der Bodenverkehr und die Erschließung.

als „visiting expert“ in dem Abschlussbericht an die US-Behörde 1949 über den beginnenden deutschen Städtebau geurteilt, dass das „technische Können der Deutschen“ gut sei, allerdings sei die „Planmäßigkeit in der Festsetzung einer Bedeutungsfolge der Bautätigkeit und das methodische Vorgehen“ weniger stark ausgeprägt. In einem städtisch geprägten Deutschland werde die Stadtplanung „äußerste Bedeutung“ haben. Die Ländergesetzgebung über den Städtebau sei sehr „verschiedenartig und das Ergebnis zufälliger, politischer und persönlicher Einflüsse“ und, „der Bedarf nach einer einheitlichen Bundesgesetzgebung ist längst fällig und dringlicher denn je.“ Über Dittus und Wambsganz und deren Arbeit schrieb Blumenfeld 1949: „Im Rahmen deutscher praktischer Vorschläge scheint für amerikanisches Urteil der Baugesetzentwurf für Berlin von Dr. W. Dittus und ein Entwurf von Oberregierungsrat Wambsganz, Bayern, beachtlich. Ohne Stärkung der Finanzlage der Städte, namentlich mit Hilfe des Lastenausgleichs, erscheint aber ein wirklicher Erfolg ausgeschlossen.“[42]

Dittus hat in seinem Entwurf die seit einem knappen Jahrhundert ungelöste städtebauliche Bodenfrage als wesentlichen Punkt bezeichnet, der in einem neuen Städtebaugesetz geregelt werden müsse. Die bisherige Unklarheit zur Frage, wie die Entschädigung bei den städtebaulich erforderlichen Enteignungen zu bemessen sei, führt nach Dittus unmittelbar zu den Vorgaben aus dem GG Artikel 14 (2).[43] Da Artikel 14 (3) die Enteignung unter näheren Bedingungen für zulässig erklärt, müsse in dem neuen Städtebaugesetz eine zuverlässige Methode der Bodenwertbestimmung definiert werden, um die angemessene Entschädigungshöhe, unter gerechter Abwägung der Interessen der Allgemeinheit und der Beteiligten, zu ermitteln. Das Baulandbeschaffungsproblem (früher „Baulandenteignungsfrage“) könne nicht als „selbständige Sonderexistenz“ offen bleiben, „es ist ein integrierender Bestandteil und ein durchgehendes Wesenselement des Städtebaurechts“.[44] Der Entwurf hatte mit 215 Paragrafen einen minimal größeren Umfang, als das erst 11 Jahre später beschlossene Bundesbaugesetz mit 190 Paragrafen. Dittus war sich im klaren, dass sein grundlegendes Werk auf Kritik stoßen würde, „manche wünschen sich nur ein Rahmengesetz“, andere meinen, ein „kurzes oder ein einfaches Gesetz“ sei das einzig Richtige für Deutschland. Diesen Kritikern entgegnete Dittus, dass die schon gebauten „tatsächlichen Verhältnisse“ und die daraus erwachsenen Schwierigkeiten die Regelungsbreite und –tiefe für ein neues Gesetz ergeben.[45] Schon einmal sei durch die ungenügende

42 Blumenfeld, Hans, und S.B. Zisman, in: *Neue Bauwelt* 1950, H. 6, S. 92. Blumenfeld war nach dem Zweiten Weltkrieg stellvertretender Leiter der Stadtplanungsbehörde von Toronto und Lehrstuhlinhaber für Städtebau an der Universität. Im Detail kritisierten Blumenfeld und Zisman, dass noch immer Wohnungen ohne Badezimmer und fünfstöckige Häuser mit drei Wohnungen pro Geschoss ohne Aufzug geplant würden. Es fehle auch die Vorsorge für Garagen, Einstellplätze und Gemeinschaftseinrichtungen. Neue Wohngebäude an stark befahrenen Straßen ohne großen Abstand (Vorgarten) zu errichten, sei schon fahrlässig.

43 Art. 14 (2): Eigentum verpflichtet. Sein Gebrauch soll zugleich dem Wohle der Allgemeinheit dienen.

44 Dittus, Wilhelm, Einführung zum Bundesbaugesetz, S. 91.

45 Unter der Regelungsbreite wird die Regelung von Tatbeständen verstanden, die im Bundesbaugesetz die Landbeschaffung, die Bebauung, das nachbarliche Baurecht, Teile des Bauordnungsrechts, Bemessung von Wertsteigerungsabgaben, Grundstücksverbände, Planungsverbände usw. betreffen. Unter der Regelungstiefe wird die eindeutige und erschöpfende Benen-

Durcharbeitung eines Gesetzes, Dittus referiert auf das Preußisches Wohnungsgesetz, im deutschen Städtebau ein großer Schaden entstanden. 1918 habe der preußische Gesetzgeber in das alte Fluchtliniengesetz von 1875 unter „Bestimmungen über den Ausschluss von Entschädigungen", die folgenden drei Worte eingefügt: „und öffentliche Freiflächen".[46]

In der Folge hatte das Reichsgericht 1930 diese Bestimmungen des Wohnungs- und des Fluchtliniengesetzes für verfassungswidrig erklärt [Verfasser: das sog. Betcke Urteil von 1930]. Das städtebauliche „Fiasko war die Folge einer ungenügenden Überlegung".[47] Das „Wegzaubern" der realen Situation zu Gunsten von Wunschvorstellungen führe nicht zum Erfolg, „es bleibt am Ende nichts anderes übrig, als den Aufwand an Arbeit" zu leisten.[48]

Das „Wegzaubern" bezog Dittus nicht nur auf die Bauleitplanung, einem 1946 von Wambsganz geprägten Begriff, der seither als Regel der Baukunst unbestritten gilt, sondern auch auf die Baupolizei und damit verbunden auf die Bauordnung(en). Unter der Überschrift „Selbstverwaltung und Staatsverwaltung" schrieb er, dass die alte „Trennung in Baupolizei und Städtebau" unhaltbar sei.[49] Der Städtebau sei so bedeutsam, dass er ohne Einfluß des Staates nicht mehr denkbar ist, andererseits sei die überholte baupolizeiliche „Theorie der reinen Gefahrenabwehr" ohne einen Anteil an der Selbstverwaltung auch obsolet geworden. Auch früher habe die Baupolizei schon planerische Gesichtspunkte beachten müssen. „Fehlpositionen" im Städtebau seien, so Dittus, die ungenügende Berücksichtigung des Verkehrs, hervorgerufen entweder durch eine zu hohe Bebauungsdichte oder durch die Ausweisung von zu schmalen Straßen. In beiden Fällen könne die Baupolizei die damit verbundenen Gefahren für die öffentliche Sicherheit auch nicht mehr voll abwehren. Aus der Bewertung des teilweisen gegensätzlichen Arbeitens zwischen Baupolizei und Planung müsse der Schluss gezogen werden, dass das Baurecht sich zu einem „unteilbaren, homogenen und einheitlichen Sachgebiet" entwickeln müsse.[50] Diese Erkenntnis hatte Konsequenzen bei der Gestaltung des Baugesetzentwurfes.

Dittus löste das Problem, indem er in das Bundes(planungs-)gesetz eine Rahmenvorschrift „Bauordnung" einfügte. In diesem „Rahmen" waren im ersten Teil zur Regelung vorgesehen: Anforderungen an Bauwerke, Bauwerk und Mensch bis zur Baulenkung, Baugenehmigung, Verfahren, Entscheidung, Auflagen, Ausnahmen und Befreiungen, Bauausführung, Baustelle und Bauleiter,

---

nung eines Gegenstandes verstanden; unvollkommen wäre zum Beispiel „Öffentliche Grünflächen müssen freigehalten werden." Präziser wäre: „Öffentliche Grünflächen, wie öffentliche Parks, Dauerkleingartenflächen, Friedhöfe, Straßenbegleitgrün, Zelt- und Badeplätze, Sportflächen aller Art (usw.) müssen freigehalten werden." Letztere sind „nichtabschließende Aufzählungen", die trotzdem schon eine detaillierte Zweckbestimmung enthalten.

46 Dittus, Einführung, S. 93.

47 Dittus, Einführung, S. 93.

48 Dittus, Einführung, S. 92.

49 Dittus, Einführung, S. 100.

50 Vielleicht dachte Dittus an den Berliner Bebauungsplan von 1860, der ohne jeden Bezug zur geltenden Bauordnung nur Straßenfluchtlinien ausgewiesen hatte, mit der Folge extremer Bebauungsdichten.

vorhandene Bauten, Anwendung des Gesetzes und die Wirkung des Bebauungsplanes. Im zweiten Teil waren Vorschriften für die Bauordnung vorgegeben, die durch den Landesgesetzgeber zu beschließen war, dies waren: Regelungen über Beschaffenheit und Größe der Bauplätze, technische Anforderungen an Bauwerke, Abbruchvorschriften, Anforderungen über die Haus- und Grundstückseinrichtungen, Anforderungen an Wohnungen, Aufenthaltsräume und Versammlungsräume, Gebäude- und Grenzabstände, Schutz- und Sicherheitsabstände und Bauüberwachung.

Schließlich war für den zuständigen Bundesminister eine Ermächtigung vorgesehen, die den Erlass von Verordnungen (z.B. für Garagen, Warenhäuser, Lichtspieltheater, Versammlungsräume) ermöglichte. Das Verwaltungsverfahren in Bausachen sollte in Deutschland einheitlich sein, die Baubehörde sollte in den Städten und Landkreisen, nicht jedoch in den landkreisangehörigen Städten, eingerichtet werden. Die Länder sollten Richtlinien für ihre Bauordnungen erhalten, denn der Wohnungsbauminister erhielt das Recht, eine Musterbauordnung aufzustellen, die die Länder als Landesgesetze umsetzen sollten.

Nach der Beschreibung des Bundesbaugesetzentwurfs, soll nun erörtert werden, ob die Vorstellungen der meisten (Bau-)Fachleute von einem einheitlichen Deutschen Baurecht nach 1949 verwirklicht werden konnten. Welche Position vertrat die Bundesregierung zur Frage des Baurechts und konnte von den Ländern erwartet werden, dass sie eine ähnliche Haltung einnehmen werden? Oder musste damit gerechnet werden, dass die Länder nach Artikel 74 des Grundgesetzes jeweils eigene Städtebaugesetze und eigene Bauordnungen aufstellen würden? Im letzteren Fall würde dies das Gegenteil dessen sein, was Baumeister, Stübben und andere schon seit 1876 gefordert hatten, nämlich eine Reichsbauordnung oder ein Reichsbaugesetz für Deutschland.

Eine erste Reaktion der Fachöffentlichkeit war 1951 ein Artikel im Monatsheft Nr. 9 der „Volksheimstätte". Darin wurde hervorgehoben, dass im Entwurf eine „Wertsteigerungsabgabe" vorgesehen sei, um den Mehrwert am Boden, der nur durch die Tätigkeit der öffentlichen Hand eintreten kann, abzuschöpfen.[51]

Harry Westermann schrieb, dass das Baurecht ein „werdendes Recht" sei, die einheitliche Regelung wird von ihm als dringend „erwünscht" bezeichnet. Besonders werde klar, so Westermann, dass die „Sozialpflichtigkeit der Persönlichkeit" und „ihres Grundeigentums" bestimmt werde. Westermann deutet aber an, dass die Bundeszuständigkeit noch Fragen aufwerfe.[52] Zusammenfassend muss festgestellt werden, dass sich die die zum Baugesetzentwurf veröffentlichten Beiträge zwischen 1950 und 1952 mit Themen beschäftigen, die wichtige Ergänzungen enthalten, aber auf den Entwurf nur am Rande eingehen.[53] In den Veröffentlichungen deutete sich schon an, dass der Entwurf selbst nicht in der Kritik stand, sondern die Frage der Zuständigkeit des Bundes zum Erlass eines Baugesetzes.

51 Bruhns, Karl, Bonner Gesetzentwurf und Laie, in: Die Volksheimstätte 1951, H. 11, S. 5-14.
52 Westermann, Harry, Das Baurecht im Rechtssystem, in: Bundes-Baublatt 1952, H. 4, S. 137-141.
53 Westermann, Harry, Das Baurecht im Rechtssystem, in: Bundes-Baublatt 1952, H. 4, S. 137-141.

8.3 Beratungen zum Bundesbaugesetz im Deutschen Bundestag

Nach den Bundestagswahlen im September 1949 wurde zum ersten Mal in Deutschland ein Wohnungsbauministerium eingerichtet. Der Bundestag forderte im Juli 1951 die Regierung auf, ein „Baugesetz für das Bau-, Boden, Planungs-, Anlieger- und Umlegungsrecht" bis zum 31.12.1951 vorzulegen.[54] Das Gesetz solle alle Bereiche im Zusammenhang und bundeseinheitlich regeln.

In der Debatte (13.9.1951) waren die Antragsteller davon ausgegangen, dass das Baugesetz noch in dieser Legislaturperiode endete (am 6.9.1953), verabschiedet werden könne. Diese kurze Fristsetzung schien möglich, da die bereits „geleistete Vorarbeit durch Dr. Dittus" eine wesentliche Hilfe darstellte. Der Entwurf, so wurde berichtet, habe in der Öffentlichkeit ein „lebhaftes Interesse" gefunden, das Ministerium habe zustimmende wie kritische Stellungnahmen erhalten.[55] Minister Wildermuth versuchte aber die Hoffnung auf baldige Verabschiedung des Gesetzes etwas zu dämpfen, indem er an die Arbeiten zum Bürgerlichen Gesetzbuch erinnerte. Die Arbeit am Bundesbaugesetz sei nicht weniger kompliziert als beim BGB, die Baumaterie sei sogar „schwieriger" zu bewältigen.[56]

In den Diskussionsbeiträgen von CDU, FDP und SPD war die Entwurfsvorlage begrüßt worden, die Abgeordneten setzten auf eine baldige Ausschussarbeit. Entgegen der Mehrheitsmeinung wollte die „Bayernpartei" den Entwurf des Bundesbaugesetzes nicht nur ablehnen, sie stellte sogar den Antrag, den gemeinsamen Antrag der CDU/CSU, der SPD und der FDP am 6. Juli 1951, „für erledigt zu erklären".[57]

Die Bayernpartei begründete ihre Haltung damit, dass der Antrag „sehr tief in das Gesetzgebungsrecht der Bundesländer" eingreife, außerdem habe der Bund nach dem GG keine Kompetenz, seine Zuständigkeit entgegen dem Wortlaut des GG auf Kosten der Länder auszudehnen.[58] Auch gegen den Baulandgesetzentwurf erhob die Bayernpartei Bedenken. „Diese Eingriffe können nicht geduldet werden".[59] Falls dem Antrag der Bayernpartei nicht stattgegeben werde, solle der Bundestag die Zurückstellung der Drucksache 2442 beschließen, bis die Verhandlungen zwischen dem Bund und den Ländern, auch über das

54 An Themen wurden behandelt: Zur Geschichte des städtischen Bau- und Bodenrechts (Werner Ernst), Geltendes und werdendes Baurecht (Fritz Werner), Zielsetzung und Erfordernisse des neuzeitlichen Städtebaus (Herbert Jensen), Der Städtebau im Rahmen der Ländergesetze (Hermann Stroebel), Die Sozialgebundenheit des Eigentums auf dem Gebiet des Baurechts (Ernst Forsthoff), Abschöpfung der Bodenwertsteigerung nach dem Entwurf eines Bundesbaugesetzes (O. von Nell-Breuning).

55 Deutscher Bundestag, I. WP, Stenographische Berichte Bd. 9, S. 6583-6584.

56 Deutscher Bundestag, I. WP, Stenographische Berichte Bd. 9, S. 6584. Nach Artikel 74 des GG erstreckt sich die konkurrierende Gesetzgebung auf folgende Gebiete: Ziffer 18 „den Grundstücksverkehr, das Bodenrecht und das landwirtschaftliche Pachtwesen, das Wohnungswesen, das Siedlungs- und Heimstättenwesen".

57 Deutscher Bundestag, I. WP, Stenographische Berichte Bd. 9, S. 6585.

58 BayHStA MInn 90403, Notiz des Ministerialdirigenten Böhm vom 1.10.1951 an das Sachgebiet I-A. Böhm hatte die Haltung Bayerns, die Ablehnung des Bundesbaugesetzes, bekräftigt. Er habe den Abgeordneten Fürst Öttingen-Wallerstein von der Bayernpartei „einen Tag vor der Sitzung am 13.9. entsprechend unterrichtet."

59 Deutscher Bundestag, I. WP, Stenographische Berichte Bd. 9, S. 6585.

Baulandgesetz, abgeschlossen seien. Dem Begehren der Bayernpartei widersprach die SPD (Fritz Erler), sie wies daraufhin, dass gerade mit dem Bundesbaugesetz die seit langem offene Frage des Bodeneigentums im Städtebau gelöst werde, im Übrigen habe Bayern „bis zum heutigen Tage" noch immer kein Aufbaugesetz, während die anderen Länder schon zwei Jahre mit den Aufbaugesetzen arbeiteten. Erler widersprach auch der Behauptung, der Bund habe keine Kompetenz, das Städtebaurecht zu regeln. Die FDP unterstützte die Haltung der SPD und bat darum, den Antrag der Bayernpartei abzulehnen. Der Bundestag lehnte den ersten Antrag der Bayernpartei ab.[60]

8.4 Baurechtskompetenz, der Gutachterstreit 1950-1953

In den ersten Nachkriegsjahren konnte die Bautätigkeit nicht in dem Maß beginnen, wie es aus der Sicht der Wohnungssuchenden wünschenswert gewesen wäre. Die Ursachen sind bekannt: Flüchtlingsströme aus dem Osten, zerbombte Wohngebäude, Heimkehrer und aufgestauter Nachholbedarf behinderten Fortschritte im Wohnungsbau. Zu den Ursachen gehört auch die Mangelversorgung mit Lebensmitteln, aber auch die große Knappheit an Brenn- und Baustoffen aller Art.[61]

Trotz dieser dramatischen Ausgangslage wurden Trümmer beseitigt, Baustoffe wurden aus den Trümmern wiedergewonnen und erste Wohngebäude wiederaufgebaut oder sogar neu gebaut. Für den einzelnen Bauherrn der 40er Jahre war die Bauordnung nur eine der Hürden, die er zu nehmen hatte, die Zuteilung von Bezugsscheinen, Baustoffe und Handwerker waren weitaus wichtiger für ihn. Die nachfolgenden Tabellen bestätigen den Wiederaufbauwillen, denn die erbrachten Bauleistungen waren erstaunlich hoch.

---

60 Deutscher Bundestag, I. WP, Stenographische Berichte Bd. 9, S. 6587. Der zweite Antrag wurde nicht behandelt, da er nicht fristgerecht eingereicht worden war.

61 HSTA-W, 502/1905 und 502/1700-1702, die folgenden Beispiele zeigen exemplarisch die wirtschaftliche Lage in der US-Zone. 1.: Anlässlich der Tagung des Länderrats am 7.10.1947 kritisierte General Hays, der General Clay vertrat, die unzureichende Lebensmittelerfassung. Die Nachlässigkeit der deutschen Beamten müsse beendet werden. In Amerika seien die Getreidelieferungen an Brennereien/Brauereien um 50% gekürzt worden, Eisenhower habe zudem die Brotrationen der Soldaten in Deutschland eingeschränkt, dies seien Maßnahmen, um weitere Getreidelieferungen nach Deutschland zu ermöglichen. 2.: Anweisung von Colonel H.H. Newmann an den hessischen Ministerpräsidenten (31.10.1947). Newmann: Die Stromerzeugung sei in Frankfurt kritisch, das Umland und die Militärregierung seien davon betroffen. Wegen unfähiger Betriebsführung seien Transformatoren und 20 Tonnen unersetzbares Transformatoren-Öl verloren gegangen. Newmann verlangte eine Untersuchung, unfähiges Personal sei zu entlassen, er erwarte sofort einen ausführlichen Bericht. 3.: Anweisung von Colonel H.H. Newmann auf Befehl von General Patten an den hessischen Ministerpräsidenten (30.12.1947). Hessen war mit Grubenholzlieferungen für das Ruhrrevier in Verzug geraten. Newmann ordnete an, dass weniger wichtige Projekte einzustellen seien. Die Militärbehörde erwarte jeden Montag bis zehn Uhr Berichte, welche Grubenholzmenge produziert wurde, um die Kohlegewinnung im Gebiet Aachen-Ruhr zu sichern.

Tabelle 29: Bauaufwand und fertiggestellte Wohnungen zwischen 1950 und 1955, Bauaufwand DM (Milliarden), Reinzugang an Wohnungen, Zugang im „Nichtwohnungsbau"

A[1]	B	C	D	E	F	G
Jahr	Baugenehmigungen pro Jahr, total	Reinzugang an Wohnungen pro J.	Bauaufwand im Wohnungsbau	Aufwand im Nichtwohnungsbau	DM Gesamtaufwand Bau	Wohnungsbau am Gesamten in %
1950	535.806	297.226	05.242.803	2.227.500	07.470.303	70,28
1951	456.471	675.974[2]	05.337.370	2.947.000	08.284.370	64,4
1952	482.891	436.252	06.215.628	3.477.800	09.693.428	64,1
1953	562.852	505.860	07.860.000	3.510.200	11.370.200	69,1
1954	595.672	532.735	09.062.000	4.313.200	13.375.200	67,8
1955	600.230	527.129	10.062.800	5.424.900	15.487.700	64,9
1956	543.151	548.164	10.060.600	6.086.500	16.147.100	62,3
1957	501.874	513.735	10.458.500	5.945.000	16.403.500	63,8
1958	547.649	473.434	12.386.500	6.821.300	19.207.800	64,5
1959	577.718	570.478	14.320.500	7.815.400	22.135.900	64,7
$\sum$	5.404.314	5.080.987	91.011.201	48.568.800	139.580.001	655,8/10 = 66

Zahl der Baugenehmigungen im Jahresdurchschnitt: 540.431 WE/A

Tabelle 30: Bauaufwand in West-Berlin (in Milliarden DM), Reinzugang an Wohnungen

A[1]	B	C	D	E	F	G
Jahr	Baugenehmigungen pro Jahr	Zugang an Wohnungen pro J.	Aufwand im Wohnungs-bau	Aufwand im Nichtwohnungsbau	Gesamtaufwand Bau	Wohnungsbau am Gesamten in %
1953	019.122	014.910	0.269.100	0.090.500	0.359.600	74,8
1954	019.685	018.100	0.296.600	0.095.400	0.392.000	75,6
1955	023.691	020.405	0.367.500	0.128.900	0.496.400	74,0
1956	023.680	020.440	0.389.400	0.151.700	0.541.100	71,9
1957	022.080	020.466	0.382.900	0.176.000	0.558.900	68,5
1958	024.740	020.793	0.467.500	0.212.500	0.680.000	70,0
1959	026.087	022.974	0.526.500	0.241.000	0.767.500	68,6
$\sum$	159.085	138.088	2.699.500	1.096.000	3.795.500	503,4/7=72 %

Baugenehmigungen im Jahresdurchschnitt: 159.085/7 = 22.726 WE/A

Der Anteil West-Berlins im Verhältnis zum Bundesgebiet beträgt: 022.726/540.431 = 0,0421 = ca. 4%. Der Anteil der Baugenehmigungen in West-Berlin mit ca. 4%, ist so gering, dass kein signifikanter Einfluß auf das Gesamtergebnis der Bundesrepublik (noch ohne das Saarland) angenommen werden muss.

1 Spalten A-F: Statistische Jahrbücher für die Bundesrepublik Deutschland 1952-1964

2 enthält das Jahr 1949 und 1951. 1950 wurde herausgerechnet, da diese Zahl gesondert vorliegt.

Im Ergebnis zeigt sich, dass mehr als zwei Drittel der Aufwendungen den Wohnungsbau und nur etwa ein Drittel den Nichtwohnungsbau, Gewerbe, Geschäfts- und Industriebau betreffen. In West-Berlin lag der Anteil Wohnungsbau bei ca. 72%. Das Verhältnis Wohnungsbau gegen den Nichtwohnungsbau kann mit etwa 68% zu 32% relativ sicher abgeschätzt werden. Die Bauleistung begann 1950 mit knapp 300.000 Wohnungen pro Jahr, damit konnte die Bauleistung der

Jahre 1927-1930 wieder erreicht werden. Nach 1951 wurden jedoch Größenordnungen von 400.000 WE bis zu 600.000 WE pro Jahr erzielt, damit war der Wohnungsbau sozial- und wirtschaftspolitisch eine bedeutende Angelegenheit, der durch die Regierung gefördert wurde.

Der im Bundestag abgelehnte Antrag der Bayernpartei zeigte, dass nicht alle politischen Kräfte die Auffassung vertraten, der Bund sei für ein Städtebaugesetz zuständig. Zwar war der Antrag im Bundestag mit Mehrheit abgelehnt worden, doch war eine Unsicherheit vorhanden, ob die Länder nach Artikel 72 des GG doch (umfassend) für das Baurecht zuständig sein könnten. Der Bund war nach den Vorschriften der „konkurrierenden Gesetzgebung" tatsächlich erst dann zuständig, wenn die „Herstellung gleichwertiger Lebensverhältnisse oder die Wahrung der Rechts- und Wirtschaftseinheit im gesamtstaatlichen Interesse" eine bundesgesetzliche Regelung erforderlich macht. Wenn die genannten Voraussetzungen vom Bund nicht nachgewiesen werden konnten, hatten die Länder das Vorrecht bei der Baurechtsregelung und anderer Materien.

In der Öffentlichkeit spielte die Baurechtsdiskussion im Bundestag keine große Rolle, vermutlich war auch die juristisch-wissenschaftliche Auseinandersetzung zur Frage, ob und in welchem Umfang der Bund oder die Länder für das Baurecht zuständig seien, wenig bekannt oder erregte wenig Aufsehen. Aus völlig anderem Blickwinkel wurde das Thema aber bei den Ländern gesehen, das Thema war politisch brisant, denn es berührte die Machtverteilung im föderalen Staat.

Die Initiative für das erste Gutachten ging von den Ländern aus, denn sie befürchteten, dass der Bund Zuständigkeiten für sich beanspruchen wolle, die nach Meinung der Länder ihnen zustanden. Das Wohnungsbauministerium sah die Frage, naturgemäß, anders. Damit war der „Gutachtenstreit" eröffnet. Eine breitere öffentliche Diskussion ist vermutlich auch deswegen unterblieben, weil in der wissenschaftlichen Fachwelt (hier besonders die Klärung verfassungsrechtlicher Begriffe) schon abzusehen war, dass das Thema Bodenrecht, Baurecht und Planungsrecht weitere Gutachten, je nach Auftraggeber, zur Folge haben würde. Wie über die Zuständigkeit diskutiert wurde, soll in einer Kurzbeschreibung der folgenden acht Gutachten dargestellt werden.

Das erste Gutachten (ARGEBAU, 27.9.1950)

In diesem Zusammenhang müssen zunächst der bayerische Baugesetzentwurf vom März 1950 und der Entwurf eines „Grundenteignungsgesetzes" zu erwähnt werden. Beide Entwürfe waren aber im bayerischen Ministerrat im Herbst 1950 gescheitert. Die verfassungsrechtlichen Fragen über den Inhalt des Eigentums an Grund und Boden (im Sinne des Artikel 14 GG) schienen auch nach Ansicht der bayerischen Regierung nicht geklärt.[62]

Damit zeigte sich, dass die extreme föderalistische Haltung Bayerns und die mehr unitaristische Linie des Bundes zu einer Blockade führten. Die Länder, hier vor allem Bayern, konnten kein allgemeines Baugesetz für den Freistaat erlassen ohne die Zuständigkeit des Bundes für das Bodenrecht anzuerkennen. Nach diesem bayerischen Versuch folgte unmittelbar darauf das „erste" Gutach-

62 Wambsganz, Stand der Baugesetzgebung, in: *Bundes-Baublatt* 1952, H. 3, S. 101.

ten. Dieses Gutachten hat die „Arbeitsgemeinschaft der für das Bau-, Wohnungs- und Siedlungswesen zuständigen Minister der Länder" (ARGEBAU) erstellen lassen.[63] Die Fachkommission verwarf die Zuständigkeit des Bundes für das Baurecht für die Bereiche Siedlungswesen, Wohnungswesen, Bodenrecht und Raumordnung. Die Bereiche Grundstücksverkehr und Heimstättenwesen wurden nicht angesprochen und nicht untersucht. Im Gutachten wurde auch vermieden, auf die städtebauliche Arbeit der Planung, wie Flächennutzungsplanung und Bebauungsplanung, einzugehen, sie wurden mit keinem Wort erwähnt. Stattdessen wurde versucht, den Nachweis zu erbringen, dass das Baurecht kein Annexrecht des Siedlungswesens, des Wohnungswesens, des Bodenrechts und der Raumordnung sei. Dem Bund wurde nur das Recht zuerkannt, Regelungen über das Eigentumsrecht an Grund und Boden zu erlassen. Einer der vier Verfasser des Gutachtens, Wambsganz, der seit 1946 mit großem Nachdruck den Gedanken an das künftige einheitliche deutsche Baugesetz verfochten hatte, war inzwischen zum Ministerialrat im bayerischen Innenministerium aufgestiegen. Jetzt hatte er das Gutachten mitunterschrieben, das dem Bund nur wenige Bau-Rechte einräumte.

Das 12seitige Gutachten war schon Ende September 1950 fertig und kam zu einem gänzlich anderen Ergebnis, als das Gutachten des Volksheimstättenwerks, das wenig später veröffentlich wurde. Erst im Dezember 1950 teilte der Bayerische Innenminister dem Bundesminister für Wohnungsbau mit, dass die ARGEBAU seiner Fachkommission „Bau- und Bodenrecht" einen Auftrag für ein Gutachten über die „Gesetzgebungskompetenz für das Gebiet des Bau- und Bodenrechts" erteilt habe. Zwischenzeitlich hatte die bayerische Staatsregierung im Frühjahr 1951 den Vorschlag gemacht, ein Baugesetz gemeinsam zwischen dem Bund und den Ländern zu entwickeln, dieser Entwurf könne dann in den einzelnen Ländern als Länderbaugesetz beschlossen werden.[64] Der Vorschlag, gleichlautende Gesetze in den Ländern einzubringen, hatte sich aber als aussichtslos erwiesen, denn allein die noch strittige Frage, wie dieser Gesetzentwurf in einen Teil Bundesrecht und in einen Teil Landesrecht aufgeteilt werden sollte, war Grund genug, das bayerische Projekt zu beenden.

Die Vertreter des Bundes und der Länder hatten daraufhin am 8.5.1951 beschlossen, zusätzliche Klärungen herbeizuführen.[65] Die Schwierigkeiten, ein gemeinsames Konzept für ein Bundesbaugesetz zu formulieren, bewog den Wohnungsbauminister, ein Gutachten aufstellen zu lassen, um erneut die Zuständigkeitsfrage im Baurecht zu überprüfen. Das Ergebnis der Beratungen erhielt die Bezeichnung „Weinheimer Gutachten", weil die Beratungen in Weinheim a.d. Bergstraße stattfanden. Die bisherigen Unklarheiten über das Baurecht hatte in den Ministerien Justiz, Inneres und Wohnungsbau auf der Ebene der Referenten zu Diskussionen geführt, ob eine Stelle gefunden werden könne, die

---

63 BA Koblenz, B-134-5335, Gutachten vom 27.9.1950. Gutachter waren: Oberregierungsrat Ernst, Regierungsbaudirektor Schweitzer, Referent Walter und Ministerialrat Wambsganz.

64 BayHStA-MInn 90403, Schreiben des stellvertretenden Ministerpräsidenten an den Bundesminister für Wohnungsbau vom 13.2.1951.

65 Wambsganz, Stand der Baugesetzgebung, in: *Bundes-Baublatt* 1952, H. 3, S. 99-102. Die gemeinsame Sitzung fand in Weinheim an der Bergstraße statt. Seither wird von „den Weinheimer Beratungen und dem Weinheimer Gutachten" gesprochen.

aber außerhalb der Ministerien und der Wissenschaft liegen sollte, die die Baurechtsfrage grundsätzlich bearbeiten könne. Dabei wurde das Bundesverfassungsgericht (BVerfG) bereits genannt.[66]

Das zweite Gutachten (Volksheimstättenwerk, 1.11.1950)

Das Gutachten zur Frage der Gesetzgebungszuständigkeit wurde 1950 vom Deutschen Volksheimstättenwerk in Bielefeld erstellt.[67] Vorausgegangen war ein Schriftverkehr zwischen Oswald von Nell-Breuning, dem Volksheimstättenwerk und Dr. Dittus. Nell-Breuning hatte den Entwurf zum Berliner Baugesetz von Dittus durchgesehen und dem Volksheimstättenwerk darüber berichtet. In der Folge wurde vereinbart, dass das Volksheimstättenwerk ein Gutachten für den Bund über „Die Gesetzgebungszuständigkeit auf dem Gebiete des Baurechts" erstellen sollte.[68] Das 51seitige Gutachten wurde im Herbst 1950 dem Wohnungsbauministerium vorgelegt. Danach stehe dem Bund auf dem Gebiete des Bodenrechts und des Wohnungs-, Siedlungs- und Heimstättenwesens die uneingeschränkte Gesetzgebungszuständigkeit zu. Im Bauordnungsrecht könne der Bund für sich die Kompetenz dann beanspruchen, wenn es sich um ein sogenanntes Annex-Recht handelt.[69] Da der Bund z. B. für den Wohnungsbau zuständig sei, müsse er auch für die Folgematerie (Bauordnung) zuständig sein.

Das dritte Gutachten (Deutsche Akademie für Städtebau und Landesplanung, 1951)

Die Überschrift des Gutachten lautete „Gutachten zum Entwurf zu einem Baugesetz für die Bundesrepublik Deutschland". Der Wohnungsbauminister hatte die „Deutsche Akademie für Städtebau und Landesplanung" am 3.4.1951 gebeten, sich gutachtlich zum vorliegenden Entwurf des Bundesbaugesetzes (Ent-

---

66 BA Koblenz, B-141-4532, Vermerk vom 31.10.1951 und vom 2.11.1951. Darin wird vom Justizministerium „derzeit von einem Gutachten des Bundesverfassungsgerichts abgeraten".

67 Das Volksheimstättenwerk wurde im Herbst 1946 in Bielefeld durch folgende drei Verbände gegründet: Der Caritasverband, das Hilfswerk der evangelischen Kirche und die Arbeiterwohlfahrt. Gründungsmitglieder waren: Oberkonsistorialrat Dr. Eugen Gerstenmaier, der frühere Reichstagspräsident Paul Löbe, Johannes Luban, Prälat Dr. Benedikt Kreutz und der Kölner Bürgermeister Robert Görlinger. Die Verbandsziele sind (2009): Bildungsförderung durch Forschung, Lehre und Öffentlichkeitsarbeit, Verbesserung der Beziehungen zwischen den Akteuren auf den Wohnungsmärkten, Hilfe bei der Entwicklung der Städte und Gemeinden sowie Beteiligung der Bürger. Weiterentwicklung des Wohnungswesens, des Städtebaus, der Raumentwicklung und Beteiligung am Planungsgeschehen. Der Verband dient ausschließlich wissenschaftlichen Zwecken, er ist gemeinnützig. Die „Volksheimstätte" hat sich inzwischen in den „vhw-Bundesverband für Wohnen und Stadtentwicklung e.V." umbenannt. Die Verbandssatzung wurde dem Verfasser durch den Verband im April 2010 übermittelt.

68 BA Koblenz, B-134-5335, Auftragsbestätigung des Volksheimstättenwerks vom 28.6.1950 an Dittus. Das Gutachten hat keine Autorenangaben, als verantwortlich zeichnete der Hauptgeschäftsführer Dr. Simon.

69 Hier geht es um die „Zuständigkeit kraft Sachzusammenhangs": Wenn eine zugewiesener Materie (Wohnungsbau/Bund) ohne eine andere aber nicht genannte Materie (Bauordnung) nicht erschöpfend behandelt werden kann, wird vom „Annex-Recht" (Annextheorie, auch Ergänzungsrecht) gesprochen. Achterberg, Norbert, Die Annex-Kompetenz, in DÖV 1966, Heft 19-20, Seite 695-701.

wurf Dittus) zu äußern. Im Schreiben an den Präsidenten der Akademie, Stephan Prager, schrieb der Minister, dass er sehr großen Wert darauf lege, „zu diesem Entwurf, der erstmalig das ganze Gebiet des Städtebaues und des Baurechts in einer geschlossenen systematischen Gesamtregelung zusammenzufassen versucht, eine Stellungnahme erhalte, die das Urteil des deutschen Technikers, des städtebaulichen Fachmannes und damit zugleich der deutschen Stadtbaukunst und -wissenschaft zu repräsentieren vermag".[70] Die Akademie richtete daraufhin einen Ausschuss mit 20 Mitgliedern ein, die Professor Göderitz aus Braunschweig zum Vorsitzenden bestimmten. Als besonders wichtig erschien dem Ausschuss, dass ein „geordnetes Bodenrecht" nur dann für möglich gehalten werde, wenn der „Begriff des Eigentums" dahin festgelegt werde, dass mit seiner Garantie „die nach alter deutscher Auffassung immanenten Grenzen einer Sozialgebundenheit anerkannt werden."[71] Diese Forderung zielte auf den Artikel 14 Absatz 2 des GG. Würde das „Eigentum" so definiert, werden alle „zumutbaren Beschränkungen des Eigentums keine Enteignungen". Bedingung sei aber eine klare Regelung im Baurecht, Eigentumsbeschränkungen müssen so genau beschrieben werden, dass die Grenze des Eingriffs deutlich werde. Die historische Entwicklung des Baurechts „gebiete es", den Begriff der Baufreiheit zu verlassen und ihn durch den Begriff eines „bedingten Baurechtsanspruchs" zu ersetzen.[72] Der Baugesetzentwurf müsse an Stelle des „zersplitterten Landesrechts" für das Bundesgebiet einheitlich gelten, diese Ansicht sei nicht neu, sondern schon in der Weimarer Zeit allgemeine Auffassung für das Reichsgebiet gewesen. Die Gutachter empfahlen, das bauliche Nachbarrecht in das Bundesbaugesetz aufzunehmen, weil dieses Recht so „außerordentlich zersplittert" sei. Die einheitliche bundesgesetzliche Regelung sei in „jeder Hinsicht gerechtfertigt."

Das vierte Gutachten (Weinheimer Gutachten, 1952)

Das „Weinheimer Gutachten" vom 29.4.1952, wurde vom Wohnungsbauminister Mitte 1951 von einem „Gutachterausschuß" erbeten, wobei die Gutachter vom Minister „eingesetzt" wurden.[73] Welche Absichten bei der Auswahl der Mitglieder des Gutachterausschusses eine Rolle spielten, ist nicht bekannt. Im Ergebnis fällt auf, dass die Hälfte der Berufenen Vertreter der Städte waren. Aus der Zusammensetzung kann aber deswegen noch nicht eine politischen Richtung abgelesen werden. Neben dem Heidelberger Rechtsprofessor E. Forsthoff, dem einzigen Vertreter der Wissenschaft, wurden berufen: der Präsident des Landesverwaltungsgerichts Hamburg, Andrew Grapengeter, der Stadtrat und Stadtbaurat von Kiel, Herbert Jensen, der Regierungspräsident von Oberfranken, Ludwig Gebhard, der Stadtdirektor der Landeshauptstadt Hannover, Georg Lindemann und der Stadtbaudirektor von Stuttgart, Hermann Stroebel. Abgeordnete aus

---

70 BA Koblenz, B-237-92037. Das Gutachten hatte einen Umfang von über 40 Seiten, es wurde im Juni 1952 in der Schriftenreihe der Deutschen Akademie veröffentlicht, hg. von Professor Johannes Göderitz.

71 BA Koblenz, B-237-92037. Gutachten zum Entwurf zu einem Baugesetz für die Bundesrepublik Deutschland, erstattet von der Deutschen Akademie für Städtebau und Landesplanung, Tübingen 1952. Einleitung, S. 9-10.

72 BA Koblenz, B-237-92037, Gutachten S.10. „Die Baufreiheit sei eine Fiktion geworden".

73 Schriftenreihe des Bundesministers für Wohnungsbau, 1952, H. 1, „Weinheimer Gutachten".

dem Bundestag und Vertreter der Verwaltungs- oder Politikwissenschaft fehlten. Den Gutachtern waren folgende Fragen vorgegeben: „Alle zur Anpassung des Planungs-, Bau- und Bodenrechts an die Erfordenisse des modernen Städtebaues und Wiederaufbaues in Frage kommenden Maßnahmen, die eine Beeinträchtigung des Eigentums darstellen können, sollen daraufhin überprüft werden,

a. ob sie mit der Verfassung (Art. 14 GG) vereinbar sind,
b. ob sie etwa entbehrlich sind,
c. im Falle der Verneinung von a. und b., welche gesetzgeberischen Vorschläge zu ihrer Verwirklichung gemacht werden sollen.“[74]

Zinkahn formulierte die Fragestellung später so: Welche Bedeutung hat der Eigentumsbegriff nach Artikel 14 im Rahmen des Baurechts, bzw. welche Inhalte und Schranken sind dem Bundesgesetzgeber, auch zur Entziehung des Eigentums, auferlegt, um eine Kollision mit der Verfassung zu vermeiden.[75]

Das Weinheimer Gutachten bezeichnete das zur Diskussion stehende Baurecht als eine Materie, die ursprünglich als Baupolizeirecht bezeichnet wurde und alle Bereiche – auch die der Planung – in sich vereinigte. Durch die sozialen und wirtschaftlichen Veränderungen seit der zweiten Hälfte des 19. Jh. hatten sich jedoch staatliche Aufgaben ergeben, die nicht ohne Weiteres dem Baupolizeirecht (den Bauordnungen) zugeordnet werden konnten. Die ergänzenden Bereiche betrafen den Naturschutz, den Landschaftsschutz, den Denkmalschutz, das Planungs-, Ansiedlungs- und Heimstättenrecht. Die Kritik der Städtebauer und Sozialpolitiker, vor allem in Bezug auf die Großstadtprobleme und die Wohnungsnot im 19. und 20. Jh., sei bekannt, zu erwähnen seien die bemerkenswerten Schriften von Sitte, Fritsch, Howard, Damaschke, Unwin, Eberstadt, Genzmer, Heiligenthal und Schumacher.[76] Die Bauordnung habe insofern nicht mehr die frühere zentrale Bedeutung, denn die Bauausführung sei „die letzte Stufe des Baugeschehens“.[77] Die Wohnungsfrage habe Anfang des 20. Jh. eine solche Dimension erreicht, dass die Weimarer Verfassung im Artikel 155 Bestimmungen über das Bodenrecht zur Sicherung einer „gesunden Wohnung“ für jeden Deutschen zu garantieren suchte, so im Gutachten. Aus der Entstehungsgeschichte des Artikels 74, Ziffer 18 Grundgesetz könne das Baurecht nicht abgeleitet werden, weder das „Siedlungswesen“ noch das „Wohnungswesen“ biete einen Anhalt, dem Bund die Baurechtszuständigkeit zuzuordnen. Auch könne das Baurecht aus dem Bereich der Gewerbe- und Industriebauten nicht hergeleitet werden, denn der Zusammenhang zwischen Wohnung und Arbeitsstätte sei nicht zwingend. Unter dem Wohnungswesen könne auch nicht der Begriff „Gewerbe- und Industriebetriebe“ gesehen werden, auch dann nicht, wenn dort Wohnungen ein kleinerer Bestandteil wären. Die Baulandeigenschaft und der

74 Schriftenreihe des Bundesministers für Wohnungsbau, 1952, H. 1, Abgrenzung der Aufgabe, S. 7.

75 Zinkahn, Willy, Gutachten über die Erfordernisse der Bau- und Bodengesetzgebung, in: *Bundes-Baublatt* 1952, H. 3, S. 103. Zinkahn war Oberregierungsrat im Wohnungsbauministerium, sicher ist, dass neben Dittus auch Zinkahn an der Auftragsformulierung beteiligt war.

76 Schriftenreihe des Bundesministers für Wohnungsbau, 1952, H. 1, „Weinheimer Gutachten“, S. 10. .Interessant ist die Erwähnung von Fritsch, Baumeister und Stübben aber wurden nicht erwähnt!

77 Schriftenreihe des Bundesministers für Wohnungsbau, 1952, H. 1, S. 71.

Nutzungszweck eines Bodens können erst durch „öffentliche Planung" bestimmt werden, daher habe der Bund hier die Planungs-Kompetenz.[78] Die „Regelung der Bebauung", Enteignungsvorschriften, die Bodenbewertung und die Anliegerbeiträge wären nach dem Gutachten eindeutig dem Bundesrecht vorbehalten.[79] Ebenso wurde die Bundeskompetenz für das Baupolizeirecht z. B. aus den „ungeschriebenen Kompetenzen", „Natur der Sache" und „aus dem sachlichen Zusammenhang", eindeutig verneint.[80] Am Ende des Gutachtens wurden 10 Grundsätze formuliert, von denen der Grundsatz Nr. 2 hier zitiert werden soll:

> „Die Auswirkungen des Krieges haben die rechtlichen Anschauungen über den Grad der sozialen Gebundenheit des Eigentums an Grund und Boden im Sinne einer Steigerung der *ohne* Entschädigung zulässigen Anforderungen verändert. Die Rückkehr zu einem übersteigerten Eigentumsschutz im Sinne der Rechtsprechung zu Artikel 153 der Weimarer Verfassung ist unmöglich."[81]

Das Weinheimer Gutachten war im April 1952 fertiggestellt worden. Inzwischen aber war in Beratungen der drei beteiligten Ressorts, Justiz, Inneres und Wohnungsbau schon ein weiteres Stadium zur Frage eines Gutachtens des BVerfG erreicht worden. Im Oktober 1952 wurden erste Entwürfe für einen Antrag beim Verfassungsgericht formuliert und zwischen den beteiligten Ministerien abgestimmt.[82] Eine Kabinettsvorlage war ebenfalls schon im Dezember 1951 erarbeitet worden.[83] Am 27.12.51 wurde die gesamte Vorlage dem Bundeskanzleramt mit der Bitte um Aufnahme in die nächste Tagesordnung des Bundeskabinetts zugeleitet. Der Wohnungsbauminister hatte auf die Absendung der Vorlage auch deswegen gedrängt, weil er damit – jedenfalls teilweise – dem Beschluss des Bundestages Rechnung tragen wollte.[84] Offensichtlich waren die Abstimmungen zwischen den Ministerien nicht so eindeutig, denn schon am 4.1.1952 schrieb Justizminister Dehler dem Wohnungsbauminister, dass er „grundsätzliche Bedenken" gegen ein Gutachten des Verfassungsgerichts habe. Nach Dehler sollte das Verfassungsgericht erst dann angerufen werden, wenn innerhalb der Regierung „erhebliche Zweifel" über eine Materie bestünden, die nicht ausgeräumt werden könnten. Der Einholung eines Gutachtens müsse mindestens ein „durchformulierter Gesetzentwurf" beigefügt werden. Wenn das nicht möglich sei, müsse der Katalog so eindeutig sein, dass keine Missverständnisse über den Umfang und den Inhalt der Fragen bestehen könne. Nach der Kabinettssitzung

---

78 Schriftenreihe des Bundesministers für Wohnungsbau, 1952, H. 1, S. 74-75. (Weinheimer Gutachten)

79 Schriftenreihe, S. 76.

80 Schriftenreihe, S. 78. „Selbst wenn das Auslegungsprinzip der „ungeschriebenen Kompetenz" anerkannt würde, könne damit die Zuständigkeit des Bundes für das Baupolizeirecht nicht begründet werden.

81 Schriftenreihe, S. 81. Das Wort „ohne" ist im Original kursiv gesetzt.

82 Federführend war das Wohnungsbauministerium mit Wilhelm Dittus.

83 BA Koblenz, B-141-4532, Kabinettsvorlage vom 12.12.1951. Meinungsverschiedenheiten bestanden nur in der Frage, ob der Antrag an das Gericht umfassend oder eher allgemein gehalten sein sollte. „Man könne dann immer noch die eigene Auffassung nachschieben".

84 BA Koblenz, B-141-4583, Kabinettsvorlage vom 27.12.1951. Der Bundestag hatte bis zum 31.12. die Vorlage eines „Baugesetzentwurfs" gefordert.

wurde Dittus beauftragt, den Fragenkatalog an das Verfassungsgericht nochmals in Absprache mit dem Justizministerium zu überarbeiten und einen Kabinettsentwurf vorzulegen. Dittus hatte am 22.2.1952 die neue Fassung mit dem Justizministerium abgestimmt, die Kabinettsvorlage ging am 26.2.1952 an das Bundeskanzleramt.[85] Der Bundeskanzler leitete den Entwurf „eines gemeinsamen Antrages von Bundesregierung, Bundestag und Bundesrat" an das BVerfG dem Präsidenten des Bundesrates am 29.4.1952 mit der Bitte zu, „durch einen Beschluss dem Antrag beizutreten".[86] Das Weinheimer Gutachten war erst am gleichen Tag veröffentlicht worden, es hatte daher bei den Beratungen in den Ministerien und im Kabinett keine Rolle mehr gespielt.[87]

Das fünfte Gutachten (Arbeitskreis beim Volksheimstättenwerk, 1952)

Das ohne öffentlichen Auftrag erstellte siebenseitige Gutachten („Teilgesetzgebung") vom 18.3.1952, wurde dem Wohnungsbauministerium Ende März übergeben.[88] Das Gutachten hatte den Titel: „Gutachten des Arbeitskreises Bau- und Bodenrecht des Volksheimstättenwerks über die Ablehnung weiterer Teilgesetze vor Verabschiedung eines gesamten Baugesetzes und die Dringlichkeit der bundeseinheitlichen Gesetzesfassung" Das Gutachten hatte das Volksheimstättenwerk selbst erstellt. Anlass seien die internen Beratungen im Volksheimstättenwerk zum Entwurf des Bundesbaugesetzes gewesen. Der wesentliche Kern des Gutachtens war die Frage nach den Folgen, wenn weitere Teile aus dem Entwurf des Bundesbaugesetzes herausgetrennt werden würden.[89] Das Volksheimstättenwerk hatte die Debatten im Bundestag zum Anlass genommen, die eine Aufspaltung des Baurechtsentwurfs für möglich oder sinnvoll hielten. Der Arbeitskreis warnte vor der Idee, die Planung, die Grundstücksbewertung, die Wertabschöpfung des Wertzuwachses und die Bemessung der Anliegerleistungen aus dem Entwurf herauszunehmen und sie in einem „vorläufigen Gesetz" zu regeln, Bundestag und Bundesrat wären überfordert, ein Teilgesetz und ein Gesamtgesetz „gleichzeitig nebeneinander" zu beraten.[90] Der Arbeitskreis wies besonders auf Artikel 20 des GG hin, darin „ist die Bundesrepublik [...] ein sozialer Bundesstaat". Das in Artikel 14 bezeichnete Grundrecht auf Gewährleistung des Eigentums könne im Städtebau nur durch ein Gesetz, das die „unüberwindbaren Schranken" des Artikels 20 beachte und den Inhalt des Artikels 14 (2) GG „Eigentum verpflichtet" konkretisiere, verwirklicht werden. Die Konkretisierung könne nicht im BGB stattfinden, sondern nur im Städtebaurecht.[91]

---

85 BA Koblenz, B-141-4583, Kabinettsvorlage vom 22.2.1952/26.12.1952.

86 Bundesrat, Drucksache 184/52 vom 30.4.1952.

87 BA Koblenz, B-141-4585, Schreiben des Wohnungsbauministers vom 28.4.1953 an das BVerfG. Das Weinheimer Gutachten hatte dem Bund weniger Kompetenzen zugeordnet, als vielleicht erwartet worden war. Daher hatte das Wohnungsbauministerium in späteren Schriftsätzen an das BVerfG Mühe, den eigenen gegenteiligen Standpunkt zu verdeutlichen.

88 BA Koblenz, B-141-5335, Schreiben an den Staatssekretär vom 26.3.1952, Anlage: Gutachten. Das Gutachten hatten am 18.3.1952 unterzeichnet: Dr. Simon (Hauptgeschäftsführer), Bausenator Dr. Zopfs (Vorsitzender des Arbeitskreises) und Dr. Werner (Oberverwaltungsgerichtsrat).

89 BA Koblenz, B-134-5335, Schreiben von Dittus vom 26.3.1952 an den Staatssekretär (mit dem Gutachten als Anlage).

90 BA Koblenz, B-134-5335, Gutachten S. 4.

91 BA Koblenz, B-134-5335, Gutachten S. 6.

Das sechste Gutachten (Stellungnahme des Volksheimstättenwerks, 1953)

Die als Gutachten bezeichnete Arbeit war formal eine „Stellungnahme" vom Mai 1953 des Volksheimstättenwerks, mit dem Titel: „Vorläufige Stellungnahme zum Baugesetzentwurf für die Bundesrepublik Deutschland".[92] Mitglieder des Arbeitskreises „Bau- und Bodenrecht", die ab Januar 1952 in zehn Sitzungen das Thema bearbeitet hatten, waren:

Beigeordneter Blunck Essen; Bruhns Kiel; Beigeordneter Jacobi MdB Köln; Syndikus Germar Kiel; Prof. Nell-Breuning Frankfurt; Obervermessungsrat Kuhnert Wiesbaden; Stadtdirektor Petersen Stade; Prof. Pirkel Köln; Pfannschmidt Paderborn; Direkor Pötting Löhne; Verwaltungsdirektor Pohl Köln; Oberkreisdirektor Stegemann Osterholz-Scharmbeck; Stenzel Düsseldorf; Wendt Essen; Senatspräsident Werner Lüneburg und Bausenator Zopfs Osnabrück.

Das Volksheimstättenwerk hatte sich schon 1950 in einem Gutachten über die Gesetzgebungszuständigkeit des Bundes geäußert und dessen Kompetenz im Bauwesen bejaht. Die Überlegungen waren anhand der Protokolle des Verfassungsausschusses der Ministerpräsidentenkonferenz auf Herrenchiemsee und des Parlamentarischen Rats entwickelt worden. Der Entwurf von Dittus war zum Zeitpunkt des ersten Bielefelder Gutachtens noch nicht bekannt gewesen. Zwei Jahre später war nun der Entwurf von Dittus der Untersuchungsgegenstand. Der Arbeitskreis verwarf, wie schon im März 1952, jede Form der Teilgesetzgebung, denn die „landesrechtliche Zersplitterung" des Baurechts habe der „Fortentwicklung in Rechtsprechung, Wissenschaft und Lehre bisher nur schwerste Hemmungen" gebracht.[93] Die „umstrittene Frage des Bauordnungsrechtes" müsse in einem Bundesgesetz geregelt werden, wenn auch nicht in allen Einzelheiten. Den Ländern bleiben somit Materien übrig, die sich auf Ortsbausatzungen und ähnliche Gegenstände beziehen könnten. Die resümierende Schlussbemerkung faßte die Ergebnisse wie folgt zusammen: Der Baugesetzentwurf sei vollständig, er regele die Materie abschließend, der Baugesetzentwurf sei auch folgerichtig und übersichtlich aufgebaut. Der Entwurf erläutere und präzisiere den Eigentumsbegriff, der Baugesetzentwurf verwirkliche das Prinzip der Gerechtigkeit, der Baugesetzentwurf vereinige Planmäßigkeit und Freiheit, der Baugesetzentwurf „denkt rechtsstaatlich", der Baugesetzentwurf schaffe realisierbares Recht und der Baugesetzentwurf sei aus einem Guss gestaltet.[94] Die Stellungnahme endete mit der Hoffnung, dass der „unerträgliche, derzeitige Zustand" auf dem Baurechtsgebiet durch das neue einheitliche Gesetz seinen Abschluss finde.[95]

Das siebte Gutachten (Professor Walter Jellinek, 1953)

Der Heidelberger Professor Jellinek übergab sein nur fünfseitiges Gutachten am 24.6.1953 an den Wohnungsbauminister. Dort wurde es unmittelbar danach an das BVerfG weitergeleitet.[96] Jellinek hatte sich allerdings nur der Frage ange-

92 BA Koblenz, B-141-4532, Vorläufige Stellungnahme (…), 43 Seiten, (Volksheimstätte).
93 BA Koblenz, B-141-4532, Stellungnahme (…) S. 14.
94 BA Koblenz, B-141-4532, Stellungnahme, S. 39-43.
95 BA Koblenz, B-141-4532, Stellungnahme, S. 43.
96 BA Koblenz, B-141-4585, Schreiben des Wohnungsbauministers an das BVerfG vom 26.6.1953 (Jellinek).

nommen, ob das Bauordnungsrecht dem Bund zuzuordnen sei. Jellinek bezog sich dabei auf eine Dissertation, die Adolf Karch bei ihm im Januar 1952 geschrieben hatte. Dessen Titel lautete: Die Kompetenz für den Städtebau im Rahmen des Bonner Grundgesetzes". Karch kam zu der Auffassung, dass das Baurecht nach den Vorgaben aus dem GG dem Bund in vollem Umfang zustehe. Jellinek fügte dem hinzu, dass bisher das „Gesetz über einstweilige Maßnahmen zur Ordnung des deutschen Siedlungswesens" vom 3.7.1934, obwohl aus der nationalsozialistischen Zeit stammend, für die Begriffsermittlung des „Siedlungswesens" doch erheblich sein könne. Im Paragrafen 1 des Gesetzes von 1934 hieß es:

> „Der Reichswirtschaftsminister wird ermächtigt, bis zur reichsgesetzlichen Regelung des Planungs-, Siedlungs- und öffentlichen Baurechts diejenigen Maßnahmen zu treffen, die erforderlich sind, um das deutsche Siedlungswesen zu überwachen und zu ordnen."[97]

Aus dieser Formel, so Jellinek, könne nicht zwingend nationalsozialistisches Gedankengut herausgelesen oder abgeleitet werden. Hier gehe es nur um die rechtliche und sprachliche Deutung des Begriffs Siedlung. Die „Siedlung" werde allgemein als „ein etwas engerer Begriff" verstanden, als der Begriff „Siedlungswesen". Wenn aber anerkannt werde, dass das Siedlungswesen alle oben genannten Einzelmaterien umschließe, so sei das Baurecht und das Bauordnungsrecht aus dem Siedlungswesen einfach abzuleiten, denn es sei sogar als eine noch reichsrechtlich zu lösende Materie schon erwähnt worden.[98] Jellinek hatte mit seinem relativ kurzen Gutachten und dem Verweis auf die Dissertation, die Zuständigkeit des Bundes auch für die Bauordnung bestätigt. Würde das „Bauordnungsrecht den Ländern überlassen", habe der Bund in einer „so wichtigen Angelegenheit nicht den geringsten Einfluß". Die Länder wären dann in der Lage, durch „eigensinnig-eigenbrötlerische Regelungen" die im „Gemeininteresse liegende Vereinheitlichung des Bauordnungsrechts" zu verhindern.[99]

Das achte Gutachten (Professor Ernst Forsthoff und Regierungspräsident Ludwig Gebhard, 1953)

Das 35seitige Gutachten war von Forsthoff und Gebhard am 31.7.1953 verfasst worden.[100] Auftraggeber war, wie beim „Weinheimer Gutachten", der Wohnungsbauminister. Das Thema lautete: „Aufgaben des Staates und der Selbstverwaltung auf dem Gebiete des Baurechts".[101] Der Minister hatte gefragt, welche

97 RGBL. I., Nr. 74, S. 568.

98 BA Koblenz, B-141-4585, Gutachten Jellinek S. 3.

99 BA Koblenz, B-141-4585, Gutachten Jellinek S. 5.

100 Dr. Ludwig Gebhard, geb. 1891, studierte Jura und war von 1919 bis 1933 Assessor, später Regierungsrat im bayerischen Staatsministerium für Landwirtschaft. Ab 1936 war er Ministerialrat im Reichsministerium für Landwirtschaft und Ernährung. Nach russischer Kriegsgefangenschaft wurde Gebhard 1947 Präsident des Verwaltungsgerichts Ansbach. Im August 1948 wurde Gebhard zunächst mit dem Aufbau eines Regierungspräsidiums beauftragt, das er am 1.5.1949 als Regierungspräsident von Oberfranken übernahm. Gebhard starb am 12.7. 1956. Die Angaben zu Gebhard sind dem Schreiben der Regierung von Oberfranken (1.4.2010) an den Verfasser entnommen.

101 BA Koblenz, B-141-4587, Schreiben des Wohnungsbauministers an das BVerfG vom 25.9.1953, Gutachten Forsthoff/Gebhard.

Grenzen sind dem Bund auf dem Baurechtsgebiet gesetzt, wenn er einzelne baurechtliche Verfahrensrechte im Rahmen der Selbstverwaltung der Gemeinden regeln wollte? Dürfe der Bund in das den Ländern vorbehaltene Gemeindeverfassungsrecht eingreifen? Sei es aus Zweckmäßigkeitsgründen dem Bund erlaubt, dabei bestimmte Verfahrensrechte (Planungsrecht, Umlegungsrecht und Anlieger- und Erschließungsrecht) einzuführen? Dabei müsse aber das Einwirkungsmaß auf „Rechtmäßigkeit und auf Zweckmäßigkeit" überprüft werden.

Die Gutachter kamen zu dem Ergebnis, dass der Wiederaufbau einerseits und die beginnende Neubautätigkeit andererseits ein Problem darstellen würde, das über die Angelegenheiten der örtlichen Gemeinschaft, der örtliche Wirkungskreis, hinaus reiche.[102] Die rechtshistorische Untersuchung habe, so die Verfasser, zweifelsfrei ergeben, dass das Bauwesen seit langem zu den Aufgaben gehöre, die der Staat stark beeinflusste und lenkte. Auch im 18. und 19. Jh. sei dieser staatliche Einfluß groß gewesen, in der Vergangenheit hätten oft die Zuständigkeiten zwischen dem Reich und den Einzelstaaten gewechselt, daher ergebe sich ein „ziemlich buntes Bild".[103] Es zeige sich, dass der Staat nie die Gemeinden von Aufgabenerledigungen völlig freigestellt habe, der Staat habe auch bei übertragenen Aufgaben nicht auf Einwirkungsrechte bei den Gemeinden verzichtet.[104] Solange der Bundesgesetzgeber die Selbstverwaltungsgarantie der Gemeinden nach Artikel 28 des GG nicht verletze, könne er auch Vollzugsvorschriften für das Baurecht erlassen. Da die Gemeinden alle „Angelegenheiten der örtlichen Gemeinschaft" regeln dürften, die sog. Selbstverwaltungsgarantie, gehöre das Baurecht oder das Baupolizeirecht deswegen nicht zu den eigenen Aufgaben, weil es einen größeren Bereich als nur die örtliche Gemeinde umfasse. Ausgenommen seien nur Städte und Landkreise mit einem vom Staat übertragenen Wirkungskreis.[105] Nach der Darstellung der acht Gutachten wurde deutlich, dass die Auffassungen über das (Bundes-)Baurecht von der vollen Bundeskompetenz bis zur eingeschränkten Zuständigkeit reichten. Bei der städtebaulichen Planung durch Flächennutzungs- und Bebauungsplänen wurde allgemein die Bundeszuständigkeit anerkannt, nur beim früheren Baupolizeirecht, das nach 1945 in das „Bauordnungsrecht" geändert wurde, zeigten sich Unterschiede in der Beurteilung. Je nach Einstellung der Gutachtenden war das Bauordnungsrecht entweder noch „Polizeirecht", also Landesrecht, oder doch schon Verwaltungsrecht und von daher nicht mehr zwangsläufig Landesrecht.

8.5 Fragestellung für ein Gutachten des Bundesverfassungsgerichts

Die Bundesregierung hatte den Fragenkatalog im Frühjahr 1952 dem Bundestag und dem Bundesrat zugeleitet. Die Erarbeitung der Fragestellungen hielt sich streng an die Empfehlungen des Justizministeriums, das gefordert hatte, nur „bestimmte Fragen" an das BVerfG zu stellen und sich nicht auf allgemeine interessierende Fragen zurückzuziehen. Die Besonderheit dieses Vorgangs lag auch darin, dass das BVerfG nach seinem gesetzlichen Auftrag Gutachten nur dann erstatten durfte, wenn der Bundestag, der Bundesrat und die Bundesregierung in

102 BA Koblenz, B-141-4587, Gutachten Forsthoff/Gebhard, S. 21.
103 BA Koblenz, B-141-4587, Gutachten Forsthoff/Gebhard, S. 19.
104 BA Koblenz, B-141-4587, Gutachten Forsthoff/Gebhard, S. 32.
105 BA Koblenz, B-141-4587, Gutachten Forsthoff/Gebhard, S. 19.

einem gemeinsamen Antrag um Erstattung eines Rechtsgutachtens nach Paragraf 97 zu einer bestimmten verfassungsrechtlichen Frage baten.[106] 1956 wurde der Paragraf 97 ersatzlos aufgehoben, da die Erstattung von Gutachten mit der richterlichen Funktion, Recht zu sprechen, d. h. zu entscheiden, nicht vereinbar sei.[107] Die Schwierigkeit, vor der sich Bundestag, Bundesrat und Bundesregierung sahen, war, wie die Fragen so formuliert werden konnten, dass die drei obersten Staatsorgane zustimmen konnten. Während die Bundesregierung von einer Zuständigkeit der Materie Baurecht ausging, war der Bundesrat der Ansicht, dass wesentliche Teile des Baurechts den Ländern zustehen würden.[108] Die Vorarbeiten zur Formulierung waren im Wohnungsbauministerium erfolgt, diese waren auch die Grundlage für den entsprechenden Antrag im Bundestag.

8.6 Der Antrag und die Debatten im Bundestag und im Bundesrat

Die nachfolgenden Darstellungen sollen den Verlauf der Debatten im Bundestag und im Bundesrat näher erläutern. Da die Zuständigkeitsfrage für das Baurecht kontrovers diskutiert wurde, kam es auf die genaue Formulierung der Fragestellung an. Im weiteren Verlauf soll dann berichtet werden, wie aus der umfangreichen Fragestellung zum Thema „Bauordnung" überraschend eine „Baupolizeifrage" wurde. Diese vermeintlich unwichtige Umwidmung sollte später große Auswirkungen haben. An dieser Stelle ist auf den vollen Abdruck des von der Bundesregierung formulierten Antrages aus Platzgründen verzichtet worden, näheres ist in den „Anhängen" aber aufgeführt. Die in dieser Arbeit wichtige „Bauordnungs-/Baupolizeifrage" (Ziffer 7 des Fragenkatalogs) wird allerdings hier vollständig wiedergegeben. Die Frage an das Bundesverfassungsgericht zu Ziffer 7 des Katalogs lautete im Entwurf der Bundesregierung:

"I. Erstreckt sich die Gesetzgebungsbefugnis des Bundes nach dem Grundgesetz, insbesondere nach Art. 74 Ziff. 18 GG unter den Voraussetzungen des Art. 72 Abs. 2 GG, auf folgende Gebiete [...]:

7. das Bauordnungsrecht, d. h. Bestimmungen über:
   a) die aus der Planung sich ergebenden Auswirkungen auf Bauvorhaben und auf bestehende Gebäude
   b) grundsätzliche Anforderungen baukonstruktiver, baugestalterischer und bauwirtschaftlicher Art an Bauwerke und Baustoffe
   c) die Grundlagen des Genehmigungsverfahrens und der Ordnung des Bauvorgangs
   d) die Pflicht zur ordnungsgemäßen Unterhaltung und Instandsetzung oder Beseitigung bei gefährlichen oder ordnungswidrigen Zuständen.[109]

---

106 BGBL. I, 1951, S. 243.

107 Niebler, Engelbert, Plenarentscheidungen des Bundesverfassungsgerichts nach § 16 des BVerfGG, in: Wege und Verfahren des Verfassungslebens, hg. von Peter Badura, München 1993, S. 801-813, (S. 802).

108 Die Bundesregierung musste also eine Formulierung finden, die die Bedenken der Länder schon im „Vorgriff" berücksichtigen musste.

109 BR-Drucksache Nr. 184/52, S. 1-4. Schreiben des Bundeskanzlers an den Bundesrat vom 29.4.1952.

Der Bundestag beschloss in der 212. Sitzung am 15.5.1952 ohne Aussprache den Antrag der Bundesregierung dem zuständigen Ausschuss zu überweisen. Am 20. Mai hatte Justizminister Dehler einen Vermerk geschrieben: „Ich habe der Einholung eines Rechtsgutachtens des Bundesverfassungsgerichts niemals zugestimmt. Wie ist es zu der Vorlage an den Bundestag gekommen?“[110] Der federführende Ausschuss des Bundesrates für Wiederaufbau und Wohnungswesen hatte im Mai keine Sitzung mehr abgehalten. Dagegen berichtete der Bundestagsausschuss für Rechtswesen und Verfassungsrecht, unter Vorsitz des bayerischen MdB Dr. Laforet, dem Bundestag am 27.5. und gab die Empfehlung ab, dem Antrag der Bundesregierung ohne Änderungen beizutreten.[111] Der Bundestag folgte der Empfehlung seines zuständigen Ausschusses am 28.5.1952 in der beantragten Fassung, wobei der Berichterstatter Laforet aber in seiner mündlichen Erläuterung eine Umdeutung zu Ziffer 7 der Fragestellung vorgenommen hatte, er erklärte: „Gegenstand des Gutachtens ist [...] endlich das Bauordnungsrecht im engeren Sinne, des Baupolizeirechts im Sinne des allgemeinen Verwaltungsrechts.“[112] Laforet prägte damit die für Bayern entscheidende Formel:

„7. Das Baupolizeirecht im bisher gebräuchlichen Sinne.“[113]

Die Urfassung des Antrages zu Ziffer 7 (Text vorige Seite) wurde bei der Beratung im Unterausschuss vollständig verworfen. Für die Ziffer 7 wurde stattdessen vom Ausschuss die Formel von Laforet vorgeschlagen und auch beschlossen. Die von Laforet vorgenommene Gleichsetzung der „Baupolizei“ mit der „Ordnungsverwaltung“, z.B. der Bauordnungsbehörde oder dem Bauordnungsamt, war für den Beobachter vermutlich nur eine unbedeutende sprachliche Nuance. Tatsächlich war die Bedeutung der Reduktion des Antragstextes auf einen einzigen Satz aber der Schlüssel, das „Baupolizeirecht“ für die Länder zu retten. Die „kleine“ Veränderung hatte Laforet bewußt vorgenommen.

Laforet hatte schon 1937 das „Verwaltungsrecht“ veröffentlicht. 1938 schrieb er über „Die Grenzen der Selbstverwaltung“. Der Jurist Laforet war Hochschullehrer für Staats- und Verfassungsrecht und daher besonders mit Begriffen und deren rechtlicher Bedeutung im Verwaltungsrecht vertraut, er kannte daher die Wirkung, die seine (Um-)Formulierung des Antragstextes der Bundes-

---

110 BA Koblenz, B-141-4583, Vermerk Dehler vom 20.5.1952. Das Bundeskabinett hatte den Wortlaut des Antrages an das Verfassungsgericht schon am 8.1.1952 beschlossen. Dehler hatte am 30.12.1952 noch einmal den Versuch unternommen, den Antrag an das BVerfG zurückzuziehen (BA Koblenz, B-141-4584). In einem Aktenvermerk vom 27.5.1952 wurde Dehler von seinen Mitarbeitern, in vorsichtiger Form, darauf hingewiesen, dass das Kabinett bereits am 8.1.1952 der Einholung eines Gutachtens grundsätzlich zugestimmt hatte. Für die widersprüchliche Haltung von Thomas Dehler konnte kein weiterer Hinweis im Bundesarchiv gefunden werden.

111 BT-Drucksache Nr. 3403 und Drucksache 3362, datiert 27.5.1952. Laforet wurde vom Verbindungsoffizier der drei Oberbefehlshaber zum Parlamentarischen Rat als „der anerkannte Sprecher der extremen Föderalisten im Parlamentarischen Rat“ bezeichnet. Dr. Wilhelm Laforet war Mitglied des Zuständigkeitsausschusses im Parlamentarischen Rat, in: Der Parlamentarische Rat 1948-1949, Bd. 3, S. X.

112 215. Sitzung, 28.5.1952, Stenographischer Bericht, S. 9444

113 HSTAW, Abt. 502-4617a, 503-1387a, Niederschrift vom 25.6.1952, S. 4-5.

regierung in „Das Baupolizeirecht im bisher gebräuchlichen Sinne“ haben würde. Entscheidend für den Text des abschließenden Fragenkatalogs war nicht mehr die Bundesregierung oder der Bundestag, sondern nur noch der Bundesrat. Zur Beratung wurde im Bundesrat ein Unterausschuss aus dem Rechtsausschuss und dem Ausschuss für Wiederaufbau und Wohnungswesen gebildet, der am 25.6.1952 tagte.[114]

Zunächst wurde die Frage erörtert, ob die Einholung eines Gutachtens unterbleiben könne, denn in späteren Rechtsverfahren werde sich das BVerfG „vermutlich nicht an sein Gutachten binden“ lassen. Trotz des Einwandes war der Ausschuss der Auffassung, dass nach dem „gegenwärtigen Stand“, die Einholung des Gutachtens „weiterhin erwünscht“ sei.[115] Nach der Grundsatzdiskussion wurde empfohlen, den Antragstext in vielen Einzelpunkten zu erweitern und vor allem zu detaillieren. Auf die Erörterung dieser Einzelheiten kann verzichtet werden, weil es in dieser Arbeit hauptsächlich um die geschichtliche Entwicklung der Bauordnung(en) geht, der Punkt Baupolizei/Bau-ordnung wurde aber mit einer *eigenen* Ziffer im Fragenkatalog herausgestellt, sodass die Konzentration auf *Ziffer 7* ausreichend ist. Noch wichtiger ist es aber, wie die Einordnung des Bauordnungsrechts durch das BVerfG gesehen wurde und welche Folgen sich daraus für den Bund und die Länder ergaben. Die radikale Text- und Inhaltsänderung deckt sich mit der Formulierung des bayerischen Abgeordneten Laforet im Bundestag einen Monat zuvor.

Nach Ansicht des Unterausschusses haben Bundesregierung und Bundestag auf eine „beabsichtigte Neuregelung des Bauordnungsrechts“ abgestellt, in das neben dem bisherigen Baupolizeirecht, „baugestalterische, bauwirtschaftliche und baupflegerische Maßnahmen“ enthalten sein könnten. Das „Bauordnungsrecht“ sei noch nicht in die Gesetzgebung eingegangen, also neu. Die Konzeption des „Bauordnungsrechts“ mache nicht deutlich, ob der „Kerngehalt des bisherigen Baupolizeirechts“ darin enthalten sei. Die Fragestellung müsse auf den Kern zurückgeführt werden.[116] Auch die „grundsätzlichen Anforderungen baukonstruktiver, baugestalterischer und bauwirtschaftlicher Art an Bauwerke und Baustoffe“, gehörten dem „Baupolizeirecht im bisher gebräuchlichen Sinne“ an.[117]

Der Unterausschuss hatte keinen Anstoß daran genommen, dass im Katalog bei den übrigen Fragen Begriffe verwandt wurden, die im deutschen Baurecht neu waren, mindestens aber einen Bedeutungswandel in der Weimarer Zeit und auch in der nationalsozialistischen Zeit erfahren hatten. Beispielsweise waren die Bodenbewertung, das Bodenverkehrsrecht, das Erschließungsrecht über Gemeinbedarfsflächen, Versorgungsanlagen und Anlagen zur Beseitigung und Verwertung von Abwässer und Abfallstoffe und die Wertsteigerungsabgabe Materien, die in dem vom Bundestag vorgelegten Katalog und in einem künftigen Bundesbaugesetz erst eine Bedeutung erlangen sollten. Der Unterausschuss des

114 HSTAW, Abt. 502-4617a, 503-1387a, Niederschrift vom 25.6.1952. Die Länder Nordrhein-Westfalen, Baden-Württemberg, Hamburg, Bayern und Hessen waren bei der Sitzung anwesend.

115 HSTAW, Abt. 502-4617a, 503-1387a, Niederschrift vom 25.6.1952, S. 2. Bundesrat Rechtsausschuss R 162/52.

116 HSTAW, Abt. 502-4617a, 503-1387a, Niederschrift vom 25.6.1952, S. 4.

117 HSTAW, Abt. 502-4617a, 503-1387a, Niederschrift vom 25.6.1952, S. 4-5.

Bundesrats verwarf einerseits die Verwendung des „neuen" Begriffs „Bauordnungsrecht, hatte aber gegen andere neue Begriffe keine Einwände. Der gewählte Ausdruck „Baupolizeirecht im bisher gebräuchlichen Sinne" muss als ein in die Vergangenheit gerichteter Begriff angesehen werden, während das geplante Bundesbaugesetz ein nur in die Zukunft gerichtetes Recht sein konnte.[118]

In der Sitzung des Ausschusses für Wiederaufbau und Wohnungswesen des Bundesrates am 17.7.1952 sollte die am nächsten Tag stattfindende Sitzung des Bundesrates besprochen werden. Insbesondere sollte festgestellt werden, ob und wie die Länder dem geänderten „neuen" Text zustimmen würden. Berlin wollte sich der Stimme enthalten, Bremen hatte noch keine Senatsentscheidung treffen können. Die übrigen Länder wollten dem geänderten Antragstext zustimmen. Nur der Freistaat Bayern hatte noch keine Entscheidung getroffen. Der Vertreter Bayerns teilte mit, dass die Bayerische Landesregierung seine interne Beratung zurückgestellt habe, „um das Weinheimer Gutachten abzuwarten".[119] Das Weinheimer Gutachten lag jedoch schon im April 1952 vor. Offensichtlich war diese Begründung der Versuch, eine Stellungnahme zu vermeiden. Denn schon am 18.7.1952 hatte Bayern die Tagesordnung des Bundesrates um den Punkt 13 erweitern lassen.[120] Bayern forderte, dem gemeinsamen Antrag von Bundestag, Bundesrat und Bundesregierung nicht beizutreten, denn das Gutachten des BVerfG werde keine bindende Wirkung haben. Ein Gutachten könne nur dann Bestand haben, wenn das Gericht für das ganze Sachgebiet ein Programm für die beabsichtigte Gesetzgebung selbst aufstellen würde. Das BVerfG müsse also die „Grenzen der Zuständigkeit des Gesetzgebers" auf diesem Gebiet schon „im voraus im einzelnen abstecken". Diese Arbeit sei aber dem BVerfG nicht zuzumuten und widerspräche auch dem Sinn und Zweck des Paragrafen 97 des BVerfGG. Außerdem sei nicht gewährleistet, dass eine mündliche Verhandlung vor dem BVerfG stattfinde. Der Antrag der Bayerischen Staatsregierung wurde mit großer Mehrheit im Bundesrat abgelehnt.[121] Der Antragstext war damit auch vom Bundesrat, mit den Änderungen, beschlossen worden, der gemeinsame Antrag wurde dann am 6.10.1952 dem BVerfG übergeben.

8.7 Das Gutachten des Bundesverfassungsgerichts vom 16.6.1954

Das Plenum des Bundesverfassungsgericht befasste sich mit dem Antrag am 18.11.1952. Die Vorlage stammte von Dr. Klaas, der die Bedenken Bayerns zur Diskussion stellte, denn Bayern hatte im Bundesrat gegen den Antrag auf Erstellung eines Gutachtens mit der Begründung gestimmt, die Fragen könnten nur dann durch das Gericht beantwortet werden, wenn das Gericht einen mehr oder weniger durchgearbeiteten Baugesetzentwurf zu begutachten hätte. Klaas wies auf die Ansichten hin, die aus bayerischer Sicht entscheidend sein konnten: Kann das Gericht ein Gutachten nach Paragraf 97 des BVerfG erstatten, das spä-

118 In der gewerblichen Bauwirtschaft sind seit jeher allgemein gültige Baunormen wichtige Grundlagen der Unternehmensentscheidungen. Auch neue Baustoffe und deren einheitliche Prüfung, können nur einheitlich entwickelt werden. Warum in diesen Fällen nur das „Baupolizeirecht" die geeignete Form sein sollte, kann nur vermutet werden.

119 HSTAW, Abt. 503-1387a, Niederschrift vom 17.7.1952, S. 2.

120 Drucksache des Bundesrats Nr. 184/2/52 vom 17.7.1952, (Antrag des Landes Bayern).

121 Deutscher Bundesrat, Sitzungsbericht Nr. 89, 24.7.1952, S. 307-320.

terhin in Rechtsstreitigkeiten als Vorfestlegung gedeutet werden könnte? Im Ergebnis war das Plenum „trotz gewisser rechtlicher Bedenken“ der Meinung, das Gutachten solle bei „strenger Begrenzung des Themas“ bearbeitet werden.[122] Die Schriftsätze sollen nur von den Ländern und der Bundesregierung, „falls nötig“, eingeholt werden. Schriftsätze der Beteiligten würden vom Gericht nicht „ausgetauscht“, öffentliche Verhandlungen des Gerichts sollten unterbleiben.[123]

In der bayerischen Staatsregierung wuchs die Befürchtung, dass das BVerfG-Gutachten dem Bund die Vorrangstellung für das Baurecht einräumen könnte. Intern wurde diskutiert, welche Maßnahmen Bayern ergreifen könnte, um die eigene gegenteilige Auffassung dennoch durchzusetzen. Schon die bereits vorliegenden Gutachten, z.B. der ARGEBAU, das Weinheimer und das Gutachten des Volksheimstättenwerks, kämen zur Auffassung, wonach der Bund die Baurechtskompetenz habe.[124]

„Bayern wird sich mit dieser Zuständigkeitsverteilung abfinden müssen, eine eigene weiterreichende Gesetzgebungskompetenz sei nicht mehr zu erhoffen“, so der bayerische Ministerialdirigent Dr. Böhm an das bayerische Staatsministerium des Innern am 15.1.1953.[125] Zunächst sollte aber „davon abgesehen werden“, weitere Schriftsätze abzugeben, es sei denn, der Wohnungsbauminister beanspruche auch noch das Baupolizeirecht. Die bayerische Regierung müsse daher abwarten, ob der Wohnungsbauminister dieses Recht, das schon im Entwurf von Dittus enthalten sei, tatsächlich durch Schreiben an das BVerfG auch durchsetzen wolle. Für diesen Fall werde Bayern der Ansicht des Bundes entgegentreten.[126]

Zwei Wochen später übersandte der Wohnungsbauminister eine 24seitige „Stellungnahme zur Gesetzgebungszuständigkeit des Bundes auf dem Gebiete des Baurechts“ dem BVerfG und in Kopie dem Bundesrat.[127] Darin wurde aus der Sicht des Bundes erneut die Frage der Bauordnungskompetenz angesprochen. Wesentliche Argumente, warum auch das Bauordnungsrecht zur Materie Baurecht gehöre, könnte schon aus der historischen Rückschau belegt werden. Die früheren Staaten „Bayern, Sachsen, Württemberg und Hessen“ hätten bereits vor dem Ende des 19. Jh. Baugesetze entwickelt und eingeführt, die das gesamte Baurecht umfaßten. Die Ortsplanung, die Erschließung und das Bauordnungsrecht, die frühere Baupolizei, waren selbstverständlich staatliches Recht. Selbst wenn die „früheren Gesetze im heutigen Sinne nicht vollständig“ alle Baurechtsbereiche geregelt hätten, mindere dies nicht die umfassende Baurechtszuständigkeit des früheren Gesamtstaates.[128]

---

122 BA Koblenz, B-237-92034. „Bemerkungen zur Vorbereitung auf die Plenarsitzung vom 18.11.1952 gesetzten Punktes Zulässigkeit und gegebenenfalls Verfahren bezüglich Gutachten über die Bundesbaugesetzgebung.“ Handschriftlicher Zusatzvermerk von Dr. Klaas vom 19.11.1952, S. 3.

123 BA Koblenz, B-237-92034. „Bemerkungen“, S.3.

124 Das Gutachten der ARGEBAU hat in dieser Arbeit die Nr. 1, das Weinheimer Gutachten die Nr. 4 und das Gutachten des Volksheimstättenwerks die Nr. 2 erhalten.

125 BayHStA Minn 90403, Schreiben Dr. Böhm vom 15.1.1953.

126 BayHStA MInn 90403, „Vormerkung“ der bayerischen Staatsregierung vom 15.1.1953.

127 BA Koblenz, B-141-4584, Schreiben mit Anlagen vom 29.1.1953.

128 BA Koblenz, B-141-4584, Stellungnahme S. 14.

Nachdem auch Bayern die neue Stellungnahme des Bundes erhalten hatte, wurde am 25.2.1953 eine 13seitige Stellungnahme erarbeitet und dem BVerfG übergeben. Auf den ersten neun Seiten wiederholte die bayerische Staatsregierung allerdings die Argumente aus den Gutachten, die dem Gericht jedoch schon vorlagen.[129] Der Wohnungsbauminister, so die bayerische Regierung, vertrete offenbar „nicht die Auffassung der gesamten Bundesregierung“, denn der Bundesjustizminister müsse insoweit auch als Verfassungsminister eingeschaltet werden, auch der Bundesfinanzminister habe Zuständigkeiten im Bereich der Wertsteigerungsabgabe, die seine Mitwirkung erforderten, die Beteiligungen seien aber unterblieben.[130] Die Bayerische Regierung führte das „von der Architektenseite geforderte Planvorlagerecht“, also das Recht der Architekten, Bauanträge bei der zuständigen Behörde zu stellen, als Argument an, denn dieses Planvorlagerecht gehöre, so es geschaffen werde, in das „Baupolizeirecht“ und nicht in das ebenfalls nur angedachte „Architektenrecht“.[131] Die Kernfrage aller Gutachten bilde nach der bayerischen Regierung, das Baupolizeirecht. Dem Weinheimer Gutachten könne Bayern nur darin folgen, dass das frühere Baupolizeirecht eine Angelegenheit der Länder bleiben könne. Dagegen müsse der Teil des Weinheimer Gutachtens abgelehnt werden, der sich mit der „Baugestaltung“ befasse und hier dem Bund die Kompetenz zuweise. Die Baugestaltung könne nicht dem Bundesrecht angehören. Der Grund liege darin, dass die „Gestaltung der Bauwerke“, die „Baustoffe und die Bautechnik“, die „künstlerische Baugestaltung“ und die „Werbeanlagen“ beinhalte und somit Baupolizeirecht sei.[132] Im Weinheimer Gutachten seien dagegen unter der „Baugestaltung“ sogar „die Schaffung eines schönheitlichen Orts- und Landschaftsbildes, die äußere Gestaltung der Bauwerke und der Freiflächen, der Denkmalschutz, das Baugebot und die Bausperre“ als Angelegenheiten bezeichnet worden, die der Bund regeln könne.[133] Der bayerischen Stellungnahme schloss sich dabei nur Baden-Württemberg, ohne eigenen Beitrag, an.

Die Stellungnahme Bayerns vom 25.2.1953 an das BVerfG führte zu einer Replik des Wohnungsbauministers, der am 28.4.1953 eine 54seitige „Stellungnahme der Bundesregierung zur Frage der Gesetzgebungszuständigkeit des Bundes auf dem Gebiete des Baurechts“ dem BVerfG einreichte.[134] Seit den ersten Veröffentlichungen, die nach 1945 entstanden, waren es „nur“ zwei Fragen, die die Diskussionen beherrschten. Die erste Frage war, wie ein einheitliches Baurecht beschaffen sein müsste, und zweitens, welche Bedeutung die Baupolizei unter den geänderten Bedingungen, besonders der laufenden Entpolizeilichung erhalten sollte und wie sie in ein zukünftiges Gesamtbaurecht eingeordnet werden könnte. Die Bundesregierung widmete diesem Aspekt in ihrer Stellung-

---

129 BA Koblenz, B-237-92034. Das BVerfG hatte die nur 4seitige bayerische Stellungnahme extra in der internen „Bearbeitungsverfügung“ vom 9.3.1953 erwähnt. In dieser Arbeit sind die Gutachten von eins bis acht bezeichnet.

130 BA Koblenz, B-237-92034, Stellungnahme Bayerns vom 25.2.1953 an den Präsidenten des Bundesverfassungsgerichts, S. 9.

131 BA Koblenz, B-237-92034, Stellungnahme Bayerns vom 25.2.1953, S. 10.

132 BA Koblenz, B-237-92034, Stellungnahme Bayerns vom 25.2.1953, S. 10 und 11.

133 Schriftenreihe des Bundesministers für Wohnungsbau 1952, H. 1, S. 58-71.

134 BA Koblenz, B-141-4585, Stellungnahme der Bundesregierung vom 28.4.1953.

nahme einen großen Raum. Die Regierung erläuterte das Entstehen der neuen Begriffe Städtebau und Baurecht, indem sie das Zusammenwachsen der bisher nebeneinander bestehenden Teilgebiete Baupolizei, Stadtplanung, Stadtgestaltung, städtebaulicher Eigentumsbegriff, Denkmal- und Landschaftschutz aus der geschichtlichen Sicht darstellte. Die Erkenntnis, dass die Teilgebiete nicht als Sonderrechte nebeneinander stehen, sondern dem Grunde nach ein einheitliches Ganzes bilden, habe sich nur sehr langsam seit dem Ende des 19. Jh. durchgesetzt. Der im liberalen Zeitalter gebildete Grundsatz, wonach das Eigentum an Grund und Boden „unbeschränkt" sei, habe sich als folgenschwerer Irrtum erwiesen. Da der Boden und das Bauwerk zusammengehören, konnte sich so „die unbeschränkte Baufreiheit" entwickeln. Die „überbetonte liberale Grundeinstellung zum Eigentumsbegriff" des 19. Jh. müsse durch die Sozialgebundenheit des Eigentums im 20. Jh. überwunden werden, nur so könne eine planvolle und geordnete Bebauung entstehen.[135] Nach 1945 habe sich die unter Fachleuten weitverbreitete Ansicht des einheitlichen Baurechts politisch noch nicht durchsetzen können, so die Bundesregierung im Schriftsatz. Die Aufbaugesetze der Länder versuchten zwar eine umfassende Regelung des Baugeschehens, dennoch „waren sie nur Provisorien, die die rechtliche Zersplitterung" des Baurechts fortsetzten.[136] Widersprochen wurde auch der bayerischen Ansicht, dass das Baurecht schon deswegen keine Ableitung aus dem GG erlaube, weil die einzelnen Teile von der „Stadtgestaltung über den städtebaulichen Eigentumsbegriff bis zum Denkmal- und Landschaftschutz nur eine Art „Zweckeinheit" darstellten.

Das Gegenteil sei richtig, so die Bundesregierung, das „Baurecht habe sich zu einer systematischen Einheit" entwickelt, die hinsichtlich des „Zieles und der Mittel" den Grundauftrag des Artikels 14 GG, die Verwirklichung der Sozialgebundenheit des Eigentums, lediglich erfülle.[137] Das Baurecht, wie es der Bundesgesetzgeber anstrebe, sei daher schon lange keine reine „Zweckeinheit" mehr, die Bundesregierung wolle vielmehr die systematische gegliederte Einheit des Baurechts schaffen.[138] Die Bundesregierung forderte in weiteren Ausführungen, auch aus historischer Sicht, schließlich aus dem „Gesichtspunkt der ungeschriebenen Kompetenz", die sich „kraft Sachzusammenhang" konkretisiere, die umfassende Baurechtszuständigkeit, die auch das Bauordnungsrecht einschließe.

Die Stellungnahme des Wohnungsbauministers vom 28.4.1953, erzwang eine weitere bayerische Stellungnahme, die „Erwiderung vom 20.6.1953".[139] Bayern wandte sich gegen die Methode der Bundesregierung, aus den Verhandlungen des parlamentarischen Rats, nur Zitate vorzulegen, die „eindeutig unitaristischen Charakter" hätten.[140] Der Behauptung des Bundes, das „Siedlungswesen" sei seit der Weimarer Zeit und sogar in der nationalsozialistischen Zeit als umfassender Begriff anzusehen, werde widersprochen. Aus dem „Siedlungswe-

135 BA Koblenz, B-141-4585, Stellungnahme der Bundesregierung vom 28.4.1953, S. 14.
136 BA Koblenz, B-141-4585, Stellungnahme der Bundesregierung vom 28.4.1953, S. 26.
137 BA Koblenz, B-141-4585, Stellungnahme der Bundesregierung vom 28.4.1953, S. 27-28.
138 BA Koblenz, B-141-4585, Stellungnahme der Bundesregierung vom 28.4.1953, S. 27. Bayern verstand unter „Zweckeinheit" einen eher zufälligen, losen Zusammenhang verwandter Materien.
139 BA Koblenz, B-237-92035. Diese Stellungnahme wurde als „Erwiderung auf die Stellungnahme des Bundesministers für Wohnungsbau" bezeichnet, der Umfang betrug 11 Seiten.
140 BA Koblenz, B-237-92035. „Erwiderung Bayerns", S. 5.

sen, das in Artikel 74 Ziffer 18 GG aufgeführt sei, könne weder im engeren noch im weiteren Sinne eine Bundeskompetenz hergeleitet werden, denn das Baurecht stehe neben dem Siedlungswesen. Auch das „Bodenrecht, als Recht des Baubodens und das Baurecht, als Recht des Bauens" seien zwei völlig selbständige Begriffe, die sich „gegenüberstünden" und daher keine Einheit bildeten.[141]

Am 13.4.1954 bat der Bundesminister für Wohnungsbau den Präsidenten des BVerfG um Auskunft „wann mit dem Eingang des Gutachtens gerechnet werden kann".[142] Der Bundestag habe der Regierung eine Frist zur Vorlage des Entwurfs des Baugesetzes bis zum 30.6.19954 gesetzt. Am 12.5.1954 antwortete der Präsident des BVerfG „daß mit Eingang des Gutachtens bis Mitte Juni gerechnet werden könne".[143] Am 12.5. wurde den Mitgliedern des BVerfG mitgeteilt, dass die Plenarsitzung am 26.5.1954 stattfinde.[144] Der Entwurf werde noch vor dem 26.5.1954 den Mitgliedern des Gerichts vorgelegt.[145] Das 45seitige Gutachten wurde am 16.6.1954 von 22 Richtern des BVerfG unterschrieben.[146] Im Gutachten wurde ausgeführt, dass sich das Baurecht nicht ohne Weiteres aus dem Katalog des Artikels 74 Ziffer 18 GG ergebe, damit wurde dem Wohnungsbauminister widersprochen. Auch unter dem „Gesichtspunkt der ungeschriebenen Kompetenz", dem „Sachzusammenhang", dem „Wandel der Verhältnisse" und aus der „Natur der Sache" könnten sich keine Anhaltspunkte für ein „Bundesbaurecht" ergeben. Daher müsse für jeden im Antrag erwähnten Bereich einzeln überprüft werden, ob er aus dem Grundgesetz abgeleitet werden könne.[147]

Im Ergebnis bestätigte das BVerfG, dass das Recht der „städtebaulichen Planung" zum Bodenrecht gehört und daher Bundesrecht sei, das treffe auch auf die „Baulandzusammenlegung von Grundstücken" zu.[148] Die „Bodenbewertung" könne sowohl dem einen wie dem anderen Rechtsgebiet zugeordnet werden. Das „Bodenverkehrsrecht" sei eindeutig dem Bodenrecht und daher dem Bund zuzuordnen. Das „Erschließungsrecht" sei notwendig, um Wohnungen zu errichten und Siedlungen anzulegen, das Recht gehöre zur Bundeskompetenz.[149] Insoweit war das BVerfG zum gleichen Ergebnis wie die Bundesregierung gekommen, wenn auch unter Verwendung einer anderen rechtsauslegenden Methode.

Das „Baupolizeirecht im bisher gebräuchlichen Sinne" war dagegen der Punkt, bei dem der Bundesrat und die bayerische Staatsregierung sicher waren, das BVerfG werde diese Kompetenz dem Bund verweigern. Zunächst schien das

141 BA Koblenz, B-237-92035. „Erwiderung Bayerns", S. 8.

142 BA Koblenz, B-237-92036. Schriftverkehr Bundesminister-BVerfG vom 13.4.1954.

143 BA Koblenz, B-237-92036. Schriftverkehr Bundesminister-BVerfG.

144 BA Koblenz, B-1-2531/7, Vermerk des Bundesarchivs vom 13.10.2004. Welche Abwägungsprozesse in der Plenarsitzung stattfanden, kann nicht belegt werden. Dem Verfasser wurde nur die Einsicht in die „Verfahrensakten" des BVerfG gewährt, nicht dagegen in die „Handakten und Sonderhefte". Der Präsident des BVerfG hat in Schreiben vom 5.10.2004 und 7.3.2005 an das Bundesarchiv die „Handakten und Sonderhefte" für gesperrt erklärt, obwohl sich das Bundesarchiv sehr für den Verfasser eingesetzt hat.

145 BA Koblenz, B-237-92036. Arbeitsvermerk I. Senat vom 12.5.1954.

146 Das Gutachten ist in Band 3 (1954) der „Entscheidungen des Bundesverfassungsgerichts" abgedruckt.

147 BVerfGE Bd. 3, S. 423.

148 BVerfGE Bd. 3, S. 423.

149 BVerfGE Bd. 3, S. 429-430.

Gutachten auch der Auffassung Bayerns Recht zu geben, denn „für die Frage der gesetzgeberischen Zuständigkeit [für das Baupolizeirecht] ist es vielmehr entscheidend, dass das Baupolizeirecht ein Teil des Polizeirechts ist. Das Polizeirecht ist aber nach wie vor Sache der Landesgesetzgebung".[150]

Damit waren der Bundesrat und das sehr engagierte Bayern in ihrer föderalen Auffassung zunächst bestätigt worden.[151] Das Gericht setzte sich aber nicht intensiv mit der Frage auseinander, ob es ein Bau"polizei"recht nach 1945 überhaupt noch geben könne. Die Alliierten hatten die Überführung der Polizeiaufgaben, die außerhalb der eigentlichen Polizeiarbeit stehen, in die zivile Ordnungsverwaltung angeordnet und weitgehend auch durchgesetzt. Die Änderung der Fragestellung durch den Abgeordneten Laforet[152] war dem BVerfG bekannt, dennoch konnte es nicht Aufgabe des „Gutachters" BVerfG sein, Fragestellungen des Antragstellers, also der Bundesregierung, dem Bundesrat und dem Bundestag, nach dem „Baupolizeirecht" zu kritisieren oder umzudeuten.

Allerdings schränkte das BVerfG den Erfolg für die Länder wieder ein, denn das „Baupolizeirecht" für das „Wohnungswesen" gehöre zum Bundesrecht, dies ergebe sich aus der „Annextheorie". Da der Bund für das Wohnungswesen zuständig sei, müsse er auch die Ordnungsgewalt für diesen Teil erhalten. Das BVerfG bestätigte damit die schon vom Volksheimstättenwerk 1950 beschriebene Zuständigkeit nach der „Annextheorie".[153] Die Länder hatten nach diesem Gutachten keine Zuständigkeit mehr für das „Baupolizeirecht" im Teilgebiet Wohnungsbau; der Bund war nach dem Gutachten für das Baupolizeirecht im Wohnungsbau formell und materiell zuständig. Die Länder waren in der Umsetzung eigener Landesbauordnungen nur noch für die Gewerbe- und Industriebauten, für Turnhallen, Schwimmbäder, Museen und Theater zuständig.

Welche Wirkung die Verschiebung der Baupolizeizuständigkeit von den Ländern auf den Bund tatsächlich haben würde, kann an den verausgabten Kosten für Gebäude aller Art abgeschätzt werden. Zwischen 1950 und 1959 wurden knapp 140 Milliarden DM für Gebäude aufgewendet, der Wohnungsbau beanspruchte davon 91 Milliarden DM. Damit war der Wohnungsbau mit zwei Drittel des gesamten Bauaufwandes weitaus größer als der sog. Nichtwohnungsbau.

Die Zahlen sollen nur aufzeigen, dass neben staatspolitischen und verfassungsrechtlichen Erwägungen, auch personelle und bedeutende finanzielle Interessen nach der Veröffentlichung des BVerfG-Gutachtens auf dem Spiel standen. Die erhoffte und durch Bayern erkämpfte Zuständigkeit für das „Baupolizeirecht im bisher gebräuchlichen Sinne" war daher kein Sieg mehr, denn zwei Drittel des Bauaufwandes konnte der Bund „bauaufsichtlich" regeln, das rechtliche Drittel war eine Angelegenheit der Länder.[154]

---

150 BVerfGE Bd. 3, S. 433.

151 BVerfGE Bd. 3, S. 430-433.

152 „Das Baupolizeirecht im bisher gebräuchlichen Sinne".

153 BVerfGE Bd. 3, S. 433. Das BVerfG hatte das Gutachten des Volksheimstättenwerks, die baurechtliche Bundeszuständigkeit aus Artikel 74 Ziffer 9 und Artikel 120 GG abzuleiten „als abwegig" bezeichnet.

154 Es kann unerörtert bleiben, ob die von den Ländern und vom bayerischen Abgeordneten Laforet vorgenommene Umdeutung des ursprünglichen Antragstextes in die rückwärts gerichtete Formel des „Baupolizeirechts im bisherigen Sinne", besser unterlassen worden wäre.

Das Gutachten des BVerfG wurde nur teilweise in reale Politik umgesetzt, denn eine volle Verwirklichung hätte ein Bundesbaugesetz, eine Bundes-Bau-ordnung für den Wohnungsbau und 11 Landes-Bauordnungen für den Nichtwohnungsbau bedeutet. Es darf angenommen werden, dass solche Folgerungen politisch nicht durchzusetzen waren. Versuche, eine rechtlich vertretbare Lösung zu finden, wurden im Juli 1954 unternommen. Der Wohnungsbauminister lud die schon bestehende „Hauptkommission für die Baugesetzgebung beim Bundesminister für Wohnungsbau" nach Bonn ein. Der Vertreter Bayerns schlug eine Bund-Länder-Vereinbarung vor, die die weitere enge Zusammenarbeit gewährleisten sollte. In der „Vereinbarung" würde der Bund auf den Erlass einer Bauordnung für das Wohnungswesen verzichten. Die Länder würden sich im „Gegenzug verpflichten", an der gemeinsamen Ausarbeitung „einer einheitlichen Bauordnung" mitzuwirken.[155]

Die Bauordnungen und das Bundesbaugesetz im „Bauordnungsausschuß"

Unmittelbar nach der Veröffentlichung des BVerfG-Gutachtens setzte eine heftige Diskussion ein, ob bestimmte Teile der Fragestellungen an das BVerfG auch durch das Gericht ausreichend beantwortet worden seien.[156] Während das Gericht alle städtebaulichen Festlegungen, die den Boden betrafen, dem Bund zuordnete, glaubten Vertreter der Länder, dass die Begriffe „Art und Maß" auf die Höhe, auf die Gebäudeabstände und auf die Intensität der Bebauung (das Maß) zu beziehen seien, daher müssten diese Teile den Ländern zugeordnet werden.[157]

Die Gegner dieser Interpretation meinten, die „Art" der baulichen Nutzung beziehe sich auf die Flächendefinition „Wohnbaufläche, Mischfläche, gewerbliche Fläche"; das „Maß" der baulichen Nutzung beziehe sich dagegen nur auf den Flächenanteil, der auf einem Grundstück überbaut werden dürfe.

An diesen Beispielen wird deutlich, dass die weisungsgebundenen Vertreter der Länder alle denkbaren Möglichkeiten nutzten, den „Kompetenzanteil" der Länder zu vergrößern; in solchen Fällen gehört es zum feststehenden politischen Ritual, unbedeutende Detailfragen mit Problemen zu beschweren. Gleichzeitig wird aber auch sichtbar, dass nur wenige übereinstimmende und allgemein akzeptierte Begriffsdefinitionen im Städtebau und im Bauordnungsrecht vorhanden waren. Noch immer wurden Bezeichnungen zum einem aus dem preußischen Fluchtliniengesetz, aus anderen Bauordnungen oder aus der preußischen Musterbauordnung von 1919 hergeleitet.[158]

---

155 BA Koblenz, B-134-5421. „Hauptkommission", Niederschrift vom 27.7.1954.

156 Diskutiert wurde, ob „Art und das Maß" der Grundstücksbebauung eine Sache der Länder (Bauordnung) oder des Bundes (Planung) sei. Die Frage schien im „Unterausschuß" des „Bauordnungsausschuß", dem seit 1950 arbeitenden Gremium, ungeklärt. BA Koblenz, B-134-5421. „Hauptkommission", Vermerk über eine Besprechung am 27.7.1954 im Wohnungsbauministerium.

157 BA Koblenz, B-134-5421. „Vermerk" vom 23.11.1954 über die 23. Sitzung des Bauordnungsausschusses vom 10.-12.11.1954 im Wohnungsbauministerium. Dem Ausschuß gehörten Vertreter der Länder und des Wohnungsbauministeriums an, der Ausschuß sollte eine Bauordnung entwickeln.

158 BA Koblenz, B-134-5421. „Vermerk", S. 4. Der Bauordnungsausschuß entschied im vorliegenden Falle, erstens, dass „Art und Maß" in die Bauordnungen gehöre, zweitens, dass es den „ge-

Der „Bauordnungsausschuß“ beendete seine 1950 begonnene Arbeit mit der 25. Sitzung am 20.1.1955; die Reinfassung des „Bauordnungsentwurfs“ wurde am 21.4.1955 durch seinen Vorsitzenden, Professor Wedler, als sog. Wedler-Entwurf veröffentlicht.[159]

Die Musterbauordnung: Vereinheitlichung der Länder-Bauordnungen?

Der Bund hatte das Angebot einer „Vereinbarung“ vom Juli 1954 wörtlich genommen und am 21.10.1954 die zuständigen Minister der Länder nach Bad Dürkheim eingeladen. In der Besprechung wurden verschiedene Fragen erörtert, die sich nach dem „Karlsruher Gutachten“ ergaben. Der entscheidende Punkt der Diskussion war die Bauordnungs-, bzw. die Baupolizeifrage. Im Ergebnis war der Wohnungsbauminister damit einverstanden, dass das „Baupolizeirecht“ für den Wohnungsbau, das nach dem Gutachten eigentlich dem Bund zustand, den Ländern überlassen bleiben sollte, eine entsprechende Niederschrift der Tagung würde den Ländern unmittelbar nach der Tagung zugesandt werden.

Schon am 26.10.1954 bestätigte der Wohnungsbauminister seinen Länderkollegen, dass der „Bund von seiner Kompetenz auf dem Gebiete des Bauordnungsrechts keinen Gebrauch“ machen werde.[160] *Bedingung* sei, dass die Länder dazu beitragen würden, bald eine *einheitliche Regelung des Bauordnungsrechts*, in Form einer „Musterbauordnung“ (MBO), zu entwickeln und möglichst übereinstimmend als Landesgesetz zu verabschieden. In der Folge wird dieser Brief seither als „Bad Dürkheimer Vereinbarung“ bezeichnet. Die Beratungen für die MBO dauerten bis zum 30.10.1959.[161]

Das Land Hessen hatte nicht mehr auf die Vorlage der MBO gewartet, denn im Land galten drei verschiedene und stark veraltete Bauordnungen, die älteste war bereits 1881 in Kraft getreten und seither - mit gelegentlichen Änderungen und Ergänzungen (z.B. durch Verordnungen) - noch immer geltendes Gesetz. Die Neukonzeption wurde schon so 1953 begonnen und wurde dann am 9.7.1957 im GVBL. Nr. 19 S. 101 veröffentlicht und trat am 1.1.1958 in Kraft. Die anderen Länder haben die MBO zu einem Teil übernommen und abgewandelt. Rheinland-Pfalz folgte als erstes Land, seit der Vorlage der MBO, 1961 mit einer neuen Bauordnung. Bremen hatte seinen Bauordnungsentwurf 1968 fertiggestellt.[162] Von einer einheitlichen Regelung wurde nicht mehr gesprochen.In den Jahren 1981, 1990, 1992 und 1997 wurden weitere Musterbauordnungen durch die ARGEBAU erarbeitet.

---

setzgeberischen Gremien vorbehalten sei“, zu entscheiden. Verfasser: Seit Baumeister waren bereits 78 Jahre Diskussionen zu Detailfragen vergangen, nur unterbrochen durch 2 Weltkriege.

159 Krautzberger, M., Die Entwicklung des Baurechts nach 1945, in: Baugesetzbuch, München 2003, Einl. S. 38. Der Entwurf hatte 131 Paragrafen.

160 Brief vom 26.10.1954, „betr. die Zusammenarbeit zwischen Bund und Ländern auf dem Gebiete der Baugesetzgebung“, gerichtet an die für das Bauwesen zuständigen Minister und Senatoren der Länder, wurde dem Verfasser vom Bundesminister für Wohnungsbau zur Verfügung gestellt.

161 Die MBO wurde 1960 den Ländern übergeben; seit der Bad Dürkheimer Ministertagung waren sechs Jahre vergangen.

162 Buff, Albert, Bestimmende Faktoren der Deutschen Bauordnungen im Wandel der Zeit, Wuppertal 1970, S. 128.

Die ursprüngliche Idee, die MBO einheitlich in den Ländern durch Gesetze einzuführen, konnte nicht verwirklicht werden. Die zeitlichen Abläufe durch unterschiedliche Wahlperioden, neue bautechnische Normen, Anpassungen an geändertes Bundesrecht und Einflüsse durch Entscheidungen der jeweiligen Oberverwaltungsgerichte und des Bundesverwaltungsgerichts mussten zu unterschiedlichen Bauordnungen führen, die nicht wortgetreu übereinstimmen konnten.

Die nach der MBO von 1960 wiederholt geänderten Musterbauordnungen haben aber dazu beigetragen, dass größere inhaltliche Abweichungen von der MBO seltener wurden. Die verstärkte Herausgabe von Richtlinien durch die ARGEBAU und Energieeinsparverordnungen durch den Bund haben zu einer relativen Vereinheitlichung geführt.[163] Beispiele dafür sind die „Muster-Richtlinie über den Bau und Betrieb Fliegender Bauten“, die „Muster-Verwaltungsvorschriften über Ausführungsgenehmigungen für Fliegende Bauten und deren Gebrauchsabnahmen“, die „Muster-Richtlinie über den baulichen Brandschutz im Industriebau“ und das „Muster der Schulbaurichtlinie“.

Das Bundesbaugesetz für die Bundesrepublik Deutschland

Als der Deutsche Bundestag im Juli 1951 die Regierung aufforderte, ein „Baugesetz für das Bau-, Boden, Planungs-, Anlieger- und Umlegungsrecht“ bis zum 31.12.1951 vorzulegen, konnte angesichts des vorliegenden Entwurfs von Dittus, noch mit einer Vorlage gerechnet werden. Der Termin konnte aber nicht eingehalten werden, weil sich die Streitfrage abzeichnete, ob der Bund oder die Länder nach dem GG für das Baurecht zuständig sein würden.

Die Streitfrage wurde erst durch das Gutachten des BVerfG 1954 im Prinzip geklärt, denn die Länder erreichten nicht die umfassende Zuständigkeit für das „Baupolizeirecht“. Im Wohnungsbauministerium wurde schon 1953 die Meinung vertreten, dass ein längeres Zuwarten nicht weiter hingenommen werden dürfe, denn zu diesem Zeitpunkt war noch nicht absehbar, wann das Gutachten fertiggestellt sein würde. Der Bund vereinbarte daher mit den Ländern die Einsetzung einer Kommission mit dem Auftrag, den Entwurf eines Bundesbaugesetzes zu erarbeiten.[164]

Der Hauptkommission lagen Baugesetzentwürfe von Dittus, der Deutschen Akademie für Städtebau und Landesplanung, des Zentralverbandes der Haus- und Grundbesitzer und weitere Gutachten vor. Eine erste Entwurfsfassung war im Oktober 1954 fertig, die aber nach Beteiligung weiterer Gremien, mehrmals überarbeitet werden musste. Der Entwurf war das Arbeitsergebnis einer „Sachverständigenkommission“, an das weder der Bund noch die Länder gebunden waren, denn nur mit dieser Einschränkung war die Zusammenarbeit zwischen dem Bund und den Ländern möglich gewesen. Der Bund hatte seinerseits mit den Entwurfsarbeiten zum Bundesbaugesetz begonnen, sodass „von einer

163 Die Musterrichtlinie (Industriebau) wurde z.B. in Hessen als „Technische Baubestimmung“ direkt in die Bauordnung eingeführt, desgl. die Schulbaurichtlinie. Die ARGEBAU hat weitere zehn Richtlinien vorgelegt.

164 BA Koblenz, B-134-5421. „Vermerk“ über die Besprechung vom 27.7.1954. Auch: Krautzberger, Die Entwicklung des Baurechts nach 1945, in: Baugesetzbuch München 2003, Einl. S. 43. Die Kommissionsbezeichnung lautete: „Hauptkommission für die Baugesetzgebung beim Bundesminister für Wohnungsbau“.

Doppelgleisigkeit der Entwurfsarbeiten“ gesprochen werden musste.[165] Die Entwurfsarbeiten waren auch im Sommer 1955 noch nicht beendet. Diese Tatsache veranlasste eine große Anzahl Abgeordneten aller Fraktionen einen interfraktionellen Baugesetzentwurf, Drucksache Nr. 1813, einzubringen.[166] Krautzberger schrieb, dass „keiner der Beteiligten mit allen Einzelheiten einverstanden war“, dennoch wollten die Abgeordneten „die parlamentarische Beratung endlich in Gang bringen“.

Die Beratungen im Bundestag und im Bundesrat zogen sich weitere fünf Jahre hin, bis am 20.5.1960 die dritte Lesung des Bundesbaugesetzes erfolgen konnte. Das Gesetz wurde am 29.6.1960 im Bundesgesetzblatt I., S. 341, veröffentlicht, seit 1960 wurde das Bundesbaugesetz stetig weiter entwickelt, städtebauliche Sanierungen und Modernisierungen, kamen in Form des Städtebauförderungsgesetzes hinzu. Auch der Titel des Gesetzes wurde später geändert: Das Gesetz wurde zum 247 Paragrafen umfassenden noch heute geltenden „Baugesetzbuch“.

Zusammenfassung

Im Mittelpunkt dieser Arbeit stand die Entwicklungsgeschichte einer staatlichen Institution, die als Polizei, dann als Baupolizeibehörde und heute als Bauaufsichtsbehörde bezeichnet wird. Die Baupolizei war mit ihren Bauordnungen der Ausgangspunkt der Arbeit, im Verlauf der Bearbeitung zeigte sich, dass die staatliche Institution Baupolizei ab der Mitte des 19. Jh. zusehends weitere Aufgaben zu erfüllen hatte. Die Planung von Stadterweiterungen war eine neue Aufgabe, die von den gesellschaftspolitischen Veränderungen und der zunehmenden Sorge um die hygienische Situation, mindestens in den mittleren und großen Städten, sehr stark beeinflusst wurde.

Der Zuzug vom Land in die Stadt war so groß, dass neue Formen der Planung dringend entwickelt werden mussten. Weder waren die Städte im Ganzen noch die Baupolizei als unteres staatliches (oder städtisches) Organ auf die neuen (Stadterweiterungs-)Aufgaben vorbereitet. Das Beispiel der Aufstellung von Berliner Bebauungsplänen im großen Maßstab, die ohne den gleichzeitigen Blick auf die Berliner Bauordnung durchgeführt wurden, hatte unerwartete und unerwünschte sozialpolitische Folgen. Die Planung von Straßenzügen nach der Bauordnung von 1853, die James Hobrecht in Berlin um 1860 durchführte, war noch keine Stadtplanung, denn der Begriff wurde erst gegen Ende des 19. Jh. entwickelt.

Auch im 20. Jh. war die Hobrechtsche Planung noch umstritten. Der Plan war eine gezeichnete Polizeiordnung (Straßenplan) die nur festlegte, wo nicht gebaut werden darf. Der Verfasser kann sich der Auffassung von Strohmeyer aus dem Jahr 2000, Hobrecht habe ein „sozialpolitisches Konzept“ in seinem Plan entworfen, nicht anschließen. Hobrecht hatte sich zu seinem Planwerk erst sehr viel später geäußert und sozialpolitische Interpretationen vorgenommen, die

165 Krautzberger, Die Entwicklung des Baurechts nach 1945, Einleitung S. 47.

166 Deutscher Bundestag, 2. WP, Drucksache Nr. 1813, Entwurf eines Bundesbaugesetzes (26.10.1955).

bis heute sehr umstritten sind und für kontroverse Diskussionen sorgen.[167] Unbestritten ist, dass Hobrecht für seinen „Bebauungsplan“ nur die Teile der Bauordnung von 1853 beachtete, die für die technische Fertigstellung des Planes notwendig waren. Weitergehende sozialpolitische Überlegungen, welche baulichen und sonstigen Wirkungen sich aus der Bauordnung in Verbindung mit dem neuen „Straßenplan“ ergeben könnten, hatte Hobrecht nicht angestellt, er entwickelte seinen Plan ohne die Bauordnung.

Die in der Literatur anzutreffende Meinung, Hobrecht habe als “Stadtbaurat“ (Hans-Ulrich Wehler) 1858 den Bebauungsplan entworfen, trifft nicht zu. Hobrecht war 1859 beim Polizeipräsidium als „Baumeister“ für die Prüfung von Bauanträgen eingestellt worden, erst danach wurde ihm vertretungsweise die Aufgabe der Bebauungsplanung als „Commissarii“ übertragen. Zum „Stadtbaurat für Straßen- und Brückenbau“ wurde Hobrecht erst 1885ernannt. Die ganzheitliche Betrachtung städtebaulicher Entscheidungen war in der Mitte des 19. Jh. wissenschaftlich und praktisch noch unbekannt, dies gilt auch für die Begriffe Stadtplanung oder Städtebau.

Der Verfasser möchte allerdings darauf hinweisen, dass wichtige hygienische und städtebauliche Vorschläge durch den Staatsrechtler Robert von Mohl schon um 1832 veröffentlicht wurden.[168] In seinen Schriften hatte er gefordert, dass die Straßenführung nicht direkt nach den vier Himmelsrichtungen verlaufen sollte, beispielsweise solle eine im neuen Quartier geplante Straße besser von Nordosten nach Südwesten geführt werden. Damit könne die Besonnung der Gebäude und Wohnungen wesentlich verbessert werden. Dieser relativ einfache Planungsgrundsatz spielte in den Bauordnungen und in der Fachliteratur bis zum Ende des 19. Jh. erstaunlicherweise keine Rolle.

Erst knapp 50 Jahre nach Mohl war es Stübben, der 1890 in seinem „Städtebau“ die reine Nord-Süd-Richtung von Straßen infrage stellte. In der städtebaulichen Literatur, von Baumeister und Stübben, Hegemann bis zu Fehl und Rodriguez-Lores, wurde immer wieder betont, dass der Baupolizei bei der Anwendung der Bauordnung angesichts vage formulierte Vorschriften wie „Licht und Luft im erforderlichen Maße“ kein großer Vorwurf zu machen sei. Licht und Luft haben in den Bauordnungen seit der Berliner Bauordnung von 1853 bis zu den Bauordnungen um 1919 keine Rolle gespielt, obwohl die Wissenschaft schon Ende des 19. Jh. die hohe gesundheitliche Bedeutung von Licht und Luft nachgewiesen hatte.

Erst nach dem I. Weltkrieg hatten sich einige wenige, aber engagierte Stadtbauräte dieser Frage angenommen, ein Beispiel ist Heinrich Küster, der in Görlitz 1923 tätig war. Die Geringschätzung des Lichts für die Wohnungen kann aber nicht der Baupolizei (allein) angelastet werden. Die wissenschaftlichen Erkenntnisse in Bezug auf die Wohnungs- und Stadthygiene sowie Licht und Luft in den

167 Hegemann wurde von Strohmeyer vorgeworfen, aus Hobrechts Texten vorsätzlich Auslassungen vorgenommen zu haben, die als „grobe Verfälschungen“ und „Unterschlagung von Textabschnitten“ zu bezeichnen seien. Strohmeyers Vorwurf ist sehr verletzend und inhaltlich unhaltbar, zumal auch Strohmeyer größere Textstellen ausgelassen hat.

168 Auch der englische Jurist und Hygieniker Edwin Chadwick kannte die Schriften von Mohl und zitierte sie schon vor der Mitte des 19. Jh. als vorbildliche Leitlinien für den Umbau und Gestaltung der Städte.

Städten lagen vor, um die Bauordnungen entsprechend den Bedürfnissen zu ändern. Dennoch wurden die Bauordnungen nur zögerlich den neuen Anforderungen angepasst. Manchmal dauerte der Prozeß 20 oder mehr Jahre bis die Landesregierungen die neue Situation in baupolizeiliche „Normen" umsetzen konnten.

Die Baupolizei vollzog nur das, was sie als Auftrag vom Landesherrn oder der Regierung erhalten hatte. Zusätzlich wurde die Baupolizei mit der Frage belastet, ob sie nur „Gefahrenabwehr" war oder auch Wohlfahrtsaufgaben zu erfüllen hatte. Am Beispiel des Kreuzberger Siegesdenkmals von Schinkel zeigte sich das Dilemma des Aufgabeninhalts der Baupolizei. Sie hatte die Bebauung in einem Zeitraum von 50 Jahren an das Denkmal „heranwachsen" lassen. Die gestalterische Fernwirkung des Denkmals war damit sehr gefährdet, eine „Anhebung" des Denkmals um acht Meter und Kosten von 450.000 Mark, schien das Problem zu lösen. Gleichwohl ließ die Baupolizei weitere Bauten in der Nähe des Denkmals unter der Einschränkung zu, die Höhe dieser Bauten selbst zu bestimmen. Eine Bauherrenklage gegen die baupolizeiliche Einschränkung war 1880 erfolgreich. Das OVG stellte fest, dass die Baupolizei keine Wohlfahrtsaufgaben zu erfüllen habe, der Denkmalschutz sei eine Wohlfahrtsaufgabe. Die Klarstellung durch das Gericht wurde immer wieder in Frage gestellt, sie ist dem Grunde nach auch heute noch unentschieden. Die Änderungen hin zu einem planmäßigen städtebaulichen Verfahren konnten nur langsam entwickelt, propagiert und durchgesetzt werden.

Der Anstoß zur Veränderung und Anwendung dieser neuen „städtebaulichen" Planungsmethode sind dem Wasser- und Straßenbauingenieur Reinhard Baumeister zu verdanken, seine großen Verdienste sind bis heute nicht entsprechend gewürdigt worden.[169] Er hatte mit seinem Werk „Stadterweiterungen in technischer, baupolizeilicher und wirthschaftlicher Beziehung" 1876 den Anfang gemacht und sich für die Erarbeitung wissenschaftlicher Grundlagen für den „Städtebau", aber auch für die „Bauordnungen" eingesetzt. Baumeister war Mitglied im Verband Deutscher Architekten und Ingenieure, zeitweilig sogar dessen Vorsitzender. Der Verband hatte ihn beauftragt, eine erste umfassende Darstellung des Baupolizeirechtes in Deutschland vorzulegen.

Das Untersuchungsergebnis erschien 1880 unter dem Titel „Normale Bauordnung". Baumeister war die treibende Kraft des neu zu entwickelnden Baurechts, das als Baupolizeirecht bezeichnet wurde. Baumeisters Aktivitäten wurden vom Verband Deutscher Architekten und Ingenieure sowie durch den Deutschen Verein für öffentliche Gesundheitspflege unterstützt.[170] Die Entwicklung neuer Bauordnungen verlief zwischen 1850 und 1875 ohne sichtbare Änderungen, sieht man von den neuen Bauordnungen der Staaten Bayern 1868, Sachsen 1869, Württemberg 1872 und Hessen-Darmstadt 1881 ab. Nur Preußen hatte keine Bauordnung, dieser Umstand zwang Preußen, notwendige Planungsvorschriften in einem eigenen Gesetz zu regeln.

---

169 Eine Biographie über Stübben liegt von Oliver Karnau vor (Hermann Josef Stübben. Städtebau 1876-1930, Braunschweig/Wiesbaden 1996). Über Hobrecht hat Klaus Strohmeyer geschrieben (James Hobrecht (1825-1902) und die Modernisierung der Stadt, Potsdam 2000). Eine Biographie über Reinhard Baumeister fehlt aber noch.

170 Neben diesem Verband war Baumeister auch im Deutschen Verein für öffentliche Gesundheitspflege tätig, auch dort entwickelte sich Baumeister zu einem der führenden Persönlichkeiten.

Das Gesetz wird allgemein als Fluchtliniengesetz bezeichnet, obwohl es tatsächlich nur ein Straßenfluchtliniengesetz war. Die Periode von 1875 bis zum Ende des Jahrhunderts erscheint in der Rückschau als der Zeitraum, in dem die größten Anstrengungen der Hygieniker, der Architekten und Ingenieure gemacht wurden, die gesundheitlichen Bedingungen für die Bewohner der Städte und Gemeinden zu verbessern.

Die Arbeit der Architekten und der Ärzte muss schon deshalb als bedeutende Leistung angesehen werden, weil sie bis zum Anfang des 20. Jh. die theoretischen Grundlagen für die Beseitigung der städtebaulichen und baupolizeilichen Mängel schufen. Aus den erarbeiteten Grundlagen wurden Forderungen an den Staat, beispielsweise nach Licht und Luft in der Wohnung und in der Stadt, nach der Verringerung der Bebauungsdichten, abgestufte Straßenbreiten, Einführung von Baustaffeln in den Bauordnungen und die Differenzierung der Baugebiete nach Wohn-, Misch- und Gewerbegebieten, abgeleitet. Der Staat nahm von den unterschiedlichen Vorschlägen jedoch kaum oder erst spät Notiz. So ist es wenig erstaunlich, dass die zahlreichen publizierten Beiträge nur zu wenigen Änderungen in den Bauordnungen führten.

Die Umsetzung der erkannten Notwendigkeiten in Regularien, Verordnungen oder in Gesetzen war die Herausforderung, die der Staat bzw. die Staaten, aber noch nicht geleistet hatten. Die Gründe für die geringe Neigung der Regierungen, Änderungen an den Bauordnungen herbeizuführen, sind vielfältig. Selbst wenn die Änderungsnotwendigkeit durch die Regierungen anerkannt wurden und die bautechnische Wissenschaft sie forderte und die Richtigkeit oder Notwendigkeit bestätigte, dauerte es bis zur Verwirklichung mitunter Jahrzehnte. Als Beispiel sei hier der Entwurf des preußischen Wohnungsgesetzes genannt, denn es hat über 20 Jahre von der Erkenntnis bis zur Kodifizierung des Gesetzes gedauert.[171]

Den Bedenken, die beispielsweise der Zentralverband der Haus- und Grundbesitzervereine, der preußische Landesverband der Haus- und Grundbesitzervereine und der Reichsverband deutscher Städte und der Preußische Städtetag, gegen den Gesetzentwurf seit 1904 vorbrachten, stand keine parlamentarisch-politische Kraft im preußischen Landtag und im Herrenhaus gegenüber. Lutz Niethammer beschrieb die Situation um die Jahrhundertwende in Preußen zutreffend so: „Tatsächlich aber gab es gar nicht diesen Staat, der Wohnungspolitik hätte als Krisenmanagement betreiben können." Die öffentliche Hand sei in Ressorts, in bürokratischer Planung und politischer Mehrheit zersplittert, diese gegenseitige Blockade sei nicht eine Frage der Organisation des Überbaus, sondern ein Problem der institutionalisierten Interessenwahrnehmung.

Die Baupolizei hatte sich von 1850 bis zum Beginn des 20. Jh. von der „Polizei der Gefahrenabwehr im Baubereich" über die Mitwirkung an städtebaulichen Planungen, wenn auch nur für kurze Zeit, zu einer Behörde mit maßgeblichem Einfluß entwickelt. Nach dem Ersten Weltkrieg wurde aber „die Stadtplanung" mehr und mehr die gestaltende Kraft, sie nahm die Aufgaben wahr, die die Baupolizei wegen ihres begrenzten staatlichen Auftrags nicht erfüllen konnte. Die Baupolizei wurde auf die Rolle des Vollzugsorgans der „Planung" zu-

171 Niethammer hatte sogar von einem Zeitraum von 50 Jahren geschrieben.

rückgedrängt. Die Städte erkannten zunehmend, dass die neuen Aufgaben der Stadterweiterungsplanung nicht mit der überkommenen und eingeübten baupolizeilichen Verwaltungsroutine bewältigt werden konnten. Die städtebauliche Wissenschaft erkannte sehr bald den direkten Zusammenhang von Bauordnung und Bauplanung, dieses Wissen aber in entsprechendes Baurecht umzusetzen, unterblieb jedoch lange Zeit. Denn noch wurden staatliche Interventionen im Bauwesen als vermeidbare oder sogar unzulässige „Eingriffe" in die persönliche Freiheit angesehen, eine Einstellung, die besonders durch die Verbände der Haus- und Grundbesitzer-Vereine mit großem Erfolg vertreten wurde.

Erst zu Beginn des 20. Jh. erkannte auch die preußische Regierung, dass die bisherigen Versuche, die Wohnungsnot durch polizeiliche Verordnungen, der Wohnungsaufsicht, jedenfalls zu einem Teil zu verbessern, nicht weiter führen würden. Die in der Literatur nicht beachtete Thronrede des preußischen Königs (1901) wird vom Verfasser als ein wichtiger Schritt angesehen, der zum aktiven Handeln des größten deutschen Staates führen sollte (Abschnitt 5.1 in dieser Arbeit). Die Wohnungsnot war nicht mehr durch private Initiative allein zu beheben. Das Eingreifen des Staates wurde unumgänglich.

Zwei Monate nach der Thronrede wurde im Vorgriff auf ein preußisches Wohnungsgesetz der ebenfalls wenig bekannte preußische Wohnungserlass herausgegeben. Der Wohnungsbau wurde nun als ein politisches Problem angesehen, womit auch ein entscheidender Wechsel eingeleitet wurde. Diese veränderte Einstellung der preußischen Regierung zeigte sich auch 1904. Preußen unternahm zu dieser Zeit den ersten parlamentarischen Versuch mit dem Entwurf eines Wohnungsgesetzes, das gleichzeitig auch eine Art verkleinerte Bauordnung enthielt. Der entscheidende Punkt an diesem Entwurf war nicht so sehr die Formulierung der einzelnen Bestimmungen, sondern die Gesetzesbegründung. Sie wird in der Literatur nicht wahrgenommen, dabei ist die schonungslose Darstellung der städtebaulichen und der Wohnungsprobleme Preußens eine sehr große Leistung der Regierung und dokumentiert die veränderte politische Einstellung.[172]

Die Leistung der Regierung bestand nach Meinung des Verfassers darin, die Wohnungsfrage sehr real darzustellen und dabei in Kauf zu nehmen, damit die eigenen Versäumnisse der letzten Jahrzehnte in der Wohnungsfrage, die ja immer auch eine Boden-, Bauordnungs- und Planungsfrage war, zu offenbaren.

Gleichzeitig mit dem preußischen Versuch nahm sich das Reich 1904 ebenfalls der Wohnungsfrage an, obwohl es nach der Verfassung für den Wohnungsbau und für die Bauordnungen keine Zuständigkeit besaß. Die dem Reichstag vorgelegte Denkschrift zur Wohnungsfürsorge und zu den Verbesserungsmöglichkeiten, die in den (Landes-)Bauordnungen gesehen wurden, zeigt, dass staatliche Interventionen auf der Landesebene unterblieben waren und nun auf der Reichsebene (fast) unumgänglich wurden. Der Versuch, ein preußisches Wohnungsgesetz zu Beginn des 20. Jh. zu schaffen, scheiterte nicht so sehr am fehlenden Willen der Regierung, sondern an der fehlenden Bereitschaft der parlamentarischen Gremien,

172 Die „neue" Einstellung kann auch durch die SPD hervorgerufen worden sein, denn auf den Parteitagen von 1900 bis 1904 war die Boden-, Wohnungs- und Bauordnungsfrage wiederholt ein wichtiges Thema gewesen.

die Wohnungsnot als ein allgemeines soziales Problem in den beiden Häusern des preußischen Landtags und in den interessierenden Verbänden wahrzunehmen und mit entsprechenden Mitteln zu bewältigen. Erstaunlich ist auch die sehr zögerliche Haltung von Wilhelm II. zum Wohnungsbaugesetzentwurf von 1912, der fast ein Jahr lang im preußischen Landtag nicht beraten werden durfte! Erst 1918, kurz vor Kriegsende, wurde das Wohnungsgesetz, das erweiterte Straßenfluchtliniengesetz von 1875, beschlossen. Nach der Inflation von 1923 kam in den wenigen Jahren bis 1933 eine enorme Bewegung in die Kodifizierung des Städtebaurechts, in Verbindung mit dem Baupolizeirecht.

Die politische Bereitschaft in der Weimarer Zeit, das ungelöste Bodenproblem, das auch Stadtplanung und Bauordnung umfasste, anzugehen, muss hervorgehoben werden. Es war der preußische Minister für Volkswohlfahrt Heinrich Hirtsiefer, der dem Landtag zweimal den vollständigen Entwurf eines preußischen Städtebaugesetzes vorgelegt hatte.

Hirtsiefer hatte offensichtlich die Artikel 10 und 155 der Weimarer Verfassung als wichtigen Regierungsauftrag auch für Preußen angesehen. Sein entschlossenes Eintreten für Planung und Städtebau muss sehr viel höher als bisher bewertet werden. Die vorzeitige Landtagsauflösung und die zunehmenden innenpolitischen Spannungen (Preußenschlag 1932) verhinderten die weitere parlamentarische Behandlung. Hinzu kam das völlig unerwartete Urteil des Reichsgerichts, das 1930 wichtige eigentumsrechtliche Teile des Fluchtliniengesetzes von 1875 und des Wohnungsgesetzes von 1918 für verfassungswidrig erklärt hatte.

Chancen für eine Reichsbauordnung

Preußen hat im Städtebaurecht erhebliche Entwicklungsarbeit zwischen 1920 und 1932 geleistet, aus den in Abschnitt 6.1 beschriebenen Gründen blieb aber der Erfolg aus. Die notwendige Unterstützung für Preußen durch das Reich unterblieb, dabei hatte das Reich nach Artikel 10 der Reichsverfassung die Aufgabe „im Wege der Gesetzgebung Grundsätze“ für das Bodenrecht und das Wohnungswesen aufzustellen. Zusätzlich war dem Reich nach Artikel 9 die Möglichkeit gegeben, einheitliche Vorschriften für „den Schutz der öffentlichen Ordnung und Sicherheit“ dann zu erlassen, wenn ein „Bedürfnis vorhanden ist“. Das „Bedürfnis“ musste nicht nachgewiesen werden, es genügte, in dem betreffenden Gesetz „das Bedürfnis“ festzustellen.[173]

Gerhard Anschütz hat 1928 den Artikel 9 als „Generalklausel“ für das Reich angesehen. Die Klausel ist für das Baupolizeiwesen nicht angewendet worden, die Reichsbauordnung wurde nicht geschaffen. Selbst die bekannte Zahl von annähernd 400 deutschen Bauordnungen führte nicht zu politischem Handeln des Reichs. Dabei waren die oft konträr formulierten und mit inhaltlichen Mängeln versehenen Bauordnungen nicht die Folge unterschiedlicher Anforderungen bautechnischer, ästhetischer und klimatischer Art, sondern der Ausdruck der föderalen Eigenheiten der deutschen Länder. Warum die beste-

173 Gerhard Anschütz, Die Verfassung des Deutschen Reichs, Aufbau und Aufgaben des Reichs, Kommentar zu Artikel 9. Heidelberg [8]1928, S. 57-59. Anschütz war Professor für öffentliches Recht in Heidelberg.

hende Möglichkeit, eine Reichsbauordnung zu schaffen, durch das Reich nicht ergriffen wurde, muss in dieser Arbeit leider offen bleiben. In der veröffentlichten Literatur konnten keine Hinweise zu dieser interessanten Fragestellung gefunden werden, es erscheint aber möglich, dass in den unveröffentlichten Akten des für das Bau- und Wohnungswesen zuständigen Reichsministeriums von 1919 bis 1932 Erklärungen gefunden werden könnten.

Reichsstädtebaugesetz

Auf der Reichsebene war mit dem Entwurf des Reichstädtebaugesetzes von 1931 der Versuch, zu einem einheitlichen Baurecht zu kommen, gescheitert, ebenso wie der Versuch der SPD-Reichstagsfraktion von 1932 mit den beiden Städtebaugesetzentwürfen.[174] Beide Versuche scheiterten an den politischen Verhältnissen, die Nationalsozialisten übernahmen am 30.1.1933 faktisch die Macht. Nach 1933 wurde im Reichsarbeitsministerium mindestens 30 bauordnungs- und wohnungsrechtlichen Vorschriften erarbeitet, sie betrafen jedoch nicht die Kernfragen des Bau- und Planungsrechtes.

Die Reichsregierung verkündete zwar direkt nach 1933 öffentlich, dass auch im deutschen Baurecht eine neue umfassende Ordnung eingeführt werden müsse. Den hohen Anspruch erfüllte sie jedoch trotz vieler Einzelgesetze und Verordnungen nicht, es blieb bei verbalen Ankündigungen von „Maßnahmen“, die geplant seien. Der Reichswohnungskommissar Robert Ley (DAF) und das Reichsarbeitsministerium unter Leitung von Franz Seldte waren schon ab 1940 so mit internen Machtkämpfen beschäftigt, dass selbst für die Erarbeitung und Einführung einer einheitlichen Planungsordnung keine Zeit blieb, obwohl gerade auf diesem Gebiet seit Reinhard Baumeister ausreichende Muster zur Verfügung standen.

Die einzige städtebauliche Kodifizierungsleistung, die aber erst nach dem Krieg Beachtung fand, war der Entwurf zu einem Deutschen Baugesetzbuch mit einer Reichsbauordnung von 1942. Er war unter Ausschluss der Öffentlichkeit vom Reichsarbeitsministerium erarbeitet, aber nicht veröffentlicht worden. Das Reichsarbeitsministerium, so Wambsganz, „hatte nicht mehr die Kraft gefunden, um im Widerstreit mit den übrigen Stellen und Machthabern sich durchzusetzen.“ Zwischen 1942 und 1945 sind wenige städtebauliche und bauordnungsrechtliche Aktivitäten zu verzeichnen: erstens, der Erlass des „Führers“ über die Vorbereitung des Wiederaufbaues bombengeschädigter Städte und zweitens die Verordnung über Lehmbauten, damit war die groß angekündigte „Neuordnung des gesamten deutschen Baurechts“ wieder beim einfachen Lehmbau angelangt.

Nach dem Kriegsende bestand im Sommer 1946 die Chance für ein einheitliches Baurechtssystem, denn die Ministerpräsidenten von Bayern, Groß-Hessen und Württemberg-Baden verlangten ein einheitliches Baugenehmigungsverfahren und ein einheitliches Baurecht („Aufbaurecht“) für die amerikanische Zone. Auch in der britischen Zone wurde an einem Baurecht gearbeitet. Dennoch ist es in diesem Teilbereich nicht zu einem gemeinsamen Handeln gekommen, obwohl sich zwischen 1946 und 1948 die übergroße Mehrheit der deutschen Architekten und Stadtplaner für ein einheitliches Baurechtssystem in ungezählten veröffent-

174 Es handelt sich um die Drucksache 127 und die Drucksache 125 vom November 1932.

lichten Beiträgen einsetzten. Eine der Ursachen dürfte darin liegen, dass die verantwortlichen politischen Kräfte in den westdeutschen Ländern mehr und mehr ein Bewußtsein für den eigenen Staat entwickelten, dieses musste sich dann auch in eigenen (Landes-)Bauordnungen und Planungsgesetzen ausdrücken, denn die politische Bedeutung eines Landes wurde und wird auch an den eigenen Zuständigkeiten gemessen.

Kurz nach der Gründung der Bundesrepublik Deutschland wurde 1950 der erste Entwurf eines Bundesbaugesetzes vorgelegt. Der Entwurf hatte nicht nur Ähnlichkeiten mit dem Entwurf aus dem Reichsarbeitsministerium, er war tatsächlich die konsequente Fortsetzung der Arbeiten von 1942. Es darf vermutet werden, dass den wenigen Kennern der Materie dieser Zusammenhang klar war, die Öffentlichkeit kannte dagegen die Vorgeschichte nicht. Selbst in den Niederschriften der Bundestagsdebatten nach 1950 fand sich kein Beleg für die Herkunft des Entwurfs aus dem Dritten Reich.

Die damaligen Referenten im Reichsarbeitsministerium Wilhelm Dittus und Ludwig Wambsganz haben nach 1945 maßgeblich zur neuen Baurechtsordnung nicht nur im Bund, sondern auch in den Ländern beigetragen. Wilhelm Dittus gebührt das Vorrecht, den Entwurf des Bundesbaugesetzes 1950 vorgelegt zu haben. Wambsganz hat aus der Vielzahl der städtebaulichen Begriffe von der Fluchtlinienplanung, der Generalaufbauplanung, der Generalbaulinienplanung, der Generalbebauungsplanung, der Baugebietsplanung bis zu der Flächenaufteilungsplanung den umfassenden Begriff „Bauleitplanung“ entwickelt, der seit 1946 eingeführt und bis heute unumstritten ist.

Dittus wie Wambsganz erreichten nach 1945 die höchsten Ministerialstufen in der Bundesrepublik. Der dritte Mitarbeiter Willy Zinkahn, 1942 noch als „zugeteilter Regierungsrat“ im Geschäftsverteilungsplan aufgeführt, wurde später Ministerialdirektor im Wohnungsbauministerium und Hochschullehrer. Als Mitherausgeber des heutigen Standardkommentars zum Bundesbaugesetz, dem sog. „Ernst-Zinkahn-Bielen-berg“, hat sein Name noch heute Bedeutung.

Wohnungsbauminister Wildermuth verglich 1951 im Deutschen Bundestag bei der ersten größeren „Baugesetzdebatte“ die Arbeit am Bürgerlichen Gesetzbuch (BGB) mit der Arbeit am Bundesbaugesetz. Die juristischen und gesetzgeberischen Schwierigkeiten in der Baumaterie seien „unendlich viel größer als beim BGB“, und, „die Arbeit am BGB habe 18 Jahre gedauert.“ Mit seiner Aussage hatte Wildermuth einen Zeitraum für das Bundesbaugesetz anvisiert, der im Ergebnis doch erheblich unterschritten wurde. Die Gesetzesvorlage von Wilhelm Dittus von 1950 wird als Beginn der parlamentarischen Debatte in der Bundesrepublik angenommen, somit wurden nur zehn Jahre (1950-1960) für das einheitliche (Bundes-)Baugesetz benötigt.[175] Tatsächlich war die Zeitspanne für die Arbeit an einem deutschen Baurecht sehr viel länger, denn ohne die Wünsche, die Hoffnungen und die theoretischen und praktischen Vorschläge aus dem

175 Der Verfasser weist daraufhin, dass der Bund auf seine Kompetenz auch die „Baupolizei“ für den großen Bereich Wohnungswesen zu regeln, verzichtet hat, obwohl das Gutachten des Bundesverfassungsgerichts dem Bund das Vorrecht eingeräumt hatte. Der Verzicht des Bundes war durch ein einfaches Schreiben des Bundeswohnungsbauministers an die Länder zustande gekommen. Im Gegenzug sollten die Länder sich verpflichten, eine einheitliche Bauordnung einzuführen. Dies ist nicht geschehen. Der Brief liegt dem Verfasser vor.

letzten Viertel des 19. Jh. hätte der Bundestag die Arbeit nicht in zehn Jahren bewältigen können. Mit der parlamentarischen Arbeit am Bundesbaugesetz wurde nach 1954 aus der Baupolizei die Bauaufsicht, sie wurde zu einer Verwaltungseinheit ohne Polizeibefugnisse; die Änderung wurde durch die Alliierten zunächst erzwungen, aber allmählich in den Ländern doch akzeptiert. Die politischen und gesellschaftlichen Bedingungen hatten sich grundlegend gewandelt, die „Baupolizei" erfüllt als Bauaufsicht seit der Einführung des Bundesbaugesetzes von 1960, ihre Funktion als „mitwirkende Bauaufsichtsbehörde".

Die städtebauliche Planung wurde über die Aufbaugesetze der unmittelbaren Nachkriegszeit mit dem Bundesbaugesetz zur zentralen Institution. Bauordnung und Bauplanung wurden 1960 zwar formell und materiell getrennt, dennoch gelang es dem Bund und den Ländern auf Dauer eine sehr enge Verbindung zwischen beiden Systemen einzurichten. Sie besteht aus der wechselseitigen Bezugnahme dessen, was zulässig sein soll. In der Musterbauordnung von 1960 wird verlangt, dass Gebäude nur auf Grundstücken errichtet werden dürfen, die nach den öffentlich-rechtlichen Vorschriften, den Bauleitplänen, bebaubar sind. Im Bundesbaugesetz von 1960 wurde die Klammerfunktion dadurch hergestellt, dass Vorhaben im Geltungsbereich eines Bebauungsplanes und Vorhaben, die im Zusammenhang der bebauten Ortslage geplant sind, nur dann zulässig sind, wenn die Erschließung gesichert ist und im anderen Fall das Vorhaben nach der vorhandenen Bebauung unbedenklich ist. Die Bindung zwischen zwei sehr unterschiedlichen Systemen bei gegensätzlicher Ausgangsposition geschaffen zu haben, ist eine bemerkenswerte Kodifizierungsleistung der Länder und des Bundes. Die Bindung beider Systeme war am 23.6.2010 genau 50 Jahre in Kraft. Reinhard Baumeisters 1876 erhobene und vom Verband Deutscher Architekten und Ingenieure unterstützte Forderung nach einem Reichsbaurecht war nach 84 Jahren, 1960, (fast) Wirklichkeit geworden, die baurechtliche Einheit wurde, wenn auch auf großen und vermeidbaren Umwegen, erreicht.

Die Entwicklung der Bauaufsichtsbehörde ist nicht abgeschlossen, denn um 1980 begann auch im Bauordnungsrecht die Diskussion über die Frage, ob der Staat seine Ordnungsaufgabe wenigstens teilweise an Private übertragen könne. Der Begriff der „Deregulierung" von staatlichen Aufgaben war damit auch in den Landesregierungen für etwa 15-20 Jahre ein Thema. Versuche der „Aufgabenübertragung an Private oder Beliehene" wurden z.B. in Bayern eingeleitet, sie wurden jedoch nicht konsequent umgesetzt; die Landesregierungen behalfen sich mit Verordnungen, die bestimmte kleinere Bauten und bauliche Anlagen als „genehmigungsfrei" erklärten. Gleichzeitig arbeiten die Länder jetzt an Musterordnungen (z.B. „Industriebaurichtlinien, Schulbaurichtlinien, Muster-Systemböden-Richtlinie, Muster-Lüftungsanlagenrichtlinie, Richtlinie über Flächen für die Feuerwehr auf Grundstücken, Brandschutztechnisches Sicherheitskonzept für innenliegende Treppenräume von Wohngebäuden unterhalb der Hochhausgrenze und Richtlinien zum baulichen Brandschutz im Industriebau") die in jedem Land verbindlich eingeführt und damit zwingende „Technische Baubestimmungen" werden sollen.

Diese bundesweit einheitlichen Maßstäbe dienen einerseits der Vereinfachung, denn gleiche Regeln dienen nicht nur dem Bauherren und der Bauwirtschaft, sondern auch den Verwaltungsgerichten in Streitfällen. Gleiche Regeln können aber andererseits die Tendenz verstärken, weitere bisher (zunächst) nicht regelungsbedürftige Gegenstände in das Regelwerk der Musterrichtlinien einzubeziehen. Die Zahl der Muster-Richtlinien hat sich von den „Musterbauordnungen" der 1960er bis 1980er Jahre bis zum März 2008 auf 28 erhöht, wobei allein in den letzten beiden Jahren zehn Richtlinien geschaffen wurden. Im Ergebnis könnte dies dazu führen, dass die Bauaufsicht nur noch den Grenzabstand des Gebäudes selbständig zu prüfen hat. Die Prüfung der Standsicherheit der baulichen Anlage wird in großem Umfang bereits durch selbständige Ingenieure („Beliehene") durchgeführt. Vermutlich verbliebe der Bauaufsicht auch noch die Überwachung von örtlichen Gestaltungssatzungen, eine Aufgabe, die schon seit den Kreuzbergurteilen im späten 19. Jh. als eine nicht zur „Baupolizei" gehörende „Wohlfahrtsaufgabe" angesehen wurde.

Durch die zunehmend erweiterten Befugnisse der europäischen Institutionen, der angestrebten Vereinheitlichung von Marktordnungen und –Bedingungen, bautechnischen Normen und freiem Warenverkehr – gerade bei Baustoffen und bei Bauartzulassungen – kann der Bund indirekt gezwungen werden, das Baurecht als Gesamtsystem einmal völlig zu übernehmen. Dies würde dann bedeuten, dass die 1954 scheinbar endgültig gelöste Frage nach der Bauordnungskompetenz des Bundes erneut aufgeworfen werden wird.

Es folgen die Anhänge Nr. 1-14

Anhang Nr. 1 Sicherheit und Ordnung, die Generalklausel im Bauwesen

Der Bereich „Sicherheit und Ordnung“ wurde in den Bundesstaaten Preußen, Bayern, Hessen, Sachsen und Württemberg wie folgt im Sinne einer „Generalklausel“ geregelt:

Hessen: Kreisordnung von 1874 in der Fassung von 1911, Artikel 66 und Städteordnung von 1911, Artikel 129 (etwa wortgleiche Formulierung): „Der Kreistag (Bürgermeister) bleibt auch ferner befugt, neben der strafrechtlichen Verfolgung gefahrbringende oder rechts- oder ordnungswidrige Zustände innerhalb seiner Zuständigkeit zu beseitigen und deren Entstehung oder Fortsetzung zu hindern und die Erfüllung solcher Verbindlichkeiten des öffentlichen Rechts, für deren zwangsweisen Vollzug ein besonderes Verfahren nicht vorgeschrieben ist, zu erzwingen. Anordnungen dieser Art sind nur insoweit zu treffen, als sie im öffentlichen Interesse geboten erscheinen.“[1]

Sachsen: „Im Königreich Sachsen, wie in anderen norddeutschen Staaten fehlte jede gesetzliche Regelung der allgemeinen polizeilichen Befugnisse. Begriff und Aufgaben der Polizei, die den Willen des Gesetzes auf dem Gebiet der Verwaltung durchzuführen hatte, richteten sich nach „gemeinem deutschen Recht“, dem Gewohnheitsrecht.“[2]

Preußen: Preußisches Polizeiverwaltungsgesetz von 1931, (§ 14):
(1)„Die Polizeibehörden haben im Rahmen der geltenden Gesetze die nach pflichtmäßigem Ermessen notwendige Maßnahmen zu treffen, um von der Allgemeinheit oder dem einzelnen Gefahren abzuwehren, durch die die öffentliche Sicherheit oder Ordnung bedroht sind.“[3]

Hessen: Hessisches Polizeigesetz vom 10. November 1954
„Die Polizei hat im Rahmen der geltenden Gesetze die nach pflichtmäßigem Ermessen notwendige Maßnahmen zu treffen, um von der Allgemeinheit oder dem einzelnen Gefahren abzuwehren, durch die die öffentliche Sicherheit oder Ordnung bedroht wird (Gefahrenabwehr).“[4]

Musterbauordnung: Musterbauordnung (MBO) von 1960
(1)„Die Aufgaben der Baubehörden sind Staatsaufgaben.
(2)Die Baubehörden haben bei der Errichtung, Änderung, dem Abbruch sowie der Unterhaltung baulicher Anlagen darüber zu wachen, dass die öffentlich-rechtlichen Vorschriften und die auf Grund dieser Vorschriften erlassenen Anordnungen eingehalten werden. Sie haben in Wahrnehmung dieser Aufgaben die erforderlichen Maßnahmen zu treffen.“[5]

---

1 Klaus von der Groeben, „Die Erfüllung von allgemeinen und besonderen polizeilichen Aufgaben“ S. 435-449, S. 442, unter Verwendung eines Aufsatzes von Alfons Galette „Zur Entwicklung des „Polizei- und Ordnungsrechts (DVBL. 1955, S. 279). In: Deutsche Verwaltungsgeschichte, Hg.: K. Jeserich, Bd. 3, Stuttgart 1984.

2 von Groeben, S. 442.

3 Preußische Gesetzsammlung 1931, S. 77. Pr. Polizeiverwaltungsgesetzes vom 1.6.1931, § 14.

4 GVBL. Hessen, 1954, § 1, S. 203.

5 Schriftenreihe des Bundesministers für Wohnungsbau. Band 16/17, Recklinghausen 1960, Musterbauordnung, § 82.

Anhang Nr. 2 Begriffe aus der Bauordnung von Hessen

Exkurs: Zur Bedeutung einzelner Begriffe aus der Bauordnung von Hessen-Darmstadt 1881

1. Ortsstatute regeln Gemeindeangelegenheiten sowie Rechte und Pflichten nichtpolizeilicher Natur, sie regeln nicht die „Polizeiübertretungen". Ortsbaupläne haben Ortsstatute zur Folge, sie schaffen die Voraussetzung für: Straßenbau, Art der Straße und örtliche Lage der Straße. Ebenso enthalten ist die Höhe der Anliegerkosten. Ortsstatute sind auf der Grundlage der Landgemeindeordnung Artikel 8 und 9 (Städteordnung) oder nach Artikel 48 der Kreisordnung zu erlassen.[6]

2. Das Ortsbaustatut hat die Bauordnung und die dazugehörigen Verordnungen sowie die Zustimmung des Ministeriums des Innern zur Grundlage. Das Statut wird für den Stadtbereich, aber auch für einzelne Straßenbereiche erlassen. Beispiele: Art. 4: Aufstellung von Ortsbauplänen und Fluchtlinienpläne, Art. 10: Straßenbreite, Art. 13: Expropriation, Art. 18: Verbot der Bebauung außerhalb des Ortsbauplans, Art. 20: Herstellung und Eröffnung einer Straße, Art. 21: Kostenbeitrag der Anlieger, Art. 29: Gebäudestellung in Bezug auf die Straße, Art. 30, Abs. 2: Fluchtlinie, Zurücksetzen der Gebäude, Art. 37: Hintergebäude und Zugangsmöglichkeiten für die Feuerwehr, Art. 59: Vorschriften für die Außengestaltung der Gebäude.[7]

3. Die Baupolizei-Ordnung regelte einzelne Bauordnungsteile. Beispiele: Art. 28: Vermeidung von Unglücksfällen, Art. 30: Einhaltung der Baufluchtlinie, Art. 31: Gebäudehöhe, Art. 32: Ableitung von Regen- und Abfallwasser, Art. 33: Kein Küchenausguss zur Straße, Art. 34: Kein Abtritt an der Baufluchtlinie, Art. 35: Wasserableitung im Reul, Art. 36: Jauchegruben, Art. 39: Vorgärten und Einfriedigungen, Art. 57: Schutzbretter an Dächern, Art. 60: Sicherheit bei Treppen- und Schachtöffnungen, Art. 61: Licht und Luft bei Aufenthaltsräumen, Kellerwohnungen, Art. 65: Genehmigungsvorbehalt für einige Bauteile.[8]

4. Die Lokalpolizeiordnungen und Lokalpolizeireglements regeln Strafbestimmungen und „pönalisierte" Ge- und Verbote, sie werden auf Grund Artikel 78 der Kreisordnung und Artikel 56 der Städteordnung erlassen. Lokalpolizeireglements sind für spezifische baupolizeiliche Bestimmungen gedacht, beide Kategorien werden auch als Lokalbauordnungen behandelt. Ein Lokalpolizeireglement ist ein "Strafgesetz", das Ortsstatut nicht.[9] Anwendungsbeispiele sind: Bestimmungen über das Hervortreten einzelner Bauteile vor die Baufluchtlinie, die Höhe von Privatbauten, Freitreppen und Kellerhälse, Abwasserbeseitigung aus Hofraithen, Abschluß von Düngerstätten, Bedachung der Gebäude, Souterrain-Wohnungen und Vorschriften über die Herstellung von Treppen. Die scharfe Trennung zwischen dem Ortsbaustatut (gemeindliche Angelegenheit) und localem Baupolizeireglement (polizeiliche Angelegenheit) konnte auch durch eine Mischform („Localbauordnung") aufgehoben werden, so die Regierung, in: „Motive zum „Gesetzentwurfe, die allgemeine Bauordnung betreffend", Beilage Nr. 72, zum 7. Protokoll, (10.1.1879) S. 1.

---

6 ebd., I. Theil, S. 25 und 29.

7 Verordnung, die Ausführung der allgemeinen Bauordnung vom 30.4.1881 betreffend. § 5.

8 Die Artikel 23-28 betreffen die „für einzelne Bauten maßgebenden polizeilichen Bestimmungen", die Artikel 29-39 sind überschrieben: „Von der Stellung und Lager der Bauten und ihrem Verhältniß zu den Straßen und benachbarten Gebäuden und Grundstücken."

9 Pfaff, S. 25. Spezifische baupolizeiliche Bestimmungen können nach der „Verordnung, die Ausführung der allgemeinen Bauordnung vom 30.4.1881 betreffend" (ua.) sein: Bestimmungen über die Höhe von Privatgebäuden oder über die Ableitung des Wassers von Dächern (§ 6).

Anhang Nr. 3 Berufliche Ausbildung der Bautechniker

Die berufliche Ausbildung für „Bautechniker“ war in den deutschen Staaten des 19. Jh. sehr uneinheitlich. Da die Begriffe wechselten sind Ausbildungsinhalte nicht direkt vergleichbar. Es gab folgende Schultypen nach der Volksschule für die berufliche Ausbildung im Baufach:

Niedere, Mittlere und Höhere Fachschule, Real- und Oberrealschule, Gewerbliche Realschule, Baugewerkschulen, Gewerbeinstitut, Polytechnika (höhere Gewerbeschule), Polytechnische Anstalt bzw. Schule, Polytechnikum, Gewerbeakademie. Technische Bildungsanstalt in Sachsen, sie wurde 1851 zur „königlich polytechnischen Schule“ umbenannt.[10] Höhere Technische Lehranstalt (die späteren Fachhochschulen) und die Technischen Hochschulen.[11]

Ausbildung und Bezeichnung für „mittlere Techniker“:
Städtische Gewerbeschulen, Handwerkerschulen und Provinzialgewerbeschulen von 1820-1878, sie waren Fachschulen für „mittlere Techniker“, der Abschluss berechtigte zum Besuch des Berliner Gewerbeinstituts.[12]

Mittlere Fachschulen (Lehranstalten), gliederten sich, „sprachlich paradox“, so Grüner, in höhere und niedere Fachschulen. Sie standen unterhalb der polytechnischen Schule, aber oberhalb der Handwerkerschule. Die „höhere Fachschule“ war zur „höheren Gewerbeschule“ geworden, während die „niedere Fachschule“ die „Baugewerkschule“ wurde. Deren Eintrittsvoraussetzung war die Volksschule und eine zweijährige Baupraxis, nach dem Abschluss konnte die Anstellung als „Baugewerkmeister“ erreicht werden. Die Absolventen der „Meisterlehre“ (Meisterschulen) und die Absolventen der Fortbildungsschulen wurden mit den „Mannschaftsdienstgraden“ verglichen. Fachschulen waren nur noch als Ausbildungsstätte für mittlere Berufslaufbahnen vorgesehen. Beim Militär konnten sie Unteroffiziere werden. In staatlichen Behörden rangierten sie unterhalb des Regierungsbaumeisters und wurden auch als „Subalterne Beamte“ bezeichnet. TH-Absolventen waren den Stabsoffizieren vergleichbar.[13]

1. Allgemeine Beschreibung
Bauhandwerker hatten nach Ablegung der Meisterprüfung das Recht, einen baugewerblichen Betrieb zu eröffnen und zu leiten. Sie konnten Baupläne für einen Bauantrag bei der Baupolizeibehörde fertigen und einreichen.

2. Der künftige „Privatbaumeister“ musste eine Meisterprüfung im Baugewerbe nachweisen und die Prüfung vor Baubeamten und zwei „Gewerksmeistern“ ablegen. Privatbaumeister hatten das Recht, die Errichtung von Bauten zu leiten, sie konnten auch ein „Kommunal-Bauamt“ führen.

3. Baumeister, die die Prüfung für den Staatsdienst bestanden hatten, durften freiberuflich Bauanträge fertigen, einreichen und Baustellen leiten. Sie konnten auch in den Staats- oder Kommunaldienst eintreten.

---

10 Cermak, Theorie und Praxis in deutschen Gewerbeschulen 1820-1850, Darmstadt 1994, S. 50.

11 Kuhlemann, Schulen, Hochschulen, Lehrer, in: Handbuch der deutschen Bildungsgeschichte, München 1991, Bd. IV, S. 179-227.

12 Albisetti und Lundgreen, Höhere Knabenschulen, in: Handbuch (...), S. 228-241.

13 Grüner, Berufsbildung, in: Handbuch (...), S. 389-390.

4. Preußen: In der staatlichen Bauverwaltung waren auf der Provinzialebene „Regierungsbauräte" und „Ober-Bau-Inspektoren" tätig. Beide beaufsichtigten die „Lokal-Baubeamten" des jeweiligen „Departements". Zur Ausführung der staatlichen Bauten waren „Hilfsbeamte" beauftragt, die den Titel „Land-Baumeister" trugen. Technische Lokal-Beamte waren die „Bauinspektoren" oder „Kreis-Baumeister". Sie waren auch für die Ausübung der Baupolizei zuständig. Der Bauinspektor rangierte vor dem Kreis- und dem Land-Baumeister. Der Bauinspektor konnte die Stellung als Ober-Bauinspektor und danach den Titel eines „Baurathes" erreichen, dem der „Regierungs- und Baurath" bis zum „Geheimen Baurath" folgen konnte. Noch im 19. Jh. war keine strenge Unterscheidung zwischen einem „Privat-Baumeister" und einem „Baumeister" sichtbar, so Bolenz, erst der Titel „Regierungs-Baumeister", der nach der II. Staatsprüfung (ab 1876) verliehen wurde, kennzeichnete den staatlichen Beamten.[14]

Die Ausbildung für künftige Baubeamte in Preußen umfaßte zwei Examen. Wer das erste Examen (Bauführer) ablegen wollte, hatte folgende Nachweise vorzulegen: Abitur (Gymnasium oder Realschule), einjährige Lehrzeit bei einem Baumeister, der selber königlicher Baubeamter war. Nachweis einer dreijährigen Studienzeit auf einer höheren technischen Lehranstalt, davon mussten zwei Jahre in Preußen absolviert worden sein. Vorzulegen waren Zeichnungen, ein Flächen-Nivellement von 25 Morgen, Zeichnung eines alten Bauwerks, Konstruktionszeichnungen mit Perspektiven, mehrere gezeichnete Blätter antiker Baukunst, Gebäudeentwürfe, Brücken, Wehr- und Schleusenanlagen und ein Kostenanschlag mit Erläuterungsbericht für ein Wohnhaus. Nach dem Bauführerexamen hatte sich der künftige Baumeister zwei Jahre bei einem königlichen (höheren) Baubeamten mit allen vorkommenden Arbeiten vertraut zu machen. Nach seiner Anmeldung bei der königlich technischen Bau-Deputation konnte er aus seinem bevorzugten Gebiet planerische Aufgaben auswählen, die er ohne fremde Hilfe in einer Woche zu fertigen hatte. Danach folgten die Klausuren und die mündliche Prüfung. Bei bestandener Prüfung erhielt der Prüfling ein Zeugnis mit dem Titel Baumeister.[15]

5. Kurfürstentum Hessen. Die Rangfolge im „vormaligen Kurfürstentum Hessen" war: Bau-Eleve, Bau-Kommissar, Baurath, Geheimer Ober-Bau-Rath, Ober-Bau-Direktor.[16]

6. Nassau. Im „vormaligen Herzogtum Nassau" wurden drei Klassen von Bautechnikern unterschieden: Bauhandwerker, freie Architekten und Staatsbeamte. Jedermann konnte Baupläne entwerfen, Bauanträge stellen und Bauwerke errichten, denn es herrschte völlige Gewerbefreiheit. Die Staatsbeamten unterschieden sich in „Akzessisten, Bau-Inspektoren, Bauräthe und Ober-Bauräthe". Bauinspektoren leiteten einen eigenen (Bau-)Amtsbezirk, ihnen stand ein Bau-Akzessist zur Seite.[17]

7. Königreich Sachsen. Die Bautechniker hatten allgemein eine Meisterprüfung in einem Bauhandwerk an einer königlichen Baugewerkschule abgelegt. Sie konnten danach die Bezeichnung „Gewerksmeister" erwerben und mussten der entsprechenden Innung beitreten. Baumeister, die den Titel „geprüfte Baumeister" trugen, hatten eine staatlich anerkannte Prüfung abgelegt, im Unterschied zu denjenigen, die sich den Titel „Baumeister" selbst zugelegt hatten. In den Städten leitete der „Stadtbaumeister" das Bauamt, in größeren Städten war die gleiche Funktion mit dem „Stadtbaukommissar oder Stadtbauinspektor" benannt worden.[18]

---

14 Bolenz, Vom Baubeamten zum freiberuflichen Architekten, S. 19.
15 Ludwig von Rönne, Die Baupolizei des preußischen Staates, Breslau ³1872, S. 136-147.
16 Wochenblatt des Architekten-Vereins zu Berlin, Berlin 1867, H. 9, S. 69.
17 Wochenblatt (...), S. 115.
18 Wochenblatt (...), S. 190.

8. Königreich Bayern: Bauhandwerksmeister konnten eine staatliche Prüfung vor einer „Regierungskommission“ ablegen und sich dann als „Baumeister“ bezeichnen. Privatbaumeister gab es in Bayern nicht. Für den Staatsdienst war vorgeschrieben: Gymnasium oder Realgymnasium, danach musste ein „Kursus“ von drei Jahren an einer polytechnischen Schule besucht werden. Darauf folgten zwei Jahre Fachstudien an der „Münchner polytechnischen Schule“ mit einem Examen. Dem folgte eine zweijährige Praxis bei einer königlichen Baubehörde mit einer Prüfung, damit war er „Bau-Kandidat“, bzw. „Bau-Praktikant“ geworden. Nach der weiteren praktischen Tätigkeit konnte sich der angehende Beamte als „Bau-Assistent“ bei einer Baubehörde melden. In Kreisbauämtern waren der „Kreisbaurath und der Regierungsrath“ als Behördenleiter eingesetzt. Ihnen standen zwei bis drei Regierungsassessoren zur Seite.[19]

9. Großherzogtum Baden: Voraussetzung für den „Hochbautechniker“ war der Besuch der ersten Klasse eines großherzoglichen Gymnasiums oder der „zweiten eines Lyzeums“. Danach folgte ein 4-jähriges Fachstudium an einer anerkannten Kunstschule mit der „Vorprüfung in Hülfswissenschaften“ und einer „Fachprüfung“. Nach einer ein- bis zweijährigen praktischen Tätigkeit war der „Eleve Baukandidat“. Der angehende „Baupraktikant“ konnte als „Gehülfe“ in einer Baubehörde unter Aufsicht größere Bauten leiten. Etwa nach 10 Jahren konnte der Baupraktikant mit einer Anstellung als „Bauinspektor“ in der Baubehörde rechnen.[20]

10. Ein Beispiel aus Berlin:
Die Berufslaufbahn des späteren Berliner Stadtrates für das Tiefbauwesen, James Hobrecht: Zwei Jahre Lehrzeit als Feldmesser, 1844 Reifeprüfung, 1845 Feldmesserprüfung. Ab 1847 Besuch der Bauakademie Berlin. Erstes Examen als Bauführer: 1849. 1850 weiteres Studium an der Berliner Bauakademie mit Abschluss als „Bauführer“. 1851 praktische Tätigkeit als Bauführer. 1853 weiteres Studium an der Bauakademie und 1856 die erste Prüfung zum „Baumeister“. Danach (1858) legte er die obligatorische zweite Prüfung zum „Baumeister im Wasser-, Wege- und Straßenbau“. Nach Anstellung beim Polizeipräsidenten in Berlin im Jahre 1858 konnte er beim Vorhandensein einer freien Stelle den Titel „Regierungsbaumeister“ erhalten. Näheres dazu in Kapitel 4, Abschnitt 2.

11. Die Staatsprüfungen in Hessen:
Auszug aus dem „Großherzoglich Hessischen Regierungsblatt von 1900:
Für das Ablegen der Staatsprüfungen im Hochbau-, Ingenieurbau- und Maschinenbaufach sind folgende Voraussetzungen für die Zulassung zur Prüfung (Hochbaufach) nachzuweisen:

1. Das Reifezeugnis eines Gymnasiums, eines Realgymnasiums oder einer Lehranstalt. Anerkannt wurde auch die erworbene Reife an einer Oberrealschule.
2. Mehrjähriges Studium an einer „technischen Hochschule“ des Deutschen Reichs.
3. Die einzelnen Prüfungen nach dem Hochschulstudium: Vorprüfung und zwei Jahre praktische Tätigkeit, Erste Hauptprüfung nach vierjährigem Studium, frühestens aber 18 Monate nach der Vorprüfung mit Ernennung zum „Regierungsbauführer“, Praktische Tätigkeit (keine Zeitangabe), Zweite Hauptprüfung nach der praktischen Tätigkeit vor dem Oberprüfungsamt in Darmstadt (jetzt: Frankfurt am Main)

19 Wochenblatt (...), S. 358 und 369.
20 Wochenblatt (...), S. 464.

4. Bei Eintritt in den privaten Dienst (Bauunternehmen oder technische Büros) darf sich der Prüfling als "staatlich geprüfter Baumeister" bezeichnen. Beim Eintritt in den Staatsdienst: Ernennung zum „Regierungsbaumeister". Zunächst erhielt der Regierungsbaumeister zwar ein Entgelt, aber keine dauerhafte Anstellung. Sie war dann möglich, wenn freie Stellen vorhanden waren.[21]

12. Berufliche Ausbildungsanstalten im 20. Jahrhundert, gehobener und höherer Dienst:

Nach 1900 war die „Höhere Technische Lehranstalt", die „Staatsbauschule", die „Fachhochschule" und neuerdings die „Hochschule" die Anstalt, die für den Baubereich sehr wichtig ist. Die Voraussetzung zum Besuch war eine abgeschlossene Lehre im Hochbaufach als Zimmerer, Mauerer, Betonbauer und Schreiner.[22] Neuerdings genügt auch das Abitur. Nach 6-7 Semestern konnte der Student die Prüfung mit dem „Ingenieur für Hochbau" abschließen. Dieses Examen war Voraussetzung für den Dienst in einer Bauaufsichtsbehörde, jedoch nur als Angestellter. Nach einer innerbehördlichen „Verwaltungsausbildung" konnte der „gehobene Dienst" als Bauinspektor mit Aufstieg zum Oberinspektor, Amtmann und Oberamtmann (A 12), erreicht werden. Die Leitung der Bauaufsichtsbehörde liegt (fast) immer bei einem technischen Beamten des „höheren Dienstes", der die Technische Hochschule absolviert und die Prüfung als Bauassessor im Hochbau oder im Städtebau (nach einer zweieinhalbjährigen Zeit als „Baureferendar") bestanden hat. Die Rangfolge: Bauassessor, Baurat, Oberbaurat, Baudirektor und „leitender Baudirektor" (A 16 bis B 2).

Anhang Nr. 4 Städtebauliche Leitsätze von Reinhard Baumeister und Franz Adickes

Auf der Versammlung des Deutschen Vereins für öffentliche Gesundheitspflege (Würzburg 1893) wurden städtebauliche Leitsätze verabschiedet, die von Professor Baumeister und Oberbürgermeister Adickes erarbeitet worden waren.[23] Die Leitsätze hatten folgenden Wortlaut:

„1. Die rasche Bevölkerungszunahme der meisten, namentlich der größeren deutschen Städte, und die außerordentliche Bedeutung guter Wohnverhältnisse für die gesamte sociale Entwickelung lassen eine zweckentsprechende bauliche Anlage der neuen Stadttheile als eine Angelegenheit von größter Wichtigkeit erscheinen.

2. Die für die meist eng bebauten älteren Stadttheile erlassenen oder zu erlassenden baupolizeilichen Bestimmungen können naturgemäß wegen der nothwendigen Rücksichtnahme auf die einmal vorhandenen hohen Grundwerthe den Anforderungen der Gesundheitspflege und Socialpolitik nur in sehr beschränkter und bedingter Weise gerecht werden und sind daher an sich nicht geeignet, auf die neuen Stadttheile Anwendung zu finden, in denen es sich zum größten Theil noch um reines Ackerland oder unfertiges Baugelände, im Uebrigen aber um dünner bebaute Grundstücke handelt. Die diesen Erwägungen zuwiderlaufende, aber in fast allen Städten herrschende gleiche Behandlung der Altstadt und der neuen Stadttheile hat zugleich mit einer weit über das socialpolitisch zulässige Maass hinausgehenden Zusammendrängung der Bevölkerung die äußerste Ausnutzung des Baugeländes und - da die Bodenpreise wesentlich durch das polizeilich zugelassene Maass der baulichen Ausnutzung mitbe-

21 Großherzoglich Hessisches Regierungsblatt Nr. 68 vom 29.9.1900, S. 885-920.

22 In den 80er Jahren des 20. Jh. war auch das Abitur Voraussetzung für den Schulbesuch geworden.

23 XVIII. Versammlung des Deutschen Vereins für öffentliche Gesundheitspflege zu Würzburg am 25. Mai 1893. Abgedruckt in: *DVjöG* 1894, Bd. 26, S. 13ff.

stimmt werden - eine durchaus ungesunde Steigerung der Bodenpreise zur Folge gehabt, welche alle Versuche einer im allgemeinen Interesse dringend zu fordernden, weiträumigeren Gestaltung der neuen Bauquartiere auf das Aeußerste erschwert. Außerdem wird durch die einfache Uebertragung der altstädtischen Bestimmungen eine den verschiedenen Anbaubedürfnissen (größere und kleinere Wohnungen, Fabriken und kleinere gewerbliche Anlagen) entsprechende Eintheilung und Ausgestaltung der neuen Stadttheile gehindert.

4. Die an manchen Orten sich findenden Sonderbestimmungen über
   a) sehr dicht bebaute ältere Grundstücke,
   b) Grundstücke, welche nicht an regulirten und canalisirten Straßen liegen,
   c) bisher schon bebaute Plätze im Vergleich zu leeren,
   d) Fabrikbezirke,
   e) Bezirke mit offener Bauweise

genügen nicht, um der Bevölkerung der neuen Stadttheile, namentlich den Unbemittelten, gute Wohnungsverhältnisse zu sichern; vielmehr bedarf es umfassender, zu einem einheitlichen Ganzen verbundener Sonderbestimmungen für die neuen Stadttheile, um durch dieselben im Anschluss an die Bebauungspläne und die von der Stadterweiterung nach Lage der örtlichen Verhältnisse zu lösenden Aufgaben, allen Bevölkerungsclassen ein weiträumiges und gesundes Wohnen zu sichern, und den verschiedenen Anbaubedürfnissen - soweit die Verhältnisse dies gestatten - in fest abgegrenzten Bezirken (Wohn-, Fabrik-, gemischten Vierteln) Rechnung zu tragen.

5. Insbesondere bedarf es energischer Vorschriften zur dauernden Verhinderung der übermäßigen Ausnutzung der Baugrundstücke, sowohl durch angemessene Beschränkung der Gebäudehöhen; als durch Festhaltung genügender freier Hofräume und unter Umständen auch freier Räume zwischen Gebäuden (Bauwich), und zwar sollte der Flächenraum der unbebaut zu lassenden Grundstückstheile auch von der Zahl und Beschaffenheit der auf dem Grundstück anzulegenden Wohnungen abhängig gemacht werden, wobei unter Umständen Vorgärten und auch Theile breiterer Straßen mit zur Anrechnung gebracht werden könnten.

6. Die durch die Verhältnisse gebotenen Unterschiede in Bezug auf den Grad der zulässigen Baudichtigkeit lassen sich in der Regel nur mittelst fester Grenzen zwischen bestimmten Zonen oder Bezirken sichern, wobei nach Umständen Uebergangsbestimmungen für gewisse schon in die Bebauung hineingezogene Grundstücke vorzusehen sind.

7. Bei rationeller Gestaltung der Vorschriften über Feuersicherheit und contructive Festigkeit bedarf es keiner Abstufungen derselben für die einzelnen Stadttheile; es ergeben sich eben von selbst auf weiträumiger bebautem Gelände mannigfache Verbilligungen beim Bauen.

8. Zweckmäßig sind Unterschiede in der Breite und Befestigung der Straßen, in der Behandlung von Vorräumen, sowie in der Construction etlicher Baugegenstände an und vor den Häusern. Dessfallsige Anordnungen sind aber nicht nach Stadttheilen zu gliedern, sondern nach dem Charakter der einzelnen Straßen und Blöcke.

9. Unter neuen Stadttheilen im Sinne dieser Leitsätze (vergl. 2., 3. und 4.) ist nicht nur das augenblicklich zur städtischen Gemarkung gehörige Gelände zu verstehen; vielmehr müsste alsbald das gesamte, in absehbarer Zeit in städtische Verhältnisse eintretende Gebiet von einheitlichen Gesichtspunkten aus, und zwar, insoweit eine entsprechende Erweiterung der städtischen Gemarkung unthunlich ist, vermittelst Zusammenwirkens aller zuständigen Behörden, den vorerwähnten baupolizeilichen Beschränkungen unterworfen werden.

10. Außer den baupolizeilichen Vorschriften sind vielfach privatrechtliche Vereinbarungen und Bestimmungen über Bebauung- und Benutzung bestimmter Bezirke oder Baublöcke empfehlenswerth, weil dieselben eine größere, den Bedürfnissen genau angepasste Individualisirung und weitergehende Beschränkungen (z.B. Ausschluss von Etagenwohnungen, von Wirthschaften u.a.m.) gestatten.

11. Die hier geforderten Sonderbestimmungen für die neuen Stadttheile sind nach Maassgabe des Landesrechtes durch Gesetz, Verordnung oder Ortsstatut herbeizuführen. Landesgesetzliche Ausführungsbestimmungen zur Gewerbeordnung § 23, 3) würden zwar in einigen Beziehungen den Erlass von Vorschriften über Fabrikviertel erleichtern, sind keine Vorbedingung für Einführung dieser Sonderbestimmungen durch Polizeiverordnung."

Anhang Nr. 5 Instruktion für den mit der Ausarbeitung eines Bebauungsplanes für Berlin und seine Umgebung beauftragten Baubeamten

§1

„Die vorhandenen Karten und Pläne der Stadt Berlin und ihrer Umgebung reichen für die Regulierung der Bebauung der letzteren nicht mehr aus, weil für die festgestellten Alignements der Straßen, Plätze durch mittlerweile erfolgte Entstehung neuer baulicher Anlagen, wie die der Eisenbahnen und Kanäle, unausführbar oder unzweckmäßig geworden, zum Teil auch unvollständig sind. Es hat sich deshalb die Notwendigkeit der Ausarbeitung eines neuen Bebauungsplanes für das ganze vorbezeichnete Terrain als unabweisbar herausgestellt, und es ist in Anerkennung dieser Notwendigkeit durch Erlaß des Herrn Ministers für Handel, Gewerbe und öffentliche Arbeiten vom 27.5. ad No. III-11641 und dergleichen vom 26.12.1858 ad No. III-10265 verfügt worden, daß durch einen besonderen Baubeamten mit Hinzuziehung der hierzu erforderlichen, unter Leitung derselben gestellten Arbeitskräfte folgende Arbeiten ausgeführt werden sollen:

1.) eine genaue Revision, Vervollständigung und nötigenfalls Umzeichnung der vorhandenen Karten und, soweit es erforderlich, neue Vermessung und eine vollständige Kartierung aller Teile der noch aufzustellenden Bebauungspläne mit Eintragung aller derzeit vorhandenen Bauwerke, Parzellen, Wasserläufe gg. nach dem Maßstabe von 1 Dec.Zoll = 20 Ruthen;

2.) die Herstellung eines Nivellementsplanes im Maßstabe von 20 Ruthen = 1 Dec.Zoll für die Längen und 10 Dec. Fuß = 1 Dec. Zoll für die Höhen, vorzugsweise von dem noch nicht oder unvollständig entwässerten Terrain, wobei zunächst nach Aufnahme der Situation behufs vorläufiger Skizzierung der Bau-Quartiere der Örtlichkeit noch diejenigen Punkte ermittelt werden, nach denen hin die Entwässerung zu bewirken ist, und nach Festlegung der Straßen-Richtungen durch Angabe der Höhenlage der Straßenkreuzungen, Plätze gg. ersichtlich wird in welcher Weise die zweckmäßigste Entwässerung nach jenem Entwässerungspunkte erfolgen soll und kann;

3.) die Projektierung und Ausarbeitung eines Bebauungsplanes unter Zuhilfenahme allen bisher gesammelten Materials, demnächstiger Berücksichtigung der vorhandenen Feststellungen, soweit dies ausführbar ist und angemessen erscheint, und nach Anleitung folgender Gesichtspunkte:

3 a) es sollen alle Straßen-Anlagen, welche voraussichtlich für den künftigen Verkehr erforderlich werden, projektiert werden wobei für die Größe der Quartiere die Straßen-Anlagen der Friedrichstadt zwischen Behren- und Kochstraße zum Anhalt dienen sollen;
3 b) es soll möglichst auf Vermeidung spitzer oder stumpfer Winkel hingewirkt werden;
3 c) die Straßen sollen, je nach ihrer Bedeutung, als Promenaden-, Haupt-, Neben- oder Verbindungsstraßen, resp. (13-15) - (7-9) - (5-6) - (3-4) Ruthen Breite erhalten, wobei auf eine Gürtelstraße vorzugsweise Bedacht zu nehmen ist. Die neuen Straßen müssen sich den vorhandenen in angemessener Weise anschließen;[24]

---

24 E.F., 5 Ruthen sind 18,80 Meter, 10 Ruthen sind 37,60 Meter und 15 Ruthen sind 56,40 Meter.

3 d) empfehlenswert ist für die Lage der Straßen die Richtung von Südwest nach Nordost, resp. Nordwest nach Südost, ingleichen die Richtung auf eine Kirche, ein Monument, ein sonst hervorragendes Bauwerk, auf einen Wasserspiegel oder eine Wald- oder Gartenpartie;
3 e) bereits vorhandene Straßen und Wege, insbesondere solche, welche durch Separations-Rezesse festgelegt sind, dürfen nur aus ganz überwiegenden Gründen geändert werden; auch sind die derzeitigen Begrenzungen der Privatgrundstücke mit möglichster Schonung und Vermeidung nicht bebaubarer Abschlüsse zu durchschneiden, was in vielen Fällen durch Verschiebung der neuen Straßen zu erreichen sein wird;
3 f) freie Plätze sind erforderlich möglichst gleichmäßig zu verteilen, und dazu namentlich, wenn auf denselben Kirchenbauten in Aussicht genommen werden, soweit tunlich die höchstgelegenen Terrainflächen, ferner Fluß, Kanal oder Hafenufer zu wählen; auch ist auf geeignete Bepflanzung derselben Bedacht zu nehmen;
3 g) die Anlage größerer Reservoirs zur Aufnahme und Abklärung des Straßenwassers, möglichst in der Nähe der Spree, der Panke oder der Kanäle, ist zu berücksichtigen,
4.) die Ausarbeitung eines Entwässerungsprojektes der projektierten Straßen, Plätze und des anliegenden Terrains;
5.) die Absteckung und Besteinung des projektierten Straßennetzes, nach erfolgter Allerhöchster Genehmigung des Bebauungsplans;
6.) die Ausarbeitung aller auf die vorgenannten Arbeiten aus 1 bis 5 bezüglichen Anschläge, Contracte, Rechnungen, Berichte, Schreiben usw.“[25]

Anhang Nr. 6 Ausschnitt aus dem Erläuterungsbericht zum Berliner Bebauungsplan von James Hobrecht

Zur Begrünung von Straßen und Plätzen sowie der Anlage von Vorgärten im Berliner Bezirk X-1 und X-2 schrieb Hobrecht im Erläuterungsbericht zum Berliner Bebauungsplan:

„Es möchte daher angemessen erscheinen, einem nicht allzu großen Theil der Nebenstraßen die zur Anlage der Vorgärten nothwendige Breite zu geben. Daß der Fall, welcher bei Ertheilung von Bauerlaubnisscheinen vorgesehen wird, der nämlich, daß der gesteigerte Verkehr die Verbreiterung des Straßendammes notwendig mache und daß dann das Vorgartenterrain zur Verbreiterung der Bürgersteige hergegeben werde, daß dieser Fall, sage ich, irgendwo eintreten werde, ist nicht anzunehmen.

Wenn die schmalsten Straßen in den jetzigen Bebauungsprojecten die Breite von 5 Ruthen erhalten, mehr oder minder erheblich breitere Straßen aber überall vorhanden sind, wie soll da für den Verkehr nicht aufs ausreichendste gesorgt sein, wenn man sich vergleichsweise erinnert, daß in der Londoner City, wo ein Verkehr stattfindet, der hier wegen der notwendig viel geringeren Bedeutung als Binnenstadt, niemals erreicht werden kann, kaum eine einzige Straße zu finden sein möchte, die überhaupt nur die Breite von 5 Ruthen hat.

Das Mittel, dem Auge dennoch einen wohlthuenden Anblick grüner Anlagen, Baumpflanzungen und Rasen zu gewähren, und die Nachtheile, welche die Anlage von Vorgärten dem kleinen Handelsverkehr zuschieben, zu beseitigen, ist ein doppeltes, man kann die Baum- und Rasenanlagen eingegittert mehr oder weniger in die Mitte der Straßen placieren, und man kann die beiden Straßenseiten verschieden behandeln, so daß auf der einen Seite für den durchgehenden Hauptverkehr ein breiter Straßendamm und ein Bürgersteig ohne Vorgärten, auf der anderen Seite aber ein schmaler, vielleicht chaussierter Straßendamm mit schmalen Bürgersteigen und breiten Vorgärten projectirt wird, in diesem Fall würden die beiden Straßendämme durch eine Promenade oder einen Rasenstreifen zu trennen sein. Eine solche Anlage, welche sehr vielfach in den neueren Stadttheilen Londons und anderen englischen Städten vorkommt,

25 Geist & Kürvers, Das Berliner Mietshaus Bd.1, München 1980, S. 485-486.

nimmt gebührend Rücksicht auf die verschiedenen Bedürfnisse der verschiedenen Bewohner einer Straße; an dem breiten Straßendamm ohne Vorgärten mit dem durchgehenden Verkehr placirt sich der Kaufmann und das Gewerbe, an den schmalen, seitwärts herausgerückten Straßendamm mit Vorgärten der der Ruhe bedürftige Teil der Bevölkerung, der Gelehrte, der Beamte, der Künstler.

Nebenstehende Querprofile [E.F.: sie sind hier ausgelassen worden] geben ein Bild solcher mehr oder minder reich ausgebildeten Straßen. Derartige Straßen habe ich in Paris nicht gesehen, wo aber auch überhaupt bei den neueren Straßen-Anlagen die Ansicht vorzuherrschen scheint, daß die Schönheit einer Straßen-Anlage lediglich mit der Breite derselben in directem Verhältnis fortschreitet; dieser Grundsatz ist sehr bedenklich. Denn wenn auch im allgemeinen erhabene monumentale Bauwerke wenigstens zum Teil verlangen, daß sie auf einem freien Platze stehen, so ist das doch bei der gewöhnlichen städtischen Häuser-Architectur nicht der Fall; diese muss gewissermaßen etwas Gedrungenes behalten, denn sie imponiert vorzugsweise durch ihre zusammenhängende Masse, welche das Auge mit einem Blicke zu übersehen im Stande ist.

Die maßlose Breite neuer Straßen in Paris, wie die der Boulevards exterieures, löst jeden architectonischen Total-Eindruck auf, die Häuser erscheinen winzig, und die Straße sieht aus wie ein Dorfanger. Solche Straßen, wie ich sie vorhin beschrieb und wie ich sie in den neueren Teilen von London gesehen, habe ich mehrfach auf dem Bebauungsplan der Abt. X projectirt.

Dem Gutachten der technischen Bau-Deputation entsprechend, sind die Häuser-Quartiere in ihrer Größe wechselnd so projectirt, daß vielleicht mit ganz geringen Ausnahmen die kleinsten derselben größer sind als die Quartiere der Friedrichstadt. Ebenso sind an den Rändern der Stadt und in der Nähe der Schiffahrtswege große Quartiere für Fabrikanlagen angeordnet. Was in dem betroffenen Gutachten über die Größe und Lage der freien Plätze gesagt worden, ist berücksichtigt worden. Kreisförmige und sonstige krummlinige Baufronten sind, wie in den früheren Projecten, so auch hier vollständig vermieden. In dem ich mich zur speciellen Erläuterung des Projects wende, bemerke ich zuvor, daß wegen der großen Ausdehnung der Abtheilung X, dieselbe in 2 Sectionen, welche östlich und westlich der Reinickendorfer Straße liegen, getheilt ist. Dieselben werden demnach gesondert behandelt."[26]

Anhang Nr. 7 Die Diskussion über „Fälschungen“ Hegemanns

James Hobrecht, Über die öffentliche Gesundheitspflege und die Bildung eines Central-Amtes für öffentliche Gesundheitspflege im Staate. Stettin, 1868, S. 12-17. Strohmeyer erhebt in seinem Buch: „James Hobrecht“ (1825-1902) und die Modernisierung der Stadt, Potsdam 2000; den Vorwurf der Unterschlagung (S. 63) und auf S. 60 und S. 69 der Fälschung.

Vorliegend geht es nur um die Texte der Hobrechtschen Schrift. Die von Hegemann ausgelassenen Abschnitte (aus dem „steinernen Berlin“ von 1930) und die Textauslassungen Strohmeyers werden im Zusammenhang mit Hobrechts Originaltext dargestellt.

Von Strohmeyer ausgelassene Abschnitte ab Seite 12 des Textes von Hobrecht

„Die Wohnung stellt nach den meisten und bedeutendsten Seiten hin die Bedingungen für das Wohl oder Wehe unserer Existenz; sie giebt uns, oder entzieht uns, je nachdem, unersetzliche Lebensquellen, - die Luft und das Licht; ihre Beschaffenheit wirkt so andauernd, so nachhal-

26 Landesarchiv Berlin, Pr. Br. Rep. 30, Nr. 188, S. 27 und Rep. 030-07, Nr. 188.

tig auf unser Befinden, dass sie es vor allem ist, auf welche das sorgende Auge der öffentlichen Gesundheits-Pflege gerichtet werden muss."

Hobrecht schreibt weiter: Unsere Art zu wohnen steht - wie bekannt - in einem prinzipiellen Gegensatz zu der englischen.

Von Hegemann nicht zitierte Textstellen

Die unbestreitbaren Vorzüge der letzteren, welche so vielfach hervorgehoben werden, um zur Nacheiferung zu ermahnen, und welche in Faucher bei so mancher Gelegenheit einen beredten Apostel gefunden, haben mich noch nicht überzeugen können, dass im `Prinzip' die Wohnungsfrage in England besser gelöst sei, als bei uns. Wer wollte die Vorzüge der Villa vor der Miethskaserne verkennen, und wer wollte leugnen, dass sich jeder in einem eigenen Hause, welches er allein bewohnt, schädlicher Einflüsse, sowohl sittlicher wie physischer besser erwehren kann als in einer sogenannten Miethskaserne; aber mit der Anerkennung dieser Thatsache ist für das allgemeine Prinzip in der Wohnungsfrage wenig geleistet. Zunächst wolle man sich erinnern, dass bei solchen Fragen die Armen es sind, welche besondere Berücksichtigung verdienen, wenigstens wenn man sich nicht auf den behaglich-egoistischen Standpunkt stellt, der nur fragt: `wie wohne ich am besten?' sondern sich die Frage vorlegt: `wie wohnen alle Bewohner einer Stadt verhältnismässig am besten?' Die Armen sind bei Entscheidung der Wohnungs-Frage aus zwei Gründen die maassgebenden, einmal, weil sie die bei weitem zahlreichere Klasse der städtischen Bevölkerungen bilden, dann, weil sie wegen ihrer Unwissenheit und ihrer Unfähigkeit, sich zu helfen, viel leichter den Nachtheilen verfallen, die schlechte Wohnungsverhältnisse herbeiführen, und durch sich körperlich und geistig die wohlhabendere Bevölkerung in Mitleidenschaft ziehen. Fassen wir nun einmal die Wohnungs-Verhältnisse, wie sie sich in beiden Fällen gestalten, ins Auge:

Hobrecht weiter: In einer sogenannten Miethskaserne befindet sich im I. Stockwerk eine Wohnung zu 500 Thalern Miete, im Erdgeschoss und II. Stockwerk je zwei Wohnungen zu 200 Thalern, im III. Stockwerk je zwei Wohnungen zu 150 Talern, im IV drei Wohnungen a 100 Thaler, im Keller, auf dem Bodenraum, im Hinterhaus oder dergleichen noch mehrere Wohnungen a 50 Thaler.

In einer englischen Stadt finden wir im Westend, oder irgendwo anders, aber zusammenliegend, die Villen und einzelnen Häuser der wohlhabenden Klasse, in den anderen Stadttheilen die Häuser der ärmeren Bevölkerung, immer in Gruppen nach dem Vermögen der Besitzer zusammenliegend, ganze Stadttheile dabei lediglich von der Arbeiter-Bevölkerung bewohnt. Wer möchte nun bezweifeln, dass die reservirte Lage der je wohlhabenderen Klassen und Häuser Annehmlichkeiten genug bietet, aber - wer kann auch sein Auge der Thatsache verschliessen, dass die je ärmere Klasse vieler Wohlthaten verlustig geht, die ein Durcheinanderwohnen gewährt. Nicht 'Abschliessung' sondern `Durchdringung' scheint mir aus sittlichen, und darum aus staatlichen Rücksichten das Gebotene zu sein.

Von Hegemann nicht zitierte Textstellen

Das Sehen und Kennenlernen, die Berührung mit der Armuth und der Unbemitteltheit in allen Abstufungen ist für den Reichen und Wohlhabenden eine sittliche Schule, während die Abschliessung, je nach dem, entweder zu einer Verhärtung, oder bei empfindsameren Naturen, wenn einmal diese Berührung eintritt, - und dies bleibt nie ganz aus - zu einer falschen und nervösen Humanität führt. Das Wohlthun der wohlhabenderen Klassen soll nicht darin bestehen, dass dieselben von Zeit zu Zeit in Form einer Abfindungs-Summe einen Geldbeitrag für irgendeinen Verein auf das Debet ihres Haushaltungs-Conto's bringen, sondern darin, den besonderen Bedürfnissfall selbst aufzusuchen, und durch Rath, Ermahnung und Unterstützung, welche der Natur der Bedürftigkeit angemessen sein muss, von Person zu Person zu helfen.

Hobrecht weiter: In der Miethskaserne gehen die Kinder aus den Kellerwohnungen in die Freischule über denselben Hausflur wie diejenigen des Raths oder Kaufmanns auf dem Wege nach dem Gymnasium. Schusters Wilhelm aus der Mansarde und die alte bettlägrige Frau Schulz im Hinterhause, deren Tochter durch Nähen oder Putzarbeiten den nothdürftigen Lebensunterhalt besorgt, werden in dem 1. Stockwerk bekannte Persönlichkeiten. Hier ist ein Teller Suppe zur Stärkung bei Krankheit, da ein Kleidungsstück, dort die wirksame Hülfe zur Erla[n]gung freien Unterrichts oder dergleichen, und Alles das, was sich als das Resultat der gemüthlichen Beziehungen zwischen den gleichgearteten, und wenn auch noch so verschieden situirten Bewohnern herausstellt, eine Hülfe, welche ihren veredelnden Einfluss auf den Geber ausübt. Und zwischen diesen extremen Gesellschafts-Klassen bewegen sich die Aermeren aus dem III. und IV. Stock, Gesellschafts-Klassen von der höchsten Bedeutung für unser Kulturleben, der Beamte, der Künstler, der Gelehrte, der Lehrer etc. In diesen Klassen wohnt vor allem die geistige Bedeutung unseres Volkes. Zur steten Arbeit, zur häufigen Entsagung gezwungen und sich selbst zwingend, um in der Gesellschaft erkämpften Raum nicht zu verlieren, womöglich ihn zu vergrössern, sind sie in Beispiel und Lehre nicht genug zu schätzende Elemente, und wirken fördernd, anregend und somit für die Gesellschaft nützlich, und wäre es fast nur durch ihr Dasein und stummes Beispiel; auf diejenigen, die neben ihnen und mit ihnen untermischt wohnen.

Umgekehrt sind die Wohlhabenderen in ihrer Reinlichkeit und geselligen Dressur, ganz abgesehen von besseren Eigenschaften, die ihnen ja keineswegs fehlen, und welche die Folge sorgfältigerer Erziehung sind, erst recht von sittlichem Einfluss auf den Armen und Aermeren. Wenn eine Mutter aus dem englischen Arbeiter-Viertel ihr Kind ungewaschen, ungekämmt und zerlumpt unherlaufen lässt, weil jede Anregung zur Verausgabung von Arbeit und Zeit nach dieser Richtung hin fehlt, so wird sich die Mutter aus der Kellerwohnung einer Miethskaserne doch scheuen, dies zu thun, denn sie weiss sich beobachtet und dem Tadel besserer Mitbewohner ausgesetzt.

Von Hegemann nicht zitierte Textstellen
Wieviel gelegentlicher Verdienst für Arbeiten und Leistungen, die der Wohlhabende braucht, fällt ab auf die ärmeren Mitbewohner des Hauses. Hier werden Arme und Hände gebraucht zum Holz oder Torf tragen, zum Plätten, Nähen, Waschen, Scheuern; da reicht die Geschicklichkeit des Flickschneiders oder Flickschusters aus der Hofwohnung hin, um kleine Reparaturen zu machen; hier weiss die Tochter des kleinen Beamten aus dem Hinterhause Unterricht auf der Nähmaschine zu ertheilen, dort kann der Lehrer aus dem Dachstübchen, er kann es ja, da er auf dem kurzen Wege keine Zeit verliert, dem Schuljungen aus dem I. Stock Nachhülfestunden geben, so gestaltet sich leicht ein natürliches Verhältnis von Nehmen und Geben, bei welchem sich alle Theile gut stehen.

Hobrecht weiter: Ein englisches Arbeiterviertel betritt der Polizeibeamte und der Sensations-Dichter. Wenn die junge Lady seinen alarmirenden Roman gelesen hat, bricht sie wohl in Schluchzen aus, lässt anspannen, und fährt in die von Ihresgleichen nie betretene Gegend, nach welcher der Kutscher kopfschüttelnd den Weg sucht. In der Regel wird das Bad zu stark für ihre Nerven sein; sie schaudert vor der Armuth, sie schaudert vor der Schlechtigkeit und dem Verbrechen, welches überall die Begleiter der sich selbstüberlassenen Armuth sind, fährt zurück, um nie wieder die schreckliche Gegend zu sehen, und salvirt ihre Seele durch einen Geldbeitrag an eine Armen-Kommission.

Von Strohmeyer ausgelassene Abschnitte ab Seite 16 des Textes von Hobrecht
„Wenn wir uns vor Arbeiter-Vierteln hüten wollen, so müssen wir bei unserem Prinzip stehen bleiben, es nicht verwerfen, sondern verbessern. Es kann hier nicht meine Aufgabe sein, im Speziellen anzugeben, wie und wodurch wir unsere Wohnungs-Verhältnisse verbessern, wie wir das empfehlenswerthe Durcheinanderwohnen beibehalten können, ohne dabei unsern

Häusern den Kasernen-Charakter zu belassen, aber das ist als hauptsächlichstes Postulat kurzweg hinzustellen, dass mehr Luft und mehr Licht den Gebäuden zu geben ist.

Fort mit den Kellerwohnungen, die gut sind für Fässer und Kartoffeln und Gemüse, aber nicht für Menschen! Raum für die Höfe! das vierfache der Dimensionen, welche die Berliner Baupolizei-Ordnung verlangt, das achtfache des Raumes, den die Stettiner Häuser übrig lassen, ist nicht zu viel, ist kaum genug, wenn wir für unsere Hinterzimmer noch Sonne, Licht und Luft in genügender Quantität und Güte behalten wollen. Hier helfe uns die öffentliche Gesundheits-Pflege zu besseren, zu erträglichen Verhältnissen! Sie kann es auch! Die breiteren Strassen, welche man in neuen Stadttheilen nun schon in der Regel anzulegen pflegt, werden in ihrer wohlthätigen Wirkung paralysirt durch die geschlossenen Reihen der Gebäude, die so hoch aufgeführt werden, dass 6 Mal übereinander, wie in 6 Schubladen, Menschen wohnen können und wohnen. Solchergestalt gelingt es denn, die Sonne und den Luftwechsel in den Strassen und somit auch in den Häusern, welche aus diesen Strassen die Luft empfangen sollen, möglichst auszuschliessen. Dass etwa in den älteren Stadttheilen mit den schmalen Gassen mehr Rücksicht beim Aufsetzen von Stockwerken genommen werde, soll damit nicht gesagt werden. Soweit der Widerstand baupolizeilicher, die Höhe beschränkender Bestimmungen irgend nur gebrochen oder umgangen werden kann, geschieht es. Die Tendenz, welche ich oben mit den Worten bezeichnet habe: nur so nahe, wie möglich der dichtesten Bevölkerung, den Kunden, nur nicht so weit vom Laden oder Werkstatt, dass Zeit auf dem Wege verloren ginge, - wirkt dahin, die nothwendige räumliche Erweiterung der Städte durch Verdichtung und durch Aufthürmung zu ersetzen."

Anhang Nr. 8 Edwin Chadwick und Robert von Mohl

In seinem Report hatte Chadwick den Polizeiwissenschaftler Robert von Mohl (Tübingen) zitiert, der sich ebenfalls mit Hygienefragen um 1832 beschäftigt hatte. Chadwick schrieb 1842:

„Die entwickelten Grundsätze der Medizinalpolizei in Deutschland
21. Grundsätze der Medizinalpolizei in Deutschland. Extracts (Auszüge) von Professor Mohl.

Der Staat hat die Aufgabe, Menschen mit Wasser zu versorgen. Es ist auch Pflicht, denn für den Einzelnen ist es oft Unmöglich, durch eigene Anstrengungen das Wasser zu beschaffen. Es erfordert Geschick, gutes Wasser zu finden. (...) Der Staat (oder die Stadt) sollte eine verbindliche Ordnung schaffen, wie das gute Wasser in ausreichender Menge verteilt wird. Dies ist oft mit Schwierigkeiten verbunden, wenn das Gebiet wenig ergiebige Wasserquellen hat oder wenn mehr Wasser für eine große Stadt notwendig ist (...) Die uns von den alten Nationen überlieferten (...) Wasserleitungen können kein Beispiel bei der Verlegung von Wasserleitungen sein. Der Staat ist gefordert das Wasser, (...) sei es durch Aquädukte, Rohre oder durch Zisternen für die Menschen zu sichern, weil es eine öffentliche Aufgabe ist. Um das das Wohl der ärmeren Klassen nicht zu gefährden, sollte diese Aufgabe nicht privaten Unternehmen überlassen werden.[1] Eine unüberlegte Festlegung in diesem Punkt, z.B. auf ein privates Unternehmen, wirkt auf die Reinlichkeit und damit auf die Gesundheit der unteren Klassen der Bevölkerung höchst schädlich. (...)

Der Verlust von Zeit, die Feuergefahr und die erheblichen Schwierigkeiten, die in Zeiten von ansteckenden Krankheiten auftreten, sind die Folgen einer mangelnden Brunnenzahl, obwohl gerade dann eine große Menge an Wasser notwendig ist. Es ist eine bekannte Tatsache, daß die Gemeinde (...), in der die Menschen leben, einen großen Einfluss auf das Leben und die Gesundheit der Bewohner hat, und vor allem, ob es eine geeignete Zirkulation der Luft hat. So sind in erhöhter Lage gebaute Orte gesünder als Orte, die in geschlossenen Lagen und mit Hügeln umgeben sind. Städte, mit breiten Straßen sind immer gesünder als diejenigen, die eng mit Häusern bebaut sind und daher nie richtig belüftet werden.

Wo die Sonne niemals durchdringt oder wo die Austrocknung fehlt, diese Stellen sind gesundheitsschädlich. Die Gesundheit einer Stadt kann durch Abflusskanäle verbessert werden. (...) Wir müssen auch Gräben mit stehendem Wasser zu den zu verbessernden Dingen zählen. Dadurch wird nicht nur sauberere Luft gewonnen, sondern auch fruchtbare Flächen. Die Entschlammung solle in der kalten Jahreszeit durchgeführt werden, denn sonst muss mit gefährlichem Fieber gerechnet werden. Die faulige Luft in sumpfigen Gegenden, z.B. beim Anbau von Reis, ist dort kein Übel, hier jedoch kein Heilmittel.[2]

Ein weiteres Mittel zur Verbesserung der Gesundheit in einer Stadt, ist die richtige Lage, Breite und die Richtung der Straßen in neuen Stadtvierteln. Die Straßen sollen einander im rechten Winkel kreuzen und nicht zu lange Abschnitte haben. Die Richtung der Straßen sollen auch nicht genau nach Norden und Süden laufen, denn sonst würden bestimmte Straßenseiten immer von der Sonne getroffen und ohne Schatten während der Mittagszeit sein, während andere Straßenseiten nie von einem Sonnenstrahl berührt werden.

Die Gesundheit der Bewohner würde durch das Verbot aller Kellerwohnungen verbessert. Bestimmungen über die Höhe der Erdgeschosse Häuser über der Straßenhöhe, auch der Bau der Bequemlichkeit [E.F: Abort] in den Wohnhäusern und die Vorschriften im Hinblick auf die richtige Größe von Fenstern sind wichtig. Auch die Regelungen in Bezug auf strengste Sauberkeit der Straßen ist wichtig, da ihre Auswirkungen auf die Gesundheit im Allgemeinen noch größer ist als die Lage der Stadt oder die Gebäudebauart. Durch die richtige Beachtung dieser Punkte ist Holland bewohnbar geworden, während die Vernachlässigung, z.B. in Kairo und Konstantinopel, zu Brutstätten der Pest führen. Das wichtigste Mittel für Sauberkeit ist eine ordnungsgemäße Pflasterung der Straßen, um das Gebiet trocken zu legen. Ohne diese Pflaster sind die Straßen entweder ein Strom von Schlamm oder ein Meer von Staub, in beiden Fällen schädigt es die Gesundheit. Es ist teuer, hartes Material für die Bürgersteige und Straßen zu verwenden, aber dafür sind die Reparaturkosten geringer. Wenn möglich, sollen die Straßen sauber gehalten werden, indem man gelegentlich einen Wasserstrom durchleitet und die Kanalisation immer offen hält. Jeder Einwohner sollte verpflichtet werden, den Teil der Straße vor seinem eigenen Haus und vor seiner Tür sauber zu halten. Der Abfall aus den Häusern soll auf Kosten der Stadt nach einem anderen Teil der Stadt gebrachte werden, jedenfalls weit entfernt von den Wohnhäusern.

1 Sogar im Falle der Existenz von Gesellschaften für die Wasserversorgung in den Städten sollte es immer noch öffentliche Quellen oder Brunnen geben, die wenigstens die absolut notwendige Menge Wassers, frei von allen Kosten, bereitstellen würden. In diesem Fall könnte jeder, der eine größere Wassermenge bis in sein Haus haben will, es dann haben, sofern er es bezahlt.

2 Beispiele, dass Städte durch die Abwasserbeseitigung gewonnen haben, sind Stuttgard, dort ist daraufhin das seltsame endemisches Fieber nicht mehr aufgetreten, und Pavia, das die Füllung der Stadtgräben vorgenommen hat, damit wurde die durchschnittliche Lebenserwartung erheblich erhöht.“[27]

Anhang Nr. 9 Der Entwurf des Reichswohnungsgesetzes von 1912

Wir Wilhelm, von Gottes Gnaden Deutscher Kaiser, König von Preußen usw. verordnen im Namen des Reichs, nach erfolgter Zustimmung des Bundesrats und des Reichstags, was folgt:

§ 1 In allen Gemeinden sind

1. Wohnungen , die einschließlich Küche aus vier oder weniger Räumen bestehen,
2. größere Wohnungen, welche in Mansarden, Dach- der Kellergeschossen liegen oder in denen fremde, nicht zur Familie gehörige Personen ständig oder gegen Entgelt beherbergt werden,
3. Schlafstellen, Ledigenheime und Logierhäuser,
4. Wohn- und Schlafräume der Angestellten (Gesellen, Gehilfen, Lehrlinge, Arbeiter, Gesinde)

---

27 Chadwick, Report on (...), herausgegeben von David Gladstone, London 1997, S. 431-432. Übersetzung: Verfasser. Hinweis: Gladstone hatte den Text über Mohl auf 1832 richtig datiert, während Flinn die Bemerkungen Mohls auf 1844 datiert hatte, der Report war aber schon 1842 erschienen!

einer ständigen Aufsicht darüber zu unterziehen, ob ihre Beschaffenheit, Einrichtung und Benutzung in gesundheitlicher oder sittlicher Beziehung zu Bedenken Anlaß bietet. Durch Beschluss des Bundesrats oder durch Anordnung der Landeszentralbehörden oder der zum Erlaß von Polizeiverordnungen befugten Behörden können auch größere Wohnungen und sonstige zum dauernden Aufenthalt von Menschen bestimmte Räume der Wohnungsaufsicht unterstellt werden.

§ 2 Die Wohnungsaufsicht liegt den Gemeindevorständen unter Aufsicht des Staates ob. Außerdem haben die Landesregierungen besondere Wohnungsaufsichtsbeamte zu bestellen. Den mit der Wohnungsaufsicht betrauten Personen stehen bei Ausübung dieser Aufsicht alle amtlichen Befugnisse der Ortspolizeibehörden zu.
Insbesondere sind sie befugt, die Wohnungsaufsicht unterliegenden Räume innerhalb der vom Bundesrat oder von den Landeszentralbehörden festzusetzenden Stunden zu besichtigen.
Die von den Landesregierungen bestellten Wohnungsaufsichtsbeamten haben Jahresberichte über ihre amtliche Tätigkeit zu erstatten.
Die Jahresberichte oder Auszüge aus ihnen sind in zusammenfassender Bearbeitung in regelmäßigen Zwischenräumen dem Bundesrat und dem Reichstage vorzulegen.

§ 3 Der Bundesrat kann erlassen
1. Vorschriften, denen die zum dauernden Aufenthalt von Menschen dienenden Räume und die zu ihnen gehörigen Nebenräume hinsichtlich ihrer Beschaffenheit, Einrichtung und Benutzung in gesundheitlicher oder sittlicher Beziehung zu entsprechen haben,

2. die sonstigen zur Durchführung der Wohnungsaufsicht erforderlichen Anordnungen.
Anordnungen des in Abs. 1 bezeichneten Inhalts können, sofern sie über die Maßnahmen des Bundesrats hinausgehen, von den Landeszentralbehörden und den zum Erlaß von Polizeiverordnungen befugten Behörden erlassen werden.
Die erwähnten Vorschriften können verschieden geartet sein für die einzelnen Landesteile, ferner für Stadt und Land, endlich für bestehende Wohnungen und für Neubauten.

Die Landezentralbehörden sind des weiteren auch befugt, einzelnen Gemeinden die Errichtung eines unentgeltlichen Nachweises für die der Wohnungsaufsicht unterliegenden Wohnungen und für Schlafstellen aufzuerlegen und die zur Durchführung dieser Maßnahmen erforderlichen Anordnungen zu erlassen.

Die vom Bundesrat erlassenen Vorschriften sind durch das Reichs-Gesetzblatt zu veröffentlichen und dem Reichstage bei seinem nächsten Zusammentritte zur Kenntnisnahme vorzulegen.

§ 4 Sofern sich ergibt, daß die Beschaffenheit oder Einrichtung eines der Wohnungsaufsicht unterliegenden Raumes den zu stellenden Anforderungen nicht entspricht, ist die zuständige Polizeibehörde auf Antrag der zuständigen Wohnungsaufsichtsorgane befugt, im Wege der Verfügung die Ausführung derjenigen Maßnahmen anzuordnen, welche zur Durchführung der auf Grund des § 3 erlassenen Vorschriften erforderlich und ausführbar erscheinen.

Soweit die angeordneten Maßregeln nicht die Beseitigung einer dringenden, das Leben oder die Gesundheit bedrohenden Gefahr bezwecken, muss für die Ausführung eine angemessene Frist gelassen werden. Hinsichtlich der bei Erlaß dieses Gesetzes bereits bestehenden Wohnräume können, so lange nicht eine Erweiterung oder ein Umbau eintritt, bauliche Anforderungen nur dann gestellt werden, wenn sie zur Beseitigung erheblicher, das Leben, die Gesundheit oder die Sittlichkeit der Bewohner gefährdender Missstände erforderlich oder ohne unverhältnismäßige Aufwendungen ausführbar erscheinen.
Die Polizeibehörde ist befugt, die Räumung der beanstandeten Wohnungen anzuordnen, in soweit ihre weitere Benutzung erhebliche Nachteile oder Gefahren herbeizuführen geeignet ist.

Bei Bemessung der Räumungsfrist ist zu berücksichtigen, ob am Ort unbeanstandete Wohnungen der den Verhältnissen der Beteiligten entsprechenden Größe und Preislage in genügender Anzahl vorhanden sind.

§ 5 Die Polizeibehörde ist befugt, die Ausführung der auf Grund dieses Gesetzes erlassenen Anordnungen durch Geldstrafen bis zu 300 Mark zu erzwingen.
§ 6 Gegen die polizeilichen Verfügungen steht den Betroffenen binnen zwei Wochen die Beschwerde an die höhere Verwaltungsbehörde zu.
Gegen die Entscheidung der höheren Verwaltungsbehörde ist binnen vier Wochen die Beschwerde an die Landes-Zentralbehörde zulässig; die letztere Beschwerde hat keine aufschiebende Wirkung. Die Landespolizeibehörde entscheidet endgültig. § 155 Abs. 2 der Gewerbeordnung findet sinngemäße Anwendung.

§ 7 Der Zeitpunkt des Inkrafttretens dieses Gesetzes wird durch Kaiserliche Verordnung mit Zustimmung des Bundesrats bestimmt.

Gegeben ..., Berlin, den 10. Mai 1912."[28]

Anhang Nr. 10 „La Sarraz" und „Charta von Athen"

Zur Erklärung von „La Sarraz" und das Manifest „Charta von Athen"

1928 fand auf dem Schloss La Sarraz (nördlich von Lausanne) eine Konferenz statt, in der Architekten städtebauliche Zukunftsfragen erörterten. Eingeladen hatte Architekt Le Corbusier, der schon vorher das Diskussionsprogramm „Probleme der heutigen Baukunst" entwickelt hatte.[29] In der Folge wurde die „Erklärung von La Sarraz" veröffentlicht und gleichzeitig der Zusammenschluss von Architekten unter der Kurzbezeichnung CIAM beschlossen.[30]

Unter den Teilnehmern herrschte übereinstimmend die Ansicht, dass der Städtebau und die Architektur in Europa einer grundlegenden Erneuerung bedürfen.[31] In der Erklärung wurden die Punkte „Allgemeine Wirtschaft", „Städtebau", „Architektur und öffentliche Meinung" und „die Architektur und der Staat" behandelt. Im Städtebau sollen drei grundlegende Funktionen gesichert, geplant und „überwacht" werden: „Das Wohnen, das Arbeiten und das sich Erholen". Jede der drei Funktionen werde von der „Aufteilung des Bodens", der „Organisation des Verkehrs" und der „Gesetzgebung" berührt und stark beeinflusst. Die Erklärung von 1928 (La Sarraz) hat in der städtebaulichen Literatur keine große Beachtung gefunden, ein direkter Einfluß auf die deutschen Städtebaugesetzentwürfe zwischen 1925 und 1932 kann nicht nachgewiesen werden. Die „Charta von Athen" war zunächst nicht das Ergebnis der Zusammenkünfte in La Sarraz 1928. Erst nach weiteren Konferenzen konnte die CIAM, die unter der Leitung von Le Corbusier sich nach 1928 an verschiedenen Orten zusammengefunden hatten, ein Dokument in Athen 1933 beschließen, das die bekannte Bezeichnung „Charta von Athen" bekommen hat.

Die mit einer Kommentierung von Le Corbusier versehene Endfassung der Charta wurde erst 1943 veröffentlicht, eine Bedeutung konnte sie daher in Deutschland bis Mitte der 50er

28 Zum kommenden Reichswohnungsgesetz, in: Schriften des Landesverbandes bayerischer Grund- und Hausbesitzervereine e.V., Sonderdruck, München 1912, H. 6, S. 3-16 (6-8).

29 Hilpert, S. 94. Le Corbusier

30 Hilpert, S. 94. CIAM: Congrès Internationaux d'Architecture. Die deutsche Übersetzung lautet: "internationale kongresse für neues bauen" [in Kleinschrift]. Hilpert, S. 95: Die Teilnehmer nannten sich „moderne Architekten".

31 *Zentralblatt der Bauverwaltung* 1928, S. 589. Das Blatt berichtete, dass 43 „moderne Architekten" sich dort getroffen hatten, aus Deutschland kamen Gropius, May, Häring, Hannes Meyer, Mendelsohn und Mies van der Rohe.

Jahre nicht erlangen.[32] Die Charta kann als eine Theorie eines städtebaulich-architektonischen Stadt- und Gesellschaftsmodells aufgefasst werden. Die Auswirkungen der Charta auf Architektur, Stadtplanung und Gesetzgebung in Deutschland wurden und werden unterschiedlich beurteilt.[33]

In der Diskussion sei die Charta immer ein „zentraler Bezugspunkt" gewesen, wenn der Wiederaufbau der deutschen Städte seit Anfang der 50er Jahre des 20. Jh. betrachtet werde. Andererseits seien die Prinzipien der Charta von den Praktikern des Städtebaus nicht als umzusetzendes Vorbild angesehen worden.[34] Einer der Gründe kann auch darin liegen, daß die Charta allein für die allgemeinen Begriffe („Die Stadt und ihre Region") 8 Thesen benötigte; für die Beschreibung des „gegenwärtigen Zustandes der Städte, Kritik und Abhilfe" wurden 61 Thesen formuliert und für die „Schlussfolgerungen" wurden 24 Thesen entwickelt. Die Charta umfasst damit 95 Thesen und Leitbilder.

Anhang Nr. 11 Bedeutung alliierter Anweisungen

Bedeutung und Form der Verkündung alliierter Anweisungen (Ausgabe 1947)

Proklamationen/Proclamations:
Allgemeine Verlautbarungen über die Gesamtpolitik und Einzelaktionen, die an das deutsche Volk oder die Bewohner der US-Zone in Deutschland gerichtet werden, zur Bekanntmachung solcher Angelegenheiten oder Handlungen, die der Oberbefehlshaber des Kriegsschauplatzes oder der Kontrollrat als besonders wichtig kennzeichnen will

Gesetze/Laws:
Gesetzgebungen von allgemeiner Anwendbarkeit auf Deutschland und das deutsche Volk, gültig für ganz Deutschland, außer wenn ihr Geltungsbereich ausdrücklich auf die US-Zone beschränkt ist

Verordnungen/Ordinances:
Gesetzgebung von allgemeiner Anwendbarkeit auf Gegenstände, die sich auf die Militärregierung beziehen, aber das geltende deutsche Recht nicht unmittelbar berühren. Vorschriften dieser Art sind anzuwenden auf die US-Zone oder auf einen Militärdistrikt oder eine Militärregion, sie werden erlassen durch den Oberbefehlshaber des Kriegsschauplatzes, die Befehlshaber der Militärdistrikte oder den Direktor eines Regionalamtes der Militärregierung

---

32 Le Corbusiers „Charta von Athen", Texte und Dokumente, Hg.: Thilo Hilpert, Braunschweig 1984, S. 19. Le Corbusier (geboren in der Schweiz 1887, gestorben 1965) nahm 1930 die französische Staatsangehörigkeit an und arbeitete als Architekt und Bildhauer in Frankreich. Allgemein wird er als bedeutender Theoretiker der Architektur und der Stadtplanung bezeichnet. Seinen Geburtsnamen Charles-Edouard Jeanneret hatte er Anfang der 20er Jahre in Le Corbusier geändert. Corbusier hatte viele internationale Auszeichnungen erhalten. Duden-Lexikon [7]1980, S. 1091. Neben vielen Gebäuden mit unterschiedlichen Nutzungen ist die kleine Wallfahrtskirche in Ronchamp (gebaut 1955), ein Zeugnis seiner Auffassung von Architektur.

33 Albers, Zur Entwicklung (...), Albers: Die Bedeutung der Charta wird in der „fachöffentlichen" Meinung häufig überschätzt, zudem konnte sie mangels Veröffentlichungen kaum wirksam werden. Andererseits sei die Charta auch kein absolut neues Prinzip, denn in den „fortschrittlichen Stadtplanungsämtern" der 20er Jahre würde manches bereits praktiziert, S. 195.

34 Hilpert, S. 9.

Bekanntmachungen/Notices:
Gebot oder Verbot einer bestimmten Handlung, gerichtet an die Bewohner eines Gebietes oder eine Gruppe von Personen, die sich darin aufhält

Direktiven/Directives:
Sie dienen der Mitteilung der Politik oder von Verwaltungsentscheidungen des Kontrollrates an deutsche Beamte
Befehle/Orders:
Sie ergehen an deutsche Dienststellen oder Behörden, um sie zu veranlassen, Vorschriften zu erlassen oder Regierungsakte durchzuführen, die durch den Kontrollrat oder die Militärregierung vorgeschrieben werden

Instruktionen/Instructions:
Forderungen des Kontrollrates unmittelbar an eine einzelne Behörde

Vorschriften/Regulations
Vorschriften, Richtlinien und Grundsätze, die sich auf ein Gesetz oder auf eine Verordnung stützen und für die davon betroffenen Personen bindend sind.

Die Vorschriften wurden überwiegend im Amtsblatt des Kontrollrates in Deutschland (Official Gazette of the Control Council for Germany, Abkürzung KRABl.[35]) in der englischen, französischen und russischen Sprache verkündet.

Die Gesetzgebung in der englischen Formensprache war für die deutsche Verwaltung ungewöhnlich und gab zu Missverständnissen Anlaß. Die Verkündungsformen des KR war jedoch nicht bis zu den unteren regionalen Dienststellen der Militärregierung durchgängig beibehalten worden, die unteren US- und britischen Einheiten verwendeten auch zur Durchsetzung ihres Willens die Form der Memoranden, der Anordnungen, der Anweisungen, der Verordnungen (Ordinances), der Bekanntmachungen (Notices) und der Vorschriften (Regulations).[36]

Anhang Nr. 12 Das hessische Planungsgesetz von 1948

Inhalt des hessischen Planungsgesetzes von 1948:

„Gesetz über den Aufbau der Städte und Dörfer des Landes Hessen“ (Aufbaugesetz), in Kraft gesetzt am 22.11.1948.

1. Allgemeine Vorschriften
2. Planung, Bauleitpläne, Arten der Bauleitpläne
3. Flächennutzungsplan, Generalbebauungsplan, Baugebietsplan, Fluchtlinienplan und Bebauungsplan
4. Aufstellung, Beschlussfassung und Rechtskraft der Bauleitpläne
5. Ortsbaurecht
6. Ordnung des Grund und Bodens, Vorkaufsrecht

35 Deutsche Rechts-Zeitschrift (DRZ) 1946, H. 1, S. 18-19.
36 Brandl, Das Recht der Besatzungsmacht. Ausgabe 1947, S. 8.

7. Eigentumsentziehung im Fluchtlinienverfahren, Enteignung, Enteignungsbegünstigte, Einleitung des Verfahrens, Enteignungsbehörde, Beteiligte, Enteignungsverfahren, Beschluss der Behörde, Rechtsmittel, Rechtswirkungen, Ausführung des Enteignungsbeschlusses, Vorläufige Besitzeinweisung, Einstellung des Verfahrens und Kosten
8. Umlegung (der Grundstücke), Zweck und Voraussetzung, Einleitung des Verfahrens, Umlegungsbehörde, Beteiligte, Umlegungsplan, Umlegungsvermerk (Grundbuch), Wirkungen des Vermerks und Nutzungsbeschränkung, Umlegungsgrundsätze, Verteilungsplan, Rechtsmittel, Rechtswirkungen des Verteilungsplanes, Ausführung des Planes, Einstellung des Verfahrens, Kosten
9. Grenzausgleich,
10. Instandsetzung
11. Änderung oder Beseitigung von baulichen Anlagen, Neubau und Wiederaufbau
12. Untersagung eines Gewerbebetriebes
13. Schlussbestimmungen, Abgabenfreiheit, Amtshilfe und Durchführungsbestimmungen
14. Übergangsbestimmungen und Inkrafttreten.

Anhang Nr. 13 Entwürfe: Deutsches Baugesetz von 1942 und das „Bundesbaugesetz“ von 1950

Entwurf Deutsches Baugesetzbuch vom 21.3.1942	Baugesetz für die Bundesrepublik Deutschland (Deutsches Baugesetz - DBauG -) Entwurf vom 1.9.1950
§ 3 Aufstellung der städtebaulichen Pläne	§ 3 Aufstellung der Bauleitpläne
(2) Bei der Aufstellung, Änderung oder Aufhebung eines Planes sind die Behörden und Stellen zu beteiligen, deren Belange von der Aufstellung oder Änderung berührt werden.	(1) Bei der Aufstellung der Bauleitpläne sind die Behörden und Dienststellen zu beteiligen, deren belange berührt werden.
(4) Die vorbereitenden Pläne haben alles das zu enthalten, was zur Erarbeitung und Aufstellung des Bebauungsplanes erforderlich ist.	(1) Die vorbereitenden Bauleitpläne haben alles das zu enthalten, was zur Aufstellung des Bebauungsplanes erforderlich ist.
§ 4 Der Flächennutzungsplan	§ 12 Aufgabe des Flächennutzungsplanes
(1) Der Flächennutzungsplan stellt die flächenmäßige Gliederung des Plangebietes in den Grundzügen dar und zeigt, wie die geordnete Nutzung des Bodens und die bauliche Entwicklung innerhalb eines Gemeindegebietes oder innerhalb mehrerer benachbarter Gemeindegebiete gedacht ist, und gibt damit eine Richtschnur für die Aufstellung der Bebauungspläne. Er hat entsprechend den landschaftlichen, klimatischen, geologischen und sonstigen Gegebenheiten und in Berücksichtigung aller dafür in Betracht kommenden Bedürfnisse, wie namentlich denen der Land-, Forst- und Wasserwirtschaft, der Industrie, des Gewerbes und des Bergbaues, des Verkehrs, der Erholung der Bevölkerung, des Schutzes des Orts- und Landschaftsbildes und der Landesverteidigung, vor allem ersichtlich zu machen, welche Flächen im Laufe der Zeit voraussichtlich der Bebauung zugeführt werden können und welche Flächen aus Gründen des öffentlichen Wohles unbebaut oder in der Bebauung beschränkt bleiben sollen.	Der Flächennutzungsplan stellt die flächenmäßige Gliederung des Gemeindegebietes nach der grundsätzlichen Zweckbestimmung der Flächenteile dar und zeigt, wie die bauliche Entwicklung und die geordnete Nutzung des Bodens gedacht sind. Er macht vor allem ersichtlich, welche Flächen im Laufe der Zeit voraussichtlich der Bebauung zugeführt werden können, welche Flächen aus Gründen des öffentlichen Wohles unbebaut oder in der Bebauung beschränkt bleiben und welche Flächen einer sonstigen Zweckbestimmung vorbehalten bleiben sollen.
§ 14 (2) Der Flächennutzungsplan ist aufzustellen, wenn es die bauliche oder wirtschaftliche Entwicklung der Gemeinde oder andere öffentliche Belange erfordern. Bei seiner Bearbeitung ist von den Verhältnissen und Bedürfnissen auszugehen, die in einem größeren Zeitabschnitt mit Wahrscheinlichkeit zu erwarten sind. Unwahrscheinliche Erwartungen bleiben außer Betracht.	§ 14 (1) Ein Flächennutzungsplan ist aufzustellen, wenn die bauliche oder wirtschaftliche Entwicklung der Gemeinde oder andere öffentliche Belange es erfordern.
§ 6 Der Flächennutzungsplan bedarf der Billigung durch die Aufsichtsbehörde. Die Billigung setzt voraus, daß mit den nach § 3 (2) zu beteiligenden Stellen eine Einigung erzielt ist.	§ 15 (1) Der Flächennutzungsplan bedarf der Billigung durch die höhere Baubehörde. Die Länder können bestimmen, daß die Billigung des Flächennutzungsplan bei bestimmten Städten der

	Billigung durch die Landesbaubehörde (§ 181, Abs.7,) oder daß bei bestimmten Gemeinden die Billigung durch die Baubehörde ausgesprochen werden kann.
§ 8 Im Ortsbauvorbereitungsplan sollen nach Bedarf namentlich ersichtlich gemacht werden:	§ 21 (1) Der Generalbebauungsplan soll nach Bedarf aufzeigen und vorsehen:
Ziffer 2 Das System der öffentlichen Verkehrsflächen unter Erkenntlichmachung ihres Zwecks und ihrer Bedeutung wie Hauptverkehrsstraßen, Wohnsammelstraßen, Wohnstraßen und dergl., die Gestaltung des Nahverkehrs und seinen Anschluß an den Fernverkehr, sowie die sonstigen Grundzüge der Erschließung.	Ziffer 2, die überörtlichen Verkehrsflächen [...] und das System der örtlichen Verkehrsflächen [...], letztere unter Kenntlichmachung ihres Zwecks und ihrer Bedeutung wie Hauptverkehrsstraßen, Geschäftsstraßen, Parkplätze, Wohnsammelstraßen, Wohnstraßen und Wohnwege.
Ziffer 5, die Verteilung der dem Gemeinwohl dienenden Gebäude auf das Gemeindegebiet (Verwaltungsgebäude, Gemeinschaftseinrichtungen, Schulen, Krankenhäuser, Theater u. dgl.)	Ziffer 6, die Verteilung der der Allgemeinheit dienenden Einrichtungen, Gebäude und Anlagen auf das Gemeindegebiet (Verwaltungsgebäude, Kirchen, Schulen, Krankenhäuser, Theater u. dgl.)
§ 12 (1) Der Bebauungsplan setzt gemäß § 2 Abs. 2 fest:	§ 23 (1) Der Bebauungsplan setzt nach Bedarf fest:
5. das Maß der baulichen Ausnutzung und die Bauweise, sowie die Gebäudehöhe und die Gebäude- und Grenzabstände, soweit diese von den allgemeinen Vorschriften (Reichsbauordnung oder Baustaffel) abweichen.	(4. das Maß der baulichen Nutzung und die Bauweise sowie die Gebäudehöhe, die Gebäude- und Grenzabstände, wenn sie von den sonst geltenden Regelungen abweichen.
7. die Stellung, Richtung und Gestaltung der Bauwerke, sowie erforderlichenfalls die Höhenlage der Bauwerke und Vorgärten.	5. die Gestaltung, Stellung und Richtung der Bauwerke, sowie erforderlichenfalls die Höhenlage der Bauwerke und Baugrundstücke.
10. die Grundzüge der Entwässerung und der örtlichen oberirdischen Stromversorgung.	9. die Ausführungsart der Entwässerung und der örtlichen oberirdischen Stromversorgung.
(4) Statt der Beifügung von Planergänzungsbestimmungen zu jedem einzelnen Bebauungsplan können diese Vorschriften auch durch Ortsbauvorschrift allgemein aufgestellt werden. Sie werden dadurch für ein Grundstück, für mehrere Grundstücke oder für das ganze Plangebiet wirksam, da[ß] sie im Bebauungsplan mit festgesetzt werden (Baustaffeln).	(3) Statt der Beifügung von Planergänzungsbestimmungen zu jedem einzelnen Bebauungsplan können diese Bestimmungen auch durch Ortsbauvorschrift (§ 201 ff) allgemein erlassen werden. Sie werden für ein Grundstück, für mehrere Grundstücke oder für den ganzen Geltungsbereich des Bebauungsplanes dadurch wirksam, daß sie ganz oder zum Teil im Bebauungsplan mit festgesetzt werden.

Quelle: 1. Entwurf Deutsches Baugesetzbuch vom 21.3.1942: BA Koblenz, R 41/882
2. Baugesetz f. d. Bundesrepublik Deutschland (Deutsches Baugesetz - DBauG -), Entwurf vom 1.9.1950, Verfasser Wilhelm Dittus. Geodätisches Institut TH Darmstadt, X/92, Inv. Nr. 554.

Anhang Nr. 14 Der Antrag an das Bundesverfassungsgericht

Der Entwurf der Bundesregierung zu einem Antrag an das Bundesverfassungsgericht vom 29.4.1952.

"I. Erstreckt sich die Gesetzgebungsbefugnis des Bundes nach dem Grundgesetz, insbesondere nach Art. 74 Ziff. 18 GG unter den Voraussetzungen des Art. 72 Abs. 2 GG, auf folgende Gebiete:

1. das Planungsrecht

2. das Recht der Baulandumlegung,
   a) Verfahren und Voraussetzungen der Umformung von Grundstücken
   b) die Grenzregelung

3. das Recht der Zusammenlegung von Grundstücken

4. das Recht der Bodenbewertung

5. das Bodenverkehrsrecht

6. das Erschließungsrecht der
   a) Gemeinbedarfsflächen
   b) Versorgungsanlagen
   c) Anlagen zur Beseitigung und Verwertung von Abwässer und Abfallstoffe

7. das Bauordnungsrecht, d. h. Bestimmungen über:
   a) die aus der Planung sich ergebenden Auswirkungen auf Bauvorhaben und auf bestehende Gebäude
   b) grundsätzliche Anforderungen baukonstruktiver, baugestalterischer und bauwirtschaftlicher Art an Bauwerke und Baustoffe
   c) die Grundlagen des Genehmigungsverfahrens und der Ordnung des Bauvorgangs
   d) die Pflicht zur ordnungsgemäßen Unterhaltung und Instandsetzung oder Beseitigung bei gefährlichen oder ordnungswidrigen Zuständen.

II. Für den Fall, dass die Frage zu I. ganz oder teilweise verneint wird:
Ist auf den zu I. genannten Gebieten eine Zuständigkeit des Bundes nach Artikel 74 Ziffer 9 GG aus dem Gesichtspunkt gegeben, dass es sich um den Erlass von Vorschriften handelt, die der Beseitigung von Kriegsschäden dienen?

III. Für den Fall, dass die Fragen zu I. und II. ganz oder teilweise verneint werden:
Hat der Bund nach Artikel 75 Ziffer 4 unter den Voraussetzungen des Artikels 72 GG die Befugnis, auf den unter I. genannten Gebieten Rahmenvorschriften zu erlassen, und können diese gemäß Artikel 84 Absatz 1 GG mit Zustimmung des Bundesrates die Einrichtung der Behörden, das Verwaltungsverfahren und das Gerichtsverfahren (Rechtsschutz) regeln, soweit es sich um den sachlichen Bereich des geplanten Baugesetzes handelt?

Bemerkung:
Für die Wiedergabe des Absatzes I. und der Ziffern 1-6 wurden nur die Überschriften verwendet. Die wichtige Ziffer 7 und die Absätze II. und III. sind vollständig abgedruckt.

Angaben zur Literatur

Adickes, Franz
Die sozialen Aufgaben der deutschen Städte, Vortrag auf dem ersten deutschen Städtetage zu Dresden am 2. September 1903, Leipzig 1903
Albers, Gerd
Zur Entwicklung des Planungsrechtes am Beispiel der Hamburger Bauordnung 1842-1900, in: Städtebaureform 1865-1900, Teil 2, hg. von Juan Rodriguez-Lores/Gerhard Fehl, Hamburg 1985
Albers, Gerd
Zur Entwicklung der Stadtplanung in Europa, Begegnungen, Einflüsse, Verflechtungen, Braunschweig 1997
Albisetti/Lundgreen
Höhere Knabenschulen, in: Handbuch der deutschen Bildungsgeschichte, Band IV 1870-1918, hg. von Christa Berg, München 1991
Albrecht, H.
Wohnungsstatistik und Wohnungsenquete, in: Handbuch der Hygiene 1895, Bd. 4
Albrecht, H.
Leerwohnungsziffer, in: Handwörterbuch des Wohnungswesens, Jena 1930
Anschütz, Gerhard
Die Verfassung des Deutschen Reichs vom 11.8 1919, Berlin [8]1928
Arndt, Karl
Zur Schriftenreihe des Deutschen Städtetages, H. 7, Entschädigung für baurechtliche Eigentumsbeschränkungen, [...] in: JW 1930, H. 12
Arndt, W.
Die lichttechnisch günstigsten Fenstermaße, in: Die Bauwirtschaft 1951, H. 47/48
Arntz, Wilhelm
Kritische Gedanken zum Städtebaugesetz, in: Zentralblatt der Bauverwaltung 1927, H. 23, (Sonderheft)
Baker, Geoffrey und Bruno Funaro
Windows in modern architecture, New York 1948
Baltz, Constanz und F.W. Fischer
Baupolizeiliche Vorschriften, Berlin [4]1938
Dieselben
Preußisches Baupolizeirecht, unveränderter Nachdruck, Berlin [6]1954
Bahrt, Hans Paul
Humaner Städtebau. Überlegungen zur Wohnungspolitik und Stadtplanung für eine nahe Zukunft, in: Zeitfragen Nr. 4, hg. von Wilhelm Hennis, Hamburg 1968
Bahrt, Hans Paul
Die moderne Großstadt. Soziologische Überlegungen zum Städtebau, Hamburg 1971
Bauer, Daniela
Rechtliche und tatsächliche Bedeutung der Generalklausel im Bauordnungsrecht, München 1981
Baumgärtel Otto, (Hg.)
Grundlagen des Städtebaues. Eine Anleitung zum Entwerfen städtebaulicher Anlagen von Raymond Unwin. Aus dem Englischen übersetzt von L. Mac Lean, Berlin [2]1922. Erste englische Auflage 1909, erste deutsche Auflage 1910

Baumeister, Reinhard
Normale Bauordnung, Wiesbaden 1880
Baumeister, Reinhard
Stadt-Erweiterungen in technischer, baupolizeilicher und wirthschaftlicher Beziehung, Berlin 1876
Baumeister, Reinhard
Die technischen Hochschulen, in: Sammlung gemeinverständlicher wissenschaftlicher Vorträge, hg. von Rudolf Virchow und Fr. von Holtzendorff, Berlin 1886, H. 5
Baumeister, Reinhard
Bauordnung und Wohnungsfrage, in: Städtebauliche Vorträge [...], Bd. IV, H. III, hg. von Josef Brix und Felix Genzmer, Berlin 1911
Baumeister, Reinhard
Gemeinwohl und Sondernutzen im Städtebau, in: Städtebauliche Vorträge [...], Bd. VIII, H. IV, hg. von Josef Brix und Felix Genzmer, Berlin 1911
Behme, Theda
Reklame und Heimatbild, Neudamm 1931
Behnen, Michael
Deutschland unter Napoleon. Restauration und Vormärz (1806-1847), in: Deutsche Geschichte, hg. von Martin Vogt, Stuttgart 21991
Behnen, Michael
Bürgerliche Revolution und Reichsgründung, in: Deutsche Geschichte, hg. von Martin Vogt, Stuttgart 21991
Benz, Wolfgang
Konsolidierung und Konsens 1934-1939, in: Ploetz, Das Dritte Reich, hg. von Martin Broszat und Norbert Frei, Freiburg 1983
Benz, Wolfgang
Geschichte des Dritten Reichs, München 2000
Berding, Helmut
Gründung und Anfänge des Landes Hessen, in: Das Werden Hessens, hg. von Walter Heinemeyer, Darmstadt 1986, Bd. 50
Berger-Thimme, Dorothea
Wohnungsfrage und Sozialstaat. Untersuchungen zu den Anfängen staatlicher Wohnungspolitik in Deutschland 1873-1918. Frankfurt am Main 1976
Bergsträsser, Ludwig
Befreiung, Besatzung, Neubeginn, Tagebuch des Darmstädter Regierungspräsidenten 1945-1948, hg. von Walter Mühlhausen, München 1987
Beyme, Klaus von
Wohnen und Politik, in: Geschichte des Wohnens, 1945 bis heute, Aufbau, Neubau, Umbau, hg. von Ingeborg Flagge, Stuttgart 1999, Bd. 5
Binder, Gottlob (Hg.)
Grundfragen des Aufbaus in Stadt und Land, in: Deutscher Verband für Wohnungswesen, Städtebau und Raumplanung, Aufbau-Sonderheft 2, Stuttgart 1947
Blumenfeld, Hans und S.B. Zismann
Auszug aus den Berichten der US-Beobachter, in Neue Bauwelt 1950, H. 6
Blumenroth, Ulrich
Deutsche Wohnungspolitik seit der Reichsgründung. Darstellung und Würdigung, Münster 1975

Böckenförde/Temme/Krebs
Musterbauordnung für die Länder der Bundesrepublik Deutschland, Düsseldorf ^{6}1999
Böhm, Hans
Rechtsordnungen und Bodenpreise als Faktor städtischer Entwicklung im Deutschen Reich zwischen 1870 und 1937, in: Urbanisierung im 19. und 20. Jahrhundert. Historische und Geographische Aspekte. Hg. von Hans Jürgen Teuteberg, Köln-Wien 1983. S. 214-240.
Böhme, Helmut
Thesen zur „europäischen Stadt" aus historischer Sicht, in: Die europäische Stadt. Mythos und Wirklichkeit, hg. von Dieter Hassenpflug, Münster-Hamburg-London, 2002, S. 49-102
Bolenz, Eckhard
Vom Baubeamten zum freiberuflichen Architekten, Frankfurt am Main 1991
Borsdorf/Niethammer
Zwischen Befreiung und Besatzung, Analysen des US-Geheimdienstes über Positionen und Strukturen deutscher Politik 1945, Wuppertal 1976
Brandl, Felix
Das Recht der Besatzungsmacht. Proklamationen, Deklarationen, Verordnungen, Gesetze und Bekanntmachungen der Militärregierung Deutschland (Kontrollgebiet des Obersten Befehlshabers bzw. Amerikanische Zone) und des Kontrollrates, München Ausgabe 1947
Brix, Josef
Aufgaben und Ziele des Städtebaues, in: Städtebauliche Vorträge [...], Bd. I, H. I, hg. von Josef Brix und Felix Genzmer, Berlin 1908
Brix, Josef
Aus der Geschichte des Städtebaues in den letzten 100 Jahren, in: Städtebauliche Vorträge [...] Bd. IV, H. II, hg. von Josef Brix und Felix Genzmer, Berlin 1912
Brix, Josef
Die „Freie Deutsche Akademie des Städtebaues" zum Städtebaugesetz, in: Zentralblatt der Bauverwaltung, 1927, H. 23
Brockhaus
Konversations-Lexikon, Leipzig ^{14}1902
Brockhaus
Enzyklopädie, Bd. 10, Mannheim ^{21}2006
Bruch, Ernst
Berlin's bauliche Zukunft und der Bebauungsplan, Berlin 1870
Buff, Albert
Die bestimmenden Faktoren der Deutschen Bauordnungen im Wandel der Zeit, Wuppertal 1970 (Dissertation)
Buff, Albert
Bauordnung im Wandel. Historisch-politische, soziologische und technische Aspekte, München 1971
Büning, Wilhelm
Angemessenes Tageslicht im Wohnungsbau, Stuttgart 1953
Burnett, John
A social History of Housing 1815-1970, London 1978

Chadwick, Edwin
Report on the sanitary condition of the labouring population of Great Britain (Repr. 1997, hg. von David Gladstone, London 2000).
Chuchul, P.
Die im Regierungsbezirk Cassel gültigen Polizeiverordnungen, Ministerial-Erlasse, Landes- und Reichsgesetze mit strafrechtlicher Bedeutung, Cassel [2]1889
Clark, Christopher
Preußen. Aufstieg und Niedergang 1600-1947, München [3]2007
Clarke, John
The Law of Housing and Planning. Including Public Health, Highways and the Acquisition of Land, London 1936
Cohn, Louis
Die Wohnungsfrage und die Sozialdemokratie. Ein Kapitel sozialdemokratischer Gemeindepolitik, München 1900
Conradt (Breslau)
Über die Vertretung der Hausbesitzer im Herrenhause, in: Mitteilungen des Preußischen Landesverbandes der Haus- und Grundbesitzer-Vereine e.V., 111. Heft, Spandau 1918
Czermak, C.
Theorie und Praxis in deutschen Gewerbeschulen 1820-1850. Darmstadt 1994
Damaschke, Adolf
Aufgaben der Gemeindepolitik. (Vom Gemeinde-Sozialismus). Jena, 1901
Damaschke, Adolf
Die Bodenreform, Grundsätzliches und Geschichtliches zur Erkenntnis und Überwindung der sozialen Not, Jena 1918
Damaschke, Adolf
Deutsche Bodenreform, ohne Jg., [nach 1928]
Damaschke, Adolf
Der Entwurf eines Wohnheimstättengesetzes, Berlin ohne Jahreszahl
Dassenreither, Ludwig
Allgemeine Allerhöchste Bauverordnung (...) für das Königreich Bayern, München, V. Auflage, 1868
David, Eduard
Die Siedlungsgesetzgebung, Berlin 1921
Denkmalschutz
Kulturdenkmäler in Hessen. Stadt Darmstadt, hg. vom Landesamt für Denkmalpflege Hessen in Zusammenarbeit mit dem Magistrat der Stadt Darmstadt, Denkmalschutzbehörde, Braunschweig/Wiesbaden 1994
Denkschrift
Über die Errichtung einer Gartenstadt für kleine Leute und Arbeiter auf dem Gelände der Darmstädter Aktienziegelei zu beiden Seiten der Kranichsteinerstraße, Darmstadt 1911. Quelle: ULB Darmstadt 43 A 895a
Denkschrift
Hausbesitz und Reichsstädtebaugesetzentwurf, in: Denkschrift des Zentralverbandes Deutscher Haus- und Grundbesitzervereine, Berlin 1932

Denkschrift
Bildung eines Direktorats für Aufbau. Hg.: Deutscher Verband für Wohnungswesen, Städtebau und Landesplanung. In: Bau-Rundschau 1948, H. 5-6
Dieterici, C. F. W.
Handbuch der Statistik des preußischen Staats, Berlin 1861
Dittus, Wilhelm
Zur Reichsgaragenordnung, in: RABL. II., 1939, Nr. 7
Dittus, Wilhelm
Zu einem neuen Deutschen Baurecht, in: Neue Bauwelt 1946, H. 4
Dittus, Wilhelm
Um das Stockwerkseigentum, in: Der Bauhelfer 1947, H. 12
Dittus, Wilhelm
Die Grundsätze zur Baugesetzgebung, in: Neue Bauwelt 1947, H. 30
Dittus, Wilhelm
Neues Baurecht für zerstörte Städte, in: Der Bauhelfer 1948, H. 6
Dittus, Wilhelm
Über Dr. Hönigs Bau- und Bodengesetzentwurf, in: Der Bauhelfer 1948, H. 24
Dittus, Wilhelm
Das Bodenrechtsproblem, die zentrale Frage des künftigen Städtebaus, in: Der Bauhelfer 1948, H. 19
Dittus, Wilhelm
Der Rechtsschutz im Baurecht, in: Neue Bauwelt 1948, H. 46
Dittus, Wilhelm
Überprüfung des baulichen Nachbarrechts, in: Neue Bauwelt 1949, H. 8
Dittus, Wilhelm
Entwurf zu einem Baugesetz für die Bundesrepublik Deutschland, Bonn 1950
Dittus, Wilhelm
Baurecht im Werden, München 1951
Doehl, C.
Repertorium des Bau-Rechts und der Bau-Polizei für den preußischen Staat, Berlin 1866
Doehl, C.
Das öffentliche Bau-Wesen des preußischen Staates. Handbuch, Cassel 1872
Drews/Wacke
Allgemeines Polizeirecht, Ordnungsrecht der Länder und des Bundes, Berlin ^{7}1961
Duden, Fremdwörterbuch, ^{4}1982
Dupke, Thomas
Von der „Wasserkalamität“ zur „Wasserbequemlichkeit“, in: Selbstverständlichkeiten. Strom, Wasser, Gas und andere Versorgungseinrichtungen. Die Vernetzung der Stadt um die Jahrhundertwende. Hg. von Klaus Wisotzky und Michael Zimmermann, Essen 1997, S. 10-45
Durth, Werner
Deutsche Architekten, Braunschweig 1986
Durth, Werner
Deutsche Architekten, München 1992
Eckstädt, Vitzthum von
Das Sächsische Baugesetz, Leipzig 1936

Eberstadt, Rudolf
Das Wohnungswesen, in: Soziale Hygiene, Handbuch der Hygiene, hg. von Th. Weyl, Jena 1904
Eberstadt, Rudolf
Der Entwurf eines preußischen Wohnungsgesetzes, seine Vorgeschichte und seine Bedeutung, in: Archiv für Sozialwissenschaft und Sozialpolitik, Tübingen 1904
Eberstadt, Rudolf
Bauordnung und Volkswirtschaft, in: Städtebauliche Vorträge [...] Bd. II, H. VII, Berlin 1909
Eberstadt, Rudolf
Handbuch des Wohnungswesens und der Wohnungsfrage, Jena ^{4}1920
Eckstädt, Carl von
Das Sächsische Baugesetz, vom 1. Juli 1900, Leipzig ^{2}1936
Edelmann, Günther
Der Einfluß des Besatzungsrechts auf das deutsche Staatsrecht der Übergangszeit (1945-1949), Miltenberg 1955
Eigenbrodt, Karl
Kanalbauten in Darmstadt, in: DVjöG 1869, Bd. 1, H. 1
Elmnau, J. von
Aufbau und Tätigkeit des Länderrats in der US-Zone, DRZ 1946
Emig, Dieter und Alfred G. Frei
Office of Military Government for Hesse, in: OMGUS-Handbuch: Die amerikanische Militärregierung in Deutschland 1945-1949, hg. von Christoph Weisz, München 1994
Ensgraber, Wilhelm
Die Entwicklung der Bodenpreise Darmstadts in den letzten 40 Jahren, Lucka 1913
Eras und Bösling
Reichsgaragenordnung mit Landesvorschriften und Tankwesen, Berlin 1932
Eschenburg, Theodor
Regierung, Bürokratie und Parteien 1945-1949. Ihre Bedeutung für die politische Entwicklung der Bundesrepublik, in: Vierteljahrshefte für Zeitgeschichte, Jg. 24, 1976
Evans, Richard
Tod in Hamburg, Hamburg 1990, Deutsche Übersetzung von Karl Klewer
Faucher, Julius
Die Bewegung für Wohnungsreform, in: Vierteljahrschrift für Volkswirthschaft und Kulturgeschichte, Bd. 4, Berlin 1865
Feder, Gottfried
Das Deutsche Siedlungswerk, in: Zentralblatt der Bauverwaltung, 1934, H. 20
Feder, Gottfried
Aufgaben und Zuständigkeit des Kampfbundes deutscher Architekten und Ingenieure, in Baugilde 1933, H. 13
Feder, Gottfried
Die neue Stadt. Versuch der Begründung einer neuen Stadtplanungskunst aus der sozialen Struktur der Bevölkerung, Berlin 1939
Fehl / Rodriguez (Hg.)
Stadterweiterungen 1800-1875. Von den Anfängen des modernen Städtebaues in Deutschland, Hamburg 1983

Fehl, Gerhard
Stadtbaukunst contra Stadtplanung, Zur Auseinandersetzung Camillo Sittes mit Reinhard Baumeister, in: Stadtbauwelt 65, 1980
Fehl, Gerhard
Der deutsche Städtebau in den 1890er Jahren, in: 100 Jahre Allgemeines Baugesetz Sachsen. Hg. von Hartmut Bauer, Rüdiger Breuer, Christoph Degenhardt und Martin Oldiges, Stuttgart/München/Hannover/Berlin/Weimar/Dresden 2000
Feldmann, Ekke
Der Technische Notar, Baden-Baden 1993
Festschrift
des kaiserlichen Gesundheitsamtes zum X. Internationalen Medizinischen Kongress Berlin 1890, Berlin 1890
Fisch, Jörg
Europa zwischen Wachstum und Gleichheit, 1850-1914, Stuttgart 2002
Fisch, Stefan
Theodor Fischer in München (1893-1901) – der Stadtplaner auf dem Weg zum Beamten, in: Kunstpolitik und Kunstförderung im Kaiserreich, hg. von Ekkehard Mai, Hans Pohl und Stephan Waetzoldt, Berlin 1982
Fisch, Stefan
Stadtplanung im 19. Jahrhundert. Das Beispiel München bis zur Ära Theodor Fischer, München 1988
Fischer, F.W.
Flächenaufteilungspläne, in: Zentralblatt der Bauverwaltung 1926, H. 8
Fischer, F.W.
Der Städtebaugesetzentwurf, in: Zentralblatt der Bauverwaltung 1927, H. 23 (Sonderheft)
Fischer, F.W.
Landesplanung, in: Zentralblatt der Bauverwaltung 1927, H. 39
Fischer, F.W.
Baupolizei, in: Handwörterbuch des Wohnungswesen 1930
Flinn, M. W.
Report on The Sanitary Condition of the labouring Population of Great Britain Britain (Edwin Chadwick). Edinburgh 1965. Erstmals 1842 erschienen. Eine weitere Veröffentlichung des Reports stammt von David Gladstone, London 2000.
Foelz-Schroeter, M.E.
Föderalistische Politik und nationale Repräsentation 1945-1947. Westdeutsche Länderregierungen, zonale Bürokratien und politischer Widerstreit, Stuttgart 1974
Forbath
Das englische Städtebaugesetz vom 3. Dezember 1909, in: Der Städtebau, H. 4, Berlin 1912
Förster, Christian F. L. (Hg.):
Allgemeine Bauzeitung, Wien 1842-1900
Forsthoff, Ernst
Lehrbuch des Verwaltungsrechts Band 1, Allg. Teil, [10]München 1973
Fritsch, Theodor
Die Stadt der Zukunft, Leipzig 1896

Fritsch, Theodor
Die Stadt der Zukunft, Leipzig [2]1896
Frotscher, Werner
Die eigenen Angelegenheiten der Bundesstaaten, in: Deutsche Verwaltungsgeschichte, hg. von K. Jeserich, Hans Pohl und Georg-Christoph von Unruh, Stuttgart 1984, Bd. 3
Führer, Karl Christian
Mieter, Hausbesitzer, Staat und Wohnungsmarkt, Stuttgart 1995
Fuchs, Carl Johannes
Zur Wohnungsfrage. Vorträge und Aufsätze, Berlin 1904
Fuchs, Carl Johannes
Die Gartenstadt, in: DVjöG 1908, Bd. 40, H. 1
Fuchs, Carl Johannes
Wohnungsfrage und Krieg, in: Schriften des Deutschen Wohnungsausschuß, Berlin 1917, H. 1
Gall, Lothar (Hg.)
Stadt und Bürgertum im 19. Jahrhundert, München 1990
Geist, J. / Huhn, D.
Gebührt James Hobrecht ein Denkmal? In: Bauwelt 1965, H 24
Geist, Johann Friedrich und Klaus Kürvers
Das Berliner Mietshaus, 1740-1862, München 1980 /Kürvers (Bd. 1)
Dieselben
Das Berliner Mietshaus, 1862-1945, München 1984 (Bd. 2)
Göderitz, Johannes
Städtebau und Landesplanung. Gestaltungsfragen beim Wiederaufbau zerstörter Altstädte, in: Wiederaufbau-Mitteilungen des Bauausschusses Nr. 7, hg. vom Deutschen Städtetag Bad Godesberg. Essen 1947
Göderitz, Johannes
Neues Städtebaurecht. Der Entwurf eines Gesetzes über den Aufbau der Deutschen Gemeinden (Aufbaugesetz), in: Schriften des Deutschen Städtetages, Braunschweig 1948
Goldschmidt, Otto
Die preußischen Gesetze gegen Verunstaltung, Berlin 1912
Goltz, Hans von der
Die Wohnungsfrage und das Reich, Göttingen 1900.
Götz, Volkmar,
Wandlungen des Polizeibegriffs, in: Allgemeines Polizei- und Ordnungsrecht, Göttingen [5]1978
Götz, Volkmar
Polizei und Polizeirecht, in: Deutsche Verwaltungsgeschichte, hg. von Kurt G.A. Jeserich, Hans Pohl und Georg-Christoph von Unruh, Stuttgart 1985, Bd. 4
Gottwald, Richard
Das alte Wüstewaltersdorf. Ein Beitrag zur Geschichte des Eulengebirges, Breslau 1926
Gransche, Elisabeth
Die Entwicklung der Wohnungspolitik bis zum Ersten Weltkrieg, in: Sonderforschungsbereich 3, Mikroanalytische Grundlagen der Gesellschaftspolitik, Frankfurt am Main 1985

Grävéll, A.
Die Wohnungsnoth. Kritische Untersuchung des Begriffes und Wesens der Wohnungsnoth, ihrer geschichtlichen Entwickelung und sozialen Bedeutung, Dresden 1900
Gretzschel, Gustav
Jahresbericht des Großherzoglichen Hessischen Landeswohnungsinspektors für das Jahr 1904 und 1905
Gretzschel, Gustav
Das Wohnungswesen, in: Handbuch der Hygiene, Jena ^{2}1914, Bd. IV
Gretzschel, Gustav mit Josef Rings
Die Praxis der Wohnungsreform, hg. vom Ernst-Ludwig-Verein, Hessischer Zentralverein für Errichtung billiger Wohnungen Darmstadt, Darmstadt 1912
Grobler, Johannes
Vorschlag für eine neue Musterbauordnung, in: Die Baugilde, 1931, H. 24
Groeben, Klaus von der
Die Erfüllung von allgemeinen und besonderen polizeilichen Aufgaben, unter Verwendung eines Aufsatzes von Alfons Galette „Zur Entwicklung des „Polizei- und Ordnungsrechts (DVBL. 1955, S. 279). In: Deutsche Verwaltungsgeschichte, hg. von K. Jeserich, Stuttgart 1984, Bd. 3
Grüner, Gustav
Berufsbildung, Fachschulen, in: Handbuch der deutschen Bildungsgeschichte, Bd. IV 1870-1918, hg. von Christa Berg, München 1991
Haase, Hugo
Gesundheitswidrige Wohnungen, Begutachtung, Berlin 1905
Haberland, Georg
Der preußische Gesetzentwurf zur Verbesserung der Wohnungsverhältnisse. Kritische Betrachtungen, Berlin 1904
Haberland, Georg
Wie kommen wir aus der Wohnungsnot heraus? Ein dringender Appell an die Reichs- und Staatsregierung, Berlin 1919
Haberland, Georg
Wohnungsversorgung und Bauordnung, Berlin 1925
Haffner, Thomas
Eigenheim und Kleinsiedlung. Heimstätten, in: Geschichte des Wohnens. 1918-1945. Reform, Reaktion, Zerstörung, hg. von Gert Kähler, Stuttgart 1996, Bd. 4
Hardy, Anne
Ärzte, Ingenieure und städtische Gesundheit. Medizinische Theorien in der Hygienebewegung des 19. Jh., Frankfurt/New York 2005.
Harlander, Tilman
Zwischen Heimstätte und Wohnmaschine. Wohnungsbau und Wohnungspolitik in der Zeit des Nationalsozialismus, Basel Berlin Boston 1995
Hartmann, Kristina
Deutsche Gartenstadtbewegung. Kulturpolitik und Gesellschaftsreform, München 1976
Haselberg, Ernst von
Über den Baugrund der Wohnhäuser, in: DVjöG 1870, Bd. 2, H. 1
Hassenpflug, Dieter
Die Europäische Stadt - Mythos und Wirklichkeit, München, Hamburg, London 2002

Hegemann, Werner
Der Städtebau nach den Ergebnissen der Allgemeinen Städtebau-Ausstellung in Berlin, Teil 1, Berlin 1911, sowie Teil 2, Berlin 1913
Hegemann, Werner
Das steinerne Berlin. Geschichte der größten Mietskasernenstadt der Welt, Berlin 1930
Heiber, Helmut
Hitler, Die Partei und die Institutionen des Führerstaates, in: Ploetz, Das Dritte Reich, hg. von Martin Broszat und Norbert Frei, Freiburg 1983
Heidt, Fritz
Der neue Referentenentwurf des Reichsstädtebaugesetzes, in: Baugilde 1931, H. 24
Heilig, Wilhelm
Der Referentenentwurf zu einem Reichsstädtebaugesetz, in: Baugilde 1932, H. 9
Heilmann, Georg
Über die Neuregelung des Baurechtes. Zentralblatt der Bauverwaltung 1937, H. 6
Heilmann, Georg
Neugestaltung des deutschen Baurechts, in: Zentralblatt der Bauverwaltung 1937, H. 13
Heilmann, Georg
Zum Gesetz über die Neugestaltung deutscher Städte, in: Baugilde 1937, H. 31
Heinicke, Erich
Geistige Grundlagen und Organisation des Aufbaus, in: Bau-Rundschau 1948, H. 5-6
Heinrich, Ernst
Der „Hobrechtplan". In: Jahrbuch für Brandenburgische Landesgeschichte Bd. 13, hg. von Kurt Pomplun, Berlin 1962
Heinrich, Adolf, F.
Die Wohnungsnot und die Wohnungsfürsorge privater Arbeitgeber in Deutschland im 19. Jh., Marburg 1970
Hemken, Ruth
Sammlung der von dem Alliierten Kontrollrat und der amerikanischen Militärregierung erlassenen Proklamationen, Gesetze, Verordnungen, Befehle und Direktiven. Stuttgart 1946
Henke und Oldenhage
Office of Military Government for Germany (US), in: OMGUS-Handbuch. Die amerikanische Militärregierung in Deutschland, 1945-1949, hg. von Christoph Weisz, München 1994
Herzog, Roman
Strukturmängel der Verfassung? Erfahrungen mit dem Grundgesetz, Stuttgart/München 2000
Heuss, Theodor
Damaschke, Adolf Wilhelm, in: Neue Deutsche Biographie III, Hbeck/4 53.410-3, Berlin 1957
Hillebrecht, Rudolf
Wirtschaftsverwaltung „Amt für Aufbau", in: Baurundschau 1948, H. 5/6
Hilpert, Thilo (Hg.)
Le Corbusiers „Charta von Athen", Texte und Dokumente. Kritische Neuausgabe, Braunschweig 1984
Hirtsiefer, Heinrich
Die Wohnungswirtschaft in Preußen, Eberswalde 1929

Hirtsiefer, Heinrich
Städtebaugesetz. Einführungsrede des preußischen Ministers für Volkswohlfahrt im preußischen Landtag am 26.11.1929, in: Zentralblatt der Bauverwaltung 1929, H. 51
Hirsch, Paul
Aufgaben der deutschen Gemeindepolitik nach dem Kriege, in: Sozialwissenschaftliche Bibliothek, 2. Band, Berlin 1917
Hirsch, Paul mit Engler-Freiburg.
Die Wohnungsfrage, Bericht auf dem sozialdemokratischen Parteitag 1920, Tagesordnungspunkt 5, in: Http://library.fes.de/Parteitage/1920-to.html vom 17.11.2008 (7 Seiten)
Hitler, Adolf
Mein Kampf, München [197-201]1936
Hobrecht, James
Über Reinigung und landwirthschaftliche Nutzbarmachung des Kanalwassers, in: DVjöG 1869, Bd. 1
Hobrecht, James
Ueber öffentliche Gesundheitspflege und die Bildung eines Central-Amtes für öffentliche Gesundheitspflege im Staate, Stettin 1868
Hobrecht, James
Miethshaus und Villa, in: National-Zeitung Berlin, Morgenausgabe vom 21.1.1893 und Erstes Beiblatt zu Nr. 62 vom 28.1.1893
Hoepke, Klaus-Peter
Geschichte der Fridericiana, Karlsruhe 2007
Hoenig, Anton
Entwurf zu einem Bau- und Bodengesetz, in: Baumeister 1948, H. 4
Hofmann, Wolfgang/Gerd Kuhn (Hg.)
Einleitung: Die Wohnungsgeschichtliche Periode 1900-1930 und ihre Erforschung, in: Wohnungspolitik und Städtebau 1900-1930, Arbeitshefte des Institutes für Stadt- und Regionalplanung Technische Universität Berlin, Berlin 1993
Hornung-Arnegg, W.
Feuerwehrgeschichte, Stuttgart [4]1995
Hünecke, Walter
Hausbesitzerbewegung, in: Handwörterbuch des Wohnungswesens, Jena 1930
Hüttenberger, Peter
Die Gauleiter. Studie zum Wandel des Machtgefüges in der NSDAP, Stuttgart 1969
Jäger, Eugen
Denkschrift über die Wohnungsfrage auf Wunsch zahlreicher Abgeordneten für den bayerischen Landtag bearbeitet von Dr. E. Jäger, in: Kammer der Abgeordneten, XXXIII. Landtagsversammlung, III. Session 1903
Jäger, Eugen
Bodenreform, Wohnungsfrage und Schutzverband für deutschen Grundbesitz. Offener Brief an den Herrn Landtagsabgeordneten Grafen Anton von Spee, von Dr. Eugen Jäger MdR. Berlin 1914
Jäger, Eugen
Vorbericht zum Entwurf des preußischen Wohnungsgesetzes, in: Unterlagen I. Allgemeiner Deutscher Wohnungskongreß, Frankfurt 1904

Jellinek, Walter
Entschädigung für baurechtliche Eigentumsbeschränkungen, in: Schriftenreihe des Deutschen Städtetages, Berlin 1929, H. 7
Jeserich, Kurt G.A.
Die Entwicklung des öffentlichen Dienstes, in: Deutsche Verwaltungsgeschichte. Das Deutsche Reich bis zum Ende der Monarchie, hg. von Kurt G.A. Jeserich, Hans Pohl und Georg-Christoph von Unruh, Bd. 3, Stuttgart 1984
Jordan, David
Die Neuerschaffung von Paris. Baron Haussmann und seine Stadt, Frankfurt am Main 1996
Justi, Gottlob von
Grundsätze der Policeywissenschaft, Hg. von Johann Beckmann, Göttingen ^{3}1782.
Kähler, Gert
Nicht nur neues Bauen! In: Geschichte des Wohnens. 1918-1945. Reform, Reaktion, Zerstörung, hg. von Gert Kähler, Stuttgart 1996, Bd. 4
Kaiser
Die bauliche Neuordnung zerstörter Städte, in: Der Bauhelfer 1947, H. 1
Kallmeyer
Kritisches zum Referentenentwurf eines Reichsstädtebaugesetzes, in: Baugilde 1932, H. 3
Kampffmeyer, Paul
Der Parteitag und die Wohnungsfrage, in: Sozialistische Monatshefte. 4=6, 1900, H. 10
Kampffmeyer, Hans
Die Gartenstadtbewegung. Leipzig/Berlin ^{2}1913
Kamphoefner, Walter
Soziale und demographische Strukturen der Wanderung in deutsche Großstädte des späten 19. Jahrhunderts, in: Urbanisierung im 19. und 20. Jahrhundert, hg. von H. J. Teuteberg, Köln/Wien 1983
Karch, Adolf
Die Kompetenz für den Städtebau im Rahmen des Bonner Grundgesetzes, Stuttgart 1951
Karnau, Oliver
Hermann Josef Stübben. Städtebau 1876-1930, Braunschweig/Wiesbaden 1996
Kastorff-Viehmann, Renate
Kleinhaus und Mietskaserne, in: Wohnen im Wandel, hg. von Lutz Niethammer, Wuppertal 1979
Kayser, G.
Disziplin im Baurecht, Ausnahme- und Dispensrecht, Nachbarrechte, Reichsbaugesetz, in: Zentralblatt der Bauverwaltung 1935, H. 14
Kayser, G.
Die ersten reichsrechtlichen Versuche für eine Vereinheitlichung des Baurechts, in: Zentralblatt der Bauverwaltung 1937, H. 4
Kern
Aufbau und Gliederung der britischen Militärregierung für Deutschland, in: DRZ 1946, H. 6
Kern
Zur Verfassungsentwicklung in der britischen Zone, in: DRZ 1946, H. 6

Kläger, Michael
Die Stadterweiterung von Mainz. Konkurrierende Interessen und die Entwicklung der Bebauungspläne zwischen 1868 und 1875, in: Stadterweiterungen 1800-1875, hg. von Fehl und Rodriguez-Lores, Hamburg 1983
Knemeyer
Polizei- und Ordnungsrecht, Köln-Hamburg [7]1998
Köllmann, Wolfgang
Bevölkerung in der industriellen Revolution. Studien zur Bevölkerungsgeschichte Deutschlands. Göttingen 1974
Köllmann, Wolfgang und Jürgen Reulecke (Hg.)
Mittheilungen des Centralvereins für das Wohl der arbeitenden Klassen, Band 1 (Berlin 1848/49). Beigefügt Friedrich Harkort: Die Vereine zur Hebung der unteren Volksclassen nebst Bemerkungen über den Central-Verein in Berlin, Hagen 1980
Körte, W.
Ein rascher Weg zur Bestimmung der Gebäudebesonnung, in: Moderne Bauformen, Stuttgart 1932
Köster, Helmut
Tageslichtdynamische Architektur. Grundlagen, Systeme, Projekte, Basel, Bosten, Berlin 2004
Kornemann, Rolf
Gesetze, Gesetze .., Die amtliche Wohnungspolitik in der Zeit von 1918-1945 in Gesetzen, Verordnungen und Erlassen, in: Geschichte des Wohnens. 1918-1945. Reform, Reaktion, Zerstörung, hg. von Gert Kähler, Stuttgart 1996, Bd. 4
Koska, Max
Der erste Erbbauvertrag des Preußischen Staates, in: Zeitschrift für Wohnungswesen, Berlin 1903, H. II
Krabbe, Wolfgang
Die Wohnungsfrage in der Kommunalpolitik deutscher Großstädte vor dem Ersten Weltkrieg: Ursprünge des Sozialen Wohnungsbaus, in: GWU 1985; H 6
Krabbe, Wolfgang
Die deutsche Stadt im 19. und 20. Jahrhundert. Eine Einführung, Göttingen 1989
Krauss, E. H.
Künftige Städtebaugesetzgebung, in: Baurundschau 1948, H. ¾
Krautzberger, Michael
Die Entwicklung des Baurechts nach 1945, in: Baugesetzbuch München 2003, Bd. I (Kommentar zum Baugesetzbuch)
Krieg, Volker
Entwurf, Beratung und Verabschiedung des Allgemeinen Baugesetzes vom 1. Juli 1900, in: 100 Jahre Allgemeines Baugesetz Sachsen. Hg. von Hartmut Bauer, Rüdiger Breuer, Christoph Degenhardt und Martin Oldiges, Stuttgart/München /Hannover/Berlin/Weimar/Dresden 2000
Krieger (Berlin)
Ueber Kellerwohnungen in Berlin, die nachtheiligen Einflüsse derselben auf die Gesundheit der Bewohner und Vorschläge zu deren Abhilfe, in Mittheilungen des Centralvereins für das Wohl der arbeitenden Klassen. Hg.: Wolfgang Köllmann und Jürgen Reulecke, Hagen 1980, Bd. 5, H. 3 des II. Bandes n.F.

Krüger, Kurt
Geschichte der Baupolizei, insbesondere des neuzeitlichen formellen baupolizeilichen Verfahrens. Halle a.d.S. 1914
Kuhlemann, Frank-Michael
Schulen, Hochschulen, Lehrer, in: Handbuch der deutschen Bildungsgeschichte, Band IV 1870-1918. Hg. von Christa Berg, München 1991
Kuntze, Otto
Motivierter Entwurf eines deutschen Gesundheits-Baugesetzes. Als Petition an den deutschen Bundesrat und Reichstag, Leipzig 1882
Küster, Heinrich
Die Belichtung von Aufenthaltsräumen in den Bauordnungen, Hannover, 1908
Lassar, Gerhard
Die verfassungsrechtliche Ordnung der Zuständigkeiten, in: Handbuch des Deutschen Staatsrechts 1930, Bd. 1, hg. von Gerhard Anschütz und Richard Thoma, Tübingen 1930
Lamprecht, Heinz-Otto
Opus Caementitium, Bautechnik der Römer, Düsseldorf ^{4}1993
Landmannn
Wiedergeburt des Städtebaugesetzes, in: Der Städtetag, Mitteilungen des deutschen Städtetages, Berlin 1929, H. 1
Laux, Eberhard
Bürokratiekritik und Verwaltungsvereinfachung, in: DÖV 1988, H. 16
Laux, Hans Dieter
Demographische Folgen des Verstädterungsprozesses, in: Urbanisierung im 19. und 20. Jahrhundert", hg. von H. J. Teuteberg, Köln/Wien 1983
Leibholz/Mangoldt (Hg.)
Jahrbuch des öffentlichen Rechts der Gegenwart, Neue Folge, Bd. 1, Tübingen 1951
Lilla, Joachim
Der Preußische Staatsrat, 1921-1933, ein biographisches Handbuch, Düsseldorf 2005
Lindemann, Hugo
Gesetzgeberische Fortschritte auf dem Gebiete des Wohnungswesens, in: Archiv für soziale Gesetzgebung und Statistik 1903, Bd. 18
Lindemann, Hugo
Der preußische Wohnungsgesetzentwurf, in: Archiv für Sozialwissenschaft und Sozialpolitik, Tübingen 1913, Bd. 36
Lönne, Friedrich
Die Bedeutung der Wohnungsinspektion für die moderne Wohnungsfrage, erläutert an den in Hessen gemachten Erfahrungen, Wiesbaden 1914
Löwitsch, Franz
Baupolizei und Besonnung von Wohnräumen, in: Baugilde H. 23, Berlin 1930
Lubowitzki, Jutta
Der „Hobrechtplan", in: Berlin-Forschungen (V), hg. von Wolfgang Ribbe, Berlin 1990
Ludowici, J.W.
Aufbau des deutschen Siedlungswerkes. Gedanken und Versuche, in: Zentralblatt der Bauverwaltung 1934, H. 28

Lundgreen, Peter
Fachschulen, in: Handbuch der deutschen Bildungsgeschichte, Band III 1800-1870. Hg. von Peter Lundgreen und Karl-Ernst Jeismann, München 1991
Magin, Fred
Die Verordnung über Baugestaltung vom November 1936. Ein Beitrag zur Entwicklung des Baurechts in der Zeit von 1933-1945 unter besonderer Berücksichtigung des Berliner Wohnungsbaues, Berlin 2006
Mangoldt, K. von
Ein Reformprogramm für die Wohnungs- und Ansiedlungsfrage in Deutschland, in: Archiv für soziale Gesetzgebung und Statistik, 1903, Bd.18
Marschalck, Peter
Bevölkerungsgeschichte Deutschlands im 19. und 20. Jh., Frankfurt/Main 1984
Matthias (Darmstadt)
Wohnungsaufsicht und Wohnungsfürsorge nach der hessischen Gesetzgebung. Amtliche Handausgabe [...], Darmstadt 1906
Matsumoto, Naoko
Polizeibegriff im Umbruch, Staatszwecklehre und Gewaltenteilungspraxis in der Reichs- und Rheinbundpublizistik, Frankfurt am Main 1999
Maunz, Theodor
Ungeschriebene Bundeszuständigkeit, in: DÖV 1950, H. 21
Maurer, Hartmut
Allgemeines Verwaltungsrecht, München ^{11}1997
Mayer, Otto
Deutsches Verwaltungsrecht, München/Leipzig ^{2}1914, Bd. I.
Meller, Helen
Towns, plans and society in modern Britain, Cambridge 1997
Memorandum
Hygienisches Memorandum zum Wiederaufbau des deutschen Wohnungswesens. Hg.: Wohnungs- und Siedlungshygienischer Ausschuß der „freien Vereinigung deutscher Hygieniker und Mikrobiologen", Juni 1948, München 1949
Meyer
Enzyklopädisches Lexikon Mannheim 1980, Bd. 31
Meyer-Ottens
Zum Aufbaugesetz, in: Baurundschau 1947, Heft 9-10
Meyer-Ottens
Das Aufbaugesetz, in: Bau-Rundschau 1947, H. 15/16
Meyer/Saß
Straßen- und Baufluchtengesetz, Berlin 1934
Miller-Lane, Barbara
Architektur und Politik in Deutschland 1918-1945, Braunschweig 1986
Mitscherlich, Alexander
Die Unwirtlichkeit unserer Städte. Eine Anstiftung zum Unfrieden, Frankfurt am Main 1966
Mitscherlich, Alexander
Thesen zur Stadt der Zukunft, Frankfurt am Main 1972
Mittag, Martin
Baukonstruktionslehre, Gütersloh 1952

Mittag, Martin
Baukonstruktionslehre, Braunschweig [18]2000
Mohl, R. von
Die Polizei-Wissenschaft nach den Grundsätzen des Rechtsstaates, (zur „Medicinalpolizei“), Tübingen 1832, Bd. 1.
Mohl, R. von
Die Polizeiwissenschaft (...), [2]1844, Bd. 1
Mumford, Lewis
Die Stadt, Geschichte und Ausblick, Bd. 1 und 2, München 1979
Munding, K.
Victor Aimé Hubers ausgewählte Schriften über Socialreform und Genossenschaftswesen. Hg. von K. Munding 1894. Neu herausgegeben von Wilhelm Treue und Karl Heinrich Kaufhold, Frankfurt am Main 1990
Muthesius, Hermann
Das englische Haus, Entwicklung, Bedingungen, Anlage, Aufbau, Einrichtung und Innenraum, Berlin 1904
Muthesius, Stefan
Das englische Reihenhaus. Die Entwicklung einer modernen Wohnform, Königstein 1990
Naumann, Friedrich
Die Wohnungsnot unserer Zeit. Vortrag auf dem 6. Verbandstage Deutscher Mietervereine in Cassel, in: Flugschriften des Deutschen Mieterverbandes Nr. 3, Leipzig 1905
Neefe, M.
Statistisches Jahrbuch Deutscher Städte, Jahrgänge 1890-1933
Niebler, Engelbert
Plenarentscheidungen des Bundesverfassungsgerichts nach § 16 des BVerfGG, in: Wege und Verfahren des Verfassungslebens. Festschrift für Peter Lerche. Hg. von Peter Badura und Rupert Scholz, München 1993
Neufert, Ernst
Bauentwurfslehre, Berlin 1936, [10]1942. Bauordnungslehre Frankfurt am Main 1961
Niethammer, Lutz
Zum Verhältnis von Reform und Rekonstruktion in der US-Zone am Beispiel der Neuordnung des öffentlichen Dienstes, in: Vierteljahrshefte für Zeitgeschichte, 1976, H. 2
Niethammer, Lutz
Umständliche Erläuterung der seelischen Störung eines Communalbaumeisters in Preußens größtem Industriedorf oder: Die Unfähigkeit zur Stadtentwicklung, Frankfurt am Main 1979
Niethammer, Lutz
Ein langer Marsch durch die Institutionen. Zur Vorgeschichte des preußischen Wohnungsgesetzes von 1918, in: Wohnen im Wandel. Hg. von Lutz Niethammer, Wuppertal 1979
Nitze, Philipp
Die Entwicklung des Wohnungswesens von Groß-Berlin, Berlin 1913
Noethen, Stefan
Alte Kameraden und neue Kollegen. Polizei in Nordrhein-Westfalen 1945-1953, Essen 2003

Nungesser, Michael
Das Denkmal auf dem Kreuzberg von Karl Friedrich Schinkel, hg. vom Bezirksamt Kreuzberg Berlin, Berlin 1987
Nußbaum, H. Christian
Die Wahl der Fenstergröße für Wohnräume, in: Centralblatt der Bauverwaltung, 1901
Nußbaum, H. Christian
Leitfaden der Hygiene, München 1902
NN
Reichsstädtebaugesetz – Konfliktstoff zwischen Reich und Ländern, in: Baugilde 1931
Oehmcke, Th.
Über den Wert reiner Zimmerluft und über die Lüftung der Wohnung, in: Blätter für Volksgesundheitspflege, 1904, H. 20
Oelker, Wilhelm
Bauaufsichtsrecht, Berlin/Köln 1954
Olshausen/Reincke
Über Wohnungspflege in England und Schottland, in: DVjöG 1897
Olsen, Donald J.
Die Stadt als Kunstwerk, London, Paris, Wien. Frankfurt/New York 1988
Oven, A.H.E.
Polizeiverordnung, den Erlaß einer Bauordnung für die Stadt Frankfurt am Main betreffend. In: Oven: Neue Bauordnung und andere Gemeindestatuten und Verordnungen für Frankfurt, Frankfurt am Main 1884
Pauly, Johann C.
Die Entstehung des Polizeirechts als wissenschaftliche Disziplin, Frankfurt am Main 2000, Studien zu Policey und Policeywissenschaft, hg. von Michael Stolleis
Pfaff
Die allgemeine Bau-Ordnung für das Großherzogthum Hessen, Teil II
Platz, Gustav Adolf
Vorentwurf zu einer Reichsbauordnung, in: Zentralblatt der Bauverwaltung, 1929
Platz, Gustav Adolf
Entwurf einer Aufbau- und Gesundungsordnung, in: Neue Bauwelt 1947, H. 25
Posener, Julius
Ebenezer Howard. Gartenstädte von morgen, das Buch und seine Geschichte, Berlin 1968
Preu, Peter
Polizeibegriff und Staatszwecklehre, Göttingen 1983
Pfundtner, Hans
„Ein Führer!, Ein Volk! Ein Reich!“, in: Reichsverwaltungsblatt 1934, Bd. 55
Rahs, Rüdiger
Die britische Städtebau-, Wohnungs- und Mietengesetzgebung von 1835 bis 1989, in: Dortmunder Beiträge zur Raumplanung, Dortmund 1995, H. 72
Rappaport, Philipp
Sitten und Siedlungen im Spiegel der Zeiten. Zitiert aus: Der Bundesminister für Wohnungsbau, Stellungnahme der Bundesregierung zur Frage der Gesetzgebungszuständigkeit des Bundes auf dem Gebiete des Baurechts vom 28.4.1953 (BA-Koblenz, B-141-4585, S. 23-24)

Rappaport, Philipp
Städtebau und Denkmalpflege, in: Wiederaufbau-Mitteilungen des Bauausschusses Nr. 7, hg. vom Deutscher Städtetag Bad Godesberg. Essen 1947
Rave, Ortwin Paul
Karl Friedrich Schinkel, München ^{2}1981 (Bearbeitet von Eva Börsch-Supran)
Reclam, C.
Die heutige Gesundheitspflege und ihre Aufgaben, in: DVjöG 1869, Bd. 1, H. 1
Reclam, C.
Die englische Gesetzgebung für Hygieeine, in: DVjöG 1869, Bd. 1, H. 1
Redlich, J.
Hygiene, Bauordnung und Parzellierung, in: Städtebauliche Vorträge [...], Bd. VII, Heft 6, hg. von Josef Brix und Felix Genzmer, Berlin 1914
Redlich
Die Belichtung von Aufenthaltsräumen nach dem Entwurfe zu einer neuen Bauordnung für Berlin, in: Zentralblatt der Bauverwaltung 1924, H. 30
Rehbein und Reincke
Allgemeines Landrecht für die preußischen Staaten, Berlin 1885
Rehkopp, A.
Auf dem Wege zu einem einheitlichen Reichsbaurecht, in: Reichsverwaltungsblatt 1937, Nr. 14
Reichow, Hans B.
Organischer Stadt- und Wiederaufbau. Das Gesetz wirtschaftlicher Not und menschlicher Vernunft, in: Bau-Rundschau 1948, H. 5/6
Reichsrichtlinien 1929
in: Reichsarbeitsblatt I, 1929, sowie in RT-Drucksache Nr. 824, IV. WP 1928
Reihlen, H.
Christian Peter Wilhelm Beuth. Eine geschichtliche Betrachtung zum 125. Todestag, Berlin 1979
Rheinbaben, von
Anlagen zu den stenographischen Berichten, Session 1916-1918, Bd. 1, Berlin 1918
Renfert (Köln)
Der Entwurf eines preußischen Städtebaugesetzes, in: Zentralblatt der Bauverwaltung 1925, H. 34
Reulecke, Jürgen (Hg.)
Die deutsche Stadt im Industriezeitalter, Wuppertal 1978
Richter, C. H.
Die Württembergische Baupolizei verbunden mit dem Baurechte, Tübingen ^{2}1842
Riese, Horst
Mieterorganisation und Wohnungsnot. Geschichte einer sozialen Bewegung, in: Stadtforschung aktuell, Bd. 27, hg. von H. Wollmann und G. Hellstern, Berlin 1990
Ritter, Gerhard
David, Eduard, in Neue Deutsche Biographie III, Hbeck/4 53.410-3, Berlin 1957
Rodenstein, Marianne mit Böhm/Ott, Stefan
Gesunde Wohnungen und Wohnungen für gesunde Deutsche, in: Geschichte des Wohnens. 1918-1945. Reform, Reaktion, Zerstörung, hg. von Gert Kähler, Stuttgart 1996, Bd. 4

Rodenstein, Marianne
„Mehr Licht, mehr Luft“. Gesundheitskonzepte im Städtebau seit 1750, Frankfurt/New York, 1988
Rodger, Richard
Housing in urban Britain (1780-1914), Cambridge 1995
Rodriguez-Lores, Juan
Stadthygiene und Städtebau, in: Städtebaureform 1865-1900, Teil 1, hg. von Juan Rodriguez-Lores und Gerhard Fehl, Hamburg 1985
Rodriguez-Lores, Juan
Gerade oder krumme Straßen. Zu den irrationalen Ursprüngen des modernen Städtebaus“, in: Stadterweiterungen 1800-1875, Hamburg 1983
Rodriguez-Lores/Fehl
Die Kleinwohnungsfrage. Zu den Ursprüngen des sozialen Wohnungsbaus in Europa, Hamburg 1988
Rönne, Ludwig von
Die Baupolizei des preußischen Staates, Breslau ^{3}1872
Rönnebeck, Thomas
Baumeister, Reinhard, in: Handwörterbuch der Raumforschung und Raumordnung, Hannover ^{2}1970
Roscher, Volker (Hg.)
Hans Blumenfeld, Stadtplaner. „....es sei denn, sie bauen eine neue Stadt“, Autobiographie 1892-1988. Basel Berlin Boston 1993
Roscher, Volker
Über Hans Blumenfeld, in: Die alte Stadt, Zeitschrift für Stadtgeschichte, Stadtsoziologie und Denkmalpflege, Jahrgang 12/1985
Roth, Stefan
Das Bauordnungsrecht als Baupolizeirecht? Würzburg 1996
Ruck, Michael
Die Finanzierung der Althausrenovierung nach dem Ersten Weltkrieg, in Archiv für Kommunalwissenschaft 1987, H. 26/27
Rühle, Herbert
Gemeindliche Bodenreform, in: „neue“ Bauwelt 1946, H. 7
Ruhl, Hans-Jörg
Neubeginn und Restauration, Dokumente zur Vorschichte der Bundesrepublik Deutschland, 1945-1949, München 1982
Rumpelt, A.
Das allgemeine Baugesetz für das Königreich Sachsen vom 1.7.1900. Leipzig ^{2}1900
Ryll, Monika
Von Mannheim in die Welt: Der Städtebauer, Architekturkritiker und Schriftsteller Werner Hegemann (1881-1936), in: Das Gedächtnis der Verwaltung und ein Haus der Geschichte. Stadtarchivarbeit im 21. Jahrhundert. Festschrift für Jörg Schadt anläßlich seines 65. Geburtstags. Hg.: Ulrich Nieß und Michael Caroli Mannheim 2003.
Saldern, Adelheid von
Sozialdemokratie und kommunale Wohnungsbaupolitik in den 20er Jahren am Beispiel von Hamburg und Wien, in: Archiv für Sozialgeschichte, 25/1985

Saldern, Adelheid von
Von der „guten Stube“ zur „guten Wohnung“. Zur Geschichte des Wohnens in der Bundesrepublik Deutschland. Archiv für Sozialgeschichte, 35/1995
Sander, Friedrich
Zustände und Pflege der öffentlichen Gesundheit in England und Amerika, 1. Liverpool, in DVjöG 1873, Bd. 5, H. 1
Siebold, Karl
Die Abschaffung der Baupolizei für den Wohnhausbau. Ein Beitrag zur Umschulung der Baupolizei, Bethel 1919
Schäche, Wolfgang
Architektur und Städtebau in Berlin zwischen 1933 und 1945, Berlin 1991
Schenke, Wolf-Dieter
Polizei- und Ordnungsrecht, in: Besonderes Verwaltungsrecht, hg. von Udo Steiner. Heidelberg 51995
Schiele, Georg Wilhelm
Gedanken über die Stellung des Haus- und Grundbesitzes, in: Schriften des Zentralverbandes der Haus- und Grundbesitzervereine Deutschlands, Spandau 1912, H. 3
Schiele, Georg Wilhelm
Politik der Vermehrung des kleinen Grundeigentums, München 1917
Schindler, Friedrich von
Neue Allgemeine Bauordnung für das Königreich Württemberg, Stuttgart 1896
Schliepmann, Hans
Vorgartenstraßen, in: Der Baumeister 1908, H. 2 und H. 3
Schmidt, Robert
Das neue preußische Städtebaugesetz, in: Zentralblatt der Bauverwaltung 1925, Nr. 34
Schneider, Ullrich
Britische Besatzungspolitik 1945. Besatzungsmacht, deutsche Exekutive und die Probleme der unmittelbaren Nachkriegszeit, dargestellt am Beispiel des späteren Landes Niedersachsen von April bis Oktober 1945, Hannover 1980
Schneider, Ullrich
Niedersachsen 1945/46. Kontinuität und Wandel unter britischer Besatzung. Hg.: Niedersächsische Landeszentrale für politische Bildung, Hannover 1984
Schollmeyer, Axel
Gartenstädte in Deutschland. Ihre Geschichte, Städtebauliche Entwicklung und Architektur zu Beginn des 20. Jahrhunderts, Münster 1990
Scholz, Rupert
Privatisierung im Baurecht. Bauordnungs- und verfassungsrechtliche Zulässigkeit der Verlagerung staatlicher Bauaufsicht auf private Eigenverantwortung, in: Baurecht und Bautechnik, Berlin 1997, H. 8
Scholtz, Heinrich
Das preußische Wohnungsgesetz, in: Preußisches Verwaltungsblatt, Jg. 39, Berlin 1918, H. 18
Schott, Dieter
Die Vernetzung der Stadt. Kommunale Energiepolitik, öffentlicher Nahverkehr und die „Produktion“ der modernen Stadt, Darmstadt - Mannheim - Mainz 1880-1918, Darmstadt 1999

Schott, Dieter
Wohnen im Netz. Zur Modernisierung großstädtischen Wohnens durch technische Netzwerke 1900-1939, in: Wohnen in der Großstadt, 1900-1939, Stuttgart 2006
Schott, Dieter und Michael Toyka-Seid
Die europäische Stadt und ihre Umwelt, Darmstadt 2008
Schriften
des Landes-Verbandes bayerischer Grund- und Hausbesitzer-Vereine e.V., Zum kommenden Reichswohnungsgesetz, München 1912, H. 6
Schriften
des Vereins für Socialpolitik, siehe unter „Verein"
Schultze-Naumburg, Paul
Die Gestaltung der Landschaft durch den Menschen, München [3]1928
Schulte, Wolfgang
Politische Bildung in der Polizei. Funktionsbestimmung von 1945 bis zum Jahr 2000, Frankfurt am Main 2003
Schulte, Bernd H.
Rechtsgüterschutz durch Bauordnungsrecht, Berlin 1982
Schulze, Winfried
Einführung in die neuere Geschichte, Stuttgart 2002
Schumacher, Fritz
Das Wesen des neuzeitlichen Backsteinbaues, München 1917
Schumacher, Fritz
Köln. Entwicklungsfragen einer Großstadt, Köln 1923
Schumacher, Fritz
Stufen des Lebens. Stuttgart 1935
Schumacher, Fritz
Strömungen in Deutscher Baukunst seit 1800. Hg.: Wilhelm Wortmann, Köln [2]1955
Schumacher, Fritz
Der neue Entwurf eines preußischen Städtebaugesetzes, in: Zentralblatt der Bauverwaltung 1925
Schülke, Hermann
Gesunde Wohnungen, eine gemeinverständliche Darstellung, Berlin 1880
Schwabe, H.
Die Resultate der Berliner Volkszählung vom 3. Dezember 1867, Berlin 1869
Schwan, Bruno
Die Wohnungsverhältnisse der Berliner Altstadt, in: Schriften des Deutschen Vereins für Wohnungsreform e.V., Berlin 1932, H. 10
Schwartz
Reichsbauordnung oder Reichsbaugesetz, in: Zentralblatt 1929, H. 52
Schweizer, Werner
Die Mindestabstände im mehrgeschossigen Wohnungsbau in Relation zur Besonnungsdauer im Breitengradbereich Deutschlands, Karlsruhe 1973
Sembritzki, (Berlin)
Zum preußischen Wohnungsgesetzentwurf, in: Preußisches Verwaltungsblatt, Jg. 39, Berlin 1917, H. 6

Seyfart, Walter
Die Hausbesitzerkammerfrage in Preußen, in Mitteilungen des Preußischen Landesverbandes der Haus- und Grundbesitzer-Vereine e.V. H. 105, Spandau 1916
Siebold, Karl
Abschaffung der Baupolizei für den Wohnungsbau, Bielefeld 1919
Simson, John von
Kanalisation und Städtehygiene im 19. Jahrhundert, Düsseldorf 1983
Sitte, Camillo
Der Städte-Bau nach seinen künstlerischen Grundsätzen, Wien ^{3}1900
Sozialdemokratie
Jahrbuch der deutschen Sozialdemokratie für das Jahr 1927, 1928, 1929 und 1931. Herausgegeben vom Vorstand der Sozialdemokratischen Partei Deutschlands. Reprint, Berlin – Bonn – Bad Godesberg 1976
Speer, Albert
Erinnerungen, Frankfurt 1969
Spiess, Alexander
Ueber das Moule'sche Erdklosett von Dr. Buchanan, in: DVjöG 1871, Bd. 3
Städtetag
Vorschlag für ein preußisches Städtebaugesetz, in: Der Städtetag, Mitteilungen des Deutschen Städtetages, 1929, H. 2 (Sonderbeilage vom 25.2.1929)
Steitz, Walter
Kommunale Wohnungspolitik im Kaiserreich am Beispiel der Stadt Frankfurt am Main, in: Urbanisierung im 19. und 20. Jahrhundert, hg. von H. J. Teuteberg, Köln/Wien 1983
Steitz, Walter/W. Krabbe
Kommunale Wohnungspolitik deutscher Großstädte 1871-1914, in: Homo habitans, hg. von Hans-Jürgen Teuteberg, Münster 1985
Von Strauß und Torney mit Carl Saß,
Straßen- und Baufluchtgesetz vom 2.7.1875. Neubearbeitete (7.) Auflage von Otto Meyer und Carl Saß, Berlin 71934
Strauß, Wilhelm
Chronik des Centralverbandes der Haus- und städtischen Grundbesitzer-Vereine Deutschlands. 1879-1889, M.Gladbach und Leipzig 1889
Strauß, Wilhelm
Die Deutsche Wohnungsfrage, in: Schriften des Centralverbandes der Haus- und städtischen Grundbesitzer-Vereine Deutschlands, Leipzig 1890, Bd. 1
Strohmeyer, Klaus
James Hobrecht (1825-1902) und die Modernisierung der Stadt, Potsdam 2000
Stübben, Josef
Die Bedeutung der Bauordnungen und Bebauungspläne für das Wohnungswesen, Berlin 1902
Stübben, Josef
Der Städtebau, Darmstadt 1890, Repr. der 1. Auflage, Braunschweig 1980
Stübben, Josef
Hygiene des Städtebaues, in: Handbuch der Hygiene, Jena 1914, Bd. 4

Stübben, Josef
Vom Städtebau in England, in: Städtebauliche Vorträge [...], Bd. IV, H. VIII, hg. von Josef Brix und Felix Genzmer, Berlin 1911
Stübben, Josef
Über den Zusammenhang zwischen Bebauungsplan und Bauordnung, in: Städte bauliche Vorträge [...], Bd. II, H. IV, hg. von Josef Brix und Felix Genzmer, Berlin 1909
Südekum, A.
Die Wohnungsfrage, in: Protokolle über die Verhandlungen der Parteitage der Sozialdemokratischen Partei Deutschlands, Online-Edition der Bibliothek der Friedrich-Ebert-Stiftung, http://library.fes.de/parteitage/1901-to.html, vom 23.11.2008
Südekum, A.
Die Wohnungsfrage, in: Sozialdemokratische Parteitage (1890-1909), Parteitag am 22.9.1901 in Lübeck, Tagesordnungspunkt 6, Protokolle
Sutcliffe, Anthony
Planung und Entwicklung der Großstädte in England und Frankreich von 1850 bis 1875 und ihre Einflüsse auf Deutschland
Sutcliffe, Anthony
Stadtpolitik und Stadtumwelt in Großbritanien zwischen 1875 und 1900, in: Städtebaureform 1865-1900. Von Licht, Luft und Ordnung in der Stadt der Gründerzeit. Hg. Von Juan Rodriguez-Lores und Gerhard Fehl, Hamburg 1985
Sutcliffe, Anthony
Towards the planned City. Germany, Britain, the United States and France 1780-1914, Oxford 1981
Taut, Bruno
Vorentwurf zu einer Reichsbauordnung, in: Zentralblatt der Bauverwaltung, 1929, H. 38
Teuteberg, Hans Jürgen
Urbanisierung im 19. und 20. Jahrhundert, Köln/Wien 1983
Teuteberg, Hans Jürgen
Betrachtungen zu einer Geschichte des Wohnens, in: Homo habitans, hg. von Hans-Jürgen Teuteberg, Münster 1985
Teuteberg, Hans Jürgen
Homo habitans. Eine Sozialgeschichte des ländlichen und städtischen Wohnens in der Neuzeit, in: Studien zur Geschichte des Alltags, Bd. 4, hg. von Hans J. Teuteberg und Peter Borscheid, Münster 1985
Teuteberg, Hans Jürgen
Die Debatte der deutschen Nationalökonomie im *Verein für Socialpolitik* über die Ursachen der „Wohnungsfrage“ und die Steuerungsmittel einer Wohnungsreform im späten 19. Jahrhundert, in: Stadtwachstum. Industrialisierung, Sozialer Wandel, hg. von Hans-Jürgen Teuteberg, Berlin 1986
Thies, Jochen
Nationalsozialistische Städteplanung: „Die Führerstädte“, in: Die alte Stadt, 1978, 5. Jg.
Thoma, Ludwig
Erinnerungen, München 1919
Tomuschat, Christian
Verfassungsgewohnheitsrecht? Eine Untersuchung zum Staatsrecht der Bundesrepublik Deutschland, Heidelberg 1972

Troitzsch, Walter
Allgemeines Baugesetz für das Königreich Sachsen, Leipzig ^{3}1913
Unwin, Raymond
Grundlagen des Städtebaues, Berlin ^{2}1922, (1. Aufl. 1910)
Usinger, Hermann
Polizeiverordnungen, Regulative, Ortsstatuten usw. für den Kreis Darmstadt, Darmstadt 1911
Varrentrapp, Georg
Bauordnungen und Ueberwachung von Bauten, in: DVjöG 1881, Bd. 13, H. 4
Verein für Socialpolitik
Die Wohnungsnoth der ärmeren Klassen in deutschen Großstädten und Vorschläge zu deren Abhülfe. Gutachten und Berichte, hg. im Auftrag des Vereins für Socialpolitik, Leipzig 1886, Bde. Nr. XXX, XXXI. Neue Untersuchungen über die Wohnungsfrage in Deutschland und im Ausland, Bde. XCIV, XCV, XCVI und XCVII, Leipzig 1901.
Viefhaus, Erwin
Hochschule, Staat und Gesellschaft, Darmstadt 1995, Bd. 1
Vitruv
De Architectura Libri Decem, Übersetzung von Franz Reber 1865, Berlin 1908, Nachdruck Wiesbaden 2004.
Voigt, Andreas
Kleinhaus und Mietskaserne. Eine Untersuchung der Intensität der Bebauung vom wirtschaftlichen und hygienischen Standpunkt, Berlin 1905
Voigt, Andreas
Wie um die Bauordnung gekämpft wird, Berlin 1909
Vogt, Martin
Die Weimarer Republik (1918-1933), in: Deutsche Geschichte, hg. von Martin Vogt, Stuttgart ^{2}1991
Wagner, Martin
Zum Fall „Städtebaugesetz". Die nicht gehaltene Rede eines Städtebauers vor den Abgeordneten des preußischen Landtages, in: Zentralblatt der Bauverwaltung 1927, H. 23, (Sonderheft)
Wagner, Martin
Das Reichsgericht als Scherbengericht gegen den deutschen Städtebau, Berlin 1930
Wambsganz, Ludwig
Der süddeutsche Entwurf zu einem Gesetz zur Schaffung billigen Bodens und zur Schaffung von Volksheimstätten, in: „neue" Bauwelt 1946, H. 12
Wambsganz, Ludwig
Die rechtliche Ordnung der städtebaulichen Planung, in: „neue" Bauwelt 1946, H. 16
Wambsganz, Ludwig
Warum eine neue Ordnung in der Baulandumlegung? In: „neue" Bauwelt 1946, H. 20
Wambsganz, Ludwig
Die Ordnung der Erschließung in einem neuen Baurecht, in: Neue Bauwelt 1947, H. 22
Wambsganz, Ludwig
Weg und Ziel einer Erneuerung des Baurechts, in: Neue Bauwelt 1947, H. 26
Wambsganz, Ludwig
Der Entwurf für das Bayerische Baugesetz, in: Bayerischer Staatsanzeiger 1950, Nr. 13

Wambsganz, Ludwig
zusammen mit Wilhelm Dittus. Die Erneuerung unseres Baurechts als Voraussetzung für den Wiederaufbau, in: Der Bauhelfer 1948, H. 2
Wambsganz, Ludwig
Stand der Baugesetzgebung, ein Querschnitt durch die heutige Lage der städtischen Rechtserneuerung, in: Bundes-Baublatt 1952, H. 3
Watzke, Hans-Georg
Die Baugestaltung als Aufgabe der Baupolizei, Münster 1972
Weber, Adolf
Die Großstadt und ihre sozialen Probleme, Leipzig 1908
Weber, Matthias
Die Reichspolizeiordnungen von 1530, 1548 und 1577. Historische Einführung und Edition, Frankfurt am Main 2002
Weiß, Janette
Die Entwicklung des Mieterschutzes – Konsequenzen politischen und sozialen Wandels, Berlin 1993
Wehler, Hans-Ulrich
Deutsche Gesellschaftsgeschichte. Von der „Deutschen Doppelrevolution“ bis zum Beginn des Ersten Weltkrieges, 1849-1914. München 1995. Bd. 3
Wernicke/Booms (Hg.)
Der Parlamenarische Rat 1948-1949, Akten und Protokolle, Bd. 1, Boppard 1975
Wernicke/Booms (Hg.)
Der Parlamenarische Rat 1948-1949, Akten und Protokolle, Bd. 2, Boppard 1981
Wernicke/Booms (Hg.)
Der Parlamenarische Rat 1948-1949, Akten und Protokolle, Bd. 3, Boppard 1986
Weyermann, M.
Zur Geschichte des Immobiliarkreditwesens in Preußen,
Theorie der Bodenverschuldung, Karlsruhe 1910
Weyreuther, Felix
Eigentum, öffentliche Ordnung und Baupolizei. Köln 1972
Wiebe, A.
James Hobrecht †. Nachruf, in: Centralblatt der Bauverwaltung, 1902, H. 74
Wiebe, Eduard
Über die Reinigung und Entwässerung der Stadt Berlin, Berlin 1861
Wischermann, Clemens
Wohnen in Hamburg vor dem Ersten Weltkrieg, Münster 1983
Wischermann, Clemens
„Familiengerechtes Wohnen“: Anspruch und Wirklichkeit in Deutschland vor dem I. Weltkrieg, in: Homo habitans, hg. von Hans-Jürgen Teuteberg, Münster 1985
Wischermann, Clemens
Mythen, Macht und Mängel: Der deutsche Wohnungsmarkt im Urbanisierungsprozeß, in: Geschichte des Wohnens, hg. von Jürgen Reulecke, Stuttgart 1997, Bd. 3
Wisotzky, Klaus
Vom Versuch, Ordnung in die Unordnung zu bringen, in: Selbstverständlichkeiten. Strom, Wasser, Gas und andere Versorgungseinrichtungen, in: Die Vernetzung der Stadt um die Jahrhundertwende. Hg. von Klaus Wisotzky und Michael Zimmermann, Essen 1997, S. 115-140

Wittenbrock, Rolf
Bauordnungen als Instrumente der Stadtplanung im Reichsland Elsaß-Lothringen (1870-1918), St. Ingbert 1989
Witt, Peter-Christian
Inflation, Wohnungszwangswirtschaft und Hauszinssteuer, in: Wohnen im Wandel, hg. von Lutz Niethammer Wuppertal 1979
Wolf, Christiane
Gauforen, Zentren der Macht, 1999
Wolf, Konstanze
CSU und Bayernpartei, ein besonderes Konkurrenzverhältnis, 1948-1960, Köln 1982
Wolff (Halle)
Hausbesitzerkammern vom Standpunkt des Volkswirtes, in: Mitteilungen des Preußischen Landesverbandes der Haus- und Grundbesitzer-Vereine e.V., Spandau 1918, H. 111
Wulf, Peter,
Deutschland nach 1945, in: Deutsche Geschichte, hg. von Martin Vogt, Stuttgart ^{2}1991
Zimmermann, Clemens
Von der Wohnungsfrage zur Wohnungspolitik, 1845-1914, Göttingen 1991
Zimmermann, Clemens
Wohnen als sozialpolitische Herausforderung. Reformerisches Engagement und öffentliche Aufgaben, in: Geschichte des Wohnens, hg. von Jürgen Reulecke, Stuttgart 1997, Bd. 3
Zimmermann, Max Gg.
Carl Friedrich Schinkel, Kriegsdenkmäler aus Preußens großer Zeit, Berlin 1916
Zinkahn, Willy
Gutachten über die Erfordernisse der Bau- und Bodengesetzgebung, in: Bundes-Baublatt 1952, H. 3
Zippelius, Reinhold
Allgemeine Staatslehre, München ^{10}1988
Zippelius, Reinhold
Geschichte der Staatsideen, München ^{10}2003

Archivmaterialien

Bayerisches Hauptstaatsarchiv
Bayern (München), BayHStA Find-Nummer: MInn 90403
Bundesarchiv
Koblenz (BA-Koblenz), Find-Nummer: B 134/5335, 134/5336, 134/5408, 134/5415, 134/5419, 134/5421; 141/4531, 141/4532, 141/4583, 141/4584, 141/4585, 141/4586, 141/4587; Z 1/17, 21/77, 21/29, 21/907, 21/910, 21/911, 35/146
Geheimes Staatsarchiv Preußischer Kulturbesitz Berlin
I. HA Rep. 90 A, Nr. 3278, Blatt 184-223
Hauptstaatsarchiv
Darmstadt (HSTA-Da), Protokolle des Hessischen Landtages in: Q 14, 15, 36, 41, 43, 44, 52 und 57, Nr. 2563-2568
Hessisches Hauptstaatsarchiv
(HHStA in Wiesbaden). Find-Nummer 502-4617a, 503-1054, 503-1077a, 503-1387a, 503-1387b, 503-1510a, 503-3137a, 503-3137b, 503-3138a, 503-3250a, 510-14
Landesarchiv Berlin
Pr.Br. Rep. 030-07, Nr.188 (James Hobrecht). Bebauungspläne: A 207, X 1/1; A 1457; A 2007, X 2/1; A 2007, XIII 1/1
Niedersächsisches Staatsarchiv
Osnabrück (STA-Os), Rep 430, Dez 201, Aktz. 11/74 Nr. 2
Protokolle des Preußischen Staatsministeriums 1817-1934
Band 9, 23. Oktober 1900 bis 13. Juli 1909 (Acta Borussica).

Periodisch erscheinende Blätter und Zeitschriften sowie Musterbauordnungen

Statistik
Vierteljahrshefte zur Statistik des Deutschen Reichs für das Jahr 1873, sowie Statistische Jahrbücher für das Deutsche Reich 1898-1940, sowie Statistisches Handbuch von Deutschland 1928-1944,
Statistische Jahrbücher für die Bundesrepublik Deutschland 1952-2008
Zeitschrift für Bauwesen
Jahrgänge 1851-1900
Zeitschrift für Wohnungswesen
Jahrgänge 1904-1916
Deutsche Bauzeitung
Jahrgänge 1867-1942, 1948-1960
Allgemeine Bauzeitung (Wien)
Jahrgänge 1842-1900
Centralblatt der Bauverwaltung
Jahrgänge ab 1881. Später: Zentralblatt der Bauverwaltung
Schriften des Vereins für Socialpolitik
Bd. 30 (1886), Bd. 31 (1886), Bd. 94 (1901), Bd. 95 (1901), Bd. 96 (1901)
DVjöG - Vierteljahrsschrift für öffentliche Gesundheitspflege,
Jahrgänge 1869-1914
Jahrbuch der Deutschen Sozialdemokratie für das Jahr..., hg. vom Vorstand der Sozialdemokratischen Partei Deutschlands, Reprint, Berlin 1976

Musterbauordnung Preußen
Einheitsbauordnung für die Städte und Landgemeinden mit stadtartiger Entwicklung, veröffentlicht als Erlaß des Staatskommissars für das Wohnungswesen vom 25.April 1919, in: Preußische Gesetzsammlung (GS) 1919, S. 103; auch als Musterbauordnung (Preußen) von 1919 bezeichnet
Musterbauordnung
Schriftenreihe des Bundesministers für Wohnungsbau, Band 16/17 Musterbauordnung 1960
Musterbauordnung
Musterbauordnung 1981. Hg.: Bundesarchitektenkammer Bonn 1981
Musterbauordnung
Musterbauordnung für die Länder der Bundesrepublik Deutschland 1990. Hg.: Dieter Böckenförde, Heinz-Georg Temme und Winfried Krebs, Düsseldorf 1990
Musterbauordnung
Musterbauordnung für die Länder der Bundesrepublik Deutschland ^{2}1992. Hg.: Dieter Böckenförde, Heinz-Georg Temme und Winfried Krebs, Düsseldorf 1992
Musterbauordnung
Musterbauordnung für die Länder der Bundesrepublik Deutschland 1997. Hg.: Dieter Böckenförde, Heinz-Georg Temme und Winfried Krebs, Düsseldorf ^{6}1997

Amtliche Veröffentlichungen, darunter:

Amtsblatt
Military Government Gazette Germany. Twelfth Army Group Areas of Control, Amtsblatt der Militärregierung Deutschland, Nr. 1. In: HSTA-Darmstadt ST HB 1148
Anordnung
Anordnung der Militärregierung über die Re-Organisation der deutschen Polizei in der britischen Zone (BAOP/38708/30/G vom 25.9.1945), in: Niedersächsisches Staatsarchiv Osnabrück, Rep 430, Dez 201, Akz 11/74 Nr. 2
Bundesregierung
Bundesgesetzblatt 1949-1965
Deutscher Bundestag
Drucksachen, Niederschriften, Protokolle, Stenographische Berichte des Bundestages
Deutscher Bundesrat
Drucksachen, Niederschriften, Protokolle, Stenographische Berichte des Bundesrates
Denkschrift
Die Wohnungsfürsorge im Reiche und in den Bundesstaaten, in: Deutscher Reichstag, 11. Legislaturperiode, I. Sezession 1903/1904, Drucksache Nr. 471
Denkschrift
über Maßnahmen auf dem Gebiete des Wohnungs- und Siedlungswesens seit 1914, (RT-Drucksache Nr. 3472), Berlin 1922
Denkschrift
über die Wohnungsnot und ihre Bekämpfung, (RT-Drucksache Nr. 3777), Berlin 1927
Deutsches Reich
Reichsgesetzblatt I. und Reichsarbeitsblatt, einzelne Jahrgänge
Deutscher Reichstag
Drucksachen, Niederschriften, Protokolle, Stenographische Berichte des Reichstages

Hessen-Darmstadt
Großherzogliches Regierungsblatt für das Großherzogthum Hessen
Hessen
Gesetz- und Verordnungsblatt Hessen (GVBL.)
Militärregierung
Richtlinien der [engl.] Militärregierung für die Verwaltung, die örtliche und die Gebietsregierung, sowie für den öffentlichen Dienst. Teil 1: Demokratisierung und Dezentralisierung der örtlichen und Gebietsregierung, ²1946, in: HSTA-Darmstadt C 1004/60
Preußen
Preußisches Oberverwaltungsgericht, Bd. 9, Berlin 1887 (Urteilsammlung)
Preußen
Preußische Gesetzsammlung (GS)
US-Militärregierung
Gesetzliche Vorschriften der amerikanischen Militärregierung in Deutschland. Autorisierter Nachdruck des Amtsblattes der Militärregierung Deutschland, amerikanische Zone. Issue A - 1. June 1946. Hg.vom Office of Military Government for Bavaria (OMGUS Bavaria)
US-Militärregierung
Titel 9. Vorschriften der US-Militärregierung 1947, in: HSTA Darmstadt H 2 – Lauterbach Nr. 758

Internet

Bayern: Gateway Bayern, http://bvba2bib-bvb.de, vom 20.1.2008
Friedrich-Ebert-Stiftung: 23.11.2008, http://library.fes.de/parteitage/1901-to.html.

Tabellen Nr. 1 bis 30 auf den Seiten

Abkürzungen

ABO	Allgemeine Bauordnung von 1881 [Großherzoglich Hessische Bauordnung]
a.T.	alte Teilung des Kreises in 360 Grad
ALR	Allgemeines Landrecht für die Preußischen Staaten
BA-Koblenz	Bundesarchiv in Koblenz
BAOR	British Army on the Rhine
BauGB	Baugesetzbuch, BBauG: Bundesbaugesetz
BE	Engl. Ausdruck, Abkürzung für British Element, vereinfacht: britische Zone
BHZ	Behauungsziffern
BMBau	Bundesministerium für Raumordnung, Bauwesen und Städtebau
BGB	Bürgerliches Gesetzbuch
BGBL. I	Bundesgesetzblatt, Teil I
BO	Bauordnung des Landes oder der Stadt), HBO Hessische Bauordnung
BR, BT	Bundesrat und Bundestag
BVerwG(E)	Bundesverwaltungsgericht, Entscheidung des Bundesverwaltungsgerichtes
BVerfG (E)	Bundesverfassungsgericht, Entscheidung des Bundesverfassungsgerichtes
Detachment E-5	Bezeichnung für eine bestimmte Militär-Verwaltungseinheit in der US-Zone, z.B. US-Verwaltung für größere politische Einheiten (Länder), F-Detachment: größere Regierungsbezirke, G-Detachment: große Landkreise
DVBL.	Deutsches Verwaltungsblatt
DVjöG	Deutsche Vierteljahrsschrift für öffentliche Gesundheitspflege
DVöG	Deutscher Verein für öffentliche Gesundheitspflege
FAP	Flächenaufteilungspläne (Flächenaufteilungsplan)
GBL	Gesetzblatt (für Baden-Württemberg)
GS	Preußische Gesetzsammlung
GVBL. I	Gesetz und Verordnungsblatt (Hessen)
HHStA-W	Hessisches Hauptstaatsarchiv in Wiesbaden. (z.B. Find-Nummer 503-1387a)
HSTA-Da	Hessisches Staatsarchiv Darmstadt
HSTA-Han	Hauptstaatsarchiv Hannover
HessVGH	Hessischer Verwaltungsgerichtshof
Hg., hg. von	Herausgeber, herausgegeben von
HSOG	Hessisches Gesetz über die öffentliche Sicherheit und Ordnung
LBO	Landesbauordnung
MBO	Musterbauordnung [1960, 1980]
STA-Os	Niedersächsisches Staatsarchiv Osnabrück
n. F. (N.F.).	neue Fassung
NJW	Neue Juristische Wochenschrift
n.T.	Neue Teilung des Kreises in 400 Grad
OMGUS	Office of Military Government for Germany (US)
OVG	Oberverwaltungsgericht, (pr. OVG = preußisches Oberverwaltungsgericht)
RABL. I	Reichsarbeitsblatt, Teil I
RGBL. I	Reichsgesetzblatt, Teil I
Rdnr.	Randnummer
SRV	Siedlungsverband Ruhrkohlenbezirk“ auch Ruhrsiedlungsverband
STA-Osn	Staatsarchiv Osnabrück
VerwArch.	Verwaltungsarchiv
VG, VGH	Verwaltungsgericht und Verwaltungsgerichtshof
VO	Verordnung
WRV	Weimarer Reichsverfassung